마거릿 미드와 루스 베네딕트

Intertwined Lives:
Margaret Mead, Ruth Benedict, and Their Circle by Lois W. Banner

This Korean edition was published by Hyeonamsa Publishing Co., Ltd. in 2016 by arrangement with Alfred A. Knopf, an imprint of The Knopf Doubleday Group, a division of Penguin Random House, LLC, New York, NY through KCC(Korea Copyright Center Inc.), Seoul.

마거릿 미드와 루스 베네딕트

로이스 W. 배너 지음
정병선 옮김

현암사

마거릿 미드와 루스 베네딕트

초판 1쇄 발행 | 2016년 6월 7일

지은이 | 로이스 W. 배너
옮긴이 | 정병선
펴낸이 | 조미현

편집주간 | 김현림
책임편집 | 박인애
디자인 | 유보람

펴낸곳 (주)현암사
등록 | 1951년 12월 24일 제10-126호
주소 | 04029 서울시 마포구 동교로12안길 35
전화 | 02-365-5051 팩스 | 02-313-2729
전자우편 | editor@hyeonamsa.com
홈페이지 | www.hyeonamsa.com

ISBN 978-89-323-1794-6 93300

- 이 도서의 국립중앙도서관 출판시도서목록(CIP)은 서지정보유통지원시스템 홈페이지(http://seoji.nl.go.kr)와 국가자료종합목록시스템(http://www.nl.go.kr/kolisnet)에서 이용하실 수 있습니다.(CIP제어번호 CIP2016011723)

- 책값은 뒤표지에 있습니다. 잘못된 책은 바꾸어 드립니다.

Credit by Archives and Special Collections, Vassar College Library

• 1931년의 루스 베네딕트

루스 베네딕트는 시적인 감수성으로 학문을 연구한 휴머니스트로, 문화의 상대성을 다룬 『문화의 패턴』, 일본 문화를 심도 있게 파헤쳐 큰 반향을 일으킨 『국화와 칼』이라는 명저를 남겼다. 인류학의 정치 · 사회적 역할에도 주목한 20세기 인류학의 선구자이다. 마거릿 미드는 그녀의 제자이자 친구, 학문의 동반자, 그리고 연인이었다.

Credit by Archives and Special Collections, Vassar College Library

• 결혼 초기의 루스와 스탠리 베네딕트

• 블랙풋 인디언과 함께한 루스 베네딕트(1939년)

• 사모아로 떠나기 직전의 마거릿 미드(1925년)

루스 베네딕트와 함께 문화인류학의 새로운 장을 열었고 인류학의 대모로 불리는 마거릿 미드는 생물학적 차이가 성별 역할을 결정한다는 당시의 주류 관념을 비판하면서 문화적으로 만들어진 성별의 개념을 밝히는 데 크게 기여했다. 현장 연구의 결과인 『세 부족사회에서의 성과 기질』, 『사모아의 청소년』 등 명저를 남겼고 사회운동가로서도 많은 활동을 했다.

• 마거릿 미드와 첫 남편 루서 크레스먼(1918년)

• 바너드 대학 재학 당시의 '애시 캔 캐츠' 중 세 사람. 레오니 애덤스(사진 왼쪽), 엘리너 펠럼 코트호이어, 마거릿 미드

• 사모아 전통 복장을 한 마거릿 미드와 친구 파아모투

• 뉴기니에서 돌아온 인류학자들. 그레고리 베이트슨(사진 왼쪽), 마거릿 미드, 리오 포천, 1932년 시드니에 도착했을 당시

Credit by Archives and Special Collections, Vassar College Library

- 프란츠 보애스

당대 최고의 인류학자이자 인종 차별 반대론자. 루스 베네딕트와 마거릿 미드를 지도했다.

Credit by Archives and Special Collections, Vassar College Library

- 에드워드 사피어

언어학자이자 인류학자, 시인으로, 루스 베네딕트의 친구이자 마거릿 미드의 연인이기도 했다.

과거와 현재의 존과 질에게,

미래의 오언과 크리스티나와 빅토리아에게,

그리고 사랑을 담아서 존 래슬릿에게

○ 차례

일러두기

1. 본문에 사용한 기호의 쓰임새는 다음과 같다.
   〈 〉: 예술 작품 제목, 영화, 연극, TV 프로그램
   《 》: 신문, 잡지, 학술지
   「 」: 단편, 중편, 시
   『 』: 단행본, 장편, 작품집
2. 외래어 표기는 국립국어원 외래어표기법을 따르되, 관용적인 표기는 그대로 따르기도 했다.

감사의 말

루스 베네딕트와 마거릿 미드에 관심을 갖게 된 건 20년 전부터였다. 페미니즘 이론과 여성운동의 역사를 가르치면서 이 두 사람이 20세기의 페미니즘에서 차지하는 중요성을 깨달았던 것이다. 나는 예비 작업으로 미드에 관한 논문을 한 편 썼다. 그러나 배서 대학(Vassar College)이 보관 중이던 베네딕트 문서와 미 의회 도서관이 소장하고 있는 미드 문서의 상당량이 두 사람의 친구와 동료들이 사망할 때까지 대외비로 묶여 있음을 알고는 연구를 중단했다.[1] 이런 문서 컬렉션의 경우 사실 그게 관례다.

10년이 흘렀다. 남성학이 태동했고, 여성학은 젠더 연구로 방향을 틀었으며, 레즈비언 및 게이학이 탄생했다. 나는 묵혀두었던 연구 과제에 다시 착수했다. 미드와 베네딕트의 저술에 이런 새로운 유행들이 과거형으로 담겨 있음을 깨달았다. 그녀들의 삶을 기록하는 것 역시 10년 전보다 훨씬 더 중요하게 느껴졌다. 내가 이 책을 쓰는 중에 베네딕트 문서와 미드 문서의 대외비 자료가 학자들에게 공개되었다. 나는 수백 통의 편지와 문서를 확인할 수 있었다. 미드 문서의 상당량이 2000년 12월부터 그녀의 탄생 100주년이 되는 2001년 11월 사이에 공개되면서 이 과정은 절정을 이루었다. 감히 말하건대 이 책은 두 문서 컬렉션을 전부 참조한 사상 최초의 평전이다.

베네딕트 문서에는 미드 문서와 달리 조상과 유년기에 관한 자료가 별로 없었다. 나는 베네딕트가 어린 시절을 보낸 체난고 카운티의 중심지인 뉴욕 주 노리치를 방문했다. 노리치 공립 도서관, 노리치 제일 침례교회, 체난고 카운티 청사, 체난고 카운티 역사학회에서 그녀에 관한 새로운 자료를 발견했다. 그녀의 어머니가 16~17세에 쓴 일기는 큰 소득이라 할 수 있다. 로스앤젤레스 옥시덴털 칼리지의 특별 컬렉션에 들어 있는, 베네딕트의 여동생 마저리 풀턴 프리먼 문서와 영국 서식스 대학교의 제프리 고러 문서를 전기에 반영한 학자도 내가 처음이다. 내가 참조한 거의 모든 문서 컬렉션에는 학자들의 연구 손길이 닿지 않았다. 이를 테면 버클리 캠퍼스의 로버트 H. 로위 문서, 예일 대학교의 레오니 애덤스 윌리엄 트로이 문서와 카렌 호나이 문서, 상당히 많은 정보를 담고 있는 루이즈 로젠블랫의 구술 인터뷰 같은 것들이다. 루이즈 로젠블랫은 대학 시절 미드와 같은 방을 썼던 친구로, 이 자료는 컬럼비아 대학교의 구술사 프로젝트에 포함되어 있다.

친절하게도 많은 사람들이 문서와 기타 기록 자료를 제공해주었다. 데슬리 디컨은 뉴욕 주 라이 시 역사학회의 엘시 클루스 파슨스 문서의 자료철을 복사해주었다. 엘시 클루스 파슨스 문서는 베네딕트가 1919년 파슨스와 함께 들은 강좌에 관한 정보를 담고 있다. 칼턴 메이비는 미드의 여동생 엘리자베스 미드 스티그 및 미드와 베네딕트 모두의 친구였던 엘리너 펠럼 코트호이어의 남편 커스틴 스타펠펠트와 한 인터뷰 내용 사본을 보내주었다. 필립 사피어는 아버지 에드워드 사피어가 루스 베네딕트에게 보낸 편지들을 읽을 수 있게 해주었다. 노리치 공립 도서관의 도리 잭슨 덕택에 《체난고 텔레그래프 (Chenango Telegraph)》 1896년 7월 4일자 특별판에 관심을 기울일 수 있었다. 그곳 여성들이 그 특별판을 쓰고 만들었던 것이다. 노리치 제일 침례교회 교구위원회의 허락 아래 나는 교회의 친필[手稿] 기록을 열람했다. 체난고 카운티 역사학회 회장 데일 스톰스에게 특별히 감사한다. 그가 역사학회의 소장 자료 속에서 베네딕트와 그녀의 새턱 및 풀턴 가계와 관련된 수기 문서와 기타 자료를 찾아주었다.

나는 이 책을 쓰면서 미드와 베네딕트를 연구하는 학자들과 친해졌다. 제인 하워드가 쓴 미드 전기, 주디스 모델과 마거릿 카프리가 저술한 각각의 베네딕트 전기, 힐러리 랩슬리가 지은 베네딕트와 미드 연구서는 대단한 저작들이다.[2)] 이 책들은 매우 귀중한 안내자였다. 물론 내 해석이 그들과 다를 수도 있다. 그러나 대화와 토론에 응해준 모델, 랩슬리, 특히 마거릿 카프리에게 깊은 사의를 표한다.

내가 쓴 원고를 전부든 일부든 읽어준 분들에게도 고마움을 전한다. 역사학자 데슬리 디컨, 리처드 폭스, 헬렌 호로비츠, 로렌스 러빈, 로절린드 로젠버그, 앨리스 웩슬러, 게이 및 레즈비언 연구자이자 역사가인 앨리스 에콜스와 조앤 미어로위츠, 인류학자 낸시 러트키호스와 제럴드 설리번이 그들이다. 낸시는 책을 쓰는 내내 나를 따뜻하게 배려해주었다. 시 작품들을 해설해준 신시아 호그와 수전 맥케이브, 대화에 응해준 제니퍼 테리에게도 감사를 드린다. 뉴질랜드의 웰링턴에 있는 빅토리아 대학교의 덜로리스 제니프스키에게도 큰 빚을 졌다. 그녀는 그 학교에 있는 리오 포천 문서를 읽고 정리해주었을 뿐만 아니라 베네딕트와 미드를 주제로 한 학술 논문 선집을 함께 편집하자고 제안하기까지 했다. 존스 홉킨스 대학교 출판부에서 나온 『베네딕트 읽기 / 미드 읽기 : 페미니즘, 인종, 당당한 미래상(Reading Benedict/Reading Mead: Feminism, Race, and Imperial Visions)』이 그 결과물이다. 2001년 4월 로스앤젤레스에서 열린 미국 역사학 대회에서 나는 베네딕트를 주제로 논문을 발표했다. 2001년 12월에는 미국 인류학 대회에서 미드를 주제로 발표하기도 했다. 순서대로 여기에 논평을 해준 대니얼 호로비츠와 마리 조 불, 리처드 핸들러와 카말라 위스웨스워런에게도 감사드린다.

내가 참조한 각종의 친필 자료를 담당하고 있는 문서 관리인들에게도 큰 빚을 졌다. 배서 대학의 낸시 맥케치니와 딘 로저스, 의회 도서관의 메리 울프스킬이 베풀어준 은혜는 말로 다 할 수가 없다. 메리는 미드 문서를 읽고자 하는 모든 이에게 기탄없는 친절을 베풀어주었다. 의회 도서관의 퍼트리샤 프랜시스에게 감사를 드린다. 그녀는 내가 문서들의 숲을 헤쳐 나올 수 있도록 도와주었다. 메리 캐서린 베이트슨은 어머니의 삶을 조사하는 학자들에게 개방적이었고 관대했다. 아울러 그녀의 섬세한 지성 자체가 베네딕트와 미드를 연구하는 우리 모두에게 귀중한 영감을 제공했다. 어머니의 문서와 루스 베네딕트 문서에 들어 있는 자료를 출판할 수 있도록 허락해준 것에 깊이 감사한다.

아들 기디언 배너, 여동생 릴라 마이어스, 딸 올리비아에게 고마움을 전한다. 기디언은 셰익스피어에 관한 지식과 뛰어난 자료 조사 능력으로 도움을 주었고, 릴라는 이 책에서 내가 시도한 문학적 형상화를 도왔으며, 올리비아는 자신의 컴퓨터와 팩스와 편집 기술을 제공했다. 케임브리지 대학교에 재직했던 시숙 피터 래슬릿에게 감사한다. 나는 그의 도움으로 그레고리 베이트슨의 하프 문을 찾을 수 있었다. 그는 갑자기 세상을 떠나기 전에 이에 관한 지식을 내게 나누어주었다. 서던 캘리포니아 대학교의 동료 모리시오 메이즌에게 감사한다. 그는 정신의학에 관한 지식을 내게 나누어주었다. 엘런 두보이스, 데브라 웨버, 릴라 카프가 보여준 통찰력과 혜안에도 감사한다. 로스앤젤레스 실버레이크 공동체 성원들, 특히 아델 윌리스와 저넷 멜리의 도움에도 심심한 사의를 표한다.

앤 마리 쿠이스트라, 빅토리아 밴토크, 새라 래슬릿, 린 새코, 벨린다 럼은 자료 조사를 도와주었다. 서던 캘리포니아 대학교는 관대하게도 내게 조사 활동 지원과 휴가를 제공해줬다. 나의 출판 대리인 니키 스미스와 편집자 제인 가렛은 언제나처럼 탁월한 능력을 보여주었다. 동기간인 존 웬들랜드와 올케 질 펠전에게 깊은 감사의 말을 전한다. 두 사람은 내가 워싱턴 D.C.에 머물면서 미 의회 도서관을 들락거리는 몇 달 동안 자신들의 집을 제공하며 환대해주었다. 나는 이 책을 그들과, 그들의 자녀인 오언, 크리스티나, 빅토리아에게 헌정했다. 혼자 힘으로 역사학자가 된 남편 존 H. M. 래슬릿에게 사랑과 감사의 인사를 보낸다. '내가 읽어야 할' 문서 보관소들이 있던 곳들에서 휴가를 보내자던 나의 교묘한 책동은 물론이고 베네딕트와 미드에 관한 나의 줄기찬 장광설에 그는 대범한 인내를 발휘했다. 그가 마음 깊이 후원했으며 꼼꼼하게 비판해주었음은 두말할 것도 없다.

프롤로그

시빌

1926년 로마

1926년 9월 마거릿 미드와 루스 베네딕트는 로마에서 재회했다. 아메리카 인디언 연구자들의 국제회의에 참석하는 자리였다. 아메리카 원주민들의 언어와 문화를 연구하는 전문가들이 모였다고는 해도 대회는 지리멸렬했다. 베니토 무솔리니가 회의장에 우스꽝스럽게 등장해 연설한 것을 제외하면 다소 지루한 학회라고 두 사람은 생각했다. 무솔리니가 트럼펫 취주에 맞춰 중세 복장을 한 호위병들과 함께 나타났던 것이다. 그래서 미드와 베네딕트는 많은 시간을 관광에 할애했다. 미드는 어느 날 오후 늦게 존 키츠의 무덤을 찾았고, 시간 가는 줄도 모르고 그들이 숭배하는 시인에게 경의를 표하는 데 몰두했다고 회고했다. 그러다가 두 사람은 공동묘지에 갇혀버렸고, 꺼내달라고 종을 울려야만 했다. 미드는 미켈란젤로가 시스티나 예배당 천장에 그린 다섯 명의 시빌(Sibyl : 아폴론 신을 모시는 무녀-옮긴이)을 본 것도 회상했다. 미켈란젤로는 고대 지중해 세계 전역에 살았다고 여겨지는, 아폴론 신을 모시는 무녀들을 형상화해놓았던 것이다. 그 무녀들이 베네딕트에게는 중요한 의미가 있었고, 그녀는 미드에게 시빌들을 보여주고자 했다.[1]

두 사람이 시스티나 예배당을 둘러본 일은 나의 호기심을 자극했다. 베네딕트와 미드의 관계를 이해할 수 있는 실마리이기 때문이다. 그들은 4년 전, 그러니까 1922년 가을 뉴욕에서 처음 만났다. 바너드 대학에서 개설한 인류학 입문 과정에서였다. 미드는 그 수업을 듣는 학생이었고, 길 건너 컬럼비아 대학교의 인류학 박사 과정에 있던 15년 연상의 베네딕트는 조교였다. 약 2년 후 두 사람은 연인 관계가 되었고

1926년 로마에서 재회했다. 미드가 첫 번째 현지 조사 여행을 마치고, 6월에 유럽에 온 지 3개월 후였다. 미드는 사모아 청소년 연구로 곧 유명세를 치르게 된다.

내성적이고 불안정했던 베네딕트는 어린 시절의 환상 세계에 빠지고는 했다. 그곳은 미켈란젤로의 시빌들이 지배하는 세계였다. 베네딕트는 그 환상 세계를 '환희의 산'이라고 불렀다. '환희의 산'이라는 말은 존 버니언의 『천로역정』에 나온다. 버니언은 자신의 순례자가 하늘의 도시에 이르는 여로에서 만나게 되는 지상의 낙원에 이런 이름을 붙였다. 베네딕트의 환상 세계에서는 언제나 날씨가 온화했고, 햇살이 눈부셨다. 그곳의 주민들은 한가하고 유유자적했다. 그들은 근심 걱정이 없었고, 다투지 않았다. 베네딕트는 이들을 자신의 '아름다운 사람들'이라고 불렀다. 그들은 역사적 장면을 재현하는 야외극의 등장인물들처럼 움직였다. 그들은 느리고 한결같은 속도로 걸었다. 윌리엄 블레이크의 석판화에서 볼 수 있는, 물결치는 형상들처럼 그들은 지면을 침착하고 우아하게 스쳐 지나갔다. 그들은 땅이나 의자에 앉기도 했다. 미켈란젤로의 시빌들처럼 말이다. 베네딕트는 열두 살 때 이 무녀들을 자신의 환상 세계로 끌어들였다. 이후로 그녀들은 베네딕트의 환상 세계를 완전히 장악했고, 성인이 된 그녀는 열두 살 이전에 자신이 마음속에 그렸던 환상의 주인공들을 기억해내는 데 어려움을 겪었다.[2)]

시빌들은 베네딕트에게 커다란 의미가 있었다. 하지만 미드는 이 무녀들을 마음에 들어 하지 않았다. 그녀는 미켈란젤로의 시빌들이 '덩치가 너무 크고 과장적'이라고 생각했다. 미드는 공감을 잘하는 사람이었지만 베네딕트에게는 까다로운 어린이처럼 굴었다. 베네딕트는 개의치 않는다는 투로 반응했다. "당신이 맘에 들어 하지 않으리라고 생각했다."라는 말에는 장난기까지 배어 있었다. 요컨대 유머를 통해 불안을 감출 수 있었던 것이다. 실제로 베네딕트는 불안해했다. 시빌에 대한 두 사람의 의견 차이가 본격적인 다툼으로 비화했던 것이다. 미드가 '난폭'했을 뿐만 아니라 두 사람의 25년 우정에서 몇 번 안 되는 중대한 다툼 가운데 하나였다고 썼을 정도로 격렬한 싸움이었다. 왜 의견 차이가 생겼던 것일까? 미드는 미켈란젤로가 그린 시빌들의 복제화를 본 적이 없었을까? 그녀가 베네딕트의 환상 세계를 몰랐던 것일까?

두 사람의 편지나 저술 어디를 봐도 이 의문에 대한 답을 찾을 수가 없다. "이 책은 세밀한 조사를 통해 진실을 남김없이 파헤친 이야기는 아니다." 미드가 『우리 시대의 인류학자(An Anthropologist at Work)』에서 베네딕트의 삶을 언급하며 한 말이다. 베네딕트가 죽고 10년이 지난 1959년에 출간된 이 평전에는 미드가 쓴 베네딕트의 전기적 기록과 함께 그녀가 선별한 베네딕트의 시와 편지, 저술들이 포함되어 있다.[3] 요컨대 베네딕트의 삶을 소개하는 자신의 저술을 언급하면서 미드는 '이 책'이라는 말을 사용했고, 이것은 다른 전기 작가들이 정교한 탐사 작업을 통해 다른 이야기를 찾아낼 수 있을 것이라고 암시한다. 미드가 의식했든 안 했든 그녀는 자신의 저술들에 단서를 남겨놓았다. 사랑과 미움, 꿈과 강박에 관한 단서들을 말이다. 이 두 여인의 삶을 파악하려면 다른 무엇보다도 정교한 탐사 활동이 필요하다.

베네딕트를 알았던 사람들은 그녀가 차분한 성품에 숫기가 없어 보였다고 평했다. 처신에서 표정을 읽을 수 없었지만 잊히지 않는 미모와 간간이 볼 수 있던 엷은 미소가 그녀를 흥미로운 존재로 만들어주었다고도 적혀 있다. 사람들은 베네딕트가 모나리자의 미소를 지녔다고 말했다(그녀를 찍은 사진들을 보면 그 수줍음과 미소의 정체를 확인할 수 있다). 그녀는 대학 시절부터 자신의 평정이 '가면'이라고 말했다. 내면의 혼란스러운 감정을 숨기려고 침착함을 가장했다는 것이다. 미드는 베네딕트보다 외향적이었다. 그녀는 수다쟁이로 유명했다. 그러나 그녀는 비밀도 많았다. 인디애나 드포 대학교 신입생 시절에 감리교 성직자가 가르치는 역사윤리학을 수강했는데, '눈에서 불이 날 정도로 열성적이었던' 이 교수를 보면서 그녀는 모든 사실을 다 얘기할 필요는 없다는 점을 확신하게 됐다.[4] 그녀에게는 부정적 기억을 머릿속에서 추방해버리는 능력도 있었다. 안 좋은 기억들을 긍정적인 것으로 치환해버리는 능력이라고도 할 수 있을 것이다. 미드는 어렸을 때 보모가 미드의 남동생을 벽장에 가둔 적이 있다고 회상했다. 그러나 그녀의 기억은 사실과 달랐다. 갇힌 것은 동생이 아니라 자신이었음을 나중에야 깨달았던 것이다.[5]

미드가 쓴 베네딕트 전기나 그녀의 자서전이 거짓이라고 말하려는 게 아니다. 그러나 그녀가 항상 모든 얘기를 남김없이 한 것은 아니었다. 미드는 베네딕트의 삶을 이야기하면서도 친구와 친척들의 감정을 상하게 하거나 난처한 처지로 몰아서는 안 되었다. 일종의 섬세한 균형이 필요했던 것이다. 다행히 그녀는 유능했고, 직관력도 탁월했다. 그녀는 자료를 새롭게 배열했다. 친구와 동료 관계를 새롭게 창조했고, 학문 활동과 개인적인 행동을 다양한 방식으로 설명했다. 미드의 딸인 메리 캐서린 베이트슨은 자기가 어렸을 때 어머니가 대개는 "자신의 재구성 작업에 다양한 이유와 근거들을 제시했다."라고 회고했다.[6] 우리 모두와 마찬가지로 그녀에게도 자신의 인생에 등장하는 사람들과 사건들에 대한 관점이 있었고, 자신의 행위를 정당화하고자 하는 건전한 태도가 있었다. 엘리자베스 케이디 스탠턴, 마거릿 생어, 엘리너 루스벨트 등 미국의 다른 저명한 여성들이 쓴 자서전을 한번 보라. 그 회고록들은 미드의 자서전보다 훨씬 더 많은 것을 숨기고 있다.

베네딕트와 미드는 인류학자로서 스스로를 과학자라고 여겼다. 정확함이 그들의 규범이었다. 그러나 자료를 활용해 일정 수준의 추상 단계에 이르는 이론화 과정에서는 그들도 다른 학자들처럼 전체가 아니라 부분을 강조하는 모험을 감행했다. 두 사람 다 열정적이었고, 단호한 주장을 펼쳤으며, 과학적 진실을 발견하려고 노력했다. 물론 그들은 학문적 해석의 상대성을 잘 알고 있었다. 어떤 관점이라도 다른 방식으로 접근할 수 있음을 말이다. 그들은 실재가 제 눈에 안경일 수 있음을 잘 알았다.[7)] 두 사람 다 프루스트, 예이츠, 파운드, 울프의 세례를 받은 모더니스트였다. 그들은 실재에 관한 다양한 모더니즘 이론들을 알고 있었다. 실제로 그들은 그 이론들을 자신들이 쓴 시에 적용했다. 그들은 알베르트 아인슈타인이나 막스 플랑크 같은 과학자들이 뉴턴주의 과학에 도전했음을 알고 있었다. 그들은 프로이트가 각광받던 시대에 살았다. 그들은 학제의 경계를 넘어 자연과학과 사회과학, 인문학을 연결하려 했고, 현대 여성을 당대의 삶에 짜 넣으려는 어려운 과제에 매달렸다. 출세, 보다 자유로운 성애, 현대의 신여성을 규정하는 우애결혼(companionate marriage : 피임과 이혼의 자유 등을 보장하는 실험적인 결혼-옮긴이) 등을 떠올려보라. 그들은 지식인으로서 학계와 대중의 간극을 메우려고 애썼다. 그들은 개혁가로서 저술 활동을 통해 세계를 변화시키려고 노력했다. 두 계획 모두 명확하고 흥미진진한 화법이 필수였다. 이 모든 요소가 두 여인의 삶과 작업은 물론이고 미켈란젤로의 시빌을 놓고 벌어진 다툼에까지 속속들이 배어 있다.

미켈란젤로는 시빌들을 어떻게 묘사했을까? 엄청난 크기의 무녀들 각각은 옥좌 같은 자리에 앉아 손에 예언서를 들고 있다. 각각의 무녀는 구약에 기록된 주요 사건에서 취한 장면들(아담의 창조, 이브의 창조, 대홍수, 술 취한 노아 등)을 사이에 두고 구약의 예언자들과 마주한다. 이 천

• 미켈란젤로, 시스티나 예배당 천장 그림 중 〈델포이의 시빌〉

장화는 예수의 탄생과 부활을 암시했다. 시스티나 예배당이 동정녀 마리아를 위한 것인 데다, 중세의 전설에 따르면 시빌들이 그리스도의 탄생을 예언함으로써 기독교 시대의 주요 형상으로 자리를 잡았던 것이다. 무녀들의 육중한 몸매는 남성적으로 묘사되어 있다. 근육질의 팔과 비틀린 몸통을 보면 에너지와 힘을 느낄 수 있다. 이뿐만이 아니다. 미켈란젤로가 구현한 인물상 특유의 성(性) 혼합도 확인할 수 있다. 동성애 작가들은 이 사실을 바탕으로 미켈란젤로가 동성애자였다고 주장하기도 한다. 시빌들은 유방과 함께 근육질의 몸매를 하고 있다. 어쩌면 '양성'이라는 용어를 사용해야 시빌들을 가장 잘 묘사할 수 있을 것이다.[8] 실제로 시빌들이 남성적 특징을 갖춘 여성이기 때문에 세기의 전환기에 서구인의 상상력을 사로잡았던 '남자 같은' 레즈비언의 전조로도 비쳤을 수 있다. 이 시기와 떼려야 뗄 수 없는 인물상이 바로 남자 같은 레즈비언이었던 것이다.

베네딕트는 시빌의 기념비적 특징이 마음에 들었지만 미드는 그 반대였다. 완고한 성격에 따지기 좋아하는 미드는, 인류학자 레이 버드휘스텔의 말마따나 '매우 남성적'이었다. 그러나 그녀는 얌전함과 아름다움, 동정심과 의존성 등 여성성을 높이 평가했다. 그녀는 가사에도 취미가 있었다. 자신의 동성 취향을 숨기고 '남자 같은' 레즈비언으로 간주되기를 회피한 것이 그녀 입장에서는 절대로 허위나 가식이 아니었다. 그녀는 자신의 여성성을 진지하게 받아들였고, 즐겼다. 그녀는 체구가 작았다. 키는 158센티미터였고, 체중은 1926년에 45킬로그램 정도였다. 그녀의 외모는 여성적이었다. 그녀는 "나는 어떤 관계에서도 남자 역할을 해본 적이 없다."라고 밝히기도 했다.[9)]

그러나 그녀가 시빌들을 '너무 크고 과장적'이라고 평한 것은 무례한 것이었다. 1926년 9월, 그녀와 베네딕트가 무솔리니가 장악한 파시즘 체제의 이탈리아에 머물렀다는 것을 떠올리면 모욕적이기까지 하다. 대회에 참가한 인류학자들은 이 독재자를 우스꽝스럽다고 여겼을지도 모른다. 그러나 휘하의 검은 셔츠 당원들이 로마 도처에 깔려 있었다. 그들은 남성적 권능을 상징하는 존재였다. 미드는 시빌들을 '크고 과장적'이라고 했고, 결국 베네딕트가 자신에게는 버거운 존재라는 얘기를 한 것이었다. 두 사람이 처음 로마에서 재회했을 때 미드는 베네딕트가 새로 한 짧은 머리와 자신이 떠나고 없는 사이 바뀌어버린 백발에 큰 충격을 받았다. 그녀는 마치 은색 투구를 쓰고 있는 것 같았다.[10)] 베네딕트는 '아마존' 같았다. 고대에 남자들과 싸웠다는 전설상의 여전사 말이다. 20세기 초에 아마존은 전투적 페미니스트나 출세한 여성을 가리켰다. 아마존은 '남자 같은' 레즈비언을 의미하기도 했다. 베네딕트는 키가 170센티미터로, 커다란 몸집에 운동선수처럼 다부진 체구였다. 그녀는 '발이 항공모함처럼 컸'고, '손도 큼직'했다. 그녀는 수영을 열심히 했고, 장작을 패면서 기분 전환을 했다.[11] 게다가 그녀는 자신이 남성적이면서 동시에 여성적이라고 생각했다. 미드는 '크고 과장적'이라는 말을 사용해 시빌들을 평하면서 베네딕트를 은근히 비판했던 것이다.

지그문트 프로이트는 이렇게 썼다. "사람이 사람을 만나면서 맨 먼저 하는 구별이 '남성/여성' 여부이다."[12] 포스트모더니즘 계열의 젠더 이론가들은 '남성'과 '여성'을 구성 개념으로 간주한다. 서구인들이 견지하는 이원적 사고 체계의 산물이라는 것이다. 흑백, 이성과 감성, 인간과 자연을 구분하는 것이 그런 예이다. 그러나 베네딕트와 미드는 각자의 연구 활동과 스스로를 규정하기 위해 이 말들을 사용했다. '남성'과 '여성'이라는 술어를 언급하지 않고는 두 사람의 전기를 쓸 수 없다. 내가 '젠더의 지리학'(geography of gender)이라고 칭한 것이 두 사람의 삶에 미친 영향을 서술하는 게 사실 이 책의 주된 목표다. 젠더의 지리학이라니? 두 사람이 정치적, 사회적, 직업적, 가족적, 개인적 인생의 과정에서 헤쳐나간 젠더와 섹슈얼리티의 복잡한 지형을 젠더의 지리학이라고 말할 수 있다.

내가 말한 '젠더의 지리학'은 두 사람이 각자의 성 정체성을 결정하는 과정에서 경유한 심리적 행로도 포함한다. 나는 두 사람이 각자의 인생에서 결정적 단계를 거쳐 확고한 태도를 정한 1930년대 초반까지는 그 정체성을 고정된 것이 아니라 유동적인 것으로 그렸다. 심리학자 베벌리 버치와 퀴어 이론가 주디스 핼버스탬이 내 연구에 특히 많은 영향을 끼쳤다. 핼버스탬의 말마따나 두 사람은 정체성이 '다각적 면모를 가진 형성과 존재의 과정'이라고 주장한다.[13)] 버치에 따르면, 정체성이 형성되는 것은 인생 과정의 일부다. 그 과정에서 성적 지향이 생물학적 기질, 생활사의 국면, 역사적 풍조, 의학적·집단적 규정, 사람과 사건들의 영향에 반응해 정해지고 또 바뀌는 것이다.[14)]

'젠더의 지리학'에는 역사적 요소도 담겨 있다. 1890년대의 여성운동은 법 앞의 평등, 노동 시장에서의 평등, 직업의 평등, 투표권 행사의 평등을 요구했다. 이와 함께 현대가 개막되었다.[15)] 이런 요구들은 가끔씩 반(反)남성적 웅변으로 표명되었고, 격렬한 반발에 휩싸였다. 남성의 폭력과 전쟁을 낭만적으로 그리거나, 미식축구나 보디빌딩 같은 스포츠를 중심으로 사내다움을 숭배하는 새로운 풍조가 유행한 데서 불쾌한 남성성이 분명하게 나타난다. 역사가들은 세기의 전환기에 강력한 '여성화' 추세가 있었고, 문학과 예술, 학계와 과학 분야, 더 광범위하게는 문화 영역에서 '남성화'의 반동이 수반되었음에 주목한다. 개혁적 진화론과 진화적 점진주의가 보수적 진화론 및 진화적 전통주의와 다투었다. 인종주의, 동성애 혐오, 여성 혐오가 만연했다. 남성 작가들과 화가들은 그들의 작품에 여자 악마를 집어넣었다. 마녀, 메두사, 인어 따위를.[16)] 가정생활과 모성을 찬양하는 분위기도 새롭게 부상했다. 여성운동과 이에 대한 반발, 모성 찬양 등의 기운이 20세기로 흘러들었고, 베네딕트와 미드의 삶과 저술에 다양한 방식으로 스며들었다.

1926년 9월의 그날, 루스와 마거릿은 미켈란젤로의 시빌들을 놓고 다투었다. 그 시점까지만 해도 그들이 연애 관계를 지속할 수 있을지 확실치 않았다. 어쩌면 우정까지도 말이다. 불행했다고는 해도 두 사람 다 결혼 생활을 하고 있었다. 루스는 뉴욕의 코넬 대학교 의과대학의 유명한 생화학자 스탠리 베네딕트(Stanley Benedict)와, 마거릿은 컬럼비아 대학교에서 사회학 박사 과정에 있던 성공회의 비상근 성직자 루서 크레스먼(Luther Cressman)과 함께였다. 마거릿이 연상의 저명한 언어학자이자 인류학자인 에드워드 사피어(Edward Sapir)와 잠깐 동안 불같은 사랑에 빠진 역경 속에서도 두 사람의 우정은 변함이 없었다. 마거릿은 1926년 늦봄에 호주를 경유해 사모아에서 유럽으로 크루즈 여행을 했다. 그녀는 이 와중에 또 다른 남자와 사랑에 빠졌다. 심리학과 인류학을 공부하는 뉴질랜드인 대학원생으로 리오 포천(Reo Fortune)이라고 했다. 포천은 케임브리지 대학교에서 연구를 시작하려 하고 있었다. 루서 크레스먼, 리오 포천, 루스 베네딕트. 마거릿의 선택은? 그녀는 여름 내내 크레스먼과, 이어서 포천과 유럽을 주유했다. 그 와중에 루스 베네딕트가 그녀에게 로마에서 열리는 국제회의에 참석하라고 했던 것이다. 따라서 그 대답은 불확실했다.

루스와 마거릿 모두 자유연애를 신봉했다. 이 원칙은 성적 실험에 환호했고, 질투를 배격했다. 그러나 두 사람은 결혼의 신성함도 믿었고, 경력에 오점이 생길 것을 두려워했다. 두 사람은 나이 차이가 났다. 그들은 아이를 낳음으로써 여성이 완성된다는 신념도 공유했다. 루스는 아이를 갖는 데 실패했다. 그녀는 마거릿을 자기 애인으로 여겼지만 그녀를 딸이자 총명해서 돌봐줘야 할 대상으로도 생각했다. 실제로 루스는 마거릿의 연애 행각에 화가 난 만큼이나 그녀를 놓치고 싶어 하지 않았다.

9월의 그날에 두 사람은 로마의 시스티나 예배당에 있었다. 덥고 지친 상태였다. 그들은 목을 길게 빼고 머리 위로 약 12미터 높이에 위치한 시빌들을 쳐다보았다. 어두침침했다. 천장은 여러 세기 동안 한 번도 청소를 하지 않은 상태였다. 그들은 사랑싸움으로 괴로웠고, 남편들 때문에 불행했으며, 어떤 방향으로 인류학 연구를 계속해나갈지 아직 확신이 없었다.[17] 미드는 그랜드오페라에 나올 법한 온갖 방식으로 살았다. 연극적이고, 과장되었다는 말이다. 그녀는 선정적 소설의 작가이면서 여주인공인 것마냥 자신이 연기하는 줄거리를 창조했다. 그녀는 서사적 장면과 질서의 연출자 같았다. 세상에 알려지는 게 싫었던 베네딕트는 두드러진 행동을 하지 않았다. 그러나 그녀도 나름의 방식으로는 주인공이었다. 그녀에게는 칭찬이 필요했고, 실제로 그걸 교묘하게 이끌어냈다. 그녀는 어떤 사람들을 몹시 싫어하는 만큼 다른 사람들에게는 정성을 다했다. 그녀는 관대했고, 영감이 넘쳤다. 실제로 그녀도 미드만큼이나 우뚝 섰다. 그녀는 명성이 드높았고, 시대를 반영하고 규정하는 사상과 관념을 제시했다.

1930년대에 심리학자 에이브러햄 매슬로가 컬럼비아 대학교에서 루스 베네딕트와 함께 연구를 진행했다. 그는 그녀에게 큰 감동을 받았고, 베네딕트를 자신이 구축한 자아실현 이론의 모범으로 삼았다. 매슬로의 자아실현 이론은 모든 사람이 초월적 자아에 이를 수 있다고 말한다.[18] 힘겨웠던 어린 시절, 청각 장애, 심각한 우울증 성향 따위를 자기 분석과 담대한 투지로 극복한 한 여성에게 바치는 찬사였던 셈이다. 미드에게 비슷한 얘기를 할 수 있다. 미드가 보여준 극단적인 낙천성과 원대한 야망 이면에는 불안감이 도사리고 있었다. 어렸을 때 특별한 재능이 있었으니 어른으로서 그 사실을 입증해야 한다는 요구는 편한 얘기가 아니었다. 미드는 베네딕트의 불안감을 강조한 만큼이나 자서전에선 자신의 불안감을 경시했다. 그러나 평생 습관적으로 오른팔 신경염에 시달렸고, 사소하지만 반복적으로 쇠약성 부상과 사고(다리 골절, 안경 파손, 발목 염좌)를 당한 것을 통해 그녀가 불안감에 시달렸음을 확인할 수 있다. 그러나 그녀는 불가능한 목표들을 생각해낸 다음 반복해서 이를 완수했다. 그녀는 대단한 실행력으로 모든 걸 걸었고, 가끔 와해 직전 상황으로까지 몰렸지만 결코 좌절하지 않았다.

베네딕트와 미드가 함께 산 건 두 번뿐이었다. 1928년 여름 뉴욕과 1940년대 중반 워싱턴 D.C.에서였다. 두 번째는 두 사람 다 전시 관련 임무를 수행하고 있었다. 그들이 간행물을 공동 저술한 적은 없다. 그들의 친필 자료 가운데서 두 사람이 함께 찍은 사진은 단 한 장도 없다. 깊은 우정을 들키고 싶지 않은 바람이 아주 강했던 탓이다. 그러나 두 사람은 서로의 연구 결과물을 읽고 비평했다. 그들은 떨어져 지낼 때면 편지와 전화로 연락을 주고받았다. 베네딕트는 1948년 61세의 나이에 심장마비로 급사했고 미드는 크게 상심했다. 베네딕트는 미드의 성인기 대부분 동안 가장 절친한 여자 친구였다. 그녀의 스승이자 연인이었고, 어머니이자 딸이었으며, 둘도 없는 친구이자 분신이었다.

1926년에 두 사람은 시빌을 놓고 다투다가 파경 직전에 이르렀다. 마거릿은 루스가 사랑한 형상들, 곧 그녀의 '아름다운 사람들'을 공박했다. 마거릿은 리오 때문에 오히려 화를 냈고, 절교하자던 루스 때문에 골치가 아팠다. 그럼에도 결국 두 사람은 화해했고 더 나아가 역사상 가장 유명한 우애 관계 가운데 하나를 형성했다. 이후로도 두 사람의 인생은 부침을 거듭했으나 그들은 계속해서 서로에게 헌신했다. 이 책은 그 우정을 기록한 것이다. 온갖 기쁨과 슬픔은 물론 놀라운 독창성을 이 우정담에서 확인할 수 있다. 가족, 친구, 동료, 연인으로서의 역할과 사상의 접점이 둘의 관계를 지탱해주었음도 알게 될 것이다.

잡지와 기타 저술은 물론이고 베네딕트와 미드가 1922년부터 서로에게 보낸 수십 통의 편지 어디를 보더라도 두 사람은 자신이나 상대방을 '레즈비언'(lesbian)이라는 용어로 지칭하지 않는다. 1930년대에 이르러 미드가 가끔씩 '레즈비언'이라는 말을 사용해 다른 여성들을 지칭하기는 했지만 베네딕트는 그러지 않았다. 오히려 그들은 '동성애자'(homosexual)와 '이성애자'(heterosexual)라는 말을 썼다. 두 사람은 가끔씩 '도착자'(invert)와 '변태'(pervert)라는 용어를 쓰기도 했다. 물론 베네딕트가 변태라는 말을 대개 반어적으로 사용하기는 했지만 말이다. 그녀는 1935년 미드에게 보내는 한 편지에서 자신을 '남녀양성'(androgyne)이라고 칭했다. 그들은 두 성 모두에 성적으로 끌리는 사람들을 '양성애자'(bisexual)가 아니라 '혼합 유형'(mixed type)이라고 지칭했다. 미드의 글에는 1938년에야 비로소 '양성애자'라는 말이 나온다. 그녀가 법정 조언자 자격으로 발리에서 친구 발터 슈피스(Walter Spies)를 옹호하며 제출한 적요서에서 그 사실을 확인할 수 있다. 슈피스는 발리인 소년들과 남색 행각을 벌였다는 혐의로 재판을 받고 있었다. 베네딕트는 '양성애자'라는 말을 사용한 적이 없다.[19] 이 책에서는 물론 현대의 용법에 따라 '레즈비언'이라는 말을 사용하기도 했지만 그들의 방식을 따랐다. 결론적으로, 베네딕트는 우리가 오늘날 '레즈비언'이라고 부르는 존재가 되었다. 반면 미드의 입장은 다소 모호했다. 나는 레즈비언, 게이, 페미니스트 집단 내에서 용어 사용과 관련해 이런저런 논쟁이 있음을 알고 있다. 나는 두 명의 중요한 여성 지식인이 사용한 술어의 의미와 한계를 탐색했고, 이 작업이 그 논쟁에 보탬이 되었으면 싶다. 내 이야기를 읽다 보면 그들이 왜 그런 말들을 사용했는지가 더 분명하게 다가올 것이다.[20]

나는 이 책을 쓰기 위해 베네딕트와 미드가 쓴 모든 것을 읽었고, 그들이 각자의 저술과 편지, 잡지에서 언급한 다른 사람들의 작업물도 상당히 소화했다. 나는 그들의 삶과 역사적 맥락을 조사했고 그들의 어린 시절을 세밀하게 파헤쳤다. 그들처럼 나도 어린 시절이 성인기 자아 형성에 결정적으로 중요하다고 생각했기 때문이다. 그렇게 해서 두 사람의 전기가 탄생했다. 각각 따로, 그러나 깊이 연관된 두 인생이 펼쳐진다. 베네딕트와 미드는 여러 사회를 인류학적으로 비교해보면 그 모두를 통찰할 수 있다고 믿었다. 마찬가지로 두 사람의 인생 역정을 비교해보면 그들을 더 잘 알 수 있다. 나는 그들 인생의 상호 연관성은 물론, 두 사람이 우정과 욕망, 헌신, 불화의 범위를 다른 사람들에게 어느 정도까지 확대했는지 파악하기 위해 친구와 동료들이 출판한 자료와 친필 자료를 깊이 파고들었다.

1부

조상

1장

선구자들

청교도 도덕주의, 혁명적 이상주의, 서부 이주. 미국인들의 경험을 구성하는 중요한 주제들이다. 이런 주제들이 베네딕트와 미드의 조상들의 삶에도 속속들이 배어 있다. 두 사람의 조상은 식민화 초기에 영국 제도에서 건너왔다. 베네딕트의 선조는 잉글랜드 출신이었고, 미드의 조상은 잉글랜드와 에이레, 스코틀랜드에서 건너왔다. 1620년 메이플라워호에 승선한 필그림파더스와 로저 윌리엄스의 추종자들 가운데도 베네딕트의 선조가 있었다. 로저 윌리엄스는 1636년 로드아일랜드 식민지를 건설한, 국교에 반대하던 침례교 설교자였다. 미드는 자신의 가계를 조사했고, 1630년에 매사추세츠 만 식민지를 건설한 영국의 청교도와 17세기 후반에 미국으로 이주한 스코틀랜드 장로파까지 거슬러 올라간다는 사실을 알아냈다. 1660년 스튜어트 왕가가 복위하면서 영국 국교회가 재건되었고, 국교를 따르지 않는 교파들은 불법화된 여파였다. 미드는 특유의 연극적 과장과 미사여구를 동원해 그녀의 장로파 조상들을 그리고 있다. 그들이 스코틀랜드 해안의 동굴에 숨어서 왕의 군인들을 따돌리고, 미국으로 건너왔다는 것이다.[1)]

두 사람의 남자 조상들은 미국 독립 전쟁에 참전했다. 미드의 집안에서는 최소 일곱 명, 베네딕트 쪽에서는 여섯 명이었다. 이들은 거의 대부분이 농민들로, 잠깐 복무를 했으며 전쟁이 끝나자 다시 농사일로 돌아갔다. 뉴햄프셔 출신 조사이어 포그라는 미드의 조상은 꽤 높은 계급까지 진급하기도 했다. 대위로 복무했던 그는 소령으로 예편했다. 베네딕트는 부계 쪽 고조할아버지 새뮤얼 풀턴의 혁명적 애국주의를 특히 명예롭게 생각했다. 노바스코샤의 침례교 목사였던 그는 1799년 핼리팩스에서 열린 한 공식 연회에서 조지 워싱턴을 위해 건배하자고 제안해 다수의 영국당원들을 격분시켰다. 그들은 뉴잉글랜드에서 노바스코샤로 이주해 온 사람들이었고, 그는 치안 방해죄로 고발당했다. 그는 체포를 피해 캐나다에서 뉴욕 주의 북부 지방으로 도주했다. 포킵시 사람들이 목사를 찾고 있었고, 그는 직책을 맡아 정착했다.

독립 전쟁이 끝나고 수십 년 동안 베네딕트와 미드의 조상들은 서부로 이주했다. 그들은 농부, 사업가, 의사, 성직자가 되었고, 대부분이 중간계급이었다. 그들 가운데 일부는 조상들의 이의 제기 전통을 고수해 노예 제도 폐지를 주장하거나, 개혁을 요구하거나, 여성의 권리를 옹호했다. 그들 가운데 일부 여성은 1870년대부터 대학을 졸업하고, 결혼하기 전까지 학교에서 가르쳤다. 그런 여성 가운데 일부는 빅토리아 시대를 살았던 여성들의 중요한 경험이라 할 수 있는 여성들끼리의 낭만적 우정을 즐겼다. 요컨대 이주, 이의 제기 문화, 도덕주의, 여성 유대 등 미드와 베네딕트의 조상들이 공유한 이런 특성이 그들을 성인으로 다듬어내는 데에 일정한 역할을 했다.

베네딕트의 부계 쪽 고조할아버지인 풀턴은 1798년 노바스코샤에서 포킵시로 피난했다. 2년 후인 1801년에는 그녀의 모계 쪽 새턱 가문 조상들이 코네티컷에서 뉴욕 주 북부로 이주했고, 노리치 시 인근에 정착해 농사를 지었다. 노리치는 빙엄턴에서 북동쪽으로 약 64킬로미터 떨어진 도시로, 영국인들이 막 정착하기 시작한 곳이었다. 베네딕트는 조상들의 모험심과 모계 쪽 혈통을 자랑스러워했다. 그녀는 엄동설한에 '썰매 뒤에 소를 매고, 아기들에게 우유를 먹이면서' 바위투성이 삼림을 뚫고 서쪽으로 여행하는 조상들의 모습을 그린다. 그녀는 이렇게 썼다. 그들은 "강건한 개인주의를 바탕으로 미국인 특유의 개척자적 삶을 살았다. 그렇게 인생에 독창성과 홍취를 더한 것이다."[2)]

뉴욕 주 북부에 살던 섀턱과 풀턴 일가는 약 70년 동안 교류가 없었다. 노바스코샤의 반항아였던 새뮤얼 풀턴의 손자인 또 다른 새뮤얼 풀턴이 아내 및 자녀들과 노리치로 이사한 것은 1876년이었다. 미시간에서 여러 해 동안 동종요법 의사로 활약한 직후였다. 은퇴한 노리치의 한 의사에게서 영업권을 승계한 그는 개업을 했고, 지역사회에 자리를 잡았다. 새뮤얼 풀턴은 가족과 함께 섀턱 일가와 같은 침례교회에 다니기 시작했다. 새뮤얼의 19세 아들 프레더릭(Frederick Fulton)이 거기서 16세의 버트리스 섀턱(Bertrice Shattuck)을 만난다. 프레더릭은 루스 풀턴의 아버지이고, 버트리스 섀턱은 루스의 어머니이다. 가족사가 전하는 바에 따르면 그들은 첫눈에 반해 사랑에 빠졌다고 한다.

그들은 10년 후에 결혼했다. 그 사이에 버트리스는 배서 대학을 졸업하고 오하이오의 한 여학교에서 1년 동안 교편을 잡았고, 프레더릭은 콜게이트 대학교와 뉴욕 시에 있는 호미어패식 칼리지(Homeopathic College ; '동종요법 대학'이라는 뜻—옮긴이)를 졸업하고, 아버지를 좇아 동종요법 의사가 되었다. 프레더릭은 뉴욕 시에서 개업했고, 그와 버트리스는 결혼해서 거기 정착한다. 루스는 1년 후인 1887년에 태어났다. 두 번째 딸 마저리는 루스가 태어나고 1년 6개월 후에 세상에 나왔다. 그런데 마저리가 태어난 직후 안타깝게도 프레더릭이 브라이트병(Bright's disease ; 신장 질환의 구칭-옮긴이)으로 죽고 만다. 버트리스 혼자 두 아이를 부양해야 했다.

버트리스는 부모님의 농장으로 돌아가 노리치 공립 고등학교에서 가르치는 일을 시작했다. 그녀는 독립심이 아주 강했다. 1895년에는 미주리 주 세인트조지프에 있는 한 고등학교에서 교사 자리를 얻는다. 2년 후에 그녀는 미네소타 주 오와토나의 필스베리 아카데미에서 여학생 사감이 되었고, 다시 1899년에는 뉴욕 주 버펄로의 버펄로 공립 도서관 대출 책임자로 부임했다. 버트리스는 약 11년 후 은퇴할 때까지 거기서 근무했다. 그녀는 이렇게 근무지를 옮기는 과정에서 두 딸과, 결혼하지 않은 언니 헤티를 대동했다. 버트리스가 생계를 책임졌기 때문에 언니가 루스와 마저리를 돌보는 일을 맡았다. 그들은 노리치의 섀턱 농장에서 여름휴가를 보냈다. 버트리스는 재혼하지 않았다.

마거릿 미드는 자신의 조상들이 뉴잉글랜드와 펜실베이니아를 경유해 이주한 수십 년의 여정을 일필휘지로 간략하게 요약했다. 그녀는 선조들이 "(영국에서) 대양을 횡단해 켄터키와 오하이오의 초원 지대로 건너왔다."라고 적었다.[3] 일부 조상은 일리노이와 위스콘신 등 더 먼 서쪽까지 나아가기도 했다. 1800년대에 미드의 조상들은 서부 보류지(Western Reserve : 오하이오 주 동북부에 있었던 보류지로, 미국 서부 토지에 대한 코네티컷 주의 권리가 1786년 연방 정부에 이양되었을 때 보류된 땅. 1800년 오하이오 주에 양도되었다.-옮긴이)로 이주했고, 고조할아버지 두 명이 오하이오 주 윈체스터 시를 건설하는 데 참여했다. 그들의 아들 가운데 한 명이 감리교회 순회 목사이자 치안 판사로, 마사 램지 미드의 아버지이다. 마사 램지 미드는 마거릿 미드의 부계 쪽 할머니이다. 그러니까 마거릿의 아버지인 에드워드 미드(Edward Mead)의 어머니인 셈이다. 에드워드가 여섯 살 때 마사의 남편이 죽었다. 그녀는 생활 방편으로 학교에서 가르치는 일을 시작했다. 학교 선생이었던 버트리스 새턱처럼 그녀도 재혼하지 않았고, 미혼의 여자 형제와 함께 살았다. 마찬가지로 여자 형제가 마사의 살림살이와 육아를 도왔다.

마거릿 미드의 어머니 에밀리 포그(Emily Fogg)는 시카고에서 태어났다. 그녀의 조상들은 뉴잉글랜드에서 뉴욕 북부를 경유해 시카고로 이주했다. 그들은 대체로 부유했고, 하버드 대학교 포그 박물관에 기금을 댄 포그와도 친척 간이었다. 그들은 유니테리언파였고, 노예제 폐지를 지지했으며, 여성의 권리를 옹호했다. 에밀리의 할아버지인 제임스 포그는 1852년 버펄로에서 자유지역당(Free-Soil Party : 노예 제도가 금지되는 자유 지역을 주창하던 정파로, 1854년 공화당에 합병되었다.-옮긴이) 후보로 하원 의원에 출마했고, 이어서 시카고에서는 중서부 전역에 판매망을 구축한 종자 도매 회사를 설립했다. 그가 죽고 나서는 에밀리의 아버지인 제임스가 가업을 이어받았다. 에밀리는 2년 동안 웰슬리 대학을 다니다가 1894년 신생 시카고 대학교에 입학했다. 그녀는 그곳의 한 강의에서 에드워드 미드를 만난다. 감리교파가 인디애나에 세운 드포 대학교를 졸업한 그는 경제학 박사 과정을 밟고 있었다.

에밀리는 시카고 대학교를 졸업한 후 뉴욕 시 인근의 한 사립 여학교에서 수년간 교편을 잡았다. 그러다가 브린 모어 대학(Bryn Mawr College)의 박사 과정에 진학했다. 당시는 박사 학위를 소지한 여성이 아주 드물던 시절이었다. 에드워드는 펜실베이니아 대학교에서 박사 학위를 받았다. 1900년에 그는 그 대학의 와튼 상업금융 스쿨(Wharton School of Commerce and Finance) 교수진으로 선임되었고, 에밀리와 결혼했다. 마거릿은 1년 후에 맏이로 태어났다. 그들은 자녀를 세 명 더 두었다. 리처드는 1904년에 태어났고, 엘리자베스는 1909년에, 프리실라는 1911년에 태어났다. 리처드가 태어나고 1년 후인 1905년에 캐서린이 태어났지만 그녀는 생후 6개월 만에 사망했다.

딸 둘과 언니를 대동하고 미국 여기저기로 이사한 버트리스 새턱처럼 마거릿 미드의 가족도 이사를 많이 했다. 물론 그들은 필라델피아 근처를 맴돌았지만 말이다. 에드워드는 연구실이 있는 대학 근처에서 살기를 원했지만 에밀리는 필라델피아에서 남쪽으로 80킬로미터 거리에 있는 뉴저지 주 해먼턴에 머물고 싶어 했다. 그녀는 거기서 이탈리아인 이민자 공동체를 연구하며 박사 논문을 쓰고 있었다. 두 사람은 해먼턴에 큰 집을 사서 가을과 봄에는 거기 살고, 겨울에는 필라델피아의 임대 주택에서 사는 것으로 타협을 보았다. 여름에는 저지 쇼어(Jersey Shore)나 매사추세츠 앞바다에 있는 낸터킷 섬으로 휴가를 갔다. 그들은 1년에 무려 네 번씩이나 이사를 했다. 에드워드의 어머니인 마사 미드가 60대에 은퇴한 학교 선생이었기 때문에 자녀들의 학교 문제는 걱정할 필요가 없었다. 마거릿이 태어난 후부터 그녀는 그들과 함께 살았고, 집에서 아이들을 가르쳤다. 1910년에 그들은 해먼턴의 집을 팔고, 펜실베이니아 주 벅스 카운티의 농장을 샀다. 농장 근처에는 역사 유적지 홀리콩 빌리지(Holicong Village)가 있다. 그들은 마거릿이 인근 도일스타운 고등학교에 입학할 때까지 거기 살았다. 이후로 도일스타운에서는 한동안 집을 임대해 살았다.

베네딕트와 미드는 둘 다 선조에게서 물려받은 개척 정신을 자랑스럽게 여겼다. 두 사람은 감연히 인류학을 연구하는 모험에 나섰고, 우정을 돈독히 쌓았으며, 인습적인 성 관념에 도전했고, 여성이 차별 당하던 시대에 직업적으로 큰 성공을 거두었다. 20세기 초에는 영국 출신 이민자들의 다수가 자기들의 출신 성분에 자부심을 가졌다. 그 시기에 동유럽과 지중해 지역에서 '새로운' 이민자 집단이 대거 유입되었음을 상기하면 능히 짐작할 수 있는 일이다. 베네딕트와 미드는 '올드 아메리칸'으로서 막강한 영향력을 누렸다. 학회에서 미드는 자신을 10대째 미국인이라고 소개한 적이 여러 번 있었다.[4] 베네딕트는『지금의 바이오그래피(Current Biography)』에서 자신을 '올드 아메리칸'으로 규정했고, 이렇게 썼다. "인종, 신념, 피부색에 근거해 차별해서는 안 된다고 촉구한 미국 헌법 제정자들(Founding Fathers)을 지지한다."[5]

미드의 친구인 캘리포니아의 교육자 로저 르벨은 그녀를 '진짜배기 미국인'이라고 했다. 그는 그녀가 미국에 터를 잡고 살아온 자신의 오랜 가계를 자랑스러워했다고 말했다. "그녀는 자신이 아주 심오하게 이 나라에 의해 주조되었다고 생각했다."[6] 베네딕트는 겨울에 뒤로 소를 맨 썰매를 끌고 뉴욕 주 북부로 이주한 조상들을 언급하면서 그들의 개척 정신과 모성을 찬양했다. 아메리카 원주민들이 마차를 타고 서부로 향하던 조상들을 공격했는데 '파란 눈의 어머니와 파란 눈을 한 그녀의 아기만'은 살려주었다고 적은 미드도 베네딕트와 같은 심정이었을 것이라고 말할 수 있을 것이다.[7] 미드는 미국 정부가 아메리카 원주민을 혹독하게 대했고, 영국계 이민자들이 그들의 땅에 침입하면서 폭력 사태가 발생했음을 알고 있었다. 그러나 그녀는 자신의 조상들이 변경에 정착한 것을 자랑스러워했고, 특히 여성 선조들에 자부심을 느꼈다. 그녀는 여성 선조들이 일가친척을 떠나 황량한 서부에서 분만을 포함한 미지의 위험들과 대면했던 게 영웅적인 행위라고 생각했다. 미드가 묘사한 '파란 눈의 아이'가 있는 '파란 눈의 어머니'는 성모자상(聖母子像)으로, 인디언 문화가 아니라 대량 학살이라는 남성 폭력을 비판하는 상징이었다.

미드는 미국에 온 이민자들이 광범위하게 연결되어 있다고 보았다. 그 시작은 당연히 아메리카 원주민과의 접촉이었다. 당대에는 아메리카 인디언들이 원래부터 아메리카 대륙에서 살았던 사람들이 아니라, 한때 베링 해협에 존재했던 연육교를 거쳐 시베리아에서 유입되었다는 견해가 널리 인정되었다. 그녀는 이런 전제를 바탕으로 그들 역시 거대한 이주 물결의 일부로 보았다. 당연히 그 이주 물결에는 그녀의 조상들과 같은 영국계 이민들도 포함되었다. 그녀는 더 나아가 독일, 동유럽, 스칸디나비아, 지중해 연안에서 유입된 최근 이민자들도 껴안았다. 미드는 자신이 '올드 아메리칸'이라고 생각했고, 더 광범위한 이주 물결의 일부로도 이해했다.[8)]

베네딕트는 미드보다 그녀의 조상들에 더 비판적이었다. 그녀는 미드와 달리 자신이 주류 사회에서 소외되었다고 생각했다. 베네딕트는 자신이 물려받은 변경의 유산을 찬양했지만 자신의 청교도 조상에게 양면적인 태도를 보였다. 메이플라워호에 승선한 필그림파더스와 로드아일랜드에 식민지를 건설한 침례교도들에게 말이다. 1920년대에 활약한 다수 지식인처럼 그녀도 청교도를 비판했다. 그들의 도덕적 억압과 상업에 대한 이해 방식으로 인해 19세기에 편협성과 점잔빼기를 특징으로 하는 빅토리아주의가 부상했고, 현대식 물질주의가 창궐했다고 본 것이다. 그녀는 자신이 받은 침례교식 훈육의 성(性) 엄숙주의를 비판했다. 그녀는 일기에 이렇게 썼다. "감각에 대한 청교도적 불신이 몸에 뱄고, 근본적인 삶의 형태를 싫어하게 됐다." 그녀는 『문화의 패턴』에서 17세기의 청교도 성직자들을 '정신 신경증 환자'라고 칭했다. 그들은 세일럼에서 여성들을 마녀 사냥했다.[9)] 미드는 어땠을까? 그녀는 대공황기에 『뉴기니에서 어른 되기(Growing Up in New Guinea)』를 썼다. 여기서 그녀는 청교도들의 경쟁적 이기주의와 성 억압을 비판했다. 제2차 세계대전 때 어느 정도는 국가에 대한 자긍심을 심어주기 위해 쓴 『그리고 만일의 사태에 대비할 것(And Keep Your Powder Dry)』에서는 청교도들의 도덕적 단호함과 실용주의를 찬양했다.

(베네딕트가 사망한) 1948년의 한 송덕문에서 미드는 베네딕트와 그녀의 청교도 조상들을 구분했다. 베네딕트의 뿌리가 뉴욕 주 북부에서 농사를 짓던 '요먼'(yeoman : 자유 자작농-옮긴이) 가계였다는 것이다. '요먼'은 토지와 긴밀히 연결되어 있는 특성을 미덕으로 지칭하는 오래된 영어 단어이다. 토머스 제퍼슨은 이런 요먼 농민들을 바탕으로 덕성이 넘치는 민주 국가를 건설하겠다는 고결한 계획을 세웠던 것이다. 미드는 베네딕트가 최근의 이민자들에게 흔히 결여된 안정감과 기품을 갖출 수 있었던 것은 그의 출신 성분 덕이라고도 주장했다. "그녀는 불굴의 용기를 보여줬던 요먼 선조들을 뚜렷하게 인식했다. 그녀는 최근의 이민 사태와 빠르게 변동하는 도시 생활이 성미에 맞지 않았고, 그래서 불안할 때면 건전했던 선조들을 떠올리며 위안을 삼았다."[10)]

미드는 더 나아간다. 친구 베네딕트가 땅과 연결되어 있었고, 자신이 연구하던 부족과 특별한 유대 관계를 형성하고 있었기 때문에 인류학자로서 크게 성공할 수 있었다는 것이다. 베네딕트가 연구한 부족 역시 자연을 가까이하면서 살았기 때문에 그게 가능했다는 논리다. 미드는 이런 말을 스스로에게도 했다. 베네딕트는 유년 시절을 뉴욕 주 북부의 할아버지 농장에서 보냈다. 미드도 어린 시절의 상당 기간을 자연과 벗하며 지냈다. 뉴저지 주 해먼턴에서, 그리고 펜실베이니아 주 버킹엄의 농장이 그 무대였다. 베네딕트와 미드는 도시 생활도 좋아했다. 두 사람 다 성인기의 상당 기간 동안 뉴욕에 제1거처를 두었다. 그러나 두 사람은 우아하게 바뀌는 계절의 움직임을 사랑했다. 그들은 자연의 소리와 냄새를 즐겼다. 1920년대에 두 사람은 시를 썼고, 둘 다 어린 시절에 경험한 시골 풍경을 노래했다. 베네딕트의 작품에는 '산사나무', '잔뜩 배가 부른 벌', 11월의 '그루터기만 남은 황금 들판', 뉴욕 주 북부의 '황량하고 긴 겨울' 같은 시구가 나온다. 미드는 '소나무 숲'과 '소가 지나가는 길에 핀 데이지'를 노래했다. 이런 단어와 어구는 미국에서 영위되는 농장 생활의 정수라 할 만하다.[11)]

성인이 된 베네딕트와 미드는 각자의 집을 가족한테서 물려받은 가구로 꾸몄다. 현지 조사 과정에서 얻은 공예품이 아니었다. 미드는 50년 넘게 미국 자연사박물관의 큐레이터로 일했고, 현지 여행을 가면 박물관에 수장할 공예품을 수집했다. 그러나 자기 아파트에는 가족이 물려준 골동품을 들여놨다. 그녀는 자신이 기거했던 여러 거실들이 어린 시절 엄마가 꾸몄던 거실을 본뜬 것이라고 말했다. 그녀는 '할머니가 쓰셨고, 남동생이 라틴어 책을 두드려댔던 책상'을 소중히 여겼다.[12)]

몇 장 남아 있지는 않지만 베네딕트의 집을 찍은 사진을 통해서 그녀가 식민지 시대 장인이 제작한 물건의 직선과 빅토리아조 곡선과 무늬를 짜 넣은 동양산 융단의 물결 모양을 좋아했음을 알 수 있다. 그녀는 차분하고 열정적이며, 합리적이고 감성적인 성격이었던 것이다. 이런 물건들로 그녀가 자신의 가문과 민족의 역사와 일체감을 느꼈음도 알 수 있다. 미드와 베네딕트는 그런 귀속감 속에서 비판적 입장을 견지할 때에도 흔들리지 않는 안정성을 보여줬다. 그들은 미래를 계획할 때도 과거가 중요하다는 생각을 바탕으로 전통의 힘을 상기했다. 그들은 사회주의에 호의적이었고, 듀이의 자유주의를 채택했으며, 자신의 인류학 연구가 과학적 지식은 물론 사회 개혁에도 이바지하리라고 보았다. 베네딕트는 주류에서 소외되었다고 느꼈고 미드는 주류에 속해 있다고 느꼈는데, 그들의 작업에 이런 감정과 인식이 속속들이 배어 있다.

그들은 부족민이나 여러 민족의 복식을 참조해 보헤미안 스타일로 옷을 입지는 않았다. 그들은 그리니치빌리지에 가서 파티를 했고, 시낭송회에도 참여했다. 그러나 거기 사는 급진주의자들처럼 입지는 않았다. 미드는 주름 장식이 달린 여성스러운 옷을 입고 모자를 쓰는 것도 좋아했다. '기분에 따라 앞에 장미를 달기도 했을' 작은 모자가 많았다.[13] 부족의 문화를 연구하는 현장에서도 그녀는 치마를 입었다. 흰 장갑을 끼고 사람들 앞에 나서는 일도 많았다. 1960년대 이전에 대다수 여성이 그랬던 것처럼 말이다. 베네딕트는 더 단정한 복장과 드레스, 연하게 회색이 감도는 청색과 녹색의 몸에 꼭 맞는 정장을 선호했다. 그녀의 억제되어 있는 듯한 느낌, 모호한 미소와도 잘 어울리는 의상이었다. 주름 장식이 달린 블라우스를 입은 그녀는 전문적이면서도 여성스럽게 보였다. 베네딕트의 대학원생들은 그녀가 '우아한 태도와 예의 바른 여성의 어조'로 말했다고 회고했다.[14] 여성성이 크게 유행했던 1950년대에 미드는 이탈리아 디자이너 파비아니가 만든 종 모양의 드레스를 입었다. 허리를 가늘게 하고, 호박단으로 주름 장식을 층층이 단 기다란 치마 모양의 이 드레스는 그로부터 10년 후에 유행하게 되는 스타일이다.[15]

베네딕트와 미드의 조상들은 17세기의 식민지 정착, 18세기의 독립전쟁, 19세기의 서부 이주에 관여했을 뿐만 아니라 영국 국교에도 반대했다. 청교도주의, 장로교, 감리교, 침례교, 유니테리언파는 전부 저항하는 종교적 신념에서 비롯했고, 미드와 베네딕트 조상들의 종교였다. 이 종교들은 영국 국교회와 분리되면서 계속해서 반대와 이의 제기의 전통을 고수했고, 각종 교파들로 재편성되었으며, 19세기에 벌어진 개혁 운동의 주요 동력으로 자리매김했다. 실제로 베네딕트와 미드의 족보를 살펴보면 사회 개혁가, 노예제 폐지론자, 여성의 권리 옹호자들이 매우 많았음을 알 수 있다. 이런 배경을 감안하면 두 여성이 성인이 되면서 사회를 개혁해야 한다는 의무감을 가진 게 전혀 놀랍지 않다.

베네딕트의 조상 중에 체포를 피해서 노바스코샤를 탈출한 애국자 새뮤얼 풀턴은 개혁 지향적인 후손을 많이 낳았다. 이 가운데서도 그의 손자 저스틴 풀턴이 가장 두드러진다. 저스틴 풀턴은 동종요법 의사였던 또 다른 새뮤얼 풀턴의 형제로, 루스의 종조부다. 할아버지처럼 저스틴 풀턴도 침례교 목사였다. 그는 뛰어난 설교로 명성이 높았다. 그는 보스턴의 그 유명한 트리몬트 템플(Tremont Temple)과, 뉴욕 브루클린의 교회에서 설교를 했다. 그는 보스턴의 노예제 폐지론자 티모시 길버트를 찬양하는 전기를 썼고, 노예제 폐지를 주창했다. 그는 여성 문제를 다룬 책도 한 권 썼는데, 여기서 여권 운동을 지지했다. 당시의 여성들은 투표권이 없었고, 남편에게 순종해야 했으며, 가사와 육아를 전담했다.[16)]

저스틴의 형제 새뮤얼 풀턴도 개업의로 활동하면서 가문의 이의 제기 전통을 드러냈다. 당시에 보통 의사들은 환자들이 찾아오면 침으로 피를 뽑아내고 설사가 나게 하는 약을 먹였다. 병의 원인이라고 생각되는 나쁜 체액을 몸에서 빼내려는 시도였다. 그러나 동종요법 의사들은 소량의 광물과 약초를 처방해 몸의 자연 치유 능력을 일깨웠다. 동종요법이 미국에 도입된 것은 1825년이었다. 독일에서 도입되어 뉴욕에 처음 소개되었다. 동종요법은 뉴욕 주 북부에서 성행했는데, 남북 전쟁 이전에 펼쳐지던 개혁 운동과 맞물렸다. 노예제 폐지 주장과 여권 운동이 이 지역에서 강력했던 이유이다.[17)] 노리치 신문에 실린 새뮤얼 풀턴 부고에 따르면 그는 사회 개혁에 헌신적이었다고 한다. 그는, '자신이 볼 때 지역사회의 이익에 보탬이 되는 모든 것'을 '진심으로' 지지했다. 그는 지역의 동종요법 의사들이 결성한 협회 회장직도 여러 해 동안 수행했다.[18)]

루스 베네딕트는 어린 시절의 상당 기간을 외할아버지 존 새턱이 소유한 노리치의 농장에서 보냈다. 신앙심이 깊었던 그는 노리치 침례교회의 집사로 활동했고, 여러 해 동안 교회가 운영하는 일요 학교의 교장직을 맡았다. 그러나 돈 문제가 그의 골치를 썩였다. 뉴욕 주 북부의 다른 많은 농민들처럼 그도 낙농업에 집중 투자했다. 1880년대쯤부터 기계가 도입되고, 대규모 농장이 출현하면서 규모가 작은 낙농장들의 수익성이 악화된다. 섀턱은 살아남기 위해 계속 융자를 받아 토지와 가축을 구매했다. 그는 우유와 버터를 생산하는 공정에 엄격한 위생 설비를 도입했다. 그런 절차가 마가린 산업이 부상하면서 제기된 위협을 떨쳐버릴 수 있을 것으로 보였던지 지역의 농민들도 많이 따라 했다.[19] 섀턱은 뉴욕 주 낙농가협회 회장에 두 번이나 선출되었다.

섀턱은 농장과 교회 일에 열중하느라 사회 개혁 활동에 나설 시간이 많지 않았다. 물론 그는 젊은 시절에 노예제 폐지를 지지했다. 장년의 그는 아프리카계 미국인을 신도로 받아들이자는 교회의 방침을 지지했다. 노리치에는 자그마한 흑인 공동체가 하나 있었고, 그 기원은 뉴욕 주에 아직 노예제가 존재하던 남북 전쟁 이전 시기로 거슬러 올라간다.[20] 지역지에 실린 부고는 여성들의 고등교육을 지지했다며 그를 칭송했다. 그는 딸 넷 가운데 세 명을 대학에 진학시켰다. 헤티, 버트리스, 메리였다. 남녀를 불문하고 대상 연령 집단의 약 1퍼센트만이 대학에 진학하던 시절에 딸이 셋이나 대학에 다녔다는 사실은 매우 놀랍다. 넷 가운데 대학에 진학하지 못한 것은 마이라뿐이었다.[21]

시카고의 포그 가문도 살펴보자. 마거릿 미드의 할아버지 제임스 포그도 존 섀턱처럼 사업에 몰두했다. 그는 아버지에게서 종자 도매업을 물려받았다. 그러나 농업 경제는 변덕스러웠고, 종자를 팔아서 돈을 버는 건 쉬운 일이 아니었다. 그는 가족들에게 풍족한 생활을 제공했고 시카고의 부자 동네 노스 쇼어(North Shore)에 큰 집도 마련했다. 그러나 그는 만성 우울증에 시달렸다. 딸 패니의 증언에 따르면 그는 대단한 사업가는 아니었다. 낙농가 존 섀턱처럼 그도 사회 개혁 활동에 참가할 여유가 없었다. 물론 그도 젊었을 때는 아버지처럼 정치에 입문해 사회 개혁 활동에 헌신하고 싶었지만 말이다. 그의 아버지는 종자 사업을 하기 전에 버펄로에서 자유 지역당 후보로 하원 의원에 출마했다.[22]

베네딕트와 미드 가문에서 개혁가들을 찾으려면 대개의 경우 여성들 쪽으로 눈을 돌려야 한다. 개혁 과제에 참여하는 양상이 이렇게 성별 편향적인 것은 이상한 일이 아니었다. 남성들은 가족을 부양하기 위해 일했고, 그들의 아내와 딸들은 가사와 육아를 하지 않을 때 개혁 활동에 참가했다. 이런 양상이 미국에서 전개된 사회 개혁 운동의 전형적인 모습이었다. 게다가 19세기에는 베네딕트와 미드 가문의 다수 여성이 여학교와 대학을 다닌 후 학교에서 가르쳤다. 존 섀턱의 딸들이 대표적이다. 그렇게 그녀들은 19세기에 가장 큰 성공을 거둔 개혁 운동 가운데 하나에 참여했다. 중등 및 고등교육 기관을 여성에게 개방하는 것이다. 대학 교육을 받은 다수의 여성이 그 경험을 바탕으로 개혁과 여성의 권리를 옹호하기 시작했다. 그녀들은 이런 운동을 바탕으로 적어도 결혼할 때까지는 집 밖에서 비공식적이나마 출세를 하기도 했다.

존 섀턱의 네 딸 가운데 장녀인 헤티는 1년 동안 배서 대학을 다녔다. 그녀는 학교를 그만두고 집으로 돌아와 가사를 돕다가 버트리스의 살림살이를 맡게 된다. 셋째인 메리는 보스턴 스쿨 오브 오라토리(Boston School of Oratory)를 졸업하고, 오하이오와 버지니아의 여학교들에서 교편을 잡았다가 결혼한다. 막내딸 마이라는 집에 남아 연로한 부모님을 뒷바라지했다. 헤티와 메리 사이에 끼었던 버트리스가 가장 뛰어났고, 네 자매 가운데 가장 패기만만했다. 그녀는 배서 대학에 지원했고, 학업을 마칠 때까지 프레더릭 풀턴과의 교제를 미루었다. 대출금 상환 문제로 고전하던 아버지가 학자금을 지원해줄 수 없다는 게 분명해지자 그녀는 직접 돈을 벌어 학비를 댔다. 그녀는 노리치 인근의 한 고등학교에서 몇 년 동안 교사로 일했고, 배서 대학에 진학해서는 도서관에서 시간제 노동을 했다.[23)]

노리치 출신의 베네딕트 여자 친척들 가운데 교육 분야에서 가장 크게 성공한 사람은 루스 베네딕트의 고모이자 동종요법 의사 새뮤얼 풀턴의 외동딸인 엘라 풀턴이었다. 엘라의 어머니는 만년에 병으로 쇠약해졌고, 엘라가 어머니를 1899년에 사망할 때까지 돌봤다. 이제 그녀는 잃어버린 시간을 만회해야 했다. 그녀는 가족이 살았던 미시간으로 돌아가 캘러머주 대학에서 학사 과정을 마쳤다. 졸업 후에는 그곳 전임강사로 채용되었다. 그러고는 곧이어 교수로 임명되었고, 최종적으로 여학생 과장으로 선임되었다. 세월이 흘러 직책에서 물러난 그녀는 독일로 건너가 공부를 했고, 시카고 대학교에서 대학원 과정을 이수했으며, 노스 다코타 대학교의 여학생 사감으로 직업 경력을 마쳤다. 그녀는 결혼하지 않았다.[24)]

마거릿 미드 집안의 여자들 가운데도 대학에 다닌 후 교편을 잡은 사람이 많았다. 에밀리 포그와 패니 포그도 그랬다. 두 사람은 시카고에서 활약한 종자 상인 제임스 포그의 딸들이다. 에밀리가 웰슬리 대학을 2년째 다녔을 때 제임스 포그의 종자 사업이 파산하고 말았다. 버트리스 새턱처럼 에밀리도 그 후로 직접 돈을 벌어 학비를 대면서 공부했다. 그녀는 1896년에 신생 시카고 대학교를 졸업하고, 뉴욕 인근의 한 여학교에서 교사 일을 했다. 두 살 아래 여동생 패니는 1년 동안 대학에 다닌 후 워싱턴 주 타코마의 여학교에서 가르치다가 시카고로 돌아와 교사로 일하다 결혼했다.

베네딕트와 미드의 이 윗세대 여성들은 학사 학위를 취득하고 교사 일을 했다. 사실 그녀들은 그런 경로를 밟은 더 커다란 중간계급 중 젊은 여성 집단의 일부였다. 그녀들은 자신의 출세욕, 여권 운동의 논리, 여성들에 개방된 대학, 팽창하는 국가에 필요했던 거대한 초·중등 교사 수요에 반응했다. 에드워드 클라크라는 의사가 1871년 여자대학생 집단을 악랄하게 공격했다. 진지하게 학업을 수행함에 따라 생식 기관이 망가져, '남녀 양성'으로 변하고 말 것이라는 악담을 퍼부었던 것이다. 그러나 버트리스 섀턱 같은 여대생들은 이런 비난에 아랑곳하지 않았다. 여대생을 '아마존'이나 '남자 같은 처녀'라고 하는 게 사회의 일반적인 호칭이었다. 그러나 이런 적대적인 세태도 그녀들을 막지는 못했다.[25] 이런 여성들은 출세에 필요한 지식과 훈련을 원했다. 그녀들은 가르치는 일로 결혼 자금이나 학비를 벌 수 있겠다고 생각했다. 그녀들은 미국 경제가 끊임없이 변동하고 있으며, 남편의 사망 등으로 가정이 파산하고, 모아둔 돈이 바닥날 수 있음도 알았다. 그 시기에 소녀들 사이에서 널리 읽힌 조언서들을 보면 결혼하기 전에 약간이라도 교육을 받아둬야 만약의 경우 스스로를 부양할 수 있다고 충고했음을 알 수 있다.[26]

19세기에는 대상 연령 집단 가운데 대학에 다닌 여성의 비율이 약 1퍼센트로 매우 낮았다. 그렇다고 대학에 다닌 남성의 비율이 대단히 높았던 것도 아니다. 여대생의 비율은 꽤 큰 규모였고, 점점 늘어나고 있었다. 1870년에는 대학에 등록한 사람의 21퍼센트가 여성이었다. 1880년에는 32퍼센트, 1910년에는 거의 40퍼센트에 육박한다.[27] 그 시기에 초·중등 교사 수급 현장에서 여초 현상도 일어났다. 1850년경에는 여성이 초등 교원의 대부분을 차지했다. 1890년경에는 고등학교 교사의 대다수가 여성이었다. 19세기 말쯤 되면 대학을 졸업하고 결혼하기 전 1~2년 동안 사립 여학교 등에서 교편을 잡는 여성이 부지기수였고, 그 경험이 일종의 통과의례처럼 인식되었다. 사회 진출의 장을 제공받은 중간계급의 젊은 여성들은 집을 떠나 독립적인 삶을 꾸려나갔다. 그녀들은 대학의 교류 네트워크나 교사 소개 기관을 통해 일자리를 잡았다.[28] 베네딕트 가문에서는 미시간과 노스 다코타로 간 엘라 풀턴, 오하이오, 미주리, 미네소타로 이주한 버트리스 섀턱, 오하이오와 버지니아로 간 메리 섀턱이 그런 여성이었다. 미드의 가문에서는 뉴욕으로 간 에밀리 포그와 워싱턴 주로 건너간 패니 포그를 꼽을 수 있다.

하지만 이 여성들 가운데 변호사나 의사가 된 사람은 한 명도 없었다. 또 일단 결혼을 하면 대개는 집 밖으로 나가 돈 버는 일을 중단했다. 그녀들은 당대의 '가장'(breadwinner) 윤리를 따랐다. 남편이 누구의 도움 없이 혼자 가족을 부양해야 한다는 게 일반적 통념이었던 것이다.[29] 1910년의 배서 대학 동창회보에는 1885년에 버트리스 섀턱과 함께 졸업한 동급생 서른세 명이 25년 동안 어떤 직업 경력을 밟아왔는지 적혀 있다. 거의 모두가 졸업 후 처음 1~2년 동안은 교편을 잡거나 직업 훈련을 받았지만 일단 결혼을 하고 나면 주부가 되었다. 결혼을 하지 않았거나 미망인이 된 아홉 명만 계속해서 직업을 유지했다. 의사, 방문 간호사, 기자 겸 광고 대행사 사장, 그리고 교사와 학교 행정가였다. 하지만 이들 아홉 명은 동급생의 약 30퍼센트를 차지한다. 회보에는 이 졸업생들이 개혁 운동 조직이나 여권 단체에 참여한 사항은 기록되어 있지 않다. 학사 학위를 가진 여성들이 이런 조직들의 설립자이거나 지도자였을 때조차도 말이다.[30]

대학에 진학하고, 개혁 운동에 참여하는 것이 베네딕트와 미드 가문 여성 전부의 특성은 아니었다. 베네딕트의 할머니 두 명, 곧 낙농가 아내였던 조애나 섀턱과 동종요법 의사와 결혼한 해리엇 풀턴은 아이들을 양육했고, 나이가 들어서는 병약자가 되었다. 현존하는 자료만으로는 그녀들이 어떤 병에 시달렸는지 알 수 없다. 그러나 질병 때문이었든 감정이 소진되었기 때문이든 그런 무기력과 쇠약 상태는 19세기를 살았던 중간계급 여성들에게서 흔히 볼 수 있었다. 해리엇은 새뮤얼 풀턴과 결혼하기 전에 성공과 출세를 갈망한 듯하다. 미시간 주 앤아버(Ann Arbor)에서 자란 그녀는 여학교를 다녔고, 미시간 대학교 예비 학교에서 교사 생활을 했다. 그녀는 새뮤얼과 결혼한 후 교사직을 그만두고, 자식들을 키웠다. 그러고는 건강을 잃으면서 무너져버렸다. 어머니가 죽고 출세한 사람이 딸 엘라였다.

마거릿 미드의 경우를 보자. 시카고의 외할머니 엘리자베스 포그는 종자 상인의 아내가 되어, 주로 집에 머물면서 다섯 자녀를 키웠다. 그녀는 드센 여자였다. 손녀들은 할머니가 야한 옷을 입었고, 여송연을 피웠다고 회상했다. 그녀가 싫었던 미드는 '철부지처럼 경솔하고 무책임'하며, '경박한' 소설을 좋아했다고 적었다. 남편이 죽자 그녀는 젊은 남자와 바람이 나서 도망쳤다.[31] 오하이오 주 윈체스터 출신으로 마거릿 미드의 할머니인 마사 램지 미드도 독립적인 성향이 결코 뒤지지 않았고, 출세를 꿈꿨다. 그녀는 대학을 졸업하고, 교육계에 들어갔다. 그녀는 개혁적인 교사였다. 프리드리히 프뢰벨 같은 진보적 교육가들의 저작을 연구해, 그들의 사상을 자신의 교수법에 적용할 정도였다. 그녀는 일과 아들과 지역 감리교회 활동에 많은 시간을 쏟았다. 그러나 성차별에 분노하지 않았고, 여권 운동가도 아니었다. 그건 엘리자베스 포그도 마찬가지였다. 시카고에 사는 여자 친척들이 여성 단체 활동에 관여했을 때 함께 회합에 참석하기는 했지만 말이다.

베네딕트의 부계 쪽 풀턴 및 모계 쪽 섀턱 집안 여자 친척들이 개혁 운동에 참여했음은 1896년 7월 4일자《체난고 텔레그래프》독립 기념일 특별판에 잘 나와 있다. (《체난고 텔레그래프》는 체난고 카운티의 모든 도시를 취재했다. 노리치가 체난고 카운티의 군청 소재지이다.) 지역에 거주하는 여성들이 독립 기념일 특별판을 편집했고 기사까지 썼다. 이를 보면 지역에서 활동하던 여성 단체들이 많이 언급된다. 여성 교회 모임들, 여성들로 구성된 시정 개선 협회, 기독교 여성 금주회(Women's Christian Temperance Union, WCTU) 지부들, 기독교 여자 청년회(YWCA), 미국 애국 여성회(Daughters of the American Revolution, DAR), 작지만 큰 목소리를 내던 여성 참정권 조직 등등.

베네딕트의 어머니인 버트리스 섀턱과 고모인 엘라 풀턴 모두 특별판의 기사를 썼다. 엘라는 자신이 쓴 기사에서 여권 운동의 성공 사례들을 적으며, 투쟁적이고 반(反)남성적이기까지 한 태도를 드러낸다. 그녀의 글은 에마 윌러드를 찬양하면서 시작된다. 에마 윌러드는 1821년에 뉴욕 주 트로이의 그 유명한 에마 윌러드 학교(Emma Willard School)를 설립한 인물이다. 에마 윌러드 학교는 미국 최초의 여학교 가운데 하나이다. 그녀는 계속해서 여성들의 노동 참여가 늘어나고 있다는 통계를 제시했고 여성들이 박애주의자이며 개혁가들이라고 격찬한다. 그녀는 여성들로 구성된 보스턴 교향악단을 찬양하면서 남성 단원들이 관악기를 담당하고 있는 이유는 관악기를 마스터한 여성이 아직 얼마 없기 때문이라는 해명도 보태고 있다. 그녀는 남자다운 행동을 희화화한다. "뉴버그의 한 미혼 여성은 욕을 해대는 앵무새와 담배를 피우는 원숭이를 키운다. 그녀는 둘 사이에 있으면 남편이 그립지 않다고 말한다."

버트리스 섀턱의 기사는 엘라의 것과 다르다. 그녀의 기사는 거의가 미주리 주 세인트조지프를 설명하는 내용이다. 세인트조지프는 1895년 그녀가 두 딸 및 언니 헤티와 이주해 고등학교 교사직을 수행했던 곳이다. 그녀는 이 도시의 종교 생활에 초점을 맞추었고, 다양한 교회들의 위력에 놀라움을 표명한다. 그녀는 버지니아에서 건너온 켄터키주 출신들이 원주민 집단을 형성해서 도시에 남부의 기운이 배어 있지만, 남부인과 북부인 모두 '같은 국가의 시민이자 예수 그리스도의 종'임을 깨달으면서 증오와 원한의 감정을 종식 중이라고 적었다. 그녀는 교회는 거의 없고 술집만 무성하던 도시의 이민자 지구에서 교회들이 교파를 초월해 벌이던 사회사업을 칭찬했다. 그녀는 YMCA와 YWCA가 함께 유치원과 탁아소를 세운 성과를 특별히 거론했다.

1896년은 뉴욕 주의 여성 참정권 운동이 절정에 이른 시기였다. 여성들이 참여한 체난고 지역지의 특별판에서도 이 운동이 야기한 조직적 열의를 확인할 수 있다. 버트리스와 자매들은 독실한 침례교 신자였다. 그녀들은 한껏 고양된 상태에서 교회의 여성 선교단을 통해 그 운동의 대의에 열중했다. 버트리스는 세인트조지프로 이사하기 전인 1891년에 선교단의 부회장직을 수행했고 언니 헤티는 간사를 맡았다. 선교 단원들은 퀼트 제품을 제작 판매해 기금을 모았고, 집집마다 방문해 기부금도 모집했다. 그렇게 모은 돈은 전국 침례교 위원회에 보냈다. 전국 침례교 위원회는 해외 선교 활동을 관장하고, 국내에서는 남서부의 인디언들과 샌프란시스코의 아시아계 이민들을 상대로 선교 사업을 하고 있었다. 그들은 집회를 열고, '피부색이 검고, 붉고, 노란 자매들'을 소개하는 위원회의 보고서들을 큰 소리로 낭독했다. 그들은 직접 연구하고 작성한 보고서를 회합에서 읽기도 했다. 마이라 새턱이 북아메리카 인디언들에 관한 보고서를 한 편 제출하기도 했던 것이다. 루스와 동생 마저리도 '아기 모임'에 입회하면서 선교단 활동에 참여하게 된다.[32]

노리치의 새턱 집안 여자들처럼 시카고의 포그 집안 여자들도 개혁 운동에 열중했다. 특히 1880년대 말에는 시카고에서 진보당 운동이 출현했다. 1888년에 마거릿 미드의 부유한 종조모 패니 포그 하우가 시카고 여성클럽(Chicago Women's Club) 창설에 간여하면서 포문을 열었다. 시카고 여성클럽은 이 도시의 여성 개혁 운동에서 중추적인 역할을 담당한 조직이다. 하우는 헐 하우스(Hull House : 미국의 사회봉사가 제인 애덤스가 1889년 시카고에 세운 복지 시설-옮긴이)를 세운 제인 애덤스와도 절친했으며 나중에 일리노이 주 자선위원회 의장직까지 맡았다. 그녀는 가문의 여성들이 따라야 할 모범이었다. 그녀와 이름이 같은 패니 포그도 예외일 수 없었다. 마거릿 미드의 이모인 패니는 결혼하기 전에 교사 일을 했고, 결혼한 후에는 시카고 여성클럽과 헐 하우스에서 자원봉사를 했다. 마거릿 미드는 어렸을 때 헐 하우스의 바닥에 앉아 이모를 기다리며 역사 일화들을 읽었다고 회상했다. 패니 포그는 아이를 낳지 않겠다는 확신이 섰을 때 시카고 청소년보호협회(Chicago Juvenile Protective Association)의 유급직을 받아들였다.

마거릿 미드의 어머니인 에밀리 포그 미드도 시카고 집안 여성들의 모범을 좇았다. 그녀는 결혼하고 아이들을 낳은 다음 개혁 운동 단체들에서 자원봉사를 했다. 남편이 반복해서 재정 문제에 시달렸지만 그녀는 유급 일자리를 구하지 않았다. 가장의 윤리를 존중했다고 할 수 있다. 그녀는 1950년 78세를 일기로 사망했다. 《뉴욕 타임스》에 실린 부고는 그녀가 매우 유명한 시민운동 지도자였다고 적었다. 그녀는 미국대학여성협회(American Association of University Women, AAUW), YWCA, 여성 참정권 조직 등의 펜실베이니아 주 지부들에서 일했다. 그녀는 여성노동조합연맹(Women's Trade Union League, WTUL), 제1차 세계대전 이후 막 창설된 미국시민자유연맹(American Civil Liberties Union, ACLU), 평화와 자유를 위한 국제여성연맹(Women's International League for Peace and Freedom, WILPF) 활동에도 적극 참여했다.[33] 그녀는 석사 학위 논문을 썼지만 박사 과정을 마치지는 않았다.

시카고에 터를 잡고 살았던 마거릿 미드의 윗세대 여성들이 그 도시의 개혁과 여권 운동에 열중했듯이 미드의 어머니도 펜실베이니아에서 여성 단체들의 리더로 활약했다. 미드는 도처에서 여성의 권리의 냄새를 맡으며 자랐다. 미드는 어머니의 손을 잡고 여성들의 회합에 참석했고, 어머니가 팸플릿을 인쇄해 배포하는 것을 도왔다. 그녀는 어머니가 연설하고 논쟁하는 것을 듣고 보았으며 어머니의 이름을 신문에서 읽었다. 그러나 미드를 돌보며 집에서 가르쳤던 친할머니 마사는 에밀리의 그런 활동에 가담하지 않았다. 평생 직장에 매여 있던 그녀는 요리, 바느질, 육아 등 가사의 창조적인 측면들을 기쁘게 생각하며 즐겼다. 마사는 여권 운동에 소극적이었고 가사를 즐겼는데 이는 마거릿에게 어머니의 적극적 대외 활동만큼이나 커다란 영향을 미쳤다.

루스 베네딕트에게도 집안 여자들이 여성의 권리와 출세를 이해하는 방식이 복잡하게 작용했다. 베네딕트는 전투적인 여권 운동 지지자의 질녀이자 온건주의자의 딸이었다. 두 여성 모두 교육계에서 알려져 있었다. 엘라 풀턴은 결혼하지 않았지만 버트리스 풀턴은 결혼과 모성을 찬미했고, 딸을 키웠으며, 선교나 사회사업, 또는 교직 같은 여성 직업 분야에서 출세하기를 기대했다. 물론 그 딸이 결혼할 때까지 말이다. 루스 베네딕트도 마거릿 미드처럼 성인기 전체에 걸쳐 조직적이고 체계적인 페미니즘에 비판적이었다. 그렇지만 그녀는 교육받은 여성들이 교사와 개혁가로 활약하는 전통이 두드러진 가문에서 자랐고, 그 영향을 받지 않을 수 없었다. 이것은 마거릿 미드도 마찬가지였다.

미드와 베네딕트의 가족 배경을 보면 미국 역사의 또 다른 측면을 알 수 있다. 여성의 우정, 여자들끼리의 사랑이 바로 그것이다. 19세기 중엽에 산업자본주의가 발흥하면서 다수의 중간계급 남성들이 가정과 일터와 가족 농장을 벗어나 사업 경쟁의 장으로 유입되었다. 그들의 아내와 딸들은 집에 남았고, 여성들의 우정이 꽃필 공간이 마련되었다. 가정과 일터가 분리되면서 여성들은 합심하여 개혁을 시도해볼 용기를 얻었다. 여성들은 그렇게 남성들의 공적 영역에 진입할 수 있었다. 가끔 독신 여성들이 함께 사는 경우도 있었다. 오늘날 우리가 '보스턴 매리지'(Boston marriage)라고 부르는 형태이다. 남북 전쟁으로 전사자가 다수 발생했고, 남성들은 변경 개척의 열정으로 들끓었기 때문에 성비 불균형이 발생했다. 북동부의 일부 지역에서 여초 현상마저 빚어졌다. 분만 과정의 사망률은 여전히 높았고, 빅토리아조의 고루한 섹슈얼리티로 일부 여성은 결혼을 주저했다. 보스턴 매리지라는 말은 헨리 제임스의 소설 『보스턴 사람들(The Bostonians)』(1886)에 나오는 두 명의 여성 주인공이 보여준 친밀한 관계에서 유래했다. 미드에 따르면 보스턴 매리지는 무려 1900년대에도 이상할 게 전혀 없었다고 한다. 그녀가 어린 시절의 상당 기간을 보낸 펜실베이니아의 농촌에서도 드문 일이 아니었던 것이다.[34)]

중간계급 여성들의 활동과 우정 범위가 여자들과 친밀한, 더 나아가 열정적인 관계를 맺는 게 가능한 여자들에게로 확대되었다. 이런 우정은 청소년기의 정서가 자연스럽게 발전한 결과로 비쳤고, 여자들에게 성인 여성 집단과 결혼 양쪽에 대한 정서적 유대를 함께 준비시키는 기회로 간주되었다. 게다가 이런 우정으로 남성들의 유혹을 뿌리치고, 임신 가능성을 차단할 수 있었다. 당시는 결혼 연령이 높아지던 시대였고, 결국 그런 우정으로 많은 젊은 남녀들이 혼인 관계에서 벗어나 있을 수 있었다.[35)] 여자들은 '가장 좋아하는' 친구나 '속마음을 털어놓을 수 있는' 친구를 사귈 수 있기를 기대했다. 이런 관계를 흔히 '스매시'나 '크러시'라고 했다. 스매시(smash)는 운 좋게도 관계 맺기에서 크게 성공했다는 뜻이고, 크러시(crush)는 홀딱 반해서 심취했다는 말이다. '영혼의 동반자'(soul mate)와 '마음이 맞는 친구'(kindred spirit)도 비슷한 말이었다. 물론 이 말들이 남자들끼리와 남녀 사이의 우정에도 쓰일 수 있었기 때문에 완전한 동의어는 아니었다. 이 시기에는 젊은 남자들도 연애를 했지만 역사학자 E. 앤서니 로툰도에 따르면 대개의 경우 그들의 진한 우정은 결혼과 함께 끝나고 말았다.[36]

이런 말들은 전부 19세기에 크게 유행한 정신주의 및 낭만주의와 관계가 있다. 정신주의는 죽은 자와 산 자가 특별한 유대를 형성할 수 있다고 생각했다. 정신주의에 관심을 보이는 현상이 크게 늘어나 세태로까지 자리 잡은 것은 남북 전쟁으로 젊은이들이 전장에서 대거 사망했기 때문이다. 낭만주의는 계몽운동의 합리주의에 반발하면서 부상했고, 종교의 감격성과 주정주의(主情主義)로 더욱 조장되었다. 신앙 부흥 운동이 18세기 초부터 남북 전쟁과 그 이후 시기까지 주기적으로 미국을 휩쓸었다. 낭만주의 운동 속에서 열정적 정서가 섹슈얼리티를 통해 표출되었고, 영성이나 물질적 성공, 또는 창조적 업적을 이루려는 욕구로 연결되었다. 빅토리아 여왕 시대의 중간계급은 그들의 정념(情念)을 감상성(sentimentality, 感傷性)으로 억제하기도 했다. 감상성이란 여성스럽게 길들여진 정서라고 할 수 있는데, 이를 테면 밸런타인데이 카드가 큰 인기를 누렸던 세태에서 그 사실을 분명하게 감지할 수 있다. 하트, 꽃, 아기 천사들로 꾸며진 밸런타인데이 카드에는 간단한 성구(聖句)도 들어 있었다. 이전까지는 악마로 인식되었던 큐피드가 이제는 토실토실 살찐 아기로 묘사되었다는 사실은 의미심장하다.[37] 그 시대에는 우정도 찬양했다. 우정은 정신을 북돋우는 것으로 소중히 여겨졌다. 랠프 월도 에머슨은 1841년에 쓴 한 에세이에서 우정을 찬미했다. "우리가 우리의 감정을 (우정에) 쏟아붓는 순간, 지구가 일대 변화를 일으킬 것이다. 겨울과 밤은 존재하지 않게 된다."[38)]

그러나 중간계급이 견지한 도덕 체계의 권위자들은 여자들의 긴밀한 유대가 육체적 성애(genital sexuality)로 발전할 수도 있음을 깨닫지 못한 것 같다. 당연히 그들은 젊은 여성 가운데 일부는 남성들한테 반해 이성애로 돌아서는 일이 없으리란 것을 알 수 없었다. 빅토리아시대의 중간계급은 남성이 여성보다 성적 매력이 더 많다고 생각했다. 그들은 성교를 여전히 생식과 연결했고, 성행위를 남성의 성기와 동일시했다. 게다가 수음을 엄격하게 금지했고, 구강성교 같은 것들은 방정한 사고를 넘어서는 것이었다. 점잖은 중간계급들은 동성애를 '올바른 명칭 같은 게 있을 수 없는 범죄'로 여겼다. 남성들은 '도착적 성애'를 즐기고 싶으면 창녀를 찾아가면 된다고 생각했다.[39)]

그러나 여자들의 육체적 애착에 눈살을 찌푸리는 일은 없었다. 1905년에 전국기독교여성금주회의 깨끗한 사회 만들기 부서 책임자였던 메리 우드 앨런은 이렇게 말했다. 여자들은 "서로 어깨동무를 하고 다닌다. 그녀들은 서로 기대고, 손을 맞잡은 채 몇 시간씩 앉아 있다. 그녀들은 서로 애지중지 애무하며, 키스도 한다." '스매시' 문화라는 게 여학생들만 다니는 학교에서 특히 성행했다. 1898년 당대 최고의 '청소년' 전문가였던 심리학자 G. 스탠리 홀과 함께 연구한 클라크 대학교의 한 대학원생은 여러 대학 관계자들에게 우정과 사랑에 관해 묻는 질문지를 보냈다. 그는 아흔한 장의 질문지를 회수할 수 있었다. '첫사랑'에 관한 질문에 응답자 마흔아홉 명, 그러니까 절반이 넘는 인원이 동성과의 연애였다고 답했다. 19세의 여성 한 명은 여자 선생님들에게 열중했었다고 적었고, 또 다른 33세의 여성은 열네 살 때 첫사랑에 빠졌는데 대상이 다른 소녀였다고 썼다. "지독한, 미친 사랑이었습니다. 열여덟 살 때 남자와 처음 연애를 했는데, 사랑의 감정과 그 성격 모두가 동일했습니다." 서른다섯 살의 세 번째 여성은 여대에서 경험한 일을 이렇게 써 보냈다. "신입생일 때, 내가 알기로 적어도 서른 명이 한 선배를 좋아했습니다. 물론 일부는 그저 유행을 따랐을 뿐이었습니다. 하지만 나 자신이나 다른 많은 이들의 감정은 진지하고 열렬했습니다." 그녀 자신이 선배가 되었을 때는 흠모의 대상이었다고도 했다. "나 자신도 연모의 눈길과 시구, 장미, 한밤중이나 새벽 세 시에 쓴 연애편지들을 받았습니다."[40)]

여학교를 다니고 교사 일을 한 베네딕트와 미드의 여자 친척들이 스매시 문화에 참여했을까? 베네딕트와 미드의 어머니들을 제외하면 대개의 경우 이렇다 할 고증 자료가 없다. 버트리스 섀턱이 다닌 배서 대학과 에밀리 포그가 다닌 웰슬리에서는 스매시 문화가 융성했다. 버트리스는 스매시 행태와 거리를 두었고, 에밀리는 아주 열심히 참여했다.

1865년 개교한 배서 대학은 미국 최초의 여자대학 가운데 하나다. 배서 대학은 학풍이 보수적이었다. 윤리학과 고전에 편향된 교과목들은 남자 대학교의 교육과정을 그대로 가져온 것이었다. 더 좋은 아내와 어머니들을 배출하는 것이, 그리고 어쩌면 선생님들을 배출하는 것이 이 학교의 목표였다. 학생들은 매일 예배에 참석해야 했다. 학장들은 남자였고, 초기 교수진에 신학교를 졸업한 여성이 상당수 있었지만 정교수들도 남자였다. 천문학자 마리아 미첼이 이 학교의 교수였는데, 루시 스톤 같은 여권 운동가들을 캠퍼스로 초빙해 강연회를 열기도 했다. 하지만 그녀는 다른 이유에서 여성 참정권 운동에 반대했다. 미첼은 여성들이 교사로 성공하거나 의료 및 법률 분야 등에서 전문 직업인으로 출세할 수 있음을 입증할 때까지 투표권을 가져서는 안 된다고 생각했다.[41)]

스매시 문화는 배서 대학에서 아주 중요한 요소였다. 배서 대학은 스매시 문화로 명성이 자자했다. 예일 대학교 학생신문이 1873년 배서 대학의 스매시 문화를 촌평할 정도였다. 신문에 실린 내용을 코넬 대학교 학생신문이 재수록하기도 했다.

> 배서 대학의 학생들은 누군가에게 반하면 즉각 행동에 돌입한다. 꽃다발을 보내고, 색종이에 쓴 짧은 편지를 여기저기서 발견하게 만들고, '리들리스 믹스트 캔디스'(Ridley's Mixed Candies)처럼 종잡을 수 없는 선물 꾸러미를 보내고, 어쩌면 머리카락 타래를 보내기도 한다. 다른 애정 어린 기념물도 많다. 이런 행위는 대상이 관심을 보일 때까지 계속되고 그렇게 두 사람은 떨어질 수 없는 사이로 발전한다. 주변 사람들은 적극적으로 행동에 나선 사람을 사랑에 눈이 멀었다(smashed)고 한다.

유명한 개혁가들이자 여성 참정권 운동 지지자들인 루시 스톤과 헨리 블랙웰의 딸인 앨리스 스톤 블랙웰은 1882년 한 친척에게 마리아 미첼이 자기한테 한 말을 털어놓았다. 배서 대학의 선생들이 스매시 풍토를 '역병'이라고 생각한다는 내용이었다. 블랙웰은 이렇게 쓰고 있다. "여학생들이 그 짓을 하느라 공부를 등한시했다. 거기 몰두하느라고 매년 낙제하는 학생이 생겼다." 스매시 문화는 젊은 남성들의 낭만적 구애 행동을 흉내 냈다. 열중, 집착, 질투, 배신이 속출하는 것도 똑같았다. "'스매시'가 상호적일 경우 두 사람은 서로를 독차지하고, 계속 '서로 애무하며,' 함께 자고, 밤새도록 수다를 떤다."[42)]

배서 대학은 개교 초기부터 대학이 가족이고 다른 학생들은 '자매'임을 강조했다. 학생들은 특별한 관계를 형성했다. 신입생은 3학년과, 2학년은 4학년과 말이다. 일요일에만 남성들의 캠퍼스 출입이 허용되었다. 여학생들은 서로를 대동하고 파티와 무도회에 갔다. 일부는 머리를 곱게 매만지고, 남성 복장을 착용해 젊은 남자를 흉내 내기도 했다. 그러나 바지를 입는 것은 금지여서 학교 연극에서 남성을 연기할 때조차 긴 검정 치마를 입어야 했다.[43] 그런데 부분적으로는 배서 대학이 스매시 문화로 유명세를 치렀기 때문이기도 하지만, 스미스나 웰슬리 등 더 현대적인 교육과정을 갖춘 여자대학들이 개교했고, 스미스의 경우처럼 근처 남성 대학과 결연하는 사례가 증가하면서 배서 대학 지원자 수가 급락했다. 버트리스 풀턴이 졸업한 1885년의 동창생 수는 겨우 서른세 명이었다.

버트리스 섀턱의 졸업 기념 책자를 보면 배서 대학의 스매시 문화를 자세히 알 수 있다. 그 책에 수록된 배서 대학 총장 새뮤얼 콜드웰의 졸업식 식사에는 온통 스매시 문화가 언급되고 있다. 연설은 우정을 칭찬하면서 시작한다. "하느님께서 서로를 위해, 친구를 위해, 우정을 위해, 사랑을 위해 우리를 지으셨다는 사실이 영혼뿐만 아니라 삶 전체에도 씌어 있습니다." 콜드웰은 우정으로 얻는 이익에 관한, 고대 그리스인들이 우정을 언급한 문헌에서부터 랠프 월도 에머슨의 에세이에 이르기까지 사회 일반의 생각을 되풀이한다. 그는 이렇게 말한다. "우리는 친구에게서 두 번째 자아를 발견합니다. 불안한 청춘 시절에 친구는 든든한 버팀목이 되어줍니다." 그런데 갑자기 어조가 바뀌면서 젊은 여성들의 낭만적 우정을 성토한다. 그는 그런 관계를 '덧없고, 무의미한 열정'이라고 비난한다. "낭만적 우정은 상상에서, 젊은이의 충동에서, 일시적 기분에서 비롯하는 것으로, 살리고 유지할 만한 진실이 없습니다."라고. 그러나 그는 '이곳에서는 모두가' 낭만적 우정을 '잘 알고 있다'고 고백한다.

버트리스의 졸업 기념 책자에는 콜드웰의 훈화 말고도 '시빌'이 적어놓은 각 학생의 미래에 대한 예측이 들어 있었다. 그 내용을 보면 동창생들의 스매시 관계를 알 수 있다. 시빌은 애나 레스터와 클라라 히스콕이 합동결혼식을 올릴 거라고 예견한다. 남자들과 하는 그런 결혼이 '두 영애의 견해와 충돌하기' 때문에 놀라울 테지만 말이다. 이디스 로리의 미래를 예견하는 내용에는 그녀가 메리 리커와 강렬한 우정을 맺었다고 적혀 있다. 시빌은 이디스가 결혼할 테지만 남편이 죽을 거라고 예견한다. 그런 다음 이디스가 '옛날의' 위안을 찾아 메리에게 돌아가고, 두 사람이 '4학년 여름방학의 마지막 주만큼이나 떨어질 수 없는' 사이가 되리라고 적혀 있다. 시빌은 엘리자베스 데밍과 엘리자베스 더닝이 '대학 시절 내내 떼려야 뗄 수 없이 얽혀 있었다'고 적고 있다.

버트리스 섀턱은 배서 대학의 스매시 풍토에 어떻게 반응했을까? 결론지어 말하자면, 그녀는 스매시 문화를 회피했던 것 같다. 그녀는 프레드 풀턴한테 충실했고, 4학년 때 그와 약혼했다. 루스의 동생 마저리 풀턴은 어머니가 동급생들보다 나이가 많았고 가난했으며 소외감을 느꼈다고 주장한다.[44] 그러나 버트리스가 느꼈던 소외감은 나이나 돈 문제 때문이 아니었을지도 모른다. 졸업 기념 책자에 실린 시빌의 예언 내용은 그녀에게 호의적이지 않다. 동급생 중에는 버트리스가 유일하게 약혼한 사람이었다. 시빌은 그녀가 동급생들을 졸업 전에 약혼한 사람이 한 명도 없는 '불명예'로부터 '구해냈다'고 말한다. 그러나 다른 졸업생 대다수한테는 굉장한 성공을 거둘 거라고 예언하면서도 버트리스에게는 박하다. 그녀가 평생 '풀턴 여사'라는 호칭에 '집착'하리라고만 씌어 있는 것이다. 하지만 딸들을 배서 대학에 진학시킨 것을 봐도 알 수 있듯, 버트리스는 동급생들의 낭만적 우정을 용인했다. 마저리가 전하는 바에 따르면, 어머니는 어린 딸들에게 '여대생들의 고매한 우정 얘기'를 들려주었다고 한다.[45]

마거릿 미드의 어머니 에밀리 포그는 어땠을까? 그녀는 웰슬리에서 어떤 스매시 경험을 했을까? 웰슬리 대학 이사회는 배서 대학과 달리 여성의 권리를 장려했고, 교수진도 전부 여성으로 고용했다. 학생 집단이 여성의 권리를 위해 노력했고, 학교신문에 실리는 주간 칼럼에는 전국에서 벌어지는 여성운동 소식이 담겼다. 한 수학 교수는 학생들을 이끌고, 대학 근처에 있던 루시 스톤과 헨리 블랙웰의 집을 방문하기도 했다. 거기서 그들은 성 평등에 기초한 결혼에 관해 들었다. 에밀리 포그는 여성의 권리를 맹렬히 지지했다. 그녀는 자서전적 회고록에서 자신과 학교 친구들을 이렇게 언급했다. "우리는 곤충 중에도 수컷보다 우월한 암컷이 있다고 얘기하는 과학 잡지 기사를 발견하면 기뻐했다."[46)]

웰슬리에서도 스매시 문화가 크게 유행하고 있었다. 에밀리는 만년에 쓴 두 개의 짧은 미간행 회고록에서 자신의 스매시 경험을 적었다. 다른 학생과의 첫 번째 열정적 우정은 1학년 때였다. 2학년 선배 한 명이 그녀에게 관심을 보였고, 어린애마냥 '귀여워했다'고 적혀 있다. 더 진지했던 두 번째 스매시는 그녀가 2학년 때였다. 그녀와 동급생 한 명은 깊은 사랑에 빠졌다. 그녀들은 오랫동안 산책했고, 인생을 이야기했다. 당시에 에밀리는 그 관계를 동성애로 생각하지 않았다. 애욕은 말할 것도 없고, 동일한 성을 지향하는 게 존재할 수 있음도 몰랐기 때문이다. 그러나 크러시(crush) 관계에 '미묘한 징후'가 있었기 때문에 스매시를 하는 학생들은 이를 비밀에 부쳤다. 하지만 웰슬리의 여대생들은 서로에게 깊이 심취했고, 에밀리는 캠퍼스에 남자가 없어도 전혀 문제되지 않았다고 적을 수 있었다.[47)]

에밀리 포그는 아버지가 파산하면서 더 이상 지원받을 수 없게 되자 웰슬리를 그만두었다. 그녀는 몇 년간 일을 했고, 1894년에 시카고 대학교에 입학했다. 그녀는 다수의 혁신적 교육과정과 여성의 권리를 약속한 학교 당국이 마음에 들었다. 학부생의 약 40퍼센트, 대학원생의 25퍼센트가 여성이었다. 시카고 대학교 최초의 여학생 과장인 앨리스 프리먼 파머는 에밀리가 웰슬리에 재학하던 시절 그곳 총장이기도 했다. 그녀는 브린 모어 대학 총장 M. 캐리 토머스 이후 미국에서 가장 저명한 여성 학자였다.

에밀리는 사회학을 전공했다. 사회학과 교수진 다수가 제인 애덤스의 헐 하우스와 특별한 관계를 맺고 있었다. 그들은 헐 하우스에 가서 강의를 했고, 애덤스의 강연을 들었다. 그들은 공동체주의와 평화주의를 지지했고, 이 가치들을 여성과 결부했다. 앨비언 스몰, 소스타인 베블런, 존 듀이가 다윈 이론을 뒤집은 동료 레스터 워드의 영향을 받았다. 레스터 워드는 최초의 인류는 남성이 아니라 여성이고, 남성은 보다 최근의 진화 산물로, 열등하다고 주장했다.[48] 그러나 시카고 대학교에서 여성 스매시 문화가 번성했다는 증거는 거의 없다. 남학생들이 있었고, 이성애가 유력했다. 여학생들은 여대에서처럼 긴밀한 유대를 맺지 않았다.

남녀공학 대학에 재학하던 여성들은 탄탄한 우정을 과시했다. 이 시기에는 남학생 클럽뿐만 아니라 여학생 클럽도 다수 생겼다. 그러나 남녀공학 학교가 다수 설립된 것은 청춘 남녀를 한곳에 모아서 구애와 결혼을 용이하게 하려는 의도가 작용한 결과이기도 했다. 실제로 남녀공학 대학을 장려하는 문헌은 여자들만의 교육기관이 때 이른 '성적(性的) 불안'과 '부자연스럽고' 병적인 성애를 조장한다면서 비난했다.[49] 빅토리아시대 사람들은 젊은 여성들 사이의 낭만적 우정과 젊은 남성들 사이의 낭만적 우정을 높이 평가했다. 그러나 이런 동성 사이의 우정이 이성 사이의 결혼을 훼손할 수도 있다는 생각이 점점 싹트고 있었다.

에밀리 포그는 1871년에 태어났고, 1890년대에 성인기에 진입했다. 1890년대는 19세기와 20세기 초의 여권 운동이 첫 번째 파고를 그린 시대로 기억된다. 에밀리는 회고록에 올리브 슈라이너의 『아프리카 농장 이야기(The Story of an African Farm)』(1883)를 읽고 여성의 권리를 열정적으로 지지하게 되었다고 적고 있다. 남아프리카 출신으로 런던에 가 해블록 엘리스 및 다른 좌파 지식인과 작가들의 친구가 된 올리브 슈라이너의 이 소설은 세계적인 베스트셀러였다. 1880년대부터 제1차 세계대전 때까지 여성의 권리와 페미니즘을 고무하고 지지하게 만든 수많은 대중적 여성 저작의 1번 타자라고 할 만한 책이었다.[50)]『아프리카 농장 이야기』 말고도 샬럿 퍼킨스 길먼의 『여성과 경제(Women and Economics)』(1898), 엘시 클루스 파슨스의 『가족(The Family)』(1906), 엘렌 케이의 『사랑과 결혼(Love and Marriage)』(1911)을 들 수 있다.

『아프리카 농장 이야기』는 겉으로 보면 유괴와 유기 얘기지만 비유적 내용이 가득하다. 여주인공 린들은 자신을 성적으로 학대하는 남자와 결혼하기를 거부한다. 남자가 부유하고 잘생긴 데다, 계속해서 청혼을 함에도 말이다. 요컨대 그녀는 그를 사랑하지 않는다. 그녀는 성적 매력만을 따르고 인습을 추종하는 결혼을 거부한다. 그가 그녀의 자식을 적출로 삼는 문제가 제기될 때조차 그녀는 그와 결혼하지 않는다. 감동적인 소설 후반부에서 린들은 여성이 차지하는 지위와 여성이 양육되는 방식에 깊이 분노한다. 여성들이 일찍부터 예속적인 아내와 성적 대상물로 훈육된다고 보는 것이다. 그녀는 사생아를 낳았다는 오명 속에서 죽는다.

슈라이너는 비소설 저작들에서 여성들이 진정으로 독립하려면 집 밖에서 일자리를 얻을 필요가 있다고 주장한 것으로 더욱 유명했다. 그녀는 아무튼 이 소설에서는 전반적인 성별 체제가 전복되어야만 남녀 평등이 달성될 것이라고 암시한다. 소설의 여성 등장인물들은 남성적 단호함을 보여주고, 남성 등장인물들은 여성적이다. 린들과 사랑에 빠진 남자 주인공이 죽어가는 그녀를 간호하기 위해 여장을 한다. 바로 그때 그는 자신이 이성의 복장을 하는 걸 좋아함을 깨닫고, 자신의 여성성을 인정한다. 슈라이너는 이렇게 말한다. "우리들(남성과 여성)은 비율이 다 다르기는 해도 똑같이 복잡한 존재이다."[51]

하지만 슈라이너는 여성에게 가장 중요한 것은 남성의 고귀한 사랑이라고 믿었다. 그런 사랑에는 린들이 유혹자에서 구혼자로 변신한 사람에게서 찾을 수 없었고 자신을 간호해 준 신사에게서도 찾을 수 없었던 영성에 기초한 유대가 수반되어야 했다. 그녀가 그 누구도 사랑하지 않은 이유를 알 수 있는 대목이다. 영적 측면이 있는 소박하면서도 절대적인 힘인 사랑이라는 신낭만주의의 관념이 베네딕트와 미드에게 영향을 끼쳤을 것이다. 그녀들이 전통적인 19세기와 현대적인 20세기 모두에 뿌리박고 있었기 때문이다.

에밀리 포그가 슈라이너의 사상을 어떻게 이해했는지는 밝히기가 쉽지 않다. 마거릿 미드가 만년에 어머니를 주제로 쓴 글과 어머니 회고록을 보면 그녀가 당대 여권 운동가들의 입장을 받아들였음을 알 수 있다. 여성이 도덕적으로 남성보다 우월하며, 남성들이 자신들은 아무 탈 없이 성행위를 하면서도 여성들은 정숙할 것을 요구하는 '이중 기준'을 폐기하고 결혼 생활에 충실할 것을 요구하는 여성들의 '단일 기준'을 수용해야 한다는 믿음도 거기에 포함되었다. 남성들이 부도덕하다는 생각과 더불어, 이를 금지하자는 활동과 여권 운동이 남성의 공격을 받으면서 일부 여권 운동가들은 결혼을 거부하고 반(反)남성적 입장을 채택했다.[52] 에밀리 포그 미드가 그렇게 멀리까지 나아가지는 않았지만 그녀는 남편의 공격적 남성성과 혼외정사로 괴로워했다.

에밀리 포그가 에드워드 미드와 결혼한 이유는 정말이지 미스터리이다. 그녀는 서른에 결혼을 했는데, 에드워드는 남편감으로서 거의 재앙이라 할만 했다. 아마도 함께했던 초반에는 그가 친절하고 낭만적이었을 테고, 그녀도 올리브 슈라이너가 옹호한 '진정한 사랑'을 찾았다고 믿었을 것이다. 어쩌면 그녀는 자신도 그와 함께 루시 스톤과 헨리 블랙웰 같은 결혼 생활을 꾸려갈 수 있으리라고 생각했을 것이다. 루시 스톤과 헨리 블랙웰은 함께 여성의 권리를 위해 노력했고, 자식도 한 명만 낳았다. 에밀리가 꿈꾼 이상이 앨리스 프리먼 파머였을지도 모른다. 파머는 하버드의 교수와 결혼하고 웰슬리 총장직을 그만둔 다음 고등교육 분야의 자문가로 활약하다가 시카고 대학교의 여학생 과장으로 부임했다. 그녀는 자식을 낳지 않았다.

에밀리 미드는 펜실베이니아 여권 단체들의 지도자였다. 그녀는 에드워드와의 관계가 위태로웠지만 자식을 다섯이나 낳았다. 어쩌다가 이렇게 되었던 것일까? 그녀는 회고록에 자신이 웰슬리를 떠나면서 감정을 닫아버렸다고 적고 있다. 그리고 사랑해서 결혼한 게 아니라 그렇게 해야 한다고 생각해서 결혼한 것이라고도 밝힌다. 그녀는 어렸을 때는 정서적으로 자유로웠다고 회상한다. 하지만 성인이 되어서는 도무지 자기에게 감정이라는 게 있는지 모르겠다고 토로한다.

베네딕트와 미드의 어린 시절에는 차이가 있다. 버트리스 섀턱은 대학을 졸업하고, 미국 여기저기를 옮겨 다니며 살았다. 존 섀턱은 혁신적인 낙농가로, 뉴욕 주 낙농가협회 회장을 지내기도 했다. 그러나 이들 가운데 미드 부모의 도회적 세련됨이나 사회적 지위 의식을 갖고 있는 사람은 없었다. 미드의 부모는 둘 다 대학을 졸업했고, 특히 어머니는 시카고의 개혁주의 엘리트 집안에서 태어났다. 베네딕트의 가족은 복음주의 침례 교도였다. 미드의 가족은 자유사상을 지녔거나 무신론자였다. 미드의 가족은 아버지가 가끔 곤경에 처하기도 했지만 돈이 많았다. 그들은 하인들을 두었고, 소작농이 농장을 관리했다. 반면 베네딕트의 할아버지는 항상 재정 문제로 곤란을 겪었고, 농장도 직접 운영했다. 물론 농번기에는 농장 노동자들의 도움을 받았다. 버트리스는 딸들을 키우느라고 무척 고생했다. 부유한 친구들이 루스와 마저리의 버펄로 사립여자 고등학교와 배서 대학 학비를 대주었다. 미드의 집에는 지식인과 여권 운동 옹호자들이 손님으로 드나들었다. 섀턱의 농가에는 지역 주민과 침례교회 신도들이 찾아왔다. 버트리스는 오와토나의 필스버리 아카데미에서 여학생 사감으로 재직할 때 그 도시의 엘리트들 가정에 초대를 받았다. 그러나 미주리 주 세인트조지프에서 고등학교 선생을 하고, 뉴욕 주 버펄로에서 사서를 할 때도 그런 일이 계속되었던 것 같지는 않다.

베네딕트와 미드 모두 가족의 유산을 명예롭게 생각했고, 애정을 가지고 각자의 유년 시절을 기록했다. 그러나 실제로 보면 두 사람의 유년기는 어려운 시절이었다. 두 여성 모두 각자의 어머니에게 양가적인 감정을 지녔다. 두 사람은 아버지와도 문제가 있었다. 에밀리 포그 미드는 정서적으로 냉담했고, 에드워드 미드는 고압적이었다. 베네딕트의 아버지는 그녀가 생후 18개월일 때 죽었다. 이후로 그는 베네딕트의 마음속에서 환상적인 인물로 재탄생한다. 버트리스 풀턴도 에밀리 미드처럼 정서적으로 냉담했다. 먹고살기 위해 일에 전념해야 했고, 죽은 남편을 슬퍼하느라 여력이 없었기 때문이다. 그녀는 프레드 풀턴이 죽으면서 느낀 절망감을, 베네딕트의 표현대로 '애도열'(cult of mourning)로 승화했다.

베네딕트와 미드가 어린 시절에 경험한 각자의 가족 구성원들은 개혁 운동에 참여했고, 개인적으로도 성공을 거두었다. 그러나 이 감탄할 만한 배경의 이면에는 또 다른 진실이 놓여 있었다. 그 안에는 갈등과 분노가 가득했고, 일부 가족 구성원들은 내가 제시한 긍정적 서술과 일치하지 않는다. 새턱 가문, 풀턴 가문, 포그 가문, 미드 가문이 경험한 사랑과 성공의 가족사 이면에는 그런 부정적 요소가 자리하고 있다. 이런 부정성이 베네딕트와 미드를 형성하는 데에 이민과 혁명, 개혁에 뿌리박은 더 이른 시기의 선조들만큼이나 중요했다. 물론 여성 공동체도 빼놓을 수 없을 것이다.

2부

유년기

2장

아폴론과 디오니소스

— 루스 베네딕트의 유년 시절

루스 베네딕트는 마흔여덟 살이던 1935년 짤막한 회고록을 한 편 썼다. 대부분이 어린 시절에 관한 내용이었는데, 그녀는 거기에 「내 인생 이야기(The Story of My Life)」라는 제목을 붙였다. 20쪽 분량의 그 회고록은 자신의 삶을 직접 서술한 긴 글로는 유일한 것이었다. 예일 대학교의 사회 심리학자이자 정신분석가인 존 달러드(John Dollard)는 베네딕트와 미드 모두의 친구였다. 그는 구조를 파악하는 방법으로 사회의 대표적 구성원들의 삶을 분석하는, 생활사(life history)를 통한 사회 분석법을 장려하고 있었다. 베네딕트와 미드는 그의 접근 방식으로 각자의 유년기를 간략하게 서술했다.[1] 베네딕트의 회고록은 자기 분석이면서 동시에 흥미진진한 이야기였다. 그 안에서 베네딕트는 자신을 정신적 장애가 있는 소녀로 그렸다. 가족과의 갈등 그리고 삶과 고통스럽게 타협하고 화해하는 영혼으로 말이다. 그녀의 회고록은 1934년 출간된 『문화의 패턴(Patterns of Culture)』에서 집중적으로 소개한 도부 족 및 콰키우틀 족의 암울한 사회와, 인간 행동은 유년기에 생성되어 무의식 속에 깊이 파묻혀 있었던 비이성적인 힘들에 자극받는다는 지그문

트 프로이트의 해설에서 비롯된 것 같았다.[2)]

그러나 그 회고록에서 베네딕트의 어두운 정서만을 발견할 수 있는 것은 아니다. 그 글에는 만족과 기쁨도 들어 있다. 베네딕트는 어렸을 때 도시에서 살았고, 그 글에서도 도시의 흥분을 느낄 수 있다. 노리치도 뉴욕 주 북부의 농업 경제와 철도 교통의 중심지였다. 시가지에는 커다란 빅토리아식 건물들과 오페라 하우스가 들어서 있었고, 제약회사와 피아노 공장도 번성하고 있었다. 섀턱 농장에서 5킬로미터만 가면 중심가였다. 그러나 베네딕트가 어렸을 때는 중심가도, 섀턱 농장도 농장들이 즐비한 미개발 상태의 좁고 긴 계곡에 자리하고 있었다. 계곡은 무성한 산림으로 경계가 그어졌다. 웅장하면서도 음습한 산들이 높이 솟아 있었다. 베네딕트는 그 산에서 '환희'를 느꼈다. 그곳은 그녀의 환상이 피어나는 무대였다.[3)]

키가 크고 조정력이 뛰어났던 베네딕트는 타고난 운동선수였다. 그녀는 수영과 무용을 좋아했다. 그녀는 자신의 몸과 자연에서 심미적인 쾌감을 얻을 수 있었다. 미드도 그녀의 이런 면을 높이 평가했다. 베네딕트의 이런 점은 사람의 마음을 움직이는 매력의 일부였다. 미드에 따르면 베네딕트는 '비 온 후의 사과 꽃'에서도 기쁨을 느꼈다. 그녀는 '검정 까마귀 네 마리가 일몰 즈음에 날개를 퍼덕이며 서쪽으로 날아가는 것'에 감격했다.[4)] 그녀는 어릴 때부터 시를 썼고 암송하기도 했다. 베네딕트와 여동생은 매일 저녁 설거지를 하면서 루스가 시집에서 베껴 와 싱크대 위의 선반에 놔둔 시편들을 함께 외우곤 했다. 베네딕트는 퍼시 비시 셸리의 〈서풍에 부치는 노래(Ode to the West Wind)〉와 〈종달새에게(To a Skylark)〉, 윌리엄 컬런 브라이언트의 〈물새에게(To a Waterfowl)〉와 〈죽음에 관한 고찰(Thanatopsis)〉을 외웠다고 회상했다.[5)]

이 시들은 시인이 교훈을 끌어내고, 자연을 찬양하는 작품들이다. 브라이언트의 시 두 편은 죽음이 자연의 과정이라고 설명한다. 죽음을 통해 쇠퇴와 부활이 순환하는 자연과 인류 전체에 합류할 수 있다고 보는 것이다. 셸리의 〈서풍에 부치는 노래〉는 바람에게 세속적 절망에서 자신을 구출해달라고 청한다. 〈종달새에게〉는 둥지에 머무르면서도 자신의 노래를 고원(高遠)한 하늘에 닿게 하는 종달새를 찬미한다. 보편적 힘으로 존재하는 신성에 대한 인식이 이 시들에 존재한다. 천국이 평화로운 곳이라는 인식도 여기서 나타난다.[6] 그러나 자연은 관대한 만큼 위협적이고, 죽음은 해방인 것만큼 영원한 암흑이다. 셸리의 찬가를 보면 겨울에는 씨앗들이 지하에서 잠잔다. "모두가 시체처럼 각자의 무덤에 묻혀 있다."

그럼에도 불구하고 베네딕트가 「내 인생 이야기」에 10대 때 썼다고 하면서 적은 시구는 절망이 아니라 희망을 피력하고 있다. 4월의 눈보라에 붙이는 봄의 전주곡이 그 내용을 이룬다. "봄, 무수한 햇살의 날을 통해 태양은 흙을 껴안았네, 사랑스럽고 감미로운 날들을 통해." 낭만파 시인들이나 구약 성서의 아가(雅歌)에서 발견할 수 있는 성적이고, 정신적인 종류의 은유가 이 시구에 담겨 있다. 하늘과 땅, 여신과 젊은 남신, 연인들의 '신성한 결혼'에 바치는 찬사라고 할 수 있다. 베네딕트는 「내 인생 이야기」를 이 시구로 마무리하면서 행복해한다. 찬란한 봄의 일부인 삶의 환희와 관능이 충만한 어조로 말이다. 그러나 4월의 눈보라가 상황을 접수하고 만다. 그 이후 베네딕트의 인생에서 절망이 지배적인 기조로 자리 잡는 것도 이와 비슷하다.

베네딕트는 성인이 되고 심각한 우울증에 시달렸다. 물론 간헐적으로 정서가 고양된 시기도 있었지만 사람들에게는 내면의 격랑을 숨겼다. 무표정은 그녀가 썼던 가면인 셈이다. 사생활에서는 '기쁨을 주는 산'이라는 환상의 세계로 도피했다. 그녀는 복잡하고 정교한 자살을 꿈꾸기도 했다. 그런 환상 속에서 자신이 자살했을 때 친구들의 반응들을 상상했다.[7)]

유년기에는 감정적 고민의 징후들이 더 심각하게 드러났다. 아주 어릴 때 그녀는 가끔씩 농가에서 뛰쳐나가 먼 들판을 쏘다녔다. 그녀는 구토 증세가 있었는데, 이 증상은 세 살 때부터 시작되었고, 몇 년 동안 6주에 한 번씩 나타났다. 짜증이 너무 심해서 가끔씩 제지해야 할 정도였고, 막판에는 구토까지 하는 경우도 있었다. 성인이 된 베네딕트는 자신의 분노와 우울증을 '악마'라고 불렀다. 어렸을 때는 자신이 부리는 짜증을 '못되게 굴었던 때'라고 했다. 열 살 때인 1897년의 일기에서는, 5학년 선생님이 아이들의 짜증을 '욕하면서 성질부리기'라고 나무랐을 때 당황했다고 적었다. 자신을 지목해 비난했다고 생각한 것이다. 그녀는 '욕하면서 성질부리기'를 문을 꽝 닫고, 가구를 발로 걷어차고 엎는 행위라고 설명한다.[8)]

루스는 어렸을 때 다른 정서적 문제도 있었다. 그녀는 수줍음이 많았고, 남이 자신을 만지는 것도 좋아하지 않았다. 그리고 고통을 드러내려고 하지 않았다. "다섯 살 때 헛간의 들보에서 뛰어내리다가 발목이 삐어 실신했던 게 생각난다. 하지만 잠시 후에 정신을 차리고는 건초더미 속으로 기어 들어갔다. 누군가에게 발견돼서 내가 아파하는 꼴을 보이고 싶지 않았다." 그녀는 다른 사람들 앞에서 운 적이 없었다. "남 앞에서 우는 것은 나로서는 도저히 받아들일 수 없는 최후의 굴욕이었다." 그녀는 여섯 살 때 자신의 개인적인 생각과 감정을 아무한테도 드러내지 않기로 결심한다. 그녀는 건초 시렁에 마련한 자신만의 안락한 은신처로 도피했다. 그녀는 건초더미로 가려진 그 공간에서는 '뭐든지 마음대로였다. 나는 항상 나 자신과 이야기할 수 있었다. 내게 중요한 일을 다른 사람에게 말하지 않으면 아무도 그것을 앗아갈 수 없었다.' 하지만 '드러내고 싶은' 꿈도 있었다. '친밀하고 상냥한 사람들이 가득한 방에서 울음을 터뜨린 일'도 여러 차례 있었다. 그녀는 한 친구의 인형을 산산조각 내버린 사건도 또렷이 기억했다. 왜 그랬는지는 기억하지 못했지만 이후로 여러 해 동안 죄책감을 느꼈다.[9)]

그녀에게는 환상 세계도 있었다. 처음에는 가상의 놀이 친구를 만들었다. 그녀는 상상 속에서 '그 친구와 손을 잡고 산을 넘어 비할 바 없이 아름다운 시골을 탐험했다.'[10)] 다섯 살 때는 베네딕트가 자꾸 어디로 사라지는 것에 화가 난 어머니가 루스를 이유를 설명할 때까지 방에서 못 나가게 했다. 하루 동안 방에 갇혀 있던 루스는 어머니에게 자신이 그리는 상상의 세계를 실토하고, 그곳에 어떻게 가는지 고백했다. 버트리스는 그녀를 데리고 산에 올라가, 건너편에 있는 건 상상 속의 친구가 사는 세계가 아니라 조지 아저씨의 농장임을 알려주었다. 어머니의 방법은 효과가 있었다. 환상의 세계가 존재하지 않음을 깨달은 루스는 더 이상 집을 뛰쳐나가지 않았다.

그러나 환상 세계를 창조하는 일을 그만두지는 않았다. 그녀는 그리스도의 삶에서 새로운 환상을 만들어냈다. 독실한 신자였던 어머니는 그 일을 묵인했다. 그런 재창조 행위는 루스에게 어려운 일이 아니었다. 어린 소녀였을 때부터 그녀도 다른 가족처럼 신앙심이 깊었기 때문이다. 그녀는 주일 학교에 갔고, 기도회에도 갔다. 성경도 여러 번 읽었다. 그녀의 어린 시절부터 어머니가 성경을 읽었기 때문이다. 루스가 제일 좋아한 성경 구절은 예수의 삶을 소개하는 부분이었다. 그녀는 "내게 그리스도는 실재하는 사람이었다."라고 썼다. 열한 살이던 1898년 여름, 그녀는 고장의 침례교회 제단 맞은편에 설치된 물탱크에서 세례를 받았다. 그 교회는 1890년대에 지은 대형 건물로, 스테인드글라스 창문과 파이프 오르간도 있었다. 교회는 지금도 여전히 거기 서 있다. 세례용 대형 물탱크도 같은 장소에 그대로 있다. 루스는 일기에 이렇게 썼다. "예수님께서 나의 죄를 깨끗이 씻어주실 것이다. 나는 주님의 것이고, 주님은 나의 것이다."[11]

열두 살 때 가족과 함께 버펄로로 이사한 후 루스는 자신의 환상 세계에서 종교적 색채를 지웠다. 자신의 '환희의 산'에 환상 세계를 두었고, 낭만파 몽상가인 윌리엄 블레이크의 그림에 등장하는 인물들과 미켈란젤로의 시빌들을 바탕으로 그곳에 사는 사람들을 만들어냈다. 그녀는 그리스도도 죽은 아버지로 대체했다. 충분히 예상할 수 있듯이 그녀는 그리스도와 아버지를 혼동했다. 버트리스가 죽은 남편을 어찌나 경외했는지 루스의 동생 마저리는 농가 부엌에 걸린 그림 속의 그리스도가 아버지라고 생각할 정도였다. 그것은 본디오 빌라도에 의해 십자가형을 언도받는 그리스도를 묘사한 그림이었다.[12] 미드는 1927년 꿈꾸기에 관한 프로젝트를 진행했다. 베네딕트는 미드가 보낸 질문지에 답하면서 자신의 환상 세계를 자세히 설명했다. "아버지는 항상 서서 나를 맞아주셨다. 그러나 나를 쓰다듬거나 안아준 적은 없었다. 아름다운 소리와 냄새, 부드러운 침대와 소파가 떠오른다. 하지만 거기서 일어난 일들을 구체적으로 생각해본 적은 없는 것 같다." 이어서 이렇게 말한다. "청소년기부터 나는 항상 이런 환상에 기댔다. 그것은 심란함이나 괴로움이 전혀 없는 세계를 만들어내는 방법 중 하나였다. 애정과 호의가 가득하고, 힘들이지 않아도 정직함이 드러나며, 지친 마음에 휘둘리지 않는 그런 세계를 갈구했던 것이다. 내가 맡은 역할은 그저 거기 가만히 있는 것이었다."[13] 베네딕트가 어린 시절에 겪은 '심란함'과 '괴로움'의 정체는 무엇일까? 그녀가 평온한 무성(無性)의 세계를 창조하게 된 이유는 무엇일까?

단서를 찾는 형사나 환자들의 유년기 사건 기억을 조사하면서 그들의 신경증을 해명하려는 프로이트처럼 베네딕트도 「내 인생 이야기」에서 유년기 기억을 더듬으며 자신의 까다로웠던 행동의 원인을 탐색했다. 특히 그녀는 정신적 충격을 받은 경험을 기억해내려고 했다. 그것이 자신의 모든 걸 설명해주리라고 보았던 것이다. 미드에 따르면 베네딕트는 유년기의 어떤 사건이 인격 장애를 가져올 만큼 압도적일 수 있다는 프로이트의 트라우마 이론을 활용했다. 미드에 따르면 인성을 파악하는 이런 접근법이 1930년대에 크게 유행했다고 한다.[14)]

베네딕트는 먼저 자신이 느꼈던 감정적 고뇌의 생리적 원인들을 검토했다. 그녀는 한쪽 귀의 청력 상실을 지목했다. 담당 의사들은 그녀가 세 살 때 앓았던 홍역이 원인일 것이라고 했다. 그녀는 수줍음이 많았고, 가끔씩 말을 더듬었다. 여기에 난청이 더해지면서 그녀는 분명 소외감을 느끼고 자신이 따로 분리된 세계에 살고 있다고 생각했을 것이다. 그러나 마저리는 루스의 난청을 대수롭지 않게 얘기했다. 그녀는 루스가 일대일 대화에 아무 문제가 없었고, 극장에서도 앞줄에 앉으면 배우들의 목소리를 어려움 없이 들을 수 있었다고 말했다. 마저리는 스탠리 베네딕트가 루스와 연애하면서도 그녀에게 청력 문제가 있음을 전혀 알지 못했다고 얘기했다. 물론 이런 부주의함은 루스보다 스탠리에 관해 더 많은 것을 알려주는 에피소드일지도 모른다. 마저리는 루스가 여러 번 제때 적절하게 반응하지 못한 것은 난청 때문이 아니라 주위를 차단할 정도로 하던 일에 열중하는 경향 때문이었다고 생각했다. 루스 자신은 어렸을 때 난청을 핑계 삼아 자기를 부르는 소리를 못 들은 체 했다고 회상했다.[15)]

베네딕트는 호르몬 불균형이 자신이 겪었던 문제들, 특히 구토 증상의 원인일지도 모른다고 생각했다. 그런 추론도 가능하다. 그녀가 회고록을 작성했던 1930년대 중반에는 호르몬이 인체 기능에서 일정한 역할을 한다는 게 어느 정도 알려져 있었다. 물론 호르몬이 정확히 어떻게 작용하는지는 알 수 없었다. 그녀의 구토 발작은 1890년대의 소아과 의사들이 '주기적 구토'라고 불렀고, 오늘날은 만성 구토증후군이라고 하는 희귀 아동 질병의 증상과 일치한다. 폭식증이나 거식증의 섭식 장애가 흔히 시작되는 사춘기 이전에 발생하는 만성 구토증후군이 일어난다. 지금도 만성 구토증후군의 원인은 확실치 않다. 의학 연구자들도 편두통이나 정서 불안과 관계가 있을 것으로 추측하는 정도이다. 미드는 베네딕트가 성인기에 '극심한 구토성 두통'에 시달렸다고 적었다. 루스가 추측한 것처럼 호르몬 불균형이 그녀가 경험한 구토 발작을 야기했을지도 모른다.[16]

그러나 베네딕트가 스스로 생각하기에 난청이나 호르몬 문제만으로 자신이 어린 시절에 보인 신경과민적 행동을 설명하기에는 무리가 있었다. 그녀는 가족 내 갈등에 눈을 돌렸고 갈등은 쉽게 눈에 띄었다. 우선 루스는 맏이였음에도 마저리를 심하게 질투했다. 그녀는 마저리에게 자주 짜증을 냈고, 버트리스는 루스가 동생을 다치게 할까봐 걱정할 정도였다. 그러나 루스는 어머니가 마저리를 더 예뻐했다고 기억했고, 마저리도 회고에서 이를 인정했다. 마저리는 '행동 장애가 전혀 없는, 천사처럼 예쁜 아이'였다. 버트리스는 가끔 돌변해서 터울이 많지 않은 두 딸을 쌍둥이처럼 다루기도 했다. 그녀는 두 아이에게 똑같은 옷을 입혔고, 학교도 같은 반을 다니게 했다. 루스는 마저리와 경쟁하는 것을 싫어했다. 마저리는 모범적인 학생으로, 언니보다 좋은 점수를 받는 일이 잦았고, 같은 반에 다닐 수 있게 해달라고 졸랐다.

새턱 집안 어른들 사이에도 긴장감이 맴돌았다. 어머니의 네 자매 사이에서 갈등이 도드라졌다. 베네딕트는 이모들이 언성을 높이면서 다투는 일이 잦았다고 썼다. "가족들이 쿵쾅거리며 걷는 게 가장 큰 불만이었다." "가끔씩 난리가 났다."라고 했다. 이런 은유는 의미심장하다. "내 안의 어떤 것이 죽고 말았다." 반면 그녀가 구축한 첫 번째 환상 세계의 놀이 친구는 '맞대응이나 악다구니 없이 우호적이고 화목하게 함께 살았다.' 섀턱 집안 자매들의 사이가 안 좋았던 것은 이해할 만하다. 그녀들의 나이 차이는 최대 스물세 살이었다. 장녀 헤티는 1851년에 태어났고, 막내 마이라는 1874년에 출생했다.[17)]

루스의 이모들 가운데서 헤티가 가장 까다로웠다. 그녀는 버트리스와 딸들이 미국 여기저기로 이사 다닐 때 가사와 육아를 담당했다. 마저리에 따르면 헤티는 신앙심이 깊고, 횡포가 심했으며, 여동생의 자식들에게 관심이 없었다. 노리치 신문에 실린 헤티의 부고는 경건한 신앙심과 자잘한 일까지 꼼꼼하게 챙기는 세심함, 그리고 주일 학교에서 사춘기 소년들을 썩 잘 가르친 일 따위를 기렸다. 그녀가 완고했으며, 부고가 "집행 능력"이라고 부른 것의 실체를 알 수 있는 대목이다.[18)] 마저리는 헤티 이모를 규율이 엄하고 애정이 없는 사람으로 기억했다. 헤티가 1900년에 사망하자 마저리와 루스는 그녀가 사라진 것을 축하했다. 마저리는 회고록에 자기가 헤티의 장례식에서 어른들이 걱정할 정도로 대성통곡했다고 적었다. 그러나 어른들은 마저리가 헤티의 죽음을 슬퍼하는 게 아니라 기뻐하고 있다는 것을 알지 못했다.[19)]

루스는 이모들과 달랐다. 그녀는 이모들이 지루하고, 미적 감수성이 떨어졌다고 썼다. 반면 자신은 심미안이 있고, 색깔과 형태, 질감과 냄새에 민감하게 반응했다. 이모들은 노리치 계곡을 경계 짓는 크고 어두운 산들의 웅장함 따위는 안중에 없었다. 그녀들은 '해질녘에 서쪽으로 날아가는 까마귀를 눈여겨보지 않았다.' 루스는 그녀들이 '촛불 행진과 기도'를 좋아하지 않았다고 썼다. "나는 둘 모두에서 더없는 기쁨을 느꼈다. 이모들은 가장 좋은 옷을 입고 저녁을 맞이하려고 하지 않았다."[20] 루스는 가끔 농가 계단에 앉아 콩을 까면서도 몽상에 빠졌다. 그녀는 누군가가 불러서 방해를 받으면 짜증을 내기도 했을 것이다.

아버지 풀턴의 집안은 그녀의 유년기에 어떤 영향을 미쳤을까? 페미니스트 고모 엘라의 영향을 받았을까? 루스는 「내 인생 이야기」에서 풀턴 집안사람들을 전혀 언급하지 않는다. 동종요법 의사 새뮤얼 풀턴이 여성과 아이들의 '질병'에 유능하다고 소문이 났음에도 불구하고 말이다.[21] 아마도 그는 루스를 만성 구토증후군으로 진단하고, 동종요법으로 치료했을 것이다. 그러나 마저리는 회고록에서 새뮤얼이 엄하고 의사로서 시원치 않았으며, 아내 해리엇은 횡포가 심하고 입이 험했다고 적고 있다. 마저리는 해리엇과 엘라가 아주 친밀했고, 그녀들이 집안의 남자들을 무시했다고 전한다. 그녀들 때문에 새뮤얼의 삶은 초라했다. 그녀들은 프레드도 살갑게 대하지 않았다. 해리엇 풀턴이 나이가 들어 병약해지자 엘라가 그녀를 돌보았다. 마저리는 '할머니'를 돌보던 엘라의 노력이 '의지적'이었고 '고귀했다'고 냉소적으로 평가했다.[22]

그러나 마저리는 사태의 전말을 얘기하지 않았다. 노리치의 체난고 카운티 법원에 보관되어 있는 새뮤얼과 해리엇의 유언장을 통해 그 내막이 밝혀졌다. 새뮤얼은 1896년 사망했고, 해리엇에게 꽤 많은 유산(대부분이 보험 증서의 형태였다.)을 남겼다. 해리엇이 죽으면 루스와 마저리에게 각각 1,000달러씩 주라는 유언도 남겼다. 그런데 해리엇의 유언장에 따라 엘라가 풀턴가의 돈을 물려받게 된다. 루스와 마저리는 25달러를 유증받는 것으로 되어 있었다. 해리엇이 곧 새뮤얼을 따라 죽자 엘라는 풀턴가의 유산을 자신의 대학과 대학원 학비로 사용한다.[23] 당시 버트리스는 버펄로에 부양해야 할 딸이 둘이나 있었고 쥐꼬리만 한 봉급으로 근근이 버티고 있었다. 그녀가 풀턴가의 유산을 차지할 수도 있었다. 엘라가 그걸 갖고 도망친 일은 마음에 사무쳤을 것이다. 루스의 눈에는 그녀의 전투적 페미니즘이 역겨웠으리라.

루스가 노리치에서 가장 좋아한 친척은 외할아버지 존 새턱이었다. 독실한 교회 집사이자 농부였던 새턱은 고장에서 낙농업에 위생 공정을 도입한 것으로 유명했다. 그는 부고를 통해 평생에 걸쳐 '선량하고, 거짓이 없었다'며 칭송받았다.[24] 루스는 「내 인생 이야기」에 그가 하얀 턱수염을 길게 기른 연로한 가장이었다고 썼다. 그녀는 외할아버지를 깊이 사랑했다. 루스가 짜증을 부리면 할아버지는 조용히 농가를 빠져나왔다. 옳지 않은 행동이라는 침묵의 의사 표현이었던 셈이다. 그러면 그녀는 곧 진정하고 조용해졌다. 그러나 그는 루스를 제지할 수는 있었지만 딸들의 싸움은 막을 수 없었다. 베네딕트는 할아버지와의 추억 두 가지를 또렷이 기억한다. 그가 건초를 베는 먼 들판까지 그녀가 따라 나섰던 게 그 첫 번째이다. 루스는 집 주변에 있겠다는 엄마와의 약속을 이렇게 어겼다. 루스가 할아버지에게 엄마 말을 안 듣고 따라 나왔다고 실토하자 그는 버트리스가 물어보지 않는 한 알려주는 사람은 없을 것이라고 얘기해주었다. 루스는 "기분이 정말 좋았다."라고 썼다. "그렇게 나는 할아버지와 비밀을 공유하게 됐다. 나는 나만큼이나 할아버지도 이 상황을 즐기고 있다는 걸 알 수 있었다."[25]

두 번째 추억은 루스의 외할아버지가 매일 아침 농가에서 가족들과 기도를 하며, '더할 나위 없는 행복의 나날을 향해 빛나는 빛'으로 그들을 인도해달라고 신께 탄원하던 영상이다.[26] 존 새턱의 침례교 신앙은 복음주의였다. 스스로 하나님의 은총을 깨닫고, 예수 그리스도에 대한 믿음을 통해 사후 구원을 확신하는 개인에 초점을 맞추었다. 그의 신앙 태도는 칼뱅주의적이기도 했다. 칼뱅주의는 청교도의 원죄 교의와 엄격한 도덕률에 기반을 둔 사상이다. 침례교도들은 다른 어떤 신교 교파보다 지상에 구현될 천년 왕국의 가능성을 믿었다. 그들은 묵시록의 예언에 기초해, 그리스도가 최후의 심판이 있기 전 1,000년 동안 지상에 군림하리라고 보았다. 존 섀턱이 매일 기도하면서 언급한 '더할 나위 없는 행복의 나날'은 천년 왕국이었다. 천년 왕국에 대한 열망은 침례교회의 대규모 선교 활동에서 분명하게 드러난다. 루스가 다닌 노리치 교회의 여성 선교단도 같은 맥락이다. 존 버니언의 『천로역정』에서 루스가 제일 좋아한 구절에서도 천년 왕국에 대한 열망을 확인할 수 있다. 존 버니언은 영국에서 침례교회를 설립하는 데 일조한 사람이다. 루스가 제일 좋아한 구절은 순례자가 천국으로 가는 여정에서 '환희의 산'에 도착하는 대목이다.[27)]

존 버니언도 루스처럼 우울증에 시달렸다. 루스도 나름의 방식으로 존 버니언처럼 희열에 들떠 몽상을 일삼았다. 그녀는 기독교 신앙을 버리고, 불완전한 지구에서 완덕(完德)함을 그려야 했을 때도 천년 왕국의 가능성에 대한 침례교적 믿음은 버리지 않았다. 그녀가 제일 좋아한 시인들은 블레이크, 키츠, 셸리, 예이츠였다. 그들은 전부 몽상가이기도 했다. 미드는 베네딕트의 종족에 대한 1940년 저작 서문에 "베네딕트는 순례자의 지팡이를 손에 쥐고 미지의 세계로 고달픈 여정에 나서는 사람들의 참고서로 이 책을 썼다."라고 했다.[28)]

루스가 다니던 침례교회에서는 선교단 프로그램이나 기도회 등 다양한 종교 활동이 한 주 내내 계속되었다. 일요 집회는 부흥 예배형 종교 의식으로 절정을 이루었다. 목사는 하나님의 영(靈)이 제단에 임하셨다고 느끼는 사람들을 불러내 각자의 죄를 고백하게 하고, 축복을 받도록 했다. 아이들에게는 그들이 자신의 기독교 신앙을 공개적으로 증언할 수 있는 열 살이나 열한 살이 될 때까지 세례를 베풀지 않았다. 세례도 신교 교파들처럼 머리 위에 그냥 물을 끼얹는 정도가 아니었다.

목사가 교회 제단 옆에 설치된 대형 수조에 신자들을 완전히 담갔다가 꺼냈다. 탄생 및 익사(溺死)와 유사한 의식이었던 셈이다. 신자들은 물에 잠기면서 그리스도 안에서 죽는다. 그렇게 낡은 자아를 버리는 것이다. 그러고는 물에서 솟아오르면서 다시 태어난다. 그러면 예수와 하나가 되어 정화된 신자들의 공동체에 속할 수 있게 된다. 루스는 열한 살 때 세례를 받았고, 다시 태어났다고 느꼈다.[29] 그녀는 하느님의 아들 예수 그리스도를 통해 신의 은총을 보장받게 됐다. 애초부터 정서가 풍부했던 어린 루스는 그리스도를 열렬히 사랑했다.

새턱 농장에 살았던 루스의 가족 중에서는 외할머니 조애나가 허약했다. 그녀는 피부가 아주 투명했다. 루스는 나중에 〈무덤(Of Graves)〉이라는 시에서 외할머니를 이렇게 묘사했다.

> 외할머니는 호리호리하고 창백하셨다,
> 한가하게 어슬렁거리기도 하셨지,
> 가끔씩 햇살이 좋은 날에는
> 갑자기 전율하는 모습도 볼 수 있었고.
> 외할머니는 늘 조용히 웃으셨다
> 나를 향해 고개도 끄덕이셨고.
> “풀을 뜯던 토끼가
> 언젠가는 내 무덤 위에 오르겠지.”
> 짧고 이상한 전율이 나를 관통했다,
> 내 눈에 들어온 것은,
> 햇살과 풀밭의 토끼.
> 조용한 평화가 나를 집어삼켰다.[30]

조애나 섀턱은 만성 허약 체질이었다. 아마도 23년에 걸쳐 딸 넷을 출산하면서 기력이 소진되었을 것이다. 이 가운데 두 명은 폐경기 직전에 태어난 것 같다. 그녀가 이렇게 오랜 세월 동안 아이를 낳은 이유는 '가부장적' 남편이 아들을 원했기 때문일 것이다. 마저리는 할머니가 할아버지의 일부처럼 보일 정도로 남편에게 공손했고 주제넘게 나서지 않았다고 회상했다. 루스와 마저리는 둘 다 현관 마루를 지나갈 때면 할머니가 살짝 자신들에게 키스를 해주었다고 기억했다.

베네딕트의 어머니와 아버지는 어땠을까? 그들은 그녀에게 어떤 영향을 미쳤을까? 버트리스가 루스에게 중요했다는 것은 분명하다. 그녀는 편부모였고, 가족 내에서 최종적으로 권위를 행사했다. 그녀는 루스의 환상 세계가 존재하지 않는다는 것을 보여줌으로써 딸이 자꾸 '뛰쳐나가는 것'을 단숨에 바로잡았다. 그러나 루스와 마저리는 어렸을 때 어머니를 좋아하지 않았다. 둘 다 그녀가 소심하고, 억제되어 있으며, 애정이 없다고 생각했다. 루스는 버트리스도 이모들처럼 지루하고 미적 감수성이 떨어진다고 생각했다. 루스가 어렸을 때 어머니는 의무감에 시달렸고, 쉬지 않고 밥벌이를 해야만 했던 듯하다. 루스는 어머니가 다 지쳐서 학교에서 돌아오는 게 원망스러웠다. 딸들과 놀아줄 기운이 없었던 것이다. 마저리는 버트리스가 변덕스럽고, 창조적이었던 루스를 이해하지 못했다고 생각했다.[31]

버트리스가 열여섯과 열일곱 살이던 1876년과 1877년에 쓴 일기를 보면 그녀도 루스처럼 주기적으로 우울증에 시달렸음을 알 수 있다. 그녀는 그럴 때 기도를 하고, 성경을 읽었다. 그러던 것이 프레드 풀턴('내가 본 최고의 미남')과 사랑에 빠지면서 증세가 완화되었다. 그가 그녀의 비위를 맞춰주었던 것이다. 그러나 우울 증세가 완전히 사라진 것은 아니었다. 그녀는 학교 연극에서 자기가 항상 불만투성이인 노처녀 역을 배정받는다고 일기에 투덜거렸다. 고등학교 3학년 때는 여성의 권리를 토론하는 논쟁에서 대표 연사로 선발되었다. 그러나 신경 발작이 왔고, 그녀는 대표 발언을 면제받았다. "바보 같게도 나 자신이 녹아내리는 것 같았다."[32] 이런 우울병 증세를 고려하면 프레드 풀턴이 죽고 나서 그녀가 남편에게 집착한 정황과 그녀가 끊임없이 일에 열중한 것도 이해할 만하다. 그런 행동은 삶의 끈을 놓고 싶다는 충동을 극복하는 방법으로서 만성 우울증 환자의 처지에서는 이상한 게 아니기 때문이다.

빅토리아시대의 애도 기간은 꽤 길었다. 장례 의식은 복잡했고, 상을 당한 가족들은 여러 달 동안 검은 옷을 입었다. 그러나 버트리스의 남편 애도는 당시의 관습에 비추어 보더라도 터무니없을 정도였다. 남편을 몇 년간이나 애도했던 것이다. 그녀는 자제심이 대단했다. 그러나 프레드나 두 사람의 결혼이 조금이라도 언급되면 그녀의 두 눈에 바로 '비극적 표정'이 어렸다. 루스와 마저리는 그 표정을 두려워했다. 매년 프레드의 기일이 되면 버트리스는 잠자리에서 한바탕 울어 젖혔다. 그 울음소리를 들으면서 루스는 '견딜 수 없는 비참함'을 느꼈다. "기이한 종류의 불수의적(不隨意的) 몸 떨림 현상도 경험했다. 이 전율은 마치 오르가즘처럼 주기적으로 강직되면서 절정에 이르렀다."[33] 루스의 이런 극단적인 반응을 통해 우리는 그녀의 마음속에서 공포 및 죄의식이 섹슈얼리티와 뒤섞여 있었음을 알 수 있다.

루스는 아버지를 그리스도와 동일시했다. 그녀의 환상 세계에서는 죽은 아버지가 그리스도의 자리를 차지했다. 생전에 그는 어떤 사람이었을까? 결혼하기 전에 그가 버트리스에게 쓴 편지들을 보면 루스가 그를 오해했음을 알 수 있다. 그는 평온한 사람이 아니었고, 그리스도와 닮지도 않았다. 편지에서 확인할 수 있는 그의 모습은 흥분한 정도를 넘어서 편집증적이기까지 했다. 그는 미래에 자신이 없었다. 그는 난폭한 사람과 세력들에게 협박을 받게 될 것이라고 생각했다.[34] 버트리스는 일기장에 프레드한테 뭔가 문제가 있다고 적었다. 물론 그녀는 자기가 나서서 그를 괴롭히는 문제를 밝히는 게 적절치 않다고도 썼다. 일기에다 적는데도 말이다. 그러나 그녀는 동종요법 의사인 시아버지 새뮤얼 풀턴이 프레드를 의사로 만들겠다는 의지가 확고했다고 언급한다. 프레드가 의과대학에 가겠다고 할 때까지 아들을 위한답시고 철야 기도회를 열 정도였다.[35] 프레드는 약속을 지켰다. 그러나 그렇게 하면서 아버지에게 품었던 온갖 분노를 내면에 차곡차곡 쌓아둔 것 같다. 프레드의 부고들을 보면 그가 의사가 되고 나서 떠맡았던 직책과 암 연구로 괴로워했음을 알 수 있다. 이런 것들이 원인이 되어 그는 육체적으로 취약해졌고, 병에 걸려 죽고 말았던 것이다.[36]

베네딕트는 자신이 유년기에 경험한 가족 간 갈등을 되돌아본 후 기억의 끝에 도달했다. 그러나 여태까지 떠올려본 것 가운데서 자기한테 정신적 상흔(트라우마)을 입힐 만큼 대단한 사건은 없는 것 같았다. 그녀는 자신의 신경과민적 행동을 해명할 만한 사건을 찾고 있었다. 그런데 베네딕트가 「내 인생 이야기」를 쓰기 몇 달 전에 마이라 이모가 아버지의 죽음과 관련된 얘기를 하나 들려주었다. 그녀는 '단서'를 찾았다고 생각했고, 그 이야기에 매달렸다. 마이라의 이야기에 따르면 버트리스가 루스를 거실로 데려갔다고 한다. 거실에는 아버지의 시신이 열린 관 속에 안치되어 있었다고 했다. 버트리스가 흥분해서 눈물을 흘리며 루스에게 아버지를 결코 잊지 않겠다고 약속하도록 반복해서 강요했다는 것이다.

베네딕트는 이 일을 기억하지 못했지만 마이라의 이야기를 사실로 받아들였다. 그녀는 이를 확증하고 싶었고, 결혼 후 언젠가 보스턴 미술관에서 본 그림 한 점에 자신이 보인 반응을 기억해냈다. 그 그림은 엘 그레코가 펠릭스 오르텐시오 파라비시노 수사를 그린 초상화였다. 그녀는 그 초상이 관에 안치되어 있던 아버지와 닮았다고 생각했다. 문학과 예술에 정통했던 베네딕트는 시와 소설과 회화의 렌즈로 자신의

• 엘 그레코, 〈펠릭스 오르텐시오 파라비시노 수사〉

경험을 투사하는 일이 잦았다. 1920년대 말에는 컬럼비아 대학교의 공개강좌 프로그램에서 미술사까지 강의했다. 그녀가 돌아가신 아버지를 엘 그레코의 성직자와 동일시했다는 것은 놀라운 일이 아니다. 회화의 형상은 수척한 모습이다. 엘 그레코의 그림에 등장하는 다른 인물들처럼 피부도 하얗게 빛난다. 베네딕트는 그 초상화를 보면서 관에 안치되어 있던 아버지를 환기했다. 마이라가 아버지의 시신을 앞에 두고 어머니가 슬피 울었다는 이야기를 자신에게 해주기도 전에 베네딕트는 그 초상화를 보면서 자신의 정서적 문제가 아버지의 죽음과 관계를 맺고 있음을 은연중에 깨달았던 것이다. 마이라가 자신의 미심쩍은 생각을 비로소 확인해주자 베네딕트는 그 일을 자신이 정신적 상흔을 입게 된 사건으로 확신하게 됐다. 그녀는 그 사건을 염두에 두고 「내 인생 이야기」를 썼다.

베네딕트의 전기 작가들은 어머니가 아버지의 죽음에 히스테리를 부렸고, 그게 원인으로 작용해 루스가 정서적 곤란을 겪었다는 베네딕트의 설명을 받아들였다. 실제로도 다수의 심리학 문헌들에서 부모 가운데 한 명이 사망하면 아이가 정서적으로 커다란 충격에 휩싸일 수 있다고 얘기한다. 프로이트의 1917년 저술 『애도와 우울증(Mourning and Melancholia)』이 대표적이다. 프로이트는 아이의 자아가 사랑하는 망자를 내면화한 다음 그간 고통받은 것에 대해 스스로를 처벌한다고 추론했다. 그는 이 과정에서 때때로 상을 당한 아이와 친밀한 사람이 벌을 받기도 한다고 적었다. 어린이와 정서 장애 문제의 권위자인 존 볼비도 부모를 잃은 아이가 극도의 분노를 표출하거나 수줍음과 우울증에 빠질 수 있다는 것에 동의한다. 어빈 얄롬은 『실존주의 심리 치료(Existential Psychotherapy)』에서 죽음에 따른 근심과 불안이 인간의 발달 과정에

서 중요한 요소라고 주장한다.[37)]

그러나 루스는 자신을 괴롭혔던 게 아버지의 죽음이 아니라 어머니의 슬픔과 애도라고 생각했다. 루스는 죽음을 두려워하지 않았고, 낭만화했다. 성인이 된 루스는 고대 이집트에 살고 싶다는 소망을 피력했다. 미라와 피라미드 무덤에서 보여지듯이 그 사회는 죽음에 집착했고 여성들은 고대 이집트에서 특별한 권위를 누렸다. 베네딕트는 심지어 어렸을 때도 관 속의 시신 보는 것을 좋아했다. 평온한 얼굴이 차분하게 단장되어 있었던 것이다. 오늘날의 우리가 보기에는 이런 태도가 이상할 수도 있다. 우리는 죽음을 회피하고 외면한다. 그러나 베네딕트가 어렸을 때는 평균 수명이 짧았고, 농촌의 가정들은 매장을 하기 전에 거실에 시신을 안치했다. 베네딕트는 어렸을 때 시체를 여러 번 보았을 것이다. 그 시신들도 죽은 아버지처럼 평화로웠다. 기독교도 친척들은 그녀에게 신자들은 죽으면 천국에 간다고, 그곳에서 그리스도와 천사들과 함께 산다고 얘기해주었다. 따라서 그녀의 아버지처럼 젊어서 죽는 것은 은총이었다. 그렇게 선택받은 아버지를 그녀가 왜 애도해야 할까?[38)]

그녀가 왜 죽음을 두려워해야 할까? 베네딕트는 아홉 살 때 어머니에게서 로마 귀족들의 이야기를 모은 책을 한 권 선물 받았다. 그 책에는 카토가 자살한 이야기도 들어 있었다. 율리우스 카이사르가 카토가 이끌던 공화주의 세력을 격파했고 그는 투옥될 위기에 처했다. 스토아파였던 카토는 명예를 지키기 위해 자살을 택했다. 로마인들은 명예를 중요한 덕목으로 여겼기 때문이다. 카토의 자살을 루스의 어머니는 대수롭지 않게 여겼던 듯하다. 배서 대학에서 고전을 배웠으니 그럴 만도 했다. 그러나 이웃집 하녀 한 명이 자살을 하자 루스의 가족은 그 여자를 비난했다. 루스는 그들의 판정을 받아들일 수 없었다. 다른 경우들에서처럼 이번에도 그녀는 독자적으로 판단했다. 요컨대 그녀는 첫째로 태어났고, 상당히 독립적이었다. 그녀는 짜증을 부리며 관심을 가져 달라고 요구했다. 그녀는 다른 가족들과 다르게 굴고 싶어 했다.[39)]

카토와 그의 고귀한 자살은 죽음을 두려워하지 않는 스토아 철학의 평정에 뿌리를 대고 있다. 마찬가지로 '아름다운 사람들'이 '환희의 산'에 거주하는 루스의 환상 세계도 평온했다. 그곳은 그리스도의 내세처럼 섹슈얼리티가 배제된 세속의 천국이었다. 베네딕트는 미드의 꿈 조사 연구 설문지에서 자신이 W. H. 허드슨의 『크리스털 에이지(A Crystal Age)』를 읽은 후 이런 특성이 더욱 현저해졌다고 말했다. 1887년 발표된 과학 소설 『크리스털 에이지』가 그녀가 자신의 환상 세계를 설계하는 데 영향을 끼쳤던 것이다. 허드슨의 소설에는 흰옷을 입고, 하얗고 투명한 세계에 사는 금욕적인 사람들의 집단이 나온다. 모두가 한 여성이 낳은 자식이고, 그 여자가 그들을 지배한다. 그녀는 '시빌'이면서 동시에 자식들의 죄로 인해 고통받는 '그리스도'이다. 소설의 남자 주인공은 계곡에서 추락해서 이 세계로 들어가게 된다. 그는 거기 사는 다른 모든 이들처럼 자신이 사랑하게 된 여자가 성관계에 아무런 관심도 없다는 걸 알고는 결국 자살한다. 물론 그는 그 전에 '청아한 여성들과 온후한 태도의 남성들'을 통해 황홀경을 경험한다.[40)]

이 책의 주제는 무성의 세계가 성별이 있는 세계보다 우월하고, 다른 한편으로는 좋은 쪽이든 나쁜 쪽이든 성(性)의 위력이 대단하다는 것인 듯하다. 19세기 후반에 작가들은 성별 전환과 정신의 재탄생을 상징적으로 표현하기 위해 투명한 크리스털을 활용했다. 당시에 일부는 정신의 재탄생과 성별 전환을 통해 동성애가 이루어지는 것이라고 믿기도 했다.[41)] 허드슨의 책에 나오는 등장인물들은 남녀 양성으로, 하얀 옷을 입으며, 백색의 세계에 사는 걸로 되어 있다. 이런 겉모습과 설정은 루스가 죽은 아버지를 여성적 그리스도로 재구성한 것과 일치한다. 아버지는 그녀가 만든 환상 세계의 입구에 서 있지만 결코 그녀를 껴안거나 잡아주지 않는다. 아마도 그녀는 성적인 느낌을 피하기 위해 이런 시나리오를 꾸몄을 것이다. 그녀의 환상 세계는 정말 놀라우리만치 섹슈얼리티가 역동적으로 존재하는 실제 세계와 정반대되는 거울 이미지로 구축되어 있었다.

베네딕트는 「내 인생 이야기」에서 정신적 상흔을 입힌 사건에 자신의 성적 경험을 전혀 포함시키지 않는다. 그녀가 이 회고록을 쓸 때 프로이트의 리비도 이론은 한물간 상태였다. 베네딕트의 친구 카렌 호나이 같은 미국의 신프로이트주의자들은 오이디푸스 콤플렉스라든가 유년기의 섹슈얼리티가 가장 중요하다는 프로이트의 이론들을 배제했다. 1938년에 베네딕트는 호나이의 저서 『현대의 신경증적 특성(The Neurotic Personality of Our Time)』 서평에서 그녀의 입장을 지지했다.[42] 그러나 섹슈얼리티는 베네딕트의 회고록과 일기의 기록 내용에서 끈질기게 위력을 행사했다. 「내 인생 이야기」에서 그녀는 어머니가 아버지의 시신 앞에서 이성을 잃고 울부짖은 일이 자신에게 '근본적으로 중요한 사건'(primal scene)이라고 했다. 이 말은 부모의 성행위 장면을 보게 된 아이가 받으리라고 추정되는 정서적 충격을 지칭하는 프로이트주의의 용어다. 베네딕트는 어머니가 부린 짜증들이 '칼로 찌르는 것처럼' 자기를 괴롭혔다고 일기에 적었다.[43] 이런 맥락에서 보면 어머니가 울부짖었을 때 몸이 불수의적으로 떨리면서 '오르가즘과 같은 강직 상태'로 절정을 경험했다는 그녀의 반응은 정욕에 따른 황홀경이기보다는 두려움으로 인한 마비 상태였을 가능성이 더 많다.

『문화의 패턴』을 보면, 베네딕트는 프리드리히 니체의 『비극의 탄생』에서 '아폴론적인 것'과 '디오니소스적인 것'이라는 용어를 가져와,

푸에블로 인디언은 아폴론적이고 평원 인디언은 디오니소스적이라고 설명한다. 그녀는 아폴론/디오니소스 이분법을 활용해 내면의 자아도 설명했다. 그녀의 환상 세계는 아버지의 세계였다. 정연하고 합리적인 그녀의 환상 세계는 아폴론적이었다. '혼란과 격정적 슬픔이 지배한' 어머니의 세계는 디오니소스적이었다. 니체는 아폴론과 디오니소스의 이원성을 그리스 연극의 토대로 보았다. 알다시피 그리스 연극은 디오니소스 숭배 의식에서 비롯했다. 니체가 볼 때 아폴론과 디오니소스의 이원성은 이성과 감성, 탄생과 죽음, 창조와 파괴 사이의 긴장과 투쟁도 상징했다. 니체는 이렇게 썼다. "아폴론의 정신이 디오니소스적 자멸에서 사람을 구한다." 케이 제이미슨도 창조성과 조울증의 관계를 연구하면서 그 이원성을 지적했다. 그녀는 조울증이 개인에 따라서 다양한 고저 범위를 갖는다고 본다. "이런 내면의 비합리적 충동을 논리적 과정으로 통합하는 게 고통스러울 수 있다. 하지만 성공만 하면 그 결과로 나오는 작품은 유일무이한 특성을 갖게 된다. '불로 담금질된 걸작'이 탄생하게 되는 것이다."[44)]

디오니소스는 파괴의 신이면서 동시에 환희에 찬 삶의 신이다. 디오니소스는 예술적 영감을 주기도 한다. 플라톤 이래로 사람들은 예술의 창조성을 줄곧 불로, 인간을 초월한 영감에 의한 착상으로 보았다. 19세기 말에 활약한 예술 및 퇴폐주의 작가들은 디오니소스적 기질을 극단으로까지 밀어붙이는 데서 진정한 자유를 발견했다. 니체조차 『비극의 탄생』에서 이렇게 썼다. "인간이 어떻게 해야 자연으로 하여금 그 비밀을 내놓도록 할 수 있을까? 요컨대 '부자연한 행동'을 해야 하는 것인가?" 『문화의 패턴』에서 베네딕트는 디오니소스적 기질을 긍정적으로 규정했다. 그녀는 윌리엄 블레이크의 경구를 인용한다. "극단적으로 밀어붙이면 지혜의 궁전에 도달할 수 있다."[45)]

베네딕트는 내면의 디오니소스적 자아와 관련된 몽상이나 꿈을 거의 얘기하지 않았다. 그렇기는 했어도 간혹 적어놓은 내용을 보면 대개가 무서운 것들이었다. 그녀는 자신을 사랑하는 사람들이 걱정스럽게 지켜보는 가운데 울음을 터뜨렸다. 그녀가 '밝힌' 꿈도 무섭기는 마찬가지였다. 그녀는 미드에게 성인이 되어서 꾼 꿈 하나를 얘기해주었다. 꿈에서 그녀는 천으로 싸여 있었고, 이렇게 느꼈다고 한다. "등을 따라 천이 째어지는데, 피부로 가위의 차가운 감촉이 느껴졌다." 스탠리와 이혼하기 직전인 1930년에는 이런 꿈도 꾸었다. 그녀는 '막 갈아낸 고기 식사를 대접받고' 있었다. "나는 그 음식을 자세히 살펴보다가 분쇄육이 되고 만 그 생물이 살아서는 아름다웠을 것임을 깨닫고 괴로워했다. 부드러운 뺨과 우람한 다리가 연상되었다. 잠에서 깬 나는 슬피 울었다."[46]

이 중에서도 닭장 꿈은 주목할 만하다. 미드가 전하는 바에 따르면 성인기의 베네딕트는 강의를 하는 데 가끔씩 어려움을 겪었다고 한다. '눈앞에서 직관적인 형상들이 움직였기' 때문이다. '그것은 더러운 반인(半人)의 피조물들이 먼지를 뒤집어쓰고 닭장에 들어가는 닭들처럼 아웅다웅하는 모습이었다. 더 영광스러운 존재의 먹이로나 적합한 가공의 동물들이 밀치락달치락 하는 광경이라니.' '직관적인'이라는 말을 통해 이 꿈이 환각이 아니라 공상임을 알 수 있다. 베네딕트가 그런 생물들을 본 게 아니었고, 생생한 이미지가 마음속에 떠올랐던 것이다.[47] 그녀는 미드의 꿈 연구 프로젝트를 위해 자기가 했던 공상의 내용을 기록한 「바보들의 행진(The Procession of Idiots)」에서 어렸을 때도 똑같은 환상이 있었다고 적었다. 침대에 누워 꾸벅꾸벅 졸다가 잠에 빠지기 전에 그런 환상이 떠올랐다는 것이다. 무대는 외할아버지 농장의 닭장이었다. 그녀는 닭장에서 끔찍한 광경을 목격했다.

> 닭들이 무질서하게 떼를 지어 외할아버지의 닭장으로 들어가고 있었고 물론 그녀는 각 개체를 구별할 수 없었다. 녀석들은 여러 가족으로 구성되어 있었다. 각 가족은 6~10마리로, 병아리들은 키순으로 정렬했고, 새끼들과 몸집이 제각각인 부모들이 그 앞뒤로 섰다. 그녀가 닭장에 들어섰다. 줄을 맞춰서 높이 설치한 닭장들 뒤로 그 닭들이 자리를 차지하고 있었다. 닭들은 상자들 뒤로 빽빽하게 서 있었다. 닭 세 마리가 상자에 자리를 잡았다. 세 마리는 그들 앞에 섰고, 더 큰 녀석 세 마리도 뒤에 섰다. 그녀는 그 아홉 마리를 자세히 살펴보았다. 전부 다 몸이 심하게 불구인 바보들이었다.[48)]

어린 시절의 베네딕트는 닭장이 아주 싫었다. 닭장은 '어둡고, 고약한 냄새가 나며, 이가 들끓는 곳'이었다. 닭장은 닭똥으로 지저분한 경우가 많지만 외할아버지가 농장을 아주 깨끗하게 관리했음을 상기해 보면 이런 닭장의 상태는 아주 흥미롭다. 암탉은 보통 여성을 상징한다. '헨펙트'(henpecked)가 아내한테 쥐여사는 남편을 묘사하는 단어인 것만 봐도 잘 알 수 있다. 그러나 실제로는 수탉이 암탉을 지배한다. 수탉 한 마리가 암탉 여러 마리를 거느린다. 섀턱 농장의 베네딕트 가족은 외할아버지의 지배를 받던 여성들로 구성되었다. 외할아버지는 나이가 많은 남성 '가장'이었고 그녀들은 서로에게서 좌절감을 느꼈다. 닭장 꿈은 제대로 기능하지 못하는 '일그러진' 가족 경험이 은유적으로 표출된 것일까? 닭장 꿈이 베네딕트의 내면적 자아도 상징했을까? 고통 받던 영혼의 무력감을 드러냈던 것일까?

베네딕트가 1920년대에 쓴 시편들도 그녀의 환상 세계처럼 상상력에서 우러나온 또 다른 형태의 꿈꾸기로 해석할 수 있다. 그녀의 시는 애수적(哀愁的)인 경우가 다분했고, 고통을 호소하는 경우도 종종 있었다. 그녀의 시는 사포 이래의 여류 서정시 전통에 입각하고 있으며, T. S. 엘리엇 같은 남성 모더니스트들이 재발견한 17세기의 형이상파 시인 겸 극작가들이 보여준 아이러니 및 고뇌와도 연결되어 있다. 베네딕트의 절친한 친구였던 루이즈 보건과 레오니 애덤스 같은 여성 시인들도 마찬가지였다. 그녀의 시에는 청교도의 엄숙함과 구약의 장엄함, 존 웹스터와 존 던의 시적 영감이 섞여 있었다. 물론 가끔이었고, 자주는 아니었지만 미국 초기 시의 정다움이 보이기도 한다.[49] 그녀는 윌리엄 버틀러 예이츠 같은 상징파 시인들의 영향을 받았고, 실재를 뛰어넘는 영적 세계의 상징들을 탐색하기도 했다. 그녀는 자신의 두려움을 심사숙고했고, 어렸을 때 잃어버린 자아의 일부를 파악하려고 애썼다.[50]

베네딕트의 시에는 남성 괴물들이 등장한다. 요한 계시록의 거대한 짐승들인 베헤모스와 레비아탄, 고전 신화의 미노타우로스와 오리온 등이 그 주인공들이다. 반우반인(半牛半人)의 식인 괴물 미노타우로스는 크레타 섬의 미궁에 살면서 젊은이들과 처녀들을 잡아먹었다. 오리온은 거인 사냥꾼으로, 아르테미스를 겁탈하려다가 그녀가 키우는 전갈에게 물려 죽는다. 제우스는 그를 하늘에 올려서 별자리로 만들어주었다. 가끔씩 괴물이 나오는 것 외에도 베네딕트의 시에서는 그리스도가 주요 등장인물이었다. 그러나 그녀의 그리스도는 점잖은 목양자 그리스도가 아니라 십자가에서 죽어가는 예수였다. 낭만파 시인들은 고통받는 예수를 예술 창작의 고뇌를 상징하는 수단으로 활용했다. 게이나 레즈비언 시인들은 그를 자신들이 느끼는 개인적 고통의 상징으로 활용하기도 했다. 예이츠의 경우는 그리스도가 황금여명회(Hermetic Order)의 상징이었다. 황금여명회는 그가 소속된 신비주의 교단이다. 루스 풀턴은 침례교를 바탕으로 자신과 그리스도를 융합했다. 동시에 그녀는 자신의 환상 세계에서 아버지와 그리스도를 동일시했다. 그리스도는 디오니소스와도 관계가 있었다. 겨울이 오면 죽었다가 봄이 되면 부활하는 수목들과 연계된 심상을 떠올려보면 쉽게 짐작할 수 있다. 디오니소스와 아폴론은 감성과 이성으로, 루스에게 아주 중요했다. 그녀가 의지의 힘만으로 자신의 정서 반응을 통제하려고 평생에 걸쳐 투쟁했기 때문이다.[51]

베네딕트의 유년기 행동을 감안하면 성적 학대의 가능성을 배제할 수 없다. 만지는 것을 두려워했던 점, 그녀가 구축한 무성의 환상 세계, 구토 발작, 여동생에 대한 분노, 친구의 인형을 망가뜨린 에피소드 등은 학대당하는 아동의 전형적인 특징이다.[52]

육체적으로 선을 넘는 학대 행위는 전혀 일어나지 않았을지도 모른다. 그러나 '학대'가 온전히 정서적일 수도 있다. 마르시아 웨스트코트는 카렌 호나이가 프로이트의 유년기 섹슈얼리티 이론을 배제했지만 부모들의 아동 학대를 유년기의 주요 문제로 언급했다고 주장한다. 특히 호나이는 부모가 딸들에게 강요하는 성적 행위를 맹렬히 비난했다. 소녀들에게 자신들의 몸을 불결한 것으로, 스스로를 남자아이들보다 열등한 존재로 받아들이도록 훈육하는 것에서부터 근친상간에 이르는 다양한 행동들이 다 여기에 포함된다. 웨스트코트에 따르면 이런 학대로 아이들이 '움츠린 경계심'을 보이는 경우가 많다고 한다. 그녀는 계속해서 이렇게 쓰고 있다. "성적 경험이 반드시 폭력적이거나 육체 학대를 수반할 필요는 없다. …… 임상의들은 학대받은 아이들에게서 '움츠린 경계심'을 발견한다."[53] 베네딕트가 위장한 얼굴 표정을 '움츠린 경계심'의 발로였다고 설명하는 사람도 있을 수 있다. 베네딕트는 "내 안의 어떤 것이 살해되었다."라는 증언에서처럼 '살해'라는 말을 사용해 가족들의 다툼에서 자신이 받은 충격을 묘사했다. 그녀는 나중에 메리 울스턴크래프트에 관해 메리는 어렸을 때 아버지의 학대를 받았고, 청소년기에 '자신의 영혼을 구해내야만' 했다고 언급했다.

베네딕트 시절의 모더니스트 문학가들과 인류학자들 모두가 근친상간이라는 주제에 커다란 관심을 보였다. 프로이트는 초기 저술에서 자신이 처음 진료한 여성 히스테리 환자들을 성희롱한 게 연상의 남자 친척들이었다고 주장했다. 그런 여성들이 학대 내용을 공상하여 가공했다고 결론지은 것이다. 물론 프로이트는 이 해석을 나중에 철회했다. 그러나 『토템과 터부(Totem and Taboo)』(1913)에서 그는 선사시대에 아들들이 어머니와 누이들인 부족의 여자들에게 성적으로 접근하기 위해 아버지를 살해한 다음 죄책감을 느꼈고, 여기서 근친상간 금기가 도입되었다는 이론을 제창한다. 프로이트처럼 대다수 인류학자들도 근친상간 행위가 아니라 근친상간 금기에 초점을 맞추었다. 그건 베네딕트도 마찬가지였다. 그녀는 『문화의 패턴』에서 근친상간 금기가 친족 너머로까지 보편적으로 확대되었고, 그게 '미국에서처럼 근친혼을 막기 위한' 것만도 아니었다고 썼다. (마거릿 미드는 근친상간 행위 자체를 강조했다는 점에서 특이한데, 1965년에 집필한 백과사전의 근친상간 항목에서 그 행위를 '소름 끼치는 공포'로 규정했다.)[54)]

19세기 말의 예술 및 퇴폐주의 작가들과 초기 모더니스트들은 근친상간을 성적 도착 행위로 여겼다. 남색이나 가학 피학성 변태 성욕처럼 근친상간도 개인이 완벽한 자유를 얻으려면 생각과 행동 모두에서 온갖 금제를 위반해야 한다는 그들의 신념을 표상하는 행위이기도 했다. 극단의 길이 지혜의 궁전으로 통한다는 윌리엄 블레이크의 경구에서도 그들의 신념을 확인할 수 있다. 이런 반향들을 고려해보면, 베네딕트 역시 근친상간과 관련해 자기 유년기의 경험을 검토해보지 않을 수 없었을 것이다.

그녀는 1938년에 이렇게 썼다. "미국에서 아이들을 키울 때 제기되는 섹슈얼리티 문제는 아이들의 섹슈얼리티 착취 여부가 아니라" 아이들이 나중에 버려야만 하는 행동을 배우게 되는 사태이다. "아이들은 무성이다." 그런데 "어른들은 성적 행동으로 사람의 성년 정도를 판단한다."[55] 이 진술은 성인들이 아이들을 성적으로 착취한다는 비난으로 해석할 수도 있고, 성인이 된 후에는 극복해야만 하는 청교도적 성 이해 방식으로 아이들을 키우는 것에 대한 비난으로 해석할 수도 있다. 베네딕트는 자신이 "감각을 불신하고, 나면서부터 기본적으로 표출되는 삶의 여러 측면들을 혐오하도록 청교도적으로 훈육되었다."라고 썼다. 그녀는 미드의 꿈 연구 설문지에 답변하면서 자신이 어렸을 때 자위행위를 하지 않았다고 간단히 밝혔다.

베네딕트는 「내 인생 이야기」에서 메리 이모와 했던 놀이를 소개했다. 그녀가 숨으면 메리 이모가 찾아내서 꼭 껴안는 놀이였는데 루스는 그 놀이를 싫어했다. 그녀는 사람들이 자기를 만지는 걸 좋아하지 않았고 이모도 그 사실을 알고 있었다. '그런 종류의 내키지 않는 기억'이 또 있다. 여기에는 종조부 저스틴 풀턴이 나온다. 그는 유명한 침례교 목사로 노리치의 농장을 자주 찾았다. 한번은 그가 루스와 마저리에게 키스를 해주면 50센트를 주겠다고 얼렀다. 루스는 비명을 지르며 그한테서 달아나 재봉틀 아래 들어가 숨었다. 1890년대의 재봉틀은 발로 페달을 밟아 조작했다. 그런데 상부의 기계와 발판 사이의 공간이 덮개로 씌워지지 않고 드러나 있었고 거기 숨은 루스는 아마도 다 보였을 것이다.[56]

종조부 저스틴은 노예제 폐지와 여성의 권리를 옹호하는 소책자뿐만 아니라 여성의 섹슈얼리티를 다룬 논문도 썼다. 그는 여기서 여성의 섹슈얼리티가 남성에게 위험하다고 주장했다. 에덴동산에서 이브가 뱀한테 사과를 받아 아담에게 주었고, 결과적으로 그가 죄를 짓도록 유도했기 때문이라는 것이었다. 이브가 이 세상에 죄를 가져왔다는 논법은 19세기 초 성직자들의 보편적인 설교 내용이었다. 여성의 예속을 정당화하는 게 그 목표였음은 뻔하다. 저스틴 풀턴은 여기서 더 나아가 이브의 행동으로 악마가 모든 여성을 지배하게 됐다고 주장했다. 사탄의 지배를 받는 여성들은 남성들이 도저히 거부할 수 없는 요부가 된다는 것이다.[57] 오늘날의 감수성에 비추어 보더라도 풀턴의 논변은 남성들의 성 착취를 강변하는 합리화 논거로서 꽤 그럴듯하게 들린다. 범죄를 저질러놓고 희생자를 탓하는 억지 말이다. 베네딕트는 종조부 저스틴을 '독단적'(cocksure)이라고 했다. 이 말은 수탉(또는 남자의 성기)을 의미하는 'cock'이라는 단어에서 유래되어 사내다움을 뽐내는 아주 남성적인 사람을 가리킨다. 닭장에서 수탉들이 보이는 행동과도 관계가 있음은 두말할 나위가 없다.

베네딕트에게 성인 남자가 개입된 성적 경험이 어렸을 때 한 차례 더 있었다. 그녀는 어머니가 여학생 사감을 했던 미네소타 주 오와토나에서 2년 동안 학교를 다녔다. 학교의 건물 관리인 아저씨가 그녀에게 '멋진' 보라색 과제물 표제지를 만들어주었다. 루스는 회고록에 이 남자가 '잘생겼고', 오와토나에서 자기가 제일 좋아한 어른이라고 썼다. 둘만 있을 때는 루스의 머리칼을 쓰다듬어주었고, 그녀는 그게 좋았다. 당시에 그녀는 열 살이었다. 베네딕트에 따르면 그는 소녀들을 '유혹'했다는 혐의로 나중에 해고되었다. 회고록에서 그녀는 마치 그 남자의 행동이 이상할 게 없었다는 듯이 건물 관리인과의 경험을 차분하게 쓰고 있다.

버트리스가 그 남자 때문에 보수가 좋았던 직장을 그만두고 미네소타를 떠났을까? 루스가 보인 육체적·감정적 문제들을 고려하면 버트리스가 계속해서 이사를 다닌 게 이상하기는 하다. 실제로 그녀는 오와

토나의 필스버리 아카데미를 그만두고 버펄로 공립 도서관으로 옮겼을 때 상당한 임금 삭감을 감수해야 했다. 오와토나에서는 재정적으로 풍족했고, 상류층 가정에 초청받는 일도 잦았다. 버펄로에서 그녀와 아이들은 동생 메리 집의 작은 셋방에서 살았고, 오붓하지도 않았다. 그녀는 1890년대의 경기 침체가 미래의 고용 사정에 미칠 영향을 두려워했을지도 모른다. 그러나 그런 추측을 뒷받침해주는 결정적인 증거는 없다. 10년 동안 필스버리 아카데미는 계속해서 많은 학생과 풍족한 기부금을 받았다. 필스버리 아카데미는 10년 후에야 비로소 쇠퇴의 길로 접어든다.[58] 루스와 건물 관리인이 맺은 관계 때문에 버트리스가 부랴부랴 다시 이사를 했던 것일까?

루스가 열 살과 열한 살 때 쓴 일기와 마흔여덟 살 때 작성한 회고록 사이에는 상충하는 내용들이 많다. 일기에서는 그녀의 정서적 곤란과 어려움이 강조되지 않는다. 물론 짜증을 부렸다는 기록과 그에 대한 죄책감이 표출되고는 있지만 말이다. 그녀는 구토 발작 얘기는 단 한 건도 적지 않았다. 당시에는 그 증세가 더 이상 나타나지 않았는지도 모르겠다. 그녀는 마저리의 우수한 학업 성적을 더 이상 질투하지 않았고, 동생이나 친구들과 즐겁게 놀았던 것 같다. 그녀는 어머니와 이모에게도 더 이상 적의를 드러내지 않는다. 그녀는 어느 가을날의 즐거웠던 광경을 적고 있다. 그녀와 어머니, 여동생, 이모가 마당에서 낙엽을 긁어모은다. 그녀와 여동생이 어머니와 이모를 그 낙엽으로 덮는다. 모두가 함께 낙엽 위에서 구르며 웃는다. 루스는 고열로 잠을 이루지 못하던 어느 날 밤 어머니가 그녀를 침대로 데려가 잠이 들 때까지 지켜보며 다독여주었다는 내용도 일기에 적었다.

루스의 일기를 보면 경건한 신앙심을 확인할 수 있다. 그녀는 자신이 받은 세례식을 열정적으로 설명한다. 그녀는 어머니가 자기에게 선교사 얘기를 자주 읽어준다고 적으면서, 자기도 크면 '이교도들'을 선교하겠노라고 선언한다. 그녀는 학교 건물 관리인이 자기한테 그림을 그려주고 있다고 언급했지만 그에 관해서 더 자세한 얘기는 하지 않았다. 그녀는 어느 일요일에 교회 목사가 간음에 관해 설교했는데, 평소처럼 자신은 그가 하는 말을 이해하지 못했다고 적고 있다. 그녀는 버펄로로 이사하는 게 내키지 않았다. 어머니가 공립 도서관 채용 제안을 수락한 건 관장인 사람이 미주리 주 세인트조지프에서 옆집에 살았고, 친했었기 때문이라고 썼다.

버펄로 이사 직후 루스는 일기를 쓰는 게 지겹고 따분하다고 적었다. 그녀는 며칠 더 적는가 싶더니 더 이상 일기를 쓰지 않았다. 그래서 버펄로 시절을 알 수 있는 정확한 기록은 존재하지 않는다. 그런데 그녀는 거기서 정서적·성적 영향에 강하게 지배받는 사춘기를 보냈다. 이때 그녀는 세인트마거릿 성공회여학교(St. Margaret's Episcopal School for Girls)에 다녔다. 여학교였기 때문에 당연히 낭만적 우정이 있었다. 그런데 바로 이때 루스는 모종의 계기를 통해 자신의 환상 세계에 미켈란젤로의 시빌들을 도입하게 된다. 어쩌면 어머니가 소지하고 있던 배서 대학교 졸업 앨범에서 예언을 해대던 '시빌'에서 착안했을 것이다. 물론 아이디어를 얻은 대상이 필스버리 아카데미의 연감 제목이었던 '시빌'이었을 수도 있고, 『크리스털 에이지』에 나오는 W. H. 허드슨의 시빌이었을 수도 있다. 그녀는 미술책에서 미켈란젤로가 그린 시빌들의 복제화도 보았을 것이다. 시빌들은 19세기 내내 여성의 영감과 직관을 상징했다. 시빌들은 남성적이면서 동시에 여성적이고, 침입자를 막을 수 있는 위력적인 형상이다. 루스가 시빌들을 상징적 수호자로 채택했을까? 당시에 그녀는 청각 기능을 개선하기 위해 고통스런 아데노이드 시술을 받고 있었다. 아마도 시빌들은 이것과 관련이 있을 것이다. 아니, 어쩌면 그녀가 사춘기에 접어들면서 섹슈얼리티를 자각한 것과 관계가 있을지도 모른다. 시빌들의 혼합 성별이 그녀를 매혹했던 것일까?

루스와 가족이 버펄로로 이사한 후 그녀의 짜증이 빈번해졌다. 인내의 한계에 도달한 버트리스는 루스가 부리는 짜증을 중단시키기로 결심했다. 버트리스는 루스를 침실로 데리고 갔다. 그녀는 촛불을 켜고, 성경을 펼친 다음 루스를 침대 옆에 무릎 꿇게 하고 계속 하나님께 기도하게 했다. 버트리스의 간섭은 효과를 보았다. 12년 전 거실에 안치되었던 프레드 풀턴의 시신 옆에서도 그녀는 루스에게 아버지를 잊지 않겠다고 약속하도록 강요했을 것이다. 그녀가 다시 한 번 비슷한 광경을 연출했다. 침대, 촛불, 성경, 어머니의 탄원. 여전히 기독교 신자였던 루스는 이 모든 것에 깊은 감화를 받았다. 그녀는 더 이상 짜증을 부리지 않게 됐지만 대신 우울증이 시작되었다. 베네딕트가 「내 인생 이야기」에서 하는 얘기가 바로 이 내용이다. 그러나 이 말은 부분적으로만 맞는 얘기이다. 그녀의 짜증과 울화는 우울증으로 변조되었다. 그러나 그녀는 계속해서 분노를 폭발시켰고 원치 않는 정서적 고양 상태에 여전히 시달렸다.

베네딕트는 아버지를 여성화해, 그리스도로 바꾸어버렸다. 그가 그녀의 아폴론적 초상이었을지도 모른다. 아버지는 그녀의 인생에서 차분한 남성의 존재를 대변하는 상상의 인물이었다. 반면 가족의 생계를 책임졌던 어머니는 그녀의 유년기에 남성의 역할을 떠맡았다. 루스는 1920년대 말의 일기에서 스스로를 마조히스트라고 불렀다. "프로이트주의자들은 내가 어머니의 자궁으로 돌아가고 싶어 한다고 말할 것이다."[59] 아마도 그녀는 다시 태어나서 가족의 성별 교차, 그러니까 여성화된 아버지 및 남성화된 어머니와 화해하고 싶었을 것이다. 베네딕트는 가족의 여자 구성원들과 갈등이 많았다. 그녀는 어린 시절에 자신에게 중요한 남성들이었던 할아버지와 아버지를 이상화했다. 자신의 남성적 측면과 여성적 측면을 화해시키는 것이 베네딕트의 인생에서 중요한 화두였다.

베네딕트는 청소년기에 접어들면서 더 이상 짜증을 부리지 않았다. 그녀는 자신이 구축한 환상 세계의 차분한 아버지를 닮아갔다. 그녀는 '가면처럼' 감정이 담기지 않은 얼굴 표정을 만들어내는 일에 집중했다. 그 뒤로 자신의 내면세계를 숨긴 것이다. 그녀의 '모나리자' 같은 미소를 통해 존재의 중심에 있던 온화함과 혼란스러움을 모두 감지할 수 있다. 물론 미드의 말마따나 가끔씩 듣지 못하는 사태에 대한 그녀의 애처로운 반응도 읽힌다. 베네딕트의 친구들은 그녀가 유머가 풍부했다고 말했다. 미드에 따르면 다른 사람은 아무도 재미있다고 생각하지 않는 상황에서 가끔 큰 소리로 웃어젖혔다고도 했다.[60] 그런 행동을 통해서 그녀의 감정들이 비어져 나온 것 같다. 그러나 어린 베네딕트에게 그 가면은 세상에서 도피하고, 감정을 억제하는 방법이었다. 그녀는 가면 속에서 계속 소외감을 느꼈다. '낯선 땅의 이방인' 같다는 생각을 했던 것이다. 이 말은 모세가 출애굽기에서 이스라엘 백성을 이끌고 이집트에서 고국으로 돌아가는 이유를 설명하는 대목에서 나온다. 유대인들은 '낯선 땅의 이방인들'로, 그들은 고국으로 가고 싶어 한다.[61] 이 말은 베네딕트가 제일 좋아한 죽음의 땅인 고대 이집트에 대한 생각과도 관계가 있었다. 그녀는 거기로 가는 길을 찾아서 온전한 인간이 되어야만 했다. 그녀는 살기 위해서 자신의 우울증과 죽음을 껴안아야만 했다.

그러나 '가면', '낯선 땅의 이방인' 같다는 생각, 고대 이집트에서 태어나고 싶다는 소망 같은 특질은 그녀가 성적으로 다른 감수성을 가졌다는 사실과 연결할 수도 있다. '가면' 뒤에 숨거나, 나고 자란 땅에서 타인이라고 느끼는 것처럼 규범과의 차이를 드러내는 행위는 미국의 역사에서 같은 성을 지향하는 사람들이 보여준 전형적인 특징이다. 미드는 베네딕트의 삶을 관조하며 이런저런 논평을 하는 중에 그녀가 한 다음과 같은 말을 소개하는데, 우리는 여기서 그녀의 동성 지향에 관한 단서를 포착할 수 있다. "루스 베네딕트는 이런 질문을 했다. '다른 나라, 어쩌면 이집트 같은 나라에서 태어났으면 행복하지 않았을까?' 이런 질문을 던지면서 그녀는 선천적이고 중요한 자아의 일부에 대해 어떤 가정을 하고 있었던 것이다."[62] '선천적이고 중요한 자아의 일부'를 그녀의 동성애 기질로 볼 수 있는 것이다.

「내 인생 이야기」에서 베네딕트는 그 회고록을 쓰기 전에 했던 이집트 스핑크스 공상이 마침내 중년기의 평화를 찾은 자신의 인식을 상징한다고 말했다. "나는 스핑크스가 웅장하게 솟아 있는 엄청난 사막에 혼자 있었다. 그 스핑크스의 얼굴에 서려 있는 아이러니와 지혜를 글로는 형용할 수가 없다. 나는 스핑크스에게 다가가서 발에 얼굴을 파묻고 엉엉 울었다. 그것은 자신감과 행복에 겨운 눈물이었다."[63] 스핑크스는 여자의 두상에, 남자의 몸뚱이를 한 양성적 존재이다. 그리스 신화에서 스핑크스는 자신이 통제하는 길목에 들어서는 사람에게 인간의 본질에 관한 수수께끼를 내고 답하지 못하는 여행자들을 잡아먹는 사악한 여성적 존재로 그려진다. 그러나 이집트의 전설에 나오는 스핑크스는 남성적 합리성과 왕권을 상징하는, 자비로운 존재이다.[64]

베네딕트는 육체적이고 감정적인 곤경에 처해서도 강인하게 대응했다. 베네딕트는 메리 울스턴크래프트의 간략한 전기에서 그녀가 힘겨운 유년기를 뚫고 살아남았다고 썼다. "용기 있는 자만이 정신적으로 죽지 않는다. 강한 자는 그렇게 순수할 수 있다."[65] 베네딕트의 독립적이고 굳건한 인성은 힘겨웠던 유년기에도 분명하게 드러났다. 환상 세계를 구축하고, 어머니가 반대할 때도 공상을 그만두지 않았던 데서 그녀의 자발성을 확인할 수 있다. 베네딕트가 자살을 악으로 규정하지 않은 데서도 자주성은 확인된다. 그녀도 희생자가 되었을지도 모른다. 학대와 죽음과 자신의 정서 반응에 굴복했을지도 모른다. 그러나 그녀는 굴하지 않고 맞서 싸웠다.

그녀는 심지어 가족의 중요한 신앙 활동마저 거부했다. 그녀와 여동생도 다른 독실한 기독교도처럼 매일 밤 취침 전에 주기도문을 외웠다. 그녀는 주기도문의 '우리의 죄를 사하여 주시옵고'라는 구절을 싫어했다. 그 말에는 자신이 저지른 모든 '악행'을 용서받을 의도가 담겨 있고 그것은 잘못이라고 생각했기 때문이다. 베네딕트는 죄를 지었으면 책임을 져야 한다고 생각했다. "주기도문을 외우면서 처음으로 '우리의 죄를 사하여 주시옵고'라는 구절을 생략했던 날 밤, 내 양심에 비춰 보았을 때 어떤 죄를 지었는지 생각이 나지는 않는다." 그녀가 저지른 '죄'라면 짜증과 '못되게 굴었던 때'였을 것이다. 아니면 다른 어떤 것이었을지도 모르겠다. 그러나 그녀는 스스로를 응징하고 있었기 때문에 그 문구를 빠뜨린 게 아니었다. 그녀는 여기에 대해서 죄책감을 느끼지도 않았다. 그녀는 "용서받지 못할 악행과 관련해 내 양심에 비추어 어떠한 청교도적 죄책감도 느끼지 않는다."라고 적었다.

그러나 그녀가 아무런 죄책감도 느끼지 않았다는 말은 의심스럽다. 그녀는 유년기의 일기에서 짜증을 부린 것에 대해 죄책감을 토로했다. 어머니가 울 때 자신이 보인 태도나 아버지의 죽음과 어머니의 불행에서도 죄책감을 느꼈음이 틀림없다. 죄책감을 느끼지 않는 사람이 원죄의 교리와 청교도의 억압적인 도덕률을 받아들일 수는 없다. 죄책감은 부정적이고 자책적인 감정으로, 우울증으로 발전할 수 있다. 물론 극기로 나아갈 수도 있겠지만. 루스는 소녀 때 자신이 견지한 칼뱅주의적 신앙의 부정적 측면에 용감하게 맞섰다. 나이보다 현명했던 그녀는 용서를 언급한 그 문구를 빼버린 자신의 행위를 그 누구하고도 의논하지 않았다. 독실한 친척들이 그 문구를 빼버림으로써 하느님을 모독한 것이니 다시 집어넣어야 한다고 줄기차게 강요할 것임을 알았다. 베네딕트는 독립적 자아가 우세했다. "그게 내게 정당해 보이지 않았다는 사실 말고는 거기서 어떠한 권위도 발견할 수 없었다."[66]

그런데 그녀가 열두 살이 되었을 때 다시 "우리의 죄를 사하여 주시옵고"라는 구절을 얘기하기 시작했다. 그녀가 초경(初經)을 경험하면서 자신의 환상 세계에 시빌들을 도입한 때였다. 몇 년 후 그녀는 세인트마거릿 성공회여학교에 다니기 시작했다. 거기서 그녀는 여성들이 낭만적인 우정을 나누는 문화를 접했다. 더하여 세인트마거릿 여학교 이후로 배서 대학을 필두로 사회복지 활동과 여학교에서의 교사 경험처럼 그녀가 밟게 되는 일련의 여성 환경에서 베네딕트는 성적이고 지적이며, 감정적이고 영적인, 더불어서 남성적이고 여성적인 자신을 온전히 이해하려는 노력을 계속해나갔다.

3장

눈이 맑은 아이

— 마거릿 미드의 유년 시절

마거릿 미드는 자서전적 저술들에서 자신의 유년기를 두 개의 판본으로 이야기한다. 첫 번째는 긍정적이다. 그녀는 자신의 '올드 아메리칸' 선조들을 찬양한다. 그러나 두 번째는 베네딕트의 회고처럼 부정적이다. 미드가 1970년대 초 집필을 의뢰받은 짧은 회고록은 저명한 심리학자들의 자서전 가운데 한 권으로 긍정적인 내용 일색이다. 이런 집필 의뢰를 받은 걸 보면 심리학계에서 그녀의 명성이 대단했음을 알 수 있다. 1935년 존 달러드를 위해 쓰인 「인생사」라는 제목의 짤막한 미출간 기록물은 내용이 부정적이다. 「인생사」는 베네딕트가 쓴 「내 인생 이야기」의 자매편이다.[1] 『블랙베리 겨울(Blackberry Winter)』의 초고와 최종 간행본도 부정적이라는 것은 분명하다. 미드 말년의 애인이었던 로다 메트로(Rhoda Métraux)가 그녀의 초고를 다듬어 출판했다. 메트로는 미드의 거친 산문을 우아하게 고쳤지만 부정적인 내용까지 제거하지는 않았다. 미드는 로다가 초고에서 뭘 뺐고, 뭘 남겨뒀는지 자기도 잘 모르겠다고 말했다.[2] 여기저기서 의식의 흐름 기법이 적용된 초고들, 특히 그녀의 유년기와 관련해서는 간행본에는 없는 정보가 들어 있다.

그러나 미드의 다양한 회고록들을 보면 베네딕트가 「내 인생 이야기」에서 쓴 접근법을 채택하지 않고 있음을 알 수 있다. 베네딕트는 자신의 인성을 해명하기 위해 유년 시절의 트라우마를 더듬는다. 미드는 1950년에 자서전 쓰기를 논하면서 트라우마 접근법이 딱딱하고 융통성이 없다고 비판했다. 미드는 베네딕트의 회고록을 지목하지는 않았지만 그 방법론의 결함이 드러난 예로 그녀의 책을 거론했다. 미드는 이렇게 썼다. 트라우마 이론에서는 "두 살 때 아버지가 죽으면 두 살 때 아버지를 잃었다는 원인으로 모든 것이 소급된다."[3] 미드는 다른 사람들에게 보낸 편지와 진술에서 다섯 살 때 여동생 캐서린이 죽은 사건이 자기에게 커다란 충격을 준 트라우마라고 종종 얘기했다. 그러나 그녀는 자서전에서 이 사건을 자세히 설명하지 않았다.

유명 인사였던 미드는 불후의 회고록을 쓰고 싶어 했다. 그녀는 젊은이들이 자기 회고록을 읽기를 바라기도 했다. 1970년대, 그녀는 『블랙베리 겨울』을 쓰고 있었다. 미드는 스스로 자신을 반항적 청년 세대와 보수적인 구세대의 중재자로 자리매김했던 것이다. 그녀는 두 집단에게 자기 부모가 채택한 진보적 육아법을 알려주고 싶어 했다. 미드의 부모가 그녀를 양육한 방식은 여러 세대를 앞선 것이었다. 그러나 최종 간행본에는 빠진 서론의 초고에서 미드는 자기 부모의 육아법을 중점 서술하는 게 원래 계획은 아니었다고 말한다. 의도는 자신의 성 정체성이 어떻게 발달했는지 기술하고, '40년간의 침묵'을 깨고 커밍아웃하는 것이었다.[4] 유년기를 다룬 장들의 초고는 그녀가 소녀들이 나눈 낭만적 우정의 문화에 가담한 사연을 집중 소개한다. 물론 그런 내용은 간행본에서 상당 부분 제거되었지만.

미드는 자신의 자서전에서 남성들의 자서전이 흔히 택하는 전형적인 방식을 거부한다. 독특한 자기 창조를 통해 역경을 극복하는 영웅의 모험담 말이다. 이를 테면, 벤저민 프랭클린의 자서전은 가난을 딛고 위인이 되는 이야기로서 불후의 고전이다. 미드는 그녀의 부모가 자신에게 미친 영향을 설명하고 자신에게 주어진 온갖 기회를 효과적으로 활용하며 거둔 성공을 바탕으로 어린 시절의 다짐을 어떻게 이행했는지 보여준다. 미드는 자서전에서 여자로서의 정체성과 전형적인 여성 담론도 찬양한다. 그녀의 여성 담론은 결혼과 모성애에서 최고조에 이르는데, 딸의 출산과 더불어 할머니가 된 자신이 느끼는 감정을 피력하면서 회고록을 끝내고 있다. 미드는 이런 모성애를 방패 삼아 자신의 자유연애와 남편들 이외의 다른 남성들은 물론이고 여성들과 맺은 성적 관계도 숨겼다. 그녀가 루스 베네딕트와 나눈 우정은 『블랙베리 겨울』 이야기의 일부이다. 그러나 이 책에서 미드가 소개하는 두 사람의 우정 얘기는 열정적이지도 않고, 『우리 시대의 인류학자(An Anthropologist at Work)』에서처럼 복잡하게 논의되지도 않는다. 『우리 시대의 인류학자』는 미드가 로다 메트로와 사귀기 전, 거의 20년 전에 쓴 책이다.

미드는 두 권의 저술 모두에서 베네딕트의 의기소침한 은둔자적 면모를 강조했다. 반면에 자신은 정력적이고 외향적인 낙천가로 그리면서, 전형적인 자서전들에서 흔히 남성들이 누리는 행운까지 따랐다고 으스댄다. 미드가 바너드 대학에 가고, 1922년에 루스 베네딕트와 조우한 것이 그런 행운이었다. 1926년 그녀가 사모아에서 유럽으로 돌아가면서 리오 포천과 한 배에 탄 것, 1932년 뉴기니에서 그레고리 베이트슨과 같은 곳에 머물렀던 것도 행운이었다. 자신을 낙천가로, 자신의 삶을 운이 따라준 축복받은 인생으로 해석한 것은 틀린 얘기가 아니다. 베네딕트가 의기소침한 존재였던 것도 맞다. 그러나 이런 설명은 더 복잡한 이야기의 일부일 뿐이다. 베네딕트가 감각적이고, 탁월한 운동 능력을 과시했으며, 낙천가이기도 했던 것처럼 미드 역시 삶을 두려워하고, 낙담하기도 했던 것이다.

미드가 가족을 긍정적으로 그린 회고록을 보면 그녀의 부모와 양육을 담당했던 할머니는 뛰어난 스승이었다. 그녀가 나중에 민족지학을 연구하는 데 꼭 필요한 기술을 그들이 가르쳐주었다는 것이다. 미드의 어머니는 자녀들에게 기술을 가르치라는 진보적 교육가들의 영향을 받았고, 사는 곳에서 항상 장인들을 수소문했다. 그렇게 미드의 형제들은 천짜기, 판화 제작, 바구니 세공, 목각, 심지어 목수 일까지 배웠다. 미드는 이렇게 습득한 장인 기술들로 자신이 연구한 부족사회들의 수공업 생산 과정을 파악할 수 있었다. 그녀는 어렸을 때 근처의 화가들이 진행하는 회화 수업도 들었고 그녀의 그림 소질은 현지 조사에서 토착민들의 예술 작품을 스케치할 때 요긴했다. 집안 어른들은 그녀에게 현지 조사에 매우 중요한 관찰 기술도 가르쳤다. 마사 미드는 마거릿에게 과학을 가르치면서 매번 사는 곳의 식물들을 분류해보라고 시켰다. 마거릿은 가족들의 주소와 전화번호 목록을 항상 최신으로 유지 관리했고, 생일이나 크리스마스 따위의 가족 행사를 기획했으며, 두 여동생의 발달 과정을 추적해 기록했다. 할머니는 그녀에게 고향 마을인 오하이오 주 윈체스터 이야기도 해주었다. 미드는 할머니한테서 들은 복잡한 혈연관계를 기반으로 자신이 연구한 부족사회에서의 혈연관계를 파악할 수 있었다.[5)]

이 회고록에서 그녀의 부모들은 뛰어난 지식인이었고 미드는 부모 덕분에 일찍부터 학계에 익숙했다. 그녀가 가지고 놀던 첫 장난감은 나무로 만든 뱀과 원숭이였다. 이것들은 펜실베이니아 대학교 학생들이 경제학과 교수 사이먼 패튼에게 그의 다윈과 진화 강의를 야유하는 의

미로 준 여러 가지 목재 동물들이었다. 그녀가 사귄 최초의 친구는 아버지 동료들의 자식이었다. 가족이 펜실베이니아 대학교 교수진이 거주하던 지역에 살았던 것이다. 유명한 학자들이 부모의 친구였고, 마거릿은 그들이 파티와 저녁식사를 하러 자기 집에 오는 것을 보면서 자랐다. 가족끼리 저녁식사를 할 때도 다양한 지적 주제와 사상을 토론하고 논쟁했다. 동시대의 사건, 문학, 사회적 쟁점들이 화제에 올랐다.

미드가 어렸을 때 가족과 친구들은 그녀의 잠재력을 알아보았다. 회고록을 보면 부모는 그녀의 천재성을 북돋고, 그녀가 성인이 되어 크게 성공하리라고 기대한다. 1970년에 그녀는 한 기자에게 자신이 진보적인 부모들 덕택에 발달이 빨랐다고 얘기한다. 인터뷰하면서 열에 들떴던지 그녀는 부모가 '70년은 앞섰던' 분들이라고 과장을 했다.[6] 이런 환경에서 그녀는 자신이 학자가 되리라는 것을 추호도 의심하지 않았다. 그녀는 한꺼번에 심리학 석사 학위 논문과 인류학 박사 학위 논문을 쓰면서 그 와중에 첫 번째 결혼을 했고, 시간제로 근무까지 했다. 약관의 성인기에 보여준 이런 성취를 통해 그녀의 다재다능함을 엿볼 수 있을 뿐만 아니라 그녀가 빠르게 원숙한 인류학자로 성장하리라는 것을 짐작할 수 있다. 자신이 볼 때는 둘 모두가 어느 정도는 양육 방식의 결과였다.

이 회고록에 따르면 아버지는 뛰어난 조언자였다. 현명한 청취자였던 아버지는 다른 사람들의 말에서 배우는 법을 가르쳐주었다. 그는 공책을 가지고 다니면서 다른 사람들의 재미있는 발언을 적어두었다. 그는 마거릿에게 효과적인 화법도 가르쳐주었다. 그는 상대방의 눈동자를 보면서, 그들이 쉽게 이해할 수 있는 아이디어를 찾아내고, 청중의 지적 수준을 넘어서지 말라고 조언했다. 아버지는 사진처럼 정확한 기억력의 소유자였다. 그건 그녀와 어머니도 마찬가지였다. 그는 박사 논문을 쓰는 데 필요해 10일 만에 프랑스어를 배웠다. 에드워드 미드는 논문을 쓰면서 늑장을 부리고 핑계를 대는 것은 있을 수 없는 일이라고 생각했다. "써야 할 논문이 있으면 빨리 써라."[7)]

그는 훠턴 스쿨의 저녁 공개강좌 프로그램을 설립해 성인 교육에 힘썼다. 낮에 수업을 들을 수 없는 노동자들에게 교육 기회를 제공하는 것이 목표였는데, 특히 펜실베이니아의 탄광 지대에 여러 분교가 생겼다. 이 프로젝트는 노동계급 젊은이들을 교육해야 한다는 그의 선교적 열망에서 비롯한 것으로, 더 근본적으로는 고등학교 재학 시절 노동 계급 청소년들에게서 느낀 동질감 때문이었다. 그의 프로그램은 미국에서 이런 종류의 시도로는 최초에 속했다.

한편 어머니는 모범적인 개혁가였다. 그녀는 자녀들에게 인종과 민족은 평등하다고 가르쳤다. 당대에 선진적인 견해를 가졌던 어머니는 생물학적 조건이 아니라 문화에 의해 인종과 민족의 행태가 정해진다고 생각했다. 그런 태도는 노예제 폐지를 옹호했던 에밀리 포그 미드의 시카고 집안이나 시카고 대학교에서 함께 공부했던 진보적 사회학과의 동료들도 마찬가지였다. 여기에는 헐 하우스 및 시카고의 이민자 공동체와 관련된 학자들도 보태야 할 것이다. 에밀리는 이런 연계망의 영향력을 수용했고, 뉴저지 주 해먼턴의 이탈리아인 공동체를 주제로 박사 학위 논문을 쓰기 시작했다. 이탈리아 남부의 낙후한 농촌 출신 이민자들이 뉴저지의 드문드문 소나무가 있는 불모의 모래밭에 정착했다. 그들은 가난했고, 교육도 전혀 받지 못했다. 만약 그들이 성공한다면 어떤 이민자 집단도 성공할 수 있을 터였다.

에밀리는 박사 학위 논문을 완성하지 못했다. 그러나 미국 노동청이 발간한 그녀의 석사 논문은 해먼턴에 거주하는 이탈리아인들의 경제, 종교, 문화, 가정생활을 인상적으로 서술하고 있다. 마거릿은 『변화하는 인디언 부족의 문화(The Changing Culture of an Indian Tribe)』(1932)를 에밀리에게 헌정했고, 어머니의 석사 논문을 '미국에서 이루어진 문화 접촉 연구로는 선구적인 작품'이라고 칭찬했다.[8] 에밀리는 통계 조사, 공동체 구성원과의 인터뷰, 축제나 결혼식 같은 행사 관찰 결과를 토대로 그곳 이탈리아인들이 불모의 소나무 지대를 개간해 작물을 재배하고, 마침내 지속성 있는 사회를 구축하는 데 성공했음을 보여주었다. 실제로 그곳의 2세대는 미국의 성공한 이민자 사회의 전형적인 특징인 계급 구조의 상향 이동을 이미 시작하고 있었다. 에밀리는 무엇보다도 해먼턴의 이탈리아인들이 안정된 가정생활을 구축한 것을 높이 샀다. 그녀는 이렇게 쓰고 있다. "이탈리아 인들의 가정생활도 유대인들만큼이나 미국인들이 배울 게 많다."[9]

에밀리의 자유주의 세계관은 여기서 그치지 않았다. 그녀는 자식들에게 가족의 생활을 돌보던 흑인 하녀들을 존중하라고 가르쳤다. 그녀는 하녀들을 '부인'이라고 부르게 했다. 그렇게 한다고 이웃 사람들이 그들을 조롱했지만 그녀는 굴하지 않았다. 에밀리는 '깜둥이'(nigger)란 말을 못 쓰게 했고, 술래잡기를 하면서 사용하는 반복구 '이니 미니 마이니 모'(Eenie, meenie, miney, moe) 다음에도 '살금살금 다가가서 비둘기(깜둥이가 아니라)를 잡아라'라고 고쳐 말해야 했다. 그녀는 흑인들이 게으르고 섹스만 밝힌다는 주위의 중상모략을 반박했다. 동네에서 외면당하던 한 백인이 사람들에게 존중받던 흑인 여성을 강간한 이야기가 그 증거로 제시되었다.[10] 이렇게 그녀는 잠재적 강간범을 흑인에서 백인으로 대체했고, 전 국민적 신화를 거부하면서 사태의 진실에 더 가까이 다가갔다.

이 회고록에서 미드는 빈번하던 가족 이사마저 찬미한다. 이를 테면, 그녀는 이삿짐 꾸리기를 통해 자신이 사물과 사태를 조직화해 다루는 방법을 배웠다고 주장했다. 그리고 낯선 환경에서 새로운 친구들을 사귀면서 융통성을 배웠다. 이사해 갔던 곳들의 아이들은 진(陣) 빼앗기 놀이나 양떼몰이 같은 자신이 잘 모르는 놀이를 했는데 이를 지켜보았던 일이 최초의 '비교 사회학' 경험이었다고 주장했다.[11] 게다가 가족의 빈번한 이사로 하인들이 계속해서 바뀌었는데, 그 대부분이 거주지 근처의 이민자 사회에서 온 독일, 아일랜드, 폴란드 여성들이었다. 벅스 카운티에서는 아프리카계 미국인 하인들도 두었다. 이들은 인근의 소규모 흑인 집단 사람들이었는데, 지하 철도 조직(Underground Railroad : 남북 전쟁 이전에 노예의 탈출을 도운 비밀 조직-옮긴이)을 통해 이 지역까지 흘러들어 와 살던 노예들의 후손이었다. 사실 미드 집안의 농장 자체가 노예들이 캐나다로 탈출해 자유를 얻기 위해 이동하던 통로의 경유지였다. 미드의 중학교 졸업 앨범을 보면 그녀 특유의 열정을 확인할 수 있다. 그녀는 자신이 60채의 가옥에서 살았고, 100명 이상의 요리사가 제공한 음식을 먹어봤다고 적고 있다.[12] 미드는 여러 민족 출신의 하인들과 사귀었고, 자기가 문화의 상대성과 인종적·민족적 관용의 필요성을 충분히 깨쳤다고 생각했다.

회고록을 보면 그녀 부모의 결혼 생활은 사랑이 넘쳤고 행복했다. 그녀의 아버지가 어머니에게 시카고 대학교 재학 시절 첫 수업에서 한눈에 반해 결혼을 마음먹었다고 얘기한 낭만적인 가족사도 읽을 수 있다. 에드워드는 에밀리를 '조그만 에미'(Emmy-tiny)라고 불렀다. 그녀는 키가 150센티미터였고, 그는 180센티미터였다. 마거릿은 말을 배우면서 어머니를 '조그만 마누라'(tiny wife)라고 불렀다. 두 사람은 거실의 책꽂이에 항상 『오마르 카이얌의 루바이야트』를 비치해 두었다. 이 책은 페르시아의 신비주의자 오마르 카이얌이 쓴 연애시 선집으로, 당시에 큰 인기를 누렸다. 에드워드와 에밀리는 연애 시절에 서로에게 이 책을 선물했고, 면지(面紙)에 그리스어로 제명을 써넣기도 했다.[13] 에밀리는 지적 협력자로서 에드워드의 학문 활동을 도왔고 구체적으로는 남편이 쓴 글의 교정을 담당했다. 에밀리가 "3페이지에 세 줄 모자라요." 하고 말하면 "당신이 채워 넣어." 하는 대답이 돌아왔다.[14]

마거릿 미드가 태어난 1901년에 에밀리는 경영학 교수였던 에드워드의 지도까지 받으며 현대 광고의 교육적·미학적 가치를 격찬하는 글도 썼다. 에밀리에 따르면 광고는 최신 상품에 정통한 정력적이고 유능한 남녀를 배출하며, 정신을 앙양해주는 영적인 실체였다. 광고는 가정에서 가사와 육아를 담당하는 여성들에게 외부 세계와 연결되는 창을 제공했다. 대중은 광고를 통해 보다 경제적인 생활 방식도 깨쳤다. 광고를 통해 더 저렴한 신상품 정보를 얻을 수 있었던 것이다. 그러나 부정적인 면도 있었다. 에밀리는 의심스러운 의료 광고를 싫어했다. 그녀는 우편함 주변 바닥에 떨어져 있는 전단지와 아름다운 경관을 망가뜨리는 간판을 좋아하지 않았다.[15]

에드워드와 에밀리는 마사 미드의 사상을 좇아 자녀들을 교육했다. 진보적 교육가였던 마사 미드는 공립학교가 아이들을 학년으로 조직해 정해진 교육과정만 가르치고, 기술이나 실기는 완전히 배제해버리는 것을 비판했다. 마사는 이런 결함을 지적하면서 마거릿과 형제들을 집에서 직접 가르쳤다. 실제로 그녀는 아이들을 학년으로 나누는 것을 몹시 싫어해, 손자 손녀들을 하루에 한두 시간 동안만 정규 교육과정에 맡겼고, 나머지 시간에는 자기들 마음대로 하게 내버려두었다. 마거릿이 펜실베이니아 주 스워스모어의 공립학교에 4학년으로 들어갔을 때 집안 어른들은 학교 당국에 개리 플랜(Gary Plan)을 도입하도록 압력을 넣었다. 개리 플랜은 인디애나 주 개리에서 개발된 것으로, 진보적 교육가들 사이에서 인기가 대단했다.[16] 개리 플랜은 학년에 관계없이 학생들 각자의 진도에 맞는 학습 집단으로 나누어 가르쳤다.

유년기를 긍정적으로 그리고 있는 미드의 회고록은 부모를 명예롭게 하는 데 이바지했다. 이는 인류학자로서의 그녀의 능력과 인종에 대한 그녀의 태도에 이의를 제기하는 비판자들한테도 답변했다. 그런 비판자들은 데릭 프리먼이 미드의 사모아 연구를 비판하는 책을 출간한 1983년 이전에도 이미 많았다.[17] 그녀는 그들에 응답하며 어머니가 가르쳐준 평등주의 신념을 자세히 설명했다. 그녀가 아주 빠른 속도로 언어를 배우고, 또 현지 조사를 수행해낸 것을 의심하는 사람들에도 답해야 했다. 미드는 자신이 연구한 거의 모든 사회에서 1년 정도의 시간을 보냈다. 그녀는 집안 어른들이 자신에게 관찰법과 기록법을 가르쳐주었다고 말했다. 어머니와 아버지는 물론이고 자신도 사진처럼 정확한 기억력의 소유자였고, 어머니가 해먼턴의 이탈리아인들을 정교하게 연구한 데서 현지 조사 방법론을 체득했다고도 답변했다. 이런 양육 방식에 힘입어 그녀는 다른 인류학자들보다 더 빠르게 현지 조사를 수행할 수 있었다. 그녀는 1년이 못 되는 시간 안에 언어와 문화를 통달할 수 있었고, 10년 동안 일곱 개의 문화를 기술할 수 있었다. 이것은 그녀 세대의 다른 어떤 인류학자보다 더 많은 수의 민족지를 기술한 것이다.

긍정적 회고록들은 미드의 개혁적 입장을 드러내는 교육 수단이기도 했다. 이를 테면, 그녀는 진보적 교육과 공동 육아를 지지했다. 그녀의 가족을 딱히 공동체라고 할 수는 없었지만 거기에는 어머니와 아버지, 세 명의 형제자매, 할머니, 하인들이 구성원으로 참여했다. 그녀는 핵가족이라고 할 수는 없는 가정에서 자라면서 자신이 융통성을 배웠다고 주장했다. 미드의 만년에 비판자들은 그녀가 너무 논쟁적인 데서 나아가 불쾌할 정도라며 비난을 쏟아냈다. 그러나 자서전적 저술에서 그녀는 자신을 차이를 조정하고 중재하는 사람으로 그린다. 그녀는 여동생 두 명과 연로한 마사 미드와 절친했고, 세 세대와 교류할 수 있었다. 그녀는 자신의 가족이 낙천적이고 융통성이 많아서 자연스럽게 세대가 섞일 수 있었다고 주장했다. "우리가 하는 일은 전부 어느 정도 과거와, 강력하게 현재와, 그리고 바라건대 미래와 관계를 맺고 있었다." 미드의 가족은 경직되지 않았고, 유연한 사고가 가능한 분위기였다. 그녀는 이원론은 생각해본 적도 없다고 주장했지만 물론 이 말은 허풍을 떤 것이다. 그러나 요컨대 그녀는 사회적 성별이 유동적인 범주라고 생각하게 됐다. 그녀는 아이를 엄마나 아빠 한 사람하고만 지내게 하면 '이분법적으로 사고하게 되고' 양자택일의 경직된 사고를 하게 된다고 주장했다.[18] 그녀의 결론은, 가족 덕택에 자신이 좀 더 전인적인 사람이 될 수 있었다는 것이다.

미드의 유년기를 부정적으로 서술한 두 번째 판본을 살펴볼 차례이다. 『블랙베리 겨울』의 초고와 간행본에도 그녀의 유년기는 부정적으로 기술되고 있다. 낙관과 비관, 찬사와 비난의 대위법적 서술이야말로 출간된 『블랙베리 겨울』을 매력적인 책으로 만들어주는 요소 가운데 하나다. 이 책은 억제되었다가 제멋대로 뻗어나가고, 선명한 듯하다가 애매해진다. 미드는 자신의 양육 과정에 결함이 많았다고 지적하는데, 그로 인해 회고록으로 밝히려던 목표가 훼손되어버린다. 미드는 자신의 양육 과정이 어떻게 성공과 출세로 연결되었는지를 보여주겠다고 공언했다. 그러나 이 목표는 책을 다 쓰고 나서 더해진 것일지도 모른다. 자신의 성 정체성이 어떻게 변화, 발전해왔는지 서술하겠다는 애당초 목표를 포기하고 나서 말이다.

'블랙베리 겨울'(Blackberry Winter)이라는 제목을 통해 그녀가 두 방향으로 사태에 접근했음을 짐작해볼 수 있다. 이 말은 기온이 올라가면서 봄이 오는 와중에 갑자기 추위가 닥치는 짧은 시기를 지칭하는 농장 용어이다. (농촌에서는 그 짤막한 한파를 경험하면서 흔히 블랙베리를 연상했다. 추위와 함께 서리가 내리지 않으면 블랙베리가 열리지 않았기 때문이다. 미드는 해먼턴의 이탈리아인들이 블랙베리를 재배해 시장에 내다 팔았기 때문에 그 과정을 잘 알고 있었다.) 그러나 미드의 회고록에서 낙관주의가 사라지는 일은 결코 없다. 서리가 내려야 블랙베리 열매가 풍성해지는 것처럼 유년기에 시련과 고난을 겪고서 자신의 중년이 풍요로운 결실을 맺을 수 있었다고 암시하는 것이다. 이런 낙관적 태도, 실패가 성공을 벼린다는 관념, 괴로움이 있는 반면에 즐거움도 있다는 생각은 전형적인 미드식 관념일 뿐만 아니라 본질적으로 미국식 사고방식이다.[19] 이와 함께 미드는 '블랙베리 겨울'이라는 심상을 채택해 베네딕트가 「내 인생 이야기」에서 내린 결론에 답하고 있는 것 같다. 베네딕트는 「내 인생 이야기」에서 10대 시절에 쓴 시구를 언급하는데, 그것은 봄의 아름다움이 예기치 못한 4월의 눈보라로 황폐해진다는 내용이었다. 반면 미드의 '블랙베리 겨울'은 쓸쓸하게 끝나지 않는다. 블랙베리를 풍성하게 수확하려면, 다시 말해 삶을 성취하고 성공하려면 어린 시절에 시련을 겪어야 한다는 것이다.

회고록에는 낙관과 비관이 교대로 등장한다. 서두에서 이를 분명하게 확인할 수 있는데, 이런 특징이 자서전 전체의 어조를 규정하고 있다. 미드는 머리말의 첫 단락에서 인생을 여행에 비유한다. 열심히 노력하고, 기회를 잘 활용하면 올발랐음이 입증되는 여정이라는 것이다. 그러나 그녀는 곧바로 자기 말을 뒤집는다. "항해 중에 어느 때고 배 자체가 침몰해버리기도 한다."[20] 1장의 앞부분을 보면 긍정적인 기억이 바로 부정적인 기억으로 연결됨을 알 수 있다. 해먼턴 집에 대한 긍정적인 묘사는 그 따스함과 가족의 행복을 기린다. 그러나 이어지는 서술

내용을 보면, 이웃들이 출입문을 마구 두드리고 굴뚝에 불이 붙었다고 알려주거나 마거릿이 사랑하는 할머니가 심장 마비를 일으킨다. 마거릿이 바람이 몹시 불던 날 춤을 췄다는 내용은 그지없이 행복하게 느껴진다. 그런데 이어서 그녀가 호박벌 집에 손을 집어넣는다. 벌들을 자극해 온몸을 쏘이고 마는 것이다.[21)]

유년기를 부정적으로 그리는 판본에서 미드의 아버지는 사납고 무례했다. 목소리가 큰데다가 습관적으로 마거릿의 어머니를 고함쳐서 불러댔다. 그녀는 뭘 하든지 당장 중단하고 그에게 달려와야만 했다. 그는 친구들과 전화 통화를 몇 시간씩 했고 배울 만한 게 없는 사람들에게는 아무 관심도 없었다. 그는 의지가 안 되는 경우가 많았고, 대체로 냉소적이었다. 사회 계획과 진보 개혁에 비판적이었고, 인종주의적 태도를 견지했다. 학자로서 그가 한 작업은 설교 조였고, 그리 복잡하지도 않았다. 그는 다른 학자들의 사상에도 별 관심이 없었다. 현실의 과정에 집착했고, 돈을 많이 벌고 싶어 했으며 학자이기보다는 사업가에 가까웠다. 그가 벌인 사업들은 가끔 보면 미친 짓 같았다. 한번은 파산한 프레첼 공장을 살리려고 했다. 미드의 집에 프레첼 통이 가득한 광경을 한번 상상해 보라.[22)]

그는 모순적이었다. 마거릿을 '조무래기'(Punk : 남자 아이라는 의미가 들어 있음-옮긴이)라고 불렀고, 아들이 태어난 후에는 '조무래기 대장'(original Punk)이라고 불렀다. 그는 마거릿과 다른 딸의 양육은 대부분 아내와 어머니에게 떠넘겼고, 아들 리처드한테만 관심을 기울였다. 그는 병약한 리처드를 과잉보호했다. 그는 마거릿이 학교에서 남동생보다 더 두각을 나타내리라고 기대했다. 재능을 타고난 그녀가 사내아이가 아니어서 유감스러워했지만 말이다. 그는 지적 작업이 '여성적'이라고 생각했으며 중요한 것은 과학이고, 인문주의자는 이류일 뿐이라고 보았다. 그러나 아버지의 이런 태도에도 마거릿이 여성이었지만 지식인이자 학자가 될 수 있었다.

에드워드와 에밀리는 자유사상가이자 무신론자였다. 마사가 에드워드를 감리교도로 키웠기에 그가 줄곧 성경 구절을 읊어대기는 했지만 말이다. 마거릿은 열한 살 때 동네 성공회 성직자의 다 큰 딸과 친하게 지내면서 영향을 받는가 싶더니 교회에 나가겠다며 부모에게 반기를 들었다. 그녀가 세례를 받기로 되어 있던 날 아침, 아버지는 그녀를 말에 태우고 달리면서 이렇게 외쳐댔다. "자, 세례를 받으러 가자." 마거릿은 그 일이 낭패스러웠다고 회상한다. 세례를 받고도 한 1년 동안 아버지는 딸이 맘에 안 드는 일을 할 때면 '세례를 없던 일로 해버리겠다'고 으름장을 놓았다. 딸을 약 올리는 농담을 즐겼던 것이다.[23)]

에드워드는 갑작스럽게 규율을 강제하는 일이 잦았다. 한번은 그가 마거릿을 목이 청결하지 않다면서 저녁식사 자리에서 쫓아냈다. 그녀는 이런 강요와 돈을 무기로 자신을 통제하려던 시도에 분개했다. 그녀가 대학에 다닐 때 아버지는 주기적으로 학비 지원을 중단하겠다고 협박했다. 바너드 대학 졸업식 때는 목걸이에 달려 있던 파이 베타 카파(Phi Beta Kappa : 성적이 우수한 미국 대학생과 졸업생으로 조직된 모임—옮긴이) 열쇠를 낚아채고는 이렇게 말하기도 했다. "이것 때문에 내가 만 달러를 썼어. 그만한 값어치가 있겠지." 그녀는 심한 굴욕감을 느꼈다. 1928년에 미드는 뉴기니 연안의 애드머럴티 제도 마누스 섬에서 현지 조사를 하고 있었다. 바로 그때 루스 베네딕트가 에드워드 미드와 점심을 들면서 그에게 마거릿의 여동생 프리실라의 대학 등록금을 지원해 달라고 설득 중이었다. 베네딕트는 그의 완고한 성격을 직접 겪은 후 미드에게 이렇게 써 보냈다. "축하해, 마거릿. 자기가 어떻게 어른이 되었는지 모르겠어!"[24)]

기본적으로 에드워드 미드는 남성성을 과도하게 표출하는 남자였다. 제국주의, 폭력적인 스포츠 활동, '악덕 자본가형' 사고방식이 횡행한 19세기 말에 전형적인 남자의 초상 말이다. 그는 기업 자본주의를 광신적으로 지지했다. 그는 자기 책의 어딘가에서 헨리 워즈워스 롱펠로의 하이어워사(Hiawatha : 롱펠로의 시에 나오는 아메리카 인디언의 영웅-옮긴이)를 언급하면서 당시 활발하게 이루어지던 기업의 흡수 합병이 "원시림의 나무들처럼 …… 인류의 필요에 넓고 깊게 뿌리박고 있다."라고 썼다.[25] 에드워드는 남자 중의 남자로, 친구들과 있을 때 가장 행복했다. 그는 자신의 학문 활동을 제외하면 서부물 말고는 읽는 게 거의 없었으며 서부물을 읽고 또 읽었다. 그는 감리교식으로 양육 받았지만 입이 거칠고 천박해서 아내가 격분할 정도였고 집을 떠나면 불륜을 일삼았다. 그는 저녁 공개강좌나 사업 활동에 나설 때를 부정의 기회로 삼았다. 어떤 '빨간 머리' 여자 때문에 에밀리를 버릴까도 생각했지만 이내 마음을 고쳐먹었다. 그녀와 남은 가족을 둘 다 부양하는 비용에까지 생각이 미치자 정신이 번쩍 든 것이었다. 그러면서 그런 부정행위가 중단된 것 같다. 그는 빨간 머리 여자와 바람피운 게 미안했던지 아내에게 벅스 카운티의 농장을 사주었다. 미드는 이렇게 회고했다. "어머니는 이를 갈면서 말씀하시곤 했다. 농장을 왜 사줬는지 알고 있으며, 잊지 않고 있다고."[26]

에드워드는 가끔 에드워드 7세 시대의 멋쟁이처럼 차려 입기도 했다. 프록코트에 넥타이보다 화려한 스카프를 했고, 다시 거기에 장식핀까지 꽂았다.[27] 그는 중간계급 여성들의 도덕 체계와 예법을 좋아하지 않았다. 그는 아내의 '멋지고 진지한' 친구들을 경멸했다. 마거릿 미드는 이렇게 회상한다. "한번은 아버지가 어머니의 친구한테서 암소를 세 마리인가 사왔는데, 그 점잔 빼는 아줌마와 비서의 이름을 따서 소들에게 이름을 지어주었다. 이후로 아버지는 헛간의 기록 판에 녀석들의 이름과 우유 산출량을 적으면서 즐거워했다."[28] 당시에는 오늘날보다 목욕을 덜 자주했고 방취제를 사용하지도 않아서 여성의 체취를 식별할 수 있었다. 에드워드는 냄새가 마음에 들지 않으면 조금도 주저하지 않고 면박을 주면서 한바탕 소란을 피웠다.[29]

그는 내면에 폭력적인 성향이 있었다. 마거릿이 어렸을 때 그는 가끔 아플 정도로 그녀를 꽉 붙잡아서 깜짝 놀라게 했다. 그녀는 이렇게 회고했다. "(아버지의) 통제할 수 없는 공격성은 무시무시했다."[30] 세월이 한참 흘러 그들이 화해하고 우정 비슷한 감정을 느꼈을 때 나눈 대화에서 아버지는 미드에게 자신이 원한 자식은 그녀뿐이었고, 나머지는 예정에 없던 아이들이었다고 말했다. 미드는 만년에 자신은 아버지한테서 스스로를 보호할 수 있을 만큼 강인했지만 항상 여동생 두 명이 걱정이었다고 술회했다.[31] (아버지의 성적 행동에 대해 미드는 그가 세련됨이 부족했고, 퉁명스러웠다고 말했다. 그녀가 이런 진술의 배경을 얘기하지는 않았다.) 하지만 마거릿은 어렸을 때 아버지를 좋아했고 그는 자주 그녀의 손이 예쁘다면서 잡아주었다. 그녀는 이렇게 말했다. "내 생각에는 내 손이 아버지의 리비도를 자극했던 것 같다."[32]

미드는 아버지에게 연민을 느끼면서 공감했다. 이를테면, 그녀는 아버지가 공격적인 남성성으로 애를 먹고 있다고 생각했다. "아버지는 항상 거친 삶, 어머니가 생각하는 것보다 훨씬 더 거친 삶에 이끌렸다. 그러나 동시에 그렇게 살고 싶어 하지 않았다." 아버지가 에밀리와 결혼한 이유는 그녀가 자신을 다잡아 줄 수 있겠다고 생각해서였다고 미드는 단언했다.[33] 미드는 아버지 세대의 남성들 다수가 악덕과 미덕 사이에서 갈등했다고 결론지었다. 아버지가 어렸을 때 마사 미드가 일하는 동안 자신을 돌봐줬던 이모와 어머니가 그의 관심을 얻으려고 경쟁했음을 그녀는 알게 되었다. 그는 여자들의 봉사를 받는 것에 익숙했고, 아내도 그렇게 해주기를 바랐다. 마거릿은 더 나아가 그의 행동이 까다롭고 완고했던 게 여섯 살 때 돌아가신 아버지에 대한 죄책감 때문이라고 추측했다.[34)]

미드는 비교적 이른 시기에 아버지를 속속들이 파악했다. 그녀는 아버지가 한 약속을 믿지 않는 법을 깨쳤다. 그녀는 돈 문제와 관련해 아버지가 보이는 행태에 대응하는 법을 익혔다. 무시해버리거나 거꾸로 아버지를 조종했던 것이다. 프란츠 보애스가 미드의 남태평양행과 최초의 현지 조사 활동에 동의하기를 주저하고 있을 때 그녀는 아버지에게 보애스가 부모 역할을 탈취하려 한다는 암시를 주어 자신의 경비를 내도록 만들었다. 에드워드가 그녀에게 경비를 제공한 것은 딸자식을 계속해서 통제하고 있다는 느낌을 갖고 싶어서였다. 미드가 아버지에게 직접 대드는 일도 잦았다. 그가 논쟁을 즐길 뿐만 아니라 저항하지 않는 사람을 존중하지 않는다는 걸 알았던 것이다.[35)]

성인이 된 미드는 아버지의 특성을 상당 부분 공유했다. 그녀도 아버지처럼 일처리가 빨라서 민족지학뿐만 아니라 학술 논문과 대중적 논설도 맹렬한 속도로 생산해냈다. 그녀의 가혹함도 아버지를 꼭 빼닮은 것이었다. 그녀는 자신이 여자라는 것을 자랑스럽게 여겼지만 아버지의 무뚝뚝한 남성적 스타일을 흉내 냈다. 나이를 먹고, 남성들이 장악한 학계와 교수 세계에 진입한 그녀는 그들보다 더 강인하게 대응하면서 주변 사람들을 침묵시켰다. 그녀도 가끔 아버지처럼 전화를 받았다. "저 미든데요."라고 간단히 말하고 바로 본격적인 대화를 시작했던 것이다.[36)]

미드는 다리가 부러지거나 발목이 삐고, 몇 번의 결혼 생활 사이에서 혼자 지낼 때 불시에 친한 친구들의 집을 찾아가곤 했다. 육체적·정신적으로 회복될 때까지 그들이 자신을 받아들여줄 것을 기대하면서 말이다. 그녀를 거절한 사람은 아무도 없었고 그들은 그녀의 명성과 곤궁함, 성실성에 저항할 수 없었다. 그녀의 친구 엘리너 펠럼 코트호이어는 미드가 자기와 지내고 있을 때 루스 베네딕트가 방문한 일을 기억했다. 마거릿이 가끔씩 '훈련 담당 부사관의 억센 목소리'를 동원해가면서 전화에 대고 끊임없이 얘기를 하고 있었으면 루스는 마거릿의 등 뒤에서 펠럼을 보며 애처로운 미소를 지어 보였다. 루스가 조용히 펠럼을 위로했던 것이다. 그러나 그녀도 다른 친구들처럼 마거릿에게 충실했다.[37] 미드의 불안정한 상태, 빛나는 개성, 뛰어난 재기와 달변, 베네딕트는 그녀가 연출하는 드라마에 빠져들었다. 루스는 자신이 무슨 말을 해도 어차피 아무 소용이 없으리라는 것도 잘 알았음이 틀림없다.

『블랙베리 겨울』에서 미드는 아버지보다 어머니를 더 긍정적으로 그렸다. 먼저 그녀는 에밀리의 관대함을 칭찬했고 누구도 잊을 수 없는 상냥한 미소의 소유자였다고 회고했다. "어머니의 맹렬함은 그녀가 지지하는 대의를 위해 남겨졌다."라고 설명한다.[38] 그러나 미드는 어머니가 자주 냉혹했고, 유난스럽게 깔끔을 떨었으며, 자기만의 즐거움을 챙기는 능력이 별로 없었다고도 썼다. 그녀는 평범하고 간소한 옷을 입었다. 돈은 개인적 즐거움이 아니라 가치 있는 일에 써야 한다고 생각했고, 선물을 받으려고 하지 않았다. 미드는 1933년 리오 포천과 함께 뉴기니의 참브리에서 현지 조사를 할 때 베네딕트에게 보낸 편지에서 숙소에 들어온 길고양이 한 마리 때문에 즐거운 시간을 보내고 있다고 썼다. 하지만 그녀는 동물한테서 느끼는 이런 즐거움이 정당하지 못하다고 생각했다. "어머니는 이 세상의 모든 고통을 고려할 때 특정한 동물에 관심을 가지면서 마음 쓰는 행동이 아주 부당하기에 동의할 수 없다는 태도가 확고하셨어요."[39]

에밀리는 60세까지 요리를 배우지 않았다. 그러면서도 마거릿이 어른이 되자 양념과 버터를 뺀 담백한 음식을 준비하라고 시켰다. 그녀는 인종과 민족에 대해 자유주의적인 태도를 가졌다. 하지만 요리사와 하녀들을 무자비하게 다루어서 그들은 자주 그만두었다. 그녀는 사회주의를 지지하는 데까지 나아갔다. 1917년에는 볼셰비키 혁명을 축하하는 의미에서 집 창문에 큼지막한 소련 깃발을 내걸었다.[40] 그러나 그녀는 자기가 동일시하던 개혁주의 엘리트들과 보통 사람들 사이에 분명한 선을 그었다. 그녀는 평범한 사람들은 예의범절과 교양이 없다고 보았다. 그녀는 시카고의 엘리트와 연계되어 있는 노스 쇼어의 가정환경에서 자랐던 것이다. 미드는 계급적 특권을 염원하는 어머니를 속물이라고 생각했다.

에밀리의 속물적인 언동은 복잡했다. 그녀는 껌, 아이스크림소다, 싸구려 서적, 코니아일랜드(Coney Island : 뉴욕 항구 롱아일랜드에 있는 유원지-옮긴이) 방문을 금지했다. 에밀리는 마거릿과 형제자매들이 벅스 카운티의 동네 아이들과 노는 것을 허락했지만 그들이 해먼턴의 이탈리아 아이들과 만나는 것은 엄격하게 금했다. 그녀는 '보통 사람', '배경이 있는 사람', '훌륭한 사람'을 뚜렷하게 구분했다. 반(反)가톨릭, 반(反)유대주의자, 인종주의자들이 앞의 두 집단에 속했다. 대다수가 여성인 '훌륭한 사람'은 세련된 자유주의자들로, 개혁 과제를 수행했다.[41]

에밀리는 자신의 몸과 관능성에도 불만을 느꼈다. 그녀는 미간행 회고록에 딸들이 욕실을 더럽히거나 마룻바닥에 아무렇게나 옷을 벗어두면 젊은 시절에 보았던 무도장의 무희들이 떠올랐다고 적었다. 그녀들은 무대에서 육체의 아름다움을 과시했고, 연애를 했다. 그런 생각들이 나면서 소싯적의 열정이 연상되었기 때문에 이런 상황이 싫었다.

“가끔은 나한테 도무지 감정이라는 게 있었는지 궁금하다. 하지만 젊었을 때는 확실히 열렬했었다.”[42] 미드의 여동생 엘리자베스는 에밀리가 마거릿을 낳은 후 더 이상 아이를 갖지 않으려고 했지만 피임을 하지 않았다고 주장했다. 그렇게 그녀는 남편 의사에 따랐고, 나머지 아이들을 낳았다는 것이다. 그녀는 자식 다섯이 아니라 성공과 출세를 원했다. 에밀리는 회고록에서 자신이 성행위를 즐겨본 적이 없다고 밝혔다.[43]

실제로 자식들에게 한 그녀의 성 교육에는 모순이 많았다. 그녀는 공공연하게 강간 얘기를 했다. 이를 테면 백인에게 강간당한 흑인 여성 이야기가 그렇다. 그러나 다른 분야로 넘어가면 과묵해졌다. 그녀는 마거릿이 결혼을 해서 아이를 낳기를 바랐다. 그녀는 마거릿에게 질(膣)을 ‘작은 몸’이라고 가르쳤고 거기서 아이를 키우기 때문에 잘 보호해줘야 한다고 했다. 마거릿이 10대 때 튼튼한 코르셋을 착용했던 것도 그런 가르침의 연장선상에 있었다. 코르셋이 어찌나 견고했던지 ‘철 갑옷’ 같다는 기록도 보인다. 그녀는 야구 같은 게임을 하면서 가슴과 기타 여성 기관들을 다치지 않도록 해야 했다. 이후로 마거릿은 스포츠 활동은 물론이고 몸을 단련하는 것조차 그만뒀다. 한번은 마거릿이 남동생의 친구와 친하게 지낸다는 소문을 듣고 에밀리가 노발대발했다. 마거릿은 그 소문을 부인했고, 이후로 자기 신상 얘기를 어머니에게 전혀 하지 않았다.[44]

에드워드와 에밀리의 결혼은 처음부터 문제의 소지가 많았다. 에드워드가 더 섬세한 남자였다면 에밀리의 감각적인 측면을 이끌어낼 수도 있었을 것이다. 그녀가 젊었을 때 느꼈던 ‘강렬한 열정’을 말이다. 에밀리가 그렇게 갈등이 많은 여자가 아니었다면 에드워드와 더 잘 지낼 수도 있었을 것이다. 그녀가 자신의 관능성에 좀 더 여유를 갖고, 남성에 반대하는 것으로까지 나아갔던 전투적 여권 운동에 그렇게 헌신하지 않았더라면 말이다. 사실 두 사람은 사회 계급 자체가 달랐다. 에드워드는 중간계급 감리교도 출신으로 농촌에서 자랐고, 에밀리는 상층 중간계급 유니테리언파로 도시 출신이었다. 미드는 에드워드를 진부한 남성으로 묘사했다. 반면 에밀리는 전형적인 여성 참정권 지지자로, 원리 원칙을 인간관계보다 우선하는 일이 잦았던 것 같다. 마거릿은 여성들을 대변하는 에밀리의 활동을 그녀의 냉담함과 결부했을 것이다. 마거릿이 페미니즘을 부정적으로 생각한 이유가 어느 정도 설명되는 대목이다.

마사 미드는 어땠을까? 에드워드의 어머니 마사 미드는 마거릿이 태어난 직후부터 1928년 사망할 때까지 27년 동안 그들과 함께 살았다. 베네딕트의 까다로웠던 헤티 이모와 달리 마사는 따뜻하고 관대했다. 마거릿 미드의 눈에는 완벽한 할머니였다. 미드는 여러 회고록에서 그녀를 비판한 적이 단 한 차례도 없다. 마사는 가족사의 주요한 결정에 끼어들지 않을 만큼 충분히 현명했던 듯하다. 그녀는 독실한 감리교도였지만 자신의 종교적 신념을 혼자만 간직했다. 에드워드와 에밀리의 불화를 중재하려고 시도하기도 했다. 에드워드가 딴 여자를 찾아서 에밀리를 떠나겠다고 했을 때 마사는 그가 집안을 버리고 떠나면 자기는 에밀리와 함께 살겠다고 엄포를 놓았다. 그녀는 인종주의, 원주민 보호주의(Nativism), 반유대주의를 에밀리만큼이나 강력하게 성토했다. 마사는 그리스도와 그의 어머니는 유대인이었다고 말했고 그것만으로도 유대인을 평등하게 대해야 한다는 충분한 근거가 되었다.[45] 그러나 마사도 그녀의 아들처럼 고집이 셌고 가끔 며느리와 다투었다. 에밀리는 처음에 그녀가 자기들과 사는 것을 내켜하지 않았다. 당연히 마사는 에드워드의 비위를 맞췄고, 에밀리도 그를 섬겨야 한다는 압력을 받게 되

리라고 판단했던 것이다.[46]

키가 150센티미터에 불과했던 마사도 며느리만큼이나 체구가 작았다. 그녀는 며느리와 외모까지 비슷했다. 여동생 엘리자베스는 마사를 독선적이고 가난한 교사로 기억했지만 마거릿의 기억은 이와 정반대였다.[47] 마거릿은 할머니가 자애롭고 의지가 되었다고 회고했다. 사랑스런 미소를 지었지만 차갑고 냉담했던 에밀리는 마사의 그런 처신이 마음에 들었다. 에밀리는 여성의 권리를 위해 싸웠고, 스스로를 사회주의자라고 생각했지만 그녀는 엘리트주의자였다. 마사는 가정에서 마거릿을 믿을 만한 친구로 삼았다. 마거릿도 할머니에게 의지했고 말이다. 『블랙베리 겨울』에서 미드는 마사가 자신의 인생에서 가장 결정적인 영향력을 행사한 인물이라고 단언한다. 「인생사」에서 그녀는 자기 이름이 마거릿이 아니라 마사였으면 좋겠다고 얘기했다.[48]

마거릿은 할머니의 여자다움을 좋아했다. 에밀리는 여권 운동의 신념을 좇아 마거릿에게 블루머(bloomer)라는 짧은 바지와 남자아이들 옷을 입혔다. 남동생처럼 '황동 단추가 붙은 외투와 둥글고 빳빳한 베레모'를 입히고 씌우기도 했다. 마거릿은 그런 옷을 좋아하지 않았다. 반면에 마사는 섬세하고 여성스러워 보이는 옷을 입었고, 마거릿은 할머니처럼 보이고 싶어 했다. "할머니는 내게 편안한 여성스러움을 가르쳐 주었다."라고 말했다. "그녀는 확실히 여성스러웠다. 작았고, 섬세했으며, 남자다운 항변이나 여성스런 불만 따위가 전혀 없었다." 에밀리는 마거릿이 여성으로 태어난 것에 불만을 터뜨리지 않는 것이 놀라웠다. 반면에 마사는 여자아이들이 남자아이들보다 발달이 더 빠르다고 생각했다. 마거릿의 아버지가 미드의 남동생보다 미드가 학교에서 더 두각을 나타낼 것으로 기대한 이유를 알 수 있는 대목이기도 하다.[49]

마사는 오랫동안 교직에 종사했고, 일에 신물이 나 있었기에 가사의 창의적인 측면들에 열광하며 몰두했다. 빵 굽기, 수공예, 아이 돌보기 등등 말이다. 그녀는 이런 활동들이 에밀리의 개혁 운동이나 해먼턴의 이탈리아인 연구 조사만큼이나 자기 충족적일 수 있음을 마거릿에게 보여주었다. 마사도 아들처럼 에밀리의 엘리트주의에 비판적이었다. 물론 마사의 이런 태도를 딱히 꼬집어 말하기가 쉽지는 않지만, 이를테면 그녀는 마거릿이 어떤 책을 읽을 것인지와 관련해 에밀리와 의견을 달리했다. 에밀리는 에머슨을 제외하고는 미국 작가들을 무시했다. 그녀는 마거릿이 19세기의 영국 거장들을 읽어야 한다고 생각했다. 새커리와 오스틴, 엘리엇과 디킨스 등등. 마사는 헨리 워즈워스 롱펠로나 제임스 휘트콤 라일리 같은 미국 작가들을 좋아했지만 에밀리는 그들이 '감상적'이고 '형편없다'고 생각했다.

다른 논쟁에서처럼 이 다툼에서도 마거릿은 할머니를 편들었다. 소설을 광신적으로 읽어댔던 그녀는 고급 문학과 하위 문학을 가리지 않고 즐겼다. 마거릿은 할머니처럼 서민적이고 감상적인 작품을 좋아했고, 하인들이 읽던 책도 몰래 보았다. 당대의 베스트셀러 작가인 마리 코렐리의 연애 소설이 그 목록에 들어 있었다. 그녀는 나중에 이런 책들이 아주 가치있다고 말했다. 가장 전형적인 방식으로 문화를 표상하기 때문이라는 것이었다. "어머니가 할머니의 '기호'에 콧방귀를 뀌었을 때 나는 속으로 어머니를 비웃었다. 나는 아카데미즘의 속물근성을 외면했다. …… 천박하고 감상적이라는 말들이 난무했지만 나는 별로 신경 쓰지 않았다."[50]

이런 서민 취향, 보통 사람들과 느끼는 일체감이 미드가 나중에 미국 문화를 강의하고 분석하는 데서 중요한 역할을 했다. 그녀의 감상적인 경향도 여기서 더해졌다. 그녀는 이를 바탕으로 소탈하고 편안하게 대중 강연을 하는 이야기꾼으로 거듭날 수 있었다. 그녀는 제임스 휘트콤 라일리의 후예들과 서민의 지혜를 이야기했고 거기에 19세기의 윤리적 낙관과 미국 특유의 상상력에 대한 통찰이 보태졌다. 미드는 학교와 집에서 그리스 희곡, 셰익스피어, 밀턴, 19세기 영국 소설 등의 고전 작품을 읽었다. 그러나 베네딕트와 같은 부류의 지식인은 아니었다. 미드는 니체나 조지 산타야나를 재미로 읽는 사람이 아니었고 베네딕트처럼 추상적인 정신세계에서 살지 않았다. 그녀의 어머니와 아버지는 둘 다 사회과학자였고, 경험적 조사 방법을 중히 여겼으며 미드는 그들의 영향을 받았다.

그녀는 흥미 위주의 대중 문학을 좋아했고, 에밀리의 엘리트주의를 혐오했다. 그리고 거기에 할머니의 성향이 보태졌다. 미드는 가족과 자신의 이런 측면을 높이 샀고, 『블랙베리 겨울』의 서문을 아주 대중적인 성구를 인용하면서 시작한다. 동네 의원의 진료실 벽에 '꽃으로 장식된 밸런타인 카드처럼' 표구되어 걸려 있던 성구의 내용은 이랬다. '하나님을 사랑하는 사람들에게는 모든 것이 합심 협력하여 선을 이룬다.' 그녀는 할머니가 좋아한 다른 격언들을 얘기하는 일도 많았다. '물레를 준비하라. 그러면 옷감을 얻으리라.' '세게 얻어맞을수록 더 높이 튀어오른다.' 미드는 이런 낙관적인 잠언들을 좋아했다. 모두가 미국인들의 에너지를 자극하는 서민적 지혜라고 할만 했다. 사진처럼 정확한 기억력을 고려하면 그녀의 머리에 이런 경구들이 가득했음이 틀림없다. 학술적인 글에서는 이런 금언들을 배제했지만 대중 저술에서는 사용하기를 주저하지 않았다. 유년기의 친구 앨리스 스윙이 열여섯인 그녀에게 한 말은 의미심장하다. "넌 한 단어도 못 쓸 거야. 인용문을 다 빼면 아무 것도 남지 않을걸."[51)]

1920년대 후반에 루스 베네딕트는 그동안 쓴 시를 모아서 출판하려고 했다. 제목은 '피의 겨울'(Winter of the Blood)이라고 지었다. 많은 의미가 담긴 제목이었다. 그녀는 나이를 먹어갔고, 폐경기를 앞두고 있었다. 남편 스탠리 및 마거릿 미드와의 관계도 원만하지 못했다. 이 제목은 패니 블러드(Fanny Blood)도 암시하고 있었다. 패니 블러드는 18세기의 페미니스트 메리 울스턴크래프트의 젊은 연인이다. 베네딕트는 출판하진 못했으나 짤막한 울스턴크래프트 전기를 집필했다. 미드의 자서전 『블랙베리 겨울』도 이 제목에 공명한 것이 아닐까?

베네딕트와 미드는 절친하게 지냈다. 미드는 자서전을 쓰기 전에 베네딕트 전기를 집필했다. 따라서 자신의 삶을 기술하는 작업에 착수했을 때 둘 사이의 유사점과 차이점을 또렷하게 인식하고 있었음이 틀림없다. 두 사람은 농장에서 살았다는 것이나, '올드 아메리칸'으로서 식민지 시대의 혁명 전통을 자랑스럽게 여겼지만 이사를 많이 다닌 불화가 심한 가정의 장녀들이라는 사실을 뛰어넘었다는 점에서 비슷했다. 환상과 현실, 영성과 섹슈얼리티, 나아가 어렸을 때 가족 구성원이 사망한 경험에서도 두 사람의 유사점을 확인할 수 있다.

생후 18개월에 아버지의 죽음은 베네딕트에게 깊은 족적을 남겼다. 미드의 여동생 캐서린은 그녀가 다섯 살 때 죽었다. 미드도 비슷한 충격을 받았다. 그녀는 그 죽음이 자신의 유년기에서 제일 중요한 사건이라고 생각하기도 했다. 미드의 부모는 그녀가 캐서린이라는 이름을 짓도록 허락했었다. 미드의 친구 퍼트리샤 그리네이저가 전하는 바에 따르면 갓난아기는 미드의 방에서 자다가 숨졌다고 한다.[52] 아주 힘겨운 일이었지만 마거릿은 동생을 애도할 수 없었다. 그것은 루스가 돌아가신 아버지를 애도할 수 없었던 것과 마찬가지 사태였다. "장례식에 참석해 아기를 볼 수 없었다. 캐서린을 그린 그림을 집안 어른들이 보관하고 있어서 나중에 보았는데, 눈이 감겨 있었다. 싫었다."[53]

마거릿은 캐서린이 죽고도 한참 동안이나 그녀를 찾았다. 물론 그녀는 동생이 죽고 없다는 것을 알았다. 그러던 미드가 곧이어 쌍둥이 자매를 찾기 시작했다. 자기와 꼭 닮아서 결코 잃어버릴 수 없는 짝패를 만들어낸 것이다. 그녀는 집시들이 그 쌍둥이 자매를 훔쳐갔다고 상상했다. "가끔씩 나는 사람이 살지 않는 오래된 건물들로 잃어버린 쌍둥이 자매를 찾으러 갔다. 거미줄이 쳐진 먼지투성이 창문을 들여다보면서 집시들이 안에 머물고 있는지 살피곤 했다." 미드는 결혼을 하면 직접 쌍둥이를 낳겠다는 상상을 했다. 남자아이와 여자아이가 섞여야 했고, 이름까지 지어두었다. '지어놓은 이름이 생각난다. 플로렌스와 플로이드 아니면 롤런드와 롤란다로 하려고 했다.'[54]

어린이들은 사망에 따른 상실감을 극복하는 과정에서 놀이 친구나 쌍둥이 동기(同氣) 환상을 만들어내기도 한다. 루스는 함께 노리치의 산맥을 돌아다닐 놀이 친구를 만들어냈다. 마거릿의 환상도 이와 유사하다고 할 수 있겠지만 마거릿의 공상은 더 나아가 자신의 정체가 사라져버릴지도 모르겠다는 걱정을 하기에 이르렀던 것이다. 그녀는 집시들이 쌍둥이 자매는 물론이고 자신도 납치해 갈 텐데 가족이 찾지 못할 것이 두려웠다. 나이를 먹고 몸이 자라서 알아보지 못할 것이라고 생각했던 것이다. 거기까지 생각이 미친 미드는 유리 조각으로 팔을 그었고, 문제를 해결했다고 판단했다. 흉터가 항구적인 표지로 작용해 언제라도 신원을 파악할 수 있을 터였기 때문이다. 그녀의 환상은 더욱더 구체적으로 변해갔다. 집시들이 미드를 유괴한다. 그러나 그녀는 잡혀 있는 동안 엄청나게 많은 언어와 기술을 배우고 익힌다. 이윽고 전보다 더 완성된 사람이 되어서 그녀는 집으로 돌아온다. 가족은 흉터로 그녀를 알아본다. 공상의 다른 결말도 있다. 여기서 그녀는 더 상냥하고, 덜 난감한 부모들이 꾸려가는 가정에 입양된다. 그녀는 새로운 부모들을

더 좋아한다.[55]

캐서린의 죽음은 가족 전체에 악영향을 미쳤다. 모두가 예기치 못한 죽음에 크게 놀랐고, 방향 감각을 상실했다. 에드워드와 에밀리는 전보다 사이가 더 틀어졌다. 에드워드의 부정이 아마도 그때 시작된 것 같다. 그가 캐서린을 치료한 남자 의사와 가까워진 게 결정적인 계기였을 것이다. 그 의사는 냉담하고 무감각한 에밀리를 비난했고, 에드워드가 다른 여자를 찾는 데에는 이유가 있다고 말했다. 미드는 『블랙베리 겨울』의 초고에서 그 의사가 "어머니를 악질적으로 비난한 적수"였다고 썼다.[56]

미드의 성격은 낙관적이었다. 그녀는 부정적인 기억을 말소할 줄도 알았다. 따라서 캐서린의 죽음이 오랫동안 그녀에게 영향을 미쳤다고 말하기는 곤란하다. 미드는 캐서린이 죽고 5년 후에 엘리자베스가 태어났고, 커다란 위안이 되었다고 말했다. 그녀는 유년기를 긍정적으로 그린 회고록에서 이렇게 단언한다. "여섯 살이 되기 전에 나의 정체성 위기는 해소되었다." 그러나 그녀는 유치원에 다니면서 보여줬던 행동을 속 시원하게 해명한 적이 단 한 번도 없었다. 그녀가 다닌 유치원은 예술과 공예 과정이 있던 진보적인 시설이었다. 마거릿은 캐서린이 죽고 얼마 안 돼서 그 유치원을 다니기 시작했다. 그녀는 하루가 멀다 하고 발길질하고 고함을 치며 선생님한테서 끌려 나갔다. '집보다 더 좋다던 학교'에서 쫓겨났던 것이다.[57] 그녀는 자신의 가족을 긍정적으로 판단했고, 실제로 이런 생각이 아주 확고했지만 부정적인 측면이 있었음을 잊어서는 안 된다.

미드는 대학 시절에 단편소설을 썼는데, 이 가운데 다수가 유년기의 에피소드를 제재로 삼았다. 실제로 그녀는 소설가가 돼볼까 하고 고민하기도 했다. 그러나 바너드 대학에서 글쓰기를 지도한 전임 강사는 그녀의 작품을 '평범하고, 진부하다'고 평가했다.[58] 재학 시절에 이미 뉴욕 시인들 사이에서 혜성처럼 주목받았던 동거인 레오니 애덤스와 비교해보면 미드의 노력은 자신에게조차 부족해 보였다. 그녀는 이렇게 썼다. "나는 영광스럽게 몰락하고 싶지 않았다. 위대한 미국 소설을 쓰겠다며 인생을 허비할 수는 없었다."[59]

결점이 많기는 해도 미드의 단편소설 작품을 통해 그녀를 더 잘 이해할 수 있다. 첫째로, 미드가 자신을 설명한 내용을 작품들이 반박하고 있다. 그녀는 스스로를 항상 낙관적인 존재로, 10분 이상 낙담해본 적이 없는 사람으로 그린다.[60] 그러나 작품에는 강간, 배우자 부정, 근친상간적 요소 등 위험한 사건들이 부지기수로 나온다. 분명히 자신의 어두운 내면과 관계가 있을 것이다. 미드의 작품에는 베네딕트의 이야기와 시편들에 나오는 괴물이나 고전적인 암시가 없다. 미드도 1920년대에 음울한 서정시를 썼지만 그때조차도 베네딕트만큼 침울하거나 박학하게 굴지는 않는다. 그런데 한 작품에 '눈이 맑은 아이'가 나온다. 그를 고난의 그리스도로 볼 수 있을지도 모른다.[61]

「맹인 여자(The Blind Woman)」를 보자. 장님인 색빌 부인은 자신이 부리는 정신박약인 하녀를 동네 깡패들이 유괴해 가는 것을 막지 못한다. 그녀는 현장의 소음을 듣고, 그들이 소녀를 강간하리라는 것을 알지만 어쩔 수가 없다. 그녀는 입 다물고 있는 하녀가 걱정이다. 그녀의 자아에 응어리져 있을 폭력과 섹슈얼리티로 속을 태운다. 「눈이 맑은 아이(The Young-Eyed Cherubim)」에서는 여덟 살 소년이 '아름답고 육욕적인' 엄마에게 매력을 느낀다. '동네 깡패들'이 소년에게 엄마의 혼외정사 얘기를 해주지 않으면 흠씬 두들겨 패겠다고 위협한다. 동네 깡패들이 소년의 아버지에게 사정을 폭로하자 분노한 아버지가 아들의 장난감

기차로 아내를 구타한다. 어머니는 아들에게 자신의 정사 얘기를 해주면서 그의 '죄의식에 새롭고 저속한 경험'을 주입한다. 그렇게 소년을 응징하는 것이다. 청소년이 된 아이는 속죄하기 위해 수도원에 들어간다. 그러나 오스카 와일드의 『도리언 그레이의 초상(The Picture of Dorian Gray)』에 나오는 도리언처럼 그는 악을 경험했음에도 여전히 천사처럼 맑다. 미드가 쓴 이 소설의 제목은 셰익스피어의 『베니스의 상인(The Merchant of Venice)』에서 가져온 것이다.[62)]

미드는 「권태(Lassitude)」라는 소설에서 결혼 생활의 불화와 뒤틀린 섹슈얼리티도 다루었다. 10대인 밀리는 아버지가 출장을 가서 어머니 몰래 바람을 피운다고 의심한다. 아버지가 출타한 가운데 어머니가 흐느껴 울자 밀리는 위로한다. 그러다가 침대에서 잠들게 된다. 어머니 옆에 나란히 누운 그녀는 하얗고 부드러운 팔에 묘한 매력을 느낀다. 부모들의 혼인 관계에서 마치 자기가 아버지의 역할을 맡기라도 한 것처럼 말이다. 「맹인 여자」에 나오는 색빌 부인처럼 밀리의 어머니도 눈이 멀게 된다. 밀리는 아버지가 포르노 사진을 보는 광경을 우연히 목격하고, 아내의 시각 상실을 고소해하는 그의 발언까지 듣게 된다. "이제는 더 이상 캐거나 염탐하는 일이 없을 것이다. 그렇게 한 남자는 자신의 영혼을 자신의 것이라고 부를 수 없게 되었다." 밀리가 자기에게 화가 났음을 감지한 아버지는 딸을 달래려고 한다. 그러나 그녀는 아버지가 손을 대는 것을 한사코 거부한다. 자신이 거기에 끌리면서 동시에 반발하고 있음을 알기 때문이다. 밀리는 자신의 감정이 혼란스럽고, 아버지를 대면하지 못한다. 이 소설의 제목이 '권태'인 이유다.

미드는 도일스타운 고등학교의 급우들이 떠들어대던 지역 추문에 혹해서 단편소설들을 쓰게 된 것이라고 주장했다. 줄거리의 대부분을 그런 추문들에서 얻었다는 것이었다. 「맹인 여자」와 「눈이 맑은 아이」는 지역에서 일어난 실제 사건을 바탕으로 했다. 「맹인 여자」의 색빌 부인은 동네 깡패들이 자신의 하녀를 강간하는 것을 끝내 막지 못한 어떤 지도층 인사를 모델로 했다. 「눈이 맑은 아이」에 나오는 아버지는 불륜 사실을 알아채고 아들의 장난감 기차로 아내를 흠씬 두들겨 팬 동네 아저씨였다.[63]

그렇다면 「권태」는? 미드는 그 전거를 확인해주지 않았다. 따라서 이 작품은 자신의 경험을 바탕으로 썼을 가능성이 많다. 그녀의 아버지는 실제로 주중에 집을 떠나서 병설 학교 강의를 하거나 사업을 하면서 혼외정사를 했다. 미드의 어머니가 시력을 잃지는 않았지만 그녀는 남편의 경솔한 언동을 못 알아보는 듯한 일이 잦았다. 에드워드 미드가 포르노를 봤다는 증거는 어디에도 없다. 물론 그는 남자였고, 춘화를 좋아했을지 모른다. 다른 단편들처럼 「권태」에서도 미드가 남성의 폭력을 싫어했음을 알 수 있다. 그러나 미드의 단편들을 보면 여자들에게 힘이 있다는 사실도 읽힌다. 그녀들은 비틀린 욕망도 드러낸다. 「맹인 여자」의 색빌 부인과 「눈이 맑은 아이」의 어머니가 그렇다.

자신이 자란 동네들을 배경으로 설정한 미드의 단편소설들은 조화로운 미국 사회의 이면에 숨어 있는 배신과 폭력을 드러낸다. 이디스 훠턴의 『그 겨울의 끝(Ethan Frome)』이나 시어도어 드라이저의 『미국의 비극(An American Tragedy)』 같은 사실주의 소설들의 전형적인 주제들이다. 미드의 단편소설들에는 1920년대에 인기를 끌었던 프로이트주의, 특히 리비도가 제일 중요하다거나 오이디푸스 콤플렉스 같은 프로이트의 이론들도 나온다. 「눈이 맑은 아이」는 어머니와 얽히고, 「권태」의 밀리는 어머니, 아버지와 설킨다. 미드는 고등학교 시절에 이미 프로이트를 읽었다. 그의 사상은 미드가 재학 중이던 바너드 대학에서도 인기가 많았다.[64] 그러나 그녀는 작품을 통해 자신의 정신과 심리를 탐구하기도 했다. 소설을 창작하면서 가족과 자신에 대한 생각을 파악하려고 노력할 만큼 성숙했던 것이다.

베네딕트의 유년기처럼 미드의 유년기도 순탄한 것과는 거리가 멀었다. 유년기의 곤경과 난관이 성인 미드가 형성되는 데 영향을 미쳤다. 그녀는 자신의 정체가 간파 폭로되는 사태를 한평생 두려워하며 살았다. 미드가 어렸을 때 공원에서 꽃을 하나 딴 적이 있었는데 어머니가 경관에게 그 꽃을 보여주라고 시켰을 때 그녀는 체포될지도 모른다는 두려움을 느꼈다. 경관은 그저 웃기만 했다. 그녀는 나중에 이렇게 썼다. "권력을 가진 자들에 대한 공포는 막강한 것이었고, 이후로 한평생 나를 따라다녔다." 미드는 첫 번째 현지 조사에서 돌아온 후 사모아의 청소년을 연구한 자신의 글을 프란츠 보애스가 퇴짜 놓을까 봐 전전긍긍했다. 보애스는 그들의 성적 사랑과 낭만적 사랑을 좀 더 정확하게 구분하라고 권하는 선에서 멈추었는데도 말이다. 어느 날 미국 자연사박물관 부관장의 긴급 호출을 받은 40대 때에는 해고당할지도 모른다는 두려움에 거의 초주검이 되어버렸다. 그녀는 오래된 공포가 자신을 덮쳤다고 썼다. '섬뜩한 기운'에 숨을 쉴 수 없었다. 그가 그녀를 부른 것은 과학 독서회의 자문 위원으로 참여해달라고 청하기 위해서였다.[65]

그녀는 재난이나 망신을 당하는 것도 두려워했다. 이를 테면, 사람들이 '풀먼(Pullman : 침대 설비가 되어 있는 특별 차량으로, 상표명이다-옮긴이)의 침대 시트를 절취해 옷 속에 집어넣는 바람에 행동이 부자연스럽'거나 욕실 문 자물쇠가 고장 나거나 수세식 변기가 넘칠 때 말이다. 미드는 이런 두려움 때문에 한평생 '주의하고 경계하며' 살았다.[66] 현지 조사를 할 때는 실패할 것을 두려워했다. 그녀는 "현장에 도착하면 행복감이 든다."라고 썼지만 2~3주 후면 두려움이 고개를 들었다. 원주민 사회를 결코 파악하지 못할 것이라는 두려움이자 그 사회가 너무 복잡해서 이해할 수 없으리라는 공포가 스멀거렸다. 그녀는 고백했다. "항상 내 머리를 따라다닌 악몽이 바로 그것이었다."[67]

미드의 미출간 단편소설들에는 강간당하는 것에 대한 두려움이 나온다. 그녀가 착용한 '판금' 코르셋은 몸을 지탱하고 유지해주는 것만큼이나 보호용이기도 했던 것 같다. 제임스 볼드윈(James Baldwin)과의 대화록인 『인종에 대한 잡담(A Rap on Race)』에서 미드는 그에게 자신이 백인 남자에게 강간당한 흑인 여성이라는 환상을 평생 간직해왔다고 실토했다. 어린 시절 동네 사람들의 존경을 받던 흑인 여자처럼 말이다. 「인생사」에서는 유년기에 자신이 강간당하는 것을 두려워했다고 말한다. 그녀는 자신이 열두 살 때 초경을 시작했고, 결과적으로 너무 어린 나이에 어른이 되어가는 데서 그 원인을 찾았다. 남자들의 관심에 대응할 준비가 안 되어 있었던 것이다. 학교의 소년들은 말할 것도 없고 공공장소에서 남자들이 그녀를 바라보기 시작했다. 그녀는 깜짝 놀랐고, 당혹스러웠다. 동네 가게에 다녀오는 게 고역이었다. 길모퉁이에서 어슬렁거리던 남자들이 그녀를 위아래로 훑어보았던 탓이다.[68] 거기다가 '동네 깡패들'이 있었다. 「맹인 여자」와 「눈이 맑은 아이」에 등장하는 중심인물들 말이다. 그들은 여자들에게 적개심을 품었고, 위험했다.

마거릿은 내면에 존재하는 남성성도 두려워했다. 그 시대의 성과학자들은 여자 동성애자를 '여자답지 않은' 여자로 규정했다. 남자처럼 행동할 뿐만 아니라 '정신'도 남자라는 것이었다. 미드는 여성스럽고, 주름 장식이 화려한 옷을 좋아했다. 그녀는 사내이고 싶지 않았다. 그녀는 『블랙베리 겨울』의 초고에 이렇게 썼다. '남성화 질병 같은 것에 걸렸다는 생각 때문에' 자신이 '공포에' 사로잡혔다고.[69] 그러나 그녀는 강하고 남성적인 여성들을 높이 평가했다. 그녀는 어렸을 때 자기 침실에 〈밀로의 비너스〉 복제품을 두고 지냈다. 고전기의 유명한 여자 조상(彫像)인 밀로의 비너스는 어깨가 넓었고, 허리도 컸지만 당대 미의 총아였다. 침실 벽에는 귀도 레니의 〈여명을 이끌고 있는 아우로라〉 복제화도 붙어 있었다. 20세기 초에 인기가 대단했던 그 17세기 회화에서는 남성적인 새벽의 여신이 자신의 여성스런 연인 티토누스가 모는 마차를 앞장서서 이끌고 있다. 더불어서 '때의 여신' 한 무리가 기운차게 마차를 호위한다. 큼직한 아기 천사가 화면 중앙을 장악하고 있는 것도 보인다.[70]

베네딕트처럼 미드도 가끔씩 신경성 구토증에 시달렸다. 그녀는 1948년 주치의에게 제출한 병력 기록에서 자신이 열 살부터 열두 살까지 소화 불량으로 자주 고생했다고 밝혔다. 미드는 성공회 교회에서 세례를 받다가 엄청나게 토한 적이 있고 대학 시절 내내 소화 불량에 시달렸다.[71] 대학 시절과 이후의 기타 질병도 정리해두자. 오른팔 신경염을 앓았고 성인기에 자주 사고를 당했다. 발목을 삐거나 다리가 부러지는 일이 빈번했다.

미드는 베네딕트처럼 자기도 직관상(直觀像)을 본다고 주장하기도 했다. 그녀는 대개의 경우 직관상을 통제했지만 그러지 못할 때가 종종 있었다. 그녀는 통제된 직관상은 '연극적'이고, 통제하지 못한 직관상은 '강박적'이라고 불렀다. 진 휴스턴이 만년의 미드와 인터뷰를 하면서 그녀를 일련의 직관상으로 유도했다. 미드는 연극에서 강박으로, 그리고 다시 연극으로 옮아갔다. 논에서 키질을 하는 여자들이 보였고, 다음으로 어린 시절의 소름 끼치도록 싫은 병원에도 갔다. 거기서는 창녀들이 간호사를 하고 있었다. 하지만 그녀는 그 직관상을 통제할 수 있었다. 등불을 들고 있는 플로렌스 나이팅게일을 보면서 직관상을 마무리했던 것이다. 플로렌스 나이팅게일은 영국의 병원에 청결과 훈련

• 귀도 레니, 〈여명을 이끌고 있는 아우로라〉

받은 간호사를 도입한 덕이 높은 여성이었다. 평소 미드가 가장 자주 본 강박적 직관상과 백일몽은 죽은 아기였다. 그 직관상과 백일몽은 그녀가 바너드 대학을 다닐 때 시작되었다.[72]

그녀는 혼자 있는 것을 싫어했다. 혼자서 식당이나 극장에 가는 일이 거의 없었고 여행도 친구들과 함께 했다. 그녀는 혼자서 현지 조사 여행을 가지 않았다. 사모아 여행은 그녀가 혼자서 간 드문 연구 여행 가운데 하나였다. 사실 미드는 사모아에 갈 때조차 다른 여자 대학원생의 동행을 종용했다. 그녀는 열정이 끓어 넘쳤고, 이렇게 다른 사람들이 필요했다. 미드의 존재와 매력은 청중 앞에서, 또 다른 사람과 논쟁할 때 분출했다. 대가족에서 자라면서 항상 이야기 상대가 있었던 것도 원인의 하나로 지목할 수 있을 것이다.[73] 미드가 정체가 폭로되어 자아를 상실당하는 것을 두려워했다는 것은 그녀가 혼자 있는 것을 싫어했다는 사실에서 추론해볼 수도 있다.

미드는 늘 활동적이었다. 가끔은 그런 실행력이 광증처럼 비치기도 한다. "게으름을 피우다가도 미친 듯이 몰두한다."라고 베네딕트에게 썼다.[74] 그녀는 한꺼번에 여러 가지 일을 할 수 있었다. 요컨대 빈번하게 열광적 고양 상태에 들었다가 가끔씩 방전 상태처럼 가라앉았던 듯하다. 미드는 열광(mania, 躁病)이 그녀 특유의 감정 상태라고 말하기도 했다. 자신이 고래고래 소리 지르며 말하다가 죽을지도 모른다고 생각했다.[75] 베네딕트는 자살 환상에 몰두했고, 잠자리에서는 우울증에 시달렸다. 미드는 항상 바빴다. 아마도 그렇게 하면서 캐서린의 죽음, 예기치 못한 아버지의 비행, 가정생활의 긴장감에서 탈출을 시도하고 있었을 것이다. 마거릿의 첫 번째 남편 루서 크레스먼은 미드 집안을 비난하면서 결코 좋은 얘기를 하지 않았다. 그 집 사람들은 호의와 애정이 거의 없었다고 말했다. 미드의 집안에는 긴장감이 팽배해 있었다.

그에게는 그들이 '콩가루' 집안으로 비쳤다. 마거릿은 1926년 크리스마스를 가족과 보내고 나서 리오 포천에게 이렇게 썼다. "가족들과 24시간을 함께했더니 완전히 녹초가 되었어요. 우리 가족은 서로 아무 관계가 없는 사람들처럼 사랑하고 미워하는 애증의 집단이죠."[76]

미드의 여동생 엘리자베스가 1935년 벅스 카운티의 농장을 그린 수채화를 보자. 이 그림은 『블랙베리 겨울』에도 실렸다. 그들의 할머니가 그림 중앙에 서 있다. 프리실라와 엘리자베스도 마사 양옆으로 보인다. 이 수채화는 애정이 넘치는 그림이 아니다. 계절은 겨울이다. 나무에는 잎이 하나도 없다. 등장인물들은 칙칙한 황갈색 옷을 입고 있는데, 표

• 『블랙베리 겨울』에 실린
엘리자베스 미드 스티그의 수채화(1935년)

정이 무섭고 수척하다. 세 사람은 집에서 멀리 떨어져 있다.

이 그림은 마거릿의 형제자매들에게 드리운 운명을 보여주는 듯하다. 과잉보호 속에 자란 리처드는 아버지와 드센 집안 여자들의 그늘에서 벗어나려고 분투했다. 그는 아버지처럼 경영학 교수가 되었고, 웬만큼 성공했다고 할 수 있었다. 아름다운 프리실라는 마거릿과 경쟁했다. 그녀는 인류학자가 되려고 공부하다가 그만두고 결혼을 한다. 상냥한 엘리자베스는 화가가 되었다. 여동생은 두 명 다 자신들이 무색해질 만큼 유명한 남자들과 결혼했다. 엘리자베스의 남편 윌리엄 스티그는 만화가이자 어린이 책 작가였다. 프리실라의 남편 리오 로스틴은 할리우드 영화 각본을 쓰는 유머 작가였다. 프리실라는 결혼 생활에 갈등이 많았고, 아프기까지 했다. 만성 인체 샘 기능 장애로 고생을 하던 그녀는 결국 자살을 하고 만다. 엘리자베스의 경우는 침울했다. '블랙베리 겨울'처럼 엄격한 그녀의 그림도 이런 데서 연유한 것일지 모른다.[77]

베네딕트처럼 미드도 강인했다. 첫째여서 그랬는지, 혹은 드센 부모들을 본받아서 그랬는지 알 수는 없지만 아무튼 그녀는 강한 존재로 성장했다. 그녀는 자주 다투었던 부모들을 상대하면서 교묘한 통제 기술을 깨쳤다. 엄마와 아빠를 서로 싸우게 해 거기서 덕을 볼 만큼 영악했다. 그녀는 부모에게 공공연히 반항하기도 했다. 성공회 교회에 다닌 것도 그런 반항 행위였다. 이사할 때마다 새 집에서 자기만의 방을 달라고 고집 피운 것도 마찬가지였다. 미드는 그렇게 맨 위층, 가끔은 다락방을 아지트로 삼았다. 그녀는 심리학자들의 자서전 시리즈로 집필된 회고록에서 유쾌한 어조로 자신의 방이 '주인공을 돕는 착한 요정과 사악한 요정의 매력'이 뒤섞여 있는 곳이라고 말했다. 『블랙베리 겨울』에서는 자신의 방이 '침입과 실패'로부터 안전하다는 느낌을 주는 곳으로 기술된다.[78]

루스가 부린 짜증은 분노의 폭발이었다. 마거릿의 울화는 억제되었다. 이를 테면, 아버지가 미드를 꾸짖었을 때 그녀는 식탁을 박차고 나가 문을 세게 닫으면서 난폭하게 자기 방으로 들어갔다. 그녀는 강인했고, 가족의 구심력이 될 수 있었다. 미드는 할머니와 더불어 믿고 의지할 수 있는 가족의 상담자가 되었다. 그녀는 가족 구성원 모두가 각자의 문제를 들고 자기를 찾아왔다고 주장했다. "할머니는 하루에 한 시간씩 내 머리를 빗어주셨다. 그러면서 에밀리와 에드워드가 가엾다는 둥, 이런저런 일들로 걱정이 많다는 둥 온갖 얘기를 늘어놓으셨다. 나는 그들을 내 아이들로 생각하게 되었다."[79] 마거릿은 열 살 때 이미 감정을 다스릴 줄 아는 냉정한 아이가 되어 있었다. 그녀는 성인이 되었을 때조차 농담을 농담으로 받아들이지 못했다. 그녀는 보드 게임, 특히 체스를 싫어했다.[80] 그러나 그녀는 자기 인생이 비밀스런 장난이나 기술보단 운에 좌우되는 게임인 것처럼 살았다.

마거릿이 여덟 살 때 엘리자베스가 태어났다. 그 후 에밀리는 신경쇠약에 걸렸고, 1년 동안 집에서 휴식을 취했다. 가족은 그녀 곁을 지키기 위해 스워스모어로 이사했다. 그 시점에서 마거릿이 엘리자베스 양육의 상당 부분을 떠맡았다(이후로 프리실라까지도). 그녀는 가족의 대소사를 기록 관리하고, 이사 문제를 감독하는 등의 역할을 이미 하고 있었다. 미드는 다른 사람들의 생활을 조직하는 것을 좋아했다. 그녀는 사건과 삶을 연출하는 데서 즐거움을 느꼈고, 자신이 가정에서 그런 역할을 맡았기 때문임을 깨달았다. 그녀는 어렸을 때 자신이 '특별히 예쁠 것도 없고, 별난 재주도 없다'고 생각했다고 적었다. 아무튼 그녀는 '남들이 자신에게 호소하는 무대 연출자의 역할'을 기꺼이 받아들였다고 말했다. 그녀는 얄궂다고 생각했지만, 이를 조금도 의심하지 않았다.[81]

미드는 자신을 어른이면서 동시에 아이라고 생각하게 됐다. 할머니가 그녀를 아이 어른처럼 대우해서이기도 했고, 성숙함과 유치함을 두루 구비한 미드 자신의 독특한 개성에서도 비롯했다고 할 수 있다. 다른 가족들, 특히 여동생들도 할머니와 같은 태도를 취했다. 미드는 진 휴스턴에게 이렇게 말했다. "어떻게 보면, 어른들에게 보호가 필요했다는 점에서 내가 그들을 어린이로 취급했다는 것이지요."[82] 그녀는 평생 동안 가족과 친구들의 부모 역할을 수행했다. 그녀는 여동생들에게 계속해서 엄마로 남았다. 미드는 그들의 교육을 감독했고, 데이트 상대를 골라줬고, 조언을 했다. 그녀는 친구를 사귀는 데서, 상처를 위로하는 데서, 삶의 열정으로 다른 사람들을 고무하는 데서 천재적인 재능을 보였다. 그녀에게는 어린애다운 순진함도 있었다. 사람들은 미드의 작은 체구에서 보호 본능을 느꼈고, 그녀에게 끌렸다.

미드는 대범하고 소탈했다. 그녀는 스스럼이 없었고, 구애받지 않았다. 그녀가 에드워드 사피어와 연애하던 때 그가 써 보낸 시편은 그녀를 아리엘에 비유했다. 셰익스피어의 『템페스트(The Tempest)』에 나오는 남녀 양성의 이 요정은 프로스페로에게 잡힌 후 자유를 갈망한다. 사피어는 이 시에서 그녀에게 야망을 다스리라고 충고한다. 높고 어려운 목표를 설정하고 애쓰다가 스스로 파멸하지 말도록 경고하고 있는 것이다.

당신은 무심한 태양의 아리엘,
구름 위로 솟아올라 파란 하늘을 보네.
오, 무모한 존재여, 신중하게나. 그 작고 현명한 발은 알고 있나니,
태양의 길과 구름과 급작스런 세속의 목표를.
아름다운 것들은 순식간에 불꽃으로 사라지고,
거기서 당신도 옴짝달싹 못 한 채 사그라질 터이니.[83]

미드도 그에게 시로 답했다. 그녀는 그에게 그가 틀렸다고 말한다. 아무리 자주 '옷이 해지고, 줄넘기 줄이 나무에 걸린다' 해도 그녀는 삶의 환희를 바탕으로 자신이 원하는 것을 이룰 터였다. 그녀는 태양에 너무 가까이 접근해 타 죽은 파에톤(Phaethon : 태양신 헬리오스의 아들로, 아버지의 마차를 잘못 몰아 제우스가 죽여서 재난을 방지했다.-옮긴이)과 달랐다. 숲의 요정인 드라이어드들이 그녀에게 위험을 알려주었기 때문이다. 그녀는 '줄을 하늘 높이 던지겠다'는 의지와 노력으로 별들에 이를 수 있을 터였다. 그녀는 거침없이 살 수 있었다. 동네 의원의 진료실 벽에 붙어 있던 성구의 말마따나 '하나님을 사랑하는 사람들에게는 모든 것이 합심 협력하여 선을 이루기' 때문이었다. 사피어의 시편에 응답한 미드의 시를 보자.

그녀는 어렸을 때 줄넘기를 했지.
옷이 남아나지 않았지만,
어머니는 두말 않고 기워주셨지.
그녀는 접시도 자주 깨뜨렸지.

그녀의 줄넘기 줄이 나무에 걸렸지.
꽃이 떨어졌지만,
드라이어드들이 눈살을 찌푸릴 수 없을 정도로
그녀는 명랑했네.

이윽고 그녀는 밤하늘에서
별을 땄네.
신도 미소만 지을 뿐이었지.

그녀는 환희 속에서 줄넘기 줄을 하늘 높이 던졌네.[84]

미드가 다른 사람들을 어머니처럼 돌본 것처럼 다른 사람들도 그녀를 돌봤다. 그녀에게는 자기뿐만 아니라 다른 사람들을 위해 꿈꿀 수 있는 능력도 있었다. 루스 베네딕트는 그녀에게서 영감을 받아 최고의 업적을 이루었다. 물론 베네딕트도 미드에게 영감을 주었다. 두 사람의 창조적 우정 속에는 서로의 성공과 출세를 후원하는 주요한 동력이 자리하고 있었다. 두 사람은 비슷하면서도 달랐다. 그들의 개성이 상호작용하면서 두 사람은 가까워졌지만 두 사람의 우정을 설명한 미드의 견해는 신중하게 이해해야 한다. 자신은 낙천가였고, 베네딕트는 우울병 환자였다는 미드의 평가는 적당히 감안해서 받아들여야 한다. 베네딕트는 양육되는 과정에서 자신의 영혼이 '살해되었다'고 생각했을지도 모른다. 그녀는 수줍음, 난청, 우울증으로 고생했을 것이다. 그러나 성공하겠다는 결연한 의지를 바탕으로 위험을 감수하고서라도 끝끝내 출세하겠다는 베네딕트의 자세는 결코 미드 못지않았다. 힘겨웠지만 동시에 기대에 부푼 유년기를 보낸 것은 사실 미드도 마찬가지였다. 그녀는 희망을 품고 계속해서 질주했다. 그녀는 좌절의 유혹을 뿌리치고 명성과 출세를 향해 달렸다. 그렇게 그녀는 '찬란한 밤하늘'에서 별을 딸 수 있었다.

3부

자아를 찾아서

4장

스매시

— 여성들의 낭만적 우정

마거릿 미드는 일곱 살이던 1908년, 필라델피아행 기차에서 젊은 여자를 한 명 만났다. 그녀는 이 여성에게 '묘하게 끌리는' 감정을 느꼈다. 4년 후 그 여자가 마거릿의 삶으로 다시 들어왔다. 그녀가 미드가 사는 벅스 카운티의 농장을 방문한 것이었다. 옆에는 그녀의 상처한 아버지가 있었다. 그는 동네의 성공회 성직자였고, 두 사람은 교회 신도를 모집하는 중이었다. 그녀의 이름은 루시아였고, 아버지의 동료이자 주부였다. 미드의 할머니는 그들을 정중하게 집에 들였고, 차를 대접했다. 마거릿은 이 두 번째 만남에서도 루시아에게 끌렸다. 그녀는 루시아가 아버지와 사는 사제관을 들락거리기 시작했다. '집에는 없다고 생각한 것들'이 있는 장소를 발견했던 것이다. 더구나 그곳에는 루시아까지 있었다.[1)]

미드는 자서전의 초고에서 자신이 루시아 언니라고 부른 여자와 맺은 우정 이야기를 이렇게 시작한다. 루시아 언니는 자신이 '여태껏 만나 본 중에서 인간적으로 가장 섬세한 사람'이었다.[2)] 미드로 하여금 성공회 신앙을 고백하도록 영향력을 발휘한 사람도 바로 루시아였다. 두 사람의 관계는 미드가 유년기와 청소년기에 다른 여성들과 맺은 우정의 시발점으로, 그녀가 루스 베네딕트와 맺은 관계도 예시해준다. 베네딕트와 미드는 빅토리아조의 성별 사회화 방식에서 핵심적인 지위를 차지했던 여자들 사이의 낭만적 우정 풍토에 참여했다. 미드는 자서전의 초고에서 이 풍토를 자세히 기술하고 있는데, 그때까지 작성된 것 중 가장 포괄적인 진술 가운데 하나라고 할 수 있었다. 근래의 학자들은 이 풍토의 범위와 영향력에 이의를 제기하고 있는 실정이다. 그러나 미드의 설명을 읽어보면 그 풍토가 삶을 규정하는 유력한 방식이었음을 속속들이 알 수 있다. 여성들이 맺는 낭만적 우정의 풍토는 구조가 아주 복잡했다. 여자들 사이의 친밀한 관계를 장려하면서도 그녀들에게 남자들과 결혼하라고 조언했던 것이다.[3)]

미드는 자기가 어렸을 때 소녀들과 여자들을 사랑하게 된 게 대중문화, 특히 소설의 영향을 받아서라고 판단했다. 미드는 1970년대에 자서전을 썼고, 그때는 극문학에서 도출된 대인 관계 이론들이 전성기를 구가하던 시절이었다. 그녀는 대중문화가 사람들이 자기 '역할'을 배우는 '대본'의 일부라고 썼다. 그녀는 개인의 성격을 형성하는 문화 형태들을 가리키기 위해 베네딕트가 『문화의 패턴』에서 제시한 '패턴'이라는 용어를 가져왔다. 미드는 유년기의 우정과 관련해 다음과 같이 썼다. "일반적인 문화가 일차적이었고, 사람은 나중이었다. 나는 역할 연기를 했고, 역할 연기를 할 다른 사람을 찾고 있었다."[4)] 빅토리아시대에 여성들이 맺은 낭만적 우정을 연구하는 근래의 학자들은 자매들 사이의 관계나 모녀 사이의 관계에서 그 원인을 찾는다. 그러나 미드는 어머니한테서 양면적인 감정을 느꼈다. 캐서린 말고 다른 여동생 둘은 그녀가 여덟 살과 열 살이 될 때까지 태어나지 않았다. 미드는 자기가 친밀한 여자 친구들을 사귀게 된 게 가족 때문이 아니라 문화 때문이라

고 생각했다.[5]

루스 베네딕트가 여학교에 다니기 이전에 여자들의 낭만적 우정 풍토를 얼마나 경험했는지는 판정하기가 쉽지 않다. 그녀는 1903년부터 1905년까지 버펄로에 있는 세인트마거릿 성공회여학교를 다녔고, 1905년부터 1909년까지 배서 대학에 재학했다. 두 학교에는 모두 '스매시' 문화가 있었다. 스매시 문화는 미드가 다닌 바너드 대학에도 1920년대 초까지 계속 남아 있었다. 해블록 엘리스와 당대의 다른 성 과학자들이 지적했고, 베네딕트와 미드의 어머니들이 한 세대 전에 이미 경험했듯이 여자들의 낭만적 우정은 그 시대에 여자들만의 교육기관에서 인기가 대단했다.

미드에 따르면, 그녀가 유년기에 읽고 따른 문화 대본은 그녀에게 우선 제일 좋아하는 선생님을 찾으라고 했다. 예를 들어, 그녀는 수업이 끝나면 유치원 선생님에게 착 달라붙어 떨어지려고 하지 않았다. 그러나 유치원과 중학교 시절 사이에는 좋아하는 선생님을 찾는 데 어려움을 겪었다. 할머니가 주로 집에서 그녀를 가르쳤던 탓이다. 그러다가 가족이 스워스모어로 이사하면서 마거릿은 공립학교에 4학년으로 들어갔고 그녀는 곧 담임선생님에게 애착을 느꼈다. 둘 모두 제임스 휘트콤 라일리의 시를 좋아했던 것이다. 고등학교 시절에는 라틴어 선생님에게서 자신의 이상을 발견했다고 생각했다. 라틴어 선생님이 라틴어를 잘 못 한다는 걸 알고서 곧 환상이 깨져버렸지만 말이다. 마거릿은 고등학교를 마치고 프랑스어 실력을 키우기 위해 1년 동안 여학교에 다녔다. 이번에 그녀가 낙점한 선생님은 활달한 동성애자로, 학생과 엮이는 것을 두려워했다.[6]

청소년기 초반에는 대개의 경우 루시아가 마거릿에게 조언을 해줬다. 미드는 『블랙베리 겨울』 초고의 한 장에서 두 사람의 관계를 설명하고 있다. 그녀는 두 사람의 관계가 관능적이지 않고 감상적이었다고 썼다. 물론 자신이 기차에서 루시아에게 '묘하게 끌렸고', 농장 주택 뒤쪽의 좁은 산골짜기에서 헌신을 맹세하는 친교 의식에 '매력적인' 루시아 언니를 끌어들였다고 썼을 때 약간의 성적 흥분이 드러나는 것 같기는 하지만 말이다.[7] 시냇물이 흐르고, 나무가 늘어서 있어서 잘 안 보이는 그 골짜기는 마거릿이 공상을 하는 특별한 장소였다. 그녀는 한겨울에 루시아를 거기 데리고 가서 자기가 월경을 시작했고, 이제 여자가 되었다고 털어놓았다.[8] 미드는 성공회 신앙으로 귀의하면서 영국 국교회의 풍요로운 의식에도 루시아와 함께 참여했다. 일요 예배 때는 예복을 입은 사제, 시종직, 성가대가 십자가, 권장(權杖), 그리고 가끔은 연기가 나는 향로를 들고 통로를 따라 행진했다. 그러면 향로의 연기가 회중 사이를 떠돌았다. 그리스도의 살과 피를 상징하는 빵과 포도주를 먹고 마시는 정화 의식인 성찬식은 모든 예배의 정점이었다. 성서의 구절에서 따온 영국 국교회의 기도서는 그리스도의 십자가 형벌과 부활을 상징적으로 재현하면서 신자들에게 하느님의 사랑과 구원을 거룩하게 약속했다.

이 중세풍의 비교(秘敎)적 행태는 1830년대 영국에서 시작된 고교회파(High Church : 영국 국교회에서 교회의 의식과 권위를 중시하는 파-옮긴이) 운동의 전통주의와 신비주의를 담고 있었다. 고교회파 사람들은 성공회에 가톨릭의 요소들을 도입했다. 마거릿은 그 의식의 미학적 호소력, 풍성한 복식이 빚어내는 장관, 중세의 낭만에 뿌리를 대고 있는 전통주의, 의식을 통해 얻는 창조주와의 합일감이 마음에 들었다. 그녀는 죄의식이 아니라 사랑을 강조하고, 인간의 타락이 아니라 인간의 선량함에 중점을 두는 성공회가 좋았다. 그녀는 이중생활의 은밀한 요소들도 좋아했다. 그녀는 "당시에 고교회파에 속하는 것은 마치 비밀 결사의 회원이 되는 것과 비슷했다."라고 썼다. "뜨거운 쟁점들이 있었다. 성호를 긋는 문제, 제단 위의 촛불 문제 등등." 마거릿은 이후로 평생 동안 독실한 성공회 신자로 남게 된다.[9)]

마거릿은 루시아가 약혼했을 때 완벽한 일체감을 느꼈다. 그러나 그녀가 약혼을 파기하자 커다란 혼란에 빠지기도 했다. 루시아가 자기 인생 최악의 순간 가운데 하나가 약혼 파기였다고 고백했음을 미드는 회상했다. 사실 마거릿의 행동은 그녀가 제일 좋아한 소설 『기숙학교의 리틀 콜로넬(The Little Colonel at Boarding School)』의 여주인공을 그대로 따라 한 것이었다. 여주인공은 기숙학교를 함께 다니는 여자 친구가 약혼을 하자 본인보다 더 황홀해한다.[10)] 마거릿은 루시아와 정서적으로 일체감을 느꼈다. 여기서 여성의 우정이 남자와의 연애만큼이나 흥미진진할 수 있다는 그녀의 문화적 태도를 확인할 수 있다. 그러나 마거릿은 루시아가 결혼하기를 바랐다. 당연히 자신도 결혼할 작정이었고 말이다. 그녀가 읽은 연애소설들의 줄거리는 그렇게 완성되었다. 자유사상을 지녔던 미드의 부모들조차 그녀가 결혼하기를 바랐다. 루시아의 약혼 파기 행위는 당시 미드가 받아들이고 있던 빅토리아시대의 성별 체제를 위협했다. 이 체제에서는 여성들이 결혼을 하지 않으면 이성애로써 성을 완성할 수 없게 된다. 이성애는 질서 정연한 사회의 필수 요소였다. 여자는 결혼을 준비하면서 다른 여자들과 낭만적 우정을 쌓을 수 있었다. 여자에게 힘겨운 청소년기를 안내해주는 나이 든 동성 조언자가 있다는 것도 중요했다. 그런 조언자는 이상적인 어머니나 언니였다. 이런 스승이 가족 간의 긴장에서 자유로운 것은 물론이었다. 나이 든 스승들이 모범을 통해 학생들을 고취하는 소크라테스와 사포식 전통에서 여성들이 성장한 것이다.[11)]

미드는 유년기의 관계를 지시하는 문화적 '대본'에 따라 좋아하는 선생님 외에도 '최고의 또래 친구'를 찾았다. 그러나 마거릿이 벅스 카운티의 농장에 살면서 집에서 할머니에게 교육받을 때는 '최고의 친구'를 찾는 일이 어려웠다. 사귈 수 있던 유일한 친구는 근처에 살지만 삶에 대한 야망이나 지식이 없던 세련되지 못한 농장 소녀들이었다. 그 아이들은 소설을 읽지 않았고, 낭만적인 행동을 적절하게 하려면 어떻게 해야 하는지도 알지 못했다. 마거릿이 소설에서 읽고, 농가 주택 뒤의 계곡에서 영원한 헌신을 맹세하는 것과 같은 친교 의식을 벌일 때 그녀들은 어리둥절했다.

마거릿은 10대 소녀용 소설을 읽었다. 그녀는 교훈적인 엘시 딘스모어(Elsie Dinsmore) 시리즈뿐만 아니라 세속적인 리틀 콜로넬(Little Colonel) 시리즈도 두루 좋아했다. 리틀 콜로넬 시리즈는 사춘기 소녀들의 동성애가 암암리에 배후에 깔려 있었다. 미국 전역에서 모인 한 무리의 소녀들이 켄터키 농장주의 손녀인 '리틀 콜로넬', 로이드 셔먼을 중심으로 동아리를 형성하는 것이 그 예다. 그녀들은 우정의 반지를 끼고, 서로에게서 깊은 감상적 애정을 느낀다. 그러나 그녀들은 서로 '사랑에 빠지지' 않는다. 그렇게 강렬한 감정적 경험은 기숙학교에서 일어난다. 그녀들은 학교 친구들과 '크러시' 및 '스매시' 관계를 형성한다. 집에서 멀리 떨어져 안전하기 때문에 가능한 일이다. 소설들에서 섹슈얼리티가 공공연하게 묘사되지는 않는다. 그러나 이 여학생 연애담에서는 애욕적 기운이 항상 감지된다. 이를 테면, 『기숙학교의 리틀 콜로넬』의 여주인공은 약혼한 '짝패'와 자기를 동일시한다.

마거릿은 소년용으로 나온 소설 시리즈도 읽었다. 모터보트 소년들(Motorboat Boys)이나 소년 과학자들(Boy Engineers) 시리즈가 그런 작품이다. 주인공 소년들은 여기서 복잡하고 정밀한 기계 장치나 도구를 활용해 수수께끼와 사태를 해결한다.[12] 미드는 이런 책들을 통해 주변에서 벌어지는 위험과 모험을 무릅쓰는 법을 배웠다. 그녀는 여기서 그치지 않았고, 세계적 규모의 모험담에 빠져들었다. 다음 차례는 월터 스콧 경의 스코틀랜드 이야기, 러디어드 키플링의 식민지 인도 이야기, 로버트 루이스 스티븐슨의 유괴된 아이들과 해적 이야기였다. 그녀는 당대에 가장 인기 있던 아동 잡지 『세인트 니콜라스 매거진(St. Nicholas Magazine)』도 읽었다. 이 잡지의 기사들은 마거릿에게 어떤 관계를 맺어야 할지 지시하는 '대본'이었다. 거기서 소녀들은 서로 낭만적인 우정에 몰두하고, 숭배하고 좋아하는 여선생님을 찾는다. 이런 기사에서 소녀들은 결혼하기 전까지 말괄량이로 처신한다. 이것은 1890년대에 독립적인 신여성이 출현하면서 생긴 문화적 풍토였다.[13]

마거릿은 버킹엄 퀘이커학교(Buckingham Friends School)라는 중학교를, 이어서 도일스타운의 공립 고등학교를 다녔다. 그녀는 여기서 '최고의 동성 친구들'을 쉽게 사귈 수 있었다. 세라 슬로터(Sarah Slotter)도 그중 한 명이었다. 다른 학생들은 세라를 '고기 칼 샐리'(Sally Meat Axe : 샐리는 세라의 애칭이다. '슬로터'에는 잘게 썬다는 뜻이 있다. 학생 사회에서 흔히 볼 수 있는 이름 바꿔 놀리기의 사례이다.-옮긴이)라고 부르며 놀렸지만 미드는 그녀가 '열정적이고, 엄청나게 지적이며, 흥미진진하다'고 생각했다. 마거릿은 샐리의 집에 가서 자고 오는 일이 많았다. 두 사람은 밤새도록 이야기를 나누었다.[14] 또 다른 '최고의 친구'는 마저리 바버였다. 그녀는 총명하지 못했지만 아름다웠다. 마거릿은 평생 아름다운 사람들에게 끌렸다. 마거릿이 아파서 한 달 동안 학교에 못 나간 적이 있었는데 그때 마저리가 연애 감정을 담은 쪽지를 보내왔다. 그 짧은 편지들에서 마저리는 자신을 '딤플'(dimple : 보조개)로, 마거릿을 '스위트하트'(sweetheart), '달링'(darling), '디어리스트'(dearest), '디어리스트원'(dearest one)으로 지칭한다. 그녀는 학교 책상에서 마거릿이 보낸 쪽지를 발견하고는 '크게 기뻐했다.' 그녀는 마거릿이 하는 생각과 감정을 전부 알고 싶어 했다. 마저리는 '로이스'가 마거릿을 찾아갈 계획이며, 그때 자기도 따라갈 거라고 쓴다. 그러나 두 사람은 그녀가 질투할 것이 뻔하기 때문에 마거릿을 함께 볼 수 없다. "로이스가 너하고 있는 동안 나는 네 어머니나 다른 아무나하고 있을 거야."[15)]

마거릿은 중·고등학교 시절에 새라 슬로터, 마저리 바버하고만 성애적 우정을 쌓은 게 아니라 루스 카버도 있었다. 1915년에 마거릿은 앨리스 스윙에게 자기가 옛날만큼 루스를 좋아하지는 않는다고 썼다. 반면 루스는 여러 해 동안 헌신적 사랑을 표명하는 편지를 마거릿에게 보냈다. 그녀는 편지에서 마거릿을 '나의 소중한 페기'(Peggy : 마거릿의 애칭-옮긴이)라고 부른다. 마거릿이 바너드 대학에 다닐 때 루스는 그녀에게 고향을 한번 방문해달라고 간청한다. 그녀는 이렇게 쓰고 있다. "내가 충분한 유인이 되지 않는다면, 어때, 제인은 거부할 수 없겠지." 사실 이들 말고도 더 많은 소녀들이 얽히고설켜 있었다. 루스가 쓴 내용을 보자. "감촉이 좋은 옷과 담요를 좋아하는 나의 여성 취향을 만족시켜주는 사람은 정말이지 캐서린 에번스뿐이야." 그녀는 마거릿에게 심지어 자기가 "요 전날 밤 함께 저녁을 먹으러 메리 스워츨랜더와 숲에 갔다."라고 털어놓았다. 그녀는 편지를 쓰지 않는다고 마거릿에게 잔소리를 했고, 그녀에 관한 소식을 조금이라도 들으려고 내키지 않는 '이상한 친교 모임들'에 가기도 했다고 투덜거렸다.[16)]

그러나 중간계급 여성들의 이런 성애적 관계는 남자들과 결혼하는 의무를 떠나서 존재할 수 없었다. 당대에 인기를 끈 연애소설들은 남자와 여자의 낭만적인 사랑을 일종의 모험 이야기로 그렸는데 이는 대개 결혼으로 끝나기 마련이었다. 엄청난 인기를 누렸던 마리 코렐리 같은 일부 연애소설 작가들은 선정적인 배경과 주제에 집중했다. 마거릿이 하인들한테 빌려서 몰래 읽은 소설들이 바로 마리 코렐리의 작품이다. 코렐리는 이국적인 동양을 무대로 과학 판타지를 썼다. 그녀는 세기말의 퇴폐적인 분위기를 주조해냈고, 비밀스러운 지식, 사이비 과학, 인류를 구원할 사람은 예술가라는 낭만주의적 믿음을 작품에 집어넣었다. 그녀의 작품은 성 의식이 모호하고, 전투적인 여권 운동 지지자들을 혐오하며, 여성이 여성성을 통해 남성을 통제할 수 있다고 주장한다. 그녀의 소설은 '남녀가 한 몸인 것, 다시 말해 남자 같은 여자'도 부정적으로 언급한다.[17)]

그렇게 읽은 연애소설들이 마거릿에게 음으로 양으로 영향을 미쳤다. 미드의 가족이 벅스 카운티의 농장에 살 때 마거릿은 인근 농장에 사는 릴리언이라는 소녀와 가장 친하게 지냈다. 마거릿은 한동안 모두에게 그녀를 '스티나'라고 부르라고 강요했다. 스티나는 샬럿 영의 『독수리 둥지의 비둘기(The Dove in the Eagle's Nest)』에 나오는 크리스티나를 본떠 변형한 이름이다. 이 소설은 15세기 오스트리아 알프스 산맥의 한 성을 배경으로 하고 있다.[18)] 연애담의 전형적인 여주인공인 크리스티나는 사악한 귀족에 저항하다가 이윽고 자신을 구출하는 남자 주인공과 결혼한다. 독실한 기독교도인 그녀는 스스로 모범을 보여 귀족들을 감화한다. 코렐리의 소설처럼 영의 소설도 여성성에는 은밀한 위력이 있다고 암시한다. 열두 살이 된 마거릿은 더 대담해져 있었다. 남동생의 친구가 그녀를 꾀어서 골리려고 '서툰' 시도를 하자 그녀가 월터 스콧 경이 쓴 『아이반호(Ivanhoe)』의 한 장면에서 떠올린 독설을 퍼부어 그를 쫓아버렸던 것이다. 원작 소설에서는 악역을 맡은 자가 성탑에서 레베카를 궁지에 몰아넣고, 그녀는 상대방에게 저주를 퍼부으면서 자기를 그냥 내버려두지 않으면 난간 밖으로 몸을 던져버리겠다고 위협한다.[19] 연애소설에 나오는 많은 여주인공과 달리 용기 있는 레베카는 자신을 구출해주는 신사와 결혼하지 않는다.

미드에 따르면 소녀들에게 여성들 사이의 우정을 탈피해 결혼을 하도록 지시하는 '문화적 대본'의 가장 중요한 특징은 그녀들에게 어린 시절부터 남자 친구를 사귀라고 요구했다는 점이다. 실제로 당대의 소녀문학에서 전개된 일반적 줄거리는 여주인공이 어린 시절 내내 친구로 지내온 소년을, 알고 보니 사랑하고 있었음을 자각하는 내용이다. 당대에 최고의 인기를 구가했던 루이자 메이 올컷의 『작은 아씨들(Little Women)』을 보면 조 마치가 이웃집 소년 로리한테서 이 사실을 너무 늦게 깨닫는 것으로 나온다. 로리는 그녀의 누이와 결혼하기로 이미 마음을 정해버린 것이다. '리틀 콜로넬' 로이드 셔먼도 유년기부터 친구로 지내던 남자가 자기를 떠나기로 마음먹은 다음에야 비로소 그 사실을 깨닫는다.

미드에 따르면 소녀는 어린 시절에 남자 친구와 많은 시간을 보낼 필요가 없고 일단 남자 친구가 있으면 그것으로 족했다. 해먼턴에서 마거릿은 어머니가 조사 중이던 이민자 사회의 이탈리아인 소년을 한 명 골랐다. 그가 어느 해인가 그녀에게 밸런타인데이 카드를 보내면서 호의를 보였던 것이다. 그녀의 고등학교 때 남자 친구는 소아마비였으나 피아노를 능숙하게 연주했고, 지역 야구부에서 투수로 활약한 소년이었다. 후자의 관계는 더 진지했다. 두 사람은 다른 남녀 몇 쌍하고 매일 점심을 함께 먹었다. 그들의 애정 행각이 지나쳤던지 선생님 가운데 한 명은 '꼭 달라붙어 있는 꼴'을 못 봐주겠다고 투덜거릴 정도였다.[20]

19세기의 성별 사회화 구조 속에서 남자 친구들은 여자 친구들과 조화롭게 공존했다. 오늘날의 무기력한 상황과 크게 대비된다고 할 수 있을 것이다. 마거릿은 아마도 고등학교 때 남자 친구와 불장난하듯이 연애를 했을 것이다. 그러나 그녀는 세라 슬로터 집에 가서 자주 자고 왔고, 마저리 바버가 보낸 사랑의 쪽지들도 받았다. 그 짧은 편지들을 살펴보면 남자 친구들과 여자 친구들이 맺고 있던 감정의 연계망을 또렷이 알 수 있다. 마저리는 마거릿에 대한 욕망을 표출했다가 이어서 소년들에 대한 욕망을 드러내는 식으로 오락가락한다. 그녀는 마거릿을 '스위트하트'와 '디어리스트'라고 부르고, '로이스'를 질투하면서도 '잭'이 자기에게 아무런 관심도 보이지 않는다며 투덜거린다. 그녀가 '홀리'에게 장미를 선물하자 화를 냈으면서도 말이다. 그녀는 자기한테 관심을 보이는 건 '테드'인 것 같다고도 쓰고 있다. 그녀는 마거릿이 '크레스먼 선생님의 남동생'과 엮인 것을 축하하기도 한다. 마거릿이 고등학교 3학년 때 사귀기 시작한 루서 크레스먼은 수학 선생님의 동생이었다. 그녀는 형을 찾아온 동생을 만난 것이었다. 그는 펜실베이니아 주립 대학교 4학년으로, 마거릿보다 네 살이 더 많았다.

미드는 루서가 나타나기 전까지는 자기가 남자아이들에게 성적인 흥미가 전혀 없었다고 주장한다. 그녀는 유년기의 우정을 서술한 장의 초고에서 아이들의 욕망과 성인의 욕망을 구분한다. 미드에 따르면 아이들의 욕망은 '감상적'이고 '낭만적'이다. 반면 어른들의 욕망은 육체적이고, 우기면서 자꾸 요구하는 성향이 있다. 미드는 어른의 욕망을 '정욕'이라고 불렀다. 이런 주장은 아동기와 청소년기 사이에 잠재하는 성애의 시기를 논한 프로이트의 이론에서 도출된 것이다. 미드는 이 잠복기가 제대로 성숙하는 데서 아주 중요하다고 보았다.[21] 그녀가 고등학생 때 사귄 남자 친구는 감상적인 애착의 대상이었다. 함께 어울린 다른 남자애들은 그냥 친구였을 뿐이다. 줄리언 가디(Julian Gardy)는 그녀의 친구였다. 요컨대 그는 릴리언의 남자 친구였지 그녀의 남자 친구가 아니었다. 그들은 함께 방과 후 클럽을 만들어 토론을 하고 제스처

게임을 했다. 나이가 더 들면서는 우체국 게임(post office game : 남녀 두 집단으로 나누어 공간을 달리한 다음 한쪽 집단의 일원들이 차례대로 상대방 집단의 공간을 방문해 키스를 받는 내용의 게임-옮긴이)이나 접시돌리기 같은 키싱 게임(kissing game)을 했다. 그러나 이 게임들은 성적이지 않았다고 미드는 주장했다. 그들이 '낭만이 정욕으로 대체되는' 나이에 도달하지 않았기 때문이라는 것이었다. 그녀는 자신의 순진무구함을 강조하고 싶었던지 고등학교 때 자기가 담배를 피우던 여자애들을 위해 기도했다고 말했다. 그 아이들이 매춘부가 될 거라고 생각했다는 것이다.[22)]

미드는 청소년기에 '정욕'이 아니라 '낭만'만을 느꼈다고 역설한다. 이런 주장은 19세기의 성애 규정들을 참조해야 더 잘 이해할 수 있다. 그 시대의 중간계급은 친밀한 관계에서 정신적 영성이 성애보다 훨씬 더 중요하다고 보았다. 빅토리아조 시대 사람들에게 진정한 사랑이란 합일감을 의미했다. 이런 '영적 교감'의 감정은 세속화된 종교적 환희였다. 이런 낭만주의적 주정성은 개성을 승인했고, 결혼을 훈육 과정으로 보았다. 결혼은 결국 자아를 희생해 자존감을 보장해주는 연합이라는 것이다. 성욕이 문화적으로 변형 순화된 감상성이 강렬해서 위험한 정욕을 조절했다. 미드가 고등학교 때 남자 친구와 맺은 관계에서 정신적 영성과 감상성을 분명히 확인할 수 있다. 그때의 행동이 이후로도 그녀에게 영향을 미쳤다. 매일 밤 8시에 두 사람은 각자의 침실 창가로 다가가 밖을 내다보며 상대방을 생각했다. 사랑의 밀어를 속삭이면서 말이다. 그들이 함께 있지 않다는 것은 중요하지 않았다. 중요한 것은 감정이었다.[23)]

미드는 당대의 인기 소설 두 권에서 이 밤의 의식을 끌어왔다고 말했다. 러디어드 키플링의 『덤불숲의 소년(The Brushwood Boy)』과 조르주 뒤 모리에의 『피터 이벳슨(Peter Ibbetson)』, 두 소설 모두에서 남자 주인공과 여자 주인공은 함께할 수 없지만 그들은 꿈속에서 만난다. 『덤불숲의 소년』을 보면 그들은 꿈속에서 신비스러운 풍경 속을 정처 없이 돌아다닌다. 『피터 이벳슨』에서 두 주인공은 전위 예술가들과 사회 엘리트들의 살롱에 참석한다. 두 소설 모두에서 그들이 꾸는 꿈은 현실보다 더 만족스럽다. 미드는 키플링이 '진정한' 꿈을 꾸기 위해 『덤불숲의 소년』에서 제시한 방법이 항상 큰 효과가 있었다고 주장했다. 드러누워 두 손으로 머리를 받치고 가고 싶은 곳을 상상하는 게 키플링의 방법이었다. 잠이 들면 그곳에 가게 된다는 것이다. 그녀는 이 방법에 따라 소설처럼 완결된 줄거리가 있는 생생하고 복잡한 꿈을 꿀 수 있었다고 주장했다.[24)]

이 두 권의 소설은, 진정한 사랑은 연인들이 함께 있을 때만큼이나 떨어져 있을 때도 만족스럽고 행복하다는 낭만적 관습에 기대고 있었다. 이 관습은 궁정 연애 전통의 필수 요소였다. 우아하고 기품 있는 연애 전통은 정욕적인 사랑에 초월적 신비감을 보탰다. 17세기의 형이상파 시인 존 던은 「부재 속의 존재(Present in Absence)」에서 이렇게 노래했다. "진정한 용기를 발휘하면 시간과 장소는 물론 죽음을 넘어서도 애정과 호의를" 찾을 수 있다. 정서적 열광 상태에 몰두하던 19세기 초의 낭만파 시인들이 별리(別離)의 매력을 현대에 도입했다. 에머슨은 우정을 다룬 에세이에서 이렇게 썼다. "영혼이 우주의 어딘가에서 자신의 친구와 재회할 것임을 믿자. 영혼은 비록 혼자일지라도 천년 만년 즐겁고 만족하리라." 잃어버린 사랑을 간구하는 일의 고통과 즐거움은 미드가 제일 좋아한 작가 두 명이 쓴 신비주의 연애시의 주제였다. 오마르 카이얌과 라빈드라나드 타고르는 언제나 부재하며 동시에 존재하는 신을 자기 안에서 찾았다. 그랜드오페라와 그 속의 '리베스토드'(Liebestod) 주제에서도 잃어버린 사랑을 간구하는 일의 고통과 즐거움을 발견할 수 있었다. 독일어 '리베스토드'는 열정의 궁극적 표현으로서 죽음을 통해 사랑을 완성하는 것을 가리키는 말이다. 안토니우스와 클레오파트라, 트리스탄과 이졸데, 로미오와 줄리엣 등등 역사상 사랑 때문에 죽은 유명한 연인들이 이 주제를 보여 주었다.[25]

사랑을 이런 식으로 바라보았으니 만남을 상상만 해도 실제로 만나는 것만큼 만족스러웠을 것이다. 마거릿과 고등학교 시절의 남자 친구는 『피터 이벳슨』을 상기하면서 매일 밤 영혼의 교감을 통해 '욕망'을 표출했다. 그러나 이 소설은 마거릿에게 단순한 연애 지침서 이상이었다. 『피터 이벳슨』은 연인들이 비록 떨어져 있을지라도 초월적 감정을 통해 연결될 수 있음을 보여주었다. 미드는 이 소설의 의도를 이렇게 썼다. "사랑은 영원하고, 이승이든 저승이든 모든 별리를 극복할 수 있다는 찬란한 믿음의 태피스트리에 실 하나를 보태겠다는 것"이라고.[26] 이 생각은 나중에 미드가 루스 베네딕트와 관계를 맺을 때 중요해진다.

그러나 마거릿이 남자 친구와 성 충동을 승화시켰다고 해서 그녀가 동성 친구들과 '성관계'를 맺지 않았다고 단정할 수는 없다. 당대의 성행동 권위자인 해블록 엘리스는 이 시대에 관찰된 유년기의 섹슈얼리티가 매우 모호함을 깨달았다. 그는 같은 성별의 아이들이 한 침대에서 잘 때 '의도치 않게' 서로를 '성적으로 자극하는' 일이 잦았다고 썼다. "그들은 만지고 키스하면서 서로를 성적으로 자극했다." 그는 '성적 자극'을 '점액이 분비되고, 인접한 근육들이 불수의적으로 씰룩거리며 음부가 부풀어 오르는 것'으로 정의했다. 아마도 그는 오르가즘을 설명하려고 했던 것 같다. 그러나 그는 이 행동이 동성애라는 생각은 못 했다. '정상적 본능이 조숙하게 발현된 것'으로 보았던 것이다. 그는 대다수의 사람들이 이를 부끄러워하고, 곧잘 잊으며, 이성애자가 된다고 주장했다.[27]

엘리스가 기술한 행동의 본질을 밝히는 것은 여전히 문제로 남아 있다. 아무튼 그는 아이들이 탐닉한 성적 유희가 제한적 의미만을 가졌다고 말한다. 에밀리 포그 미드는 회고록에서 자신이 웰즐리에서 맺은 낭만적 우정을 '동성애'로 생각하지 않았다고 썼다. 그녀는 그런 정체성이 있는지 몰랐던 것이다. 그녀의 딸 마거릿도 몰랐을 가능성이 있다. 미드는 『블랙베리 겨울』과 그 초고에서 자신이 이른 시기에 소녀들과 맺은 낭만적 우정을 '동성애'라고 언급하지 않는다. 1920년 가을 바너드 대학에 입학하고 나서야 비로소 그녀는 '동성애'라는 말을 처음 사용한다. 그것도 자신이 여성들과 맺은 우정을 언급하면서였는데, 그 우정이 동성애가 아니라고 주장하는 게 목적이었다.

미드가 청소년기에 낭만적 우정을 쌓은 동성 친구들과 육체관계를 가졌을까? 그녀와 새라 슬로터가 동숙하면서 수다 떠는 것 이상을 했을까? 그녀는 『사모아의 청소년(Coming of Age in Samoa)』에서 "성별이 같은 두 젊은이의 유대감이 표출되는 흔한 형태로 무심결에 이루어지는 동성애 행태가 있다."라고 언급한다. 『세 부족사회에서의 성과 기질(Sex and Temperament in Three Primitive Societies)』에서는 여자들이 '창피해하지 않고 편안한 마음으로' 서로를 포옹하고, 서로의 머리를 어루만지고, 서로의 옷매무새를 잡아주고, 같은 침대에서 자던 시대가 있었다고도 언급했다.[28] 이런 전거들을 바탕으로 미드가 소녀들과 맺은 낭만적 우정이 최소 수준에서나마 동성애적이었다고 추론해볼 수 있다. 그러나 더 이상의 기록은 찾을 수가 없다.

마거릿은 왜 루서 크레스먼과 약혼했던 것일까? 그녀는 자서전 초고에서 그것은 청소년들이 나이 든 부모 세대에 반기를 드는 표준적인 양상의 변형된 형태였다고 주장했다. 미드의 부모는 둘 다 자유 사상가였고 어머니는 사회주의자였다. 그녀가 부모에게 반항할 수 있는 유일한 방법은 전통적 태도를 취하는 것이었다. 부모는 무신론자였으나 그녀는 성공회 신자가 되었다. 여권 운동 지지자였던 어머니는 가사를 싫어했으나 미드는 가정생활을 좋아했다. 그녀의 부모는 서른 살이 다 될 때까지 결혼을 미루었지만 그녀는 고등학교 3학년 때 약혼을 했다. 당연히 부모는 반대하고 나섰다. 마거릿은 불과 열일곱 살이었다.[29] 그녀의 눈에 대학생이었던 루서 크레스먼이 무척 세련돼 보였다. 6형제 가운데 한 명이었던 그는 여자들을 좋아했고, 여자들의 대화를 듣는 것도 좋아했다.[30] 그는 『작은 아씨들』의 예의 바른 로리나 '리틀 콜로넬'의 남자 친구와 닮은 구석이 있었다. 작중 인물들보다 더 멋진 남자가 마거릿의 삶에 들어온 것이었다. 그녀는 그와 약혼하면서 유년기부터 꿔온 꿈을 이루었다. 실제로 여자들은 그에게서 매력을 느꼈다.

루서는 마거릿의 남성적인 아버지와 정반대였다. 그는 아버지가 되어서 그녀를 잘 돌볼 것 같았고 다른 사람의 영향력에도 민감하게 반응했다. 마거릿은 그를 설득했고, 그는 장로교에서 성공회로 개종해 성직자가 되기 위한 공부를 시작했다. 마거릿은 약혼자가 생겼다는 사실에 안도했다. 그녀는 극적이고 인습에 사로잡히지 않는 삶을 영위하고 싶었으나 삶에 질서를 부여하고 싶기도 했다. 루시아 언니와, 샬럿 영이 쓴 감상적인 소설들의 주인공인 성직자의 아내를 귀감으로 삼았던 마거릿은 자신도 성직자와 결혼해, 자식 여섯을 낳고, 교구의 온갖 문제를 해결하겠다고 마음먹고 있었다. 그녀는 결혼할 때까지 성관계를 해서는 안 된다고 루서를 설득하기도 했다. 마거릿이 조숙해서 그를 압도했다는 게 문제였다. 그녀는 자서전의 초고에서 두 사람이 약혼하면서 관계를 지시해주는 당대의 문화 '대본'을 따랐을 뿐이라고 주장했다. 그러나 출간된 책에는 그런 진술이 빠지고 없다.[31]

그러나 자기가 속한 문화가 지시하는 양상을 따를 정도로 조심스러운 사람이 얼마나 독립적일 수 있을까? 미드는 『블랙베리 겨울』의 초고 여기저기에서 유년기와 청소년기의 자신을 그런 조심스러운 인물로 그리지 않았던가! 이 문제 제기는 그녀의 양성애적 성 충동이 내면의 본유적 동기라기보다는 문화적 기대의 소산일 것이라는 혐의로 이어진다. 미드는 자기가 비정상으로 치부되는 걸 원치 않았다. 그녀는 진짜 여자이고 싶었고, 진짜 미국인이고 싶었다. 미드는 「사랑과 우정(Love and Friendship)」 장 초고에서 당대의 사회가 지시하는 결혼에 이르는 과정이 여자들의 온갖 기대를 충족하는 아름다운 결혼식으로 이어질 수도 있다고 썼다. (물론 시간이 지나서 그 결혼이 침대 옆 탁자 위에 놓인 결혼사진을 '덮어'버리는 걸로 끝날 수도 있겠지만 말이다. 이런 풍경은 섹슈얼리티의 실패였다.) 뿐만 아니라 미국 사회가 원하는 일부일처제에 헌신하면 여성을 남자 배우자만큼이나 여자 배우자에게도 쉽게 데려갈 수 있었다. 이렇게 그녀는 자신의 비전통적인 성 지향을 전통적인 세태와 결합했다. 19세기에 미국에서 인기를 누린 감상적인 문화 말이다. 이것은 할머니 마사 미드의 문화였고, 제임스 휘트콤 라일리와 헨리 워즈워스 롱펠로가 쓴 시들이 기반을 둔 문화였다. 미드의 인생을 이렇게 보면 동일한 성 사이의 낭만적인 우정도 선생님에게 드리는 사과 선물이나 가장 친한 친구에게 보내는 밸런타인데이 카드만큼이나 미국적인 것이 된다.[32)]

미드는 이런 분석을 통해 성년의 성 정체성에 이르는 과정에 장애가 많을 수 있음도 시사했다. 애정의 대상을 여성에서 남성으로 바꾸고 결혼을 하지만 혼란스러워하던 젊은 여자에게는 무슨 일이 일어났을까? 그녀가 결혼 후에도 계속해서 여자를 원하면 어떻게 될까? 19세기 말에 해블록 엘리스 같은 성과학자들은 빅토리아시대의 성별 사회화 구조 속에 들어 있던 동성애를 대중에게 폭로했고, 도덕의 심판관들은 여성들의 낭만적 우정을 비난했다. 엘리스는 이런 우정을 여성들이 이성애자로 성숙해가는 과정에서 경험하는 정상적인 삶의 단계로 보았다. 물론 그가 여학교에서 낭만적인 우정이 만연한 사태를 목격하면서 이런 평가를 내리는 데 주저하기도 했지만 말이다. 다른 문화계 인사들은 엘리스만큼 차분하지 못했다. 다수가 이런 관계는 동성애로 발전한다며 비난을 퍼부었다. 일부는 1870년대 이후부터 이미 그러고 있었다. 스미스 대학이 설립된 게 어느 정도는 배서 대학의 스매시 문화에 대한 반발이기도 했다는 것을 상기하라.

베네딕트와 미드 같은 젊은 여성들은 자신의 육체적 욕망이 혼란스러웠다. 그녀들은 두 개의 성별 체제, 다시 말해 빅토리아조의 성별 구조에서 현대의 성별 체제로 이행하는 과정에서 옴짝달싹하지 못했다. 그녀들은 어떻게 해야 했을까? 베네딕트와 미드는 이 진퇴양난의 처지를 해결할 수 있는 방법을 여러 해 동안 모색했다.

루스 베네딕트와 소녀들의 낭만적 우정 풍토를 기록한 내용은 마거릿 미드의 경우보다 훨씬 더 적다. 「내 인생 이야기」나 유년기의 일기를 봐도 베네딕트가 커가면서 남자 친구나 좋아하는 선생님, 심지어 최고의 친구를 찾거나 만났다는 얘기가 전혀 없다. 그녀는 1903년 세인트마거릿 성공회여학교에 입학했다. 그 전까지 그녀는 책과 환상에 몰두했다. 그녀는 다른 아이들을 가까이하지 않았다. 누이동생 마저리가 그녀의 친구이자 적수였을 뿐이다. 그러나 미네소타에 살면서 필스버리 아카데미에 다닐 때는 급우들인 소녀들과 친하게 지내기도 했다. 1897년부터 1898년 사이에 작성된 루스의 일기를 보면 그녀들이 '햇살 바느질회'(Sunshine Sewing Society) 같은 모임을 결성했고, 여자아이들의 영원한 고전이라 할 소꿉놀이도 했음을 알 수 있다. 요리를 하고, 청소를 하고, 인형을 아기로 가정해 돌보는 놀이 말이다. (미드는 『블랙베리 겨울』의 「사랑과 우정」 장 초고에서 소꿉놀이가 여자아이들에게 결혼과 엄마 되기를 가르쳐주는 매우 중요한 의식이라고 말했다.) 루스는 거기서 엄마 역할을 맡았다.[33] 그녀는 열한 살 때 이미 다 커서, 키가 170센티미터에 이르렀다. 그녀는 친구들보다 더 컸음이 틀림없고, 특별한 지위도 누렸을 것이다.

베네딕트는 어렸을 때 작성한 일기와 「내 인생 이야기」에 자기가 읽은 책을 적어놓았다. 미드가 1910년대에 읽은 책과 같은 것들도 일부 있었다. 월터 스콧 경의 『호수의 여인(Lady of the Lake)』과 『아이반호』, 루이자 메이 올콧의 『여덟 명의 사촌들(Eight Cousins)』, 나중에 미드도 읽었던 잡지 《세인트 니콜라스》 등이 그런 것들이었다. 루스는 어린 시절 내내 성경을 읽었다. 그녀가 제일 좋아한 성경 이야기는 자신과 이름이 같은 루스 이야기(룻기)였다. 베네딕트가 읽은 문학 작품은 여자들이 문화의 지시에 이끌려 다른 여자들과 낭만적 우정을 쌓다가 결혼했다는 미드의 가설을 뒷받침해준다.

스콧의 『호수의 여인』은 스코틀랜드 고지를 배경으로 한 서사시로, 서로 싸우는 폭력적인 벌족들이 나온다. 잔인한 한 남자가 여주인공을 위협하고, 선량한 남자가 그녀를 구출한다. 『호수의 여인』은 남성의 폭력을 찬미하는가 하면 비난하기도 하면서 선량한 남편을 강경하게 요구하는 것에서 여성의 자유를 발견한다. 루이자 메이 올컷의 『여덟 명의 사촌들』은 계급 분열과 탐욕이 중요한 사회문제임을 지적한다. 여주인공은 부유한 구혼자들을 거부하고 선량한 남자와 결혼한다. 올컷은 여자들의 낭만적 우정을 비판하고 그녀들을 도금 시대(Gilded Age : 남북 전쟁 이후 20세기 초까지 산업화가 급진전되면서 독점 재벌이 판을 치던 물질만능의 시대-옮긴이)의 방종한 신흥 부자들과 동일시하는 것이다. 상류층 인사인 블리스 양이 여주인공에게 '절친한 친구'로 지낼 것을 제안하자 그녀는 필요 없다고 응답한다.[34)]

베네딕트가 제일 좋아한 성경 이야기인 루스 이야기(룻기)는 연애담을 외면하고 루스와 시어머니 나오미의 관계를 집중 조명한다. 루스의 남편이 죽으면서 두 여인은 거지로 전락하고 만다. 루스는 노파를 짐으로 떠안게 되었고, 재혼과 생활 안정의 기회도 날릴 처지에 놓인다. 하지만 그녀는 나오미를 버리지 않는다. 그녀는 결혼하게 되는 지주 보애스가 아니라 시어머니에게 헌신하겠다는 유명한 말을 한다. "어머니께서 가시는 곳에 나도 가고, 어머니께서 유숙하시는 곳에서 나도 유숙하겠습니다. 어머니의 백성이 나의 백성이고, 어머니의 하나님이 나의 하나님이십니다." 빅토리아조 여성들에게는 루스와 나오미 이야기가 여자들의 헌신적 우정을 보여주는 역사상의 주요한 사례였다. 최근에는 이 이야기가 레즈비언 문학을 창시했다는 주장이 제기되기도 했다.[35)]

1903년에 루스와 마저리는 엘리트 여학교인 세인트마거릿 성공회 여학교에 입학했다. 버펄로의 부유층 주거지에 위치한 대저택을 개조한 이 학교는 소규모로, 교사가 다섯에 학생이 100명이었다.[36)] 루스보다 한 해 먼저 입학한 메이블 갠슨(Mabel Ganson)도 이 학교 학생이었다. 결혼하면서 성을 도지(Dodge)로 바꾼 그녀는 제1차 세계대전이 발발하기까지 그리니치빌리지에서 살롱을 열어 유명세를 치렀다. 1920년대에 재혼하면서 메이블 도지 루언이 된 그녀는 뉴멕시코 주 타오스에 유명한 미술가촌을 세운다. 재능이 대단했던 메이블은 이미 고등학교 때부터 두각을 나타냈다. 루스는 메이블과 친하지 않았지만, 언니가 메이블의 친구였던 한 소녀와 사귀게 된다. 루스는 메이블도 자기처럼 독특하다는 것을 깨달았다. "나는 그녀도 내가 깨달은 어떤 것을 위해 살고 있음을 알고 있었다. 다른 사람들이 지향하면서 사는 것들과는 다른 어떤 것임을 나는 확실히 알았다."[37]

메이블이 무엇을 지향했다는 것일까? 전기 작가에 따르면 그녀는 당시에 '아름다움'에 몰두했다. 오스카 와일드가 1882년에 버펄로를 방문했었다. 이 사건으로 버펄로에선 예술 지상주의가 계속 유행하고 있었다. 메이블도 이 사태를 기꺼이 받아들였다. 그녀는 세인트마거릿 여학교의 미술 담당 선생님한테서 따로 미술 수업을 받았다. 화가이기도 했던 클라크 선생님은 '보들보들한 비단 소재로 만든 세련된 타이'를 착용했고, '강렬한 경험'을 희구했으며, 끊임없이 '아름다움'을 추구했다.[38] 클라크 선생님은 세인트마거릿에서 일주일에 한 번씩 오후에 학생 전원을 상대로 소묘와 회화 수업을 진행했다. 루스도 그녀의 수업을 들었다.

루언도 자서전에서 세인트마거릿 성공회여학교 얘기를 한다. 작고 아늑한 그 학교에는 '너무 따뜻해서 갑갑한 방들'이 여럿 있었다. 선생님 몇 분은 매력적이었다. '신비로운' 여교장 터크 선생님은 매일 아침 학생들에게 훈계를 늘어놓았지만 그런데도 '묘하게 매혹하는 무엇'이 있었다고 그녀는 적었다. 메이블은 영어를 담당한 무어 선생님과 사랑에 빠졌다. "나는 항상 그녀를 생각했다. 나는 그녀를, 그녀의 어스레한 머리칼의 색조를, 그녀의 눈에 어린 표정을 떠올렸다." 다른 학생들은 무어 선생님을 대하는 메이블의 감정을 '크러시'라고 했다.[39]

메이블은 한 소녀와 낭만적 관계에 빠지기도 했다. 메이블이 사는 곳 근처에 거주했던 그녀는 메이블이 자신의 가슴을 애무하도록 허락했다. 우리는 루스가 그런 행위에 가담했는지 여부를 모른다. 물론 그녀가 「내 인생 이야기」에서 세인트마거릿 여학교 생활을 간략하게 언급하고 있고, 이를 통해 그녀가 거기서 벌어진 스매시 문화를 알고 있었음이 드러나기는 하지만 말이다. 그녀는 "내게 낭만적으로 헌신한 첫 번째 사람들 가운데 한 명이 베커가의 막내딸"이었다고 썼다. 베커가의 막내딸이 앞에서 언급한 메이블의 친구의 여동생이었을지도 모른다. 다음과 같은 루스의 진술도 있다. "메이블은 내가 깨달은 어떤 것을 위해 살고 있었다. 내 주변의 대다수 사람들이 지향하면서 사는 것들과는 다른 어떤 것을 목표로 삼았던 것이다."[40] 이 진술은 메이블이 신봉하던 유미주의를 그녀가 막 깨달았다는 말일지도 모른다. 그러나 동시에 오락가락하는 성 정체성을 깨달았다는 말처럼 들리는 것도 사실이다.

루스는 세인트마거릿 여학교 3학년 영어 수업 시간에 롱펠로의 장편 서사시 「에반젤린(Evangeline)」을 논하는 작문을 했다. 「에반젤린」은 그 시기에 사용된 고등학교 영어 교재에 두루 실리던 단골 작품이었다. 루스는 제출한 에세이에서 그 시의 내용을 자신만의 언어로 재구성해 이야기로 풀어냈다.[41] 「에반젤린」은 프렌치 인디언 전쟁기에 영국의 식민지 도처에서 벌어진 아카디아인들(노바스코샤의 프랑스 주민들)의 재정착 사건을 소재로 하고 있다. 아카디아인 여성 에반젤린은 재정착 과정에서 헤어진 약혼자 가브리엘을 찾아 나선다. 그녀는 여러 해 동안 북아메리카 대륙을 여행하며 그를 수소문하다가 결국 필라델피아에 정착해 빈민 구제 기관에서 일을 하게 된다. 그녀는 시설을 돌면서 살피다가 우연히 약혼자를 만난다. 그는 황열병으로 죽어가고 있었고 그녀의 품에 안겨 죽는다.[42]

롱펠로의 시에서 여성 유대를 다루는 한 에피소드는 매우 인상적이다. 에반젤린은 변경을 여행하다가 오자크 고원(Ozark Mountains ; 미주리, 아칸소, 오클라호마 세 주에 걸쳐 있다.-옮긴이) 근처에서 쇼니 족 여자를 한 명 만난다. 롱펠로는 에반젤린이 매력을 느끼는 이 원주민 여자를, 가브리엘을 찾는 그녀의 여정에 위협이 되는 존재로 묘사한다. 그녀가

'요부'이고, '뱀'이라는 것이다. 에반젤린은 속히 그녀를 떠나서 남편을 찾는 여행을 계속한다.[43] 그런데 루스의 에세이를 보면 쇼니 족 여성이 연루된 에피소드가 이야기의 핵심을 구성한다. 루스는 자신이 재구성한 이야기의 그 부분 제목을 '우연한 축복'이라고 달았다. 둘 모두 연인을 잃은 데다 남자들이 그녀들을 저버렸을지도 모른다고 생각하면서 가까워지기 때문이다. 두 여자는 대화를 하면서 밤을 보냈고 그녀들은 영적인 사랑의 감정을 느낀다. 그 상태에서는, "모든 것이 덧없어 보였다. 사랑과 슬픔과 두려움이 전부 무상했다. 우리는 모든 고통에서 벗어났다!" 루스의 에반젤린은 필라델피아로 가 자선 기관에서 일하지 않는다. 그녀의 여행은 쇼니 족 여자와 함께 끝난다.

베네딕트는 나중에 미드에게 헌정한 어떤 시에서 자신을 '가브리엘'이라고 불렀다. 그 이름은 하느님의 특별한 사자인 대천사 가브리엘과 에반젤린이 찾아 나섰던 가브리엘을 가리켰다. 베네딕트는 미드를 영혼의 친구라고 생각했다. 루스가 재구성한 쇼니 족 여자 에피소드는 자신의 평생 짝이 남성이 아니라 여성일 수도 있음을 암시한다. 사실 이 '에반젤린'은 그녀가 어렸을 때부터 써온 이야기 가운데 하나였다. 미드에 따르면 그런 개작을 통해 탄생한 이야기가 '그녀의 어린 시절 경험'에 중요했음을 알 수 있다.[44] 물론 그게 천명하는 주제는 여성들의 낭만적 우정이다. 그리스 신화의 시빌들처럼 그 쇼니 족 여자도 자연 및 고대 여성 예언자들의 전통과 연결되었다. 어떻게 보면 루스가 그 쇼니 족 여자와 만난 게 그녀의 미래를 예견해주는 사건이라고 할 수도 있었다. 그녀는 나중에 평원 인디언을 연구했는데, 쇼니 족도 거기 속했던 것이다. 그녀는 인류학자로서 남서부와 평원 인디언들을 전공했다.

루스는 1905년 배서 대학에 입학했다. 당시에 학교는 번영을 구가

하고 있었다. 대학 당국은 버트리스 새턱 시절의 정체에서 벗어나기 위해 새 건물을 짓고, 교육과정을 현대화했으며, 우수한 교수진을 영입했고, 전통을 변화된 세태와 결합했다. 여성 참정권 운동이 캠퍼스에서는 여전히 금지였고 학교 예배 참석도 의무 사항이었다. 그러나 학교는 돋보이는 교육 방침과 학생들이 진보적 개혁에 참가하는 것으로 이미 명성을 얻고 있었다. 루스가 배서 대학에 재학 중일 때 전체 학생의 50퍼센트 이상이 대학사회복지협회(College Settlement Association) 배서 지부 회원으로 등록되어 있었다. 이 협회는 동부의 여자 대학들이 사회복지 사업을 지원하기 위해 결성한 연합체였다. 배서 대학의 새로운 실용주의 아래서 낭만적인 우정도 융성했다.[45]

교수진은 성별 쟁점으로 갈려서 다툼을 벌였다. 여성 교수들이 교수진의 4분의 3을 차지했고 남성들이 다수의 부서에서 우두머리 행세를 하는 것에 분개했다. 남성 교수들은 몇몇 과를 장악하고 있던 여자 교수들이 남자 교수 채용을 외면하는 것에 화가 나 있기도 했다. 그런 여교수 가운데 영문과의 로라 존슨 와일리와 역사학과의 루시 메이너드 새먼은 포킵시에서 여성 배우자와 함께 살았다. 와일리의 파트너 거트루드 벅은 연하였고, 영문과의 다른 유일한 정교수였다. 그녀들은 아주 친밀했고, 아이를 입양하는 것까지 고민했다. 와일리와 벅 모두 루시 새먼과 함께 포킵시의 여성 개혁 활동과 참정권 운동에 참여했다. 학과를 장악하고 운영한 세 번째 여성 교수인 심리학과의 로라 워시번은 어머니와 함께 살았고, 결혼하지 않았다. 그녀는 남녀가 동등하다는 확고한 신념 속에서 분리주의 여성 조직에 가담하지 않았다. 그녀는 한 심리학 대회에서 남성 흡연실 입장을 요구했고, 거기 들어가 담배를 피워 유명해졌다.[46]

루스 풀턴은 영문학을 전공했다. 와일리와 벅이 그녀의 선생님이었던 것이다. 와일리는 예일 대학교에서 영문학 박사 학위를 받은 최초의 여성이었다. 예일 대학교는 그녀의 박사 학위 논문을 출판했다. 미시간 대학교에서 학위를 받은 벅은 희곡과 연극을 전공했다. 와일리와 벅은 '민주적이고 사회적인' 읽기 이론으로 유명했다. 그녀들은 이 읽기 이론을 따로 또 함께 개발했다. 이 이론은 은연중에 당대의 남성 비평가들을 비판했다. 남성 비평가들은 제국주의가 횡행하면서 위세를 떨치던 영웅적 남성 전통에 영향을 받았고, '위대한' 남성 작가들을 찬양해대고 있었던 것이다. 반면 와일리와 벅은 독자들을 진정한 비평가로 보았다. 그녀들은 독자들에게 더 적극적으로 나서서 작품과 작가의 역사적·사회적·전기적 배경을 살펴보라고 요구했다. 그녀들은 사회적 의식을 고취하는 작품을 선호했고, 셸리나 휘트먼처럼 평범한 사람과 진보적인 사회 변화를 찬양하는 작가들을 좋아했다. 벅은 독자들에게 감화력만 있다면 그 어떤 책이라도 가치가 있다는 민중적 입장까지 견지했다.[47)]

와일리와 벅은 전투적 페미니스트가 아니었다. 그녀들은 자기들의 교과과정에 여권 운동 텍스트를 포함시키지 않았다. 와일리는 조지 엘리엇의 저술을 분석하면서 엘리엇의 성별을 밝히지 않았고, 그녀의 작품에 등장하는 페미니즘 주제도 전혀 언급하지 않았다. 와일리의 초점은 여성이 아니라 인간이었다. 와일리와 벅은 진보적 개혁가로서 자연과 평범한 사람과 사회 계급들의 연대를 찬양하는 당대의 낭만적 유기체론을 옹호했다. 그녀들은 엘리트 개혁가들이 주도하는 민주적 교육과 지도를 바탕으로 사회를 변화시킬 수 있다고 생각했다. 이런 관점이 제인 애덤스와 존 듀이 같은 자유주의적 지식인들과 개혁가들 사이에서 인기가 있었다. 벅은 미시간 대학교에서 듀이와 함께 수학했다. 이 관점이 베네딕트의, 그리고 미드의 성인기 사상에 영향을 미치게 된다.[48)]

와일리와 벅은 루스에게 철학자의 이성과 시인의 직관을 결합해 평이하고 풍자적인 문체로 비평문 쓰는 법을 가르쳐주었다. 그리고 모든 지적 작업에서 상상력이 중요하다는 것도 가르쳐주었다. 루스가 좋아한 작가들인 니체와 산타야나도 이 점을 강조했다. 그리고 그것은 콜리지와 셸리 같은 낭만주의자들에게로 거슬러 올라간다. 인류학자 도로시 리는 베네딕트에게 배우고, 배서 대학에서 가르쳤다. 그녀는 문화적 배경을 이해하면서 텍스트를 읽는 게 중요하다는 와일리와 벅의 견해가, 문화가 사람들을 규정한다는 베네딕트의 장년기 이론에 결정적인 영향을 미쳤다고 주장했다. 그녀들의 저술과 작업은 후대의 문학 비평에서 독자 반응 학파의 출현으로 이어졌다. 그녀들에서 루이즈 로젠블랫을 경유해 이 학파가 탄생한 것이다. 바너드 재학 시절 미드와 동거했던 루이즈 로젠블랫은 브루클린 대학의 문학 교수로 재직했고, 독자 반응 이론을 창시한 사람 가운데 한 명으로 활약했다. 그녀는 1920년대 말에 컬럼비아 대학교에서 베네딕트와 함께 대학원 생활을 하기도 했다.[49]

루스는 대학의 문학잡지인 《배서 미셀러니(Vassar Miscellany)》에 많은 에세이를 발표했다. 그중의 몇 편은 직접 거명하지는 않았지만 와일리와 벅의 '민주적' 읽기 이론을 비판하기도 했다. 루스는 매슈 아놀드의 '고급' 예술과 '저급' 예술 구분에 동의했다. 그녀는 초서의 복잡성을 칭찬했고, 통속소설 작가 메리 J. 홈스의 감상성을 비판했다.[50] 그녀의 다른 에세이들은 광기에 사로잡힌 사람들이 자신을 통제하기 위해 벌이는 투쟁을 다루었다. 이것은 그녀가 평생에 걸쳐 거듭 고심한 주제였다. 셰익스피어의 『리어 왕』에 나오는 광대를 논한 에세이에서 그녀는 이 등장인물을 정신적으로 곤란을 겪는 리어 왕에게 현실을 직시하도록 자극하는 왕의 합리적 자아로 해석했다. 물론 광대는 자신의 감정을 억눌러야 했고 결점이 있었지만 말이다. 영국의 수필가 찰스 램은 만성 우울증 환자로, 그의 누이가 조증(躁症) 발작 상태에서 어머니를 칼로 찔러 죽이기까지 했다. 루스는 램을 논한 에세이에서 그가 자연과 우정에 집중하고, 셰익스피어의 희곡을 어린이용으로 개작하면서 자기의 공포를 극복했다고 결론지었다.

루스는 에우리피데스의 『트로이의 여인들(The Trojan Women)』을 논한 에세이도 썼다. 그 희곡에서 투옥된 트로이의 여인들은 트로이 전쟁에서 사망한 남편과 아들들을 애도하고, 승리를 거둔 그리스인들의 노예와 첩이 될 운명과 맞닥뜨린다. 루스는 패배한 트로이 왕의 딸 카산드라에 초점을 맞추었다. 남자들은 예언자이기도 한 카산드라를 잔인하게 다룬다. 구애를 거부당한 아폴론이 그녀가 아무도 믿지 않을 예언을 하도록 운명을 정해버렸던 것이다. 그리스의 전사 아이아스는 그녀를 강간했고 미케네의 아가멤논 왕이 그녀를 첩으로 삼자 결국 그녀는 미쳐버린다. 그리고 미치는 장면에서 노래를 부른다. 루스의 말을 빌리면, 그녀는 '치욕적인 결혼의 노래'를 일종의 '고양된 해방감' 속에서 부른다.[51)]

베네딕트는 니체에 의존해서 개인의 구원이 고통에 있다고 결론지었다. 고통의 경험이 자기 이해를 고무하는 '당당함과 아름다움'을 가지기 때문이라는 것이다. 디오니소스, 오디세우스, 심지어 그리스도 같은 다수의 남성 영웅들은 지옥에 갔고, 이를 통해 살아났다. 그들은 용과 싸워 이겼다. 경험으로 단련된 것이다. 여성도 비슷한 경로를 밟아야 했다. 카산드라는 '고양된 해방감'으로 노래를 부른다. 그녀는 직관적 영감과 포기의 감정을 결합한다. 루스는 이것을 '무시무시한 통합'이라고 부른다. 트로이의 여인들이 당하는 고통의 에우리피데스식 해결책도 이런 소름끼치는 통합이다. 루스는 10년 후인 제1차 세계대전

중에 고통과 죽음을 소재로 「보쿠 플랜트(The Bo-Cu Plant)」라는 미스터리 공포물을 썼다. 루스의 여주인공은 여기서 살인적인 분노로 남성의 권능에 저항한다. 그녀가 쓴 「메리 울스턴크래프트」에서 울스턴크래프트는 어린 시절에 당한 아버지의 학대에 대응해 혁명가로 재탄생한다. 그러나 루스도 결국 영웅적 순교자 얘기로 돌아갔다. 그들은 자신의 운명을 받아들이고, 극기를 통해 인생에서 성공한다.

루스는 월트 휘트먼을 논한 에세이에서 '사랑스런 견해'와 더불어 '남자답고 용감한 성향'을 지닌 자기 의지적인 개인들을 칭찬했다. 휘트먼은 강건한 남성성을 칭송했고, 성별 횡단(gender crossing)도 찬미했다. 루스는 남성과 여성을 혼합한 그의 시구를 절찬했다.

> 내 얼굴에서 보이는 남자 또는 여자를 나와 묶어주는 이것보다,
> 나를 당신과 융합하고, 나의 의미를 당신에게로 쏟아붓는 이것보다
> 더 미묘하고 불가사의한 것이 알고 싶다.[52)]

휘트먼의 동성애를 어떻게 이해해야 할까? 에세이를 보면 루스는 처음에 이 사실에 열광하는 듯하다. 그녀는 휘트먼이 자신의 시에 '심원하고 본질적인 아름다움'을 불러일으키는 온갖 것을 집어넣었다며 칭찬했다. '육체성이 활달하게 표현된 것'이 대표적이라며. 그러나 그녀는 곧 말끝을 흐린다. 그가 '극도로 흥분해서 육체성을' 묘사했다는 것이다. 다시 말해, 그는 성에 너무 노골적이었다. 그녀는 이렇게 단언한다. "그는 극도의 흥분 상태에서 분출된 시가 은밀하게 다루고자 하는 본능 속에 놓일 수도 있음을 이해하지 못했다." 그녀는 월터 페이터 같은 유미주의 작가들에게서 이 생각을 빌려 왔다. 월터 페이터는 '숨기면' 모호성이 드러나고, 그렇게 해서 더 풍부한 예술을 창조할 수 있다

고 보았다.[53] 이 생각을 통해 루스가 자신이 속했던 문화의 성에 관한 금제를 내면화하고 있었음도 알 수 있다. 그녀는 자신의 섹슈얼리티를 숨기는 게 본능적인 것이라고 생각했다. 이미 세상 사람들 앞에서 '가면'을 쓰고 있었던 셈이다.

감추기라는 요소를 염두에 두면 루스가 상징주의 시를 이해하려고 애쓴 노력도 파악된다. 예이츠 같은 상징파 시인들은 보이는 세계를 넘어서는 세계를 그렸고, 직관으로 거기 도달할 수 있다고 생각했다. 루스는 상징주의를 찬양했다. 그녀는 상징주의야말로 '건전하고 분별 있는 드러냄과 감춤'을 간직한 모더니즘이라고 생각했다. "이러한 상징주의의 본질은 경외하는 마음과 일체감이다."

현대사회에서는 영성이 사라지고 있었다. 상징주의는 '경건하게 최고의 진실을 찾는 것이었고, 사물과 사태가 폭넓게 통합되어 있음을 인정하는 것'이었다.[54] 상징주의는 베네딕트가 익숙한 기독교 신비주의에 기대고 있었다. 상징파 시인들은 암시와 은유를 통해 현실과 실재를 분해했다. 그들은 가시 세계를 사실적으로 강조하는 세태에 이의를 제기했다.[55]

루스는 상징주의자들 외에 산타야나와 니체를 읽었다. 산타야나는 차분하고 공평무사한 합리주의자였다. 그는 상상력과 직관을 찬양했지만 정신 단련도 강조했다. 니체는 더 많은 주정성을 지지했다.[56] 다수의 동시대 페미니스트처럼 루스도 니체를 숭배했다. 그가 대담하게도 중간계급의 도덕을 공박했고, 자아를 실현한 개인(Übermensch), 곧 초인을 요구했기 때문이다. 니체는 자연과 직관을 여성적이라고 규정했다. 서구의 심상에 등장하는 추상적 특질들의 여성적 표현에 기대어 자기 진술의 여성 혐오를 반박하는 것이다. 이를 테면, 그는 남자들에게 채찍으로 여자를 길들이라고 조언했다. 휘트먼처럼 니체도 우정을 찬양했다. 그는 이렇게 썼다. "친구는 지상의 축제가 되어야 한다. 친구는 초인을 기대하는 것이어야 한다. …… 그 속에서 이 세상이 온전하게 완성되는 친구를 깨달아야 한다. 덕성이 담긴 그릇을." 미드가 사모아에 갔을 때 베네딕트는 그녀에게 니체의 『차라투스트라는 이렇게 말했다』를 한 권 보냈다. 두 사람의 우정을 축하하고, 자신의 결의를 단단히 하려는 의도였다.[57)]

루스는 대학 시절에 유미주의 작가들도 읽었다. 앨저넌 스윈번, 월터 페이터, 존 애딩턴 시먼즈는 플라톤의 대화편을 재발견하면서 19세기 말에 플라톤주의가 부활하는 것을 주도했다. 그들은 동성 간의 사랑을 강조했다. 루스는 신입생 때 페이터가 쓴 『르네상스(The Renaissance)』의 유명한 결론 부분을 읽었고, 크게 감동을 받았다. 이런 정황은 당대의 여러 작가들도 마찬가지였다. 다른 사람들처럼 루스에게도 중요한 구절은 변화의 순간을 위해 사는 것과 관련된 구절이었다. 그 내용은 이렇게 끝난다. "단단하고 보석 같은 불꽃으로 타오르는 것, 이런 환희를 지속하는 것이야말로 인생의 성공이라고 말할 수 있다." 산타야나와 니체는 순간을 위해 살라고 조언했다. 페이터는 불꽃이나 연소 같은 은유를 동원해 이 개념을 더 분명히 했다. 이런 창조와 파괴의 이미지들은 인습에 맞서는 혁명을 통해서만 사람이 변할 수 있음을 암시했다. 이런 이미지들은 플라톤의 『향연(Symposium)』에 나오는 동성애 감정을 반영했다. 이런 이미지들은 블레이크와 니체가 옹호한 '정도를 벗어난' 경험을 정당하다고 보았다. 이런 이미지들은 에드나 세인트 빈센트 밀레이의 양쪽에서 타 들어가는 촛불을 예시했다. '양쪽에서 타 들어가는 촛불'이란 말은 1920년대 미드 세대의 유행어였다.[58)]

루스는 페이터가 쓴 구절을 읽으면서 영혼을 되찾았다고 썼다. 그녀는 자신만의 언어로 변화를 지지했다.[59)] 그녀는 시인이 되는 것을 진지하게 고려해보게 됐다. 페이터의 말은 세속적인 방식으로 그녀의 영혼을 교화했다. 그녀는 유미주의 사상가들과, 금지된 행동 속에 자유가 도사리고 있다는 그들의 믿음을 전폭적으로 받아들였다. 그녀는 자신의 성별을 뛰어넘어 남성의 페르소나를 갖는 문제를 생각해볼 수 있게 됐다. 페이터의 '보석 같은 불꽃'은 연금술의 불과 현자의 돌을 가리키는 것이었다. 이것들은 유럽 신비주의 전통의 유물로, 비금속을 금으로 바꿀 수 있을 뿐만 아니라 모든 것을 정반대의 대립물로 변형할 수 있다고 여겨진다.[60)]

그러나 페이터의 '보석 같은' 불꽃은 부드럽지 않고 단단했다. 니체는 자신의 저술에서 전사의 덕목인 사내다움을 찬양했다. 산타야나는 여성들이 이성이 아니라 육감을 가진다는 일반화된 믿음에 근거해 『이성의 삶(The Life of Reason)』에서 이렇게 썼다. "여성의 마음에는 모종의 본능적 경의를 불러일으키는 신비롭고 예언적인 무언가가 있다. 남성들의 기준으로 여성의 발언을 판단하는 것은 불가능하다. 여성에게는 일종의 예언적인 직관이 있다."[61)] 루스는 대학생 때 『이성의 삶』을 읽었다. 산타야나는 여성이 철학자가 될 자격이 없다고 퇴짜를 놓았다. 이 점을 고려하면 루스가 취할 수 있는 논리적 입장은 남성의 페르소나를 획득해, 그들에 대항하는 것이었다. 달리 어떻게 그녀가 진정한 철학자가 될 수 있었겠는가? 마거릿 미드가 나중에 썼듯이, "'논리'는 남성의 것, '육감'은 여성의 것이라고 간주되는 곳에서 논리적 사유 능력을 지닌 여자들은 일종의 선택지로서 도착 상태(동성애)로 내몰릴 수도 있다."[62)] 루스가 탐독한 시인과 철학자들이 제기한 이런 성별과 섹슈얼리티 쟁점들은 배서 대학의 스매시 풍토에 비추어 볼 때 또 다른 의미를 갖는다.

루스 풀턴이 배서에 입학한 1905년에는 낭만적 우정의 문화가 어머니 시절만큼이나 유력했다. 신입생들은 2학년생들이 베푸는 환영회를 통해 낭만적 우정의 풍토를 처음 접했다. 모든 2학년생이 신입생 '데이트 상대'를 환영회에 초대했다. 그다음 순서는 꽃 보내기였고, 야회(夜會) 대동이 이어졌으며, 마지막으로 무도회에서 '헌신적인 애인처럼 상대의 댄스 카드(dance card : 공식 무도회에서 춤곡의 순서에 따라 함께 춤출 사람의 명단 따위를 기록하는 카드-옮긴이)를 작성했다."[63] 이성애적 행동의 이런 거울상은 1903년과 1904년 입학생들이 '결혼식'을 열어 자기들의 친밀함을 축하하면서 최고점에 이르렀다. 메리 크로퍼드는 배서 대학의 학생 생활을 조사한 1905년 보고서에서 이렇게 쓰고 있다. "봄 방학이 끝나면 배서 대학 '여학생 클럽의 상호 찬양 행위'가 최고조에 이르렀다. 4학년들은 매일 밤 저녁식사와 예배 시간 사이에 록펠러 홀의 계단으로 나와 학년 노래를 불렀고, 아래서는 2학년생들이 그녀들을 받들었다."[64]

봄 학기의 우정 관계 축하는 메이데이로 이어졌다. 학생들은 꽃을 따서 바구니에 담아 특별한 친구들이 사는 곳 문 앞에 놓아두었다. 이런 우정의 풍토는 졸업식 때 데이지 화환을 걸어주는 행위로 절정을 이루었다. 4학년생들이 낙점한 2학년생 스무 명이 같은 학년 전원이 만든 커다란 데이지 화환을 운반했다. 2학년생들이 1890년대에 4학년 선배들을 기리기 위해 이 의식을 창안했다. 줄리아 슈워츠는 『배서 대학 연구(Vassar Studies)』에서 이렇게 쓰고 있다. '여자 대학교에는' 학생들이 '동일한 성에 비정상적으로 집착할 위험이 있었다'고.[65]

루스는 1909년에 대학을 졸업했다. 이때는 어머니 시절과 비교해 졸업 앨범의 형식과 내용이 크게 간소화되어 있었다. 이를테면, 시빌을 등장시킨 졸업생의 미래 예언 내용이 설명 한두 줄로만 채워졌다. 루스는 졸업 앨범의 문예면 편집자였다. 따라서 그녀가 미래 예언 내용의 다수를 썼고, 또 나머지는 편집했을 가능성이 많다. 내용을 보면 졸업생의 3분의 1 정도가 남성적 특징을 보인다. 캐서린 맥마틴은 '기괴함이 없는 남자'이다. 도널다 캐머런 라이즈는 '자부심이 강하고, 솔직하며, 열렬한 남자'이다. 반면 마저리 풀턴은 '발군의 여성임이 분명하다'고 소개된다. 루스를 묘사한 내용은 독특하다. 그녀는 '샐러드'이다. "그 안에 기름과 식초와 후추와 짭짤함이 조화롭게 섞여 있기 때문이다." 배서 대학 재학 시절의 루스 풀턴은 상냥하거나 여성적이지 않았다. 그녀는 성별 구획선을 횡단했고, 소금이면서 동시에 후추였다. 엘리자베스 여왕 시대의 용법에서 유래한 '샐러드'는 청춘의 싱그러움을 가리키는 말이었다.[66] 단어와 상징을 이렇게 다의적으로 활용하는 방식은 루스가 나중에 쓰는 시에서도 반복되는데, 그녀가 이 말들을 직접 썼음을 추측케 한다.

연극은 당시의 여자 대학에서 가장 인기 있는 과외 활동이었고, 배서 대학도 학생들의 연극 활동으로 유명했다. 필라레시스(Philaletheis)라고 하는 학생 기구가 연극 활동을 관장했고, 루스와 마저리도 이 기구에 소속되어 있었다. 셰익스피어의 희극은 단골 상연 목록이었다. 루스가 3학년 때는 〈뜻대로 하세요(As You Like It)〉가 상연되었고, 4학년 때는 〈헛소동(Much Ado About Nothing)〉이 공연되었다. 마저리도 두 연극 모두에 참여했다. 이들 연극에서는 성별 횡단이 주요한 테마이다. 거기 나오는 여자 주인공들이 한동안 남자 행세를 하는 것이다. 〈헛소동〉의 베아트리체는 처음에 결혼을 거부한다. 그녀는 '아버지 노릇을 하고', 자기가 남자였으면 하고 바란다. 〈뜻대로 하세요〉의 로절린드는 중매결혼을 피해 숲으로 달아난다. 셰익스피어에게 숲은 사회적 인습을 강요당하지 않는 자유로운 공간이다. 그러나 숲은 위험하기도 하다.

로절린드는 강간이 두려워 남장을 한다. 그녀는 가니메데라고 불린다. 가니메데는 고대 신화에 나오는 젊은 청년으로, 제우스가 사랑한 첫 번째 동성애 상대자이다. 이 이름이 셰익스피어 시대에는 성인 남자들끼리 하는 성관계에서 수동적인 배역의 미소년들을 지칭하기도 했다.[67)]

베아트리체와 로절린드는 각각 베네디크 및 올랜도와 짝을 이룬다. 두 남자는 사랑에 빠지자 여성화된다. 베네디크는 턱수염을 밀고, 향수를 뿌리고, 화장을 한다. 올랜도는 로절린드를 보는 순간 자기가 남자라는 사실을 까맣게 잊고 만다. '창 과녁이, 생기 없는 벽돌'이 되고 마는 것이다.[68)] 두 연극 모두 남녀 주인공들이 결혼하면서 끝난다. 그렇게 정상적인 성별로 돌아오는 것이다. 그러나 그런 대단원의 결말에 이르기 전에 셰익스피어는 각각의 성별이 반대 성별의 요소들을 갖고 있다고 암시한다.

배서 대학에서 상연된 〈헛소동〉에서는 이네즈 밀홀랜드가 베네디크를 연기했다.(밀홀랜드는 여권 운동의 역사에서 아주 유명한 인물이다. 그녀는 묘지에서 집회를 열어 배서 대학 당국의 여성 참정권 운동 집회 금지 조항을 어겼고, 1913년에는 워싱턴 D.C.에서 열린 여성 참정권 요구 집회에서 백마를 타고 행진 대열을 선두에서 이끌었다.) 졸업 앨범에 실린 그녀의 사진 설명문 내용은 이렇다. "매혹적이다. 하지만 가사용으로는 조금 위험함." 그녀는 남자 옷을 착용하고 베네디크를 연기했다. 루스가 재학할 때에는 연극 무대에서 바지 착용을 금하는 조항이 이미 폐기된 상태였다. 그녀는 '갑작스럽게 해방된 두 다리를 활용하는' 새롭고, '정교한 연기 지도'를 받았다. 그녀는 과감한 남성의 동작으로 무대를 가로질러 걷고, 무릎을 '쫙 벌리고' 앉는 법을 배웠다.[69)]

루스는 졸업 후에 셰익스피어를 강의한 플로렌스 키스 교수에게 감사의 편지를 써 보냈다. 그해 졸업생들은 졸업 앨범을 그녀에게 헌정하기도 했다. 루스는 서두의 인사말에서 키스 교수를 '마이 디어'(My Dear)라고 호칭한다. 둘 사이에 모종의 애정이 존재했음을 알 수 있는 대목이다. 계속해서 루스는 이렇게 쓰고 있다. 당신이 "제 편지의 이 호명에 얼마나 준비가 되어 있을지요?" 다시 말해, 그녀는 키스가 자신을 좋아한다고는 생각했지만 얼마나 좋아하는지는 몰랐다는 얘기이다. 편지의 본문은 키스의 가르침을 격찬하면서 졸업 앨범의 인사말을 다시 꺼내는데, 이를 통해 루스가 편지와 인사말을 둘 다 썼음을 알 수 있다.[70)]

완다 네프의 소설 『우리는 다이애나를 노래한다(We Sing Diana)』(1928)에는 1900년대에 배서 대학에서 성행한 스매시 풍토를 설명하는 대목이 나온다. 동성애에 혐오감을 느끼는 한 학생이 그게 성행하는 세태를 묘사하는 것이다. 학생들은 선생님과 서로를 상대로 짝패를 만든다. 영어를 가르치는 고드윈 선생님을 경모하는 1학년생이 아주 많다. 그녀는 '남자 같은' 레즈비언으로, '남성복처럼 만든 옷과, 남자 같은 중절모와 구두와 넥타이'를 착용한다. 그녀의 별명은 '신입생 킬러'였다. 학생 한 명이 소설의 화자에게 반해 육체관계를 가질 것을 제안하자 그녀는 겁에 질린다. 그러나 스매시 풍토에서 결코 벗어날 수 없다. 그녀는 시골에서 산책을 하다가 두 학생이 열에 들떠 나누는 대화를 우연히 듣게 된다. 두 사람이 밭에 누워 열렬히 키스하는 광경이 그녀의 눈에 들어온다. 소설의 화자는 그녀들이 학교에서 최고의 인기를 구가하는 문학도와 과학도임을 알아본다.[71)]

네프의 소설은 1910년대의 배서 대학을 배경으로 하고 있다. 당시는 배서 대학에서 스매시 풍토가 여전히 득세하던 시절이었다. 그러나 바너드 대학에서 마거릿 미드와 동거했던 루이즈 로젠블랫은 네프의 소설에 나오는 주인공들이 1920년대 초에 바너드에 재학했던 미드와 그녀의 친구들을 바탕으로 한 것이라고 주장했다. 미드와 친구들이 바너드 대학에 다닐 때 네프가 이 학교 영문과 전임 강사였다. 그녀는 그들이 살던 아파트 건물의 교직원 담당자이기도 했다. 네프는 미드와 친구들을 암암리에 조사했다. 네프는 그녀들이 레즈비언이라고 확신했고, 레즈비언을 혐오했다. 그녀들은 네프가 자기들을 소재로 소설을 쓰고 있다는 사실에 망연자실했다. 로젠블랫은 자기들은 레즈비언이 아니라고 강조하면서 더 이상의 언급을 피했다.[72)]

베네딕트가 대학에 다닐 때는 배서에서도 여성의 권리와 인종 문제가 중요한 쟁점이었다. 당대의 주요 여권 운동 이론가인 샬럿 퍼킨스 길먼의 저술이 큰 인기를 끌었다. 이네즈 밀홀랜드가 길먼의 『여성과 경제(Women and Economics)』를 학생 사회에 소개했고, 이 책은 곧 학생들 사이에서 '성서'로 군림했다. 길먼은 묘지에서 열린 여성 참정권 집회에 모습을 드러내기도 했다. 마저리와 루스도 아마 거기 참석했을 것이다.[73)] 길먼은 『여성과 경제』에서, 여성이 독립하려면 집 밖에서 임금을 받는 일을 해야 한다고 주장했다. 그녀는 성관계와 전쟁 모두에서 남성들이 공격적이라며 비판했다. 진화적 낙관론을 피력한 그녀는 평등주의적 미래를 예견했다. 그러나 그녀는 '성도착'을 격렬하게 비난했다. 그런 것들은 일부일처제로 가는 진화의 도정에서 발생한 '저급한 형태'이자 '변덕'이라는 것이었다.[74)]

루스 풀턴에게는 인종 문제가 중요했다. 그녀가 4학년 때 부커 T. 워싱턴이 캠퍼스를 방문해 연설을 했다. 그런데 일단의 북부 출신 학생들이 그와 점심식사를 하려고 하자 남부 출신 학생들이 항의를 하고 나섰다. 베네딕트는 그 일을 겪고 나서 「셰익스피어의 연극에 나오는 인종 유형(Racial Types in Shakespeare's Plays)」이라는 글을 썼다. 여기서의 '인종 유형'은 국적(민족)과 인종 모두를 포괄했다. 이것이 당대의 표준적 용법이었다. 루스는, 셰익스피어가 '다양한 인종'을 활용한 것은 자기 연극의 효과를 강화하기 위해서였지 어떤 인종이 다른 인종보다 우월함을 예증하기 위해서가 아니었다며 칭찬했다. 그녀는 오셀로를 언급하며 이 '무어인의 질투'가 현대인이 아니라 미개한 '야만인'의 정념과 유사하다는 견해에 이의를 제기했다. 그녀는 무어인의 질투가 '더 추운 곳에 사는 북쪽 인종들'의 정념보다 더 강력하기는 해도 기본적으로는 동일한 감정이라고 보았다. 당시로서 진보적 견해라 할 수 있었던 이런 태도는 그녀가 나중에 견지하는 인종 관련 의견을 예시해준다.[75)]

루스는 배서 대학을 졸업할 즈음에 자신의 우울증을 통제할 수 있었던 듯하다. 그녀는 대학의 여러 활동에 참여했다. 그녀는 신입생 시절에 학년 부회장직을 맡았다. 2학년 때부터는 계속해서 성경 공부 모임을 주관했고, 문학 동아리에 가입했으며, 졸업 앨범의 문예면을 편집했다. 그녀는 마저리와 함께 파이 베타 카파 회원으로 선출되었다. 자매가 둘 다 졸업식에서 연설을 했다. 마저리는 졸업과 함께 한 장로교 성직자와 결혼해 캘리포니아 주 패서디나의 교구로 이사했고, 곧 자식들을 낳았다. 루스는 남편감 찾는 일을 미루었다. 그녀는 졸업 후 1년 동안 동창생 두 명, 보호자 한 명과 더불어 유럽을 여행했다. 동행자 가운데 한 명이 아버지가 부자였고, 그가 그녀의 여행 경비를 대주었다. 유럽에서 돌아온 루스는 버펄로로 갔고, 사회복지국의 전신이라 할 수 있는 자선협회에서 임시로 일하기 시작했다. 그러나 얼마 안 돼서 그녀는 결혼을 해 아기를 낳아야 한다는 압박을 받는다.

베네딕트가 배서 대학에 재학하면서 쓴 글들을 보면 그녀가 약관의 성인기에 성별에 대해 어떤 생각을 가졌는지 어느 정도 알 수 있다. 미드도 마찬가지이다. 미드의 경우는 『블랙베리 겨울』의 초고를 읽어야 한다. 물론 자신의 성 정체성이 발달하는 과정을 상세히 적던 미드가 루서 크레스먼과 약혼하면서 그 작업을 중단해버렸다는 사실을 감안해야 하지만 말이다. 미드는 한 장의 초고에서 자신이 집안 어른들의 대화를 통해 매춘, 강간, 성병이라는 것을 알았다고 밝혔다. 디킨스의 『황폐한 집 (Bleak House)』에서는 서출을, 어떤 잡지에 실린 단편소설에서는 낙태를 알았다고도 적고 있다. 미드가 섹슈얼리티와 연관된 자신의 초기 독서 행위로 언급하는 마지막 작품은 『아나톨의 연애 사건(The Affairs of Anatol)』이다. 이 작품은 빈의 작가 아르투르 슈니츨러가 쓴 대화체의 연작이다. 미드는 이 책을 읽고 큰 충격을 받았다고 말했다.[76)] 흡연을 하던 동급생 여자 아이들이 창녀가 될지도 모른다며 걱정하고 기도했던 젊은 처자에게 슈니츨러의 작품은 분명 충격적이었을 것이다. 슈니츨러의 작품에는 여자들을 유혹해 농락하고 버리는 쾌락주의자 독신남, 육욕적이고 아무에게도 얽매이지 않는 여자들, 야심과 욕망으로 똘똘 뭉친 실재하는 사람으로서의 창녀들이 나온다. 미드는 그의 작품에서 새로운 사실을 많이 배우기도 했을 것이다.

미드는 동성애를 어떻게 알았을까? 그녀는 학교에서 그리스어와 라틴어를 배운 사람이면 거기 담긴 동성애를 모를 수 없다고 말한 적이 있다. 그녀는 성을 대하는 자신의 자유주의적 태도가 어느 정도는 프랑스 작가들의 영향을 받았다고도 말했다.[77)] 그녀는 테오필 고티에의 『모팽 양(Mademoiselle de Maupin)』(1835)을 읽었을지도 모른다. 성별 횡단을 주제로 한 이 작품을 당시의 여대생들이 몰래 돌려 읽었고, 레즈비언 성향이며 그에 관심을 갖고 있던 작가 윌라 케더와 브린 모어 대학 총장 M. 캐리 토머스도 큰 영향을 받았다. 고티에의 소설에 나오는 등장인물들은 성적으로 모호하다. 그 가운데 일부는 처음에 비쳤던 것과는 정반대의 성별임이 드러나기도 한다. 여주인공은 남장을 하고 선술집 같은 남자들의 공간에 가서, 그들이 자기들끼리만 있을 때 드러내는 여자에 대한 속마음을 확인한다. 이 소설은 셰익스피어의 〈뜻대로 하세요〉가 상연되면서 끝난다. 남장을 한 소설의 여주인공이 로절린드를 연기하기 위해 다시 여장을 하고, 이어서 숲 속의 장면을 위해 다시 남장을 하는 것이다.[78)]

베네딕트와 미드가 성과학자들의 저서를 읽었을까? 그들의 저술이 당시 동성애에 관해 알 수 있는 출처였다는 것은 분명한 사실이다. 성과학자라고 할 수 있는 사람들이 아주 많았다. 유럽과 미국의 의사들, 과학자들, 자칭 전문가들은 1870년대부터 인간의 섹슈얼리티와 성 정체성을 규명하려고 노력했다. 이 과정에서 그들은 '동성애'(homosexual), '남녀 양성'(hermaphrodite), '복장 도착'(transvestite), '도착'(invert), '양성애'(bisexual) 개념을 규정했다. 도덕 감찰관들은 그들의 저술을 의사들에게만 유포하려고 했다. 그러나 미국에서 그들의 저작이 다수 출판된 것을 보면 지하 시장이 대규모로 존재했음을 알 수 있다. 해블록 엘리스의 『성도착(Sexual Inversion)』은 이 분야에서 가장 유명한 책으로, 영국에서 판매 금지된 후인 1901년 필라델피아에서 출판되었다. 미국의 도덕 검찰관들은 이 책을 몰수하지 않았다. 미드는 후에 자신이 해블록 엘리스를 읽었다고 말했다. 그건 베네딕트도 마찬가지였다. 『성도착』은 엘리스가 쓴 『성 심리학 연구(Studies in the Psychology of Sex)』의 제1권이었다. 총 7권으로 구성된 『성 심리학 연구』는 엘리스가 발견한 각종 섹슈얼리티 이론을 요약 개설한 책이다. 그는 백과사전적 저술인 『성도착』에서 다른 성과학자들의 이런저런 동성애 이론을 소개하고 검토한다.[79)]

엘리스는 『모팽 양』을 위시해 고전적인 동성애 문학을 열거한다. 그는 고대 그리스의 동성 간 관계와 미켈란젤로의 동성 지향을 언급한다. 월트 휘트먼이 존 애딩턴 시먼즈에게 자신의 동성애를 부인하는 내용으로 써 보낸 유명한 편지도 재수록하고 있다. 그는 시몬즈처럼 자기도 휘트먼의 말을 믿지 않는다고 얘기한다. 그는 고도의 지적 성취와 예술 업적을 이룬 다수의 남녀가 동성애자였다고 보고한다. 그러나 그가 상술하는 의론은 혼란스럽다. 가니메데가 제우스의 술시중을 드는 것처럼 동성애는 남성의 성행위에서 수동적 행동을 가리킨다는 게 전통적인 견해였다. 성 정체성이 아니라 성행위를 범죄화해 법률로 금하는 남색 행각 처벌법 이면에는 이런 견해가 도사리고 있었다. 그리하여 남색 행각 처벌법은 식민지 시대 이래로 모든 주에서 규범으로 명문화되어 있었다. 그 조문에는 많은 경우 수간과 구강성교는 물론 항문 성교를 금지하는 내용도 포함되어 있었다. 그런데 카롤리 마리아 벤케르트(필명 케르트베니)가 1869년 '동성애'라는 말을 만들어내면서 이것을 정체성으로 규정했다. 남자가 되었든 여자가 되었든 같은 성별의 구성원을 욕망하는 사람은 동성애자라는 것이었다. 그런데 그가 말한 정체성이란 무엇일까? 동성애 정체성은 인간 존재에 본유(本有)하는 것인가, 아니면 문화 경험을 통해 획득하는 것인가?

독일의 신경정신병학자 리하르트 폰 크라프트 에빙을 필두로 다수의 성과학자들은 동성애를 진화상의 퇴화로 야기된 위험한 도착 사례로 분류했다. 해블록 엘리스는 여기에 동의하지 않았다. 그는 동성애를 마치 색맹처럼 유전적인 이형(異形)으로 보았다. 하지만 마그누스 히르슈펠트 같은 다른 사람들은 당대의 과학적인 발견에 휩쓸렸다. 태아가 처음에는 성별 구분이 없고, 다수의 원시 유기체도 암수 한 몸이었다는 사실을 바탕으로 각각의 성별에는 상대방 성별의 속성이 있고, 인간도 갓 태어났을 때에는 '양성적' 성향을 가질지 모른다고 결론지었던 것이다. 그 자신이 동성애자였던 히르슈펠트는 독일에서 벌어진 동성애자 권익 보호 운동을 지도했고, 베를린에 세계 최초로 성 문제 상담소를 연 의사이기도 했다. 그는 여기서 동성애자와 이성애자들을 진료했고, 피임을 실시했으며, 세계 최대 규모의 성애 자료를 수집했고, 1920년대에는 성 전환 수술을 시행했다. 히틀러는 1933년 그의 병원을 폐쇄했고, 그가 남긴 모든 기록을 파괴했다. 히르슈펠트는 인간의 생식기, 해부학적 구조, 심리 상태가 사람마다 다양하고 복잡하게 섞여 있고, 따라서 그 어떤 두 사람도 성 정체성이 같을 수 없다는 급진적인 결론에 이르렀다. 그는 자신이 운영하는 병원에서 파트너로 동성애자 남성을 선호하는 이성애자 여성과 이성애자 여성을 선호하는 동성애자 남성을 만났다고 보고했다.[80)]

그러나 급진적인 성과학자들의 저술에서조차 양성애는 모호한 개념으로 남아 있었다. 양성애는 두 개의 성별 모두에 끌리는 사람을 지칭할 수도 있었고, 내면에 두 개의 성별을 모두 지니고 있는 사람을 지칭할 수도 있었다. 그래서 일부 성과학자들은 양성애를 '제3의 성'이라고 불렀다. 카를 하인리히 울릭스가 1870년대에 사상 최초로 동성애자는 이성애자와 존재의 상태가 다르다는 개념을 개진했고, 그때부터 이 관념이 계속 유지되고 있었다. 그는 같은 성을 지향하는 사람들은 이성애자들과 '영혼'(내면의 자아)이 다르다고 규정했다. 여성의 경우는 남성적인 영혼을 가지고, 남성의 경우는 여성적인 영혼을 가진다는 것이었다. 대다수의 성과학자들은 동성애가 내면의 성별 횡단을 수반한다는 데 동의했다. 그래서 다수가 동성애를 '도착'이라고 불렀던 것이다. 성별 횡단이라는 개념을 받아들이자 여성적 특성을 보이는 남성이나 남성적 특성을 보이는 여성이 동성애자로 바뀌고 있는 것 아니냐는 추론이 자연스럽게 부상했다. 이런 구분으로 인해 주류 사상의 근본을 형성하는 남녀 분할 개념이 더욱 강화되었다.

성과학자들 중에서도 가장 복잡한 사상가는 지그문트 프로이트였다. 그는 동성애와 이성애를 본질적 경향으로 구분하는 것을 거부하고, 복수로 분산된(diffuse) 동기로서의 성적 목표와 구체적 동기로서의 성적 목표를 구분했다. 그는 인간이 복수로 분산된 성적 동기를 가지고 태어나는 것이라고 했다. 그는 이것을 '다형 도착'(polymorphous perversity)이라고 칭했다. 그의 견해에 따르면, 진정한 성숙은 이성애로 이행하는 것이지만 분산되어 있는 동기가 한평생 지속되면서 간헐적으로 분출하거나 이성애로 이행하는 과정에서 사소한 사건처럼 부상할 수 있는 것이다. 복수로 분산되어 있는 동기는 만년에 다시 나타날 수도 있다. 그것은 이성애적 대상과 동성애적 대상 사이에서 왔다 갔다 할 수도 있다. 그러나 프로이트도 다음과 같이 쓰고 있는데, 이는 일반화된 믿음을 그대로 드러내는 것이다. '특성 치환'(character-inversion)은 동성애 성향의 여성들이 보이는 일반적인 특징인 반면 남성 동성애자들은 그렇지 않다.[81]

성과학자 에드워드 카펜터는 미국에서 폭넓게 읽힌 영국인 작가로, 그 자신이 동성애자였다. 그는 다수의 성과학자들이 동성애의 핵심을 도착으로 본다고 주장했다. 그는 이렇게 썼다. "성 정체성 정의에서 유일하게 확실한 이론은, 성도착자의 경우 남녀가 섞여 있다는 것이다." 여성의 경우 그가 말하는 '혼합'은 명확한 페르소나였다. 거기서 여성 도착자는 '남성적 감정과 여성적 외모'를 가졌다.[82] 카펜터는 남성 동성애자들이 성별을 결합하고 있기 때문에 우수한 존재라고 주장했다. 그러나 그는 동성애 지향을 명백하게 드러내는 여성을 좋아하지 않았다. 이렇게 그는 '사내다운 레즈비언' 개념을 구성해내는 데 참여했다.

성과학자들은 막연한 용법 때문에 '레즈비언'이라는 말을 회피했고, 복잡한 사태는 더욱 혼란스러웠다. 여성 동성애자들 사이에서 레즈비언이라는 말은 항상 레즈비언이라는 소리이기도 했고, 성관계에서 능동적 역할을 수행하는 사람을 가리키기도 했다.[83] 게다가 성과학자들은 생물학적 자아와 사회적 자아를 구별하기 위해 오늘날의 우리처럼 '젠더'(gender)라는 말을 사용하지 않았다. 그들은 그냥 '성'(sex)이라는 말을 가지고 둘 다를 가리켰다. 그들은 이렇게 사회적 자아와 생물학적 자아를 혼합해버렸고, 결국 '남성'과 '여성'이 근본적인 정체성이라는 믿음을 승인했다. 그 근본적 정체성이 침해되면 도착이 발생한다는 것이다. 내분비학자들은 1900년대에 성 호르몬을 발견했고, 남성은 남성 호르몬을 생산하고, 여성은 여성 호르몬을 생산한다고 주장했다. 그들은 남성과 여성을 분리하고, 동성애자들을 도착자로 간주할 수 있는 보강 증거를 제공한 셈이었다.[84]

성별이 대립하던 시대에 동성애를 바라보는 주류 문화의 시각은 호의적이지 않았다. 이를테면, 미국 의사 대다수는 크라프트 에빙과 엘리스의 가장 부정적인 진술에 따라 동성애를 바라보았다. 진화상의 퇴화로 동성애가 생긴다는 의견이었다. 마거릿 미드는 남색 행각 처벌법 및 상류 사회에서 동성애자들이 배척당하던 행태를 지적하면서 동성애를 부정적으로 인식하는 태도가 만연했다고 설명했다. 그녀는 자기가 어렸을 때 동성애자들은 믿을 수 없다는 은밀한 농담과 얘기를 끊임없이 들었다고 회상했다. 그런 말들에서 동성애자들은 '거짓말쟁이, 도둑, 착복자, 겁쟁이, 배신자, 변절자'로 묘사되었다. 미드는 1895년의 오스카 와일드 재판 사건이 미친 부정적 영향도 언급했다. 강연 여행으로 미국에서도 유명했던 와일드가 젊은 남창들과 성관계를 맺었다고 폭로되었다. 그녀는 그 사건 이후 미국의 남성 동성애자들이 '오스카 와일드 같은 놈'으로 불렸다고 말했다.[85]

강조하고 싶은 사실이 하나 더 있다. 히르슈펠트와 프로이트와 엘리스는 전부 인간의 섹슈얼리티가 태어났을 때는 유동적이고, 청소년기에 이르러서야 정확한 성 정체성을 갖게 된다고 결론지었다. 말하자면 인간의 육체가 가슴, 음모, 턱수염, 다 자란 성기 등 제2차 성징을 드러낸 다는 것이다. 이 시점에서 태동기의 성 충동이 대개는 생물학적 성별을 따른다고 그들은 생각했다. 이성애자로 이행하는 다음 단계가 진행되면 다른 충동은 잠복하게 된다. 물론 그게 쉽게 표면화되어 유력해질 수도 있지만 말이다. 요컨대 이 과정이 혼란스러울 수 있는 것이다. 히르슈펠트의 말을 들어보자. "동성애 진단은 결코 쉬운 일이 아니다. 동성애자가 아닌데도 스스로를 동성애자라고 생각하는 사람들이 있다. 동성애자임에도 스스로는 동성애자가 아니라고 생각하는 사람은 더 많다. 교양 있는 동성애자들조차도 많은 경우 20대 중반에야 비로소 자신의 정체성을 깨닫는다. 교육 자료를 읽고 나서야 비로소 자신이 동성애자였음을 자각하는 것이다."[86] 반대 성별과의 성관계를 전적으로 싫어해야만 동성애자임을 확신할 수 있다는 견해에는 히르슈펠트와 엘리스 모두 동의했다. 만약 그렇지 않으면 그들은 중간적인 존재였다.

자아를 파악해가는 베네딕트와 미드의 여정을 이해하려면 성 정체성과 관련해 당대의 전문가들이 제시한 의견을 잘 알아야 한다. 두 여인의 편지와 저술을 보면 그들이 (혼란스러우면 혼란스러운 대로) 그 지식 내용에 정통했음을 알 수 있다. 그들은 시인, 철학자, 인류학자, 페미니스트의 견해도 읽었다. 그들은 자신의 생각과 경험으로 이 다양한 관점들을 짜 맞추어야만 했다. 그들은 여러 해 동안 이 과제에 몰두했고 이윽고 두 사람은 1930년대에 각자의 해결책을 내놓는다. 루스 베네딕트는 『문화의 패턴』을, 마거릿 미드는 『세 부족사회에서의 성과 기질』을 발표한 것이다.

5장

「메리 울스턴크래프트」
— 루스 베네딕트와 20세기 초의 페미니즘

루스 베네딕트는 1909년 배서 대학을 졸업하고 1년 동안 유럽을 여행했다. 이 시기에 그녀는 즐겁고 행복했다. 그해 가을 이탈리아에서, 학창 시절에 셰익스피어를 가르쳤던 플로렌스 키스 선생님에게 보낸 편지에는 이렇게 씌어 있다. "발랄하고 낙관적인 기분이 용솟음칩니다." 페이터처럼 그녀도 스위스에서 '마법 같은 저녁놀'에 잠긴 알프스 산맥을 바라보면서 시간이 바뀌는 순간의 황홀경을 체험했다. 그녀는 이렇게 썼다. "그 시간은 영원히 나의 것으로 온축되었다."[1] 베네딕트와 친구들, 그리고 보호자로 동행한 사람은 이탈리아, 독일, 스위스에서 여러 가족과 함께 생활했고, 그녀는 이 경험이 좋았다. 그러나 여행이 말미에 접어들면서 고국으로 돌아가는 문제가 닥치자 우울해졌다. 런던에 도착한 베네딕트는 영국 국립초상화미술관(National Portrait Gallery)을 방문했고, 거기서 '살아 있는 영혼을 간직한' 여성들의 초상화를 관람했다. 그녀는 메리 울스턴크래프트를 그린 그림에서 그런 여자를 발견했다. 18세기 말에 활약한 이 영국인 작가는 최초의 근대적 페미니스트로 유명했다.[2]

루스는 그 그림 속의 여자를 잊을 수가 없었다. '슬프'지만 '확고한' 갈색 눈동자와 '당당한 두상의 자세'가 뇌리에서 떠나지 않았다.[3] 베네딕트는 이후로 10년 동안 울스턴크래프트를 떠올리면서 버텼다. 그녀는 결혼과 사회 진출을 시도했고, 좋아하는 철학자들과 새로 출현한 페미니스트, 도덕가들의 저서를 읽었고, 만성 우울증 및 이따금씩 찾아드는 고양감에 대처했고, 자아의 의미를 디오니소스와 아폴론, 이성과 감정, 남성과 여성의 견지에서 파악하려고 애썼다. 이런 노력은 T. S. 엘리엇만큼이나 현대적이고, 아우구스티누스만큼이나 고대적인 정체성 탐구였다. 제1차 세계대전의 참화와 공포로 인해 그녀의 모색 과정은 더욱 더 절박해졌다. 제1차 세계대전이 그녀에게 미친 영향은 엄청났다. 작가가 되고자 했던 베네딕트는 1916년에 「보쿠 플랜트」라는 미스터리 공포물을 썼다. 그리고 1918년에는 메리 울스턴크래프트를 소개하는 간략한 전기를 썼다. 어느 것도 출판되지 못했지만 두 작품 모두 그녀가 제1차 세계대전에 대응한 결과물이었다. 두 작품에는 그녀의 인생에서 제기되었던 문제들도 담겨 있다. 아울러 후기 저작에 등장하는 주요 주제들도 예시된다.

유럽에서 귀국한 루스는 1년 동안 버펄로 자선협회에서 임시로 일했다. 이 시기에 그녀는 행복하지 않았다. 그다음 3년 동안은 로스앤젤레스와 패서디나의 사립 여자고등학교들에서 교편을 잡았다. 그녀는 웨스트 로스앤젤레스의 웨스트레이크 여자고등학교에서 1년, 패서디나의 오턴 여자고등학교에서 2년간 가르쳤다. 그녀는 어머니와 함께 서던 캘리포니아로 갔다. 버펄로 공립도서관을 퇴직한 어머니는 마저리의 아이들을 돌보기로 했다. 그렇게 루스와 버트리스는 마저리의 집으로 들어갔고 루스의 우울증은 악화하기만 했다. 그녀는 서던 캘리포니아의 따뜻한 기후와 무성한 초목 속에서도 위안을 얻지 못했다. 루스는 일기를 쓰기 시작했다. 그녀가 써놓은 내용을 보면 그녀의 절망감을 읽을 수 있다. 그녀는 패서디나에서 보낸 첫 해가 마무리될 무렵 이렇게 썼다. "곧 1년이다. 하지만 끔찍해서 생각하기도 싫다. 이를 악물고 가면을 쓴 채 연기해야만 겨우 나를 통제할 수 있었던 것 같다." 계속해서 이렇게 쓰고 있다. "진정한 내 모습은 내가 감히 생각해본 적도 없는 실체였다. 외로움에 떨고, 공허감에 몸서리치며, 죽고 싶다는 생각이 떠나지 않는 존재라니! 가면을 단단히 써야만 했다."[4)]

루스는 페이터가 설파한 초월의 순간들에 도달하려고 계속 노력했다. 그러나 순간을 영원으로 넓힐 수는 없었다. 페이터가 말한 '단단하고 보석 같은 불꽃'으로 말이다. 우울증이 계속해서 재발했다. 그녀는 자신이 괴테의 파우스트라고 생각했다. 산 정상에서 발 아래로 펼쳐지는 삼라만상을 내려다보는 파우스트 말이다. '나는 아찔할 정도로 높은 곳에 서서 세상의 민족들을 바라볼 수 있다. 그러나 그 경험의 최후를 장식하는 생각은 무의식적인 본능이다. 여기서 모든 게 끝나면 좋으련만.' 예고도 없이 감정의 고양 상태가 밀려오고는 했다. 그리고 이내 다시 저조해졌다. "오전에는 도서관에서, 오후에는 내가 정말 좋아하는 사람과 보낸다. 낮에는 산에 가고, 밤에는 (마저리의) 아이들과 즐겁게 논다. 그럴 때면 행복에 겨워 나 스스로도 깜짝 놀랄 지경이다." 그녀는 계속해서 이렇게 썼다. "그러나 그런 순간이 지나고 나면 그게 다 무엇이었는지 도무지 모르겠다. 보람 있고 가치 있는 것은 무엇일까? 무엇을 목표로 삼아야 하나? 감정이 좀 무디어졌으면 좋겠다. 보름달이 바다 위로 낮게 걸려 있는 걸 보면서 그냥 평범하게 만족하고 싶다."[5)]

루스가 앙양 상태와 저조 상태를 보이는 양상은 생리적 원인이 아닐까 싶을 정도로 잦았다. 어렸을 때 만성 구토 증상을 보인 것처럼 말이다. 그러나 그녀에게는 구체적인 불만 사항이 있었다. 루스는 여동생이 아내와 어머니로서 누리는 행복을 시샘했다. 그녀는 마저리의 성직자 남편이 싫었다. 그가 고압적이라고 생각한 탓이다. 그녀는 사회복지사업과 교사일 등의 여성적 직업에서 우울함을 느꼈다. 둘 다 장시간 근무에 보수도 낮았다. 교사로서 그녀는 학생들을 좋아했지만 자습실 감독이나 보호자가 되어 학생들을 동반하는 임무를 싫어했다. 대학을 졸업한 다수의 또래 여성들처럼 그녀도 초창기 대학 졸업 세대들이 보여줬던 열정을 지니지 못했다. 앞 세대의 선구적 여성들은 여자도 대학을 졸업해 출세할 수 있음을 증명하겠다는 결의가 확고했다. 20세기 초에는 그 목표가 이미 완수된 상태였다. 루스는 샬럿 퍼킨스 길먼을 읽었으나 그녀의 투쟁은 여성의 권리보다는 자아실현에 더 경도되어 있었다.[6)]

그녀는 여전히 신앙심이 깊었고, 제부의 교회에서 전도회를 조직했다. 그러나 로스앤젤레스의 더 큰 여권 운동 단체나 캘리포니아의 여성 참정권 운동 등에는 관여하지 않았다.[7)] 그녀가 읽은 철학자와 시인 들은 더 이상 도움이 안 됐다. 그녀는 아주 많은 선각자들을 읽었고, 각각은 서로 다른 조언을 내놓고 있었다. 그녀의 일기를 보면 그 목록을 알 수 있다. 그리스도, 부처, 브라우닝, 키츠, 스피노자, 휘트먼, 심지어 시어도어 루스벨트까지 있었다. 대학을 졸업하고 결혼하지 않는 여자들은 '민족 자멸'을 실천하고 있는 것이라는 시어도어의 주장은 유명했다. 그녀는 자기가 한때 만족스러워 했던 철학자들의 '답변'이 '기질이 상이한 사람들이 취한 태도'에 불과하다고 단언했는데, 이는 매우 현대적인 관점이다.[8)] 루스는 지적 작업과 사회적 출세에 환멸을 느꼈고, 결혼 말고 자신이 할 수 있는 게 별로 없다고 생각했다.

결혼을 권면한 것은 가족과 사회만이 아니었다. 그녀가 소녀 시절에 읽은 연애소설도 마찬가지였다. 그러나 루스는 여러 불만을 느끼면서도 결혼을 주저했다. 일기를 보면 그녀가 스스로 결혼을 설득하고 다짐했다는 것을 알 수 있다. 이즈음 그녀는 오래가는 여자 친구를 사귈 수 없을 것 같다고 생각했고, 그런 판단이 결정에 중요하게 작용했다. 그녀는 1912년 일기에서 에머슨한테 빌려 온 극단적인 언어로 자신이 '우정을 갈망하고 있다'고 썼다. 일기에는 '외로움의 창백한 눈빛'이라는 엘리자베스 배럿 브라우닝의 시구가 나온다. 그녀의 열망은 맹목적일 정도로 강렬했고, 성적 자아에도 영향을 미쳤다. 그녀는 고대의 테세우스와 아리아드네 이야기를 자신이 처한 곤경의 은유로 삼아 탐구했다. 미노타우로스가 사는 미로에 들어간 테세우스는 크레타의 공주 아리아드네의 도움을 받아 구조된다. 그녀가 그에게 미로에서 빠져나올 수 있도록 실을 주는 것이다. 루스는 자신이 미로에 갇힌 테세우스 같다는 생각이 든다고 썼다. 그런데 자신이 빠져나올 수 있도록 도와주는 아리아드네는 없다는 것이다.[9] 이를 통해서 그녀가 자신을 남성과 여성의 두 존재이자 미로에 갇힌 대상으로 인식했음을 알 수 있다. 더 나아가 이것은 내적 자아의 모순을 은유한 것이기도 했다. 그렇다면 미노타우로스는? 그것은 그녀가 통제하는 데서 어려움을 겪었던 감정을 가리키는 것이리라. 아리아드네는 실제 여자, 그러니까 그녀가 잃어버린 연인이었을까? 이즈음에 스탠리 베네딕트가 루스에게 보낸 한 편지를 보면 진이라는 사람이 언급된다. 루스는 진과 함께 농장에 가서 배를 따고, 베토벤과 모차르트를 들었다.[10] 이들 활동에서는 관능성이 읽힌다. 두 사람은 함께 여가와 즐거움을 찾았다. 루스는 여자 친구와 판에 박힌 일상에서 탈출을 시도했던 것 같다. 그러나 스탠리의 언급에서는 이런 에피소드가 조금 소개될 뿐으로, 우리의 판단은 조심스러울 수밖에 없다.

루스가 이즈음 자신의 일기에서 가깝게 지낸 것으로 언급하는 여자 친구는 패서디나에 사는 미혼의 연상녀 집단뿐이었다. 그들 대다수가 그녀와 함께 교편을 잡고 있었다. 루스는 그녀들이 아주 따분하고 재미없다고 생각했다. 그녀들은 모이기만 하면 결혼하지 않은 것을 후회했고, 루스는 맞장구를 쳐주어야 했다. 그중에서도 가장 내키지 않는 사람이 루스를 자기 방으로 데려간 적이 있었다. 그녀는 트렁크를 열고, 결혼에 대비해 수집한 요리책을 루스에게 보여주었다. 트렁크에서 요리책을 한 권씩 차례로 꺼내더니 사랑스럽게 어루만지더라는 것이었다. 루스에게는 그 경험이 참담했다. 루스는 이 여자는 자신을 원하는 남자를 기대할 수 없을 정도로 매력이 없을 뿐만 아니라 '말수가 너무 적다는 특징까지 내면화하고' 있다고 생각했다.[11] 그러니까 프로이트식으로 얘기하면 그녀는 남자와의 성적 경험이 없었고, 그로 인해 뿌리 깊은 육체적 특징을 갖게 되었다는 것이었다.

버트리스와 마저리는 루스가 '노처녀들과 어울린다'며 들볶았다.[12] 두 사람 다 배서 대학에서 스매시 문화를 경험한 바가 있었다. 루스도 이제는 남자를 찾아야 했다. 사실 루스가 어울린 '노처녀들'은 누구나 결혼하고 싶어 했을 것이다. 그녀들은 너무나 뻔하고 진부해서 결혼 안 한 여자들은 전혀 흥미롭지 못하다는 것을 실증해주는 존재 같았다. 루스는 세인트마거릿 여학교의 미술 교사였던 클라크 선생님이나 배서 대학에서 셰익스피어를 가르쳤던 플로렌스 키스처럼 영감을 불러일으키는 사람은 극히 드물다는 것을 깨달았다.

루스는 결혼에 확신이 없었고, 어떤 통찰을 통해서만 결혼을 결심할 수 있었다. 그녀는 당대의 다윈주의 생물학에 기댔고 페미니스트 작가들도 다윈주의 생물학의 영향을 받고 있었다. 그녀는 아이를 낳고자 하는 욕망이 '우리 안에 내장되어' 있다고 썼다. "그것은 마치 세대를 거듭하면서 축적된 본능이 충전하는 건전지 같은 것이다." 그녀의 결론은 이랬다. "그 본능이 채택되지 않으면 아이가 없는 것이고, 아이를 낳지 못하면 건전지는 폭발 위험 상태에 놓이거나 기껏해야 전류가 급속히 방전되어버린다."[13] 그녀는 결혼해서 어머니가 되지 못하는 상황으로 인해 자신이 감정의 기복을 보이는 것이라는 실천적 결론으로 나아갔다. 생각이 여기까지 미치자 혼자만의 힘으로 자신을 단련해 만족에 이를 수 없다는 결론이 필연적이었다. 그렇게 할 수 있는 충만한 자신감을 가진 존재는 남자뿐이었기 때문이다. 모종의 타고난 여성성이 문제였다. 그녀는 이렇게 썼다. "자신의 가치를 인식하고, 독자적인 인격에 열중하는 것은 예술 등으로 자기를 표현하는 위대한 인간들만의 것일까? 나 같은 사람은 이 만고불변의 진리에 의해 단지 여자라는 이유만으로 가능성이 아예 없는 것일까?" 그녀는 자신이 여성적 자아에 갇혀 있다고 생각했다. 이제 그녀는 탈출을 시도했다. 거기에는 자신의 여성적 측면을 힘껏 껴안는 방법이 동원되었다. 그녀는 별안간 '숭고한 사랑, 화목한 가정, 아이들'을 열망했다. 그녀는 열광적 상태에서 이렇게 썼다. "여자에게는 한 가지 위대한 능력이 있는데, 그것은 바로 사랑할 줄 아는 능력이다."[14]

이제 그녀는 위대한 시인들의 뮤즈였던 여자들을 찬양했다. 그녀는 단테의 『신곡(The Divine Comedy)』에 나오는 영적인 여성 안내자 비어트리스를 언급하며 이렇게 썼다(어쩌면 자신의 어머니 버트리스를 언급한 것인지도 모른다). "비어트리스가 동아리를 결성했는지, 소네트를 썼는지를 우리가 꼭 알아야 할까?" 그녀의 진술을 더 들어보자. "워즈워스 가정의 평화롭고 자족적인 사랑 이야기에서 메리 워즈워스가 개인적으로도 자신을 표현했어야 했다고 우리가 아쉬워해야 할까?" 그녀는 결혼과 엄마 되기를 통해 사회적 성공과 출세에서 찾을 수 없는 만족을 발견할 수 있다고 결론지었다. 심지어 그녀는 남자아이를 낳고 싶다고 애기할 정도로 멀리까지 나아갔다. 남자아이를 통해 사회적 성공과 출세를 대리 경험할 수 있다는 것이었다. 그녀는 결혼하기로 마음을 고쳐먹었다. 결혼 결심은 마저리의 집을 떠나 제부와 학교 동료들에게서 벗어나는 방법이기도 했다. 그녀는 이렇게 쓰고 있다. "책과 아이와 협곡의 흔적만 있는 세상에서 왜 자신을 책망해가며 좋아하지도 않는 사람들과 매일 같이 살아야 하나?"[15)]

루스는 일기에 자신이 대학 시절에 어떤 사람이었는지 언급하면서 내면의 남성적 측면을 포기하고 생물학적 자아를 수용하게 된 걸 애도했다. 이 진술이 그녀의 일기에 나오는 극단적 언어와 노처녀들에 관한 훈계조 이야기의 열쇠일지도 모른다.

> 우리는 한때 우리가 자신의 삶을 고안하는 주체라고 생각했다. 아마도 대학 시절이었을 것이다. 우리는 사회사업과 연구소와 학교에서 어떤 쓰임새로 수완을 발휘할지 궁리했다. 그러나 그 시절 내내 우리는 우리가 여자임을 미처 깨닫지 못했다. 싱글 컷으로 자른 머리와 바지 따위의 남자를 모범으로 삼은 복장에서처럼 남자를 모범으로 삼은 우리의 경력 추구에서도 모종의 도덕적 장애물이 도사리고 있음을 알지 못했던 것이다.[16)]

'싱글 컷으로 자른 머리와 바지 따위의 남자를 모범으로 삼은 복장' 이라니 이게 무슨 말일까? 루스는 여대생 일반의 옷을 얘기한 게 아니었다. 1900년대에 여자 대학생들은 하얀색 블라우스 상의와 검정 치마와 재킷을 착용했다. 그녀들은 바지를 입지 않았고 머리를 싱글 컷으로 자르지도 않았다. 그녀들은 머리를 길게 길렀고, 그렇게 기른 머리를 이마 위로 높이 빗어 올렸다. 학생들은 무도회와 연극에서 남자 복장을 했고, 머리가 짧아 보이도록 뒤로 가지런히 빗어 넘겼다. '남자를 모범으로 삼은' 복장을 입었다는 말은 이런 얘기다. 그런 복장 횡단(cross-dressed)에 어떤 '도덕적 장애물'이 있었을까? 성과학자들은 그 옷을 '남자 같은 레즈비언'과 연결했다.

복장을 횡단하고, 남성의 외모와 행동을 따라 하는 사람이 여자들 사이에 있었다. 이런 행위는 자아실현이 목적이었을 수도 있고, 자기를 보호하는 방편이었을 수도 있다. 그 기원은 19세기의 조르주 상드와 그 이전 시기로 거슬러 올라가는 전통에서 찾을 수 있다. 성과학자들이 설명한 '사내 같은 레즈비언'의 복장을 그녀들이 따라했던 것이다. 보수적인 논평가들은 그 실태를 과장했다. 담배를 피우고, 스포츠를 즐기고, 총을 휴대한다는 식으로 말이다. 그들은 전투적인 여성 참정권론자들을 두려워했고, 복장을 바꿔 입고 남성의 외모와 행동을 따라 하는 여자들한테서 그 원인을 찾았다. 그들은 전투적인 여성 참정권론자들이 이원적 성별 질서를 전복하려 한다고 생각했다. 그러나 그들이 보기에 양대 성별 체제는 개인과 사회의 안정에 필수적인 요소였다. '남자 같은 여자'는 겉모습 가운데 하나로 아마존이 되었다. 아마존은 활시위를 더 쉽게 당기기 위해 가슴 한쪽을 잘라냈다고 하는 전설상의 고대 여전사로 독립적인 신여성의 상징이었다.[17)]

해블록 엘리스도 『성도착』의 한 구절에서 여성들이 가정을 떠나 일을 하는 사태를 우려했다. 그는 결혼이 쇠퇴하고 있다고 썼다. "여성들의 성적 활동 영역이 이성과의 사소한 일시적 유희 및 동성과의 친교로 제한되고 있다. 남자들의 독립성을 배운 여자들이 이를 바탕으로 일터에서 사랑을 찾는 경향이 발달하고 있다." 계속해서 그는 이런 결론을 내렸다. 실제로 '똑똑한 여자들 사이에서 많은 빈도로 선천적 변태들이 발생한다'는 사실은 각별한 위험을 내포한다. '의도하든 의도하지 않든

그녀들이 다른 사람들에게 영향을 미치기 때문'에.[18)]

독립적 여성을 대하는 이런 부정적 견해로 인해 하는 일이 내키지 않고 자신의 성 정체성이 혼란스러웠던 많은 젊은 여자들이 결혼에 이끌렸다. 스탠리 베네딕트가 루스를 기다리고 있었다. 루스는 스탠리를 사랑하지 않았을 것이다. 그녀는 그에게 써 보낸 편지에서 시종일관 핑계를 대며 피하고 발뺌한다. 그러나 그는 악착같았다. 사실 그녀에게 흥미를 느낀 남자는 스탠리뿐이었다. 그는 배서 대학을 루스와 함께 다닌 두 자매의 오빠였다. 루스는 버펄로에서 스탠리를 처음 만났고, 그가 패서디나로 그녀를 찾아오기도 했다. 1912년에 그녀는 스물다섯이었고, '노처녀'나 다름없었다. 그녀가 경외한 아버지처럼 스탠리도 과학자였다. 그는 뉴욕에서 암을 연구하고 있었다. 이상할 정도로 비슷했다. 그녀가 스탠리와 결혼하면 환상 세계에서 꿈꿔온 아버지의 형상에 도달해 우울증이 사라질지도 몰랐다. 그녀가 결혼을 하면 당시 뉴욕으로 몰려들던 급진적 청년들과 문필가들의 대열에 합류할 수도 있었다. 뉴욕이 미국 문단과 예술계의 총아로 떠오르고 있었던 것이다.

루스의 외할아버지가 1912년에 사망했다. 섀턱 농장은 마이라 이모가 물려받게 됐다. 루스는 마이라 이모를 돕기 위해 노리치로 돌아갔다. 그녀가 도착하자 스탠리가 방문했고, 그녀는 머리를 써서 자기에게 청혼하도록 만들었다. 스탠리가 청혼한 얘기는 루스의 일기에 적혀 있는데, 그녀가 소녀 시절에 읽은 연애 소설에 나오는 여느 청혼 대목과 크게 다르지 않다. 두 사람은 숲 속의 오솔길을 따라 걸었고, 나무 아래 자리를 잡고 앉았다. 루스는 스탠리에게 사랑한다고 고백했다.

> 자리에 누워 있던 그가 일어나 앉아 내게 다가왔다. 그리고 말했다. "오, 루스, 그게 사실이에요?" 한 번도 들어본 적이 없는 다정함과 경외

심이 느껴졌다. 그가 나를 껴안고 머리를 기대었다. 우리는 한동안 거기 그대로 앉아 있었다. 이윽고 그가 차분한 음성으로 물었다. "루스, 나와 결혼해주겠소?" 나는 대답했다. "좋아요, 스탠리." 우리는 더 이상 아무 말도 하지 않았다.[19]

1년 후 그녀는 스탠리와 결혼했고, 뉴욕으로 이사했다. 그녀는 관습에 굴복했지만 어느 정도는 독립성을 유지할 수 있었다. 그녀는 진보적인 결혼관을 좇아, 두 사람 중 한 명이 이혼을 원할 경우 상대방도 그에 따를 것에 동의하도록 스탠리를 설득했다.[20] 그녀가 스탠리의 성을 따른 것도 페미니즘적 차원에서 이루어졌다. 그녀는 자신의 독립성을 간직하기 위해 '풀턴'을 중간 이름으로 계속 유지했다. 이후로 그녀는 자신의 저술에 루스 풀턴 베네딕트라고 서명한다. 그런데 컬럼비아 대학교의 인류학자로 루스를 가까이서 지켜본 에스더 골드프랭크(Esther Gold Frank)에 따르면 그녀도 '베네디크'가 남자의 이름으로 쓰일 수 있다는 것을 알았다고 한다. 루스가 4학년 때 배서 대학에서 상연된 셰익스피어의 〈헛소동〉에도 극의 진행 과정에서 여성화되는 남자 주인공의 이름이 베네딕트이다. '축복받은 자'라는 뜻의 베네딕트는 수도회의 이름으로도 널리 사용된다. 루스가 마거릿 미드에게 '베네딕트'가 자신의 '아호이자 필명'이라고 얘기했을 때 그녀는 선명함 가운데 숨어 있는 자신의 비밀이 이 이름에 복잡하게 반영되어 있음을 암시했던 것이다.[21]

루스 베네딕트는 결혼을 해서 어머니가 되기로 결심했고, 스탠리와 계약을 했다. 이를 통해 1910년 미국에서 출현한 페미니즘 운동이 그녀에게 커다란 영향을 미쳤음을 알 수 있다. 여기에는 종종 함께 연상되는 '새로운 도덕', 다시 말해 '자유연애' 운동도 보태야 할 것이다. 페미니즘 운동은 1900년대에 유럽에서 탄생했다. 더 오래된 여권 운동 이데올로기가 법률, 정치, 직업 분야에서 양성 평등을 달성할 것을 강조한 데 반해 새로운 페미니즘은 결혼과 모성을 찬양했고, 기존의 권리 찾기 운동을 경시하는 일이 잦았다. 자신의 삶을 새롭게 이해해보고자 했던 여성 세대가 새로운 페미니즘에 흥미를 보였다. 새로운 페미니즘은 결혼과 모성에 집중했을 뿐만 아니라 교육과 출세 문제도 포괄했다.[22)]

오늘날의 관점에서 보면 1910년대에 활약한 페미니스트들의 입장은 당황스럽다. 우리는 페미니스트 하면 모성애와 가정에 관심을 집중하는 게 아니라 공적 영역에서 남자들과 동등한 권리를 요구하는 사람들이라고 생각하기 때문이다. 그러나 현재 통용되고 있는 '페미니즘'의 우리 식 정의는 1970년대에 벌어진 급진 운동의 유산이다. 그전 수십 년 동안 '페미니즘'이란 말은 거의 쓰이지 않았다. 그런 상황에서 1970년대에 전투적인 여권 운동 지지자들이 이 말을 살려내 자신들의 대의를 규정했던 것이다. 그녀들은 이 말이 더 이른 시기에 결혼 및 모성과 관계를 맺기도 했음을 몰랐다. 오늘날의 용어법에 비추어 보면 1910년대에 활약한 페미니스트들을 '포스트페미니스트'라고 불러야 할 것이다. 그들의 입장이 1970년대의 페미니즘 급진 운동에 비판적인 우리 시대의 더 젊은 여성들의 태도와 흡사하기 때문이다.

새로운 페미니즘의 주요 대변자는 스웨덴의 작가 엘렌 케이였다. 그녀는 사회적 성에 관한 급진적 입장과 보수적 태도를 아울러, 여성의 역할을 혼란스러워하던 유럽과 아메리카 세계에 매력적인 타협안을 내놓았다. 그녀는 1909년에서 1914년 사이에 여성과 결혼을 주제로 다섯 권의 책을 썼고, 뉴욕의 주요 출판사 G. P. 퍼트넘스 선스가 전부 영어로 번역 출간했다. 사람들은 엘렌 케이를 좇아 전통적이면서 동시에 진보적일 수 있게 됐다.[23)]

케이는 진화 이론과 19세기 말의 신낭만주의에 의존해 이성애를 진화가 이룩한 '신성한' 힘이라고 미화했다. 케이는 이렇게 썼다. "인간의 인류적 가치를 높이는 위대한 사랑의 힘은 신앙의 열정이나 천재적 창조의 환희하고만 비교할 수 있다." 그녀는 자신이 말하는 이상적 사랑은 평생에 단 한 번만 경험할 수 있을 정도로 불가항력적이라고 단언했다. 합일감 속에서 표출되는 이상적 사랑의 정서적 힘은 결혼으로 귀결되어야만 했다. 모성도 그 일부여야 했다. 아이를 낳아서 기르는 것은 생물학적 명령이고, 여자가 누릴 수 있는 최고의 기쁨이었기 때문이다. 케이는 이렇게 썼다. 진정으로 육감적인 여자라면 "자신의 전 존재로 아이를 원할 것이다."[24] 게다가 그녀가 말하는 이상적 사랑은 이성의 상이함이 '자기 작용'을 하기 때문에 순리적으로 남자와 여자 사이에서만 이루어질 수 있었다. 사랑이 이루어지면 사람들은 자아를 실현하게 되고 그렇게 그들은 훌륭한 아이들을 낳고 키우면서 더 나은 사회를 창조할 수 있었다.

케이는 여자들이 집에 남아 아이들을 키워야 한다고 주장했다. 아이들은 사회 진보에 결정적인 존재로 다른 사람들에게 맡겨서는 안 되었다. 샬럿 퍼킨스 길먼은 케이에 반대했다. 그녀는 공용 식당과 유치원이 부속된 아파트를 지어 육아와 보육을 손쉽게 할 수 있도록 해야 한다고 주장했다. 그래야 아이들이 딸린 여자들도 가사와 육아의 부담에서 벗어나 직장을 가지고, 경제적 자활을 통해 독립을 달성할 수 있다는 것이었다. 그러나 케이도 이 문제에서 언뜻 비치는 것처럼 그렇게 보수적이지는 않았다. 그녀는 미혼모들이 집에 머물면서 아이들을 키울 수 있도록 정부가 봉급을 줘야 한다고 제안했다. 어머니와 아이들에게 제공된 초창기 국가 복지 사업의 토대가 된 제안이었던 셈이다.

루스 풀턴은 케이의 사상이 마음에 들었다. 루스는 결혼을 결심했지만 여전히 사회 개혁을 위해 일하고 싶었다. 케이로 인해서 그런 노력과 활동이 쉬워졌다. 루스는 '진정한 사랑'과 결혼해 아이들을 훌륭하게 키워냄으로써 더 나은 미래를 만드는 데 기여할 수 있었다. 루스는 스탠리가 자신의 '진정한 사랑'이라고 선언하기를 주저했다. 처음 하는 낭만적 연애에 취하면 부적당한 사람조차 이상적으로 보이는데도 말이다.

케이는 '진정한 사랑'을 찾는 게 어려울 수 있고, 따라서 선택이 올발랐는지 확신하기 위해서는 실험이 필요할 수도 있다고 얘기했다. 결국 그녀는 계약 결혼, 결혼 관계의 육욕성, 자유 이혼을 지지하는 데까지 나아갔다. 이런 태도는 당시로서는 상당히 급진적인 주장이었다. 그녀가 말한 결혼 관계의 육욕성이 혼란스러울 수도 있겠다. 케이는 자신을 자유연애 지지자들과 구분했다. 자유연애 지지자들이 결혼, 영성, 진정한 사랑을 방종한 성행위로 대체해버린다고 (잘못) 비난했던 것이다. 그녀는 육욕적 사랑은 '자아를 노예로 만들고, 탕진하며, 업신여기는' 반면 영적 사랑은 '자아를 해방하고, 보존하며, 심화한다'고 썼다. 요컨대 육체적 사랑보다 정신적 교감을 더 높이 친 것이다. 그녀는 이런 주장까지 펼쳤다. "여자는 애욕적 측면에서 냉정해질수록 더 자극적이다."[25]

케이는 교육과 법률 같은 분야에서 여성이 받던 억압을 끝장낸 공로를 높이 사면서 여권 운동을 칭송했다. 그녀는 결혼하지 않고 출세한 여자들을 칭송했고, 여성들의 우정이 '감탄, 영감, 공감, 사모 등의 섬세한 울림'을 낳았다며 찬미했다. 케이는 결혼을 하지 않았고, 그녀의 친구들 대다수도 여자였다. 그러나 그녀는 전투적 여성 참정권론자들을 '아마존'이라고 격렬하게 비난했다. 케이는 여성 동성애를 '불순한 여성성'이라고 칭했는데, 이는 샬럿 퍼킨스 길먼의 견해를 되풀이한 것이었다. 그녀는 '여성 세계'의 '우정이 과대평가'되었고, '여성 동성애자

들' 이야기가 너무 많다고 주장했다.[26)]

케이는 남자와 여자가 본유적으로 다르다고 규정하면서 두 성별의 특징을 모두 갖춘 '새로운' 여자와 남자 들에도 주목했다. 그러나 그런 특성들은 분리되어야만 했다. 성별의 경계선을 제거하면 위험하기 때문이었다. 그녀는 이렇게 썼다. "천재들을 보라. 모두가 이성의 가장 섬세한 특질로 자신의 성별을 보호한다." 케이는 부르주아의 온갖 관습을 거부하는 니체적 '초인'의 의미에서 자신이 '자아'라고 부른 실체를 옹호했다. 그녀는 '자아'라는 말로 개성과 인격을 얘기하고 싶었던 것이다. 그녀는 이를 바탕으로 독립독행하는 여자와 남자들에게 주목했던 것이다. 케이는 자주성 담론의 위력에 감화돼 니체를 숭배한 20세기 초 페미니스트들 가운데 한 명이었다. 그녀는 자아가 남성적이면서 동시에 여성적인 여자를 '제3의 성'이라고 불렀는데, 이는 성과학자들에게서 빌려 온 용어였다.[27)]

케이는 섬세하고 상냥한 '새로운 남자'에도 주목했다. 그녀는 여러 가지 남성성이 존재함을 인정했는데, 이는 오늘날의 남성학 연구자들 못지않은 혜안이었다. 그녀의 시대에는 공격적인 제국주의자와 온유한 예술가가 여러 가지 남성성의 양극단을 대변했다.[28)] 그녀는 낭만주의 운동을 '위대한 부흥'이라고 불렀다. 낙관적 진화론자였던 그녀는 바이런이나 셸리 같은 낭만파 시인들을 '새로운 남자'의 탄생을 격려하는 암시로 보았다. '새로운 남자'가 탄생해 '새로운 여자'와 짝을 이루리라는 것이었다. 바이런과 셸리 같은 낭만파 시인들은 감정과 열정을 찬양했고, 자신들의 삶에서 여성적 특성을 보여줬을 뿐만 아니라 작품에서도 여성적 특성을 지닌 남자들을 찬미했다. 그녀는 이렇게 썼다. "오늘날의 성애적 열망은 젊은 남자들 사이에서도 여자들만큼이나 세련되고 우아한 경우가 많다."[29)]

케이가 쓴 라헬 파른하겐 전기에서 이런 주제들이 다 나온다. 라헬 파른하겐은 18세기 말에 활약한 베를린 살롱의 여주인으로, 그녀의 추종자 가운데는 괴테와 헤겔도 있었다. 루스 베네딕트가 메리 울스턴크래프트의 간략한 전기를 쓰는 데도 케이의 전기가 커다란 영향을 미쳤다.[30] 케이의 파른하겐은 어렸을 때 아버지에게 학대당한 정신적 상흔을 극복하고 베를린 지성계의 최고 지위에 등극하는 영웅적 인물이다. 파른하겐은 그렇게 되기 위해 '디오니소스의 기차를 타고 돌진하는, 영광스런 존재'로 거듭났다. 그녀는 '완벽한 평정 속에서' 남성의 합리성과 여성의 정서성도 결합했다. 파른하겐은 다수의 연애 사건에서 자신의 '자아'에 따라 행동했다.[31] 그녀가 찾은 '단 하나의 진정한 사랑'이 그녀를 버리자 그녀는 자신이 좋아했던 젊은 남자와 결혼해 안온한 가정생활에 몰두했다. 케이는 그 결정을 승인했다. 남자가 그녀의 '새로운 남자' 범주에 들어갔기 때문이다. 그러나 마그누스 히르슈펠트는, 19세기 말에는 파른하겐이 자신을 여자를 원하는 남성 동성애자로 여겼다는 소문이 베를린에 자자했다고 전한다.[32]

케이가 사용한 '자아'(personality)라는 말은 베네딕트에게도 영향을 미쳤다. 이 말은 배우들이 무대 위에서 착용하는 가면을 뜻하는 그리스어 프로소파(prosopa)에서 유래했다. 중세에는 기독교 신학자들이 라틴어에서 파생된 페르소나(persona)라는 말을 사용해 하느님의 세 가지 형상을 지칭했다. 성부와 성자와 성령이 페르소나로 분리되어 있지만 삼위일체의 하느님으로 통합되는 것처럼 모든 인간의 영혼도 유일무이하며, 창조주와 연결되어 있다고 본 것이다. 이렇듯 '자아'는 윤리적 모범이나 신과의 합일을 추구하려는 동기에서 전통적으로 기독교적 뿌리가 있을 뿐만 아니라 사람들이 쓰고 벗는 가면처럼 일련의 인위적인 행동으로서의 자아 개념에는 과거와 현대 모두에서 세속적인 기원이 있었다.

루스에게는 종교적 의미와 세속적 의미가 모두 중요했다. 당시에 그녀가 예이츠 같은 현대 시인들을 읽으면서 기독교 신앙을 서서히 버리고 있었기 때문이다. 예이츠에게는 '가면'을 쓰고, 가면이 의도하는 사람이 되는 게 중요한 의미가 있었다. 1920년대에는 '자아'라는 말이 훨씬 더 복잡한 의미를 갖게 되었다. 광고업자들, 심리학자들, 자조(自助) 옹호자들이 이 말을 쓰기 시작했는가 하면 신학자들도 종교적 의미로 계속해서 이 말을 사용했기 때문이다. 한편으로, 훌륭한 윤리적 입장을 갖는, '품성'(character)이라는 전통적 이상이 다각적 가치를 드러내고 촉진하는, 온전하게 실현된 세속적 자아로서의 인격(personality)이라는 새로운 치료적 이상으로 대체되었다.[33] 사람들이 전통의 여운을 잃지 않으면서 현대성과 친숙해지려고 애쓰던 시대였기 때문에 '자아'가 중요한 용어로 자리를 잡을 수 있었다. 이 용어는 베네딕트와 미드가 중요한 역할을 하는, 인류학계 내의 문화와 인성 학파(culture and personality school)의 핵심적 술어가 된다.

섹슈얼리티 이론가로서의 엘렌 케이는 '신(新)도덕가들'로 느슨하게 묶을 수 있는 사상가들 가운데서 가장 보수적인 축에 들어갔다. 베네딕트와 미드는 이 이론가들의 영향도 받았다. '신도덕'이라는 말은 가끔 자유연애의 완곡어로도 쓰였다. 자유연애 자체가 빅토리아시대의 섹슈얼리티 탄압에 저항하고, 지속적으로 정신을 강조한 복잡한 이데올로기이다. 19세기에는 자유연애 단체와 공동체들이 있었다. 오나이다 공동체가 가장 유명하다. 그러나 이런 집단들은 20세기 초에 쇠퇴했다. 하지만 자유연애는 성구(聖句)와 해석가들이 있는 이데올로기로 살아남았다. 자유연애는 이를 테면 제1차 세계대전이 발발하기 전에 그리니치빌리지에서 활약한 젊은 급진주의자들과 산아 제한 운동 세력에 영향을 미치기도 했다. 그러나 자유연애는 미국에서 결코 제도화되지 못했다. 베네딕트와 미드처럼 자유연애를 신봉한 사람들은 책을 읽었고, 다른 사람들과 토론했고, 각자 알아서 자유연애를 했다.

『사랑의 기예(The Art of Love)(1910)를 쓴 해블록 엘리스와 『성숙한 사랑(Love's Coming of Age)』(1896)을 쓴 에드워드 카펜터가 자유연애의 주요 해석가들이었다.[34] 1910년대에 세계적 명성을 누렸던 엘리스는 당대 페미니스트 작가들의 여러 저술에 해제를 써주었다. 영어로 번역된 엘렌 케이의 책 대다수에도 엘리스의 서문이 실렸다. 그는 미드의 책 『사모아의 청소년』을 칭찬하기도 했는데, 엘리스의 추천사가 책 표지에 실렸기 때문에 『사모아의 청소년』이 일반 대중 사이에서 큰 성공을 거두었다고 여겨졌다. 엘리스의 아내 이디스는 결혼 직후 남편에게 자신이 레즈비언이라고 선언했다. 그러나 두 사람은 이혼하지 않았다. 신도덕가들은 많은 경우 결혼의 핵심 요소로 섹슈얼리티보다는 영성을 더 중요시했기 때문이다. 요컨대 엘리스는 올리브 슈라이너와 마거릿 생어 등 다른 여자들과 연애를 했고, 이디스도 레즈비언 관계를 가졌다. 에드워드 카펜터도 살펴보자. 그는 케임브리지 대학교의 교수직에서 물러나 시골로 이사했다. 그는 거기서 직접 먹을거리를 키웠고, 자본주의의 노동자 착취를 비판했으며, 남성 애인과 함께 살았고, 신생활친교협회(Fellowship of the New Life)를 결성했다. 엘리스와 다른 주요한 신도덕가들이 여기 소속되어 있었다. 카펜터의 『성숙한 사랑』은 쇄를 거듭했고, 모던 라이브러리(Modern Library : 앨버트 보니와 호레이스 리버라이트가 1917년에 설립한 출판사로, 나중에 자회사였던 랜덤하우스의 하위 기업으로 편제된다-옮긴이)가 선정한 '세계 최고의 책 51권'에 포함되었다.[35]

엘리스는 『사랑의 기예』에서 영성이 모든 관계에서 가장 중요하고,

'진정한 사랑'을 하려면 결혼이 필수라고 하면서 케이에 동조했다. 그러나 그는 사랑이란 친구로서 사귀기와 애욕의 통합이기 때문에 우정은 쉽게 애욕으로 전환되고, '애욕의 관문'을 통과한 우정은 많은 경우 각별한 친교 관계를 형성한다고 주장했다. 엘리스는 섹슈얼리티가 우주를 관류하는 힘이라고 믿기도 했다. 그는 이 힘이 변형과 개선을 고무하려면 유동적이어야 한다고 봤다. 그가 일부일처제 때문에 너무 많은 에너지가 소모된다고 생각한 이유다. 따라서 배우자들은 다른 사람들과 성행위를 해야 했다. 무엇보다도, 그는 질투심이 가장 해로운 감정이라고 주장했다. 질투심은 자유연애, 나아가 보편적 개혁을 불가능하게 만들기 때문에 제거되어야만 했다.

동방의 신비주의에 사로잡혔던 카펜터도 섹슈얼리티와 사랑이 우주를 관통하고 있다는 엘리스의 견해에 동의했다. 그렇게 섹슈얼리티와 사랑이 인간과 자연을 묶어주고 있었던 것이다. 그는 '진정한 사랑'이 인간이 할 수 있는 심오한 경험이라는 케이의 사상에 찬성했다. 카펜터는 '진정한 사랑'을 '가장 심원한 영혼의 합일'이라고 불렀다. 보다 실용적인 측면에서 그는 지루함과 권태를 결혼 생활의 주요 문제로 거론했다. 그는 배우자들에게 '외부자와 하는 정교(情交)'나 '세 사람이 참가하는 등의 관계'를 포함해 다양한 행위들을 시도해보라고 조언했다. 카펜터는 서구인들의 결혼 생활을 개선할 수 있는 방법을 찾기 위해서 다른 사회들의 성 관습을 조사 연구했고, 특별히 고대 사회들의 다산 의식에서 개선 방법들을 찾았다. 그는 모든 사회가 '양식'을 발휘해 '가끔 수행되는 풍요 기원 축제를 용인해야' 한다고 썼다.[36]

이런 자유연애 사상들이 베네딕트에게 커다랗고도 중요한 영향을 미쳤다. 그녀는 대학을 졸업한 1909년부터 컬럼비아 대학교에서 인류학 박사 과정을 시작한 1921년까지 인생의 목표에 매진할 수 없었다.

이 시기에 그녀는 만성 우울증에 시달렸고, 페미니스트들과 신도덕가들의 상충하는 입장들 사이에서 왔다 갔다 했다. 처음에 베네딕트는 사랑과 결혼에 관한 케이의 명령을 좇았다. 물론 그녀는 진정한 사랑을 찾았는지 확실히 해야 한다는 케이의 경고도 따랐다. 그녀가 스탠리에게 결혼 계약에 동의하도록 설득한 것은 이 훈계를 참조한 대응이었다. 두 사람의 결혼 생활에 금이 가기 시작했을 때 루스는 케이가 쓴 라헬 파른하겐의 전기를 읽었고, 자신이 원하는 건 스탠리와의 '안온한 가정생활'뿐임을 깨달았다. 메리 울스턴크래프트의 삶도 이 판단에 영향을 미쳤다. 그러나 이런 절충안도 효과가 없자 그녀는 엘리스와 카펜터의 자유연애 사상으로 기울었다. 마거릿 미드 역시 1920년대 초에 그들의 자유연애 사상을 받아들이고 있었다.

루스는 스탠리와 결혼하고 처음 1년 동안 행복했다. 그녀는 '만족스런 동료 관계, 열렬한 환희, 연금술적 사랑'을 피력했다.[37] 그녀의 이성애 경험은 긍정적이었다. 그녀는 미발표 시편 「남풍(South Wind)」에서 자신의 순결과 성교에 대한 두려움, 스탠리의 성 지식과 부드러운 구애를 간단히 언급했다.

나는 처녀라는 사실에 허둥지둥했다,
그가 다가왔다,
그의 따뜻한 몸이 내 허리에 닿았다,
그가 조심스럽게 나를 껴안았다,
특별히 애쓰는 것 같지도 않았고, 별다른 말도 없었다,
그의 포옹 속에서 나는 남풍에 휩싸였다.
……

쾌락의 광풍 속에서
나는 더 강해졌고,
더 성숙해졌으며, 훨씬 더 현명해졌다.
그가 내게 그의 비밀을 배우고 익히도록 강제하리라는 것도 알았다.[38)]

그녀는 스탠리와 살면서 만족감을 경험했고, 자신의 신앙에 더 한층 의문을 표시하게 됐다. 스탠리는 뉴햄프셔의 한 호숫가에 오두막이 있었다. 두 사람은 거기서 여름을 보내곤 했다. 결혼 생활 초기의 여름철에 그들은 근처에서 열린 예수 재림파의 한 신앙 부흥 전도 집회에 갔다. 거기 모인 사람들의 '청교주의'에 그녀는 오싹했다. 루스는 그들의 신앙을 '신랄한 엄숙주의'라고 평했다. 그녀가 모색하던 '횃불 같은 사랑과 환희'를 그들이 감격적인 부흥 집회에서 찾았는지도 모른다. 그러나 그녀에게는 그들이 '속을 알 수 없는 사람들'로 보였다. 그들에게는 우주가 '쥐를 쫓는 고양이에게처럼 함축적이고 다채로웠다.' 이제 그녀는 자신의 유년기 종교 활동을 '무력하고, 제한적이며, 흉내 내기'에 불과했다며 폐기 처분을 선포했다. 그녀는 다른 방법으로 환희와 법열에 이르는 길을 찾아야만 했다.

루스는 스탠리와 열렬한 관계를 유지했던 초기의 결혼 생활을 이후로도 오랫동안 또렷하게 기억했고, 함께 다시 그런 관계로 복귀할 수 있으리라는 생각을 여러 해 동안 버리지 못했다. 스탠리도 그녀처럼 철학을 좋아했다. 그는 공감 능력이 뛰어났고, 재미난 사람이었다. 루스는 뉴햄프셔의 그 오두막에서 보내는 여름을 좋아했다. 물론 남편이 모터보트를 사는 바람에 엔진 소음이 나기 시작하면서 그녀가 누리던 고요함이 망가졌지만 말이다. 그러나 결혼이 안정되고 가정생활이 본격적으로 시작되자 그가 완고하고 까다로운 본색을 드러내기 시작했다.

코넬 대학교 의과 대학의 동료들은 그를 엄격한 사람으로 평가했다. 욱하는 기질에 무정하게 얘기하는 사람이라는 평판이 지배적이었다. 동료 가운데 한 명은 그가 나이를 먹어가면서 '세파에 찌든 선장'처럼 보인다고 묘사했다. 그의 어머니는 책을 낸 작가였고, 누이 가운데 한 명은 스위트 브라이어 대학교 총장이 됐다. 그러나 그는 일에 집착하는 전통적인 남성이었다. 그는 루스의 사회 진출을 묵인했지만 집에 머무르는 아내를 더 좋아했을 것이다. 루스는 아이를 임신하지 못했고, 두 사람은 크게 실망했다.[39]

스탠리는 고혈압과 만성 불면증을 앓았다. 그런데 연구소에서 실험하던 가스를 사고로 흡입하는 바람에 이 병증들이 악화되는 불상사가 일어나고 말았다. 당시는 1차 대전이 한창이었고, 문제의 기체는 전장에서 사용할 가스였다고 한다. 그는 화를 잘 냈고, 변덕스러웠다. 그는 주변이 시끄러운 것을 참지 못했고, 저녁 외출을 좋아하지 않았다. 그가 루스의 감정 기복을 내켜하지 않았다는 것도 놀랄 일이 못 된다. 루스는 자기가 남편의 판박이가 되는 것이야말로 스탠리가 진정 원하는 것이라고 판단했다. 그녀는 그들의 문제를 의논하고 싶어 했다. 그는 문제를 외면한 채 조용히 지내고 싶어 했다. "내가 아는 최고의 해결 방법은 말을 해서 사태를 드러내는 것"이라고 루스는 썼다. "그가 내게 무자비하게 말해도 자기 생각을 절대로 말하지 않고 침묵으로 일관하는 것보다는 낫다."[40] 사진이 취미였던 스탠리는 사진을 찍고, 집에 마련한 암실에서 그것들을 현상하면서 많은 시간을 보냈다.

두 사람은 결혼 후 교외의 롱아일랜드에 거처를 마련했고, 루스는 주부가 되려고 애썼다. 그러나 그녀는 자신이 그 역할을 도저히 받아들일 수 없음을 이내 깨달았다. 그녀는 스탠리에게 그리니치빌리지로 이사 가자고 설득했다. 거기로 이사 갔지만 이번에는 스탠리가 도시의 소음을 못 견뎠고, 그들은 다시 더 먼 교외인 베드퍼드 힐스로 이사했다. 그러자 루스는 뉴욕에 방을 하나 빌려서 주중에는 거기 살기 시작했다. 이런 처신은 당시로서 상당히 급진적인 행위였다. 그녀가 이런 식으로 독립을 달성하자 그들의 결혼 생활이 나아졌다. 물론 사이가 벌어진 다수의 배우자들처럼 그들도 다툼과 화해에서 위안과 만족을 얻는 것에 불과했지만 말이다. 마거릿 미드는 그들의 관계가 '언제나 강렬한 생활 조건에 좌우됐다'고 설명했다.[41]

그러나 루스는 스탠리를 떠날 수 없었다. 마거릿 미드의 루서 크레스먼처럼 스탠리도 루스가 한 결 같이 믿고 의지할 힘이 되는 존재였다. 그건 스탠리도 마찬가지였다. 루스가 자신의 독립생활 얘기를 하지 않는 한 내버려둘 정도로 그녀에게 단단히 묶여 있었던 것이다. 미드는 이렇게 썼다. "스탠리랑 지내려면 조용해야 한다."[42] 그들이 결혼 생활을 계속 유지한 것은 어느 정도는 시기가 안 맞았기 때문이다. 루스의 여동생 마저리는 언니가 결혼 생활 초기에 스탠리에게 이혼해달라고 요구했지만 그가 거절했다고 주장했다. 1931년에는 스탠리가 이혼을 요구하면 루스도 개의치 않겠다는 태도였다. 그러나 그녀는 남편이 이혼을 요구하지 않으면 결혼 생활을 끝까지 유지해야 한다는 사실을 알지 못했다. 스탠리는 이혼을 요구하지 않았다. 스탠리에 대한 루스의 감정은 변화를 거듭했다. 그녀는 1920년대 말의 일기에서 결혼 직후 자신이 그와 단절되었다고 썼다. 그런데 그녀가 평생에 원하는 것은 스탠리가 자신을 사랑해주는 것뿐이라고 적힌 부분도 있다. 그들은 1930년에야 비로소 헤어졌다. 위태로운 결혼 생활을 15년가량 유지한 셈이었고, 둘 다 다른 사람과 사랑에 빠졌기 때문에 가능한 일이었다.[43] 그들은 결코 이혼하지 않았으며, 스탠리가 1936년 사망할 때까지 친구로 남았다.

루스가 1914년 뉴욕에 입성했을 즈음에는 전전(戰前)의 급진주의가 한참 기세를 더해가고 있었다. 여성 참정권론자들이 가두 행진을 벌였는가 하면 노동조합을 결성한 여성들도 파업을 벌이며 행진했다. 에마 골드먼은 무정부주의와 산아 제한을 설파했고, 플로이드 델과 맥스 이스트먼 같은 그리니치빌리지의 급진주의자들은 《대중(Masses)》이라는 잡지를 발행해 사회주의와 자유연애를 유포했다. 피카소와 브라크의 추상 미술이 소개된 아머리쇼(Armory Show : 1913년 뉴욕에서 개최된 미국 최초의 대규모 현대 미술 전람회-옮긴이)에 전 국민이 충격을 받았다. 프로빈스타운의 극단원들이 연극을 현대화하고 있었다. 시 문학이 부흥했다. 여권 운동을 지지하는 온갖 파벌이 매주 헤테로독시(Heterodoxy)라고 하는 그리니치빌리지의 한 클럽에 모여서 오찬을 함께 하며 좌담을 했다. 1912년에 문을 연 이 클럽에서 그들은 각자의 페미니즘과 살아온 이야기들을 나누었다. 그들은 여성의 사회 진출을 옹호한 샬럿 퍼킨스 길먼과 미혼모를 정부가 지원해야 한다는 엘렌 케이의 사상을 지지했다. 그들은 케이가 사용한 '자아'라는 말을 채택해 여성들이 개성과 인격을 계발해야 한다고 주장했다. 많은 사람들이 사회주의자였다. 대다수가 결혼, 자녀, 케이의 '위대한 사랑'을 원하면서도 자유로운 성애와 여성의 평등한 권리를 지지했다. 그들은 에밀리 포그 미드 세대의 여권 운동 지지자들이 성애에 반대했고, 반(反)남성적이었다며 비판했다.[44]

루스가 이 시기에 페미니스트 단체들에 가담하거나 참여했다는 증거는 전혀 없다. 심지어 그녀가 그리니치빌리지에 살았고, 고등학교 동창 메이블 도지와 대학 동창 이네즈 밀홀랜드가 그곳에서 유명한 페미니스트로 활약했지만 말이다. 도지는 직접 살롱을 운영했고 변호사가 된 밀홀랜드는 여성 참정권 운동을 이끌고 있었다. 루스가 헤테로독시에서 열린 회합에 몇 번 참석하고는 그런 모임을 내켜하지 않은 듯하지만 그렇다고 두 사람과 접촉하지도 않은 것 같다. 그녀는 이렇게 단언했다. "헤테로독시의 모임에 몇 번이라도 참석한 남자 가운데서 희망적인 면을 조금이라도 발견한 사람은 아무도 없었다." 그녀는 그런 회합들의 자기 몰입적 성격을 좋아하지 않은 것 같다. 참석한 개인들이 각자가 살아온 얘기를 시시콜콜 늘어놓았던 것이다.[45] 그들은 이를 통해 각자의 페미니스트적 자아상을 확고히 했다. 제2차 페미니즘 운동의 '자기 발견을 통해 의식 고양을 도모하는' 행태와 아주 흡사한 것이다. 그러나 루스는 자신의 사생활을 비밀스럽게 간직하는 게 더 좋았다. 덧붙여서 그녀는 남자도 참여하는 단체를 더 좋아했다.

1914년 여름 제1차 세계대전이 발발했다. 세계 전쟁의 참화가 베네딕트에게 씻을 수 없는 상처를 안겼다. 당대의 다른 많은 작가도 마찬가지였다. 전쟁의 참상이 곧 분명하게 드러났다. 두 진영의 군대가 전부 거대한 참호를 파고 거기 들어갔다. 기관총, 독가스, 폭격기를 위시한 현대 기술로 수많은 사람이 죽고 부상했다. 독일군과 연합군 모두가 1916년에 대규모 공세를 거듭했다. 경이적인 수의 사상자가 발생했지만 어느 쪽도 승기를 잡지 못했다. 기본적으로 유럽은 한 세기 전에 발생한 나폴레옹 전쟁 이후로 평화를 유지하고 있었다. 서구에서는 미국의 남북 전쟁 이래 제1차 세계대전과 같은 대량 살육이 없었다. 세기말의 공격적인 남성성이 피에 굶주려 날뛰고 있는 것 같았다. 1914년 8월 1일에 세계가 무너졌다고 거트루드 스타인은 썼다. "그렇게 20세기가 탄생했다."[46]

루스 베네딕트는 전쟁과 결혼 생활의 문제들에 대응해야만 했다. 그녀는 스탠리의 도움을 받아 미스터리 잔혹극 「보쿠 플랜트」를 썼다. 이 이야기는 남자 탐험가 다섯 명이 어느 날 저녁 런던의 한 대저택에서 만나는 걸로 시작된다. 그들은 '동양식 담배를 피우'면서 각자의 모험담을 얘기한다. 그중의 한 명이 보쿠 플랜트 얘기를 들려준다. 보쿠 플랜트는 아마존 강의 한 지류 기슭에서 자라는 식물로, 꽃이 흰색인데, 꽃잎마다 커다란 검정색 반점이 박혀 있다. 이 꽃의 향기를 맡으면 '단테의 『신곡』에 나오는 그 어떤 것보다 지독한' 환각에 빠진다. 한 벌목회사가 이 지역으로 일단의 조사원을 파견해 시장성이 있는 마호가니 목재의 입목 현황을 조사케 한다. 그런데 파견된 조사원 가운데 한 명이 니타라고 하는 에스파냐 혈통의 현지 여성과 사랑에 빠진다. 니타의 어머니가 끔찍한 산통으로 죽어가면서 딸에게 책임을 묻겠다는 심산으로 저주의 말을 남겼다는 사실을 알게 될 때까지는 모든 게 괜찮다. 어머니는 딸이 결혼이라는 성적 의무를 이행하지 못하게 될 거라고 저주했다. 니타와 약혼자는 결혼을 하고 첫날밤에 처소에 든다. 저주가 실현되어 신부는 악마로 돌변하고, 겁에 질린 남편은 도끼로 그녀를 살해한다.[47)]

루스와 스탠리 모두 상대방을 살해하는 환상을 품었을지도 모른다. 이런 상상이 다투는 배우자들에게는 이상할 것도 없는 일이다. 어머니가 딸에게 저주를 퍼붓는 걸 보면 루스가 어머니에게 적개심을 품기도 한 것 같다. 이 이야기에는 페미니즘 요소도 있다. 죽어가면서 미쳐버린 어머니가 딸에게 저주의 말을 남기고, 딸은 괴물이 되고 만다. 결국 이 이야기에는 세기의 전환기에 등장한 문학 작품들에 나오는 여성 악마들이 있는 셈이다. 이를 테면, 조지프 콘래드의 『어둠의 심연(The Heart of Darkness)』에 나오는, 아름답고 위협적인, 정글의 야만적 여왕처럼. 남자들이 쓴 당대의 소설과 미술에서 인어와 키르케(Circe : 마법으로 오디세우스의 부하들을 돼지로 둔갑시켰다는 마녀-옮긴이)들은 이국적인 꽃이나 독초와 연결되었다. 페미니즘 연구자들에 따르면 당대의 여성 작가들은 그런 여자 악마들을 여성의 힘을 드러내는 수단으로 차용했다고 한다. 아마존을 공간적 배경으로 삼은 「보쿠 플랜트」를 보면 남자와 싸우는 여성 전사들인 아마존의 신화가 떠오른다. 니타가 남편과 대립하는 격렬한 양상만 봐도 이 점을 능히 짐작할 수 있다.[48]

이 이야기에는 남자 등장인물이 많이 나온다. 조사원들, 그들을 파견한 기업, 런던에 모인 탐험가들, 보쿠 플랜트와 이야기에 나오는 여자들을 모두 통제하는 악마. 인정 많은 남자 의사가 이야기를 들려주지만 거기 나오는 남자들 대다수가 여자들과 환경을 조종한다. 런던에 모인 남자 탐험가들조차 '동양식' 담배를 피우고, 미친 여자들 이야기를 듣는다. 베네딕트는 그들을 부유한 것으로 묘사한다. 그중 두 사람은 비서구 유색인이다. 아 싱은 '인도 출신의 중국인'이고, 볼로는 '콩고 강 상류에서 온 흑인 왕자'이다. 그들은 인종으로 구분되는 것이 아니라 성별과 계급으로 구분되는 제국주의자들이다. 베네딕트는 아직 인종주의적 제국주의와 대결할 준비가 되어 있지 않았다. 그녀는 컬럼비아 대학교의 스승이자 인종 평등 운동의 지적 지도자였던 프란츠 보애스와 가까워지고 나서야 비로소 인종주의와 싸우게 된다. 요컨대 그녀는 스탠리와 결혼함으로써 이제 겨우 대학 시절의 '남성' 지향에서 벗어나 자신의 '여성적' 측면을 수용한 상태였다. 「보쿠 플랜트」에서 루스는 전통적인 남성성을 훨씬 더 많이 거부하는 것 같다.

이런 해석은 제1차 세계대전을 불러일으킨 건 남성 제국주의자들이었다는 생각을 드러낸다. 1917년 5월 베네딕트는 일기에 이렇게 썼다. "세계의 참화가 폭풍처럼 우리를 휩쓸고 있는데 나날의 생활을 한결 같이 유지하는 것 말고는 아무것도 하지 않고 있다니, 이 얼마나 헛된 일인가!"[49] 거트루드 스타인과 당대의 다른 많은 작가들처럼 그녀도 제1차 세계대전으로 19세기의 낙관주의와, 엘렌 케이 같은 신낭만파가 열정적으로 개진한 진화 사상에 담긴 진보의 필연성을 믿는 인식에 금이 갔다고 보았다. 루스는 자신이 대학에서 토머스 홉스의 『리바이어던』을 구시대의 유물로 배웠다고 말했다. 선생님은 인류의 모든 문제가 해결된 것으로 믿었다는 것이다. "이제 그 어디에도 리바이어던의 위협은 존재하지 않는다." 그러나 이 말은 더 이상 사실이 아니었다.[50] 그녀는 침례교도였던 어린 시절에 종말론 서적인 「요한 계시록」을 즐겨 읽었고, 거기 아마겟돈에 나오는 야수들인 리바이어던과 베헤못이 그녀의 시편에 등장한다. 그녀가 1916년에 쓴 소설에서 악마가 일종의 해결사로 등장한 것과 유사하다. 그녀의 일부 시편에서 확인할 수 있는 잔인한 심상들은 어느 정도 전쟁의 참상을 은유하고 있는 것 같다. 「리서검(Resurgam : 부활)」이라는 시를 보자.

지금은 무덤을 파헤치는
성가신 빗방울로 해골이 드러나는 시절.
우리는 타락했다.
어떤 햇빛도 바닥까지 닿지 못하는
대양에서 강한 바람이 불어온다.
우리는 뼈들을 앞에 두고 슬피 울었다.[51]

그녀는 루퍼트 브루크를 노래한 시에서 남성성과 전쟁에 관한 불만도 토로했다. 루퍼트 브루크는 영국의 청년 시인으로, 전쟁 초기에 사망하면서 파멸의 지옥에서 헛되이 낭비된 청춘의 상징으로 떠올랐다. 그는 그녀의 고통받는 그리스도 형상 가운데 하나였다. 브루크는 미남이었고, 대서양 양안 세계 모두에서 유명세를 떨쳤다. 미국 순회 여행 때는 사람들이 걸음을 멈추고 그를 지켜보았다. 그는 케임브리지 대학교에서 유명한 자유연애 서클을 만들기도 했다. 루스의 시를 보자.

그를 앗아간 하나님께 이제 사의를 표하도록 하자
그를 죽도록 내버려둔 하나님께,
시간의 꿈은 사라지고 ……
우리는 이제 속사정을 눈치챘고, 지쳐버렸다.
그가 알았으면 하는 희망은,
바람이 잦아들면서 완전히 사라졌다.[52)]

서구의 가치가 몰락하는 듯한 사태가 전개되었고, 페미니스트와 여권 운동 지지자들은 전쟁을 놓고 다양한 입장을 취했다. 여성운동은 더욱더 분열했다. 여성운동의 주류파는 미국이 연합국 편에 가담하는 것을 지지했다. 일부 페미니스트도 그건 마찬가지였다. 물론 일부는 평화주의의 깃발을 들었고, 다른 일부는 남성의 공격성을 비난했다. 그러나 또 다른 일부는 여성의 대의를 별도로 추구하는 것을 중단하고, '인류'라는 새로운 개념을 받아들였다. 비어트리스 포브스 로버트슨 헤일은 자신의 페미니즘 연구서에서 이렇게 썼다. "지나치게 남성화된 민족이 우리를 망치고 있다. 페미니즘은 휴머니즘으로 개발되어야만 충분히 발달할 수 있다."[53)] 그녀는 페미니즘이 조직과 의제에서 남성을 포괄해야 한다고 확신했다.

베네딕트도 페미니즘의 이 새로운 방향성에 영향을 받았다. 제1차 세계대전 기간에 여성들의 노동 시장 참여가 크게 늘어났다. 1917년에는 뉴욕 주에서 여성 참정권을 허용하는 법률 개정안이 통과되었다. 루스는 여권 운동이 큰 성과를 거두었다고 생각했다. 오늘날의 기준에서 보면 이 결론이 오판으로 보일 수도 있겠다. 1960년대와 1970년대에 전개된 '제2차' 페미니즘 운동이 법률, 제도, 사회적 관습, 행동 양식 따위에 여전히 커다란 차별이 존재함을 밝혔다는 사실을 상기해보면 더욱 그렇다. 그러나 베네딕트는 (그리고 미드도) 권리 회복 운동에서 이제는 할 일이 별로 없다고 판단했다. 적어도 중간계급 여성에게는 이 결론이 사실이라고 할 수 있었고, 그것이 당대의 일반적인 정서였다. 심지어 엘렌 케이는 전쟁 이전에 이미 그런 견해를 표명했다.

베네딕트는 '자아와 인성'에 초점을 맞춘 새로운 여성운동이 필요하다고 봤다. 그녀는 케이와 니체가 호소한 창조적 개성과 인격을 성취하는 과제에 집중한다. 베네딕트는 이렇게 썼다. "내면의 과제, 태도의 문제가 궁극의 숭고한 목표로 남게 됐다." 여자들에게 필요한 것은 '준정치 조직'이 아니라 (종교적 은유를 사용하자면) 새로운 자아로 '거듭나는 것'이었다. 그녀는 계속해서 이렇게 쓰고 있다. "우리는 1914년 초여름에 아주 중요했던 개혁 과제들을 결코 후퇴시킬 수 없다." 그녀는 참정권과 여성의 권리 문제를 얘기한 것이었다. 이제 여자들이 변화를 성취하려면 모범이 될 '여자 영웅'이 필요하다는 게 루스의 결론이었다. "부단히 활동한 한 여자의 흥미진진한 삶의 모험을 통해 여러분은 책상물림에서보다 더 많은 것을 배우게 되리라."[54]

이 시기의 젊은 개혁가들은 제1차 세계대전 이전 시기의 진보 개혁 과제들을 거부했다. 체제를 바꿔 새로운 사회제도를 수립하겠다던 이전의 진보주의가 제1차 세계대전을 막지 못하면서 수명을 다했다고 생각했던 것이다. 서구의 윤리가 파산했고, 따라서 이제 물질적인 목표를 줄이고 정신적인 측면을 강화한 도덕 체계를 새롭게 세워야 한다고 결론지은 사람도 많았다. 이런 맥락을 알면 베네딕트가 여자들이 삶을 혁신하면서 본받아야 할 여성 영웅을 창조하는 일에 열정적으로 매달린 이유가 명확해진다. 전쟁이 끝나고, 세상의 분위기는 냉소적이었지만 이 19세기식 열망은 여전히 그녀를 매혹했다. 내면의 자아를 재구성하는 것이야말로 베네딕트가 오랜 세월 분투해온 과제였던 것이다.

루스는 메리 울스턴크래프트, 마거릿 풀러, 올리브 슈라이너 전기를 쓰기로 마음먹었다. 그녀는 이 여성 영웅들을 '모험적 삶을 추구한 여성들'이라는 제목의 책 한 권으로 만들어보자는 계획을 세웠다. 책 제목도 그녀가 정한 것으로, 아주 근사했다. 1920년대에는 전기 문학의 인기가 대단했고, 이들 세 명은 중요한 작가였다. 그녀들의 인생만 보더라도 18세기부터 20세기 초에 걸쳐 있었다. 울스턴크래프트는 계몽주의 시대에 활약한 합리적 평등주의자였고, 풀러는 낭만주의 사조의 유기적으로 통합된 성별 횡단 조류를 대표했으며, 올리브 슈라이너는 20세기 초에 활약한 신낭만파 페미니스트였다. 그들 모두는 독립적 개인들의 성별 조화가 필요하다고 역설했다. 울스턴크래프트와 풀러는 젊은 시절 여자들과 낭만적인 우정 관계를 맺었다. 그러다가 더 나이가 들면서 결혼을 했고, 아이를 낳았다. 세 사람 모두 인도주의적 개혁 과제와 여성들의 사회 진출과 출세를 옹호했다. 물론 이 가운데 전투적인 여권 운동 지지자는 한 명도 없었다. 모두 모험적인 인생을 살았다. 울스턴크래프트는 파리로 가서 1789년 프랑스 혁명을 지켜보았다. 풀러는 1848년 이탈리아 혁명을 열렬히 지지했다. 슈라이너는 남아프리카에서 런던으로 건너가 급진적인 자유주의 동아리들에 가담했다.

휴턴 미플린이 루스의 출판 제안을 거절했고, 베네딕트는 계획을 포기했다. 이후로 그녀는 풀러와 슈라이너 전기를 쓰지 않았다. 그러나 그녀가 완성한 울스턴크래프트의 전기를 보면 베네딕트가 여성과 성별을 초기에 어떻게 사유했는지 분명하게 파악할 수 있다. 루스의 울스턴크래프트 전기는 자전적이기도 하다. 미드는 『우리 시대의 인류학자』 뒷부분에 「메리 울스턴크래프트」를 집어넣었다. 베네딕트의 삶을 음악적으로 반복 재현하려는 듯이 말이다. 아무튼 틀린 음조는 하나뿐이었다. 메리 울스턴크래프트와 달리 베네딕트는 결혼과 가정생활에서 안온한 만족을 얻을 수 없었다. 결국 그녀는 여자들과 관계를 맺으면서 진정한 자아를 찾았던 것이다.

베네딕트의 울스턴크래프트는 영웅이다. 그녀는 모험을 추구했고, 관습에 얽매이지 않았다. 그녀의 견해는 현대적이었다. 그녀는 이성과 감성을 결합해 강력한 도구로 벼려냈고, 자신이 속한 세계를 분석했으며, 스스로를 재구성해냈다. 그녀는 '훌륭한 포부의 첫 번째 목표는 인간으로서 품성을 도야하는 것'이라고 믿었다. '이 과제는 성별과는 무관한 것'이었다. 남편 윌리엄 고드윈을 필두로 다른 전기 작가들은 울스턴크래프트의 어두운 면을 언급했지만 베네딕트는 그녀의 이런 측면을 축소했다. 울스턴크래프트는 기분 변화가 심했고, 우울증을 앓았으며, 강박적으로 연애에 매달렸다.[55] 베네딕트에게는 울스턴크래프트가 이런 부정적 특징들에 굴복하지 않았다는 게 중요했다. 그런 악조건들을 극복하고 성공했다는 사실이 더 중요했던 것이다.

베네딕트처럼 울스턴크래프트도 힘겨운 유년기를 보냈다. 아버지는 알코올 중독자로, 그녀와 어머니, 여동생을 구타하기 일쑤였다. 베네딕트는 "아버지가 기분에 따라 그녀를 예뻐했다가도 두들겨 팼다."라고 썼다. 요컨대 '그는 변덕스런 독재자'였던 셈이다. '예뻐했다'와 '변덕스런 독재자' 같은 어휘들로 베네딕트는 두 사람의 관계가 성적이었음을 암시한다. 베네딕트는 고드윈의 회고록을 빈번하게 인용하면서 울스턴크래프트를 묘사하는데, '예뻐했다'와 '변덕스런 독재자' 같은 어휘는 전적으로 그녀만의 것이었다. 아버지가 울스턴크래프트를 성적으로 학대했으리라고 보는 오늘날의 연구자들은 그녀의 저술에서 이에 관한 단서들을 찾아냈다. 요컨대 베네딕트도 그런 심증을 가졌던 것이다. 베네딕트는 울스턴크래프트의 어머니도 자녀들을 학대했다고 봤다. 울스턴크래프트의 여동생이 포악한 남편과 결혼해 똑같은 가정생활을 반복한 경위가 거기에 있다는 것이었다.[56] 베네딕트도 메리와 비슷한 유년기를 경험했고, 이렇게 썼다. "용기 있는 자만이 정신을 온전히 유지할 수 있다. 강한 사람만이 그런 일을 겪고도 고결함을 간직할 수 있다."

울스턴크래프트는 '영혼을 구할 수 있었다.' 어떻게 그럴 수 있었을까? 그녀는 열정적이고, 독립독행하는 삶을 살았다. 울스턴크래프트는 '괴물 같은 거대한 남성적 구조'(masculine Juggernaut)가 여성들을 억압하고 있음을 깨달았고, 『여권의 옹호(A Vindication of the Rights of Woman)』에서 이에 분노했다. 그녀의 이 책은 여성의 권리를 옹호한 최초의 근대적 저술이라 할 만 했다.[57] 아버지의 학대 속에서 "그녀는 거침없는 분노를 키웠고, 인습을 무시하게 됐으며, 여성의 노예 상태에 격렬히 반발했고, 프랑스 혁명이 선포한 민주주의를 열정적으로 지지했다." 모험가 길버트 임레이와 한 연애는 재앙이었다. 그는 자기가 아버지라고 주장하면서 그녀가 낳은 자식을 빼앗았고, 결국 그녀를 버렸다. 이후로 울스턴크래프트는 더 이상 사랑을 구하지 않았다. 그녀는 사랑이 '성가신 방해꾼'이라고 말했다. 그녀는 중년에야 윌리엄 고드윈에게서 '조용하고, 충만한 행복'을 얻을 수 있었다. 윌리엄 고드윈은 유명한 합리주의 철학자였다. "그녀는 마침내 원숙함에 이르렀고, 차분한 평화를 얻었다."[58]

베네딕트는 고드윈을 긍정적으로 그리지 않는다. 그녀는 스탠리를 묘사한 것처럼 읽히는 부분에서, 그는 '얼음처럼 차갑고 고독한 논리적 과정을 따르는 냉혈한'이었다고 썼다. 그러나 고드윈은 울스턴크래프트의 인생에 나오는 다른 남자들보다 더 나았다. 그녀를 학대한 알코올 중독자 아버지, 그녀를 퇴짜 놓은 기혼 화가 헨리 푸셀리, 그녀를 버린 난봉꾼 길버트 임레이보다 말이다. 그녀는 고드윈과 결혼하면서 평화로운 가정생활을 얻었다. 고드윈은 결혼 후에도 따로 아파트를 얻어 살았다. 베네딕트는 그것으로 충분하다고 생각했다. 엘렌 케이의 라헬 파른하겐도 그렇게 했던 것이다.

베네딕트는 「메리 울스턴크래프트」에서 메리가 젊었을 때 패니 블러드와 낭만적 우정을 쌓았음을 지적했다. 그녀는 이 우정이 성애적이었음을 간파했다. 패니는 메리가 '열정을 쏟아부은 대상'이었다. 메리는 패니가 보이는 '온갖 기색'에 적극적으로 반응했다. 베네딕트가 쓴 이 구절들은 고드윈의 회고록에서 가져온 것이다. 그러나 그녀는 『여권의 옹호』를 읽었고, 울스턴크래프트가 여자들의 성적 관계에 비판적이었다는 것도 분명히 알고 있었다. 울스턴크래프트는 여자 기숙학교의 소녀들과 런던 사교계의 여자들을 언급하면서 이렇게 썼다. "여자들이 서로 친밀한 상황이 너무나 보편적이다. 어찌나 친밀한지 결혼 생활이 불행하다고 느끼는 일이 비일비재하다."[59]

베네딕트는 「메리 울스턴크래프트」에서 가부장제를 '괴물 같은 거대한 구조'라고, 이성애를 '골치 아픈 훼방꾼'이라고 비난했다. 그러나 고드윈이 회고록에서 울스턴크래프트를 너무 남성적이라고, 아마존의 여전사 같다고 비판한 내용은 소개하지 않았다. 베네딕트는 울스턴크래프트가 살았던 시대의 노골적인 남성성을 비판했다. 그녀도 엘렌 케이와 다른 작가들처럼 「메리 울스턴크래프트」에서 가장 완벽하게 구현된 자아는 이성과 감성, 남성과 여성을 결합한다고 말했다. 그러나 이 입장은 막연했다. 엘렌 케이와 올리브 슈라이너처럼 여성이 해방되기 위해서는 남성적 요소와 여성적 요소를 통합해야 한다고 호소한 페미니스트 가운데서 여자가 너무 남성적이기를 원한 사람은 단 한 명도 없었다.

베네딕트는 책으로 묶을 만한 세 번째 주인공으로 마거릿 풀러를 염두에 두었었다. 실제로 이상적인 여성상이라는 이 문제와 관련해 풀러의 저술에서 많은 내용을 얻을 수 있다. 그녀는 자신의 주저 『19세기의 여성들(Women in the Nineteenth Century)』(1845)에서 이렇게 쓰고 있다. "남성과 여성은 끊임없이 서로 바뀌고 있다. 전적으로 남성적인 남자도 없고, 완전히 여성적인 여자도 없다." 그러나 그녀는 여자에 관해 이렇게 쓰기도 했다. "여자들이 자유를 얻으면, 그녀들이 여성의 힘과 아름다움을 계발할 수 있을 정도로 충분히 현명해지면 남자가 되거나 남자처럼 되기를 결코 원하지 않으리라." 이런 판단 때문인지 풀러는 조르주 상드를 평가하는 데서 인색했다. 19세기에 활약한 프랑스 작가 조르주 상드는 거침없는 행동과 남장으로 미국에서 해방된 아마존의 상징으로 여겨졌다. 풀러는 상드에게 탄복했지만 그녀가 남장을 하고 담배를 피우는 걸 좋아하지 않았다. 그런 행위가 너무 남성적이었기 때문이다. 풀러는 엘리자베스 배럿 브라우닝이 상드를 긍정적으로 평가한 글을 읽고서야 비로소 그녀를 칭찬했다. 엘리자베스 배럿 브라우닝은 로버트 브라우닝과 결혼하기도 한, 당대의 귀감이 되는 여자였다. 풀러는 상드를 '머리가 큰 여자이자 심장이 큰 남자'라고 평했다.[60)]

휴턴 미플린이 루스가 쓴 전기 출간을 거부했을 때 그녀는 놀라지 않았다. 루스도 자기 글에 '억지'가 들어 있음을 이미 깨닫고 있었다.[61)] 사실 「메리 울스턴크래프트」도 「보쿠 플랜트」처럼 신파조였다. 이 시기에 자주 그랬던 것처럼 루스는 다시 한 번 하던 일을 중도에 포기했다. 게다가 그녀는 다시 사회봉사 활동을 시작한 상태였다. 나이를 더 먹었기 때문인지 경험이 쌓여서인지 그녀는 자기가 그 일을 즐기고 잘한다는 사실에 놀라고 있었다. "나의 주도로 만들어진 단체가 일을 잘하고 있다."라고 그녀는 일기에 썼다. "내가 왔으면 하고 바라는 곳이 대여섯 군데다."[62)] 그녀는 한동안 롱아일랜드의 적십자에서 일했고,

릴리언 월드의 헨리 스트리트 세틀먼트(Henry Street Settlement : 1893년 릴리언 월드가 맨해튼 남동부에 설립한 사회복지관으로, 집 없는 가족을 위한 임시 거주지 및 정신 병원에서부터 노인 서비스 센터와 지역 예술 센터에 이르는 프로그램을 제공한다.-옮긴이)에서도 일했다. 그녀는 1919년에 카네기재단이 진행한 미국화 조사(Americanization Survey) 작업의 면접에 참여했다.[63] 그녀는 한동안 춤을 배웠다. 미끈하게 흘러내리는 옷을 입고 우아하게 움직이며 보여주는 자세에 취한 그녀는 직업 무용수를 꿈꾸기도 했다.

그러나 그녀는 여전히 지식인이 되어 글을 쓰고 싶었다. 그녀는 컬럼비아 대학교에서 존 듀이 강좌를 여러 개 들었다. 1919년 가을에는 엘시 클루스 파슨스가 사회조사연구 뉴스쿨(New School for Social Research)에서 가르치는 '여성과 사회질서' 과목을 수강 등록했다. 이 학교는 문제의식을 가졌던 대학 교수와 지식인 들이 전쟁 말엽에 세웠다. 파슨스와 듀이도 거기 참여했다. 그들은 전쟁 시기에 컬럼비아와 같은 대학들이 언론의 자유를 억압하는 것에 분개했던 것이다. 그들은 더 진보적인 교육 환경을 마련하고자 했다. 이 시기에 사회조사연구 뉴스쿨은 거의 성인들의 야간 학교였다. 베네딕트는 이렇게 파슨스와 공부할 수 있는 기회를 잡았다. 파슨스는 저명한 페미니스트로, 사회사업가로 활동하기를 그만두고 결혼해서 엄마가 된 후 저술 활동을 했다. 파슨스는 여러 권의 저작을 통해 성별과 민족과 계급에 따라 사회적으로 차별하는 행태를 끝내야 한다고 호소했다. 그녀는 개성과 독립적 인격을 계발해야 한다는 엘렌 케이의 주장을 받아들였다. 그러나 그녀는 현대로 접어들면서 케이가 찬양한 낭만적 사랑이 그 빛을 잃고 말았다고 보았다.

파슨스는 관계와 독립을 지향하는 모범적 우정을 남녀 모두의 목표로 보았다.[64] 비어트리스 포브스 로버트슨 헤일처럼 그녀도 남자가 참여해 두 성별 모두의 처지를 다루는 새로운 인도주의가 필요하다고 호소했다. 그녀는 여성 참정권 운동을 지지하는 걸 주저했다. 호전적이고 반(反)남성적인 여자들이 권력을 손에 넣는 상황이 염려되었던 것이다. 그녀는 그녀들이 다른 무엇보다도 금주법 제정 운동을 주도하고 있음을 간파했다. 파슨스는 베네딕트가 듣는 수업 중에 헤테로독시 클럽을 비판했다. 그녀는 여자들이 남자들과 함께 하는 단체를 선호했다.[65] 파슨스는 전쟁과, 페미니스트들의 전쟁 지지 행위에 환멸을 느꼈다. 그녀는 페미니스트 조직과 결별했고, 인류학 공부를 시작해 남서부 인디언들의 제도화된 동성애를 전문적으로 연구했다.[66] 파슨스는 베네딕트보다 열세 살이 많았고, 그녀에게 가르칠 게 많은 사람 같았다. 페미니즘을 보는 루스의 견해는 이미 파슨스와 비슷했다. 루스는 의욕적으로 파슨스의 강의를 들었다. 그러나 말미에 이르면 두 사람은 거의 말도 하지 않게 된다.

처음에는 파슨스와 베네딕트는 사이가 좋았다. 파슨스는 사회학적 시각과 페미니즘의 관점으로 자신의 수업을 진행했다. 그녀는 여러 부족 집단의 종교, 혈족, 결혼, 성별 관계를 비교 분석했고, 그 연구 내용과 당대 쟁점들의 관계를 설명했다. 그녀는 자기 과목의 내용을 여성이라는 주제로 제한하지 않고 남성의 역할과 행동도 다루었다. 이런 강조점이 베네딕트에게 유익하게 작용했다. 그녀는 「메리 울스턴크래프트」와 「보쿠 플랜트」에서 남성의 행동을 이미 검토한 바 있었고, 미래의 인류학 저술도 빈번하게 남자를 집중적으로 다루게 될 터였다.

파슨스는 푸에블로 인디언들의 여성 중심적 사회제도를 논의하면서 강의를 시작했다. 푸에블로 인디언들은 모계 사회였고, 부부의 주거가 외가 쪽에 마련되었으며, 이혼이 자유로웠고, 사회생활은 공산주의적이었다. 그녀는 특색 있는 다른 부족 집단들도 소개했다. 친족 관계가 복잡하고 근친상간을 금지하는 호주의 부족들이나, 소를 숭배하고 우유를 신성하게 여기며 일처다부제인 인도 아대륙의 토다 족이 언급되었다. 파슨스는 학생들에게 수강 이유를 묻는 설문지를 돌렸다. 베네딕트는 국가를 구성하지 못한 사회들을 공부해서 당대 사회를 비판하고 싶고, '관습에 관한' 자신의 '무지'를 줄이고 싶다고 답변서에 썼다.

파슨스는 수강생들에게 강의에서 배우는 내용을 당대의 상황에 적용해 보라고 격려했다. 푸에블로 족 여자들이 자기들 근처로 정착해 들어온 '백인' 여자들을 어떻게 바라볼지 묻는 설문지도 있었다. 여기서 베네딕트는 인디언 여자들에게 공감을 표했고, 백인 여자들에게는 양가적인 감정을 드러낸다. 그녀는 결혼한 백인 여자가 남편을 따라 나고 자란 혈족을 떠나야 하고, 이혼할 경우 전 남편의 부양을 요구할 수 있는 권리가 전혀 없으며, 결혼한 백인 여자들이 독립심을 발휘해 '모두에게 큰 소리로 이래라저래라 명령해야' 하는 상황에 놓이면 어쩔 줄 몰라 할 것이라는 사실에 인디언 여자들이 깜짝 놀랄 것이라고 썼다. 베네딕트는 여자들이 강력하면서 동시에 무력하다고 보고 있었다. 그녀가 속한 백인 여자들은 남편들을 좇았지만 지휘도 했다. 메리 울스턴크래프트는 남자들에게 희생당했지만 여성의 대의를 촉진했다. 파슨스는 수강생들에게 결혼을 정의해보라는 질문도 던졌다. 베네딕트는 '사회적으로 허가된 남녀의 온갖 성관계'라고 써냈다.

베네딕트가 과제로 제출한 에세이 가운데서 오늘날 확인할 수 있는 것은 딱 하나로 당대의 결혼과 성애를 논한 것이었다. 거기 담긴 베네딕트의 생각은 이 문제를 논한 파슨스의 저작에 빚지고 있다. 베네딕트는 자유의 필요성을 역설한다. 그녀는 미국 사회에서는 여성이 세 집단으로 분류된다고 썼다. 미혼 여성, 아내, 창녀로 말이다. 그녀는 이런 분할이 하나로 통합되어야 한다고 주장했다. 모든 여자는 아무 때고 자신들이 선택하는 대상과 성관계를 할 권리가 있다는 것이었다. 그러면서도 그녀는 '배우자들 사이에서 지속적이고 충실한 관계가 유지된다'는 의미에서 어떤 '결혼 제도'를 원했다. 그녀는 엘렌 케이가 제창한 완벽한 사랑의 관념을 버리지 않고 있었다. 그녀는 성적 자유가 한 사람하고만 성관계를 맺는 지루함을 덜어줘 자신이 꿈꾸던 일부일처제의 이상을 강화해주리라고 결론지었다. 이것은 에드워드 카펜터의 구상을 되풀이해 말한 것이었다.

루스는 이런 생각들을 일기에 자유롭게 써놓았다. 인간이 성관계를 열망하는 사태를 어떻게 해소할 수 있을까? 그녀는 물었다. 자위가 한 가지 방법일 수 있다고 그녀는 썼다. 그녀는 해블록 엘리스를 인용하면서 이렇게 주장했다. '흔히 자해로 알고 있지만, 자위는 중용의 도'만 어기지 않으면 해롭지 않다. 그러니까 너무 자주 하지만 않으면 된다는 얘기였다. 동성애는 어땠을까? 그녀는 자유연애를 옹호하는 자신의 입장을 수정하면서 이렇게 썼다. '플라톤의 『공화국(Republic)』에 나오는 해결책을 무턱대고 받아들일' 수는 없는 노릇이라고.[67] 그러나 이 지점에서 베네딕트를 온전히 파악하는 게 쉽지는 않다. 왜냐하면 플라톤이 『공화국』에서 자유연애를 이상 사회의 요소로 보았기 때문이다. 그러나 플라톤의 이상 사회에 동성애는 포함되지 않았다. 그러나 베네딕트는 1934년에 발표한 「인류학과 비정상(Anthropology and the Abnormal)」 및 『문화의 패턴』 모두에서 플라톤이 『공화국』에서 동성애를 옹호했다고 주장한다. 와이스 박사라는 사람이 1943년에 편지를 써 보내 그녀의 실수를 지적했고, 그녀는 잘못을 인정했다. 그녀는 이렇게 썼다. "『공화국』이 아니라 『향연』이나 『파이드로스(Phaedrus)』를 언급했어야 했다."[68] 그녀가 1919년에도 똑같은 실수를 한 것일까? 그녀가 일기에서 『공화국』이 아니라 『향연』이나 『파이드로스』를 인용하려 했던 것일까? 그녀가 자유연애를 거부했을까? 아니면 동성애를 거부한 것일까?

베네딕트가 제출한 에세이를 파슨스가 뭐라고 했는지는 알 수가 없다. 사랑과 결혼에 관한 베네딕트의 결론을 그녀가 논박했을까? 파슨스가 베네딕트의 견해를 이해하지 못했을까? 여러 면에서 두 사람은 비슷했다. 그녀들은 페미니스트였고, 조직과 투쟁은 별로 내켜하지 않았다. 베네딕트는 페미니스트들의 회합을 좋아하지 않았다. 파슨스는 연설을 기피했고, 참정권을 요구하면서 벌이는 행진에도 참여하지 않았다. 두 사람 다 봉사 활동이 사회 진출의 첫 무대였다. 두 사람은 그 일을 그만두고 인류학으로 전향했다. 그녀들은 억제된 성격의 소유자였다. 베네딕트는 가면을 썼고, 파슨스는 '언제나 차분했다.' 물론 그녀를 베네딕트와 견주어 보면 수줍어하는 성격이나 우울증 따위는 없었다.[69] 그러나 그녀들은 사회계급이 달랐다. 파슨스는 뉴욕 최고 부자 가운데 한 명의 딸이었다. 그녀는 자신의 필요와 요구를 뒷바라지해주는 하인들이 상주하는 대저택에 살았고, 뉴욕의 상류 사회를 자유롭게 출입할 수 있었다. 그런 차이가 베네딕트에게 영향을 미쳤다. 파슨스가 학생들에게 수강 이유를 묻는 설문지에는 각자의 배경에 관한 질문도 들어 있었다. 베네딕트는 이 항목에 답변하면서 자신을 농부의 딸이라고 소개했고, '은퇴한 부자들'의 동네 패서디나에서 살았다고 적었다. 파슨스는 기혼이었고, 네 자녀의 어머니였다. 그녀는 아름다웠고, 위엄이 있었다. 애인들이 있다는 소문도 자자했다. 요컨대 그녀는 베네딕트가 원하는 것을 전부 갖고 있었다. 질투를 안 할 수가 없었다.

파슨스가 훌륭한 선생님이 아니었을 가능성이 있다. 그녀는 20년 동안 인류학을 연구했지만 뉴스쿨의 수업이 그녀가 해보는 유일한 강의였다. 실제로도 루스는 그녀의 접근법에 공명하지 않았다. 파슨스는 문화의 세부 사실들에 집중했다. 반면 루스는 커다란 그림을 선호했다.

파슨스는 그해 봄 학기에 뉴스쿨 강의를 중단했다. 루스는 과목을 변경해, 컬럼비아 대학교 박사 출신으로 뉴스쿨에서 가르치고 있던 알렉산더 골든와이저의 강의를 들어야 했다. 골든와이저는 동유럽에서 건너온 유명한 지식인의 아들로, 과시적인 성격이었다. 그는 '멜라네시아의' 간단한 '빨강 물감'에서부터 '유럽 고딕 건축의' 복잡한 '홍망사'에 이르기까지 온갖 내용을 탁월하게 설명하고 일반화했다.[70] 파슨스는 학생들과 편지로 연락했다. 수강생들은 파크 애비뉴에 있는 그녀의 아파트나 뉴욕의 부유한 교외 지구 해리슨에 있는 그녀의 집으로 과제물을 보내야 했다. 골든와이저는 학생들과 무제한으로 어울렸다. 그가 죽자 베네딕트는 글을 발표해서 자신을 인류학에 입문하게 해준 그의 공로에 감사 표시를 했다. 파슨스에 대해서는 이렇다 할 언급을 하지 않았다.[71]

성 정체성이 둘 사이의 쟁점이었을지 모른다. 파슨스는 수업에 대비한 읽을거리로 주니 족을 논한 자신의 글들을 포함시켰다. 여기에는 주니 족의 베르다슈(berdache : 각주 66번 참조-옮긴이) 전통을 소개한 글도 두 편 들어 있었다. 이 전통에서 남성들은 여자들의 일과 옷을 제 것으로 삼았다. 파슨스는 자기 글에서 여기에 공감을 표했다. 1915년에 그녀는 성별을 횡단한 낸시라는 '소녀-소년'(캇솟세, katsotse)을 '의지가 굳은 여자' 또는 '남성이 많은 부분을 차지하는 새로운 여자'라고 평했다.[72] 파슨스는 여러 권의 다른 책과 논설에서 동성애에도 공감했다. 그녀는 이렇게 썼다. "성별의 경계를 넘어서려면 한 개 이상의 성에 관한 금언에 이의를 제기한 전설적인 아마존이나 르네상스 시대의 낙천가들을 참조해야만 한다." 그녀는 아마존과 르네상스기의 여성 모두가 당대에 활약 중이던 여권 운동 세력의 선구자라고 말했다. 1916년에는 사생활의 권리에 기초해 모든 남색 금지법을 철폐해야 한다고 주장했다. 그녀는 자신에게 동성애 경험이 약간 있음을 넌지시 비치기도 했다. "동성애를 고발하는 관점에 선다면 적의와 사도(使徒)를 고무한 이들 가운데 무사한 사람이 단 한 명도 없을 것이다."[73]

그러나 그녀가 동성 간의 사랑에 완전히 공감한 것은 아니었다. 그녀는 동성 간의 사랑이 대개는 '병영이나 학교나 교도소에서 성별을 분리한 데' 따른 것이라고 보았다. '다시 말해, 남녀가 사회에서 교제하는 것을 제도적으로 끊임없이 금지했기' 때문이라는 것이었다. 따라서 남녀가 동등한 처지에서 수시로 만남을 거듭하면 '성도착'은 일어나지 않을 터였다. 1922년에는 그녀의 적의가 분출했다. 해럴드 스턴스가 편집한 유력한 저서 『미국의 문명(Civilization in the United States)』에 성(性)이라는 주제로 글을 쓰면서 그녀는 이렇게 주장했다. 사람들이 규칙 바르게 이성애 관계를 유지하지 않으면 성 충동이 '도착될' 수도 있다. 물론 그녀가 이 점을 전적으로 확신한 것은 아니었다. 당연하다. 미국에서 '성 병리학'(sex pathology)이 정확한 통계를 바탕으로 연구된 적이 없었기 때문이다. 그럼에도 불구하고 그녀는 '성별 사이의 적대나 흔히 볼 수 있는 고립감'뿐만 아니라 '사람들이 보이는 경쟁심'의 원인을 '동성애의 자위 경향'에서 찾았다. 이 구절은, 베네딕트도 일기에 적은 바 있는 다음과 같은 믿음을 드러낸다. 자위를 많이 하면 자신의 성별에 고정되어 동성애 성향이 생길 수도 있다는 믿음 말이다.[74]

베스트셀러 소설가 로버트 헤릭이 파슨스와 연애를 했다. 그가 1932년에 발표한 『욕망의 끝(The End of Desire)』은 두 사람의 연애를 바탕으로 한 실화 소설이다. 이때 두 사람은 이미 헤어진 후였다. 이 소설의 핵심 주제는 동성애다. 분명치는 않지만 비정상 심리학의 전문가로 나오는 주인공은 파슨스일 게 뻔하다. 파슨스를 참조한 이 등장인물은 어떤 청년 '성도착자' 재판에 전문가로 출석해 증언을 한다. 그녀의 아들이 다니는 남자 기숙학교에서는 한 선생님이 아들을 유혹하는 사건도 벌어진다. 헤릭이 허구적으로 창조해낸 파슨스는 보통 사람들보다 '재능과 자질이 더 뛰어나다.' 그녀가 '여러 유색 인종'과 '맺는 관계는 차별적'이다. 그녀가 결혼을 화두로 공개 강연을 하면 레즈비언 커플들이 수도 없이 모여든다. 그녀가 자유연애 사상을 지지하고, 그 때문에 유명세를 치르고 있기 때문이다.[75]

헤릭이 동성애 혐의를 조작했을지도 모른다. 그가 파슨스의 외면으로 마음의 상처를 간직한 채 소설을 썼다는 것은 분명한 사실이다. 그녀가 여자보다는 남자를 좋아하는 것 같다고 그가 다른 곳에서 말하기는 했다.[76] 마거릿 미드는 『욕망의 끝』이 나오자마자 사서 읽었다. 그녀는 베네딕트에게 써 보낸 한 편지에서 파슨스가 여자를 싫어하고, 자신의 성 정체성을 혼란스러워 한다며 비판했다. "엘시에게 묻고 싶어요. 남자였으면 하고 바라서 여자를 미워하는지, 아니면 자기가 여자가 아니고, 또 여자가 되고 싶어서 여자를 싫어하는지를요."[77]

베네딕트와 미드가 엘시 파슨스를 어떻게 판단했든 파슨스는 편견 없이 대했다. 그녀는 베네딕트의 잠재력을 알아보았고, 컬럼비아 대학교 인류학과 진학을 막지 않았다. 파슨스는 나중에 베네딕트의 연구에 기금도 댔다. 베네딕트는 파슨스가 자금을 제공하고 부주간으로 참여한《미국 민속학 저널(Journal of American Folk-Lore)》의 주간으로 일했다. 그녀는 다시 한 번 파슨스가 돈을 댄 미국 인디언들의 신화 사전 편찬 사업을 했다. 그러나 두 사람이 주고받은 편지는 대개가 저널에 관한 내용으로, 어조가 차갑기만 하다. 여러 해에 걸쳐 그들은 의견을 달리하는 부분이 많았다. 보애스가 두 사람을 중재하려고 시도했을 정도였다.[78] 그들은 학문의 방법론이 달랐다. 파슨스는 문화의 세부 사실들, 그리고 에스파냐와 멕시코 인디언들의 문화가 푸에블로 인디언들에게 어떻게 전파되었는지에 집중했다. 반면 베네딕트는 개별적 문화들에 존재하는 지배적 유형과 표준에서 벗어난 유형을 집중적으로 연구했다. 페미니즘 운동의 견지에서 보면 그녀들의 불화가 불행한 사태였을지도 모르겠다. 그러나 서로를 싫어했기 때문에 베네딕트가 초기에 미드에게 관심을 보인 것도 사실이다. 그녀는 인류학을 공부하게 될 미래의 과정에서 미드를 잠재적 동맹자로 보았다.

컬럼비아 대학교 인류학 대학원 과정에 진학하면 인생에서 뭘 해야 할지로 고민하던 베네딕트의 문제가 해결될 것 같았다. 베네딕트는 가르치는 일, 글쓰기, 학문 활동 등으로 계속해서 사회 개혁에 기여할 수 있으리라고 판단했다. 그녀는 대학원에 진학하면서 지식인 사회에도 발을 들여놓았다. 컬럼비아 대학교의 다른 인류학자들뿐만 아니라 파슨스와 골든와이저 모두 대중적인 학술지에 글을 발표했다. 베네딕트는 골든와이저 덕택에 아메리카 인디언들의 비전 퀘스트[vision quest : 북미 인디언들이 행한, 영계(靈界)와의 교류를 구하던 의식-옮긴이]를 박사 학위 논문으로 쓸 생각을 하게 됐다. 일상의 사회활동에서 물러나 영적 안내자를 찾았던 인디언들처럼 베네딕트에게도 공상의 형태로 직관상이 있었다. 학문 활동을 하게 되면 자신의 집중 능력을 활용해 탐구 대상과 문화의 세부 사실들을 샅샅이 연구하고, 직관상을 제어해 마음을 다스릴 수 있을 터였다. 또한 '낯선 땅의 이방인'처럼 느껴지는, 미국과는 전혀 '다른 나라'로 여행을 갈 수 있고, 학자가 되어, 아집에 사로잡혀 있는 스탠리에게 도전할 수 있을 터였다. 또한 가르치는 일과 저술 활동은 그녀가 갖지 못한 자식들을 대신해줄 수 있을 터였다. 요컨대 새롭고 흥미진진한 지식이 생산되고 있던 인류학이라는 학문 분야에서 그녀가 명성을 얻을 수 있을지도 몰랐던 것이다.

종교, 민족, 지적 작업, 동성애, 모성, 출세. 베네딕트의 이 모든 관심사가 인류학이라는 분야에서 합쳐졌다. 보애스가 그녀를 컬럼비아 대학교 박사 과정에 받아주었다. 그는 베네딕트의 나이를 고려해 박사 학위를 빨리 끝낼 수 있도록 뉴스쿨에서 그녀가 수강한 과목들의 학점을 인정해주었다. 베네딕트는 1921년에 박사 과정에 입학했다. 미드는 전해에 바너드 대학에 입학했다. 이렇게 두 사람이 만날 수 있는 무대가 마련되었다. 보애스가 1922년에 인류학 입문 과정을 개설한다. 베네딕트는 대학원생 조교 자격으로 보애스를 도왔고, 미드는 그 수업을 듣는 학생이었다.

4부

뉴욕에서 뉴기니로

6장

드포 대학교와 바너드 대학, 마거릿 미드의 형성

제1차 세계대전 기간에 루스 베네딕트는 결혼을 했고, 소설을 썼으며, 사회봉사 활동을 다시 시작했다. 그 시절에 마거릿 미드는 중학교와 고등학교를 다녔다. 어렸고 감수성이 예민했던 그녀는 미국이 연합국에 가담해 참전하는 것을 지지했다. 그녀는 적십자에서 붕대를 감았고, 동네 단체들을 방문해 4분 연설을 하면서 전쟁 공채를 팔았다. 그녀는 이렇게 썼다. "나는 위대한 역사적 결단에 들떠 있었다. 이제 민주주의는 승리할 것이고, 세계인들은 독일로부터 안전해질 터였다. 독일은 민주주의와 세계의 적이었다."[1] 그녀는 고등학교 졸업식에서 여성의 지위 향상과 국제주의가 전쟁과 평화의 목표가 되어야 한다고 연설했다. 그녀는 독일 군인들이 벨기에 소녀를 강간했다는 잡지 기사를 읽고서 일군의 에스파냐인들을 스파이로 독일에 잠입시키는 공상을 했다. 그러나 고등학교 시절의 그녀는 공부와 친구들에 몰두했고, 특히 3학년 때는 루서 크레스먼에 열중했다. 군대에 징집된 루서 크레스먼은 포병 훈련 캠프의 주둔지 켄터키를 벗어나지 못했다. 제1차 세계대전의 공포는 베네딕트의 사유에 영향을 미쳤지만 미드의 사고에는 별다른

영향을 미치지 못했다.[2)]

마거릿은 고등학교를 졸업하고, 인근의 사립 여학교에서 1년 동안 프랑스어를 공부했다. 그녀는 어머니가 다녔던 웰슬리 대학에 가고 싶었다. 그러나 그녀의 첫 대학 생활은 인디애나 주 드포 대학교에서 시작되었다. 드포 대학교는 아버지의 모교로, 마거릿은 1919년부터 1920년 사이 1년 동안 여기서 신입생 시절을 보낸다. 에드워드 미드는 당시에 재정적으로 곤경에 처해 있었고, 그 어느 때보다 변덕스러웠다. 그가 갑자기 학비 지원을 중단하겠다고 선언했다. 의사를 동원해 딸이 대학 수업을 따라가기에는 너무 왜소하고 허약하다고 진단케 하는 편법이 동원되었다. 미드는 인생에서 자기가 '페미니스트'였던 적이 몇 번 있었는데, 그 가운데 한 번이 이때였다고 언급했다.[3)] 다급해진 미드의 어머니가 드포 대학교 당국에 진정을 했다. 에드워드가 학교 당국자의 설득을 거절하지는 못하리라고 판단한 것은 옳았다. 마거릿은 가만히 있었다. 미드의 부모와 할머니는 자신들이 자란 중서부를 언제나 자랑스러워했고, 그녀도 거기 머물고 싶어 했다.

그러나 드포 대학교는 프러터니티(fraternity)와 소로리티(sorority)라고 하는 남녀 대학생 사교 클럽과 미식축구가 위세를 떨치던 감리교 교육기관이었다. 이곳은 에밀리 포그가 다녔던 여성주의 웰슬리가 아니었고, 개혁 지향적인 시카고 대학교도 아니었다. 그곳은 지성과 사회봉사의 윤리와 샬럿 퍼킨스 길먼의 대의를 지지하는 루스 풀턴의 배서 대학이 아니었다. 드포 대학교 재학생은 상층 지향적인 중서부인들로 채워졌다. 그들은 가족 가운데서 대학이라는 곳에 진학한 첫 세대였다. 미드는 『블랙베리 겨울』에서 남학생들은 로터리 클럽 회원이 되기 위해 훈육 중인 생도들로, 여학생들은 그들의 아내이자 사교 클럽 회원이 되려고 모인 사람들로 묘사했다.[4)]

마거릿은 적응하지 못했다. 그녀의 모든 것이 불리하게 작용했다. 성공회 신자라는 사실, 지식을 사랑한 점, 펜실베이니아 특유의 억양, 가지고 있던 시집들, 기거하는 기숙사 방 벽에 붙여놓은 벵골 출신 신비주의 시인 라빈드라나트 타고르의 사진 등이 전부 그녀를 곤경에 빠뜨렸다. 드포 대학교의 여학생들은 차이와 다름에 익숙하지 않았다. 마거릿은 엄청난 죄악을 저지른 셈이었다. 그녀는 옷을 입는 방식이 달랐다. 그녀는 화려한 색상과 다채로운 모양의 옷을 즐겨 입었다. 드포 대학교 여학생들은 재단을 단순하게 한 평범한 옷을 입었다. 그녀들은 레이스가 달린 세일러복 형 블라우스를 많이 입었다. 마거릿이 드포 대학교 시절에 찍은 사진들을 보면 학생들의 복장이 대동소이하다는 걸 바로 알 수 있다. 수병들의 제복과 비슷한 복장을 하고 있는 것이다. 미드는 그 옷을 '피터 톰슨 의상'이라고 불렀다. 그녀는 어머니에게 이런 내용의 편지를 써 보내기도 했다. "여기 아이들은 입은 옷으로 평판이 좌우돼요." 일종의 우월감을 드러낸 것이다.[5)]

특히나 여학생 클럽 아이들이 미드의 외모와 옷을 문제 삼았다. 그녀가 촌스럽고, 구식이라는 것이었다. 새 학년이 시작되기 전 주말에 펜실베이니아에서 기차를 타고 인디애나까지 가서 기숙사에 도착했을 당시의 그녀 행색이 바보 같았다는 소문이 퍼졌다. 장시간의 기차 여행으로 피곤한 가운데 주름진 옷을 입고, 테가 없는 안경을 낀 모습이 가관이더라는 식이었다.[6)] 며칠 후 마거릿은 여학생 클럽들의 환영 파티에 참석했지만 입회 권유를 받지 못했다. 소로리티 학생들은 캠퍼스에서 그녀를 외면했다. 선배들이 환영 파티에 참석한 신입생들에게 말을 걸지 말라고 시켰던 것이다. 그녀들은 이 금지 조처가 일단락된 후에도 계속해서 마거릿을 멀리했다. 그녀가 감리교 학교의 성공회 신자라는 사실 때문에 일이 더욱 꼬였다. 그녀는 복음주의 신앙이 아니라는 이유로 대학 YWCA에도 가입하지 못했다. YWCA는 학생 사교의 또 다른 주요 기관이었다.

그러나 드포 대학교에는 긍정적인 특징도 있었다. 마거릿은 강의가 마음에 들었다. 그다지 많은 책을 출간했을 것으로 기대하지 않았던 교수들이 그녀에게 상당한 시간을 할애해 주었다. 그녀는 종교 필수 과목들이 특히 좋았다. 과목 담당 교수들이 진보적 개혁과 연결된 사회 복음(Social Gospel : 신교의 교리-옮긴이)의 관점에서 학생들을 가르쳤던 것이다. 이 관점은 그리스도의 평등주의적 가르침에 초점을 맞춰 사회 변화를 촉진하고자 했다. 마거릿은 이 가르침을 바탕으로 무신론과 연결되는 듯한 어머니의 사회주의와 자신의 성공회 신앙을 화해시킬 수 있었다. 미드는 베네딕트와 달리 자신이 경험한 종교를 억압적이라며 버리지 않았다. 그녀는 성공회에서 안정감과 영성을 찾았고, 누렸다. 그녀는 사회 윤리 수업도 좋아했다. '눈에서 불이 날 것 같은' 그 교수는 모든 진실을 한꺼번에 다 얘기할 필요는 없다고 말했다.

마거릿의 기숙사 친구들은 사이가 좋았다. 드포 대학교가 남녀 공학이었다고는 해도 여자들이 낭만적 우정을 나누는 풍토가 완전히 사라진 것은 아니었다. 마거릿은 가을 학기 때 가족에게 보낸 편지들에서 루스라는 친구를 자주 언급했다. 마거릿은 루스를 '지금까지 본 중 가장 친절한 아이'라고 묘사했다.[7] 캐서린 로덴버거라는 친구도 있었다. 기숙사 생활을 함께한 캐서린은 처음에 마거릿을 동정했지만 후로는 그녀에게 매혹되었다. 마거릿은 수줍은 성격의 캐서린이 우아하고 호감이 가는 인물이라고 평했다. 그녀는 에밀리 미드에게 캐서린을 이렇게 설명했다. "캐서린은 자신의 신중한 태도를 나처럼 개방적인 친밀함 따위로 꾸미지 않아요. 그 애가 내비치는 얼음과 눈의 황무지를 건너려면 단호하게 용기를 내야 한다는 얘기죠." 그녀는 어머니의 엘리트주의에 부응하기 위해 이런 말도 보탰다. “캐서린은 적금색 머리끝부터 아담하고 뾰족한 발끝에 이르기까지 완전한 귀족이라고요.” 마거릿이 마지막으로 한 말을 보자. “엄마도 캐서린을 보면 마음에 드실 거예요.”[8)]

마거릿과 캐서린 사이에 무슨 일이 있었는지는 확실치 않다. 후에 마거릿은 그레고리 베이트슨에게 그녀가 중서부의 이상을 확고히 간직하고 있으므로 무엇이든 해낼 거라고 설명한다.[9)] 두 사람이 그 당시 주고받은 짧은 편지를 하나 확인할 수 있는데 그걸 보면, 캐서린이 마거릿에게 힐다 제인이 방을 나갔으니 와서 자기를 안아달라고 요구하는 내용이 적혀 있다.[10)] 그러나 마거릿과 캐서린의 행동은 당대의 성별 사회화 제도를 따랐다. 당대의 제도는 동성 간의 호의와 이성애를 모두 장려했다. 마거릿이 드포 대학교를 떠나 바너드에 편입한 다음 해에 캐서린은 자기가 그 어느 때보다 더 마거릿을 사랑한다는 내용의 편지를 써 보낸다. 그러면서 동시에 남자 친구에 관한 비밀을 털어놓는 것이다. “다시 사랑에 빠질 것 같아. 그 앤 (성공을 거둘 수 있는 단 하나의 방법이 될 거라고 네가 말한) 가차 없이 단호한 방법을 쓰고 있어.”[11)]

마거릿의 부모는 그녀가 드포 대학교에서 왕따 취급을 받는다는 사실을 알고서는 학교를 그만두고 집으로 돌아오라고 권했다. 그러나 그녀는 거절했다. 마거릿은 이 상황이 자신이 맞서야만 하는 윤리적 도전 과제라고 선언했다. 드포 대학교 학생들의 허물이 자신의 결함이기도 하기 때문이라는 것이었다. 이런 태도는 마거릿이 10대 후반이었다는 사실을 떠올리면 상당히 인상적이다. 이런 태도는 미드의 어른스러운 면을 보여주는 사례이다. 그녀는 어린 나이에 특이하게도 원숙한 면모를 보인 것이다. 그녀가 공격을 견디는 데서 나아가 반격을 감행해 위기를 타개한 방식은 어땠을까? 그녀는 미조직 상태의 지리멸렬한 기숙사생들을 지지자 그룹으로 단결시키라는 어머니와 아버지 모두의 조언을 따르기로 했다.[12] 에밀리는 여성 단체들의 정치 역학 구도 속에서 다년간 경험을 쌓았고, 에드워드도 대학이라는 정치판을 오랜 세월 동안 몸소 겪었다. 두 사람은 마거릿이 지분을 얻기 위해 사용할 수 있는 전략을 잘 알고 있었다. 에밀리는 마거릿에게 이렇게 써 보냈다. "그런 사교 클럽이 있다니, 믿을 수가 없구나. 넌 너의 조직을 따로 만들거라."[13]

이렇게 해서 마거릿은 평판을 얻어 인기를 누리려는 작전에 돌입했다. 그녀는 대학교 연극과 축제의 대본을 써서 상을 휩쓸었다. 가을 축제 때는 기숙사의 '귀신 나오는 집' 행사에서 '머리 없는' 여자로 분장해 파문을 일으켰다. 몸과 머리를 천으로 감싼 다음 맨 위로는 피투성이 닭 머리를 올렸던 것이다. 그것도 모자랐던지 그녀는 두 팔로 피범벅이 된 가짜 머리를 들고 돌아다녔다.[14] 마거릿은 가족 활동과, 고등학교 시절 동아리를 조직하면서 습득한 다양한 방법과 수단을 활용했다. 이를 테면, 함께 수업을 듣는 학생들을 다과회로 불러 자기를 따르는 공부 모임을 만들었다. 캐서린의 어머니는 마거릿에게 어떤 옷을 입어야 할지 가르쳐주었다. 마거릿은 학교 5월 축제 때 행사 대본을 썼고, 왕으로 분한 캐서린과 함께 직접 왕비를 연기했다. 그 행사가 있던 날 아침 그녀는 꽃바구니를 준비해 친구들은 물론 적들에게도 돌렸다. 다음 순서는 선거 캠페인이었다. 캐서린을 학생회 부회장으로 미는 계획은 성공을 거두었다. 여기에는 소로리티들을 서로 반목시키는 계략을 썼다. 학년을 마칠 즈음에 그녀는 유명세를 누렸고, 존중까지 받았다. 여학생 사교 클럽에 소속된 아이들도 마거릿을 어쩌지 못했다.[15]

마거릿은 드포에서 많은 교훈을 얻었다. 그녀는 차별을 몸소 겪으면서 억압받는 소수 집단에 속한다는 게 어떤 것인지를 배웠다고 나중에 말했다. 대개는 사소한 대립이 가장 커다란 상처로 다가왔다. 한번은 그녀가 가지고 있던 옷을 수선해 입었다. 그런데 한 소로리티 회원이 진짜인지 가짜인지 보겠다며 그 피터 톰슨 의상의 옷깃을 무례하게 잡아챘다. (그 옷은 진품이었다.) 그녀는 인종 차별 반대론자 프란츠 보애스의 제자가 되었을 때 소수 집단에 속했던 경험이 자기에게 큰 도움이 되었다고 말했다. 그녀는 자신의 드포 대학교 경험과 보애스의 제자들 가운데 다수를 차지했던 유대인들의 경험을 비교했다. 19세기 후반의 독일과 미국은 반유대주의가 약했다. 이처럼 상대적으로 평등한 분위기에서 자란 유대인들은 불행하게도 세기 말쯤에 이르면 천민으로 전락하고 만다. 차별을 끝장내기 위한 투쟁에는 온갖 종류의 투사들이 필요하다고 그녀는 썼다. "차별의 끔찍한 효과를 바로 알아보는 사람도 필요하고, 타인들에게는 일상적 경험일 뿐인 비극을 접하고서 마음속 깊이 충격을 받는 사람도 필요하다."[16]

마거릿은 드포에서 인기를 얻겠다는 작전을 벌이면서 집단들의 정치 역학과 상황을 교묘하게 다뤄 여론을 조종하는 방법을 배우고 익혔고, 자신이 목표한 바를 이뤘다. 정말이지 그녀는 상당히 많은 시나리오를 연출하고 있었다. 그녀는 막전과 막후에서 모두 활약했다. 마거릿은 소로리티에서도 교훈을 얻었다. 그녀는 여학생 클럽들에서 자매애의 위력을 배웠다. 함께 뭉친 여자아이들이 의식과 상호 지원을 통해 위세와 안전을 얻는 방식을 말이다. 마거릿은 불평등한 환경에 자신이 쉽게 동화될 수 있음도 깨달았다. 자신이 평등의 가치를 거꾸로 드러내 보였던 것이다. 그녀는 주위의 불건전한 문화 풍토에 따라 행동했다. 마거릿이 승인을 얻겠다면서 벌인 작전의 목표는 구체적으로 소로리티의 입회 제안을 받는 것이었다. 그녀가 어머니에게 썼듯이, '이 학교에서는 집안이 좋거나 자질이 뛰어난 여학생들은 전부 소로리티에 가입'했기 때문이다.[17]

마거릿은 소로리티들이 차별적이라는 사실을 알았다. 개별 클럽들은 외모, 의상, 배경을 보고 회원을 골랐다. 소로리티들은 동일한 기준을 적용하는 정도에 따라 서로를 깎아내렸다. 마거릿은 '노골적이고 불쾌한 인위성'이 소로리티의 특징이라고 썼다. 그러나 문학회의 명예 회원으로 뽑혔을 때는 그녀도 우쭐했다. 거기 속하면 소로리티에 발탁될 가능성이 더 높아지기 때문이었다. 여학생 클럽들은 대학 당국의 평판을 좋게 유지하기 위해 성적 우수자를 비공식 회원으로 몇 명씩 입회시켰다. 남학생 클럽 회원 한 명이 마거릿에게 데이트 신청을 해왔을 때 마거릿은 뛸 듯이 기뻤다. 소로리티들이 다른 무엇보다 데이트와 결혼 중개소 역할을 담당하고 있었기 때문이다. 프러터니티 회원들과 데이트한 소로리티 회원들은 최고의 위신을 누렸다. 그러나 마거릿은 데이트 문화에 실망했다. 그녀는 과에서 뛰어난 능력을 발휘하고 싶었지만 드포 대학교의 남학생들은 성적이 좋은 여학생들하고는 데이트를 하려고 하지 않았던 것이다.[18)]

미드가 드포 대학교에서 이룬 성취는 서서히 두각을 나타낸 그녀의 카리스마적 개성에도 도움이 되었다. 그녀를 아름답다고 평한 사람은 아무도 없었지만 마거릿은 거역할 수 없는 존재였다. 그녀의 시선은 솔직하고, 매혹적이었다. 한 친구는 나중에 레이저 광선 같았다고 묘사하기도 했다. 또 다른 친구는 마거릿이 눈으로 교감할 수 있는 대단한 능력의 소유자였다고 평했다.[19)] 마거릿은 어머니의 애교 넘치는 미소를 지녔고, 머리칼도 아름다웠다. 사람들은 그녀의 머리칼에서 빛이 난다고 말했다. 그녀는 말을 할 때 손짓과 동작이 풍부했다. 작은 두 손은 탐스러웠다. 마거릿은 어렸을 때 아버지가 자주 손을 잡아주었고, 그로 인해 성적 활기와 매력이 두 손에 밴 것이라고 생각했다. 그녀는 이렇게 말했다. "사람들은 내 손을 잡으면서 특별한 매력을 느꼈다. 쥐는 강도나 촉감, 뭐 그런 것에서 특별함을 느꼈다고나 할까."[20] 그녀의 체구는 사랑스러웠다. 다리는 가늘었다. 그녀는 사람들과의 접촉을 즐겼다. 그녀는 항상 가까이 다가가서 대화를 했다.

마거릿은 기민하고 활발한 정신의 소유자였다. 그녀가 생각하는 모습을 지켜본 사람들은 반하지 않을 수 없었다. 그런 다음에야 비로소 그녀는 입을 열었다! 마거릿의 세 번째 남편 그레고리 베이트슨은 이렇게 말했다. "마거릿을 직접 만나기 전까지는 그녀에 관한 소문이나 이야기를 들어본 적이 없었다." 베이트슨은 저명한 생물학자의 아들로 케임브리지 대학교를 나왔고, 재기 넘치는 대화에 익숙한 사람이었다.[21] 마거릿은 낡은 개념들을 새롭게 조직화했고, 다른 사람들이 미처 생각하지 못한 가능성을 보았으며, 거기서 창의적인 꿈을 꿀 수 있었다. 그녀는 천진난만했고 어머니 같았으며, 장난을 즐겼는가 하면 원숙한 면모를 보였고, 얌전하고 의존적이었으며, 어머니 같은 보살핌이 필요했는가 하면 자신이 어머니가 돼서 주변을 돌볼 수도 있었다. 마거릿의 체구는 1920년대의 이상적인 아름다움과도 꼭 들어맞았다. 메리 픽퍼드나 클라라 보의 사진을 보면 둘 다 호리호리한 데다가 체구가 작았다. 1920년대의 이상적인 여성상은 신장이 150센티미터 전후였다. 미드는 여성에게 부과된 한계를 뚫고 나아가 성공을 거두었다. 그러나 그녀의 외모는 그 경계 내에 머물렀다. 그 한계가 이점으로 작용했다는 것은 아이러니이다. 마거릿은 중년에 이르기 전까지는 신랄한 공격을 받지 않았다. 중년에 접어들면서 몸이 퍼지기 시작했던 것이다. 그 전까지 그녀는 플래퍼(flapper)의 전형이었다. 플래퍼는 일종의 왈가닥 아가씨로, 1920년대에 해방된 여성을 상징하는 존재였다.

플루타르코스가 클레오파트라를 묘사하는 다음의 대목은 아주 유명하다. "그녀의 미모는 평범한 수준이었다." 그러나 "그녀의 인간적인 매력은 탁월한 화술과 결합해 …… 마법과도 같은 능력을 발휘했다."[22] 마거릿도 사람을 매혹하는 능력이 있었다. 그녀를 요부라고 생각하는 사람은 없다. 하지만 그녀는 사람들의 눈길을 끌었다. 에드나 세인트 빈센트 밀레이의 친구들은 마거릿이 머리를 한 번 쳐드는 것만으로 평범한 얼굴에서 아름다운 얼굴로 표정을 바꿀 수 있다고 평했다.[23] 미드는 표정이 아니더라도 인간적인 매력을 그렇게 카멜레온처럼 바꿀 수 있었다. 그녀는 열아홉 살 때 드포 대학교에서 명성을 얻었고, 이젠 바너드 대학에서 매력을 뿜어낼 터였다. 이후로 상황은 걷잡을 수 없이 전개된다. 루서 크레스먼과 루스 베네딕트가 한 동안 마거릿을 붙잡아 줘야만 했다.

드포 대학교에서 힘겨운 한 해를 보낸 후였기 때문인지 바너드는 마거릿을 위한 학교처럼 느껴졌다. 바너드는 급진주의, 성공과 출세, 도회적 세련됨을 겸비한 학교였다. 소로리티는 비민주적이라는 이유로 1913년에 이미 폐지되고 없었다. 친구가 거의 없었던 드포 대학교 시절의 처음 몇 달 동안 마거릿은 기분을 달래려고 도서관에 가서 브로드웨이 연극을 비평한 기사들을 읽었다. 그녀는 뉴욕이 미국의 지적 중심지임을 깨달았고, 그곳에 가고 싶었다. 그녀는 이렇게 썼다. "나는 지력을 계발했고, 그건 큰 꿈을 품은 다른 많은 지식인도 마찬가지였다. 뉴욕은 지적인 삶의 중심지였다. 멘켄과 조지 진 네이선이 거기서 《스마트 세트(Smart Set)》를 편집하고 있었고, 《프리맨(Freeman)》과 《네이션(Nation)》, 《뉴 리퍼블릭(New Republic)》이 전성기를 구가 중이었다."[24] 루서 크레스먼도 뉴욕에 있었다. 그는 제너럴 신학교(General Theological Seminary)에서 성공회 성직자가 되기 위해 공부 중이었다. 마거릿이 드포 대학교에 다니던 시절에 그에게 특별히 관심을 기울인 것 같지는 않지만 이제 그녀는 그와 함께 있고 싶었다. 적어도 그가 바너드와 컬럼비아에 창궐하고 있던 이성 간의 데이트 문화에서 그녀를 구출해줄 수는 있었다.

미드는 드포 대학교에서 이룩한 성과로 우쭐했고, 똑같은 실수를 반복하지 않겠다는 결의가 확고했다. 그녀는 회오리바람처럼 바너드 대학을 강타했다. 미드는 첫해에 강의를 들었고, 토론회에 합류했으며, 학교 신문에 기고를 했고, 일요일 밤의 토론 클럽을 이끌었으며, 성공회 모임에 참여했고, 일요일에는 캠퍼스 밖의 주일 학교에서 가르쳤다. 드포 대학교의 사회 순응성이 못마땅했던 미드는 사회주의자 대학 연합(Intercollegiate Socialist League)에 가입했다. 그녀가 어머니의 페미니즘을 싫어했을지는 모르지만 그녀의 정치적 신념을 완전히 거부한 것은 아니었다. 마거릿은 대학 안팎의 연극과 강연을 찾아다녔다. 바너드에서 보낸 첫해에 미드는 자기가 40편의 연극을 보았다고 말했다. 그녀는 오페라도 관람했고, 무용 수업을 들었으며, 제일 좋아하던 라빈드라나트 타고르와 같은 연사들의 강연을 경청했다. "모든 것에 관심을 가지고 열심히 참여해야 한다는 강박이 있었는데, 지금 생각해보면 꼭 그래야만 했나 싶다."[25] 미드가 나중에 실토한 말이다. 그녀는 루서와도 시간을 보냈다. 그녀는 다과회를 열었고, 오후의 초대에 응하기도 했다. 바너드에 편입한 첫 학기에 국가 축제가 열렸다. 마거릿은 파랑색 주름 종이 장식 띠가 들어간 하얀 드레스를 입고, '예쁜 소녀'로 분장했다. 그녀는 분홍색 반짇고리에 과의 마스코트인 몰타 고양이를 한 마리 담아서 행진했다.[26]

바너드 대학은 1889년에 개교했고, 뉴욕 엘리트의 딸들을 위한 교육기관을 자임했다. 바너드는 아이비리그 여자대학[이른바 세븐 시스터스(Seven Sisters)]에 마지막으로 합류했다. 바너드 대학은 개교 당시에 페미니즘과 별 관계가 없었고, 오히려 마거릿이 편입했을 즈음에야 페미니즘과 연계되었다. 에밀리 퍼트넘(Emily Putnam)은 브린 모어 대학의 첫 번째 졸업생으로, 1894년부터 1900년까지 바너드 대학 총장을 지냈다. 그녀가 바너드에 모교의 전통을 이식했다. 브린 모어 대학은 여성들의 학문적 성취와 사회 진출에 역점을 두었던 것이다. 퍼트넘은 바너드에 고용된 후 결혼을 했고, 아기를 가지면서 해고되었다. 퍼트넘이 역사 속에 등장하는 엘리트 여성들을 연구한 저서 『레이디(The Lady)』에서 남성들이 엘리트 여성들의 역할을 규제했다고 본 것은 하나도 이상할 게 없는 분석이었다. 마거릿 미드는 후기 저작에서 페미니스트 작가들을 거의 언급하지 않는다. 그러나 『세 부족사회에서의 성과 기질』에서 퍼트넘이 『레이디』에서 여자들에게 너무 집중한 나머지 남성들의 역할과 행동을 분석하지 못했다고 비판했다.[27]

바너드 졸업생으로 1911년에 총장으로 취임한 버지니아 C. 길더슬리브는 1947년까지 재직하면서 퍼트넘의 정책을 이어갔다. 바너드 학부생들의 학문적 성취와 사회 진출을 지원한 것이다. 퍼트넘과 달리 그녀는 결혼하지 않았고 레즈비언이라는 소문도 돌았다. 길더슬리브는 학생들의 학업 성취를 무척 강조했다. 부임하자마자 소로리티를 금지했고, 전문직에 진출한 다수의 여성 명사를 캠퍼스로 초청해 강연을 열었다. 미드가 바너드에 재학 중일 때 소수의 학생만이 사회봉사 활동에 참여하고 있었다는 사실을 통해 이 점을 분명하게 알 수 있다. 미드는 4학년 때 학교 신문《바너드 불리턴(Barnard Bulletin)》의 편집장을 지냈고, 사회봉사 활동에 참여하는 학생이 10퍼센트 정도일 거라고 추정했다. (베네딕트가 배서 대학에 다녔을 때는 학생의 절반 정도가 사회봉사 활동을 했었으니, 큰 차이가 남을 알 수 있다.) 바너드 학생들은 사회 진출과 출세가 목표였다. 배서 대학의 기조였던 종교와 자선은 바너드 대학의 역점 사항이

아니었다.[28)]

1920년에 길더슬리브는 바너드 재학생 전원이 심리학, 사회학, 경제학 강의를 들을 수 있도록 교수단 정책을 지원했다. 이런 요건을 갖추고 더 우수한 사회과학 교육을 제공한 학부 대학은 남학교인 컬럼비아 대학교를 포함해 미국 어디에도 없었다. 게다가 바너드에는 인류학과가 있었다. 여자 대학교에서 이건 드문 일이었고, 사실 모든 대학교를 통틀어서 얘기해도 그건 마찬가지였다. 하지만 여성들의 성취에 역점을 둔 길더슬리브의 정책에는 한계가 있었다. 미드는 자신이 바너드 대학 학생이었을 때 교수단의 절반가량이 여성이었다고 추정했다. 그러나 마거릿의 졸업 앨범에 수록된 교수단 서열을 보면 여성 교원의 대다수가 조교수나 강사였음을 알 수 있다. 길더슬리브는 컬럼비아 대학교의 남성 당국자들과 그곳에 따로 있던 대학원의 눈 밖에 나지 않도록 바너드 대학을 운영하지 않을 수 없었다.

정치적 보수주의가 1920년대를 지배했다. 그러나 미드가 바너드에 다녔을 때 재학생의 다수는 좌파 지향적이었다. 마거릿이 다른 학교에서 바너드로 편입한 학생들을 조사해《바너드 불리턴》에 실은 내용을 보자. 그들은 바너드 학생들이 과거에 다녔던 학교의 학생들보다 시사 문제에 훨씬 더 관심이 많다는 데 동의했다. 학교 신문의 편집장이 된 미드는 좌파 단체들을 특집으로 다루었다. 1923년 2월에 미국 시민자유연맹(American Civil Liberties Union) 본부원들의 여행을 후원한 사회과학클럽(Social Science Club), 무정부주의 정당(Anarchist Party), 노동자 정당(Workers Party)을 탐방한 기사와 인터뷰 등이 실렸다. 1923년의 그 여행은 카페테리아 협동조합에서 열린 만찬으로 막을 내렸고, 수익금은 노동자들에게 보내졌다.

바너드의 학생들도 드포 대학교의 학생들처럼 미드가 자기들하고는 다르다고 생각했다. 물론 그들은 그녀가 동부적이기보다는 서부적이라고 평가했지만 말이다. 바너드 대학 재학생의 대다수는 뉴욕 출신이었고, 미드는 펜실베이니아 출신이었다. 그러나 아파트에 함께 기거한 데버러 캐플런(Deborah Kaplan)은 미드가 동부의 '양키' 같다고 생각했다. 순진무구한 듯하지만 약삭빠른 그 전설적인 미국인 말이다. 컨스턴스 루크는 양키를, 상황에 따라 마음먹은 대로 태도를 표변하는 사람이라고 설명했다.[29] 데버러가 어떤 혐의를 두었든 마거릿은 썩 훌륭하게 적응했다. 바너드 학생들은 드포 대학교 애들과 달리 마거릿이 다르다는 사실을 선선히 용인했던 것이다. 마거릿은 전학 직후 어머니에게 이렇게 써 보냈다. "이 학교가 너무, 너무, 너무, 너무 마음에 들어요."[30]

마거릿은 이름을 똑바로 기억할 수 없을 정도로 단시간에 많은 친구를 사귀었다. 두 번째 학기가 시작될 즈음에 그녀는 할머니에게 이렇게 써 보냈다. "이름들이 빙글빙글 돌고, 춤을 춰요. 지쳐서 기진맥진한 제 눈앞에서 이름들이 깜박거려요."[31] 수업을 같이 듣는 학생들도 있었고, 과외 활동을 함께 하는 학생들도 있었으며, 루서 크레스먼의 신학교 친구들에게 데이트 상대로 소개해준 학생들도 있었다. 마거릿이 '애시 캔 캐츠'(Ash Can Cats)라는 동아리로 묶은 다른 학생들도 있었다. 대학 당국이 캠퍼스에서 좀 떨어진 곳에 기숙사용으로 구입한 큰 건물의 아파트에서 함께 산 학생들이 그 대상이었다. 희곡을 가르치던 마이너 레이섬 선생님이 그녀들에게 애시 캔 캐츠라는 이름을 지어주었다. 동아리가 크지는 않았다. 마거릿이 졸업할 때쯤 열 명 정도가 회원이었으니 말이다.[32] 그러나 애시 캔 캐츠는 마거릿에게 아주 중요했다. 다수 회원이 평생 그녀와 친구로 지냈고 또 많은 회원이 루스 베네딕트와도 절친했다.

시인 레오니 애덤스, 브루클린 시절 레오니와 고등학교를 함께 다닌 데버러 캐플런이 애시 캔 캐츠 회원이었다. 엘리너 펠럼 코트호이어는 바너드에서 좀 떨어진 동네에서 자랐고, 마거릿처럼 성공회 신자였다. 동아리의 성원들은 그녀를 펠럼이라고 불렀다. 집단에 엘리너가 몇 명 더 있었기 때문이다. 비올라 코리건과 메리 앤 (버니) 맥콜 등 몇 명이 그녀들의 아파트에 더 배속되었다. 코리건은 가톨릭 신자로, 마거릿과 종교 논쟁을 벌였고, 맥콜은 단발머리에 짧은 치마를 입은 전형적인 플래퍼로, 주말마다 프린스턴에 갔다. 마거릿의 다음 2년 동안 리아 조지프슨 해나, 엘리너 스틸, 해나 칸이 동거인으로 합류했다. 그렇게 애시 캔 캐츠가 만들어졌다. 마거릿과 아파트를 함께 사용한 애시 캔 캐츠의 다수가 유대인이었고, 마거릿은 그 사실이 마음에 들었다. 그녀는 개성의 차이에서 비롯하는 창조적 활기를 좋아했다.

그들 가운데서 처음으로 단발머리를 시도한 사람은 해나 칸이었다. 그녀는 사내애처럼 보였고, 그들은 미켈란젤로의 유명한 조각상에 빗대 그녀에게 '데이비드'라는 별명을 붙여주었다. 마거릿과 레오니가 루이즈 로젠블랫을 아파트로 끌어들였다. 유대인 무정부주의자 부부의 딸로, 필라델피아 출신이었던 그녀는 문학을 공부했고, 급진주의자에다가 지식을 사랑했다는 점에서 마거릿과 한통속이었다. 동아리에는 자기 집에서 살지만 캠퍼스 생활을 할 때는 그들의 아파트를 아지트로 사용한 학생도 몇 명 끼어 있었다. 마거릿이 '기생충'이라고 부른 엘리너 필립스도 그 가운데 한 명이었다. 독립심이 강했던 엘리너에 대한 마거릿의 태도는 양면적이었다. 엘리너는 마거릿만큼이나 자기주장을 고집했다. 마거릿은 1935년 회고록에서 그녀를 "소유욕이 강하고, 욕심이 많으며, 속물이고, 야심이 지나치다."라고 평가했다.[33]

마거릿은 바너드로 전학한 순간부터 주도권을 장악했다. 그녀는 드포 대학교에서 배운 교훈을 잊지 않았다. 그녀는 활달하고 솔직한 태도로, 확신이 없던 젊은 여학생들을 주위로 끌어들였다. 재능이 뛰어났던 레오니 애덤스조차 부끄럼이 많아서 다른 아이들이 말을 걸어 오면 자주 얼굴이 빨개졌다. 데버러 캐플런은 다른 학생들에게 영향력을 행사하는 방법을 배우려고 마거릿에게 접근했다. 마거릿은 그녀에게 쓸모가 있어야 하며 즐거움을 줄 수 있어야 한다고 충고했다. 그녀는 필요하고 가능하면 아첨도 하라고 덧붙였다. 데버러는 그 조언을 고맙게 받아들였다. 그러나 마거릿이 몸소 자신이 한 조언 내용을 실천하는 것을 지켜보면서는 다른 사람들이 듣고 싶어 하는 말을 너무 자주 한다고 생각했다. 데버러가 마거릿을 양키라고 평가한 게 전혀 이상하지 않은 대목이다.[34]

마거릿은 두 여동생에게 어머니 노릇을 한 것처럼 아파트에서 동거하는 친구들에게도 어머니처럼 굴었다. 그녀는 친구들에게 조언을 해주었고, 친구들의 생활을 절도 있게 조직했다. 마거릿은 친구들을 가족으로 편성했다. 레오니와 자신은 부모 역할을 맡았고, 나머지는 '아이들'이었다. 마거릿은 자신을 연출자라고 생각했다. 그녀는 캐서린 로텐버거를 중심으로 드포 대학교 학생들을 조직했던 것처럼 레오니를 중심으로 동아리를 조직했다. 마거릿의 바너드 2년차 때 동아리에 합류한 아파트 동거인들은 '손자손녀들'이 되었다. 그녀가 4학년 때 합류한 학생들은 '증손들'이었다. 미드는 학년으로 학생들을 분류하는 게 싫어서 이런 식의 세대형 가족 유대를 만든 것이라고 설명했다. 아마도 그녀는 할머니 마사를 경유해 진보적인 교육가들을 읽으면서 이런 생각을 했을 것이다. 마거릿이 만든 이 대학 가족은 드포 대학교에 있던 소로리티들과 닮기도 했다.

마거릿은 동아리 성원들에게 아이들과의 경험이 필요하다고 판단하고 그녀들이 밤에 교수들의 자녀를 돌보게 했다. 그녀는 이 계획을 실행했고, 소란스런 동거인들과 떨어져 조용히 공부할 수 있는 공간을 얻을 수도 있었다. 맡은 아이를 잠재우고 나면 만사가 수월했다. 마거릿은 아이를 돌보던 밤에 베네딕트와 함께 인류학 개론 수업 숙제들을 했던 걸 또렷하게 기억했다. 그녀는 호주 부족들의 복잡한 혈족 관계를 암기하고, 프란츠 보애스가 연구한 콰키우틀 족의 조각품들을 찍은 사진과 그림을 바탕으로 북서 해안 지역 부족들의 도안을 고스란히 베끼는 것을 좋아했다. '멋지게 갈라서 헤쳐 놓은 상어와 독수리가 손가락 끝으로 느껴질 때까지' 그 도안들을 그리고 또 그렸다.[35)]

마거릿처럼 아파트 친구들도 학구적이었고, 과외 활동에도 앞장섰다. 동아리는 그들이 보여준 활력과 응집력 덕택에 캠퍼스의 전설이 되었다. 그들은 굵직하고 근사한 행위에 매력을 느꼈다. 한번은 메이데이 때 구내식당에서 저녁을 먹고는 〈인터내셔널〉을 합창한 다음 생일 케이크 위의 빨간 촛불을 불어 끄기도 했다. 그들의 동아리에 이름을 지어주는 게 필요해 보였다. 부총장이 어느 날 옷가지와 빈 술병으로 어질러진 그들의 아파트를 발견하고는 처음으로 '정신적·도덕적 난장판'이라는 이름을 지어주었다. 부총장은 플래퍼였던 버니 맥콜이 방을 어질러놓았다는 것을 알지 못했다. 그들은 '다소 짓궂은 태도로 좋아하면서' 그 호칭을 받아들였다.[36)] 어느 해인가 졸업식에서 초청받은 보수적 연사가 바너드의 급진주의를 모욕하는 발언을 했다. 그들은 거기서 따온 또 다른 호칭으로 이전의 이름을 대체했다. 새 명칭은 '저능아 공산주의자들'이었다. 마이너 레이섬 선생님이 지어준 이름이 그들의 마음에 들었다. 그 명칭은 농담조로 쓰레기 건달을 가리켰으며, 당대에 활약 중이던 애시캔(Ashcan)파 화가들을 암시하기도 했다. 애시캔파는 급진적 면모를 보여준 사실주의 화가들이다. 그렇게 애시 캔 캐츠가 이 동아리의 평생 가는 이름이 되었다.[37)]

루이즈 로젠블랫은 그들이 지식과 시를 사랑했으며, 함께 창안한 의식으로 가까워질 수 있었다고 말한다. 그들은 캠퍼스 밖의 식당에서 자주 축하 모임을 열었다. 식사를 마치면 항상 레오니가 셸리의 「아도나이스(Adonais)」를 낭독했다. 이 시는 셸리가 키츠에게 바치는 헌사로, 그를 남녀 모두의 사랑을 받은 신화상의 미남 아도니스로 그리고 있다. 셸리는 키츠가 스물여섯 살에 결핵으로 죽자 「아도나이스」를 썼다. 마거릿은 이 시를 낭송하는 일로 싸우기 좋아하는 엘리너 필립스와 가끔 언쟁을 벌였다. 마거릿은 싸구려 식당에서 기름진 돼지 갈빗살이나 뜯으면서 아름다움을 노래한 셸리의 시를 낭송한다는 게 그를 모욕하는 행위라고 주장했다. 엘리너는 셸리는 언제나 셸리라고 응수했다. 그녀들은 그리니치빌리지로도 저녁을 먹으러 갔다. 거기 가서는 가끔씩 양초를 옆으로 뉘어 양쪽 끝에다 불을 붙였다. 에드나 세인트 빈센트 밀레이가 발표한 시집 『엉겅퀴 속의 무화과 열매(A Few Figs from Thistles)』의 「첫 번째 무화과 열매(First Fig)」에 나오는 그 유명한 촛불을 흉내 내 본 것이었다.

나의 촛불은 양쪽에서 탄다네.
이 촛불은 밤을 버티지 못할 테지.
오, 나의 적들이여, 아, 나의 친구들이여
나의 촛불은 사랑스런 빛을 던진다네![38]

마거릿과 동거인들은 머리를 단발로 잘랐고, 치마의 길이를 줄였으며, 담배를 배웠다. 하지만 그들은 학업에 열중했고, 버니 맥콜의 '플래퍼' 행각과는 일정한 거리를 두었다. 그들은 밤늦게까지 자지 않고 시와 연극, 프로이트와 마르크스, 사코와 반제티 사건을 화제로 대화에 몰두했다. 그들은 프로이트의 개념들을 서로에게 적용해보기도 했다. 동아리에 한 발을 걸치고 있던 애그니스 필은 정신분석을 받고 있었는데, 레오니를 피학적 경향이 있는 것으로, 마거릿을 남자가 되기 위해 '난소를 제거해'버린 것으로 진단했다. 마거릿은 데버러에게 자기 남자친구가 '잠재적 동성애자'이기 때문에 결혼하지 못할 거라고 털어놓았다. 마거릿은 루서 크레스먼이 자신을 '엄마로 고정해'버렸다며 비난했다. 자기 가슴을 좋아한다는 게 그 이유였다.[39]

루이즈 로젠블랫은 자신과 레오니와 마거릿이 특히 친했던 이유는 셋 다 급진적인 견해를 갖고 있었기 때문이라고 말한다.[40] 미드는 『블랙베리 겨울』에서 자신들의 급진주의가 이데올로기적이기보다는 정서적이었다고 설명한다. 그러나 그녀는 이 판단을 젊은 시절의 정치적 급진주의를 포기하고 오랜 세월이 지난 후인 1970년대에 내렸다. 그러나 바너드 재학 시절의 그녀는 사회주의자 대학 연합에 소속했고, 공제(共濟) 운동을 지지했으며, 피켓 대열에서 행진했고, 공산주의적 성향이 농후했던 메이데이 행사를 축하했다. 어느 해인가 마거릿과 레오니가 한 방을 쓸 때 두 사람은 출입문에 이렇게 써두었다. "우리는 사유재산을 인정하지 않습니다. 그러니 당신 물건은 밖에 두세요!"[41]

이 시기에 운영된 대다수 남녀 공학에서처럼 데이트 문화가 존재했다. 그 속에서 바너드와 컬럼비아가 연결되었다. 물론 미드는 『블랙베리 겨울』에서 자신과 친구들이 데이트 문화에 통제되는 것을 거부했다고 단언한다. 그들이 함께 계획을 세워 외출을 할 경우 남자가 그중의 한 명에게 같은 시간대에 데이트 신청을 한다 해도 기존의 계획을 누구도 취소해서는 안 되는 걸로 방침을 정했다는 것이다. "우리는 성실하게 여자들과 사귀는 법을 배웠고, 여자들끼리의 대화에서 즐거움을 찾았으며, 기질상의 차이가 드러나면서 서로에게 보탬이 되는 게 즐거웠다. 우리는 이런 방식이 성별이 달라서 얻게 되는 상보성만큼이나 흥미진진하다고 생각했다."[42] 이 문장은 상당히 놀랍다. 미드가 사용한 '기질'이라는 말이 자서전을 계획하면서 애초에 의도했지만 출판본에서는 빼버린 성적 성향이라는 주제와 관련이 있기 때문이다.

『블랙베리 겨울』의 초고에서 미드는 자신이 어렸을 때 소녀들과 낭만적인 우정을 쌓았다고 적었지만 바너드 시절에 맺은 낭만적 우정에 관해서는 일언반구 언급이 없다. 완다 네프는 『우리는 다이애나를 노래한다』 후반부의 배경을 컬럼비아 대학교로 설정하고 있다. 그녀는 제1차 세계대전이 끝나고 나서 이 학교에 이성애 기풍이 주입되었다고 설명했다. 계속해서 그녀는 바너드의 여학생들이 캠퍼스를 활보한 '남자 같은' 여자들이 '양성애자'일지 모른다는 의구심을 가졌다고 묘사했다. 성적 정체성에 꼬리표를 붙이며 분류하는 게 재학생들의 관심사였다고 넌지시 말하는 것이다. 미드도 『블랙베리 겨울』에서 갑자기 '동성애'를 자신과 바너드 친구들의 관심사인 양 화제로 삼는다. 그녀는 자기들이 성에 무지했다고 주장하면서 아는 게 더 많은 상급생들이 자기들에게 동성애의 의미를 설명해주었다고 말한다. 마거릿은 자기들이 동성애를 했는지 안 했는지 여부는 전혀 언급하지 않으면서도 상급생들이 해준 말을 듣고서 자기들이 어렸을 때 맺은 낭만적 우정 관계가 동성애의 '초기 단계'였을지도 모른다며 걱정했다고 주장했다.

마거릿이 애시 캔 캐츠의 누구하고 육체관계를 맺었을까? 엘리너 스틸을 제외하면 그랬을 것 같지는 않다. 마거릿과 평생 교유한 친구 마리 아이첼버거가 레오니의 레즈비언 가능성을 언급하기는 하지만 말이다. 1938년에 마리는 마거릿에게 이런 내용의 편지를 쓴다. 루스 베네딕트가 자신에게 자서전을 쓰고 싶다고 말하면서, 하지만 "레오니처럼 나도 애착의 대상 때문에 그럴 수 없다."라고 얘기했다는 것이었다.[43] 나중의 편지들에서 베네딕트는 레오니가 시인 루이즈 보건과 '연애를 했다'고 언급했다. 그러나 보건을 연구한 전기 작가들은 그 연애 사건이 레오니가 일방적으로 열중한 것뿐이라고 했다. 레오니는 1920년대 후반에 에드먼드 윌슨과 연애를 했고, 이어서 문학 평론가 윌리엄 트로이와 결혼했다.[44] 베네딕트와 친해진 펠럼(이건 '데이비드'도 마찬가지였다.)은 자신을 이성애자로 규정한 것 같다. 그녀는 마거릿이 데이트 상대를 찾아봐줄 정도로 자신이 대학 시절에 수줍음이 많았다고 말했다.[45] 그러나 펠럼과 나머지 동아리 구성원들이 '양쪽에서' 타는 밀레이의 촛불이 가지는 다양한 성적 의미를 잘 알고 있었으리라는 것은 분명한 사실이다. 그녀들은 미켈란젤로의 다비드가 레즈비언들의 아이콘이라는 것도 알고 있었다. 미드의 대학 친구 대다수가 결혼을 했고 펠럼과 데이비드도 예외가 아니었다. 논의해야 할 대상이 동성애가 아니라 양성애일지도 모른다.

아무튼 바너드 재학생들은 뉴욕 도처의 남성 동성애 문화를 피해 갈 수 없었다. 그리니치빌리지와 타임스퀘어에 가면 몸을 파는 게이들이 쉽게 눈에 띄었던 것이다. 미드와 친구들이 즐겨 찾던 식당과 극장 들이 거기 있었다. '게이 남창'(fairy)들은 옛 이야기를 흉내 내어 금발로 염색하고, 붉은색 타이를 했다. 음악이 가미되는 짧은 희극과 나이트클럽 무대에서는 복장 도착 연기자들이 일반화되어 있었다. 더구나 그리니치빌리지는 레즈비언들과 남성 동성애자들이 모이는 나이트클럽과 카페의 근거지이자 생활 무대로 이미 유명했다. 이성의 복장을 하고 벌이는 대규모 댄스파티가 매디슨 스퀘어 가든 같은 공회당에서 열렸고, 풋내기 남성 동성애자들의 '커밍아웃' 수단으로 활용되었다. 신문들은 무도회 소식을 앞 다퉈 1면에 실었다. 미드 문서에도 급진적 신문《리버레이터(Liberator)》가 주최하는 무도회를 광고하는 전단지가 들어 있

다.《리버레이터》의 무도회는 동성애자들과 이성 복장자들이 많이 참석하는 것으로 유명했다.[46]

어느 수준에서는 이렇게 동성애 문화가 공개적이었고, 인정받고 있었다. 그러나 또 다른 수준에서 동성애 문화는 은폐되었다. 중간계급 출신 젊은 여성들은 동성애 문화를 자세히 쓰거나 공개적으로 얘기하지 못했다. 동성애 서클이 공개되는 것은 저주나 다름없었다. 번듯한 가문이 동성애 혐의자를 집안에 들일 리는 만무했다.[47] 미드가 『블랙베리 겨울』에서 자신의 바너드 시절을 집필하면서 애시 캔 캐츠나 루서 크레스먼과의 관계를 집중 소개한 반면 동창생 리언 뉴턴(Leone Newton)과의 낭만적 우정을 숨긴 이유가 바로 여기에 있다. 이 관계는 미드가 참가한 '레즈비언' 서클과 연계되어 있었다. 그 레즈비언 서클은 적어도 미드가 3학년을 시작할 때부터 있었고, 그녀가 졸업할 때까지 계속 존재했다. 그녀는 이 서클을 비밀에 부쳤다. 마거릿은 대담했고, 음모를 좋아했다. 사실 그녀는 어른이 되기 전에는 수치스러운 행동이 들통 나기를 원하지 않았다.

마거릿은 바너드의 여자 친구들에 열중하면서 루서 크레스먼과도 교제했다. 뉴욕에 막 도착했을 때는 그의 곁에 있게 되어 행복한 듯했다. 그녀는 어머니에게 쓴 편지에서 그를 더 관대해지도록 설득할 수 있게 되어 좋다고 썼다. "그는 이제 더 이상 경직된 도덕규범을 자랑하지 않아요. 보수적 원칙만을 강요하지도 않고요." 마거릿은 둘의 관계에도 열심이었다. "루서와 저는 떨어져 지내는 시련과 가까이서 함께하며 겪는 시험을 모두 통과했어요. 우리는 그 어느 때보다 더 서로를 사랑한답니다."[48] 그는 시내에 살았다. 근처에 그가 다니던 제너럴 신학교가 있었고, 그리니치빌리지 바로 위쪽 동네였다. 말년에 크레스먼은 자기가 그 당시에 마거릿을 그렇게 자주 보지는 못했다고 회상했다. 1주일에 한두 번 정도였고, 주말에는 거의 못 봤다고 했다.[49)]

루서는 마거릿에게 편지를 많이 썼다. 그 편지들을 보면 열정적인 사랑이 잘 드러난다. 마거릿의 건강과 감정 상태를 염려하는 대목도 나온다. 마거릿이 바너드에서 두 번째 해를 보내면서부터는 그의 편지들에서 악마 얘기가 나온다. "올 여름부터 악마들이 날뛰면서 너를 성가시게 하는 사태가 벌어지고 있어."라고. 그는 그녀에게 '악마들을 집으로 돌려보내라'고 했다고 술회했다. 그러나 그 '악마'가 무엇이었는지는 말하지 않았다. 그해 크리스마스 직전에 마거릿은 다과회에 친구 서른다섯 명을 불러놓고 자신이 루서와 약혼한 상태라고 공개했다. 바너드 재학생 모두에게 자신이 이성애자임을 확고히 해두겠다는 의도로 취한 행동이었을 것이다. 마거릿이 4학년이 되고 가을을 맞이했을 때 루서는 그녀에게 이런 내용의 편지를 썼다. 그들이 사랑 속에서 '두 명으로 뚜렷하게 구별되면서도 동시에 완벽한 하나의 존재'로 벼려졌다고 말이다. 그가 그녀의 '사랑스러운 육체'를, "당신을 만족시키고, 채워주고, 완성하지만 결코 상처는 주지 않는, 맹렬하게 분출하지만 부드러운 애정"으로 사랑한다고 고백하는 내용도 보인다. 마거릿은 그가 놀 줄 모른다고 흠을 잡았다. 그러나 루서는 관계를 유지하면서 자제해야만 했기 때문에 자신이 진지해 보였던 것이라고 말했다. 두 사람은 결혼 전에는 성관계를 하지 않는다는 약속에 따라 '절반쯤만 실현된, 항상 억눌러야만 하는' 관계를 유지하고 있었던 것이다.[50)]

두 사람의 관계가 어땠든 마거릿은 바너드에 편입한 첫 해가 끝나갈 무렵 리언 뉴턴과 깊은 관계를 가졌다. 이 관계는 마거릿이 졸업할 때까지 계속되었다. 미드는 『블랙베리 겨울』과 그 초고에서 리언 얘기를 전혀 하지 않는다. 이건 후대의 인터뷰에 참가한 애시 캔 캐츠 회원도 마찬가지이다. 그러나 마거릿은 미드 문서에 리언이 보낸 짧은 메모와 편지들을 보관해두었다. 마거릿의 졸업 앨범을 보면 리언이 우수한 과학 두뇌였고, 마거릿처럼 동기생들을 앞장서 이끌었음을 알 수 있다. 그녀는 학생 자치 위원회 회원이자 학생회 총무였다. 동기생 가운데 한 명은 '뛰어난 사람'이 되고 싶어 한다는 점에서 그녀가 마거릿과 비슷하다고 얘기했다. 졸업 앨범에는 리언이 '물리학 천재'로 소개되어 있고, 주소도 마거릿이 살던 것과 같은 건물로 나와 있다. 그녀는 해당 건물의 다른 집에 살았던 것이 틀림없다.[51)]

리언이 마거릿에게 보낸 짧은 메모와 편지들은 관능적이고 쾌활하다. 그녀가 마거릿을 깊이 사랑하고 있었음을 바로 알 수 있을 정도다. 리언은 자신의 편지에 '리'(Lee) 또는 '피터'(Peter)라고 서명했고, 마거릿은 자신을 '유피미아'(Euphemia)라고 불렀다. 그녀들은 샬럿 레녹스의 1790년 소설 『유피미아(Euphemia)』의 여주인공에서 이 이름을 가져왔을지도 모른다. 그 여주인공은 한 여성과 낭만적인 우정 관계를 맺는다.[52)] 16세기 말에 활약한 극작가 존 라일리가 이 이름의 전거일 수도 있다. 존 라일리는 화려한 문체의 산문 소설 『유피스(Euphues)』로 유명했다. 셰익스피어의 『뜻대로 하세요』에 영향을 미친 목가적 희극인 라일리의 『갈라테아(Gallathea)』가 마거릿과 리언에게도 영향을 미쳤을 것이다. 『갈라테아』에서 여주인공 두 명은 원하지 않는 결혼을 피하기 위해 남성 복장을 하고 숲으로 숨어 들어간다. 『뜻대로 하세요』의 로절린드처럼 말이다. 셰익스피어의 희곡에서 남자들은 숲 속에서 여자들과 사랑에 빠진다. 로절린드가 변장하고 있었음이 드러나면서 결혼하게 되는 것이다. 그러나 『갈라테아』에서는 두 여자가 남자들을 잊고, 서로 사랑에 빠진다. 큐피드가 두 사람 가운데 한 명을 남자로 바꿔서 결혼할 수 있게 해줌으로써 딜레마도 해결된다. 연극에 나오는 피터라는 등장인물은 불과 현자의 돌을 사용해 비금속을 황금으로 바꾸는 연금술사의 하인이다. 연극은 성별의 혼란을 성별 전환으로 해결하는데, 피터의 행동을 통해 이를 암시한다.[53)]

마거릿과 리언 모두 셰익스피어를 좋아했다. 리언은 마거릿('유피미아')에게 보내는 짧은 편지에서 브로드웨이 연극 무대에서 각각 따로 올린 〈로미오와 줄리엣(Romeo and Juliet)〉의 줄리엣들인 에델 배리모어와 제인 콜을 지켜볼 일이 무척 흥분된다고 썼다. 두 작품은 마거릿이 4학년 1학기에 재학 중이던 1922년 11월에 상연되었다.[54)] 성별 왜곡과 복장 횡단이 나오는 엘리자베스 여왕 시대의 드라마는 두 사람의 관계와 꼭 어울렸다. 제1차 세계대전 이전 시기에 여자 대학들에서 융성했던 낭만적 우정의 밑그림이었던 것처럼 말이다. 미드 자신이 1974년에 이 점을 지적했다. 그녀는《레드북(Redbook)》칼럼에서 이렇게 썼다. "엘리자베스 여왕 시대의 영국에서는 소년들이 무대에서 온갖 여성을 연기했다. 남자로 하여금 남자로 변장한 여자의 낭만적 역할을 연기하면서 남자와 사랑에 빠지도록 한 장치는 거의 무한한 가능성을 지녔다."[55)] 마거릿은 리언과의 관계에서 여성 역할을 맡았다. 1920년 가을에 열린 바너드 대학 국가 축제에서 '예쁜 소녀'로 분장했었다. 당시 바너드 대학 캠퍼스의 중앙에는 꽤 큰 숲이 조성되어 있었다. '정글'이라고 불린 이 숲은 풍요로운 자연과, 대학의 경계 너머에 존재하는 위험한 도시 모두를 상징했다. 마거릿과 리언은 이 작은 숲의 나무들에 서로에게 보내는 쪽지를 핀으로 꽂아두고는 했다. 『뜻대로 하세요』의 로절린드와 올랜도, 그리고 『갈라테아』에 나오는 연인들의 행위를 흉내낸 것이다. 마거릿은 고등학교 3학년 때 〈뜻대로 하세요〉를 연출하고 연기한 바 있었다. 바너드 대학 4학년 때도 이 연극을 연출했다.[56)]

마거릿과 리언의 관계는 열정적이었다. 피터/리는 이렇게 썼다. "오늘 아침 네가 '나무'에 붙여놓은 편지를 발견하고는 얼마나 몸이 달아올랐는지 몰라. 내가 그 쪽지를 허겁지겁 움켜쥐었더니 열한 살짜리 윌리엄이 나한테 '벌목꾼'이냐고 묻지 뭐야. 그 애가 내 작은 마누라를 알리가 없잖아." 두 사람의 관계는 육체적이기도 했다. 피터/리는 마거릿에게 편지를 쓰면서 남녀의 애정 행각 모두에서 가져온 언어로 자신의 열정을 표현했다. 편지들을 보고 있으면 빅토리아시대 남성과 여성의 욕망이 결합되어 있음을 알 수 있다. "오늘은 내 몸을 줬지, 희미한 과거 어딘가에서, 열렬했고, 거역할 수 없었고, 즐거웠어. 오늘 난 순결한 여자였어. 변변찮은 꿈을 꾸었고, 수줍게 상상도 했지. 하지만 내일은 복종을 요구하는 여자가 될 거야. 강하고 집요한 주인 말이야. 내가 사랑하는 사람의 얼굴은 나의 갈구하는 입술 아래서 달아오를 테지."[57]

두 사람의 관계는 한 레즈비언 서클에서 이루어졌다. 거기에는 빌리와 엘리너라는 이름의 학생도 있었다. 빌리는 과에서 응원을 주도하는 학생이었던 것 같다. 졸업 앨범을 확인해보면 남부 출신 윌헤미나라는 학생을 뺐을 때 빌리라는 이름으로 불릴 수 있는 사람은 응원단장뿐이다. 사진에서 확인할 수 있는 체구가 크고 단단한 응원단장 빌리는 이렇게 패러디되고 있다. "소금물로 태피(taffy) 사탕을 만드시는 위대한 빌리 양." 엘리너의 정체를 파악하기는 쉽지 않다. 마거릿의 친구들 가운데 엘리너가 여러 명이었기 때문이다. 문제의 인물이 싸우기 좋아하는 엘리너 필립스였을지도 모른다. 그녀는 평생 결혼을 하지 않았다. 그러나 엘리너 스틸이 가능성은 더 많다. 그녀는 마거릿의 인생에서 꽤나 비극적인 인물이었다. 그녀는 1930년대 초반 마거릿의 간호 속에서 결핵으로 사망했다. 스틸은 바너드 재학생 시절에 마거릿을 '작은 엄마 천사'라고 불렀다.[58]

마거릿이 참여한 레즈비언 서클에서는 리언과 빌리가 가끔씩 짝을 이루기도 했다. 리언은 자기가 빌리와 '완벽한' 낮과 밤을 보냈다고 마거릿에게 썼다. "아주 대단하고, 강렬하고, 용감했지." 그녀는 엘리너와도 깊은 관계를 맺었다고 넌지시 말했다. 네 사람이 마치 특별한 유대로 묶이기라도 한 것 같았다. 마거릿은 「인생사」에서 과거의 동성애 행각과 일정한 거리를 두었다. 리언과 엘리너가 그 집단에서 가장 핵심적인 한 쌍이었다고 주장한 것이다. 리언의 편지를 보면 이 서클이 비밀리에 만났음을 알 수 있다. 마거릿은 4학년 중간부터 리언과의 관계를 끝내겠다는 강경한 태도를 고수했다. 리언은 여기에 반대했고, 마거릿에게 한 번만 더 자기들과 만나달라고 간청했다. "빌리하고, 너, 엘리너, 베라 그리고 나만 나올 거야. 아무것도 안 하면서 담배 피우고 수다 떨면 즐거울 거야." 그녀는 자신이 '이기심을 버려야 한다는 교훈을 아주 초라하게 받아들이게' 될 거라고 얘기하면서 편지를 끝마치는데, 이는 저도 모르게 속마음을 드러내는 말이었다.[59]

그해 봄에 리언은 뉴욕을 떠나 샌프란시스코로 갔다. 그리고 캘리포니아 대학교 버클리 캠퍼스의 화학 실험실에서 일자리를 얻는다. 그러나 마거릿과 헤어진 일은 물론 마거릿이 루서 크레스먼과 결혼한다는 소식은 커다란 마음의 상처로 남았다. 리언은 마거릿을 몹시 그리워했다. 그녀는 한 편지에서 이렇게 쓰고 있다. "우리의 행복했던 시간 때문에도 너를 꼭 붙잡고 싶어." 마거릿도 리언을 외면하는 게 쉬운 일은 아니었다. 그녀는 루서와 결혼한 후에도 리언을 노래하는 시를 썼다. 그 가운데 한 편은 두 사람의 관계를 비밀로 하는 게 얼마나 어려웠는지에 관한 내용이다.

사랑스런 거짓말, 복잡한 거짓말
그대의 머리칼 속에서 나는 질식하네.

난해하게 꾸민 재치 있는 거짓말
내 유일한 걱정은
내가 죽었을 때
그대가 그대의 금발처럼 진실하다는 것.

많은 것을 포기한 아름다운 거짓말
단단해져 깨질 때까지
그대는 내 영혼을 문지르네.[60]

리언은 샌프란시스코에서 몇 년을 보낸 후 다시 뉴욕으로 돌아와 바너드에 재입학한다. 그녀는 루스 베네딕트의 강의를 들었다. 베네딕트가 미드에게 리언이 다른 학생하고 연애한다는 소식을 편지로 전했다.[61] 리언은 1930년대 초반에 마거릿의 인생에 다시 나타났다. 이번에는 결혼한 상태였다. 그녀는 마거릿을 만나고 나서 자신이 대학 시절 때보다 훨씬 더 그녀를 사랑한다는 편지를 써 보냈다. 그다음 일은 알려진 바가 없다. 마거릿은 그레고리 베이트슨에게 리언이 레즈비언이 되려고 여러 해 동안 노력했지만 결국은 실패했다고 말했다. 레즈비언으로 살아가는 데서 진정한 만족을 얻지 못했기 때문에 그 생활을 청산하고, 남자와 결혼했다는 것이었다.[62] 마거릿은 「인생사」에서 리언을 성욕이 지나친, 남성적 유형의 여자로 박하게 평가했다. 그녀가 대학 시절에 대여섯 명의 파트너와 분주하게 동성애를 즐겼다는 것이었다.[63]

미드가 바너드에서 받은 교육은 그녀의 지적 발전에 매우 중요했다. 베네딕트가 배서 대학에서 받은 교육이 루스에게 중요했던 것처럼 말이다. 물론 그녀가 영문학 학사로 졸업하기는 했지만 인문학 강의는 미드에게 별다른 영향을 미치지 못했다. 사회과학 과목들, 특히 심리학이 중요했다. 바너드 재학생들은 사회과학 과목들을 수강해야만 했다. 마거릿은 부모가 사회과학을 하는 학자였기 때문에 이런 과목들을 수강하기는 했을 것이다.[64]

컬럼비아 대학교의 사회과학 학과들은 미국에서 단연 돋보였다. 이 과들은 경험주의 및 수량화와 동일시되었다. 경험주의와 수량화가 전문화 과정을 밟고 있던 사회학이나 심리학 같은 과목들에서 당시에 유력한 풍조로 득세하고 있었던 것이다. 이 학문들은 조직적 편제와 표준을 확립하는 일에 몰두했고, 상세한 전공 연구를 수행할 박사 학위자들을 배출했다. 보수적인 대학 총장들과 이사진은 물론, '객관적 전문가들'이 생산하는 전문적 데이터를 원하던 기업과 정부의 압력도 크게 작용했다. 젠더를 연구하는 역사가들은 이런 경향과 추세를 이들 학문의 점증하던 '여성화'에 대응한 남성화 반동으로 본다. 이를 테면, 사회학에서는 많은 여성이 사회복지사업에 뛰어들었고, 심리학에서는 여성들이 석사 학위와 박사 학위를 취득한 후 교육 대학의 심리학과에 진출하거나 병원이나 공공 기관에서 전문직으로 근무했던 것이다.[65]

1921년 비평가 해럴드 스턴스가 미국의 사상과 문화를 논한 유명한 논설 모음집의 '지식인'에 관한 글에서 조지 산타야나에서 시어도어 루스벨트에 이르는 남성 문화 평론가들의 견해와 주장을 되풀이했다. '여성화'로 인해 지성계와 사회구조, 남성의 정체성이 파괴되고 있다고 비난했던 것이다. '나약한' 관념론과 '강인한' 경험론을 갈라놓은 윌리엄 제임스의 구별이 폭넓게 사용되고 있었다. 물리학이나 화학 같은 '남성적' 과학을 사회학 같은 '여성적' 과학과 구별하기 위해 '하드'(hard)와 '소프트'(soft)란 말을 널리 사용했던 것도 같은 맥락이다.[66]

다른 대학들처럼 컬럼비아에서도 진보적이었던 1900년대에 만들어진 사회복지관들과 사회학과 및 심리학과의 인연이 1920년대에는 끊어졌다. 사회복지사가 되는 것을 지원하는 실무 훈련은 대학에서 직업학교로 이전되었다. 미드가 바너드에 편입한 1920년에는 우리가 오늘날 임상 심리학이라고 부르는 것과 사회복지사업 교육이 대개 사범대학(Teachers College)이나 뉴욕 자선학교(New York School of Philanthropy)에서 이루어졌다. 뉴욕 자선 학교는 1940년에 컬럼비아 사회복지학교가 된다. 심리학과와 사회학과의 교육은 특히 대학원 수준에서 많은 경우 실험과 수량화를 강조했고, 이것은 활동이 아니라 학문을 육성하겠다는 의도에서 이루어졌다.[67]

미드는 사범대학과 바너드에서 수강한 심리학 과목들을 통해 통계 조사 수행법, 그래프 및 표 작성법을 배웠다. 그녀는 장·단기 연구 방법도 공부했고, 표본 추출 방법과 개인 기록을 취급하는 법, 당시에 인기를 끌던 지능 검사 따위의 다양한 측정·검사법을 익혔다. 컬럼비아 대학교의 심리학자 제임스 맥킨 커텔이 이런 방법들을 창안했다. 그는 실험심리학을 창시했다. 사범대학의 에드워드 L. 손다이크가 커텔의 방법들을 세련되게 다듬고 있었다. 그는 커텔의 제자로 동물 실험의 선구자이다. 미드는 통계학도 배웠고, 자신의 현지 조사에서 이 방법들을 활용했다. 그녀는 통계 조사를 실시한 선구자였다. 윌리엄 필딩 오그번이 졸업생 미드를 《미국 통계협회 저널(Journal of the American Statistical Association)》의 부편집자로 선발한 것을 보면 그녀의 경쟁력이 인정받았음을 알 수 있다.

여타 대학생들처럼 마거릿도 여러 가지 전공을 고려했다. 그녀는 철학을 전공할까도 생각했다. 그러나 루이즈 로젠블랫에 따르면 마거릿은 곧 그 생각을 단념했다. 그 분야에서 여성들의 미래를 기대할 수 없다고 보았기 때문이다. 마이너 레이섬을 제외했을 때 바너드에서 마거릿이 제일 좋아했던 교수는 사회학과의 윌리엄 필딩 오그번과 심리학과의 해리 홀링워스였다. 둘 다 자기들의 학문에서 과학주의가 부상하는 것에 비판적이었다. 두 교수는 자신들의 교육과정에 프로이트와 융 같은 비제도권 이론가들을 집어넣기도 했다.[68)]

제1차 세계대전 기간에 오그번은 사회의 제반 조건을 통계조사 했고, 보애스와 협력해 대학원 인류학 과목을 맡았으며, 분석 작업을 수행했다. 그의 가장 유명한 저서 『문화와 인간 본성의 관점에서 살펴본 사회 변화(Social Change with Respect to Culture and Human Nature)』에는 유명한 문화 지체 이론이 나온다. 그는 사회의 특정 부문이 다른 부문들보다 더 빨리 바뀔 수 있다고 보았다. 일반적인 사회 변동을 훨씬 앞서는 기술 분야가 그런 예다. 그는 이 책에서 인류학자들이 수행하는 민족지학을 언급했고, 진화적 사고가 위계적이고 인종 차별적이라고 비판했다. 아울러 사회 구성원들은 어렸을 때부터 계속해서 문화의 영향을 받는다고 했고, 문화적 해석과 심리학적 이해를 새로운 종합 명제로 결합해야 한다고 주장했다.[69)] 그는 베네딕트와 미드의 여러 후기 사상을 기대하고 예상했던 셈이다. 미드는 오그번이 사회 현상을 문화적으로 분석하기 전에는 생물학적 설명을 수용하지 말도록 가르쳤다고 말했다.[70)] 오그번은 조지아 출신의 전형적인 남부 신사로, 일기에서 여성들에게 적개심을 드러냈다. 그러나 놀랍게도 자신의 여학생 제자들은 대단히 존중했다. 그는 바너드 대학의 '우상'이었고, 미드와도 막역했다. 그는 1926년 컬럼비아를 떠나 시카고 대학교로 갔는데, 거기서 미국 최고의 학문적 통계 분석법 옹호자가 되었다. 물론 그는 인문학과 정신분석에 여전히 호의적이었다. 한동안 시카고 정신분석학회 회장직을 맡기도 했다.[71)]

마거릿이 바너드 대학에서 제일 좋아한 교수 가운데 또 다른 한 사람은 해리 홀링워스였다. 그의 아내는 사범대학의 심리학과 교수 리타 홀링워스로, 그녀는 남성의 능력이 여성보다 더 '가변적'이고, 따라서 어떤 분야에서고 더 우수하다는 과학을 빙자한 독단적 주장을 반박한 실험으로 유명했다. 해리 홀링워스는 가변성 명제를 '반(反)페미니스트들이 믿고 의지한 마지막 발판'이라고 했다.[72] 리타와 해리는 여성 참정권을 요구하는 시위행진에 참여했다. 리타는 헤테로독시 클럽에 출입했고, 대중 잡지들에 페미니즘에 관한 글도 썼다. 미드가 리타 홀링워스의 과목을 들은 것 같지는 않지만 해리가 자기 수업에서 그녀의 작업을 소개했다. 유명한 청소년기 연구도 그 가운데 하나였다. 리타는 여기서 레즈비언 행위를 위험한 도착이라고 비난했다. 리타는 인간은 이성을 욕망하도록 태어났고 이성애자로 자란다는 프로이트의 가정을 받아들였다. 그녀는 연상의 레즈비언들이 이성애자로 완전히 성숙하지 못한 청소년들을 꾀어 동성애에 가담하도록 만드는 게 아주 쉽다고 주장했다. 그녀는 남녀 공학이 아닌 학교에서 벌어지는 '심한 크러시 관계'를 비난했고, 남녀 공학을 권장했으며, 소년 · 소녀들을 서로 만나게 해줘야 한다고 호소했다. 윌리엄 필딩 오그번조차 동성애를 '정신병'이라고 보았다.[73]

마거릿은 바너드 대학 4학년 때 프란츠 보애스의 인류학 입문 과정도 수강했다. 바너드의 여학생들이 컬럼비아의 남학생들보다 더 우수하다고 보았던 프란츠 보애스가 바너드에 강의를 개설한 것은 어느 정도는 자발적이었고 어느 정도는 컬럼비아 대학교 총장 니컬러스 머레이 버틀러와 껄끄러운 관계에 놓였기 때문이었다. 버틀러에 의해 보애스가 바너드로 격리되었던 셈이다. 마거릿은 보애스의 학식과 비판 능력에 크게 감동했고, 그를 자신이 만나본 교수 중 가장 뛰어난 교수라고 생각했다.

마거릿은 바너드가 제공한 또 다른 과목을 열심히 기록해두었다. 그것은 바로 고전기 그리스에 관한 내용이었다. 그녀는 플라톤의 『파이드로스』와 『향연』을 분석한 내용을 적었다. 사랑과 성 정체성을 논한 그의 대화편 말이다. 강사는 당대의 표준적 해석을 좇아 성인 남자와 소년의 관계를 검토했다. 이런 동성 간의 사랑이 아테네인들이 '행한 미덕과 철학'의 일부였다고 주장한 것이다. 그는 플라톤이 육체가 개입되는 것이면 무엇이든 '세속적이고, 열등한 사랑'으로 폄하했다고도 말했다. 중요한 것은 정신이라는 것이었다. 영혼은 '자신의 신성한 비전'을 잊지 않으며, '항상 그 비전을 찾는다'라고 플라톤은 말했다.[74]

마거릿은 이 강의의 과제물로 아테네의 디오니소스 축제를 논하는 에세이를 썼다. 이 축제에는 최고 연극상을 놓고 남성 극작가들이 겨루는 경연 대회도 있었다. 그녀는 니체가 그리스 연극을 분석하면서 채택한 아폴론-디오니소스 이원론을 언급하지 않았다. 이 이원론은 베네딕트에게 아주 중요한 의미가 있었다. 마거릿은 그 에세이에서 젠더와 섹슈얼리티도 언급하지 않았다. 고대 아테네에서 여성들이 특정한 축제에 참가하거나 연극을 관람하는 것을 제외하고는 집에 갇혀 있었다는 사실을 지적했을 뿐이다. 마거릿은 아이스킬로스의 연극을 논할 때조차 분석의 범주로 젠더를 사용하지 않았다. 아이스킬로스의 연극들에서 카산드라와 트로이 전쟁이 다루어진다는 점을 상기하면 꽤나 놀랍다. 오히려 마거릿은 자부심이 지나쳐 윤리 규범을 위반하는 오만함에 대한 인과응보의 필연성을 아테네인들이 믿었다는 사실에 주목했다. 사실 이 연극들에 나오는 폭력과 가정불화의 핵심에 그 오만함이 자리하고 있었다.[75] 요컨대 마거릿이 제출한 에세이는 자신의 삶과 관련된 분석 글이었던 셈이다. 그녀의 동성애 행각이 사회의 규범을 위반했다는 사실을 상기해보라. 그녀의 행각이 들통 났다면 응징을 당할 수도 있었던 것이다.

마거릿이 4학년 때 맺은 관계는 꽤나 복잡했다. 루서 크레스먼이 어서 결혼하자고 압박하기 시작했고 리언은 두 사람이 관계를 공식화할 수 있을 거라고 부채질했다. 아마도 마거릿은 데버러 캐플런이 지적한 행동을 하고 있었을 것이다. 그러니까 모두에게 그들이 듣고자 하는 말을 해주었을 것이라는 얘기이다. 완다 네프도 빠뜨릴 수 없겠다. 바너드에 출강해 영문학을 가르치면서 마거릿과 친구들을 소재로 소설을 쓴 이 강사는 사감의 자격으로 그들이 입주한 아파트 건물에 살고 있었다. 그녀는 그들을 저녁식사에 초대해 자신이 그들의 사생활을 알고 있다고 넌지시 말했다. 실제로 네프는 많은 것을 알고 있었다. 『우리는 다이애나를 노래한다』에서 화자가 들판에서 포옹하는 것을 목격하는 배서 대학의 두 학생은 인기를 한 몸에 받고 있는 문학도와 과학도로 설정되어 있다. 그 두 사람은 마거릿과 리언에서 착안했을 것이다. 이 소설에서 '신입생 킬러'로 묘사되는 영문학 선생은 아마도 셰익스피어를 강의했던 마이너 레이섬을 모델로 했을 것이다. 레이섬은 레즈비언이었고, 그녀의 애인은 학생들의 건강 문제를 담당한 의사였다.[76]

네프가 자신의 소설에서 레이섬을 '남자 같은 레즈비언'으로 그리고 있음을 미드가 알았을까? 연상의 '남자 같은 레즈비언들', 특히 학생들을 가르치는 연상의 선생들이 상처받기 쉬운 어린 여자들을 유혹한다는 믿음이 있었음을 고려할 때 이것은 매우 놀라운 사실이다. 사포 같은 여자 스승이 연하의 여자들을 원숙하고 성공적인 삶으로 안내하는 것과 같은 존경스러운 관례와는 어긋나는 부정적인 전형이었기 때문이다. 연극을 가르친 레이섬은 바너드에서 큰 사랑을 받았다. 이 대학의 극장에는 그녀의 이름이 붙었다. 애시 캔 캐츠는 그녀를 숭앙했다. 마거릿은 레이섬의 명성이 망가지는 것을 결코 원하지 않았다. 마거릿이 졸업한 여름에 친구 가운데 한 명이 '사내아이 같은 소녀'가 탄생한 원인을 알아보려는 학생들이 바너드에 소수 존재한다는 편지를 써 보냈다.[77] 이 언급은 불편할 정도로 말을 아끼고 있었다.

마거릿이 4학년 때 맺은 동성애 관계는 앞서 언급한 레즈비언 서클 외에도 바너드 학생 두 명이 더 있었다. 첫 번째 상대는 마리 블룸필드로 저명한 언어학자 레너드 블룸필드의 누이이자 유명한 콘서트 피아노 연주자 패니 블룸필드 자이슬러의 조카딸이었다.[78] 마리의 부모는 그녀가 어렸을 때 사망했다. 수줍은 성격에 까다로우며 총명했던 그녀는 인기를 구가하던 마거릿의 조수가 되었다. 그녀는 항상 마거릿을 수행했고, 없어서는 안 되는 존재로 부상했다. 그녀는 심부름을 했고, 마거릿의 방을 정리 정돈했다. 마거릿의 두 번째 상대는 또 다른 마리였다. 마리 아이첼버거는 늦은 나이로 1학년에 입학한 학생이었다. 마리 블룸필드는 그녀를 '여동생'이라고 불렀다. 마거릿은 마리 아이첼버거에 반했다. 대학에 입학한 그녀는 '기존의 관념을 전부 바꿀 준비가 되어' 있었던 것이다. 아이첼버거는 처음에 방 하나를 사이에 두고 마거릿을 보았다. 두 사람의 눈이 마주쳤고, 마거릿은 그녀가 자기와 사랑에 빠졌음을 알아보았다. 이게 두 사람이 항상 밝힌 회고담의 내용이다. '언니' 마리 블룸필드처럼 마리 아이첼버거도 마거릿에게 없어서는 안 될 존재였다. 그녀는 마거릿의 옷을 수선했고, 방을 청소했으며, 머리를 매만져주었고, 손톱을 손질해주었다.[79] 미드는 「인생사」에서 마리 블룸필드가 동거인이었던 루이즈 로젠블랫을 미치도록 질투했다고 썼다. 물론 더 가능성이 높은 후보자는 마리 아이첼버거였다. 한 마리가 다른 마리를 똑같이 흉내 낸 듯하기 때문이다.

마거릿은 마법을 발휘하고 있었다. 그렇게 많은 사람이 자신을 사랑하도록 유도해낸 행위는 흥분되는 경험이었음이 틀림없다. 하지만 비밀스러운 생활을 영위하면서 맺은 화려하고 복잡한 관계의 이면에서 무언가가 잘못되어가고 있었다. 마거릿은 바너드에 편입한 첫해가 끝나갈 무렵부터 오른팔 신경염을 앓았다. 상태가 어찌나 심각했던지 왼손으로 글 쓰는 법을 배워야 했을 정도였다. 그녀는 구역질로도 고생했고 1922년부터는 죽은 아기가 나타나는 괴로운 꿈을 꾸기 시작했다. 4학년 때는 줄담배를 피워서, 마거릿을 찾은 어린 시절의 친구가 마거릿이 얼마나 수척해졌는지를 지적할 만큼 상황이 심각했다.[80)]

그녀는 왜 그렇게 근심 걱정이 많았던 것일까? 강의와 과외 활동이 마거릿에게 엄청난 부담으로 작용했다. 친구 가운데 한 명은 그녀를 '학교의 대들보'라고 불렀다. 여전히 변덕이 심했던 아버지는 잊을 만하면 학비 지원을 끊겠다고 위협했다. 그녀는 아버지의 협박을 잘 견뎌냈지만 계속해서 속을 끓여야 했다. 마거릿은 「인생사」에서 '충격적인 구애 행동'으로 인해 어렸을 때 느꼈던 강간의 공포가 되살아나면서 '전환 히스테리'가 생겼다고 진술했다. 그녀가 자신이 앓던 신경염을 '전환 히스테리'의 결과로 보았을까? 그녀가 루서 크레스먼과의 성생활에서 설정해둔 한계를 그가 넘으려고 했던 것일까? 마거릿은 루서의 행위에도 불구하고 자신이 여전히 그와 결혼할 것이고, 히스테리의 원인인 유년기의 사건을 잊지 않고 있다고도 말했다. 그러나 그녀는 그 사건의 내막을 밝히지는 않았다.

1948년에 미드는 치료의 일환으로 뉴욕의 융(Jung)파 심리학자 고트하르트 부트(Gotthart Booth)를 찾았다. 그녀는 그레고리 베이트슨과의 결혼 생활이 파탄 나고 있을 즈음에 그를 만났다. 마거릿은 필적 분석을 받기로 했다. 인생의 여러 시점에서 그녀가 쓴 편지들이 제출되었다. 아주 예민했던 것으로 여겨지는 대학 시절과 관련된 분석 내용이 가장 자세하게 나왔다. 고트하르트 부트에 따르면 그녀는 4학년 때 신경 쇠약 직전 상황까지 몰렸다고 한다. 성적 성향 혼란이 문제의 원인이었다. 부트는 마거릿이 복수의 연애 관계를 통해 장막을 치고 그 뒤로 물러나 진정한 자아를 숨김으로써 자기가 이성애자인지 동성애자인지에 관한 근심과 걱정을 묻어버렸다고 결론지었다. 그녀는 다른 사람들에게는 군림하면서도 돌보는 어머니처럼 행동했고, 이런 처신은 자신의 감정을 완벽하게 통제하는 것처럼 비쳤다. 성적 성향에 관해 말하자면 마거릿은 남자들을 좋아했지만 적개심도 느꼈다. 가끔씩 여자를 더 좋아했지만 기본적으로 마거릿은 자신의 성적 성향에 확신이 없었고, 이런 혼란 속에서 우왕좌왕했다.[81)]

1923년 2월 초에 마리 블룸필드가 자살을 한다. 크리스마스 연휴 직후에 그녀는 홍역으로 입원했었고, 마거릿이 건강을 회복한 그녀를 금요일에 병원에서 퇴원시켜 기숙사로 데려갔다. 시험 중에 리언 뉴턴에게 히스테리성 시각 상실이 와서 그녀를 돌보는 일만 없었다면 마거릿은 주말에 마리와 함께 있었을 것이다. 마거릿은 「인생사」에서 자신이 리언의 '이런저런 레즈비언 친구들'을 방에서 내보냈다고 썼다. 그녀는 리언을 데리고 집을 나서 산책을 했고, 영화관에도 갔다. 마거릿은 그녀를 위로했고, 리언은 시력을 회복할 수 있었다. 마거릿이 그 주말에 마리를 만날 수 없었던 이유다. 토요일 오후에 동기생 몇 명이 마리를 찾아갔고, 함께 시를 읽었다. 일요일에 마리 블룸필드는 과학 실험실에서 훔친 청산염을 치사량 복용했다.[82)]

마리의 죽음을 놓고 마거릿을 탓하는 사람은 아무도 없었다. 전달에도 친구 몇 명이 마리의 자살 기도를 단념시키려고 했던 바 있었다. 마거릿은 마리의 계획을 몰랐던 것 같다. 그러나 레오니 애덤스와 같은 젊은 여성 시인들이 제1차 세계대전 이후에 쓴 시편들의 주제는 대개가 우울과 죽음이었다. 애시 캔 캐츠는 키츠와 그의 요절에서 일체감을 느꼈다. 그녀들은 키츠의 「나이팅게일에게(Ode to a Nightingale)」의 유명한 구절을 자주 인용했다. "안락한 죽음과 어설픈 사랑에 빠졌던나." 그녀들은 셸리가 『아도나이스(Adonais)』에서 죽음을 노래한 유명한 구절도 좋아했다. "삶은 색유리 천장 같은 것 / 영원한 하얀색 빛을 더럽히지 / …… 죽어라 / 그대가 추구하는 것과 있고자 한다면!" 이 구절은 실제의 죽음을 언급한 것일 수도 있고, 초월에 이르려면 정신의 소멸과 재탄생이 필요하다고 언급한 것일 수도 있다. 그러나 마리처럼 우울증에 빠졌던 젊은이는 이 시구를 문자 그대로 해석했다.

마리 블룸필드는 자살을 암시하는 한 메모에서 키츠의 시구 '안락한 죽음'을 인용했다. 《뉴욕 타임스》는 마리의 자살을 이렇게 보도했다. "그녀는 마음이 병들었고, 책을 읽고서는 죽음을 황홀과 환희 속에서 다다를 수 있는 무언가로 생각했다."[83] 미드는 『블랙베리 겨울』에서 리언과 보낸 주말 이후의 월요일에 마리의 시체를 발견하고 자신이 느낀 충격과 공포를 쓰고 있다. 마리의 시신 옆에는 W. N. P. 바벨리언의 『좌절한 한 남자의 일기(Journal of a Disappointed Man)』가 놓여 있었다.[84] 왜 이 책이었을까? 바벨리언은 브루스 프레더릭 커밍스의 필명이었다. 이 책은 그가 퇴행성 질병으로 고통받는 상황을 서술했고, 그의 자살로 내용이 끝났다. 이 책은 국제적인 베스트셀러였다. 남자고 여자고 이 여성스러운 젊은이의 고통에 공감했다. 그는 죽기 전에 자기 남자 애인을 포기하면서, 그가 여자와 결혼할 수 있도록 허락했다. 괴테가 100년도 더 전에 쓴 『젊은 베르테르의 슬픔』처럼 이 책 때문에도 많은 젊은이들이 자살을 감행했다. 애석하게도 마리 블룸필드가 그 가운데 한 명이었던 것이다.[85]

마리의 죽음에 마거릿은 큰 충격을 받았다. 그녀는 이 사건으로 평생 죄책감을 느꼈다. 누이동생 캐서린이 아기 때 불의의 죽음을 당한 사건과도 겹쳤다. 마거릿은 자신이 리언을 선택해서는 안 되었다고 후회했다. 상처받기 쉬운 마리와 비교할 때 리언은 강인했기 때문이다. 하지만 마리에게서는 리언에게만큼 매력을 느끼지 못했다. 마리의 자살에 충격을 받은 마거릿은 모두와의 문제를 해결해야만 했다. 이런 상황 속에서 그녀는 혹시라도 누구에게 상처를 줄까 봐 겁이 났다. 이를테면, 그녀는 마리 아이첼버거와 관계를 정리할 수가 없었다. 그러고 싶었지만 말이다. 마리는 지나치다 싶을 정도로 마거릿의 개인사에 간섭해 그녀를 도왔고, 충심으로 섬겼다. 마거릿은 때때로 숨이 막힐 지경이었다. 그러나 그녀는 항상 마리에게 감사했고, 자신의 일을 마리에게 맡겼다.

마거릿은 이후로 평생 동안, 위기에 직면해서 가능한 모든 귀결에 대처할 수 없을 경우 파멸이 임박했다고 생각했다. 그러므로 마리 블룸필드의 자살을 고려하면 그녀의 각종 계획은 불행을 막기 위한 광적인 노력이었다고 해석할 수 있다. 마거릿은 거의 모든 상황에서, 심지어 자기 마음대로 하겠다는 결심이 섰을 때조차도 모두를 행복하게 해주려고 노력했다. 그녀는 고트하르트 부트에게 이렇게 말했다. "그렇게 해야 다른 사람들이 상처를 받지 않아요."[86]

미드가 프란츠 보애스의 인류학 개론 수업을 들은 것은 4학년 가을이었고 베네딕트가 이 강의의 조교였다. 베네딕트는 79번가의 센트럴파크 서쪽 모퉁이에 있는 미국 자연사박물관에서 매주 학생들을 만났다. 자연사박물관은 시내 방향으로 지하철이나 버스를 타면 컬럼비아에서도 금방 도착할 수 있는 거리였다. 이 박물관은 뉴욕의 부자들이 도시의 위용을 뽐내고 시민들에게 감동을 선사하기 위해 지은 후기 빅토리아시대 양식의 거대한 건물을 사용했다. 건물은 부속탑과 누대(樓臺)로 성처럼 보였다. 안에는 문화가 뚜렷하게 구분됨을 증명해주는 공예품이 전시되어 있었다. 이를 테면, 1898년 북서 태평양 연안으로 파견된 보애스 원정대가 수집한 괴상한 토템 폴과 가면들, 평원 인디언들과 푸에블로 족의 도기류와 구슬 세공품 따위를 볼 수 있었다. 이 박물관의 동굴 같은 대리석 방에서 역사상 가장 유명한 여자들의 우정 가운데 하나가 시작되었다.

베네딕트는 전체 강의 중 자신이 맡은 토의 시간에 박물관의 공예품과 전시물을 활용해 해당 주의 읽을거리와 수업 내용을 설명했다. 그런데 미드는 그 첫 번째 모임에서 기분이 나빴다. 수업 시간에 돋보였던 학생들, 그러니까 교재를 읽고 논쟁을 주도했던 아이들이 조교인 베네딕트가 담당한 시간에는 나타나지 않았던 것이다. 미드는 자기 일정은 안중에 없는 것에도 화가 났다.[87] 게다가 베네딕트에 관한 미드의 첫 인상도 좋지가 않았다. 베네딕트는 숫기가 없었고, 청력이 좋지 않은 데다가, 말을 약간 더듬었다. 패서디나 시절 이후 다시 처음으로 학생들을 지도하게 된 베네딕트는 의욕이 넘쳤고, 자기가 한 말을 학생들에게 반복하도록 자꾸 시켰다. 미드는 그녀의 외모를 보고 할 말을 잃었다. 베네딕트는 매일 똑같은 옷을 입었고, 미드가 보기에 촌스러운 모자를 썼다. 텁수룩한 그녀의 머리칼은 쥐색이었다. 미드는 베네딕트가 그렇게 옷을 입은 게 컬럼비아의 남성 교수들에 맞서는 일종의 페미니즘적 반란 행위였다는 것을 몰랐다. 컬럼비아의 남성 교수들은 항상 똑같은 양복을 입었던 것이다. 미드는 깃털이 달린 펑퍼짐한 그 모자가 아직 구경도 못 해봤을 정도로 유행을 선도하는 제품이었다는 것도 알지 못했다. 마거릿이 그런 모자를 쓰고 싶다는 생각을 하려면 몇 년은

더 있어야 했다.[88]

미드의 친구들은 그녀가 그 별 볼일 없는 토의 시간에 참가하는 것이 어리석다고 놀렸다. 미드는 자기가 어리석다는 것을 인정하고 싶은 생각이 추호도 없었다. 그녀는 그들이 틀렸음을 증명하겠다고 결심했고 실제로 그렇게 하는 게 어렵지도 않았다. 베네딕트가 그녀의 호기심을 자극했던 것이다. 지저분한 옷 속의 베네딕트는 큰 키에 탄탄한 체구의 소유자였다. 그녀의 '모나리자' 미소에 미드는 매혹되었다. 베네딕트는 자신의 본질에 깊이 몰두할 때면 강렬한 기운을 발산했다. 수줍음이 사라졌고, 아름다움이 빛을 발했다. 바로 그때 미드는 베네딕트에게 가르치는 재능이 있다는 것을 깨달았다. 베네딕트는 수업 내용을 시적으로 전달했고, 문화를 조사하는 능력도 탁월했다. 그녀는 문화를 재미있게 비교했고, 보애스가 사실 위주로 무미건조하게 진행한 수업에 생동감을 부여하는 자료로 농담도 했다. 이를테면, 그녀는 크로 인디언들의 비전 퀘스트를 풍자했다. 베네딕트는 훌륭한 이야기꾼이었다.

베네딕트와 학생들의 상호 이해가 효력을 발휘하기 시작했다. "그녀에게는 학생의 모호한 생각을 충심으로 격려하면서 해명해주는 대단히 희귀한 재능이 있었다."라고 미드는 썼다. 베네딕트는 귀가 잘 안 들린다는 사실을 활용해 학생들의 자신감을 북돋워줬다. 이를테면, 그녀는 질문들을 거듭했는데, "질문자는 애초 질문할 때보다 훨씬 더 많은 것을 깨쳤다." 보애스의 용납하지 않는 태도에 학생들은 기가 꺾였고, 그에게 도움을 구하지 못했다. 학생들은 대신 베네딕트를 찾았다. 그녀가 컬럼비아 대학교의 인류학과 세미나실을 개방하고 있는 경우가 많았던 것이다. 그녀는 학생들이 자기를 찾아와 주기를 바랐다.[89]

마거릿은 할머니에게 그해 여름에 석기시대 사람들에 관한 두툼한 책을 한 권 독파해서 기쁘다고 편지에 썼다. 박물관에서 구석기시대의 전시물을 공부하는 시간에 책에서 읽은 내용을 바탕으로 두각을 나타낼 수 있었던 것이다. 그녀는 이제 오히려 똑똑한 학생들이 베네딕트의 수업에 참석하지 않는 게 좋았다. 베네딕트의 관심을 받는 게 더 쉬웠기 때문이다. 다른 학생들도 미드가 전하는 베네딕트의 인상을 수용하기 시작했다. "우리는 그녀를 아주 좋아해요." 미드가 몇 주 후 할머니에게 써 보낸 편지의 내용이다.[90] 베네딕트에 대한 관심이 학생 사회 전체로 퍼져나갔다. 베네딕트가 기혼인데 주중에는 컬럼비아 대학교 근처에 방을 얻어 혼자 산다는 얘기가 퍼지면서 낭만적인 소문이 뭉게뭉게 피어났다. 그녀의 남편이 뉴욕 외곽의 정신병원에 갇혀 있다는 것이었다.[91] 미드가 참가하는 그 수업을 듣지 못하는 다른 학생들은 시샘을 할 정도였다. 미드는 이 강의에 후한 점수를 주었고, 두 번째 학기에는 수강 신청을 한 학생이 두 배로 늘어났다. 그녀의 설득력이 입증되는 대목이다.

미드는 베네딕트에 점점 더 매혹되었다. 그녀는 컬럼비아에서 박물관까지 오가면서 함께 버스를 타고 이동할 구실과 핑곗거리를 찾기 시작했다. 계속 이야기를 나누고 싶었던 것이다. 미드는 베네딕트를 찾아 대화를 하기 위해 지하철도 탔고 두 사람의 교제가 깊어졌다. "평원 인디언 관에서 태양 무도회를 설명해주셨는데 아주 흥미진진했다. 사실 말을 좀 더듬었다. 내가 뭘 더 공부하면 좋겠느냐고 묻자 무뚝뚝한 대답이 돌아왔다. 의아하게도 나는 무시당했다." 그러나 그녀는 집요했다. 다음 시간에 베네딕트가 자신이 직접 쓴 글을 참고하라며 미드에게 줬다. 미드는 그제야 베네딕트의 기묘한 태도를 이해했다. 그 글은 평원 인디언들의 비전 퀘스트에 관한 내용이었다.[92]

베네딕트는 미드에게 인류학 교수들과 대학원생들이 매주 여는 세미나에 참석하라고 권했다. 그녀는 그 세미나 자리에서 존 듀이의 신간

『인간 본성과 행위(Human Nature and Conduct)』를 비평하는 글을 주었다. 그러나 베네딕트가 발표한 내용에 마거릿은 별다른 흥미를 느끼지 못했다. 오히려 그녀의 주의를 끌었던 건 베네딕트의 독특한 품격이었다. 몇 년 후에 미드는 그때 베네딕트가 보여줬던 숫기 없는 태도와 어눌한 말씨가 '재앙과도 같았다'고 썼다.[93] 그녀는 자기 선생님을 이 전문적인 사회에서 보호해주고 싶었다. 그녀는 대학생들뿐만 아니라 친구들에게도 소개했다.

베네딕트와 미드의 감정은 서서히 발전했다. 마거릿은 루서 크레스먼, 리언 뉴턴, 마리 아이첼버거와의 관계를 정리해야만 했다. 더불어서 캐서린 로덴버거의 경우처럼 루스의 '얼음과 눈의 황무지'를 건너려면 '집요하게 용기를 발휘해야' 했다. 베네딕트가 주변에 쌓아올린 정서의 장벽과 그녀가 쓰고 지내던 가면을 말하는 것이다. 그러나 루스는 나중에 직접 만나기 전에 이미 미드에게 호기심을 가지고 있었다고 고백했다. 루스는 지하철에서 바너드 여학생 무리에 섞여 있던 마거릿을 본 적이 있었다. 다른 많은 사람들처럼 루스도 이 작고 빛나는 여학생에게 매료되었다. 루스는 지하철에서 목격한 그 학생의 이름이 마거릿이라는 정도만 알고 있었다. 마거릿은 섬세함과 강인함과 지적 과단성을 두루 갖추고 있었다. 루스는 마거릿이 두툼한 책을 한가득 들고 컬럼비아의 캠퍼스를 지나가는 것을 목격하기도 했다. 마거릿의 작고 앙증맞은 체구를 찌그려놓을 듯한 그 광경에 루스는 마음을 빼앗겼다.[94]

마리 블룸필드가 세상을 떠나면서 루스와 마거릿은 가까워졌다. 마리도 루스의 수업을 들었다. 그녀는 루스가 듀이의 저서를 비평한 세미나에도 참석했다. 루스가 마거릿뿐만 아니라 그녀도 오라고 불렀던 것이다. 마리는 마거릿과 함께 지하철을 타고 루스를 찾기도 했다. 루스는 마리 소식을 듣고, 마거릿을 자기 아파트로 불러 카토가 자살한 얘기를 하면서 그녀를 위로했다. 마거릿도 자살이 고귀한 행동일 수 있다는 루스의 신념을 공유하게 됐다. 그러나 루스 베네딕트 자신도 마리의 자살에 크게 상심했다. 직접 낳은 자식이 없었던 그녀는 가르치는 학생들을 자녀로 여겼고, 마리의 불행이 미안하고 유감스러웠다.[95] 임신을 못 하게 된 자신의 자궁을 거부의 상징으로 간주하곤 했던 베네딕트는 학생들에게 외면당하는 사태도 두려워했다. 마리의 자살 소식은 그 공포에 기름을 부었다. 다행히 이제 마거릿 미드가 있었다. 수십 명의 친구를 거느린 유력한 학생이 갑작스럽게 자신의 종복이 될 가능성을 내비친 것이다.

7장

일각수와 일출

— 인류학, 시, 젠더 그리고 루스 베네딕트

마리 블룸필드가 자살하고 한 달이 지난 1923년 3월 베네딕트는 미드에게 컬럼비아 대학교 인류학과 박사 과정에 진학하라고 권했다. 루스는 설득력이 있었고 영리했다. 그녀는 대중적 이론지에 인류학의 내용을 소개하던 인류학자들의 비공식 '언론위원회' 회원임을 밝혔는데, 이 점이 글 쓰는 데 관심이 많았던 마거릿에게 주효했다.[1] 베네딕트는 마거릿이 어머니를 좇아 이민자들의 문화를 공부하고 싶으면 인류학을 통해 그렇게 할 수 있을 것이라고 말했다.[2] 베네딕트는 대다수가 구술 전통뿐이고 문자 기록이 전무한 부족사회들을 상세히 기록해야 할 필요성을 역설했다. 그것들이 서구화의 충격 속에서 사라져버리기 전에 말이다. 선교사들과 탐험가들이 일부나마 조사를 수행하기는 했지만 그들 대다수는 훈련받은 과학자들이 아니었고, 따라서 그들의 이야기를 신뢰하기는 힘들었다. 무엇보다도 루스는 민족지학 연구를, 사라져가는 인류의 중요한 지식을 보존하는 일종의 성전(聖戰)으로 보았다. 그것이 새로운 사회과학의 기초가 될 수도 있는 지식이라는 것이었다. 베네딕트는 인류학 분야에 일자리가 많지 않다는 사실도 솔직히 시인했다. 인류학은 학문적 존재감이 아직 많이 떨어졌다. 그녀는 이렇게 말했다. "보애스 교수와 나는 중요한 연구를 수행할 수 있는 기회를 제공해주는 것 말고는 달리 해줄 수 있는 게 없어요."[3)]

루스는 마거릿에게 캘리포니아 남부가 근거지인 세라노 족의 나이 든 추장 얘기를 해주었다. 그녀가 이전 여름에 그곳에서 현지 조사를 수행하며 면접한 노인 얘기였다. 추장은 미국식 상업주의로 자신들의 문화가 파괴되는 상황을 책망했다. 그는 정부가 운영하는 가게에서 깡통에 담긴 음식을 사먹는 것을 좋아하지 않았고, 고기를 사려고 정육점에 가는 것을 좋아하지 않았다. 그는 흥분이 고조되는 사냥 경험을 그리워했다. 기독교로 개종했지만 옛 종교의 마법을 잊지 않고 있었다. 샤먼들이 '자기 눈앞에서 곰으로 변신하던' 마법을 말이다. 그는 문화를 흙으로 빚은 컵이라고 설명했다. 조물주가 모든 민족에게 생명을 마실 수 있는 컵을 하나씩 주었다는 것이었다. 그러나 세라노 족의 컵은 깨져버렸다. 그들의 문화가 말살되었던 것이다.[4)]

흙으로 만든 컵 얘기는 베네딕트에게 커다란 의미로 다가왔다. 그녀는 자신의 종교와 신화 지식을 인류학에 도입하고 있었던 것이다. 기독교에서는 성찬식 잔에 그리스도의 피를 상징하는 포도주가 담긴다. 연금술에서는 컵이 어머니를 상징한다. 융과 프로이트의 상징체계에서도 그것은 마찬가지이다. 하느님은 흙으로 아담을 빚었다. 대부분이 여성인 남서부의 옹기장이들은 어머니 대지의 흙으로 그릇을 만들었다. 흙으로 만든 컵이라는 은유에는 베네딕트가 마음에 들어 하는 울림이 풍부하게 담겨 있었다. 흙으로 만든 컵이라는 은유는 문화가 통합된 전체라는 베네딕트의 통찰로 이어진다. 흙으로 만든 컵이라는 은유는 루스와 마거릿의 관계를 깊은 정신적 유대로 상징하게 된다. 흙으로 만든 컵이라는 은유는 여성을 어머니이자 창조자로 기린다. 미드는 인류학 연구에 뛰어들었다.

"나는 사회과학 어린이였다." 미드는 나중에 이렇게 썼다. 프란츠 보애스와 루스 베네딕트를 만났을 때, "인종, 언어, 문화의 상호 의존성과 비교 연구의 중요성 같은 기본적 개념들을 나는 이미 잘 알고 있었다." 소스타인 베블런 같은 사회과학자들이 문화를 그 어떤 '민족' 개념과도 구분되는 개별적 실체로 보고 있다고 그녀는 주장했다. 그녀의 부모가 시카고 대학교에서 베블런과 함께 연구를 했다. 마거릿은 프란츠 보애스가 이 분야에서 한 중요한 기여를 이미 잘 알고 있었다. 인류학이 마거릿에게 매혹적이었던 이유는 부족 문화의 복잡한 세부 사항을 연구했기 때문이다. 혈족 관계, 언어, 예술 작품, 의식의 세부 사항들을 통해 진실을 깨달을 수 있는 '계시적' 성격이 인류학에 있다고 보았던 것이다. 그녀가 보기에 비교사회학자들은 이런 세부 사실들을 무시했다.[5] 미드는 흙으로 만든 컵이라는 은유적 표현을 접하고, 인류학에서는 지성과 상상력을 다양한 방식으로 결합할 수 있겠다고 판단했다. 이것은 사회학이나 심리학에서는 꿈도 꿀 수 없는 일이었다. "베네딕트가 인류학의 대상들을 절도 있게 평가했고, 그녀의 문학 이해 방식은 더없이 우아했다."라고 한 미드의 생각은 베네딕트의 이런 태도와 궤를 같이 하는 것이었다.[6]

미드는 컬럼비아 대학교 심리학과 석사 과정에 이미 합격한 상태였다. 그녀는 고등학교에서 심리학자로 일하려고 했으나 그녀는 이 미래 전망이 썩 내키지 않았다. 그녀는 사범대학 강의가 따분하다고 생각했고, 학교 행정가가 되기 위해 공부하는 공격적인 남성들도 싫었다. 가을에 사범대학에서 교육심리학 과목을 수강한 경험은 끔찍했다. 게다가 사범대학 교수들이 개발한 IQ 검사에는 민족적 편견이 개입하고 있었다.[7] 알다시피 미드는 심리학 석사와 인류학 박사 과정을 동시에 진행했다. 그녀는 석사 논문에서 IQ 검사를 비판했다. 어머니의 해먼턴 연고를 활용해 이탈리아계 고등학생 300명에게 IQ 검사를 실시한 다음 그 결과를 각 가정에서 사용하는 영어의 양과 관련시키는 방법이 동원되었다. 이 연구는 영어가 많이 사용될수록 점수가 더 높게 나온다는 사실을 보여주었다.[8)]

미드는 어렸을 때 읽었던 모험 이야기를 잊지 않고 있었다. 그녀는 여전히 그것을 읽고 있었다. 메리 킹즐리는 서아프리카를 여행했고, 이디스 더럼(Edith Durham)은 발칸 반도에 있었다. (더럼은 그레고리 베이트슨의 이모였다. 미드의 세 번째 남편이 되는 그레고리 베이트슨 말이다.) 베네딕트가 인류학 공부를 권했을 때 미드는 스코스비 루틀리지 여사의 책을 읽고 있었다. 루틀리지가 거석상을 세운 사람들의 미스터리를 풀기 위해 이스터 섬을 탐험하는 이야기였다. 루틀리지는 실패했다. 거석상을 세운 사람들의 비밀을 알고 있던 마지막 원주민이 그녀가 도착하기 직전에 사망하고 말았던 것이다. 마거릿은 안타까움을 느꼈고, 부족사회의 민족지를 기술하는 일이 대단히 시급하다는 생각을 굳혔다.[9)] 그녀는 자기가 저명한 학자인 프란츠 보애스와 연구하면서 어머니가 못 했던 박사 학위를 취득할 수 있는 기회를 제공받았음도 깨달았다. 그녀는 결혼과 사회 진출을 동시에 이룰 수 있었다. 이것은 1920년대의 신여성 대다수가 원하던 목표였다. 마거릿은 머뭇거리지 않았다. 베네딕트가 인생을 통해서 무얼 해야 할지 고민하며 여러 해 동안 우유부단하게 머뭇거렸다는 사실과는 크게 대비되는 지점이다.

미드는 제2차 세계대전이 발발할 때까지는 부족사회들을 상세히 기록해야 한다는 소명 속에서 활동했다. 그녀는 제2차 세계대전이 발발하면서 당대의 쟁점들로 방향을 틀었고, 대부분 미국에 체류했다. 미드는 그 이전에 그리고 그 이후에 쓴 글들에서 부족사회의 세부 사실들을 기록하는 게 중요하다고 강조했다. 그녀가 보기에 그런 세부 사실들은 "인간이 살아가는 문제와 관련해 시도해온 상이한 해결책의 사례들로서, 대치할 수 없는 귀중한 가치를 지녔기" 때문이다. 그녀는 후에 회고하기를, 자기가 대학원생 시절에 아침 일찍 기상했다고 말했다. 서둘러야 할 필요성에 절박했다는 것이다. 마거릿은 다음과 같은 생각을 하면서 두렵다고 느꼈다. "라라통가의 마지막 사람이 오늘 아침에 죽을지도 모르고, 또 다른 귀중한 실험이 돌이킬 수 없게 될지도 모른다."[10] 미드는 언제나 뭔가를 만들어내야 한다는 의무감 속에서 활동했다. 자신의 역량을 가치 있는 목표에 써야 하고, 재앙이 일어나는 것을 막아야 한다는 책임감도 여기에 더해졌음은 물론이다.

마거릿은 대학원에 진학해 인류학을 전공해보라는 루스의 제안을 받아들였다. 루서 크레스먼도 이 결정에 반대하지 않았다. 그는 컬럼비아에서 사회학 박사 과정을 시작했고, 목회를 그만둘 생각이었다. 루스는 마거릿에게 당시로서는 꽤 큰 금액인 300달러를 주면서 그녀의 결정을 지원했다. 이것은 '어떤 단서도 붙지 않은 연대감'의 표시였다. 루스는 이렇게 마거릿의 능력에 대한 자신의 신뢰를 표명했다. 마거릿은 그 돈이 애착을 의미한다는 걸 알았다. 그녀는 인류학과 대학원에 진학함으로써 루스와 좀 더 가까워지기로 했다. 요컨대 루스는 마거릿이 어린 시절에 읽은 문화 대본에 나오는 제일 좋아하는 선생님의 역할을 떠맡은 것이었다. 마거릿은 돈을 줘서 고맙다는 감사 편지에서 '베네딕트 부인'을 '요정 같은 대모'라고 불렀다.[11]

루스가 왜 마거릿을 인류학과로 끌어들였을까? 그녀는 다른 바너드 학생에게는 전혀 접근하지 않았다. 요컨대 그녀는 마거릿이 똑똑하다고 생각했고, 인류학 분야와 자신에게 그녀가 필요했다. 루스는 마거릿의 열렬함과, 그녀가 자신에게 듣기 좋은 소리를 해가며 특별한 존재라는 느낌을 주는 게 좋았다. 그녀는 마거릿의 어르고 달래는 능력도 마음에 들었다. 루스는 마거릿한테서 평안함을 느꼈다. 마거릿은 '편안한 의자나 난로 앞처럼' 그녀에게 위안이 되었다.[12] 이런 심상은 가정의 안온함을 암시할 뿐만 아니라 지배도 암시한다. 벽난로 앞의 안락의자에 앉는 것은 아버지들이었기 때문이다. 루스는 스탠리와의 관계가 자주 어긋났고, 마거릿한테서는 더 많은 권위를 기대할 수 있었다. 루스는 마거릿에게 어머니처럼 돌보는 역할과 더불어 남성적인 역할을 할 수 있었다. 마거릿은 그녀가 원하는 아이가 될 수 있었다. 루스는 마거릿의 낙관주의, 정력, 성공하겠다는 의지에도 끌렸다. 마거릿은 페이터의 '보석 같은 불꽃'으로 타올랐다. 루스는 1937년 미드의 연인들을 떠올리면서 이렇게 썼다. "그게 네가 갖고 있는 것이고, 사람들은 그걸 원하지. 대단한 활기와 결의로 삶이 달라지는데, 사람들은 그걸 원해."[13]

베네딕트는 1923년에 여자 애인을 원했다. 그해 1월 1일에 그녀는 일기에 시를 한 편 써놓았다. '아름다운 여자와 / 가슴에 가슴을 맞대고 / 한번 눕고 싶다'는 욕망을 표현한 내용이었다.[14] 루스와 스탠리의 관계는 여전히 힘겨웠다. 주중에는 뉴욕에서 혼자 살고, 주말에는 베드퍼드 힐스에서 그와 함께 지내는 생활이 여러 모로 상황을 개선했지만 말이다. 루스는 여동생 마저리에게 두 사람이 주말에 만나면 두 번째 신혼을 보내는 것 같다고 말했다.[15] 인류학자이자 언어학자인 에드워드 사피어와의 우정에도 루스는 좌절했다. 사피어는 보애스가 배출한 첫 번째 박사 가운데 한 명으로, 오타와에서 캐나다의 정부 기관인 민족국(bureau of ethnology)을 이끌고 있었다. 루스가 사피어에게 자신의 박사학위 논문을 보냈는데 그가 거기 주목하게 되면서 두 사람은 편지를 교환하기 시작했다. 루스가 계속해서 사피어에게 자신이 쓴 시를 보냈고,

그가 마음에 들어 하면서 두 사람의 우정이 깊어졌다. 두 사람은 사피어가 뉴욕에 올 때마다 만났다. 사피어는 뉴욕 방문이 잦았는데, 그건 오타와가 너무 외로운 곳이었기 때문이다. 오타와에는 대학도 없었고, 이렇다 할 지식인 모임 같은 것도 없었다.

베네딕트와 사피어는 공통점이 많았다. 둘 다 이론을 좋아했고 우울 성향이 있었다. 두 사람은 시를 썼고, 대중적 지식인으로 명성을 날리고 싶었다. 사피어의 결혼 생활은 불행했다. 그의 아내는 심각한 우울증으로 여러 차례 입원했고 자살을 기도하기까지 했다. 베네딕트 입장에서는 유명한 학자의 격려가 고마웠다. 가끔 그가 그녀를 하인 취급하기는 했다. 이를테면, 그가 그녀에게 자신의 시를 타자기로 쳐달라거나 아이들을 돌봐달라고 요구했던 것이다.[16] 단신에 귀가 돌출한 사피어는 사진으로 보면 호감이 안 가는 모습이다. 그러나 베네딕트는 그에게 끌렸고, 몇 년 후에는 미드도 그랬다. 그의 목소리는 낮고 낭랑했다. 그는 대화를 하면 활기를 보여줬고, 손짓과 몸짓이 많았다. 재기가 넘쳤고, 뛰어난 흉내꾼이기도 했다. 두 여자가 그에게 폭 빠질 충분한 자질이었던 셈이다. 여기에 그의 지성을 보태야 할 것이다. 보애스에게 함께 배운 동료 인류학자들은 사피어를 무리에서 가장 똑똑한 친구로 평가했다.[17]

베네딕트가 사피어와 불륜에 빠지지는 않았을 것이다. 사피어는 섹스와 가족 문제에서는 전통주의자였다. 그가 베네딕트에게 써 보낸 편지는 대부분이 그녀가 쓴 시의 단어 선택과 표현 형식의 문제를 지적하는 내용이었다. 어떻게 보더라도 친밀했다기보다는 일정한 거리를 두었다는 편이 옳다. 문체는 현란했고, 정신분석에도 탁월한 기량을 보여주었다(물론 그는 정신분석을 받아본 적이 없었지만). 그러나 그는 자신의 속마음을 드러내지 않았다. 베네딕트도 일정한 거리를 유지했다. 사피어는 그녀가 '미안해하면서 가정하는 방식으로 말하는 것'을 꼬집었고, 그녀의 시가 '장중'하고 '청교도적'이라고 평가했으며, 그녀를 '멋지게 통일된 합리적 인물 유형'으로 파악했다. '모든 것이 사고와 감정에 중요한 '의미'를 가져야 하는' 인물 유형으로 말이다.[18] 컬럼비아의 인류학자 루스 번젤(Ruth Bunzel)은 베네딕트와 미드 모두의 친구로, 사피어와 함께 연구했다. 그녀는 사피어의 여자 문제가 결벽증에 가까웠다고 말했다.[19]

루스와 마거릿이 만난 해에 사피어는 뉴욕에 머물고 있었다. 아내가 병원 치료를 받고 있었기 때문이다. 루스는 일기에 그와 함께 거리를 산책하면 짜릿하다고 썼다. 그러나 유혹하는 일이 그녀한테는 쉽지 않았다. 체호프의 연극 〈세 자매(Three Sisters)〉를 보고 나서 그녀는 일기에 이렇게 써놓았다. 자기는 자제하지 못하고 겸양을 모르는 막내가 싫다고 말이다. 그녀는 "유치하게 연애를 한다."[20] 이 말은 자기보다 더 어리고 쾌활한 마거릿 같은 사람에게 루스가 끌렸다는 사실을 떠올리면 의도하지는 않았겠지만 역설적이다. 그러나 루스는 가면을 벗어버리는 데 어려움을 겪었다. "루스는 사람들한테 당할 수 있는 최악의 시나리오를 여럿 설정하고, 거기 대비해 스스로를 단련했다."라고 미드는 평했다.[21] 에스더 시프 골드프랭크는 그 시절에 루스가 '수줍어하고, 내성적이었다'고 했다. 그녀는 "차가웠고, 훌륭한 발언에 고개를 끄덕여 동의를 표하거나 기묘한 미소를 지어 보였다. 태도가 적극적이지는 않았다. 그녀는 말 수가 적은 사람이었다."[22]

루스는 그해에 배서에서 대학 생활을 함께 한 친구와 뉴욕에서 여흥을 즐겼다. 마거릿 아널드(Marguerite Arnold)라는 큰 희망을 품은 시인으로 광고 문안을 쓰면서 먹고사는 여자였다. 그녀와 루스가 연인이었을지도 모른다. 물론 두 사람의 관계는 루스가 스탠리나 에드워드와 맺은 관계만큼이나 골치 아프고 힘겨웠지만 말이다. 루스는 일기에 이렇게 쓰고 있다. 마가릿 아널드는 "나를 자기가 벗어나고자 애쓰는 온갖 문제의 일부"로 보았다.[23] 마리 아이첼버거는 마거릿 아널드를 방에 처박혀 나오려고 하지 않는 루스의 친구로 언급했다. 마거릿 아널드가 발표한 시들은 정신 병원과 신경 쇠약에 관한 것들이다.[24] 루스는 스탠리, 마거릿, 마거릿 아널드, 에드워드와 관계를 맺고 있었지만 여전히 외로웠고, 감정 기복에 시달렸다. 그녀는 일기에 이렇게 쓰고 있다. "나는 강렬한 지각이 두렵다. 하지만 그런 일이 지독하게 자주 일어난다."[25]

루스는 일기에 '협력하는 반려'를 원한다고 썼다.[26] 이 말에는 헌신과 부부의 연이 담겨 있다. 루스는 사생활이 안정되기를 바랐다. 그녀는 스탠리에게 충실하기를 원했다. 그건 여자 친구에게도 마찬가지였다. 루스에게는 감정의 미로에서 자신을 인도해줄 '아리아드네'가 여전히 필요했다. 그녀는 서른여섯 살이었고, 이제 더 이상 젊지도 않았다. 그녀는 엘시 클루스 파슨스의 수업에서 제출한 에세이에서 동성애를 거부했었지만 이미 마음을 바꾸었다. 루스는 이성애와 동성애가 '별도의 바퀴로' 움직인다고, 다시 말해 그것들은 별도의 자아에서 유래하며, 따라서 두 충동 모두 충족해줘야 한다고 결론지었다.[27] 마거릿에게 인류학을 공부해보라고 제안한 것은 영특한 타협책이었다. 루서 크레스먼을 외면할 필요도 없었고, 리언 뉴턴이 원하던 종류의 공개적 헌신을 하면서 시련에 휩싸일 필요도 없었기 때문이다. 루스와 마거릿은 '협력하는 반려'가 되었다. 두 사람은 남자들과 결혼 관계를 유지하면서도 서로에게 충실할 수 있었다.

그러나 루스는 마거릿의 복잡한 성격을 아직 충분히 이해하지 못하고 있었다. 마거릿은 그해 봄에 아주 가난했다. 루스가 뭘 제안했어도 그녀는 넙죽 받아 안았을 것이다. 마리 블룸필드가 자살하고, 리언 뉴턴이 떠나면서 마거릿은 심리적으로 크게 동요했다. 루스는 마거릿이 얼마나 변덕스러운 성격인지 알지 못했다. 루스가 곧바로 육체관계를 요구하지는 않았다. 루스는 쉽게 상처받는 자신의 약점이 커지는 게 너무나 두려웠다. 마거릿이 내밀한 자아의 우울한 성격을 간파하고 자신을 외면해버릴까 봐 두려웠던 것이다.[28] 마거릿은 사실 프란츠 보애스의 제자였지 루스의 학생이 아니었다. 하지만 여전히 교사와 제자라는 관계가 쟁점으로 남아 있었다. 나이든 여선생들이 상처받기 쉬운 연하의 제자들을 유혹한다는 혐의가 남자 선생들의 행각보다 훨씬 더 컸던 것이다.

베네딕트가 일기에 써놓은 '협력하는 반려'라는 구절은 마차를 끄는 경마(harness horseracing)와도 관계가 있다. 베네딕트의 직업에는 실제로 경쟁이 존재했다. 프란츠 보애스는 인류학이라는 학문 분야를 창설한 전설적인 인물이었다. 그는 1923년에 이미 60대였다. 에드워드 사피어처럼 그가 배출한 초기 제자들이 보애스의 뒤를 이으려고 분주히 움직이고 있었다. 컬럼비아의 인류학자들은 새로운 학문 분야를 만들어가고 있었다. 수가 적었던 그들은 공통의 대의로 단결했고, 가족처럼 친밀했다. 그러나 그들도 분열되어 있었다. 총명하고 자기중심적인 학자들이었기 때문에 각자 자기만의 방법을 고수했던 것이다. 그들은 공고한 우정만큼이나 원한과 미움도 강했다.

베네딕트는 엘시 클루스 파슨스와 충돌했다. 파슨스는 보애스와 친한 데다가 학과에 상당한 재정 지원을 했기 때문에 특별한 지위를 누리고 있었다. 파슨스는 오만방자하게 굴면서 지나친 요구를 했다. 에스더 골드프랭크는 그녀가 '여왕'처럼 학과 위에 '군림한다'고 썼다.[29] 그녀는 불꽃에 달려드는 나방들처럼 학과의 남자들을 끌어당겼다. 그녀는 보애스가 컬럼비아에서 처음 받은 대학원생 앨프리드 크로버와 한동안 매우 친하게 지냈다. 그는 서부 지역의 인류학 전초 기지인 버클리에서 인류학과를 이끌었다. 파슨스는 또 다른 박사 후보생 글래디스 리처드의 조언자이기도 했다. 보애스는 글래디스를 높이 평가했지만 베네딕트와 미드는 그녀를 좋아하지 않았다. 그녀가 지루하고, 그녀의 경험적 접근법이 상상력을 결여하고 있다고 보았기 때문이다.

베네딕트는 1923년 봄에 파슨스와 리처드에게 크게 분노한다. 보애스가 바너드에 개설된 교직을 리처드에게 주었던 것이다. 그는 결혼한 베네딕트보다는 미혼인 리처드에게 수입이 더 필요하다고 판단했다. 그렇다고 보애스가 베네딕트를 나 몰라라 했던 것은 아니다. 그는 베네딕트에게 민속학 용어집과 《미국 민속학 저널》의 편집을 맡겼다. 보애스는 베네딕트가 신화의 내용을 대조해보고, 잡지를 편집하는 등의 세세한 작업을 즐기고 잘한다는 사실을 알았다. 베네딕트는 그런 일을 하면서 마음의 평정을 찾았고, 자제력을 가다듬었다. 보애스는 베네딕트와 파슨스의 불화를 중재하려고 애썼다. 요컨대 파슨스에게는 리처드가 있었고, 베네딕트가 '협력하는 반려'를 갖고자 했다는 것도 놀라운 일은 아니다.[30)]

미드는 인류학자가 되면 베네딕트의 후견을 받을 수 있었다. 배서 대학에 재직했던 연상의 로라 와일리와 거트루드 벅이 떠오르기도 한다. 두 사람의 학문과 삶은 깊이 엮여 있었다. 와일리와 벅의 관계처럼 베네딕트와 미드의 관계도 두 사람의 경력에 보탬이 될 터였다. 자신감이 충만할 테고, 각자의 연구도 깊어질 것이었다. 그렇다면 이 둘의 조종자는 누구였을까? 두 사람의 삶에서 올림포스 신의 역할을 한 프란츠 보애스가 그 주인공이다. 보애스는 베네딕트를 편집자로 낙점했고, 미드는 자연사박물관에 배치했다. 미드에게 사모아의 청소년들을 연구하게 하자는 것은 보애스의 생각이었다. 그는 『사모아의 청소년』과

『문화의 패턴』을 칭찬하는 서문을 써주었다. 그의 남학생 제자들은 이런 호의를 기대할 수 없었다.

미드의 처지에서는 스승과 조언자가 있는 게 좋았다. 그녀는 뛰어난 연기자이자 연출가였을 뿐만 아니라 학생이 되어 다른 사람들의 말을 경청하고 흡수 동화하는 능력도 탁월했다. 그녀는 아버지가 했던 것처럼 종종 노트를 가지고 다니면서 다른 사람들이 하는 말을 적어두었다. 미드는 베네딕트가 죽을 때까지 직업과 관련된 문제 대부분을 그녀와 상의했다. 그러나 미드에게는 다른 스승도 있었다. 그녀는 1920년대 후반에 영국의 인류학자 A. R. 래드클리프 브라운한테서 기능주의적 접근법을 배웠다. 1930년대에는 그레고리 베이트슨에게서 생물학을, 로렌스 프랭크에게서 학제 간 네트워킹을 배웠다. 실제로 그녀는 자신을 관계의 종속자로 보기를 좋아했다. 규칙을 만들 필요 없이 안전하게 복종하기만 하면 되는 사람으로 말이다. 미드처럼 유력한 사람에게 이런 자아상이 있었다는 사실은 놀랍다. 그러나 그녀는 항상 이렇게 주장했다. 자기가 위압적이어서가 아니라 말이 너무 힘차고 빨라서 다른 사람들과 사이가 멀어진 것이며, 다른 사람들이 자기 말을 따라잡을 수 없다면서 닦달하면 자주 눈물을 흘렸다고 말이다.[31]

미드의 친구들은 그녀들이 보기에 좋아하는 듯하다가도 야단치듯 바뀌는 미드의 성향을 싫어했다. 그러나 미드는 자신이 지배적이라고 생각하지 않았다. 그녀는 이렇게 주장했다. "내가 만약 남자라면 아마도 싸움을 좋아할 것이다. 사람들이 어느 누구에게도 해를 입힐 수 없다는 것을 알리는 싸움꾼이 될 것이다. 나는 항상 작았고, 아무에게도 해를 끼칠 수 없었다. 나는 자신을 작고 투쟁적인 존재로 생각한다. …… 내가 골리앗에 맞서는 다윗의 목소리로 말하는 이유이다."[32] 그러나 1923년에 그녀의 싸움닭 기질은 표면화되지 않고 있었다. 미드는 프란츠 보애스의 제자가 되어 현대화의 충격과 서구화의 도래 속에서 사라져가던 사회들을 상세히 기술하는 임무를 수행해야 했던 것이다.

프란츠 보애스 하면 떠오르는 것은 그의 괴상해서 주목하지 않을 수 없는 외모였다. 그의 하얀 머리칼은 사자 같았고, 검은 눈동자는 날카로웠다. 얼굴에는 흉터가 있었는데, 그가 얘기를 꺼내려 하지 않았지만 모두가 알고 있던 그 벤 상처는 독일에서 젊고 성급한 대학생 시절에 벌인 결투의 흔적이었다. 유대인인 그는 유대인을 증상하는 풍토에 맞서 자신의 명예를 지켜야 했다. 1920년대에 그의 얼굴에 다시 흠집이 생겼다. 자라나는 암 덩어리를 제거하기 위해 수술을 받아야 했던 것이다. 그는 얼굴 한쪽의 근육을 움직일 수 없었고, 한쪽 눈은 축 늘어졌다. 문화 비평가 루이스 멈퍼드는 후에 보애스를 이렇게 묘사했다. "이마가 빼끔히 벌어져 있었고, 입은 비뚤어졌으며, 불룩한 눈은 확대경처럼 무언가에 초점을 맞추고 있는 것 같았다." 보애스의 외모는 기형의 괴물 같았다.[33] 그는 사진을 찍을 때면 얼굴의 나은 쪽을 카메라 쪽으로 돌렸다.

용모를 보면 그가 굉장히 용감한 성격임을 알 수 있고, 실제로 그는 그런 성격으로 유명했다. 보애스는 유대인으로 독일에서 태어났다. 그는 킬 대학교에서 물리학과 지리학으로 박사 학위를 받았고, 배핀 섬의 에스키모인을 현지 조사했으며, 베를린 민속박물관에서 큐레이터로 일했다. 그러다가 1886년 미국으로 이주했을 때는 그의 나이 스물여덟이었다. 그가 미국으로 건너온 것은 독일에서 반유대주의가 횡행했고 미국의 민주 정체가 하는 약속을 믿었기 때문이었다. 그는 삼촌 아브라함 야코비와 함께 있고 싶기도 했다. 야코비는 1848년 독일 혁명의 지도자로, 혁명이 패배하면서 뉴욕으로 도피했고 이 도시에서 독일계 유대인 사회를 이끌고 있었다. 보애스는 어렸을 때 야코비와 친했다. 그는 1848년 사태로 망명해 뉴욕에 살고 있던 야코비 친구의 딸과 약혼했다. 보애스는 그녀의 가족이 독일로 휴가를 보내러 왔을 때 이미 그녀를 만난 적이 있었다.

보애스는 야심만만했고, 자제력이 뛰어났으며, 지독하게 노력하는 사람이었다. 그는 옳고 그름을 도덕가의 기준으로 판단했고, 학자로서 모든 분야를 아우르겠다는 원대한 야망이 있었다. 앨프리드 크로버는 그를 '악마적 천재'라고 불렀다.[34] 그는 기품이 있었고, 태도도 고풍스런 유럽에 뿌리를 두고 있었지만 남성적 적극성도 보여줬다. 보애스는 북극 지방에 매료되었다. 로버트 피어리와 같은 극지 탐험가들과 일체감을 느꼈던 탓이다. 그럼에도 불구하고 그는 자신의 강력한 인성을 사업 활동이 아니라 혁신적 학문과 사회 개혁을 증진하는 데 바쳤다. 보애스의 어머니는 그의 고향 도시인 독일의 민덴에서 유치원을 설립한 분이었다. 보애스의 삼촌은 혁명가였다. 삼촌의 아내인 메리 퍼트넘 야코비는 미국에서 가장 저명한 여성 의사이자 여성의 권리와 참정권을 요구하는 뉴욕 시 조직들의 지도자였다.[35]

보애스는 미국에서 항구적인 직업을 얻는 데 10년이 걸렸다. 유대인을 차별하는 풍조 때문이기도 했고, 그가 오만한 성격을 온전히 발휘해 상관들과 자주 갈등을 빚었기 때문이기도 했다. 이를테면, 보애스는 클라크 대학교의 완고한 총장 G. 스탠리 홀과 충돌했다. 1889년 미국 최초의 인류학과를 설립하면서 보애스를 고용했던 홀이 정책 논쟁 과정에서 그를 사임시켜버렸다. 1896년에 그의 삼촌이 자기 아내의 뉴욕 엘리트들과의 연줄을 활용해 그에게 겸직을 할 수 있게 자리를 마련해 주었다. 보애스는 컬럼비아 대학교에서 학생들을 가르치면서 미국 자연사박물관의 큐레이터로도 일했다. 그러나 1905년에 큐레이터직을 사임했다. 박물관 관장 모리스 K. 제섭과 다투었던 것이다. 아메리카 원주민들이 베링 해협을 거쳐 아시아에서 미주 대륙으로 건너왔음을 입증하기 위해 시베리아와 북서 해안으로 파견된 원정대의 보고서를 제출하지 못하면서 사건이 비화되었다.(이 원정대가 박물관에 소장되어 있는 북서 해안 지역의 토템 폴과 가면들을 수집했다.) 보애스의 사임 이면에는 반유대주의 정서도 어느 정도 작용했을 것이다. 그러나 그는 인류학 분과의 큐레이터들과 상당한 친분을 유지했고, 학생들을 가르치는 데 계속해서 박물관의 소장품을 활용할 수 있었다. 큐레이터들의 일부는 전에 그가 가르친 학생들이었다. 인류학 분과의 큐레이터들은 보애스 제자들의 현지 조사에 기금을 대주기도 했고, 큐레이터로도 종종 채용했다.[36]

보애스는 컬럼비아 대학교에 재직하게 되면서 비로소 신용과 명예를 얻을 수 있었다. 박물관 사건도 있었고, 제1차 세계대전과 관련해 보애스가 중립을 고수하면서 컬럼비아 총장 니컬러스 머레이 버틀러와 껄끄러워지기도 했다. 그러나 그는 미국의 인류학을 새로운 방향으로 이끌었다. 그는 다른 학문들과의 연계를 세웠고, 자연사 및 형질 인류학과의 전통적인 관계를 끊어버렸다. 보애스는 에드워드 사피어와 앨프리드 크로버 같은 초기 대학원생 제자들의 도움을 바탕으로 현지 조사 분야를 장악했다. 박물관 큐레이터들은 실지 조사를 외면하고 유물 수집에만 열을 올렸던 것이다. 그렇게 그는 조사 연구에 초점을 맞추던 대학 교수들과 협력할 수 있게 됐다. 보애스는 컬럼비아 대학교 인류학과를 이 학문의 전국적 중심으로 탈바꿈시켜놓았다. 1892년부터 1926년 사이에 인류학과에서 전국적으로 마흔다섯 개의 박사 학위가 수여되었다. 보애스가 이 가운데 열아홉 개를 관리 감독했다. 1930년쯤에는 보애스 밑에서 공부한 학자들이 미국의 인류학과 대부분을 장악한다.[37]

보애스는 19세기 후반에 전개된 독일의 기술(descriptive) 및 경험 과학의 영향을 받았고, 자신이 '역사' 인류학이라고 칭한 새로운 '미국식 인류학'을 출범시켰다. 그가 역사 인류학이라는 말을 사용한 것은 19세기 인류학자들의 진화주의를, 개별 사회들을 충분히 연구할 때까지 유보시켜야 한다고 생각했기 때문이다. 19세기에 활약한 인류학자들은 사회를 '원시' 사회에서 '문명' 사회에 이르는 등급으로 나누고, 현대 서구 사회를 그 정점에 두었다. 보애스는 개별 사회의 '민족지적 현실'을 발견하려면 '구출 민족학'(salvage ethnology)의 방법이 요구된다고 제안했다. 구출 민족학은 서구화의 물결이 유입되기 전에 대상 사회의 최연장자 구성원들을 면접해 문화의 원형을 추출함으로써 그들의 과거 역사를 재구성하는 방법이다. 예를 들어, 베네딕트는 세라노 족 인디언들을 상대로 구출 민족학의 방법을 적용했다. 보애스가 제창한 역사 인류학은 전 세계에 고루 분포하는 토템 신앙 같은 문화 요소를 분석하는 것에서부터 푸에블로 족이나 평원 인디언들처럼 문화권으로 묶을 수 있을 정도로 충분히 비슷한 사회들이나 인접한 사회들의 문화 요소를 분석하는 것에 이르는 전통적 기법도 포함했다. 그는 이 분석 기법을 '확산'(전파, diffusion) 연구라고 불렀다. 문화 요소들의 전파는 흔히 시간을 두고 일어났기 때문에 이 방법은 내재적으로 역사적이었다. 이를테면, 보애스는 북아메리카 대륙 북서 해안의 부족들 사이에서 시간을 두고 형성된 교역망을 따라 까마귀 신화가 확산되었다는 사실을 밝혔다.[38)]

베네딕트와 미드의 박사 학위 논문은 전부 확산 연구였다. 물론 두 논문의 접근법은 역사적 요소가 별로 없는 구조주의였지만. 베네딕트는 북아메리카 인디언들의 비전 퀘스트를 연구했다. 미드는 수많은 폴리네시아 사회의 가옥과 카누 제작 및 문신 기술을 연구했다. 두 사람의 논문은 발표된 조사 결과들을 취합해 분석한 '도서관' 연구였다. 그러나 확실한 보애스 학파가 되려면 두 사람도 현지 조사를 떠나야 했다. 베네딕트가 박사 학위를 받기도 전에 세라노 족 인디언들을 연구한 것은 그 때문이었다. 마찬가지로 미드도 사모아인들을 연구하러 떠났다. 사모아인들은 미드가 자신의 박사 학위 논문에 포함시킨 폴리네시아 사회들 가운데 하나였다.

보애스의 계획은 엄청났다. 그는 진화주의자들을 공격했고, 새로운 인류학을 천명했다. 그는 아메리카 인디언들이 아시아에서 건너왔다는 것을 증명하기 위해 원정대를 파견했다. 그는 초기에 배출한 박사들을 평원 인디언 부족들에게 보냈다. 멸실돼버릴지도 모르는 언어들의 문법을 정리하려는 의도에서였다. 평원 인디언 부족사회가 생계를 의지했고 그들 문화의 중심을 이루었던 들소 떼가 멸종되어가던 현실을 목도하던 보애스에게는 이게 시급한 과제였다. 그는 이런 연구진을 전 세계에 파견하겠다는 계획을 세웠다. 그는 범아메리카 문화 협력 및 조사 연구 센터인 국제 멕시코 학교(International School of Mexico)를 세웠다. 보애스는 극동 지역 연구 센터를 만드는 것도 계획했다. 그는《미국 민속학 저널》과《국제 아메리카 인디언 언어 연구 저널(International Journal of American Linguistics)》을 만들었다. 보애스는 미국 인류학협회와, 1924년 설립된 사회과학연구협의회(Social Science Research Council) 같은 학제 간 조직들을 수립하는 데서 일정한 역할을 담당했다. 보애스는 1942년에 세상을 떠났다. 그는 600편 이상의 논문을 발표했는데, 고고학, 언어학, 민속학, 민족학, 형질인류학 등 인류학의 전 분야를 망라했다.

보애스는 조언자이자 스승으로서는 꽤 까다로운 사람이었다. 그는 기억력이 비상한 날카로운 비평가였다. 하지만 그의 강의는 종종 지리멸렬했다. 보애스는 경멸적이었고, 퉁명스러웠다. 컬럼비아 대학교 인류학과는 위계적인 유럽 모형에 따라 조직되어 있었다. 정교수는 보애스 한 명이었고, 다른 교수단은 그의 부하나 다름없었다. 이런 구조로 인해 보애스의 권력은 막강했다. 그는 학생들을 마구 부렸고 다 참가할 수 없을 정도로 많은 프로젝트에 간여했다. 보애스는 미드가 사모아로 떠나기 전에 30분 동안 현지 조사 방법을 가르쳐주었다. 결국 미드는 혼자 힘으로 자신만의 연구법을 고안해야 했다.

보애스는 입장을 내세우는게 힘겨울 만큼 비평에 집중했다. 북서부 해안 지역 인디언들을 현지 조사한 결과를 바탕으로 개요를 작성할 때도 그랬다. 뼛속까지 경험주의자였던 보애스는 연구하는 사회와 관련해 자신이 내린 결론을 반박하는 새로운 사실이 드러나는 것을 두려워했다. 미드는 그가 대학원 과정의 학생들에게 시종일관 '성급한 일반화'의 오류를 훈계했다고 말했다. 그의 공포는 마치 '역병을 대하는' 듯했다.[39] 사피어는 일반화를 싫어하는 그의 태도에 불만을 표시했다. '가끔은 보애스에게 엄청난 작업 능력과 한결같은 열정보다 더 중요한 게 있다는 생각이 든다. 그는 어떤 중요한 이론도 받아들이지 않으며, 그 이론을 통해 무얼 얻을 수 있는지도 못 보는 것 같다.'[40]

하지만 다방면에 걸친 그의 연구는 많은 접근법을 제안했다. 경험주의, 전파론, 구조주의, 구술사, 문화의 규칙성과 법칙 탐구 등이 그런 것들이다. 1920년대에는 프로이트를 조심스럽게 사용하는 것까지 인정했다. 물론 보애스는 프로이트가 독단적이라고 생각했고, 그의 방법이 역사적 상황에 기댄 것으로 보편적이지 않다고 판단했다.[41] 그는 자신이 '과학'이라고 부른 것을 좋아했지만 인문학적이고 미학적인 접근법을 배격하지 않았다. 보애스는 북서부 해안 지역 인디언들의 조각, 가면, 토템 폴 들의 예술성에 매혹돼 그들을 연구했다. 그는 1920년대 중반에 개별 사회들을 연구하는 쪽으로 돌아섰다. 미드에게 사모아를 연구해보라고 권했고, 베네딕트의 형태론적 접근법을 지지했다.

보애스의 절충주의로 인해 제자들은 그와 절교하는 일 없이 각기 다른 방향으로 나아갈 수 있었다. 그들은 '보애스주의자'라고 불리는 걸 싫어했다. 하지만 가끔씩 보애스주의자로 뭉치기도 했다. 로버트 로위는 보애스의 역사주의를 확장해 문화에는 어떠한 패턴도 없다고 주장했다. 모든 게 '단편과 조각들의 사태'(things of shreds and patches)라는 명제인 셈이다. (이 말은 오페라 〈미카도(The Mikado)〉의 유랑 극단원을 묘사하는 길버트와 설리번의 노래에 나온다.) 폴 라딘은 위너베이고 족의 주술사 한 명을 심층 연구하고, 역사와 전파론을 지지했다. 알렉산더 골든와이저는 이로쿼이 부족들 사이에서 토템 신앙이 확산된 사례를 연구하고, 교과서 집필과 이론 구축에 몰두했다. 클라크 위슬러는 푸에블로 족과 평원 인디언들처럼 아메리카 원주민 부족들의 문화권 개념을 고안해냈다. 그는 나중에 서구화 과정에 초점을 맞춘 '문화 변용'론도 제안했다. 앨프리드 크로버는 '초유기체적' 힘에 의해 사회들이 형성된다고 가정했다. 이것은 다윈의 진화 개념과 유사했다. 물론 문화적 힘이 생물 현상을 대체한 것이었다.[42]

베네딕트와 사피어는 이 학자들의 중간에 포진했다. 베네딕트는 사회들에 존재하는 '패턴'에 집중했고, 사피어는 개인들 그리고 그들이 자기들이 속한 사회와 맺는 관계에 집중했다. 미드는 베네딕트를 좇아 형태론적 접근법을 활용했다. 그러나 자기 세대의 다른 어떤 인류학자보다 활동적이었던 미드는 다양한 접근법을 사용했다. 그녀는 사회학적 · 심리학적 · 인문학적, 나아가 생물학적 방법을 사용했다. 미드의 다음과 같은 말은 보애스에 관한 일종의 최후 진술이었다. 보애스는 "인간의 전체 이야기를 거대한 파노라마로 보았다." 그녀는 이렇게 말을 보탰다. 보애스는 "언어의 문제, 물리적 유형의 문제, 예술 형식의 문제를 파고들었다. 그 각각은 심층적이고 돌연하며 집중적인 시도로, 전략적으로 필요한 노력이었다. 그는 다루어진 적이 없는 이 미지의 엄청난 정보에 정통하게 될 터였다."[43]

보애스의 작업은 광범위하고 포괄적이었다. 이런 특징은 그의 제자들, 특히 베네딕트와 미드의 작업에서도 확인할 수 있다. 미드는 보애스가 인간의 전체 이야기를 거대한 파노라마로 보았다고 썼다. 그녀의 원숙기 작업과 베네딕트의 작업에 대해서도 같은 말을 할 수 있다. 두 사람은 다방면에 걸친 프로젝트를 진행했고, 유명한 지식인이자 개혁가가 되었다. 그녀들에게는 프란츠 보애스가 성공과 출세의 역할 모델이었다. 두 사람은 포괄적인 행로를 밟았다. 남성이 주도하던 당대의 학계 및 지식인 사회에서 말석을 차지했던 여자들에게서는 참으로 보기 드문 행로였던 것이다.

미국에서는 20세기 초에 원주민 보호주의와 인종 차별주의가 득세했다. 보애스는 미국에서 최초로 이에 반대하고 나선 학자 가운데 한 명이었다. 그는 1911년에 『원시인의 마음(The Mind of Primitive Man)』과 『이민자 후예들의 체형 변화(Changes in the Bodily Form of Descendants of Immigrants)』를 출간했다. 전자는 그가 쓴 논문 모음집으로, 그때까지 미국에서 출판된 인종주의 사회과학을 가장 포괄적으로 비판한 책이다. 후자는 형질인류학 프로젝트로서, 1만 8,000명의 이민자와 그 자녀들의 머리 크기와 머리 모양을 측정해 통계적으로 분석한 저서이다. 여기서 보애스는 케케묵은 두개계수(頭蓋係數, cephalic index)를 반증하려고 했다. 두개계수는 머리의 너비와 길이 사이의 비율(에 100을 곱한 값)이다. (그는 조수 13명을 동원해 측정을 시켰다.) 19세기 프랑스의 형질인류학자들이 고안한 이 이상한 계수가 인종에 따라 (우리가 오늘날 민족이라고 부르는 것도 포함된다.) 동일하게 유지된다고 사람들은 믿었다. 법정, 정부, 대다수의 과학자들이 어느 인종인지를 알려주는 결정적 증거로 이 두개계수를 받아들였다.

보애스는 형질인류학자였고, 측정을 좋아했다. 그는 1920년대 초에 필라델피아의 이탈리아인들과 뉴욕에 사는 유대인들의 골반대(pelvic girdle) 너비를 측정하는 작업에 착수했다. 에밀리 포그 미드가 보애스를 위해 해먼턴에 사는 이탈리아인들을 측정하는 작업을 해줬다.[44] 마거릿 미드는 머리와 두뇌에서 몸으로 관심의 초점을 옮긴 이 작업에 깊은 인상을 받았다. 그녀는 1930년대에 '몸의 크기와 체격의 선천적 유형'이라고 불리던 것을 측정해 이론화하는 일에 흥미를 갖게 되었다.

보애스는 다른 방법으로도 득세하던 인종주의를 공격했다. '문화'라는 말을 민주화한 것도 그런 노력의 일환이었다. 그는 '엘리트'의 '뛰어난' 예술품이 아니라 한 사회의 총체적 관습과 행동을 문화라고 불렀다. 전통적으로 '문화'는 '문명'을 의미했다. 개인을 '교양 있고, 세련되었다'(cultured)고 언급하는 데서 이를 확인할 수 있다. 그러나 이 정식은 유럽 문명이 고등한 진화 단계를 밟고 있으며 우월하다는 인종주의적 믿음을 뒷받침했다. 보애스는 그 정식을 거부했다. 문화를 광범위하게 정의하고, 그 정의를 개별 사회들과 결부하면 문화의 상대성 개념이 힘을 얻을 수 있었고, 생물학적이고 다윈주의적인 발전 모형에 도전할 수 있었다. 의미론적으로 '문화'는 이제 '자연'만큼 포괄적이다. 제도에 초점을 맞춘 '사회'는 그렇게 포괄적으로 이해되지 못했다.

1900년쯤에 민족학자들은 '문화인류학자들'로 불렸다. 로버트 로위에 따르면 제1차 세계대전이 진행 중일 때쯤에는 많은 대중이 '문화'라는 말을 탈엘리트적인 새로운 방식으로 사용했다.[45] 그러나 이 과정은 힘들고 지난한 투쟁이었다. 미드에 따르면 일부 사회학자들이 세기의 전환기에 문화라는 말을 그렇게 사용하기는 했지만 보애스의 제자들 다수가 개념을 재정의하는 과업에 뛰어들어야 했다. 미드는 자기가 사모아로 떠나던 1925년까지도 대부분의 사회과학은 개별 사회들의 '문화'가 인간 행동에 중요하지 않은 것처럼 기술되었다고 주장했다. 이런 관행 속에서 사회과학자들은 미국에서 수집된 자료를 마치 보편적인 것인 양 사용할 수 있었다. 미드는 『사모아의 청소년』을 발표한 1928년에도 문화에 관한 새로운 정의가 여전히 뿌리를 내리지 못하고 있었다고 주장했다.[46] 1930년대에야 새로운 정의가 비로소 확고한 발판을 마련했다. 대공황이 야기한 경제적 궁핍 속에서 모두가 하향 평준화됐고, 서민 예술과 농촌 문화가 엘리트 예술 작품만큼 중요해졌던 것이다.[47]

대학원생들은 보애스의 평등주의적 입장에 끌려 지원했다. 보애스가 처음 배출한 박사들의 다수가 뉴욕에 공동체를 형성한 독일계 유대인이나 동유럽계 유대인 출신이었다. 상당수가 유럽에서 태어나 어렸을 때 가족과 함께 미국으로 건너왔다. 로버트 로위는 빈 출신이었고, 알렉산더 골든와이저는 키예프 출신이었으며, 폴 라딘은 폴란드 우치, 에드워드 사피어는 포메라니아 출신이었다. 그들은 사회 계급과 소득 수준이 달랐다. 앨프리드 크로버는 아버지가 부유한 수입업자였고, 로위의 아버지는 작은 사업을 운영했으며, 라딘의 아버지는 개혁파 유대교의 랍비, 골든와이저의 아버지는 급진적 지식인, 사피어의 아버지는 몰락한 성가대 가수였다. 그러나 그들은 공동체와 민족의 연계망 속에서 서로 친했다. 라딘과 로위는 어렸을 때부터 친구였다. 골든와이저가 시립대학교 학부생 시절에 그들과 합류했다. 크로버는 유대인이 아니었다. 그러나 그도 보애스처럼 뉴욕의 독일계 유대인 사회 출신이었다. 뉴욕의 독일계 유대인 공동체는 상호 결혼으로 촘촘하게 엮여 있었다. (크로버는 보애스의 아내처럼 독일계였다.) 이 공동체는 1848년 혁명이 제시

한 민주주의에 고취되어 있었고, 정치적으로 자유로웠으며 민족적으로도 융화되어 있었다.[48]

이 시기 미국의 대학들에서 이런 유대인 비율은 보기 드문 사태였다. 대학원생과 교수는 영국계 미국인 엘리트가 대다수를 차지했다. 그러나 1910년쯤에 컬럼비아 대학교에는 유대인 학생이 많았다. 뉴욕 공립고등학교들의 성적 우수자를 입학생으로 뽑았는데, 뉴욕 시에 정착한 유대인 이민자 사회의 규모가 컸고, 전통적으로 유대인들은 자녀 교육을 중시했기 때문에 1910년쯤에는 대학원생의 다수가 유대인이었던 것이다. 클라크 위슬러는 보애스의 제자 중 영국계로, 중서부 출신이었다. 그는 자연사박물관의 큐레이터가 되면서 학교를 그만두었다. 위슬러는 보애스의 유대인 제자들을 '이상한 외국인들'이라고 불렀다. 레슬리 화이트도 중서부 출신으로, 잠깐 동안 보애스 밑에서 공부했다. 그는 독일어를 사용하는 유대인들이 과를 완전히 장악한 나머지 자기는 이방인 같았다고 말했다. 화이트는 컬럼비아를 떠나 시카고 대학교에서 학위를 마쳤다.[49]

폴 라딘은 보애스 밑으로 들어온 이 제자들이 다른 학문들에서 인류학으로 전과를 했다고 지적했다. 보애스가 인류학을 새롭게 규정하면서 혁신적인 성격이 드러났기 때문이었다. (크로버는 문학을, 사피어는 독일어를, 로위는 생물학을, 위슬러는 심리학을, 라딘은 역사학을 전공했다.) 그들은 '모반자'이자 '이의를 제기하는 사람'이었고, 인류학이 '새로운 시각을 끝없이' 제공해줄 것으로 보았다.[50] 미드는 그들이 보애스의 계획에 흥분한 열광자들이라고 설명했다. 보애스는 '대규모 구출 작전'을 벌여서 '원시 문화와 언어의 사라져가는 단편들을 보존하겠다'라는 전망을 제시했던 것이다.[51] 그들 대부분은 평원 인디언을 연구하는 것으로 시작했다. 보애스가 사라져가던 언어들의 문법과 문화들의 민족지를 제공하겠다는 작전을 진두지휘했다. 그들은 이론을 구비한 학술적 인류학자들의 초창기 세대로서, 베네딕트와 미드에 10년 앞서 자신들의 연구를 완성했다. 베네딕트와 미드는 그들의 제자였고, 이후로 학문적 동료이자 맞수가 되었다.

그러나 제1차 세계대전이 발발할 즈음에는 컬럼비아 대학교 인류학과 대학원생들의 구성이 바뀌었다. 남학생이 대폭 감소했다. 젊은이들이 군에 입대했기 때문이었다. 전쟁으로 독일계 유대인 사회의 단결이 깨졌다. 독일을 지지하는 세력과 연합국을 지지하는 세력으로 분열한 것이다. 컬럼비아 행정 당국은 대학 입학 요건으로 시험을 도입했다. 이것은 차별적 조치로, 자유주의적 유대인들은 감정이 상했다. 보애스는 전쟁 문제로 니컬러스 머레이 버틀러와 다투었고, 인류학과의 기금과 교수단이 축소되고 말았다. 1919년에는 대학원생이 겨우 두 명이었다. 그중의 한 명이 글래디스 리처드였다. 보애스와 엘시 클루스 파슨스는 여학생을 받아들이기로 했다. 보애스의 남학생 제자들은 까다로웠다. 미드가 전하는 바에 따르면, 그들은 자주 '완고하게 반대하다'가 '뿌루퉁해져서 굴복했다.'[52] 한편, 보애스는 바너드에서 대학생들을 가르치는 일을 좋아했다. 바너드의 여학생들이 똑똑한 데에다가 공손하기까지 했던 것이다.

보애스의 바너드 강의와 파슨스의 뉴스쿨 강의를 듣던 학생들이 인류학자가 되었다. 베네딕트는 파슨스의 호소에 부응한 경우이다. 루스 번젤과 에스더 시프는 바너드 졸업생이었고, 차례로 보애스의 비서를 했으며, 자신들을 박사 과정에 받아달라고 탄원해 공부를 할 수 있었다. 두 사람은 전쟁 전에 독일계 유대인 사회에서 자란 유대인들로, 보애스의 기대에 부응한 경우이다. 보애스는 두 사람을 따뜻하게 대했고, 그녀들도 그를 좋아하는 할아버지처럼 대접했다. 두 여자 덕택에 보애스의 신중함이 누그러졌다. 그들은 그에게 담배를 가르쳐주었다. 담배 피우기는 1920년대의 문화에서 젊은이들의 반란을 상징하는 중요한 행위였다. 주장이 강했던 에스더 시프는 보애스를 '파파 프란츠'(Papa Franz)라고 불렀는데, 이 호칭이 굳어져 버렸다. 베네딕트와 미드는 이 시점에서 다른 여학생들보다 보애스와 덜 친했는데, 몇 년 후에는 그녀들도 이 별명을 사용하게 된다.[53)]

보애스는 젠더를 주제로 글을 쓰지 않았고, 여권 운동에도 참여하지 않았다. 보애스의 아내는 아브라함 야코비와 친한 친구의 딸이었다. 그러나 그녀는 가정을 지키면서 자녀들을 키웠다. 보애스는 메리 퍼트넘 야코비와도 친했다. 그녀는 야코비의 아내로, 저명한 의사이자 여권 운동 활동가였고, 여성의 직업적 평등을 지지했다. 그녀가 보애스에게 여학생들을 공정하게 대하라며 압력을 가했다고 추정하는 사람도 있다. 보애스는 자신이 운영하는 대학원 과정을 구출해준 여학생들에게 감사하는 마음이 있었고, 인류학의 주도권을 박물관에서 대학으로 옮기려는 캠페인에 그들을 동원했다. 1925년에는 미국 인류학협회위원회에 번젤, 베네딕트, 리처드가 피선되도록 막후에서 공작을 벌이기도 했다.[54)]

초창기에 활약한 다수의 여성 인류학자들처럼 시프와 번젤도 현지 조사를 수행했다. 그 대상은 모계주의 푸에블로 인디언들이었다. 두 사람은 여성을 중심에 둔 그들의 제도가 마음에 들었고, 사실 보애스가 여자들이 안전할 거라고 생각하며 보낸 측면도 있었다. 시프는 일반 민족학을 했고, 번젤은 주니 족의 옹기장이들을 집중 연구했다. 번젤은 여성들의 도기 제작 기술에 정통해지면서 새로운 현지 조사 방법론을 개척했다. 시프와 번젤은 컬럼비아의 동료들과 우호적인 관계를 유지했다. 신중했던 번젤은 논쟁을 피했다. 시프는 단호했고, 그래서 분란이 일어났을지도 모른다. 그러나 그녀는 1923년 결혼과 함께 대학원 생활을 접었다. 그러다가 1930년대 후반에 남편이 사망하고, 다시 입학한다. 시프는 여전히 혈기 왕성했고, 『문화의 패턴』에서 주니 족을 평온무사하고, 아폴론적이라고 설명한 베네딕트와 공개적으로 의견을 달리했다. 베네딕트는 나중에 쓴 책에서 시프의 견해를 반영했다.[55)]

보애스가 키운 남성 인류학자들은 그 한복판에 갑자기 등장한 여학생들을 어떻게 대했을까? 그들 가운데 페미니스트라고 불러줄 만한 사람은 한 명도 없었다. 모두 보애스나 다름없었던 것이다. 그러나 그들은 여자들을 받아들인 것 같다. 실제로 여성들은 오래전부터 민족학을 탐구해왔다. 19세기 후반에 앨리스 플레처와 마틸다 콕스 스티븐슨이 민족학을 개척했다. 플레처는 오마하 인디언을 연구했고, 스티븐슨은 주니 족을 연구했다. 제1차 세계대전 전에도 남성들은 엘시 클루스 파슨스를 환대해 그들의 대열에 받아들였다. 부족사회들은 서구인 남성들이 자기 부족 여성을 연구하는 것을 금하는 경우가 많았다. 그들은 여성의 역할을 조사하려면 여성 인류학자가 필수적임을 깨달았다.[56)]

미드는 보애스의 남학생들이 인종을 대하는 자유주의적 견해와, 유대인 같은 소수 집단의 지위에 대한 생각을 확장해 여성들까지 포괄했다고 썼다. 다른 어떤 학문 분야에서보다 인류학에서 여성들이 더 기꺼운 환영의 대상이었다고 그녀는 주장했다. 그러나 그녀가 볼 때 이런 환대는 '솔직한' 게 아니었다. 남성 인류학자들은 '변덕스러웠고', '성미가 맞지 않는데도' 여자들에게 '기대었던' 것이다.[57)] 이 시기에는 '여성화'에 대한 두려움이 컸고, 원주민 보호주의와 인종 차별주의가 득세했다. 따라서 그들도 유대인을 차별하는 만연한 분위기를 고정관념으로 내면화하고 있었을지 모른다. 특히나 지식인과 소수민족을 겨냥해 여자처럼 우유부단하다는 비난과 고발이 빗발쳤고, 이에 대한 대응으로서 유대인들의 '자기혐오'가 비등했는데, 그들도 이를 경험했을지 모른다는 얘기이다.[58] 로버트 로위가 자서전에서 자신을 '주변인'이라고 쓴 것도 이 때문이다. 그는 뉴욕 로어 이스트 사이드의 고등학교에 재학 중일 때 다른 아이들의 주요 관심사가 헤비급 세계 챔피언이었지만 자기는 학업에 몰두했다고 적고 있다.[59] 친구들의 눈에 그는 여자 같은 겁쟁이였다.

보애스의 남성 제자들이 여학생들에게 보인 부정적인 반응은 미묘했다. 그들 가운데 노골적으로 여성을 혐오한 사람은 아무도 없었다. 모두가 여권 운동에 신경을 썼다. 제1차 세계대전 이전에는 뉴욕에서 여권 운동이 활발하게 전개되었다. 여성 참정권 지지자들과 여성 노동조합원들이 대규모 시위행진을 벌였다. 보애스의 남성 제자들은 그들의 아내들의 염원과 소망에 찬성했다. 사피어, 크로버, 로위 모두 전문직업을 가진 여성들과 결혼했다. 그들은 베네딕트와 미드에게 자기들이 하는 세미나에 참석하라고, 또 함께 대화하자고 권했다. 미드와 사피어의 연애가 비참한 결과로 끝날 때까지는 별문제가 없었다. 그녀는 파경 직후, 그러니까 1925년 늦여름에 사모아로 떠났다. 그 후로 사피어는 미드를 미워하기 시작했고, 보애스의 남성 제자들이 그녀에게서 등을 돌리는 계기가 되었다. 사피어, 골든와이저, 라딘, 크로버, 로위는 아주 친했다.

그들 모두가 여자들과 각기 문제가 있었다. 알렉산더 골든와이저를 살펴보자. 모두가 그의 타고난 연극적 재능을 좋아했다. 베네딕트가 뉴스쿨에서 그의 과목을 수강할 때 그는 많은 시간을 할애해 그녀에게 조언을 해주었다. 그는 모계 전통으로 유명한 이로쿼이 부족을 연구했다. 골든와이저는 저서 『초기 문명(Early Civilization)』(1922)에서 여성들이 부족 문화에서 보여준 창조성을 칭찬한 반면 이렇게 언급하기도 했다.[60] "'남성 중심적' 관행은 부족 문화에서조차 여성들을 억압했다." 그러나 그는 이로쿼이 부족의 한 여성과 혼외정사를 벌였고, 오입쟁이라는 불명예를 뒤집어쓰고 만다. 베네딕트는 인류학과 세미나실 책상 서랍에 그가 '숨겨놓은' 여자들의 연애편지를 무더기로 발견했다.[61] 컬럼비아에서 종신 재직권을 거부당한 골든와이저는 항구적인 일자리를 얻는 데 어려움을 겪었다. 그는 다수의 남성 인류학자들이 사모아의 자유로운 성애와 관련해 미드를 비판했을 때도 그녀의 결론을 칭찬했다. 그러나 골든와이저는 합리성 면에서 여성들이 남성보다 열등하고, 진정한 지식인이 될 수는 없다고 썼다.[62] 그는 2년 후에 여성에 대한 프로이트의 부정적 견해를 빌려 여자들을 '수수께끼 같은 존재'라고 서술했다. 여자는 '환희의 대상이자 위험한 존재'라고. 골든와이저는 1936년에 여성을 이렇게 언급했다. 여자는 '기괴한 피조물'이다. "여자들은 마음을 산란케 할 뿐만 아니라 가끔씩 냉정한 태도로 불쾌감을 자아낸다. …… 여자들은 매혹적이지만 항상 성(性)으로 남자들에게 지나치고 불온한 영향력을 행사한다."[63]

폴 라딘도 골든와이저처럼 사회에 진출해 경력을 구축하는 데서 어려움을 겪었다. 어렸을 때부터 라딘을 알고 지낸 남자 인류학자들은 서로에게 보낸 편지들에서 그를 '사기꾼' 또는 '망나니'라고 불렀다.[64] 그는 1920년대 초에 워싱턴 D.C.의 인디언국(Bureau of Indian Ethnology)에서 해고되었다. 인디언국의 기금을 횡령했다는 혐의가 작용했다. 업무 처리 능력이 탁월했지만 소용없었다. 그는 1926년에 컬럼비아에서 임시직으로 가르쳤는데, 이때 베네딕트의 대학원생들을 끌어가 버렸다.[65] 라딘은 1933년에 베네딕트의 작업이 '피상적이며, 주관적인 경향이 다분하다'고 평했고, 베네딕트가 '자료를 독단적으로 끼워 넣거나 빼버리는데, 이는 변명의 여지가 있을 수 없는 자의적 태도'라고 깎아

내렸다.[66]

의례적이었고 늘 감정을 절제했던 앨프리드 크로버는 앨프리드가 아니라 크로버로 불렸다. 그는 비범한 학문적 성과물을 내놓았고, 이는 보애스의 그것에 결코 뒤지지 않았다. 크로버의 아내는 그를 스승인 보애스 같은 '악마적 천재'라고 불렀다.[67] 그는 정신분석을 받았다. 미드는 그를 이렇게 묘사했다. "심리적으로 상처 입기 쉬운 사람 특유의 차분한 세심함을 시종일관 유지했다." 크로버는 베네딕트의 세라노 족 인디언 현지 조사를 도왔다.[68] 그는 문화라는 '초유기체'가 인간의 역사, 다시 말해 '문명에 침투해 있는 웅장한 질서'를 결정한다는 아주 추상적인 이론도 개발했다. 그는 여성 복식의 유행 주기를 연구했고, 여성들의 신체를 통계 분석해 이를 검증했다.[69] 크로버는 독립적인 여성을 높이 평가했고, 여학생 제자도 많이 배출했다. 그러나 그는 목소리가 큰 여자와 자기를 '치켜세우는' 여자들을 싫어했다. 베네딕트는 그가 다른 학자들의 작업을 비판하면서 그들의 감정이 상하지 않도록 배려를 많이 한다는 것을 알았다. 크로버도 베네딕트처럼 한쪽 귀가 안 들렸다. 그러나 베네딕트는 여성 동료를 대하는 크로버의 자세를 불신했다. 그가 1932년 객원 교수 자격으로 한 학기 동안 컬럼비아에 머물렀는데, 그녀의 작업에 아무런 관심도 보여주지 않자 오만하고 무례한 사람으로 판정했던 것이다.[70]

로버트 로위는 페미니즘 과학자 리타 홀링워스와 여성을 주제로 한 논설을 공동 집필했다. 이 글에는 남성의 우위를 지지하는 과학적 증거에 대한 그녀의 비판과 함께, 모권 사회가 부권 사회에 선행했다는 페미니스트들의 주장을 반박하는 그의 논평이 들어갔다.[71] 로위는 누이에게 보내는 한 편지에서 자신이 어떤 만찬회 석상에서 리타를 만났고, 성별 간의 차이에 관해 논쟁했다고 밝혔다. 그녀는 남녀 사이에 '양적 차이'는 존재하지 않는다는 사실을 그에게 납득시켰다. 그러나 로위는 여전히 성기와 생식의 측면에서 '질적' 차이가 존재한다고 생각했다. 그는 페미니즘을 받아들일지 말지를 결정하지 못했다.[72]

로위는 베네딕트가 비전 퀘스트를 연구한 논문에서 여성들의 참여를 소극적으로 다루었다고 꾸짖었다. 그는 1920년 라딘에게 보내는 편지에서 자기가 유칼리나무와 달콤한 무화과, 그리고 여성의 괴팍함을 토론하기 위해 모이는 것을 고대하고 있다고 썼다.[73] 그는 스리피스 정장을 입었고, 강의 시간을 엄수했다. 그러나 그는 여자들과 연애를 했고, 몇 명에게는 청혼을 하기도 했다. 그러나 로위는 누이에게 이렇게 실토했다. 신장 180센티미터의 건강한 여자들한테만 자신이 성적으로 매력을 느낀다고 말이다. 그는 자신의 이런 기호를 '콤플렉스'라고 했다.[74] 크로버와 로위는 둘 다 모계 중심의 푸에블로 족 문화보다 남성적인 평원 인디언들의 문화를 연구하는 걸 선호했다. 그들의 입맛에는 푸에블로 족이 너무 여성적이었기 때문이다. 크로버가 볼 때 푸에블로 족에게서는 '평원 인디언들의 사내다운 고결함, 솔직한 개인 교제, 흥미로운 개성 표출을 찾을 수가 없었다.'[75] 사빈 랭에 따르면 평원 인디언들은 푸에블로 족보다 전반적으로 키가 더 컸고 강건했다. 그녀는 남성 인류학자들이 평원 인디언들의 사내다움이라는 호전적 이상에 매혹되었다고 전했다.[76]

에드워드 사피어는 스스로를 '섬세한 남자'라고 평했다. 시 쓰기를 좋아했기 때문이다. 그러나 그는 '지독한 삶'을 열망한 '굶주린 남자'이기도 했다.[77] 사피어는 1916년 《뉴 리퍼블릭》에 발표한 한 글에서 여성 참정권을 조롱했다. 여성 참정권이 실현되면 여자들이 가정에서 남자들을 상대로 행사해온 부적당한 권력이 공공 영역으로 확대되는 것이라고 비웃은 것이다. 그러나 그는 여성 참정권에 겁을 집어먹기도 했다. 여성이 투표한다는 것에 생각이 미치자 그는 '단순히 놀라는 정도가 아니라 처음부터 공황 상태에 빠져 전전긍긍했던' 것이다.[78] 그가 여자들을 남자들을 유혹해 파멸시키는 사이렌으로 언급한 시도 보인다. 사피어도 베네딕트처럼 오만한 엘시 클루스 파슨스를 싫어했다. 레슬리 화이트에게 써 보낸 한 편지를 보면 그가 남성적 관점에서 그녀를 혐오했음을 확인할 수 있다. 그는 화이트에게 이렇게 조언했다. "그녀와 사귀면 그녀의 곤경을 해결해줄 수도 있겠지. 그녀가 과학에 관심을 보이는 것은 일종의 신경증적 심리 과정이니까."[79]

그러나 보애스의 남성 제자들은 자기들이 여성들에 공감한다고 생각했을 것이다. 사실 많은 경우 그랬다. 사피어가 1924년 토론토에서 영국 과학진흥협회(British Association for the Advancement of Science)의 회의를 조직했다. 여기 참석한 미국의 인류학자들은 카를 융이 인성을 분류하는 범주로 새로 제안한 '내향형'(introvert)과 '외향형'(extravert) 개념에 매혹되었다. 대다수는 이 범주를 재미 삼아 자신들에게 적용해보면서 내향형으로 분류되기를 원했다. 융이 직관적이고 예민한 지식인을 이 범주에 집어넣었기 때문이다. 융이 여성들을 내향적이라고 정의했어도 그들은 별다른 저항이 없었던 듯하다. 그들 가운데서 외향형으로 분류되고 싶어 한 사람은 한 명도 없었다. 주로 외면적인 세계에서 생활하며 자기 인식이 결여된 사람이라는 분류는 당연히 탐탁지 않았을 것이다.

인류학과의 남성 동료들에 대한 루스 베네딕트의 반응은 미묘했다. 그녀는 공적 생활에서 초연한 인격을 선보였고, 가면을 쓰고 처신했다. 루스가 인류학 공부를 시작했을 때부터 그 미묘함이 분명하게 감지된다. 스탠리는 과학으로 분류되던 학문 분야에 루스가 입문하는 것을 반대했지만 그녀는 전혀 개의치 않았다. 스탠리는 자신이 하는 일과 스스로를 동일시했다. 그는 루스와 경쟁하고 싶어 하지 않았다. 하지만 그녀를 제지할 수는 없었다. 스탠리의 다음 대응은 훨씬 더 수세적이었다. 각자의 사생활과 관련해 '입을 다물어 주기'로 한 서약을 확대해 루스의 동료들과 제자들을 회피했던 것이다. 한번은 루스가 베드퍼드 힐스의 자택으로 동료와 제자들을 초대해 대접한 적이 있었다. 바로 그때 스탠리는 암실에 들어가 사진을 현상했다.[80)]

베네딕트는 인류학과의 남성 동료들에게 경의를 표하면서 그들이 제시한 의견에 따르기도 했고, 그들의 작업 내용을 자신의 연구로 흡수하면서 솜씨 좋게 능가하기도 했다. 그들은 그녀의 정교한 종합을 알아차리지 못했다. 루스는 친절하고 동정적이었다. 그녀는 누구의 감정도 상하게 하지 않으려고 노력했다. 루스는 엘시 클루스 파슨스 빼고는 컬럼비아의 인류학자 대부분과 우호적인 관계를 맺었다. 그녀는 스탠리 베네딕트, 에드워드 사피어와 절친했던 관계가 끝난 후에도 계속 연락했다. 그녀는 마거릿 미드의 모든 남편과도 친했다. 보애스 주변의 남성 인류학자들이 미드에 반기를 들었을 때조차 베네딕트를 그만큼 혹독하게 비판한 적은 없었다. 베네딕트는 숫기가 없었고, 귀가 잘 안 들렸기 때문에 연약해 보였다. 남자의 보호가 필요한 여자처럼 비쳤다는 말이다. 미드는 베네딕트를 이렇게 묘사했다. 베네딕트는 "연약하다. 그녀는 함께 일하는 사람들의 기사도와 염려를 불러일으킨다."[81)] 루스 베네딕트의 미모는 인상적이었고, 알 듯 말 듯한 '모나리자'의 미소를 가끔씩 보여주었다. 그녀는 이런 특징들을 바탕으로 모종의 성적 매력을 발산했다. 루스는 불가사의한 존재로, 심지어는 마녀처럼 비치는 경우가 종종 있었다. 여기에 그녀의 신장과 다부진 체구가 보태지면서 남자들은 주춤거렸다. 많은 남성 인류학자들이 그녀를 이해하지 못했다. 에이브러햄 매슬로는 자아실현의 모범으로 그녀를 지목하기 이전인 1930년대엔 루스를 '수수께끼에 휩싸인 베네딕트회 수도사'라고 불렀다.[82)]

베네딕트가 인류학 공부를 시작한 초기에는 많은 남성 인류학자들이 그녀의 매력에 빠져들었다. 골든와이저는 뉴스쿨에서 많은 시간을 할애해 그녀를 상담해주었다. 로위는 그녀의 박사 학위 논문을 지도해주었다. 크로버는 루스가 첫 번째 현지 조사를 나섰을 때 상호 면접을 주선해주었다. 사피어가 그녀를 항상 잘 대해주지는 않았지만 인류학과에 입학한 초기에는 그녀의 공부에 이런저런 도움을 주었다. 그는 비전 퀘스트를 다룬 루스의 글을 읽고서 깊은 인상을 받았고, 그녀에게 보애스가 내놓지 못한 이론을 제출할 미래의 인재라고 격려하는 편지를 써 보내기도 했다.[83)]

함께 공부한 남성 인류학자들처럼 베네딕트도 지식인이었다. 그녀는 추상적인 이론을 좋아했다. 그녀는 당대의 주요 사상가들을 읽었고 흡수했다. 니체, 산타야나, 듀이가 그들이었다. 로위는 라딘, 사피어, 골든와이저와 더불어 베네딕트를 인류학 분야의 '특급 지식인'으로 거명했다.[84)] 로위의 이런 분류는 네 사람(베네딕트, 라딘, 사피어, 골든와이저)한테 느낀 그의 불쾌감과 어느 정도 관계가 있다. 그들이 자신의 경험주의적 태도를 비웃고 조롱했던 것이다. 실제로 로위는 공식적인 인류학 저작에서 길버트와 설리번의 오페라에 나오는 구절을 사용한 오명을 결코 완전히 씻어내지 못했다. 아무튼 이 분류로 보건대 남성 인류학자들이 컬럼비아의 다른 여성 인류학자들보다 더 온전히 베네딕트를 받아들였음을 알 수 있다. 베네딕트가 수행하는 이론화 작업의 합리성과 논리를 높이 산 것일 테다.

대다수의 여성 사회과학자들은 사회과학의 '남성화'에 대응해 사회사업 같은 '여성적' 하위 분야에 진출했다. 베네딕트는 감연한 태도로 혁신적인 경로를 밟아나갔다. 그녀는 사회사업 분야의 직업을 그만두고, 남성들이 지배하는 학계에 발을 들여놓았다. 그녀는 현지 조사를 수행하고, 민족지를 쓰던 대다수의 여성 인류학자들과 달랐다. 베네딕트는 이론을 세웠다. 그녀의 대담성은 정말이지 놀라운 것이다. 미드를 예외로 할 경우 루스 세대의 다른 여성 인류학자들 가운데서 학계의 지성소(至聖所)에 감히 진입을 시도한 사람은 아무도 없었다. 다른 분야의 다른 많은 여성 학자와 지식인도 이 점은 마찬가지였다. 1920년대에서 1960년대 사이에 미국에서 활약한 다른 걸출한 여성 이론가들은 한 손으로 꼽을 수 있을 만큼 적다. 한나 아렌트와 카렌 호나이 두 사람은 독일에서 망명해 뉴스쿨에서 가르쳤다. 사회학자 제시 바너드와 역사학자 메리 비어드도 집어넣을 수 있을 것이다. 둘 다 남성 학자들과 결혼했다. 엘시 클루스 파슨스의 경험주의적 연구를 목적과 계획에서 모더니즘적인 것으로 분류할 수 있다면 여기에 그녀를 보탤 수 있을지도 모르겠다.[85]

베네딕트는 학문 활동 초기에 남자를 집중 연구했다. 그녀의 박사학위 논문과 비전 퀘스트를 연구한 글 모두 남자에 초점을 맞추고 있다. 실제로 비전 퀘스트는 대개가 남성의 경험이었고, 평원 인디언들 사이에서는 더욱 그랬다. 루스는 이 주제를 다루면서 평원 인디언 남성들의 잔인한 자기 학대를 강조했다. 그들은 자신들의 삶을 명백히 보여주는 비전이 필요했거나 죽은 자를 애도하고, 태양을 숭배하는 등의 의식의 일부로 그렇게 했다. 블랙풋 족 남성들은 손가락 마디를 잘라냈다. 다코타와 샤이엔 족 남성들은 피부 조각을 벗겨냈다. 샤이엔 족 남성들은 나무 못바늘이 달린 기둥에 몸을 찧어 살집을 뚫는 자해를 했다. 크로 족 남성들은 손가락 마디를 제물로 바쳤고, 살갗을 도려냈으며, '온갖 형태의 태양 무도회 고문'을 행했다. 베네딕트는 이런 남성 폭력을 전쟁 수행과 연결했다. 평원 인디언들에게 성인기는 곧 전쟁을 의미했다고 그녀는 썼다. 그들은 자해와 고행을 바탕으로 '전투 행위에서 무용을 뽐낼' 수 있었다.[86)]

베네딕트는 비전 퀘스트를 통해 인류학자들 사이에서 여전히 큰 인기를 누리던 인접 문화들의 전파론을 연구할 수 있었다. 그녀는 제1차 세계대전에서 수백만의 젊은이가 의미 없이 죽어간 사태에서 느낀 공포의 맥락에서 종교라는 주제와 자신의 기독교 신앙을 탐구하기도 했다. 평원 인디언들의 고행이 제1차 세계대전에서 남성들이 겪은 고통이나 십자가형을 당한 예수 그리스도의 고통과 유사했기 때문이다. 종교의 중심에는 고통받는 한 젊은이가 있었다. 고통과 구원. 베네딕트의 시와 삶의 핵심 주제가 바로 이것이었다. 복음주의 종교의 안내를 받지 않고 어떻게 '높은 경지에 오를 것인가'. 자신을 괴롭히는 악마를 어떻게 처리할 것인가. 어떻게 소멸하지 않고 '보석 같은 불꽃으로 타오를' 것인가. 이런 것들이 베네딕트의 삶을 장악한 주요 테마였다. 베네딕트는 오랫동안 그리스도를 아버지의 형상으로 이해했다. 그런 모습의 그리스도가 그녀가 상상한 세계의 중심에 자리했다. 미노타우루스를 피해 미로를 탈출한 테세우스는, 비슷하지만 더 놀라운 이미지였다. 용감하게 파멸에 맞서는 젊은이였으니까 말이다.

그러나 베네딕트가 비전 퀘스트와 관련해 초기에 내린 결론은 꽤 놀랍다. 그녀는 몇몇 부족에서는 비전 퀘스트의 경험이 신비 체험이기보다는 보편적 현상으로서, 직관적 통찰과 현현의 과정이 아니라 평범한 의식임을 확인했다. 이로써 그녀는 유년기에 받아들였던 종교와 더욱 멀어졌다. 그녀가 유년기에 받아들였던 종교는 원죄와 죄악을 강조했고, 성애를 금지했다. 그녀는 비전 퀘스트 연구를 통해 제임스 프레이저의 『황금 가지(Golden Bough)』에서 읽은 내용을 확인했다. 청년 숭배와 희생이 세계 각처의 종교에 널리 퍼져 있다고 프레이저는 『황금 가지』에 써놓았다. 프레이저의 이 책은 베네딕트 세대의 지식인과 시인들에게 중요한 독본이었다. 물론 보애스는 이런 종류의 보편적 전파론을 내켜하지 않았지만 말이다. 『황금 가지』는 초목의 생장을 주관하는 젊은 신들의 신화를 소개한다. 고대 지중해 세계에서는 아티스, 아도니스, 디오니소스가 늦겨울에 희생되었다. 봄에 청년 신이 새롭게 대지를 비옥하게 만들어서 작물의 생육을 상징적으로 보장하는 의식이었던 셈이다. 이런 신화가 보편적으로 존재했기 때문에 그리스도도 더 이른 시기에 활약한 젊은 신들의 후예로 격하되었고, 제1차 세계대전으로 청년들이 사망한 사건이 훨씬 더 참혹해졌다.

루스 베네딕트는 남성의 공격성과 스탠리에 분노했는데, 이는 「보쿠 플랜트」와 「메리 울스턴크래프트」 모두의 주제였다. 평원 인디언들의 비전 퀘스트를 연구한 초기 작업에서도 그녀가 남성의 권력에 관심을 가졌음을 알 수 있다. 그 권력으로 인해 젊은 남자들이 죽었을 뿐만 아니라 여자들이 남자들의 지배를 받는 볼모가 되었기 때문이다. 베네딕트는 「카니발리즘의 용도(The Uses of Cannibalism)」라는 글에서 공격적인 남성과 전쟁의 관계를 가장 강경하게 고발했다. 그녀는 조너선 스위프트 식의 이 짧은 풍자문을 1920년대 중반에 썼지만 출판하지는 않았다. 현대에 들어와 폭력에 대한 열망과 애국심이 '맹세, 유혈과 폭력, 죽음의 서약'과 만났다. 이 불행한 사태로 '심신이 건강한 청년들만 무수히 죽고, 고통을 받았다.' 베네딕트는 상반되는 내용을 언급하면서 풍자적으로 글을 이어간다. 일부 부족사회는 폭력과 집단 우월성에 대한 필요를 의식화된 카니발리즘으로 해소했다. 그런데 여기서는 사실 거의 아무도 죽지 않았다.[87] 말레이 군도의 야만인들은 전쟁에서 사로잡은 포로를 먹었다. 그러나 그들도 상대방 적들과 신중하게 전쟁을 협상했다. 말하자면 시기를 협의한 것인데, 양측은 '번식기에 있는 사나운 남성들을 동원해 교전했다.' 한쪽이 상대편 전사를 죽이면 전쟁은 끝났고, 승리자들은 희생자의 시신으로 축제를 벌였다. 베네딕트는 이렇게 쓰고 있다. 한 사회의 애국적 열정과 폭력 열망을 충족하는 데서 "1년에 한 번씩 쓸모없는 시체 한 구를 소모하는 것보다 더 무해한 것도 없다."

인간의 잔혹성을 은유하는 카니발리즘은 베네딕트의 다른 저작에서도 반복해서 나타난다. 『문화의 패턴』에서 집중 소개되는 콰키우틀 족의 카니발리즘, 그녀가 발표한 유일한 세라노 족에 관한 글 「세라노 족 문화 개설(A Brief Sketch of Serrano Culture)」에서 이를 확인할 수 있다. 「세라노 족 문화 개설」은 1924년 《미국 인류학자(American Anthropologist)》에 실렸다. 이 글의 끝부분을 보면 세라노 족 전사들은 사냥한 사슴의 가죽을 벗겨서 몸치장을 한다. 그들은 사슴의 온갖 부위를 활용한다. "뼈는 바로 막자사발에 집어넣고 빻아서 일종의 으깬 반죽 형태로 먹었다." 그 구절을 보면, 세라노 족은 흙으로 빚은 컵으로 생명을 마시지 않는다. 이제 그들은 살해한 동물을 찧고 빻아서 걸쭉한 덩어리로 만들고, 그것을 먹는다. 베네딕트는 이런 이미지들의 영향을 받았고, 자신의 인류학 저술과 시에서 괴물과 야수를 사용해 디오니소스의 어두운 측면을 형상화했다. 그녀의 괴물과 야수에는 입에서 피를 뿜는 캘리포니아 북부 섀스타 인디언들의 샤먼이 포함된다. 더 있다. 멜라네시아 도부 족의 나는 듯이 빠른 마녀, 유니콘, 프랑켄슈타인, 오리온, 미노타우로스, 메두사. 다는 아니겠지만 이것들의 대부분은 「보쿠 플랜트」의 악마와 「메리 울스턴크래프트」의 저거놋이 상징적으로 확장된 것이다.[88]

베네딕트의 일기와 글을 보면 가끔씩 그녀의 정서가 격정적으로 표현됨을 알 수 있다. 그녀가 절제된 글쓰기와 반어적 관점으로 감정을 제어하려고 노력하기는 하지만 말이다. 그러나 그녀는 용의주도하게 자신의 지위를 개선해나갔다. 베네딕트는 평원 인디언들을 연구했는데, 이는 컬럼비아의 남성 인류학자들에게 도전한 것이었다. 그들 다수가 평원 인디언 부족들을 현지 조사하면서 학문 활동을 시작했다. 보애스가 서구화가 대세로 자리 잡기 전에 평원 인디언 부족들 각자가 보유한 독창적 문화의 세부 사항들을 기록하고, 그들의 언어와 이야기를 연구해 남기겠다는 원대한 계획을 세웠던 것이다. 사피어, 라딘, 로위, 크로버가 전부 보애스의 계획에 찬동하고 참여했다. 그런데 베네딕트가 한 부족의 민족지를 뛰어넘어 비전 퀘스트의 전체 경험을 도서관 자료를 바탕으로 연구함으로써 이 남성 학자들을 상징적으로 흡수해버렸다. 그들은 베네딕트의 글에서 각주로 격하되고 말았다.

베네딕트의 박사 논문을 보면 그녀가 제1차 세계대전에서 절망감을 느꼈다는 걸 알 수 있다. 그녀가 보애스의 경험주의와 다양성에 대한 모더니즘적 강조를 곰곰이 반성적으로 사유하는 걸 보면 '단편과 조각들'을 언급한 로버트 로위처럼 보이기도 한다. 그녀는 총체적 진화가 와해되었다고 생각했다. 베네딕트는 논문의 결미에서 이렇게 쓰고 있다. "인간은 공통점이 없는 다른 요소들을 결합하고, 다시 결합해서 문화를 만든다. 그렇게 해서 기능적으로 관계를 맺는 유기체가 바로 미신이다." 평원 인디언들이 가진 종교의 특성은 이질성이었다. 수호신 개념이 전혀 없는 부족들이 있었는가 하면 다른 부족들은 비전 퀘스트의 비전들을 상거래의 대상으로 삼기까지 했다. 사고팔았던 것이다. 일부 부족은 성인들을 위해 그 경험을 보존하기도 했다. 그러나 베네딕트의 컵 비유는 문화의 총체성을 내포하고 있었다. 그녀는 현지 조사를 수행하면서 문화의 공통점들을 깨달았고, 그런 인식을 바탕으로 '통합 원리'를 발견하는 데까지 나아갔다. 베네딕트는 이미 박사 논문에서 '사회적 패턴'이 개별 사회들에서 작동한다는 생각을 언뜻 내비쳤다.

베네딕트는 성실하고 이상주의적이었다. 그러나 용의주도하게 자신의 지위를 개척해나갔다. 그녀가 일기와 편지들에서 자신의 계산적 면모를 드러내는 일은 거의 없었다. 그러나 그녀가 1932년 미드에게 써 보낸 편지에서는 이 점을 분명하게 확인할 수 있다. 당시 미드는 뉴기니에서 현지 조사를 수행하고 있었는데, 자신의 미래를 근심하면서 우울해했다. 베네딕트는 그 편지에서 미드에게 사회 진출 전략을 조언했다. 그녀는 이렇게 쓰고 있다. "나는 게임에서 유리한 고지를 차지하기 위해 항상 계획을 세우지." 하지만 "계획을 드러내는 데는 신중할 필요가 있어." 가장 좋은 방법은 "과장해서 무관심한 체하는 것이지." 그러면 '의외로 일이 술술 잘 풀리기' 때문이라고. 그러고 나서 그녀는 다른 지시를 내린다. 누구라도 인생에서 몇 번쯤은 자기 이익을 공격적으로 밀어붙여야 할 때가 있는 법이라고 말이다. 베네딕트는 인생이 8년이라면 8일쯤이라고 말한다. 다른 한편으로 생각해볼 수 있는 최선의 방법은 열심히 노력하고, 표면에 나서지 않는 것이라고 한다. 물론 그 8일이 아주 중요하다는 말을 보탠다. "사람이라면 다가온 기회를 놓치지 않고 이용할 만반의 준비를 해야만 해."[89] 이렇듯 베네딕트의 공적인 태도는 차분하고 평온무사했다. 그녀는 숙련된 전문 직업인으로 모두의 친구였다. 그러나 그녀가 내면의 악마들을 통제하고 있었다는 것은 분명한 사실이다. 베네딕트는 미드 못지않았던 자신의 야망을 숨기고 있었다.

베네딕트는 내면의 남성적 측면과 여성적 측면을 화해시키려고 애쓸 때조차 남성적 권능을 싫어하면서도 거기에 이끌렸다. 베네딕트라는 성이 얄궂게도 그녀를 남성으로 재규정했는지도 모른다. 그러나 그녀가 시를 쓸 때 사용한 필명 '앤 싱글턴'(Anne Singleton)에는 두 개의 성별이 결합되어 있다. '앤'은 '스탠'(Stan)과 운이 맞는다. '싱글턴'은 남성과 여성이 하나의 음조로 결합된 '싱글 톤'(single tone)으로 읽을 수 있다. 이런 음악적 언급 속에서 그녀가 쓴 서정시의 음악성이 분명하게 드러났다. 사포가 수금의 반주에 맞춰 노래하려고 쓴 시가들로 거슬러 올라가는 형식이었던 셈이다.

엘리자베스 스타시노스는 베네딕트가 조지프 콘래드의 『나르시소스호의 흑인(The Nigger of the 'Narcissus')』에 나오는 '올드 싱글턴'(Old Singleton)에서 '싱글턴'이라는 이름을 가져왔을 거라고 추측했다. 이런 추측을 뒷받침해 주는 직접적인 증거는 전혀 없다. 그러나 그럴듯하기는 하다. 콘래드의 소설은 한 무리의 선원들이 그중의 한 명인 아프리카계 미국인 선원을 다루고 대응하는 방식이 줄거리이다. 싱글턴은 나이가 가장 많고 유능한 뱃사람이다. 그는 '아는 것도 많고, 무지막지한 리더'이다. 가슴은 넓고, 이두근은 우람하다. 그는 마치 '식인종 추장처럼 문신을 했다.' 배는 여자들이 없는 세계를 항해한다. 선원들은 '신비한 바다의 영원한 자식들'이다. 그러나 '광막한' 바다는 '무사태평하기만 하다.' 콘래드가 그린 뱃사람들의 남성적 세계는 베네딕트가 이해한 학자들, 제국주의자들, 그리고 「보쿠 플랜트」에 나오는 악마의 남성적 세계와 흡사하다. 실제로 싱글턴은 베네딕트의 아주 복잡한 남성적 자아처럼 보인다. 콘래드의 이 등장인물에는 여성적 측면이 있는 것이다. 싱글턴이 에드워드 불워 리턴의 『펠럼(Pelham)』을 읽을 때 그의 여성적 측면이 드러난다. 『펠럼』은 문학에서 댄디(dandy) 캐릭터를 확립하는 데 지대한 영향력을 행사한 소설이다. 댄디 캐릭터란 여성스런 사교계 남자로, 당시에 실제로도 있었다.[90] 그렇게 싱글턴으로 분한 베네딕트는 부드럽고 여성적인 측면을 가졌음에도 불구하고 남성적이었다.

베네딕트는 1920년대 내내 인류학을 연구하면서 시도 썼다. 그녀는 전후 시기에 간행되던 여러 시 잡지들에 자신이 쓴 시를 발표했다. 시카고의 해리엇 먼로가 1912년에 《시(Poetry)》를 창간하면서 시 유행이 촉발되었다. 《시》는 여성들이 편집한 다수의 소규모 시 잡지 가운데서도 최초였다. 여류 시의 '비범한 판촉원'인 에이미 로웰이 이 운동과 흐름을 진척시켰다. 그녀는 활발하게 자작시 낭송회를 열었고, 큰 체구로 여송연을 물고 다니며 선보인 남성성으로 주변을 깜짝 놀라게 했으며, 여류 시인들을 옹호했다. 여류 시인들은 예술 분야에 주입된 여성적 창조성의 전위로 활약했다. 거트루드 스타인, H. D., 마리안 무어, 기타 시인들이 시를 쓰는 여성이라는 오랜 전통에서 부상해 그 전통을 재창조했다. 여성 탐험가들이 또 다른 남성의 영역을 침범했고, 미드는 즐겁게 그녀들의 회고록을 탐독했는데, 여류 시인들도 그녀들처럼 남자들에게 도전했다. 여류 시인들은 시를 통해서 자주 반여성주의적 태도를 드러낸 엘리엇이나 파운드 같은 남성 모더니스트들에게 도전했다. 그녀들이 쓴 시는 여성들의 전통적 서정시 양식을 따르고 있으면서도 남자들이 감히 따라올 수 없는 지성과 감성을 보여준다.[91] 시인 에드나 세인트 빈센트 밀레이가 1920년대의 독립적인 신여성 플래퍼의 모범이 된 것에서 알 수 있듯이 그녀들의 인기는 대단했다.

남성적 접근법으로 시 창작에 임하는 태도는 해방의 가능성을 제공했다. 에이미 로웰, 거트루드 스타인, 루이즈 보건(베네딕트와 미드 모두의 절친한 친구였다.) 같은 시인들은 자신들의 시에서 남성적 인격을 드러낼 정도였다. 그녀들은 19세기에 대종을 이루었던 감상적인 여류 시인의 이미지를 탈피하고자 했다. 이른바 '나이팅게일' 전통이라고 하는 것에서 말이다. 그 이미지가 에드나 세인트 빈센트 밀레이의 시편에서도 계속 울려 퍼지고 있었음을 상기해야 한다. "방 안에서 여자들이 오가네 /

미켈란젤로를 이야기하며." 여성 지식인들을 사소하게 치부하는 T. S. 엘리엇의 이 유명한 시구는 그녀들과 거의 관계가 없었다. 예이츠나 파운드 같은 상징주의자들과, 이성과 감성, 사랑과 죽음, 고통과 구원을 주제로 글을 쓴 존 던 같은 17세기 형이상파 시인들이 그녀들에게 영향을 끼쳤다. 그녀들은 이런 주제들을 활용하면서 엘리엇을 능가했다. 주정주의에 공명하면서도 그것을 통제하려고 노력했기 때문에 가능한 성취였다. 주정주의는 단연코 여성의 영역이었다. "그녀들은 남성적 모더니즘을 흡수했고, 나아가 이를 바탕으로 사랑과 광기라는 여성적 주제를 정교하게 다듬어냈다." 그녀들은 '반(反)모더니즘적 모더니스트'였다.[92)]

베네딕트는 당대의 다른 여성 시인들과 달리 자신의 시편에서 1인칭 단수를 사용한 적이 없다. 그녀는 남성의 목소리로도 노래하고, 여성의 목소리로도 노래했다. 서구의 시적 상상력에서는 남녀 양성의 병존이 특징이다. 그것은 플라톤 이래로 아주 강력한 유산으로 자리를 잡고 있었다. 여성적 영감을 바탕으로 남성적 글쓰기를 한 그리스인들 이래로 시인들이 그 전통을 따랐기 때문이다. 우리는 이를 거장/뮤즈 전통(master/muse tradition)이라고 한다. 그러나 베네딕트의 시편들에서는 많은 경우 남자들이 함정에 빠진다. 테세우스는 미로에 갇힌다. 오리온은 하늘에 감금된다. 그리스도는 고통을 받고 십자가에 못 박힌다. 가끔씩 그들을 구해주는 여성이 존재한다. 이를테면, 아리아드네는 테세우스를 구출한다. 베네딕트는 당대의 다른 여류 시인들과 달리 여성의 유대를 제시하는 신화들에 관심이 없었다. 딸을 찾기 위해 백방으로 노력하는 어머니인 데메테르와 페르세포네 이야기를 베네딕트의 시편에서 찾을 수는 없다.[93)] 루이즈 보건은 자신의 남성적 측면에 공명했다. 일부 학자들은 보건이 여자들을 싫어했다고 생각할 정도이다. 베네딕트는 그런 루이즈 보건과 달리 균형과 조화를 이루려고 애썼다.

이런 주제를 담고 있는 가장 호소력 넘치는 시가 바로 「일각수와 일출(Unicorns at Sunrise)」이다. 베네딕트는 이 작품을 1924년에 썼고, 1930년《시》에 발표했다. 일각수는 이마 중앙에 뿔이 한 개 난 전설상의 짐승이다. 여성성을 가장 순수한 형태로 간직하고 있다고 할 수 있는 처녀만이 일각수를 길들일 수 있다. 일각수는 신비주의 전통에서 성별 횡단와 남녀 양성의 영혼을 상징한다. 일각수는 서구의 도상학에서 지혜와 결부된다. 신비주의자의 '세 번째 눈'이 자리하는 위치이자 합리적 두뇌의 입구인 이마에 뿔이 나 있기 때문이다. 기독교 전통에서는 일각수가 인류의 죄를 '구원하는 나팔'을 부는 구세주이다. 덫을 놓아 일각수를 잡을 수 있는 처녀는 마리아이다. 일각수는 성모 마리아의 덕성에 저항할 수 없다.[94)]

「일각수와 일출」은 그즈음 베네딕트가 장미 십자회원들의 신지학(神智學) 분파인 황금 여명회(Order of the Golden Dawn)라는 신비주의 교단에 모종의 방식으로 연루되어 있었음을 알려준다. 예이츠와 파운드도 그 교단에 소속되어 있었다. 이 종파의 교리는 연금술과 타로, 히브리 신비 철학과 기독교에 바탕을 두었고, 의식은 이집트 「사자(死者)의 서(書)」에서 가져왔다. 그들의 의식에서 일각수는 영혼을 상징했다. 그들은 12궁을 예지의 대상으로 활용했다. 그리스도의 십자가도 중요했다. 남성의 권능을 상징하는 남근이었던 셈이다. 마찬가지로 장미는 여성의 아름다움을 상징하는 음문이었다. 그 종파의 핵심에 자리한 남녀 양성의 유니콘 안에서 이 상징들이 결합되었다.[95)]

이런 신비적이고 반유물론적인 교단들이 세속적 현대주의와 자본주의가 확산되던 20세기 초에 융성했다. 그런 교단의 성원들은 비밀 엄수를 서약했다. 예이츠와 파운드 같은 상징주의 시인들은 보이지 않는 상징들의 세계가 실제 세계 너머에 존재한다고 믿었고, 그런 교단들에 가입했다. 그러나 베네딕트의 경험은 그런 신비주의 교단에 가입한 것이 아니라 그저 관련 독서를 하는 선에서 머물렀을지도 모른다. 미드는 베네딕트와 자신에게 예이츠의 에세이들이 중요한 읽을 거리였다고 말했다. 예이츠는 그 에세이들에서 자신의 '악마'에 관해 쓰고 있다. 그는 여성적 분신을 통해 자신을 표현했다. 그의 밝고 어두운 측면은 은폐의 가면이 아니라 구원의 가면이었다.[96]

베네딕트의 「일각수와 일출」은 예이츠의 희곡 『별에서 온 일각수(The Unicorn from the Stars)』에 응답하여 지은 작품이다. 『별에서 온 일각수』에는 에이레인 청년 몽상가가 나온다. 그는 일각수 군대를 이끌고 현대의 물질주의와 한판 싸움을 벌여 인류를 영광스러웠던 고대 켈트인들의 시대로 되돌려놓기를 희구한다. 작품에서는 고대 켈트인들의 시대가 이렇게 묘사되고 있다. "남자들은 1대 1로 싸웠다. …… 그들은 육체를 강인하게 단련했다." 베네딕트의 「일각수와 일출」은 예이츠의 지구적 배경을 숲과 농장이라는 무대로 바꾼다. 베네딕트는 일각수의 남성적 힘에 끌린 예이츠의 관점을 변형해, 그 위대한 짐승 못지않은 전사로 처녀를 끌어들인다. 베네딕트의 시에서 일각수는 처녀의 순결함이 아니라 그녀가 보이는 욕망의 힘에 제압된다. 베네딕트의 '일각수'는 영혼의 상징이다. 이것은 예이츠의 희곡과 황금 여명회의 상징계에서도 마찬가지이다. 그러나 그녀는 예이츠의 희곡과 그의 시편 및 교단에서 중요한 지위를 차지하는 점성학적 상징을 거부한다. 그녀의 우주에서 일각수들은 '천인(天人)이며, 12궁의 주민'이다.[97]

베네딕트의 일각수들은 남성적이며, 아주 성적이다. 그들은 '밤새 외로움과 결핍을 견뎌내고, 가벼운 발걸음으로 즐겁게' 아침을 맞이한다. 성적으로 저돌적인 표현이 담긴 시행들을 보자. 일각수들은 '가냘프고, 솜털이 난 부드러운 검정색의 앞발'로 '잎이 무성해 가려진' 숲의 '통로'를 거칠게 긁고 할퀸다. 그러나 「일각수와 일출」은 일각수와 처녀가 나오는 원래의 신화와 차이를 보인다. 처녀가 수동적이지 않은 것이다. 두 번째 연에서 처녀는 일각수가 되기 위해 상징적으로 남근, 곧 뿔에 기어오른다. 마지막 연에서는 처녀가 '무르익은 작물'의 수확과 '불 피우기'를 거부한다. 성별을 초월한 존재로서 자유롭게 살고 싶은 것이다.

베네딕트는 이렇게 스스로를 격려했다. 그녀는 스탠리한테서 벗어나야 했고, 남성 인류학자들에게 도전해야 했으며, 교묘하게 빠져나가는 마거릿 미드를 붙들어야 했고, 자기 내면의 야수를 길들여야 했고, 자아의 남성적 측면을 지도적 지위로 올려놔야 했다. 베네딕트의 필명 앤 싱글턴처럼 일각수(uni-corn)도 '하나의 뿔'(single horn)이 된다. 어떤 진리도 맹세하지 않으며, 어떤 자리에도 머무르지 않고 그녀/그 자신의 정체성을 자유롭게 분출하는 '단독적 뿔'인 것이다. 그 뿔에는 많은 의미가 담겨 있다. '풍요의 뿔'은 번영을 상징한다. 악기로서의 뿔은 사무치게 감동적인 음률을 전달할 수 있다. 전장의 군인들에게는 전투 개시의 신호로 들릴 것이고, 교향악단에서는 독주 악기로 편성될 수 있다. 뿔은 또한 남근의 상징이고, 그래서 성애를 은유한다. 베네딕트가 자란 노리치 인근의 농촌에서는 결혼식 날 밤에 샤리바리(charivari) 의식을 행했다. 신혼부부가 밖으로 나와 먹을 것과 돈을 줄 때까지 마을 사람들이 신방의 창문 아래서 소란을 피우던 오래된 습속이 바로 샤리바리 의식이다. 사람들은 그 의식을 '뿔피리 불기'라고도 불렀다.[98] 베네딕트의 대다수 시편처럼 「일각수와 일출」에도 많은 의미가 담겨 있다.

밤은 길고 외로우며 부족하다네

빛의 여명이 밝아오면 그들도 가벼운 발걸음을 내딛지
그들은 즐거움 속에서 무성한 잎으로 가려진 길을 긁어댈 테고
가냘프고, 솜털이 난 부드러운 검정색 앞발
천인이자 12궁의 주민

이제 그들은 단숨에 언덕을 달려 올라가네
구부러진 뿔의 욕망으로 뜨겁지
선두에 있는 녀석에게 다가가세
어떤 인간도 성공하지 못했지
일각수보다 못한 솜씨도 없지

고삐를 풀어주세,
어리석은 꿈들은 잊도록 하자고
우리는 꿈꾸었지
헛간의 무르익은 작물과 화로의 빨간 불을.
변덕을 부리지 않는 일각수처럼 자유로워져야 해
어떤 진리도 맹세해서는 안 돼,
현실에 맞서는 하나의 뿔로 거듭나야 해

베네딕트는 1935년에 미드의 『세 부족사회에서의 성과 기질』을 읽었다. 이 책은 '남성성'과 '여성성'이 남성 및 여성과 일치하지 않는 범주라고 주장한다. 베네딕트는 그 책을 읽고 스스로를 다시 한 번 훑어보게 됐다고 미드에게 썼다. "나는 평생 동안 성별과 성차라는 전반적인 문제에 관심을 기울여왔어. 가끔은 사나운 여자와 바보 같은 여자에 분노하기도 했고 말이야." 그러고는 미드가 쓴 책의 맥락에서 자신을

이렇게 언급한다. "나는 나 자신을 남녀 양성의 존재로 바꾸었지."[99]

버지니아 울프는 『자기만의 방(A Room of One's Own)』(1929)에서 이후로 유명해지는, 남녀 양성에 관한 의견을 짧게 개진했다. "둘이 조화를 이루며 고상하게 협력할 때 존재는 비로소 정상적이고 편안한 상태에 놓인다. 남자라도 여성적 뇌가 틀림없이 영향을 미친다. 여자도 그녀 안의 남자와 관계를 맺는다. 콜리지가 위대한 정신은 남녀 양성이라고 말했을 때 그는 아마도 이런 얘기를 한 것일 테다." 울프는 콜리지의 진술을 언급하면서 서양 문학에 등장하는 오랜 남녀 양성의 전통에 기댔다. 베네딕트와 미드는 미켈란젤로와 셰익스피어, 블레이크와 셸리, 예이츠와 그가 신봉한 신비주의 사상에서 비롯된 그 전통을 잘 알고 있었다. 마거릿 풀러 같은 페미니스트들, 해블록 엘리스와 에드워드 카펜터 같은 성 과학자들은 당대의 남성-여성 이항 대립을 뛰어넘을 수 없었다. 마그누스 히르슈펠트와 지그문트 프로이트는 그 이항 대립을 넘어섰다.[100] 내면의 남성적 측면과 여성적 측면을 화해시킬 수 있는 방법을 찾기, 사회를 위협하는 요소로 파악된 공격적 남성성과 사회를 구원하는 요소로 파악된 합리적 남성성을 궁구하는 과제, 아리아드네와 비어트리스가 체현한 여성성에서 남성성을 발견해 이항으로 구성된 전반적 개념을 뛰어넘는 일, 울프가 제시한바의 남녀 양성되기. 루스 베네딕트는 인생과 학문에서 이런 것들을 주요한 과제로 추구했다.

8장

자유연애와 사모아

마거릿 미드와 루스 베네딕트가 바너드에서 만난 것은 1922년이었다. 1920년대의 여성 반란이 그해에 최고조에 달해 있었다. 플래퍼들은 흡연과 무허가 술집, 투스텝이나 탱고 같은 춤과 이성을 껴안고 애무하는 파티에 몰두했다. 플래퍼들이 득세하면서 개인의 변화를 호소한 전전의 페미니즘적 요구는 관능과 쾌락의 추구로 바뀌었다. 짧은 치마만큼이나 현대적이었던 플래퍼들은 성공과 출세를 도모하는 여자이거나 모험가였다. 이를테면, 사모아에 간 마거릿 미드처럼 말이다. 요컨대 플래퍼들은 대중적 표상 속에서 대단한 사회운동가가 아니었다. 오늘날의 미디어와 유사했던 1920년대의 언론이 전전의 페미니스트들을 악마로 만들었다. 그들은 육체적으로 전혀 매력적이지 못하고 반(反)남성적이라는 데마고기가 유포되었다. "그 옛날의 호전적 페미니스트들은 평평한 굽의 구두를 신었고, 여성적인 매력이라고는 눈을 씻고 찾아봐도 찾을 수가 없었다." 심리학자 로린 프루트(Lorine Pruette)는 이렇게 썼다. "플래퍼는 페미니즘을 구식의 반(反)남성적 사상이라고 본다."[1)]

하지만 플래퍼들은 음주나 흡연 같은 남성의 특권을 장악함으로써 결과적으로 여성의 권리를 남성들의 사적인 영역으로까지 확장했다. 그 전에는 대부분 도시 노동계급인 '방탕한' 여자와 창녀들만 음주와 흡연을 했던 것이다. 플래퍼들은 남자들처럼 머리를 짧게 잘랐고, 가슴을 싸맸다. 여성들의 도전이 더 멀리까지 나아갈 수도 있음이 암시된 대목이다. 그러나 플래퍼들은 성과학자들이 규정한 '남자 같은 여자'와 공통점이 없었다. 그들의 모범은 동성애적 이상을 간직한 소년이었다. 플래퍼들은 젊음과 작은 체구를 바탕으로 여성이 남성화되고 있다는 공포를 잠재웠다.[2)]

미드는 1974년에 쓴 미발표 에세이에서 자신을 1920년대의 성 개혁 운동가로 묘사했는데, 이것은 성 문제에서 급진적인 태도를 보여준 플래퍼의 이미지에서 차용한 것이었다. 미드는 그녀의 어머니 세대 페미니스트들이 술집을 폐쇄하고, 매춘을 종식하며, 여성의 투표권을 쟁취하기 위해 노력했다고 주장했다. 두 번째 집단은 산아 제한을 요구했고 세 번째 세대는 다른 나라들의 성 행동 관습을 자세히 살펴보았다. 그녀들은 '인도에서 저술된 성 지침서'를 읽었다. 그런 책들에는 여자들이 어떻게 하면 연인과 더 오랫동안 쾌락을 즐길 수 있는지가 적혀 있었다. 연인들은 '오르가즘과 사정을 뒤로 미루는 법을 배워야' 했다.[3)] 미드가 말한 인도의 성 지침서는 카마수트라였다. 남성의 기교는 사정을 참아 오래 지속하는 일명 보류(保留) 성교였다. 그녀는 아마도 이런 성 개혁 운동가의 이미지를 자신의 토대로 삼았을 것이다. 그런데 그녀는 그렇게 이성애를 논의하다가 글을 중단했다. 이성애야말로 그녀가 글을 쓰던 시대와 어울리는 주제였다. 바야흐로 성적으로 자유롭지만 이성애에 기초한 일부일처제가 강제되던 시대였으니 말이다.

플래퍼들의 위험한 남성·여성 섹슈얼리티를 이성 결혼으로 교화하려는 움직임이 진행 중이었다. 청소년 및 교육 전문가들이 여학생들의 크러시를 맹비난한 이유는 크러시 관계에서 레즈비언들이 나올 수도 있었기 때문이다. 빅토리아시대에 나온 결혼 생활 지침서는 언급할 때조차도 전희를 비난했다. 그러나 그런 지침서들이 이제는 전희를 권장하는 경우가 많았다. 성 행위에서 기혼 여성들이 만족을 얻어야 하고, 삽입 성교와 정상 체위만으로는 충분하지 않다는 게 새로운 지혜로 등장했다. 남자는 사정을 억제해야 했다. 요컨대 모두가 오르가즘을 느끼는 게 목표가 되었다. 새롭게 허가된 시혜적 가르침은 빅토리아시대의 성적 억압과 동성애를 거부했고, 이른바 '강제적 이성애'를 고무 찬양했다.[4]

'신나는 허튼소리의 시대', '엄청난 흥청망청', '재즈의 시대'. 미국의 역사에서 1920년대만큼 하나의 구절로 시대의 정수를 포착하려는 시도가 많이 이루어진 10년간도 없다. 루스 베네딕트가 그 10년간을 지칭한 '포효하는 20년대'는 표준적인 어구였다.[5] 그녀는 이 어구를 사용해 당대의 대담함을 강조했고, 동시에 그 10년간의 보수성을 경시했다. 그러나 1920년대는 전전에 활약하던 많은 이단자들이 이미 사망했거나, 전쟁과 1919년의 '적색 공포'에 환멸을 느끼고 뉴욕을 떠나버린 상태였다. 에마 골드먼은 아나키즘 사상 때문에 추방당했고 메이블 도지 루언은 타오스로 떠나갔다. 이네즈 밀홀랜드는 악성 빈혈로 급사했다. 클럽 헤테로독시를 출입하는 사람들의 수가 급감했다. 어니스트 헤밍웨이와 F. 스콧 피츠제럴드가 미국을 떠나 파리로 갔다. 거트루드 스타인과 나탈리 바니 같은 레즈비언 무국적자들이 이미 파리에 살고 있었다. 플로이드 델은 보수주의자로 전향해 교외로 이사해버렸다. 에드먼드 윌슨처럼 새로 그리니치빌리지에 거주하게 된 사람들은 정치 문제를 회피하고 문화 비평에 열중했다. 그들은 그렇게 개인의 완성을 목표로 하는 보헤미아를 재창조했다.[6] 금주법이 통과되었고, 법률이 엄격히 시행되면서 동유럽과 지중해 지역에서 들어오는 이민이 제한되었다. 쿠 클럭스 클랜(ku klux klan, KKK)이 번성했다.

그렇다고 개혁 운동이 완전히 사라진 것은 아니었다. 1920년대 초에는 바너드도 급진화의 물결에 휩싸여 있었다. 미드도 그 속에서 동참할 대의들을 발견했다. 대학의 학과목들에서 보수주의적 경향이 득세했지만 컬럼비아 같은 대학들에서는 진보적 이상주의가 살아남았다. 베네딕트는 1922년에 미드더러 인류학과 세미나에 참가하라고 권했다. 그녀가 여기서 존 듀이의 『인간 본성과 행위』를 논평하는 에세이를 발표한다. 듀이는 그 책에서 "사회 개혁 사상과 관련해 두 개의 학파가 존재한다."라고 말했다. 전전에 유력했던 첫 번째 학파는 사회제도를 뜯어고치는 일에 관심을 집중했다. 반면 전후에 득세한 두 번째 학파는 개인이 태도를 바꾸는 사안에 초점을 맞추었다. 듀이는 두 가지 접근법이 결합되기를 원했다. 그는 인류학자들의 지식도 높이 평가했다. 듀이는 이렇게 썼다. "오늘날 부족사회에서의 인간 본성에 대한 과학 지식이 크게 발달한 것은 진보와 개혁에 대한 관심 때문이다."[7)]

베네딕트는 이렇게 썼다. "궁극의 목표는 내면의 과제로 남는다. 일종의 태도의 문제인 셈이다." 미드가 쓴 내용도 보자. "나의 세대는 사회운동보다는 개인들에 관심이 더 많았다. 인간 정신의 잠재력에 주목한 것이다."[8)] 여성유권자연맹(League of Women Voters) 같은 여성 단체들이 존재했다. 그러나 베네딕트도, 미드도 거기 가담하지 않았다. 두 사람은 남성을 배제하는 분리주의 여성 조직들에 비판적이었다. 미드는 '급진적인' 페미니스트들이 집 안에 머물던 여성들에 주목하지 않고, 여성들의 특수한 이해관계에 집중한 결과로 '새로운 압제 체제'가 만들어졌다고 주장했다. 그녀들은 노동운동 세력이 제시한 공통의 대의에도 합류하지 않았다.[9)]

베네딕트와 미드는 스스로를 과학자, 학자, 교사, 작가로 규정했다. 그들의 행동 윤리는 적극적 활동이 아니라 설득이었다. 베네딕트와 미드는 사회적 협력, 개인의 자활과 갱생, 진보적 교육을 옹호했는데, 이런 태도는 존 듀이에 기반한 것이었다. 미드는 그것을 '사회화'라고 했다. 아이를 형성하는 '사회화'를 얘기한 것인데, 학교만큼이나 가정과 사회도 그 과정에 기여한다고 보았던 것이다. 그들은 자기들이 문화의 상대성을 수용하는 더 젊은 지식인 집단의 일원이라고 생각했다. 이 새로운 세대의 지식인들은 인종과 민족을 결합하면서 형성될 미국의 국가적 문화를 '다원적 문화'라는 혼합체로 이해했다. 호레이스 캘런(Horace Kallen)은 베네딕트와 미드가 가장 좋아한 사회철학자였다. 그는 '조화로운 협력'에 기초해 민족들 간의 민주주의를 달성해야 한다고 호소했다.[10] 그들은 이런 사상에 기초해, 비유럽 백인들의 문화를 연구할 수 있었고, 풀뿌리 민주주의의 개념을 받아들였다. 풀뿌리 민주주의 개념은 이후 1930년대 대공황기에 미국의 사회사상으로서 지배적인 지위를 확고히 하게 된다. 그 시기를 거치면서 미드는 서서히 대학 시절의 급진주의를 버렸고, 베네딕트는 좀 더 좌편향했다.

1925년 메이데이에 미드와 다른 애시 캔 캐츠 회원들은 그리니치빌리지에 있는 에드나 세인트 빈센트 밀레이의 집 문 앞에 꽃바구니를 놓아두었다. 그 시인을 찬양하는 행위였던 것이다. 에드나 세인트 빈센트 밀레이는 명성에 따르는 부담과 보헤미안적 생활 방식을 청산하고, 시를 떠나 뉴욕 주 북부의 전원으로 이사할 예정이었다. 꽃을 바치며 밀레이를 찬양한 1925년의 그 행위는 미드가 겪은 다른 메이데이 경험을 떠오르게 한다. 여자대학교에서 꽃바구니는 낭만적 우정을 찬양하는 수단이었다. 바너드 대학에서는 볼셰비키 혁명을 기리는 수단으로 빨간 양초를 곁들인 생일 케이크가 사용되었다. 미드는 밀레이에게서 그 시절 자기 세대의 열정을 상징적으로 취했다. 그해 여름 미드는 사모아로 떠날 예정이었던 것이다. 3년 후 미드는 『사모아의 청소년』을 출판하면서 혼자 힘으로 전설적인 인물로 부상한다. 모험적이고 자유로운 플래퍼의 전형이 된 것이다.

1920년대는 성적 반란의 시대였다. 자유연애 사상이 번성했다. 1929년에 비어트리스 포브스 로버트슨 헤일은 이렇게 썼다. "전통적인 관습과 도덕에 대한 공격과 만병통치약 같은 개념들이 현재 미국과 서유럽에서 창궐하고 있다. 어느 시대, 어떤 인종에서도 이런 폭풍우가 기승을 부린 적은 없었다."[11] 헤일이 지정한 자유연애 동맹에는 성 교육가, 산아 제한 운동가, 영국인으로 해블록 엘리스와 버트런드 러셀 같은 대중적인 저술가들이 있었고, 그들 각각의 아내인 이디스 엘리스와 도라 러셀도 강연과 저술을 통해 더 자유로운 성애를 옹호했다. 다수의 자유연애 옹호자들은 사람들이 자신의 성적 충동을 만족시켜야만 '콤플렉스'를 피할 수 있다고 주장했는데, 이것은 프로이트의 사상을 확장한 것이었다. 엘렌 케이와 해블록 엘리스의 영향을 받은 다른 사람들은 신낭만주의 교의에 따라, 성애가 사람들의 활기를 북돋워 보다 온전한 사회를 만들 수 있다고 주장했다. 일곱 쌍 가운데 한 쌍이 헤어질 정도로 이혼율이 치솟았다. 심지어 어떤 도시들에서는 두 쌍 가운데 한 쌍이 이혼했다. 덴버의 벤 린지(Ben Lindsey) 판사 같은 중도주의자들마저 '잡다한' 관계를 막는 수단으로 계약 결혼과 자유 이혼을 제안할 정도였다. 그도 결국 자유연애를 얘기한 것이다. 린지의 '우애결혼' 개념은, 아이를 낳기 전의 젊은이들을 대상으로 삼았으며, 자유로운 피임과 쉬운 이혼을 전제했기 때문에 광범위한 지지를 받았다. 그가 제창한 '우애결혼'이란 용어는 이상적인 결혼을 동반자 관계로 규정했

다.[12)]

그리니치빌리지의 급진파 기자들인 V. F. 캘버턴과 새뮤얼 슈말하우젠이 미국 문화의 새로운 풍조를 소개하는 대중적인 기사들을 다수 편집했는데, 미드가 그 가운데 몇 편을 기고했다. 캘버턴 자신도 그 선집들에 글을 썼는데, 그는 여기서 프로이트와 마르크스를 결합하는 새로운 심리사회학이 필요하다고 호소했다. 슈말하우젠은 더 나아가 '성 혁명'을 '가장 최근에 일어난 엄청난 과학 혁명'이라고 평가하면서 이렇게까지 주장했다. "이제야 세상 사람들이 사랑으로 구원을 받을 것 같다." 슈말하우젠은 이런 주장도 했다. 한 사람하고만 성관계를 맺으면 지루해지는 것은 어쩔 수 없는 일이다. 따라서 인간의 성 활동은 "아주 위험할 정도로 비정상적이고, 도착적인 실험으로까지 즐겁게" 확대되어야 한다. 유명한 심리학자 윌리엄 앨런슨 화이트(William Alanson White)는 슈말하우젠이 '심리학을 인간답게 만들었다'며 그를 칭찬했다.[13)]

1920년대에 실험적 성 활동이 전위적 예술가들과 젊은이들 사이에서 성행했다. 미드는 제1차 세계대전 이전에 자기가 속했던 청소년들 사이에서 '키스 파티'가 흔했다고 증언한다. 역사학자 폴라 패스(Paula Fass)는 1920년대에 만연했던 집단적 애무 파티가 '성애적 활동을 개시하는 최초의 유입 경로'인 경우가 많았다고 주장했다. 캐롤린 웨어(Caroline Ware)는 1920년대의 그리니치빌리지를 연구한 저서에서 그리니치빌리지에서 기원한 자유연애가 뉴욕 시 전체로 확산되었다고 썼다. '애무 파티'가 브루클린에서도 열렸다고 적은 것이다. 베네딕트는 『문화의 패턴』에서 자신이 제안한 개혁 조치들 속에 새로운 성애적 활동을 집어넣었다. 그녀는 '이혼, 세속화, 애무 파티'를 옹호했다.[14)] 지적인 사람들이 모인 동아리에서는 양성애도 유행했다. 양성애는 당대에 프로이트주의가 유행하면서 파생한 실험적인 성 활동이었다. 프로이트가 인간은 '다양한 단계를 거치는 삐딱이'로 태어난다고 제창했던 것이다. 그리니치빌리지는 물론이고 할렘에서까지 사람들은 성별 횡단 선을 뛰어넘어 새로운 성 활동을 실험했다.[15]

플로이드 델은 제1차 세계대전이 발발하기 이전에 선보였던 급진주의의 시기에 실험적 성 활동이 미국에 전형적인 사건이라고 선언했었다. 그는 미국이 '오나이다 공동체(Oneida Community : 존 험프리 노이스가 뉴욕 주 서부에 세운 유토피아 공동체로 사회주의와 자유연애를 실천했다.-옮긴이)의, (빅토리아) 우드훌과 (테네시) 클래플린이 설파한 자유연애 운동의, ……잘 알려져 있지는 않지만 도처에서 확인할 수 있는 다른 수많은 성행동'의 본거지라고 썼다.[16] 실제로 오나이다에서 이루어진 성 활동은 카마수트라에 기초한 것으로, 여성이 반드시 오르가즘을 느끼게 하는 것을 목표로 삼았다. 오나이다 공동체가 실천한 내용은 W. F. 로비가 써서 인기를 끌었던 성 지침서 『사랑의 기예(The Art of Love)』의 중심 항목이기도 했다. 미드도 그 지침서의 추종자였다. 『사랑의 기예』에는 수음과 윤활제 사용, 성교 체위, 구강성교에 관한 정보가 담겨 있었다. 로비는 결혼 관계 밖에서 이루어지는 성행위를 조장하고 장려하려는 의도가 전혀 없으며, 오히려 부부 생활을 돈독히 하기 위해 그런 정보를 제공하는 것이라고 천명했다. 그는 성에 대한 무지로 인해 자유연애에 대한 관심이 증가한다고 보았던 것이다. 로비는 자유연애 운동과 동성애를 모두 공격했다. 그는 자유연애를 하는 남자들은 여성화된다고 주장했고, '여자들이 맺는 유대를 레즈비언 역병'이라고 맹비난했다.[17]

미드는 1931년 《산아 제한 리뷰(Birth Control Review)》에서 당대의 여러 성 지침서들을 검토한 후 로비의 책이 딱 부러지고, 포괄적이라며 칭찬했다. 그러나 그녀는 경험이 부족한 연인들이 그 지침서를 읽고 당황할 수도 있기 때문에 덜 포괄적인 책을 먼저 보는 게 좋을 거라고 권한다. 하지만 미드는 이 세대의 젊은이들은 19세기 말의 성 지침서 작가들이 견지한 '낭만적·종교적 어법'의 '우쭐해하는 감상성'에 맞서 반란을 일으켰다고 주장했다. 에드먼드 윌슨은 로비의 지침서를 읽어주면서 여자들을 유혹했다. 미드는 자신과 친구들이 로비와 해블록 엘리스를 읽었다고 말한다. 그녀는 자유연애에 관심을 보이는 호주의 여성 친구에게 로비의 『사랑의 기예』와 엘리스가 쓴 같은 제목의 책을 보내기도 했다.[18]

엘리스의 지침서도 로비의 책만큼 포괄적이다. 그는 오나이다 공동체가 실천한 성 활동과 카마수트라의 내용을 다룬다. 그는 여성이 오르가즘을 다양하게 느낄 수 있을 뿐만 아니라 음핵이 성적 만족을 느끼는 데서 아주 중요하다고 언급한다. 그는 쌍방이 오르가즘을 느끼는 게 필수적이라고 강조한다. 요컨대 여성들에게 성기 자극이 필요함을 이해하지 못하는 남성과, 발기 불능 및 조루증 같은 남성들의 성적 문제에 둔감한 여성을 비판하고 있는 것이다. 그는 성교하는 여자를 악기로 묘사한다. 그는 오노레 드 발자크의 『결혼의 생리(The Physiology of Marriage)』에서 이 비유를 차용했다고 얘기한다. 발자크는 전희라고 불리게 되는 것을 서툴게 하는 남편을 바이올린을 연주하려고 애쓰는 오랑우탄에 비유했다. 엘리스는 자신의 자유연애 사상을 개설한다. 거기에서는 질투가 금지되며, 우정은 성애적인 것이고, 다양한 성적 동반자가 인정된다. 그는 에드워드 카펜터의 『성숙한 사랑』을 인용하면서 관계에 영성이 필요하다고 역설하고, 동시에 성애가 영성을 실현하는 데서 중요하다고 말한다. 그는 고대의 풍요 기원 축제를 찬양하면서 '문명에 의해 억눌린 자연의 에너지를 해방하기 위해' 가끔씩 집단 성행위를 해야 한다고 제안했다. 미드는 1953년에 엘리스의 저작을 미학적이고 윤리적이라고 평가했지 포르노라고 부르지 않았다.[19]

루스 풀턴은 스탠리 베네딕트와 1914년에 결혼했다. 두 사람은 상대방이 요구하기만 하면 언제든지 이혼할 수 있다는 원칙에 합의했다. 루스 베네딕트는 1919년 엘시 클루스 파슨스의 뉴스쿨 수업에 제출한 과제물 에세이에서 성적으로 자유로운 결혼을 요구했다. 마거릿 미드는 루서 크레스먼과 1923년에 결혼했다. 그들도 상대방이 요구하기만 하면 언제든지 이혼할 수 있다는 원칙에 합의했다. 마거릿은 결혼하기 전의 성(姓)을 유지하기로 했다. 두 사람은 루스와 스탠리보다 더 나아가 그들의 관계에서 서로 질투하지 않기로 했다. 마거릿과 루서는 이런 합의를 바탕으로 거리낌 없이 연애를 할 수 있었다.

미드는 그때 이미 자신의 자유연애 방침을 확고히 정립한 상태였다. 더 나아가 자유연애를 바라보는 그녀의 태도에는 조작적인 측면까지 있었다. 이를테면, 『사모아의 청소년』에서 그녀는 사모아에서 이루어지던 성관계들을 주로 테크닉의 관점에서 기술했고, 그 책에서 서양의 저작인 『아나톨의 연애 사건(The Affairs of Anatol)』을 인용하면서 주인공의 행동을 칭찬했다.[20] 『아나톨의 연애 사건』은 미드가 열여섯 살 때 읽고서 큰 충격을 받은 책이었다. 남자 주인공이 여자들을 유혹했던 것이다. 다른 한편으로, 자유연애를 대하는 그녀의 관점은 엘리스와 카펜터의 사상을 좇아 온유하고 평등주의적이기도 했다. 그녀는 그런 태도를 윤리적 입장, 그러니까 거의 종교라고 칭했다. 『사모아의 청소년』에서 미드는 이렇게 언급했다. "자유연애를 옹호하는 젊은이들은 이상 속에서 전율했고, 자신의 행동을 승인했다."[21]

미드는 1925년 가을 사모아에서 동생 엘리자베스에게 보낸 편지를 통해 자유연애에 대한 자신의 견해를 이야기한다. 엘리자베스가 '한밤에 달빛을 받으며 즐기는 파티'에서 어떤 남자와 처음 육체관계를 가진 후 조언을 해달라고 언니에게 편지를 써 보냈던 것이다. 미드는 해블록 엘리스에게서 가져온 어구를 동원해, 여자의 몸이 '기쁨의 수단'이라고 조언한다. '능란한 손길'에 황홀함을 느끼는 '악기'라는 것이다. 그러나 미드는 충고를 덧붙였다. 엘리자베스가 자신이 느끼는 육체적 쾌락이 일시적인 것이 아니라 상대방과 본인의 애착 그리고 미술품을 보거나 오페라를 감상하면서 황홀해하는 것과 같은 심미적 감성과 연계되도록 확실히 할 것을 주문한 것이다. 육체의 쾌락은 인생의 일부로 자리해야 했고, 가끔씩만 느낄 수 있는 것이어도 안 되었다. 더불어서 육체의 쾌락은 남자와도, 여자와도 경험할 수 있어야 했다. 미드는 동생에게 이렇게 물었다. "넌 다른 소녀들과 크러시 관계를 맺지 않는 거니?" 그러고는 계속해서 이렇게 말한다. "남자애들하고도 크러시 관계를 맺을 수 있고 말이야." 여자가 여자와 남자 모두에게 애정을 느낄 수 있고, 그 전환이 가능했던 빅토리아시대의 성별 사회화 교리가 읽히는 대목이다. 미드는 가장 나쁜 행동이 사랑하는 마음 없이 '한 여자에게서 다른 여자로' 옮겨가며 마구 놀아나는 남자들의 행실이라고 주장했다.[22]

미드가 생각한 자유연애 체계에서는 성(性)이 미학적이고 정신적인 자율성을 낳는 힘이었다. 루서 크레스먼은 자서전에서 성을 창조성이 비롯하는 원천이라고 썼다. 기쁨을 주는 그 경험 때문에 인생이 살 만한 가치가 있다는 것이었다. 문학, 미술, 건축, 음악의 아름다움이 성에서 출발했고 거기엔 자연과 인간의 모든 친밀함에 스며들어 있었다. 마거릿이 루서를 설득해, 그가 한때 견지했던 온갖 보수적 견해를 버리도록 만든 것이었다. 루서에게 자유연애 사상을 채택하도록 설득한 것이 마거릿이었던 것 같다. 질투를 없애는 것이 자유연애 윤리의 핵심이었다. 미드는 이렇게 천명했다. "우리 가운데 어느 한 사람한테라도 결혼의 신의를 기대하는 것은 나와 나의 남편 모두를 모욕하는 것이다."[23] 맥스 이스트먼이나 플로이드 델처럼 전전에 그리니치빌리지에 거주했던 급진주의자들의 자유연애는 질투로 인해 망가지고 실패했다. 그들 대다수가 동반자들이 다른 사람과 관계 맺는 것을 받아들이지 못했던 것이다.[24] 따라서 질투가 존재하지 않으면 모두가 원하는 것을 할 수 있을 테고, 어느 누구도 상처받지 않을 터였다. 성이 자유롭게 넘쳐흐르면 만인이 다른 만인의 잠재적 동반자가 될 수 있었다.

그것이 바로 미드가 꿈꾸던 이상이었다. 그녀가 인생에서 정확히 언제 자유연애를 했는지 밝히는 것은 쉬운 일이 아니다. 미드는 베네딕트에게 헌신하면서 다른 여자 연인들을 거부했다. 실제로 그녀는 마리 아이첼버거와의 연애를 제외하면 여러 해 동안 자신의 맹세를 지켰던 것 같다. 미드는 리오 포천과 사랑에 빠졌고, 그는 결혼의 신의를 원했다. 그녀도 한동안은 그렇게 하기로 했다. 그러다가 마침내 그레고리 베이트슨이 나타났다. 두 사람이 만났을 때는 베이트슨도 이미 자유연애 신봉자였다. 그가 미드에게 융통성을 발휘해 합의하자고 제안했다. 그러나 미드에게는 그게 고역이었다. 그녀는 누구에게도 상처를 주고 싶지 않았다. 마리 블룸필드의 자살 사건이 야기한 고통은 깊었다. 미드는 위기가 닥치면 다양한 시나리오에 따라 행동했다. 상상력을 발휘해 자신의 행동을 정당화하고, 모두를 행복하게 해주려고 했던 것이다. 그녀는 인생과 사랑에 대한 의욕이 엄청났다. 그러나 둘 다를 우려하기도 했다. 실제로 그녀의 계획들이 역효과를 낳아, 패배자로 전락할 수도 있었다. 그레고리 베이트슨과 그런 일이 일어났다. 미드는 13년 동안이나 결혼 관계를 유지하고도 평생의 커다란 사랑을 잃었다.

에드워드 사피어는 미드를 '달빛'이라고 불렀다. 그는 그녀가 사랑과 사랑에 빠졌다고 말했다.[25] 정말로 미드는 사랑에 빠지면 활기를 되찾았다. 잠을 거의 자지 않았고 요리는 맛이 더 좋아졌으며 창조성은 더욱 빛을 발했다. 그러나 미드는 다른 사람들에게 상처를 주는 것과 자신이 노출되는 것을 두려워했다. 그녀는 사람들이 듣고 싶어 하는 말을 해주는 경향이 있었다. 그녀는 순간을 위해서 살았고, 결혼 상태를 유지하는 걸 좋아했다. 엘렌 케이와 자유연애 옹호자들이 찬양한 이상적 사랑의 가능성과 헌신에서 비롯하는 안도감이 보장되는 결혼 생활 말이다. 마거릿은 상냥하고 열정적이었으며 낙천적이고 눈부셨고 자제력이 강했고 쉽게 만족하지 않는 성격이었다. 한 친구는 그녀를 '변덕스러울 정도로 활달하고, 괴팍하다'고 묘사했다. 미드는 '클레오파트라' 같은 면이 있었고, 다른 사람들이 불나방처럼 그녀 주위에 모였다.[26] 그녀가 나이를 먹어가면서 명성에서 비롯하는 매력도 보태졌다.

1923년 9월 마거릿 미드는 펜실베이니아 주 버킹엄의 성공회 교회에서 루서 크레스먼과 결혼식을 올렸다. 가족 소유의 농장이 있는 곳이었다. 결혼식 당일 아침 그녀는 심한 구역질에 시달렸다. 아무튼 그녀는 잘 버텨냈다. 루스 베네딕트는 참석하지 않았다. 그녀는 뉴햄프셔의 호반에 있는 오두막집에서 스탠리와 함께 있었다. 마거릿과 루서는 케이프코드의 작은 시골집으로 신혼여행을 떠났는데, 그 일주일은 형편없는 시간이었다. 마거릿이 세미나에 발표할 서평 보고서를 끝내려면 혼자만의 시간이 필요하다고 고집을 피워, 침실을 따로 썼던 것이다. 루서는 그녀의 행동에 몹시 당황했고, 혼자 해변으로 산책을 나갔다. 미드는 『블랙베리 겨울』에서 그 신혼여행 기간에 자신이 불감증이었다고 넌지시 말한다. 그녀는 해블록 엘리스의 음악 비유를 동원해, 루서가 능란한 연주자라고 썼다. 그러나 자신이 거기에 적절히 반응할 만큼 상태가 좋은 악기가 아니었다는 것이다.[27]

뉴욕으로 돌아와 일상으로 복귀하자 상황이 나아졌다. 루서 크레스먼은 컬럼비아에서 사회학 박사 과정을 시작했다. 그는 윌리엄 필딩 오그번과 프란츠 보애스의 수업을 들었고, 브루클린의 한 교회에서 시간제 성직자로 봉직했다. 마거릿은 심리학 석사와 인류학 박사 과정에 매진했고, 오그번의 통계 저널을 편집했다. 그녀는 성직자의 아내가 되겠다는 야망은 이미 여러 해 전에 접은 상태였기 때문에 루서의 교회 업무를 돕지 않았다. 하지만 그녀는 새신부의 임무와 역할을 좋아했다. 마거릿은 결혼 선물을 받았고, 둘만의 작은 보금자리를 꾸몄으며, 공식 만찬을 빙자한 친교 모임을 열었고, 화덕 두 개짜리 난로 위에서 요리를 했다. 루서는 두 사람이 부부로서 루스 베네딕트와 가까웠다고 회고했다.[28] 그게 놀라워 보일지도 모르겠으나 루스는 마거릿의 남편들과 항상 좋은 관계를 유지했다. 존경해서였든, 친절해서였든, 마거릿과 멀어지지 않으려고 했든 말이다.

루서와 마거릿은 다툰 적이 한 번도 없다. 순둥이 루서는 모든 것을 참고 받아들이려 했던 것 같다. 마리 아이첼버거가 끊임없이 나타났고, 마거릿의 친구들이 두 사람의 아파트를 낭만적인 밀회 장소로 사용한 것에도 그는 전부 인내했다. 그럼에도 그들의 일부는 루서를 급이 떨어지는 별 볼일 없는 지식인으로 폄하했다. 마거릿도 그 견해를 공유하는 경우가 많았다. 마거릿은 그가 이렇게 말했다고 회고했다. "나는 당신과 레오니가 어떻게 사는지 모르겠어. 두 사람 머릿속에서 시종일관 사고가 돌아가는 속도라니, 그걸 생각하기만 해도 나는 아찔해."[29] 루서는 마거릿의 정서가 돈키호테 같다고 생각했다. 1920년대에 사회적 제약에서 해방된 온갖 젊은이들처럼 그녀도 성관계를 드러내놓고 얘기했다고 루서는 회고했다. 그러나 그녀가 루서와 여러 성교 체위를 시도했지만 사실 즐기지는 않았다. 여러 해가 지난 후 미드는 『남성과 여성(Male and Female)』(1949)에서 여자들에게 오르가즘을 가장해 남편들을 즐겁게 해주라고 조언했다. 그러나 미드 문서 어디를 봐도 그녀가 자신의 인생 과정에서 그 조언을 언제 따랐는지, 도대체 따르기는 한 것인지를 밝히는 내용을 전혀 찾을 수가 없다. 두 사람의 결혼 생활이 계속 악화되었다고 루서는 인정했다. 그는 자신이 마거릿에게 '황홀감'을 주지 못해 슬프다고 루스에게 고백하기도 했다.[30)]

그러나 마거릿은 루서가 필요했다. 자기가 혼란스러워하는 아이가 될 때 인내심을 발휘해주는 아버지가 필요했던 것이다. 그녀는 몸이 약했고, 자기가 끊임없이 만들어내는 사건들로 고단했다. 신경염이 계속해서 재발했고 '어둡고, 바람이 많이 부는 밤에' 모자를 좇아 '브로드웨이 한가운데로 나갔다'가 택시에 치여 다리가 부러지기도 했다. 그녀가 병원 응급실에서 루스 베네딕트에게 전화를 걸었고, 루스는 이렇게 탄식했다. "가엾어라. 도대체 지금 어떻게 된 거야?"[31)] 마거릿은 다리 하나에 깁스를 한 채 여러 달 동안 목발을 짚고 절뚝거리며 돌아다녔다. 루서가 항상 그녀 옆에 있어줬던 것 같다. 마거릿이 에드워드 사피어, 리오 포천과 연애를 할 때 그는 그녀가 비밀도 털어놓을 수 있는 절친한 친구가 되어주었다.[32)] 루서는 남성성이 확고했고, 가사를 돕는 일에 전혀 구애받지 않았다고 마거릿은 말했다. 그녀는 말년에 벤 린지의 '우애결혼' 개념에 기대어, 학생들의 계약 결혼을 지지하면서 자신과 루서의 결혼 생활이 일종의 학생 결혼이었다고 말했다. 루서는 마거릿의 이런 설명을 내켜하지 않았지만 말이다.

마거릿이 여자들과 연애하는 걸 루서 크레스먼이 알았을까? 그의 자서전에서는 그 사실들이 언급되지 않는다. 물론 그가 제인 하워드와의 인터뷰에서 뭔가 알고 있었다고 넌지시 말하기는 했지만. 그는 마리 아이첼버거가 마거릿을 '애완견처럼' 따라다녔다고 묘사했다. 자신과 마리가 아파트에 둘만 있게 됐을 때 일어난 웃지 못할 사건도 언급했다. 마리가 그에게 자신은 남성의 페니스를 한 번도 본 적이 없으니 그의 것을 보여달라고 청했다는 것이었다. 그가 요구에 응하자, 이번에는 그녀가 자신의 가슴을 보여주었다. 그녀는 집으로 돌아가 복통을 일으켰다. 베네딕트는 나중에 마거릿에게 마리가 이성애를 두려워한다고 알려줬다.[33)]

루서 크레스먼에 관해 말하자면 그가 보이는 것만큼 순수하지 않았을지도 모른다. 요컨대, 그는 마거릿의 자유연애 사상을 받아들였고, 그녀가 사모아에 갔을 때 영국으로 건너가 산아 제한을 공부했다. 이 주제가 그곳의 자유연애 운동과 연계되어 있었던 것이다. 여자들은 그를 매력적으로 보았고, 미드의 여자 친구 두 명이 그와 사랑에 빠졌다. 미드는 그 가운데 한 명을 '극심한 신경증 환자'라고 썼다. 그 첫 번째 주인공은 한동안 두 사람의 아파트에 기거하면서 소파에서 잤는데, 처음에는 마거릿과, 이어서 루서와 사랑에 빠졌고, 그가 돈 후안이라는 칭찬을 퍼부어댔다. 두 번째 인물은 이다 루 월턴(Eda Lou Walton)이었다. 버클리에서 인류학을 공부한 이 시인은 뉴욕 대학교에서 문학을 가르쳤고, 당대에 유행하던 소규모 시 문학 잡지를 편집했으며, 베네딕트 및 미드 모두와 친했다. 마거릿은 루서와 이혼하기로 결심하면서 그와 이다 루를 맺어주려고 애썼다. 루서를 확실히 돌봐줄 수 있는 방안이라고 판단했던 것이다. 물론 그는 그 계획을 내켜하지 않았다. 다른 한편으로, 마거릿은 자신이 맺는 관계에서 루서 크레스먼이 '비정상적으로 간접적인 만족감'을 추구했다고 비판했다.[34)] 미드의 비밀까지 들어주는 루서의 절친한 친구 역할이 간교한 속임수였을지도 모르는 것이다.

마거릿 미드는 결혼 생활 중에 루서를 떠나 있는 경우가 잦았다. 그가 그녀를 만나려면 먼저 약속을 잡아야만 하겠다고 농담을 할 정도였다. 마거릿은 대학생 시절에 자기 인생을 세심하게 갈고 닦았다. 물론

'강렬한 대인 관계'로 가득 찬 대학 생활이기도 했다. 애시 캔 캐츠 회원 대다수가 바너드를 졸업한 후에도 뉴욕에 머물고 있었다. 마거릿은 그들을 자주 만났고, 일자리와 애인을 소개해주기도 했다. 인생 상담도 빠지지 않았다. 매년 12월에는 그 달에 있는 레오니와 펠럼과 자신의 생일을 축하하기 위해 세 사람이 그리니치빌리지의 식당에서 저녁식사 모임을 가졌다. 대학 시절 테이블 위에 양초를 올려놓고 양쪽 끝에 불을 붙였던 바로 그 식당에서였다. 세 사람은 생일 축하 행사의 일환으로 매년 그 의식을 되풀이했다.[35)]

마거릿은 레오니 애덤스를 통해 만난 다수의 젊은 여류 시인들과도 친하게 지냈다. 그건 루스도 마찬가지였다. 이다 루 월턴과, 그 가운데서도 아마 가장 재능이 뛰어났던 루이즈 보건이 그런 친구들이었다.[1954년에 루이즈 보건과 레오니 애덤스는 시 분야의 권위 있는 상인 볼링겐 프라이즈(Bollingen Prize)를 공동 수상한다.] 이 시기에 활약한 여류 시인들은 거의 다 반(反)모더니즘적인 모더니즘 스타일로 서정시를 썼다. 베네딕트와 미드처럼 그 대다수가 뉴욕 이외의 장소에서 자랐고, 맨해튼으로 이사해 왔다. 그녀들은 시문학 잡지 출판 활동과, 시가 큰 인기를 끌었던 당대에 뉴욕 시에서 두루 열린 시 낭송회를 통해 서로를 알아나갔다. 그들은 시가 있는 밤 행사와 파티를 열었고, 거기서 불법으로 판매되는 술을 마셨고, 압운(押韻, rhyming) 놀이를 했다. 그녀들은 몰려다니면서 옷을 샀고, 함께 극장에도 갔다. 항상 조직자였던 마거릿이 윌리엄 필딩 오그번을 설득해 루이즈 보건과 레오니 애덤스를 고용토록 했다. 그렇게 해서 두 사람은 마거릿의 통계 저널 편집일을 돕게 됐다. 대다수 시인들처럼 그녀들도 생계를 유지하려면 분투해야만 했다.[36)]

에드먼드 윌슨은 보건의 친구인 에드나 세인트 빈센트 밀레이와, 이어서 레오니 애덤스와 친구였고, 밀레이와는 정사도 나누었다. 그는 대단한 시인이 아니었지만 중요한 비평가였다. 윌슨은 당대 여류 시인들의 작품을 좋아했다. 그는 밀레이와 결혼하기를 원했지만 그녀가 거부했다. 윌슨은 나중에 작가 메리 맥카시와 결혼하는데, 두 사람의 결합은 재앙으로 드러나고 만다. 짜리몽땅한 체구였음에도 불구하고 여류 지식인들이 그에게 매료되었다. 요컨대 그는 여자들을 사로잡는 법을 알고 있었다. 그에게는 호소력 넘치는 여성적 감수성뿐만 아니라 여자를 유혹하는 치명적인 능력까지 있었다. 윌슨은 베네딕트와 미드를 알고 있었지만 자신의 문학 비평이나 방대한 일기에서 두 사람을 언급하지 않았다. 그가 레오니 애덤스를 악랄하게 다룬 걸 고려하면 못 보고 넘어간 게 두 사람에게는 천만다행이었는지도 모른다. 나중에 출간된 일기에서 윌슨이 애덤스의 성적 행동을 폭로했던 것이다. 윌슨이 애덤스를 대우하는 방식에 화가 난 미드는 그를 '타락한 이기주의자 꼬마'라고 비난했다.[37]

루스와 마거릿은 점점 더 가까워졌다. 그들은 보애스의 대학원 세미나를 함께했다. 그들은 함께 저녁식사를 했고 극장에도 갔다. 그러나 루스는 청력 문제로 맨 앞줄에 앉아야만 했고, 마거릿은 가난뱅이 대학원생으로 전락해, 루스가 돈을 내주지 않으면 그런 좌석 표를 구할 수 없기가 다반사였기 때문에 그런 날은 아주 드물었다. 마거릿이 루스에게 애시 캔 캐츠 회원들을 소개해주었다. 루스는 마거릿과 함께 인류학 개론 수업을 들었던 동기생들은 알고 있었다. '우리는 모두 보애스주의자들'이라고 해나 칸('다비드')이 1923년에 선언하기도 했다.[38] 루스는 그 시 동인 집단에 합류했고, 마리 아이첼버거와 친해졌다. 그녀는 즉시 자신의 경배 대상에 루스를 집어넣었다. 루스와 마거릿은 마리의 극심한 영웅 숭배와 격심한 우울증이 불만스러웠다. 마리는 그들을 뒷바라지하겠다는 열의가 대단했고, 그들이 하는 모든 일에 감탄했으며, 그들이 나타나면 기뻐했다. 그들은 마리의 이런 태도를 외면하지 못했다. 마리는 미드의 열정에 이끌린 또 다른 만성 우울증 환자였다. 마리는 마거릿에게 이렇게 썼다. "나는 다른 사람들한테서 온갖 즐거움을 얻어."[39)]

루스와 마거릿의 관계가 깊어졌고, 마거릿은 이렇게 회상했다. "우리는 몇 시간씩 상대방이 만난 적 없는 사람들 이야기를 서로에게 해주곤 했다. 그들이 그랬을 법한 것을 실제로 하고, 느끼고, 생각한 이유를 궁금해 하면서 짐작해보았던 것이다." 그들은 자신들의 삶을 이야기했고, 인류학, 시, 철학, '실제 생활의 상세한 내용', 곧 사람들의 개성과 동기에서 확인할 수 있는 세부 사실들을 논의했다. 두 사람은 분석하기를 좋아했다. 루스는 한 시편에서 이렇게 썼다. 마거릿이 "익살을 부리고, 판단해 다시 던져주는 공은 느긋하고 편안했지만 최신의 논의를 담고 있었다." 그리고 "최신의 기예가 반영된 현대적 방식으로 놀았고, 짜증나는 인간의 철학을 분쇄했다."[40)]

루스는 독자적인 삶도 영위했다. 거기에는 가족 구성원들과 배서 및 컬럼비아 대학교의 친구들이 참여했다. 그녀는 나탈리 레이먼드(Natalie Raymond)를 만났다. 나탈리 레이먼드는 패서디나에 사는 어떤 부유한 사업가의 의붓딸로, 루스는 거기 살고 있던 여동생과 어머니를 방문하던 차에 그녀를 만났다. 루스는 나탈리가 '동성애자의 영혼'을 가지고 있다고 보았다.[41)] 루스보다 열여섯 살이 어렸던 나탈리가 뉴욕에 나타났다. 동거인이 한 명 있었고, 돈은 한 푼도 없는 상태였다. 그녀는 동성애와 이성애를 모두 해본 후였다. 1931년에 나탈리는 루스의 동반자가 된다. 루스는 나탈리가 마거릿을 못 만나게 했다. 그러나 에드워드 사피어와의 우정은 마거릿과 공유했다. 마거릿에게 그가 써 보낸 편지들을 보여주었고, 그를 화제로 열띤 대화를 나누었다. 미드는 나중에 이렇게 썼다. "루스가 생생하게 전해준 대화 내용과 사피어의 편지들로 인해 나는 그를 알기도 전에 일정한 이미지를 머릿속에 담아두게 됐다."[42] 루스는 마거릿을 신뢰한 나머지 자신의 행동으로 인해 장래에 문제가 발생할 수도 있음을 깨닫지 못했던 것 같다. 사피어는 루스보다 두 살이 더 많았고, 마거릿보다 열일곱 살 위였다. 그럼에도 불구하고 루스는 마거릿의 내면에서 그를 향한 관능적 욕구를 불러일으켰다.

마거릿 미드가 결혼을 하고 1년이 흐른 1924년 가을 루스 베네딕트는 그녀에게 더 확고한 헌신을 탄원하는 시를 썼다. 루스는 「가브리엘(This Gabriel)」이라는 시편에서 마거릿이 자신을 '좋아하는 선생님'으로 숭배하지, 동등한 존재로 여기지 않는다며 그녀를 책망했다.[43] 그녀는 마거릿이 시종이나 조수가 아니라 '긴밀히 협조하는 동반자'가 되어 주기를 바랐다. 제목의 '가브리엘'은 롱펠로의 서사시 「에반젤린」의 남자 주인공을 가리킨다. 루스는 그 작품을 고등학교 3학년 때 자기 방식대로 다시 쓴 바 있었다. '가브리엘'은 하나님의 주요 대행자이자 사자(使者)인 대천사 가브리엘도 가리켰다. 대천사 가브리엘은 유대교, 기독교, 이슬람 모두에서 중요한 지위를 갖는 계시와 지혜와 자비의 존재이다. 베네딕트의 시 「가브리엘」은 자신의 만성 우울증을 '영원한 애도의 대상'이라고 노래하면서 시작된다. 그녀는 자신의 '회색의 칙칙한' 인생 여정을 낙관주의자 미드의 인생 여정과 대비한다. 미드의 인생행로는 '바람을 안고, 별을 향해 치솟고' 있다는 것이다. 그러고 나서 루스는 분위기를 바꾼다. '평범한 나무'에서 '흔히' 볼 수 있는 '상처' 얘기가 나온다. 이 언급은 그녀의 시편에서 반복적으로 등장하는 그리스도를 가리키며, 십자가에서 희생된 그리스도를 통해 '무한성'을 획득한 인류를 지칭하기도 한다.[44]

그러나 '평범한 상처'에는 루스 자신뿐만 아니라 마거릿도 포함되는 것 같다. '그들보다 더 무한한 존재'인 그리스도가 포함되는 것처럼 말이다. 어떤 사람이나 사건이 그들 각자에게 상처를 입혔다는 투다. 사실 모든 인간이 삶의 곤경으로 상처를 안고 살아간다. 가브리엘은 단순한 칭찬 이상을 원한다. 우주 공간에서 '한결같은 속도'로 '별들 사이를 걷는' 외로움이 '수정의 성채'로 거듭나기를 원하는 것이다. 이것은 베네딕트의 백일몽에 등장하는 수정같이 맑은 순백의 세계이다.

그는 영원한 애도를 불러일으켰다,
실망과 눈물은 고통보다 더 의미가 없었다.
그는 웃었다,

회색의 칙칙한 여정을 알고서.
똑같은 사람은 바람을 안고, 별을 향해 치솟았다.
그들보다 더 무한한 존재인 그.
그는 그들의 평범한 상처를 마음에 들어 했다.

평범한 나무에 생기는
상처가 더 좋았다.
덧없는 육체에 상처를 입히는,
신성이 없는 덧없는 육체에.

그가 칭찬 속에서 어떤 위안을 얻었을까?
가브리엘은 한결같은 속도로
별들 사이를 걸었다.
그건 수정의 성채로 거듭나는 외로움이었을까?[45)]

루스 베네딕트와 마거릿 미드는 만난 지 2년 만인 1924년 말에 연인 사이로 발전해 있었다. 루스는 마거릿이 루서 크레스먼과의 '이성애 관계에만 어리석게 집착하는 것'을 그만두게 했다. 마거릿을 '빛나는 호혜적 승인의 관계'로 끌어들인 것이다.[46] 다시 말해서, 루스는 마거릿이 대학 시절에 한때 경험했던 양성애를 하도록 설득했다. 그녀는 미드에게 더 많은 것을 제안했다. 자신의 인성 '유형'에 따라 자유롭게 원하는 대로 자유연애를 해도 루스 본인은 전혀 질투하지 않겠다고 선언한 것이다. 마거릿이 바너드 대학을 졸업했을 때 루스는 '아무런 조건 없이' 그녀에게 유대감을 표명했다. 이제 루스는 둘의 감정적 관계에서 다시금 똑같은 제안을 했다. "네가 감당할 의무는 전혀 없는 셈이지." 하고 그녀는 마거릿에게 써 보냈다.[47] 그러나 루스가 마거릿의 '인성'이 정확이 무엇인지, 다시 말해 그녀가, 특히나 남자들과, 얼마나 쉽게 사랑에 빠지는지를 알고 있었는가는 솔직히 의심스럽다.

루스 베네딕트의 처지에서 보면 이건 자신을 부인하는 관계였지만, 동시에 본인의 자아 인식에 따른 것이었다. 그녀는 서른일곱 살로, 중년에 다가서고 있었고, 자신보다 더 어린 여자를 사랑했다. 베네딕트는 아리아드네와 같은 사람이 자신을 미로와 같은 감정 상태에서 빼내 주기를 원했다. 베네딕트는 자신이 보살필 수 있는 딸을, 자신이 엘시 클루스 파슨스와 인류학과의 남자들을 파악하는 걸 도울 수 있는 동반자를 원했다. 마거릿 아널드가 루스에게 정신분석을 받아보라고 권했다. 루스가 외적으로 선보이는 통제되어 있고, 사람과 거리를 두는 자아가 열정적인 내면의 자아와 그야말로 너무나 동떨어져 있었기 때문이다. 마거릿 아널드는 루스가 자신을 지속적으로 통제해야 한다는 긴장감 때문에 무너져 내릴지도 모른다고 걱정했다.[48] 그러나 루스는 프로이트를 별로 신뢰하지 않았고, 자신의 심리적 문제를 혼자 힘으로 해결해내겠다는 의지가 여전히 확고했다. 문학, 철학, 인류학이 루스를 안내해주었고 그녀는 이성으로 감정을 통제하게 된다. 아폴론이 디오니소스와 결합하는 것이다. 그녀는 자신의 남성적 자아와 여성적 자아를 통합하고, 내면의 악마들을 다스린다. 루스는 19세기의 신낭만주의 세례를 받았고, 영원히 지속될 진정한 사랑을 성취하고자 했다. 자유연애 운동이 루스에게 영향을 미쳤고, 그녀는 자신의 마음에서 질투를 뿌리 뽑고자 했다. 질투는 다른 사람을 소유하겠다는 감정이므로. 루스는 자유롭고 싶었고, 마거릿이 자유롭도록 허용해야만 했다. 바로 그게 루스가 제안한 합의안이었다. 그런데 마거릿이 그 합의안의 내용을 극한으로까지 밀어붙였다.

루스는 마거릿이 아버지한테서 사람 다루는 법과 성적 지배 능력을 배웠으며, 어머니에게 애증이 있다는 사실을 알았어야만 했다. 그런데 루스는 몇 가지 측면에서 마거릿의 어머니와 비슷했다. 에밀리 미드처럼 루스도 미소가 사랑스러웠다. 그러나 그녀 역시 내성적이고, 냉담했다. 루스는 에밀리처럼 개혁에 관심이 많은 지식인이었다. 마거릿은 자신보다 나이가 많은 스승 겸 조언자, 다시 말해 에밀리보다 더 나은 어머니를 찾겠다는 어린 시절의 욕구를 성인기까지 간직했다. 물론 그녀가 모든 관계에서 언제까지 의존적이었는가는 논란의 여지가 있다. 마거릿은 루스에게 보내는 편지와 시편들에서 가끔 두 가지로 해석될 수 있는 모호한 비유를 사용했다. 아름다운 심상들 속에 가시가 들어 있었던 셈이다.[49] 마거릿은 「절대 축복(Absolute Benison)」이라는 시에서 미나리아재비(larkspur)와 장미로 그들의 관계를 규정한다. 당연히 장미에는 가시가 있다. 죽음, 애도와 결부되는 미나리아재비는 독성 식물로, 새의 발톱과 닮았다고 해서 그런 이름이 붙어 있다. 따라서 미나리아재비를 매장하는 것은 축복과 아무 상관이 없다. 그런데 마거릿은 미나리아재비의 이미지를 종달새(lark)의 노래로, 폭포수처럼 쏟아지는 환희로 변경한다. 그러나 첫 번째 종달새의 노래가 '온갖 모형이 영원히 보존되는' 캄캄한 정원에서 잠들기 때문에 이것은 그들의 관계에서 애매하기 짝이 없는 표현이다.

불화를 즐기며 기뻐하는 사람들
장미보다 미나리아재비를 더 높이 평가하는 사람들,
그들은 어떤 축복도 발견하지 못한다
여름이 유일하게 아는 절대적인 축복을.

이 변화에 싫증을 내는 사람들은……
향수 속에서 캄캄한 정원으로 돌아선다,
모든 모형이 영원히 보존되는 정원으로.

첫 번째 장미와 첫 번째 종달새의 노래가
첫 번째 봄 이래로 잠들어 있는 그 캄캄한 정원으로.[50)]

루스 베네딕트는 마거릿 미드를 어떻게 규정했을까? 미드는 베네딕트의 딸이자 인류학 후배였고, 동반자이자 연인이었으며, 최고의 친구였다. 미드는 베네딕트의 쾌활한 영혼이기도 했다. 미드는 베네딕트의 기분을 북돋울 수 있었고, 그녀에게 행복해지는 법을 가르쳐주었다. 미드는 『우리 시대의 인류학자』 초고에서 다음과 같은 요지의 내용을 적었다. 베네딕트가 열정을 느끼면서 행복할 때는 다른 사람들에게 매력을 발산했지만 우울해졌을 때는 누구도 내켜하지 않을 만큼 스스로가 매력적이지 못하다고 생각했다는 것이다.[51)] 루스는 마거릿에 대한 자신의 감정을 서정적이고 사랑스럽게 진술한다. 한번은 자신의 우울증을 대수롭지 않은 문제라고 치부하기도 했다. 재앙이 아니라 말이다. "너의 사랑 속에서 행복할 때는 노래를 해. 우울할 때도 너의 사랑 때문에 세상이 여전히 살 만하고 말이야."[52)]

루스가 마거릿에게 더 깊은 헌신을 요구하던 바로 그 시점에 마거릿은 에드워드 사피어를 만났다. 1924년 9월 토론토에서 열린 영국 과학진흥협회 회의 석상에서였다. 사피어가 그 대회를 조직했고, 뉴욕의 인류학자들이 참여했다. 루스는 뉴멕시코에서 현지 조사를 하고 있었던 탓에 회의에 참석하지 못했다. 마거릿을 막을 사람은 아무도 없었다. 그녀가 사피어에게 추파를 던졌다. 미드는 박사 논문 주제인 폴리네시아를 발표하면서 돌풍을 일으켰음이 틀림없다. 작은 체구에서 날카롭고, 비판적인 지성이 분출하자 좌중은 깜짝 놀랐다.[53)]

마거릿 미드가 수다스럽게 추파를 던지자 사피어도 관심을 보였다. 그 무렵 그는 아내와 사별하고 새로 아냇감을 찾고 있었다. 아마 자식들의 어머니도 필요했을 것이다. "그와의 대화가 감명 깊었다."라고 미드는 회고했다. "그는 문장을 절반만 말했고 나도 절반만 얘기했는데도 대화가 불꽃놀이처럼 고조되었고, 매우 즐거웠다." 사피어는 미드를 '생각이 매우 예리한 사람'으로, 새로운 관념을 제시하는 속도가 '눈부실 정도로 빠르다'고 칭찬했다.[54)] 마거릿은 나중에 루스에게 자신이 사피어를 유혹한 게 맞다고 고백했다. 그녀는 루서 크레스먼과 살면서 행복하지 못했다. 사피어를 보면서 마거릿은 아버지를 떠올렸다. 사피어는 루스에게 이성애로 확대된 '상징적 존재'였다. 상황이 오이디푸스 콤플렉스로 중첩되었다.[55)] 에드워드와 루스가 친했고, 둘 다 마거릿보다 나이도 훨씬 더 많았기 때문이다. 결국 두 사람이 그녀의 아버지와 어머니를 상징하는 존재였다고 할 수 있는 셈이다. 이 사건을 통해 마거릿이 루스가 원했을지도 모르는 남자를 유혹할 정도로 두 사람이 일체감을 느끼고 있었다는 것도 알 수 있다. 그러나 마거릿이 견지한 자유연애 사상이 그녀의 행동을 정당화해주었다. 그 사상에 따르면 한 사람에 대한 사랑은 그 사람이 사랑하는 모두에게로 확산되어야 했기 때문이다. 마거릿은 그 자유연애의 신조를 따랐고, 루스와 절친한 사피어와도 친해져야만 했다. 그러나 에드워드와 마거릿은 그녀가 사모아로 떠나기 몇 달 전인 다음 해 봄까지도 연인 사이로 발전하지 못했다.

토론토 대회는 마거릿에게 직업적으로나 개인적으로나 획기적인 사건이었다. 한 해 전 저명한 인류학자인 런던 대학교의 C. G. 셀리그먼의 영국·아일랜드 왕립인류학협회(Royal Anthropological Institute of Great Britain and Ireland) 회장 연설 얘기로 대회장이 떠들썩했다. 심리학자 카를 융이 개인과 사회의 특징을 기술하기 위해 고안한 내향성과 외향성 분류 체계를 칭찬했던 것이다. 셀리그먼은 이 유형 분류 체계를 부족사회들에 적용하자고 제안했다. 1923년에는 진화인류학이 퇴조하고 있었고, 여전히 인기를 누리던 전파론도 다수에게는 갈피를 못 잡고 있는 것처럼 보였다. 실제로 영국의 인류학자 일부가 이미 전파론을 보편주의적으로 확장하고 있었다. 보애스는 이를 대단히 싫어했는데, 그들은 고도의 문화가 전부 이집트에서 기원했다고 보았다. 보애스는 고대 이집트처럼 세련된 아프리카 문명들을 찬양했다. 그러나 그는 아프리카 중심주의자는 아니었다. 보애스 학파는 사회과학의 새로운 보편적 기획을 찾고 있었다. 도처에서 수많은 사람들이 일종의 분류법이라 할 수 있는 유형 분류 체계에 매료되었다. 베네딕트가 그해에 어떤 책의 서평에서 "인간 유형을 근본적으로 분류하려는 시도가 최근에 (대규모로) 이루어지고 있다."라고 언급하면서 동료애, 권리 주장, 굴복을 보편적 유형 분류 체계로 제안했다. 그해 초에는 사피어가 사회들의 순위를 매기는 방법으로 '진짜'와 '거짓'이라는 범주를 제안하기도 했다.[56)]

서구의 사상가들은 오래전부터 이원적 범주를 사용해 사회들과 변화의 추동력을 해명했다. 헤겔에게는 정(正)과 반(反)이 있었고, 니체에게는 아폴론과 디오니소스가, 윌리엄 제임스에게는 강인함과 나약함이 있었다. 융은 그 모든 것을 철 지난 것들로 치부하고 자신의 유형을 정신병 환자들과 당대의 두 가지 주요 정신병 범주에서 가져왔다. 외향성의 기초가 되는 히스테리(조울증)와 내향성의 기본을 이루는 조발성 치매(정신분열증)가 그 두 가지였다. 그는 여기서 멈추지 않았다. 융은 영지주의(靈知主義) 철학자들에게서 네 가지 감정 특성 개념을 빌려왔다. 사고, 감정, 직관, 감각이 그 네 가지이다. 융은 자신의 두 가지 충동을 이 네 가지 감정 특성과 결합하면 여덟 가지 범주를 만들 수 있다고 제창했다. 정신적으로 병든 서구 사회가 '야만적'이라는 진단이 빈번하게 나왔고, 인류학자들은 정신병에 관심이 많았다. 그러나 융은 프로이트가 『토템과 터부(Totem and Taboo)』에서 한 것처럼 인류학자들의 영역을 침범하지는 않았다. 프로이트는 부분적으로 오스트레일리아의 친족 연구에 기대어 선사시대를 언급하면서, 근친상간 금기가 아버지한테서 권력을 탈취한 형제들에 뿌리를 두고 있다는 이론을 제창했던 것이다.[57)] 융이 역사를 두루 더듬은 후 내린 결론은 신비한 종교가 있는 동양은 내향적인 반면, 말하기 좋아하고 제국주의적인 서양은 외향적이라는 것이다. 이 관념이 1920년대에는 신선해 보였다. '외향성'과 '내향성'이라는 말이 정착하면서 광범위하게 사용되었고, 그것은 오늘날도 여전하다.[58)]

대회에 참석한 뉴욕의 인류학자들은 재미 삼아 융의 개념을 자신들에게 적용해보았다. 사피어는 이후로 오랜 세월 동안 융의 개념을 사용해 사회들의 특성을 기술하게 된다. 미드는 바너드 재학 시절 오그번이 진행하는 수업에서 이미 융의 개념을 배운 바 있었다. 그녀는 해당 학기에 오른팔 신경염이 악화돼서 글씨 쓰는 게 어려워졌고, 소묘로 과제를 대신했다. 마거릿이 제출한 마지막 소묘는 정신분열증 환자가 계단에서 넘어지는 장면을 그린 것이었다. 미드는 1930년대 초까지 융의 유형 분류 체계를 간직했다. 그녀는 그 후에야 비로소 독자적인 유형 이론을 정립한다. 미드의 유형 이론은 부분적으로 융의 개념에 기대고 있었고, 리오 포천 및 그레고리 베이트슨의 도움을 받아 완성한 것이었다.

융은 『심리학적 유형(Psychological Types)』에서 정상적 정신 상태와 비정상적 정신 상태가 연속체로 존재한다고도 주장했다. 분리되어 따로 존재하는 게 아니라는 말을 한 것인데, 그는 비정상이 개인뿐만 아니라 문화도 지배할 수 있음을 말하고 싶었던 것이다. 이런 개념들은 베네딕트가 『문화의 패턴』에서 내린 결론을 예기해준다. 융이 니체의 디오니소스/아폴론 이원론을 활용해 자기 체계를 구상한 것과 같다고 할 수 있다. 그러나 베네딕트는 자신이 융에게 그다지 많은 영향을 받지는 않았다고 주장했다. 그녀는 사람과 문화를 몇 안 되는 개념으로 설명하는 것을 좋아하지 않았다. 베네딕트는 자신이 『문화의 패턴』에서 사용한 범주들을 책에서 검토한 문화들과 다른 사회에 꼭 적용할 필요는 없다고 다년간에 걸쳐 주장했다.[59)]

융의 이론으로 성별 쟁점이 부각되었다. 그는 『심리학적 유형』에서 자신의 개념들이 성별을 따른다고 아주 짧게만 언급했다. 그러나 다른 저작들에서 융은 남성이 여성의 아니마(anima)를, 여성은 남성의 아니무스(animus)를 가진다고 주장했다. 아마도 당대의 전도(顚倒) 개념들을 변형한 것이리라. 오늘날 대다수의 페미니스트는 융을 여자를 혐오한 남자로 본다. 그가 대체로 아니마보다 아니무스를 더 우월한 것으로 평가했다는 것이 그 이유다. 그러나 뉴욕에는 그를 따르는 페미니스트 추종자들이 있었다. 비어트리스 힝클(Beatrice Hinkle)이 주요 인물이었다. 그녀는 그리니치빌리지에서 활약한 정신분석가이자 작가로, 융의 유형을 활용해 남자와 여자가 성별보다 성격 유형에 따라 더 다양하게 존재한다고 결론지었다. 헤테로독시 클럽의 회원이기도 했던 힝클은 코넬 대학교 의과대학에서 직장 생활을 시작했다. 코넬 대학교 의과대학은 스탠리 베네딕트가 근무하던 곳이다. 루스는 사피어 아내의 정신분석가로 힝클을 추천했다. 힝클의 동반자는 내과의이자 심리학자인 콘스탄스 롱이었다. 롱은 양성애를 지지하는 변론 취지서를 작성해, 모두가 이성애자이면서 동시에 동성애자라고 주장했다. "우리는 두 세계 모두에서 나름대로 최선을 다해야 한다."[60] 콘스탄스의 조언은 베네딕트와 미드가 하고 있던 연애와 비슷해 보인다. 힝클과 롱이 그들에게 영향을 끼쳤다고 짐작해볼 수도 있을 것이다. 물론 두 사람 가운데 어느 누구도 그들의 편지와 저술에서 이 융파 페미니스트들을 언급하고 있지는 않지만 말이다.

1924년 토론토 대회에서 미드는 영국의 인류학자들이 자신들이 연구한 사회를 '자신들의' 사회라고 언급하는 것을 듣고 있다가 불현듯 자기도 '자신의' 사회를 가져야겠다고 생각했다. 미드는 보애스의 다른 여자 대학원생들처럼 푸에블로 족 가운데 하나를 연구하고 싶은 생각이 전혀 없었다. 미드는 신천지를 탐험하고 여행기를 발표한 용감무쌍한 여자 탐험가들처럼 되고 싶었다. 대기 중에 탐험의 열정이 떠돌고 있었다. 미드는 이렇게 썼다. "로이 채프먼 앤드류스가 고비 사막에서 (자연사박물관으로) 공룡 알을 가져온 해였다. 대중은 고대의 것이라면 무엇이든 열광했다. 사람들은 선사시대 미국의 흙더미 건조물과 영국인들의 아테네 발굴지, 이집트 투탕카멘의 무덤을 주제로 활기차게 떠들어댔다."[61]

미드는 남태평양 제도로 가기로 결심했다. 그녀가 논문을 쓰기 위해 연구한 사회들이 거기에 있었다. 프란츠 보애스는 사모아를 고집했고, 그녀에게 청소년기의 소녀들을 탐구 대상으로 추천했다. 그는 부족사회에 젊은 여자를 달랑 한 명만 보내는 것이 걱정스러웠다. 특히나 마거릿의 성정 때문에 더 염려스러웠다. 그는 그녀가 '매우 긴장하고 있으며, 감정적'이라고 보았던 것이다.[62] 미국의 보호령이었던 사모아에는 식민지 거류민이 있었고, 관광객도 많았다. 플래퍼가 출현하면서 청소년의 섹슈얼리티라는 주제가 인기를 끄는 중이었다. 보애스는 누군가가 G. 스탠리 홀의 진화 이론을 반박해주기를 바랐다. 클라크 대학교에 적을 두고 있던 이 보애스의 적수는 청소년들의 주정적 감상성이 필연적인 진화(발달) 단계라고 주장했다. 보애스는 마거릿이 체구가 작기 때문에 장신에다 근골이 커다란 사모아인들이 그녀를 어린애로 보고, 마음의 문을 활짝 열어줄지도 모른다고 기대했다. 정확히 그런 일이 일어났다.[63] 보애스의 딸 프란치스카가 마거릿과 함께 바너드를 다니기도 했다. 아마도 그는 바너드 여대생들의 행동거지를 조금쯤은 알고 있었을 것이다. 보애스는 서면으로 작성해 마거릿에게 건네준 지시 내용 가운데서 사모아의 청소년 여자들이 서로 크러시 관계를 맺는지 알아내라고 주문했다.[64]

미국을 떠나 있는 한동안은 루스와 루서와 에드워드 문제에서 마거릿이 도피할 수 있는 휴지기이기도 했다. 그들 모두가 마거릿의 헌신을 원했던 것이다. 그러나 20대의 여자가 혼자서 사모아에 가는 것은 대단한 용기를 필요로 했다. 실제로 마거릿은 혼자서 어디 가는 걸 좋아하지 않았다. 그녀는 다른 여성 인류학도에게 자기와 함께 가자고 요청했다. 그러나 그녀가 이 제안을 거절했다. 마거릿이 루서 크레스먼에게 함께 가자고 부탁하지 않았으리라는 것은 능히 짐작할 수 있는 일이다. 사모아에 가기 몇 달 전에 마거릿은 고민이 아주 많았다. 팔도 무척이나 아팠다. 루스가 그녀를 신경과 전문의에게 데려갔다. 마거릿은 허세가 대단했으나 그녀는 다시 한 번 와해 직전 상황까지 몰려 있었다. 하지만 마거릿은 출발하기 전에 《필라델피아 퍼블릭 레저(Philadelphia Public Ledger)》와 한 인터뷰와 가는 도중에 호놀룰루의 한 신문과 가진 인터뷰에서 플래퍼의 행동을 이해하고 학교와 청소년 법정에서 젊은 여자아이들을 '적절하게' 다룰 수 있는 방법을 알아내는 게 자신이 떠나는 사모아 연구 여행의 목표라고 천명했다.[65] 그녀의 말을 듣고 있으면 어른이 다 된 것 같다. 미드가 침착하고 유능한 전문가로 거듭나, 어떤 상황이라도 다 해결할 수 있을 것처럼 들리는 것이다.

보애스가 미드에게 사모아를 강권한 유일한 남자 스승은 아니었다. 윌리엄 필딩 오그번과 클라크 위슬러가 거기 가세했다. 오그번은 미드가 부편집자로 저널을 편집한 바너드의 사회학과 교수였고, 위슬러는 자연사박물관의 인류학 분과장이었다. 위슬러는 호놀룰루에 있는 버니스 P. 비숍 박물관(Bernice P. Bishop Museum)과도 유대가 있었는데, 이 박물관이 태평양 제도 사회들을 연구하는 활동에 기금을 대고 있었다. 미드는 그 박물관에서 기금을 받았고, 사모아 사회의 종합적인 민족지를 써야 했다. 위슬러와 오그번은 둘 다 전미연구협의회의 성문제조사위원회(National Research Council's Committee on Research in Problems of Sex) 위원이었다. 전미연구협의회(NRC)가 미드의 사모아 청소년 연구에 기금을 댔다. 그들은 미드에게 성 행동을 조사하라고 압력을 넣었다. 대중의 상상 속에서 사모아가 낙원이었기 때문이다. 이전에 수행된 연구들은 그곳에서 성적 억압과 자유의 사례를 모두 발견했다. 그들은 이런 연구가 성을 대하는 미국인들의 태도에 커다란 영향을 미치리라고 생각했다.[66] 위슬러는 미드를 큐레이터로 고용할 작정이었다. 그는 그녀가 인류학 분과의 명성을 드높여주었으면 하고 바랐다.[67] 이 모든 것이 미국 밖을 한 번도 나가본 적이 없는 스물세 살 먹은 여자에게는 아주 벅찬 과제였지만 그녀는 그 과제에 진지하게 임했다.

루스 베네딕트에게 연애를 고백한 것은 마거릿이 아니라 에드워드 사피어였다.[68] 루스는 사피어가 아내의 투병 중에 억눌렀던 감정을 마거릿에게 분출시키고 있음을 깨닫고는 충격으로 상심했다. 마거릿 역시 사피어의 열정에 마음을 빼앗겼던 것이다. 루스는 마거릿이 독립독행하기를 바랐다. 그녀는 의지가 굳은 사피어가 마거릿을 아내이자 어머니로 돌변시켜서, 자신이 그녀에게서 기대하던 성공과 출세를 가로막을 사태가 걱정스럽기도 했다. 루스는 직접 나서서 보애스를 설득해, 마거릿이 남태평양 제도에 가는 것을 허락하도록 했다. 그녀는 에드워드와 마거릿 둘 모두가 비밀을 털어놓는 절친한 친구가 되었다. 사피어는 마거릿에게 느끼는 자신의 감정을 장문의 편지로 써서 루스에게 보냈다. 마거릿도 루스에게 편지를 써 보냈는데, 거기서 그녀는 사피어를 포기하는 데 동의했다가 입장을 번복하는 등 우왕좌왕한다. 사피어는 베네딕트와 미드의 관계가 얼마나 깊은지 알지 못했다. 마거릿이 나중에 루스에게 써 보낸 편지를 보면, 그는 루스가 아니라 레오니 애덤스를 질투한다.[69]

마거릿이 루스의 계획에 동의한 참회의 에피소드를 보자. 내용인즉슨, 신경 발작을 가장해 기절한 체하면, 사피어가 미드의 극단적인 신경증을 깨닫고, 자연스럽게 열정도 식으리라는 것이었다. 마거릿은 그 계획안을 '독살당한 이탈리아 대사들의 연대기에서도 비근한 예를 찾을 수 없는' 묘안이라고 말했다.[70] 그러나 루스의 계획은 효과가 없었다. 미드가 연출한 멜로드라마가 사피어의 마음을 더욱더 사로잡아버린 것이었다. 루스의 다음 계획은 마거릿의 자유연애 사상을 에드워드에게 고백케 해, 그를 낙담시키는 것이었다. 그러나 에드워드는 피그말리온적 충동 속에서 마거릿의 잘못된 행실을 바로잡겠다고 나섰다. 에드워드는 마거릿이 '매춘 콤플렉스'로 고통받고 있는데, 자신이 매력적이지 못하다는 소녀스러운 믿음이 그 원인이라고 판단했다. 그런 확신 속에서 마거릿이 자신의 가치를 입증하기 위해 남자들과 난잡한 성관계를 갖는다는 것이었다. 에드워드는 다른 식의 진단적 결론도 내렸다. 마거릿에게는 다른 사람들을 행복하게 해주기 위해 자신을 희생하겠다는 충동이 있다는 것이었다. 일종의 종교적 매춘인 셈이었다. 더 간단하게 설명하면, 에드워드는 마거릿이 어떤 사람의 감정도 상하게 해서는 안 된다는 비정상적인 공포심을 갖고 있다고 생각했다.[71]

그러나 에드워드는 마거릿 미드를 도저히 이해할 수 없었다. 그는 루스 베네딕트에게 이런 편지를 써 보냈다. "그녀가 루서를 사랑하면 할수록 나를 더 사랑한다니요?" 그는 자유연애 교리를 받아들인 미드의 신념을 전혀 이해하지 못했다. 한동안 에드워드는 마거릿을 불신했다. "말뿐이고, 약속을 해놓고도 도망가버려요. 표리부동에, 의식하지는 못하지만 지배권을 요구하죠." 마거릿의 행동을 이런 식으로 해석한 게 어쩌면 옳았을 것이다. 그러나 사피어는 지배받고자 하는 마거릿의 마조히즘적 성향에 호소하기도 했다. 그는 그녀를 개조하겠다는 의도를 천명했다. 그러나 '조각가가 담대하고 침착하게 대리석을 조각하는 것처럼 (그녀를) 절차탁마해내겠다'고 선포했는데도 마거릿의 열정은 조금도 식지 않았다. 에드워드는 마거릿의 '성애 충동'이 너무 강력하기 때문에 아이를 낳아야만 통제할 수 있다고 루스에게 썼다.[72]

루스 베네딕트를 대하는 에드워드 사피어의 태도는 1925년 여름에 바뀐다. 그가 마거릿의 자유연애 사상과 관련해 베네딕트에게 불평을 늘어놓았던 것이다. 그래도 그녀는 마거릿을 지지했다. 에드워드는 자기가 생각했던 것만큼 루스가 억압받고 있는 것은 아니라는 혐의를 바탕으로, "루스, 당신이 불순한 정신을 사랑하다니 정말 잔인하다."라며 그녀를 나무랐다. 이제 그는 베네딕트의 가면 뒤에 놓여 있는 열정과 분노를 보았고, 정신적으로 와해될 수도 있다며 그녀에게 경고했다. "말없이 저항하면서 참혹하게 복수하는 자연에서 당신의 분노를 빼내야 한다고 생각하지 않습니까?"[73] 사피어는 베네딕트가 자신이 의존할 수 있는 차분하고 합리적인 사람으로 남아주기를 바랐다. 베네딕트의 태도 변화에 그는 당황했다. 마거릿이 루서 크레스먼에게 환멸을 느끼고 있다는 것이 분명함에 반해서 베네딕트는 스탠리에게 헌신하고 있다고 생각했기 때문이다.

마거릿 미드는 계속해서 모두를 행복하게 해주려고 노력했다. 그녀는 사모아로 떠나기 몇 주 전에 루서와 로드아일랜드 해안으로 일주일간 두 번째 허니문을 떠났다. 그는 그 신혼여행이 '열렬했다'고 증언했다.[74] 두 사람은 도중에 뉴햄프셔에 있는 루스와 스탠리의 오두막에 들러 며칠을 함께 보냈다. 그들은 함께 휴일을 즐기는 두 쌍의 부부 같았다. 마거릿이 스탠리를 만난 건 딱 두 번뿐이었는데, 그중의 한 번이 이때였다. 루스가 사피어는 자기가 아니라 마거릿과 사랑에 빠졌다고 스탠리에게 말했다는 게 곧 드러났다. 스탠리는 사피어를 몹시 질투했기 때문에 이 정보에 안도하고 있었다.[75] 마거릿과 루서를 부부로서 함께 만난 일은 비록 잠시였겠지만 루스와 그녀에 대해 스탠리가 가졌을 수도 있는 혐의도 잠재워주었음이 틀림없다. 마거릿은 뉴햄프셔와 로드아일랜드에서 돌아온 후 아버지의 농장에서 사피어와 열정적인 주말을 보냈다. 그도 행복하게 해주어야 했던 것이다.

한편으로 마거릿과 루스는 하루 일정으로 그랜드캐니언을 여행하면서 상황을 논의하기로 했다. 루스는 8월 초에 뉴멕시코로 가서 주니족을 현지 조사할 계획이었다. 마거릿은 샌프란시스코로 가서 사모아행 배를 타야 했다. 두 사람은 애리조나를 거쳐 갈 수 있었고, 아무도 그 사실을 모를 터였다. 그랜드캐니언 방문은 마거릿의 연극적 의사 표시 가운데 하나였다. 땅덩이에 강이 만들어놓은 깊은 구렁은 마거릿이 어린 시절을 보낸 가족 농장 뒤편의 좁은 산골짜기와 닮은 데가 있었다. 그녀는 거기로 '가장 친한 친구들'을 데리고 가 영원한 우정을 맹세했었다. 그랜드캐니언이라는 자연의 무대는 베네딕트의 공상에 등장했던 '환희의 산'을 떠오르게 한다.

루스 베네딕트가 기차를 타고 애리조나에 간 것도 극적이기는 마찬가지였다. 함께 시골을 횡단하는 중에 루스는 사피어가 보내온 편지들을 마거릿 미드에게 보여줬고, 나아가 두 사람의 연애에 치명타가 될 것 같은 에피소드를 공개했다. 에드워드는 강박적 질투가 엄청나고, 그래서 죽은 아내가 폴 라딘이나 알렉산더 골든와이저 같은 인류학과의 남성 동료들과 전화상으로 얘기하거나 만찬 석상에서 옆에 앉는 것도 참아내지 못했다는 내용이었다. "(인성이) 심하게 비뚤어져 있다."라고 그녀는 마거릿에게 말했다. 마거릿은 달리는 기차에서 루스의 품에 안겨 흐느끼면서 편지를 읽었다.[76]

그랜드캐니언에 당도한 두 사람은 인적이 드문 장소를 발견하고, 거기 바위 아래 자리를 잡았다. 그들은 그곳에서 구름을 올려다보았고, 자연이 형성한 경이로운 풍경을 만끽했다. 바위에는 부드러운 색조의 구리색, 빨간색, 흰색 줄이 들어가 있었고, 돌기둥들이 협곡 바닥에서부터 위로 솟아 있었다. 루스가 다시 한 번 마거릿에게 사피어를 단념하라고 설득했다.[77] 그들이 거기서 연인이 되었다는 이야기가 두 사람의 친한 친구들 사이에서 돌았다. 물론 미드가 베네딕트에게 보낸 편지들을 보면 그 시점이 더 빨랐으리라는 생각이 들기도 하지만 말이다. 아무튼 그랜드캐니언에서 벌어진 일종의 초야 의식은 두 사람의 관계에 어떤 서사시적 장중함을 부여했다. 미드가 어린 시절에 즐겨 찾던 협곡과 베네딕트의 환상 세계는 이제 자연의 장관과 연결되었다. 그렇게 해서 두 사람이 이후로 소중히 간직하게 되는 추억이 만들어졌다. 이제는 기억들이 두 사람의 관계에서 아주 중요한 역할을 담당한다.

마거릿은 며칠 후 할머니에게 보내는 한 편지에서 내부 생식기와 외부 생식기의 심상, 곧 강과 뾰족한 바위의 이미지를 활용해 그랜드캐니언에서 각자가 받은 상이한 인상을 설명했다. "그녀(루스)는 강의 침식 작용을 인상 깊게 생각했어요. 수 세기에 걸쳐 대지의 표면을 깊이 깎아 내며 물길을 내온 비밀스럽고 고된 활동을 가려준다나요. 그런데 제가 가장 좋았던 부분은 수 킬로미터에 걸쳐 높이 솟아오른 진흙 봉우리들의 끝없는 다양성이었어요. 구름이 모였다 흩어지는 것에 따라 그 모습이 빨간색으로 변했다가 다시 하얀색으로 변하는 게 가히 환상적이에요."[78] 이번에는 미드가 관계에서 자신을 남성으로, '수 킬로미터에 걸쳐 높이 솟아오른 진흙 봉우리들'로 묘사했다. '구름이 모였다 흩어지는 것'에 따라 끝없는 다양성이 나타난다는 것이었다. 그러나 베네딕트는 그들의 연애를 얼마간 두려워했다. 사피어와 일련의 사건을 겪은 후 그녀는 여성의 상징인 강에, 강의 '비밀스럽고 고된 활동'에 집착했다. 그녀는 본인한테서까지 숨고자 하는 듯했다. 루스는 마거릿 및 에드워드와의 관계에서 정서적 거리를 두고자 하는 것 같았다.

루스 베네딕트는 주니 족 사회에서 현지 조사를 수행하면서 생기를 되찾았다. 요컨대 마거릿이 헌신을 맹세한 상태였고, 루스는 거기에서 커다란 활력을 얻었다. 루스는 마거릿에게 써 보낸 편지에서 확신에 찬

어조로 주변의 경관을 설명했다. 신성한 메사(mesa : 에스파냐어 지리 용어로, 탁자 모양의 대지를 가리킴-옮긴이)를 자신이 어떻게 기어 올라갔는지도 얘기했다. "(나는) 엄청난 벽이 항상 새로운 감동으로 우뚝 솟아 있는, 아름다운 길을 따라" 거길 올랐다고. 이제 베네딕트는 고통받는 그리스도가 아니었다. 그녀는 '비밀스럽고 고된 활동'을 더 이상 하지 않아도 됐다. 베네딕트는 한동안 웅대한 언어로 자신을 마음속에 그렸다. 꼭 웅장한 도시를 짓는 하느님 아버지 같았다. 그녀는 이렇게 선언했다. "나는 신이 되어 나의 도시를 건설할 것이다."[79]

그러나 루스 베네딕트가 자신을 마음속에 웅대하게 그리는 것을 잠시 미뤘을지도 모르겠다. 사모아에 도착한 마거릿 미드가 루스에게 하지 않겠다고 약속한 짓을 했기 때문이다. 마거릿은 헌신과 거부를 열정적으로 표출하는 편지를 계속해서 사피어에게 써 보냈다. 그러나 충분히 예상했던 대로 그는 다른 여자를 만나고 있었다. 마거릿이 뉴욕을 떠나고 4개월이 지난 1926년 1월에 사피어가 마거릿에게 최후통첩을 했다. 그녀가 자신에게 확약을 해주지 않으면 다른 여자와 결혼하겠다는 내용이었다. 마거릿은 여전히 갈피를 못 잡았고, 사피어는 통보한 내용대로 했다. 그는 마거릿을 퇴짜 놓는 내용의 편지를 써 보내고, 새로운 연인과 결혼해버렸다. 두 사람의 연애는 그렇게 끝났다. 크게 상심한 마거릿은 사피어의 편지를 해변의 모닥불에 던져버렸다.

그 시기에 미드가 보여준 행동에 대해서는 사모아 현지 조사 연구와 관련해 두 가지 설명이 존재한다. 현지 조사 활동에 완전히 몰두한 유능한 미드 이야기가 그 하나다. 자신감을 잃고, 사피어 문제에만 집착한 나머지 미드가 현지 조사 활동을 제대로 수행할 수 없었다는 설명이 그 두 번째이고 말이다. 그러나 사피어 문제가 일단락되자 미드는 상당히 호전되었다. 연애 사건이 해결되면서 청소년 여자아이들이 그들의 성 행동 이야기를 미드에게 털어놓았던 것이다. 사실 미드는 자신의 감정 상태가 어떠하든 항상 열심히 노력하는 사람이었다.

미드는 1925년 9월부터 1926년 5월 말까지 사모아에서 여덟 달을 보냈다. 그녀는 본섬인 투투일라에서 말을 배우고, 면접 조사를 하면서 가을의 대부분을 보냈다. 그 기간에 미드는 지역 촌락에서 열흘을 보내게 된다. 마을 사람들이 그녀를 타우포우(taupou)로 선발했다. 타우포우는 의식 절차가 있을 때 마을의 명예 사절쯤 되는 처녀였다. 11월 초에 미드는 본섬에서 멀리 떨어져 있어 덜 서구화된 타우 섬으로 옮겨간다. 그곳의 문화는 더 전통적인 형태를 유지하고 있었다. 미드는 보애스주의자로서 사모아의 '당대 민족지학'을 상세히 기술하고 싶었다. 사모아 제도의 역사도, 서구화가 미친 영향도 그녀가 수행하고자 하는 연구 프로젝트가 아니었다. 그럼에도 불구하고 미드는 광범위한 지적 능력과 종합화에 대한 열정 속에서 『사모아의 청소년』의 부록에 그 분야의 자료를 조금 집어넣었다. 이후 그녀의 뉴기니 연구에서도 이런 특징이 드러난다. 미드는 그 연구의 주된 논지 속에서 역사와 서구화의 영향을 간략히 취급하고, 부수적으로만 언급할 뿐이다.

타우 섬에 도착한 그녀는 타우포우의 지위에서 벗어났고, 보통 사람들과도 더 자주, 심층적으로 면담할 수 있게 됐다. 이미 대다수 사모아인들이 기독교로 개종한 상태였지만 다행히도 타우 섬은 본섬에서 멀리 떨어져 있었고, 그 섬의 소녀들은 기독교의 영향을 많이 받지 않은 상태였다. 그곳에 유럽 백인은 극소수였고 미드는 소녀들에게 더 쉽게 접근할 수 있을 터였다. 타우 섬에 당도한 그녀는 해군 진료소를 운영하던 장교 숙사의 방을 하나 빌렸다. 그 방은 숙사 뒤쪽으로 붙어 있는, 반쯤 하늘을 가린 커다란, 일종의 포치(베란다)였다.

뉴질랜드의 인류학자 데릭 프리먼이 미드의 연구 결과를 공격했고, 그 사실과 내용은 널리 알려져 있다. 따라서 그 부분을 다루지 않고서 미드가 사모아에서 수행한 연구를 평가할 수는 없다. 프리먼은 첫 번째 비판서 『마거릿 미드와 사모아(Margaret Mead and Samoa)』(1983)에서 사모아인들이 폭력적이지 않으며, 미혼의 젊은 남녀가 성적으로 자유롭다는 미드의 결론을 배격했다. 프리먼은 현지 조사에서 상당수의 폭력 행위를 발견했다. 그는 사모아에는 엄격한 성 윤리가 존재하고, 따라서 청소년들의 난잡한 성행위가 있을 수 없다고 주장했다. 그러나 프리먼의 연구는 미드의 현지 조사가 있고 나서 수십 년이 지난 후에 수행된 것이다. 더구나 연구 대상 지역이 각기 달랐다.

프리먼은 두 번째 저서 『마거릿 미드의 치명적 날조(The Fateful Hoaxing of Margaret Mead)』(1999)에서 그녀가 면담했다고 주장한 청소년들과 사실은 인터뷰하지 않았다고 주장했다. 타우포우로서 의식들에 참여하느라 시간이 없었다는 것이다. 미드가 수행한 면담이라고는 비숍 박물관에 제출할 사모아의 종합 민족지를 쓰기 위해 한 게 다였다고 프리먼은 적고 있다. 그는 그녀가 획득한 청소년 여자아이들 자료가 연애하던 사모아 남자 한 명과 본섬에서 알고 지내던 소녀 두 명한테서 나온 것이라고 비난했다. 더욱 가관인 것은, 그 두 명의 소녀가 사모아식 농담 전통에 따라 미드가 듣고자 하는 이야기를 해주면서 사실상 그녀를 속였다는 것이었다. 두 명의 여자아이는 미드가 자신들의 진짜 이야기를 믿으려 하지 않을 것으로 예상했다는 것이다.[80)]

미드의 조사 연구에 결함이 있을까? 프리먼은 미드가 현지 조사 수행법을 몰랐다고 주장했다. 보애스가 그녀에게 현지 조사 방법을 가르쳐주지 않았다는 것이다. 그러나 미드는 바너드 대학과 컬럼비아 사범대학에서 사회과학 방법론을 공부했다. 그곳에는 미국 최고의 전문가들이 포진하고 있었다. 미드는 어렸을 때 패니 이모와 방문한 헐 하우스에서 사례사(case history)들을 읽었고, 해먼턴의 이탈리아인 공동체를 현지 조사한 어머니를 돕기도 했다. 현지 조사 방법을 몰랐다는 프리먼의 주장은 사실이 아니다. 오히려 미드는 당대의 대다수 인류학자들보다 더 정교한 사회과학적 접근법을 구사했다. 연구 계획을 수립하는 사안에서 미드는 자신의 그런 방법론들에 입각했다. 미드가 그들에게 보낸 편지들에서 뭘 해야 할지 알려달라고 요구했지만 베네딕트와 보애스 모두 그녀에게 별다른 조언을 해주지 않았기 때문이다. 보애스는 에스키모 족을 현지 조사하면서 이미 독자적인 연구 방법을 마련해두고 있었다. 그는 제자들이 자신과 같은 방법론을 적용해줄 것을 기대했고, 베네딕트는 미드가 혼자서도 잘 해낼 수 있을 것으로 믿었던 듯하다.

게다가 미드 자신이 지적한 것처럼 자유 성애에 관한 그녀의 연구 결과는 『사모아의 청소년』에서 사모아와 관련해 그녀가 내린 결론의 작은 부분일 뿐이다. 그런 성 행동이 주로 18세에서 21세 사이의 청소년들에게로 한정되었기 때문이다. 아이들은 거의 벌거숭이 상태로 지냈다. 그렇다고 그들이 실험적 성 행동에 나선 것은 아니었다. 물론 공동생활을 하는 사모아인 가정의 특성과, 큰 방 한 개로 구성되는 가옥 구조를 고려할 때 아이들이 성을 알아가는 게 필연적이었지만 말이다. 사모아인들은 가족과 친척들이 큰 방 하나에서 살았다. 18세 이전의 소년 소녀들은 별 관련을 맺지 않았다. 소녀들은 아이를 돌보고, 가사 노동을 하느라고 바빴다. 기혼 성인들이 연애를 할 수도 있었고, 이혼이 쉬웠다. 물론 미드는 남편이 아내와 통정하는 남자를 잡으면 자기에게 존중과 경의를 표하라고 요구하면서 상대방을 모욕할 수 있다는 걸 알고 있었다. 그러나 『사모아의 청소년』 총 297쪽 분량 가운데 성을 다룬 건 68쪽에 지나지 않는다고 미드는 지적했다.[81]

그 책의 주요 관심사는 성이 아니라 아이들이 성인이 되어가는 과정이라고 미드는 주장했다. 우리는 그 과정을 '사회화'라고 부르고, 미드는 그 과정을 '교육'이라고 불렀다. 그녀는 사모아의 가족 구조를 칭찬해 마지않았다. 공동생활을 하는 확대 가족 형태가 서구의 핵가족에 고질적인 긴장을 누그러뜨려 더 건전한 성인을 배출한다고 보았기 때문이다. 실제로 아이들은 자신이 태어난 가족이 마음에 들지 않으면 다른 가족으로 입양될 수 있었다. 보애스의 추정대로 미드의 결론은 사모아에서 청소년기는 힘겨운 시기가 아니며, 유년기에서 성인기로 탈 없이 부드럽게 이행할 수 있다는 것이었다. 그러나 그녀는 사모아 사회의 융통성 없는 엄격한 구조도 보고했다. 행동이 계급에 의해서 통제를 받고, 정확한 행위 규범으로 규제되고 있음을 지적한 것이다.[82)]

미드는 사모아 현지 조사 활동에 몇 가지 방법을 동원했다. 그녀는 마누아의 민족지를 기술했다. 마누아는 타우 섬과 인근의 작은 섬 두 개를 포함하는 사모아의 행정 구역이다. 그녀는 이를 위해 친족을 염두에 두면서 정보 제공자들을 면담했고, 의식들과 일상생활을 관찰했다. 미드는 그 현지 조사 내용을 비숍 박물관에 제출할 사모아의 민족지로 작성했다. 그 작업이 유용한 토대가 되어주었고, 그녀는 계속해서 청소년들의 성애를 탐구했다. 미드는 이 연구를 위해 타우 섬의 촌락 세 군데의 주민을 나이, 성별, 연인 관계, 직업, 혼인 여부, 친척 관계, 자녀의 수에 따라 분류했다. 그녀는 이렇게 확립한 예비 절차를 나중의 현지 조사에서도 그대로 따른다. 미드는 청소년들의 태도와 행동을 파악하기 위해 여자아이 서른 명도 면담했다. 프리먼의 주장처럼 미드가 듣고 싶어 하는 얘기를 해준 아이도 일부 있었을지 모른다. 그러나 서른 명이 전부 다 그녀에게 거짓말을 했을 것 같지는 않다. 미드가 다양한 표본을 확보하기 위해 지위가 서로 다른 가정들에서 아이들을 뽑았고, 면담도 개별적으로 실시했기 때문이다. 미드는 상황 판단이 빠른 여자였다. 그녀가 사모아에 농담 전통이 있다는 걸 몰랐고, 그래서 면담을 하면서도 그런 문화적 관습을 고려하지 않았다고 의심할 하등의 이유가 없는 것이다.[83)]

미드는 청소년 여자아이들이 자기에게 해준 얘기를 직접 확인할 수 있었다. 타우 섬에는 총 네 개의 촌락이 있었다. 해변과 주변 산 사이로 띠 모양의 평지에 작은 촌락이 셋 있었고, 나머지 한 개 촌락이 멀리 떨어져 있었다. 타우 섬은 면적이 작았고, 미드는 수줍음이 없었다. 『사모아의 청소년』에서 그녀는 마을의 어린아이들이 성교하는 남녀를 훔쳐본다고 얘기했다. 미드는 그런 행동이 이를테면 촌락을 둘러싸고 있는 야자수 아래처럼 탁 트인 장소에서 일어난다고 주장했다. 그녀가 직접 그런 남녀를 몰래 지켜보기도 했다. 실제로 미드는 베네딕트에게 '위험을 무릅쓰고' 성 행동 자료를 얻는 데 성공했다고 써 보냈다. 그녀는 애시 캔 캐츠 회원인 리아 조지프슨 해나에게 1월 29일에 이렇게 써 보내기도 했다. "어젯밤 늦게 밖에 나갔다가 달빛 아래서 사랑을 나누는 연인들을 자세히 살펴볼 수 있었지."[84)]

타우포우로 활동하는 게 골칫거리도 아니었다. 미드는 그 신분을 바탕으로 사모아 문화에 더 가까이 다가설 수 있었다. 더구나 그녀는 본섬에 있는 한 촌락의 타우포우였지, 타우 섬의 타우포우가 아니었다. 사모아 사람들은 미드를 좋아했다. 전에도 사모아 사회를 연구한 인류학자들이 있었지만 그녀처럼 호감을 불러일으킨 사람은 단 한 명도 없었다. 작은 체구의 젊은 처자가 두 눈을 반짝이며 적극적인 태도를 보이자, 현지인들도 어린아이 같다는 호기심 속에서 관심을 나타냈다. 그들은 미드를 '마켈리타'(Makelita)라고 불렀고, 청소년 여자아이들은 그녀를 자기들의 일원으로 받아들였다. 미드가 다른 곳들에서만큼 사모아에서도 현지인들의 마음을 사로잡았다고 결론지을 수 있을 것이다.

마거릿은 이다 루 월턴에게 써 보내기를, 가벼운 연애의 즐거움을 아는 사모아의 미남 청년 한 명과 자는 일을 숙고했다고 말했다. 그러나 그녀는 자신이 전미연구협의회를 대표해 행동한다는 사실을 떠올렸고, 성관계를 맺지는 않았다.[85] 1월 말에 미드가 베네딕트에게 보낸 편지 내용도 보자. 어느 날 밤 그녀는 자기 방에서 한 젊은이와 단 둘이 있었다. 그 젊은이는 마을에서 '연애' 경험이 가장 많은 남자로, 미드에게 친구들의 '정사' 얘기를 '아주 솔직하게' 털어놓았다.[86] 그녀가 이 두 남자와 성관계를 맺었다 해도 오히려 그 경험들이 사모아의 성 풍습에 관한 미드의 지식을 넓혀주었을 것이다. 프리먼은 미드가 타우포우를 하느라 시간을 허비한 나머지 서른 명의 정보 제공자들을 심층 면접할 수 없었다고 주장했다. 그러나 그는 미드가 엄청난 일벌레라는 걸 모르는 것 같다. 방을 하나 내주고 한 집에 살던 해군 소속 목사는 그녀가 방 안에 처박혀 있는 일이 잦았다고 회상했다. 이른 아침부터 밤늦은 시간까지 뭔가를 열심히 했다는 것이었다. 미드는 12월 중순쯤에 타우 섬 촌락 세 개의 주민 분류를 거의 마쳤다고 베네딕트에게 써 보냈다.[87]

프리먼은 미드가 사모아인 가정이 아니라 서양 사람의 집에 살았기 때문에 조사 연구가 수월치 않았다고 주장했다. 사실은 이와 다르다. 사모아 사회에는 엄격한 예의범절이 가동되고 있었다. 그렇지 않아도 사생활을 별로 노출하지 않는 그들의 가정에서였다면 청소년 여자아이들이 미드와 자유롭게 대화하지 못했을 것이다. 게다가 여자아이들은 미드의 집을 좋아했다. 그곳에서라면 사모아의 의례적 절차를 벗어던질 수 있었기 때문이다. 미드가 타우 섬에 머물렀을 때는 아이들이 방학 중이었고, 지루해했다. 미드는 타우 섬에 도착한 직후인 11월 말부터 이미 아이들이 못 들어오게 방문을 잠가야만 한다고 보애스에게 불평을 하고 있다. 1월쯤에는 그 아이들을 도저히 떼어낼 수 없다는 불평이 쏟아진다. 아이들은 새벽부터 그녀를 깨워댔고, 하루 종일 따라다니면서 이야기를 나누고 싶어 했다. 밤에는 소년들이 합류했다. 그들은 미드의 포치에서 춤을 추었다. 원주민 복장을 하고, 특별한 행사 때 하듯 꽃과 조가비 목걸이와 잎사귀 팔찌로 치장을 하고, 몸에 야자유까지 바른 채 전통 춤을 추었던 것이다. 그들의 춤은 제각각이었다. 소녀들의 동작은 '나른하고, 도발적'이었으며, 소년들의 동작은 발랄했고, 육체의 율동적 타격이 간간이 끼어들었다. 미드에 따르면 춤은 사모아 문화에서 아주 중요했다. 춤을 추고 나면 모두가 사회의 엄격한 예의범절에서 해방되었다는 것이다.[88)]

하지만 미드는 12월 중순에 보애스에게 청소년의 성 행동과 관련해 아직까지는 흥미롭고 구체적인 뭔가를 수집하지 못했다는 편지를 써 보낸다. 그러나 미드는 전미 연구협의회에 멋들어진 보고서를 제출하겠다는 의욕에 사로잡혀 자료를 조작하지는 않았다. 그녀가 비관적인 전망을 피력하자 보애스가 인내심을 가지라고 당부하기에 이른다. 정보 제공자들은 연구자가 떠나기 직전까지도 마음의 문을 열지 않는 경우가 다반사라는 게 보애스의 현지 조사 경험이었다. 요컨대, 현지인들이 자신의 문화를 조사하러 온 연구자에게 호감을 갖게 되기까지는 시간이 많이 걸린다는 것이었다.[89)]

프리먼은 미드가 사모아 문화의 폭력성을 간과했다고 비난했다. 특히 젊은 남성들이 밤에 집에서 자고 있는 소녀들을 강간함으로써 자신의 남성성을 입증하던 풍습에 눈을 감았다는 것이다. 그들은 손가락 삽입 기술을 사용했고, 야음 속에서 자신들이 소녀들의 연인으로 행세할 수 있다고 믿었다. 미드는 프리먼이 좋은 지적을 했다고 인정했다.

미드는 세 섬의 민족지인 『마누아의 사회제도(Social Organization of Manu'a)』 1969년판 후기에서 자신과 프리먼의 결론이 다른 것은 각자의 탐구 대상이었던 소녀들의 관점과 성인 남성들의 관점이 달랐기 때문일 것이라고 말했다. 요컨대, 그녀가 『사모아의 청소년』에서 가족이 모두 잠든 밤에 소녀들의 집에 은밀히 침투하는 젊은 남성들의 강간 시도를 언급하기는 한다. 그러나 미드는 그런 젊은 남자들이 퇴짜 맞은 구혼자들일 뿐으로, 소녀들이 손쉽게 물리칠 수 있었다고 말한다. 하지만 그녀는 '마을에서 가장 매력적이고, 외모가 빼어난 젊은이들' 일부가 모에토톨로(moetotolo), 곧 일종의 보쌈꾼으로 변신하는 상황에 적잖이 당황했다. 확실히 그들은 폭력을 쓰지 않고도 성 행동의 대상자를 얻을 수 있었다.[90] 한편으로 미드는, 젊은 남자들이 소녀들을 "남성적 경쟁 관계의 을"로 사용하는 행위를 한동안 중단해야 할 만큼 마을이 1월 초에 발생한 허리케인으로 심각한 혼란에 빠진 것이었을지도 모른다는 생각을 했다.[91]

허리케인이 내습하자 미드가 수완을 발휘했다. 다른 유럽 백인들도 섬에 발이 묶였지만 그녀는 전혀 두려워하지 않았다. 물을 다 빼진 못했지만 물탱크에 들어가 거센 폭풍우를 피했다. 허리케인으로 촌락의 집들이 완파되었다. 허리케인이 내습하기 직전에는 섬에 파견된 백인 공무원 한 명이 만취 상태에서 사모아 소녀에게 수작을 부리는 일이 있었고, 미드가 그녀를 보호해주기도 했다. 허리케인이 지나간 후로는 한동안 식사 당번을 했다. 미드는 이런 활동 속에서 정보 제공자들의 신뢰를 얻었을 것이다. 실제로 그녀는 베네딕트에게 보낸 편지에서, 허리케인이 지나간 후 마을의 성인들이 집을 다시 짓는 일에 몰두했다고 썼다.[92] 어른들이 집을 다시 짓는 일에 여념이 없었다는 사실로부터 소녀들이 미드에게 공공연히 솔직한 얘기를 해준 이유를 어느 정도 짐작해

볼 수 있다. 어른들이 평소처럼 소녀들을 엄격하게 관리 감독하지 못했던 것이다.

1월 말에 베네딕트에게 보낸 편지에서 미드는 자기 방이 항상 청소년들로 북적댄다고 말했다. "한시도 혼자 있을 수가 없어요." 그녀는 이렇게 불평했다. 미드는 빈집을 하나 빌렸고, '시험'을 실시한다는 핑계를 대고 소녀들을 한 명씩 면담했다.[93] 2월 15일자로 보애스에게 써 보낸 편지에서 미드는 면담 중인 소녀들이 털어놓은, 이를테면 월경 같은 사적인 정보들을 간략하게 적었다. 그녀는 젊은이들이 난잡하다는 사실을 이미 알고 있었다. 미드는 소녀들과 면담하면서 자세한 사실을 알아내기만 하면 됐다. 그녀는 한 달 전에 '우울한' 내용의 편지를 썼던 걸 사과했다. 소녀들이 "아침부터 밤까지 저를 괴롭힌다."라고 미드는 보애스에게 썼다.[94] 3월 말에 베네딕트에게 보낸 편지에서는 청소년 여자아이들과 하루 종일 '섹스, 섹스, 섹스'를 얘기하는 게 신물이 날 정도라고 토로했다. 그러나 오그번과 위슬러는 그런 정보를 몹시 원했고, 미드는 최대한 많이 얻을 수 있도록 노력했고 "흥미롭고, 멋진 사실을 많이 얻었다."라고 썼다. 그녀는 청소년들의 성 행동 분석에 필요한 자료가 아니라 비숍 박물관에 제출할 민족지 정보의 부족 사태를 걱정해야 할 지경이었다.[95] 미드가 보애스에게 이 프로젝트를 숨겼다는 프리먼의 주장도 사실이 아니다. 그녀는 보애스에게 보낸 편지들에서 이 문제를 솔직하게 얘기하고 있다.

미드는 가을과 겨울에 걸쳐 상당한 과제를 수행했다. 말을 배웠고, 타우포우로 활약했고, 마누아의 촌락을 조사했다. 그럼에도 불구하고 그녀는 베네딕트에게 보낸 편지들에서 계속 자신이 없다는 고백을 한다. 미드는 거듭해서 자신이 온 이유에 회의가 들었다. 그녀는 불안감을 느꼈고, 스스로 무능력하다고 생각했다. 잔뜩 '주눅'이 들어 있었던 것이다. 미드는 자신의 실패가 불 보듯 뻔하다고 생각했다.[96] 그녀는 습관성 팔 신경염에 시달렸고, 눈병까지 났다. 열기와 습기가 무지막지했고, 벌레들을 참기 어려웠다. "다 때려치우고, 지하철에서 동전이나 주워야겠어요." 미드는 12월에 베네딕트에게 이렇게 썼다.

미드는 그 가을과 겨울에 계속해서 사피어에게 편지를 보냈다. 그녀는 그 사실을 베네딕트에게도 털어놓았다. 미드는 베네딕트에게 사피어와의 교류를 "죽음의 무도"라고 과장되게 묘사했다. 그녀는 내내 울었다. 베네딕트에게 써 보낸 내용을 보면, "울먹이는 사람은 다른 사람들의 비밀을 알아낼 수 없어요."라고 되어 있다. 실제로 미드가 사모아에서 베네딕트에게 보낸 편지 내용의 상당 부분은 그녀가 미국에서 맺은 관계들을 얘기하고 있다. 이런 상황은 사피어와의 연애가 결딴난 이후에도 계속되었다. 12월에 레오니 애덤스가 미드에게 자기 때문에 루서 크레스먼이 상심이 크다고 편지했고, 루서는 그들의 아파트 소파에서 잠을 자는 그녀의 친구를 자기가 얼마나 돌봐줘야 하는 것이냐고 편지했다. 이에 미드는 남편을 걱정하기 시작했다. 그녀는 베네딕트에게 이렇게 썼다. "알다시피 나는 항상 루서와의 관계를 바탕으로 세상이 흔들리는 것을 막아왔잖아요." 미드는 자기에게 '체계적으로 작업'하는 습관이 없었다면 일을 많이 하지 못했을 것이라고 베네딕트에게 말했다.[97]

루스 베네딕트의 격려와 사랑에 힘입어 마거릿 미드는 활기를 되찾았고, 연구를 계속할 수 있었다. 마거릿은 편지들에서 지나칠 정도로 루스에 대한 찬사를 늘어놓았다. 마거릿은 그들이 사랑을 나누는 광경을 공상했고, 루스의 아름다움을 되새기면서 '황홀감'을 느꼈으며, 그녀의 두 눈과 입술에 키스하고, 두 손으로 루스의 머리칼을 쓰다듬는 모습을 꿈꾸었다. "루스, 당신을 알게 된 일은 신이 존재함을 안 것과 같은 평화로운 축복이에요." 루스의 사랑 속에서 '나의 행보는 신성한 무심함'으로 거듭났다고, 마거릿은 적었다. "당신의 목소리와 머릿결의 감촉을 떠올리면서 도저히 견딜 수 없는 때가 있어요. 오늘 밤도 그래요. 시간이 얼마가 늦었든, 때가 얼마나 안 좋든 당신 방으로 찾아가고픈 그런 밤입니다." 마거릿은 그들이 함께 인류학 강의를 하고, 또 사모아에서 함께 연구하는 모습을 그려본다고 썼다. 마거릿은 사모아어를 배운 상태였다. 따라서 그녀는 민족지를 기술할 수 있었지만 루스는 통역사를 통해 원주민 전설을 기록하는 수준이었다. 미드는 거듭해서 남서부를 방문하는 일이 인류학 연구에 방해가 되는 것은 아니냐고 루스에게 물었다.[98)]

루스가 마거릿에게 보낸 편지 내용도 비슷했다. 사랑과 열망, 떨어져 있음의 고통과 재회의 기쁨이 피력되고 있는 것이다. 그들은 마거릿이 여름쯤에 사모아 생활을 정리하면 유럽에서 루서 크레스먼을 만나 한 달 정도 함께 지낼 것으로 예상했다. 이제 두 사람은 유럽에서 만나 한 달 정도 함께 보내면서 9월에 로마에서 열리는 아메리카 인디언 연구자들의 국제회의에 갈 터였다. 루스는 편지들에서 그들의 재회, 다시 만났을 때 마거릿이 어떻게 환호할지, 또 두 사람의 사랑을 다시금 어떻게 돈독히 할지 공상한다. 함께 강의를 하자는 마거릿의 공상에 루스는 이렇게 대답한다. "우리의 인류학과를 만드는 거지. 남학생들이 전부 낙제해도 용서해주자고. 우리라면 그들이 깨닫지 못하는 가능성을 알려줄 수도 있을 거야." 루스는 스탠리를 사랑의 '빵'으로, 마거릿을 '포도주'로 언급했다.[99)]

루스는 마거릿에게 써 보낸 편지들에서 차분했고, 이해심이 많았다. "나는 오래전부터 너를 믿기로 마음을 굳혔어."라고 루스는 썼다. "네게는 살면서 원하는 것이면 뭐든 할 권리가 있어." 루스는 마거릿에게 자기 내면의 악마를 보여주고 싶어 하지 않았고, 그녀 앞에서 '암울한 바보'나 '성질이나 부려대는 다섯 살짜리'처럼 행동하려고 하지 않았다. 루스는 마거릿이 많은 사람을 사랑하는 것을 이해했다. 그녀는 질투심을 억누르려 애썼고, 상처를 받았다. 자신을 포함하여 루서, 마리 등 마거릿의 연인들을 '절친한 형제들'이라고 썼다. "우리는 네가 일이 어떻게 진행될지 알려줄 때까지 모두 기다려야만 해." 루스는 마거릿이 유럽에서 루서와 한 달 동안 지내야 한다는 사실을 존중했다. 그는 마거릿의 이성애 동반자였고, 그녀의 그런 측면은 충족되어야 했다. "그의 시간을 잘라먹어서는 안 되겠지."[100)]

그러나 루스가 보낸 편지들에서는 걱정과 우려도 드러난다. 마거릿은 사피어를 포기할 수 없는 듯했고, 그것은 아주 괴로운 상황이었다. 때문에 마거릿은 루스가 나서기 전까지 자기가 사피어의 다른 여자를 알고 있다는 사실을 얘기하지 않았다. 마거릿의 끝없는 자기 연민은 실망스러운 것이었다. 자신을 순교자로 포장하면서 결국은 남 탓을 했기 때문이다. 12월에 마거릿은 자기가 모두에게 상처를 주고 있다고 썼다. 요컨대 그녀는 에드워드와 루서와 루스 사이에서 전혀 갈피를 잡지 못하고 있었던 것이다. 자기에게 문제가 있다고 결론지으면서 에드워드가 옳을지도 모른다고 루스에게 썼다. 또한 "아직까지는 끔찍한 일을 저지르지 않았어요."라고도 했다. "하지만 그렇다고 해서 앞으로도 내가 그러지 않을 거라고는 장담하지 못해요." 마거릿은 자신의 감정 상태를 '만화경 같다'고 설명한다.[101)] 이런 정서가 루스는 걱정스러웠다. 루스는 마거릿에게 이렇게 답장했다. "네 상처가 가벼웠으면 하는 바람이야."[102)] 1월에 에드워드는 마거릿을 포기하고 다른 여자를 선택했다. 마거릿은 그의 편지를 태워버렸지만 루스에게 보낸 편지를 보면 그와의 관계가 끝나서 안도하는 듯했다. 다시 루서와 루스에게로 돌아갈 수 있게 되었으므로.

루스는 편지에서 자신의 연애 관계를 상세하게 적었다. 그렇게 연애 관계를 공개하는 것이 자유연애 활동의 일부였다. 요컨대 루스는 많은 얘기를 했다. 루스는 나탈리 레이먼드와 한 데이트를 편지에 적었다. 루스는 뉴헤이븐에서 열린 어떤 학회에 가서 리디아 심슨(Lydia Simpson)과 체류한 이야기도 마거릿에게 했다. 리디아 심슨은 부드러운 금발에, 눈동자는 암갈색이었다. 루스는 이렇게 표현했다. "동공들이 전부 홍채를 갖고 있는 하나의 작품이야." 루스는 자신과 에드워드 사피어가 밀통하지 않았음을 스탠리가 알게 된 후로 둘의 관계가 크게 개선되었다며 열변을 토했다. "네 남편이 너에게 온갖 사랑을 베풀게끔 하는 일은 아주 소중하다."라고 그녀는 마거릿에게 썼다.[103] 루스는 리언 뉴턴 얘기도 마거릿에게 해주었다. 그녀의 새로운 연애 상대, 그 두 사람이 자기 수업을 듣고 있다는 것, 그리고 '결국 서로 끝나게 된' 경위를 말이다. 그건 리언을 포기하기로 한 마거릿의 결심을 뒷받침하기 위한 조치였다.

루스는 걱정이 많을 만도 했다. 마거릿은 5월에 사모아를 떠났다. 그녀가 출발 전에 루스에게 보낸 마지막 편지들을 보면 두 사람의 단순명쾌한 연애 관계가 희미해졌음을 알 수 있다. 마거릿은 루스를 오랫동안 보지 못했고, 자신의 연구를 성공적으로 마무리했기 때문에 이제 그녀의 지원이 애타게 필요한 것도 아니었다. 마거릿은 방을 내줬던 해군 의사의 집을 떠나면서 천만다행이라고 썼다. 폭압적 가장이었던 그가 마거릿 때문에 아내가 몹쓸 여자가 되었다며 강한 혐오감을 드러냈기 때문이다. 그는 인종주의자라 할 수 있었고, 사모아의 소녀들이 마거릿의 포치에 수시로 들락날락하자 몹시 화를 내면서 자기 집에는 사모아인이 출입 금지라고 선언했다. 다행히도 마거릿은 그때쯤에 이미 상당히 많은 자료를 축적하고 있었다. 사실 그녀는 예정보다 일찍 작업을 마무리할 수 있게 돼서 꽤 의기양양했다. 미드는 사모아 말을 배운 것이 자랑스러웠다. 그녀는 자신이 그해에 '특이한 힘'을 발휘하고 있다고 생각했다. 미드는 그 힘을 '근육질의 용기'라고 불렀다.[104)]

마거릿과 루스가 연애를 재개할 수 있는 모든 조건이 갖추어진 듯했다. 마거릿이 루스에게 갖고 있던 환상을 제외하면 말이다. 그 환상은 두 사람의 사랑과 관련해 마거릿이 갖고 있던 아름다운 심상 가운데 하나로 시작되었다. 그러나 가시 돋친 말과 함께 끝난다는 게 중요했다. 마거릿은 자기가 어린아이였을 때 신을 만나는 게 어떤 광경일지를 상상해보았다고 루스에게 썼다. "항상 문이 열렸다가 닫힐 거라고 생각했죠. 그다음에는 더없이 행복한 광경이 펼쳐지는 거예요. 이제 당신 품에 다시 안기는 게 어떨까 하고 상상해보면 똑같은 기분이 들어요. 그런데 문들이 닫히면서 갖게 되는 안도의 느낌 때문에 1초 이상 그 기분을 떠올릴 수 없단 말이죠. 잠깐 이상은 견딜 수 없을 것 같은 생각이 드는 거예요."[105)]

말의 온전하고 깊은 함의를 바탕으로 신성함을 들먹인 걸로 보아 미드의 편지 내용은 틀림없이 흐뭇하면서도 두려움을 불러일으키는 효과를 발휘했을 것이다. 마거릿이 루스의 품에 안기는 광경을 '1초 이상' 마음속에 그려볼 수 없었다는 것은 그녀가 둘의 관계를 주저했음을 암시하는 듯하다. 두 사람은 헤어진 채 여러 달을 보냈고, 그사이에 함께한 시간들에 대한 마거릿의 기억도 희미해졌다. 마거릿이 주저하는 태도를 보인 건 이 때문이었을 것이다. 문이 닫혔을 때 열정적인 루스한테서 마거릿이 위안을 얻는 것을 더없이 행복한 광경이라고 언급하며 그 지복의 환상을 중단한 것이 동성애를 망설이던 태도를 시사했을 수도 있다. 그런 망설임 속에서 미드가 또 다른 남자와 사랑에 빠지게 되는 것이다. 그 대상은 약관의 인류학자 리오 포천이었다. 미드는 오스트레일리아를 출발해 유럽으로 향하는 배에서 포천을 만났다. 유럽은 사모아에서 고국으로 돌아가는 항해 여행의 중간 기항지였다.

미드는 사모아 청소년들의 성애에서 무엇을 발견했을까? 그녀는 베네딕트에게 보낸 편지에서 자신이 많은 것을 배웠다고 썼다. 그러나 새로 알게 된 사실들을 명백하게 밝히지는 않았다. 그녀는 사모아의 성 행동 관습에도 '현대적 관점이 많다'고 썼다. 물론 '우리의 유형과' 다른 점도 많다는 사실을 그녀도 적시했다. 그러나 미드가 편지들에서 그 차이점들을 설명하지는 않는다. 베네딕트에게 한 얘기대로 미 의회 도서관에 있는 그녀의 현지 조사 노트도 '아리송하고, 필적을 알아보기가 힘들며, 간략하다.'[106] 미드가 발견한 주요 내용은 저서 『사모아의 청소년』에 담겨 있다. 이 책을 출간하기 위해 타자기로 작성한 원고가 의회도서관에 있는데, 인쇄된 내용과 다르지 않다.

『사모아의 청소년』에서 미드는 성인기로의 이행이 그곳에서는 순조롭다고 보고했다. 이것은 보애스가 짐작한 바이기도 했다. 자유로운 성애 활동이 그 순조로운 이행을 용이하게 해주며, 결혼 생활도 만족스럽다고 그녀는 적고 있다. 미드의 설명을 들어보면, 자유로운 성애 활동이 이성애의 견지에서 조직되는 게 그 한 이유였다. 이 점은 미국도 똑같다. 두 나라 사이에는 차이점도 존재했다. 사모아에서는 소녀와 성인 여성이 함께 일했고, 그녀들은 성적 유희를 '유쾌하고, 당연한 오락'으로 즐겼다. 이것은 친한 친구들 사이인 청소년 남성들도 마찬가지였다. 사모아 사람들은 동성애를 고정된 실체로 낙인찍지도 않았다. 요컨대 그들은 동성애를 인정했다. 그들 사이에서는 이성애에 '동성애' 활동이 포함되기 때문이라고 미드는 보았다. 미드가 쓴 내용을 보자. 이성애 관계에서 사모아는 "(미국보다) 더 다양한 관습이 존재하고, 개인의 특수한 상황을 빌미로 처벌이 가해지지 않는다."[107]

그러나 그녀가 사모아에서 본 어떤 '변태'를 설명한 대목이 칭찬하는 내용은 아니었다. 사모아의 소녀들은 그 여성적인 사시(Sasi)를 '재미있는 괴짜'로 치부했고, 그가 유혹한 남자들은 '짜증과 경멸이 뒤섞인 태도로' 반응했다.(그녀는 '변태'를 '정상적인 이성애를 할 수 없음'으로 정의했다.) 미드는 자신이 '일탈자'로 분석한 소녀 세 명은 '혼합 유형'이라고 언급했다. 혼합 유형이 '진짜로 변태적인 행동'을 하지는 않는다는 것이다.[108]

미드에 따르면 사모아에서 동성 관계는 가끔씩 벌어지는 작은 사건이었다. '크러시' 관계를 묻는 보애스의 질문에 미드는 기독교 계열의 여학생 기숙학교를 다니는 소녀들을 제외하면 그런 건 없다고 답했다. 그녀는 이렇듯 동성애 욕구가 없는 것은 사모아인들이 이성애를 하면서 동시에 온갖 '이차적인 변형'을 즐기기 때문이라고 보았다. 미드는 성교를 유희로 정의한 사모아인들에게 갈채를 보냈다. 이런 정의에서는 기술이 매우 중요해진다. 그녀가 쓴 내용을 보자. "성을 잘 알고, 친숙하면, 또한 성을 다루는 기술이 필요함을 기예의 차원에서 인정하면 신경증 따위는 존재할 수 없다. 불감증도 없고, 발기 불능도 있을 수 없다. …… 밤에 딱 한 번만 성교하는 것은 노망난 것으로 여겨진다." ('기예로서의 성교'라는 용어는 해블록 엘리스에게서 가져온 것이다.)

뿐만 아니라 다양한 성 행동을 정상으로 취급했기 때문에 '성에 입각해' 결혼 생활을 '만족스럽게 조정하는 게' 언제나 가능했다. "별생각 없는 아이들의 도착적 행동, 시간이 흐르면서 감성이 바뀌어 보다 정상적인 신체 부위를 외면하고 특이한 성감대에 집착하는 것, …… 편협한

성 행동 형태 딱 한 개만을 인정하는 문명사회에서는 결혼을 불행으로 이끌 수밖에 없는 온갖 우발적인 감정 상태들, 일시적이고 가벼운 동성애, 매춘이 여기서는 무해한 것으로 간주된다."[109] 미드는 이성애 관계를 성적으로 완벽하게 표출할 수 있다면 커다란 사회 개혁을 달성할 수 있을 것이라고 했다. 이를테면, 미국의 사회 개혁가들이 수십 년 동안 비난해온 매춘도 끝장낼 수 있으리라는 것이었다.

미드는 더 나아가 이성애에 관심을 집중했다. 미드가 관찰한 사모아에서는 남자들이 성적 주도권을 행사했다. 그들은 여자들이 '숙명론과 같은 자세로' 대하는 기술들을 알고 있었다. '모든 남자가 마법과도 같은, 절대로 거역할 수 없는 비장의 기술을 갖고 있다'는 투로 생각했다는 얘기이다. 물론 미드도 가끔은 나이든 여자들이 소년들에게 성에 대해 알려준다고 얘기했다. 그리고 그것은 나이든 남자들과 어린 여자들 사이의 관계도 마찬가지였다. 그러나 미드는 "성 지식이 한 남자에게서 다른 남자에게로 구전된다. …… 소녀들은 소년들한테서 배운다."라고 주장했다. 실제로 여자를 만족시키지 못하는 남자는 웃음거리가 되었다. 미드가 『사모아의 청소년』에서 '성 지식'과 '마법과도 같은, 절대로 거역할 수 없는 기술'이 뭔지는 얘기하지 않는다.[110] 그녀는 10년 후에 사모아 사람들의 성행위 기술을 더 명확하게 기록했다. "사모아 사람들은 엄청나게 다양한 전희 기술을 알고 있고, 실제로 사용한다. 그러나 그들은 얼굴을 보고 하는 딱 한 가지 성교 체위만을 고집한다."[111] 미드는 1929년 성 연구자 로버트 디킨슨에게 보내는 한 편지에서 성교 자체에 할애되는 시간은 짧고, 여자들은 대부분 손으로 하는 자극을 통해서 만족을 얻는다고 썼다. 그녀는 자신의 결론을 어떻게 생각하느냐고 묻기도 했다. '이른바 변태라고 일컬어지는 행동을 이성애 관계에 포함시키면' 그 관계가 개선된다는 자신의 생각에 의학적 견해

를 달라고 부탁한 것이다.[112)]

미드는 『사모아의 청소년』 뒷부분에 상세한 도표를 실어, 자신이 면담한 소녀 서른 명의 월경, 수음, 동성애 및 이성애 경험 자료를 제시했다. 이 자료를 보면 수음이 상당히 보편적이었음을 알 수 있다. 소녀 열일곱 명이 동성애 경험이 있었고, 열두 명은 이성애 경험이 있었다. 그러나 미드가 면담 내용을 분석한 것을 보면 동성애 경험은 일시적이고 가벼웠으며, 이성애와 결혼의 전주곡이었음을 알 수 있다.

미드는 소녀들과 친했고, 그녀들을 면담하면서 신중을 기했다. 그렇게 작성된 도표의 세부 사실을 통해 그들이 자신들의 성 행동에 관해 많은 얘기를 미드에게 해주었음을 알 수 있다. 이야기를 과장하는 것은 미드의 특기였다. 그 가을과 겨울에 루스 베네딕트에게 보낸 편지들에서 미드는 사태를 과장했지만, 그건 그녀가 열심히 연구 중이라는 얘기였다. 실제로 루스 베네딕트와의 연애 관계가 미드에게 힘이 되었다. 베네딕트는 미드가 자신의 재능을 바탕으로 연구를 의도한 대로 훌륭하게 수행할 수 있다고 믿어주었다. 마침내 미드는 혼자 힘으로 혁신적인 연구 방법을 창안해 낸다. 보애스도 베네딕트도 그녀에게 방법을 가르쳐주지 않았기 때문이다. 우리는 『사모아의 청소년』을 판단할 때 미드가 면담에서 취합한 정보와 그것을 바탕으로 그녀가 내린 결론을 구분해야 한다. 그녀가 뉴욕에서 책을 썼고, 그것도 사모아에서 돌아와 리오 포천을 만난 다음이었기 때문이다. 그즈음에 미드는 포천에게 자기와 결혼해달라고 매달렸고, 어느 정도는 그녀가 베네딕트와 맺고 있는 관계 때문에 그는 이 요구를 거부하고 있었다. 동성애가 이성애에 보탬이 된다는 걸 증명하면 그가 안심할 터였다. 동성애가 이성애에 보탬이 된다는 명제는 미드의 유토피아적인 자유연애 사상과도 아귀가 딱 맞았다. 그녀는 자유연애를 통해 중요한 사회 개혁을 성취할 수 있다고 믿었다.

마거릿 미드가 리오 포천과 사랑에 빠지면서 그녀와 루스 베네딕트의 관계가 일대 혼란에 빠졌다. 우선 당장 루스는 마거릿과 함께 떠나기로 했던 유럽 여행 계획의 파행을 해결해야 했다. 그녀는 스탠리에게도 실망했다. 루스는 그와 함께 영국 제도에서 6월 한 달을 보내며 두 사람의 결혼기념일을 축하했다. 그러나 스탠리가 내내 짜증을 부렸고, 그 여행은 재앙으로 끝나고 말았다. 아마도 그가 다른 여자와 사랑에 빠졌던 것 같다. 날짜가 적혀 있지 않은 일기의 단편에서 베네딕트는 1926년을 사건이 발생한 해라고 적었다. 마거릿은 그해 여름에 프랑스와 영국을 두루 여행했다. 처음에는 루서 크레스먼과, 다음으로는 리오 포천과 함께였다. 루스는 혼자 베를린으로, 샤르트르로, 프랑스 남부로 정처 없이 돌아다녔다. 루서에 관해 말하자면 그는 자서전에서 마거릿과 함께한 시간이 곤란했다고 술회했다. 유럽에 1년 예정으로 유학을 온 루이즈 로젠블랫이 그들과 함께 여행했기 때문이다. 마거릿은 리오에게 푹 빠져 있었던 것 같다. 물론 『블랙베리 겨울』에서 그녀가 카르카손에서 자기가 리오를 제쳐놓고 루서를 선택했다고 쓰고 있기는 하지만 말이다. 그들이 파리에 도착했을 때 루서는 마거릿을 리오에게 넘기고 미국으로 돌아갈 수 있게 되어 다행으로 여겼던 것 같다. 그러나 미드의 다른 많은 연인들처럼 그도 이미 나름의 대비책을 갖고 있었다. 루서는 런던에서 마거릿과 이혼한 후 결혼하게 될 여자를 만났던 것이다.[113]

루스 베네딕트는 여행 중간에 마거릿, 리오, 맥스 비커턴(Max Bickerton)이라는 리오의 동성애자 친구와 파리에서 일주일을 보냈다. 비커턴은 일본에 산다고 했다. 루스는 마거릿의 변명을 들어야만 했다. 마거릿은 자기가 리오처럼 젊고 생기가 넘치는 누군가를 만나리라고는 결코 예상하지 못했다는 것, 그래서 그와 사랑에 빠지는 자신을 도저히 제어할 수 없었다는 것, 또 자기가 혼자만의 문제들에 너무 집착하게 됐고, 그래서 이제 루스에게 상처만 주고 말 것이라는 등등의 핑계를 늘어놓았다. 그 일주일 후 루스는 여기저기 머무는 호텔들에서 다정함 따위는 찾을 수 없는 차가운 편지를 마거릿에게 보냈다. 그 편지들을 보면 루스가 자신의 감정을 통제하고 있는 듯하다. 물론 니스에서 적은 일기의 내용을 보면 절망해서 자살까지 생각하고 있었다는 걸 알 수 있지만. "열정은 변한다. 그러나 죽음은 영원하다. 인생이란 살수록 위신이 떨어지는 실체이다. 그러나 죽음은 위엄이 있다." 마거릿은 리오와 머물면서 끝없이 핑계를 댔다. 루스는 화가 치밀었고, 마침내 편지를 보내 마거릿에게 로마에서 열리는 대회에 참석하라고 명령한다.[114)]

미드 문서에 그때 일을 상세히 적고 있는 보고서가 한 장 있다. 1957년으로 연도가 적힌 한 쪽 분량의 이 메모에는 "정말로 무슨 일이 있었는지를 마거릿 미드가 적어놓음"이라는 제목이 달려 있다. 당연히 1926년 여름 얘기가 나온다. 질투심에 사로잡힌 루스, 내면의 악마에게 굴복한 루스, 여행을 망쳐버린 스탠리에게 화를 내고, 그를 떠나겠다고 결심한 루스. 아울러 마거릿과도 헤어지겠다고 결심하는 루스가 나온다. 문서에 따르면 마거릿은 파리에서 일주일을 보낸 후 리오와 줄행랑을 쳤다. 루스가 발끈해서 그녀에게 가버리라고 악담을 퍼부었기 때문이다. 미드는 이 문서에서 자신과 리오의 여행이 '플라토닉하게 다투었던 악몽'이라고 설명한다. 리오가 루스와의 관계에 불같이 화를 내고는 무기력해졌다는 것이다. 1935년 리오가 그레고리 베이트슨에게 보낸 편지도 그 진술을 확인해준다. 리오가 1926년 여름에 소유욕을 드러내며 마거릿을 가학적으로 대한 이유는 그녀와 루스의 관계에 화가 나서였다는 것이다.[115)]

루스와 마거릿은 시스티나 예배당에 그려진 미켈란젤로의 시빌들을 놓고 열정을 불태우며 격렬하게 다퉜다. 마거릿의 배신은 말할 것도 없었지만 루스의 질투가 문제였다. 루스는 마거릿이 루서 크레스먼, 에드워드 사피어, 마리 아이첼버거와 맺은 관계들을 겨우겨우 참았다. 요컨대 리오와의 연애로 루스의 인내심이 한계에 도달하고 말았던 것이다. 루스는 이제 그만 두 사람의 관계를 끝내자고 위협했다. 루스가 크게 낙심한 것을 깨달은 마거릿은 한발 물러서 영원한 사랑을 얘기했을 것이다. 싸운 다음 날 적힌 기록을 보면 루스도 한발 물러섰음을 알 수 있다. 그녀는 싸우게 된 게 자기 탓이라면서 사과했다. 루스는 자기 내면의 악마를 증오한다는 얘기를 들먹였다. 두 사람이 소원해지자 루스는 이렇게 썼다. "내가 나환자처럼 불결하다는 생각이 들어. 내 행동은 적절하지 못했어. 그때는 네가 그들한테서 빠져나오기를 원했지. 그래서 네가 그러도록 내가 할 수 있는 최선을 다한 거야." 루스는 마거릿을 너무나 사랑했고, 그녀를 잃는 사태에 직면할 용기가 없었다.[116)]

그 다툼으로 두 사람의 관계는 크게 손상되었다. 그러나 그 편지로 적어도 얼마간은 관계가 회복되었다. 그들은 뉴욕에 있는 각자의 남편들에게로 돌아가고, 두 사람의 관계도 유지하기로 했다. 마거릿과 리오의 미래는 알 수가 없었다. 리오는 케임브리지 대학교로 유학을 가기 위해 영국으로 건너갔다. 마거릿과 루스는 로마를 떠나 마르세유로 가서 미국행 배를 탔다. 그러나 두 사람의 관계가 더 발전하기도 했다. 마거릿은 사모아에서 거둔 결실과 리오와의 대화를 통해 새로운 지적 자신감으로 무장했다. 리오는 심리학에 조예가 깊었고, 인류학도 상당히 많이 알았다.

미국행 배에서 미드와 베네딕트는 인류학을 화두로 치열하게 토론했다. 미드에 따르면, 그 대화와 토론은 이후로 '여러 해 동안' 지속되었다. 미드는 융을 좇아 단호하게 주장했다. 문화와 인간의 행동을 연결해, 인류학의 학문적 방향을 설정하려면 인간의 보편적 특성과 개별 문화에서 그것이 구체화되는 양태 사이의 구조적 관계를 밝히는 이론을 찾아야 한다고. 베네딕트는 거기에 동의하지 않았다. 그녀는 어떤 이론이 다른 이론보다 특별히 더 나을 건 없다고 생각했다. 문화들에 일관성이 거의 없다는 생각도 가지고 있었다.[117] 그게 1926년 가을 당시 베네딕트가 견지한 입장이었다. 그녀가 박사 학위 논문에서 취한 입장도 그것이었다. 베네딕트가 미드의 행실 때문에 유럽에서 침울했다는 것을 알 수 있는 대목이기도 하다. 그러나 1년 후에 베네딕트는 태도를 바꾼다. 푸에블로 인디언들 사이에서 현지 조사를 수행하며 새롭게 자극을 받았고, 미드와의 관계에서도 새로운 전기가 마련되면서 잔뜩 고무되었던 것이다.

9장

빵과 포도주

— 우정(1926~1931)

"내가 사랑하는 사람들은 포도주다." 마거릿 미드는 이렇게 말한 적이 있다. "그들은 흥미롭고, 놀라우며, 사랑스럽다. 그러나 그들이 꼭 필요한 것은 아니며 특권적인 것도 아니다. 이 음식 저 음식에 따라 좋은 포도주를 가려 마실 수 있기 때문이다."[1] 자신의 연애를 이렇게 설명한 데서 '돈 후안'의 철학이 드러난다. 에드워드 사피어는 여기에 충격을 받았고, 미드를 '따분한 승부사'라고 불렀다. 그러나 그것은 미드의 연애 방식 가운데 하나일 뿐이었다. 그녀는 아량이 있었고, 배려심도 많았다. 사모아에서 여동생 엘리자베스에게 보낸 편지에서 피력된 자유연애 사상과도 일치하는 대목이다. 미드는 친구들, 연인들, 남편들에게 영감의 원천이었고, 그들은 그녀에게 자극받아 더 풍부한 책을 썼고, 더 출세하고 성공했으며, 더 의미 있는 삶을 살았다. 미드는 친구들에게 자신이 어머니인 양 인식하는 '구제 불능의' 경향이 있다고 썼다. 미드는 다 큰 어른들을 할머니가 그녀의 부모님을 다루던 방식으로 다루었다. 격려와 훈육이 필요한 아이들로 취급한 것이다.[2]

그러나 미드가 아이일 때도 있었다. 놀기 좋아하고 재미있지만 가끔씩 불안해 위안이 필요한 아이 말이다. 실제로 관계의 초기에 그녀는 빈번하게 그랬다. 이 단계에서 미드는 통제권을 행사하지 못했고, 시시비비를 가릴 수도 없었으며, 성질을 부리지도 못했다. 루스 베네딕트는 미드의 '아기' 같은 측면이라며 그런 행동을 가끔씩 눈감아주기도 했다. "내 말은, 네가 아기처럼 웃고, 아기처럼 운다는 거야. 얼굴 표정도 꼭 아기 같아. 정말이지 넌 아기처럼 감정을 드러낸다고."[3] 미드가 베네딕트의 말을 회상한 대목이다. 미드는 자신의 진짜 나이, 그러니까 자기가 내면적으로 생각하는 나이가 열 살에서 열한 살 사이라고 얘기하는 경우가 잦았다. 사피어가 미드의 그런 측면을 「아리엘(Ariel)」이라는 시에서 언급하기도 했다. 이 시에서 그는 미드가 '작고 슬기로운 두 발'로 구름을 뚫고 솟아오른다고 묘사한다. "나는 가벼운 발걸음으로 걸었다. 그건 열한 살짜리의 걸음이었다." 미드는 이렇게 말했다. "나는 세상에 대한 걱정이 전혀 없었다. 나를 짓누르는 어깨 위의 짐 같은 것도 전혀 알지 못했다."[4] 사실을 얘기하자면, 미드에게는 걱정이 아주 많았다. 다만 드러내지 않았을 뿐이었다. 직업에 대한 고민, 개인적인 걱정, 친구와 가족들에 대한 염려가 그녀의 마음을 떠나지 않았다. 베네딕트는 이렇게 말했다. "그들(인류학과의 남자들)이 너를 싫어하는 이유 중의 하나가 그 걸음걸이 때문이야."[5] 미드는 고개를 높이 쳐들고 활달하게 걸었다.

마거릿 미드와 루스 베네딕트의 우정은 특별했다. 미드는 종교적 비유를 사용해 이렇게 말했다. "어떤 사람들, '재능이 있는 사람들'은 천국으로 이끄는 스테인드글라스가 되기도 한다. 다른 곳에서는 절대로 볼 수 없는 빛이 거기에서 비치는 것이다."[6] 베네딕트와 미드가 기독교 성찬식의 빵과 포도주로 그들의 관계를 상징하는 일도 잦았다. 베네딕트는 세라노 족 인디언 추장 얘기를 마거릿에게 들려줬고, 둘의 관계는 진흙으로 만든 컵으로 비유되기도 했다. 성찬식의 포도주를 담는 성배처럼 그 컵도 신과의 합일을 추구하고, 그리스도와 신자들의 신성한 결혼이라는 황홀경을 상징했다. 신자들은 그리스도의 육신과 피를 먹고 마시는 일종의 결혼 의식을 통해 자신들이 신성해진다고 믿었다.

성찬식에 사용되는 성배는 베네딕트와 미드의 정신적 유대를 상징했다. 미드는 베네딕트에게, 우리는 사랑에서뿐만 아니라 학문에서도 하나로 융합되었다고 썼다. 그녀는 계속해서 이렇게 말한다. 우리는 차례로 "한 사람의 마음에, 이어서 다른 사람의 마음"에 의지했고, 그러면서 하나로 통합되었다.[7] 스탠리는 사랑의 빵이었지만 미드는 포도주였다. 이 두 여자가 기독교 신비주의에 발을 디디고 있었음을 상기해야 한다. 베네딕트는 어렸을 때 복음주의 침례교를 믿었고, 미드는 고교회파 성공회 신자였다. 그들은 자신들의 사랑을 표현하기 위해 기독교의 상징들을 활용했다. 그들의 전통주의적 태도가 빅토리아시대 후기를 넘어 현대에까지 이어진 셈이다. 빅토리아시대의 연인들은 자신들의 사랑을 종교 용어로 묘사하는 일이 잦았다. 성스럽고 신성하며 소중하다든가, 신성한 것을 먹고 마신다든가, 삼위일체의 영성으로 축복 받았다든가 하는 등으로 말이다.[8] 수전 맥케이브는 시인 에이미 로웰이 '빵과 포도주가 그리스도의 몸과 피로 성변화(聖變化)하는 것'과 영성체를 받는 사람들이 그걸 먹고 마시는 행위를 레즈비언 성교의 이미지로 차용했다고 말한다. 베네딕트의 의도가 그것이었을지도 모를 일이다.[9]

베네딕트는 자신을 고통받는 그리스도로 여기기도 했다. 미드가 베네딕트와 하나가 되었다가 발을 빼고, 그녀에게서 많은 것을 배우며 사랑하다가 퇴짜를 놓고, 결국 다시 돌아오는 과정에서 베네딕트가 마거릿에게 보여주려고 쓴 시의 주제가 바로 그것이다. 베네딕트는 시 쓰기와 인류학을 방편 삼아 자신의 디오니소스적 감정을 다스렸고, 아폴론적 내면에 의지해 자제력을 발휘했다. 그녀는 고통에서 구원을 발견했다. 니체가 세속화한 기독교의 주제가 바로 그것이었다. 베네딕트는 대학 시절 에우리피데스의 「트로이의 여인(The Trojan Women)」을 비평한 에세이에서 기독교의 그 주제를 다루었다.

베네딕트는 「유카리스트(Eucharist)」라는 시를 써서 미드에게 헌정했고, 미드는 그 시를 『우리 시대의 인류학자』의 권두시로 사용했다. 베네딕트는 거기서 고통과 구원이란 주제를 형상화했다.['유카리스트'는 성찬 의식을 뜻하는 말이다. 시간이 흐르면서 여러 교단이 빵 대신으로 사용한 제병(祭餠, wafer)을 특별히 가리키기도 한다.] 이 시는 플라톤의 동굴의 비유에 기대고 있다. 동굴 속의 사람들은 불빛이 던져주는 자신들의 그림자만 본다. 그들은 진실을 거부한다. 베네딕트의 시에서 '빛'은 여성이고, 결국에 가서 빛을 먹고 마시는 것은 난파 생존자들뿐이다. 그들은 고통을 겪으면서 지혜를 얻은 것이었다. 그들은 진실을 보지만 나머지 다른 사람들은 환상만을 본다.

더 많은 빛이 주어질수록 더 많은 것이 부정되네.
사람들이 적나라한 바다에서 구하는 것,
햇빛 아래서 모든 절벽이 뚜렷이 보이고,
온갖 파도가 굽이치네.
빛은 이런 긍지 속에서 세련되어지네.

사람들은 그녀를 발견하는 것을 좋아하지 않네.
항상 그녀가 비추는 대상에 사로잡혀 있을 뿐.
오직 어둠 속에서 폭풍우에 표착한 사람들만 빛을 보네.
빛은 분해돼 마침내 무지개 빵이 되고,

그건 난파선의 상황과 흡사하지.[10)]

베네딕트에 대한 미드의 애정에는 제약이 있었다. 완벽한 우정은 없고 질투, 따분함, 이기심 같은 감정들이 모든 관계에 도사리고 있다. 미드는 열다섯 살 차이가 거슬렸다. 리오는 1926년 여름 파리에서 베네딕트를 만나고 깜짝 놀랐다. 베네딕트가 마거릿보다 엄청 나이 들어 보였기 때문이다. 요컨대 미드는 때때로 두 사람의 나이 차이가 베네딕트에게가 아니라 자기에게 불리하다고 생각했다. 미드는 베네딕트가 자기보다 철학과 문학에 조예가 더 깊고, 시까지 잘 쓴다는 걸 알았다. '그녀의 독서량은 나보다 15년만큼 더 많다. 그녀는 나보다 15년을 더 살았다. 머지않아 그녀는 내게서 흥미를 잃고 말 것이다.' 미드는 두 사람이 관계를 맺기 시작한 초기에 자기가 틀린 말을 할까 봐 두려워했다. 베네딕트가 자기한테서 기대한다고 생각한 총명함을 보여주지 못할까 봐 겁을 낸 것이다. 미드는 자기와 베네딕트가 에드나 세인트 빈센트 밀레이의 시를 화제로 얘기했던 때를 떠올렸다. 그녀는 「부흥(Renascence)」이 밀레이의 최고 작품이라고 말했지만 베네딕트는 거기에 동의하지 않았다. 미드는 당황했다. 모르는 게 없는 애시 캔 캐츠 내의 적수 엘리너 필립스한테 그 말을 듣고는 똑같이 따라 했기 때문이다. 미드는 자기가 바보 같다고 느꼈다.[11)]

미드는 그리스도의 여제자들인 마리아와 마르다가 나오는 성경 이야기에 비추어 두 사람의 관계를 가끔 생각하기도 했다. 그 이야기는 세속적인 관심사보다는 영성을 찬양하는 우화이다. 그리스도가 집안일을 걱정하는 마르다를 꾸짖고, 마리아는 스승의 가르침에 귀를 기울인다. 미드는 자신이 마르다라고 생각했다. 그녀가 다른 사람들을 정서적으로 돌봤고, 아주 강인해 보였기 때문이다. 미드는 '누구의 보호도 필요 없는, 미워해도 무방한 사람'이었다. 반면 베네딕트는 마리아였다. 그녀는 섬세하고 상처받기 쉬웠다. 베네딕트는 '함께하는 사람들의 예의와 배려를 끌어냈다.'[12] 다른 많은 사람처럼 미드도 베네딕트의 연약함에 끌렸다. 그러나 그녀의 이런 자질은 불만스러울 수도 있었다. 그 때문에 베네딕트의 강점과 미묘한 통제력이 드러나지 않았기 때문이다. 그녀는 다정하게 굴면서 원하는 것을 성취했다.

남성 인류학자들은 미드에게 반감이 있었다. 미드는 사태가 그렇게 전개된 데에 베네딕트가 부분적으로 책임이 있다고까지 생각하기도 했다. 그녀는 베네딕트가 사피어나 로위 같은 남자들을 경멸한다고 생각했고, 남자들도 베네딕트가 자기들을 업신여긴다는 걸 알았다. 미드는 궁금했다. "루스 베네딕트의 목소리에는 뭐가 있는 것일까? 페미니스트의 깊은 경쟁심이 자리하고 있는 것일까?"[13] 어쩌면 그 '페미니스트 분위기'에 남자들이 짜증을 내면서 미드를 공격했을 것이다. 그녀가 베네딕트의 젊고, 굳센 피후견인이었기 때문이다. 요컨대 베네딕트는 마거릿을 조종해 사피어에게 그녀의 자유연애 사상을 실토하도록 시켰다. 사피어가 그 얘기를 듣고 불같이 화를 내리라는 걸, 베네딕트는 다 알고 있었다.

그러나 마거릿과 베네딕트는 서로에게 깊이 헌신했다. 각자는 상대방의 작업을 읽고, 비판했다. 미드가 해외에 나갔을 때는 베네딕트가 그녀의 출판물과 우편물과 재정을 관리했다. 베네딕트는 마거릿에게 읽어야 할 논문과 책을 보내주었다. 베네딕트는 마리 아이첼버거가 미드의개인적 필요에 부응하는 것을 도왔다. 베네딕트는 자신의 딸과 같은 마리의 성취에 자부심을 느꼈다. 마저리는 언니 루스가 죽은 후에 마거릿 미드에게 이런 내용의 편지를 보냈다. 루스 베네딕트가 살면서 가장만족한 일 가운데 하나는 마거릿 미드를 인류학 분야로 끌어들여,

그녀가 '언니는 결코 시도할 수 없었던 분야를 조명하는' 모습을 지켜보는 것이었다.[14] 베네딕트는 청력에 문제가 있었고, 말을 배우는 게 느렸다. 그녀는 자기가 속도가 빠른 마거릿에게 어울리는 현지 조사 동반자가 될 수 없다는 걸 알았다. 베네딕트가 듣기 위해 안간힘을 써야 하는 대화에서 미드는 미묘한 차이를 포착해낼 수 있었다.

베네딕트와 미드는 서로에게 삶의 비밀을 털어놓았다. 두 사람은 다른 어느 누구와도 그 비밀을 공유하지 않았다. 미드는 '죽은 아기' 꿈을 고백했다. 베네딕트는 아버지와 시빌들이 나오는 환상 세계와 닭장 꿈을 마거릿에게 얘기했다. 그들의 인격은 갈등을 겪었다. 더구나 1920년대는 정신분석이 유행하던 시대였다. 그러나 두 사람은 아무도 공식적으로는 정신분석을 받지 않았다. 그들은 서로 함께 내면의 자아를 탐구했다. 베네딕트는 그들의 대화가 '정신분석'이라고 얘기했다. 그녀는 이렇게 썼다. "붙일 이름으로 더 마땅한 용어가 떠오르지 않는다."[15] 두 사람의 관계는 갈등을 겪었고 강렬했으며, 지적이었고 감성적이었다. 각자가 상대방을 통해 스스로를 파악해가는 과정은 전이 분석과 유사했다. 미드는 베네딕트라는 테세우스의 아리아드네였고, 베네딕트라는 단테의 비어트리스였으며, 베네딕트라는 예이츠의 모드 곤이었다. 아리아드네와 비어트리스와 모드 곤은 전부 남성을 더 풍요로운 자아로 이끄는 여성들이다. 미드도 비슷한 방식으로 베네딕트를 활용해 스스로를 파악했다. 인류학자 멜빌 허스코비츠의 아내 프랜시스 허스코비츠와, 그 두 사람 모두의 절친한 친구 한 명이 1928년에 미드에게 그녀가 베네딕트의 행동을 따라 하고 있다고 알려줬다.[16] 그건 놀라운 일이 아니었다. 미드는 아직 젊었고, 여전히 자신의 정체성을 탐구 중이었기 때문이다.

프로이트의 용어를 사용하자면 두 사람은 각자의 '강박적 자아'를 탐색했다. 베네딕트의 악마와 모든 사람의 비위를 맞춰야 한다는 미드의 집착, 다시 말해 그녀가 친한 친구들을 행복하게 해주지 않으면 불행이 닥칠 것이라는 두려움이 거기에 해당했다. '강박적 자아'는 두 사람이 애초부터 갖고 있던 양성애 성향 가운데서 성인이 되었는데도 사라지지 않고 있던 동성애 요소를 가리키기도 했다. 프로이트도 그럴 수 있다고 생각했다. 베네딕트는 미드에게 이렇게 썼다. "너의 강박적 자아는 항상 더 위에 있는 왕국에서 온 존재를 찾지. 마치 그 존재의 발치에 공물을 바치고 싶어 하는 것 같아." 그러나 베네딕트는 계속해서 이렇게 말한다. 자기는 동등한 '사람'(denizen)을 원하고, 미드야말로 자기에게는 유일하게 그런 '사람'이라고. 여기서의 '사람'은 새로운 나라가 받아들인 외국인이라는 의미의 주민이다. 베네딕트는 동성애자가 되기로 결심하고 나서 미드에게 이렇게 썼다. 자신의 환상 세계인 '환희의 산'에서 마거릿과 함께 살고 있는 듯한 기분이 든다고.[17]

그들이 레즈비언이었을까? 두 사람은 1920년대 초부터 1940년대 중반까지 서로에게 수십 통의 편지를 썼다. 이 가운데서 본인이나 상대방을 '레즈비언'으로 부르는 편지는 단 한 통도 없다. 물론 미드가 둘 모두가 알고 있던 다른 여자들을 레즈비언으로 언급하기는 하지만 말이다. 미드는 1934년에 그레고리 베이트슨에게 여동생 프리실라가 자기를 레즈비언으로 의심하고 있다는 생각이 들지만 그건 아니라고 썼다.[18] '혼합 유형'이 그녀가 사용한 용어다. 미드는 '양성애자'라는 말을 채택하지 않았다. 그 시점에서 양성애라는 말에는 '제3의 성'이라는 의미가 함축되어 있었기 때문이다. 그렇다면 생물학적으로 여자인 경우 심리적 자아에서 남성의 모습이 지배권을 행사하게 된다. 미드는 1928년 가을 리오 포천과 결혼했다. 그 직후에 미드는 베네딕트에게 자기가 '두 명의 연인' 사이에서 '완벽하게 균형'을 잡으려 애쓰고 있다고 썼다. 당연히 이성애 대상자 리오와 동성애 대상자 베네딕트였다. 그러나 미드는 그렇게 하는 데서 어려움을 겪었다. 미드가 아직 루서와 결혼 생활을 유지하고 있던 2년 전으로 거슬러 올라가보자. 미드는 컬럼비아 근처에 있던 베네딕트의 거처를 빠져나와 루서가 있는 집으로 돌아갔다. 베네딕트와 오후 한때를 보내고 난 저녁 시간이었다. 그때 미드는 리오의 얼굴을 떠올리고 있었다. 시간이 흘러 그녀는 리오와 결혼했고, 그와 함께 마누스 섬에 머물고 있었다. 이제 그녀는 계속해서 베네딕트의 얼굴을 떠올렸다. 미드의 욕망은 이렇게 계속 바뀌었다. 그러나 그녀는 베네딕트에게 '한 개의 성에만 충성'할 생각은 전혀 없다고 약속했다.[19]

하지만 미드는 자신을 진정한 여자로 간주하고 싶어 했다. 1929년에 그녀는 베네딕트에게 사회의 기대에 따라 결혼할 생각은 전혀 없다고 썼다. 미드는 루서와 헤어진 후 자신이 결혼하게 될 남자를 욕망하고 사랑하겠다고 굳게 결심했던 것이다. 1947년 베네딕트에게 보낸 한 편지에서 미드는 남자가 없는 자신의 인생은 상상할 수도 없다고 얘기했다. "여자나 아이가 아무리 많아도 그들이 내게 남자와 똑같을 수는 없죠." 그러나 같은 편지의 다음 줄에서 그녀는 결혼 상태를 유지해야 할 필요성을 자신이 짊어지고 있는 '단단한 덩어리' 가운데 하나라고 얘기한다. 사람들은 그녀가 말한 '단단한 덩어리'가 레즈비언으로 전향하는 것을 막은 장애물이라고 추론한다. 이런 추론을 베네딕트도 했다. 베네딕트가 죽고, 마거릿과 그레고리 베이트슨이 이혼했으며, 로다 메트로가 새로운 동반자로 등장한 만년에 미드는 다시 한 번 견해를 바꾸었다. 그녀는 평생에 걸쳐 가장 좋은 성애적 활동은 청소년기에 동성애를 하고, 중년에는 이성애를 하고, 노년에는 동성애를 하는 것이라고 천명했다.[20] 여자는 그렇게 하면 가임기에 아이를 낳아 인생의 나머지 기간에 함께 할 수 있는 사람과 사랑을 보장받을 수 있었다.

미드가 대학 시절과 이후에 레즈비언 연애를 했고, 그 사실을 숨기기 위해 루서와 결혼한 것이라고 주장할 수도 있다. 그러나 그녀는 리오와 결혼했을 때 그에게 열렬했고, 그레고리 베이트슨은 이혼 후에도 여전히 사랑했다. 미드는 혼인 상태를 좋아했다. 그녀는 결혼의 신성함을 믿도록 양육되었던 것이다. 그러나 미드는 부모의 결혼 생활이 파탄났고, 단순히 혼인 관계를 유지하는 것으로는 문제가 전혀 해결되지 못했다는 사실을 날카롭게 인식하고 있었다. 전위적이었고, 관습에 구애받지 않았던 미드에게는 이혼이 정당한 선택이었다. 물론 사회적 불명예를 뒤집어쓰지 않으려면 추문 없이 혼인 관계를 청산해야 했다. 미드는 처녀 적 이름을 계속 간직했고, 독립적으로 성공과 출세를 도모하는 여성이라는 대외적 인식을 계속 유지할 수 있었다. 미드는 조용히 멕시코로 가서 이혼 절차를 마무리 지었고, 언론은 이에 대해 한 번도 그녀를 나무라지 않았다.

1930년대 중반에 베네딕트는 이미 레즈비언이 되었지만 미드는 레즈비언을 좋아하지 않았다. 미드는 베네딕트가 '혼합 유형' 그러니까 동성애도 하고 이성애도 하기를 바랐다. 마거릿에게 '환희의 산'의 '주민'으로 자기와 함께 살자는 베네딕트의 제안에 그녀는 자기가 베네딕트의 생각 속에서만 거기 사는 것으로, '저기 먼 곳으로 여행하는 데'서만 베네딕트에게 필요했다고 답변했다. '저기 먼 곳으로 여행한다'는 말은 베네딕트가 자신의 강렬한 동성애 성향을 실행하는 걸 (미드가-옮긴이) 돕는다는 얘기이다. 오직 그런 의미에서만 미드는 '참된 존재이자 주민'이었다.[21] 베네딕트의 결심으로 두 사람의 관계가 위기에 처했다. 자신의 정체성에 대한 미드의 생각도 위태로워졌다. "나는 남자가 되고 싶지 않다."라고 미드는 강력하게 천명했다. 그녀는 고대 이집트에서 태어났더라면 좋았을 것이라는 베네딕트의 바람을 언급하면서 이런 말을 보탰다. "난 다른 시대에 태어나고 싶지 않다." 미드는 자서전의 초고에서 이렇게 썼다. 오늘날에도 "나는 잘 모르는 남성화 질병 가운데 하나에 걸렸을지도 모른다는 생각이 들면 상상할 수 있는 최악의 운명보다 더 무지막지한 공포에 휩싸이고 만다."[22] 미드는 리오에게 가면서 베네딕트를 떠난 후에 보낸 편지에서 상황이 '옛날과 똑같다'고 말했다. 루스 베네딕트는 루스(룻)와 나오미가 등장하는 성경 이야기를 가장 좋아했다. 미드는 그 이야기에 기대어 이렇게 강조한다. "당신이 가는 곳이면 어디든 따라가겠습니다. 하지만 당신의 신이 나의 신은 아닙니다."[23] 미드는 여자이고 싶었다. 그녀는 베네딕트와 깊은 유대를 맺었음에도 불구하고 계속해서 남자들과 사랑에 빠졌던 것이다.

베네딕트와 미드는 1926년 로마에서 뉴욕으로 돌아왔다. 그들은 자신들의 일상을 재개했다. 미드는 루서 크레스먼과 살았고, 베네딕트는 주중에는 뉴욕의 자기 집에서, 주말에는 베드퍼드 힐스에서 스탠리와 생활했다. 베네딕트는 그 해 글래디스 리처드가 공석으로 남겨놓은 바너드의 입문 과정 수업을 맡았다. 미드는 그녀의 조교로 참여해, 자연사박물관에서 진행하기로 한 토론 수업을 이끌었다. 두 사람이 4년 전에 만난 과정이 반복된 셈이다. 베네딕트는 다시 설화와 전설을 수집했고, 《미국 민속학 저널》을 편집했다. 미드는 박물관의 큐레이터 일을 시작했고, 박사 학위 논문과 사모아 민족지와 「청소년 여자아이들이 겪는 갈등(Adolescent Girl in Conflict)」을 마무리하는 데 매진했다. 「청소년 여자아이들이 겪는 갈등」이 나중에 『사모아의 청소년』이라는 단행본으로 출간된다.[24]

리오 포천은 유럽에서 행실이 좋지 않았다. 그러나 미드는 여전히 그에게 마음을 빼앗긴 상태였다. 미드가 로마에서 베네딕트에게 리오를 포기하겠다고 약속했든 안 했든 그녀가 그에게 연락하는 것은 시간문제였다. 미드는 그의 젊음을 사랑했다. 확실히 이 점은 베네딕트 및 사피어와 다른 요소였다. 그녀는 리오의 패기와 이국적인 느낌과 멋진 외모를 사랑했다. 리오는 마거릿보다 한 살 어렸다. 그녀는 리오를 '소년'이라고 불렀다. 뉴질랜드 촌뜨기였던 리오는 '최고 수준의 연극과 진품 회화를 본 적도, 일류 오케스트라의 실제 연주를 들어본 적도' 없었다.[25] 그러나 그는 공부를 좋아했고, 시와 프로이트와 인류학에 푹 빠져 있었다. 그는 성공회 신앙 속에서 자랐다. 리오가 고급 학문을 정식으로 배우지 않았을지도 모르지만 그에게는 지적 대담성이 있었다. 유럽행 배에서 미드와 만났을 때 그는 꿈에 관한 책을 쓰고 있었다. 프로이트의 『꿈의 해석(Interpretation of Dreams)』을 좇아, 자신의 꿈을 분석하는 내용이었다. 리오는 장난기가 다분했고, 미소가 짓궂었으며, 생각이 사방팔방으로 튀었다. 그러다가 별안간 총명함을 드러내는 청년이었던 셈이다. 리오도 미드처럼 시를 썼다.[26]

리오는 성공회 선교사의 아들이었다. 아버지는 뉴질랜드에서 사제직을 버리고 농부가 되었다. 리오는 어떻게든 살아나가려고 분투하던 가정에서 자랐다. 그는 장학금으로 학교에 다녔다. 미드가 리오를 만났을 때 그는 케임브리지 대학교로 유학 가던 중이었다. 장학금을 받기로 했던 것이다. 리오는 공산당에 관여했고, 서양 선교사들과 정부가 원주민 문화를 통제하는 상황을 끝장내야 한다는 생각에 사로잡혀 있었다.[27] 그의 이름 리오는 아버지의 종교적 소명 의식과도 부합했다. 리오는 마오리어로 '말'(word)을 뜻했다. 미드는 이렇게 썼다. "다른 행성에서 온 외계인을 만나는 것 같았다. 하지만 나와 공통점이 아주 많았다." 리오의 형제 바터는 미드의 세련된 세계에서 길을 잃고 만 순둥이

로 그를 묘사했다.[28)]

미드는 리오가 사소한 대화를 할 줄 모르고, 경쟁심이 강하며, 태도가 어색하고, 분노가 격렬하다는 것을 눈여겨보지 않았다. 미드의 친구 몇 명은 리오가 정서적으로 불안정하다고 판단했다. 그레고리 베이트슨은 리오에게 천재성이 있지만, '거기 이르는 길이 거칠고, 구불구불하다'고 생각했다. 리오의 정신은 '호기심 속에서 거칠게 갈지자를 그렸다.'[29)] 마거릿 미드와 루스 베네딕트가 직관상을 보았다는 사실을 고려하면 리오의 이런 특성이 그녀에게 별로 놀랍지 않았을 수 있다. 그러나 리오의 이런 성향이 나중에 두 사람의 결혼을 끝장내는 이유로 작용한다.

무엇보다도 미드는 리오의 정력적인 남성성에 홀딱 반해 있었다. 리오는 키가 컸고, 탁월한 운동 능력을 과시했으며, 다부지게 생긴 미남으로, 야외 활동을 좋아했다. 노련한 등반가였던 리오는 장래 오지 여행의 최고 동반자가 되어줄 터였다. 물론 그의 정력이 불리하게 작용할 수도 있겠지만 말이다. 미드는 리오가 '남자아이들이 육체를 단련하고, 남자가 여자를 때리는 문화 출신'이라고 썼다. 리오는 '어쩌면 사실이 아닐 수도 있지만 아주 무서운' 이야기들을 마거릿에게 들려주었다. 그중의 하나는 '아일랜드인 할아버지가 종마도 함께 사는 부엌에 할머니를 가두었다'는 내용이었다. 할아버지는 이런 말을 내뱉었다고 한다. "녀석이 네년을 밟아 죽였으면 좋겠다."[30)] 케임브리지 대학교의 문화는 남성성을 '억눌렀고', 그 결과는 '비현실적인 허약함'으로 나타났다. 그레고리 베이트슨은 리오가 그 속에서 도자기 가게 안의 황소 같았다고 전한다. 리오는 친절하고 배려심이 많았으며, 수줍어하며 내성적으로 굴 수도 있었다. 그러나 그는 여자 위에 군림하는 것을 좋아했다. 사실 그런 요소가 미드의 '여성적' 측면에 먹혔던 것이다. 마리 아이첼버거는 이렇게 말했다. "난폭하고 야만적인 사람과 사귀더니 별안간 생각하는 것까지 비슷해져 버렸군."[31] 마른 체형으로 키가 180센티미터가 넘었던 리오는 미드의 아버지와 닮은 구석이 있었다. 이건 그레고리 베이트슨도 마찬가지였다.

리오의 성적 태도가 완전히 시대에 역행하는 것은 아니었다. 동성애자 친구 맥스 비커턴이 파리에서 그와 함께 지냈다는 사실, 그의 여자 형제가 여자와 연애하다가 더 이상 간호사를 못 하게 되었다는 사실을 상기하면 이 점을 알 수 있다. 미드는 1928년 가을 리오를 만나러 뉴질랜드로 가는 배에서 호주인 인류학자 한 명과 조우했다. 그녀는 리오가 좋아할 것 같은 그를 '혼합 유형'이라고 묘사했다. 미드는 생각에 잠겨서 이렇게 말했다. "리오가 의심스러워. 하지만 그에게 절대 알리지는 않을 거야."[32] 리오는 마거릿을 처음 만났을 때 그녀가 기혼이라는 사실에 실망했고, 베네딕트와의 관계에 경악했다. 그러나 그는 베네딕트는 물론이고 미드의 자유연애 사상과도 친해지려고 애썼다. 요컨대 리오는 미드와 점점 더 많은 것을 공유하는 쪽으로 나아갔다.

리오는 케임브리지 대학교의 인류학자들과 접촉하면서 뉴기니에 관심을 집중했다. A. C. 해든과 일단의 케임브리지 동료들이 1898년 호주 북부 해안의 토레스 해협에 사는 부족들을 연구하면서 영국의 현대 인류학이 출범했다. 뉴기니는 이후로 줄곧 영국 인류학자들의 현지 조사 대상지였다. 다수의 영국인 인류학과 대학원생들처럼 리오도 브로니스와프 말리노프스키가 런던 정경대학에서 지도하던 대학원 세미나에 참가했다. 이 세미나는 다른 교육기관의 대학원생에게도 개방되어 있었기 때문이다. 리오가 다음으로 찾아간 대상은 A. R. 래드클리프브라운이었다. 케임브리지에서 수학한 래드클리프 브라운은 시드니 대학교에서 교편을 잡고 있었다. 록펠러 재단이 멜라네시아 연구 자금을 그에게 지원했다.

1920년대에 영국의 인류학을 혁신한 주인공들이 바로 말리노프스키와 래드클리프 브라운이었다. 두 사람 다 '기능주의적' 접근법을 채택했다. 이 방법은 특정 사회에 존재하는 사회제도들의 연관성을 탐구한다. 래드클리프 브라운은 문화 개념도, 개인에 집중하는 것도 좋아하지 않았다. 그는 친족 연구로 인정을 받았고, 에밀 뒤르켐의 영향을 크게 받은 '비교사회학자'였다. 래드클리프 브라운은 체계, 규칙, 질서, 안정성에 관심을 집중하는 계몽주의 전통에 속해 있었다. 말리노프스키는 '문화'와 개인을 탐구하는 일에 더 열의를 보였다. 인류학자들은 '참여 관찰법'을 고안한 사람으로 흔히 말리노프스키를 꼽는다. 그가 제1차 세계대전기에 트로브리안드 군도에 발이 묶였던 것이다. 그는 그곳에서 부족민들과 상당한 시간을 보냈다. 인류학자 애나 그림쇼(Anna Grimshaw)는 말리노프스키의 내면은 낭만주의자라고 평했다.[33]

미국의 인류학자들은 래드클리프 브라운과 말리노프스키에 대한 생각이 제각각이었다. 마거릿 카프리는 보애스주의자 대부분이 그들의 기능주의를 너무 빤한 구식으로 치부했다고 주장한다. 기능주의는 반(反)진화주의의 산물로, 그들이 최근에야 비로소 그 입장을 채택했다는 것이었다. 그러나 미국의 인류학자들은 10년 넘게 기능주의를 지지해왔다.[34] 보애스주의자들은 유행하는 옷을 걸치고 코안경을 썼던 래드클리프 브라운이 오만하고 독재적이라고도 생각했다. 그는 하층 중간계급 출신으로, '브라운'이라는 평범한 성을 갖고 태어났지만 귀족적인 느낌을 자아내는 성(姓)을 만들어냈다. 폴란드에서 나고 자란 말리노프스키는 패기만만했고, 실제적이었다. 그러나 그는 호색한에, 자기가 아주 중요한 인물인 줄 알고 잘난 체하는 종류의 사람이었다.[35]

그러나 두 사람 모두 독자적인 방식으로 선구적인 모험에 나선 개척자였다. 말리노프스키의 첫 책 『서태평양의 항해자들(Argonauts of the Western Pacific)』은 1922년에 출간되었다. 『서태평양의 항해자들』은 트로브리안드 군도의 용감한 상인들을 소개한다. 지역 도서(島嶼)에서 이루어지는 쿨라(Kula : 여러 섬 도민들 사이의 교환-옮긴이) 교환에 참여하기 위해 카누를 타고 위험한 바다를 항해하는 그들의 모습은 서구의 해적 탐험가들과 유사하다. 그들은 아무것도 걸치지 않은 채 헤엄쳐 다가오는 키르케들뿐만 아니라 도처에 존재하며 눈에도 안 보이는 위험한 비행(飛行) 마녀들이 사는 섬에 감연히 다가간다. 반면 래드클리프 브라운의 첫 책은 조심스럽고 신중하다. 그의 유일한 저서 『안다만 제도인(The Andaman Islanders)』도 1922년에 출간되었다. 이 책은 버마와 수마트라 사이에 존재하는 안다만 제도의 의식들을 민족에 따라 분류 정리하고 있다. 『안다만 제도인』은 사회가 사람들에게 발휘하는 영향력을 강조한다. 이를테면, 춤과 같은 집단적 행동을 서술하면서도 황홀경을 외면한 채 질서에 관심을 집중하는 식이다.[36] 그러나 전통주의에 사로잡혀 있던 케임브리지는 이색적이고 대담했던 래드클리프 브라운을 고용하려 하지 않았고, 그는 차례로 남아프리카와 호주, 이어서 시카고 대학교에서 교편을 잡는 방랑 생활을 거듭했다. 래드클리프 브라운은 록펠러 재단과 밀착해 다른 인류학자들을 능가하는 기염을 토했다. 말리노프스키는 계속해서 런던 정경대학에서 가르쳤고, 마침내 1930년대 후반 예일 대학교가 그를 임명했다.

말리노프스키와 래드클리프 브라운 모두가 미드에게는 잠재적인 동맹자였다. 미드는 사피어와의 연애가 끝나면서 그가 보일 반응들이 두려웠다. 보애스 학파의 다른 남성들과 사피어가 친했기 때문이다. 말리노프스키가 『사모아의 청소년』 표지에 들어갈 추천사를 써주었다. 미드가 사모아에서 발견한 자유연애 행태가 그가 트로브리안드 섬사람들 사이에서 확인한 성적 자유와 유사했기 때문이다. 그러나 리오 포천이 미드를 말리노프스키에게서 떼어놓았다. 리오는 말리노프스키의 매력과 미드가 거기에 기꺼이 반응할 가능성을 두려워했다. 실제로 포천과 말리노프스키는 애증의 관계였다. 포천이 연구한 도부 족이 말리노프스키의 트로브리안드 섬 근처에 살았기 때문이다. 두 사람은 성격이 변덕스러운 데다가 야심이 대단했다. 그런데 각자의 현지 조사 무대가 그렇게 나란히 놓이다 보니 친하게 지내면서도 다투게 되었던 것이다. 미드는 말리노프스키가 사피어의 비난을 이유 있다고 인정했음을 알게 되면서 그와 거리를 두었다.

래드클리프 브라운은 상황이 달랐다. 그는 미드의 작업 내용을 좋아했고, 그녀도 그의 활동을 마음에 들어 했다. 미드와 리오는 뉴질랜드에서 결혼을 하고, 시드니로 건너갔다. 그때 두 사람이 만났다. 사람을 잘 보았던 미드는 그도 꿰뚫어 보았다. 미드는 예상했던 대로 래드클리프 브라운이 오만하다는 걸 확인했다. 그러나 매력이 상당함도 인정했다. (리오가 더 이른 시기에 미드에게 써 보낸 편지에 의하면, 래드클리프 브라운은 저녁마다 17세기 프랑스 노래들을 피아노로 연주했고, 복잡한 체스 게임을 하듯이 호주의 친족 관계 얘기들을 풀어놓았다.)[37] 미드는 그가 관계에 자신이 없음을 알아차렸고 그가 '자신의 능력을 끊임없이 확인받고' 싶어 한다고 생각했다.[38]

미드가 필시 달콤한 말을 건넸을 것이다. 실제로 그녀는 항상 새로운 스승과 새로운 이론을 찾아 헤맸다. 미드는 래드클리프 브라운의 생각들을 자신의 저술 일부에서 폭넓게 수용했고, 그는 그녀를 자신의 제자로 인정하기에 이른다. 래드클리프 브라운은 자신의 대학원 수업에서 마누스의 친족을 다룬 그녀의 민족지를 자주 교과 내용에 포함시켰다.[39] 이 민족지는 1934년에 『애드미럴티 제도의 친족(Kinship in the

Admiralty Islands)』이라는 제목으로 출간되었다. 말리노프스키의 제자 한 명이 마누스의 육아 활동을 연구한 미드의 저서 『뉴기니에서 어른 되기(Growing Up in New Guinea)』를 논평하는 글에서 그녀가 해당 주제에 대해 아무것도 모른다고 비난했고, 그에 대한 반박이 필요했던 것이다. 『애드미럴티 제도의 친족』은 자신이 무얼 하고 있는지 알고 있음을 반대자들에게 증명해 보이겠다며 미드가 지속적으로 수행한 활동의 일부였다. 미드는 친족 관계를 절대로 간과하지 않았다. 친족 관계야말로 모든 민족지 조사 활동의 기본이었고, 연구 대상이 된 사회와 관련해 그녀가 수행한 예비 조사의 필수적 일부였다.

리오 포천이 유럽에서 까다롭게 굴었음에도 불구하고 미드는 뉴욕으로 돌아와 그에게 편지를 썼다. 그녀는 그들이 다툰 게 자기 때문이라며 사과했다. "나 때문에 상처를 받았다면, 그리고 그 상처를 치유할 수만 있다면 우리가 맨발로 함께 걸었던 그 돌길을 다시 걷겠어요." 미드가 루서 크레스먼과 베네딕트에게 무슨 말을 했든 그녀는 리오에게 결혼하고 싶다고 말했다. 언제나처럼 미드는 미래를 환상적으로 꿈꾸었다. 리오가 예일 대학교에서 가르치며 박사 학위를 마치는 동안 미드는 자연사박물관에서 일하면 될 것 같았다. 그들은 주중에는 뉴헤이븐과 뉴욕의 중간쯤에 살고, 베네딕트가 베드퍼드로 가서 스탠리와 머무르는 주말에는 뉴욕에 있는 그녀의 집을 사용할 수 있을 터였다.(미드가 이런 소망을 가졌을까?) 아니면 리오 포천이 케임브리지에서 박사 학위를 하는 동안 그녀가 영국으로 건너가 포천 부인, 그러니까 '그 무시무시한 동물, 바로 결혼한 여자 과학자'가 될 수도 있을 터였다. 리오가 그들의 직업 경력과 미래 인생을 결정할 수 있었다. 미드는 자신의 사모아 연구를 팽개치고, 리오를 따라 멜라네시아에 갈 태세였다. 그녀는 그에게 이렇게 말했다. "필요하다면 어떤 희생도 감수하겠어요." 나중에 리

오는 지키지도 않을 약속을 했다며 미드를 비난했다.[40)]

루서 크레스먼은 마거릿 미드가 사모아로 떠나기 전만큼이나 변덕스럽게 호들갑을 떤다고 생각했다. 그녀의 팔 통증이 재발했고 눈의 피로감도 커졌다. "마거릿이 인생이 기묘하다고 생각하다니, 도대체 이게 어떻게 된 일이죠?" 루이즈 보건은 1927년 봄에 베네딕트에게 이렇게 물었다. "레오니가 그러는데, 마거릿이 얼마 전에 지독한 우울증을 앓았대요."

루서는 그가 런던에서 만났고 마거릿과 이혼한 직후 결혼하게 되는 여자에게, 미드가 리오와 열애 중이며 자기가 그녀를 학대하고 있다고 썼다.[41)] 미드와 리오 포천 사이에는 대서양이 가로놓여 있었기 때문에 이 말이 이상하게 들리는 것은 사실이다. 그러나 루서가 여름에 있었던 일을 언급했던 것일 수도 있다. 그가 마거릿에게 매정하게 굴었다는 건 리오조차 인정한 사실이었다.

또 다른 남자를 놓고 미드가 망설이자 베네딕트는 죽을 지경이었다. 베네딕트는 리오에 대해 의구심을 가졌다. 그도 사피어처럼 곧 소유욕을 드러내며 미드의 성공과 출세를 방해할 것이라고 생각했다. 베네딕트는 리오가 좋은 아버지가 될 거라고 보지도 않았다. 베네딕트는 자신의 결혼 생활 문제도 해결해야만 했다. 스탠리가 다른 여자와 사랑에 빠지면서 그들의 성관계도 중단되고 말았던 것이다. 이 상황에서 그녀는 마거릿에게 대범한 척했다. 그러나 용감함을 가장하는 게 그녀에게 쉬운 일은 아니었다. 가끔씩 분노와 우울증이 베네딕트를 집어삼켰다. 나중에 써 보낸 편지들에서 그녀는 마거릿에게 다섯 살짜리처럼 굴어서 미안하다고 사과했다. 분노와 우울만이 아니었다. 베네딕트는 냉담해졌고, 내성적으로 변했다. 미드는 베네딕트가 일종의 '상아탑'으로 도피했다고 말했다. 미드는 '개인적 관계에 의존하려는 여성적 요구와 함께 그 관계를 특별히 소유하려는 남성적 욕망'을 불태웠다며 베네딕트를 비난했다.[42] 다시 말해, 베네딕트는 마거릿과 독점적인 관계를 맺고 싶어 했던 것이다.

베네딕트와 미드는 1926년부터 1928년 사이에 여러 편의 시를 써서 주고받았다. 이 시들은 두 사람이 서로의 관계를 얘기한 또 다른 형태의 대화였다. 이를테면, 베네딕트가 미드에게 헌정한 「헌신(Dedication)」은 자신의 시집에 붙이는 헌사이기도 했다. (출판사가 거부하는 바람에 시집 발행은 무산되었다.) 「헌신」은 여름철에 산사나무 덤불의 하얀 꽃에서 꿀을 모으는 꿀벌 이야기이다. 그 꽃들은 겨울이 다가오면 호(haw)라고 하는 장과류 열매를 맺는다. 「헌신」은 여름철 태양의 온기와 하얀 꽃들의 향기를 노래하면서 시작된다. 이윽고 꽃잎들이 땅에 떨어지고, 날씨가 추워진다. 꽃가루를 모으던 벌들도 사라진다. 시는 땅속 깊이 자리한 식물의 뿌리에 담긴 비밀스런 액체를 질의 이미지로 노래하면서 끝난다. 그곳이 심오한 열정과 평화가 웅숭깊이 자리한 곳이라는 듯이.

초여름에 꽃을 피운 산사나무,
햇빛 아래 하얗게 눈이 부시네,
바람에 흩날리는 꿀의 향기.
무심한 사람의 눈에도
비밀스럽고 날쌘 산사나무의 율동이 보이네.

바람은 황금의 비옥한 먼지를 흩날리고,
꿀벌의 무리가 한판 축제를 벌이누나,
이윽고 앙증맞은 꽃잎들이 전부

풀밭으로 떨어지네.

그러나 가장 비밀스런 액체가 뿌리로 흘러들지
어떤 바람도 방해할 수 없고, 어떤 꿀벌도 마실 수 없게.
산사나무는 꽃을 피우고, 꽃잎을 떨구지.
은밀한 흙 속에서 포도주가 입술에 모이는 거지.[43)]

이 시에서 인류학계의 상황을 떠올리는 사람이 있을 수 있다. 개인과 집단이 발휘하는 충성심 이면의 균열을 보는 셈이다. 베네딕트와 미드의 사생활을 연상하는 것도 가능하다. 결혼 생활의 갈등과 연애 관계를 능히 짐작할 수 있는 것이다. 꿀벌들의 축제, 그들의 흥겨운 먹자판에서 모든 비밀이 폭로될 수도 있다. 그러나 두 사람의 삶이 얼마나 갈등으로 점철되었든 마거릿과 베네딕트는 서로를 소유했다. 베네딕트의 가장 깊은 욕망이 바로 그것이었다.

미드가 쓴 「습지에서(From the Marshes)」는 「헌신」에 화답한 시로 읽을 수 있다. 이 시에서 미드는 완전히 하나가 되는 것에 대한 베네딕트의 욕망과 질의 이미지를 거부하고, 자기는 더 다양한 섹슈얼리티를 원한다고 말한다.

당신의 삶의 나무는
여유롭게 선택된 고지대에 뿌리박고 있어요…….
그런 당신이 유연한 습지대에 뿌리박고 있는
어린 나무를 사랑하는 것은 잘못이에요.
습지대의 나무는
당신이 결코 신경 쓰지 않는 미풍에도

작은 잎들이 빠르게 반응하죠.
작고, 현혹하는 눈 덮힌 강물에도
창백한 뿌리는 신속하게 반응하고요.
뿌리는 가늘고, 약하며, 무분별해요.
더 곧게 나아가기 위해
눈먼 두더지가 굴을 파면
뽑힐 정도로 말이에요.[44)]

미드가 이즈음 쓴 다수의 시편은 베네딕트에게 고마워하고 사랑하는 마음을 담고 있다. 그녀는 로마에서 돌아온 후 「초록의 안식처(Green Sanctuary)」를 썼다. 「초록의 안식처」는 깊은 합일감을 드러낸다. 화자의 침대 위로 '달콤한 혀와 같은 잎사귀들'이 '평화를 노래하며' 대상을 감싸는 대목을 보면 여자 중심의 섹슈얼리티를 넌지시 말하고 있다는 것도 알 수 있다.

당신의 사랑은 봄철의 초록 방이죠.
그곳에선 부드러운 산들바람이 불고……
내 침대 위로는 달콤한 혀와 같은 잎사귀들,
당신은 평화를 노래하며 나를 감싸죠.

미드는 「초록의 안식처」를 언급하며 베네딕트에게 이렇게 썼다. "정신분석가들은 이 시를 놓고 소풍 얘기를 할 거예요." 프로이트주의자들은 이 시에서 베네딕트가 어머니의 이미지로 드러난다고 얘기할 거라고 말했다. 「초록의 안식처」가 '자궁을 완벽하게 상징하기' 때문이다. 미드는 자기도 그런 해석에 동의하지만 실제의 어머니는 별로 좋아

하지 않았고, 이제는 베네딕트가 자기 삶에서 그런 역할을 해주고 있다고 말했다.[45)]

1926년 11월에 쓴 걸로 되어 있는 「자제(Abnegation)」를 보면 미드가 베네딕트에게 모호한 태도를 취했음을 분명하게 알 수 있다. 1926년 11월이라면 그들이 유럽에서 돌아오고 두 달이 지난 때였다.

오, 친절하고 열정적인 화가여, 고개를 돌리세요.
이 부서지기 쉬운 그릇에 대한 당신의 열정을 거두어주세요.

그 모호한 태도가 같은 달에 쓴 「우리의 이집트 숙녀(Our Lady of Egypt)」에선 거부로 바뀐다.

당신의 손길도
그 옛날의 불꽃을 되살리진 못해요,
오, 이집트로 들어간 여인이여.[46)]

다음 해 봄에 미드는 「선물(The Gift)」을 썼다. 이 시에서 그녀는 자신이 지성을 예리하게 다듬고, 또 자신의 섹슈얼리티를 이해하는 데 도움을 준 베네딕트에게 감사를 표한다. 미드는 더 이상 '사람의 입술에서 나오는 노래'를 부러워하지 않는다. 그녀는 이제 '솔직하고, 정중한 키스'를 할 수 있다. 이 말은 미드가 베네딕트한테서 다양한 성적 표현을 배웠음을 의미한다. 미드는 베네딕트를 통해 학계의 선배들을 두려워하던 태도도 극복했다. 그녀는 이제 더 이상 '똑똑한 선배들에 주눅 들어 근심하는 아이'가 아니었다. 게다가 베네딕트 덕택에 미드는 두 성별에 대한 자신의 욕망도 두려워하지 않게 된다. '날랜' 사랑의 '손 두 개'

라는 표현을 보라. 그러나 베네딕트는 미드가 '여행한 길'은 물론이고 '여행하지 않은 길'도 좇도록 그녀를 해방해버렸다. 미드는 자유연애의 신념에 따라 다른 관계들이 베네딕트와 자신의 관계를 확대 심화할 것이라고 결론짓는다. 그녀는 시적으로 쓰고 있다. 베네딕트의 '사랑스런 입술'에 '(자신이) 만난 온갖 아름다움'을 불어넣어 주겠노라고.

당신은 내게 일장 연설을 했죠!
이젠 더 이상 근심하는 아이로 남지 않을 거예요
똑똑한 선배들에 주눅 들지도 않을 거고,
사람들의 입술에서 나오는 노래를
멍청하게 부러워하지도 않을 거고,
앞으로는 솔직하고 정중한 키스를 할 수 있을 거예요…….

앞으로는 두 개의 날랜 손이 사랑을 옭죄는 걸
두려워하지 않을 거예요.
말을 못 하는 마음이라니…….

여행한 길도, 여행하지 않은 길도
이제는 모두 나의 것이죠.
그 길에서 만난 온갖 아름다움을
당신의 사랑스런 입술에 키스로 전해줄 테니까요.[47)]

1927년 여름에 미드는 독일에 갔다. 박물관들에 소장된 태평양 제도의 여러 수집품들을 보고, 리오 포천과 시간을 보내기 위해서였다. 리오는 호주에 들렀다가 멜라네시아로 가려는 참이었다. 미드는 그들의 사랑과 더불어 두 사람이 성적으로도 사이좋게 지낼 수 있을지를 확인하고자 했다. 모든 게 잘 풀렸다. 뉴욕으로 돌아온 미드는 그들이 사용한 피임법이 효과를 발휘해 임신하지 않게 되어 다행스럽다고 리오에게 편지를 썼다. 그녀는 자신이 아기를 낳을 준비가 되어 있지 않기 때문이라는 말도 덧붙였다. 그들 베를린에 있는 마그누스 히르슈펠트의 섹스 클리닉을 방문했을지도 모른다. 미드는 독일로 떠나기 전에 윌리엄 필딩 오그번에게 그곳 주소를 물었다.[48] 그녀는 뉴욕으로 돌아와 루서 크레스먼과 결별했고, 부양 의무를 저버렸다는 이유로 멕시코에서 이혼 소송을 제기했다. 미드는 리오에게 뉴욕 주는 멕시코에서 하는 이혼을 인정하며, 두 사람이 재판정에 잠깐 출두해 양측이 서명한 신청서의 확인 절차를 밟았다고 보고했다.[49] 그녀는 다음 해 봄에 며칠 일정으로 멕시코를 방문해 최종 판결문을 받았다.

스탠리 베네딕트는 루스를 거부했고, 마거릿 미드는 계속해서 리오 포천과 연애했다. 루스 베네딕트도 뭔가를 해야만 했다. 쉽게 사랑에 빠져버리는 마거릿, '인간관계에서 보이는 너(마거릿)의 따뜻함과 자세'를 다룰 수 있는 방법을 찾아내야만 했다. 루스는 '비관주의로 점철된 우리의 관계'를 끝장내야만 했다. 두 사람은 이런 분위기에 사로잡혀 옴짝달싹하지 못하고 있었다. 루스 베네딕트는 악마들이 '아주 힘겨운 대상'으로, 자기가 통제해야만 한다고 썼다.[50]

미드가 독일에 머물던 그해 여름에 루스 베네딕트는 자신의 삶을 엄하게 죄어쳤다. 그녀는 다시 남서부로 가서 푸에블로 부족들을 연구했다. 베네딕트는 여기서 『문화의 패턴』의 기초가 되는 형태 개념을 찾아냈다. 피마 인디언들은 주니 족과 남서쪽으로 인접한 곳에 사는 부족이다. 베네딕트는 피마 족 사회를 연구하면서 자신의 개념들을 분명히 이해할 수 있었다. 그녀는 창조적 발견에서 흔히 목격할 수 있는, 갑작스럽게 직관이 발휘되는 경험을 했다. 피마 족의 문화가 평원 인디언들의 문화와 유사하면서도 주니 족 및 다른 푸에블로 인디언들의 문화와 다르다는 것을 '계시'받듯이 깨달았던 것이다. 전파 이론에 따르면 피마 족의 문화와 주니 족의 문화는 지리적으로 가깝기 때문에 비슷해야만 했다.[51]

베네딕트는 피마 족의 한 의식에 참석했다가 불현듯 그 생각을 했다. 그녀는 의식 절차의 일부로 참가자들이 먹은, 페요테 선인장에서 채취한 마약이 황홀감을 불러일으킨다는 사실을 알았다. 반면에 주니 족은 그 마약을 아주 소량만 복용했고, 황홀경 따위는 전혀 경험하지 않았다. 다른 차이들이 별안간 분명히 이해되었다. 베네딕트는 각자의 비전 퀘스트와 자기 학대 문화가 있는 평원 인디언들이 피마 족과 닮았다는 것을 깨달았다. 이것은 세라노 족과 캘리포니아의 다른 부족들 사이에서도 마찬가지였다. 베네딕트는 푸에블로 족들이 침착하고 아폴론적이며, 다른 부족들은 디오니소스적이라고 판단했다. 그녀는 이런 통찰을 바탕으로 문화도 사람들처럼 유형에 따라 분류할 수 있다고 결론지었다. 그녀는 유형(types)을 '형태'(configurations)로, 이어서 '패턴'(patterns)으로 바꿔 불렀다. 베네딕트는 전해 여름 유럽에서와는 달리 보편 이론을 찾아낼 가능성에 대해 더 이상 부정적이지 않게 됐다. 그녀 자신이 미국 남서부에서 보편 이론을 찾아냈던 것이다.[52] 이제 베네딕트는 자신의 연구 내용을 취합해 학문적으로 중요한 진술을 할 수 있게 됐다.

8월 말에 베네딕트는 미드가 '리오를 제외하고는 이 세상의 모든 걸 부인해'버렸다는 느낌이 든다고 편지를 썼다. 그 연애 때문에 어쩌면 그들의 사랑이 '보다 가벼운 관계로 바뀔 수도 있었다.'[53] 베네딕트는 두 사람의 관계를 갱신하자고 제안했다. 작년 여름에 로마에서 협박한 덜 헌신적인 열정으로 재조정하자는 것이었다. 이 선언이 다음 해 내내 유력하게 작용한다.

미드는 독일을 방문했던 여름 여행에서 돌아왔고, 1927년 가을 루서 크레스먼을 떠나 애시 캔 캐츠인 펠럼, '다비드'(해나 칸), 레오니, 루이즈와 함께 살게 된다. 능히 짐작할 수 있듯이 걱정스런 사태가 이어졌다. 미드는 나중에 "그해 겨울은 험난했다."라고 썼다.[54] 미드의 부모는 이혼이 임박했다는 소식을 듣고 노발대발했다. 리오는 멜라네시아에 있었다. 레오니는 냉담한 루이즈 보건을 쫓아다니면서 에드먼드 윌슨을 상대하고 있었다. 펠럼은 자연사박물관에 근무하는 어떤 인류학 큐레이터와의 처참했던 연애에서 몸과 마음을 추스르는 중이었다. 루서도 빼놓을 수 없었다. 미드는 그를 떠난 것에 죄책감을 느꼈고, 루서의 여자 친구가 런던에 있다는 사실을 비밀에 부치기로 합의했다. 그로 인해 미드의 친구 일부는 그녀가 '몰인정하고, 그(루서)의 애정을 하찮은 것으로 취급하며, 그를 이용했다'고 생각했다.[55] 그때쯤이면 루서도 아마 이다 루 월턴과 미드의 다른 친구를 단념한 상태였을 것이다. 미드가 나중에 베네딕트에게 말하기를, 그가 자기는 복수의 연애 관계를 유지할 수 없다고 판단했다는 것이다.[56]

미드의 성적 성향도 골칫거리였다. 미드가 동성애자라면 어떻게 리오와 눈이 맞을 수 있단 말인가? 그녀는 결정을 해야만 했다. 대학 시절에 꾸었던 죽은 아기 꿈이 계속되었고, 도저히 떨쳐낼 수가 없었다. 미드는 자신이 원인이 되어 살해당하는 아기들, 다른 사람들이 죽이는 아기들, 버려진 다음 사라지는 아기들 꿈을 꾸었다. 그 꿈들은 어떤 의미를 가지고 있었을까? 어쩌면 갓난아기 때 죽은 여동생 캐서린에 대한 슬픈 기억을 억압했기 때문에 그런 꿈을 꾸었을 것이다. 아마도 죽은 아기들은 여동생 엘리자베스와 프리실라였을 것이다. 미드는 동생들을 아버지한테서 보호해주지 못하는 것을 안타까워했다. 나중에 그녀는 죽은 아기들이 자신일 거라고 생각했다. 내면의 무언가가 어린 시절에 말살되었다고 본 것이다.[57)]

호주에서 유럽으로 가는 배에서 미드와 리오 포천 두 사람이 만났을 때 리오는 꿈에 관한 책을 쓰고 있었다. 1920년대 중반에는 심리학자들과 일반 대중 사이에서 꿈을 분석하는 게 선풍적인 인기를 끌었다. 프로이트가 수행한 꿈 연구는 베스트셀러였다. 꿈을 분석하는 것에 기초한 팔러 게임(parlor game : 여러 가지 단어 놀이나 수수께끼를 풀면서 집 안에서 하는 게임-옮긴이)이라는 것까지 인기를 끌었다. 심리학자들은 꿈을 바탕으로 성적 성향을 알아낼 수 있다고 주장했다. 동성애자들은 동성애 꿈을 꾸고, 이성애자들은 이성애 꿈을 꾼다는 것이었다.[58)] 미드는 1926년 리오와 한 배를 타고 가면서 자기가 꾼 여러 가지 꿈 얘기를 해주었다. 리오는 1927년 『마음의 잠(The Mind in Sleep)』이라는 꿈 분석서를 출간했다. 그는 여기서 미드가 꾼 꿈을 익명으로 소개한다. 그 내용은 이렇다. 애인과 성관계를 맺지 않으려는 한 여자가 있다. 그녀는 성공회 미사에 참석해 향로를 흔들어야 하는데 그러지 않는다. 닫히지 않으려는 문을 닫으려고 애쓰고 있었기 때문이다.[59)] 이 꿈은 이성애를 주저하는 마음 상태를 가리키는 듯하다. 꿈을 꾸는 여인이 남자 애인과의 성관계를 거부하는 것은 동성애의 '문'이 닫히지 않았기 때문이다. 이것은 미드가 사모아에서 베네딕트의 신성과 관련해 그렸던 그림과는 완전히 딴판이다. 당시에는 동성애를 주저하는 듯한 상상을 하지 않았던가!

미드는 꿈에 관한 책을 쓰기로 작심했다. 그것은 인류학 연구가 아니라 심리학 프로젝트였다. 미드는 레오니, 루이즈, '다비드' 등 친구들한테서 꿈과 백일몽 이야기를 수집했다. 그녀는 설문지도 만들어 친구들에게 돌렸다. 베네딕트는 그 설문지에 답하면서 닭장 꿈은 물론 아버지와 시빌들이 등장하는 자신의 환상 세계를 자세히 설명했다. 그녀는 여기에다 최근에 꾼 꿈 두 개를 보태고, 자세한 분석까지 시도했다. '개조된 농가'라는 제목의 첫 번째 꿈은 닭장 백일몽의 변형이다. 베네딕트가 외할아버지의 농장 주택 안에 있다. 노후한 건물로, 엉망인 상태이다. 베네딕트는 이 농가를 수리하겠다고 결심한다. '선택 받은 쌍둥이'라는 제목의 두 번째 꿈에서는 그녀가 프란츠 보애스의 쌍둥이 손자들과 탑 안에 있다. 첫 번째 손자는 로버트이고, 두 번째 손자는 엑스(X)이다. 두 소년이 수십 미터 아래 수영장으로 뛰어든다. 엑스는 살아남지만 로버트는 죽는다.[60)]

베네딕트는 외할아버지의 농가 주택이 나오는 꿈은 자신이 '가장 마음에 안 드는 양상으로 자신의 인생을 살았음'을 의미한다고 보았다. 그녀는 스탠리와 결혼하면서 이성애를 받아들였지만 그 성적 성향이 그녀에게 맞지 않았던 것이다. 두 번째 꿈에서 베네딕트는 '로버트'와 자신을 동일시했다. 그녀가 사내아이로 태어났다면 부모님이 붙여주려 했던 이름이 바로 로버트였기 때문이다. 베네딕트는 물에 뛰어드는 행위가 자신이 열한 살 때 받은 세례식을 상징한다고 보았다. 그녀는 그때 자기가 정신적으로 다시 태어났다고도 생각했다. 베네딕트는 계속해서 이렇게 쓰고 있다. "내가 될 수도 있었던 자아와 일체감을 느꼈던 것 같다."[61)] 그 자아는 남성이었다. 베네딕트는 꿈속에서 그 자아로 다시 태어나기를 원했다.

꿈 연구 파일에는 마거릿 자신의 꿈 얘기도 많다. 일부는 단편으로만 존재하고, 리오에게 보내는 편지로 쓴 것도 몇 개 보인다. 그 꿈 얘기 가운데 일부는 미드가 직접 분석하기도 했다. 미드는 자기 책 제목이

'수의 죄악'(Sue's Sin)으로 정해지는 꿈을 꾸었다. 그녀는 리오가 남녀 양성인 꿈, 자기가 매독에 걸리는 꿈, 로마로 가는 길에 자신의 음핵에 스스로 얼음덩이를 올려놓는 꿈을 꾸었다. 미드는 베네딕트와 함께 로마에 있는 꿈, 컬럼비아 대학교 인류학과의 경쟁자 글래디스 리처드가 사모아에서 열심히 연구하지 않았다고 그녀를 비난하며 막대기로 구타하는 꿈을 꾸었다. 뒤의 꿈에서는 유리 치마를 입은 베네딕트가 등장해 마거릿을 보호하려고 하다가 유리에 베고 만다. 미드는 로마에서 베네딕트가 얼마나 상처받기 쉬운 존재인지를 처음 깨달았다고 썼다. 그녀는 리오가 파리에서 루스 베네딕트를 처음 만났을 때 두 사람의 나이 차이에 큰 충격을 받고 '꿀 먹은 벙어리'가 되는 꿈을 꾸었다. 미드는 에드워드 사피어의 새 아내가 동성애자인 꿈, 그가 발기 불능인 꿈을 꾸었다. 미드는 '전형적인 미국인이라 할 수 있는' 아버지가 장작을 쌓아두는 헛간에서 자기와 성교하는 꿈을 꾸었다. "나로서는 엄청난 사건이었지만 오르가즘은 전혀 느끼지 못했다." 미드는 계속해서 이렇게 언급하고 있다. 엄마라면 그 일에 기겁할 테지만 "루스는 전혀 놀라지 않을 것이다."

미드는 자신의 꿈을 분석하면서 스스로의 성적 성향에 관심을 집중했다. 성적 성향 문제는 애시 캔 캐츠 회원들이 꿈 연구 프로젝트가 진행되는 기간에 연 파티에서 토론한 주제이기도 했다. 데버러 캐플런은 미드가 최근에 자신의 성 정체성을 바꾸었다고 주장했다. 그녀가 이성애자에서 동성애자로 변신했다는 것이었다. 나머지 다른 사람들은 그녀가 항상 어느 정도는 동성애자였다고 말했다. 데버러는 동성애를 비정상이라고 공격했다. 미드는 동성애를 하면 출산율이 떨어진다는 내용 정도가 동성애를 배격하는 논거로서 유일하게 합리적이라고 주장했다. 그러나 그녀는 리오와의 관계 때문에 자신의 동성애 성향에 죄책감을 느꼈다. 미드는 이렇게 썼다. "죽은 아기는 방치된 채 굶주리다가 마침내 죽어서 썩어 문드러지는, 그러나 아무도 모르는 이성애 성향이다." 미드는 리오가 있는 이성애의 세계로 들어갈 수 있는 새로운 열쇠를 힘겹게 얻어내는 꿈도 꾸었다. 그녀는 이렇게 썼다. "요컨대 내가 주로 동성애자라는 사실에 대한 두려움이 억압당하면서 이 모든 사태가 벌어졌다." 그녀는 '동성애'라는 철자 위에 줄을 긋고, '이성애'라고 다시 쓸 정도로 혼란이 극심했다.

미드는 꿈을 연구한 내용을 책으로 출간하지 않았다. 책으로 출간하기에는 연구 내용이 너무 사적이라는 게 분명했다. 그러나 자신의 꿈을 분석한 내용을 보면 미드가 리오와 결혼할 때 그녀의 이성애적 측면을 전폭적으로 수용해야만 했음을 알 수 있다. 『사모아의 청소년』에서 미드가 내린 결론들은 그녀가 그 책을 쓸 때 이런 판단을 하고 있었음을 암시한다. 미드는 사모아인들이 동성애를 용인하는 이유는 그들의 이성애 성교에 '동성애' 전희가 포함되고, 남자들이 성교 테크닉에 정통하기 때문이라고 주장했다. 그녀는 이런 주장을 펼치면서 자신이 사모아에서 발견한 사실을 성실하게 보고했다. 그 사실 때문에도 리오는 자신의 능력을 믿고 안심할 수 있었다. 요컨대 그는 미드의 동성애 경험이 전혀 위험하다고 생각하지 않았는데, 그녀의 경험이 두 사람의 성적 관계를 향상해줄 것으로 믿었기 때문이다. 이런 믿음은 일반으로 '동성애'가 전 단계의 유희로 번역될 경우 미국에서 혼외정사와 매춘이 종식되면서 성 활동 자체에 커다란 변화가 일어날 것이라는 구상과 궤를 같이 했다. 이 결론이 과장돼 보일 수 있지만 자유연애 지지자들은 자유로운 성애가 개인과 사회 모두에서 상당한 개혁을 달성할 것이라고 믿었다.

미드는 남근에 대한 걱정이 많았다. 평생에 걸쳐 그 불안이 핵심적인 지위를 차지하게 된다. 1933년 리오와 그레고리 베이트슨, 그리고 그녀가 뉴기니에 함께 머물렀을 때가 특히 그러했다. 그러나 다행스럽게도 리오는 열정적이었고, 배려심이 많았다. 미드는 항상 그가 성적으로 매력적이라고 생각했다. 그녀는 W. F. 로비와 해블록 엘리스를 학문 활동을 한다고 생각하면서 읽은 적이 없다. 미드는 성교 테크닉과 육체의 반응에 조예가 깊었다.

그러나 미드는 여전히 이성애에 모호한 태도를 취하고 있었다. 1928년 봄에 그녀는 자신의 그런 태도가 드러나는 이야기를 한 편 썼다. 「지하철(Underground)」은 '미니'라는 이름의 속기사 이야기이다. 그 이름은 그녀가 대학 때 썼던 소설 「권태」에 나오는 '밀리'와 비슷하다. 미니는 뉴욕에서 지하철을 타고 출퇴근한다. 혼잡한 차량이 지하 땅굴을 내달리는 중에 어떤 사람이 그녀를 더듬는다. 그녀는 그에게 욕정을 느끼면서 동시에 두려움에 휩싸인다. 이 단편에는 나중에 대천사임이 드러나는 경관이 한 명 나온다. 그런데 그는 주인공 미니가 지하철이 상징하는 욕망과 공포의 지옥에 빠져드는 것을 막지 않는다. 사실 지하철의 땅굴은 베네딕트의 일기에 나오는 미로처럼 내면적 자아를 상징한다. 어떤 수준에서는 마거릿도 베네딕트가 자신이 리오와 결혼하는 것을 막아주기를 원했다. 베네딕트가 1924년 마거릿에게 바친 시에서처럼 대천사 가브리엘이 남근 욕망으로부터 자신을 보호해주기를 바랐던 것이다.[62]

미드는 누구에게도 상처를 주고 싶지 않았다. 베네딕트에게는 더욱 그랬다. 미드는 리오를 선택하기로 작심하는 과정에서 골치 아픈 직관상을 경험했다. 첫 번째 직관상에서는 베네딕트가 은색 예복을 걸친 여사제로 나온다. 머리에 은빛 투구를 쓴 그녀가 검정색 단백석으로 만든 피라미드 위에 서 있는 광경이었다. 피라미드의 높이는 수십 미터에 이르렀다. 그 앞으로 미드가 관대 위에 누워 있는 것이다. 두 번째 직관상에서는 베네딕트가 정원에 설치된 대리석 조각상으로 나온다. 그런데 미드가 그 조각상의 허벅지 부분을 깨뜨려 떼어내면서 베네딕트의 완벽함이 망가진다. 그다음 직관상을 보자. 이번에는 두 사람이 태피스트리에 그려진 인물들이다. 미드는 엄청나게 큰 가위로 자신을 태피스트리에서 오려내고, 태피스트리는 흉물이 되고 만다. 네 번째 직관상에서 미드는 자신을 성 세바스찬으로 인식한다. 화살을 맞고, 작은 삼각형 상처들이 온몸을 덮고 있는 모습이다. 그런데 베네딕트가 지나가면서도 거들떠보지 않는다.[63] 성 세바스찬은 로마의 군인으로, 기독교도들이 로마의 감옥을 탈출하는 걸 도왔다는 죄목으로 화살을 맞고 죽었다. 그의 순교는 서양 미술의 단골 소재이다.

미드는 자신을 여성적이며 어머니의 성향이 내재되어 있다고 생각했다. 그녀에게 이런 자기 이미지는 이성애와 결혼을 암시했다. 미드는 다른 종류의 남자와 기꺼이 결혼할 용의가 있었다. 그녀는 아버지의 적극적인 남성성을 좋아하지 않았다. 그렇다고 그녀가 루서 크레스먼의 소극적 태도에 만족한 것도 아니었다. 리오 포천은 남성적인 남자인 데다가 섬세한 측면이 있었다. 미드는 나중에 술회하기를, 자신이 포천과 결혼하는 것을 주저했는데 그가 좋은 아빠가 되지 못할 거라는 생각 때문이었다고 했다. 여기에는 베네딕트도 의견을 같이했다는 말도 보탰다. 그러나 산부인과 의사가 그녀는 자궁이 기울어져서 아기를 가질 수 없다고 진단했고, 결국 두 사람이 아이를 갖지 못하리라고 예상했다는 것이었다. 이런 상황 판단 속에서 미드는 리오와 결혼했고, 그들이 쓰는 책을 그들의 자식으로 삼았다. 그러나 그녀가 아직 그와 사랑에 빠져 있을 때 써 보낸 편지들을 보면 자신이 그와의 사이에서 자식을 갖기를 원하지 않았다는 그녀의 진술은 사실이 아닌 것 같다. 미드는 리오를 사랑했고, 그가 아버지의 역할을 잘 해낼 것이라고 믿었다. 그녀는 베네딕트의 말을 듣고서야 리오의 자질을 의심했다.

그리하여 미드는 1928년 가을 뉴질랜드로 가서 리오와 결혼했다. 그녀는 자신이 공상한 성 세바스찬의 '삼각형' 상처를 잊을 수 있었다. 미드는 자신과 베네딕트와 리오 포천 가운데 어느 누구도 잃지 않으면서 세 사람의 삼각관계에서 탈출해버렸다. 실제로 그녀는 프란츠 보애스에게 이제는 그가 현지 조사를 시키기 위해 남자를 보내야 한다고 했던 세상 그 어느 곳이라도 자신이 갈 수 있게 되었다고 썼다. 미드는 더 이상 여자 혼자라서 보호가 필요한 대상이 아니었기 때문이다.[64] 이게 다가 아니었다. 미드는 이제 혼자가 아니었고, 남편을 대동할 수 있었기 때문에 더 완벽한 민족지를 쓸 수 있게 됐다. 그녀가 여자들을 연구하는 동안 그는 부족의 사내들을 연구할 수 있었던 것이다.

미드는 베네딕트를 외면하고 리오 포천을 선택했다. 미드가 이런 결정을 하게 된 것은 1920년대 후반에 미국 문화가 점점 더 동성애를 적대시했기 때문이기도 하다. 그녀는 1974년에 《레드북》에 양성애를 다룬 논설을 썼다. 미드는 거기서 1920년대 초반 한때 대안적인 성 정체성이 용인되다가 말엽으로 가면서 동성애가 억압당하는 분위기가 득세했고, 심지어 그런 성적 성향이 '질병'으로까지 낙인 찍혔다고 언급한다.[65] 프로이트주의자들은 프로이트가 동성애에 보인 애매모호한 태도를 외면했고, 그것을 위험한 도착으로 보고 있었다. 그 위험한 열정이 애초부터 양성애의 일부로 '잠복하면서' 호시탐탐 기회를 노린다는 관점이었던 것이다. 그들은 동성애가 신경증의 요인일지도 모른다는 프로이트의 추측을 독단적인 신조로 전환해버렸고, 개인과 사회의 정신 건강을 달성하려면 동성애를 일소해야 한다고 주장하고 있었다.

1929년 대공황이 발발했다. 뉴욕과 기타 도시에서 시 당국이 거리의 '호모들'과 나이트클럽의 '남색꾼들'을 탄압하는 캠페인을 전개했다. 1930년대 초에 영화 산업은 동성애를 포함해 영화에서 성애를 노골적으로 표현하는 것을 금지하는 법규를 채택 발효했다.[66)]

미드는 처음부터 탄로 나는 것을 두려워했고, 1920년대 후반에는 발각되고 폭로당할 가능성이 실재했다. 미드와 바너드의 친구들 얘기를 소재로 한 완다 네프의 소설이 출간될 예정이었다. 에드워드 사피어가 무슨 말을 하고 다닐지, 무슨 짓을 할지 도저히 알 수가 없었다. 미드가 동성애자라는 소문이 돌고 있었다. 1926년 봄에 컬럼비아 대학교 인류학과의 사무원은 베네딕트에게 미드가 레즈비언이냐고 물었다. 그녀가 사모아에서 돌아온다는 소식을 듣고 사무실에 들른 레오니와 펠럼이 기뻐 날뛰더라는 것이었다.[67)]

『사모아의 청소년』을 마친 미드는 유년기의 행동을 연구하기로 마음먹었다. 안전한 연구 주제였다. 육아와 교육이 중요한 관심사로 부각하는, 그녀의 나이에도 부합하는 주제였다. 미드는 '미개'인들이 '문명화된' 사회의 어린이들이나 정신적으로 병든 존재와 다름없이 간주되면서 서구 사회의 성인들보다 발달 측면에서 뒤처진 존재라는 믿음을 반박하고 싶었다. 『사모아의 청소년』에서 내린 결론을 고려하면 성이라는 주제를 멀리하는 게 더 나았을 것이다. 미드는 자신의 사생활이 추문이나 협박의 대상이 되는 것을 원하지 않았다.[68)]

플로이드 델이 『기계 시대의 사랑 (Love in the Machine Age)』이라는 기이한 저서를 발표했다. 미드는 이 책을 논하는 글에서 델이 정신분석을 수행해 주장한 내용에 다만 가볍게 이의를 제기했다. 델의 주장을 보자. 현대 사회에서 동성애자가 대규모로 증가하면 서구 문명은 망할 것이다. 그가 볼 때 자유연애는 많은 지지를 받고 있는데, 자유연애 옹호자들은 '유치한 동성애'를 한다. 항문 성교와 가학 성애가 그 동성애의 내용을 이룬다.[69] 루이즈 로젠블랫도 대학 시절의 급진적 태도에서 한 발 물러섰다. 그녀는 영국의 유미주의 작가들을 다룬 박사 학위 논문에서 그들의 다양한 성애를 논구하지 않았고, 빅토리아시대의 주류 도덕에 항거한 그들의 성애 활동이 일종의 '유머'였을 뿐이라고 결론지었다. 로젠블랫은 오스카 와일드 재판을 각주의 서너 문장으로 간단히 취급하고 넘어간다.[70]

1920년대 후반에도 동성애와 양성애를 다루는 대중 소설이 일부 있었다. 베네딕트와 미드는 그것들을 많이 읽었다. 로버트 헤릭의 『욕망의 끝』(1932), 데이비드 가넷의 『그녀는 가야만 한다!(Go She Must!)』(1927), 로저먼드 레만의 『지저분한 대답(Dusty Answer)』(1927), 버지니아 울프의 『올랜도(Orlando)』(1928), 마르셀 프루스트의 『평원의 도시들(Cities of the Plain)』(1927) 등이었다.[71] 이 가운데 검열관과 문제를 일으킨 작품은 단 하나도 없었다. 《뉴욕 타임스》의 한 서평 담당자는 동성애가 분명하게 그려진 프루스트의 『평원의 도시들』이 '문학적'이고, 그 작품이 동성애를 '섬세하게' 취급하고 있다고 평했다. 네프의 『우리는 다이애나를 노래한다』가 1928년 마침내 출간되었을 때도 비평가들은 작품의 동성애보다는 지루해서 재미없다는 생각을 더 했다. 미드와 연관하려는 노력은 전혀 없었다.[72]

미드는 나중에 레먼의 『지저분한 대답』을 딸에게 권한다. 딸이 자신의 양성애적 성향을 파악하는 데 도움이 된다고 판단해서였다. 이 소설은 제1차 세계대전이 끝난 영국 농촌과 케임브리지 대학교가 무대이다. 작품에서는 섹슈얼리티가 자연과 인간을 관류하는 부인할 수 없는 힘으로 등장한다. 여자 주인공은 소설의 주요 남녀 등장인물들과 차례로 들판과 숲에서 사랑을 하고, 성관계를 가진다. 이 소설은 전후의 영국 사회에 팽배했던 자유연애 환경에 뿌리를 두고 있다. 그레고리 베이트슨도 성인기의 초기에 경험한 이런 분위기를 잘 알고 있었다.

1920년대에 동성애와 양성애를 담았던 수많은 소설이 검열을 무사히 피해 갈 수 있었다. 그러나 에두아르 부르데(Édouard Bourdet)의 연극 〈포로(The Captive)〉는 검열관의 감시에서 자유로울 수 없었다. 유럽의 주요 도시들에서 공전의 히트를 기록한 이 작품은 1926년 가을과 1927년 봄에 브로드웨이에서 객석을 가득 메우고 상연되었다. 연극에는 파리에 거주하는 젊은 여자가 나온다. 그녀는 남편을 버리고, 오랫동안 사귀어 온 레즈비언 연인과 도주를 감행한다. 레즈비언 연인도 결혼한 것으로 나온다. 연극사가들은 〈포로〉가 당대의 뉴욕 무대에서 가장 유명한 연극이었다고 본다. 브로드웨이에서 동성애를 공개적으로 제시한 최초의 연극이 엄청난 센세이션을 불러일으켰고 흥분이 고조되었다. 매춘을 다룬 메이 웨스트(Mae West)의 풍자극 〈섹스(Sex)〉가 같은 시기에 브로드웨이에서 상연되고 있었던 탓이다. 웨스트는 뉴저지 주 패터슨에서 〈드래그(The Drag)〉라고 하는 〈포로〉의 패러디 작품도 이미 공연하고 있었다. 〈드래그〉에서는 젊은 남자가 자신이 동성애자임을 숨기기 위해 약혼을 한다. 〈포로〉의 젊은 여자가 나이든 여자에게 끌리는 자신의 성향을 고치기 위해 결혼하는 것과 똑같다.[73]

베네딕트와 미드는 1926년 여름 파리에 머물 때 〈포로〉를 관람했다. 그들은 그 해 겨울 뉴욕에서 다시 그 작품을 보았다. 미드는 뉴욕의 레즈비언들이 그 작품을 기리는 의미로 제비꽃을 몸에 달았다고 회상했다. 연극에 나오는 나이 든 레즈비언이 어린 연인에게 제비꽃을 보냈던 것이다.[74] 경찰은 〈포로〉와 〈섹스〉를 둘 다 폐쇄 조치했다. 메이 웨스트는 브로드웨이에서 〈드래그〉를 상연할 극장을 아예 찾을 수가 없었다. 〈포로〉와 〈드래그〉에서 동성애가 공개적으로 묘사되자 뉴욕 주

입법부는 외설 관련법을 수정해 '성도착'을 그리는 연극을 규제하기 시작했다.

래드클리프 홀(Radclyffe Hall)의 유명한 소설 『고독의 우물(The Well of Loneliness)』은 여자의 신체에 갇힌 남자라고 느끼는 레즈비언이 주인공으로 나온다. 1928년 7월 영국에서 출간된 이 소설은 발간 즉시 베스트셀러가 되었고, 곧 금서로 지정된다. 그러나 미국의 반응은 사뭇 달랐다. 그해 12월 책이 출간되자 미국에서 판매가 치솟았다. 법원이 소설에서 그려지는 동성 간의 사랑 묘사가 변태적이지 않고 현실적이라고 판시하면서 금서 지정 시도가 좌절되었다. 문학 작품에서는 레즈비언이 도착적이고 '사내답게' 묘사되기만 하면, 의학적·대중적 고정관념과 일치하는 한 그 묘사가 수용되었다.[75)]

〈포로〉가 『고독의 우물』과 달리 레즈비언을 남자가 매력을 느끼지 못하는 남성적 여자가 아니라 남자와 여자 모두가 매력을 느끼는 여자로 그렸다는 게 문제였을지도 모른다. 〈포로〉에서 연애를 하는 주인공은 둘 다 결혼을 한 것으로 나온다. 젊은 여자가 남편을 떠나 연상의 여자와 도피행에 나서는 이 연극은 여자들이 진정한 자유를 얻으려면 남자를 버려야 하는 것으로 해석될 소지가 있었다. 다른 한편으로 연상녀의 남편은 연하의 주인공 여자를 레즈비언들이 거하는 '유령과 어둠'의 세계에 사로잡힌 '포로'라고 말한다. 레즈비언들이 여성 해방을 위장해 뱀파이어처럼 여자들을 앗아가 버린다는 것이다. 작품의 공간 배경은 파리이다. 파리는 일탈적 섹슈얼리티가 펼쳐지는 유명한 무대이다. 〈포로〉에 나오는 연상의 주인공은 파리의 레즈비언에서 끌어온 듯하다. 동성애를 하는 여자들의 새로운 전형인 파리의 레즈비언은 남자 같은 도착자가 아니라 우아하고 세련된 여자로 표상된다. 그녀는 『지저분한 대담』 같은 소설들에 나오는 인물형이었다. 『지저분한 대담』에서 주인공은 사랑하는 여자를 파리의 레즈비언에게 빼앗긴다. 나탈리 바니(Natalie Barney)가 그렇게 새로 등장한 파리의 레즈비언이었다. 나탈리 바니는 미국 출신 재외국인으로, 파리에서 그녀를 중심으로 레즈비언들이 동아리를 결성하고 있었다. 동성애는 해방적이면서 동시에 제한적이라는 미드의 인식은 나탈리 바니 때문에 훨씬 더 복잡해진다.

〈포로〉와 『고독의 우물』이 공격을 받고 논란에 휩싸이자 베네딕트와 미드는 괴로웠을 것이다. 두 사람의 나이 차이와 미드의 선생님이라는 베네딕트의 지위를 고려하면 특히 더 그랬다. 대중적인 레즈비언 문학에서 많은 경우 이 관계가 악마적으로 묘사되었기 때문이다. 미드는 오래전부터 폭로당하는 사태를 두려워했다. 그녀는 1935년에 대중 잡지 《포럼》에 논설을 하나 썼는데, 거기서도 이 공포를 넌지시 언급했다. 실제로 그녀는 그 공포를 성 정체성 문제와 연결했다. "온전하게 성별에 소속되지 않는 사람은 무국적자보다 상황이 더 안 좋다." 다수의 직업 분야에서 성공한 여자들은 남자 같고, 그래서 동성애자로 취급되는 사태에 직면한다고 미드는 말했다. 그런 일이 벌어질 가능성이야말로 '사람을 옴짝달싹 못 하게 하는 공포'를 불러일으키는 '불리한 조건'이었다. 미드의 결론은 이렇다. "성공에 비례해서 여자답지 않은 것으로 평가 받는 분야에 진출하는 모든 여성은 불리한 조건에서 일하는 셈이다."[76] 미드는 자신의 당시 성향과 시대 풍조 속에서 인생의 주된 동반자로 리오 포천을 선택했다.

미드는 1927년 가을 독일에서 돌아왔다. 이때 베네딕트는 리오에게 그녀를 빼앗기고 말 거라는 고통스런 결론을 내리고 있었다. 미드는 이미 그 해 9월에 베네딕트가 자신들의 연애 관계를 인정했고, "전혀 아파하지 않는다"고 리오에게 편지를 썼다.[77] 이 말은 상황을 과장한 것이었을 테다. 아무튼 베네딕트는 마거릿에 대한 자신의 태도를 바꾸어,

이전보다 소유욕을 훨씬 덜 드러내야 한다고 판단했다. 그들은 그해에 사람들의 변화 능력에 관한 얘기를 나누었다. 미드는 사람들이 경험을 통해 배우고, 바뀔 수 있다고 믿었다. 그러나 베네딕트는 모든 사람이 변하지 않는 고정된 '패턴'에 따라 구성될 뿐이라고 생각했다. 베네딕트는 평생에 걸쳐 '사람은 고치처럼 점점 더 단단히 자신을 감을 뿐'이라고 말했다.[78]

미드가 에드워드 및 리오와 관계를 청산했을 때 베네딕트는 두려웠다. 미드가 헌신했다가 도망치는 양상을 거듭해서 반복하며 자신에게 빈번히 상처를 줄 것이었기 때문이다. 두 사람이 맺는 관계의 긴밀도를 줄이는 게 더 나았다. 실제로 그녀는 로마에서 그렇게 제안하기도 했다. 그 외에도 미드는 여전히 아이를 낳고 싶어 했고, 그것 역시 껄끄러운 문제였다. 나중에 베네딕트와 나탈리 레이먼드는 동반자가 되고서 아이 입양 문제를 숙고했다. 그러나 마거릿과 베네딕트는 결국 그 가능성을 기각했다.[79] 그들은 임신과 출산을 통해 여자가 완성된다는 생물학적 논지를 계속 수용했다. 이런 태도는 결국 미드가 결혼해 남편과의 사이에서 아이를 낳아야 한다는 추론으로 이어졌다.

베네딕트가 마거릿과의 연애 관계를 제한하기로 결심하자 자신과 그들의 관계에 대한 감정이 크게 나아졌다. 베네딕트는 마거릿에겐 '열정적인 모색'이 필요하다는 걸 알고 있었다. "나는 지나친 열정을 관리하는 게 네 인생에서 중요하다고 봐." 베네딕트는 마거릿에게 이렇게 썼다. 베네딕트는 내면의 질투심을 제거하기 위해 여러 해 동안 분투했지만 성공하지 못했다. 그녀는 이렇게 썼다. "'우리가'와 '우리를'의 관점에서 내 애정의 그 부분을 근절하는 게 나의 과제야." 성관계는 소유욕을 낳았다. 질투는 불가피한 것이었다. 성관계는 부차적인 지위로 밀어내고, 지적이며 정신적인 유대를 버리는 게 더 나을 터였다. "서로에 대한 우리의 감정에서 성관계로 해결된 것은 거의 없었다."라고 베네딕트는 결론지었다.[80] 그들은 거의 3년 동안 연인 사이로 지내고 있었다. 새롭다는 느낌은 이제 온데간데없었다. 미드는 그들이 빈번하게 성행위를 즐긴 건 아님을 깨달았다. "우리는 항상 갑작스럽게 아주 진지해지곤 했다."[81]

마거릿과 관련해 베네딕트에게는 안정감과 신뢰가 필요했다. 베네딕트는 '열정을 제한'하고 싶었다. 베네딕트의 사랑에 언제나 '거침이 없으려면' 더 이상 질투해서는 안 되었다.[82] 그리하여 두 사람은 '타협'했다. 1928년 9월 미드가 리오 포천과 결혼하기 위해 뉴욕을 떠나기 전 어느 시점이었다. 그들은 변함없이 서로에게 헌신하기로 맹세했다. 조건이나 단서는 전혀 달지 않기로 했고, 성관계도 완전히 배제하기로 했다. 둘 사이에서 성관계가 있었을 수도 있고, 없었을 수도 있다. 미드가 리오 포천과 함께 마누스에서 뉴욕으로 돌아왔을 때 베네딕트는 그녀와 성관계를 맺지 않았다. 그녀는 미드의 애정을 놓고 리오와 경쟁하려고 하지 않았다.[83]

자유연애를 바탕으로 영성에 몰두하는 청춘의 신낭만주의와, 여성들의 낭만적 우정이라는 빅토리아시대의 성별 사회화 제도 속에서 그 타협이 가능했다. 그 속에서는 단란하게 함께한다는 정서가 육체관계보다 더 중요했다. 루스와 나오미가 나오는 성경 이야기도 그렇고, 쇼니 족 여자에 대한 에반젤린의 사랑을 영적 합일감으로 재구성한 루스 베네딕트의 이야기도 그렇다. 마거릿과 베네딕트의 사랑은 시간과 공간을 뛰어넘어 마음 깊숙한 곳에 존재했다. '우리의 사랑은, 우리 모두가 자신 있게 들어갈 수 있는, 자유로운 집'이라고 베네딕트가 쓰자 미드는 다음과 같이 화답했다. "내 삶의 중심은 벽으로 둘러싸인 아름다운 곳이에요. 내 존재의 핵심은 당신의 완벽함을 중심으로 마감돼요."

그들은 '모든 물음이 해결되면서 모든 게 명료해지는 완벽한 세계' 속에 존재했다. 베네딕트는 "나는 시간에 구애받고 싶지 않다."라고 썼다. "눈을 한 번 깜박이는 속에도 영원함이 들어 있고, 우리에게는 수많은 영원이 있는 셈이지." 미드는 "나는 당신과 다른 사람들을 사랑합니다." 하고 대답했다. 그러나 그녀는 계속해서 이렇게 말한다. (하지만) 나머지는 '시간과 공간 속에서만' 존재한다고.[84)]

베네딕트는 이와 관련해 「방문(Visitation)」이라는 시를 썼다.

당신은 나의 문지방을 넘지 않았어요.
당신이 밟지 않은 길에는 부드러운 먼지가 두텁게 쌓였고요……
나는 당신의 경쾌함을 지켜보는 걸 그만두고
당신을 생각하기 위한 방을 만들었죠.
변변찮고 덜된 온갖 것들은 그 방에서 꺼내버렸고요.
하얀 벽이 네 개뿐인 방은
당신의 아름다움을 떠올리기 위한 무대죠.
당신은 나의 집을 찾지 않았어요, 그러나
내 집에 언제나 머무를 수 있는 방을 갖게 될 거예요.[85)]

1928년 여름 미드가 뉴질랜드로 가서 리오와 결혼하기 전에 두 사람은 두 달간 함께 살았다. 그들은 그 전해에 미드가 애시 캔 캐츠와 함께 살았던 아파트를 인계받았다. 제2차 세계대전이 발발해 정부에 채용되어 워싱턴 D.C.에 살게 되는 때를 제외하면 그들이 함께 생활한 것은 이때가 유일했다. 두 사람은 열심히 일했다. 베네딕트는 컬럼비아에서 여름 학기를 가르쳤고, 미드는 자연사박물관에서 수집물을 정리하고 출판 저술 작업을 마무리했다. 그녀는 현지 조사를 떠나기 전에 항상 이렇게 했다. 그들은 밤이면 지쳐서 침대에 쓰러졌고, 아침 일찍 일어나는 일정을 반복했다. 그래도 일요일만큼은 서로에게 할애했다. 베네딕트는 마르셀 프루스트의 『스완네 집 쪽으로(Swann's Way)』를 읽었다. 『스완네 집 쪽으로』는 『잃어버린 시간을 찾아서(Remembrance of Things Past)』의 제1권이다. 『잃어버린 시간을 찾아서』는 기억과 동성애를 다룬 위대한 현대 소설이다. 실제로 최종 권에 이르면 주요 등장인물 대다수가 동성애자나 양성애자였음이 밝혀진다. 『스완네 집 쪽으로』에서 화자는 어머니와 함께 마들렌 과자를 먹다가 황홀했던 유년기를 떠올리게 된다. 미드는 1938년 발리에서 그레고리 베이트슨과 함께 현지 조사를 수행했다. 그때는 베네딕트도 한동안 편지 쓰기를 중단하고 있었다. 미드는 베네딕트가 자기를 외면하고 있다고 생각하면서 두려워했다. 그녀는 『스완네 집 쪽으로』를 읽으며 그들이 함께 보냈던 그 여름의 황홀을 추억했다.[86]

그들의 관계는 풍요로웠다. 두 사람은 이후로 세월이 흐르면서 반추하게 되는 수많은 기억들을 그 여름에 함께 경험했다. 그들은 연인들이 유대 관계를 유지하기 위해서 꼭 서로를 볼 필요는 없다는 낭만적 전통을 확인했다. 그들은 최선의 사랑은 자아도취적이지 않으며 타인을 지향한다는 낭만적 전통을 확인했다. 그들은 최고의 사랑은 질투 따위는 없으며 시간과 공간을 초월해서 존재한다는 낭만적 전통을 확인했다. 두 사람은 그해 여름에 미드의 꿈의 세계인 『덤불숲의 소년』과 『피터 이벳슨』의 내용을 실천했다. 그렇게 그들은 개인적 · 직업적 압력에 굴하지 않고 우정을 유지해나갈 수 있는 방법을 모색했다.

베네딕트가 미드와의 관계를 재조정할 수 있었던 것은 새로운 지적 자신감 때문이었다. 미드는 1927년 겨울과 1928년 봄에 꿈을 연구했다. 바로 그때 베네딕트는 자신의 문화 형태 이론을 안출해내고, 「남서부 문화들의 심리 유형(Psychological Types in the Cultures of the South-west)」이라는 첫 번째 논문을 썼다. 미드가 뉴욕에 체류할 때 항상 그랬던 것처럼 그들은 자주 만났다. 두 사람은 개별 문화들을 분석했다. 지배적 패턴이 각각의 문화를 규정하며, 적응하지 못하는 일군의 비정상인을 만들어낸다는 베네딕트의 이론을 적용할 수 있는지 알아보는 게 목적이었다. 당시에 미드는 마누아 민족지를 쓰고 있었다. 그녀는 그 책의 결론에 해당하는 장을 쓰면서 베네딕트의 형태 개념을 활용했다. 이런 것이다. 사모아 인들의 사회적 행동이 '예의범절'이라는 명목으로 엄격하게 지켜지는 것을 그 사회의 규정적 '패턴'이라고 미드는 애기했다.[87] 미드와 베네딕트는 그 해에 일탈 행동에 관한 토론도 많이 했다. 두 사람은 각자의 성적 성향을 심사숙고했고, 베네딕트는 사회가 규정한 비정상으로 자신의 논문에 동성애를 포함하기로 결심했다. 미드는 형태 이론은 두 사람이 함께 창안한 것이라고 항상 주장했다. 그러나 '일탈 행동'이라는 주제를 포함하기로 한 결정은 베네딕트였다고 인정했다.[88]

두 사람의 사적인 관계에서 어떤 긴장이 존재했든 그들의 지적 동반자 관계는 확고했다. 미드는 베네딕트의 개념들과 관련해서는 다른 것들에서만큼 날카롭게 이의를 제기하지 않았다. 미드는 베네딕트에게 이렇게 썼다. "당신을 아주 좋아하기 때문에 해석의 문제를 놓고 다투지는 않기로 했어요."[89] 그렇다고 그들의 생각이 똑같았다는 애기는 아니다. 미드는 베네딕트의 분신이 되고 싶은 생각이 전혀 없었다. 베네딕트도 복제 인간이 아니라 지적 동반자를 원했다. 여러 면에서 베네딕트가 쓴 『문화의 패턴』에 대한 응답이라고 할 수 있는 『세 부족사회에서의 성과 기질』을 보면 두 사람의 의견 차이를 확인할 수 있다.

1928년 가을 미드는 뉴질랜드에 있는 리오 포천을 만나러 뉴욕을 떠났다. 이때 베네딕트는 뉴욕에서 열린 아메리카 인디언 연구자들의 국제회의에 형태 개념을 다룬 논문을 제출했다. 베네딕트는 미드에게 자기가 학술 대회의 최고 인기인이었다고 썼다. 베네딕트는 자신이 엘시 클루스 파슨스를 눌렀다고 생각했다. 파슨스는 경험주의자에 전파론자였고, 베네딕트의 형태주의 관점을 좋아하지 않았다. 베네딕트가 '디오니소스'와 '아폴론'이란 용어를 미국 인디언 문화에 적용하자 파슨스는 아주 혼란스러워했다. 베네딕트는 미드에게 이렇게 썼다. "처음에는 엘시가 말을 못 하더라고. 이윽고 정신을 차리더니 자리에서 일어나 온갖 무의미한 장광설을 늘어놓았고 말이야."[90] 베네딕트는 때를 놓치지 않았고, 미래의 기회를 붙잡았다.

베네딕트가 마거릿과의 대화에서 사람은 변하지 않는다는 입장을 취했음에도 불구하고 그해에 본인 스스로가 바뀌었다는 사실이야말로 아이러니이다. 베네딕트가 1928년 봄에 쓴 「그리고 그는 눈을 떴다(And His Eyes Were Opened)」라는 시를 보면 그 사실을 분명하게 알 수 있다. 이 시는 베네딕트의 또 다른 변화를 적시하고 있다. 유년기의 종교를 거부하는 내용이었던 것이다. 이 거부는 그녀가 새로이 낙관적 태도를 견지하게 됐음을 알려준다. 자기가 고통받는 그리스도라는 생각을 폐기했음도 알 수 있다. 빛이 갑자기 쏟아지면서 '가면'이 벗겨지고, '찬란한 낮의 햇빛' 속에서 '상처'는 '사랑스러울' 뿐이다. 그리하여 기독교는 '공허한 우화'가 된다. 이제 그리스도는 부활 따위는 없었던 역사 인물이 된다. 성경의 얘기처럼 그리스도가 무덤을 빠져나올 수 있도록 바윗돌을 옮긴 사람은 없었다. 베네딕트는 이제 '새로 탄생하게' 된다. 그녀는 '가면'을 벗고, 기쁨을 만끽한다.[91]

빛이 충만한 하늘에서 갑자기
빛이 쏟아졌다, 가면이 벗겨졌다.
소박한 하늘의 붙박이별들.
밤은 아니었다.
보석 같은 물이 고요했으니까.
상처는 깊이 파인 홈 때문에 반짝이면서 더욱 사랑스러웠다.
햇빛은 하루 종일 풀밭 위에서 부서졌다……

유형의 장애물을 분별 있게 파악한 시선은 믿을 수 있었다.
그가 우리에게 남겨놓은 건
공허한 우화. 그 언젠가
돌은 치워지지 않았다.
별안간 새로운 세상이 탄생할 것이다.
한낮에 별들이 반짝이면서 하늘이 빛날 것이다,
별들이 영원히 허공에 머물 것이다.

베네딕트가 출간되지 못한 시집에 수록한 여러 작품들도 그녀가 원숙해졌음을 알려준다. 그녀는 처음에 이 시집을 『블러드의 겨울(The Winter of the Blood)』이라고 불렀다. 아마도 메리 울스턴크래프트와 패니 블러드의 관계뿐만 아니라 본인이 마거릿 및 스탠리와 빚었던 갈등 관계를 언급한 제목인 것 같다. 시집 제목은 베네딕트의 나이도 언급하는 듯하다. 1927년에 그녀는 마흔 살이었다. 그러나 책 제목이 곧 『11월의 불꽃(November Burning)』으로 바뀐다. 다시 한 번 그녀가 '보석 같은 불꽃'을 통해 자신의 인생을 굳게 다짐하는 페이터식의 결의를 하고 있었음을 암시하는 제목인 셈이다. 베네딕트는 고통과 죽음에 대한 자신의 감수성을 외면하지 않았다. 고대에 유럽의 민중은 '죽음'과도 같은 겨울을 피하기 위해 11월 말에 불을 피우는 의식을 수행했다.[92] 베네딕트가 정한 마지막 제목은 『때가 무르익는 것이 중요하다(Ripeness Is All)』였다. 이 제목은 셰익스피어의 「리어 왕(King Lear)」에 나오는 대사이다. 에드가가 자신의 운명을 슬퍼하는 나이 든 글로스터에게 "때가 무르익는 것이 중요하다."라고 말한다. 그에게 죽음의 허무를 받아들이고, 나이를 먹으면서 얻게 되는 지혜에 감사하며, 충만한 순간을 즐기는 법을 배우라고 얘기한 것이다. 자연에서 도출된 이 풍성한 은유를 베네딕트는 찬탄해 마지않았다. 다른 한편으로 베네딕트는 마거릿에게 책의 제목으로 자기가 '연애대위법'(Point Counter Point)을 고려중이라고 말했다.[93] 이 제목은 두 사람의 불화와, 갈등과 의혹으로 가득 찬 그들의 시편을 반어적으로 논평하는 듯하다.

두 사람이 함께 보내던 여름도 끝나갔다. 미드가 뉴질랜드의 리오를 만나러 떠나기 직전이었다. 그런데 그녀가 또 다른 남자와 사랑에 빠지고 말았다. 모리스 크로퍼드라는 예술품 감정가였다. 모리스 크로퍼드는 컬럼비아 대학교와 관련된 인물이었다. 미드는 모리스와 점심을 먹었고, 그가 그녀를 유혹하려 했다. 모리스는 미드의 분신 같았다. 활력이 대단했고, 지적이었으며, 대화가 끊이지 않았고, 유쾌했던 것이다. 미드는 베네딕트에게 그를 거부할 수 없다고 썼다. 미드는 이전에 그런 남자를 만나본 적이 없었다. 그것은 마치 거울을 들여다보는 경험 같았다. 그들은 '존재, 활동, 사람, 우주의 질서, 아주 재미있는 상황을 연출하는 것에 대한 열정과 즐거움을 공유'했다.

모리스가 환상적인 제안을 했다. 유명한 의상 디자이너가 마거릿에게 옷을 제공할 터이니 그녀는 의상에 관한 대중적인 논문을 쓰라는 것이었다. 근처에 포경선들이 정박해 있는 매사추세츠 주 뉴베드퍼드에서 함께 살자는 제안이 추가되었다. 그는 그림을 그리고, 그녀는 글을 쓸 수 있을 터였다. '대단히 유혹적인 상황이었지만 그들에게는 시간이 없었고' 두 사람은 일시적이고 가벼운 관계도 전혀 맺지 못한다. 그들은 '정상이 아닌' 부부를 방문하기도 했다. 그들은 항상 손님을 유혹하려 했고, '관음증이라는 매우 드문 형태의 도착 행동'을 즐겼다. 미드는 모든 사람을 분석하고, '모든 것을 설명한다.' 모리스는 '그녀를 위해 춤추는' 이상 행동을 연출한다. 미드는 이 모든 것을 나중에 책으로 기록한다.[94] 실제로 미드가 리오와 결혼하기 위해 뉴욕을 떠난 후 베네딕트에게 보낸 편지들 속에 「인성의 최종 해부(The Ultimate Book on Individuality)」 한 장에 쓰일 한 쪽 분량의 메모가 들어 있다. 그 장은 노출증 및 관음증 같은 일부 비정상 성 행동에 주목한 다음 '복잡성 정도 측정자를 동원해' 사람의 행동에서 그 비정상 행동이 차지하는 위치를 보여준다. 요컨대 미드는 모두가 똑같은 충동을 갖고 있다고 썼다. 그녀는 이렇게 추측했다. "결국 가장 단순한 생리 현상에서 확인할 수 있는 것처럼 기본적인 욕구를 만족하기 위해 교양, 교육, 재산 등 온갖 것이 정교하고 복잡하게 변형되는 것이다."[95]

모리스가 그렇게 말했다고 해도 그의 진짜 의도를 알 길은 없다. 미드가 일단 리오와 합류하자 모리스도 그녀의 마음에서 서서히 사라졌다. 그러나 그렇게 되기 전에 너무나 뻔하게도 미드는 혼란에 빠졌고, 베네딕트에게 조언을 구했다. "나는 안전하고, 안정적이라고 느꼈고, 그래서 꽤나 '보수적'이었던 것 같아요." 그녀는 이렇게 썼다. 요컨대 이제 미드는 가망 없이 바다에 표류하고 있다는 생각을 했다. 마치 뭔가를 잘못하기라도 한 것처럼 말이다. "리오가 다시 나의 관심을 사로잡으면서 다른 남자들을 배제해주겠죠. 당신이 나한테서 다른 여자들을 그렇게 해주는 것처럼요. 신이 만든 아주 사랑스러운 여자를 만나는 건 전혀 두렵지 않아요. 난 당신과 단단히 묶여 있으니까요." 미드는 베네딕트를 떠나는 것에 죄책감을 느꼈다. "한 인간으로서 내게는 우리의 사랑이 주는 것 이상의 권리가 전혀 없어요. 우주에서 그런 식으로 별도 이익을 취하는 행위는 죽어 마땅하죠."[96]

그러나 미드가 모리스와 바람을 피웠어도 베네딕트는 전혀 구애받지 않았다. 베네딕트는 미드가 모리스와 성관계를 맺었는지도 전혀 관심이 없었다. 그녀는 마거릿에게 이렇게 썼다. "크로퍼드 때문에 속이 상할 일은 없어. 상황이 다르다면 네가 열정적 모험에 나서지 않겠지. 넌 감정을 자제할 테고 말이야. 난 있는 그대로의 널 온전히 사랑해." 실제로 베네딕트는 모리스가 원하던 성관계를 맺지 못한 게 유감이라고까지 말했다. 미드가 계속해서 미안함을 토로하자 베네딕트는 그녀를 책망했다. 베네딕트는 미드의 고백 성사를 들어주는 어머니 같은 존재였던 것 같다. 그러나 그렇다고 해서 그녀가 심판관인 것은 아니었다. "오늘 밤 너의 편지는 용서해줄 걸 요구하고 있어. 도대체 이게 무슨 말이니? 나를 순전히 응징하고 용서하는 사람으로 보았다면, 받아들일 수 없어. 그건 황당한 발상이야."[97]

미드는 모리스와 결별했고, 배를 타고 호주로 떠났다. 그녀는 여행 중에 '부족사회에서의 음악'에 흥미를 느끼고 있던 젊은 바이올린 연주자를 한 명 만났다. 기차와 배, 일상생활에서 멀리 떨어진 장소들, 육지와 대양을 가로지르는 이동, 원격지 방문. 이런 무대와 모험 속에서 미드는 활기를 되찾았다. 항해 여행에는 선장의 탁자, 춤, 게임, 가장 무도회, 갑판에서의 산책이 있었다. 흔들리는 배에서 인생 이야기를 나눌 수 있었고, 바다의 내음을 맡을 수 있었으며, 사방으로 뻗어 있는 물의 우주를 관망할 수도 있었다. 완벽한 연애 무대였다. 미드는 이 열정적인 익명의 무대에서 새로운 사람들을 만났다. 그녀는 선상 연애를 하는 경우가 많았다. 이번에는 그 젊은 바이올린 연주자가 배에서 내리자마자 자기와 결혼을 하자고 요구했다.[98] 그녀는 어안이 벙벙했다. 무슨 대단한 연애가 아니었기 때문이다. 아무튼 그녀는 다시 한 번 마법을 발휘한 셈이었다.

베네딕트가 마거릿과 거리를 둘 수 있었던 또 다른 이유는 다른 성적 파트너를 물색하기로 마음을 정했기 때문이었다. 베네딕트는 '헤어셔츠'(hair shirts : 과거 종교적인 고행을 하던 사람들이 입던, 털이 섞인 거친 천으로 만든 셔츠-옮긴이)를 입은 '피학대 성애자'이고 싶지 않았다.[99] 베네딕트는 마저리 러브(Margery Loeb)를 좋게 보고 있었다. 마저리 러브는 미드의 또 다른 친구로 바너드 출신이었다. 마거릿에 따르면 마저리는 몹시 전전긍긍했지만 쾌활하고 앳되어 보였다.[100] 1928년부터 1931년 사이에 그녀의 이름이 가장 빈번하게 나오는 곳이 바로 베네딕트의 일기이다. 뉴헤이븐의 리디아 심슨도 다시 등장했다. 부드러운 금발에 눈동자가 암갈색이었던 리디아는, '동공이 전부 홍채인 하나의 작품'이었다. 웬델 부시(Wendell Bush)라는 '부시맨'도 있었다. 웬델 부시는 나이가 여든이 넘은 컬럼비아의 교수로, 베네딕트는 그녀를 자신의 '80대 애인'이라고 불렀다. 그는 베네딕트를 고급 식당에 데려갔고, 사치스러운 선물도 사 주었다. 그러면서도 그는 성적인 요구를 전혀 하지 않았다. 베네딕트는 웬델이 자신에게 '로고스적이고 삼위일체적'으로 깊이 헌신하면서도 아무것도 요구하지 않았다고 마거릿에게 썼다. 베네딕트는 다양한 성애를 포기하기가 어려웠다. 그녀는 내면의 디오니소스적 기질에 의존했다. 베네딕트는 마거릿처럼 돼야 했다.

로빈슨 제퍼스(Robinson Jeffers)의 시편이 큰 도움이 됐다. 베네딕트는 1928년 앤 싱글턴이라는 가명으로《뉴욕 헤럴드 트리뷴(New York

Herald Tribune)》에 기고한 서평에서 제퍼스의 서사시 『코더(Cawdor)』를 칭찬했다.[101] 많은 비평가들이 그의 시를 고딕적 공포로 퇴행한 것이라고 보았다. 캘리포니아 북부 해안의 폭풍이 몰아치는 황량한 바다 풍경이 작품에 나오고, 등장인물들은 근친상간, 살인, 일탈적 성애를 일삼으며, 줄거리는 그리스 비극과 유사한 것이다. 베네딕트는 당대의 문화가 도착적이라고 규정한 쟁점들과 여전히 드잡이를 하고 있었고, 그래서 그의 작품에서 영감을 받았다. 제퍼스가 새로운 주제들을 다루었다고 그녀는 썼다. "사랑은 그 대상을 조롱하고, 이해에 대한 열정은 마음을 부수고 영혼을 비하하며, 인간성은 '온갖 게 엉겨 붙은' 욕망의 그물에 사로잡혀 있다." 베네딕트는 고통과 인간 내면의 악마적 충동에 대한 제퍼스의 감성이 '남성적이지 않다'고 미드에게 썼다. 그에 대한 미드의 답장은 이랬다. 베네딕트가 제퍼스를 만나게 된다면 '(앞으로) 알게 될 그 어떤 사람보다 더' 그를 두려워할지도 모르겠다고 말이다.[102]

베네딕트는 제퍼스의 시를 논평한 글에서 니체를 반복했다. 제퍼스가 '오래전부터 오이디푸스 이야기의 개념을 알고 있었다'는 것이다. "자연의 법칙을 뛰어넘는 그는 그녀의 비밀을 알 것이다." 베네딕트는 일기에서 니체식 기교가 돋보이는 제퍼스의 구절로 그에 대한 자신의 열정을 표현했다. "인생에는 딱 한 가지 문제만 존재한다. 불이 우리의 살집 위에서 뼈를 자르는 칼처럼 타오를 것이다. 환희는 적나라한 칼날처럼 우리를 벗긴다. …… 일부는 근친상간으로 지각을 깨뜨리고, 지구 중심의 생생한 현장으로 들어갔다. 일부는 상상의 동료에게 고통을 주고, 가장 사랑하는 사람의 육신에 생긴 상처에서 나는 피를 핥았다."[103] 베네딕트가 새롭게 방향을 설정하고, 스탠리와 마거릿 이외의 다른 연인들을 고려하려면 이런 과장된 언어와 그 이면의 결의가 필요했을 것 같다. 그 언어가 베네딕트의 실제 경험에서 비롯했을까? 그 언어가 베네딕트의 영혼의 절규였을까? 그녀가 아직까지 시의 형태로 절제해서 표현하지 못한 직관상의 산물이었을까?

이제 베네딕트의 가장 중요한 연애 상대는 토머스 마운트(Thomas Mount)라는 남자였다. 애초 베네딕트의 친구의 연인이었던 토머스가 그녀의 삶에 들어왔다. 토머스가 베네딕트의 친구와 함께 저녁식사에 왔던 것이다. 그가 베네딕트에게 처음 만나보는 여자 천재라고 말하자, 그녀는 기분이 좋았다. 보이기도 그렇게 보인다는 말에 그녀는 날아갈 듯했다. 토머스는 베네딕트보다 어렸고, 소년다운 유쾌함을 뽐냈는데, 그녀는 그의 이런 특성이 마음에 들었다. 베네딕트는 토머스를 매력적이고 야심이 없는 사람이라고 했다.[104] 토머스는 이미 두 번 결혼한 경험이 있었고, 여행을 하면서 '위대한 미국 소설'을 쓰기 위해 광고 이사직을 그만둔 상태였다.

루스 베네딕트는 토머스와 사랑에 빠졌다. 그들의 관계는 열정적이었다. 베네딕트는 마침내 스탠리와 결별하겠다는 용기를 낼 수 있었다. 그녀는 그 이별 직전과 직후의 밤들을 토머스와 함께 보냈다. 베네딕트의 일기장에 씌어 있는 것처럼 두 사람은 그때 '중요한 계획들'을 논의했다. 그 계획이 무엇이었든 베네딕트의 인생이 바뀌지는 않았다. 토머스는 몇 달 후 베네딕트를 떠나 아이를 낳을 수 있는 어떤 젊은 여자와 결혼했다. 그는 소설을 쓰기 위해 아내와 함께 유럽으로 떠났다. 토머스는 나중에 돌아와서 베네딕트와 연애를 재개하고자 했다. 그때 베네딕트는 나탈리 레이먼드와 열애 중이었다. 그러나 베네딕트와 토머스는 여전히 서로에게 강하게 끌렸고, 그녀가 그를 멀리할 수 있는 유일한 방법은 다른 남자와 사랑에 빠졌다고 얘기하는 것뿐이었다. 베네딕트는 마거릿에게 자신의 동성애 성향을 토머스가 모른다고 썼다. 그녀가 이 사실을 그에게 알리지 않았던 것이다. 실제로 베네딕트가 자신은

결혼을 하지 않기로 했다고 말했어도 토머스가 그 얘기를 믿을 수는 없었을 것이다.[105)]

베네딕트가 이 관계를 결혼과 결부해 생각했을까? 그녀가 여자를 사랑하는 자신의 특성을 파악하려는 탐색과 미지의 영토를 발견하려는 심리 여행을 한동안 중단했던 것일까? 성공한 여자가 젊은 남자나 여자와 연애하는 것은 드문 일이 아니다. 젊은이는 나이에서 오는 지혜와 경험에 끌릴 수 있다. 나이든 사람이 젊은이의 풋풋함에 매력을 느끼는 것만큼이나 말이다.[106)] 어떤 면에서 보면 토머스는 마거릿 미드와 닮은 점이 있었다.

베네딕트는 일기의 미공개 단편에서 그 연애를 문학과 결부해 분석했다. 허구적 작품에 의지해 자신의 경험을 이해해 보려고 한 것인데, 이는 그녀와 미드가 자주 동원한 수법이었다. 베네딕트는 이반 투르게네프의 『시골에서 보낸 한 달(A Month in the Country)』을 골랐다. 『시골에서 보낸 한 달』은 시골에서 특권적 삶을 사는 부유하고, 나이든 기혼 여성과 그녀가 후견하는 사람의 가정교사인 젊은 남자의 연애가 불행으로 치닫는다는 줄거리의 희곡이다. 이 작품은 나이와 계급을 가로지르는 그런 관계가 제대로 기능하지 못한다고 말한다. 그러나 나이든 여자는 연애 관계에 빠져드는 것을 멈출 수가 없다. 그녀의 성 충동은 만족을 모른다. 그녀는 이렇게 말한다. "딱 한 가지만 변명하겠다. 나도 어쩔 수가 없는 것이다." 베네딕트와 젊고 무책임한 남자 애인에게도 동일한 진실이 적용된다고 얘기할 수 있을 것이다.[107)]

미드가 뉴질랜드에서 리오와 결혼한 후, 그들은 호주의 시드니로 가서 A. R. 래드클리프 브라운과 몇 달을 함께 보냈다. 그러고 나서 두 사람은 마누스로 갔고, 8개월 동안 현지 조사를 수행했다. 그들은 마누스에서 갓 출판된 『사모아의 청소년』을 한 부, 에드워드 사피어가 미드와 이 책을 혹평한 글이 실린 저널을 한 부 받았다. 재미있는 사실은 사피어는 그 글에서 그녀의 이름과 책 제목을 밝히지 않았다는 점이다. 사피어는 다른 여성과 결혼을 했음에도 미드에 대한 분노를 거두지 않았다. 그녀가 자신에게 한 행동 때문이었다. 『사모아의 청소년』이 나왔고, 사피어는 도저히 자제할 수가 없었다. 책이 그가 혐오하는 현대적 성 관념을 옹호했기 때문이다.

사피어의 1928년 논설은 학술지 《미국 정신의학 저널(American Journal of Psychiatry)》에 발표되었다. 다음 해에 그는 거의 똑같은 내용의 글을 H. L. 멩켄이 주관하던 대중지 《아메리칸 머큐리(American Mercury)》에 발표했다. 아마도 더 많은 독자에게 읽히려고 했던 것 같다. 사피어는 미드를 젊은 여자라고만 언급한다. 그러고는 그녀를 '따분한 모험가', '책략가', 불감증일 정도로 물린 '창녀'라고 불러댔다. 사피어는 그녀가 헌신적인 관계에서 질투가 얼마나 중요한지를 전혀 모른다고 비난했다. 그는 '진정한 연인'이라면 어떤 부정도 참을 수 없다고 보았던 것이다. 사피어는 미드가 자료를 잘못 해석했다고 비난했다. 그녀가 '다양한 경험'을 통해 '인성을 풍요롭게 할' 수 있다는 믿음 때문에 '생물체로서의 반응'을 '진지하게' 보지 못했다고 고발한 것이다. 사피어는 모든 '원시' 사회가 엄격한 금기를 통해 성을 강력히 통제한다고, 성적 방종을 허용하는 사회는 단 하나도 없다고 주장했다.[108] 사피어가 많은 것을 생략하고 함축적으로 글을 썼다는 게 미드에게는 다행이었다. 그가 공격한 젊은 여성의 정체를 파악하기가 쉽지 않았던 탓이다. 사피어가 쓴 일련의 글이 학계 이외에서 누리던 그녀의 명성에 흠집을 내지는 못했다. 그러나 학계에서의 상황은 미드에게 재앙이었다. 미드의 작업을 아는 사람은 사피어가 누굴 공격하고 있는지 단번에 알아보았기 때문이다.

미드를 겨냥한 사피어의 복수는 『사모아의 청소년』이 나오기 전부터 이미 시작되었고, 몇 년간 계속되었다. 미드가 사모아에 머물던 1925년에 사피어는 오타와에서 시카고 대학교 인류학과로 자리를 옮겼다. 다음 해 봄 사피어와 미드는 완전히 갈라섰다. 브로니스와프 말리노프스키가 미국의 인류학과들을 순회하는 중에 그와 머물고 있었다. 사피어가 대대적으로 미드를 비판했고, 말리노프스키도 가는 곳마다 남성 인류학자들에게 사피어가 한 비판을 주워섬겼다. 1929년에 사피어는 여전히 다정한 관계였던 베네딕트에게 편지를 썼다. 미드가 '혐오스런 계집'으로, 미국 문화에서 자신이 싫어하는 모든 것을 '악취를 풍기며 대변하는 존재'라는 것이었다. 사피어는 미드와 한 연애를 자기식으로 각색해 인류학과의 남자 동료들에게 퍼뜨리고 다녔다. 1932년에 미드는 베네딕트에게 사피어는 허영심에 상처를 입고 친구들을 피곤하게 하고 있으며, 크로버는 사피어의 기분을 맞춰주려고 별짓을 다 할 게 예상되고, 말리노프스키는 자신의 심층 연구 방법들을 시샘하고 있다고 썼다.[109] 미드와 베네딕트는 사피어의 반감과 적대 행위가 인류학계 전체로 퍼졌고 그로 인해 학술지에서 미드의 작업이 계속 부정적으로 평가된다는 것을 수년 동안 거듭 확인했다. 미드가 인류학계에서 자신이 인용되지 못하는 것이 사피어와 말리노프스키가 퍼뜨린 유언비어 때문이라고 베네딕트에게 불만을 토로한 것은 한참이 지난 1937년이었다.[110]

미드는 당하고만 있지 않았다. 그녀는 1932년에 질투에 관한 논설을 써서 사피어의 공격에 대응했다. 그 논설은 캘버턴과 슈말하우젠이 편집한 문화 동향 논고의 한 편으로 들어갔다. 이미 얘기했다시피 사피어는 질투야말로 진정한 사랑의 증표라고 주장했다. 미드는 질투야말로 질투하는 사람의 자기 회의와 열등감만을 드러낸다고 맞받아쳤다. 그녀는 사피어를 실명으로 거론하지 않았지만 질투가 키가 작고, 성 능력이 부실하며, 나이 든 남자들의 특징이라고 주장했다.[111] 이렇게 미드는 사피어의 남성성에 의문을 제기하는 방식으로 결정타를 날려버렸다. 인류학계의 남성들이 사피어를 따랐고, 그 자신이 미드를 싫어했음을 고려하면 이건 그리 현명한 방법이 아니었을 수도 있다. 그러나 미드는 불과 몇 년 안에 남자들에 대해 너그럽게 글을 쓴다. 그레고리 베이트슨을 만났고, 남자지만 수많은 심리학자와 사회학자들이 그녀의 대의를 옹호해주었던 것이다.

마거릿 미드와 리오 포천은 마누스에서 8개월을 보냈다. 그들은 1929년 가을 뉴욕으로 돌아왔다. 미드가 귀국했을 때 루스 베네딕트는 토머스 마운트, 리디아 심슨, 마저리 러브 등과 연애 중이었다. 미드는 베네딕트의 연애가 별로 내키지 않았다. 그녀는 베네딕트와 성관계를 지속해나가고 싶어 했지만 베네딕트가 이를 거부했다. 미드가 리오 포천과 결혼한 마당에 그녀의 사랑을 놓고 그와 경쟁하고 싶지 않았던 것이다. 미드는『우리 시대의 인류학자』에서 이렇게 쓰고 있다. 베네딕트는 "우리 모두를 각 방에 집어넣고, 차례로 한 방씩 옮겨 다녔다. 어느 누구도 따라다닐 수 없었고, 사태를 파악할 수도 없었다."[112] 이제 베네딕트와 미드의 형세가 역전되었다. 사실 두 사람은 이미 그들의 관계를 이전과 다르게 설정한 상태였다. 그것은 성적 개입이 없는 관계였다. 두 사람은 여전히 서로에게 헌신했고, 함께 구축한 정신적 · 지적 유대로 단단히 묶여 있었다. 그들은 할 수만 있다면 함께 시간을 보냈다. 베네딕트는 이제 미드가 무엇을 해도 맞대응하지 않고 받아들일 준비가 되어 있었다. 현지 조사를 나가든, 또 다른 연인을 끌어들이든 언제나 마거릿을 응원했던 것이다. 베네딕트는 마침내 질투를 넘어섰다. 그녀는 마거릿에게 자유를 주면서 자신도 자유를 얻는 곳으로 나아갔다.

마거릿 미드는 자신의 행동을 용인하고 마음껏 처신하도록 허락한 루스 베네딕트에게 깊이 감사했다. 이 때문에 두 사람의 사랑은 영원하고, 정신적으로 황홀해질 수 있었다. 마거릿은 루스에게 깊이 헌신하던 때에 두 사람의 관계가 자기 인생의 모든 면에 영향을 끼쳤다고 그녀에게 썼다. 사람들이 지나가는 거리의 풍경에서부터 다른 이들과의 가장 복잡한 상호 작용에 이르기까지 모든 것이 둘의 사랑에 의해 깊어졌다. 마거릿이 혼자 한 모든 경험도 루스에 대한 감정과 생각을 강화해주었다. 그녀는 루스 베네딕트에게 이렇게 썼다. "내게 얼마나 값진 선물을 주었는지 당신은 모를 거예요. 내가 받은 그 완벽한 사랑은 절대로 갚을 수 없을 겁니다." 이 말은 루스 베네딕트의 너그러움과, 둘이 나눈 깊은 사랑에 바치는 찬사였다. 마거릿은 루스에게 지고 있던 빚을 깨닫고 시심이 발동해 자신의 인류학은 루스의 머리를 장식하는 꽃이라고 노래했다.[113]

5부

지성과 감성

10장

활에 걸린 두 개의 시위
— 루스 베네딕트와 『문화의 패턴』

루스 베네딕트와 마거릿 미드의 관계는 대화로 볼 수도 있다. 시와 편지들, 전화 통화와 직접 만나기, 초기의 지적 활동이 집대성된 두 권의 책인 베네딕트의 『문화의 패턴』(1934)과 미드의 『세 부족사회에서의 성과 기질』(1935)을 통해 중단 없이 수행된 대화로 말이다. 1년을 사이에 두고 출간된 두 저서를 학자들은 물론 일반 대중도 많이 읽었다. 두 저서는 인류학 분야의 고전으로, 1930년대의 개혁 운동 교과서였다. 두 저서는 특히 인류학자들 사이에서 많은 논쟁을 불러일으켰다. 그러나 그런 비판도 결국은 저자들의 명성에 보탬이 됐다. 가장 혹독하게 비판한 인류학자들조차 두 저서를 강의의 읽을거리로 지정했다. 두 저서는 오늘날에도 여전히 흥미로운 책으로 남아 있다.[1)]

두 저자는 세 사회에 관심을 집중한다. 베네딕트는 뉴멕시코의 주니 족, 멜라네시아의 도부 족, 브리티시컬럼비아 주 밴쿠버 섬의 콰키우틀 족. 미드는 뉴기니의 세 사회, 곧 아라페시 족, 문두구모르 족, 참브리[구칭은 챔블리 또는 참불리(Tchambuli)이다-옮긴이] 족. 각각의 책에서 한 사회는 평화롭고(베네딕트의 경우 주니 족, 미드의 경우 아라페시 족), 나머지 두

개는 보다 폭력적이다(베네딕트의 경우 도부 족과 콰키우틀 족, 미드의 경우 문두구모르 족과 참브리 족). 두 저자 모두 각 사회의 지배적 '패턴'과 사회적 일탈 행위를 확인한다. 이는 한 사회에서 비정상으로 간주되는 사람들의 유형이 다른 사회에서는 정상으로 간주될 수도 있음을 증명하기 위한 조처였다. 둘 다 사회 전체가 '비정상적' 패턴으로 조직될 수 있다고 말한다. 두 사람 다 미국 사회를 비판한다.

베네딕트는 『문화의 패턴』에서 남자들이 대부분의 사회를 지배하고, 여자들은 대부분의 사회에서 억압받는다고 결론지었다. 미드도 『세 부족사회에서의 성과 기질』을 쓰기 전에는 베네딕트와 유사한 '가부장적' 분석을 했다. 1930년 마누스 연구와 1932년 네브래스카 주 오마하 사회의 여성 연구에서 그녀는 여자들을 남자들에 종속된 존재로 그린다. 마누스의 여자들은 혼인이 수반되는 교환 체계에서 졸(卒)로 사용된다. 오마하의 여인들은 전통 문화에 너무나 복속된 나머지 미국의 법률 제도가 부여하는 정당한 권리를 누리지 못한다. 두 사회 모두에서 남자들은 집단 강간을 미화한다.[2] 미드는 1931년에 쓴 질투에 관한 글에서 이렇게 주장했다. "역사를 통틀어 여자는 안전하지 못한 성별이었다. 그녀들의 지위, 행동의 자유, 경제적 처지, 자식에 대한 권리는 남자들과 맺는 개인적 관계의 유지 보전에 좌우됐다." 부족사회들의 여성을 논한 1935년의 한 글에서 미드는 "여성의 정치적 불활성이 생물학적으로 규정되며, 만연해 있다."라고 말했다.[3]

베네딕트와 미드가 이 시기에 쓴 저술을 보면 음악의 대위법이 느껴진다. 이를테면, 미드는 자기 스승에게 경의를 표했는가 하면 의견을 달리했다. 베네딕트는 미드가 출간한 저술을 비판하지 않았고, 미드는 『세 부족사회에서의 성과 기질』에서 다만 칭찬하기 위해 『문화의 패턴』을 언급했다. 그러나 이 책에서 미드는 베네딕트가 소홀히 취급한 젠더와 동성애 개념을 엄밀히 분석했다. 그녀는 베네딕트가 인격 형성에서 유전이 차지하는 역할을 묵살했고 동성애를 우월한 특성으로 지지했다면서 이의를 제기하기도 했다. 실제로 미드는 유전되는 특성이 아주 중요하다고 주장했고, '양성애'를 지지했다.

베네딕트는 『문화의 패턴』에서 추상적 패턴들에 실재를 결합하는 모더니즘적 방법을 따랐다. 물론 그녀는 디오니소스적, 아폴론적, 편집증, 과대망상 등 자신이 채택한 심리학 용어들이 적용 대상과 다른 사회에는 들어맞지 않을 수 있음을 잘 알고 있었다. 베네딕트는 이렇게 썼다. "모든 문화를 몇 개의 구호로 특성을 지정한 프로크루스테스의 침대에 묶어놓고 재단해버린다면 그건 터무니없는 일일 것이다."[4] 베네딕트의 '모더니즘'은 단순하지 않았다. 그녀의 모더니즘은 박사 학위 논문에서 거론되었던 다양성 강조를 항상 어느 정도 포함했다. 절대적 추상성을 분해해 분석할 필요성을 인정한 것이다. 베네딕트는 정신분열증이나 조울증처럼 서구에서 만든 정신 장애 범주들이 비서구 사회에는 들어맞지 않을 수 있다고 주장하기도 했다. 심지어 그녀는 그런 범주들이 미국 사회에 유효한가에 대해서 이의를 제기했다.[5] 베네딕트는 젠더와 관련해서도 비슷한 말을 했다. 미드는 베네딕트의 말에 착안해 이 분야를 재조명했고 말이다.[6]

『세 부족사회에서의 성과 기질』에서 젠더와 섹슈얼리티를 분석한 미드를 문학 비평가이자 퀴어 이론가인 조지프 분(Joseph Boone)이 거론한 '퀴어 모더니스트'로 분류할 수도 있을 것이다. 분은 1920년대와 1930년대의 '퀴어 모더니즘' 작가들이 성 정체성을 다면적인 것으로 보았고, 오늘날의 '퀴어' 분석을 예고한 사람들이라고 말한다.[7] 그러나 결혼과 모성에 열성적이었던 미드는 한발 뒤로 물러섰다. 그녀는 정체성의 표지로서 '여성적', '남성적'이라는 범주를 제거해버렸다. 그렇다고 미드가 '남성'과 '여성' 개념을 외면한 것은 아니었다. 그녀는 재생산이 인류에게 매우 중요하다고 보았고, 그런 범주가 없는 사회를 도무지 알지 못했던 것이다. 미드는 성 역할 말고 인성에 기초해서 인간의 정체성을 발본적으로 정의해보자고 제안했다. 인간에 대한 구식의 보수적 정의는 해부학적 구조와 재생산에 근거하고 있었다. 미드는 젠더가 유동적이라고 말했지만 개인과 사회에 보편 문화적으로 적용될 수 있는 기질에 따른 분류 체계를 찾고 있기도 했다. 과학적 기초를 확립하고자 했던 것이다.

마지막으로 거론할 주제는 민족(인종)이다. 베네딕트와 미드는 이 문제를 한시도 잊은 적이 없다. 그들은 다양한 민족이 거주하는 도시에서 살았다. 그들은 피부색이 어두운 사람들의 문화를 연구했고, 프란츠 보애스의 제자였다. 알다시피 프란츠 보애스는 인종주의에 반대하던 당대 최고의 학자였다. 1933년 히틀러가 독일을 장악했다. 나치는 보애스의 책을 불태웠다. 히틀러 치하의 독일에서 탈출한 학자들이 뉴욕에도 등장했다. 카렌 호나이와 에리히 프롬(Erich Fromm)은 베네딕트 및 미드와 친구가 된다. 뉴스쿨(New School)은 대다수 미국 대학들의 반유대주의에 아랑곳하지 않았고, 기금을 모아 망명한 지식인들을 교수진으로 충원해 유니버시티 인 엑사일(University in Exile)이라는 대학원을 출범시켰다.[8)]

베네딕트와 미드는 이론적으로 유사하기도 했지만 차이도 있었다. 두 사람에게는 역사적 맥락도 중요했다. 앞으로 서술할 네 개의 장을 읽을 때 이 점을 명심해야 한다. 나는 두 사람이 젠더와 섹스와 민족 분야에서 취한 지적 입장을 분석할 때 『문화의 패턴』과 『세 부족사회에서의 성과 기질』을 들여다볼 때 사용한 렌즈를 활용했다. 물론 두 사람의 인생 이야기도 계속된다.

베네딕트가 『문화의 패턴』을 쓴 이유는 무엇일까? 누구라도 베네딕트가 인류학에 입문한 초기로 돌아가 그 시원을 밝혀낼 수 있다. 에드워드 사피어는 비전 퀘스트를 논한 베네딕트의 글에 깊은 인상을 받았고, 그녀가 프란츠 보애스가 쓰지 못한 이론서를 써낼 것이라고 예견했다. 사피어는 자기가 예상한 책을 전문가는 물론 대중도 많이 읽었으면 하고 바랐다. 그러나 그는 그 책이 과연 완성될 수 있을까 하고 걱정하기도 했다. 사피어는 '철저한 인류학자들'은 아는 게 너무 많고, '박식에서 나오는 부정적 태도'를 자랑스러워한 나머지 대중의 흥미를 끄는 책을 쓰지 못할 거라고 생각했던 것이다. 그는 '문학 소양을 갖춘 국외자'가 자기들을 대신해서 그 일을 해줘야 한다고 결론지었다.[9] 그러나 베네딕트에게는 시적 재능이 있었고, 필요한 이론을 만들어 명확하게 제시할 수 있는 내부자로 우뚝 섰다.

사피어 자신이 그런 작업을 하고 싶어 하기는 했지만 결코 시도하지는 않았다. 그는 그 책의 제목도 마련해두고 있었다. '문화의 심리학'. 사피어는《아메리칸 머큐리》에 부족사회 여섯 개의 심리를 다룬 일련의 논설을 써보겠다고 H. L. 멩켄에게 제안하기도 했다. 그러나 멩켄은 그의 요구를 거절했다.[10] 사피어는 1920년대에 아메리카 인디언 아사바스카의 언어들, 특히 나바호 말을 연구했다. 그는 핵가족을 방어하고, 새로운 성적 자유, 곧 마거릿 미드를 공격하는 논설도 썼다. 사피어는 절친한 친구인 정신과 의사인 해리 스택 설리번과 함께 '인성과 문화'(personality-and-culture)의 학제 간 집중 연구를 성공적으로 도약시켰다. 록펠러 기금을 끌어 모을 수 있었던 것이다.(베네딕트와 미드가 나중에 이 연구의 주도권을 장악한다.) 1931년 예일 대학교로 자리를 옮긴 사피어는 이 새로운 집중 연구 분야의 대학원 과정을 개설했다. 그는 해외의 여러 문화권 출신자들을 학생으로 받아 각자의 문화를 연구케 했고,

인간관계연구소(Institute for Human Relations)를 세웠다.[11] 사피어의 대학원은 베네딕트와 미드가 제2차 세계대전 이후 컬럼비아 대학교에서 수행한 당대 문화 연구 프로젝트의 길을 닦는 선구자 구실을 했다.

사피어는 베네딕트가 취하던 이론의 방향에 비판적이었다. 그는 베네딕트가 '아폴론'과 '디오니소스'라는 말을 사용해 미국 원주민 문화를 분석하는 게 내키지 않았다. 그녀가 비정상과 문화 형태에 관심을 집중하는 것도 싫었다. 물론 사피어도 1928년에 쓴 종교에 관한 한 논설에서 의식을 수행하는 푸에블로 인디언들의 감정 억제와 평원 인디언들의 '집단적 황홀경'을 언급하기는 했다.[12] 그는 실명으로 거론하지는 않았지만 베네딕트에게 다음의 세 가지 혐의를 걸어 비난했다. 그녀가 사실과 다르게 문화를 기이한 것으로 보게끔 만들었고, 자신의 자아를 은폐하기 위해 개인보다는 문화 개념에 초점을 맞추었으며, 문화란 건 '끊임없이 다른 방식'으로 문화의 패턴들을 해석하는 개인들의 집합임을 깨닫지 못했다는 것이다. 마지막 세 번째 진술에서는 설리번의 역동적 '자아심리학'을 읽을 수 있다. 그의 자아심리학 체계는 사람의 인성이 다른 사람 및 더 광범위한 사회와 상호작용하면서 끊임없이 재구축되는 것이라고 상정했다.[13]

베네딕트는 사피어의 비판을 거부했다. 그녀는 1932년에 사피어를 실명으로 거론하며 이렇게 썼다. "환상, 두려움, 열등감 위에서 문화가 확고하고 조화롭게 구축되기도 한다."[14] 같은 해에 베네딕트는 사피어의 강연을 듣고, 그가 구성원들을 규정하는 사회의 위력을 무시하고 있다고 미드에게 불평했다. 그녀는 그가 미식축구에 대한 개인적 생각을 동원해 사람들이 사회제도에 대응하는 양상을 설명하는 방식이 싫다고도 했다. 문화의 구성원 절대 다수가 '해당 문화의 유행에 따라 규정된다'고 베네딕트는 주장했다.[15]

그러나 사피어와의 의견 충돌은 베네딕트가 『문화의 패턴』을 쓰는 데서 작은 구실을 했을 뿐이었고 실은 앨프리드 크로버의 역할이 컸다. 그가 1932년 봄 학기에 컬럼비아 대학교에 객원 교수로 와 있었다. 베네딕트는 자기와 크로버가 남 얘기를 "쾌활하게" 또 "아주 많이" 하고 있다고 미드에게 썼다. 그런데 크로버가 그녀의 연구를 대수롭지 않은 것으로 취급한다는 걸 알게 되면서 베네딕트는 몹시 화가 났다. 그가 자신이 맡은 수업 '인성과 문화'에서 '과연 초인이 탄생할 수 있는지 확인하기 위해 여섯 개의 문화'를 분석했다는 사실도 알게 됐다. 베네딕트에 따르면 크로버가 '평원(인디언들)에게 영광을 돌린 것'은 충분히 예상할 수 있는 일이었다.[16]

미드에 따르면 베네딕트는 크로버에게 몹시 화가 났고, 충동적으로 『문화의 패턴』을 집필했다.[17] 베네딕트는 남자들의 무시에 아주 민감했다. 그녀는 1935년에 주니 족 신화 모음집을 발간했다. 베네딕트는 거기 붙이는 서문에서 보편적 열등감이 '남성적 콤플렉스'를 낳는다는 알프레트 아들러의 이론을 바탕으로 미국 사회에서 유력한 여성은 남자들의 '남성적 항의'를 불러일으킨다고 주장했다. 계속해서 그녀는 주니 족 남자들 사이에서는 그런 항의가 매우 드물다고 말했다. 그들의 모계 중심 사회가 여자들에게 상당한 권위를 부여하고 있기는 하지만 말이다. 그러나 '우리 문명에서는' 이게 '아주 흔한 요소'였다. 베네딕트는 1937년에 제자 루스 랜디스에게 이렇게 썼다. "같은 분야에 있다고 증폭되는 남자들의 이 항의 사태는 참으로 끔찍하다."[18]

비전 퀘스트를 다룬 베네딕트의 초기 논문을 봐도 그녀가 미묘한 방식으로 인류학계의 남자들에게 도전했음을 알 수 있다. 아메리카 원주민 부족 각각을 연구한 남성 인류학자들의 성과를 바탕으로 인디언의 종교를 포괄적으로 해석하고 있는 것이다. 베네딕트는 『문화의 패턴』

에서도 비슷한 일을 했다. 그녀는 리오 포천의 도부 족 연구와 보애스의 콰키우틀 족 연구를 활용했다. 포천은 그녀에게서 마거릿 미드를 앗아갔다. 이제 베네딕트가 그의 연구를 빼앗았다. 포천은 베네딕트가 자신의 도부 족 연구 내용을 사용하는 게 내키지 않았다. 그러나 그녀가 컬럼비아에서 그의 박사 학위 논문을 승인해주었고, 연구비도 타줬기 때문에 도저히 거절할 수가 없는 상황이었다. 게다가 광범위한 독자층을 상정한 책에 보애스와 베네딕트에 더해 자신이 포함되는 것은 포천의 명성에도 보탬이 될 터였다. 포천은 그렇게 야심이 많았다. 베네딕트는 마거릿 미드와 함께 뉴기니에 머물고 있던 그에게 편지를 썼다. 자신이 포천의 '아주 훌륭한 자료'를 쓰고 싶고, 그리 하면 사람들이 그의 작업을 알 게 될 것이라는 내용이었다.[19)]

보애스와 관련해서는 베네딕트도 엘시 클루스 파슨스만큼이나 이미 그와 친했다. 그들은 여러 면에서 아버지와 딸 같았다. 1930년대 중반에 보애스는 70대로, 기력이 쇠한 상태였다. 베네딕트가 그를 대신해서 컬럼비아의 인류학과를 맡았다. 1930년대 말에 이르면 베네딕트가 인종 문제 대변인이라는 보애스의 지위를 떠맡게 된다. 미드는 베네딕트가 보애스의 '막역한 친구'가 되었다고 썼다. 크로버도 여기에 동의했다.[20)] 베네딕트는 『문화의 패턴』에서 콰키우틀 족을 '과대망상'으로 설명했다. 이것은 보애스를 넌지시 그 범주에 집어넣은 것이기도 했다. 미국에서 새로운 인류학을 창조해 그 의제를 전 세계로 확대하겠다는 보애스의 동기야말로 강력한 야망이었기 때문이다. 보애스는 『문화의 패턴』에 칭찬하는 서문을 써주었다. 그러나 종내에는 베네딕트가 콰키우틀 가정의 온화한 삶을 무시했다고 비판했다. 실제로 보애스는 자신이 가정에서 선보이는 온화한 태도를 자랑스럽게 여겼다. 베네딕트도 콰키우틀 족의 서로 돕는 가정생활을 언급하기는 했다. 문제는 그

녀가 문단 한가운데서 그렇게 했다는 것이었다. 결국 내용이 쉽게 간과되고 말았던 것이다.[21]

일반 독자를 염두에 둔 책에 보애스의 콰키우틀 족 연구 내용을 집어넣은 것은 여러 모로 유익했다. 베네딕트는 보애스에게 그렇게 경의를 표했고, 인류학과의 남성 동료들과 일정한 거리를 둘 수 있었으며, 스승의 명성을 이용해 자신의 작업을 정당화할 수 있었다. 베네딕트는 미드에게 써 보낸 편지들에서 다른 남성 보애스주의자들을 비판했다. 그렇다고 그녀가 보애스를 많이 칭찬한 것도 물론 아니었다. 베네딕트는 『문화의 패턴』을 쓰는 동안 자기가 하는 일을 특별히 언급하지 않고 조용히 지냈다. 그녀는 미드에게 이렇게 썼다. 뉴욕에서 터를 잡고 활동하는 인류학자들은 모두 '각자만의 독특한 말을 타고' 있다고. 베네딕트는 그들이 자기들의 관점에만 관심을 가지고 있다고 얘기한 것이었다. 그녀는 쓰고 있는 책의 내용을 일부러 그들과 얘기하지 않았다. 베네딕트는 책이 아니라 논문을 쓰고 있다는 투로 모호하게 말했다.[22] 그녀는 그들의 비판 공세에 자신을 노출시키고 싶지 않았다. 베네딕트는 사피어와 크로버가 자신의 이론을 좋아하지 않는다는 걸 알고 있었다. 크로버도 사피어처럼 『문화의 패턴』 서평에서 그녀가 정상 상태를 충분히 고려하지 않았다고 비판했다.[23] 그는 베네딕트만큼 사회들이 비정상이라고 생각하지 않았다.

베네딕트의 작업은 반(反)남성적이지 않았고, 그건 베네딕트 자신도 마찬가지였다. 그녀는 위압적인 남성 행동을 싫어했다. 그러나 베네딕트는 남성/여성 구분에 따라 자신을 규정했다. 여기에서 그녀의 남성적 측면은 거칠고 강했다. 베네딕트는 자기 저술에서 니체와 산타야나 같은 남성 철학자를 인용했고, 샬럿 퍼킨스 길먼이나 엘렌 케이 같은 여성주의 작가들을 외면했다. 그녀가 제1차 세계대전 이전에 그녀들에게 대단한 열의를 보였다는 사실을 상기하면 정말이지 놀라운 일이다. 베네딕트가 남성들이 주도하는 지적 세계에서 이론가로 확실히 인정받기 위해 남성적 계보를 밝히고자 했는지도 모른다. 그녀가 이 여성주의 작가들을 거부한 것은 제1차 세계대전의 참상을 겪으면서 그녀들의 진화적 진보주의가 그릇되었다고 판단하고, 보애스의 반(反)진화주의를 지지하게 된 데 따른 것이었을 수도 있다.[24] 베네딕트는 1947년 미국 인류학협회에서 행한 회장 연설에서 남성 창시자들을 극단적으로 강조했다. 그 연설에서 그녀는 자기가 대학 시절에 배운 종류의 인류학에 새롭게 인문주의적 방향이 설정되어야 한다고 호소했다. 그러나 베네딕트는 로라 와일리나 거트루드 벅을 언급하지 않았다. 두 사람은 배서 대학에서 그녀를 가르쳤던 문학 비평가들이다. 오히려 베네딕트는 주로 남자들이 쓴 셰익스피어 관련 논문들을 인용했다.[25]

베네딕트가 자신의 작업에서 공격적인 남성성을 공격한 것을 보면 그녀가 온화한 남성을 높이 평가했다는 걸 알 수 있다. 컬럼비아 대학교의 그녀 사무실 벽면에는 프란츠 보애스와 나이든 블랙풋 인디언 추장의 사진이 걸려 있었다.[26] 그들은 지혜와 권위를 지닌 남자들이었다. 그들은 나이가 들면서 부드러워진 남자들이기도 했다. 사람들은 나이를 먹으면 성별이 횡단하기도 한다. 여자들은 더 적극적이 되고, 남자들은 더 조용해지는 것이다.[27] 베네딕트는 보애스의 위엄과 합리성과 친절함을 좋아했고, 그를 '파파 프란츠'라고 부르며 따랐다. 그녀는 정신적 요소와 실질적인 측면을 결합해 비전 가운데 하나가 아니라 현실의 세계를 살아가는 블랙풋 인디언들을 좋아했다. 그들의 비전 퀘스트는 형이상학적이지 않고, 합리적이었다. 그들의 비전 퀘스트는 사고파는 나뭇가지 다발로 표현되었던 것이다. 1939년 여름에 베네딕트는 블랙풋 족을 연구하기 위해 일단의 학생들과 함께 몬태나에 갔다. 피마 족을 연구하고, 형태 개념을 떠올린 1927년 이래 현지 조사 여행으로는 불과 두 번째였다.

베네딕트는 미드에게 보낸 편지에서 블랙풋 인디언을 '나의 블랙풋'이라고 썼다. "지금 이곳의 열기는 대단해. 그들은 가장 단순하고 명쾌한 상징적 방식으로 자신들의 엄청난 에너지를 발산해." 블랙풋 인디언의 지도자들은 모두가 행복해야 자신들도 행복하다고 생각할 정도로 주민과 스스로를 동일시했다. 블랙풋 족 사이에서는 노인과 굶주린 자를 돌보는 게 자선이 아니라 의무 사항이었다. 그들은 한 개인의 권리를 부인하는 것이 모두의 권리를 위협하는 행위라고 믿었다. 블랙풋과 관련한 베네딕트의 입장은 프랭클린 델러노 루스벨트의 뉴딜 사상과 흡사해 보인다. 그녀는 이런 입장을 바탕으로 제2차 세계대전기에 자신이 작성하는 개혁 프로그램에 참여하게 된다. 베네딕트는 타카(taka)라고 하는 블랙풋 인디언들의 제도도 언급했다. 타카는 두 남자 사이에서 평생 지속되는 우정을 가리킨다. 두 사람은 사냥을 끝낸 첫날 밤에 동침을 한다. 물론 스스로를 동성애자라고 생각하는 일 따위는 전혀 발생하지 않는다.[28] 베네딕트와 미드는 둘 다 '일탈 행동'에 대한 관심을 계속 유지했다. 그들은 일탈 행동이 전(前) 국가 사회들에서 어떤 기능을 수행하는지에 관심이 많았다. 두 사람은 그들의 관계와 스스로에 대해서도 정확하게 파악하고 싶었던 것이다.

개인적 환경도 베네딕트가 『문화의 패턴』을 쓰는 동기로 작용했다. 1930년대 중반에 그녀의 삶은 비교적 안정됐다. 베네딕트는 컬럼비아 대학교에서 정규직을 얻었다. 학문적 명성도 드높아지고 있었다. 1932년에 과학 잡지 《사이언스(Science)》는 베네딕트를 미국의 5대 주요 인류학자 가운데 한 명으로 선정했다. 1933년에는 《아메리칸 멘 오브 사이언스(American Men of Science)》가 등록된 2만 2,000명의 과학자 가운데 중요한 과학자 1,250명을 추렸는데, 거기에서도 그녀의 이름을 확인할 수 있다. 그녀는 보애스, 파슨스, 사피어, 로위, 크로버, 그리고 스탠리 베네딕트와 동급으로 최고 순위를 차지했던 셈이다. 베네딕트는 미국의 걸출한 여성 과학자 3인 가운데 한 명으로 소개되기도 했다.[29]

크로버가 베네딕트의 작업을 뭐라고 생각했든 동료들 다수는 그녀의 연구 성과가 걸출하다고 판단했다. 베네딕트의 글과 서평들이 대중적 권위지에 실렸다. 그녀는《뉴욕 헤럴드 트리뷴》에 정기적으로 서평을 썼다. 베네딕트는《미국 민속학 저널》의 편집자였다. 그녀는 미국인류학협회 이사와 미국 민족학회 회장을 역임했다. 베네딕트는 전미연구협의회의 인류학 및 심리학위원회 의장이었다. 그녀는 전미 과학진흥협회와 뉴욕 과학아카데미 회원이었다. 그러나 베네딕트는 박사학위를 받고 10년 동안 주니 족 신화 모음집과 코치티 족 설화집을 제외하면 이렇다 할 논문이 다섯 편밖에 없었다. 바야흐로 자신의 지위를 분명히 해야 할 때가 왔던 것이다. 미드가 뉴기니에서 그녀를 응원하고 있었다. "사람들은 당신이 그들의 거만함에 도전하지 않으리라고 생각하는 타성에 빠져 있어요." 그녀는 베네딕트에게 이렇게 썼다. 베네딕트가 이론서를 쓰면 '그들은 뒷문으로 빠져나갈' 터였다.[30]

베네딕트는 자기 성 정체성의 수수께끼를 포함해 다수의 개인적 사안들도 해결한 상태였다. 토머스 마운트가 더 어린 여자를 좇아 그녀를 떠난 게 최후의 결정타였다. 베네딕트는 이제 남자를 그만 사귀기로 결심했다. 가끔 사피어를 만났는데, 특히나 짜증스러웠던 대화를 뒤로하고 베네딕트는 미드에게 "살아 있는 남자 중에서 내가 자기 본위와 변덕을 진지하게 받아줘야 할 사람이 단 한 명도 없게 된 사실을 신에게 감사하고" 있다고 썼다. 스탠리와 토머스는 여자를 얘기할 때조차도 많은 경우 오토 바이닝거와 비슷한 말을 해댔다. 세기의 전환기를 살다 간 오스트리아의 이 철학자는 모든 사람이 양성애자로 태어난다고 주장했고, 여성이 남성에 비해 열등한 존재라고 혹평했다.[31] 미드는 남자라는 대상과 관련해 자기가 베네딕트와 의견을 같이하는 것인지 자신이 없었다. 그녀는 베네딕트에게 이렇게 썼다. "당신은 남자에게 아주 높은 기준을 적용해요. 여자에게보다 훨씬 더 높은."[32]

루스 베네딕트는 이제 나탈리 레이먼드와 일부일처형 동반자 관계를 맺고 있었다. 그녀의 자유연애 실험은 성공하지 못했다. 토머스 마운트가 그녀를 거부했고 리디아 심슨은 까다로웠다. 마저리 러브는 루스가 주의를 기울이지 않자 자살을 기도했다.[33] 베네딕트는 독신의 유혹을 느꼈지만 그러지 않기로 했다. 그녀는 일기에 이렇게 쓰고 있다. "닿거나 만지는 느낌이 아주 달콤하고 자연스런 인간적 즐거움일진대 그걸 근절한다는 건 억울한 일이다. …… 몸이 최상의 상태에서 건강하게 작동할 경우 그 즐거움은 배가 된다." 베네딕트는 다양한 성관계를 그만두는 게 후회스러웠다. 그녀는 '감각의 쾌락이 살해당하는 걸' 애석해했다. 그러나 '어떤 인간적 양식이 발동해' 그녀는 일부일처형으로 정착했다. 베네딕트는 '함께 밤을 보내는 것보다 훨씬 더 복잡한 활동에서 비롯된 인간적 교제에서만' 진정 행복을 느꼈다.[34]

루스 베네딕트는 뉴욕에서 나탈리와 친구로 지낸 바가 있었다. 1931년 여름에 나탈리를 다시 만났다. 패서디나에 사는 여동생과 어머니를 방문하러 갔을 때였다. 나탈리는 살이 쪽 빠졌고, '맵시가 있어서, 아름답고 아주 매력적이었다.' 베네딕트는 마거릿 미드에게 보낸 편지들에서 여자의 아름다움에 관해 이러쿵저러쿵 말하는 일이 잦았다. 그러나 남자의 외모를 논평한 적은 단 한 번도 없다. 나탈리는 어떤 남자와 살고 있었지만 이미 레즈비언 관계를 경험하기도 했다. 가을에 그녀는 뉴욕에 살고 있던 루스 베네딕트와 합류한다. 스탠리가 영향력을 행사해 코넬 대학교 의과대학 생화학과 대학원에 나탈리를 넣어주었다.[35] 나탈리는 열여섯 살이 어렸고, 루스는 나이 차이가 염려스러웠다. 그러나 두 사람은 행복했다. 루스는 일기에 이렇게 썼다. "나탈리를 사랑하고, 그녀에게서 기쁨과 만족을 느끼면서 나는 내 인생에서 가장 행복한 나날을 보내고 있다."[36] 루스가 마거릿 미드에게 원했지만 얻을 수 없었던 것이 바로 그것이었다.

루스 베네딕트는 오랜 기간 자신의 자아상에 영향을 미친 남성－여성 구분에 따라 본인의 성 지향을 일기에 써놓았다. 그녀는 이 분리 상태를 조화시킬 수 있는 방법을 찾아냈다. 양성의 남성적 스핑크스가 루스의 치유책이었다. 삶과 인간의 본질에 대해 스핑크스가 내는 수수께끼를 그녀 나름으로 푼 대답이었던 셈이다. 베네딕트는 일기에서 벨베데레의 아폴론과 호루스를 비교한다. 벨베데레의 아폴론은 양성의 신을 남성화해 표현한 것이고, 호루스는 이집트의 하늘 신으로, 인간으로 표현될 때 기하학적으로 양식화된 신체이다. "벨베데레의 아폴론을 이집트의 구닥다리 호루스와 비교해 보면 아무리 세련되었다고 해도 변태가 정상보다 더 뛰어나다는 걸 바로 알 수 있다."[37] 베네딕트는 '변태'라는 용어를 반어적으로 사용했다. 벨베데레의 아폴론은 크고, 근육질이며, 남근도 도드라지게 표현되어 있다.

루스는 1938년 마거릿에게 보낸 한 편지에서 더 이상 우울증에 빠지는 일이 없게 됐다고 썼다. "내 안에서 더 이상 악마들이 출몰하지 않아. 어쩜 그렇게 완벽하게 사라질 수 있는 것인지 말로 표현하기 힘들 정도야." 루스는 이제 영원히 '환희의 산'에서 살게 될 것이라고 생각했다. 그녀는 페이터의 황홀한 감정 상태나 자유연애 실천을 통해서도 도달할 수 없었던 평온함을 발견했다. 루스는 마침내 디오니소스에서 아폴론으로, 감성에서 이성으로 전환했다. 그 변화가 효과를 발휘했다. 그녀는 미드에게 "영원한 삶의 작은 조각 같다."라고 썼다.[38] 1930년대에 제자였던 에이브러햄 매슬로가 자신의 자아실현 이론에서 루스를 모범적 사례로 꼽은 것은 그녀가 다른 사람들에게 보여준 평온함 때문이었다. 매슬로의 자아실현 이론은 누구에게나 초월적 자아에 도달할 수 있는 잠재력이 있다고 제안했다. 그는 베네딕트가 그런 자아를 성취했다고 생각했다.

그러나 나탈리가 헌신하는 데 어려움을 겪은 베네딕트의 또 다른 연인이라는 게 곧 드러났다. 베네딕트는 미드에게 이렇게 썼다. "나탈리는 여러 면에서 아이야. 그녀는 어른이 되지 못할 것 같아." 나탈리는 남녀를 불문하고 다른 연인을 찾아 나서면서 더 이상 루스와 성관계를 맺지 않았고, 자기는 성욕이 별로 없다며 그 거부 행위를 합리화했다. 루스는 확신이 없었다. 그녀는 나탈리에게 이성애 관계가 '가장 성미에 맞는 것'인지 궁금했다. '나탈리의 인생사는 이성애를 거역하고' 있었기 때문이다. 루스는 스탠리와 결혼할 당시 영향을 받았던 보수적 생물학에 기대어 더 심사숙고했다. "궁극적인 함의가 어린애라면 그녀가 성행위에서만 편안함을 느낄지도 모른다." 그러나 루스는 마거릿에게 쓰기를, 나탈리와의 성교를 그리워하지 않았다.[39] 루스는 계속해서 1930년대 내내 나탈리와 살았지만 다른 여자들에게 의지했다.[40]

루스 베네딕트는 1930년대 초에 스핑크스를 이상적으로 통찰하면서 더 나은 자아상을 구축할 수 있었다. 레즈비언의 정체성을 수용하는 것이 그 변화에서 아주 중요했다. 루스는 오랫동안 자신의 중심을 찾기 위해 노력해왔다. 그것은 친구 카렌 호나이가 인생의 목표로 삼아야 한다고 주장한 '진정한' 자아를 발견하는 여정이었다. 에이브러햄 매슬로 같은 다른 신프로이트주의자들도 비슷한 주장을 했다. 호나이도 다른 사람들처럼 서구 문명에 특징적인 근심과 걱정의 이면에 평화롭고, 풍요로우며, 보살피는 '진정한' 자아가 있다고 제안했다.[41] 호나이 자신도 책에서 쓴 '자기 분석' 절차를 통해 그런 자아를 찾으려고 했다. 베네딕트도 미드와 함께 '합동 분석'을 수행하며 그런 노력을 했다.

'진정한 자아'와 '중심 찾기' 같은 개념들은 동양의 신비스러운 종교들인 불교와 수피교에서 아주 중요하다. 다른 신프로이트주의자들처럼 호나이도 결국 선(禪)불교의 기술을 연구했다. 시와 인류학은 베네딕트의 방법이었다. 그녀는 예이츠의 황금여명회와 그 집단의 신비주의적 실재관을 이미 오래 전에 폐기했다. 베네딕트는 동양의 기술에 약간 흥미가 있었다. 그녀는 『국화와 칼(The Chrysanthemum and the Sword)』의 한 장을 일본인들의 자기 수양이란 주제에 할애했다. 선불교 명상과 피정(避靜)을 호의적으로 다루는 것이다.[42] 자아실현에 관심을 집중한 에이브러햄 매슬로는 제3세력(The Third Force)이라고 불린 1960년대 초의 실존적 인본주의 심리학이 발전하는 데 큰 기여를 했다. 그는 제3세력 심리학이 어느 정도는 아폴론 및 디오니소스적 충동이라는 베네딕트의 개념들에서 출발한다고 밝혔다. 매슬로에게 '자아를 실현한' 사람은 결국 '아폴론적 신비주의자'였다.[43]

자신의 남성적 측면을 표출하고, 레즈비언 정체성을 확립한 것도 베네딕트가 몇 년 동안의 망설임을 매듭짓고 『문화의 패턴』을 쓰는 동기로 작용했다. 그 책을 쓰려면 용기를 내야 했다. 여자로, 동성애자로, 정서 불안으로 애를 먹는 한 사람으로 그녀가 겪는 개인적 문제들에 자신의 지적 활동을 집중해야 했기 때문이다. 친구들은 베네딕트가 책을 쓰면서 연구와 치료를 구분하지 못할 거라고 놀렸다.[44] 그러나 자아와 학문이 융합하고, 지적 작업과 정체성이 어우러지면서 『문화의 패턴』의 독창성이 탄생했다. 미드는 베네딕트가 선보인 대담함에 용기를 얻었고, 금기였던 동성애를 다룰 수 있었다. 미드는 폭로되는 걸 두려워했고, 직접 나서는 용기를 발휘하지 못했을 가능성이 많았던 것이다.

그러나 베네딕트는 문화에 집중하면서 자신의 자아를 드러내지 않을 수 있었다. 사피어는 베네딕트가 문화의 패턴들을 연구하면서 자기 자신으로부터 숨고 있다고 공격했는데, 이는 크게 틀리지 않은 지적이었다. 다수의 서양 사회에서 개인의 자유가 사라지던 독재의 시대에 베네딕트의 '패턴' 개념은 아주 빛나는 통찰이었다. 그러나 그녀는 그 개념 뒤에 숨어버렸다. 『문화의 패턴』에는 여성 동성애에 관한 내용이 전혀 나오지 않는다. 하지만 베네딕트는 연구 주제에 열정적으로 매달렸고, 개인적인 것과 정치적인 것을 통합해, 사피어가 불가능하다고 주장한 종류의 책을 써낼 수 있었다. 사피어는 대중은 물론 인류학자들의 상상력을 사로잡는 책을 '철저한' 인류학자들이 쓸 수 없을 것으로 보았다.

베네딕트가 우울증을 영원히 종식했을까? 사태의 진실을 온전히 알기가 쉬운 일은 아니다. 베네딕트는 자신의 성공과 출세를 즐겼다. 『문화의 패턴』은 사피어 및 크로버 같은 인류학자들의 비판에도 불구하고 결국 성공을 거두었다. 블랙풋 인디언들을 현지 조사한 것, 1930년대 후반에 적극적으로 정치에 간여한 것, 제2차 세계대전 시기에 공공 영역으로 진출한 활동이 두루 만족스러웠다. 1930년대 중반에 루스 베네딕트는 여동생, 어머니와 화해했다. 마거릿 미드도 그 시기에 아버지, 이어서 어머니와 화해했다. 버트리스 풀턴은 손주들을 돌보고, YWCA에서 일하면서 만족감을 느꼈고, 더 이상 남편의 죽음을 애통해하지 않게 됐다. 그녀는 95세까지 살았고, 1953년에 세상을 떠났다. 루스가 죽고 나서 5년 뒤인 셈이다. 루스는 패서디나에 사는 버트리스와 마저리를 자주 찾았다. 그곳 지역사회 지도자들, 마저리, 그리고 그녀의 성직자 남편은 1950년대와 1960년대에 패서디나와 로스앤젤레스에서 인종 통합을 위해 활발한 활동을 벌였다.[45]

그러나 베네딕트는 나탈리 레이먼드와의 불화로 애를 먹었고, 컬럼비아의 남성 동료들과도 계속 갈등했다. 미드가 『우리 시대의 인류학자』에서 공개한 베네딕트의 마지막 일기는 1934년 날짜로 되어 있다. 거기에서 베네딕트는 다시 한 번 깊은 불만을 토로한다. 그녀는 수도사의 삶이 갖는 미덕을 칭찬했다. 베네딕트는 무심한 영적 삶을 육성하면서도 '든든한 마음'으로 모험에 나서는 것을 격려하는 문화가 언젠가 발흥할 것이라고 생각했다. "이 문화는 시간과 기회의 스포츠가 아닌 진리들에 크게 기댈 것이고, 따라서 신뢰할 수 없는 사건들, 실패, 죽음 따위가 그 존재에 영향을 미치지는 못할 것이다."[46] 1년 후인 1935년에 베네딕트는 「내 인생 이야기」를 썼다. 그녀는 그 암울한 회고록에서 가족과 자아의 어두운 측면에 빠져들었다. 같은 해에 베네딕트는 『문화의 패턴』에 나오는 비합리성에 관심을 집중했다.

"베네딕트도 우리들처럼 세상을 다 바꾸고 싶어 했다." 에이브러햄 매슬로는 그녀를 이렇게 평했다.[47] 1930년대에 미국 경제가 몰락했고, 유럽에서는 파시즘이 득세했다. 지식인들은 개혁을 지지했고, 매슬로의 평가는 이런 정서를 반영한 것이었다. 매슬로의 논평은 『문화의 패턴』의 문체와 목적을 언급한 것으로 이해할 수도 있다. 『문화의 패턴』은 역설적이면서 열정적이었고, 실용적이면서 시적이었고, 과학적이면서 여성적이었다. 『문화의 패턴』은 미국 문화의 공격적 남성성과 물질주의를 비판했다.

『문화의 패턴』은 여러 수준에서 개혁적인 저작이었다. 베네딕트는 인종주의에 맞서 싸우고, 서양 사회과학의 유럽 중심적 편견을 폭로하는 수단으로 책에서 문화 상대주의를 간략하게 옹호했다. 유럽인과 미국인을 대상으로 수행된 연구에 기초해 얻은 결론들을 보편적이라고 가정하는 것을 베네딕트는 유럽 중심적 편견이라고 불렀다. 그녀는 인류학이 사회과학 중에서 가장 믿을 만하다고도 주장했다. 이것은 미드도 마찬가지였는데, 부족사회들은 인구 집단이 작고 동질적이어서, 사회 행동을 연구하기에 최적의 실험실이라는 것이었다. 부족사회에서는 "특징들의 연관성을 추정할 수 있다. …… 상반되는 경향들이 복잡하게 얽혀 있는 우리 문명에서는 그게 불가능하다."[48]

부족사회들은 규모가 작고, 동질적이기 때문에 개혁을 지향할 필요가 없었다. 베네딕트는 미국 같은 사회에서 변화에 대한 희망을 가장 크게 걸어볼 수 있다는 미드와 의견을 같이했다. 미국은 다양한 민족 집단이 이질적 주민을 구성하고, 비판적 사유가 가능한 곳이었다. 그러나 부족사회들의 일부 특징은 미국 사회의 특징보다 우수했다. 사모아인의 확대 가족이나 블랙풋 인디언들의 사회복지가 그런 예들이다. 미드처럼 베네딕트도 서양의 과학 전통이 우월하다는 걸 믿었다. 그녀는 멜라네시아의 신비주의 같은 사회의 비논리적 사고는 물론 1920년대에 미국에서 큰 인기를 끈 '낭만적 원시주의'에도 비판적이었다. 멜라네시아의 부족들은 '마법과 종교의 무시해도 되는 경계'에 그들의 '관찰 능력'을 낭비했다고 베네딕트는 썼다. 사회가 그런 관찰 재주를 충분히 활용하려면 '과학적 방법론'이 필요하다.[49]

베네딕트는 학제 간 연구가 개혁적이라고도 생각했다. 그건 미드도 공유한 관점이었다. 보애스 학파 인류학자들이 1920년대에 학제 간 연구 운동을 이끌었다. 그들은 여러 사회과학들의 학과 편향의 내관적 태도에 이의를 제기했다. 그 10년 동안 학계가 수량화와 전공 논문 생산을 지향하는 보수주의에 휩쓸렸던 것이다. 밴 윅 브룩스와 루이스 멈퍼드 같은 비평가들이 이런 조류에 반발하면서 대학을 박차고 나가 공공적 지식인을 자처했다. 베네딕트와 미드도 공적 사상의 무대에 진출했지만 학계를 떠나지는 않았다. 개혁 지향 사회학자들과 심리학자들, 이를테면 두 사람의 친구였던 로버트 린드, 존 달러드, 에릭 에릭슨이 포괄적 접근을 시도하기 위해 인류학에 의지했다. 사회과학 중에서 대학의 학과목으로 지정된 마지막 학문인 인류학은 다른 학과목들이 전문화 단계에 진입하고 있을 때조차 새것의 역동성과 보편성을 간직했다. 인류학은 과학을 지향했지만 여전히 인도주의와도 강하게 결합하고 있었다. 프란츠 보애스처럼 그에게서 배운 인류학의 선도자들도 단호했고, 개혁 지향적이었다.[50] 그들의 문화와 인성 연구는 중요한 학제간 시도였다.

베네딕트는 『문화의 패턴』에서 다른 학문들을 차용했다. 사회를 통합적 실체로 보는 그녀의 견해는 사회학자 에밀 뒤르켐, 역사학자 빌헬름 딜타이와 오즈월드 슈펭글러, 형태(게슈탈트)심리학 학파에서 유래했다. 뒤르켐은 사회를 유기적 전체로 규정했고, 두 역사학자는 역사적 시대와 문화가 유력한 사상들에 의해 추동된다고 해석했으며, 형태심리학 학파는 전체가 부분의 총합보다 더 크다고 주장했다. 형태심리학은 시각 및 청각 실험에 기초한 이론으로, 자연과학의 승인을 받기까지 했다. 1930년대 초에 중요한 게슈탈트 이론가 다수가 독일에서 미국으로 탈출한 상태였다.[51] 베네딕트는 미국 인류학협회 회장 연설에서 대학 시절에 읽은 철학과 문학 비평이 자신에게 많은 영향을 미쳤다고 밝혔다. 요컨대 베네딕트가 채택한 용어인 '아폴론'과 '디오니소스'는 니체의 『비극의 탄생』에서 가져온 것이다.

1930년대 초에는 '패턴'이라는 개념을 도처에서 볼 수 있었다. 사피어의 언어 이론, 누구도 자신의 인성 '패턴'을 바꿀 수 없다는 베네딕트의 믿음이 그런 예들이다. 시인들이 '패턴'을 얘기했다. 에이미 로웰은 제1차 세계대전으로 빅토리아시대의 확실성이 분쇄되었다는 내용의 「패턴들(Patterns)」이라는 시를 썼다. '패턴들'이 사회를 지배한다는 베네딕트의 이론은 다른 무엇보다도 모더니즘적 기획의 소산이었다. 그 기획은 구성 요소들을 기하학적으로 추상해 실재를 재구성하는 것이었다. 미술 분야에서 피카소가 그러고 있었고, 건축에서는 프랭크 로이드 라이트가 그랬으며, 모더니즘 시인들은 언어로 그 작업을 했다.

『문화의 패턴』이 나오기 7년 전인 1927년에 알렉산더 골든와이저는 문화 패턴 개념이 사회과학 전반에서 부상 중이며, 그것이 수학이나 논리학 같은 추상적 학문, 조형 미술, 음악의 형태 및 체계 개념들과 관계를 맺고 있다고 언급했다. 그는 이렇게 쓰고 있다. "우리가 크게 오도되지만 않으면 패턴이나 게슈탈트 같은 보편 유형 개념이 개념 발전의 신기원을 이룰지도 모른다." 미드는 인류학자들이 특정 집단이나, 종교처럼 모든 인간 사회를 규정하는 보편 요소들을 지정하기 위해 이미 한참 전부터 '패턴'이라는 단어를 사용하고 있었다고 주장했다. 베네딕트는 그 용어를 개별 문화와 연결하면서 자신의 천재를 드러냈다.[52)]

학제 간 연구를 선호했던 베네딕트는 주로 심리학을 차용했다. 그러나 그녀는 프로이트주의자가 아니었다. 카렌 호나이나 에리히 프롬 같은 신프로이트주의자로 느슨하게 묶을 수는 있을 것이다. 미드 역시 1930년대 중반에 자신을 그렇게 규정했다.[53)] 베네딕트가 『문화의 패턴』 각주에서 언급한 심리학자는 가드너 머피(Gardner Murphy)뿐이었다. 그는 컬럼비아에 재직하고 있던 심리학자로, 베네딕트의 친구이기도 했다. 베네딕트는 '아폴론'과 '디오니소스' 같은 문학 용어를 사용해 은연중에 사회과학들의 과학만능주의를 비판했다. '편집증'이나 '과대망상' 같은 용어들은 프로이트에 선행한 것이었다. 베네딕트의 심리학 활용은 '절충적'이었다. 머피도 심리학의 당대 조류를 연구한 논문에서 다수의 심리학자를 '절충주의'로 규정했다.[54)]

절충주의자 베네딕트는 아들러와 융에 기댔고, 프로이트는 선택적으로 활용했다. 이를테면, 그녀는 (『꿈의 해석』에 나오는) 프로이트의 '소망 충족' 개념을 동원해 민간 설화의 내용을 설명했다. 그러나 베네딕트는 프로이트의 개인 발달 이론을 좋아하지 않았다. 리비도, 오이디푸스 콤플렉스, 구강·항문·남근기에 바탕을 둔 유아 발달 이론을 그녀는 내켜하지 않았다. 베네딕트는 호나이의 책 『우리 시대의 신경증적 특성(Neurotic Personality of Our Time)』을 논한 1938년 서평에서 이에 대한 혐오를 분명히 드러냈다. '원시적 집단' 내부의 갈등에서 비롯하는 것이 문명이라는 프로이트의 이론과, 제1차 세계대전 이후 현대 사회의 비합리성에 집중한 그의 사회심리학이 베네딕트에게 영향을 주었을지는 모른다. 『문화의 패턴』을 보면 그녀가 프로이트의 떠들썩한 '무의식'에 빠져든 것 같기는 하다.[55)]

베네딕트는 개혁을 지지했고, 여전히 존 듀이의 사상에 헌신하고 있었다. 듀이는 사회과학 전문가들이 주동하는 사회공학과 교육을 강조했고, 베네딕트도 여기에 호응했다. 그녀는 경제제도가 문화를 결정한다는 마르크스주의 이론을 거부했다. 비인격적 힘들의 창조적 행위가 결정적 요소라고 베네딕트는 주장했다. 이 과정이 시를 짓는 것과 유사하다고 주장했다. 베네딕트에 따르면 그 과정은 물질적이지 않고, 심미적이었다. 그 과정은 다양한 사회적, 심리적, 경제적, 예술적, 개인적 자극에 반응했다. 그 과정에는 역사적 요소가 개입했다. 문화가 통상 시간을 두고 발전하기 때문이었다. 베네딕트는 1929년에 이렇게 썼다. "인간은 항상 정교한 일 처리 전통을 발전시킨다. 그렇게 발전하는 상부 구조는 대부분의 설계 내용이 계속해서 바뀐다. 게다가 제각각 의존하고 있는 토대와 눈에 띄는 상관관계를 보여주지도 않는다."[56] 미드가 대학생 때 지지했던 사회주의 사상은 베네딕트의 관심을 끌지 못했다. 그보다는 베네딕트가 미드를 듀이의 관점으로 개종시켰다. 1922년 인류학과 세미나에서부터 그 과정이 시작되었다. 그러나 베네딕트는 1930년대 말에 듀이를 좇아 변형된 국가 사회주의를 수용하면서 뉴딜과 보다 급진적인 주택 및 복지 정책을 지지한다.

베네딕트는 듀이의 『인간 본성과 행위』를 추종했고, 사회를 바꾸려는 노력이 관습을 고려해야만 한다고 경고했다. 1929년에 발표된 「관습의 과학(The Science of Custom)」을 보면 베네딕트의 견해는 완전 보수주의자의 것이다. 그녀는 이렇게 쓰고 있다. "우리 모두는 문화가 바뀐다는 걸 안다. 지금까지의 변화가 무의식적 정형화에 휘둘리면서 맹목적이었다고 할지라도 우리가 정말로 문화를 의식한다면 지성으로 문화를 인도하는 일이 점차 가능해질 것이라고 조금쯤은 기대해볼 수 있다."[57] 대공황의 절정기에 쓴 『문화의 패턴』에서는 베네딕트의 입장이 조금 더 왼쪽으로 이동했다. 그녀는 세대 갈등이 변화의 동력이라며 이렇게 말했다. "다음 세대에 정상 상태로 자리할 새로운 변화의 방향을 자기 의식적으로 실천한 사회는 지금까지 없었다. 듀이는 그런 사회공학이 어느 정도 가능할지, 또 얼마나 급격한 것일지 언급했다." 그러나 그녀는 점진주의적 사고와 타협했다. "오늘날의 작은 변화들, 이를테면 이혼, 사회의 세속화, 널리 퍼진 애무 파티 등은 전통으로 자리를 잡게 될 것이다. 그렇게 구세대의 구식 패턴들의 내용이 풍요로워지는 것이다."[58] 1940년에 베네딕트는 인종을 다룬 책에서 더 왼쪽으로 이동했다.

『문화의 패턴』은 인류학이 과학적 학문이라는 것을 옹호하면서 시작된다. 현지 조사는 실험실 실험과 유사하고, 그 결과는 과학적 사회학의 기초가 된다는 것이다. 그러나 『문화의 패턴』은 베네딕트의 시적 측면에도 기대고 있다. 그녀는 시적으로 사고하고, 글 쓰는 행위를 멈출 수 없었다. 에이브러햄 매슬로의 증언에 따르면, 다른 시인들처럼 베네딕트도 단어들을 직관적으로 끌어냈다. 그녀는 과학자이기 때문에 마음에 떠오른 말들을 공개적으로 하지 않기 위해 애써야만 했다. '마티니를 홀짝이면서 할 수는 있겠으나 공식 출판의 형태로는 할 수 없는' 말들인 셈이었다.[59] 베네딕트는 직업적인 글쓰기에서 자신이 공평무사하고 합리적이어야 한다고 생각했다. 제자 빅토르 바노프(Victor Barnouw)는 이렇게 증언한다. "선생님은 절제된 과학자의 정신 상태를 선보였다. 하지만 가끔은 수수께끼 같은 시어들이 등장하기도 했다."[60] 1941년에 베네딕트는 컬럼비아 대학교에서 수업 시간에 '모래시계'와 '사이펀'이란 말을 동원해 문화를 분류했다. 제자인 시드니 민츠(Sydney Mintz)는 이 말을 듣고, 시인 존 키츠를 떠올렸다.[61]

그러나 베네딕트는 알베르트 아인슈타인과 막스 플랑크가 제시한 과학의 새로운 진로에 큰 영향을 받았다. 두 사람은 우주가 질서정연하다는 뉴턴의 세계관을 논박했고, 과학자들이 이성뿐만 아니라 직관의 인도도 받는다고 생각했다. 아인슈타인은 그것을 '우주적 영성'(cosmic religiosity)이라고 불렀다. 베네딕트와 미드는 둘 다 자신들이 문화의 일부인 것처럼 느껴질 때까지 해당 문화를 연구했다. 그들은 그런 다음에야 비로소 대상 문화를 서술했다. 베네딕트의 제자 도로시 리(Dorothy Lee)는 이런 태도 때문에 학생들이 처음에 당황했다고 썼다. 그들은 '관찰자와 피관찰자'가 면접과 관찰과 서술의 전 과정에서 분리되어 있는 기존 방법론에 익숙했던 것이다. 그들은 새로운 방법론을 이해하고는 마음에 들어 했다. 리는 베네딕트가 알베르트 아인슈타인 같다고 생각했다. 그녀가 이성과 직관을 둘 다 활용해 연구를 한다고 보았던 것이다.[62] 에벌린 폭스 켈러(Evelyn Fox Keller)가 과학이 발전하는 데서 직관이 담당하는 중요한 역할을 언급하면서 '생명의 느낌'이라고 지칭한 것을 베네딕트가 가졌다고 볼 수도 있을 것이다.[63]

베네딕트가 『문화의 패턴』을 쓰는 데에 수많은 문학가들이 영향을 미쳤다. 버지니아 울프를 첫 손에 꼽을 수 있다. 베네딕트는 그녀의 작품을 거듭해서 읽었다. 이론서 쓰는 문제를 고심하던 1932년 1월에 그녀는 미드에게 한 해 전에 출간된 울프의 『파도(The Waves)』를 막 다 읽었다고 썼다. 베네딕트는 울프가 여섯 명의 개인을 등장시켜 문화를 묘사한 방식이 마음에 들었다. 물론 등장인물들이 단조롭고, '폭력적 기질' 또한 전무하다는 사실이 내키지는 않았지만 말이다. 조지 산타야나와 로빈슨 제퍼스도 베네딕트의 저술에 많은 영향을 주었다. 산타야나는 대학 시절 이래로 베네딕트가 가장 좋아하는 인물 가운데 한 명이었다. 베네딕트가 『문화의 패턴』에서 세 사회를 소개하는 방식을 취한 것 역시 그를 흉내 낸 것이다. 산타야나가 쓴 『세 명의 철학자 시인(Three Philosophical Poets)』에는 그리스의 철학자 루크레티우스, 중세 시인 단테, 낭만주의 시인 괴테가 나온다. 산타야나는 그들을 따로 존재한 개인들이 아니라 그들이 살았던 사회를 반영하는 존재들로 본다. 그는 헤겔의 변증법을 인용하면서 그들의 다양성이 궁극적으로는 '더 높은 단계의 통일체'로 수렴되어야 한다고 역설한다. "각자는 해당 시대의 전형적인 인물이다. 그들을 한데 그러모으면 유럽 철학 전체를 요약할 수 있다."라고 했다.[64] 『문화의 패턴』에 등장하는 아폴론적인 주니 족과 편집증적인 도부 족과 과대망상적인 콰키우틀 족이 전체 미국 문화를 요약하는 것이라고 말할 수 있을지도 모른다.[65]

산타야나는 『세 명의 철학자 시인』에서 시가 철학이라는 주장을 간략하게 개진한다. 그는 시인의 통찰력은 '숙련되고 열정적인 상상력'을 바탕으로 진정한 이해를 가능케 한다고 역설했다.[66] 산타야나가 말한 '숙련되고 열정적인 상상력'은 아인슈타인의 '우주적 영성'과 닮은 데가 있다. 베네딕트는 이런 입장들을 보면서 자신도 시적 직관을 활용해 과학적 연구 활동을 수행해야겠다는 용기를 냈다. 산타야나의 책에 나오는 삼위의 통합도 베네딕트는 마음에 들었다. 메리 울스턴크래프트, 마거릿 풀러, 올리브 슈라이너를 연구해 전기를 내보자던 그녀의 제안에서도 이미 그런 기획이 활용된 바 있었다. 이런 삼각 구도는 핵가족, 기독교, 우주 탄생, 여성 몸의 삼위일체를 상징했다.[67]

로빈슨 제퍼스도 베네딕트가 『문화의 패턴』을 쓰는 데서 커다란 영향력을 행사했다. 이를테면, 그는 고대 그리스의 비극을 현대적으로 재해석한 작품들에서 인간의 도착성에 주목했고, 베네딕트가 거기에 호응했다. 베네딕트와 미드 모두의 친구였던 에드먼드 윌슨은 변화하는 문화 세태의 기수라 할만 했다. 그가 1931년에 대단한 반향을 불러일으킨 『악셀의 성(Axel's Castle)』을 출판했다. 그는 대공황 사태에 천착했고, 시인들과 소설가들에게 상징주의를 중단하고 현실주의로 돌아오라고 촉구했다. 상징주의는 거기에 담긴 개인주의로 인해 퇴폐적 성애가 발생했다고 주장했다. 그 속에서 조리 카를 위스망스(Joris-Karl Huysmans)의 소설 『거꾸로(A rebours)』에 나오는 신경증적 귀족 같은 등장인물들의 어리석음이 싹텄다는 것이다. 문제의 신경증적 귀족은 기이한 정서를 함양한답시고 세상을 등지고 칩거한다.[68] 그러나 베네딕트는 윌슨이 아니라 제퍼스를 따랐다. 제퍼스는 퇴폐의 시인이었다. 그는 전형적인 반(反)모더니즘적 모더니스트였다. 그렇다고 베네딕트가 그에게 한참 뒤지는 것은 물론 아니었다. 그녀는 제퍼스에게서 영감을 받았고, 자기가 쓴 시편들과 정신 상태의 주제들, 곧 공포, 절망, 괴물을 문화 연구의 대상으로 받아들였다. 베네딕트는 「보쿠 플랜트」와 「카니발리즘의 용도」에서 이미 그런 작업을 한 바 있었다. 두 편 모두 출판되지는 못했다.

제퍼스는 서사시를 썼다. 호메로스 이래로 서사시는 남성적인 장르였다. 1920년대에 활약한 여류 시인 가운데 서사시를 쓴 사람은 아무도 없었다. 그녀들은 서정시, 소네트, 발라드를 썼다. 서양 문학의 역사를 통틀어 봐도 서사시를 쓴 여성은 거의 없다. 에드워드 사피어는 베네딕트의 시편들을 보고 이런저런 조언을 했다. 그중 가장 현명한 것을 하나 꼽자면, 베네딕트가 채택한 시 형식이 그녀를 제약한다는 내용이었다. "당신은 호흡이 긴 형식을 시도할 필요가 있어요. 예를 들어, 무운시(無韻詩)로 창의적인 얘기를 해보는 겁니다.……당신의 풍요로운 심상을 펼쳐내려면 아주 깨끗한 마당이 필요할지도 모르겠어요."[69] 베네딕트는 그의 조언을 받아들였다. 그러나 시에서는 아니었다. 『문화의 패턴』은 다루는 범위가 압도적인 서사시이다. 『문화의 패턴』은 어조가 신중하다는 점에서 아폴론적이고, 공포에 빠져든다는 점에서 디오니소스적이다. 그러나 『문화의 패턴』은 서사시적 규모를 자랑하며, 그 점에서 남성적이다. 『문화의 패턴』은 성서에 나오는 예언자처럼 미국 문화를 한탄한다. 독실한 청교도의 목소리로 사랑하는 문명의 죄악들을 통탄하는 책인 것이다. 베네딕트는 마흔일곱 살에 『문화의 패턴』을 썼다. 그녀는 인생의 반환점에 서 있었고, 폐경기에 진입 중이었으며, 절정의 사회적 위세를 누리고 있었다.

『문화의 패턴』에는 모순이 존재한다. 모순은 모더니즘의 양상이다. 요컨대 베네딕트의 심중에는 비극이 존재했고, 그녀는 『문화의 패턴』에서 자신의 분노를 쏟아냈다. 『문화의 패턴』은 상상력이 분출한 작품인 것 못지않게 카타르시스적 저작이었다. 『문화의 패턴』은 과학적이고, 풍자적인 논문인 것만큼이나 카산드라가 부르는 '치욕적인 결혼의 노래'였다. 『문화의 패턴』은 개혁에 대한 공감대를 불러일으키고자 했다. 베네딕트는 모더니스트인 것만큼이나 모더니즘에 반대했다. 인류학자 클리퍼드 기어츠(Clifford Geertz)는 베네딕트의 저작을 분석한 유명한 논문에서 그녀가 '자기 토착화'에 몰두했다고 평했다. '익숙한 것들과 낯선 것들을 처한 곳이 바뀌도록' 나란히 배치했다는 말이다.[70)] 그러나 기어츠가 베네딕트의 창조적 작업을 나름대로 솜씨 있게 규정했다고 할지라도 그것만으로는 그녀의 작업에 당대의 역사 인식과 페미니즘이 속속들이 배어 있었다는 사실이 드러나지 않는다.

대다수의 위대한 남성적 서사시처럼 『문화의 패턴』에도 여행 모티프가 들어 있다. 베네딕트는 줄곧 매료되어왔던 주제를 선택했다. 영웅의 지옥행과 승천이 바로 그것이었다. 디오니소스는 하데스에 가서 어머니를 구출한다. 단테는 7단계 지옥을 경험하고, 연옥을 경유해 천당에 간다. 존 버니언의 순례자는 '절망의 구렁텅이'에서 허우적대다가 '환희의 산'에 이른다. 모든 것이 내면적 자아의 은유였다. 디오니소스는 강렬한 감동을, 아폴론은 합리성과 평화의 천국을 상징했다.

베네딕트는 평화로운 곳인 주니 족 세계 이야기로 시작해, 도부 족과 콰키우틀 족의 지옥으로 내려간다. 의식도 없고, 종교도 없는 도부 족의 세계는 죽음의 환경이다. 단테가 내려간 불과 배설물의 끈끈한 지옥과도 비슷하다.[71)] 심지어는 남편과 아내들조차 서로를 믿지 않는다. 누구라도 당장 아무한테나 치명적인 마법을 걸 수 있기 때문이다. 모든 마을은 조상의 묘지를 중심에 두고 원형으로 건설된다. 마법사들이 도처에 존재하며, 보호와 파괴의 부적을 남발한다. 모두가 끔찍한 느낌을 자아내는 날아다니는 마녀를 잊지 못한다.

콰키우틀 족도 못지않게 상황이 좋지 않다. 그들은 포틀래치라는 잔치를 연다. 공동체에서 가장 부유한 사람들이 전년도에 축적한 모든 것을 경쟁자들에게 나눠준다. 그 축연에서 광분한 사람들은 서로의 팔뚝에서 살점을 물어뜯는다. 젊은이들은 누군가를 죽이고, 시신의 일부를 먹은 다음 그 살점을 토해내기도 한다. 주술사들은 뺨으로 피가 흘러내릴 때까지 자기 혀를 씹어댄다. 이런 행동에는 그들의 우주관이 담겨 있다. 그들의 주신(主神)은 여성 노예를 두고, 시체를 대령케 하는 육식동물이다. 그 주신의 경호원인 까마귀는 송장의 눈을 파 먹는다. 길고 날카로운 부리를 지닌 새는 시체의 두개골을 깨고, 뇌수를 빨아먹는다.

베네딕트는 지옥 같은 이들 문화에서 중간계로 돌아온다. 그 평화로운 곳에서 베네딕트는 비정상을 이해하고, 인성을 계발하며, 듀이식 사회 계획을 채택할 필요가 있음을 합리적으로 주장한다. 그렇다면 그녀의 천국은 어디에 있는가? 주니 족 속에 있을지도 모른다. 베네딕트의 해석 속에서 주니 족은 자기 통제와 평온함에 열중한다. 그들은 경쟁과 폭력을 혐오하고, 개인 소유도 '별로 중요시하지 않는다.' 여자들은 사회적 지위가 높다. 그녀들이 가족의 재산을 소유하고, 가계와 혈족이 그녀들을 중심으로 유지되기 때문이다. 그러나 베네딕트는 주니 족의 순응성을 좋아하지 않았다. 주니 족의 문화는 집단의 관심 속에서 개성이 표출되는 것을 억눌렀다. 베네딕트는 그 때문에 평원 인디언들을 더 좋아했다. 폭력에 탐닉하기도 하지만 비전 퀘스트라는 개인적 경험을 통해 개성의 표출을 응원했기 때문이다. 베네딕트는 그들의 호전적 성향을 비판했지만 그들의 전쟁이 대개는 '무훈 세우기'일 뿐이라고도 설명했다. 그들은 말이나 전투 복장을 훔치고, 부상을 입히거나 죽이는 일 없이 적의 신체나 말을 건드리면서 공치사를 했던 것이다.

베네딕트가 『문화의 패턴』에서 가장 긍정적으로 묘사한 집단은 평원 인디언들의 남자-여자이다. 엘시 클루스 파슨스가 주니 족의 베르다슈를 기록으로 남겼고, 베네딕트는 그들이 주니 족 사이에서 흔히 조롱거리임을 알고 있었다. 그러나 베네딕트는 그들의 처지가 평원 인디언들 사이에서는 다르다고 생각했다. 미국 원주민 문화가 존재한 다른 어떤 지역에서보다 평원 인디언들 사이에서 그들의 역할이 만개했다. 종종 '부적합하다는 인식 속에서 불만이 제기'되기도 했지만 대개의 경우 그들은 우월한 존재로 여겨졌다. 그들이 이중으로 가정에 보탬이 되었기 때문이다. 요컨대 그들은 남성적 활동인 사냥을 하는가 하면 여성적 활동인 구슬 세공이나 짐승 가죽 보존 처리도 할 수 있었다. 실제로 남자-여자는 체력이 뒷받침되었고, 새로이 여성적 역할을 떠맡고 싶어 했기 때문에 이들 분야에서 두각을 나타냈다. 사회적 비난은 죄다 남자-여자의 남성 동반자에게 쏟아졌다. 남성 동반자가 가사에 별다른 기여를 하지 않는 일이 다반사였기 때문이다. 아무튼 베르다슈의 가정은 "순전히 베르다슈의 노력 덕택에 이미 모든 가정의 모범으로 자리를 잡고 있었다." 베네딕트는 남자-여자가 '자기 활에 시위를 두 개' 걸고 있기 때문에 이런 일이 가능하다고 썼다. '그 문화에서 그들보다 더 풍요로운 이들은 없다.'[72]

베네딕트가 평원 인디언들의 베르다슈를 칭송한 문단은 크로버가 컬럼비아 대학교에서 1932년에 한 강의에서 평원 인디언들의 남성성을 찬양한 것에 대한 비판으로도 읽을 수 있다. 남성 인류학자들은 베르다슈 관습에 불편함을 느꼈고, 회피해버렸다. 그들은 무기력한 남성들이 전사가 되는 것을 회피하기 위해 베르다슈가 되고, 그런 행위는 조롱거리라고 상정하는 일이 잦았다.[73] 그러나 이게 그 문제에 대한 그들의 유일한 입장은 아니었다. 크로버가 1937년에 아메리카 인디언 부족들 속의 남자-여자 관련 문학을 살펴보는 논문을 발표했다. 거기서 그는 인디언들이 동성애자들의 역할을 제도화했다며 칭찬했다. 그는 미국의 주류 문화가 동성애자들을 억압하는 태도를 고수하면서 갈등과 긴장이 빚어지고 있다고 주장했다. 크로버는 미국의 동성애자 처우와 아메리카 원주민의 동성애자 대우를 평가한 후 이렇게 말했다. "인디언과 우리를 비교할 때 우리 쪽이 훨씬 더 계몽되어 있다고 말할 수 없다."[74)]

『문화의 패턴』은 베네딕트의 미학적·지적 특성은 물론이고 그녀의 용의주도함에도 빚지고 있다. 베네딕트가 시를 포기하고 책 쓰기로 전향했다는 사실에서 이런 실용주의적 측면이 분명하게 드러난다. 대공황기에 남성 비평가들은 여자들의 서정시를 조롱했다. 에드먼드 윌슨이 상징주의자들을 비판했듯이 그들도 새로이 거친 현실주의를 요구했다. 그들은 그런 작품을 내놓을 수 있는 존재는 남자들뿐이라고 말했다. 1930년에 《예일 리뷰(Yale Review)》에 실린 한 논평가의 글이 루이즈 보건의 시를 힐난했다. 루이즈 보건의 시편은 베네딕트의 시들과 비슷했다. 그는 이렇게 쓰고 있다. "우리는 시와 함께 까다롭고 제약이 심한 시대에 떨어지고 말았다. …… 시무룩하고 아리송한 시인들이 자기들의 개인적 환멸과 혐오를 즉물적으로 서로에게 내뱉고 있다."[75)] 이 논평은 여류 시인들의 서정시와 그녀들이 택한 절망감과 죽음 따위의 주제들을 공격적으로 비판하고 있다. 베네딕트는 그 공격을 모른 체할 수가 없었다. 그녀는 레오니 애덤스와 루이즈 보건 같은 자기 친구들이 시인으로서 얼마나 어렵게 사는지 알고 있었다. 두 사람은 술을 많이 마셨다. 둘 다 정서 불안으로 병원 신세를 졌다. 둘 모두 문학 평론가와 결혼했다. 그러나 상대방을 배려하고 친절하게 대해 주는 남편은 한 명도 없었다. 레오니는 에드먼드 윌슨과 다시 시작했고, 보건은 은둔자가 되었다. 베네딕트는 이후로 보건을 다시 보지 못했다.[76)]

베네딕트는 에드워드 사피어에게 자신이 대중적인 책을 쓸 수 있음을 입증해 보이고 싶었다. 그녀는 미드가 누렸던 명성을 재현하고 싶기도 했다. 미드가 『사모아의 청소년』을 내는 과정에서 그랬던 것처럼 베네딕트도 제목 선정, 표지 만들기, 활자 선택, 책의 판촉에 일일이 개입하며 세심하게 신경을 썼다. 미드가 흔히 그랬던 것처럼 베네딕트도 일반 대중을 염두에 두고 책을 썼다. 그녀는 「보쿠 플랜트」와 「메리 울스턴크래프트」를 쓸 때도 그런 태도로 임했었다. 물론 두 작품은 결실을 맺지 못했지만 말이다. 이제 베네딕트는 기이하고 놀라운 사회들, 충격적인 지적 결론들, 사회에 갖는 의미라는 나름의 공식을 갖고 있었다. 미드가 나중에 썼듯이, 두 사람은 진리를 위한 전투를 치르고 있었다. 그들이 수행한 전투에는 '자유자재로 부릴 수 있는 완벽한 포대'가 동원되었다. "우리는 최고로 환상적이고, 이목을 잡아끄는 사례들을 동원할 수 있었다."[77] 베네딕트가 『문화의 패턴』에서 기술한 것들보다 더 환상적이고 이목을 잡아끄는 사회를 생각해내기도 쉬운 일이 아니었을 것이다.

베네딕트에게 글쓰기가 쉬운 일은 아니었지만 애초에 가능할 거라고 생각했던 것보다 더 쉽게 책이 나왔다. 그녀는 작업을 시작하고 몇 달 후인 1932년 8월에 리오 포천에게 이렇게 썼다. "내가 다 합해서 벌써 4만 단어 가량(약 200쪽 분량)을 써냈다는 사실이 놀랍지 않아요?"[78] 참브리에서 미드가 그녀에게 편지를 보내기도 했다. 미드가 1장의 내용이 너무 학구적이고, (역사 변동에 관해 논의할 때 언급된) 슈펭글러 같은 독일 철학자들을 알고 싶어 하는 사람은 아무도 없다고 주장했지만 베네딕트는 별 주의를 기울이지 않았다. 토머스 마운트와 '다비드'(해나 칸)가 『문화의 패턴』을 읽었고, 그들이 일반 독자로서 책을 마음에 들어 했다고 베네딕트는 미드에게 답장했다.[79]

이때쯤엔 베네딕트도 오랫동안 자신을 괴롭혀온 종교와 이성, 감성과 자아실현의 문제를 크게 보아 해결한 상태였다. 그녀가 콰키우틀 족이 보이는 종교의 공포를 쓸 수 있었던 건 그녀 자신이 종교의 공포를 해결했기 때문이다. 베네딕트는 종교, 마법, 신화를 다룬 『사회과학 백과사전(Encyclopaedia of the Social Sciences)』을 위해 집필한 항목들에서 합리적 회의주의와 사회심리학적 관점을 지지했다. 그녀는 신화와 민속이 소망 충족에 지나지 않는다고 주장했다. 마법은 기계론적이었다. 마법은 살아 있는 대상과 영혼의 세계의 불가사의한 접속이 아니라 철학이었다. 주니 족의 주술사들은 치명적인 방울뱀을 자기 몸에 두르고, 놈의 머리를 입안에 집어넣는 기행을 벌인다. 그러나 그들의 뱀춤조차 위험하지 않았다. 주술사들이 춤을 추기 전에 뱀의 독낭(毒囊)에서 독을 다 빼버렸기 때문이다. 베네딕트는 이제 마법을 위험한 것으로 보았다. 그게 프로이트의 '강박적 신경증 환자들'을 괴롭힌 것과 같은 '무서운 신경증'으로 이어질 수도 있다고 생각했기 때문이다.[80]

베네딕트는 이 항목들의 집필을 마쳤을 때 페이터와 예이츠를 더 이상 옹호하지 않았다. 그녀는 상징들을 통해 우주와의 합일감에 이를 수도 있는 세속적 황홀경을 더 이상 추구하지 않았다. 베네딕트는 이렇게 썼다. "언제나 범신론을 포기해야 과학이 발달한다." 신은 아메리카 인디언들의 종교에서 볼 수 있는 사기꾼에 지나지 않았다. 다시 말해, 신은 '비틀거리며 걷는 노파'였다.[81] 『사회과학 백과사전』의 이 항목들은 베네딕트의 삶에서 이성이 우세해졌음을 암시한다. 베네딕트에게 동성애자가 된다는 건 합리적 남성이 된다는 의미였고, 그녀는 이미 합리적 남성으로 거듭나 있었다.

『문화의 패턴』에 나오는 콰키우틀 족의 육식 동물 신들, 도부 족의 날아다니는 마녀들, 고행을 하는 평원 인디언 부족의 젊은이들 같은 괴물들이 문화적 행동을 비판하는 수단이었다고 결론지을 수도 있을 것이다. 그 괴물들이 독자들을 유인하기 위해 배치되었다고 보는 사람들도 있는 것이다. 베네딕트는 『문화의 패턴』을 1930년대 초에 썼다. 1930년대 초는 대중이 영화에 나오는 괴물들에 열광하던 현상이 절정을 이루던 시기였다. 〈드라큘라(Dracula)〉, 〈프랑켄슈타인(Frankenstein)〉, 루벤 마물리언의 〈지킬 박사와 하이드 씨(Dr. Jekyll and Mr. Hyde)〉가 1931년에 개봉되었다. 〈미라(The Mummy)〉가 1932년, 〈킹 콩(King Kong)〉이 1933년에 개봉되었다. 대공황으로 영화 관객 수가 절반으로 줄었다고는 하지만 여전히 매주 약 6,000만 명의 미국인이 영화를 관람했다. 『문화의 패턴』에 나오는 괴물들은 상당한 청중을 확보하고 있었던 셈이다.[82)]

『문화의 패턴』은 〈킹 콩〉이 제기한 인종과 젠더의 문제도 다루었다. 〈킹 콩〉은 그 시기에 제작된, 탐험가와 부족사회를 그린 다수의 영화 가운데서 가장 큰 성공을 거두었다. 킹 콩은 억제되지 않은 남성의 욕망을 상징한다. 그 욕망은 진화상의 퇴보이다. 킹 콩은 극단적인 남성성을 대변할 뿐만 아니라(고릴라) 흑인들에게 폭력적인 섹슈얼리티 개념을 투사한다. 『문화의 패턴』에서 베네딕트는 이런 개념들을 해체하려고 했다. 그녀는 인종주의를 합리적으로 반박했고, 상이한 탐구 대상 민족들의 다양한 반응 양태를 보여줬다. 주니 족 남자들은 여자들만큼이나 아폴론적이었다. 다수의 평원 인디언 문화에서 전쟁은 남자들이 '무훈을 뽐내는' 게임이었다.

사실 베네딕트의 괴물들은 복잡하다. 첫째, 그녀의 괴물이 다 유색인인 것은 아니다. 수많은 괴물이 백인이고, 미국인이다. 둘째, 그녀의 괴물이 다 남자인 것도 아니다. 괴물들 중에는 여자들도 있다. 셋째, 그녀의 괴물은 현대 국가에서 발생하는 괴기스러운 형태, 곧 편집증과 과대망상이다. 현대적 공포를 통해 국가의 억압이 실현된다. 베네딕트는 제1차 세계대전 때 그 공포를 목격했다. 그녀는 그 꼴을 다시 보고 싶지 않았다. 베네딕트는 『문화의 패턴』에서 히틀러의 독일도 무솔리니의 이탈리아도 언급하지 않았다. 그러나 두 나라야말로 그녀의 연구 대상인 소규모 부족사회들보다 더한 편집증 환자이자 과대망상증 환자였다.

이 괴물들은 미국 사회가 1930년대에 동성애자들에게 보인 '가공할' 태도로 읽을 수도 있다. 사회 위기의 시대에 흔히 그렇듯이 동성애 혐오가 증대했고, 공격적 남성성이 이상화되었으며, 여성의 지위가 하락했다. 여자들이 남자들의 일자리를 앗아간다고 비난을 받았으며, 다수의 직업에서 좌천되었다.[83] 지방 정부들이 동성애를 범죄로 규정한 소더미 법(sodomy law)을 확대해 '도착적' 성 정체성이라는 모호한 정의를 적용하기에 이르렀다. 경찰이 게이 바를 급습했고, 동성애 혐의를 적용해 사람들을 체포했다. 뉴욕에서는 자경단이 조직되어 '변태' 추방 캠페인이 벌어졌다. 협박이 만연했다. 1936년쯤에는 동성애자들을 치료한다는 명목으로 전기 충격 요법과 전두엽 절제술이 시행됐다. 몇 년 후에는 신문들이 수많은 연쇄 살인 사건을 선정적으로 보도한 결과 전국적으로 '성 범죄 공포'가 비등했다. 살인을 자행한 동성애자들이 전국을 활개치고 있다는 생각이 그 밑에 깔려 있었던 것이다. 그들이 추행한 다음 죽일 어린애들을 찾고 있다는 생각이 들면 오싹해지지 않을 도리가 없었을 것이다.[84] 미국인들의 마음속에서 동성애자들은 괴물이 되어 있었다.

베네딕트가 죽고 11년이 흐른 1959년에 문학 평론가 리처드 체이스(Richard Chase)는 컬럼비아 대학교에서 발행하는 저널《포럼(Forum)》에 『문화의 패턴』 서평을 실었다. 체이스는 컬럼비아 대학교 대학원을 베네딕트와 함께 다닌 사람이기도 했다. 그는 서평에서 베네딕트가 '남성의 공격성이 잠잠한, 너무나 단조로운 사회질서'를 원했다고 비판했다. 다른 무엇보다 체이스가 우려했던 건, 베네딕트가 미국의 남성 지도자들을 비판한 것이었다. 그 대상에는 '가장', '경찰관', '사업가' 들이 포함되었다.[85] 그녀는 그들을 강경한 어조로 오만한 이기주의자들이라며 비난했다. 이웃을 살해하는 도부 족이나 사치스럽고 파괴적인 포틀래치를 벌이는 콰키우틀 족만큼이나 비난받을 만하다는 것이었다. 베네딕트는 미국 사회의 이 특권 집단이 여느 범죄자만큼이나 정신병을 앓는 존재라고 말했다. 그녀는 17세기 뉴잉글랜드의 청교도 지도자들과 그들을 비교한다. 베네딕트는 마녀라며 여자들을 죽인 청교도 지도자들을 정신신경증 환자들이었다고 주장한다.[86]

체이스는 서평에서 베네딕트가 '남성의 중요한 이미지들을 하나씩 격파'했다며 비판한다. 그녀가 그렇게 하는 과정에서 '독립적 지성이 아니라 바보 같은 페미니즘만'을 보여줬다는 것이다. 당대 또는 우리 시대의 기준에 비추어 볼 때 베네딕트가 페미니스트였을까? 그녀의 얘기 속에서 여자들은 억압받는 존재이다. 베네딕트는 자본주의 아래 남자들이 아내들을 소유하고 보여주는 대상물로 여기는 일이 비일비재하다고 썼다.[87] 그녀는 모계 사회에서도 예외 없이 남자들이 권세를 누린다고 언급한다. 결국 모든 문화에서, '남자들의 특권이' 여자들의 권리보다 '더 커다란 영향력을 발휘한다.' 그러나 그녀의 얘기에 등장하는 여자들은 권위를 누린다. 그녀들은 단순한 희생자가 아닌 것이다. 주니 족의 여자 가장들은 가정과 친족 집단을 지배한다. 도부 족에게는 날아다니는 마녀가 있고, 캘리포니아 북부의 샤스타 부족에게는 여성 주술사가 존재하며, 도부 족에게서는 주니 족처럼 모계 상속 양상도 관찰된다. 그러나 여자들의 지위는 베네딕트의 주요 관심사가 아니었다.

오히려 체이스의 말마따나 그녀의 관심사는 남자였다. 베네딕트가 연구 대상으로 삼은 부족사회들의 남자는 공격적이었다. 주니 족 주술사를 제외하면 『문화의 패턴』에 나오는 유력한 남성들 중에 관대하고 점잖은 남자는 존재하지 않는다. 베네딕트의 연구 대상 사회들에서 '비정상'인들은 온화하다는 특징이 있다. 도부 족 사회에서 '사회화가 잘못된' 사람은 친절한 사람이다. 그런 사람은 '동료를 타도하거나 응징'하려고 하지 않는다. 베네딕트는 콰키우틀 족의 비정상은 전혀 언급하지 않았다. 그러나 우리는 그들이 도부 족처럼 그들이 축재(蓄財) 욕망이 많지 않은 온화한 사람들이라고 상정해볼 수 있다.

베네딕트가 볼 때 당대의 미국에서 주된 '비정상'은 호보(hobo)였다. 호보는 철도 화물칸에 몸을 싣고 전국을 떠도는 실업자였다. 대공황기였으므로 일거리를 얻을 가망이 거의 없는 존재였던 셈이다. 베네딕트는 그들이 '사악한 존재로 변모할 수도 있음'을 인정했다. 그러나 그런 결과는 호보들이 내몰리는 '반사회적인 상황'에서 일어나는 것이었다. 베네딕트는 그들을 감탄하면서 바라보았다. 호보들은 사회를 통제하는, '정신병질적' 남성 가장들과는 완전 딴판인 존재였다. '재산 증식이 중요한 관심사가 아닌' 사람들이 많아지면서 그들의 규모가 도도한 물결처럼 점점 커졌다. 베네딕트는 '호보'에 관한 어떤 출처도 언급하지 않았다. 그러나 호보를 다룬 문헌은 아주 많았다. 무려 세기의 전환기로까지 거슬러 올라갈 정도이다. 바로 그때 조시아 플린트(Josiah Flynt)가 호보들의 동성애를 연구했고, 해블록 엘리스가 『성도착』에 그 내용을 재수록했던 것이다. 베네딕트는 이 집단의 동성애를 넌지시 언급하고 지나간다. 그녀는 '예술적 소질'을 지닌 호보 일부가 '조국을 떠난 변변찮은 화가 집단에 편입'되었다고 말한다.[88]

베네딕트는 『문화의 패턴』에서 차이를 칭송하고, 온화한 사람들이 문화의 이상이라고 언명한다. 그러나 제대로 된 가부장제 이론을 내놓지는 않았다. 남성의 사회 통제를 '저거놋'이라고 칭한 「메리 울스턴크래프트」에서 그 가능성이 언뜻 비치기는 했다. 그러나 1929년에 작성된 「관습의 과학」이란 논문에 나오는 '저거놋'은 제도 일반을 비판하기 위한 용어였지 특별히 남자들을 겨냥하고 있지 않았다. 『문화의 패턴』에서는 널리 퍼져 있는 비(非)성별적 힘이 문화의 양상들을 낳는다. 널리 퍼져 있는 비성별적 힘이 '지배적인 동력'이라는 것이다. 베네딕트가 '인성의 아크'(arc of personality)라고 부르는 것의 어떤 특징이 표면화될 때 널리 퍼져 있는 비성별적 힘이 모습을 드러낸다. '인성의 아크'란 말은 인간과 사회의 다양한 특징을 가리키기 위해 베네딕트가 둥근 무지개(arc of the rainbow)에서 가져온 은유이다. 아크는 과학의 기본이다. 기하학에서 아크는 곡선이나 원의 끊어지지 않은 부분이다. 전기에서 아크는 두 전도체 사이의 가교이다(더 정확히는 두 개의 전극 간에 생기는 호 모양의 전광이다-옮긴이). 천문학에서 아크는 천체의 궤도이다.[89)]

베네딕트가 말한 '인성의 아크'의 우세한 특징은 개별 사회에 따라 경제적일 수도, 종교적일 수도, 집단적일 수도, 개인적일 수도 있을 것이다. 그녀는 이 발현 과정이 서양 문명에서 예술 양식이 출현한 것과 비슷하다고 설명했다. 베네딕트는 고딕 건축을 주요한 사례로 들었다. 고딕 양식의 최초 출현은 '높은 곳과 거기에 이르고자 하는 꿈에 지나지 않았다.' 그다음부터는 무의식적 '취향의 기준'이 이 양식을 밀어붙였다.[90)]

최종적으로 분석해보면 베네딕트의 패턴 개념은 젠더적이지 않다. 『문화의 패턴』에서 확인할 수 있는 그녀의 페미니즘은 현실적이긴 하지만 미묘해서 감지하기가 힘들다. 베네딕트는 문화 결정론자였지만 남자와 여자가 본질적으로 다르다는 믿음을 결코 버리지 않았다. 그녀는 남성/여성의 이항을 완전히 포기한 적이 없었다. 「메리 울스턴크래프트」를 쓰면서 그 입장을 견지했다. 『문화의 패턴』에 나오는 평원 인디언들의 남자-여자는 두 성별을 결합하고 있지만 '활에 두 개의 시위'를 잼으로써 그 성별들을 뚜렷하게 구분한다. 1930년대 중반에 조각가 맬비너 호프먼(Malvina Hoffman)이 아프리카, 아시아, 유럽, 태평양 제도, 북아메리카의 남녀 100여 명을 재현한 조각품을 시카고의 필드 박물관에 기증했다. 베네딕트는 이를 치하하는 연회에서 행한 연설에서 다시 문화 결정론으로 돌아갔다. 호프먼은 당대의 미국에서 지명도 있는 여성 조각가로, 후세를 위해 인종적 특징을 상세히 구현한 조각품을 만들었다.[91]

호프먼이 오늘날 인종주의적이라고 간주되는 인종 유형 개념에 기댔기 때문에 그녀의 조각 작품을 평가하기란 쉬운 일이 아니다. 베네딕트는 조각품들이 '인종적 특성'을 보여주는 것으로 지칭하는 행위를 비판했다. 그녀가 볼 때는 그런 지정이야말로 '사악한 과학'을 예우해주는 행위였기 때문이다.[92] 베네딕트는 작품들이 상이한 문화의 사람들을 탁월하게 묘사하고 있지만 그뿐이라고 주장했다. 그녀는 이런 유보조항을 달면서도 두 개의 조각품을 칭찬했다. 첫 번째 작품은 푸에블로족 여자로, 베네딕트는 소박하고 평온하다고 평했다. "그녀는 정서적으로 방종한 적이 없었고, 앞으로도 없을 것이다. 그녀의 두 눈과 꼭 다문 입에서 차분함을 느낄 수 있는 것이다." 베네딕트는 여러 해 동안 자신의 정서를 극복해왔고, 자제력과 평화를 높게 평가했다.

베네딕트가 칭찬한 두 번째 작품은 놀랍게도 마사이 전사였다. '소지하고 있는 180센티미터 길이의 창만큼이나 큰 키의' 마사이 전사는 '인간의 힘과 위력을 보여주는 기념비'였다. 베네딕트는 계속해서 이렇게 말했다. "마사이 족은 자라면서 전사의 자질들을 배운다. 그의 몸 모든 근육은 부족민들이 전성기의 유능한 전사에게 부여하는 영예와 특권을 잘 알고 있다." 그러나 베네딕트의 연설은 거기서 끝나지 않았다. 그녀는 주니 족을 형상화한 호프먼의 조각 작품을 언급한다. 베네딕트는 주니 족은 호전적이지 않다고 말했다. 그들은 공격자들에 맞서 스스로를 방어하겠지만 일단 군사 행동이 끝나면 가장 유능한 전사들도 마을을 지키면서 평화를 수호하는 주술사가 된다. 베네딕트는 이렇게 연설을 마쳤다. "주니 족 여자들의 얼굴에서 근심이나 걱정의 기미를 전혀 찾을 수 없는 것은 결코 우연이 아니다." 베네딕트는 전사들이 주술사가 되기 때문에 군인들도 온화한 사람으로 바뀔 수 있다고 평가했다. 온화한 사람은 주니 족의 사회질서에서 영웅으로 통했다.

『문화의 패턴』은 많은 비판을 받았다. 베네딕트의 연구 토대에 대한 공격이 맨 먼저 이루어졌다. 일부 비평가들은 리오 포천의 도부 족 연구 내용에 결함이 있다고 주장했다. 그가 거기서 보낸 시간은 6개월에 불과했다. 포천은 마을 세 군데에서 불과 40명을 연구했을 뿐이다. 그가 발표한 내용을 재검토한 사람도 없었다. 다른 비평가들은 베네딕트가 콰키우틀 문화의 폭력을 과장했다고 주장했다. 실제로 콰키우틀 족의 폭력은 대개가 쇼처럼 행해지는 일종의 퍼포먼스였다. 에스더 골드프랭크는 주니 족이 경쟁을 모른다고 묘사한 베네딕트가 틀렸다고 비난했다.

베네딕트는 제자 어빙 골드먼(Irving Goldman)이 『원시 부족들의 경쟁과 협력(Competition and Cooperation Among Primitive Peoples)』(1937)에 실은 주니 족 관련 논문으로 골드프랭크에 답했다. 『원시 부족들의 경쟁과 협력』은 미드가 편집한 논문 모음집으로, 1935년에 열린 세미나의 토론 내용을 바탕으로 컬럼비아 대학교의 동료들과 대학원생들이 논문을 작성했다. 사회과학 연구협의회가 자금을 댄 이 세미나는 경제 불황과 국가적 공격이 횡행하는 세계의 협력과 경쟁 문제를 다루었다.

이 세미나는 학문 재단의 자금을 받아, '원시' 문화의 특징을 연구해 서양 사회를 바꿀 수 있는 단서를 찾으려던 최초의 시도였다. 거기서 미드는 사모아 인들에 관한 에세이를 썼고, 베네딕트는 막후에서 골드먼의 에세이를 지도했다.[93)]

골드먼은 주니 족에 관한 베네딕트의 결론들을 다시 언급하면서 글을 시작한다. 주니 족 사회는 협력적이고, 물질주의적이지 않으며, 성 역할의 관점에서 평등주의적이다. 그러나 그는 주니 족 사회에 주장이 넘쳐난다고도 말했다. 남편과 아내들은 끊임없이 다툰다. 부자들에 대한 적개심이 있고, 종교 집단의 성원들은 성직자들을 싫어한다. 가톨릭과 신교도는 서로 다투고 친(親)백인 분파와 반(反)백인 분파가 존재한다. 적대감과 원한이 흔하며 사소한 구실을 들어 서로를 헐뜯는다. 그들이 겉으로 드러내는 상냥함 이면에는 적의가 숨어 있다. '악의적으로 남의 험담을 일삼는 것'이다. 이런 난맥상의 상당수가 미국 정부 및 백인 정착민들과 접촉하면서 비롯된 것이라고 골드먼은 말한다. 그는 원한과 개인적 혐오도 주니 족 사회가 수치를 사회적 제재의 주된 형태로 활용하기 때문이라고 본다. 수치심은 개인의 행동을 여러 사람이 비판하는 것에서 발생하는 것으로, 사람들이 수치심을 내면화해 끊임없이 서로를 비난한다는 것이다.[94)]

'수치심'과 '죄책감'은 1930년대에 학자들이 열심히 분석한 인기 만점의 개념이었다. 대공황의 여파 속에서 많은 사람이 자신의 경제적 처지를 스스로의 잘못으로 돌렸다. 프로이트의 영향 때문에, 겉으로 드러난 현실 이면의 가려진 동기를 찾아내야만 할 것 같았다. '수치심'과 '죄책감'이 미드가 편집한 책의 여러 글에서 두루 확인된다. 세미나 참가자들이 책에 실릴 글을 쓰는 사람은 전부 그 개념들을 연구 대상 사회에 적용해야 한다고 결정했기 때문이다. 베네딕트의 지도를 받은 골드먼이 주니 족의 문화에서 선뜻 '수치심'을 찾아냈다는 사실로 볼 때 그녀가 비판자들의 관점까지 기꺼이 수용할 의사가 있었음을 알 수 있다.

문화에서 '패턴'이 발휘하는 위력에 관한 베네딕트의 패러다임도 여느 새로운 지적 패러다임들처럼 다른 학자들을 자극했다. 그들은 베네딕트의 패러다임을 뛰어넘고자 애썼다. 사피어는 베네딕트가 사회질서에서 개인이 차지하는 역할을 간과했다며 흠을 잡았다. 학계 전반에서 그의 비판이 공감을 얻었다. 그의 비판으로 생애사 접근법이 승인을 받았다. 정신분석가들이 개입하면서 문화를 철저하게 정신분석하려는 시도도 이루어졌다. 이런 노력이 거둔 가장 중요한 결실은 랠프 린턴(Ralph Linton)과 에이브럼 카디너(Abram Kardiner)가 1930년대 말에 컬럼비아 대학교에서 주관한 문화 인성 세미나였다.

실제로 존 달러드의 생애사 접근법이 베네딕트와 미드의 인류학 연구에 영향을 미쳤다. 두 사람이 1935년에 간단한 회고록을 써주는 데 그쳤던 게 아닌 셈이다. 1936년에 베네딕트는 전미 연구협의회의 교부금으로 현지 조사 수행자들의 지침서를 만들었다. 제목은 '민족학 현지 조사 수행자들이 활용할 수 있는 심리적 단서들의 안내서'였다. 이 지침서는 개인의 관점에서 문화를 연구하는 데 초점을 맞추었다. 프로이트주의와 형태주의적 접근법을 활용했고, 초자아가 부모와의 동일시를 통해 구축되며, 같은 사회를 사는 사람들은 공통의 인격 특성을 보여준다고 결론지었던 것이다. 지침서는 사람들의 생애사를 수집할 때 개인에게 물어야 할 질문들을 목록화하고 있다. 그 설문 조항들은 육아 기술, 부모를 향한 태도, 성 활동, 생활사 선택, 사회제도 및 문화 참여와 연관되어 있다.[95]

캐서린 판도라(Katherine Pandora)는 『문화의 패턴』이 1930년대의 행동 과학에서 새로운 담론이 출현하는 기폭제로 작용했다고 평가한다.

1930년대의 행동과학은 문화의 상대성을 주된 관심의 대상으로 삼았다. 심리학자인 고든 올포트(Gordon Allport)와 가드너 머피 및 로이스 머피(Lois Murphy)는 모두 베네딕트와 미드의 친구였다. 그들이 1920년대의 학제 간 연구 방식으로 지속된 새로운 운동을 이끌었다.[96] 베네딕트의 저술은 카렌 호나이가 프로이트주의자에서 신프로이트주의자로 전향하는 데서 일정한 역할을 했다. 호나이가 프로이트의 유아 발달 이론과 오이디푸스 콤플렉스를 활용하던 것에서 신경증의 원인을 문화에서 찾게 된 것이다. 다른 사람들은 베네딕트의 사회 병리 현상 이론을 활용해 현대의 독재 체제를 분석했다. 사람들이 사회화 과정을 통해 소속 문화의 패턴들에 순응하는 방식에 관심을 기울이는 학자들도 나타났다. 『자유로부터의 도피(Escape from Freedom)』에서 에리히 프롬은 사디즘과 마조히즘의 개념을 활용해 당대의 독재자들이 거둔 성공을 분석했다. 그레고리 베이트슨은 『네이븐(Naven)』(1936)에서 자신의 사유가 『문화의 패턴』에 '큰' 빚을 지고 있다고 말했다. 베이트슨은 변화를 막는 힘들과 변화를 촉진하는 힘들의 역동적인 사회적 상호작용의 구조를 창안해냈다. 소위 '개인들의 누적적 상호 작용'이라는 것이다.[97] 생물학을 공부한 베이트슨은 제도 및 상호 연관의 문제를 추상적이면서도 유기적으로 사유했고, 재정의해 재명명하는 것을 좋아했다.

그러나 베이트슨이 『네이븐』에서 『문화의 패턴』을 검토하기 전에 이미 미드가 『세 부족사회에서의 성과 기질』에서 베네딕트의 저작을 비판했다. 미드는 베이트슨의 『네이븐』 집필을 도왔고, 베네딕트는 그 책을 초고 상태에서 읽고 논평해주었다. 『세 부족사회에서의 성과 기질』은 베네딕트와 미드가 나눈 지적 대화의 일부였다. 두 사람의 대화는 독립적 판단으로 이루어지면서도 애정 어린 것이었고, 서로를 격려하는 내용으로 채워졌다.

11장

세픽 강의 '구역'들

—『세 부족사회에서의 성과 기질』 1부

마거릿 미드와 리오 포천은 결혼 생활을 유지하는 동안 사이좋게 지내지 못하는 경우가 잦았다. 그러나 마누스의 페리 마을에서는 두 사람의 불화도 한동안 잠잠했다. 두 사람은 1928년 늦가을에 거기로 들어갔다. 페리에서 미드는 육아를 연구했고, 리오는 종교를 연구했다. 가옥들이 만 안쪽으로 기둥들 위에 지어졌기 때문에 현지 조사를 벌이는 게 쉽지만은 않았다. 미드는 수영을 할 줄 몰랐고 촌락민들까지 그녀를 경계했음에도 불구하고 사모아에서처럼 애초 계획보다 더 많은 일을 해냈다. 육아를 이해하기 위해 아이들뿐만 아니라 어른들까지 연구해야만 했던 것이다. 미드는 내내 연구에 몰두했다. 그녀는 리오가 종일 책을 읽고 담배를 피우며 소일하다가 겨우 어슬렁거리며 나가서 의식을 관찰하는 행태가 처음에는 못마땅했다. 그러나 미드는 나중에야 그의 관찰 내용이 아주 뛰어나다는 것을 깨닫는다. 마거릿은 리오가 수행하는 절차와 방법을 지칭할 만한 용어를 고안해내고는 그가 옳다고 판단했다. 그녀는 리오의 절차를 '사건 분석'이라고 불렀다.[1] 미드는 물질주의, 청교도주의, 성적 이중 기준이 작용하는 마누스 사회를 좋아하지 않았다. 그러나 이들 사태가 미국과 동일하다는 점이 그녀의 마음을 사로잡았다. 미드는 1950년과 1971년 사이에 마누스를 다섯 번 더 방문했고, 그곳 주민들이 서구화에 적응하는 모습을 지켜보았다.[2)]

1929년 가을에 마거릿과 리오는 뉴욕으로 돌아왔다. 두 사람의 관계도 악화되었다. 미드가 『사모아의 청소년』으로 별안간 유명해지자 리오는 자신의 남성성이 위협받고 있다고 느꼈다. 그는 마거릿의 여러 친구들과 그녀를 공유하는 걸 내켜하지 않았다. 리오는 컬럼비아 대학교에서 박사 과정을 계속하는 중에 루스 베네딕트와 미드가 그곳의 레즈비언 동아리에 참여하고 있다고 의심했다.[3)] 이 혐의 내용은 아마도 사실이 아닐 것이다. 그 시점에서 루스 베네딕트가 컬럼비아의 다른 여자들과 호의를 뛰어넘는 친교를 나누었다는 증거가 거의 없기 때문이다. 미드가 리오와 결혼한 이상 루스는 그녀와 성관계를 맺기를 거부했다.[4)] 마거릿과 리오가 뉴욕으로 돌아오고 아직 채 1년이 지나지 않은 1930년 여름에 그들은 다시 현장으로 나갔다. 이번에는 네브래스카에서 오마하 족 원주민 공동체를 연구하는 조사 여행이었다. 마거릿은 여자들에 관심을 가졌고, 리오는 남자들의 비전 퀘스트에 초점을 맞추었다.

그 여름에 마거릿은 베르다슈가 되어가는 중이던 한 오마하 족 청년에게 반하고 만다. 청년은 행동이 아주 애매모호했고, 마거릿은 그가 남자인지 여자인지 알 수가 없었다. 부족원들은 그를 '그녀'로 부르고 있었다. 그는 남자의 일을 하는 것에서 여자의 일을 하는 것으로 옮겨가고 있었다. 남자 복장을 해야 하는 부족 춤에서 청년은 남자들 틈에서 춤을 시작했지만, 이윽고 장신구를 걸치고 여자들 틈으로 섞여 들어갔다. 동성애를 하던 친구 맥스 비커턴이 일본에서 리오를 찾아왔다. 비커턴은 그 청년이 일본에서 볼 수 있는 남창들과 똑같이 걷는다고 말했다. 마거릿은 청년이 여자들처럼 걷는다고 생각하지 않았다. 청년의 걸음걸이는 여자들이 움직이는 것을 상상한 그의 환상에서 유래하는 것 같았다. 부족의 창녀는 그와 성교하려고 하지 않았다. 부족원들은 청년을 놀렸다. 미드는 청년이 어린아이였을 때 여자 몇 명이 그의 성기를 살펴보고, 남자-여자가 될 거라고 예상했다는 에피소드를 들었다.[5)]

미드는 이전에 연구한 사회들에서도 동성애자들을 관찰한 바 있었다. 사모아에서 마거릿은 젊은 남성 '도착자' 한 명과 '혼합 유형' 여성 청소년 여러 명을 보았다. 마누스에서는 소년들과, 양쪽 성별 모두에서 소수의 성인 동성애자들이 벌이는 가벼운 동성애 행동을 목격했다. 물론 이성애 성교를 제외한 모든 행동에 금기가 작동하는 게 일반적인 현상임을 미드도 인정하기는 했다.[6)] 그러나 그녀는 성별의 경계를 횡단하는 사람을 본 적이 없었다. 그 오마하 족 청년이 '타고난 도착자'였을까? 그러니까 그에게 동성애를 지향하는 선천적 충동이 있었느냐는 말이다. 그가 복장을 횡단한 복장 도착자였을지도 모르고, 이성애자였을 수도 있다. 당대의 인류학자들이 인디언의 남자-여자를 흔히 그런 식으로 분류했기 때문이다. 물론 그들을 '수동적' 동성애자(성교에서 수동적 역할을 맡는 남자)로 보지 않을 때 그런 진단이 나왔다. 그 청년이 정확히 규정할 수 없는 외부 생식기를 지닌 성 전환자(transsexual, 남녀 양성)였을지도 모른다. 여자들이 아이였을 때 그를 살펴보고 이 사실을 확인했을지도 모를 일이다.[7)]

오마하 족 청년은 성 정체성이 결정되는 데서 생물학적 조건과 문화가 발휘하는 상대적 영향력이라는 문제도 제기했다. 미드는 베네딕트의 문화 결정론을 받아들였다. 그러나 그녀는 젠더의 문제에서 문화가 가장 중요한 것인지 자신이 없었다. 미드는 직관적으로 유전이 중요하다고 느꼈다. 자신과 형제들의 차이를 떠올리면 이 점은 분명했다. 루스 베네딕트가 마거릿을 도저히 남자로는 생각할 수 없으며, 자기는 어머니보다 좋은 아버지가 될 거라고 말했을 때도 미드는 둘의 차이를 심사숙고하지 않을 수 없었다. 그녀가 전적으로 여자인 것은 아니었을까? 루스는 1930년경에 스탠리와 별거 중이었으며, 토머스 마운트와 사귀었다. 이때 그녀는 레즈비언으로 완전히 전향하는 문제를 고민하고 있었다. 마거릿은 루스가 혼합 유형으로 남기를 원했다. 그녀는 꿈 연구 프로젝트처럼 성 정체성도 다시 연구해야만 했다. 이번에는 더 깊고 학문적으로도 더 엄격해야 했다.

네브래스카의 그해 여름은 아주 더웠다. 마거릿 미드와 리오 포천은 오마하 족 언어를 배울 시간이 없었다. 그들은 미국화 된 정보 제공자들이 자신들에게 거짓말을 하고 있는 것은 아닌지 걱정스러웠다. 두 사람은 다시 다투기 시작했다. 가을에 그들은 뉴욕으로 돌아왔다. 뉴욕은 부부가 된 두 사람에게 좋은 곳이 아니었다. 마거릿은 친구들과 명성에 따른 요구에 에워싸였고, 소유욕이 강한 리오는 소외감을 느꼈다. 그러나 두 사람은 열심히 연구했다. 리오는 도부 족 논문을 완성했고, 박사 학위도 마쳤다. 그는 마누스에서 조사한 내용으로 박사 학위 논문을 썼다. 마거릿은 마누스 족과 오마하 족 논문을 썼고, 수집품도 박물관에 채워 넣었다. 그러나 마거릿은 현장으로 돌아가겠다는 결의가 확고했다. 네브래스카에서 다투기는 했어도 뉴욕보다는 그곳에서 사이가 더 좋았다. 마거릿과 리오는 나바호 족을 연구할 생각이었다. 그러나 프란츠 보애스가 그 계획에 제동을 걸었다. 글래디스 리처드가 이미 나바호 족 속에 들어가 있었기 때문이다.[8] 두 사람은 다시 뉴기니에 가기로 결정했다.

미드는 나중에 쓴 글들에서 이 두 번째 뉴기니 연구 여행을 마치 자기가 처음부터 뭘 해야 할지 알고 있었다는 듯이 서술한다. 그러나 『블랙베리 겨울』의 초고와 『세 부족사회에서의 성과 기질』을 보면 미드가 일부 내용을 혼동했음을 알 수 있다.[9] 미드는 여자뿐만 아니라 남자의 성 역할도 연구하고 싶었다. 그녀는 남성과 여성이 나뉘는 문화를 연구해야 함을 알았다. 물론 그 시점의 미드는 대부분의 사회가 그렇게 이항 분리되어 운영된다는 걸 알고 있었다. 『세 부족사회에서의 성과 기질』에 적힌 내용을 보자. "우리 사회의 일반적인 믿음은 자연스런 성-기질이 존재하는데, 그 성-기질이 정상적으로 표출되지 못하고 왜곡되거나 일탈한다는 것이다. 나도 그렇게 생각했다." 미드는 여성적 기질을 가진 남자와 남성적 기질을 지닌 여자 들인 혼합 유형까지 염두에 두었다고 썼다.[10] 그녀는 제대로 연구하려면 자신이 유전을 고려해야 함을 알았다. 그러나 마거릿도 리오도 생물학을 전혀 몰랐다.[11] 결국 미드는 생물학적 쟁점을 다루기에 앞서 성차(性差)가 문화적으로 어떻게 작용하는지 알아보기로 했다. 윌리엄 필딩 오그번이 바너드에서 강의 시간에 강조한 내용이 바로 그것이었다. 생물학적 설명에 앞서 문화적으로 설명할 것.

미드는 남성과 여성이 완전히 다르다는 견해를 수용했는데, 오늘날의 관점에서 그녀의 태도는 지나쳐 보인다. 비어트리스 힝클 같은 당대 심리학자들의 연구와 1920년대에 이미 멋지고 세련된 양성애자들이 존재했다는 사실을 떠올리면 더욱 그렇다. 그러나 '남자 같은 레즈비언'에 대한 믿음은 굳세고 튼튼했다. 래드클리프 홀의 『고독의 우물』이 대중의 마음속에 그런 인물형을 새겼다. 프로이트는 동성애를 하는 여자들의 경우 '반대 성별의 신체적·정신적 특징들이 나타나는 경향이 있다'고 주장했다.[12] 인류학자의 중요한 동성애 연구로는 에드워드 웨스터마크(Edward Westermarck)의 『도덕 관념의 기원과 발달(Origin and Development of the Moral Ideas)』이 있었다. 웨스터마크는 전 세계의 동성애를 민족지학적으로 개관한 다음 이런 결론을 내렸다. '도착적 섹슈얼리티'와 '정상적 섹슈얼리티' 사이에 '온갖 다양한 변형태'가 존재한다. 그러나 대다수의 동성애자는 '도착자들'이다.[13] 하버드 대학교의 저명한 심리학자 윌리엄 맥두걸(William McDougall)은 도착과 동성 간의 사랑 사이에 존재하는 정확한 상관 관계가 불확실하기는 해도 상관이 있는 것만은 분명하다고 썼다. 1920년대에 인기를 누린 페미니즘 저작 『지배적인 성(The Dominant Sex)』에서 마틸데와 마티아스 패르팅은, 이를테면 아마존 사회처럼 여자들이 지배하는 사회에서는 여자들의 행동이 남성화된다고 주장했다. 1930년대의 남성적/여성적 이항 분리사태(masculinel feminine binary)를 연구하는 최근의 학자들은 성과학자들과 심리학자들이 여전히 그런 존재를 확신했다고 결론짓는다.[14] 베네딕트는 『문화의 패턴』에서 '동성애자'라는 말을 '도착자'와 교환 가능한 것으로 사용했다.[15]

마거릿과 리오는 두 번째 뉴기니 행에서 본섬과, 그 섬의 주요 수로인 세픽 강을 목적지로 삼았다. 세픽 강가와 반경 160킬로미터 이내의 지류에는 많은 촌락이 자리하고 있었고, 언어와 문화가 달랐다. 그러나 유사점도 있었다. 이를테면, 남자들의 특별한 활동을 위해 마련된 의식용 가옥이 그랬다. 거기에서 남자들은 가면과 의례용 피리를 만들었고, 신화에 나오는 탐베란(Tamberan) 짐승을 영접했다. 그들은 남성의 권능을 상징하는 탐베란이 마을에 오면 여자들이 숨어야 한다고 생각했다. 여자들은 탐베란을 본 적이 단 한 번도 없었지만 그 짐승을 두려워했다. 이런 사회들에서는 성 역할이 확연히 분리 구분되었던 듯하다. 실제로 독일의 인류학자들이 뉴기니에서 '선천적인' 도착자들을 발견했다. 그들은 남자 청소년들이 성인 남자들의 집에 살면서 결혼하기 전까지 동성애를 하는 부족도 보고했다.[16]

세픽 강으로 가려면 용기를 내야 했다. 식민 당국이 그 지역에서 자행되던 사람 사냥을 그때에야 막 종식시킨 상태였기 때문이다. 캐롤린 테넌트 켈리(Caroline Tennant Kelly)는 리오의 호주인 친구로, 마거릿과도 막역했다. 그녀는 세픽 강으로 나선 마거릿을 남자들에게 도전장을 던진 모험가로 그렸다. "마거릿, 당신이 하나 남은 강을 차지해버리다니 얼마나 대단한지요! 남자들이 사람 사냥꾼 따위를 상대한 것을 자랑하면서 좌중의 넋을 뺄 수 있는 지역이었는데 말입니다. 당신은 세픽 강이 시드니 항구라도 되는 양 그곳을 두루 여행했지요."[17] 미드는 세픽 강의 경험을 바탕으로 젠더와 섹슈얼리티는 물론이고 자신의 정체성을 개념적으로 돌파할 수 있었다. 그녀가 그레고리 베이트슨을 우연히 만난 사건도 아주 중요했다. 그레고리 베이트슨은 케임브리지에서 수학한 약관의 영국인 인류학자로, 리오도 영국에서 그를 만난 적이 있었다. 그레고리 베이트슨은 이미 세픽 강에 머무르면서, 인상적인 삼각형 모양의 남자들 가옥이 있는 한 부족을 연구하고 있었다. 그 가옥 가운데 하나에서 부족의 남자들은 기다란 남근형 코가 달린 가면을 조각했고, 남자들은 여자처럼 입고 여자들은 남자처럼 입고 하는 의식에 참여했다.

처음에는 뉴기니의 모든 상황이 여의치 않았다. 리오와 미드가 뉴기니 해안에 도착했을 때 마거릿은 발목을 삐고 말았다. 리오는 원주민 짐꾼을 사서 짐과 마거릿을 떠메고 산악 지형을 관통해 내지로 들어갔다. 그런데 원주민 짐꾼들이 리오의 괴롭힘에 반발해 산기슭에 두 사람을 버리고 달아나는 불상사가 발생했다. 리오와 마거릿은 소규모로 산재한 한 부족 속에 놓이게 됐다. 두 사람은 거기서 그 부족을 연구하기로 했다. 그들은 이 부족을 아라페시라고 불렀는데, 아라페시는 '인간'

을 뜻하는 원주민 말이었다. 두 사람은 8개월 동안 거기 머물렀고, 마거릿은 아라페시인들을 아주 좋아하게 됐다. 그녀는 그들이 온화하고, 모성적이며, 자라는 것들에 관심이 많다는 걸 알았다. 이를테면, 얌(yam), 젊은 아내, 갓난아기 등등. 리오는 부족의 남자들과 해안까지 나가서 무역 거래에 참여하는 일이 잦았고, 마거릿은 여자들과 마주 앉아, 조용히 노래를 부르며 '쌀쌀한 저녁'을 맞이했다. 여자 주민들은 마거릿을 친족으로 대접했고, 그녀가 마법사들한테서 자기들을 보호해 주었으면 하고 기대했다. 마거릿은 그들과 생활하면서 '부족민들만큼이나 온화하고, 공감을 표하는 성격으로' 거듭났다.[18)]

아라페시 족에게는 성이 부드러운 힘이었다. 남자와 여자 모두 행위가 수동적이었던 것이다. 서양 사회들과 달리 남자들이 '자연 발생적으로 성적인 존재'로 간주되지 않았다. 서구 사회의 이상과 정반대인 모습이 이상적인 남성상이었다. 미드는 서구인들의 이상인 강건한 육체와 호남형 얼굴이 폭력적이고 위압적인 것이라고 말했다. 아라페시 여자들의 성 행동도 아주 수동적이어서 대부분은 오르가즘을 느껴보지 못했다고 응답했다. 그녀들의 성 경험은 '온기의 확산과 편안함'에 불과했던 것이다.[19)] 아라페시 족은 젠더를 남성/여성 이항 분리에 따라 규정하지 않고 있었다. 그들은 미드의 연구 의도와 계획에 부합하지 않았기에 그녀에게는 다른 부족이 필요했다.

마거릿과 리오는 아라페시 족을 떠나 산맥을 가로질러 세픽 강에 도착했다. 두 사람은 거기서 만난 문두구모르 족을 연구하기로 했다. 문두구모르인들은 오늘날 비왓 족이라고 불린다. 아라페시 족처럼 이 부족도 남자와 여자가 비슷하게 행동했다. 그러나 그들은 모성적이고 온화한 게 아니라 공격적이고 자아도취적이었다. 문두구모르인들의 성생활은 능동적이었다. 그러나 그들은 아이 키우는 걸 좋아하지 않았다.

문두구모르 족에는 아버지를 아들에게 대항시키고, 어머니를 딸과 맞서게 하는 친족 '밧줄'(rope) 제도가 있었다. 그들은 유아 살해와 근친상간을 일삼았다. 마거릿은 신생아가 죽어서 강물에 떠내려가는 광경을 보았다. 그녀는 골풀로 짠 커다란 개폐형 바구니 속에서 아버지가 딸들과 자는 모습도 보았다. 이 바구니는 세픽 강의 사나운 모기떼를 막기 위한 설비였다.[20] 마거릿은 문두구모르 족과 3개월을 생활한 후 그곳을 떠났다.

미드는 『블랙베리 겨울』과 그 초고에서 이 두 부족사회를 연구하던 해에 포천이 까다롭게 굴었다고 썼다. 포천이 아라페시 족의 수동성에 종종 불만을 느꼈고, 그들을 신체적으로 위협해 '손찌검'하려는 그를 자신이 제지해야만 했다고 미드는 썼다.[21] 리오가 아라페시 족의 교역대와 함께 해안으로 가면 마거릿은 춥고 눅눅한 산에 혼자 남았다. 그녀는 루스 베네딕트가 보내온 편지를 통해 미국의 인류학자들이 록펠러 재단의 엄청난 지원금을 거절해 전 세계에 퍼져 있는 부족사회 연구 기회를 날려버렸다는 소식을 접했다. 래드클리프 브라운이 선발되어 그 프로젝트를 지휘하기로 되어 있었기 때문이다. 마거릿은 아주 우울했다. 부족사회들이 사라지기 전에 과연 상세히 기록될 수 있을까? 자신의 삶이 리오와 계속 아웅다웅하면서 부족사회들을 연구하는 인생으로 점철될까?

마거릿 미드는 그 시기에 루스 베네딕트가 그랬던 것처럼 중년의 위기 같은 것을 경험했다. 물론 아직 서른한 살에 불과했지만 말이다. 마거릿은 누구에게도, 무엇에게도 보고할 의무가 없는 것들을 아주 많이 성취하겠다고 결심하면서 그 우울증을 날려버렸다. 부모와 보애스와 인류학이 그 대상에 포함되었고, 사람에 따라서는 리오와 루스도 거기 들어갔다고 추정한다. 마거릿은 이제 원하는 것을 할 수 있었다. 그녀는 후에 이런 독립 선언을 자주 한다. 다음 해쯤에 그 결과가 그레고리 베이트슨과의 연애를 정당화하는 것으로 나타났던 것 같다. 아울러서 마거릿은 더 독립적으로 루스를 상대하게 됐다.

마거릿은 『블랙베리 겨울』에서 문두구모르 족을 만났을 때부터 리오의 행동이 계속해서 적대적이었다고 썼다. 리오는 공격적인 원주민들에 동화되었고, 그들의 친족 관계를 잘못 파악했으며, 마거릿을 부당하게 취급했다. 리오가 적대적 행위를 일삼았다는 것은 의심의 여지가 없다. 그러나 그에게도 나름의 이유가 있었다. 미드가 리오보다 돈이 많았고, 두 사람의 연구 과제를 장악하고 있었던 것이다. 마거릿은 시드니 대학교가 제안한 일자리를 리오가 수락하는 것을 허용하지 않았다. 마거릿은 아라페시 족이 온화하고 모성적이라는 자신의 설명이 맞다고 인정하라고 리오를 압박했다. 교역대의 남자들이 그들의 사회에 존재하는 성별 갈등과 폭력 행동을 증언했음에도 불구하고 말이다.[22)]여자들의 복종을 즐겼던 야심만만하고 자부심 강한 이런 남자가 뚱해져서 까다롭게 굴었다는 사실은 조금도 놀랍지가 않다. 마거릿은 문두구모르 족을 떠난 직후 루스에게 써 보낸 편지에서 미래가 암울하다고 불평했다. 리오와 계속 현지 조사를 하면서 남성 보애스주의자들의 비판을 받아야 한다는 걸 생각하면 절망적이라고 토로했던 것이다. 마거릿은 계속해서 '명성을 좇아 계획하고, 꾸미고, 모의하고' 싶어 했다. 루스는 답장에서 그녀에게 때를 기다리라고 조언했다. "'80 평생에서 8일'을 기다리라는 거지. 공격적으로 밀어붙이는 사람의 관심사는 변하기 마련이니까."[23)]

그러나 미드가 루스한테 쓴 편지들에는 다른 이야기도 들어 있다. 한 편지에서는 두 사람이 일단 현장으로 복귀하자 결혼 생활이 나아졌다는 내용이 나온다. 리오는 뉴욕을 떠나자 자신감이 충만했고, 유명인 미드의 주위를 어슬렁거리는 사람이기보다는 성공적인 인류학자로 활동했다. 마거릿은 루스에게 보낸 편지에서 리오에게 만족한다고 말했다. 자신이 서른 살을 넘겼고, 리오는 서른에 다가서고 있으며, 둘 모두 어른이 되었다는 내용이었다.[24] 관계가 이렇게 각색된 서술에서는 둘 모두 문두구모르 족을 싫어했다. 두 사람은 밝히려고 애쓰던 원(原)문화 정보를 더 이상 아무것도 얻을 수 없었기 때문에 문두구모르 족을 떠났다. 두 사람은 '민족지적 현재'를 찾는 보애스주의자들이었다. 그러나 세픽 강 연안의 다수 사회가 그러했던바 식민 세력의 개입으로 문화가 와해되면서 주민들의 사기가 꺾여버렸다. 의식과 전통 행위들에 관한 지식을 복원하기가 어려워진 것이다.

마거릿 미드는 루스에게 보낸 편지들에서 리오에게 열광했다. 그가 문두구모르 족에 관한 책을 쓰면서 사회가 조직되는 원리로 근친상간을 조명해보겠다는 포부를 밝혔던 것이다. 마거릿과 리오는 아기를 갖기로 한다. 이는 문두구모르 족의 반(反)모성적 태도에 두 사람이 반발하면서 내린 결정이었다. 물론 마거릿 자신의 충동도 빼놓을 수는 없다. 마거릿은 『블랙베리 겨울』에서 아기를 낳기로 한 결정 과정을 이렇게 서술하고 있다. 루스는 임신 계획 소식을 듣고 이렇게 썼다. "중대한 결정을 내리는, 참으로 인류학자다운 너희들의 방식에 한참을 웃었어. 문화적 특성의 형태라니 말이야."[25] 다음 몇 달 동안 마거릿은 임신을 했었음이 틀림없다. 다음 해 4월에 유산을 했기 때문이다.

이제까지는 두 사회의 남녀 행동이 다르지 않았다고, 미드는 관찰했다. 더 이른 시기에 뉴기니로 진출한 다른 인류학자들과 달리 미드는 동성애자들도 전혀 보지 못했다. 물론 아라페시 족의 수동적 남성들이 동성애자들의 유혹과 강간의 제물이 된다는 사실을 그녀도 알기는 했지만 말이다. 이런 사태는 그들이 다른 부족의 남성과 접촉하면서 일어났다.[26] 미드는 사모아와 마누스의 소년들 사이에서 볼 수 있었던 동성애 행동도 아라페시 족 소년들 사이에서는 전혀 목격하지 못했다. 물론 그들이 '깔깔거리며 강아지처럼 뭉쳐서 노는 일'이 자주 있기는 했지만 말이다.[27] 미드는 아라페시 족과 문두구모르 족에서 레즈비언 행동을 관찰했다는 내용도 전혀 기록하지 않았다. 그녀가 실제로 그런 행동을 전혀 목격하지 못했다고 추정하는 사람도 있다. 동성애와 관련된 이런 관찰 내용은 미드가 나중에 뉴기니의 섹슈얼리티를 정리하는 데서 중요한 역할을 하게 된다.

마거릿은 성 역할이 다른 사회를 연구할 필요성을 여전히 느끼고 있었다. 마거릿과 리오 포천은 또 다른 세픽 사회를 찾아야만 했다. 두 사람은 영역을 침범하고 싶지 않았지만 그레고리 베이트슨에게 접근했다. 베이트슨은 기꺼이 그들을 도와주었다. 연구 중이던 이아트물 부족을 이해할 수 없었던 데다가 마가릿 미드와 리오 포천은 인정받는 저작을 발표한 실력 있는 인류학자들이었기 때문이다. 두 사람과 비교한다면 베이트슨의 출판 경력은 보잘것없었다. 마거릿과 리오가 베이트슨을 도울 수 있을지도 몰랐다. 그는 그들에게 (이제는 참브리라고 부르는) 참불리 족을 소개해주었다. 참브리 족은 더 크고 세력도 막강한 이아트물 족과 비슷한 작은 부족이었다. 이아트물과 참브리는 이웃해 살고 있었다. 크리스마스가 다가오고 있었다. 미드와 포천은 강 연안 지역 정부 주재지인 암분티에서 열리는 축하 행사에 참석하기로 했다. 두 사람은 정부가 운행하는 대형 보트를 얻어 타고 가다가 그레고리가 머무는 마을에 들렀고, 그를 데려갔다.

마거릿은 그레고리에게 별다른 기대가 없었다. 그가 체계적이지 못하고, 주변에 영국 여자들이 있다는 소문이 돌고 있었던 탓이다. 더구나 마거릿은 그가 발표한 이아트물 족 논문 한 편이 마음에 들지도 않왔다.[28] 그러나 미드의 이런 우려는 두 사람이 만나는 순간 눈 녹듯이 사라지고 만다. 마거릿과 리오가 인사차 그레고리의 집에 들렀을 때 그가 그녀에게 건넨 첫말은 피곤해 보인다는 것이었다. 그러면서 그레고리는 마거릿에게 의자를 내주었다. 마거릿은 완전히 마음을 빼앗기고 말았다. 그녀는 베네딕트에게 썼다. 그레고리를 만나는 순간 자신의 결혼 생활이 '카드로 만든 집'처럼 와르르 무너지고 말았다고.[29] 그레고리 베이트슨은 어떤 사람이었을까? 그가 어떻게 마거릿에게 이런 영향을 미칠 수 있었던 것일까?

그레고리 베이트슨은 자유사상가들과 여권 옹호자들을 배출한 저명한 가문 출신이었다. 그레고리의 가문은 영국의 지식 귀족과 연계되어 있었다. 다윈 집안이나 헉슬리 집안 따위의 지식 귀족들이 19세기 초에는 퀘이커 교도와 사업가로 활약했고, 19세기 말에는 옥스퍼드와 케임브리지는 물론 정부에서까지 고위직을 차지했다.[30] 그레고리의 아버지 윌리엄 베이트슨은 케임브리지 대학교의 유명한 유전학자였다. '유전학'이라는 말을 만든 사람이 바로 그레고리의 아버지였다. 그레고리는 유전의 법칙을 발견한 그레고르 멘델에서 따온 이름이었다. 그레고리의 어머니 비어트리스 더럼은 이름난 미인으로, 일곱 자매의 독립적 성향 때문에도 유명했다. 다른 자매들은 혼인을 하지 않았다. 그레고리는 발칸 반도를 탐험한 이모 이디스 더럼을 '제정신이 아닌 늙은 마녀'라고 했다. 그녀는 주변 사람들에게 폭군처럼 굴었다.[31] 그레고리는 엘리트 사립학교인 차터하우스 학교에 입학했고, 케임브리지 대학교를 나왔다.

리오는 거친 남성성의 소유자로 세련되지 못한 반면 그레고리는 귀족 그 자체였다. 그레고리는 키가 컸고(193센티미터) 마른 몸매였지만 온화한 성격에 공격성을 전혀 표출하지 않았으며 영국인의 매력이 넘쳤다. 그는 사람들의 감정에 민감하게 반응했다. 마거릿은 그레고리의 성격이 '천국만큼 달콤하다'고 얘기했다.[32] 그레고리가 섬세했다는 건 그가 성적으로 매력이 있었다는 뜻이다. 대화를 나눈 여자들은 그레고리에게 반해버렸다. 미드가 미국으로 돌아가고, 그레고리 역시 영국으로 복귀한 후 그가 그녀에게 써 보낸 편지들을 보면 몇몇 그런 에피소드가 자세히 묘사되고 있음을 알 수 있다. 그레고리는 결혼해서 불행하게 사는 여자들에게 끌렸던 것 같다.

그레고리는 자유연애 사상을 신봉했다. 그는 케임브리지 시절 노엘 틀론 포터의 영향으로 자유연애 사상을 받아들였다. 노엘 틀론 포터는 인근에서 하프 문(Half Moon)이라는 술집을 운영했다. 맨체스터에서 활약하던 어떤 공장주의 망나니 자식이었던 포터는 젊은 시절의 대부분을 귀족 사유지의 사냥터 관리인 겸 마부로 일하면서 보냈다. 이 와중에도 그는 독학으로 생물학과 성과학을 공부했다. 포터는 자서전에서 자신이 성과학을 공부하기 시작한 계기가 농장 노동자들인 레즈비언 커플이 스리섬을 하자며 유혹했을 때였다고 회고했다. 포터는 거칠지만 재기가 뛰어났고, 거부할 수 없는 매력의 소유자로, 비범한 대담성을 과시했다. 케임브리지의 교수들은 포터를 대등한 존재로 받아들였다. 그는 런던에서 활동 중인 산아 제한 운동 조직들에 참여했고, 마거릿 생어, 해블록 엘리스, 에드워드 카펜터와도 친구로 지냈다. 포터 자신의 증언에 따르면 그가 카펜터의 책 『성숙한 사랑』 교정쇄를 읽으면서, 중간계급 독자들이 충격을 받을 만한 내용을 많이 삭제했다고 한다.[33]

샌들과 코듀로이 반바지를 착용했고, 어렸을 때 사고(명확히는 싸움이었다)로 다리를 절었던 포터는 거친 사나이와 성경에 나오는 예언자를 섞어놓은 듯했다. 탁월한 대화술과 성 지식 때문에 케임브리지의 대학생들이 포터 주위로 몰려들었다. 그는 피임 정보를 제공했고, 성생활 상담을 해주었다. 브로니스와프 말리노프스키 같은 인류학자들이 하프 문을 자주 드나들었다. 포터는 멋진 지적 담화를 쏟아냈다. 그는 성과학, 인류학, 생물학, 식물학을 결합해 '생태학'이라는 학문을 만들어내야 한다고 주장했다.

티 파티와 상담 외에 하프 문에서 무슨 일이 있었는지는 잘 알려져 있지 않다. 뉴넘 칼리지와 거튼 칼리지의 여대생들은 이 술집에 출입할 수 없었다. 포터는 자서전에서 자신이 유럽 제일의 여자 동성애 전문가라고 쓰고 있다. 물론 그게 무슨 의미인지는 설명하고 있지 않지만. 포터는 동성애에 관한 강연에서 자신은 이성애자이지만 모두가 어느 정도는 동성애 성향을 지니고 있다고 언급했다.[34] 그는 독일의 저명한 성과학자 마그누스 히르슈펠트와 히르슈펠트의 연인 페터를 안다고 말했다. 히르슈펠트는 좋아하지 않지만 페터는 좋아한다는 말도 보탰다. 포터는 페터 같은 수동적 동성애자들이 능동적 레즈비언을 이성애자로 바꾸는 일이 잦다고 주장했다. 베이트슨은 미드에게 포터가 매력적이고 침착한 사람이라고 말했다. 두 사람의 관계에서 포터가 아주 수동적이어서 자신이 '다혈질'이 돼야만 한다는 설명도 보탰다. 베이트슨은 포터가 호전적인 남자들을 몹시 싫어했다고, 그래서 그런 사람들도 그를 싫어했다고 말했다.[35]

베이트슨은 미드에게 써 보낸 편지들에서 그와 포터가 연인 사이였음을 넌지시 알렸다. 베네딕트에게 보낸 편지에서는 자신과 포터의 관계가 그녀와 미드의 관계와 아주 비슷하다고도 썼다.[36] 그레고리는 1930년에 '조니'에게 보낸 한 편지에서 '조니'와 '스티브'와 자신을 하프 문의 '3인조'라고 언급했다. 그러고는 이렇게 덧붙였다. "그리고, 과일, 아름다운 과일을 우리가 마침내 받아들였지."[37] '과일'(fruit)이

1930년경에 남자 동성애자를 가리키는 속어였음에도 불구하고 조니와 스티브는 여자였다. 스티브는 엘리자베스 스티븐슨(Elizabeth Stevenson)이었을 것이다. 그레고리는 케임브리지의 한 친구를 통해 그녀를 만났다. 조니는 포터의 피후견인 조앤 비(Joan Bee)였다. 포터는 마거릿 생어가 그에게 보낸 편지 내용을 언급했다. 생어는 조니처럼 온갖 종류의, 그렇게 많은 개인들의 마음을 사로잡은 사람을 본 적이 없고, 남자와 여자가 포터와 조니 같은 관계를 맺을 수 있다고 기대한 적도 없다는 것이었다. 포터와 조니가 어떤 관계를 맺었는지는 드러나지 않았다. 포터는 조니와 결혼하지 않았다. 그는 나중에 '무스'라는 여자와 결혼했다. 그레고리는 마거릿에게 무스가 약간 특이한 구석이 있는 여자라고 말했다.[38]

그레고리는 상담을 하러 포터를 찾아간 대학생 가운데 한 명이었을 것으로 추정된다. 그는 우울증으로 애를 먹고 있었고, 어렸을 때 가정에는 문제도 많았다. 거구에 고압적인 아버지는 뉴넘과 거튼의 여학생들과 미수에 그친 숱한 연애를 시도했다. 부모들은 형 두 명을 맹목적으로 사랑한 나머지 그레고리는 무시했다. 그레고리는 열네 살 때 키가 다 컸는데 그 키로 인해, 화라도 나면 사람을 죽일지도 모른다는 두려움을 느꼈던 탓에 자신의 감정을 억누르기로 마음먹었다. 형 두 명이 비극적으로 죽고 만다. 큰형은 제1차 세계대전에서 군인으로 복무하다가 사망했고 작은형은 짝사랑을 하다가 피커딜리 광장의 에로스 동상 아래서 자살했다. 그 후로 어머니의 지나친 애정과 관심 때문에 그레고리는 숨이 막혔다.[39]

차터하우스 학교에서도 문제가 있었다. 그 학교는 패깅 제도(system of fagging)를 두고 있었다. 하급생이 상급생의 종노릇을 해야 했던 것이다. 패깅은 말 그대로 적극적이면서 수동적인 동성애를 수반하기도 했다. 상급생이 하급생을 입문시키는 것이다. 제프리 고러는 영국인 작가로, 동성애자였을 가능성이 많으며, 나중에 마거릿 미드의 친구가 된다. 그도 그레고리 베이트슨과 같은 시기에 차터하우스 학교를 다녔다. 고러는 허구가 가미된 미간행 자서전에서 자신의 성적 성향이 그 학교의 패깅 제도와 관계가 있다고 말했다. 그레고리는 패깅 제도를 멀리했다. 그는 학생들이 공부파와 운동파로 나뉘었는데 하급생을 감독한 것은 운동파였다고 썼다. 사람들은 그레고리가 공부파였다고 추정한다. 그는 두 집단이 어떻게 상호작용했는지를 언급하지 않았다.[40]

그레고리는 케임브리지에 입학하고서도 가족의 비극을 계속 비통해했다. 그는 처음에 생물학을 공부했지만, 기차에서 우연히 A. C. 해든을 만난 후 인류학으로 방향을 틀었다. 해든도 처음에는 생물학을 공부했다가, 토레스 제도에 가서 원주민이 더 흥미롭다는 걸 깨닫고는 인류학으로 전향했다. 서구화의 충격 속에서 원주민 문화가 사라질 위험에 처했다는 사실도 해든의 마음을 움직였을 것이다. 해든은 그레고리가 남근 모양의 가면을 사용하고, 남자들의 커다란 의식용 가옥들이 있는 세픽 강 연안의 부족을 연구할 수 있을 거라고 말해주었다.[41] 그레고리는 그런 종류의 모험에 강한 흥미를 느꼈다. 그러나 그는 자기를 믿지 못했고, 노엘 포터를 찾아갔다. 그렇게 그레고리는 '절뚝거리는 오리 신세로, 노엘의 무리에 끼게 됐다.'[42]

그레고리는 지적 재능이 탁월했다. 그러나 그는 동기부여가 안 되고 있었다. 그레고리는 가끔 짝이 안 맞는 양말이나 구멍 난 옷을 착용할 정도로 체계적이지 못했다. 리오는 그레고리가 '정말이지 깔끔하지 못하다'고 평했고, 노엘 포터도 그랬다.[43] 마거릿 미드는 체계적이었고, 일을 빨리 처리했다. 거기다 다른 사람에게 동기를 부여할 줄 아는 능력까지 있었다. 그레고리는 마거릿의 지성과 열정에 눈이 부실 지경이었다. 그도 다른 많은 이들처럼 마거릿의 궁핍함, 작은 체구, 친절함에 끌렸다. 두 사람은 자유연애 신조까지 비슷했다. 그들이 사랑에 빠진 것은 놀라운 일이 아니다.

리오 포천은 마거릿을 쉽게 포기하지 않았다. 그는 자유연애를 실천하지 않았다. 아마도 미드가 자신의 신념을 리오에게 충분히 설명하지 않았을 것이다. 그녀는 리오와 결혼하면서 그 신념을 유보해두었다.[44] 사실 리오와 그레고리는 서로에게 호감을 느꼈다. 두 사람은 참브리 족 사이에 머무르는 내내 계속해서 체스를 두었다. "체스가 얼마나 고마운지 몰라요." 마거릿은 루스에게 보낸 편지에서 이렇게 썼다.[45] 그레고리는 세계를 내 집처럼 여기는 케임브리지 대학원생이었고, 리오는 뉴질랜드 출신의 촌뜨기였다. 리오의 형제는 그가 미드의 세련된 세계에서 길을 잃어버렸다고 말할 정도였다.[46] 참브리 족 사이에 머무르는 과정에서 무슨 일이 벌어졌는지를 조사할 때 리오의 이 소박하고 단순한 성격을 잊어서는 안 된다. 케임브리지의 인류학자들이 세픽 강 연안으로 그레고리를 파견해 참으로 대단한 부족을 연구케 했고, 그래서 리오는 하는 수 없이 호주로 가 래드클리프 브라운의 소개로 별 볼일 없는 도부 족을 연구해야 했기 때문에 리오가 그레고리를 질투했다는 사실도 빠뜨려서는 안 된다.[47] 마거릿 미드보다 두 살이 어렸던 그레고리 베이트슨이 리오 포천보다 그녀를 더 노련한 인류학자로 (세상사는 물론이고) 여겼다는 사실도 명심하자.

마거릿과 리오가 세픽 강 연안의 야영지에서 그레고리를 태우고 세 사람은 계속해서 암분티로 갔다. 그러나 기대했던 크리스마스 축하연은 아수라장이 되고 말았다. 열일곱 명이 축하연에 참석했고, 그들은 3일 동안 단속적으로 술을 마시면서 싸웠다. 마거릿과 그레고리는 리오가 싸움에 끼려는 걸 만류해야만 했다. 리오는 코프라 재식 농장의 신규 인력 모집자에게 불같이 화를 냈다. 그는 자기가 데려온 청년 노동자들을 혹독하게 처우하는 것으로 악명이 자자했다. 아무튼 그 와중에 세 사람은 인류학 토론을 벌였고, 브리지 게임을 했다. 며칠 후 세 사람은 마거릿과 리오가 연구할 만한 부족을 찾아 산에 오른다. 하산하는 길은 더웠고, 그들은 땀투성이가 되었다. 그레고리가 다 벗고 개울에 들어가 씻자고 제안했다. 리오는 경악했지만 마거릿은 아니었다. 알몸 노출은 자유연애 활동의 일부였기 때문이다. 얼마 후 마거릿과 그레고리는 테이블을 사이에 두고 앉아 15분 정도 이야기를 나눈 다음 정신적 교감을 확인하고는 본격적으로 사랑에 빠졌다. 두 사람은 그 경험을 '두 번째 염소들의 사건'이라고 불렀다.[48)]

마거릿의 참브리 족도 그레고리의 이아트물 족처럼 남자들이 들어가는 커다란 가옥들과 많은 의식이 있었다. 두 부족은 남녀의 성 역할도 서로 달랐다. 무대가 완벽했다. 참브리 사회는 참브리 호수 옆에 자리하고 있었다. 그 호수는 흑단 색깔로 어슴푸레 빛났다(호수 안에 까만 물풀 같은 게 들어 있었다). 보라색 연꽃과 분홍색 및 흰색의 커다란 수련이 호수에 떠 있었다. 하얀 물수리와 파랑 왜가리가 호수에 서식했다. 아라페시 족이 사는 산들이 멀리 배경으로 펼쳐져 있었다. 아라페시 사회, 문두구모르 사회, 참브리 사회는 서로에게서 불과 160킬로미터 정도 떨어져 있었다. 그러나 참브리에서는 문제도 많았다. 세픽 강에는 말라리아가 만연해 있었다. 마거릿과 리오와 그레고리도 모두 말라리아에 걸렸다. 고통은 키니네로 다스릴 수 있었지만 고열은 환각을 야기했다. 마거릿과 그레고리의 끌림도, 이에 대한 리오의 의혹도 어느 것 하나 속 시원히 해소되지 않았다. 미드가 그레고리의 인생에서 유일한 여자는 아니었다. 세픽 강에 머물던 시절에 다른 여자가 두 명 더 있었다. 벳이라고 하는 엘리자베스 브라운(Elizabeth Brown)과 스티브라고 하는 엘리자베스 스티븐슨 컵홀드(Elizabeth Stevenson Cubhold). 두 번째 여성은 하프 문 시절의 그 스티브이다.

벳은 인류학도로, 말리노프스키가 런던 정경대학에서 지도하던 대학원 세미나에서 그레고리를 만났다. 그녀는 1929년에 남편을 떠나, 그레고리와 함께 뉴기니로 왔다. 3년 후 그녀는 그레고리를 떠나, 배로 세픽 강을 오르내리며 승객과 화물을 실어 나르던 어떤 선장과 결혼했다. 벳은 그레고리에게 남편감으로 점찍은 그 뱃사람이 남성적이고 모험을 즐기며, 자기처럼 집시 같다고 말했다. 그녀는 그레고리가 과연 스티브를 포기할지에 대해서도 회의적이었다.[49] 스티브도 벳처럼 모험가였다. 그녀는 젊고 매혹적이었으며, 편지를 보면 확실히 알 수 있는데 강인함까지 갖추고 있었다. 그레고리는 스티브를 '약간 비현실적인 데가 있는 여자지만 단호함도 갖추었다'고 평했다. 그녀는 여성적이었고, 남성적인 단순명쾌함도 보여주었다. 그레고리의 한 친구는 이렇게 말했다. "그녀가 삶을 힘겨워한다는 얘기는 들어본 적이 없다."[50]

마거릿은 스티브의 존재를 알고부터 사태에 개입하기로 마음먹었다. 그레고리에 대한 자신의 감정 때문만이 아니었다. 스티브의 과장된 행동으로 인해 그레고리의 연구에 지장이 있었던 것이다. 마거릿은 루스에게 보낸 편지들에서 수많은 스티브를 만들어냈다. 스티브는 '성(性)과 폭력 성향 측면에서' 리언 뉴턴이었다. 다른 편지에서는 화가가 된 마거릿의 온순한 여동생 엘리자베스와 리언이 섞인 것으로 나오기도 한다. 스티브는 어른이 되지 못해 보살핌이 필요한 아이이기도 했다. 마거릿은 이렇게 썼다. "그녀의 온갖 성 경험은 실패로 끝나고 말았어요. 스티브가 바로 잡히려면 많은 노력이 필요할 것 같아요."[51] 스티브는 루스의 유치한 애인 나탈리 레이먼드 같다. 마거릿은 향후 몇 년 동안 스티브를 특이하고 발랄하며, 우아한 파리 사람이라고 묘사한다. 부르데의 「사로잡힌 여인」에 나오는, 남자도 여자도 저항할 수 없는 나이든 레즈비언을 떠올린 것 같다.

스티브는 결국 영국으로 돌아갔지만 이후로도 마거릿과 그레고리의 인생에 몇 년 동안 계속 남아 있었다. 스티브는 그레고리에게 젊고, 무책임한 여자였다. 그러나 그는 그녀를 완전히 포기하지 못했다. 스티브는 상연되지 못한 희곡과 출판되지 못한 소설을 썼고, 위풍당당하게 결혼과 이혼을 했으며, 남자 애인과 여자 애인을 모두 두었다. 스티브가 쓴 편지들은, 그레고리에게 보낸 것이었든 마거릿에게 보낸 것이었든, 제멋대로였고 교활했으며 흥미로운 복선과 계획이 담긴 이야기들이 가득했다. 언제든지 선박 승무원이 되어 대서양을 건너가 마거릿을 만날 수도 있다는 식이었다.[52] 마거릿은 뉴기니에서 루스에게 써 보낸 편지들에서 스티브를 동정했다. 스티브를 대하는 이런 태도는 자신이 마사처럼 변덕스럽지 않고, 상황을 능히 헤쳐나갈 수 있는 분별 있는 성인임을 루스에게 확신시킬 필요성과 관계가 있었다. 이 시기에 루스가 마거릿에게 보낸 편지들은 주로 나탈리 레이먼드에 관한 것이다. 세픽 강에서 펼쳐진 미드의 드라마는 루스의 관심을 끌지 못했다.

벳이나 스티브가 크리스마스 축하연 때 암분티에 있었을지도 모른다. 마거릿은 가족과 친구들에게 보낸 한 편지에서 이름을 얘기하지는 않지만 거기 온 여자 한 명을 소개했다. “애매모호한 여자를 한 명 봤어요. 입은 쥐덫 같았고, 두 눈은 마스카라를 칠했는데, 조심하는 태도가 어찌나 수상쩍고 따분하던지요.” 그녀는 배를 얻어 타고 암분티에 온 것이었다. 혼자인 여자들은 세픽 강을 돌아다니지 않았다. 악어와 남자 탐험가들, 최근에야 겨우 사람 사냥을 그만둔 원주민들을 떠올리면 그게 얼마나 위험한 일인지 알 수 있다. 마거릿은 『블랙베리 겨울』에서 그 조용했던 익명의 여자를 다르게 묘사한다. 그녀가 '자기 아기를 죽인 혐의로 투옥되었다가 막 출소한 상태'였다는 것이다.[53] 벳과 스티브가 그레고리에게 보낸 편지들을 보면 두 사람 가운데 한 명이 직전 여름에 낙태를 했음을 알 수 있다. 그레고리와 스티브는 이미 가을에 결별한 상태였다. 그러나 두 사람은 언제고 다시 만나서 데이트를 즐겼다. 따라서 암분티에 모습을 드러낸 건 스티브였을 가능성이 많다. 벳도 여전히 그레고리를 좋아했다. 그녀가 참브리 족 사이에 나타나 그레고리, 마거릿과 함께 지낼 때도 있었다. 미드는『세 부족사회에서의 성과 기질』에서 자기들에게 보급 물자를 가져다준 '레이디 베티의 매켄지 부부'에게 감사의 말을 전한다. 매켄지 여사가 바로 벳이었다.[54]

세픽 강을 무대로 미드가 출연한 드라마의 제3막은 마거릿과 리오가 참브리 족 속에 들어가고, 그레고리가 이야기 상대를 찾아 두 사람의 야영지를 방문하면서 시작되었다. 아라페시 족 및 문두구모르 족과 보낸 몇 달, 암분티의 막간극 이후 참브리 사회에서 리오, 그레고리와 보낸 시간을 제3막이라 할 수 있는 셈이다. 세 사람은 소일거리로 압운(押韻) 게임과 브리지를 했다. 그레고리와 리오는 체스도 뒀다. 그들은 스스로와 자신들의 일을 화제 삼아 얘기를 나눴고, 그런 논의가 일종의 놀이였다. 루스 베네딕트가 마거릿 미드에게『문화의 패턴』초고를 보내줬고, 세 사람은 그 원고의 내용을 열띠게 토론했다. 그들은 베네딕트가 일탈의 기원을 충분히 설명하지 않았고, 문화에 따라 일탈의 내용이 달라지는 이유도 해명하지 않았다고 결론지었다. 세 사람은 베네딕트가 생물학적 조건을 배제한 것을 납득하지 못했다. 마거릿은 그레고리가 생물학자처럼 사유했다고 말한다. "(그레고리는) 한 과학에서 다른 과학으로 수월하게 옮겨갔다. 그는 물리학이나 지질학에서 유사점을 찾아냈다."[55] 그레고리와 마거릿은 각자의 문화에서 자기들이 일탈자 같다는 생각이 든다고 고백했다. 그들은 베네딕트가 사회 통제의 위력에 대한 믿음을 바탕으로 감안한 작은 규모보다 훨씬 더 많은 수의 일탈자가 대다수의 사회에 존재하리라는 것도 확신했다.[56]

그들은 루스의 '인성의 아크'와 마거릿의 성별에 대한 관심에 초점을 맞추면서 각자의 성격을, 양쪽 끝에 남성성(M)과 여성성(F)을 지정한 아크 위에 두었다.[57] 그들은 서로를 대상으로 지정해 깊이 있게 토론했다. 살아온 이야기, 친구들, 각자의 성격을 스스로가 어떻게 이해하고 있는지를 공유한 것이다. 그들은 마거릿과 그레고리는 섬세하고 모성적이며 리오는 남성적이고 소유욕이 강하다고 결론지었다. 마거릿은 나중에 억척스럽고 호전적인 행동으로도 유명해진다. 이 사실을 고려할 때 두 남자가 여성적이고 배려하는 모습인 마거릿을 기꺼이 수용한 것으로 보아 그녀의 친절하고 의존적인 측면이 위력을 발휘했음을 알 수 있다. 그러나 '여성적'이고 '남성적'이라는 말이 여성과 남성을 가르는 이항 범주라면 마거릿과 그레고리는 비슷한 게 아니라 다른 것이다. 그들은 역사를 살펴보면서 이 표준적인 분할을 확인했고, 예수 그리스도 같은 존재들에게는 그런 이항 분리가 적용되지 않는다는 걸 곧 깨달았다. 예수 그리스도는 남성적이면서 동시에 여성적이었다.[58] 참브리 체류 말미에 마거릿이 루스에게 써 보낸 것처럼 그들은 현지 조사 내용을 '전기 문학에 응용'하고 있었다.[59]

다음 순서는 그들이 뉴기니에서 연구하던 사회들을 이 아크 위에 올려놓는 것이었다. 그 사회들에서도 표준적인 분리가 들어맞지 않음을 그들은 바로 깨달았다. 아라페시 족에서는 두 성별이 모두 여성적이었고, 문두구모르 족은 두 성별이 모두 남성적이었으며, 참브리 족은 여자들이 남성적이었고, 남자들은 여성적이었다. 그레고리의 이아트물 족은 상황이 정반대였다. 여자들은 여성적이었고, 남자들은 남성적이었다.

마거릿은 이미 자신을 온화한 아라페시 족과 동일시하고 있었다. 리오는 거칠고 난폭한 문두구모르 족이었고 말이다. 마거릿은 수수께끼 같은 젠더 문제를 해결할 수 있는 방안이 자기가 뉴기니에 머물던 내내 이미 거기에 존재하고 있었음을 불현듯 깨달았다. 간단한 문제였다. 모든 사회가 서양의 표준화된 남성/여성 분리에 따라 운영되는 것은 아닌 것이다. 마거릿의 기본 가정이 틀렸음이 드러났다. 그게 사실이라면 '남성적' 및 '여성적'과 다른 범주들이 채택되어야만 했다. 남성과 여성은 성별을 횡단하고, 사회가 구체적 역할을 지정해주는 공격성이나 온화함 같은 특징들로 구축될 게 틀림없기 때문이다. 마거릿은 루스에게 이렇게 썼다. "나는 성차를 찾아내려고 뉴기니에 왔어요. 하지만 성별과는 무관한, 사람마다의 타고난 기질적 차이를 발견했답니다."[60] 마거릿은 극단적인 생물학적 설명을 찾기 전에 그 행동을 문화적으로 해명해보라는 윌리엄 오그번(William Ogburn)의 조언을 충실히 따랐다. 그녀는 그레고리의 영향 아래 문화적 정보와는 다른 유전의 영향을 이미 이론화하고 있었던 것이다.

그러나 그들은 각자의 정체성을 규명하는 데서 멈추지 않았다. 그들은 자기들이 연구하는 사회들을 설명할 수 있는 이론을 만들고 싶었다. 미드와 베이트슨은 과학자들로, 분류하고 싶어 하는 서양 과학의 본질적 충동에서 자유롭지 못했다. 그러나 그들이 보기에 베네딕트가 『문화의 패턴』에서 시도한 분류는 너무 모호하고 단순했다. 그들은 두세 개의 문화에나 겨우 적용될 수 있는 베네딕트의 범주들보다 더 복잡하고 더 정교한 이론 체계를 만들고 싶었다. 그들은 모든 사회에 적용할 수 있는 이론을 원했다. 미드가 아직 문두구모르 사회에 머무르고 있을 때 베네딕트가 써 보낸 편지의 내용을 보자. "넌 세계의 여러 문화를 두루 섭렵해야만 겨우 얻을까 말까 한 분류법의 개수를 얘기하고 있어. 하지만 심리학자들이 제공했어야 할 안정적인 범주들이 없는 우리는 얼마나 무력하니." 이렇듯 베네딕트는 미드의 계획에 동조하지 않았다. 그녀는 자신이 미드의 입장에 반대한다는 점을 분명히 밝혔다. 그것은 마치 프로이트의 범주들을 사용해 등장인물의 성격을 묘사하는 소설가에 반대하는 것과 꼭 같았다. 그렇게 하는 소설가는 '자기가 묘사하는 실제의 인물'을 절대로 볼 수 없을 테니.[61]

그러나 미드는 자신의 보편적 프로젝트를 그만둘 생각이 전혀 없었다. 바로 그때 그레고리가 그레고르 멘델이 유전 실험 내용을 네 가지로 보고했음을 떠올렸다.[62] 마거릿은 융의 심리 유형 이론에 네 가지 정서 행동 방식이 있음을 기억해냈다. 그들은 문화가 '큰 규모로 쓰인 인성'이라는 베네딕트의 개념에 비추어 문화를 읽으면서 사유를 폭넓게 확장했다. 그들은 자기들이 연구하던 사회 네 개와, 알고 있던 다른 부족 문화들 (사모아 인들과 리오 포천의 고향 뉴질랜드의 마오리 족)에 기초해 4중 분할을 시도했다. 그들은 약간 수의 기질 유형도 존재한다고 판단했다. 각각은 유전이 되는 일련의 행동적 특성을 가지며 개인과 사회 모두에서 발현되는 것으로 정리했다.[63] 이제 그 특성을 지정하는 계책만이 남게 됐다.

그들은 M과 F에서 시작했다. 네 가지 유형이 필요했는데, 그들은 두 개를 더 찾아냈다. '터크'(Turk)와 '페이'(Fey). '터크'는 유력한 책임자를 가리켰고, '페이'는 현실과 동떨어져 가끔씩 과장적이 되는 온화한 사람을 의미했다. 그들은 발레 뤼스(Ballets Russes : 1909년 세르게이 댜길레프가 조직한 프랑스의 발레단-옮긴이)의 단장 세르게이 댜길레프와 그의 유명한 피후견인이자 연인으로 통했던 바츨라프 니진스키에게 이 두 범주의 논거를 두었다. 댜길레프는 발레단을 공격적으로 장악한 것으로 유명했고, 니진스키는 강건하고 남성적인 도약과 감각적이고 여성스런 동작을 결합해 발레단의 우상으로 떠오른 인물이었다. 니진스키는 당대의 루돌프 누레예프(Rudolf Nureyev : 소련 출신의 무용가 겸 안무가-옮긴이)였고, 그레고리는 니진스키와 일체감을 느꼈다. 그레고리는 니진스키-댜길레프 조합이 이아트물 족을 파악하는 데서도 유용하다고 판단했다. 그가 볼 때 이아트물 족은 여자처럼 나약하면서도 동시에 매우 남성적이었기 때문이다. 이아트물 족은 가끔씩 연극 조의 과장을 선보이기도 했다.[64]

그들은 '페이'라는 말을 요정을 가리키는 스코틀랜드어에서 가져왔다. '요정'(fairy)과 '페이'는 모두 당대에 동성애자들을 지칭하던 용어다. 그러나 그들의 체계에서 '페이'가 꼭 동성애자인 것은 아니었다. 이를테면, 니진스키는 결혼을 해서 아이를 두었다. 물론 언론이 그를 동성애자로, 아내를 남자 같은 레즈비언으로, 두 사람의 결혼이 연막이었다고 폭로했음을 나중에 마거릿이 편지로 그레고리에게 전할 때 득의양양해하는 것 같기는 하지만 말이다.[65] 댜길레프와 니진스키는 터키 사람이 아니라 러시아인이었다. 그러나 터키인들에게는 하렘과 소년 매춘부가 있었고, 근동 지역을 정복했으며, 서양 사람들에게는 위력적인 남근을 상징했다. 미드는 가족과 친구들에게 써 보낸 회람장 가운데 하나에서 문두구모르 사회의 일부다처형 가정이 중동의 '하렘'과 달리 노동력을 효율적으로 동원하는 수단이라고 설명했다. 중동의 하렘은 '투르크적 욕정'을 만족시키는 수단이라는 것이었다.[66]

그들은 모기장 막사 안의 좁은 공간에서 이런 문제들을 토론했는데, 그레고리와 마거릿은 서로에게 끌렸으며, 그 사태는 불가피하게도 여러 가지 문제를 낳았다. 리오는 질투심이 강했고, 두 사람이 비록 성적으로는 결백했다 할지라도 그의 면전에서 계속 연애 행각을 벌이고 있었다는 사실을 고려하면 능히 짐작되는 일이다. 그레고리가 연구하던 이아트물 족 마을은 불과 몇 시간 거리에 있었고, 그와 마거릿은 원주민 전령을 통해 쪽지를 교환했다. 그레고리는 한 메모에서 자기가 그들의 관계를 완성할 '두 번째 염소들의 사건'을 고려 중이고, 두 사람이 그 이후로는 성관계를 맺을 필요가 없다고 마거릿에게 말했다.[67] 마거릿은 그 생각을 당연한 일로 받아들인 것 같다. 그레고리에게 보낸 쪽지에서 두 사람이 꿈속에서 만나고 있다고 말했기 때문이다. 이 대목은 마거릿이 고등학교 때 애인과 하던 의식을 생각나게 한다. 마거릿은 그레고리에게 이렇게 물었다. "당신은 『피터 이벳슨』에 나오는 이야기를 아시나요? 잠자리에서 두 손으로 머리를 받치고 가고 싶은 곳을 계속 머릿속에 그리면 거기 이를 수 있어요." 마거릿은 그레고리에게 자기가 그 방법을 좇아 두 사람이 나오는 소설 같은 꿈을 오래도록 꾸었다고 말했다.[68]

그런데 그레고리를 떠나 마거릿에게 전달되던 메모를 리오가 중간에서 입수하게 된다. '두 번째 염소들의 사건'이 적힌 쪽지였다. 리오는 불같이 화를 냈다. 마거릿은 리오를 진정시켰다. 그레고리에게 리오가 쓴 『도부 족의 주술사들(Sorcerers of Dobu)』을 읽히고, 그를 칭찬하게 하는 방법이 동원되었다. 마거릿은 리오에게도 그레고리가 자신에게 써 보낸 메모들을 보여주고, 자기는 사랑의 동반자로서 두 사람이 그들의 유대를 주변의 친밀한 친구 모두에게로 확장해야 한다는 원칙을 따르는 것뿐이라고 말했다. 거기에는 당연히 그레고리가 포함되었고 말이다. 마거릿은 그레고리에게 처음에는 리오가 이런 관념에 당황할 것이라고 말했다. '그에게는 아주 낯선 경험이 될 가능성이 크다'는 것이었다. "리오는 그런 관념이 가능하다는 생각을 한 번도 해본 적이 없을 거예요." 그러나 리오는 그 구상을 접하고는 마음에 들어 했다. 그는 루서 크레스먼과 마거릿 미드의 관계를 환영한다는 내용의 편지를 루서 크레스먼에게 쓰기까지 했다.[69] 루서가 그 편지를 받았다면 틀림없이 당황했을 것이다. 왜냐하면 마거릿과 루서는 이혼 후 연락을 취하지 않고 있었기 때문이다.

그러나 마거릿 자신도 혼란스럽기는 마찬가지였다. 그들의 생활 여건은 끔찍했다. 사생활이 전혀 보장되지 않았고 화장실 문에 잠금 장치도 없는 지경이었다. 말라리아, 모기, 벌레가 속을 썩였다. 모기장 막사는 아주 작았다. 2.4미터×2.4미터의 정사각형 모양이었는데, 두 남자의 키가 모두 180센티미터를 넘었기 때문에 안은 비좁기 이를 데 없었다. 마거릿과 그레고리가 둘만 함께 있으면 리오가 불같이 화를 냈다. 사실 마거릿이 리오를 포기하지도 않았다. 그레고리가 떠나서 이아트물 족과 머무를 때면 두 사람은 멋진 대화를 나눴다. 3월경에 마거릿은 루스 베네딕트에게 스스로에게 짜증이 난다고 써 보냈다. "그레고리에 대한 나의 감정은 열네 살짜리의 즐거움 같은 거예요. 그 속에서 매번 유치한 놀이를 하는 거죠." 마거릿은 익숙한 용어들로 자신을 분석했다. "나는 내 사랑을 한 사람에게로 국한할 힘이 없어요. 그를 비참하게 하는 걸 피할 수 없어서 안타까워요." 그녀는 단호한 태도로 이렇게 말하기도 했다. "그레고리에게 강한 모성애를 느낀다. 그를 향한 나의 열정을 화려한 스테인드글라스 창문의 낭만적인 종교화로 직조해내고 싶다." 마거릿과 그레고리의 관계가 이렇게 윤색된 이야기에서는 그가 루스 베네딕트의 토머스 마운트와 유사하게 그려진다.[70]

마거릿은 루스의 성격을 상황 파악 수단으로 활용했다. 그녀는 리오를 루스와 비슷하게 내성적인 사람으로 보았다. 리오의 모든 성정은 폭력적이었고 직관적이었지만 루스는 그렇지 않았다. 그러나 마거릿은 루스의 고통에 공감해 그녀 곁에 머물렀고, 리오의 고통도 같은 효과를 발휘하고 있었다. 그레고리는 루스와 마찬가지로 차가웠다. 그는 루스보다 더 다가설 수 없는 '상아탑'으로 물러나고는 했다. 두 사람은 이런 은둔을 그의 '벵골 열'(Bengali fit)이라고 불렀다. 벵골 태생의 신비주의 시인 라빈드라나드 타고르가 떠오르는 작명이다. 두 사람 모두 타고르를 좋아했다. 그레고리도 루스처럼 자제심을 잃고 발끈하기도 했다. 별안간 군림하려 들고는 했던 것이다.[71] 그러나 그레고리는 참브리 족 속에 처한 그들의 상황에 고민하기도 했다. 그는 리오에게 끌렸고, 그건 리오도 마찬가지였다. 그레고리는 마거릿의 결혼 생활을 깨버린 것에 죄책감을 느꼈다. 마거릿도 두 남자 사이에서 동요했다. 그녀는 리오의 아기를 임신 중이었고, 결혼 생활을 저버린 것에 죄책감을 느꼈다.

마거릿과 그레고리의 죄책감, 그리고 리오의 분노가 섞이면서 세 사람이 기질과 성에 관한 이론을 만들어내는 데 보탬이 되었다. 그들은 M(남성적)과 F(여성적)의 결혼이 가장 좋다고 판단했다. 그 혼인은 차이의 매력에 바탕을 두고 있기 때문이었다. 반면 F들의 결혼은 좋지 않을 터였다. 그 혼인은 형제자매의 관계와 너무나 흡사할 것이기 때문이었다. 이런 규정을 바탕으로 마거릿과 그레고리는 둘 다 F였던 그들의 연애를 중단했고, 그녀와 리오는 화해했다. 리오는 M이었다. 마거릿은 루스에게 자기와 리오가 그 어느 때보다 더 행복하다고 편지에 썼다. "우리가 덜 다르다는 건 문제가 되지 않아요. 이제 우리는 그 차이를 완벽하게 해석할 수 있게 됐습니다. 전에는 그 차이가 흥분은 물론이고 다툼의 원인이었죠."[72] 마거릿은 여전히 리오에게 성적으로 끌렸고, 결혼 생활을 성공적으로 영위할 수 있으리라고 여전히 희망했다. 마거릿은 이제 그레고리와 둘이서도 시간을 보낼 수 있게 됐다. 리오가 더 이상 두 사람의 관계를 의심하지 않았기 때문이다.

마거릿은 3월에 「인성과 문화 문제의 요약적 서술(Summary Statement of the Problem of Personality and Culture)」을 썼다. 「인성과 문화 문제의 요약적 서술」은 젠더에 관한 그들의 생각을 설명하는 내용이었다. 이 문서는 내용을 설명하기가 쉽지 않다. 마치 그녀가 열에 들뜬 것처럼 뭔가 조리가 서지 않았기 때문이다. 어쩌면 마거릿이 말라리아에 걸렸을지도 모르고, 세 사람이 문명 사회에서 멀리 떨어진 채 열렬히 교류한 결과일지도 모르겠다. 이 문서에 따르면 F와 M은 보살피는 어머니와 소유욕이 강한 아버지로, 모든 사람에게 적용되는 범주이다. 각 범주에는 동일한 수의 남성과 여성이 들어간다. '터크'와 '페이'는 범주를 횡단하는 M과 F들에서 유래한다. 이 문서가 그 유형들의 상관 관계를 추론하는 수단은 건강 상태, 쌍둥이 연구, 문화 금기, '항문'이나 '구강' 같은 정신분석 개념들, 왼손잡이 같은 사람들의 특성, 사람들 사이의 친밀감을 낳는 질 분비물과 정액의 냄새였다. 늘 그렇듯이 미드는 포괄적인 지성을 활용했다.

모든 사회에는 재생산(번식)의 범주로서 '남성'과 '여성'이 실재한다고 이 문서는 주장한다. 이것은 상이한 생리적 특성, 곧 키, 얼굴 특징, 체격이 실재하는 것과 꼭 같다는 것이다. 문서는 이런 생리적 특성들을 '타고난 체질 유형'이라는 규칙적 패턴으로 묶을 수 있다고 말한다. 이 문서는 인종처럼 성별도 번식 활동에서 유래하며, 다양한 조합으로 표출될 수 있다고 말한다. 그러니까 인종이 민족이 아니라 가계를 통해 유지 존속된다는 보애스주의의 믿음을 드러내고 있는 셈이다.

「요약적 서술」에는 성 행동에 관한 생각도 나온다. F의 사람들은 '다형 도착'이기 때문에 명확하고 구체적인 성교가 많지 않다. 문서에 따르면 '명확하고 구체적인 성교'란 두 상대가 적극적으로 성 행동을 즐기며, 둘 다 오르가즘을 느낀다는 의미로 정의된다. 여자의 오르가즘은 질이 아니라 클리토리스와 관계된다. F인 사람들에게는 '명확하고 구체적인 성교'가 반드시 필요한 게 아니다. 그러나 그들이 결혼을 할 생각이라면 작은 규모로나마 M과 F의 자연스러운 매력을 재연해야만 한다.

마거릿이 「요약적 서술」을 쓰고 나서 얼마 후 그들은 M과 F를 포기하고, 나침반의 네 방위, 곧 동서남북 및 그 방위와 결부되는 특성들로 옮아갔다. 평온한 동쪽은 관조적인 종교와 연결되었다. 서쪽은 창조력이 풍부하고, 개방적이었다. 북쪽은 차갑고, 남근적이며, 군림하려 드는 특성과 결부되었다. 남쪽은 뜨겁고, 온갖 종류의 섹슈얼리티가 가득했다.[73] 그들의 범주 M과 F는 이제 북쪽과 남쪽이 되었다. 그들은 터크와 페이를 유지했다. 그러나 그 시점에서 동쪽과 서쪽이 충분히 활용되지는 않았다. 그들은 마거릿과 그레고리를 남쪽으로, 리오를 북쪽으로 지정했다. 그들은 부모들, 친구들, 동기들, 과거의 연인들을 떠올렸고, 스티브와 루스 베네딕트는 북쪽으로, 마리 아이첼버거와 에드워드 사피어는 터크로 분류했다. 마거릿에 따르면 그건 리오의 생각이었다. 그가 그들을 질투했다는 것이다. 그들은 자신들의 체계를 '구역'(square) 또는 '지대'(zone)라고 불렀다. 마거릿은 그들의 범주를 '영혼 분류'(soul raking)라고 했다.[74]

'구역' 이론은 흑단처럼 검은 호수 옆에 있던 모기장 막사의 온실 같은 분위기에서 잉태되었다. 막사 안의 공기는 격심한 성적 흥분으로 충만해 있었고 말이다. 이론 자체가 항상 어떤 게임이었다. 그들이 하던 체스나 브리지와도 유사했다. 체스는 구역들 위에서 둔다. 브리지 게임의 상대는 북쪽과 남쪽과 동쪽과 서쪽이다. 그러나 그들의 계획도, 그들이 이론을 만들어낸 방식도 어리석은 짓이라고 물리쳐서는 안 된다. 게임을 하면서 혁신적인 과학 이론을 창안해내는 것은 20세기 초 이래로 서양 과학자들이 선보인 특징적 행태였다. 기술보다는 운에 좌우되는 게임들은 확률 이론이 탄생하는 것으로 이어졌다. 존 폰 노이만(John von Neumann)은 포커와 체스의 개념으로 경제학을 재구성했다. 영화 〈뷰티풀 마인드(A Beautiful Mind)〉에서 정신분열증을 겪는 수학자로 나오는 노벨상 수상자 존 내시(John Nash)는 게임을 통해 새로운 이론을 만들어 과학적 발견에 기여했다.[75)]

그들은 자신들이 아는 모든 사람을 포괄하기 위해 그들의 개념을 혼합했다. 이제 사람은 북서쪽이나 남동쪽이 될 수 있었다. 심지어는 일시적으로 다른 구역의 특징을 띠는 것도 가능했다. 이를테면, 누구라도 '페이'가 될 수 있었다. 그들은 하위 개념들을 만들었다. 그들은 마거릿의 정력과 충동, 그리고 그녀의 극적인 상태를 지정하기 위해 '과시하는 사람'(exhibitor)이라는 용어를 만들었다. 그레고리의 수동성을 가리키기 위해서 만든 말은 '억제하는 사람'(inhibitor)이었다. 그들은 그들의 범주를 '사디즘'과 '마조히즘'의 견지에서 분석했다. 마거릿은 자신이 피학적 경향을 보이는 사람한테만 군림하려 든다고 말했다. 마거릿은 10월에 뉴욕으로 돌아가, 레오니와 루스를 '4배체'(tetraploid)라고 불렀다. 4배체란 영혼에서 인간의 모든 비극이 펼쳐지는 사람이라고 했다. 마거릿은 곧 이 개념을 철회했다. 그레고리는 나중에 리오에게 이렇게 썼다. "마거릿의 개념들은 종종 '바람 속을 나는 기러기'처럼 보일 수도 있을 겁니다."[76)]

그들은 참브리 사회를 떠날 즈음에 개인과 문화 모두에 적용할 수 있는 복잡한 이론을 완성해냈다. 그 이론은 지배적 '패턴들'과 이의를 제기하는 '일탈자들'이 나오는 베네딕트의 이론을 능가하는 것이었다. 1941년에 미드는 그들의 이론을 한 저널 편집자에게 설명했다. 그때만 해도 미드와 베이트슨은 사이가 멀어지기 전이었고, 그것에 관한 책을 쓰려고 했다. 미드는 이렇게 말한다. "문화에 따라 서로 다르게 표출되지만 서로 구조적 연계를 맺고, 문화의 유력한 요소와도 체계적으로 관계를 맺는 듯한 일련의 기질들을 파악해내는 게 가능해 보인다." 그녀는 계속해서 이런 말을 보탰다. 모든 문화는 기질에 상이한 영향을 미친다. 문화에 따라 기질이 몸짓과 움직임으로 양식화되는 것이다. 문화가 원래의 신체 유형을 바꿀 수 있는 것은 아니지만 말이다.[77] 이렇듯 사람의 외모는 생물학적 조건에 뿌리를 대고 있지만 문화에 의해 구체적으로 형성된다. 하지만 모든 문화와 모든 신체 유형을 포괄하는 일반적인 상호 관계 이론을 만들 수 있다. 불행하게도 미드는 그 이론을 결코 완성하지 못했다. 미드와 베이트슨은 1940년대 후반에 갈라섰고, 그녀는 학문적 계획으로서 그 작업을 사실상 중단했다.

마거릿은 성격 게임을 하다가 급진적인 결론에 도달했다. 인간 본성은 공격성이나 친절함처럼 남성성 및 여성성과 꼭 일치하지만은 않는 정서적 특질들로 구성된다는 것이 그 결론이었다. 남성성과 여성성이 존재하지 않으면 '선천적인 도착자'를 제외할 경우 도착(지향으로서의 동성애)도 존재하지 않게 된다. 마거릿은 아라페시 족과 문두구모르 족 사이에서 동성애 성향을 가진 사람을 한 명도 보지 못했다. 참브리 족과 이아트물 족도 동성애를 아주 성공적으로 금지했고, 부족원은 아무도 동성애를 하지 않았다. 물론 의식과 일상생활에서 동성애를 상징하는 것은 있었지만. 그런 상징을 통해 동성애가 한때 행해졌지만 더 이상은 존재하지 않음을 알 수 있다고 마거릿은 나중에 말했다.[78] 1933년 3월에 마거릿은 루스에게 보내는 편지에서 루스의 새로운 동성애 성향을 해명해줄 것을 요구했다. 그 편지를 보면 마거릿이 새로운 사실을 확신하게 됐음을 알 수 있다. 사람은 그 또는 그녀의 짝과 상황에 따라 성적 대응을 한다는 것이었다.

> 당신이 '동성애'와 '이성애'로 분류한 감정의 종류는 사실 좋아하거나 이해하는 기질들에 맞추어진 성행위와 낯설고 다른 관계에 맞추어진 성행위입니다. 나는 보통의 성적 자질을 타고난 사람이라면 누구나 '동성애적' 성 표현이 널리 분포하는 가운데 명확하고 구체적인 지향이 강렬하게 표출될 거라고 믿어요. 그리고 그건 당연히 기질적 조건에 따르겠죠. 널리 산포하는 경험을 선호하는 남자를 '여성적'이라고 하고, 명확하고 구체적인 지향만을 느끼는 여자를 '남성적'이라고 한다거나, 둘 모두를 '혼합 유형'이라고 한다면 사태가 아주 혼란스러워집니다. 그건 난센스예요.

마거릿은 루스가 동성애자가 아니라고 루스에게 강변했다. 사실을 말하자면, 그녀는 '혼합 유형'도 아니라는 것이었다. 마거릿은 이렇게 썼다. "당신은 서로 다른 기질 유형들을 좋아하고, 거기에 맞춰 각기 다르게 대응하는 아주 멋진 여자예요."[79]

루스는 마거릿의 견해에 응답하지 않았다. 바로 그때 루스는 나탈리와 극적인 연애에 몰두하고 있었고, 『문화의 패턴』이 너무 학구적이라며 비판한 마거릿에게도 화가 나 있었다. 마거릿은 루스의 침묵에 애가 탔고, 둘 사이에 뭐가 잘못된 것이냐고 물었다. 루스는 차일피일 미루다가 아무 문제 없다고 답변했다. 그녀는 관계가 새로운 단계로 진입했을 뿐이라고만 덧붙였다. 루스는 여느 때처럼 마거릿을 칭찬했다. "흥분하는 것이야말로 너다운 일이지. 세픽 강 상류에서 그게 널 기다리고 있을 줄은 생각도 못 했어. 너라면 흥미진진한 관계 속에서 작업에 대한 열정을 배가할 수 있을 거야."[80]

마거릿 미드와 리오 포천, 그리고 그레고리 베이트슨은 열정적인 대화를 나누며 애욕적인 문화를 연구하고 있었다. 마거릿은 『블랙베리 겨울』과 『세 부족사회에서의 성과 기질』에서 참브리 사회를 애욕적인 문화라고 서술했다. 의식과 무도회가 빈번하게 열렸다. 북소리, 피리 소리, 징 소리가 하늘에 울려 퍼졌다. 성 역할이 뒤바뀌어 있었다. 여자들은 큰 규모로 협력해 가며 교역 물품을 생산했다. 그녀들은 '몸이 튼튼했고, 집중력이 대단했으며, 힘이 넘쳤고, 머리털도 소박하게 밀고 있었다.' 남자들은 머리털을 신경 써서 곱슬곱슬하게 다듬었고, 극락조 깃털로 만든 머리 장식물과 정교한 페니스 씌우개를 착용했다. 그들은 종종걸음 치듯 걸었다. 그들은 마음의 상처에 민감하게 반응했고, 쉽게 화를 냈다.

미드에 따르면 참브리의 여자들은 남자들보다 더 성적이었다. 그녀들이 성교의 주도권을 행사했다. 남자들한테서 성적으로 만족하지 못하는 일이 잦았던 여자들은 부드러운 돌멩이로 '자위행위'를 했다. 무도회에서는 남자와 여자 모두가 꽃과 깃털로 치장을 했고, 몸에 기름을 발랐으며, 얼굴에는 가면을 썼다. 여자들은 '폭발적이리만큼' 육욕적이었다. 모든 의식에서 일군의 여자들이 '사납게' 동성애 놀이를 했다. 그러나 여성화된 남자들은 동성애를 하지 않았다. 그레고리 베이트슨은 미드와 포천에게 네이븐에 대해 알려줬다. 네이븐은 이아트뮬 족의 주요 의식으로, 여기에는 복장 도착이 들어갔다. 남자들은 지저분한 노파들처럼 넝마를 걸치고 여자들에게 적대감을 드러냈으며, 여자들은 아름다운 남장을 하고 남자들을 부러워했다.[81)]

참브리 사회는 일부다처제로, 남자들이 아내들을 구타했을지도 모른다. 그러나 여자들은 막강했고, 남자들은 여자들을 두려워했다. 모든 가옥의 천장에는 안 보이는 곳에 나무로 만든 여인상이 있었다. 이 여인상은 음문이 엄청나게 컸고, 진홍색으로 칠해졌다. 참브리 족의 기원 신화에 따르면 한때는 여자들이 사회를 지배했다고 한다. 그녀들이 남자들의 의식용 가옥들과 문화 전반을 장악했다는 것이다. 모든 가옥 바깥에는 빨강색과 흰색으로 칠한, 모든 것을 보는 커다란 눈이 있었다.

1933년 4월의 부활절 주말에 이 무대에서 마거릿과 리오와 그레고리는 마지막으로 광기 어린 연기를 선보였다. 미드는 나중에 그때를 세 사람이 감응성 정신병을 앓았던 때라고 회고한다. 그들이 전부 말라리아가 야기한 환각에 시달렸던 것일까? 마거릿이 직관상을 본 것일까? 그녀는 '구역들'이라는 개념으로 부족사회를 하나 만들어냈다. 북쪽과 남쪽, 그리고 비밀 결사들의 언어가 따로 있었다. 그들은 자신들의 광증 고삐를 풀어버렸고, 각자는 그 또는 그녀의 구역에 해당하는 색깔을 걸쳤다. 마거릿은 『세 부족사회에서의 성과 기질』에서 그 색깔들을 지정한 듯하다. 그녀는 온화한 아라페시 족을 노란색으로, 사나운 문두구모르 족을 짙은 빨강으로, 참브리의 여성을 짙은 오렌지색으로, 참브리의 남성을 연녹색으로 지정했다. 리오는 자신을 예수의 제자인 '사도'라고 말했다. 다른 모든 이는 천사, 악마, 또는 터크였다.[82)]

벳과 그녀의 남편이 거기 있었을까? 참브리 사람들은? 마거릿은 마을 여자들과 친했다. 그녀들은 매일 오후 아이들을 데리고 마거릿의 집에 와서 치료를 받았다. 의료 목적 외에 그냥 놀러 오기도 했다. 그녀들에게는 마거릿과 리오가 '마르지 않은 샘처럼 재미난 사람들'이었기 때문이다.[83)] 실제로 참브리 사람들은 그들이 이상한 짓을 그만두고, 자기들의 관습과 옷을 받아들이기를 항상 기대했다. 관찰자와 피관찰자가 바뀐 것이었을까? 참브리 사람들이 거꾸로 이상야릇한 인류학자들의 행태를 즐겼던 것일까?

마거릿이 「요약적 서술」을 과학 저널에 제출하겠다고 선언했다. 리오는 그녀가 제정신이 아니라고 생각했고, 논문을 숨겼다. 바로 그때 모든 게 폭발하고 말았다. 논문 때문이었는지, 일시적 치매 때문이었는지 리오가 마거릿을 때렸고, 그녀는 바닥에 나동그라졌다. 마거릿은 결국 유산을 하게 되고, 리오를 비난한다. 마거릿은 오랫동안 죽은 아기가 나오는 꿈을 꿨고, 문두구모르 사회에서는 죽은 아기들이 강물에 떠내려가는 것까지 보았던 터라 이 경험이 그녀에게는 치명적인 것으로 다가왔을 것이다. 이제 그 일이 그녀에게서 일어나고 있었다. 마거릿은 나중에 태아를 죽은 아기라고 불렀다. 그들은 태아를 묻어야만 했을 것이다. 마거릿은 아이와 자신을 동일시했다. 그녀는 리오를 공격했다. 마거릿은 발작적으로 분노해서 리오를 살인자라고 비난했다. 리오는 '살벌한 북쪽의 파괴자'였다. 마거릿은 별안간 담장을 두른 정원 안에서 보호받으며 살고 싶어 했다. 그녀는 '그레고리 몸안의 유대목 동물'이 되고 싶어 했다. 마거릿은 북쪽 사람들에게 온화한 측면이 있음을 부인하면서 그 구역의 의미를 바꾸었다. 이제 그녀는 북쪽 사람들이 오만하고 폭력적이며, 터크만큼이나 나쁘다고 정의했다. 리오는 더 이상 마거릿의 이상적인 남편이 아니었다. 이제는 같은 구역의 사람들이 최선의 혼인 관계를 이룰 수 있는 것으로 바뀌었다.[84] 마거릿은 리오를 버리고, 그레고리에게 갈 준비를 마친 듯했다.

유산 후의 상황은 극도로 험악했다. 리오는 마거릿의 행동에 겁을 집어먹었다. 그는 나중에 그녀에게 이렇게 썼다. "당신의 신경증이 분출했고, 나는 사디스트라는 비난을 들어야 했지. 당신이 사람이기보다는 악마로 보일 지경이었소." 리오는 그레고리를 공격했다. 리오는 그레고리가 마거릿과 연애를 해서 유산을 시켰다며 그를 비난했다. 그는 그레고리를 그들의 아기를 잡아먹은 식인종이라고 불렀다. 분노가 횡행했고, 신체 위협까지 난무했다. 리오에게는 총이 한 자루 있었고 그

레고리가 그걸 숨겼다. 그걸로 충분했다. 그들은 야영지를 철수하고, 시드니로 돌아가기로 결정했다.[85]

마거릿이 편지들로 루스에게 한 얘기는 조금 다르다. 셋이 감응성 정신병에 걸렸다는 사실, 유산, 지저분한 광경은 빠져 있다. 마거릿이 루스에게 해준 얘기에서는 리오가 말라리아로 쓰러졌고, 자신은 전갈에게 물렸다. 둘 다 침대에 드러누워야만 했고, 현명하게도 그레고리가 배를 빌려 와 그들을 시드니로 데려갔다는 것이다. 마거릿은 자신이 그레고리에게서 느끼는 행복이 루스에게서 느끼는 행복과 똑같다고 말했다. 적극성과 수동성이 조화를 이루고, 완벽하게 이해한다는 점이 동일하다는 이유였다.[86] 마거릿의 이런 대응은 그녀가 이제 자신의 애정 생활을 통제하게 됐다는 의미였다. 무엇보다도 그녀는 루스가 자신을 아이가 아니라 성인으로 봐주기를 원했다. 마거릿은 루스에게 거짓말을 하지 않았다. 다만 그 시점에서 사태의 전모를 그녀에게 얘기하지 않은 것뿐이었다.

마거릿은 자신의 인생에서 절대로 죽음을 떠올리고 싶지 않기도 했다. 여동생 캐서린, 마리 블룸필드, 자신의 아기를 말이다. 마거릿이 유산의 고통을 떨쳐버리기 위해 얼마나 애썼는지는 다음 몇 달 동안 그녀가 선보인 광적인 활동을 통해 충분히 짐작할 수 있다. 마거릿은 자신을 정점으로 하는 새로운 삼각관계를 이미 구축해놓고 있었다. 다시 한번 두 사람이 그녀를 원했다. 그들은 그녀를 놓고 정력을 분출했다. 세 사람과 그 밖의 인물들까지 참여하는 다각적 욕망의 무대가 펼쳐졌다. 다시 마거릿의 여성성과 지적 총명함이 위력을 발휘했다. 그녀는 아슬아슬하게 변동하는 극적 상황을 조종했다. 또다시 소설의 주인공처럼 인생을 살았다. 배우이자 연출자이자 인류학자의 재능을 마음껏 뽐내면서 말이다. 그러나 마거릿이 이런 극적인 사건들에 몸을 던진 결과는 그녀의 창조성과 작업 능력이 커지는 것 정도로 나타났던 것 같다.

일단 시드니에 도착하자 마거릿 미드는 캐리 켈리(Carrie Kelly)의 집에 들어갔다. 리오 포천과 그레고리 베이트슨은 다른 곳에서 기거할 방을 찾았다. 두 사람은 참브리 족 속에서처럼 체스를 엄청나게 뒀다. 리오는 마거릿에게 화가 나 있었고, 마이라라는 여자와 어울리기 시작했다. 마이라는 시드니의 자유 분방한 사회에서 남자들을 유혹해 돈을 갈취하기로 유명한 여자였다. 나중에 스티브는 리오가 시드니에 더 오래 머물렀다면 자기가 그를 낚아챌 수 있었을 거라고 호언했다. 리오는 나중에 뮤리엘이라는 여자를 발견했다. 캐리의 남편 티모시 켈리는 뮤리엘을 '뚱뚱하고 지저분한 바텐더 같다'고 묘사했다. 마거릿은 리오와 그레고리 사이에서 망설였고, 스티브에게도 빠져들었다. 스티브는 마거릿의 친구이자 연인이자 상상의 어머니였고, 그 세 가지 다였다.

스티브는 그때 쓴 일기에서 마거릿이 자신을 유혹했고, 자기도 마거릿과 사랑에 빠졌다고 밝혔다. 마거릿은 스티브가 사귄 최초의 여성 연인이었다. 스티브는 둘이 사랑하면서 자신이 완전히 바뀌었다고 주장했다. 스티브는 청소년기 이래로 자신이 여자들을 동경해왔다고 말했다. 그녀에게 남자는 아무런 의미가 없었다. 물론 스티브가 여러 해 동안 남자들과 복수의 연애를 했고, 네빌 컵홀드(Neville Cubhold)와 결혼까지 하면서 그런 마음을 극복하려고 분투했지만 말이다. 그러나 스티브는 마거릿과의 관계가 끝난 후에도 완벽한 레즈비언이 되지는 못했다. 그녀는 여성 연인뿐만 아니라 남성 연인과도 사귀었다. 이를테면, 한동안 마거릿, 그레고리 모두와 관계를 맺기도 했던 것이다.

얽히고설킨 시드니의 이 애정 관계 속에서 캐리 켈리가 어떤 역할을 했는지는 불분명하다. 그녀는 몇 년 전에 시드니에서 변변찮은 극단을 운영하다가 인류학을 접한 상태였다. 남편 티모시는 신체 단련, 참된 고백, 산아 제한 등의 주제를 아우르는 잡지의 소유주 겸 편집자였다. 캐리는 원래 리오의 친구였다. 그러나 그녀의 야망을 격려한 것은 마거릿이었다. 캐리는 흥미로운 것들을 좋아했고, 마거릿에게 충성하기 시작했다. 그녀는 열렬한 '구역'주의자로 전향했다. 캐리는 자신을 남쪽 사람으로 규정했다. 성적으로 자유로운 자신을 완곡하게 지칭하는 용어였던 셈이다.[87] 마거릿은 뉴욕으로 돌아간 다음 자신이 가장 좋아하는 성 지침서들을 캐리에게 보냈다. 그 책은 W. F. 로비와 해블록 엘리스가 쓴 것들이었다.

리오는 마거릿과 정서적으로 다시 충돌하면서 몹시 화가 났다. 나중에 그는 마거릿에게 시드니에서 그녀가 '가학피학성 신경증과, 괴상하고 대개는 부정한 행동'에 탐닉했다고 썼다. 결국 마거릿이 자유연애를 했다는 얘기이다. 리오는 더 이상 '구역' 이론을 내켜하지 않았다. 그는 마거릿이 두 사람의 혼인 관계를 끝내려고 그 이론을 만들었다고 확신했다. 리오는 마거릿에게 이렇게 썼다. "사람을 사람으로 상대해야만 당신이 생각하는 바에 따라 그들을 짐승처럼 만들 수도 있고 그 반대로도 만들 수 있는 법이오."[88] 그레고리 역시 다른 사람들과 연애를 했을 것이다. 캐리 켈리의 과장된 말을 믿을 수 있다면 그는 스티브는 물론 뮤리엘과도 사귀었다.[89]

마거릿은 루스에게 쓴 편지들에서 시드니에서 벌어진 사건들을 다르게 얘기했다. 스티브와 마이라와 마거릿이 친구였고, 그녀는 평상심을 잃지 않았으며, 자신의 관리자적 측면인 마사가 우세했다는 것이다. 마거릿은 모두가 생활할 수 있는 거처를 마련했고, 그들의 식생활도 책임졌다. 그레고리가 리오를 진정시켰고, 여전히 서로에게 끌렸던 두 사람은 계속해서 체스를 뒀다. 그러던 마거릿이 루스에게 그레고리가 쓴 편지를 자기가 뉴욕에 갈 때까지 읽지 말라고 화급히 경고하는 편지를 썼다. 가서 직접 자초지종을 설명하겠다는 것이었다. 무슨 일이 벌어졌는지를 설명하는 마거릿의 두 가지 이야기가 여기서도 앞뒤가 안 맞는다고 할 수만은 없다. 그녀는 현실 생활을 꾸려가면서도 아마 자주 눈물을 흘렸을 것이다. 마거릿의 기분은 사랑에서 분노로, 유치한 의존에서 성숙한 자제로 순식간에 바뀌었다. 그녀는 여전히 총명했고, 정력이 넘쳤으며, 끊임없이 이야기를 쏟아냈고, 여러 곤경을 교묘한 말로 모면할 수 있었다.[90]

루스 베네딕트는 계속해서 미드에게 충실했다. 그녀가 시드니 사태에 보인 첫 번째 반응은 그 모든 게 익살극 같다는 내용으로 마거릿에게 편지를 쓰는 것이었다. 그러던 루스가 별안간 사태가 걱정스러워졌던지 마거릿에게 신중하라고 당부했다. 마거릿의 학문적 명성이 망가지는 것을 염려한 것이다. 루스는 마거릿에게 그레고리를 따라가지 말고 '웬만하면' 리오와 뉴욕으로 돌아오라고 권했다. 마거릿은 적어도 버림받은 아내라는 인상을 줄 필요가 있었다. 루스는 리오한테 너무 죄책감을 가질 필요는 없다고 썼다. "알다시피 책임감을 느끼는 것이야말로 너의 장기잖니." 루스는 시드니의 인류학자들이 무슨 일이 벌어졌는지 알게 돼, 가증스러운 소문을 퍼뜨릴지도 모른다는 사실이 걱정됐다. "그런디 여사 얘기를 들으면 깜짝 놀랄 거야. 너를 바라보는 나의 감정은 전혀 상관없지만. 여러 해가 흘렀는데도 추문이 여전히 그녀를 따라다니고 있어."[91]

8월 말쯤 되자 마거릿도 상황을 통제할 수 없는 지경에 이르렀다. 그녀는 혼자 배를 타고 뉴욕으로 떠났다. 마거릿은 일단 시드니를 벗어난 다음 리오와 그레고리 모두에게 연애편지를 썼다. 그녀는 그레고리에게 항해 여행이 치료 측면에서 도움이 됐다고 말했다. 자기가 이제는 가끔씩만 눈물을 흘린다는 말도 보탰다. 그러나 마거릿은 여전히 무력감을 느꼈고, 그가 몹시 필요했다. 그녀는 리오에게도 여전히 사랑한다고, 둘이 경쟁하는 것을 더 이상 원치 않기 때문에 혼인 관계를 유지할 수만 있다면 인류학에서 심리학으로 전공을 바꾸겠다고 말했다. 그 와중에도 마거릿은 배를 타고 가면서 뉴질랜드 출신의 한 교수와 놀아났다. 그녀는 그 교수를 북쪽 사람이라고 불렀다. 캐리와 그레고리는 마거릿이 리오와 아주 유사한 사람과 연애하는 것을 책망했다. 그러나 그녀는 대화 상대가 필요했다고 응답했다.[92)]

11월에 그레고리와 리오는 제각각 시드니를 출발해 영국으로 향했다. 그레고리는 케임브리지의 연구원 자격을 얻었고, 리오는 런던 정경대학의 연구원이 되었다. 만약 리오가 뉴욕으로 돌아갔다면 마거릿도 다시 그에게로 돌아갔을지 모른다. 그녀가 리오의 육체적 존재를 거부하지 못했기 때문이다. 그러나 리오는 마거릿에게 화가 나 있었고, 그녀를 보러 가기 전에 일자리를 구하기로 마음먹었다. 그의 영국행이 설명되는 대목이다. 실제로 마거릿은 몇 년 동안 리오를 다시 보지 못했다. 뉴욕에 도착한 그녀도 리오가 돌아오기를 원하지 않았다. 리오가 마거릿에게 써 보낸 편지들에는 '구역들'을 비난하고 부인하는 내용이 가득했다. 반면 그레고리는 구역 이론을 확장하는 다정한 편지를 썼다. 마거릿은 가족과 친한 친구들에게 구역 이론을 설명하고 있었다. 마거릿의 아버지는 그녀를 북쪽 사람이라고 칭하면서 재미있어했다. 물론 그녀는 반발했지만 말이다.[93)]

마거릿은 뉴욕으로 돌아와 루스에게 모든 것을 털어놓았다. 루스는 그녀의 행동이 걱정스러웠고, '구역' 이론은 당황스럽기까지 했다. 마거릿은 루스의 반응이 마음에 안 들었다. 그녀는 그레고리에게 보내는 편지들에서 북쪽 사람들에게 써온 부정적인 용어로 루스를 규정했다.

마거릿은 그레고리에게 리오가 옳았다고 썼다. 루스는 마거릿이 상대하기에는 너무 나이가 많았다. 루스는 마거릿의 어머니에 불과했다. 루스가 아니라 그레고리가 마거릿의 쌍둥이였다. 그러자 루스가 한발 뒤로 물러서, '구역' 이론을 받아들였다. 두 사람의 우정이 복원되었고, 마거릿은 다시 옛정에 깊이 빠져들었다. 물론 그녀는 이제 더욱더 루스와 의견을 달리할 기세였지만 말이다. 마거릿은 '모순적인 태도를 동시에 다양하게 선보였고', 루스가 혼란스러워 힘들었을지도 모르겠다고 그레고리에게 말하기는 했다.[94] 그레고리는 루스가 마거릿과의 성관계를 다시 거부했기 때문에 마거릿 자신이 그녀에게 화가 난 것이라는 얘기도 들었다. 그러나 마거릿은 여전히 루스를 좋아했다. 마거릿은 '모든 구애와, 그리하여 감응에 기초해 이루어지는 모든 정교(情交)가 끝난다고 해도 그녀를 향한 나의 감정을 여전히 활기차게 유지할' 수 있다고 썼다. "다른 많은 곳에서 원기 왕성함을 보여준 것처럼 더욱 더 힘차게" 말이다.[95] 루스로 인해 다시 행복해진 마거릿은 자신이 그레고리와 함께 '구역들'의 용법을 확장해야겠다고 판단했다. 그들은 북쪽과 남쪽을 너무 많이 사용하고 있었다. 마거릿은 이제 루스를 서쪽 사람, 다시 말해 선구자로 지정했다.[96]

그레고리와 마거릿은 전래의 어떤 의미에서 보더라도 서로에게 충실하지 않았다. 자유로운 관계는 그들이 한 약속의 일부였다. 그레고리는 마거릿에게 보낸 편지들에서 자신의 연애 얘기를 했다. 이를테면, 영국에서 스티브와 여러 차례 주말을 함께 보냈다는 식으로 말이다. 그러나 그레고리에 따르면 그들은 별일 없었다고 한다. 그는 마거릿에게 이렇게 썼다. "지키는 사람이 없는 골문은 꼬리가 없는 생선과 같지요." 그레고리는 남자들하고는 성관계를 맺지 않겠다고 마거릿에게 확약했다. 마거릿이 그레고리의 남색 행각을 바로잡아 주었다. 다른 여자들은 그레고리와 성관계를 원한다고 해도 그의 애정 전선에서 마거릿이 차지하는 최우선적 지위를 받아들여야만 할 터였다.[97]

마거릿은 그레고리가 다른 누군가와 잠깐씩 연애를 해도 자신은 전혀 구애받지 않는다고 얘기해주었다. 마거릿 자신은 그레고리에게 장난삼아 맺은 관계를 주로 얘기했다. 그러나 예일 대학교의 사회 심리학자 존 달러드와의 관계는 뺐다. 마거릿은 달러드를 '눈이 불타는 듯한 남쪽 사람'이라고 불렀다. 달러드는 '가톨릭 신자로 양육되었고, 정신분석을 받았다.' 마거릿은 기혼의 달러드와 자신의 관계가 성적인 것은 아니며, 자기에게는 그레고리뿐이라고 넌지시 말했다. 마거릿이 쓴 내용을 보자. "존은 한결같은 호의를 보여주지만 가까이 가기 힘든 사람이죠. 그래서 저도 똑바로 처신하고 있답니다. 당신이야말로 자신을 접근하기 어려운 대상으로 보는 사람이 아무도 없는 곳에서 살아야 하니 훨씬 더 복잡하겠군요."[98]

그러나 마거릿은 저넷 머스키(Jeannette Mirsky) 및 머스키의 애인 윌리엄 휘트먼(William Whitman)과 화이트 마운틴스에서 보낸 주말 얘기는 그레고리에게 하지 않았다. 마거릿의 바너드 동창생인 저넷은 북극 탐험가들을 소개하는 책을 한 권 써서 큰 성공을 거두었고, 당시는 컬럼비아 대학교 인류학과 대학원에 진학해 베네딕트의 지도를 받으며 공부하고 있었다. 휘트먼도 같은 대학원생이었다. 1934년 봄에 마거릿은 자신의 아파트를 전대(轉貸)하고, 저넷의 집으로 들어가 몇 달을 산다. 그녀는 그레고리에게 저넷을 외향적인 남쪽 사람으로 소개했다. 저넷의 남편은 해외 체류 중이었다. 마거릿은 윌리엄 휘트먼이 남쪽 사람이라고 생각했고, 그레고리를 떠올렸다. 그녀는 캐리 켈리에게 보낸 한 편지에서 화이트 마운틴스에서 함께 보낸 주말 얘기를 한다. "여자 둘에 남자가 한 명인 주말이었어요. 모두가 남쪽 구역 사람이었으니 즐거울 수밖에 없었죠. 그녀는 '앞잡이'였지만 대우가 좋았어요."[99] (앞잡이란 아이들 놀이에서처럼 사냥을 당하는 사람을 말한다.)

마거릿은 이제 즐겁게 자유연애를 하면서 친구들을 규합했다. 루스가 그레고리와 서신 교환을 했고, 마거릿은 노엘 포터와 교신했다. 마거릿은 자기가 무얼 하고 있는지 리오에게 알리지 않았고, 루스가 이를 도왔다. 마거릿은 그레고리에게 매일이다시피 편지를 썼고, 이혼 수속을 진행했으며, 리오에게 일자리와 새 아내를 찾아주려고 노력했다. 루서 크레스먼과 이혼하면서 이다 루 월턴을 맺어주려고 애썼던 것과 똑같은 행태였다. 마리 블룸필드가 자살한 사건 이후로 마거릿은 누구에게 상처를 주는 걸 두려워했다. 그러나 그녀는 자신의 길을 가고 싶었다. 그렇게 마거릿은 온갖 모험을 시도했다. 그녀는 항상 정서적으로 벼랑 끝을 걸었지만 결코 넘어지지 않았다. 마거릿은 그레고리에게 이렇게 썼다. "나는 항상 사소한 신경 쇠약에 시달렸습니다. 어쩌면 그래서 심각한 와해 상황을 피할 수 있었을 겁니다."[100]

마거릿은 자신의 친구들을 공모자로 끌어들였다. 캐리 켈리는 마거릿과 리오를 연결해주는 통로였다. 마거릿은 캐리에게 이렇게 썼다. "계속해서 리오의 뒤를 봐줬으면 좋겠어요. 나는 직업이 있고, 사랑하는 든든한 가족이 있고, 친구가 많고, 나의 연구를 발표할 수 있는 출판업자가 있고, 안온하게 잘 살고 있습니다. 하지만 리오는 일자리도 없고, 친구보다 적이 더 많지요. 아무도 그를 후원해주지 않습니다." 그러나 마거릿이 무엇을 원했는지는 여전히 혼란스럽다. 애시 캔 캣인 리아 조지프슨 해나는 마거릿에게 이렇게 썼다. "너의 편지는 항상 그렇듯이 이해하기가 조금 어려워. 나는 공적인 내용과 사적인 내용을 구분할 수 없었고, 그래서 타협책으로 이해할 수 없는 편지를 한 통 받았다는 말을 제외하고는 사실상 아무 얘기도 하지 않았어. 그런데 나 말고 다른 사람도 대부분 그렇게 생각하는 눈치야. 아무튼 사랑해."[101)]

마거릿은 리오의 직장을 잡아주기 위해 열심히 노력했다. 그녀는 그에게 책임감을 느꼈다. 리오는 멕시코까지 가서 이혼 서류에 서명해야만 했다. 일자리 구하기는 별다른 성과가 없었다. 대공황이 한창이던 때라 인류학 분야의 일자리를 찾기가 쉽지 않았고, 리오가 까다로운 인물이라는 세평도 있었기 때문이다. 결국 루스 베네딕트의 도움으로 리오는 컬럼비아 대학교의 연구 지원금을 받았다. 연구비의 일부는 마거릿이 댔다. 이 교부금으로 리오는 뉴기니로 돌아갔고, 중부 고지대에서 새로운 부족을 연구한다. 그가 선택한 카마노 족은 이전에 연구한 도부족보다 훨씬 더 흉포했다. 리오의 안전을 염려한 식민 당국이 그가 현지 조사를 마치기도 전에 떠날 것을 종용할 정도였다. 리오는 초경과 출산을 중심으로 형성된 여성 유대가 이 문화의 핵심이라고 느꼈다. 그러나 부족 남자들은 그가 여자들과 면담하는 것을 허용하지 않았고, 리오는 자기 생각이 과연 옳은지 확인할 방법이 없었다. 그에게는 면접 조사를 수행해줄 여성 인류학자가 필요했다.[102)]

리오는 마거릿이 남자는 포기하겠으며 인류학에만 전념하겠다는 다짐을 받아들였고, 1935년 이혼 서류에 서명했다. 그 후로 리오의 경력은 내리막길로 접어들었다. 그는 아라페시 족 소논문을 제외하면 카마노 족, 문두구모르 족, 아라페시 족의 민족지를 전혀 쓰지 못했다. 리오는 마거릿을 만나기 전에 사귀었던 여자와 결혼했다. 그는 한동안 중국에서 가르쳤고, 케임브리지 대학교의 변변찮은 연구원을 전전했다. 일부는 마거릿 때문에 리오가 망가졌다고 생각했다. 그가 정신적으로 불안정했던 점 때문이라고 보는 사람도 있었다. 앤 맥클린(Ann McClean)은 리오가 전처 마거릿을 험담하는 책을 쓰기에는 확실히 신사였고, 그와 관련해 그의 경력도 망가진 것이라고 얘기한다. 어떤 얘기가 사실이든, 리오는 이혼 후로 여러 해 동안 세픽 강에서 벌인 행태를 비난하는 편지를 마거릿에게 써 보냈다.

1935년경에 루스 베네딕트와 마거릿 미드는 둘 모두에게 자유를 보장하자는 서로의 합의 속에서 그들의 관계를 복원한 상태였다. 루스는 나탈리 레이먼드와 살고 있었다. 마거릿은 여러 친구와 함께 살다가 따로 아파트를 마련했다. 그들은 만나서 점식과 저녁을 함께 먹었다. 그들은 가끔씩 밤을 함께 보내기도 했다. 그들은 1934년 봄과 1935년 가을에 컬럼비아에서 협력과 경쟁 세미나를 함께 진행했다. 그들은 존 달러드에게 자신들의 생애사를 써주었다. 루스는 컬럼비아에서 가르쳤고, 현지 조사를 나선 대학원생들을 지도했으며, 프란츠 보애스를 대신해 인류학과를 운영했고,《미국 민속학 저널》을 편집했다. 마거릿은 컬럼비아 대학교가 마련한 공개 강좌를 담당했고, 자연사박물관에서 수집품을 정리했으며, 책과 논문을 썼고, 학술 대회에 참석했다. 1934년과 1935년 여름에 뉴햄프셔 주 해노버에서 열린 회의들이 그런 예다. 1935년 여름에 루스와 마거릿은 함께 뉴잉글랜드에서 휴가를 보냈다. 그러나 루스는 마이라 이모가 물려준 노리치 농장에서 여름의 대부분을 보냈고, 마거릿은 거기로 그녀를 찾아가지 않았다. 그들은 자신들의 직업적·대중적 명성을 보호해야 했고, 그들의 연애를 비밀에 부쳤다.[103]

1935년에 미드, 특히 베네딕트는 카렌 호나이와 친하게 지냈다. 카렌 호나이는 1934년에 뉴욕으로 이주해 온 상태였다. 존 달러드가 카렌 호나이와 교육 분석(training analysis)을 했고, 서로를 소개해주었다. 베네딕트는 1935년에 호나이의 뉴스쿨 강의를 들었다. 호나이는 그해에 자신의 관점을 프로이트주의 페미니즘 분석에서 신프로이트주의 문화 분석으로 바꾸었다. 베네딕트의 문화 결정론이 호나이의 태도 변화를 뒷받침했다. 에리히 프롬도 뉴욕에 왔다. 그와 호나이는 친했고,

네 사람은 함께 저녁 시간을 보내는 일이 잦았다. 그들은 놀이처럼 즐기면서 문화를 분석했고, 베네딕트와 미드는 단 한 번도 싫증을 낸 것 같지 않다. 베네딕트와 미드는 문화를 기술했고, 호나이와 프롬은 문화를 분석했다.[104)]

미드는 1933년 가을에 시드니에서 뉴욕으로 돌아왔다. 그리고 1936년 봄에 싱가포르로 가서 그레고리 베이트슨과 결혼한다. 그사이에 미드는 자신의 직업적 명성을 견고히 하는 인상적인 논문을 여러 편 썼다. 미드는 자신이 쓴 민족지와 학술 논문과 대중 저술을 구분했다. 미드는 교육하고 설득하기 위해 대중 저술을 했다. 그것은 교육 및 개혁과 관련해 스스로에게 약속한 책무의 일환이었다. 미드가 쓴 민족지와 학술 논문은 인류학 분야에 기여했다. 미드가 학문적으로 최고였음을 확인하려면 이런 저작을 읽어야 한다.

예를 들어, 미드는 1931년에 자신의 현지 조사 방법론을 면밀하게 궁구하는 논문을 작성했고, 거기서 사피어와 다른 남성 보애스주의자들의 공격에 답했다. 미드는 자신이 사용한 사회과학의 기법들을 자세히 열거했다. 그들 대다수는 이런 방법들을 잘 몰랐다. 미드는 자신이 관심을 집중한 여자들의 삶을 그들이 간과했음을 지적했다. 미드는 각 사회을 파악하기 위해 자신이 사용하는 초기 조사 방법을 설명했다. 나이, 혈연, 가족 집단, 사회적 지위 등으로 사람들을 분류하는 이 방법을 그녀는 사모아에서 개발했다. 이 외에도 미드는 연구하는 주제들에 따라서 자신의 연구 계획을 복잡하게 조정했다. 이를테면, 마누스에서 부자 관계에 흥미를 느낀 미드는 다양한 부자 집단을 연구했다. 아들과 아버지, 수양아들과 아버지, 경제적 지위가 각기 다른 남자들의 자식, 상이한 성인들이 키운 자녀들, 과부들이 키운 자식, 어머니가 유력한 가정에서 자란 자식 등등을 말이다. 미드는 비판자들의 공격을 맞받아쳤고, 흔히 비교되곤 하던 말리노프스키가 트로브리안드 제도인들을 대충 관찰하고 젖을 늦게 떼야 아이들에게 좋다고 주장한 것을 책망했다. 말리노프스키는 어머니와 아이들을 면담하지 않았고, 대조군을 획정하지도 않았다.[105)]

미드가 심리학 저널에 발표한 두 번째 논문은 그녀와 베네딕트가 사용한 형태주의적 접근법을 설명했고, 심리학자들에게 연구하는 '원시' 문화들에 관심을 가져달라고 탄원했다. 그녀가 게자 로하임의 『스핑크스의 수수께끼(Riddle of the Sphinx)』를 면밀하게 살펴본 서평을 보면 프로이트를 꽤 잘 이해하고 있었음을 분명하게 알 수 있다. 미드는 『원시 부족들의 협동과 경쟁(Cooperation and Competition Among Primitive Peoples)』의 서문 겸 후기를 썼다. 그녀가 편집한 『원시 부족들의 협동과 경쟁』은 이 주제로 진행된 세미나 논문을 묶은 책이다.[106)] 미드는 아라페시 족의 민족지를 쓰기 시작했는데, 이 작업은 결국 여러 권의 책으로 늘어난다.

미드는 계속해서 좋은 선배와 친한 남성 친구를 찾았다. 존 달러드가 그런 사람 가운데 한 명이었다. 달러드는 미드의 프로이트 이론 공부를 도왔고, 그녀에게 자신의 생애사 연구 방법을 소개해주었다. 그는 예일 대학교에서 문화와 인성 프로젝트를 담당하고 있던 사피어의 동료이기도 했다. 하워드 스콧(Howard Scott)도 그런 사람이었다. 스콧은 테크노크라시(Technocracy)라고 하는 운동의 창설자로, 한때 엘리너 스틸과 사귀기도 했던 사람이다. 그는 기술이 발달한 미래에는 마르크스주의와 계급 개념이 무의미해질 거라고 주장했다. 정보의 공유와 기계를 기초로 하는 미래에는 민족 국가들이 세계 연방으로 통합될 것이라는 얘기였다. 1930년대 중반 한때 스콧의 사상이 엄청나게 유행했다. 그러나 곧 그가 경력을 날조했음이 폭로되면서 사기꾼으로 몰렸다. 하지만 마거릿은 그런 사태에 굴하지 않았다. 그녀는 스콧이 천재라고 확신했고, 그의 단호한 남성성에 끌렸다. 마거릿은 스콧이 '개척자'라고 했다. 그녀는 그의 영향을 받으면서 대학 시절부터 꾸준히 간직해온 어떤 종류의 마르크스주의 사상을 버렸다. 제2차 세계대전 이후로는 마거릿의 수많은 사상이 스콧의 이론을 바탕으로 하게 된다.[107)]

영국인 작가 제프리 고러를 빼놓을 수 없을 것이다. 물론 그는 좋은 선배가 아니라 친구였다. 마거릿은 1935년 말에 제프리 고러를 만났다. 그가 저서 『아프리카 춤(Africa Dances)』 판촉 여행 중에 뉴욕을 들렀던 것이다. 이후로 평생 동안 마거릿과 조프리는 절친하게 지냈다. 미드와 베네딕트는 고러의 학식과 정교한 현지 조사 방법을 배우고자 하는 그의 열정에 감동했고, 그에게 단기 집중 과정을 제공했다. 두 사람은 남성 보애스주의자들과 마찰을 빚었고, 새로 가담하겠다는 연합 세력을 환영했다. 고러는 미국에 남아 베네딕트가 「민족학 현지 조사 수행자들이 활용할 수 있는 심리적 단서들의 안내서」를 쓰는 걸 도왔다. 그는 사피어가 예일 대학교에서 주도하던 과제 연구의 동료가 되었다. 미드는 고러의 여성적인 남성성, 교양, 상류사회 유머, 영국적 매력에 홀딱 반했다. 그가 런던에 소유한 도시 주택, 서식스의 전원주택, 영국의 문단 및 동성애자 집단과 맺고 있던 교유도 그건 마찬가지였다. 이를테면, 고러는 W. H. 오든(W. H. Auden)과 친했다.[108)] 베네딕트는 고러를 좋아했다. 그러나 낭만적으로는 아니었다. 그건 미드의 몫이었다.

고러는 다방면에 걸친 지성과 능란한 문재를 바탕으로 마르키 드 사드와 발리 문화 연구서를 써서 큰 성공을 거두었고, 미국의 통속 희가극을 다룬 책과 히말라야 산지의 렙차 족을 소개하는 학술서도 출판한다. 렙차 족 연구서에는 베네딕트와 미드에게서 배운 현지 조사 기술이 동원되었다. 고러는 19세기의 알렉시 드 토크빌처럼 20세기에 미국을 관찰한 외국인으로 유명해지고 싶었다. 그는 제2차 세계대전 이후에 당대 문화를 연구하는 베네딕트와 미드의 과제에 참여했다. 고러도 미드처럼 대중적으로 보급하는 일의 전문가였다. 그는 온갖 공격에 맞서 그녀를 방어했다. 베이트슨이 미드를 떠났을 때 그녀의 친구들은 그녀가 고러와 결혼할 거라고 생각했다. 그러나 그런 일이 일어났을 것 같지는 않다.[109] 두 사람이 여러 해 동안 서로에게 써 보낸 편지 가운데 연애편지는 단 한 통도 없다. 관련해서 굳이 찾자면 마거릿이 발리에 머무를 때 주고받은 신중한 의견 교환이 전부다. 마거릿은 연애 관계가 사람의 작업 능력을 강화해준다고 주장했고, 제프리는 진정한 예술가라면 자신의 산출력을 위해 정서적으로 초연해야 한다고 역설했다.

마거릿이 그레고리와 결혼한 직후 제프리는 그녀와 자신이 둘 다 남쪽 사람이기 때문에 서로에 대한 감정이 형제와 자매의 그것과 비슷할 뿐이라고 그녀에게 썼다. 마거릿은 최고의 결혼 동반자는 남쪽 사람들이라고 생각했었음을 고러에게 말하지 않은 것 같다. 존 달러드가 예일대학교 프로젝트에 고러를 연구 동료로 채용했을 때 미드는 그가 독선적이고 광신적이기까지 하다고 사전에 알려줬다. 미드는 베이트슨에게 보내는 한 편지에서 고러를 '흥분하는 남쪽 사람'으로 묘사했다. '구역' 이론을 바탕으로 자기와 정확히 같은 부류에 집어넣은 것이다. 그러나 미드는 베이트슨에게 고러가 자신과 달리 성적 지향에 어떠한 망설임도 없다고 말했다.[110]

마거릿이 시드니에서 뉴욕으로 돌아가고, 그레고리가 케임브리지로 돌아간 후에는 두 사람이 다시 만날 수 있을지도 확실하지가 않았다. 1934년 늦여름에 그들은 에이레에서 몰래 만나 2주를 보냈다. 1935년 봄에는 그레고리가 컬럼비아와 시카고 대학교에서 강의를 했다. 그러나 두 사람은 마거릿이 리오와 이혼하고 1년이 흐른 1936년 봄까지도 결혼을 하지 않았다.

그레고리는 영국으로 돌아가 노엘 포터를 찾아갔고, 케임브리지 대학교에서 독신 생활을 즐겼다. 노엘은 마거릿과의 관계가 오래가지 못할 거라고 그레고리를 설득했다. 노엘은 그레고리가 그간 사귄 온갖 여성 애인들처럼 마거릿도 결국은 군림하려 드는 어머니로 판명날 거라고 주장했다. 그레고리는 무의식적으로 어머니를 소유하고, 또 죽이고 싶어 했다. 마거릿은 노엘의 말이 틀렸고, 자신은 온화하고 의존적이라며 그레고리를 설득했다. 이 말이 틀린 것은 아니다. 한쪽으로 치우친 주장일 뿐. 마거릿은 그레고리에게 이렇게 썼다. "나는 터크형 어머니가 되지 않을 거예요. 당신을 착한 페이형 자식으로 보지도 않을 거고요." 나이 든 노엘 포터가 하프 문을 팔고, 시골로 은퇴할 결심을 하자 마거릿은 두 사람이 그걸 사서 운영할 수도 있을 거라며 그레고리의 환상을 충족해줬다.[111]

마거릿은 그레고리에게 줄 게 많았다. 정력, 지성, 극적인 사건, 학문적 수련, 심리 분석 기술 등등. 마거릿은 항상 정확한 것은 아니었을지라도 설득력 있는 얘기를 했다. 그녀는 결국 그레고리의 어머니가 되었지만 마거릿의 통제적 측면은 여러 해 동안 표면화되지 않았다. 사실 그레고리도 리오처럼 그녀의 이런 특성을 보려고 하지 않았다. 두 사람이 함께 지내던 초기에 마거릿은 정서적 욕구, 심지어 불안감까지 드러냈다. 그녀는 리오에게 했던 것처럼 그레고리에게도 그가 원하는 것이면 뭐든지 하겠다고 말했다. 자신이 무능력하다는 생각에 항상 좋은 선생을 찾고 있다는 말도 보탰다. 마거릿은 그레고리가 자신의 남성성을 혼란스러워한다는 걸 간파했고, 자신이 의존성을 보여주면 그가 유력함을 느낄 수 있을 거라고 생각했다. 정력이 넘치는 아버지는 미수에 그치는 연애를 일삼았고, 형들까지 비극적으로 죽은 그레고리는 내면의 분노가 많았다. 그는 '벵골 열'에 빠져들었다. 그도 가끔씩 다른 사람들처럼 불같이 화를 냈다.

그레고리는 찰스 다우티(Charles Doughty)의 『아라비아 황원(荒原)(Arabia Deserta)』에 매혹되었다. 그는 자신이 그 책에서 현지 조사 수행법을 배웠다고 말했다. 다우티는 아라비아의 사막 부족들을 방문한 최초의 유럽 사람으로, 『아라비아 황원』은 그의 여행기이다. 책을 보면 다우티가 원주민 복장을 하고, 홀로 이 부족 저 부족을 찾아다녔음을 알 수 있다. 다우티의 이야기는 역경을 딛고 승리한 사람을 보여준다. 그가 자신의 심신을 강인하게 단련해 아랍의 베두인인으로 거듭나는 것이다. 베두인 족은 사막에서 낙타를 기르는 유목민이다. 다우티는 그들이 셈 족이라고 생각했다. 히브리인들의 족장들도 거기 속하는 고귀한 민족으로 본 것이다. 그레고리는 다우티의 아랍인 묘사를 높이 평가했다. "아랍인들은 클로아카(Cloaca)에 처박힌 채 살아간다. 그러나 그들의 머리는 언제나 하늘을 향하고 있다." '클로아카'는 하수도를 뜻하는 말로, 터키인들의 아랍 점령을 가리킨다. 다우티의 책에서 터키인들은 부패하고 타락한 것으로 나온다. 아랍인들은 고귀한 '원시인들'로, 빅토리아시대 남자들이 구현해야 할 남성성의 모범인 것이다.[112)]

그레고리는 여러 해 동안 윌리엄 블레이크(William Blake)가 그린 수채화 하나를 보면서 몽상을 거듭했다. 〈이브 위에서 의기양양한 사탄(Satan Exulting Over Eve)〉이 그레고리가 어렸을 때 살았던 집 벽에 걸려 있었던 것이다. 그 그림을 보면, 이브가 먹다 만 사과를 손에 들고 거의 졸도 직전의 상태로 땅 위에 누워 있다. 벌거벗은 악마가 그녀 위에서 몸을 길게 뻗은 채 맴돈다. 아울러 큰 뱀이 용수철처럼 이브의 몸을 휘감고 있다. 그림에서 뱀은 사탄의 몸이다. 왜냐하면 사탄은 천사이고,

그래서 따로 성기가 없기 때문이다. 그레고리가 자신을 여자들을 거느린 악마라고 생각했을까? 무력하기도 하고 전능하기도 한 애매모호한 남성으로 말이다. 그런 처지는 누구라도 힘겨울 것이다.[113)]

1936년 결혼할 때까지 3년 넘게 오간 서신을 보면 그레고리에 대한 마거릿의 사랑이 깊어짐을 알 수 있다. 그러나 두 사람의 관계는 육체적 성애 못지않게 영성 및 공감과도 관계를 맺고 있었다. 둘 다 뉴기니의 그 15분, 곧 '두 번째 염소들의 사건'으로 자신들의 관계가 완성되었다고 생각했다. 마거릿은 참브리 족을 떠나기 전에 이미 루스에게 이렇게 썼다. 서로 소통할 수 없는 사람들에게는 '구체적인 성교'가 어울리겠지만 서로를 이해하는 사람들 사이에서는 성관계가 꼭 필요한 건 아니라고 생각한다고 말이다. "사람들은 욕정을 절박하게 느끼지 않을 때에만 비로소 커다란 환희 속에서 그 부박한 꽃을 잡을 수 있을 거예요."[114)] 이렇듯 마거릿이 리오 포천과 나누었던 강렬한 성관계가 그레고리 베이트슨과의 관계에서는 중요하지 않았다.

마거릿은 그레고리에게 자신이 그와 함께하면서 사적인 관계에서 진정 처음으로 여성적이 되었다고 썼다. 루서 크레스먼한테 그녀는 더 강한 동반자였다. 리오와의 관계에서는 둘이 서로에게 느낀 성적 매력으로 모든 게 혼란스러웠다. 마거릿과 그레고리는 맨 처음 '구역들'을 정의하면서 자신들을 여성적으로, 리오와 스티브를 남성적으로 규정했다. 결국 그녀와 그레고리의 관계는 동성애이고, 그녀와 스티브의 관계는 이성애라고 마거릿은 설명했다. (이 진술은 마거릿이 마그누스 히르슈펠트의 책을 읽었거나 노엘 포터의 얘기를 들었다는 착각을 불러일으킨다.) 그녀의 의도는 북쪽 사람 스티브는 지배적인 성교를 하고, 그레고리와 자신은 모두 수동적이라는 것이었다. 그러나 이제 마거릿은 생각을 달리했다. 북쪽과 남쪽이라는 기질의 차이가 개입하면 진정한 이성애 관계가 작동하지 않는다는 게 그녀의 생각이었던 셈이다. 결국 수동적인 성교를 하는 여성적인 남자라야 비로소 마거릿도 여성이 되어, 진정한 이성애가 가능해졌다. "사랑하는 그레고리, 나는 아주 만족스럽게 당신 팔에 안기고, 당신이 고른 아무 집에서나 안온하게 지내며, 차가운 겨울바람을 막기 위해 쓰는 두건처럼 당신의 이름을 쓰는 내 모습을 그려보고 있어요. 앞에 쓴 내용이 그 이유에 대한 설명으로 그럴싸해 보이나요?"[115]

이 분석은 '능동적' 성교는 남성의 삽입이고, '수동적' 성교도 못지않게 즐겁다는 관념에 기초하고 있는 듯하다. 그러나 마거릿은 나중에 그레고리의 정신분석가에게 자기가 그를 만났을 때 자연스럽게 욕정을 느꼈다고 털어놨다. 그러나 그녀는 여러 해 동안 잠자코 있어야만 했다. 그런 자연스런 욕정이 본인 스스로 내키지 않았던 탓이다. 마거릿은 자신의 치료사에게 남자들한테서 자신을 '소중히 지키는 것'을 능력으로 보며, 자기가 좋지 않다고 봤지만 '남근기까지는 수용적이고, 관대했다'고 고백했다. 그 후로도 그녀는 생식기(genital stage)까지 수용적이었다. 마거릿은 친구인 프로이트주의 정신분석가 에릭 에릭슨에게 말하기를, 그레고리와 결혼했을 때 그의 지성과 인격에 자신이 완전히 혹했고, '그의 성애가 미발달한 상태라도' 기꺼이 '그 대가를 치를 태세였다'고 했다. "나는 11년간 표현하지 않았고, 그게 내가 치른 대가이다. 하지만 충분히 그럴 만한 가치가 있었다고 생각한다."[116]

마거릿은 1933년에 시드니에서 뉴욕으로 돌아왔다. 그러나 그녀는 그 후로 다른 전망을 가졌던 것 같다. 마거릿은 그해에 아이라 S. 와일(Ira S. Wile)의 『미혼 성인의 성생활(The Sex Life of the Unmarried Adult)』에 들어갈 글에서 다시 한 번 열정적으로 사모아의 성애 관습을 거론했다. 그녀는 사모아에서 성교는 사람이라면 누구나 능숙해져야 하는 놀이이자 기술이라고 썼다. 온갖 이성애와 동성애가 허용되며, '갖가지 예술적 변형이 더해진다.' ('예술적 변형이 더해진다'라는 구절은 해블록 엘리스에게서 가져온 것이다.) 사모아인들은 성관계와 일부일처제를 결부하지 않는다고, 마거릿은 계속해서 말했다. "질투, 특별한 헌신, 정서 과잉은 좋지 않은 형태이다." 마거릿은 자신과 그레고리의 관계에 열정적이었고, 자유연애에도 열정적이었던 것 같다. 마거릿은 뉴기니에서 돌아오고 1년이 흐른 1934년 여름부터 조사 내용을 바탕으로 보고서를 쓰기 시작한다. 그 보고서가 바로 『세 부족사회에서의 성과 기질』이다.

12장

해노버 회의에서 발리의 마녀들까지

—『세 부족사회에서의 성과 기질』 2부

마거릿 미드는 1934년 여름에 『세 부족사회에서의 성과 기질』을 쓰기 시작했고, 인간 행동을 소개하고 가르치는 고등학교용 교육과정을 만들기 위해 뉴햄프셔의 해노버 인(Hanover Inn)에서 열린 학제 간 세미나에 참석했다. 그런 종류로는 미드가 참석한 최초의 학회였던 해노버 회의가 그녀에게 끼친 영향은 엄청났다. 미드는 거기서 사회학자인 로버트 린드와 존 달러드를 만났다. 그녀는 로렌스 프랭크와도 친구가 되었다. 로렌스 프랭크는 해노버 대회의 주최자였고, 록펠러 재단의 재정 관리인이기도 했다. 프랭크 자신이 학자였고, 존 듀이의 사상을 따르는 개혁가였으며, 프로이트주의와 사회학으로 유년기를 분석하는 작업에 관심을 갖고 있었다. 그는 학제 간 연구에 종교적이라 할 만한 열의가 있었고, 탁월한 수완을 발휘해 학자들을 끌어모았으며, 학회에서 이루어지는 교류를 아주 좋아했다. 프랭크는 록펠러 재단의 기금으로 아동 연구소들을 세웠다. 그는 문화와 인성 학파라고 불리게 되는 다양한 프로젝트들에 자금을 지원해, 정신과 의사들과 인류학자들을 규합했다. 이 프로젝트들은 자신의 문화를 연구하는 외국 학자들로 구성된 예일

대학교의 사피어 세미나와도 비슷하다. 미드에 따르면 프랭크는 행동과학 분야를 '거의 혼자' 통합했다.[1]

프랭크가 미드를 자신의 핵심 세력 안으로 끌어들였다. 그는 대회 조직과 학제 간 연구에서 미드의 좋은 선배가 되어 주었다. 미드는 행동을 기획한다는 측면에서 프랭크가 줄리언 가디와 유사하다고 생각했다. 줄리언 가디는 고등학교 때 미드의 친구이다. 에릭 에릭슨은 프랭크가 자신이 만나본 사람 가운데서 가장 모성적인 남자라고 생각했다. 그러나 미드는 그를 '터크'라고 했다.[2] 프랭크가 사람들을 끌어모아 놀라운 일을 해낼 수 있도록 고무한 뛰어난 행정가였다는 것이다.

해노버 대회와 관련해 내가 특별히 주목하는 것은 대회 제출용으로 준비된 동성애 자료철이다. 이 자료철은 유명한 성 연구가 루러 빔(Lura Beam)이 준비했다. 자료철에는 책과 논문, 소설에서 발췌한 내용이 들어 있다. 알프레트 아들러의 유명한 미국인 추종자 W. 베란 울프(W. Béran Wolfe)와 프로이트의 초기 협력자 가운데 한 명인 빌헬름 슈테켈(Wilhelm Stekel)이 거기에서 인용된다. 자료철에는 프루스트의 『잃어버린 시간을 찾아서』와 미드를 공격하는 사피어의 논설들에서 발췌한 내용도 나온다(빔은 사피어의 논설이 미드를 겨냥한 것임을 몰랐음이 틀림없다).[3] 동성애는 신경증과 범죄의 '경계'에 존재한다는 울프의 진술에서부터 '동성애가 자연스럽다'는 걸 공격한 사피어의 언술, 채찍질당하는 것은 물론 젊은 남자와 성교하는 것을 좋아하는 나이 든 귀족을 묘사한 프루스트에 이르기까지 발췌문들은 대개가 동성애를 혐오하는 내용이다. 슈테켈이 가장 극단적이다. 그는 『양성적 사랑(Bi-sexual Love)』에서 프로이트를 좇아, 모두가 양성애자로 태어나며 자아의 동성애적 측면이 이성애로 이행한 후에도 여전히 잠재해 있다고 주장했다. 프로이트는 이런 상황에 전혀 구애받지 않았지만 슈테켈은 그 조건 때문에 개인과 사회 모두가 큰 해를 입을 수 있으며 동성애를 제거해야 한다고 생각했다.

미드가 쓴 편지들은 이 자료철을 언급하지 않는다. 물론 『세 부족사회에서의 성과 기질』에서 그녀가 성적 성향을 대하는 태도가 그 자료철의 내용을 암묵적으로 비판하기는 하지만 말이다. 미드가 그레고리 베이트슨에게 써 보낸 편지 한 통에서 생물학자들의 성별 연구 내용을 요약한 자료철의 한 문서를 언급하고 있기는 하다. 컬럼비아 대학교 의과대학의 내분비학자인 얼 엥글(Earl Engle)이 쓴 그 문서는 성별과 관련된 최신 호르몬 연구 내용을 검토한다. 다음의 '유명한' 결론들이 거기 나왔다. 남성들도 여성 호르몬을 분비하고 여성들도 남성 호르몬을 분비하며, 가장 남성적이라고 알려진 종마의 오줌에 새끼를 밴 암컷의 오줌보다 여성 호르몬이 더 많이 들어 있다는 내용은 가히 충격적이었다. 이 결론들은 남성은 남성 호르몬만, 여성은 여성 호르몬만 가진다는 믿음과 충돌했다. 문서는 체격 및 체질을 정신장애 및 질병 같은 변수들과 연관시키는 체질 유형 이론가들의 연구 내용도 요약한다. 그 내용은 미드가 「인성과 문화 문제의 요약적 서술」에서 체질 유형에 대해 한 진술과도 상관이 있었다. 유전자와 호르몬의 기능이 명확하게 밝혀지지 않았음에도 불구하고 키나 체격 같은 신체의 특징이 어느 정도는 그것들이 발현된 결과라는 게 분명했기 때문에 이런 이론들이 인기를 끌었다. 유전이 성격에 미치는 영향을 파악하는 방법의 일환으로 그런 특징들이 활용되었던 셈이다.

미드는 해노버 대회 기간에 『세 부족사회에서의 성과 기질』을 쓰기 시작해 그해 겨울에 저술을 완료했다. 미드는 12월에 그레고리 베이트슨에게 써 보낸 편지에서 자신이 얼 엥글과 나눈 대화 내용을 소개했다. 엥글이 성별과 관련해 훨씬 더 급진적인 결론들을 제시했다는 것이었다. 엥글은 염색체, 분비샘, 발생학적 발달이 다각적으로 인간의 성별을 결정하기 때문에 무엇이 남자이고, 무엇이 여자인지를 생물학자들도 더 이상은 자세하게 말할 수 없다고 판정했다.[4] 엥글의 진술은 미드와 그레고리 베이트슨과 리오 포천이 세픽 강에서 '남성성'과 '여성성'의 상대적 성격에 관해 내린 결론들을 보강해주었다. 미드는『세 부족사회에서의 성과 기질』에서 그 결론들을 핵심 주제로 다루었으나 엥글이 제시한 새로운 정보를 책에 집어넣지 않았다. 즉, 호르몬 연구 결과 따위를 전혀 포함하지 않은 것이다.

미드는 리오 포천의 조언 없이『세 부족사회에서의 성과 기질』을 쓰는 게 꺼림칙했다. 그녀는 아라페시 족을 연구한 내용에 자신이 있었지만 리오가 연구 결과가 틀렸다고 할까 봐 걱정했다. 그들의 견해 차이는 두 명의 연구자가 같은 사회를 연구하고도 상이한 결론에 도달한 고전적인 사례가 될 수도 있었다. 그러나 미드는 문두구모르 족과 참브리 사회에 대해 포천의 도움이 필요했다. 그녀가 문두구모르 사회에서 4개월, 참브리 사회에서 3개월밖에 보내지 않았기 때문이다. 결국 미드는 책의 상당 부분을 8개월 동안 연구한 아라페시 족에 할애했고, 참브리 족과 문두구모르 족은 간략하게만 취급한다. 그녀는 책에 실린 감사의 글에서 리오가 그 두 사회의 민족지적 연구를 담당했다고 설명하면서 자신의 간략한 개설을 합리화했다. 그러나 미드는 리오 포천이 두 사회를 연구한 내용을 자신에게 나누어주지 않았음을 밝히지 않았다.[5] 그녀는 아라페시 족을 폭력적이라고 묘사한 리오의 글에 자극 받아 그 부족을 다룬 장의 보론을 쓰기도 했는데, 그 내용은 아라페시 사회가 모성적이고 협력적이라는 기존의 결론을 훼손하는 것처럼 비치기도 한다. 그러나 사모아에 관한 저술은 물론이고 뉴기니의 다른 사회들에서도 미드의 연구 방법은 일관되게 유지됐다. 그녀는 형태주의 접근법에 따라 문화에 존재하는 다수의 특징에 주목했고, 그 가운데서 지배적인 요소를 가려냈다.

리오의 조언을 받을 수 없었던 마거릿은 그레고리에게 기댔다. 이아트물 족과 참브리 사회를 그가 그녀보다 더 잘 알았기 때문이다. 그레고리의 지식이 보태지면서 『세 부족사회에서의 성과 기질』은 크게 개선되었다. 마거릿은 그레고리에게 이렇게 썼다. "구역 이론이 성과가 아니라면 꽤나 슬플 거예요. 참브리 족 속에서 한 게 거의 없으니까요."[6] 그러나 이런 자기비판은 너무 심한 것이다. 마거릿은 자신이 구축한 표준적인 조사 방법을 실행했고, 의식들을 관찰했으며, 현지 조사 내용을 기록했다. 마거릿이 『세 부족사회에서의 성과 기질』 감사의 글에서 언급한 존 달러드는 아마도 책에 나오는 프로이트주의와 관련해서 도움을 주었을 것이다.

우선 먼저 얘기할 것은 『세 부족사회에서의 성과 기질』이 베네딕트의 『문화의 패턴』을 은근히 비판한다는 것이다. 물론 미드의 책이 베네딕트의 저작을 아주 짧게, 그리고 긍정적으로 언급하기는 하지만. 베네딕트는 개인의 정체성에 유전이 미치는 영향을 묵살했고, 평원 인디언들의 베르다슈를 이상화했다. 그녀는 문화가 '일탈적'일 수 있고, 한 사회의 '일탈자들'이 다른 사회에서는 정상일 수 있다고 주장하면서도 정작 자신이 제창한 일탈 개념을 분석하지는 않았다. 베네딕트는 주니 족을 제외할 경우 전(前)국가 상태(prestate)인 세 사회의 성별을 전혀 분석하지 않았다. 물론 그녀의 '비정상' 개념 비판이 일탈 및 성별과 관련된 기존의 온갖 범주들을 공격하는 쪽으로 방향이 맞춰지기는 했지만 말이다. 미드의 『세 부족사회에서의 성과 기질』은 이 영역에서 베네딕트의 결론들을 확장했다.[7] 성별(젠더)과 관련해서 미드는 조지프 분이

1920년대와 1930년대에 존재했다고 파악한 '퀴어 모더니즘'의 언저리에 머물렀다. 요컨대 그녀는 여전히 '남성'과 '여성'에 몰두했고, 성별 개념을 내다버리는 무리수를 두지 않았다.

미드의 『세 부족사회에서의 성과 기질』을 바르게 파악하기는 쉽지 않다. 우선, 그녀가 이 책에서 '젠더'라는 단어를 사용하지 않았고 『남성과 여성』(1949)에서도 그 단어를 사용하지 않았다. 젠더라는 용어는 1940년대 말까지도 오늘날의 의미를 획득하지 못하고 있었다. 1970년대에 활약한 페미니스트들이 생물학적 조건인 성별 곧 섹스(sex)와, 1950년대에 성 전환자들을 진료한 임상의들에게서 가져온 문화 구성물인 성별 곧 젠더(gender)를 구별하면서야 비로소 그런 일이 일어났다. 1950년대의 임상의들은 성 전환 아동들에게 성별(gender)을 부여하면서 이 구분과 '젠더'라는 용어를 도입했다. 미드는 1931년 뉴기니로 가는 도중에 시드니에서 '성별 의식'(gender consciousness)이란 말을 사용하는 '여자 기자'를 만났다.[8] 미드는 그 용어가 흥미로웠다. 이 술어가 자신이 뉴기니에서 하려고 하는 작업을 기술하는 데서 효과적인 수단으로 활용될 수 있을 것 같았기 때문이다. 미드는 여자들의 성 역할뿐만 아니라 남자들의 성 역할에도 관심을 집중했다. 그녀는 '젠더' 대신에 '섹스'라는 말을 썼다. 이는 자아의 사회적 구성 개념과 생물학적 구성 개념 둘 다를 아우르려 했기 때문이다. 오늘날 우리가 성적 자아와 구별되는 사회적 자아를 얘기하기 위해 '젠더'라는 단어를 사용하는 곳에서 미드는 '성 역할'(sex role)이나 '성적 인격'(sex personality)이란 용어들을 사용했다. '젠더'보다 덜 정확한 이 용어들은 생물학에 기초하고 있었다.[9]

미드의 책 제목에 들어 있는 '성'(sex)과 '기질'(temperament)이라는 단어는 본문의 내용을 파악하는 데 아주 중요하다. 그녀는 참브리 사회에 있을 때 쓴 「인성과 문화 문제의 요약적 서술」에서와 달리 제목에 '인성'이란 단어를 쓰지 않았다. '기질'(temperament)은 고대 그리스어까지 거슬러 올라갈 정도로 오래된 용어로, 체온을 의미하는 '템퍼러처'(temperature)와 관계가 있고, 인간의 성향이 지수화풍(地水火風)에 대응하는 뜨겁고 차갑고 습하고 건조한 네 가지 체액에 의해 결정된다는 믿음과도 연계된다. 심리학자 에이브러햄 로백(Abraham Roback)은 1930년대에 '인성'(personality), '기질'(temperament), '성격'(character)이 너무 많은 의미를 갖게 돼 서로를 구분하는 게 쉽지 않아졌다고 말했다.[10] 미드는 나중에 자기가 말한 '기질'이 '개인이 타고난 자질'이자 '유전적 체질'을 의미한다고 확인해주었다.[11]

미드는 『세 부족사회에서의 성과 기질』을 쓰면서 루스 베네딕트와 그레고리 베이트슨을 만족시켜야 했다. 두 사람이 가장 주된 비평가들이었기 때문이다. 미드는 리오 포천의 반응도 염두에 두지 않을 수 없었다. 그녀는 '구역' 이론을 명시적으로 사용할 수 없었다. 뉴욕에 돌아와서 생각해보니 '페이'와 '터크', '북쪽 사람'과 '남쪽 사람'이 나오는 구역 이론이 이상할 뿐만 아니라 인종주의적으로 보일 것 같았기 때문이다. 미드가 참브리 사회에 들어간 첫 번째 달인 1933년 1월에 히틀러가 독일 총리가 되었다. 의회한테서 독재 권력을 부여받은 히틀러는 언론의 자유를 정지시켰다. 그해 봄에 그는 자기 당에서 좌파 세력을 전부 제거했다. 미드는 그들이 참브리 사회에 머물 때 히틀러의 권력 장악 소식을 알았더라면 기질 이론을 결코 추구하지 않았을 거라고 썼다. 그러나 그들은 외부 세계와 격리되어 있었다. 세 사람이 접한 유일한 히틀러 정보는 그들에게 파견된 도로시 톰슨(Dorothy Thompson) 기자의 기사 한 편뿐이었다. 톰슨은 히틀러를 하찮은 존재라며 일축했지만[12] 미드는 뉴욕에 도착하자마자 히틀러가 얼마나 위험한 인물인지 깨달았다. 그는 '유럽 인종 우월주의'(Nordic supremacy)라는 교리를 설파했다. 북쪽 기후대라는 말에서 가져온 히틀러의 유럽 인종(Nordic)은 미드의 북쪽 사람들과 혼동될 여지가 있었다. '구역' 이론을 책에서 빼는 게 상책이었다.

미드는 베네딕트의 형태주의 접근법을 사용해 사람들은 주로 문화에 의해 형성된다고 주장함으로써 그녀와 한 약속을 지켰다. 물론 미드가 사람의 기질을 최우선 순위에 둠으로써 베네딕트의 '인성의 아크'를 달리 표현하기는 했지만. 그러나 미드는 책 제목에서까지 '기질'이란 말을 써놓고도 성격을 형성하는 생물학적 영향 요소로 출생 순서와 쌍둥이, 대망막(태아가 종종 머리에 쓰고 나오는 양막의 일부)을 뒤집어쓰고 태어나는 정도만을 얘기했다. 체질 유형도 넌지시 말하기는 했다. 미드는 참브리 사회에 있을 때 남성성과 여성성이 사회적으로 구축됨을 증명하기 위해 세 사람이 사용한 추론 가운데 두 가지를 빼먹었다. '구역' 이론과, 비과학적이라고 배격할 수도 있겠지만 그들 자신의 성격에서 뽑아낸 논거가 그 두 가지이다. 미드는 호르몬 연구 내용을 정리한 얼 엥글의 문서도, 그와의 대화도 소개하지 않았다. 도입부의 감사의 글에서 그의 조언에 감사를 표하기는 했지만 미드가 쓴 본문에는 그가 한 조언 내용이 분명한 형태로 제시되지 않는다.

오히려 미드는 기질을 논하면서 베네딕트의 문화 결정론을 지지하는 것으로 시작한다. 생물학자들은 기질이 '기초대사'나 '내분비샘'을 통해 드러난다는 걸 입증하지 못했다는 게 베네딕트의 결론이었다.[13] 미드는 이렇게 썼다. "우리는 인간 본성이 믿을 수 없을 정도로 잘 변한다고 결론짓게 되었다." 그러고 나서 그녀는 한발 뒤로 물러선다. "인간 본성이 완전히 동질적이라면 …… 일탈자들이 그렇게 많이 나오지는 않을 것이다." 미드는 베네딕트의 생각을 수용해 이렇게 말한다. "사람들 사이에서 전적으로 유전적인 것은 아니라 할지라도 적어도 출생 직후 유전에서 그 원인을 찾을 수 있는 상이한 기질들이 분명하게 존재한다고 가정해보자."[14] 그녀가 무슨 의도로 '출생 직후 유전에서 그 원인을 찾을 수 있는 상이한 기질들'이라고 말했는지는 분명하지 않다. 하버드의 심리학자 고든 올포트의 이론을 언급할 것일지도 모르겠다. 올포트는 '개인 특유의 활동이 환경과 만나 작용하고 반작용을 받은' 다음에야 비로소 신생아의 성격이 발현된다는 이론을 개진했다.[15]

미드는 미학적 주장을 통해 베네딕트가 개인적 충동의 차원에서 얘기한 '인성의 아크'를 수정했다. "그것은 마치 우리가 아라페시 족의 인성을 연한 노랑으로, 문두구모르 족의 인성을 짙은 빨강으로, 참브리 족 여성의 인성을 짙은 오렌지색으로, 참브리 족 남성의 인성을 연초록으로 규정한 것과 같다."라고 했다. 그러나 더 자세히 살펴보면 무지개의 스펙트럼과 마찬가지로 우리는 '각각의 경우에서 전체 스펙트럼의 정교하지만 충분히 식별할 수 있는 윤곽'을 보게 된다. 그 스펙트럼은 사람들의 다양한 기질이 보여주는 범위이다. 모든 문화는 이 범위를 바탕으로 지배적 인성 유형을 선택하고, 성장 과정에 있는 구성원들에게 그 유형을 강요한다.[16] 미드는 '무지개'와 '색깔'이 인간 생물학과 어떤 관계를 맺는지 분명히 밝히지 않았다.

미드가 『세 부족사회에서의 성과 기질』에서 활용한 생물학 지식은 이해하기 어렵고, 동성애에 접근한 태도 역시 마찬가지이다. 먼저, 미드가 연구한 사회들에 동성애가 전혀 없다는 결론은 과장된 것 같다. 참브리 족, 이아트물 족의 네이븐 의식과 그들이 항문 성교를 두고 빈번하게 주고받는 말장난에서 확인할 수 있는 성별 횡단 행동을 떠올리면 특히 더 그렇다. 미드는 나중에 작은 부족 집단에서 동성애가 없는 상황은 조심스럽게 살펴봐야 한다고 말했다. "그런 역할을 하는 사람이 한 명도 없는 상황이라면 문화가 빠르게 사라질지도 모른다." 물론 동성애에 관한 지식이 언어와 의식에 계속 존재할 수는 있겠지만 말이다. 미드는 식민 세력에 정복당한 사회들이 동성애 행동과 정체성을 금지하거나 은폐한 것일지도 모른다고까지 말했다. 서양 사람들이 동성애를 승인하지 않을 것으로 보았기 때문이라는 것이다.[17] 그러나 미드는 『세 부족사회에서의 성과 기질』에서 동성애가 존재하지 않는 사회들을 칭찬했다. 마치 그녀가 동성애를 강력하게 거부하는 것 같다. 미드는 동성애자를 단 한 명도 보지 못한 아라페시 족을 '심리적 성 부적응자'가 한 명도 없는 사회라고 썼다. 그녀가 말한 '심리적 성 부적응자'는 동성애자를 가리킨다.

그러나 생물학을 바라보는 태도만큼이나 동성애를 향한 미드의 태도 역시 단순하지 않았다. 그녀가 모든 동성애자를 다 싫어하지는 않았다. 그녀는 행동이 공격적인 능동적 남성 동성애자만 싫어했다. 미드는 지배적 성향을 드러내는 이성애자 남성도 싫어했다. 그녀는 아버지와 에드워드 사피어 및 리오 포천을 경험한 후 공격적인 남자들을 좋아하지 않게 됐다. 미드는 온화하고 수동적으로 행동하며, 남자들이 '그저 자동적으로 성적이지'는 않다고 믿는 아라페시 족 남성들을 칭찬했다.

평원 인디언들의 남자-여자를 논의하는 걸 봐도 미드가 공격적인 남자들을 싫어했음을 분명하게 알 수 있다. 미드는 이런 사람들이 찬양을 받는다는 베네딕트의 결론에 반대했다. 미드는 그들이 사회가 요구하는 공격적 남성성에 따라 옷을 입고 행동하지 않기 때문에 조롱과 경멸의 대상이라고 주장했다. 미드는 이상적인 전사라는 그런 남성성이 '광적으로' 고집되는 바람에 온화한 남성들이 차라리 베르다슈가 되어버린다고 강조했다.[18] 미드는 1930년에 베르다슈가 되어가던 중인 오마하 족 청년을 두고, 이제 그가 선천적인 도착자, 어쩌면 성 전환자일 것이라고 주장했다. 오마하 족 여자들이 그들의 사회가 온전했던 미국 정복 이전 시기에 베르다슈 제도가 어떤 기능을 했는지 잊지 않고 있었기 때문에 문제의 청년에게 그 역할을 맡도록 지시했다는 것이다.[19)]

미드는 평원 인디언들의 남성적 공격성을 좋아하지 않았다. 그녀는 문두구모르 족의 남성적 공격성도 싫어했다. 참브리 사회에서 관찰한 청년 남성들도 마찬가지였다. 미드는 그들을 "폭력적이고, 소유욕이 강하며, 능동적으로 성욕을 분출해 일체의 통제를 견디지 못한다."라고 서술했다. 그녀는 그들을 '남성적 정력가'로 불렀고, 베네딕트의 구분을 차용해 참브리 사회에서 가장 중요한 일탈자들로 규정했다. 미드는 군림하려 드는 남성들을 좋아하지 않았다. 그녀는 1939년 발리에서 법정 조언자 자격으로 발터 슈피스를 변호한 적요서에서 이렇게 말했다. "능동적인 남성 동성애자는 많은 경우 이성애자로 출발한다. 그러나 그들의 권력 욕구는 너무나 강해서 여자를 지배하는 것으로는 더 이상 만족하지 못하기 때문에 소년들과 수동적인 남성들을 찾는다. 다른 한편으로 수동적인 남성 동성애자들이 그런 것은 스스로 어머니와 일체감을 느끼거나, 남성들끼리의 동성애 행위가 일반적인 단일 성별 관행 속에서 대부분의 시간을 보내기 때문이다."

미드는 슈피스 적요서에서 이렇게 쓰고 있다. "남성들이 공격성을 지나치게 표출하는 사회는 존재할 수 없다." 슈피스에 대한 짧은 추도문에서는 이렇게 적기도 했다. 그가 발리의 젊은이들과 '계속해서 가볍게 연애한 것'은 '지배와 복종, 권위와 의존'을 거부하는 행위의 일환이었다. "그는 그런 것들을 유럽의 문화와 결부했다."[20)] 미드는 히틀러가 선보이고 나치 체제 전체가 주입받은 강렬한 남성성을 언급하지 않았다. 그녀가 그 사태는 물론이고 히틀러 수하의 남성 엘리트들이 동성애를 한다는 소문까지 잘 알고 있었을 가능성이 많기는 하지만 말이다.[21)]

미드는 참브리의 '남성적 정력가'들을 서술하면서 그들이 '능동적으로 성욕을 분출한다'고 말했다. 그녀는 문두구모르 족의 경우 '분명하게 성욕을 분출한다'고 서술했다.[22] 미드는 「인성과 문화 문제의 요약적 서술」에서 '능동적으로 성욕을 분출하는' 남성은 주로 정상 체위를 고집하는 사람들이라고 말했다. 그러나 『세 부족사회에서의 성과 기질』을 보면 그런 종류의 성교를 바라보는 미드의 태도가 부정적으로 바뀌어 있다. 그녀는 그런 종류의 성교를 공격적이라고 간주했다. 아라페시 족 여자들이 미드에게 자기들은 오르가즘을 느끼지 못한다고 실토했을 때도 그녀는 깜짝 놀라는 듯하지만 그녀들을 비판하지도 동정하지도 않는다. 오히려 미드의 이론은 이런 것이었다. 아라페시 족은 키스를 성교 행위의 하나로 활용하기 때문에 비록 구강 성교가 금기시되고는 있지만 성기가 완벽하게 발달했다.[23] (그녀는 부족 문화들에서 흔히 키스 행태를 볼 수 없다고 말했지만 이런 모순된 상황을 받아들이지 않았다.) 그러나 미드는 그들이 성교에서 얻는다고 하는 따뜻한 만족감을 좋아했고, 아라페시 남자들의 온화한 성행위를 강조했다. 그녀는 아라페시 족의 문화에는 남자들은 '자연발생적으로 성적'이라는 서구인들의 믿음 같은 건 해당하지 않는다고 말했다.[24]

베네딕트는 『문화의 패턴』에서 동성애자들의 온갖 일탈 행위는 사회가 그들을 다루는 방식 때문이라고 주장했다. 미드는 사회 통제 관점에 반대하지 않았지만 동성애를 은연중에 정체성으로 인정한 베네딕트에게 이의를 제기했다. 요컨대 미드는 '동성애자'와 '도착자'를 서로 간에 바꿀 수 있는 술어로 채택했다. 미드는 사회적 조건화가 위력을 발휘하기 때문에 어느 사회를 보더라도 '비정상'이 많지는 않다는 베네딕트의 신념에도 도전했다. 미드는 '잠재적 동성애'가 미국 사회의 주요 문제라는 빌헬름 슈테켈의 주장을 거꾸로 뒤집어 은근히 반박했다.

그녀는 '잠재적 동성애'가 문제가 아니라 사회가 사람들에게 자신의 동성애자적 측면을 억제하도록 강요하기 때문에 고통받는 개인들이 문제라고 주장했다. 미드는 미국 사회의 거의 모든 사람이 양성애자에, 아주 신경증적이며, 일탈자라고 규정했다. 그녀는 이렇듯 거의 스위프트적이라 할 만한 방식으로 사태를 역전시키는데, 우리는 이 대목에서 베네딕트를 떠올리게 된다.[25)]

미드에 따르면 미국의 모든 국민은 유년기에 정형화된 성 역할로 가혹하게 사회화된다. '앉아서 쉬는 법, 스포츠맨 정신과 정정당당한 행동이라는 관념, 정서 표현 방식, 다른 수많은 요소들'이 어린이들에게 부과되었고, 그들은 스스로 남성적이거나 여성적인 정체성을 확보하거나, 아니면 미쳐가야 했다. "성별에 따르라는 말을 들을 때마다, 속치마보다 바지를 더 좋아해야 하는 이유로 성별을 들먹일 때마다 아이의 마음에는 자기가 자신의 성별에 속하지 않을지도 모른다는 두려움이 자리 잡는다."[26)]

성인들은 어떤가? 동성애가 위험한 도착이라고 규정되면서 사람들은 자신의 동성애자적 측면을 충족하지 못하게 됐고, 그런 행동에 나선 일부는 완전한 동성애자가 되지 않을 수 없었다. '남자다운' 여자는 사회가 그녀의 약간 남성적인 행동을 부적절한 것으로 규정하지 않으면 '성별 횡단 선을 넘지' 않기로 마음먹을 수도 있다. 그런 처지에 놓인 여자들이 많은 경우 비극적이게도 자신들은 출산이 어울리지 않는다고 생각했다. 미드는 군림하려 들도록 양육된 남자들은 단일 성별이 모인 집단에서 성교 상대로 흔히 순종적인 남자를 선택했다고 생각했다. 그 결과 그들은 자신의 남성성을 더욱더 근심하고 염려하게 됐다. 진정한 남자라면 여자들만 원해야 했기 때문이다. 그들은 지배적인 성향의 여자들과 맞닥뜨리면 자신의 남성성을 회의하기도 했을 것이다. 실제로 남성의 지배적 역할에 가장 가깝게 순응한 남자들이 '여자의 일탈을 가장 못 미더워했고, 또 적대적'이었다. 규범을 따르지 않는 사람들은 규범을 따르는 사람들을 혼란스럽게 했다. 모두 자신의 성별과 성 정체성을 마음속으로 '조금이나마 의심하고 걱정한다.'

남성성과 여성성을 엄격하게 구분하면서 오이디푸스 콤플렉스도 생겼다. 성 역할을 구분하지 않으면 아이들은 부모를 서로 다른 존재로 보지 않을 것이고, 그중의 어느 하나와 자신을 동일시하지도 않을 것이다. 그들은 동일 성의 부모와 일체감을 느끼면서 동성애에 집착하지도 않을 것이다.[27)]

그러나 미드의 문화 기획 속에서 동성애자는 이성애자보다 더 부적응한 존재이다. 동성애자들이 아이를 낳고자 하는 욕망을 포기한 것이 문제라고 보았던 것이다. 당시에는 입양을 할 수 있었고, 루스 베네딕트와 나탈리 레이먼드가 그 방안을 고려하기도 했다는 사실은 전혀 중요하지 않았다. 생물학적 재생산은 미드에게 아주 중요한 문제였다. 인성의 구성물로 '남성성'과 '여성성'을 전혀 구별하지 않으면서도 번식하는 존재로서 남자와 여자 가운데 어느 하나가 되는 아라페시 족과 같은 사회에서는 '심리적 성' 부적응자가 다른 곳보다 훨씬 더 적었다. '어린이의 보편적 지위라는 한 가지 근본적인 측면이 분명한 사실로 남아 있기' 때문에 가능했다. '어린이는 진짜로 자신의 성별에 소속되어 있는 것이다.' 역효과를 낳는 남성성과 여성성 구분은 사라졌고, 번식을 담당하는 구성원 자격은 안전하게 유지되었다. 아이들은 '계속해서 어른들의 짝짓기 행동을 지켜보면서, 그에 기초해 자신의 희망과 기대를 형성해나갈 수 있다.' 미드는 『남성과 여성』에서 이렇게 썼다. "여자는 아이를 낳아야 성별 구성원 자격이 완벽하게 보장된다."[28)]

20세기 초 이래로 생물학자들은 성적 재생산을 생물 세계에서 가장 중요한 사건으로 보았다.[29] 미드는 그레고리 베이트슨 및 얼 엥글과 어울렸고, 아이를 낳고 싶다는 욕구와 더불어 그 믿음을 『세 부족사회에서의 성과 기질』 결론 부분에서 피력했다. 그녀는 리오 포천과 결혼할 당시만 해도 자신이 아이를 낳을 수 없다는 사실을 별로 걱정하지 않았다. 미드가 쓰는 책이 그녀의 자식들이었다. 시간이 지나면서 미드의 태도가 바뀌었다. 그녀는 여러 해에 걸쳐 원주민 여자들의 출산을 도왔고, 그녀들의 고통과 기쁨을 지켜봤다. 그녀들은 미드를 혈족으로 받아들였고, 미드는 그들의 자식을 연구하면서 동질감을 느꼈다. 미드는 인간과 자연의 합일 및 번식과 출산이 삶의 기본이라고 생각했고, 그들은 미드의 이런 생각을 확인해주었다. 미드는 문두구모르 족의 반(反)모성적 태도를 혐오했고, 이런 자세는 그녀가 남성과 여성에 대해 결론을 내리는 데서도 결정적인 계기로 작용했다. 아라페시 족이 그들의 자녀에게 보였던 강렬한 감정도 거기에 가세했다.

그러나 미드는 남자와 여자가 번식 정체성을 망각하면 '심리적 성' 안정감을 잃게 된다고 쓰면서 내면적으로 느끼던 동성애 충동에 대한 두려움을 넌지시 말했다. 미드는 베네딕트가 '새로운 조국'을 찾고 있지만 자기는 그곳 '주민'(denizen)이 아니라고 부인하면서 그녀와 의견을 달리했다. 미드는 『세 부족사회에서의 성과 기질』에서 시민(citizenship)이란 비유를 동원해 번식 집단의 일부라는 소속감을 얘기한다. 그녀는 남성이나 여성이 되는 게 '양도할 수 없는 권리'라고 말했다. 미드는 스스로를 남자라고 얘기하는 여자들이 '성별의 권리를 박탈'하는 것이라고 비판했다. 그녀는 1935년 《포럼(Forum)》에 발표한 글에서 이렇게 썼다. "온전하게 성별 구성원이 되지 못하는 사람은 조국이 없는 사람보다 더 불행하다."[30]

미드는 성별 역할에서 남성/여성 구분이 없는 아라페시 같은 사회들에서는 '동성애자'도 전혀 없다고 주장했다. 그녀가 동성애 행동이 없다고 말한 것은 아니었다. 그녀의 의도는 동성애가 정체성으로서 존재하지 않는다는 것이었다. 미드는 『사모아의 청소년』에서부터 계속해서 '동성애' 행동을 칭찬했다. 그녀가 싫어한 것은 동성애자든 이성애자든 능동성/수동성 여부였다. 미드는 양성애가 가장 건전한 형태의 성 정체성이라는 자신의 신념을 공개적으로 표명할 수 없었다. 그녀는 『세 부족사회에서의 성과 기질』에서 그 가능성을 넌지시 말했을 뿐이다. 미드는 1961년경에 자기는 '동성애'라는 말이 항상 내키지 않았다고 말했다. 그 말의 의미가 행동과 정체성을 헷갈리게 하기 때문이라는 것이었다.[31] 그렇다고 그녀가 대안적인 용어를 제시한 것은 아니었다.

미드는 문화적 성별은 다면적이고, 성애는 광범위한 욕구라고 제안하면서 '퀴어 모더니스트'에 한발 더 가까이 다가섰지만 곧 뒷걸음질친다. 미드는 결혼을 믿었고 아이를 낳고 싶어 했다. 어떤 면에서 보면 미드는 자신과 그레고리 베이트슨의 '동성애'(곧, '남성성')에 적대적이었다. 그녀는 노엘 포터와 하프 문에, 케임브리지 대학교의 남성 '페이' 문화에 베이트슨을 뺏기고 싶지 않았다. 미드는 여전히 자신을 여성적이라고 생각했다. 그런 자아 정체성이 그녀에게 문제를 야기했다. 미드는 문화가 남자와 여자의 '성 역할'을 결정한다고 믿었던 것이다. 개별 문화에 따라 다양한 젠더가 존재할 수 있다는 결론이 미드의 자아 정체성과 충돌했다. 그녀는 자신의 젠더 규정에서 '여성성'과 '남성성'을 빼버렸다. 그러나 『세 부족사회에서의 성과 기질』 끝부분에 가면 긍정적인 것으로서 두 개념이 다시 도입된다. 책의 마지막 부분에서 미드는 '필수적 여성성'과 '필수적 남성성'을 긍정적으로 언급한다. 그녀는 자신이 여성스럽게 옷 입는 것을 좋아한다고 얘기하면서 이렇게 썼다. "두 성별 구성원들이 다르게 옷을 입을 때 축제가 더 즐겁고, 더 멋있어지는 것은 맞지만 사실 그건 별로 중요한 사안이 아니다."[32]

미드는 남자는 강인하고 남성적이어야 한다는 문화적 명령을 완전히 폐기하는 것도 불가능하다고 보았다. 이를테면, 그녀는 온화한 아라페시 남성들을 좋아한 것만큼이나 그 문화가 남성의 역할을 지나치게 모성적으로 구축했다며 비판했다. 요컨대 미드는 남성성의 일부 '단호한' 요소들이 사회를 진보시키는 데 필수적이라고 주장했다. 그녀는 아라페시 족과 관련해 추가로 이렇게 경고했다. "수용적 태도의 가치를 너무 높이 평가하는 자세는 성인 남성의 역할과 양립할 수 없다. 그런 자세는 도착으로 나아갈 수도 있다."[33] 이는 남자와 여자가 너무 비슷하게 규정되면, 또 문화가 성 행동을 지나치게 '수용적 태도'에 따라 규정하면서 남근적 주도권이나 오르가즘의 차원을 외면하면 남자들이 자신들의 여성적 측면에 주목해 동성애자가 될지도 모른다는 얘기이다.

미드는 존 듀이의 철학을 바탕으로 단호하게 주장했다. "성별에 따라 인성을 구분하지 않으면 복잡한 특성들도 사라져버리고 말 것이다." 결국 그녀는 민족이 다양하고, 지역이 광범위해서 미국 사회가 활력을 유지할 수 있다고 믿었던 셈이다. 미드는 논의의 온갖 측면을 합쳐서 연계망을 만들어내는 성향을 바탕으로 그 다양성의 원리를 성 정체성으로까지 확대했다. 성별 구분이 없는 사회에서는 '심리적 성 역할'에 따른 부적응자들이 없을 거라고 미드는 말했다. 그러나 이와 함께 '하나 이상의 가치가 존재한다는 생각'도 사라져버릴 터였다. 개혁을 지지하는 미드의 정치학은 단순함보다는 복잡함이 더 가치 있다는 생각에 기대고 있었다. 그녀는 미국처럼 수많은 단체와 민족 집단이 참여해서 운영되는 민주주의 사회가 미래의 희망이라고 생각했다.[34] 이 복잡성의 원리가 성적 성향으로 확장되었다. 다양한 섹슈얼리티가 가동되어야 사회가 최선의 상태로 작동한다고 보는 셈이다. 결국 미드는 베네딕트의 레즈비언 성향을 인정하게 된다. 그녀가 새로운 조국의 주민으로 사는 것에 공감한 것이다.

『세 부족사회에서의 성과 기질』에서 미드는 베르다슈 및 동성애의 본질과 관련해 베네딕트와 의견을 달리했다. 결론 부분에서는 남자들이 미국 사회에서 차지하는 지위와 관련해서도 베네딕트와 다른 의견을 내놓았다. 미드는 공격적인 남자들을 싫어했지만 참브리 족을 분석하면서 그들의 행동이 불안에서 유래한 것임을 알게 된다. 미드는 여자처럼 행동하는 참브리의 성인 남자들이 자신이 본 중에서 가장 신경증적인 남자들이라고 썼다. 참브리 사회의 성별은 조화롭지 못했고, 그게 문제였다. 참브리 여자들은 성애가 사나웠고, '머리를 면도한 다음 꾸미지 않았으며', 행동이 '믿음직하고, 거침이 없는 데다, 강단이 있었다.' 남성의 역할을 떠맡았던 셈이다. 미드는 직접 목격한 여자들의 동성 성교가 '꽤 거칠었다'고 말했다. 그러나 그녀는 여자들의 성교가 대개는 부드럽고 배려하는 것이었다고 확인했다. 나중에 미드는 여자들끼리는 성행위를 할 때 '아끼고 배려하지'만 다른 남자들과 성교하는 남자들은 '정서적으로 부조화 상태'에 있었다고 썼다.[35] 무엇보다도 참브리 여자들은 경제적 부양자라는 측면에서 남성의 역할을 떠맡고 있었다.

미드는 『세 부족사회에서의 성과 기질』에서 남자들을 이렇듯 다른 각도에서 추론하면서 이번에는 그들이 군림하려 들기보다는 오히려 불안정한 존재라고 보았다. 베네딕트는 『문화의 패턴』에서 모든 사회가 여자의 직업보다는 남자의 직업을 더 중요한 것으로 여긴다고 말했다. 미드는 이런 판단에 동의했지만 나아가 그 평가 내용을 뒤집었다. 그녀는 남자들의 직업이 더 우월하다고 간주되는 것은 그들의 자아가 허약하기 때문이라고 주장했다. 미드는 10년 후에 쓴 『남성과 여성』에서 이 불안한 남성 명제를 더 확장했다. 그녀는 남자들이 여자의 몸과 그녀들의 출산 기능을 너무 부러워한 나머지 '페니스 선망'으로 여자들이 겪는 고통보다 '자궁 선망'으로 남자들이 겪는 고통이 더 크다고까지 주장했다.[36]

미드는 살아가면서 그레고리 베이트슨을 비롯한 다른 남자들과 관계를 맺었고, 남자들에 대해 이런 입장을 갖게 됐다. 그녀는 베이트슨의 불완전한 남성성을 걱정했다. 미드는 실생활에서 자신의 여성성을 활용해 베이트슨의 남성적 자아를 북돋워줬다. 그녀는 『사모아의 청소년』에서 '동성애 성교'가 '이성애 성교'를 더 잘하기 위한 보조 수단이라고 보았다. 사실 리오 포천은 그런 관점을 수용해 미드와 베네딕트의 관계를 어느 정도까지 참을 수 있었다. 마찬가지로 『세 부족사회에서의 성과 기질』은 한 남자에 대한 미드의 사랑과 그를 안심시키겠다는 그녀의 바람이 학문적으로 승화된 저작이었다.

어떻게 보면 『세 부족사회에서의 성과 기질』은 베네딕트의 영향력을 입증하는 책이었다. 미드는 래드클리프 브라운의 기능주의나 오마하 족을 연구할 때 활용한 클라크 위슬러의 문화 변용론이 아니라 베네딕트의 형태주의 이론을 적용했다. (이 방법은 '민족지적 현실'보다는 서구화의 영향을 포함해 사회의 현재 상태를 분석했다.) 『세 부족사회에서의 성과 기질』은 베이트슨의 영향력을 입증하는 책이기도 했다. 베이트슨의 참브리 사회 지식이 결정적으로 중요했다. 미드가 세 사회를 조사한 내용이 부정확하다고 말하려는 게 아니다. 그러나 그녀는 책을 쓰면서 수많은 사람들의 영향을 받았다. 미드는 책을 완성해가는 단계에서 베이트슨에게 다른 사람들에게 너무 많은 것을 의존하고 있고, 이런저런 단편들을 그러모았지만 설명은 미진한 것 같다고 실토했다.[37] 게다가 세 부족

사회를 연구한 결과를 미국의 상황과 곧장 연결하는 결론 부분의 장들은 수많은 학문적 · 정치적 · 개인적 의제들을 바탕으로 서술되었다. 미드가 그런 의제들에 영향을 받아 책의 본문에서 각 사회의 지배적인 행동과 일탈 행동을 평가했을지도 모른다.

아버지와 리오 포천이 남성적 엄포를 놓지만 불안정하다는 걸 깨닫는 것은 어려운 일이 아니었다. 미드가 어렸을 때 할머니는 여자들이 남자들보다 발달이 더 빠르다고 말하기도 했다. 미드는 일찍이 남동생보다 더 단호했고, 더 유능했다. 그녀는 『세 부족사회에서의 성과 기질』을 쓰면서 존 달러드와 연애를 하게 된다. 존 달러드는 예민한 남자로, 미드의 강렬한 성격 때문에 애를 먹었다. 그녀는 남성 인류학자들의 공격에 맞서 자신을 방어해줄 수 있는 남자들과 직업적 · 개인적 우정을 쌓아가고 있었다. 미드는 그 대다수가 사회학자거나 정신의학자인 그런 남자들을 예우해주고 싶었다. 로렌스 프랭크, 에릭 에릭슨, 에리히 프롬을 예로 들 수 있겠다. 미드는 그들이 불안정하다는 걸 알아보았고, 그들을 지지해주고 싶었다.[38] 미드는 베네딕트에게 써 보낸 편지들에서 남성 인류학자들을 통렬하게 공격했지만 공개적으로 비판하는 걸 즐기거나 편하게 여기지는 않았다. 그녀는 불화를 해결하고 자신의 인간애를 보여주는 걸 더 좋아했다.

1930년대에 미국 남자들이 처한 상황 때문에도 미드는 남성이 민감하고 불안정한 존재라는 생각을 더욱 굳혔다. 대공황기 남성 실업자들을 연구한 논문들은 곤경에 처한 남자들이 경제제도보다는 스스로를 탓한다는 걸 알려줬다. 공격적인 남성성이 1930년대에 다시 부상했다. 실업자로 전락해 무능하다고 느끼던 남자들이 '남성성의 위기'를 겪으면서 그랬다. 에드먼드 윌슨과 다른 문학 비평가들이 새로운 남성 현실주의를 호소했다. 새로운 남성 현실주의는 이를테면 대실 해밋(Dashiell

Hammett)과 레이먼드 챈들러(Raymond Chandler)의 하드보일드 추리소설에 나오는 '터프 가이'(tough guy)형 주인공과 각종 영화에 나오는 카우보이 및 깡패에서 볼 수 있다. 딕 트레이시와 슈퍼맨 같은 초인적 만화 영웅이 창조되었다. 일상 세계에서 비밀스럽게 숨어 사는 슈퍼맨의 정체는 우유부단한 클라크 켄트이다. 유명한 '블론디와 대그우드'의 대그우드 범스테드는 원래 상류층 동성애자를 풍자하는 캐릭터였다. 그러던 그가 군림하는 아내에게 의존하는 무능력한 남편으로 바뀐 것이다. 대그우드 범스테드는 미드가 『세 부족사회에서의 성과 기질』에서 언급한 것처럼 '아내에게 쥐여사는' 남편이었고, 『남성과 여성』에서 언급한 것처럼 카스파 밀크토스트(Caspar Milquetoast : H. T. 웹스터가 1924년에 창조한 만화 캐릭터로 '약하고, 무능하며, 소심한' 인물의 전형이다-옮긴이)형 남자였다.[39]

미드는 1935년《포럼》에 발표한 글에서 직업을 가진 여성들을 동정했다. 그리고 그녀들이 규칙을 어길 경우 '동성애자'로 분류될 수도 있다고 주장했다. 같은 해 발표한 '부족사회' 여자들에 관한 글에서는 여자들이 일반으로 거의 모든 사회에서 억압을 받는다고 말했다. 그러나 『세 부족사회에서의 성과 기질』에서는 시각이 달랐다. 여자는 강했고 '경제적 부양자'라는 그녀들의 지위는 남자들을 위협했다. 사람들은 그녀가 이 논지를 자신에게 적용한 것일지 궁금해한다. 그레고리 베이트슨과 리오 포천이 일자리를 구하느라 어려움을 겪을 때 미드는 자연사 박물관에 고용되어 있었고, 책을 써서 수입도 올리고 있었다. 그녀는 두 남자가 자신의 이런 처지에 위협을 받는다고 보았을까?

미드는 1930년대 초에 남성 권력을 비판했다. 그러나 곧 180도 돌변해 남자들이 여성 권력의 희생자라고 주장했다. 이것은 '포스트페미니즘'의 복수였다. 미드는 모든 입장을 아울렀고, 온갖 편을 끌어모았으며, 모순과 갈등은 전혀 걱정하지 않았다. 그러나 그녀는 『세 부족사회에서의 성과 기질』에서 페미니즘 운동에 너그러운 태도를 보이지 않았다. 미드는 페미니즘 운동 세력이 남자들이 보이는 문제들에 어느 정도 책임이 있다고 보았다. 미국은 "한 세대의 여자들이 학교 선생님과 공격적이고 지시를 일삼는 어머니를 본받아 삶을 설계하도록 길러졌다."라고 그녀는 썼다. "여자들이 권세를 자신들의 당연한 권리로 여기게 된 사회에서 그녀들의 형제들은 남성 우위의 신화를 유지하려고 헛된 노력을 하면서 휘청거리고 있다."[40] 미드는 자기 어머니 세대에 활약한 여권 운동 지도자들을 '폭력적 페미니스트들'이라고 불렀다.

미드는 에밀리 퍼트넘을 제외하면 『세 부족사회에서의 성과 기질』에서 페미니즘 이론가를 단 한 명도 인용하지 않는다. 그녀는 퍼트넘이 『레이디』에서 남자 얘기를 더 많이 다루지 않았다며 그녀를 비판했다. 미드는 마틸데와 마티아스 패르팅의 『지배적인 성』도 언급했다. 그녀는 퍼트넘의 책보다 『지배적인 성』을 더 좋아했다. 패팅 부부가 남자들도 분석했기 때문이다. 물론 미드가 그들이 인류학을 아무렇게나 활용한 것에 비판적이기는 했지만. 미드의 책에는 올리브 슈라이너, 샬럿 퍼킨스 길먼, 엘렌 케이, 엘시 클루스 파슨스 등등 초기 페미니즘의 주요 이론가들이 나오지 않는다.

그러나 미드의 페미니즘 또는 페미니즘 결여는 어머니와 떼어놓고 이해할 수 없는 문제이다. 미드의 어머니는 1930년대에도 여전히 펜실베이니아 개혁 조직들의 지도자였다. 미드가 유력한 여성들을 비판한 게 전적으로 (어머니) 에밀리 포그 미드 때문인지는 의심스럽다. 그레고리 베이트슨과 제프리 고러는 둘 다 어머니가 가공할 만했고, 엘시 클루스 파슨스도 미드와 베네딕트에게는 여전히 혐오의 대상이었기 때문이다. 아무튼 미드는 에밀리가 여권 운동과 개혁 활동에 몰두하면서 자식 돌보기를 시어머니, 이어서 마거릿에게 떠넘긴 어린 시절을 순순히 받아들이지 않은 것 같다. 1938년 발리에서 어머니에게 써 보낸 편지들을 보면 마거릿이 에밀리의 페미니즘을 비판한다는 걸 알 수 있다. 그녀는 무려 1920년대에 쓰인 대중적 페미니즘 저술을 인용하면서 세기의 전환기에 횡행했던 여권 운동의 반(反)남성적 본질을 성토한다. 에밀리가 그 운동의 지도자였던 것이다. 마거릿은 이렇게 썼다. "금주 운동 세력이 남자들을 문제라고 규정한 것이 몹시 불쾌해요. 다수의 반전 운동이 남자들은 전쟁을 좋아하고, 아내와 가족에게서 벗어나는 것을 좋아하며, 술을 퍼마시고, 매춘부를 사고, 여기저기 다니면서 싸움을 일삼는다는 생각에 근거를 두었습니다. (그러나) 남자들은 남자들이 질서를 바로잡아야 합니다. …… 여자를 윤리 선생으로 보는 남자들은 영원히 정서적 불구 상태에 머무르고 말 거예요."[41] 마거릿이 아버지의 행동을 제어하려던 어머니의 노력을 언급했던 것일까? 1970년대 초에 쓴 『블랙베리 겨울』의 초고에서 그녀는 어머니의 행동을 다르게 논평한다. 아버지가 자제력을 발휘할 수 있는 수단으로 어머니의 도덕성을 환영했다는 것이다.

그러나 미드는 1938년에 유력한 여성들에 대한 비판을 당대의 여성운동가들에게로 확대했다. 그녀의 비판 속에서 당대의 여성운동가들은 세기의 전환기에 활동하던 반남성적 여권 운동 옹호자들의 후예처럼 비쳤다. "직업적 여권 운동가는 흔히 자신이 남자들에게 우호적이라고 생각한다. 그러나 실제로는 그러기를 원하는 남자들의 요소에 우호적이란 걸 알 수 있다." 미드는 '남자들의 요소'가 무엇인지를 밝히지 않았다. 그녀가 어떤 힘이나 권세를 얘기한 것일 수도 있다. 아무튼 미드는 계속해서 이렇게 말한다. "여자들과 다른, 여자들이 우호적인 감정, 여자들이 갖지 못한 아주 남성적인 남성성의 측면이 남자들에게 필요하다."[42] 다시 말해, 미드는 불과 3년 전에 자신이 『세 부족사회에서의 성과 기질』에서 비판한 남성적/여성적 이항 분리에 따라 여자들이 처신해야 한다고 권하는 듯하다.

제프리 고러는 미드를 '제3세대 페미니스트'라고 불렀다. 이런 지칭을 통해 그녀의 페미니즘 입장을 더 자세히 알 수 있다. 고러는 출판되지 않은 미드의 전기적 기록에서 이 호칭이 무슨 의미인지를 자세히 설명했다. 그 기록은 아마도 미드와 한 대화를 바탕으로 작성된 듯하다. 그는 제1세대 페미니스트들은 여자들이 남성들의 직업에서 남자들만큼 능력을 발휘할 수 있음을 증명해야만 했다고 주장했다. 미드의 어머니와 할머니는 성공적으로 그 과업을 완수했다. 그녀들의 성공 덕택에 마거릿은 같은 방식으로 자신을 입증할 필요가 없었고, 다른 종류의 페미니즘을 옹호할 수 있었다. 마거릿이 지지한 페미니즘은 여자가 남자와 다르다는 것을 찬양했고, 남자들을 비판하지 않았다. 마거릿은 여자로서 남자들이 할 수 없는 것들을 할 수 있었다. 그녀는 여성적인 직관과 능력을 활용해 새로운 지적 영역에서 출세했다. 마거릿은 현지 조사에서 가정생활과 육아를 연구했고, 여자들의 이런 관심사가 얼마나 중요한지를 학계에 증명했다.[43]

미드는 여성에게 독자적인 관심 영역이 있다는 생각을 찬양했다. 한편으로 그녀는 여성이 억압받고 있다는 글을 썼고, 『세 부족사회에서의 성과 기질』 및 기타 저작에서는 부당하게 군림한다며 여성을 비판했다. 그녀가 이런 입장들을 어떻게 화해시켰는지가 명쾌하게 정리되지는 않는다. 그러나 미드의 사유에서 볼 수 있는 이런 모순은 그녀가 각종의 사상 조류가 한데 모인 20세기 중반을 살았기 때문일 것이다. 미드의 어머니 세대에는 각종 사상이 분리되어 있었다. 모성을 찬양하는 페미니스트들은 평등을 요구했으며, 가끔씩 반남성적 목소리를 내기도 한 여권 운동 지지자들과 길을 달리했다. 미드는 중도를 지켰다. 20세기 초에 흥성한 두 입장의 영향력이 그녀의 경험에 고스란히 반영되었다. 미드는 결혼을 했고, 출세도 했다.[44)]

미드는 흔히 페미니즘 운동을 비판했고, 페미니즘이란 용어를 자신에게 쓰려고 하지 않았다. 그러나 고러가 지칭한 '제3세대 페미니스트'로서 그녀는 아이 때부터 어머니의 사상을 접했고, 그래서 그녀의 저작을 보면 가끔씩 여성운동의 개념들이 나오는 걸 확인할 수 있다. 미드는 성 정체성 및 육아와 관련해 급진적 개념들을 제안했다. 그녀는 항상 공동생활을 지지했다. 어떤 때는 미드의 발언이 1900년대의 여권 운동 지지자들이나 여성을 억압한다며 남성을 맹비난한 1960년대의 페미니스트들처럼 비치기도 한다. 다른 때, 이를테면 『세 부족사회에서의 성과 기질』의 결론에 해당하는 장들에서는 남성들을 동정하고, 반남성적인 페미니스트들을 규탄하며, 가정생활과 육아를 찬양하고, 여자들이 그녀들만의 특별한 재능을 활용해 더 나은 세계를 만들어야 한다고 주장하는 분리주의의 입장을 취한다. 미드는 강력한 개성과 『세 부족사회에서의 성과 기질』 같은 복잡한 양상의 저작으로 이런 생각들을 일관되게 진술했다.

『세 부족사회에서의 성과 기질』에 나오는 상반된 진술, 특히 '남성'과 '여성'은 인정하면서도 '남성성'과 '여성성'은 거부하는 사태를 이해하는 데 이런 논지가 도움이 된다. 그런 모순이 『남성과 여성』에서는 훨씬 더 강하게 드러난다. 비판자들은 오랫동안 이 사태에 골치를 썩여왔다. 미드는 육아를 찬양했고, 베티 프리던(Betty Friedan)은 『여성의 신비(The Feminine Mistique)』에서 그녀를 1950년대에 진행된, 가정으로 돌아가기 운동의 설계자라고 규정했다. 그러나 1970년대의 페미니스트들은 성 역할이 사회적 구성 개념이라는 미드의 주장에 집중하면서 그녀를 자신들의 선구자로 보았다. 미드는 스스로 모순된다는 비난에 직면했고, 1950년 패기만만하게 이렇게 답변했다. "우리는 두 방식을 모두 선택할 수 있을 뿐만 아니라 그 이상의 방식도 가능하다." 그녀는 이번에도 자기 말의 의도가 무엇인지 명확하게 밝히지는 않았지만 포괄적으로 이렇게 주장하기도 했다. "인간 발달의 생물학적 토대는 …… 인간의 상상력 속에서 결코 충분히 실현되지 못한 잠재성으로 볼 수 있을 것이다."[45)]

미드를 생물학 기반의 선지자로 규정하는 것은 낯설고, 이상하다. 그러나 여러 면에서 그녀를 생물학 기반의 선지자라고 할 수 있다. 유명한 생물학자 헬렌 피셔(Helen Fisher)조차 『세 부족사회에서의 성과 기질』 최신판 서문에서 미드가 자신의 '새로운 시각들' 가운데 하나로 젠더라는 사회적 구성 개념을 지지했다고 서술한다. 미드는 딱 부러지는 이상주의자가 결코 아니었다. 그녀는 과학과 기술이 완벽한 미래를 창조할 가능성을 인정했다. 그러나 그녀는 과학과 기술의 파괴적 위력을 두려워했고, 미래를 예언한다는 것의 난점도 잘 알고 있었다. 미드는 이런 주장들을 구체적인 예언으로 속박하는 일이 거의 없었다. 그러나 이 경우를 보면 미드의 유토피아적 이념에 체질 유형 이론이 개입하고 있다. 신체 외양이 유력한 증거로 사용되는 체질 유형 이론 말이다.

미드는 『남성과 여성』에서 출산에 대한 자신의 생각과 여성성 및 남성성 개념에 대한 공격을 가장 설득력 있게 화해시킨다. 『남성과 여성』은 히틀러가 이미 실각했을 때 쓰인 책이다. 미드는 체질 유형에 집중한 이 진술을 통해 생물학에서 도출된 자기 입장의 급진성을 마음에 들어 한다. 그녀는 서구인들이 수세기 동안 남성적 아름다움과 여성적 아름다움이라는 위계적 이상을 고수해왔는데, 그 체계는 어둠보다 빛이,

노년보다 젊음이, 여성의 왜소함과 연약함보다 남성의 훤칠함과 강건함이 우월하다는 믿음에 기초한 것으로, 이런 사태를 뒤엎자고 제안했다. 그런 표준적 신화가 가부장 억압의 핵심에 자리하면서, 인종과 계급 억압만큼 지속되고 있다. 그런 표준적 신화는 인종 및 계급 억압과도 밀접한 관계를 맺고 있다. 미드의 유토피아적 기획에서는 남성과 여성의 외모를 분류하는 토대가 현저히 다르다. 작은 남자는 작은 여자와 함께, 뚱뚱한 남자는 뚱뚱한 여자와 함께, 군림하려 드는 남자는 군림하려 드는 여자와 함께 분류된다. 남성과 여성의 차이로 여전히 남는 것은 임신과 출산이다. 이 새로운 체계에서 '남성성'과 '여성성'은 새로운 의미를 획득하게 된다. 다음은 미드의 말이다.

> 사납게 주도권을 행사하는 여자는 사납게 주도권을 행사하는 남자랑만 묶인다. …… 온순하고 작은 카스파 밀크토스트를 프로 권투 선수가 아니라 온순한 여성과 나란히 놓으면 그가 그녀보다 훨씬 더 남성적이라는 걸 알 수 있을지도 모른다. 가슴이 물렁하고, 턱이 두 개이며, 둔부가 튀어나온 통통한 남자는 여자처럼 보일 수 있는 무리에 집어넣으면 된다. 똑같이 통통한 여자와 동렬에 놓인 통통한 남자는 같은 부류의 여성과 대비되면서 명명백백한 (남성성을 드러낼) 것이다. …… 엉덩이가 빈약하고, 가슴이 없는 호리호리한 남녀 무용수들은 여성적인 남성과 남성적인 여성이 아니라 특별한 유형의 남성과 여성으로 비칠 것이다.[46]

미드의 『세 부족사회에서의 성과 기질』은 베네딕트의 『문화의 패턴』을 칭찬했고, 동시에 비판했다. 미드는 『세 부족사회에서의 성과 기질』을 쓰면서 베네딕트에 의존한 만큼이나 상상의 어머니인 그녀와 자신을 분리하고 있다. 학생들은 흔히 교수를 뛰어넘는다. 딸들은 어머니를 거부한다. 베네딕트도 『문화의 패턴』에서 그 사실을 인정했다. 그녀는 세대 반란이 사회 변화의 동력이라고 말했다. 베네딕트가 미드의 성공과 출세를 도왔고, 미드는 베네딕트가 원하는 것을 정확히 수행했다. 미드는 이미 유명 인사였다. 그녀는 베네딕트가 자신의 정체성을 파악하도록 도왔다. 그녀는 베네딕트가 『문화의 패턴』을 쓸 수 있게 고무했다. 미드가 없었더라면 베네딕트는 그토록 화려하게 출세하지 못했을 것이다. 베네딕트는 미드를 사랑하고, 그녀의 저작을 읽고, 자신의 성공을 추구하는 활동을 이후로도 중단하지 않는다.

베네딕트가 그 시기에 미드에게 써 보낸 편지들에서는 격려와 칭찬만을 볼 수 있다. 그들의 차이를 확인하고 싶다면 그들이 발표한 글을 조사해야만 할 것이다. 미드는 베네딕트에게 보낸 편지들에서 『문화의 패턴』을 비판했다. 그러나 베네딕트가 『세 부족사회에서의 성과 기질』에 편지로 보인 반응은 모호하게 칭찬하는 내용이 고작이다. 베네딕트는 자신이 삶의 과정을 통해 '남녀 양성'으로 바뀌었음을 그 책이 알려줬다고 말했다. 남성성과 여성성을 조합한 베네딕트를 미드가 승인했던 셈이다. 베네딕트는《뉴욕 헤럴드 트리뷴》에 실린 서평에서 미드가 뛰어난 통찰을 보여줬다고 칭찬했다. 그녀는 자신이 해준 조언 내용은 전혀 언급하지 않았다. 『세 부족사회에서의 성과 기질』이 출간된 1935년경에 베네딕트는 미드와 『원시 부족들의 경쟁과 협력』을 작업하면서 제자 어빙 골드먼이 자신의 주니 족 문화 분석을 비판하는 논문의 작성을 지도하고 있었다. 베네딕트는 비판을 받아들였다. 그녀는 학문 토론과 과학 발전의 변증법적 성격을 잘 이해하고 있었던 것이다.

베네딕트는 1939년에 쓴 「부족사회에서의 성(Sex in Primitive Society)」이라는 글에서 동성애의 토대를 규정하면서 미드를 인용하기도 했다. 그 논문에서 베네딕트는 남성과 여성의 역할이 확연하게 구분되는 아메리카 원주민 사회들에서 주로 베르다슈가 출현했다고 주장했다. 베르다슈가 남자들과의 성교에서 수동적 역할을 맡는 다코타 족의 경우가 그렇다고 말했다. 그러나 근처 오지브와 족의 경우는 성 역할을 구분하지 않기 때문에 베르다슈가 전혀 없다는 것이었다. 이를테면, 오지브와 족 여자는 출정의 길을 나설 수도, 주술사가 될 수도 있었다. 그녀는 그렇게 하기 위해 여자-남자가 될 필요가 없었다. 베네딕트는 미드가 『세 부족사회에서의 성과 기질』에서 남성과 여성을 구분하는 것에 대한 믿음이 동성애가 생기는 데서 얼마나 중요한 역할을 하는지 보여줬다고 썼다. 동성애가 생기는 것은 대개가 사회적 조건화의 문제라는 것이다.[47]

미드가 젠더에 관해 글을 쓰기 시작하자 베네딕트는 그 주제를 그녀에게 양보했다. 베네딕트가 1939년 논문에서 남성과 여성을 간략하게 분석했다는 사실은 그 시기에 그녀가 보인 행보로는 특이하기 이를 데 없다. 미드가 베네딕트의 형태주의 모형을 덜 사용하기 시작했다. 이제 그녀에게는 방법론이 상이한 다른 학자들이 중요해졌다. 유럽에서 공부했고, 안나 프로이트(Anna Freud)한테 정신분석을 받은 프로이트주의자 에릭 에릭슨이 대표적이었다. 그는 아동 발달을 전공했고, 버클리 캠퍼스에서 앨프리드 크로버와 함께 인류학을 연구하기도 했다. 그때쯤에 에릭슨은 초기 성격 발달을 논한 프로이트의 이론, 곧 구강기, 항문기, 남근기를 바꾸어야 한다고 역설하고 있었다.

미드는 자신의 저작 일부에서 그 발달 단계 이론을 적용했다. 발리인들 연구서가 그 예다. 미드가 훨씬 더 자세히 경청한 사람은 그레고리 베이트슨이었다. 생물학을 공부한 베이트슨은 사회와 문화 형태들의 이면에 존재하는 미묘한 연계와 변동하는 실재와 복잡한 구조를 볼

줄 아는 분석적·유기적 정신의 소유자였다. 두 사람이 결혼 생활을 유지하는 동안은 그가 미드의 지적 동반자이자 안내자였다. 베이트슨은 과거의 베네딕트만큼 중요한 영향을 미쳤다. 미드는 항상 믿고 따를 수 있는 좋은 선배를 찾아냈다. 이제는 그런 선배들 가운데 베이트슨이 단연 중요한 지위를 차지했다. 미드는 그를 통해 이렇게 주장할 수 있었다. "믿고 따를 수 있는 사람을 갖고 싶다는 꿈을 드디어 완벽하게 이루었어요."48)

마거릿 미드는 1936년 봄 싱가포르에서 그레고리 베이트슨과 결혼했고, 함께 발리로 갔다. 두 사람은 1938년까지 거기 머무른다. 그들은 참브리 사회에 있을 때 '구역' 이론을 만들면서 발리인들을 연구해보면 어떻겠느냐는 얘기를 나누었다. 발리는 미드도 베이트슨도 연구해본 적이 없는 성격 유형의 문화였다. 구역 이론에 따르면 완전한 '페이'형 문화였던 것이다. 미드는 발리인들을 소개한 어떤 영화를 보고는 그곳 남녀의 신체 유형이 비슷하다는 걸 잊지 않고 있었다. 그들은 작았고 머리털이 억셌다. 여자들은 가슴이 작았고, 남자들은 유방과 닮은 비대한 젖꼭지를 갖고 있었다. 발리 사람들은 냉담하고, 거리를 두는 성격이었다. 미드와 베이트슨은 나중에 그 성격을 '공허'하며, '거리 두기'가 특징이라고 서술했다.

발리인들은 연극 조의 과장된 사람들이었다. 그들은 무도회, 연극, 인형극 등 끊임없이 예술 공연을 했고, 미술과 공예품도 생산했다. 발리 사회에서는 무아지경이 아주 흔했다. 보통 사람들의 자연스런 황홀경에서부터 미래를 내다보는 사람이나 연극배우들의 무아지경에 이르기까지 참으로 다양했다. 그 무아지경들은 차분할 수도 있었고, 동요하는 것일 수도 있었다. 미드는 청년들이 무아지경 속에서 이글이글 불타는 석탄 위를 걷고, 닭의 머리를 깨물어 떼어내는 광경을 지켜보게 된다. 미드와 베이트슨에게 무아지경은 결국 '정신분열증'의 한 유형이었다. 이런 시각은 무아지경을 환청을 듣고, 개인적·사회적 상호작용과 멀어진 것으로 보는 현대의 정의와도 일치한다.

그레고리 베이트슨은 '벵골 열'을 앓았고, 마거릿 미드와 루스 베니틱트는 직관상을 보았으며, 리오 포천은 감정의 기복이 심했던 관계로 그레고리와 마거릿은 일찍부터 무아지경에 관심을 갖게 되었다. 19세기 말의 진화론자들이 '원시' 부족들을 정신적으로 병든 사람과 동일시한 이래로 일부 인류학자들은 정신적 비정상 개념에 관심을 가지고 있었다. 융의 문화 이론은 자신의 정신 질환자들을 바탕으로 한 것이었다. 베네딕트도 『문화의 패턴』에서 정신병자들에게 커다란 관심을 보였다.[49] '페이'형이 지배적인 사회에서는 기질 개념들이 어떻게 작용하는지 파악하는 게 그레고리와 마거릿이 발리에서 해결해야 할 과제였다. 발리인들은 신체 유형이 성별과 무관하게 비슷했다. 어떤 문화에서 비정상으로 여겨지는 게 다른 문화에서는 정상이라는 루스의 주장을 발리의 문화가 입증하는 것 같기도 했다. 루스는 서양 사람들의 경험에 기초한 정신병 정의는 비서구 문화의 양상을 고려해 고쳐야만 한다고 주장하기도 했다.

그레고리는 1932년 시드니에서 케임브리지로 돌아온 후 인근의 한 정신병원 관리자들을 만났다. 그는 시설에 수용된 정신분열증 환자들을 면담할 수 있게 해달라고 요청했다. 그러나 그레고리는 자기가 쓸 만한 정보를 얻기에는 수용 환자들의 병세가 너무 극단적'이라는 사실만을 확인했다. 그는 1934년 마거릿에게 자기들이 '정신분열증 초기 환자'를 연구해야 할 거라고 썼다. 그러나 그레고리는 그녀에게 이렇게 경고했다. "미치광이를 연구한다고 해도 정해진 시간 동안 시종일관하는 생활을 바탕으로 해야만 할 겁니다. 구역 이론을 궁리하는 것 자체가 미친 짓에 상당히 가깝다는 걸 깨닫게 되었어요."[50)]

미드가 발리에 관심을 갖게 된 것은 제인 벨로(Jane Belo)라는 뉴욕의 부유한 작가 때문이기도 했다. 제인 벨로는 바너드 시절부터 미드와 알고 지내온 대학 동창이었다. 그녀가 한참 발리의 의례를 연구하고 있었던 것이다. 벨로와 남편인 작곡가 콜린 맥피는 발리에 집이 있었다. 두 사람은 거기서 시간을 보냈고, 맥피는 발리의 음악을 연구했다. 새로 구성된 조발성 치매 위원회가 학자들에게 연구 기금을 지원하겠다고 나섰다. '조발성 치매'(dementia praecox)는 정신분열증(schizophrenia)의 구칭이다. 여기에 더해 제프리 고러가 발리를 소개하는 여행 서적을 쓰기까지 했다.

발리에 가면 좋을 것 같았다. 마거릿과 그레고리는 두 사람의 결혼을 비판하는 사람들한테서 벗어날 수 있을 터였다. 지금도 그렇지만 발리는 당시에도 아름다운 섬으로 명성이 자자했다. 두 사람에게는 탐색해야 할 매우 이론적인 질문이 있었다. 발리는 '원시' 사회가 아니었고 발리에 가도 꽤 편하게 지낼 수 있었다. 수십만 명이 섬에 살고 있었다. 발리 사회는 두 사람이 뉴기니에서 연구한 사회들과는 달랐다. 발리에는 수세기 전에 자바 섬을 경유해 인도에서 유입된 카스트 제도가 있었다. 사회 엘리트들은 힌두교를 믿었고, 서민들은 옛날부터 전해오는 신앙과 관습에 바탕을 둔 전통 종교와 문화를 갖고 있었다. 마거릿과 그레고리는 보통 사람들을 연구하고 싶었고, 발리에 머무는 대부분의 시간 동안 빈곤한 산악 지대 촌락에 사는 주민들을 연구했다. 이 과정에서 그들은 지역 본부로 쓰이던 오래된 관저와 인근 도시의 사제관에 거점도 마련했다.

발리에는 유럽을 떠난 이주민들의 공동체도 있었다. 벨로와 맥피처럼 많은 사람이 발리에 매혹된 건 그곳의 미술과 음악과 춤 때문이었다. 무용가 캐서린 머숀(Katherine Mershon), 독일 예술가 발터 슈피스가 그런 사람들이었다. 수준 높은 화가이자 발리 미술 전문가였던 발터 슈피스는 원주민 화가들을 격려했고, 섬의 전통 문화를 보존하려고 노력했다. 그 공동체가 미드와 베이트슨을 환영했고 머숀과 벨로가 두 사람의 연구 활동을 도왔다. 슈피스는 살 집과 관찰해야 할 의식들을 알아봐주었다. 상황이 뉴기니 때와는 달랐다. 뉴기니의 식민 당국은 흔히 인종주의적이었고, 원주민을 존중하지도 않았지만 발리에 거주하는 유럽과 미국 사람들은 원주민 문화를 찬양했다.[51)]

미드는 발리에 머무는 동안 자기 책이 저널리즘적일 뿐이라는 비판을 질리도록 들었다. 그녀는 존 달러드에게 이렇게 썼다. "정신분석가들과 사회복지 일을 하는 사람들은 내 책을 환영하는데 인류학자들은 나를 못 잡아먹어서 안달인 이유가 도대체 무엇일까?" 그러나 미드는 비판적인 인류학자들에게 자신을 입증하겠다는 결의가 확고했다. 베이트슨은 사진을 찍었고, 그녀는 확고한 태도로 발리인들의 일상을 관찰했다. 미드는 달러드에게 자기가 부족 생활에서 특이한 사건들을 골라낸 후 다른 일체의 것을 배제하고 그것들만 연구하지는 않는다는 걸 증명해 모두를 만족시킬 생각이라고 썼다. 그녀는 자기 연구의 깊이를 보여주기 위해 마을에서 발생하는 일을 문자 그대로 전부 기록했다.

그렇다고 미드가 자기 책에 대한 비판을 모두 거부한 것은 아니다. 베이트슨이 찍은 750장 이상의 사진에 글이 첨부된 『발리인의 성격(Balinese Character)』(1942) 서문에서 미드는 비판자들의 의견에 동의하는 것 같다. 그녀는 자신이 수행한 과거의 현지 조사 방법론에 '심각한 한계'가 있었다고 말한다. 미드는 자기가 영어로 글을 쓰기 때문에 정보 제공자들이 현지 말로 얘기해준 내용을 독자들에게 충분히 전달할 수 없는 게 문제라고 말했다. 미드가 원주민 문화 속에서 자라지 않았기 때문에 그들의 사고 과정을 완전히 파악할 수 없다는 점이 거기 가세했다. 그녀는 자신의 이전 저술이 어쩔 수 없이 부정확했고, '허구'에 가깝다고 말했다.[53] 미드는 1941년에 베네딕트에게 인류학자 대회가 필요하다고 말했다. 인류학자들이 자신들의 민족지에 연구 대상 부족과 개인적으로 맺고 있는 상황을 밝힐 필요성을 논의해야 한다고 제안했던 것이다. 미드는 인류학자들이 자신의 나이와 계급, 지위, 성별, 개인적 편견을 적시할 것을 요구했다. 인류학자들의 감춰진 성격을 확실히 드러내려면 그들이 로르샤흐 테스트(Rorschach test : 좌우 대칭의 불규칙한 잉크 무늬를 보고 어떤 모양으로 보이는지를 말하게 하여 그 사람의 성격, 정신 상태 등을 판단하는 인격 진단 검사법-옮긴이) 및 기타 인성 검사를 받고, 저술하는 민족지에 그 결과를 실어야 한다고 주장했다.[54]

미드가 그레고리 베이트슨과 공저한 『발리 인의 성격』에서 제목에 '캐릭터'란 단어를 쓴 것은 그녀가 민족지들에 문제가 많다고 생각했음을 알려주는 단서일 수도 있다. '캐릭터'가 연극이나 소설의 등장인물, 곧 허구의 세계에 존재하는 성격을 의미하기도 하기 때문이다. 미드는 유년기의 중요한 순간들을 찾아내 문화의 중요한 의식들과 관계를 맺는 새로운 기법을 지칭하기 위해 '플롯'(plot)이라는 용어를 사용했다. '플롯'은 프로이트에게서 에릭슨을 경유해 나온 개념이다. 미드는 『남성과 여성』에서 자신이 과거에 연구했던 사회들을 '오래된 소설들' 같다고 썼다. 디킨스의 소설들처럼 등장인물이 줄줄이 나온다는 얘기였다. 그러나 '인성'과 '성격'과 '기질'이란 말의 관계를 논한 글에서 미드는 그 단어들을 위계적으로 구분한다. 그러고는 신체 유형의 중요성을 알리고자 '체질'(constitution)이란 단어를 추가했다. '인성'은 가장 중요한 단어로, 유전되는 성향이랄 수 있는 기질로 분해할 수 있었다. 체질은 신체의 통합 형태였고, 성격은 개인이 사회의 유형화를 취사선택한 결과였다.[55] 에이브러햄 로백에 따르면 신프로이트주의자들은 '성격'이라는 단어로 리비도에 맞서는 자아와 초자아를 가리켰다.[56]

베이트슨과 미드는 발리 사회를 상세히 보고하기 위해 사진을 찍었다. 사진 촬영은 '말'에 의존하는 상황을 피하려는 방도였다. 말에 의존했다가는 길을 잃고 헤맬 수도 있다고 보았던 것이다. 무수한 사진이 그녀의 발언을 뒷받침해주었다. 미드가 보았다고 말한 것을 보지 않았다고 주장하는 사람은 더 이상 존재하지 않게 됐다.[57] 그들은 모두 합해서 2만 5,000장쯤 되는 사진을 찍었다. 베이트슨은 사진을 찍었고, 미드는 기록을 했다. 두 사람이 발리에 도착하고 나서 얼마 지나지 않아 베이트슨이 가져온 필름이 동나고 말았다. 그는 100피트가 들어가는 통으로 미국에서 필름을 주문해, 직접 적당한 크기로 잘랐다. 베이트슨은 일과가 끝나고 매일 밤 음화를 현상했다. 그들은 종교 의식과 연극을 연속적인 장면으로 사진에 담았고 부모와 자식의 상호작용, 특히 아기에게 젖을 물리는 어머니를 촬영했다. 두 사람은 영화도 찍었다. 그들은 카메라를 사용해 문화를 기록해, 눈으로 보는 인류학 분야를 개척했다. 두 사람은 최고의 관찰자들이었다.

미드는 『발리인의 성격』 서문에서 발리 사회를 간략하게 서술했다. 그녀는 예상대로 발리의 남성과 여성이 생리적 조건이나 똑같이 차분하고 냉담한 태도를 갖고 있다는 측면에서 별로 다르지 않음을 확인했다. 그러나 연극의 주요 등장인물은 흉포한 마녀와 순한 용이었다. 연극은 추종자들의 싸움으로 절정을 이루었다. 용의 추종자들은 무아지경에 빠져서 칼로 상징적 자살을 감행했다. 마녀는 흉포한 가면을 쓰고, 동물의 엄니를 달았다. 마녀는 손톱이 길어서 위협적인 느낌을 자아냈고, 고음으로 으스스하게 웃었다. 미드는 한 발리 관련 논문에서 그 마녀가 '두 성별 모두를 과장해 표현한 상징물'을 착용했고, '혀는 길게 내밀었으며, 가슴은 축 늘어져 대롱거렸고, 혐오스러운 털로 덮여 있었다'고 했다. 이 논문은 미드가 마사 울펜스타인과 함께 편집한 『당대 문화의 아동들(Childhood in Contemporary Cultures)』이란 책에 들어 있다.[58]

미드는 이 등장인물들이 발리 문화에서는 어머니와 아버지를 상징한다고 해석했다. 프로이트주의적 시각을 채택한 셈이다. 미드는 어머니들이 수유 때부터 시작된다고 할 수 있는 자녀들에 대한 복잡 미묘한 거부의 과정을 통해서 억압당한 분노를 표출하는 것이라고 결론지었다. 그 분노가 마녀라는 인물을 통해 상징적으로 분출된다고 본 것이다. 반면에 용은 온화한 발리인 아버지였다. 발리의 아버지들은 자식들을 달래고 놀아주었다. 그러나 발리의 문화는 남성의 성기에 고착된 것 같다. 어머니들은 갓난아기일 때 아들의 음경을 가지고 놀았고, 소년들도 공공연히 자신의 음경을 가지고 놀았다. 닭싸움은 중요한 사회 행사였다. 모든 성인 남자가 수탉을 가지고 있었고, 훈련시키거나 놀면서 시간을 보냈다. 그들은 닭의 깃털을 세웠고, 똥구멍에 고추를 집어넣어 더 공격적인 싸움닭으로 만들었다. 연극에도 항문 성교를 언급하는 음담이 많았다.[59]

그러나 미드는 발리에서 능동적/수동적 동성애를 거의 보지 못했다. 사모아에서처럼 그녀는 청소년 남자들 사이에서 일시적이고 가벼운 동성애가 이루어지고 있음을 관찰했다. 미드는 아라페시 사회에서처럼 성인들끼리의 동성애가 거의 없음을 관찰했다. 성교 행위는 아주 비슷했기 때문에 남자들은 남자하고 하는 정도로 여자하고도 할 수 있었다. 그러나 남성의 수동성 때문에 젊은 남자들은 쉽게 자신들에게 접근하는 외부인들의 짝이 되었다. 이것 역시 아라페시 족과 같은 현상이었다. 발리에는 동성애를 금하는 법률이 전혀 없었다. 남성의 페니스 없는 성관계를 개념화할 수 있는 사람도 전혀 없었다. 미드가 여성 동성애자를 몇 명 관찰하기는 했다. 그러나 그들 속에서도 '주도자'는 모조 남근을 사용했다. 그러나 미드는 나중에, 발리인들은 서양 사람들이 동성 간 성관계에 적대적이라는 것을 알아차렸을지도 모르며, 그들이 이런 이유로 동성애를 그만두었다는 결론을 내렸다. 물론 그들의 연극에는 여전히 동성애의 자취가 남아 있지만.[60)]

미드는 발리 문화를 좋아하지 않았다. 그녀는 발리인들이 진취성은 전혀 없고, 예술과 연극에만 정력을 쏟아붓는 듯한 태도가 못마땅했다. 미드는 발리인들을 연구하는 게 좌절감을 안겨주는 작업임을 깨달았다. 그들은 그녀에게 호응하지 않았다. 베이트슨은 그들을 '작은 영양'이라고 불렀다. 미드는 아이를 껴안고 20분 정도면 뉴기니 공동체를 유혹할 수 있었지만 발리인들의 경우는 도대체가 할 수 있는 게 없다고 말했다. 면담에 응하고, 연극이나 의식을 보여준 대가로 돈을 주는 것을 제외하면 말이다. 산악 마을의 주민들은 처음에 그들을 브라만 귀족이나 서양 관광객으로 여기고는 그저 얼빠진 듯이 바라보았다.[61)] 결국 미드는 진료 활동을 통해 그들에게 다가설 수 있었다. 그녀가 가진 서구 약물이 열병과 상처를 효과적으로 치료해주었던 것이다.

미드는 충동과 정력이 미국인다웠고, 완전히 바뀐 세상을 보고 싶어 했기 때문에 발리인들에게 짜증이 났다. 그녀는 베네딕트에게 보낸 한 편지에서 발리인들을 '항문형(anal) 페이'로 규정했다. 보유(retention)에 집중된 유아 발달 단계를 지칭하는 프로이트의 용어가 사용된 셈이었다. 그녀는 이렇게 썼다. "발리인들은 매력적이에요. 하지만 따스함은 전혀 찾아볼 수가 없답니다. 그들은 쉬지 않고 일하죠. 그러나 진취성이라고는 도무지 찾아볼 수가 없어요. 발리인들은 어렸을 때 열심히 태엽을 감아놓은 시계 같아요. 그들은 온갖 압박을 예술 표현으로 해소합니다." 제프리 고러는 발리 문화의 차분함, 삶을 미학적으로 바라보는 태도, 군림하려 들지 않는 자세를 마음에 들어 했다. 미드는 그에게 이렇게 썼다. "페이들은 결코 문화를 기획할 수 없습니다." 고러는 베네딕트에게 마거릿이 '미국인의 단호한 개인주의'를 발리에서 찾고 있는 것 같다고 썼다. 그는 서둘러 이 말을 자세히 설명했다. 무슨 '권력 의지'를 얘기하는 게 아니라 미국인들이 강조하는 개성을 말한다는 것이었다.[62] 유럽에서 파시즘이 득세하고 있었고, 미드는 식민 강대국의 외곽에서 생활하고 있었다. 사회 변화에 관심을 기울여야 했다.

미드가 그동안 연구한 '원시' 사회들은 규모가 작고, 동질적이어서 분석하기가 비교적 쉬웠다. 그러나 발리는 단기간에 파악하기에는 너무나 복잡한 사회라는 걸 깨달았다. 미드는 발리 문화에서 자신이 완전히 이해할 수 없는 요소들과 계속 맞닥뜨렸다. 그녀는 이것들을 더 이른 시기의 '잔재'라고 불렀다.[63] 미드가 계속해서 발리인들을 '정신분열증 초기 환자'로 보았는지 여부는 별로 고려할 가치가 없다. 그녀가 이 문제에 대해 쓰고 있지 않기 때문이다. 그러나 미드는 1952년에 정신분열증 환자가 나름의 특별한 잠재력을 지닌 인류의 한 변형태이고, 발리 사회가 그 잠재력을 독특한 문화로 바꾸어냈음을 칭송해야 할 거라고 말했다.[64]

그러나 미드가 발리에서 어머니들은 고압적이고, 아버지들은 온화하다고 묘사한 대목에는 미국에서 점증하던 어머니 비판이 반영되어 있었다. 실제로 1930년대에 일부 프로이트주의자들은 '지배하려 드는' 어머니들이 아들을 망치고 있다고 주장했다. 미드는 1936년에 발표한 한 글을 통해 처음으로 어머니 비판자들의 대열에 합류했다. 로렌스 프랭크, 존 달러드, 에릭 에릭슨이 전부 그런 생각을 품었다. 그레고리 베이트슨은 더 나아가 정신분열증이 진행되는 주요 원인을 고압적인 어머니에게서 찾을 수 있다는 이론까지 만들게 된다. '어머니 비난 명제'를 연구하는 최근의 학자들은 이 주장이 1920년대에 사회복지사업에 종사하던 중간계급 남녀 모두에게서 기원했음을 확인했다. 그들은 직업적 전문화의 과정을 거치면서 만나게 된 어머니들에게 비판적인 태도를 취했고, 노동계급 고객들과 스스로를 구분했다. 미드는 로렌스 프랭크, 특히 캐롤린 재크리(Caroline Zachry)를 통해 이 집단과 교류했다. 캐롤린 재크리는 두 사람 모두의 친구로, 뉴욕에서 커다란 아동발달 병원을 운영했고 당연히 그녀도 '어머니 비난 명제'를 지지했다. 재크리는 뉴욕에서 대규모 청소년 연구 프로젝트를 진행했고, 그 연구 결과에 '어머니 비난 명제'를 집어넣었다. 재크리의 프로젝트에는 미드도 참여했다.[65)]

그레고리와 마거릿은 발리에서 행복해 보였으나 기저에는 문제가 있었다. 두 사람은 열심히 연구했다. 그레고리는 사진을 찍었고, 마거릿은 하루 종일 관찰 내용을 기록했다. 그들은 그렇게 일하다가 지쳐서 잠자리에 들었다. 두 사람이 밤에 한 마지막 일은 그레고리가 그날 찍은 사진들을 현상하는 데 쓴 물로 얼굴을 씻는 것이었다. 사람들은 그레고리가 마거릿의 작업 습관을 어느 정도나 마음에 들어 했는지 의아해한다. 그는 그녀가 자신에게 동기를 부여해주기를 바랐다. 하지만 그가 그녀의 지독한 작업 속도까지 순순히 따랐을까?

마거릿의 연구를 돕던 제인 벨로 문제도 있었다. 그녀는 다루기 쉬운 상대가 아니었다. (미드의 딸) 메리 캐서린 베이트슨은 나중에 그녀를 이렇게 묘사한다. 제인은 "생각이 아주 섬세했고, 아름다웠으며, 약간 내성적이었다." 그녀는 나중에 중증 정신분열증을 앓게 되어, 여러 해를 정신병원에서 보내며 소라진(Thorazine)을 처방받았다.[66)] 남편 콜린 맥피(Colin McPhee)는 제인이 발리에 머무를 때면 대부분 동성애를 했다. 제인은 그와 결혼 상태를 유지하는 동안은 남성 애인을 구했고, 남자들은 그녀의 아름다움에 기꺼이 호응했다. 마거릿은 캐리 켈리에게 제인은 스티브처럼 '파리의 호모들한테서 처신하는 법을 배웠다'고 설명했다. 캐리는 이렇게 답장했다. "우리에게는 사람들을 남성적으로 바꾸어 보호하려고 들게 만드는 묘한 재주가 있지요."[67] 거기에 불행한 결혼 생활을 하던 여자들과 연애한 경험이 있고 자유연애를 믿었던 그레고리가 가세했다. 그와 제인은 짧게 연애를 했다.

그 일이 일어나기 전에 제인은 마거릿과 크게 싸웠다. 마거릿이 그녀를 대하는 방식이 화근이었다. 어떻게 보면 제인은 마거릿 밑에서 도제 생활을 하고 있었다. 그러나 그녀는 발리를 연구하는 초보자도 아니었고, 그렇다고 마거릿의 공식적인 학생도 아니었다. 발리에서 몇 달을 보낸 제인의 판단은 마거릿이 자신을 괴롭힌다는 것이었고, 그녀는 마거릿에게 호통을 쳤다. 두 사람은 난국을 타개하기 위해 서로에게 편지를 썼는데, 그 편지들은 마거릿이 스스로를 어떻게 생각하고 있었는지 알려주는 중요한 자료이다. 제인이 자기 말을 무시했으며, 그래서 상처받았다는 것이 마거릿이 쓴 편지의 주된 내용이었다. 마거릿은 다른 사람들과 맺는 친밀한 관계에서 자신은 항상 그들이 앞장서도록 용인한다고 주장한다. 그런데 그녀가 가끔 '그들의 장단에 맞춰' 아주 열심히 '춤을 춰주기라도 하면' 그들이 애초의 관계를 망각한다는 것이었다. 이번에는 마거릿이 상관이 되어야 함을 제인도 인정해야 했다. 그런데 그녀가 너무 많은 권한을 요구한다는 게 마거릿의 요점이었던 셈이다. "나는 누구한테도 군림하고 싶지 않아." 마거릿은 계속해서 이렇게 쓰고 있다. "나는 사람들이 평등하거나 나보다 위였으면 좋겠어." 오히려 "나는 다른 사람들에게 물렁한 나의 태도가 결점이라고 생각해." 마거릿은 상처받기 쉬운 자신의 성격을 드러내고 싶지 않지만 솔직히 털어 놓겠다고 말했다. "나는 내 목소리가 떨리는 걸 거의 통제하지 못하는 것 같아." 그녀는 이렇게 끝맺고 있다. "나는 정말이지 쉽게 울어. 네가 생각하는 것보다 훨씬 더 쉽게 말이야."[68]

제인은 마거릿이 사태를 오판했다고 답했고, 마거릿이 제인의 여성성을 질투한 게 진짜 문제라고 생각했다. 마거릿은 새 옷이나 침실복을 입은 제인을 볼 때마다, 또 제인이 그저 발리 사람들을 향해 미소 짓는 것만 봐도 마거릿은 자신에게 공격적으로 굴었다고 주장했다. 마거릿은 성공하기 위해서 여성성을 동원할 필요가 없을 정도로 자신의 지적 능력과 관리 솜씨가 압도적이라는 걸 깨닫지 못한 것 같다. 그러나 마거릿에 한참 못 미쳤던 제인은 성공을 위해 자신의 여성성을 활용했다. 두 사람이 그레고리와 함께하면서 제인이 그에게 추파를 던질 때마다 마거릿은 더욱 군림하려 들었다. 마거릿은 뛰어난 언어 구사 능력을 바탕으로 제인한테서 그레고리를 떼어놓으려고 했다. 수컷 새가 암컷을 성적으로 유혹하기 위해 깃털을 과시하는 것과 유사한 행동을 했던 셈이다. 실제로 제인은 마거릿의 방법이 통했다고 말했다. 제인은 그레고리의 두 눈에서 마거릿을 경배하는 표정 이외에는 다른 아무것도 보지 못했다. 그녀는 자신이 친구의 남편과는 결코 연애를 못 할 것이라고 마거릿을 안심시키면서 편지를 마무리한다.

이런 상황에 처하는 다른 많은 이들처럼 제인도 자기가 확약한 바를 완전히 작정하지는 못했다. 적어도 친구의 남편을 유혹하지 않겠다는 부분에서 말이다. 실제로 제인과 그레고리는 연애를 했고, 마거릿은 자신의 자유연애 신조가 질투를 금하고 있었으므로 그녀와 여전히 친구로 지냈다. 미국으로 돌아간 제인은 콜린 맥피와 이혼했고, 컬럼비아의 교수 프랑크 타넨바움(Frank Tannenbaum)과 결혼했다. 프랑크 타넨바움은 멕시코와 라틴 아메리카를 연구하던 급진주의자이기도 했다. 그들은 그레고리, 마거릿과 친하게 지냈다. 마거릿은 제인의 전 남편 콜린 맥피와도 친분을 유지했다.

제인과 마거릿이 서로에게 주고받은 편지가 이 사건의 끝이 아니었다. 마거릿이 자신과 제인의 문제를 다른 친구들에게 써 보냈던 것이다. 마거릿은 자신이 이해할 수 없는, 또는 받아들이고 싶지 않은 자신의 어떤 면이 드러나자 꽤 놀란 것 같다. 그녀는 제프리 고러에게 보낸 편지에서 자신이 가끔씩 흥분해서 말한다는 걸 알게 됐다고 썼다. 다른 사람들은 이때 그녀가 공격적으로 군다고 받아들인다는 것이었다. 제인은 마거릿의 말투에 불만이 아주 많았고, 마거릿은 제인이 느리게 말한다고 생각할 정도로 말의 속도를 늦췄다. 그러나 제인은 마거릿이 여전히 너무 빨리 말한다고, 또 공격적이라고 비난했다.[69] 마거릿은 루스 베네딕트에게 알리기를, 제인이 자신을 남자로 보는 것 같아 당황스럽다고 말했다. 루스는 이 편지 내용에 응답하지 않았다. 마거릿이 공격적이라는 사안은 해결되지 못했다. 그녀는 존 달러드와도 비슷한 논쟁을 했다. 달러드는 미드가 자신의 생각을 비판하는 것을 내켜하지 않았다. 제2차 세계대전이 발발하면서 학자들은 공격성을 연구했다. 이 사안이 마거릿의 개인사에 등장한 것도 놀라운 일은 아니다. 실제로 달러드는 공격 충동을 집중적으로 분석했다. 그 자신이 논쟁을 좋아하면서도 비판과 모욕에는 아주 민감했다. 마거릿과 옥신각신하면서 다투는 게 달러드에게는 너무 벅찼다. 두 사람은 미국이 제2차 세계대전에 참전하는 문제를 놓고 언성을 높였고, 그렇게 그들의 우정은 끝났다.[70]

마거릿과 그레고리는 1938년에 발리 연구를 마무리했다. 그 후 그들은 뉴기니로 건너가 이아트물 족을 재조사했다. 두 사람은 거기서 8

개월을 머물렀다. 전쟁이 임박한 듯했다. 발터 슈피스 사건으로 그들은 잠시 발리에 들렀다. 네덜란드 정부가 별안간 유럽인 동성애자들을 전부 체포했던 것이다. 그들이 극동의 식민지까지 들어와 수동적인 젊은이들과 성관계를 맺었을 것이라는 혐의였다. 제인 벨로조차 낯 뜨거운 사진 한 장 때문에 체포되었다. 그레고리는 경찰서를 찾아가 그녀가 무죄라는 답변서를 제출했다. 그의 탄원으로 제인은 무죄 방면되었다. 슈피스도 체포되었고, 미드는 법정 조언자 자격의 적요서를 제출해 그를 도왔다. 그러나 미드는 슈피스를 좋아했음에도 불구하고 네덜란드 식민지로 이주한 동성애자들이 전부 그처럼 그곳 젊은이들을 학대하지 않았음을 확신하지는 못했다. 마거릿 미드는 루스 베네딕트에게 자신이 가끔은 네덜란드인들에게 공감한다고 썼다. 네덜란드 당국이 '개인들의 품위 있는 관계'가 아니라 난잡한 성행위를 단속한다는 것이었다. 미드는 이렇게 주장했다. "남자들은 왜 난잡한 성행위와 매춘 이외의 도착은 하지 못하는 걸까? 이 문제를 제대로 파악하기란 쉽지 않다."[71)]

마거릿 미드가 『세 부족사회에서의 성과 기질』에서 비판한 '능동적 남성들'이 다시 그녀를 애먹이고 있었다. 앞으로도 그들은 계속해서 그럴 터였다. 미드는 1961년에 동성애자들의 젊은이 강간이 아주 폭넓게 이루어지고 있으므로 근친상간 금기처럼 강력한 사회 기제가 반드시 이를 단속해야 한다고 주장할 정도로까지 멀리 나아갔다.[72)] 미드가 어떤 수준에서는 미국 문화의 동성애 혐오를 내면화하고 있었던 것일까? 그녀의 진술이 평생의 남자들 가운데 어느 한 명과 학교나 그 밖의 곳에서 젊었을 때 한 경험과 관계가 있는 것일까? 1961년의 글에서 미드가 가장 강력하게 개진한 주장은 양성애 지지였다. 『세 부족사회에서의 성과 기질』에서 그녀가 보인 입장을 고려하면 이건 놀라운 일이 아니다. 이제 미드는 기꺼이 유전자와 호르몬 증거를 활용했다. 그러고는 최근의 내분비 연구 결과는 양성애가 다수 동물 종과 인간의 기본 욕구임을 증명한다고 주장했다. 동성 간 행동이 '자연스러운 것'이라면 자기가 동성애를 할 줄 모른다고 생각하는 사람들은 그들의 잠재력을 완전히 개발하지 못한 셈이었다. 미드는 조사해봐야 할 진짜 문제는 동성애가 아니라 어쩌면 이성애일지도 모른다고 말했다. 프로이트도 여러 해 전에 이런 말을 했다. 미드는 평원 인디언들의 베르다슈에서 뉴기니의 마린드아님 족까지 인간의 문화에 존재하는 다양한 동성애 행동을 소개했다. 마린드아님 족은 누구나 선천적으로 동성애자이며, 이성애자가 되기는 어려운 일이라고 믿었다.[73] 미드는 1962년경에 1950년대를 기술하면서 이성애자 남자들이 '남근적 활동성'을 과시했다며 비판했다.[74]

제2차 세계대전이 발발했다. 갈등을 지속하며 해외에서 수행하던 인류학 탐구 활동도 중단되었다. 전쟁으로 미드의 인생행로가 바뀌었다. 그녀와 베이트슨은 대규모 발리 연구 프로젝트를 준비하고 있었다. 두 사람은 사회학자, 심리학자, 인류학자를 데려와 발리 사회를 가르쳐 준 다음 통역자와 2개 국어를 구사하는 비서를 붙여서 그들을 마을에 파견해 심층 연구를 수행하겠다는 계획을 세웠다. 이렇게 하면 그 섬을 완벽하게 연구해낼 수 있을 것 같았다. 미드와 베이트슨은 그 프로젝트를 수행할 거점으로 활용하기 위해 발리의 한 대저택을 3년 약정으로 임대까지 했다. 제2차 세계대전이 발발했고, 그들은 계획을 포기했다.

그러나 이 계획을 추진하던 당시의 웅혼한 충동이 곧 다시 미드의 머릿속에서 꿈틀거리기 시작한다. 그녀는 1939년에 미국으로 돌아갔다. 세계 전쟁의 암운이 미국을 위협하고 있었다. 미드의 관심사가 전국가 단계의 사회들에서 국가적 · 국제적 쟁점으로 옮아갔다. 게다가 그녀는 임신까지 했다. 미드는 출산을 학수고대했고, 다시 루스 베네딕트를 만날 수 있다는 생각에 기분이 한껏 고조되었다.

13장

인종, 젠더, 섹슈얼리티

컬럼비아 대학교 캠퍼스 중앙에는 컬럼비아 여신의 동상이 이 학교의 거대한 신바로크 및 신르네상스 양식 건물들 사이에 설치돼 있다. 컬럼비아 여신은 지혜와 전쟁의 여신인 그리스 신화의 아테나가 로마식으로 변형된 것이다. 컬럼비아 여신은 캠퍼스에 현재 자리하고 있는 건물들이 지어지던 1890년대부터 무릎에는 책을 올리고, 한 손에는 권장을 들고, 머리에는 월계관을 쓴 채 의자, 아니 옥좌일지도 모르는 곳에 앉아 있다. 그녀는 이 대학을 축복이라도 하려는 듯이 두 팔을 들고 있는 모습이다. 그녀는 지식과 권위의 시빌이고, 모교(母校)의 여신이며, 우리 모두의 어머니이다. 이 동상은 인류학과 대학원에서 그리 멀리 떨어져 있지 않다. 베네딕트와 미드는 컬럼비아 재임 때 수도 없이 그 옆을 지나쳤을 것이다.[1)]

베네딕트가 미드를 처음 가르친 현장이자, 미드가 50년 이상 큐레이터로 근무한 미국 자연사박물관 입구에는 컬럼비아 여신과는 다른 조각상이 있다. 이것은 1920년대 말에 제작 설치되었다. 그 동상은 제국주의자이자 맹수 사냥꾼이며 몹시도 남성적인 남자인 시어도어 루스벨트를 기린다. 루스벨트의 기마상은 박물관 밖에 있다. 그는 커다란 말을 타고, 좌우로는 아프리카인과 아메리카 원주민을 한 명씩 거느리고 있다. 두 사람은 벌거벗은 '야만인'처럼 천조각 하나만 걸친 채 루스벨트 양쪽에 서 있다. 루스벨트는 그들을 '문명의 세계'로 인도한다. 안쪽 로비에는 루스벨트의 삶이 다음과 같은 설명문들과 함께 프레스코로 묘사되어 있다. '죽음을 두려워하지 않는 사람들만이 마땅히 살아갈 수 있다.' '적극적으로 싸워서 권리를 쟁취하는 것이야말로 세상 사람들이 할 수 있는 가장 고귀한 행동이다.' '진리,' '정의' 같은 말들이 거기에 있다. 미국의 역사에서 그런 가치를 드높이지 않고서 동상으로까지 제작돼 기려진 남성 지도자는 존재하지 않는다. 미드가 큐레이터로 근무할 때에는 안마당에도 사자를 살육하는 아프리카인들 조상(彫像)이 있었다. 방 하나에는 한쪽으로 박제 코끼리들이 가득했다. 이것들은 사냥꾼 루스벨트와, 박제 전시하기 위해 큰 동물을 살육한 박물관 소속의 탐험가들에게 바친 찬사였다. 루스벨트를 찬양하는 기념물 속에서 여자는 보이지 않는다. 박물관의 모든 기념물이 미드가 근무했던 첫 10년 동안 그 기관을 운영했거나 건축 기금을 모으고, 기념비적인 사업을 생각해낸 남자들을 기리고 있다. 그들 대다수가 유럽 백인의 패권에 헌신한 인종주의자들이었다.[2)]

컬럼비아 대학교와 자연사박물관의 이 기념물들은 미국의 기억 및 지성과 학문의 전통에서 인종과 젠더가 차지하는 중요성을 조용히 증언하고 있다. 베네딕트와 미드는 그 두 기관에 몸담은 여자로서 어떤 대우를 받았을까? 인종에 대한 그들의 견해는 어떠했을까? 두 사람은 인종과 젠더가 연계되어 있음을 알았을까? 마거릿 미드는 『세 부족사회에서의 성과 기질』과 『남성과 여성』에서 젠더와 관련해 당대의 중요한 논의를 개진했다. 루스 베네딕트는 1940년에 출간된 『인종 : 과학과 정치학(Race: Science and Politics)』에서 인종과 민족을 논했다. 베네딕트는 『문화의 패턴』 이후로 사실상 여자에 관해 쓰는 것을 중단했다. 미드가 그 주제를 이어받아 역할을 대행했다고 할 수 있다. 인종적 정의도 사정은 비슷했다. 미드는 처음에 그 주제를 베네딕트에게 맡겼지만 제2차 세계대전이 발발하면서 곧 이어받았다. 미드가 일찍부터 견지해 온 인종 문제 입장 때문에 자연사박물관에 취직하는 사안과 '구역' 이론이 인종 문제와 겹쳐서 갖게 되는 의미가 쟁점으로 부상했다. '구역' 이론은 미드의 사적인 삶에서 여러 해 동안 여전히 중요하게 작용했다. 그러나 『블랙베리 겨울』에서 짧게 언급한 것을 제외하면 자신이 발표한 공식 출판물에서 그 이론을 직접 언급하는 일은 없었다.

컬럼비아 대학교에서 컬럼비아 여신의 동상이 중요한 자리를 점하고는 있었지만 그 기관의 여자 교수진 처우는 형편없었다. 그들은 바너드 대학, 사범대학, 일반 교양 강좌를 맡는 일로 좌천되었다. 대학원 교수진에는 여자 교수가 거의 없었다. 루스 베네딕트는 1937년에야 부교수가 되고, 1948년에야 비로소 정교수가 되었다. 1948년이면 그녀가 죽기 직전이다. 베네딕트는 1930년대에 프란츠 보애스를 대신해 실질적으로 인류학과를 운영할 때조차 남성 교수 전용 식당에 입장할 수 없었다. 인류학과가 있는 정치학 대학원 교수진은 '아주 배타적인 신사들의 클럽'이었다고 로버트 린드는 전한다.[3] 보애스는 은퇴할 시기가 되자 차례로 에드워드 사피어와 앨프리드 크로버에게 학과장 자리를 제안했다. 두 사람 다 그 제안을 거절한다. 그러나 베네딕트가 보애스를 대신할 재목으로 진지하게 고려되지는 않았다.

보애스가 1937년에 은퇴했고, 위스콘신 대학교의 랠프 린턴(Ralph Linton)이 부임했다. 베네딕트도 처음에는 그 선택안을 받아들였다. 그는 아주 쾌활했고, 강의도 무척 잘 했다. 린턴은 발표한 논문에서 베네딕트의 '패턴' 개념을 칭찬하기도 했다. 그러나 그는 아무래도 사회학자였다. 문화보다는 사회적 지위와 역할에 관심이 더 많았던 것이다. 린턴은『남자 연구 (The Study of Man)』(1936)에서 베네딕트의 '패턴' 대신 단체정신 개념을 사용해, 미식축구 팀과 군대의 남성 유대를 설명했다.[4] 베네딕트는 그 시점쯤에 앞으로 두 사람이 충돌하게 되리라는 것을 예감했을지도 모른다.

린턴은 남성의 '모험적인 기상'에 공명했다. 그는 대학 시절 방학 때 자신의 짐을 운반하던 마야인 짐꾼을 한시도 잊지 못했다. 린턴은 그때 과테말라 오지를 탐험하고 있었다. 짐꾼은 독사에게 팔을 물리자 독이 퍼지는 걸 막기 위해 벌채 칼로 자기 손을 잘라내 버렸다. 린턴은 제1차 세계대전 때 미국 원정군에 합류하기 위해 나이를 부풀렸다. 그는 레인보우 여단(Rainbow Brigade) 소속으로 다섯 차례의 주요 전투에서 네 번을 싸웠다. 전쟁이 끝난 후 린턴은 컬럼비아 대학교 인류학과 대학원에 등록했고, 군복을 입고 학교에 나타났다. 평화주의자였던 보애스가 그를 격하게 비난했고, 린턴은 자퇴한 후 하버드에 진학했다. 린턴은 서먹서먹하게 구는 베네딕트의 태도를 어떻게 할 수가 없었다. 그녀는 모호하게 미소를 지었고, 그와 논쟁하려고 하지도 않았다. 린턴은 베네딕트가 불손하고 자기를 멸시한다고 생각했다. 컬럼비아에서 일자리를 얻은 자신을 질투한다고도 보았다.[5]

마거릿 미드는 그 시기에 발리에 머물고 있었다. 베네딕트는 미드에게 보낸 편지들에서 린턴을 많이 불평했다. 1938년에 그녀는 이렇게 썼다. "언젠가는 공개적으로 린턴을 뭉개버릴 거야. 그는 기분 나쁜 인간이야."[6] 린턴도 베네딕트를 몹시 싫어했다. '거의 정신병 환자' 수준이라고 할 만했다. 베네딕트가 자기 기금으로 지도하는 박사 과정 후보생들을 지원하자 그는 베네딕트가 자금을 부당하게 유용했다면서 비난했다. 린턴은 베네딕트를 공산주의자라고 고발했다. 컬럼비아 대학교 대학원생 로버트 석스에 따르면 린턴은 (가명으로) 탐정 소설을 여러 편 썼다. 거기를 보면 남자 인류학자를 죽이려는 여자 인류학자가 나온다.[7] 1950년대 초에 예일 대학교에 재직하며 동료로서 린턴을 기억하는 시드니 민츠는 그가 마법으로 베네딕트를 죽였다고 떠벌리고 다녔음을 회고했다. "그가 작은 가죽 주머니에서 뭔가를 꺼내 내게 보여주었다. 그는 자기가 타날라 족이 사용하는 물질을 써서 베네딕트를 죽였다고 말했다."[8]

린턴은 컬럼비아에 부임한 후 정신분석가 에이브럼 카디너와 친하게 지냈다. 뉴욕 정신분석연구원의 인기 강사였던 카디너는 여러 해 전에 보애스와 공동 연구를 진행했고, 프로이트한테서 정신분석을 받기도 한 인물이다. 카디너는 문화적으로 인성을 분석하는 방법에 동조해 정통 정신분석학파와 결별했고, 생물학적 조건에 기반을 둔 프로이트의 오이디푸스 콤플렉스 이론과 유아 발달 단계를 거부했다. 그가 린턴의 제안을 받아들여 뉴욕 정신분석연구원에서 진행하던 문화와 인성 세미나를 컬럼비아 대학교로 옮겨 왔다. 카디너는 이 세미나에서 컬럼비아의 인류학자들이 작성한 민족지들 이를테면, 베네딕트가 작성한 주니 족 민족지를 정신분석했다. 세미나가 향후에 의뢰하게 될 민족지들이 따라야 할 지침을 만드는 게 그 활동의 목표였다. 물론 이후로 연구자가 파견된 건 딱 한 차례뿐이었지만(그 대상지는 인도네시아의 알로르 제도였다). 존 달러드가 세미나에 참가하기 위해 예일에서 왔고 에리히 프롬과 에이브러햄 매슬로도 가끔씩 참여했다. 사피어조차 한두 번 모습을 드러냈다.[9] 해리 스택 설리번이 나타나 베네딕트에게 자기가 사피어와 결별했고, 인류학 분야에서 새로운 협력자를 찾고 있다고 말해 주기도 했다.[10] 몇 년 후 베네딕트는 워싱턴 D.C.에 소재한 워싱턴 정신의학학교에서 그를 대신해 강의를 하게 된다.

신랄한 성격의 카디너는 린턴만큼 군림하려 들었다. 그는 베네딕트의 연구 성과를 대수롭지 않게 여겼다. 이 점은 그가 인류학의 주요 인물을 다룬 역사서에서 베네딕트를 소개하는 장을 보면 분명히 알 수 있다. 카디너는 베네딕트가 '과장과 생략'을 통해 문화를 지배적인 패턴과 일탈 패턴으로 환원해버렸다고 비판했다. 그는 '보애스가 잔뜩 쏘아보는 표정'으로 베네딕트의 어깨 너머에서 그녀의 방법에 동의하지 않는 투로 상황을 그린다. 베네딕트의 관심이 '과학에서 시로' 표류한다는 것이다. 만년에 행한 구술 인터뷰에서 카디너는 베네딕트의 아름다운 미모를 칭찬했으나 그녀가 걸맞게 지적이지는 못했고, 저작 역시도 대단치는 않았다고 지적했다.[11)]

그러나 린턴과 카디너가 혐오감을 느낀 것은 베네딕트의 동성애 성향이었을 수도 있다. 둘 다 아주 남성적인 남자들이었던 것이다. 베네딕트는 나탈리 레이먼드와 살고 있었다. 그녀는 자신의 저작에서 동성애를 방어했다. 1930년대 중반경에 빌헬름 슈테켈이 국민의 정신 건강에 동성애가 위험하다고 주장하는 프로이트주의자들을 이끌었다. 1945년경에 카디너가 동성 간 연애에 반대하는 단호한 운동가가 되었다. 프로이트는 카디너의 정신을 분석하면서 그의 인격에 '동성애가 잠재해 있음'을 밝혀낸 바 있었다. 카디너는 1954년에 출간한 『성과 도덕(Sex and Morality)』에서 국가의 안정을 위해 동성애를 제거해야 한다고 단호하게 주장했다.[12)]

베네딕트는 여자 대학원생들을 끌어모았다. 루스 언더힐(Ruth Underhill)이나 루스 랜디스처럼 그들 가운데 일부는 베네딕트보다 나이가 더 많았다. 그들은 베네딕트처럼 다른 분야에서 자리를 잡은 후 인류학에 입문한 사람들이었다. 언더힐은 뉴욕에서 사회복지 일을 했다. 랜디스는 할렘에서 흑인 운동을 했다.[13] '애시 캔 캐츠'인 해나 칸('다비드')은 자주 베네딕트의 비서로 근무했다. 저넷 머스키는 베네딕트가 지도 교수였다. 베네딕트의 제자들은 남자였든 여자였든 모두가 그녀를 존경했다. 그녀가 제자들이 연구하는 문화와 그들을 세심하게 헤아렸기 때문이다. 그들은 남자든 여자든 베네딕트의 자식이었다. 베네딕트는 그들의 개인적 문제를 들어줬고, 현지 조사에 나선 제자들과는 서신 왕래를 했으며, 연구비 지원을 알아봐줬다. 심지어 그녀는 자기 기금에서 돈을 주기도 했다. 여러 해 전에 '아무런 단서도 달지 않고' 미드에게 돈을 줬던 것처럼 말이다. 1930년대 후반에 베네딕트는 경제 사정이 아주 좋았다. 스탠리가 1936년에 죽으면서 많은 유산의 대부분을 그녀에게 물려주었던 것이다. 루스 랜디스는 대학원생들이 베네딕트를 어떻게 생각했는지 다음과 같이 쓰고 있다. "베네딕트는 우리들에게서 어떤 종교적인 열정을 불러일으켰다. 그녀는 야망을 추구하기보다는 위대한 개인적 자질들을 바탕으로 살아간다."[14] 베네딕트의 여성 제자들은 그녀를 '루디'라고 불렀다.

리오 포천은 인류학과에 레즈비언 동아리가 있다고 비난했다. 그러나 그가 제기한 혐의 내용을 입증하는 증거는 별로 없다. 1936년에 미드와 베네딕트의 친구이자 동료인 인류학과의 루스 번젤이 별안간 자기는 베네딕트를 사랑한다고 선언하고 나섰다. 해서 두 사람은 연애를 시작했다. 베네딕트는 이미 몇 년 전부터 나탈리 레이먼드한테서 소외당하고 있었다. 그러나 그녀는 번젤과 열심히 연애하지는 않았다. 베네딕트는 번젤이 남자들에게 신물이 났을 뿐 진짜 동성애자는 아니라고 미드에게 썼다. 그녀가 남자들에게 매력을 발산하지만 항상 겁을 주어 쫓아버린다는 것이었다. 번젤은 컬럼비아 대학교의 사회교육 프로그램인 일반 교양을 가르쳤다. 그녀는 베네딕트가 관장하고 있던 인류학과의 핵심에 좀 더 바짝 다가가고 싶어 했다. 그러나 번젤은 베네딕트가 상대하기에는 까다로운 인물이었다. 1938년에 베네딕트는 자신이 둘 사이에서 유지하고자 한 거리를 번젤이 몹시 싫어했고, 그래서 마치 화산 위에 앉아 있는 것 같다고 미드에게 썼다.[15] 베네딕트와 번젤은 다음 1년 정도를 단속적으로 함께 지냈다. 그러나 베네딕트가 미드에게 써 보낸 몇 통의 편지에 언급된 내용을 빼면 그 연애에 관한 상세한 내용은 어디서도 찾을 수 없다. 결국 두 사람은 다른 여성 동반자를 찾게 된다.

베네딕트는 인류학과 대학원생의 성별 구성에 지대한 영향을 미쳤다. 그녀가 과에 재직한 수년 동안 컬럼비아 대학교의 인류학과 대학원에 등록한 여학생 수는 미국의 다른 어떤 대학원 과정에 등록한 여학생 수보다 더 많았다(대학원 과정 중에 여자 교수를 단 한 명이라도 둔 과 역시 거의 없었다). 베네딕트는 1940년에 인류학에서 여자들이 차지하는 지위라는 문제로 글을 쓰면서 미드의 주장을 되풀이했다. 부족사회 여자들의 활동을 연구하려면 인류학과에 여자들이 필요하다고 말이다. 베네딕트는 대학들의 인류학과 교직이 남자들 차지라고 지적했다. 물론 그녀는 여자 대학 가운데서 인류학 과목을 가르치는 학교가 거의 없다는 사실을 언급하는 것도 빠뜨리지 않았다. 베네딕트는 컬럼비아 대학교의 여자들을 지원했고 미드가 일반 교양 강좌에서 가르칠 수 있도록 주선했다. 루스 번젤에게는 대학원 자리를 마련해주려고도 했다. 베네딕트는 인디언 공예를 연구한 베네딕트의 박사 과정 후보생이었던 진 웰트피시(Gene Weltfish)를 고용할 수 있었다. 좌익 활동 때문에 웰트피시의 지위가 위태로워졌을 때 베네딕트는 이사회에 쳐들어가 항의했다.[16] 《미국 민속학 저널》의 편집자였던 베네딕트는 1930년대에 민속학회의 여자 비율이 늘어나는 데서 중요한 역할을 했다.[17]

린턴이 부임한 후에도 베네딕트는 한동안 계속해서 과의 운영을 맡았다. 그녀는 라틴 아메리카의 원주민 문화와 블랙풋 족 문화 연구 과정을 만들었고, 부족 20개를 포괄하는 또 다른 프로그램 '북아메리카 인디언들의 문화와 인성'도 준비했다. 베네딕트와 제프리 고러는 「민족학 현지 조사 수행자들이 활용할 수 있는 심리적 단서들의 안내서」를 만들었다. 이것은 달러드의 생애사 연구 방법에 토대를 두고 있었다. 베네딕트는 자신의 포괄적 계획에 들어 있던 라틴 아메리카와 미국 인디언 지역 여러 곳에 대학원생들을 파견했다. 그러나 그들이 현지 조사를 바탕으로 쓴 논문들을 책으로 묶어내지는 못했다. 그 작업은 애초에 베네딕트가 연구된 내용을 요약하려고 계획했던 것이다. 결국 린턴이 그 프로젝트를 인수했다. 이 시기에 베네딕트 자신은 1930년에 메스칼레로 아파치 족과 1939년에 블랙풋 족을 연구하는 학생들을 지도한 사례를 제외하면 현지 조사를 거의 하지 않았다.

1938년에 마리 아이첼버거는 루스 베네딕트가 관리 업무와 교육과 연구 부담으로 쩔쩔매고 있다고 미드에게 썼다. 마리는 루스가 우울증에 빠진 것 같다고 걱정했다. 베네딕트는 거의 매일 똑같은 파란색 옷을 입었다. 마거릿 미드가 루스 베네딕트를 처음 만났을 때와는 달리 이번에는 여성적인 몸짓이 아니었다. 베네딕트는 밤 시간의 여흥을 별로 즐기지 않았다.[18] 마리는 베네딕트와 미드를 여전히 영웅으로 숭배했고, 미드가 현지 조사를 나갔을 때는 계속해서 그녀의 개인적 요구사항을 들어줬다. 그녀는 모두를 걱정했다. 마리 아이첼버거의 편지 내용과 루스가 드물게만 편지를 보내오자 걱정이 커진 마거릿이 직접 그녀의 감정 상태를 물었다. 마거릿은 루스가 폐경기 증상 때문에 그 전해부터 호르몬을 투약하기 시작했음을 알고 있었다. 루스는 더 이상은 아무런 성 충동도 못 느끼게 된 것 같다고 불평했었다.[19] 루스는 자신이 우울증에 걸리지 않았다고 대답했다. 그녀는 자신이 사색적이 되었다고 느끼고 있었다. 루스는 자신이 오랫동안 찾아온 나라를 발견한 것 같다고, 아버지와 자신의 아름다운 사람들이 거주하는 환상 세계에 살고 있는 것 같다는 생각이 든다고 마거릿에게 썼다.

『문화의 패턴』이 출간되고 난 후 대중적 지식인이라는 베네딕트의 지위는 확고해 보였다. 물론 인류학과에서 그녀가 직면한 문제들, 특히 린턴과 벌인 충돌이 해소되지는 않았지만 말이다. 그러나 베네딕트는 창의적으로 활동하면서 어려운 상황에 쾌활하게 대처했다. 그녀는 『인종 : 과학과 정치학』을 썼고, 제2차 세계대전 중에는 연방 정부에서 일했으며, 전쟁이 끝나자 당대 문화 연구를 시작했다.

베네딕트는 『문화의 패턴』을 출간한 후로 젠더에 관해 별로 쓰지 않았다. 그녀는 미드에게 그 주제를 넘겼고, 미드는 『세 부족사회에서의 성과 기질』을 출판했다. 1938년에 미드는 성차를 논하는 책을 써볼까 생각 중이라고 말하면서 베네딕트에게 의견을 물었다. 베네딕트는 개인적 경험이든, 학적 지식이든 성차에 관해 아는 게 없다고 답변했다. "성차가 존재한다는 건 분명히 알겠지만 할 말은 전혀 없군."[20] 베네딕트가 이 주제를 다년간 써왔다는 사실을 고려하면 그녀의 대답은 상당히 놀랍다. 아마도 정보를 제공하기보다는 질문을 회피한 것인 듯싶다. 『문화의 패턴』 이후 베네딕트의 주요 저서를 두 권만 꼽으라면 1940년에 출간된 『인종 : 과학과 정치학』과 1946년에 출판된 『국화와 칼』일 것이다. 두 책 모두 역사적·구조적 특징에 초점을 맞추고 있다. 두 저서는 성 역할을 상세히 조사하지 않는다.

베네딕트는 개인 서신에서 성별(gender)이 비슷하지 않고 다르다고 계속 주장했다. 그녀는 1943년에 쓴 편지 두 통에서 여성의 지위와 흑인의 지위를 연관 지었다. 그해에 배서 대학의 올리버 코프(Oliver Cope) 박사라는 사람이 베네딕트가 인종주의는 포괄적으로 서술했지만 '성별 편견' 문제는 다루지 않았다는 편지를 보내왔다. 베네딕트는 그의 지적이 옳음을 깨닫고는 '큰 충격'을 받았다고 답장했다. 그녀는 입장을 분명히 설명하려고 노력했으나 그녀의 입장은 모순적이었다. 베네딕트는 남자와 여자가 모든 문화에서 언제나 '동일한 염색 통에 담긴다'고 주장했다. 그러고는 자기가 몇 달 전에 짤막한 글을 하나 쓰기도 했다고 말했다. 그런데 그녀는 거기서 인종과 성별을 연결해 인종들 사이의 차이가 제거되어서는 안 되는 것처럼 '성별(sex) 간 차이를 축소하는 것' 역시 '잘못'이라는 주장을 펼친다.[21] 베네딕트는 그 차이가 무엇인지는 말하지 않았다.

베네딕트는 에임럼 샤인펠드(Amram Scheinfeld)가 성차를 논한 책의 초고 몇 장을 읽으면서 자신의 입장을 어느 정도 명확하게 밝혔다. 친구가 읽고 논평해달라며 그녀에게 원고를 보내왔던 것이다. 베네딕트는 그에게 보낸 편지에서 남자와 여자가 다르다는 그의 결론에 자기도 동의한다고 썼다. 그러나 그녀는 그가 '그릇된 생물학주의'를 채택한 것이 마음에 들지 않았다. 베네딕트도 그가 지적한 것처럼, 여자들이 선거에서 남자들과 마찬가지로 남성 후보들에게 표를 던진다는 사실을 잘 알고 있었다. 그러나 그는 의존에 뿌리박은 선천적인 여성성 때문에 여자들이 남편들을 좇아 투표한다는 엉터리 주장을 폈다. 베네딕트가 보는 진실은 달랐다. 위계에 기초한 문화에서 여자들은 성별과 관련해 주류의 태도를 내면화하고, 남자만큼이나 반여성적이 된다는 게 베네딕트의 생각이었다. 다른 쟁점들에도 동일한 원리가 적용되었다. 그가 주장한 것과는 달리 여자들이 '타고나기를' 평화주의자인 게 아니었다. 흑인들도 평화주의자였던 것이다. 두 집단이 전쟁 폭력에 아주 민감했던 것은 그들이 억압의 희생자들이었기 때문이다. 베네딕트는 여전히 문화가 사람들에게 발휘하는 위력을 믿고 있었다. 그러나 흑인과 여자들이 전쟁 폭력에 민감하다는 이 진술을 보면 문화의 통제력이 절대적이지 않음을 알 수 있다. 피억압자들이 그들의 억압 상황을 다 받아들이지는 않는 것이다.[22)]

베네딕트는 이 시기에 여성 단체들에 참여하지 않았다. 그녀는 제1차 세계대전 이전처럼 여전히 여성 조직들에 비판적이었다. 1940년에 소설가 펄 벅(Pearl Buck)은 베네딕트에게 경고하는 편지를 한 통 썼다. 미국에서 파시즘적 분위기가 득세하면서 대공황의 원인으로 여자들이 희생양으로 전락하고 있다는 것이었다. 벅은 베네딕트에게 뭘 할 생각이냐고 물었다. 베네딕트는 벅의 전제에 동의하지 않는다고 답변했다. 그녀가 볼 때 여자들의 지위는 1930년대 초반 이후로 계속 개선되었다는 것이다. 오히려 문제는 여자들이 받는 처우가 아니라 남자들을 배제하고 행동에 나서는 여자들이었다. 베네딕트는 1941년의 한 연설에서 이 입장을 다시 표명했다. 그녀는 여성 참정권을 실현하기 위해서는 분리주의 여성 조직이 필요했지만 대부분의 쟁점에서는 남성들과 함께 할 때 가장 효과적이라고 주장했다.[23)]

다른 한편, 베네딕트는 인종 쟁점을 회피하지 않았다. 그녀는 보애스와 밀접하게 제휴했고, 히틀러가 독일에서 권좌에 오르는 과정도 걱정하며 지켜보았다. 그러나 베네딕트는 오래전부터 이 쟁점에 민감하게 반응하고 있었다. 베네딕트의 가계는 노예제 폐지를 지지했다. 대학 시절에 그녀는 부커 T. 워싱턴(Booker T. Washington)과 점심을 먹은 배서 대학 학생들에게 쏟아진 비판을 반박하기도 했다. 베네딕트는 셰익스피어의 연극들에 나오는 인종을 화두 삼아 인종주의에 반대하는 에세이를 썼다. 그녀는 대학을 졸업하고 유럽 여행을 하면서 이탈리아인,

스위스인, 독일인 가족들과 생활했고, 민족 문제에 예민해졌다. 베네딕트는 사회복지사로 이민자 사회를 도왔고, 인류학자로서 인종 차별이 횡행하는 사회를 연구했다.[24)]

컬럼비아의 대학원생들도 베네딕트가 인종 문제를 계속 연구하기로 하는 데서 일정한 역할을 했다. 베네딕트와 린턴이 다투면서 학생들도 양분되었다. 그러나 그들은 대공황기에, 특히 뉴욕 같은 도시들과 컬럼비아 같은 대학 캠퍼스들에 등장한 급진주의를 중심으로 다시 단결했다. 그들 가운데 한 명은 이렇게 썼다. “자유주의자나 급진주의자가 되면서 자동으로 두 집단이 융화하는 걸 지켜보는 게 가장 즐거웠다.”[25)] 유대인 학생들이 보애스 밑에서 공부하겠다고 새롭게 컬럼비아에 진학했다. 그들 다수가 시티 칼리지 학부를 거쳤다. 20세기 초에 보애스 밑에 들어왔던 유대인 학생들처럼 그들도 인종주의에 반대하는 그의 입장에 반해서 컬럼비아를 선택했다. 이번에는 당연히 히틀러의 반유대주의가 사람들의 머릿속에 들어 있었다. 나치가 공개적으로 불태운 최초의 서적들 가운데 하나가 바로 보애스의 저작이었다.[26)]

베네딕트는 보애스나 급진적 학생들의 영향을 받아 사회주의나 공산주의로 전향하지는 않았다. 그러나 1930년대 말에 가면 그녀는 더 좌로 편향해 적극적으로 활동한다. 베네딕트는 컬럼비아 대학교 사범대학에 있는 진보교육협회의 다양한 위원회들에 참여했고, 초·중등학교에 제공할 각종 인종 차별 철폐 프로그램을 작성했다. 그녀는 교수단의 친구들과 협력해 심리학적 차원에서 사회문제를 연구하는 학회(Society for the Psychological Study of Social Issues)를 창립했다.[27)] 베네딕트는 에스파냐 내전기에 지식인들을 규합해 공화주의의 대의를 옹호했다. 그녀는 탄원서를 돌렸고 집회를 조직했다. 베네딕트가 가입한 조직들은 공산주의 단체라는 혐의를 받았고, FBI는 그녀를 파일로 관리했다.

베네딕트는 동성애자였고 차별에 민감했다. 그녀는 보애스와도 아주 친했다. 둘은 거의 '막역한 친구' 사이라 할 만했다. 베네딕트는 1939년에 주 연구 분야 가운데 하나인 인종 연구에 착수했다. 그녀의 자유주의, 인종 차별을 반대하는 입장, 보애스 및 대학원생들과 맺은 관계, 린턴과 벌인 다툼, 젠더라는 화두를 미드에게 넘겨준 사실 등이 여기에 작용했다.

보애스는 문화의 개념을 재정의해, '문명' 또는 엘리트들의 창조물이 아니라 사회 일반의 산물임을 강조했다. 베네딕트가 인종을 다룬 태도는 이런 견지에서 파악해야 한다. 보애스가 문화 개념을 이렇게 민주화·상대화하자 인류학자들은 인종 차별을 거부하는 관점에서 문화들을 조사 연구할 수 있게 됐다. 그러나 조지 스타킹(George Stocking)이 쓴 것처럼, "인종주의 비판자 보애스의 문제는 민족의 '특별한 재능'을 유전적 특징과 다른 차원에서 정의한 것이었다."[28] 보애스의 해결책은 중요한 변수인 인종을 없애는 것이었다.

당대의 인종주의는 매서웠다. 따라서 민족지학에 인종 이론을 보탰다가는 인류학의 모든 분야가 진화적 인종주의를 논쟁하는 싸움터가 될 수도 있었다. 알렉산더 골든와이저도 분석의 범주로 민족지학에 인종을 집어넣는 문제에서 보애스와 같은 입장을 취했다. 그는 이렇게 썼다. "문화인류학자의 관점에서는 인종이 존재한다는 사실이 짐이다. 문화인류학자는 자신의 구체적인 연구들에서 거의 항상 인종의 존재를 무시한다." 그는 이 방법에 문제가 없다고 말했다. 인류의 문화적 분할이 인종 분할보다 훨씬 더 복잡하고, '개별 인종 내에서도 온갖 종류의 문화를 확인할 수 있다'는 사실이 '평범한 관찰자에게조차' 명백했기 때문이다. '문화는 질적으로 다를 뿐만 아니라 발달 단계도 다르다.'[29] 베네딕트는 『문화의 패턴』 앞부분에서 인종주의를 신랄하게 비판했다. 그러나 책의 나머지 부분에서는 이 주제를 언급하지 않는다. 그녀는 이렇게 썼다. "체형과 인종은 문화와 분리할 수 있고, 우리의 목적상 어떤 이유로 관련이 있는 부분을 제외하면 한쪽으로 제쳐놓을 수 있다."[30]

보애스의 제자들 다수는 인종주의를 비판하는 논문과 책을 썼고, 그들의 전반적인 인류학 연구에 문화의 상대성을 논하는 부분을 덧붙였다. 19세기에 형질인류학자들은 맨 처음 머리 크기와 뇌 용적으로 인종을 분류하겠다는 계획을 세웠다. 그들 때문에 인류학자들이 인종 문제 전문가로 부상했다. 보애스는 조라 닐 허스턴(Zora Neale Hurston) 같은 대학원생들에게 인종 문제를 연구하도록 유도했다. 그에게 설득당한 멜빌 허스코비츠는 이민족 간의 결혼으로 태어난 자식들을 연구했는데, 이는 아이들이 부모의 '나쁜 특성'을 물려받는다는 믿음을 반박하려는 시도였다. 허스코비츠가 나중에 쓴 책들은 노예로 끌려온 아프리카인들의 문화가 노예제 기간은 물론 해방 이후로도 미국의 흑인 사회에서 여전히 강력하게 유지되고 있다고 주장했다.[31]

베네딕트는 《뉴욕 헤럴드 트리뷴》의 일요판 서평란에 정기적으로 기고했다. 그녀는 많은 경우 인종 문제를 다룬 책을 비평했다. 베네딕트가 1920년대와 1930년대에 쓴 글들은 가끔씩 공공연하게 인종주의를 비판한다. 이런 양상은 『문화의 패턴』도 마찬가지이다. 이 시기에 그녀는 보애스가 인종 문제를 다루는 대중서 작업에 착수해주기를 기다리고 있었다. 그가 오래전부터 쓰겠다고 되뇌었기 때문이다. 그러나 보애스가 80대에 접어들면서 그 일을 할 수 없으리라는 게 명백해졌다. 히틀러의 인종주의는 단호했고, 베네딕트는 책을 써야 한다는 의무감을 느꼈다. 보애스의 제자 오토 클라인버그(Otto Klineberg)는 흑인이 열등하다는 소위 '과학적' 증거들을 반박하는 전문가였다. 그는 인종주의자들이 인종 차별 반대론자들보다 글을 잘 쓰는 경우가 아주 많다고 말했다. "가장 조리 있는 설명을 한다고 해도 진실이 꼭 그들 편에 머무는 것은 아니다."[32] 베네딕트는『문화의 패턴』을 통해 대중적 글쓰기 능력을 증명해 보였다. 그녀는 다시 그 일을 해야만 했다. 더구나 유대인들이 인종을 논한 글은 특수한 항변으로 배격당할 수 있었다. 요컨대 베네딕트는 '올드 아메리칸'이었고, 인종주의가 만연한 당대의 미국 상황에서 이른바 공정한 주장을 펼칠 수 있었던 것이다. 보애스가 그녀의 책을, 특히 형질인류학을 논한 부분을 검토해줬다. 베네딕트는 그 분야의 전문가가 아니었다.

보애스의 제자들은 인종을 논하면서 서로의 주장을 되풀이했다. 그건 베네딕트도 마찬가지였다. 베네딕트는 눈 색깔, 머리 색깔, 코의 크기, 혈액형 같은 것들이 인종과는 상관이 없다고 말했다. 피부색을 보더라도 집단 내의 변이량이 집단 간의 변이량보다 더 크다는 것이었다. 베네딕트도 다른 보애스주의자들처럼 인간의 유전이 동물의 유전과는 다르다고 주장했다. 인류는 격리되어 살아도 종 분화를 하지 않는다. 게다가 멘델의 유전 법칙에 의하면 동일함이 아니라 다양성이야말로 유전의 철칙이라는 것까지 증명되었다. 인류는 대다수의 동물과 달리 광범위한 지역으로 이주했기 때문에 '인종적으로 순수한' 유전자가 존재하지 않는다. 역사적으로 아시아와 유럽, 아메리카 대륙의 주민들은 이동과 인종 간 결혼을 거듭했고, 남아프리카와 폴리네시아의 주민들도 마찬가지이다. 아랍인들조차 자기들이 정복한 나라의 원주민 집단에서 아내를 얻었다. 베네딕트는 제국 군인과 공무원으로 외국 땅에 머물던 유럽의 남성들도 백인 여자들이 도착하기 전에는 똑같은 행동을 했다고 넌지시 말한다. 인종은 가계(家系)의 문제이지, 민족이나 인종을 통한 유전이 아니라는 것도 보애스의 근본 원리였다. 베네딕트는 그 입장도 되풀이했다.

베네딕트의 인종 저술도 그녀의 다른 저작과 마찬가지로 뚜렷한 특징을 보인다. 베네딕트가 평소에 구조주의를 견지해왔다는 사실을 고려하면 인종주의의 역사를 논하는 부분이야말로 그녀가 보이는 가장 흥미로운 일탈이다(역사학자의 관점에서 볼 때). 우선 첫째로 베네딕트는 민족주의(국가주의)가 발흥하면서 인종주의가 기원했다고 본다. 로마제국은 문명 통합이라는 개념을 기초로 했다. 어떤 민족 집단이 거주하는 지역이든 지방민도 시민이 될 수 있었고, 로마의 행정가가 되는 것도 기대할 수 있었다. 그리스도는 평등의 교리와 '인류의 형제애'를 설파했다. 민족주의라는 '저거놋'이 등장하기 전까지는 통합 개념이 존재했다. 13세기에 출현한 민족주의는 '국제적인 무정부 상태'를 낳았고, 그 상태는 현재까지 지속되고 있다. 16세기에 제국주의라는 경제적 충동, 특히 영토와 값싼 노동력을 확보하겠다는 욕망이 비등했다. 신세계 착취가 이루어졌고, 경제 수준이 서로 다른 집단이 변경에서 조우하면서 인종주의가 나타났다. 18세기에 '인종'이란 말이 확대되어 계급 개념을 포괄하면서 그 탄력적 유연성이 드러났다. 그 세기에 프랑스에서 귀족과 평민이 충돌했는데, 귀족들이 자신들의 적을 다른 인종으로 규정했던 것이다.[33)]

베네딕트는 『인종 : 과학과 정치학』에서 '인종주의'를 맹비난했지만 인종 개념 자체를 버리지는 않았다. 베네딕트가 평소 문화를 강조해왔다는 사실을 고려하면 그녀가 이 개념을 폐기하지 않은 것은 다소 의외이다. 생물학적으로 설명할 수 있는 여지를 남기는 것이었기 때문이다. 베네딕트는 '유전적 조건'을 찾는 과학자들에게는 인종 개념이 여전히 유용할 수도 있다고 썼다. 이를테면, '특이한 신진 대사' 같은 경우 개별 인종에서 그 원인을 찾을 수도 있다고 보았던 것이다. 베네딕트는 『인종 : 과학과 정치학』의 여러 부분에서 '인종'이란 말을 쓰는 것에 문제가 있음을 인정했다. 이 단어가 생물학적·진화적 위계를 함축하고 있었기 때문이다. 그래서 그녀는 '민족'(ethnicity)이란 말을 썼다. 베네딕트와 같은 시대를 산 당대인들, 이를테면 마그누스 히르슈펠트 같은 사람들은 '인종'이란 말을 폐기했다. 다른 사람들처럼 히르슈펠트도 대체 용어 '민족'을 사용했다. 나중에 미드의 친구가 되는 생물학자 줄리언 헉슬리(Julian Huxley)는 인종을 논한 주요 저작 『우리 유럽 사람들(We Europeans)』에서 '유형'(type)이란 말을 썼다. 베네딕트는 셰익스피어의 연극에 나오는 인종을 논한 자신의 대학 시절 에세이에서 이 단어를 사용하기도 했다. 베네딕트의 제자 애슐리 몬터규(Ashley Montagu)는 '카스트'(caste)라는 단어를 쓰자고 제안했다.[34]

베네딕트는 프란츠 보애스를 좇아 인류를 세 개의 인종 집단으로 나누는 걸 받아들였다. 백인종(Caucasian), 흑인종(Negroid), 황인종(Mongoloid). 보애스주의자들 가운데서 인종 분류를 완전히 폐기한 사람은 아무도 없었다. 베네딕트는 계속해서 유럽 '백인'은 북유럽인, 알프스인, 지중해인으로 구성되어 있다고 말했다. 이런 분류는 원래 인종주의자들이 한 것이다. 베네딕트는 어느 '인종'에 속하는지를 파악해야 할 구체적인 상황에서는 두개(頭蓋) 계수가 유용한 수단이라고 권하기도 했다. 베네딕트는 '인종'과 '국가'(민족)를 혼동해서는 안 된다고 훈계하면서도 자신이 그런 실수를 했다. 시간이 흐르면서 사람들이 섞였고, 인종 유형이 혼합된 민족 집단이 이미 만들어졌기 때문이다. 베네딕트는 보애스가 백인종 개념을 빼버렸다면서 그의 분류를 두 가지, 곧 흑인종과 황인종으로 축소했다. 보애스가 이렇게 바뀐 것은 일본의 외딴 섬에 사는 아이누 족이 유럽인의 특징을 보였기 때문이다. 그는 아이누

족이 보이는 유럽적 특징이 돌연변이에서 유래한다고 보았다. 보애스는 이 특징이 이주와 정복을 통해 아시아에서 동유럽으로 퍼졌고, 백인종의 토대를 형성했다고 생각했다. 따라서 보애스의 논지에 따르면 '백인종'은 독립적인 인종 유형이 아니고, 사실상 '황인종'인 셈이었다.[35)]

베네딕트가 자유주의자의 태도로 인종 문제를 다루었음에도 불구하고 성별(gender)이라는 분석 범주는 『인종 : 과학과 정치학』에 나오지 않는다. 인종을 다루는 다른 보애스주의자들의 저작에 성별이 안 나오는 것도 똑같다. 베네딕트의 '인종'과 '인종주의자'는 크게 보면 관련이 별로 없다. 물론 그녀가 다윈 이후의 인종주의 이론가들은 이전 시대의 이론가들보다 확실한 인종적 특성으로 힘과 권력에 더 많은 관심을 가진다고 언급하기는 했다. 공격적 남성성이 제국주의와 연결되어 있다고 말했다는 얘기이다. 베네딕트는 '인종주의'가 하나님의 선택을 받은 사람들(Elect)의 청교도적 신앙과 유사하다고 보았다. 지배 집단이 아무런 근거도 없이 우월한 지위를 주장하는 이데올로기와 유사하다는 것이다. 베네딕트가 인종주의의 책임을 청교도주의에 돌리지는 않았다. 그러나 그녀는 19세기 말쯤 되면 하느님의 선택을 받은 사람들이 이미 '사냥 집단'이 되어 있었다고 썼다.[36)]

베네딕트는 그 25년 전에 「보쿠 플랜트」를 썼고, 여기서 남성 제국주의는 '인종적 타자'와 자연뿐만 아니라 여자도 강간한다고 얘기했다. 그러나 「보쿠 플랜트」의 주제가 『인종 : 과학과 정치학』에는 안 나온다. 베네딕트는 에우리피데스의 『트로이의 여인』을 논한 대학 시절의 에세이에서 여자들에게는 강요된 첩의 신분이 공포스럽다고 말했다. 그러나 『인종 : 과학과 정치학』에서 그녀는 일부다처제로 원주민 여자들을 취한 아랍인들은 물론이고 알렉산드로스 대왕과 로마의 황제들이 명령한 인종 융합을 '결혼'이라고 서술한다. 베네딕트는 그런 처지에 놓인 여자들이 선택권을 행사해 자신들의 운명을 결정했는지 여부에는 전혀 관심이 없다. 그녀는 미국의 노예 제도와 유럽의 식민주의로 인종 융합이 강제되었다고 언급했지만 그 사태를 분석하지는 않았다. 베네딕트는 「카니발리즘의 용도」 같은 초기 저술에서 전쟁으로 젊은 이들이 희생되는 것을 통탄했고, 남성성이 상이하다는 것도 인정했다. 그러나 그녀는 인종주의자들을 나이, 계급, 성별 같은 요소들로 나누어 분석하는 데까지 나아가지 않았다.

베네딕트는 미국의 남성 가부장들을 신랄하게 공격하는 『문화의 패턴』에서 가부장제 이론을 인류 사회가 조직되는 원리라고 분명하게 표명하는 단계에까지 이르렀다. 그러나 그녀는 막판에 한발 뒤로 물러선다. 베네딕트는 에임럼 샤인펠드에게 보낸 편지에서 여자들과 흑인들이 억압받는다는 점에서 비슷하고, 두 집단 모두 자신들의 압제자들에게 동화되어 스스로에게 주류적 가치를 강요한다고 말했다. 두 집단이 평화주의를 옹호하는 것과 같은 문제에서는 자신들이 받는 억압에 저항한다는 논평이 추가되기는 했다. 여러 나라에서 국민들이 권위주의적 지도자들을 맹목적으로 추종하는 듯한 시대였기 때문에 베네딕트는 이 명제가 솔깃했다. 베네딕트는 1930년대에 문화 결정론의 주요 지지자였다.

멜빌 허스코비츠는 미국의 흑인들이 아프리카 문화의 요소를 많이 간직하고 있다고 주장했다. 베네딕트는 허스코비츠의 생각에 이의를 제기했다. 그녀는 미주 대륙으로 강제 이주당해 수 세기 동안 노예제의 고초를 겪으며 원래 문화에 대한 그들의 지식이 멸실되었다고 주장했다. 미국의 흑인들이 남부 지방에서 자행된 차별을 대체로 순순히 받아들였다는 것이다.[37] 베네딕트는 이런 인식 속에서 미국 흑인들이 평등을 달성하려면 시민권과 경제적 평등이 요구된다고 말했다. 그녀는 마르크스주의자인 적이 단 한 번도 없었지만 이제 사회를 분석하는 데서 경제와 계급이 중요하다는 점을 인정했다. 베네딕트는 인종주의가 출현하는 것은 계급 차별 때문이기도 하다고 주장했다. 그녀는 남부에 거주하는 백인 빈민 문화가 그곳의 흑인 문화, 특히 종교와 음악에 큰 영향을 끼쳤다고도 생각했다. 경제 분석에 기초한 베네딕트의 주장은 상당히 타당했다. 그러나 아프리카 문화의 요소들이 유지 보존되었다는 허스코비츠의 주장을 그녀가 채택했더라면 더 좋았을 것이다. 이제 학자들은 그렇게 보존된 아프리카 문화의 여러 요소들이 아프리카계 미국인이 아프리카적 관례에 따라 문화를 표현할 수 있었던 근원임을 인정한다. 베네딕트는 흑인들이 사회적 약자 층으로 전락했다고 주장했다. 그들의 문제를 해결하려면 시민권과 교육 개혁은 물론 '사회공학'을 통해 경제적 처지를 개선해야 했다. 이 의제는 백인 약자 층에게도 확산되어야만 했다. 그들이 주로 가난 속에서 인종 차별적 태도를 드러냈기 때문이다.[38] 베네딕트는 이런 개혁을 시도할 수 있는 힘이 있는 존재는 국가뿐이라고 주장하면서 프랭클린 루스벨트의 급진적인 뉴딜 정책을 지지했다.

베네딕트는 민족 국가가 발흥하기 이전에도 소수 집단이 차별받았음을 알고 있었다. 그녀는 기독교 종교재판소가 유대인들을 박해했고, 반유대주의의 역사가 유럽에서 오래 지속되었음을 언급했다. 그러나 베네딕트는 전근대 유럽에서 여자들이 마녀로 박해받은 일과 히틀러 치하에서 동성애자들이 탄압받는 사태를 언급하지 않았다. 그녀는 이런 문제를 제기하면 남을 설득하기 위해 자기에게 유리한 주장만 하는 것으로 오해받을 수 있다고 판단했을 것이다. 여자가 쓴 인종 문제 관련 저서로는 잘못된 접근법이라고 본 셈이다. 베네딕트가 세심하게 주의를 기울이지 않았다면 그녀의 책은 페미니즘 선전문으로 배격당할 수도 있었다.

베네딕트는 인종과 젠더 사이에 유사점이 있을 수 있음을 잘 알았다. 그녀는 에임럼 샤인펠드에게 보낸 편지에서 소수 집단은 자기들이 받는 억압을 내면화하고, 나아가 스스로를 억압한다고 주장했다. 이것은 아주 정교하고 세련된 주장이다. 페미니즘 및 포스트모더니즘 사상가들도 아주 최근에야 이런 입장을 비교적 분명한 형태로 개진했음을 상기해보라. 그러나 베네딕트는 출판된 책에서는 그런 입장을 전개하지 않았다. 이를테면, 『인종 : 과학과 정치학』에서 그녀는 피억압자들의 처지보다 억압자들의 심리에 더 큰 관심을 보였다. 그녀는 '인종'보다 '인종주의'에 더 관심을 집중했다. 샤인펠드에게 써 보낸 베네딕트의 편지를 보면 여자들이 자신들이 받는 억압을 내면화해 인종주의자는 물론, 남자만큼 반여성적이 될 수 있음을 인정했다는 것도 알 수 있다. 베네딕트는 펄 벅에게 보낸 편지에서 썼듯이 1930년대 말에 여성 억압을 중요한 사회문제로 보지 않았다. 그러나 『인종 : 과학과 정치학』을 보면 그녀가 흑인 억압을 매우 중요한 사안으로 판단했음이 명백하게 드러난다.

그렇다면 마거릿 미드는? 그녀는 인종과 젠더라는 사안을 연결했을까? 미국 자연사박물관에서 미드의 처지는 어땠을까? 성 차별의 견지에서 보면 박물관도 상황은 컬럼비아 대학교와 유사했다. 박물관의 행정은 성별 위계에 따라 조직되었다. 주요 관리자들과 대다수의 큐레이터가 남자였다. 1928년에 박물관의 자연사 분과에 소속된 53명의 큐레이터 가운데 두 명만이 여자였고, 인류학 분과의 큐레이터 여섯 명 가운데는 미드 한 명만 여자였다. 교육과 공중위생 지원 분과들에는 여자들이 더 많았다. 그곳은 여성화된 직업 분야였으므로 충분히 예상할 수 있는 일이다. 그 분과들의 직원 열일곱 명 가운데 일곱 명이 여자였다. 박물관에서 비서와 사무원으로 일하는 여자는 많았다. 미드의 친구들인 펠럼 코트호이어와 마저리 러브도 한동안 그런 일을 했다. 마거릿이 그녀들에게 일자리를 소개해주었다.[39]

미드가 박물관의 남성 위계에 직접 이의를 제기했다는 증거는 전혀 없다. 그러나 그녀가 그런 활동을 했다고 해도 어떤 변화가 일어났을지는 참으로 의심스럽다. 미드에게 사직할 것을 종용하는 거센 요구 말고 말이다. 미드도 베네딕트처럼 승진하는 데서 난관이 많았다. 그녀는 박물관에서 보조 큐레이터로 직업 경력의 대부분을 채웠다. 어쨌든 미드는 많은 경우 박물관을 떠나 있었다. 그 일을 하는 처음 13년 동안 그녀는 대개 현지 조사 여행을 떠나서 박물관에 없었다. 제2차 세계대전 중에는 연방 정부에서 일했다. 전쟁이 끝나고 박물관으로 복귀한 미드는 철저한 일정에 따라 전국을 돌며 강연을 하고 회의에 참석했으며, 가끔씩 해외로도 나갔다.

그러나 남성 관리자들의 수를 고려할 때 미드가 박물관 소속이라는 사실은 매우 중요했다. 1930년대에 미드는 박물관에 소속된 여느 남자 탐험가들만큼이나 유명해져 있었다. 그녀의 성취로 박물관의 인류학 분과도 덩달아 위상이 높아졌다. 클라크 위슬러가 미드를 고용하면서 기대했던 바이기도 했다. 고생물학자 헨리 페어필드 오즈번(Henry Fairfield Osborn)이 1908년 박물관장으로 부임해 1935년에야 물러났다. 그는 부임해서 처음 몇 년 동안 인류학 분과를 못 잡아먹어 안달이었다. 그는 민족학자들이 정보원들한테서 한심한 소문이나 수집하는 가짜 과학자들이라고 생각했다. 보애스가 나서서 박물관 측과 논쟁을 벌였지만 이런 관점이 크게 개선되지도 않았다. 그러나 오즈번은 은퇴할 즈음에 인류학을 박물관의 중요한 두 분야 가운데 하나로 인정했다.[40] 미드 때문에 박물관이 언론의 주목을 받았기에 그가 태도를 바꾸었음이 틀림없다.

미드는 관리자들과 일정한 거리를 두었다. 그녀는 입사 당시 그 거대한 건물의 탑들 가운데 하나의 꼭대기 층 창고를 배정받아 사무실로 썼고, 평생 그 공간을 떠나지 않았다. 사람들이 미드의 사무실을 방문하려면 계단을 올라간 다음, 벽을 따라 낡은 서류 상자와 종이더미들이 쌓인 복도를 지나야 했다. 미드의 사무실은 조용히 지낼 수 있는 비밀스러운 공간이었다. 그 공간은 마거릿이 어린 시절 이사할 때마다 직접 골랐던, 가족들과 격리된 방을 떠오르게 한다. 미드는 원하면 아무 때나 들고날 수 있었다. 그녀는 그렇게 남성 관리자들과 멀리 떨어져 지냈다. 제인 하워드가 인터뷰한 박물관의 관리자들은 미드를 정력적이고 대립을 일삼는 사람으로 기억했다. 물론 그들은 그녀가 구체적으로 어떤 문제를 고민하는지 알지 못했지만. 하워드에 따르면 박물관에서 미드가 제일 친하게 지낸 친구들은 탐험가 큐레이터들의 아내들이었다. 그들은 각자의 남편들과 함께 원정에 나섰고, 스스로가 유명한 탐험가가 되는 일이 많았다. 그들이 1926년에 조직을 하나 만들었다. 이름 하여 여성 지리학자들의 모임. 미드도 거기 가입했다. 그 단체는 1929년쯤에 미국인 회원이 마흔한 명, 외국인 회원이 마흔여섯 명이나 되었다.[41]

미드는 박물관 관리자들이 인종 차별적임을 알고 있었다. 박물관장 헨리 페어필드 오즈번과 이사회의 매디슨 그랜트(Madison Grant)가 대표적이었다. 베네딕트는 『인종 : 과학과 정치학』에서 그 두 사람을 20세기 초에 성행한 미국 인종주의의 대표자들로 지목했다. 변호사이자 박물학자인 그랜트는 『위대한 인종의 소멸(The Passing of Great Race)』을 썼다. 당대 최고의 인종주의 논설인 이 책에는 오즈번이 서문을 썼다.

오즈번은 화석을 많이 찾았고, 진화적 다윈주의를 주창해 유명했다. 미드의 상사인 클라크 위슬러는 오즈번이 은퇴한 후, 그 때문에 박물관이 '『종의 기원』을 자료로 예증해주는 부록'으로 전락했다고 불평했다.[42] 그랜트와 오즈번은 뉴욕에 위치한 미국의 주요 우생학 학회들을 이끌었다. 1921년 오즈번의 지휘 아래 박물관에서 제2차 국제우생학대회가 열렸다. 오즈번은 그 회의에서 공개적으로 보애스의 작업을 공격했다. 보애스는《아메리칸 머큐리(American Mercury)》에 투고해 오즈번을 반박했다. 그는 그 글에서 미드가 석사 학위 논문으로 쓴, IQ 검사의 문화 개입적 성격을 인용했다.[43]

클라크 위슬러는 나중에 다윈주의를 부정했음에도 불구하고 1923년에 출간한 『인간과 문화(Man and Culture)』에서 인종주의적 생각들을 내비쳤다. 1900년대에 컬럼비아에서 대학원을 다녔던 그는 보애스의 유대인 제자들을 '이상한 외국인들'이라고 부른 바 있었다. 보애스가 1905년 박물관을 사임하자 위슬러가 그의 큐레이터직을 물려받았다. 위슬러는 자신의 1923년 저서에서 불쾌감을 주지 않으려고 매우 신경써서 발언하긴 했지만, '간접적인' 증거로 볼 때 지능 검사 점수와 문화적 성취의 측면에서 유럽 백인들이 다른 인구 집단을 능가하는 것 같다고 넌지시 말했다.[44] 위슬러는 천생 조정자였다. 그는 박물관의 여러 분파들 사이에서 효과적으로 줄타기를 하며 예의를 차렸다. 그건 컬럼비아의 인류학자들 사이에서도 마찬가지였다. 물론 그가 박물관에서 보애스의 직책을 물려받은 후로는 보애스와 박물관의 관계가 틀어졌지만 말이다.

위슬러는 조용하고 잘난 체하지 않는 성품이었다. 미드는 위슬러 밑에서 근무하던 여러 해 동안 그와 나눈 대화를 거의 아무것도 기억하지 못했다. 그녀는 이렇게 말했다. "나는 그를 안다는 사람을 한 번도 만난

적이 없다." 미드는 그레고리 베이트슨에게 보낸 편지에서 자신들의 '구역' 이론에 따라 위슬러를 '페이'로 분류했다.[45] 로버트 로위는 위슬러의 학생이었다가 12년 동안 그를 상관으로 모시며 큐레이터직을 수행했다. 그는 위슬러가 가끔씩 너무나 타협적이라고 생각했다. 로위는 누이에게 보낸 편지에서 위슬러가 '오즈번 패거리'에게 '겁을 집어먹고 굽실거린다'고 비난했다.[46]

오즈번은 자신의 인종 차별적 우생학에도 불구하고 박물관의 분파들이 평화롭게 지내도록 애쓰기도 했다. 그런 식의 태도는 컬럼비아 대학교의 보애스와도 마찬가지였다. 보애스도 박물관과 대화 채널을 유지했는데, 이렇게 정치적으로 미묘한 태도는 평소의 그답지 않은 행보였다. 오즈번은 큐레이터들이 자기 직무를 다하는 한 특별히 간섭하지 않고 내버려두었다. 그는 보애스의 제자들이 박물관에서 가르치고 연구를 수행하는 것도 허용했다. 오즈번의 자서전은 자신의 우생학적 신념에 대해 별다른 얘기를 하지 않는다.[47] 그러나 자유주의 성향의 인류학자들 가운데서도 인종 문제와 관련해 완전히 평등주의인 사람은 아무도 없었다. 보애스 자신은 인종적 차이가 존재한다고 생각했다. 로버트 로위는 인종들이 서로 다르다는 주장을 효과적으로 할 수 있을 거라고 생각했지만 위슬러가 그러지 못했다고 말했다. 로버트 로위가 위슬러의 1923년 저서를 부정적으로 논평했다며 오스본이 편지로 로위를 꾸짖은 것에 대한 답변이었다.[48]

위슬러는 미드의 연구 계획을 승인했다. 그는 현지 조사에 나선 미드에게 급여를 대신해 보조금을 줬다. 위슬러는 미드가 원하면 아무 때나 들고나도록 허락했다. 미드가 현지 조사를 나간 곳에서 박물관에 수장할 유물을 구매해 오기만 하면 어떤 것도 문제 삼지 않았다. 미드는 선조가 최초의 식민주의자들로까지 거슬러 올라가는 '올드 아메리칸'

이었다. 박물관 관리자들에게는 미드의 이런 지위가 우선적으로 구미가 당겼음이 틀림없다. 그들은 기꺼이 미드를 고용했다. 미드가 마누스에 가서, 부족민들의 정신 발달이 현대 사회의 아동들과 비슷하다는 인종주의적 가정을 검증해보고 싶다고 위슬러에게 말했을 때 그가 그녀에게 계속해서 성별(sex)을 연구해보는 게 어떻겠느냐고 은근히 권했음에도 불구하고 그들의 입장이든 그녀의 입장이든 드러내놓고 솔직하게 얘기된 것은 아마 아무것도 없었을 것이다. 아무튼 미드는 별다른 제재 없이 그 연구를 했다. 그 연구는 인종에 집중하지 않고 부족사회를 다루는 보애스의 반(反)인종주의 방식으로 이루어졌다.

미드는 1931년에 용기를 내어, 박물관에 근속한 5년 동안 전혀 승진하지 못한 이유를 위슬러에게 따져 물었다. 위슬러는 오즈번이 미드의 일을 어떻게 생각하는지 모르겠다고 답변했다. 그는 미드가 쓴 책을 오즈번이 실제로 읽기라도 하면 그녀를 괴롭힐지도 모른다고 염려했다. 보애스와 오즈번이 은퇴하자 위슬러는 미드에게 박물관과 컬럼비아 대학교 인류학과의 관계가 개선될 것이고, 박물관에서 미드의 입지도 강화될 것을 확신한다고 말했다.[49] 오즈번의 조수가 어느 날 갑자기 자기 사무실로 미드를 소환했을 때 그녀가 어린 시절에 느꼈던 권위에 대한 두려움을 상기한 것은 별로 놀랄 일이 아니었다. 그녀가 인종 문제에 신중한 태도를 보인 것 역시 당연했다.

미드는 제2차 세계대전이 발발하기 전까지는 베네딕트와 달리 인종 문제를 별로 다루지 않았다. 그녀는 IQ 검사에 인종적 편견이 개입하고 있음을 공박하는 석사 논문을 썼다. 마누스를 소개하는 논문에서는 부족민들이 '문명' 사회의 아동들이 보이는 발달 단계에 머물러 있다는 이론을 반박하기도 했다. 물론 그 연구 내용을 미국이 아니라 영국의 학술지에 발표하기는 했지만. 문화의 상대성을 입증하기 위해 쓴 그녀의 모든 저술은 진화적 · 인종주의적 사고를 비판하는 작업으로 볼 수 있다. 그러나 미드의 초기 저작이 베네딕트만큼 열정적으로 인종주의에 맞선 항변은 아니었다. 그녀는 인종 차별적 우생학자들을 비판하는 서평들에서도 직설적으로 언급하는 것을 피했다. 1930년대 중반에 베네딕트와 미드가 마치 젠더와 인종이라는 쟁점을 나누어 맡은 것 같다는 생각이 든다. 베네딕트는 인종에 관심을 기울이고, 미드는 젠더에 집중하기로 말이다. W. E. B. 두보이스가 1935년에 미드에게 편지를 보내 『흑인 역사 백과사전(Encyclopedia of Negro History)』의 원고를 청탁했을 때 그녀는 흑인 문제를 잘 알지 못한다면서 그의 제안을 거절했다. 물론 예외를 두기는 했다. 멜라네시아 사람들이 어쩌면 흑인종의 요소를 가졌을 거라는 단서를 달았던 것이다.[50)]

애니 네이선 메이어(Annie Nathan Meyer)는 바너드 대학의 설립자이자 유대인과 흑인의 인종 평등을 지지하는 활동가였다. 같은 해에 그녀가 미국 자연사박물관의 이사회에서 매디슨 그랜트를 쫓아내는 일을 도와달라고 미드에게 요청했다. 메이어는 그랜트에 관해 쓴 글을 미드에게 보내, 그의 인종 차별적 견해를 상세히 열거했고, 그가 납세자들의 돈으로 운영되는 박물관의 이사인 것에 이의를 제기했다. 레노라 포어스텔과 앤절라 길리엄이 전하는 바에 따르면 미드는 손으로 쓴 간단한 메모 형태로 답변을 했다고 한다. 거기서 그녀는 이렇게 말하고 있다. "여기(박물관에서) 근무하는 우리 모두도 귀하가 지적하신 내용을 아주 잘 알고 있습니다." 미드는 다른 행동은 전혀 취하지 않았다. 관리자들의 인종 차별적 태도를 문제 삼으면서 박물관을 공개적으로 비판하는 활동이 시작된 건 1940년대에 들어와서였다. 미드가 인종에 관심을 기울이기 시작한 건 1940년이었다.[51)]

미드가 인종주의자였다고 몰아붙이려고 이 얘기를 한 것은 아니다. 그녀는 사모아, 오마하 족, 네 개의 멜라네시아 사회 민족지를 작성해 문화의 상대성을 증명했다. 그녀가 작성한 민족지들은 박물관의 지도자들이 유포하던 발달 위계라는 인종 차별적 허튼소리를 반박했다. 1921년 이후 오즈번과 그랜트의 우생학 학회는 회원 수가 감소했고, 1920년대 후반에는 보애스주의자들의 반인종주의적 주장이 득세하는 것처럼 보였다. 그 시점에는 히틀러가 독일에서 권좌에 오르고, 그의 인종주의 교리들이 확산되는 사태를 도저히 예측할 수 없었다.[52)]1923년부터 1939년까지 거의 16년 동안 미드는 자신의 현지 조사 활동을 구세주적 관점에서 바라보았다. 달리 조치를 취하지 않으면 사라져버릴 '대단히 귀중한' 정보를 기록한다는 사명감 속에서 자신의 작업에 매달렸던 셈이다. 보애스와 베네딕트와 다른 보애스 제자들처럼 미드에게도 그 임무는 인종주의에 맞서는 싸움만큼이나 중요했다. 제2차 세계대전이 끼어들지 않았고, 미드 역시 그레고리 베이트슨과의 결혼 생활을 계속 유지했다면 전쟁 이후 다시 현지 조사 활동에 나섰을지도 모른다. 실제로 미드는 마누스를 다섯 번이나 재조사했다.

미드의 개인 편지에서는 인종 차별적 언술로 해석될 수도 있는 내용이 들어 있다. 그러나 그런 진술은 아주 드물고, 공적인 저술에는 전혀 등장하지 않는다. 인종 차별적 언술이라는 것도 그 대부분은 미드가 사모아를 연구하는 과정에서 나왔다. 그녀는 처음으로 해외에 나가 유색 인종을 대규모로 접했고, 유럽인이 사모아인을 발견한 이유를 심사숙고했다. 그들은 키가 컸고, 피부가 갈색이었으며, 당당하고 아름다웠다. 미드는 사모아에 도착한 직후 맨 먼저 이런 말을 했다. 원주민들은 "아주 멋지다. 예쁘다고 하기에는 너무 근육질이고, 비할 데 없을 만큼 훌륭하다." 그녀는 사모아인들이 아름다운 것은 어쩌면 백인종일지도 모르기 때문이라고 생각했다. 당대의 일부 논평가들이 이미 그런 명제를 제시했던 것이다. 미드는 순수한 사모아인들보다 혼혈의 사모아인들이 더 매력적인 것은, '그들이 더 가볍고, 머리숱이 더 적으며, 이목구비가 더 섬세하기' 때문이라고 말했다. 그녀는 타우 섬에서 연구한 청소년들과 관련해 백인의 피를 물려받은 레이알로파가 세 촌락에서 가장 예쁘다고 썼다.[53)]

그러나 사모아에서 시간을 보내면서 피부색을 바라보는 미드의 인식이 바뀌었다. 그녀는 신분을 의식하는 백인 식민지 관리자들과 거주민들에 넌더리를 냈고, 원주민 문화에 더 깊이 빠져들었다. 미드는 사모아에서 8개월을 보낸 후 여동생 엘리자베스에게 이런 내용의 편지를 썼다. 백사장에서 갈색 피부의 자그마한 아이들이 뛰노는 모습을 보는데 너무나 아름다워서 원래의 인간들은 피부가 갈색이었을 거라고 믿겨질 정도였다는 것이다. 미드는 사모아인 남자와 연애하는 문제를 숙고했고, 타우 섬에서 살 집을 내주었던 해군 소속 의사의 인종 차별적 태도를 지긋지긋하게 생각했다. 그녀는 이다 루 월턴에게 사모아 사람들하고만 함께하고, 백인 꼴은 더는 안 봤으면 좋겠다고 썼다.[54)]

진 월턴(Jean Walton)은 『여성, 야만적인 꿈(Fair Sex, Savage Dreams)』에서 미드의 인생에 등장하는 수많은 사건을 분석하면서 그녀가 인종을 기록한 내용에 흠이 있다고 말한다. 그러나 월턴이 제시하는 각각의 예는 다르게 해석될 소지가 있다. 미드와 리오 포천이 다 나오는 사건을 예로 들어보자. 1926년 호주에서 유럽으로 향하는 배에서 가장무도회가 열렸다. 두 사람이 입고 참석할 의상을 찾는데, 수석 승무원이 동인도인 선원들이 입는 옷을 그들에게 빌려주겠다고 나섰다. 그들은 더 진짜처럼 보이려고 얼굴을 검게 칠했다. 두 사람은 수석 승무원이 그들에게 장난을 치고 있었음을 알아차리지 못했다. 그들이 동인도인 선원 복장을 하고 선장의 탁자에 다가가자 그제야 비로소 수석 승무원이 두 사람을 한쪽으로 데려가 자초지종을 설명해줬다. 배에서 가장 더러운 일을 하는 '지저분한 흑인 동인도인' 옷을 입고, 선장의 탁자에 접근하는 것은 모욕적인 행위라는 것이었다. 두 사람은 선장에게 사과해야만 했고, 실제로 그렇게 했다. 마거릿은 속이 부글부글 끓었지만 해명해야만 했다. 미국에서는 흑인 분장이 가장무도회에서 흔히 하는 것으로 무례한 일이 아니라고 말이다.[55]

월턴은 미드가 흑인 분장이 어떤 의미를 갖는지 이해하지 못했고, 사실상 인종 차별적 행위를 했다며 비난한다. 그러나 미드가 자기 얼굴을 검게 칠한 행위는 백인 여행객들을 반박하는 몸짓이자, 자신이 막 떠나온 '검정' 사모아인들과 연대하겠다는 의지의 표현으로 볼 수도 있다. 민스트럴 쇼(minstrel show : 흑인으로 분장하고 흑인 가곡 등을 부르는 백인의 쇼-옮긴이)는 전통적으로 흑인을 정형화해 노래했다. 그러나 그 쇼에서는 성별과 계급이 뒤집히기도 했다. '가난한 사람이 부자가 되고, 이민자가 미국인이 되는 정체성의 변화'가 주제였던 셈이다. 그 쇼의 다양한 등장인물 가운데는 백인 사기꾼이 있었다. 20세기 초쯤에는 남성 복장 도착자들이 가장 인기 있는 배우로 쇼에서 활약하기도 했다.[56] 미드는 무도회에 바지를 입고 나타나는 복장 횡단(cross-dressing)을 감행했다. 그 행위가 그녀의 가장무도회 의상 가운데서도 아마 가장 충격적인 부분이었을 것이다. 1926년에도 바지는 점잖은 여자가 절대로 입어서는 안 되는 금지 의복이었던 것이다.

미드가 세픽 강으로 자신을 찾아온 백인들을 '종이 인형' 같다고 서술하는가 싶더니 그 백인들과 시간을 보낸 후로 원주민 얘기가 쏙 들어간 것 역시 인종 차별적이라고 월턴은 지적한다. 미드의 반응은 비백인 외국 문화에 몰두하는 게 어떤 것인지, 또 백인의 창백한 얼굴을 처음 봤을 때 사람들이 '충격'을 받게 된다는 걸 재미있게 설명한 것이라고 해석할 수 있다. 다채로운 피부색을 고려할 때 하얀 얼굴은 매력적이지 않다. 미드는 제임스 볼드윈에게 이렇게 말했다. "뉴기니에서 돌아왔더니 백인 아기들이 고래처럼 보였습니다. 사실 열대 지방에서는 백인들이 별로 보기 좋지 않지요. 그들은 쉽게 일광 화상을 입고, 지쳐버리기 때문입니다."[57]

월턴은 미드가 남성적인 식민지 관리들을 싫어했음을 모르는 것 같다. 그들은 공격적이었고, 술을 많이 마셨으며, 원주민들을 업신여겼다. 미드는 백인 정착민들이 세운 재식 농장을 좋아하지 않았다. 그들이 고용한 뉴기니 젊은이들을 혹사하는 경우가 많았던 것이다.[58] 미드는 식민지 관리들의 방문을 반기지 않았다. 그들이 그녀의 연구를 방해했기 때문이다. 미드의 이런 반응 속에서 젠더와 인종은 하나나 다름없었다. 이 남자들을 대하는 한 여자로서 미드는 식민지 관리들이 감독하는 원주민들과 처지가 같았다. 그녀는 현지 조사를 허락 받아야 했고, 결국 그들에게 아부를 하면서 호감을 사야 했다. 리오 포천과 미드가 마누스에 머무를 때 포천이 식민지 관리들의 인종주의에 맞섰지만 그들은 그를 철저히 무시했다. 미드는 문두구모르 족 속에서 용기를 잃고 좌절했을 때 베네딕트에게 이렇게 썼다. 그녀와 리오가 '여러 공정치 못한 방법으로, 많이는 아니지만 술수를 약간 부려' 현지에 머물고 있다고 말이다.[59]

미드는 어머니와 할머니한테서 인종 평등을 배웠고, 프란츠 보애스도 지지했다. 그런 미드조차 당대 사회의 인종주의를 벗어날 수는 없었다는 주장을 할 수도 있다. 그러나 그런 주장은 신중해야 한다. 미드가 '피커니니'(pickaninny : 흑인 아이를 경멸적으로 부르는 말-옮긴이)라는 말을 사용한 걸 예로 들어보자. 문두구모르 사회에 있을 때 가족과 친구들에게 보낸 회보 가운데 하나에서 그녀는 강에서 목격한 아기 시체들을

'피커니니'라고 불렀다. 미드는 그 회보를 『현장에서 쓴 편지들(Letters from the Field)』에 집어넣기로 했을 때 담당 편집자에게 편지를 보내 본문에서 그 단어를 빼달라고 요청했다. 편집자는 대신 '유아'라는 단어를 집어넣었다.[60] 이런 일도 있었다. 오토 클라인버그는 자신이 조직한 한 퀘이커 교도 기관에 미드를 연사로 초청했던 일을 떠올렸다. 미드는 '피커니니'라는 단어를 써서 뉴기니 아이들을 지칭했다. 그러고는 별안간 자신의 말실수를 깨달았다. 미드는 자신이 뱉어낸 말에 크게 당황했다. 청중의 절반이 흑인이었던 탓도 컸다. 미드의 두 뺨으로 천천히 눈물이 흘러내렸다.[61]

루이즈 뉴먼(Louise Newman)은 미드의 연구를 분석한 글에서 그녀가 자민족 중심주의자였다고 비난한다. 미드가 서양의 우월성을 믿었다는 것이다. 그러나 뉴먼은 미드가 서양의 제도와 행동 양식보다 자신이 연구한 사회들의 제도와 행동 양식을 선호했음을 간과하고 있다. 미드가 서양의 가치와 관습을 여러 차례 비판했음을 못 보고 넘어갔다는 사실도 지적해야 할 것이다. 루이즈 뉴먼은 미드가 『변화하는 한 인디언 부족의 문화(Changing Culture of an Indian Tribe)』에서 미국의 아메리카 원주민 정책을 가차 없이 비판했음을 모르는 것 같다. 그녀는 미드가 연구 대상 문화들에서 출산과 육아는 물론 사모아의 공동체적 가족이 서구의 핵가족보다 우월하다고 찬양한 것도 모르는 것 같다. 또한 그녀는 미드가 공격적 남성성과 미국의 물질주의를 비판했다는 것, 미드가 성 역할을 신랄하게 공격했음도 간과한 듯하다. 뉴먼은 다양한 민족들이 미국 사회의 커다란 힘이라는 미드의 주장에 전혀 관심이 없다. 그녀는 부족사회들이 근대화를 수용하는 게 불가피하다는 믿음이 서구화에 대한 미드의 사유에 큰 영향을 미쳤다는 사실에 전혀 주목하지 않는다.

뉴먼은 미드가 권력 관계들을 악용해 현지 조사를 했고, 백인 여자가 혼자서 '원시인들'과 어울리는 것은 위험하다는 서양인들의 공포를 '도처에서' 흥미진진하게 자극했다고 평가하지만 나는 그렇게 생각하지 않는다. 미드가 사람 사냥 풍습을 갓 버린 뉴기니에서 자신이 문화를 연구했다고 공식적으로 몇 번 말하기는 했다. 그러나 이런 발언이 미드가 한 얘기의 강조점은 아니었다. 오히려 그녀는 자기가 여자여서 부족 여자들의 활동을 연구할 수 있는 특혜를 누렸다고 말했다. 남성 인류학자들이 부족 여자들에게 접근하는 게 대개는 불가능했던 것이다.[62)]

미드는 말리노프스키가 '민족지학자의 마법'이라고 부른 것을 능숙하게 구사했다. 다른 문화 속에 들어가 그 일부가 되는 능력을 말리노프스키는 '민족지학자의 마법'이라고 칭했다. 미드가 자신이 연구한 문화들을 얼마나 깊이 있게 이해했는지는 논쟁거리이다. 그녀 자신도 그 사안이 논란의 여지가 있음을 알았다. 미드가 1973년에 자신의 저술이 허구에 가깝다고 한 말을 상기해보라. 그녀는 언어가 다르고 사고 과정이 다른 문화를 연구하는 게 본래부터 어렵다는 걸 인정했다. 미드가 연구하기로 작정한 부족민들이 그녀를 원했는지도 문제가 된다. 다수의 전근대 사회들에는 환대의 윤리가 있다. 식민 당국자들이 미드의 뒤를 봐줬다. 미드는 본인도 자주 언급했듯이 의약품과 초보적인 의료 기술을 동원해 원주민 치유자들이 고칠 수 없었던 병을 치료해주었다. 참브리 사회에서 미드와 리오 포천은 원주민들에게 '오락과 여흥'을 제공했다.

미드는 원주민들을 기술하는 용어로 '원시'(primitive)라는 말을 쓰는 걸 좋아하지 않았다. 서구 사회들보다 열등하다는 뜻이 들어 있었기 때문이다. 그녀는 '원시'라는 말이 문자 언어가 없는 문화를 의미한다고 정의하면서 열등하다는 함의를 없애버리려고 했다. 미드는 '원시'라는 말 대신 '동질적'(homogeneous)이라는 용어를 써서 부족 문화를 기술하자고 제안했다. '동질적'이란 용어는 부족사회들이 일반으로 소규모인데다 가족과 혈족의 유대가 강하고, 서구 사회들보다 더 통합되어 1차원적이라는 그녀의 결론에 기초한 것이었다.[63]

보애스와 그의 제자들은 많은 경우 정보 제공자들에게 돈을 줬다. 그러나 미드는 자신의 현지 조사 활동을 상거래 행위로 만들지 않았다. 물론 인터뷰를 하고 의식들을 보여주는 대가로 돈을 요구한 발리인들 같은 경우는 예외로 해야 한다. 원주민들도 그들이 받은 것은 현물로라도 보답했다. 리오와 마거릿은 1931년에 아라페시 족을 연구하게 됐다. 리오 포천이 한 무리의 남자들을 협박해 많은 짐과 연구 장비를 운반하도록 했는데, 그들이 보복으로 아라페시 족이 산재한 산악 지역에 두 사람을 버리고 달아났던 것이다. 정부 정책에 영향력을 행사하려는 인류학자들의 시도는 대체로 별로였다. 이를테면, 19세기 말에 앨리스 플레처(Alice Fletcher)는 미국이 재앙적인 대 아메리카 원주민 정책을 도입하도록 영향력을 행사했다. 원주민 부족들은 사유 재산과 핵가족을 강요받았다. 롤라 로마누치 로스(Lola Romanucci-Ross)는 미드의 1951년 마누스 재조사를 도왔다. 그녀는 미드가 연구 대상 사회들에 참견하지 않은 것에 도덕적 책임감을 느꼈다고 말했다. 미드가 적극적으로 나서서 식민지 당국자들을 설득해 위생과 영양 문제를 챙기도록 할 수 있었음에도 불구하고 말이다. 로마누치 로스는 미드가 자기와 개인적으로 맺은 관계에서는 매우 공격적이라고 생각했다.[64]

미드는 1930년대에 인디언 권리 회복 운동 단체 몇 개에 소속되어 있었다. 그녀는 자유주의 성향의 유대인 조직 몇 개에도 위원으로 참여했다. 또한 1940년대에 응용 인류학 운동을 주도했고, 시민권 입법을 위해서도 노력했다. 학술대회에 참석했고, 연설을 했고, 라디오 강연을 했다. 미드는 여러 해 동안 버지니아 소재의 흑인 학교인 햄튼 대학교의 이사를 지냈다. 누구라도 마음만 먹으면 미드가 인종주의에 반대한 사적·공적 에피소드를 무수히 찾아낼 수 있다. 미드는 자기가 세 들어 사는 집주인이 '백인만' 받는다는 사실을 몰랐다며 멜빌 허스코비츠에게 사과했다. 그녀가 사모아로 떠나던 1925년에 자신과 루서 크레스먼의 아파트를 그에게 전대했을 때였다. 대학 동창생 루이즈 슐리히팅(Louise Schlichting)이 회고한 에피소드도 그런 사례들에 추가할 수 있다. 미드가 뉴햄프셔의 어떤 회중에게 연설할 때 이렇게 말머리를 꺼냈다고 한다. "백인 청중이 이렇게 많을 줄 알았다면 오지 않았을 겁니다."[65)]

제임스 볼드윈과의 대화록인 『인종에 대한 잡담』에서 미드는 인종 융합을 지지하는 난처한 처지에 놓였다. 볼드윈이 1970년대의 흑인 독립(Black Power) 입장을 지지해 인종 분리를 옹호하고 나섰기 때문이다. 미드는 그 대화에서 불편했지만 여자와 흑인을 비교했다. 결국 그녀는 '여성 해방' 입장을 지지하는 꼴이 되고 말았다. 여자들이 '자신들이 받는 억압을 내면화해' 스스로의 정체성을 남성적으로 인식한다고 사태를 파악하면서 여성의 분리 독립을 주장하는 것이 '여성 해방'의 입장이었다. 미드는 베네딕트와 달리 재빨리 그 입장을 철회했다. 볼드윈은 유명한 소설가이자 급진주의자였다. 미드는 그와 논쟁하면서 다음과 같은 베네딕트의 주장을 되풀이하고 싶지 않았다. 베네딕트는 여자들처럼 흑인도 자신들이 받는 억압을 내면화해, 독창적인 흑인 문화가 완전히 파괴되었고, 그들이 대개는 남부의 백인 빈민 문화를 흉내 내는 것뿐이라고 주장했다. 미드가 그런 입장을 개진했다면 볼드윈의 조롱을 샀을 것이다.

볼드윈과의 대담은 《레드북》의 편집자인 한 흑인 청년과 뉴기니에서 경험한 인종을 화두로 대화하다가 멋진 생각이라며 이루어진 것이다. 미드는 재식 농장 노동자로 모집된 원주민 청년들이 얼마나 끔찍한 대우를 받고 있는지 더 생생하게 알려주기 위해 그들의 처지가 미국 남부 흑인 노예들의 경험과 유사하다고 말했다. 그녀는 1942년에 처음으로 남부를 여행했다. 미드는 엄격한 흑백 분리와 백인들의 고압적 자세에 자기가 큰 충격을 받았다고 회고했다. 그녀는 자기가 다시 뉴기니로 돌아간 것 같다는 느낌을 받았다. 미드는 남부 흑인의 처지가 사회 계층이기보다는 신분 계급에 가깝다는 존 달러드의 평가가 옳다고 생각했다. 백인들은 스스로를 완전히 다른 종족으로 여겼다. 이 편집자는 미드가 인종 문제를 아주 민감하게 받아들이고 있음을 파악하고는 그녀와 볼드윈의 대담을 추진해보자고 했다.[66]

미드는 볼드윈과의 대담에서 인종에 대한 자신의 복잡한 생각을 개진했다. 미드의 인종 관련 견해는 자신의 급진적인 성별 이론과도 유사했다. 그녀는 자신의 복잡한 생각을 구체적으로 전달하기 위해 하와이에서 발행된 어떤 잡지에서 본 그림을 소개했다. 그림의 가장자리에는 아시아인, 아프리카인, 백인, 폴리네시아인 얼굴이 실려 있었다. 그런데 중앙으로 향할수록 그 얼굴들이 덜 또렷해졌다. 정중앙의 얼굴은 인종 혼합이 상당히 이루어져 어떤 인종 집단으로도 분류할 수 없게 됐다. 미드는 이런 결론을 내렸다. "하지만 가장자리의 얼굴들이 없으면 중앙의 얼굴도 있을 수 없습니다." 이 비유적 예화는 인종 융합을 지지하는 미드의 자유주의적 입장과 인종 분리를 주장하는 제임스 볼드윈의 입장을 아우르고 있다. 그 비유를 미드가 『세 부족사회에서의 성과 기질』에서 명확히 밝힌 생물학적 성과 사회적 성별에 관한 급진적 생각과 유사하다고도 할 수 있을 것이다. 생각해보자. 남성성과 여성성이 미드의 관점 가장자리에 포진하고 이와 함께 중앙에 보다 통합된 인간형이 자리하는 것이다.

미드의 '구역' 이론이 인종 차별적인 기획이었을까? 인종의 관점에서 '구역' 이론을 검토해 보면 미드와 베네딕트의 전반적 사유에서 인종과 젠더가 맺고 있는 관계를 알 수 있다. 미드는 학술적인 글에서 '구역' 이론을 거의 언급하지 않았다. 그녀는 뉴기니에서 뉴욕으로 돌아왔을 때 그 얘기를 꺼낼 수 없다는 걸 깨달았다. 인종 차별적이라고 오해를 받을 수 있었던 것이다. 더구나 독일에서 히틀러가 권좌에 올랐다. 미드는 나중에 이렇게 썼다. "나치 시대에는 인종의 차이를 연구할 수 없었다. 심지어는 인종이 언급되지 않아도 기질의 차이나 민족성마저 연구할 수 없었다. 선천적인 것으로 밝혀질 수도 있는 차이는 종류를 불문하고 연구 결과가 악용될 수 있다는 믿음이 존재했다."[67]

그러나 미드는 자신과 그레고리 베이트슨과 리오 포천이 '구역' 이론이라는 명목으로 함께 안출해낸 분류법에 여전히 집착했다. 그녀는 가족과 친구들이 사사로이 그 개념들을 사용하게 설득했다. 미드 자신도 때로는 장난삼아, 때로는 진지하게 구역 개념을 사용했다. 그녀는 성격 유형을 판정할 수 있는 검사법까지 만들었다. 그 검사법은 그녀가 고안해낸 일련의 사건들에 사람들이 보이는 반응을 근거로 삼았다. 미드가 1934년과 1935년에 베이트슨에게 보낸 편지들에는 그 검사법을 완성해내려는 여러 시도들이 보인다. 이를테면, 미드는 자기가 하는 강연이나 학술대회에서 만난 심리학자들과 다른 전문가들에게 의견을 물었다. 물론 자기가 뭘 궁리 중이라고 항상 밝힌 것은 아니었지만 말이다. 마침내 미드는 분석 대상들에 적용할 상황을 몇 가지 선별해냈고, 이어서 각각의 분석 내용이 '구역'의 어떤 지점을 가리키는지를 획정했다. 의회 도서관의 미드 문서에 들어 있는 '구역' 검사법에 관한 미드의 메모를 보면 그녀가 제프리 고러, 에이브러햄 매슬로, 캐서린 로덴버거, 엘리너 펠럼 코트호이어, 엘리너 필립스를 검사해보았다는 걸

알 수 있다. 루스 베네딕트는 그 검사를 받지 않았다.[68]

미드는 흥미진진하고 다면적인 인생을 영위하고 싶어 했다. 그러나 자신의 인생을 질서정연하게 꾸리고 싶어 하기도 했다. 미드는 자연사 박물관의 남성 관리자들한테서 멀리 떨어진 탑에 안전한 공간과 절친한 친구와 남편을 두고 싶어 했다. 그 탑은 미드를 찾아낼지도 모르는 인습의 세계와 떨어진 곳이었다. 미드는 기이함과 다양성을 좋아했다. 그러나 관리 통제되는 상태를 원하기도 했다. 미드는 자기가 입는 옷의 색상과 무늬를 중요하게 여겼다. 그러나 그녀는 코르셋을 입었고, 하얀 장갑을 꼈다. '구역' 이론을 알고 사용하는 것은 미드와 얼마나 친한지를 판단할 수 있는 표지였다. '구역' 이론은 일종의 암호 같은 것으로, 미드와 친한 친구들만 공유했다. 그러나 베네딕트는 단 한 번도 그 이론을 지지하지 않았다. 베네딕트도 결국은 문화에 등급을 매기는 법을 찾아 나섰지만 그녀는 그때조차도 인간을 유형별로 분류하는 걸 내켜 하지 않았다.

리오 포천은 참브리 사회를 떠난 직후 '구역' 이론을 폐기했다. 후에 그는 미드에게 편지를 써서 '구역' 이론이 인종 차별적이라며 비난했다. 미드는 포천에게 답장을 하지 않았지만 그레고리 베이트슨은 답장을 했다. 베이트슨은 자기들이 '구역' 이론을 개발하면서 '나쁜' 과학을 했음을 인정했다. 이를테면, 그들은 다양한 사회들에 '터크' 같은 부정적인 특질들이 있다고 생각했다. 그러나 그는 그들이 원주민 사회의 토착적 특징이 아니라 유럽인들이 미친 영향으로 생긴 유감스런 특질들만을 얘기했다고 주장했다.[69] 베이트슨의 이 주장은 100퍼센트 수긍하기는 힘들지만 상당히 기발하다. 그러나 인종 차별적이라는 비난을 반박할 수 있는 다른 방법들이 있었다.

당시에는 많은 학자들이 인간의 본성과 문화를 분류하는 작업에 이

끌렸다. '구역' 이론도 그런 흐름에서 나온 것이다. "인간 유형을 심층적으로 분류하는 작업이 최근에 (많이) 이루어지고 있다." 베네딕트가 이 말을 한 게 무려 1924년이었다. 그해에 에드워드 사피어가 영국 과학진흥협회의 토론토 대회를 조직했다. 거기 모인 인류학자들은 사람과 사회의 분류를 시도한 융의 유형 체계에 마음을 빼앗겼다. 가드너 머피는 1932년에 이렇게 썼다. "성격을 분류해보는 것, 몇 가지 특성으로 인성을 분류하는 것을 많은 사람들이 즐기고 있다." 내분비샘과 호르몬이 발견되면서 내분비 기능에 따라 사람들을 분류하게 됐다. 미드는 1934년에 그레고리 베이트슨에게 써 보낸 편지에서 고든 올포트가 사람의 몸짓 언어와 발걸음 길이로 유형을 분류한 새로운 연구가 흥미롭다고 말했다. 그녀는 W. A. 빌렘제(W. A. Willemse)의 『체질 범죄 유형들(Constitution-Types in Delinquency)』을 베이트슨에게 권하기도 했다. 이 책은 유럽 전역에서 인간 유형 분류 체계가 만들어지고 있다고 소개했다. 마르부르크의 E. R. 옌슈(E. R. Jaensch)조차 직관상을 보는 사람들을 연구하고서 유형 분류 체계를 만들었다.[70)]

역사학자 일레이저 바르칸(Elazer Barkan)에 따르면 1930년대쯤에는 두개골의 용적과 지적 능력에 따라 사람과 '인종'을 분류하려는 노력이 대체로 부정확하다는 게 이미 증명된 상태였다. 따라서 인종 차별적 주장들도 힘을 잃고 있었다. 그러나 과학자들은 이 이론들에서 미세하게 변형된 주장을 다시 할 수 있는 '공간'을 유지했다. 말하자면, 그들은 더 정교한 접근법을 개발했던 것이다. 요컨대 바르칸은 체질을 바탕으로 분류를 시도한 학파들을 간과했다. 얼 엥글은 1934년 해노버 대회에 제출한 글에서 동성애의 생물학적 원인을 논했다. 이처럼 형질 인류학자들뿐만 아니라 의사들과 심리학자들까지 나서서 체질 유형 접근법을 개발했다. 대다수의 형질인류학자들은 두개골이나 뼈대에 관심을 보였다. 두개골이나 뼈대는 죽은 후에도 썩지 않는 인체의 단단한 골조이다. 그들은 고대인들의 뼈 잔해를 찾는 일에 몰두했다. 선사시대 인간들의 이주상과 진화적 발달을 알아내는 것이 그 목표였다.[71] 그러나 일부 형질인류학자들은 체질에 따라 인간을 분류하는 활동에 관심을 가졌다. 1920년대 중반에는 보애스조차 이탈리아인과 유대인의 골반 크기를 비교하는 연구를 했고 에밀리 포그 미드가 그를 대신해서 해먼턴의 이탈리아인들을 측정해줬다.

엥글은 해노버 대회에 제출한 글에서 체질 유형 학파를 몇 개 소개했다. 그에 따르면 의사들이 질병을 연구하면서 체질 유형에 관심을 갖기 시작했다고 한다. 그들은, 이를테면 마른 사람들이 뚱뚱한 사람들보다 폐결핵에 더 잘 걸리는지를 알아내고자 했다. J. M. 태너(J. M. Tanner)는 1951년에 당시 활약하던 일정 규모 이상의 체질 유형 이론가들을 계보로 작성했다. 태너에 따르면 그들은 둘 다 1890년대까지 거슬러 올라가는 이탈리아 학파와 프랑스 학파에 뿌리를 대고 있었다. 태너는 그 학파들을 '개인 차등 인류학'(differential anthropology)이라는 항목 아래 묶어서 소개했다. 그에 따르면 체질 유형 이론가들 일부는 측정을 했고, 다른 일부는 많은 경우 사진을 관찰했다. 앞엣것을 인체측정학, 뒤엣것을 인체관찰학이라고 한다.[72] 일선에서 연구하던 일부 학자들은 호르몬과 유전자의 작동 방식을 알아내는 게 불가능하다고 주장하면서 그들의 연구 결과를 옹호했다. 키, 몸무게, 신체 용적 같은 측정값이 호르몬과 유전자가 작용한 결과를 가장 잘 알아볼 수 있는 인체 지표였다.

1920년대와 1930년대의 가장 중요한 체질 유형 이론가는 독일 마르부르크의 에른스트 크레치머(Ernst Kretschmer)였다. 크레치머는 정신병원에 근무하던 정신과 의사로 남성 정신병 환자 260명의 나체 사진을 자세히 연구한 후 체격(체질) 유형이 정신병 유형과 상관관계가 있다고 결론지었다. 체격이 다부진 사람은 조울증을 앓았다. 그는 그들을 '비만형'이라고 불렀다. 정신분열증 환자는 그의 사진에서 여위고 긴 팔다리로 흐느적거리듯 움직이거나, 키가 큰 근육질이었다. 그는 첫 번째를 '무력증형'으로, 두 번째를 '운동가형'으로 불렀다. 크레치머는 이런 규정들을 전체 인구 집단으로 확장했다. 그는 문화들은 전혀 비교하지 않았고, 여자도 포함시키지 않았다. 크레치머는 여자들의 몸이 너무나 다양해서 분류할 수 없다고 주장했다. 그러나 그런 문제에도 불구하고 크레치머는 자신이 연구한 남자 표본을 바탕으로 인간을 분류하는 작업을 계속했다. 히포크라테스가 체격을 관찰해 유형을 분류하고 확인한 고대 그리스 이래로 그런 행태는 이 '과학'의 특징이었다.[73]

일부 체질 유형 이론가들은 자신들의 규정이 주요 인종 유형과 일치한다고 주장했다. 그러나 다른 체질 유형 이론가들은 그 주장을 기각했다. 제2차 세계대전이 발발하기 이전에 인종 문제를 놓고 벌어진 논쟁에서 인종에 위계가 있다는 주장은 이미 신뢰를 잃은 상태였다. 그 시기에 활약한 다수의 체질 유형 이론가들은 인종을 배제했다. 이를테면, 크레치머는 천재를 논한 책에서 변경 지역에서 그런 특질이 가장 흔하게 나타난다고 주장했다. 말하자면 체질 유형과 인종이 그 지역에서 섞인다는 얘기였다. 그러나 크레치머는 천재를 연구하는 책에서 여자를 배제했다. 그는 여자 천재가 실은 여성의 몸을 뒤집어 쓴 남자라고 생각했다.[74] 히틀러가 권좌에 오르자 그간의 주저와 망설임은 사라졌다. 체질 유형으로 인종을 확인하는 작업이 부상했다. 히틀러의 유럽인과 크레치머의 활달한 운동가들을 동일시하는 것은 자연스러운 일이었다. 히틀러의 말대로 북유럽인이 우월하다고 주장하는 것도 식은 죽 먹기였다. 크레치머의 운동가형이 원래는 정신분열증 환자를 지칭하는 용어였음에도 불구하고 말이다.

마거릿 미드와 그레고리 베이트슨도 체질 유형 이론에 마음을 빼앗겼다. 아마 두 사람의 체격이 서로 크게 달랐던 것과 관계가 있을 것이다. 마거릿은 작았고, 그레고리는 엄청나게 컸다. 이 점은 미드의 장신 아버지와 단신 어머니에게서도 공통적으로 발견할 수 있는 특징이었다. 키가 크고 운동 능력이 뛰어난, 평원 인디언 남자들은 남성 인류학자들의 호기심을 자극했다. 루스 베네딕트조차 애리조나의 호피 족은 작은 반면 이웃한 모하비 족은 체구가 크다고 적었다.[75] 몸의 겉모습은 확실히 자신감에 영향을 미친다. 알프레트 아들러는 체구가 작은 사람들이 보이는 불안정성에 관심을 집중하면서 그 심리적 요소를 분석했다. 미드도 1931년에 쓴 「질투(Jealousy)」라는 글에서 그 점을 지적했다. 에드워드 사피어조차 1934년판 『사회과학 백과사전』을 위해 쓴 '인성' 항목에 단신인 사람들이 보이는 심리적 불안정성을 논한 아들러의 이론과 크레치머의 체질 유형 이론을 포함시켰다.[76]

체격 및 체질 유형 분류 체계를 믿은 사람들은 적어도 뇌와 두개골 영역을 포기했다. 여기서 두개(頭蓋) 용적 연구가 나왔는데, 두개 용적 연구에는 미드와 다른 학자들이 문화가 개입된다며 거부한 두개 계수 측정과 지능 검사가 들어갔다. 크레치머의 경우 자신의 유형 분류 체계를 만들기 위해 머리에서 몸으로 옮아갔다. 두개골은 변동 상황을 육안으로 관찰할 수 없었지만 몸은 분명하게 관찰할 수 있었기 때문이다. 크레치머는 '세계 각지의 여러 연구자들이 동일한 유형 분류 체계에 도달한 것이야말로 그들의 올바름을 입증해준다'고 주장했는데, 이것은 유형 분류 체계를 만든 이론가들 대다수가 공히 보이는 전형적인 순환 논증이다.[77] 다시 말해, 다른 곳에서 활동하는 연구자들이 자신이 개발한 유형 범주를 활용해 해당 집단에서 비슷한 유형들을 발견했으므로 결국 그들의 연구 결과가 자신의 원래 이론이 올바름을 입증해준다는 것이었다.

그러나 대다수의 사람이 이쪽 범주도, 저쪽 범주도 아니라는 판단을 적용하기 시작하면 이런 유형 분류 체계는 이도저도 아닌 게 되어버릴 수 있었다. 그레고리 베이트슨은 크레치머의 이론에 아주 열중했고, 『네이븐』에서 그 유형 분류 체계를 칭찬했다. 그러나 그는 크레치머가 자신의 범주는 상이한 눈금 위에 있는 게 아니라, 대다수의 사람이 그 사이 어딘가에 존재하는 연속체 위에 있는 걸로 봐야 한다고 주의를 주었음도 언급했다. 다수의 체질 유형 이론가들이 이런 식으로 부인을 하고는 곧이어 언제 그랬냐는 듯이 양극성의 관점에서 그들의 자료를 논의했다. 그러나 베이트슨은 크레치머의 말을 믿었다. 그는 『네이븐』의 한 각주에서 이렇게 얘기하고 있다. "아마도 외부 세계는 이원적 기초 위에 구축되지 않았을 것이다. 그러나 이원론과 이분법은 대상 세계를 기술할 수 있는 편리한 방법이다. 실제로 우리의 문화에서는 이 방법이 아주 보편적으로 사용된다. 그걸 외면할 수 있으리라고는 거의 기대할 수 없다." 베이트슨은 계속해서 자기가 크레치머의 다음과 같은 말에 동의한다고 얘기했다. "우리는 눈금자의 양 극단 사이에 다양하게 분포하는 사람들을 분류할 수 있기를 바라야 한다."[78)]

미드는 참브리 사회에 있을 때 「인성과 문화 문제의 요약적 서술」을 썼다. 이 글은 미드가 자신의 젠더 분석이 인종 분석에 영향을 받았음을 명시한 드문 저작 가운데 하나다. 미드는 실제로 그 문서의 한 문장에서 자신의 성별 이론이 보애스의 인종 가변성 이론에 근거를 두었다고 말한다. 어떤 인종 집단을 보더라도 그 구성원들의 가변성이 인종들 사이의 차이보다 더 크다는 개념이 바로 인종 가변성 이론이었다. 크로버는 인종을 논한 자신의 저술에서 인종 가변성을 '겹침' 원리라고 불렀다. 멘델의 유전 법칙에 따르면 족외혼 같은 아주 사소한 사건이 발생해도 시간이 흐르면 인구 집단 속에서 커다란 다양성이 발생하기 때문이었다.[79]

미드는 인종 유형들이 섞이면서 동시에 분리되어 있는 곳들에서 여러 해 동안 연구를 했다. 그녀는 남태평양에 있는 연구 대상 사회들로 여행할 때 하와이를 경유했고, 많은 경우 잠시 들러서 거기 사는 친구들을 방문했다. 하와이는 1920년대에도 오늘날처럼 민족들이 뒤섞이고 있었다. 애슐리 몬터규는 인종을 논한 자신의 저작에서 폴리네시아 사람들은 애초부터 해양 민족으로, 마오리 족, 사모아인, 하와이인의 후손이며, 시간이 흐르면서 상당한 혼합이 이루어졌다고 설명했다. 반면 뉴기니인은 19세기까지 상대적으로 고립되어 있었다. '멜라네시아'라는 말은 '검정'을 뜻하는 그리스어에서 유래했다.[80] 그렇다고 거기 사람들이 전부 한 가지 유형이라고 말하는 건 아니다. 미드는 멜라네시아의 다양한 인종들을 논한 글에서 트로브리안드인들은 피부가 밝은 갈색이고, 솔로몬 제도 북부에 사는 사람들은 피부가 짙은 남빛이라고 썼다. 그녀는 머리털과 관련해서 애드머럴티 제도 사람들은 물결 모양이고, 피지 사람들은 무지막지한 곱슬머리라고 서술했다. 세픽 강 유역에서는 키가 180센티미터인 남자들이 흔했고, 뉴기니의 다른 지역 사람들은 피그미 족처럼 키가 작았다.[81] 미드는 이렇게 썼다. "고립된 집단이어서 근친혼이 대종을 이루는 사회에서도 체격의 차이가 뚜렷하고, 기질 또한 확연하게 다르다." 체질 유형이 같은 사람들도 문화가 다르면 성격이 다른 걸로 규정될 수 있었다. 이를테면, 아라페시 남성들은 인성이 여성적일 수 있지만 그들의 육체는 문두구모르 족이나 참브리 족 남성들의 체격만큼 남성적이었다.[82]

그러나 미드는 차이를 인정하면서도 동일성을 옹호해야만 했다. 그러지 않으면 체질 유형으로 표현되는 제한된 수의 기질 유형 개념이 와해돼버릴 것이기 때문이었다. 미드가 들고 나온 해결책은 일종의 순응률(sliding scale)이었다. 사모아인들은 키가 크고 골격이 장대하며, 발리인들은 키가 작고 가냘프다는 식으로 말이다. 그러나 그러한 생리적 허용 한도 안에는 비슷한 기질 유형이 일정한 변이량으로 존재해야 했다. 문화는 성격들을 표준화하면서 본질적으로 동일한 범위에 있는 기질 특성들과 상호작용하는 것이다. 그러나 생리적 범위는 다를 수 있다.

미드는 자신을 아라페시 족과 동일시하고, 포천을 마오리 족 및 문두구모르인과 동일시하는 데서 별 어려움을 느끼지 않았다. 왜냐하면 남성성과 여성성이 인종들의 경계에도 해당되었기 때문이다. 번식 문제도 마찬가지였다. 크게 보아서 인종은 젠더에 관한 그들의 대화와 무관했다. 그러나 미드 문서 중 날짜가 안 적힌 한 메모를 보면 그녀가 젠더처럼 인종도 '구역' 이론을 활용해 획정하면 인종 자체가 드러나지 않도록 할 수 있다고 생각했음을 알 수 있다. 문제의 메모는 뉴기니 자료 속에 들어 있으며, '참브리'라고 휘갈겨 쓴 글씨가 보인다. 인종을 구성하는 범주들이 남성성과 여성성만큼이나 상관이 없다는 식으로 머리털과 눈 색깔, 체격, 얼굴 모습(골상) 같은 변수들을 취급할 수도 있겠다는 게 미드의 의도였다고 추정하는 것도 가능하다. 그러나 그녀는 자기 말의 의도를 구체적으로 설명하고 있지 않다.[83)]

미드도 베네딕트처럼 젠더에 관한 더 최근의 생각들을 예시해주는 태도를 명확하게 밝혔다. 두 사람은 인종과 젠더라는 범주들의 유사성에 관해서도 가끔 의견을 피력했는데, 그 견해 역시 최근에 활약하는 이론가들의 생각과 상당히 유사하다. 그러나 두 사람이 표명한 태도는 단편적인 일화들 속에서만 확인된다. 일정하게 반복되지도 않았고, 더 광범위한 이론으로 수용되지도 않았다. 두 사람은 흔히 인종과 젠더를 분리해 다루었다.

그러나 그 시대에 젠더와 인종에 천착한 대다수의 자유주의 사상가들에게는 그런 분리가 대세였다. 여성은 그녀들의 목표를 달성하고 있는 듯 보였지만 아프리카계 미국인들은 그렇지 못했다. 베네딕트와 미드는 여자들의 사회 진출이 아주 성공적이라고 판단했고, 여권 운동은 더 이상 필요 없다고 보았다. 반면에 흑인들은 남부에서 투표를 하지 못했고, 전국에서 차별을 받았다. 의회는 사형(私刑, lynch) 금지 입법을 하려고 하지 않았다. 1950년대에 여자들은 가정 내의 전통적인 역할로 복귀했다. 이때 시민권 운동 세력은 공공 영역에서 흑인들의 평등을 요구했다. 이 상반되는 흐름은 젠더와 인종이 비슷하지 않고 다르다는 것을 암시했다. 흑인 남성들은 공공 영역에 있었고 백인 여성들은 사적인 영역에 머물렀다. 미드와 베네딕트는 흑인 여성이 어디에 있는지 하는 문제는 다루지 않았다.

여권 운동과 인종 평등을 요구하는 운동이 늘 분열하기만 한 것은 아니었다. 19세기 초에는 여권 옹호자들이 법률적 · 사회적으로 자신들이 처한 열등한 지위를 남부에 사는 흑인 노예들의 처지와 비교했다. 그 시절에는 여성과 흑인이 모두 탄압받고 있다는 주장을 하는 게 가능했다. 19세기의 생물학자들과 해부학자들은 여자들의 두개 측정치를 활용해 다른 소수 집단처럼 여성도 남성보다 열등하다고 주장했다. 그들이 민족과 인종을 대상으로 해서도 두개 측정값을 사용했다는 것은 말할 나위도 없겠다. 심지어 그들은 이런 주장까지 폈다. '저열한 인종들'처럼 여자도 머리가 좁고, 입이 튀어나왔다. '발생 반복' 이론에 따르면 백인 어린이는 진화 정도에서 '부족사회에서의' 성인들과 같은 위치에 있었다. 백인인 성인 여자들도 그건 마찬가지였다.[84)] 1920년대에는 두개 지수와 진화 지수가 여자에는 들어맞지 않는 것으로 배척되었다. 리타 홀링워스의 저술이 여기에 큰 기여를 했다. 그러나 두개 지수와 진화 지수는 IQ 검사 같은 측정 행위로 여전히 흑인들을 옥죄고 있었다. 1920년에 여성 참정권 수정 조항이 재가되면서 여성의 지위는 상당히 개선된 듯했고 흑인들은 권리 면에서 뒤처지게 됐다.

1960년대에 들어서야 전투적인 여성운동 세력이 다시금 여성의 지위와 흑인의 처지를 비교하기 시작했다. 물론 군나르 뮈르달(Gunnar Myrdal)이 미국 흑인들을 연구한 유명한 저서 『미국의 딜레마(American Dilemma)』(1944)에서 여성과 흑인이 공직에 선출되는 데서, 백인 남성과 똑같은 임금을 받는 데서, 백인 남성 가부장주의의 신민이라는 점에서 비슷한 난국에 처해 있음을 지적하기는 했지만 말이다.[85] 베네딕트와 미드는 인종과 젠더가 연결되어 있다는 한계가 분명한 이론을 활용하는 정도였지만 두 주제가 유사하다는 걸 알았다. 그러나 그 유사점에 집중하지는 않았다. 베네딕트는 시민권 운동이 더 중요하다고 보아 인종 차별에 반대했고, 젠더에 집중하지 않았다. 두 사람 다 재능과 잠재력이 서로 다르지만 여성이 남성과 동등한 권리를 갖는다고 보는 철학을 채택했다. 출세를 원하는 여자들에게는 성공에 이르는 길이 존재했다. 그들 자신이 그런 길을 좇아왔던 것이다.

베네딕트와 미드 둘 다 가끔씩은 여자들에게 특권이 있다고 생각했다. 심지어는 여자들이 자기들의 아들을 억압하는 존재라고도 보았다. 그들은 '남성'과 '여성' 범주를 인종에 적용하지도 않았다. 그들의 인종이나 젠더 분석에서는 흑인 여성이 별도의 집단으로 존재하지 않는다. 역사학자 루스 펠드스타인(Ruth Feldstein)에 따르면 그 시기에 학계에서 통용되던 일반적인 담론은 사내들의 문제가 백인 어머니뿐만 아니라 흑인 어머니 때문이기도 하다며 비난했다. 그 담론은 흑인 여자들을 백인 여자들과 달리 성적 대상으로 취급했다. 예를 들어, 에이브럼 카디너는 물론이고 존 달러드의 저술에서도 그런 입장과 태도를 확인할 수 있다. 반면에 공산주의 출판물들은 매양 '삼중고'나 '세 겹의 억압'이라는 용어로 흑인 여성들의 지위를 묘사했다. 흑인 여성들이 인종, 계급, 성별에 의해 착취당한다는 얘기였다.[86]

그러나 젠더와 인종을 대강이라도 연결하는 이런 정교한 사유는 1960년대의 페미니즘 운동에서야 비로소 등장한다. 그런 정황은 1970년대에 흑인 여성들이 그들만의 특수한 피억압 상태를 제기하면서 더욱 뚜렷해졌다. 미드는 인종주의자들을 관리자로 모시면서 자연사박물관에 근무했기 때문에 인종을 다루는 글쓰기에서 제약을 받았던 반면 베네딕트는 더 자유로웠다. 그녀는 다른 보애스주의자들과 함께 인종주의를 정면으로 비판했다. 미드도 젠더가 가미된 자신의 '구역' 이론을 인종으로 확장해 그렇게 했을지도 모르지만 바로 그 시기의 인종주의 때문에 그녀는 주춤했다. 히틀러가 독일에서 권력을 장악한 상황에서 미드가 '구역' 이론을 공표했다면 아마도 심각한 비판은 물론 엄청난 조롱까지 받았을 것이다.

그러나 1940년대에 제2차 세계대전이 이미 발발했고, 베네딕트와 미드는 사회과학자로서 전 세계의 민주주의를 수호하는 성전에 참여했다. 전쟁으로 미국 사회에 평등주의적 정서와 분위기가 만연했다. 베네딕트 못지않게 미드도 인종주의를 비판하고 나설 수 있게 됐다. 미드는 인종 평등을 자신이 설정한 인도주의적 기획의 중요한 일부로 삼았다.

6부

제2차 세계대전과 그 이후

14장

모든 것에는 때가 있는 법

루스 베네딕트와 마거릿 미드에게는 제2차 세계대전이 자신들의 학문을 현실에 개입하는 활동으로 확대해야 한다는 분명한 메시지로 다가왔다. 베네딕트의 여동생 마저리 프리먼은 전쟁이 발발하면서 루스가 상아탑에서 빠져나왔다고 썼다. 베네딕트가 정치인, 심리학자, 보통 사람들에게 자신의 인류학이 과거 그 어느 때보다 더 필요함을 깨달았다는 것이다.[1] 베네딕트가 전쟁 발발 즉시 그런 결론에 도달한 것은 아니었다. 히틀러가 폴란드를 침공한 1939년 9월에 베네딕트는 샌프란시스코에서 휴가를 즐기고 있었다. 그녀는 미드에게 이렇게 썼다. "지금 난 완전히 절망에 빠져 있어." 독일이 다시금 다른 나라를 침공했고, 마치 제1차 세계대전이 반복되고 있는 것 같았다. 베네딕트는 제1차 세계대전 때 자신이 견지했던 모든 가치를 회의했었다. 그녀는 무척 괴로워했다. "다시 똑같은 덫에 걸린 것 같아. 내가 그런 느낌을 얼마나 싫어하는지는 너도 잘 알 거야."[2]

베네딕트는 버클리에 있는 친구들을 방문했고, 루스 밸런타인(Ruth Valentine)을 만났다. 밸런타인은 패서디나 출신으로 나탈리 레이먼드의 친구였다. 두 사람은 함께 해안 도로를 따라 서던 캘리포니아로 가 빅서(Big Sur)에 들렀다. 빅 서에는 로빈슨 제퍼스가 살고 있었다. 그 시골의 바다 풍경은 삭막했다. 절벽은 높았고, 끊임없이 파도가 쳤으며, 근처의 육지는 숲으로 뒤덮여 있었다. 베네딕트는 생각할 시간을 가졌고, 기분도 더 나아졌다. 그녀는 이 전쟁이 제1차 세계대전과 다르다는 사실을 깨달았다. 히틀러가 독일에서 권력을 잡고 있었으므로 이번에는 도덕적 대의가 더욱더 명백했던 것이다. 베네딕트는 조력의 손길을 내밀 준비가 되어 있었다. 그녀는 그해에 안식년이었고, 패서디나에 머물면서 인종에 관한 책을 쓰기로 마음먹었다. 다시 패서디나로 돌아온 베네딕트는 밸런타인의 집에 머물기로 했다. 밸런타인은 로스앤젤레스에서 학교 상담사로 일하고 있었고, 그녀의 집 근처에는 마저리의 집도 있었다. 베네딕트는 마침내 나탈리와 루스 번젤을 단념했다. 밸런타인이 그녀의 동반자가 되었다.

미드는 국내의 반전 정서가 강력했음에도 불구하고 미국의 전쟁 개입을 즉각 지지했다. 그녀는 조국이 직접 위협을 받고 있던 영국 남자와 결혼한 상태였다. 미드는 제1차 세계대전 이후 미국이 취해온 고립주의 정책으로 히틀러가 부상했다고 판단했다. 그녀는 1939년 봄에 발리에서 미국으로 돌아왔다. "내가 고향으로 돌아왔을 때 전 세계는 전쟁 직전 상태였다." 미드는 계속해서 이렇게 썼다. "나는 우리가 아는 것을 전심전력 우리 사회의 문제들에 적용하는 것이 다음 과제임을 전적으로 확신했다."[3] 루스가 패서디나에 머물던 그해 가을에 마거릿은 뉴욕의 자연사박물관에 근무하고 있었다. 그녀는 강의를 했고, 논문을 썼으며, 기차로 포킵시를 왕복하며 배서 대학에서 가르쳤고, 자신의 출산과 그레고리가 영국에서 돌아오기를 기다렸다. 그레고리가 조국을 돕겠다며 충동적으로 영국에 가버렸던 것이다. 12월에 메리 캐서린 베이트슨이 태어났다. 그레고리는 몇 주 차이로 딸이 태어나는 것을 보지 못했다. 패서디나의 루스 역시 미드의 출산을 함께하지 못했다. 그녀는 흉막염을 앓았고, 회복 중이었다. 어쩌면 루스가 밸런타인을 떠나려고 하지 않았을지도 모르겠다. 그녀는 오래된 습속을 따라 코바늘로 아기 양말을 한 켤레 떠주었다. 루스는 자기가 무려 15년 동안이나 그런 일을 잊고 지냈다고 마거릿에게 써 보냈다.[4)]

1939년에 사피어가 죽었다. 컬럼비아에서 카디너가 이끌던 문화와 인성 세미나의 위신도 떨어지기 시작했다. 그가 린턴과 결별했고 전쟁이 발발했기 때문이기도 했다. 결국 베네딕트와 미드가 문화와 인성 학파의 주요 인물로 부상했다. 1940년 봄에는 둘 모두 국민성 연구라는 새로운 분야에 몰두하고 있었다. 그들이 이 분야를 만들 때, 그레고리 베이트슨과, 특히 제프리 고러가 도움을 주었다. 둘 모두 3년이 채 안 되어 워싱턴으로 건너가 전쟁의 승리를 위해 봉사했다. 미드는 1942년에 전미 연구협의회 내 인류학 및 심리학 분과의 식습관위원회 사무국장이 되었다. 베네딕트는 1943년부터 전쟁정보국(Office of War Information, OWI)에서 해외 문화 분석가로 일했다. 그들의 경력은 새로운 국면을 맞이했다.

마거릿 미드와 그레고리 베이트슨이 발리에서 미국으로 귀환하자 래리 프랭크(Larry Frank)가 두 사람을 국민사기진작위원회(Committee for National Morale)로 영입했다. 이 단체는 학자들을 모아서 국내에서는 애국심을 고취하고, 국외에서는 선전을 강화하기 위해, 다시 말해 후자가 그렇게 불렸던 바 심리전을 수행하기 위해 결성된 조직이었다. 미국은 10년 동안 경제가 불황이었다. 그런 미국인들을 어떻게 설득해 전쟁을 지지하게 하고, 각자가 희생을 받아들이도록 하느냐는 것은 중요한 문제였다. 적국과 피점령국 인구수 자료를 확보해 정보전을 수행하는 것도 마찬가지로 중요했다. 정부는 냉큼 숙달된 전문가들이 필요했고, 심리학자들과 다른 학자들에게로 눈을 돌렸다. 미드는 심리전의 전선이 군사적 · 경제적 전선만큼 중요하다고 썼다. 히틀러가 대중의 태도를 능숙하고 교묘하게 조작했음을 상기하면 미드의 주장은 매우 타당했다. "사회심리학은 지난 번 전쟁에서 실험적인 차원에서 순진하게 시도되었다. 더구나 추축국들이 사회심리학을 전쟁에 활용하는 행위를 정당화하고 있다. 사회심리학은 정치 영역에 추가된 가장 중요한 요소가 되었다."[5)]

국민 사기 진작 위원회는 학자들이 참여해서 만들어진 다수의 비슷한 조직 가운데 하나였다. 학자들은 전문가와 문외한, 보수파와 급진파로 갈라져 다투던 과거를 잊었다. 그들은 함께 자신들의 전문 지식을 투입해, 미드가 이야기한바 '그 어느 때보다 더 위협적인 압제의 암흑'에서 세계인들을 구하는 활동에 나섰다. 1941년 12월에 일본이 진주만을 공격했고, 미국은 1942년에 전쟁을 수행하고 있었다. 전쟁 활동을 강화하기 위해 스물두 개의 연구 집단이 만들어졌다. 연구회들은 사회과학과 행동과학을 종횡으로 누볐고, '히틀러의 성격에서부터 방공호 관리인들을 바라보는 미국 대중의 태도에 이르기까지' 모든 사항을 정부에 조언했다.[6)] 전미 연구협의회와 사회과학연구협의회 같은 학제간 조직들이 특별 위원회를 만들어 전쟁 활동을 지원했다. (전미 연구협의회는 제1차 세계대전 때 학자들과 연방 정부를 연결하기 위해 만들어진 단체였다. 사회과학연구협의회는 1924년에 발족했다.)

베네딕트와 미드는 전쟁 활동에 참여한 이후부터 자신들의 인류학 지식을 활용해 당대 국가들의 문화를 분석했다. 그들은 효과적인 정책을 개발하려면 자신들의 이런 분석이 필수적이라고 생각했다. 베네딕트는 그런 분석에 참여 관찰과 면담이라는 인류학의 연구 기법을 적용해보는 것에 흥미를 갖고 있었다. 이런 기법이 문헌과 공문서 따위를 조사하는 역사학자나 정치학자들의 방법보다 더 나은 연구 결과를 보장할 거라고 보았던 것이다. 두 사람은 그들의 작업을 별 어려움 없이 당대의 과제에 맞출 수 있었다. 부족사회를 연구한 내용을 항상 당대의 쟁점들과 연결해왔기 때문이다. 그들의 연구 동료 다수도 그런 식으로 작업을 했다. 헬렌 린드(Helen Lynd)와 인디애나 주 먼시(Muncie)를 연구하고 쓴 저서로 유명한 로버트 린드와, 『어떤 남부 도시의 계급과 계층(Caste and Class in a Southern Town)』의 존 달러드가 대표적이다.[7] 1930년대에는 경제 위기 속에서 학자들의 의식도 바뀌었다. 미드는 1930년에 근대화가 미친 영향에 초점을 맞춰 오마하 족 여자들을 연구했다. 이런 종류의 문화 변용 연구가 점점 더 인기를 끌고 있었다. 인류학자들은 미국의 민속 문화를 연구하는 쪽으로 방향을 틀었고, 뉴딜로 만들어진 공공사업진흥국(Works Progress Administration, WPA)의 전통 문화 사업에서 일거리를 찾았다. 이와 함께 응용인류학이 새롭게 부상했고, 미드와 베네딕트가 그 분야를 주도했다.

1939년 10월에 미드는 베네딕트에게 이렇게 썼다. 자기가 신문을 조사하고 인터뷰를 해서 대중의 태도를 알아낼 수 있는 방법을 만들어 낼 수 있겠다는 확신이 든다고 말이다.[8] 그녀는 베이트슨, 고러, 베네딕트와 협력해 1년이 채 안 돼 국민성을 파악해내는 방법을 고안해냈다. 그들은 이걸 '거리를 두고 문화를 파악하기'라고 불렀다. (베이트슨은 농담 삼아 '문화 깨뜨리기'로 불렀다.) 전쟁으로 인해서 고국에 살고 있는 사람들을 면담하는 게 불가능했다. 그래서 그들은 미국에 살고 있는 외국인들을 인터뷰하기로 했다. 교육 수준이 높은 전문가들이 선호되었다. 자기 재량으로 해당 국가, 곧 조국의 문화를 분석할 수도 있었기 때문이다. 그들은 달러드의 생애사 연구와 에릭 에릭슨 같은 심리학자들의 통찰력에 기대를 걸었다. 개인의 발달과 국민성이 밀접하게 연결되며, 육아가 문화를 반영하면서 동시에 규정한다고 믿었던 것이다. 그들은 베네딕트와 고러가 1936년에 「민족학 현지 조사 수행자들이 활용할 수 있는 심리적 단서들의 안내서」에 정리해놓은 문제들을 당대의 문화에 적용할 수 있었다. 그 결과를 지역과 계급과 기타 분류에 따라 점검해 확인하는 작업이 어렵기는 했다. 주제에서 벗어날 수도 있었던 것이다. 베네딕트가 『문화의 패턴』에서 사용한 직관적 접근법으로는 더 이상 충분하지 않았다. 다수의 인류학자와 사회과학자들이 그 방법을 이미 수정하고 있었다.[9)]

그들은 인터뷰로 끝내지 않았다. 그들은 전(前)국가 문화들에서 의식과 의례를 연구한 바 있었다. 베네딕트는 신화들을 엮으면서 비교 연구했고, 1940년까지 《미국 민속학 저널》을 편집했다. 이리하여 그들은 신문, 영화, 기타 문화 생산물을 분석해 조사 대상 사회들을 파악했다.

그레고리 베이트슨은 히틀러의 매력을 이해하기 위해 독일의 선전 영화들을 연구했다. 베네딕트는 향신층과 농민들이 모여서 결정을 내리던 중국의 자치 회의들을 간략하게 분석했다. 물론 당대의 서구 사회들이 거기서 뭔가 배울 점이 있지 않을까 알아보기 위해서였다. 그들은 미드와 베이트슨이 지은 발리에 관한 책 서문에서 미드가 언급한 주의 사항을 해결했다. 미드는 거기서 언어 장벽으로 인해 연구 내용이 어쩔 수 없이 '허구'가 되고 만다고 했었다. 그들은 관찰 대상 국가 출신자들을 면접관으로 동원했다. 그들은 연구 내용의 과학적 신뢰성을 확보하기 위해 여러 가지 검사 기술을 활용했다. 피험자가 검정 얼룩들에 보인 반응 결과를 바탕으로 그의 진짜 인격을 판별하던 로르샤흐 테스트가 특히 인기가 높았다. 그들은 그런 검사들을 자신들도 받았고, 연구 동료들에게도 받게 했으며, 연구 대상 개인들에게도 실시했다. 그들은

1943년에 자신들의 당대 문화 연구 활동을 조율하기 위해 다문화연구소(Institute for Intercultural Studies)를 설립했다.

같은 해에 국민사기진작위원회 같은 조직들에 소속된 학자들이 연방 정부가 세운 전쟁 기관과 전쟁 활동에 연루된 민간 기관에 입장을 표명하기 시작했다. 다수가 원래 몸담고 있던 기관을 바탕으로 자문에 응해주었다. 이를테면, 존 달러드는 예일 대학교에 머물면서 전쟁성(국방부)의 심리 자문에 응했다. 에릭 에릭슨은 국민사기진작위원회의 특별 사업들을 수행했고, 이어서 전쟁정보국에서 일하는 베네딕트를 도왔다. 랠프 린턴은 미 해군이 컬럼비아 대학교에 세운 군사 통치 및 행정 학교에서 가르쳤다. 예일 대학교 인류학과 박사 출신인 로다 메트로는 처음 미드의 조수로 식습관위원회에서, 다음에는 베이트슨의 조수로 전략정보국(Office of Strategic Services, OSS)에서 일했다. 베이트슨이 1943년부터 거기서 근무하게 되자 자리를 옮긴 것이다.

연방 정부는 이미 전쟁정보국을 세웠고, 자료를 수집해 정부 기관들이 발표할 성명서를 제공하고 있었다. CIA의 전신인 OSS도 수립돼 정보 업무를 수행하고 있었다. 예일 대학교 인간관계연구소의 심리학자 레너드 둡(Leonard Doob)이 전쟁정보국을 이끌었고, 베네딕트와 미드 모두의 친구였던 하버드 대학교의 심리학자 헨리 머레이(Henry Murray)가 OSS의 심리 분과를 지휘했다. 학자들이 두 기관 모두에서 직원으로 일했다.

미드가 식습관위원회에서 일을 하게 된 것은 베네딕트 때문이었다. M. L. 윌슨(M. L. Wilson)은 기략이 풍부한 농무부 차관으로, 『문화의 패턴』을 아주 높이 평가했다. 그가 1938년에 베네딕트에게 농무부에서 연설을 해달라고 요청했다. 베네딕트는 문화적 환경을 고려하면서 식량의 생산과 분배 정책을 수립해달라고 부탁했다. 그녀는 부가 널리 분배되는 '사이펀 경제'(siphon economy)도 긍정적으로 언급했다. 부가 소수의 손에 장악당하는 '깔때기 경제'(funnel economy)가 부정적으로 언급되었음은 말할 나위도 없다. 베네딕트는 깔때기 경제가 작동한 부족사회들에서는 폭력과 정신병의 발생 빈도가 높았고, 사이펀 경제가 작동한 부족사회들에서는 주민들이 만족스러워 하면서 번영했다고 역설했다.[10] 그녀는 뉴딜 정책의 지속과 확대를 지지한다는 의중을 넌지시 내비쳤던 것이다.

베네딕트의 연설에는 1,000명 이상의 연방 정부 직원이 참석했고, 크게 환영을 받았다. 베네딕트와 윌슨은 편지를 주고받았다. 그는 그녀에게 식량 분배와 소비에 관한 일반 이론을 물었고, 또 그 주제를 연구해 달라고 주문했다. 윌슨은 연방 정부의 영양 정책을 종합 지휘하는 책임자로 임명되면서 식습관위원회에 베네딕트의 자리를 마련해주었다. 식습관위원회는 그의 요구로 1941년에 만들어졌다. 식습관위원회가 유급 사무국장을 두고 워싱턴에 사무소를 운영하기로 결정하자 베네딕트는 미드를 추천했다. 그렇게 해서 그녀가 사무국장 자리를 제안받게 된 것이다. 베네딕트는 미드가 1941년 12월 7일에 임명되었음을 알게 되었다. 그날은 일본이 진주만을 폭격한 날이기도 했다.

마거릿 미드는 식습관위원회의 직책을 맡고는 뉴욕에서 워싱턴까지 통근을 했다. 주중에는 마리 아이첼버거와 유모 한 명, 그레고리가 두 살 된 메리 캐서린을 돌보는 것을 도왔다. 그레고리와 메리 캐서린, 그리고 마거릿은 1942년 여름에 그리니치빌리지에 있는 래리 프랭크의 적갈색 사암으로 지은 집 1층으로 이사해 들어갔다. 래리의 가족은 위층을 썼다. 그들은 반(半)공동으로 가사를 운영했다. 프랭크의 아내 메리가 자기 자식들과 함께 메리 캐서린을 돌봤다. 마거릿의 가족은 프랭크의 가족, 다른 학자 친구들과 함께 뉴햄프셔의 클로벌리라는 곳에서 여름을 보냈다. 그곳에 프랭크의 피서용 별장이 있었다. 루스 베네딕트도 가끔 그곳을 방문했다. 생활은 순조로웠다. 마거릿은 워싱턴 D.C.에서 작은 집을 하나 임대했고, 주중에는 거기서 생활하다가 주말에는 뉴욕으로 돌아왔다. 그녀는 오랫동안 찬양해 온 공동생활을 하고 있었다. 마거릿은 자기에게 맞는 방식으로 엄마의 역할과 사회활동을 결합하고 있기도 했다.

베네딕트는 2년 후인 1943년 가을부터 정부에서 일하기 시작했다. 제프리 고러를 통해 그녀가 제안받은 직책은 전쟁정보국의 해외 문화 분석관이었다. 전쟁정보국 관리들은 국민사기진작위원회에 제출된 고러의 일본 보고서에 깊은 인상을 받았다. 그 보고서는 전쟁이 끝나도 천황제를 그대로 유지해야 한다고 권하고 있었다. 전쟁정보국 관리들은 고러에게 외국 문화를 분석하는 직책을 제안했다.[11] 고러는 영국으로 돌아가기로 마음을 정했기 때문에 자기 대신 베네딕트를 추천했다. 그렇게 그녀가 그 자리를 제안받았다. 프란츠 보애스는 1942년에 이미 죽고 없었다. 베네딕트는 랠프 린턴과 여전히 갈등하고 있었다. 가르치는 일과 학과 행정의 부담에서 벗어나 연구를 할 수 있겠다는 사실이 매력적으로 비쳤다. 전쟁기에 국가 행정이 이루어지는 심장부에 머물 수 있다는 기회 역시 베네딕트의 호기심을 자극했다. 더구나 미드와도 가까이 지낼 수 있었다. 베네딕트는 1942년에 진 웰트피시와 인종 문제를 다룬 소책자를 썼다. 이 소책자는 전쟁성이 출판하고 널리 배포했다. 남부 주의 한 의원이 그 책자에서 다음과 같은 진술을 발견했고, 소동이 일어났다. 제1차 세계대전에 참전한 군인들 가운데 북부의 흑인들이 남부의 백인들보다 IQ 검사에서 더 높은 점수를 받았다는 내용이었다. 언론이 그 사실을 부정적으로 소개했지만 베네딕트의 임명이 철회되지는 않았다. 워싱턴은 흥미진진한 환경을 제공했다. 정부에 소속된 학자들은 구내식당들에서 점심 연구 모임들을 가졌고, 밤에는 각자의 거처를 돌면서 연구 모임을 계속했다. 베네딕트는 1944년에 워싱턴 정신의학학교에서 강의를 하게 된다. 해리 스택 설리번이 그녀의 뒤를 봐주었다.

베네딕트는 워싱턴으로 옮기면서 미드의 거처로 이사해 들어갔다. 루스 밸런타인이 그곳으로 베네딕트를 찾아오는 일이 잦았다. 그러나 미드는 아무래도 상관없었다. 미드 자신이 집을 비우는 일이 잦았다. 그녀는 전국을 돌며 강연을 했고, 뉴욕에서 그레고리 베이트슨과 딸과 시간을 보냈다. 미드는 레즈비언 동반자를 두겠다는 베네딕트의 결정을 이미 오래전에 받아들였다. 베네딕트가 그레고리 베이트슨과 결혼하겠다는 미드의 결정을 받아들인 것처럼 말이다. 그들은 이미 여러 해 전에 합의한 상태였다. 둘 모두가 자유로워야 함께 있든 떨어져 지내든 우정을 활기차게 유지할 수 있다는 이지적이고 개인적인 결론에 이르렀던 것이다. 마거릿은 1944년에 그레고리에게 이렇게 썼다. "루스와 생활하는 일은 아주 차분하면서도 즐거워요." 그녀는 계속해서 이렇게 말하고 있다. "사실 우리는 정말 오랫동안 서로를 거의 못 만났어요. 그런데도 관계를 그렇게나 쉽게 복원할 수 있다는 게 정말이지 놀라워요." 마거릿은 루스가 어떤 담배를 피우는지 더 이상 알지 못했다. 루스가 자기 커피에 여전히 설탕을 타는지 여부도 몰랐다. '그러나 온갖 중요한 문제들에서는 완벽하게 일치'한다고 말했다.[12)]

미드가 식습관위원회 사무국장이 되었어도 인류학자들은 이른바 '식생활 습관'이라는 것에 별다른 관심을 기울이지 않았다. 미드 자신도 뉴기니의 음식은 끔찍했던 반면 발리의 음식은 훌륭하다고 보고한 사실을 제외하면 사람들이 무얼 먹느냐는 문제에 출판된 글의 형태로는 별다른 관심을 표명한 적이 없었다. 그러나 그녀가 쓴 자세한 아라페시 민족지를 보면 그 부족의 식습관과 의식을 분석한 내용이 있음을 알 수 있다. 미드는 음식이 사람들에게 실질적이고 상징적인 차원에서 얼마나 중요한지를 잘 알고 있었다.[13] 식량의 생산과 분배와 영양 문제가 1941년에 아주 중요한 의제로 부상했다. 대공황기의 빈곤과 미국 인구의 무려 3분의 1이 영양실조 상태였다는 추정치를 떠올리면 충분히 짐작되는 일이다. 여기에 전쟁을 치르는 국민을 먹여 살리는 사안까지 가세했다. 이들 과제는 간단한 문제가 아니었다. 배급 제도는 물론 건강에 더 좋은 음식을 먹도록 사람들을 설득하는 일이 포함되어 있었기 때문이다.[14]

여자들이 고위급의 연방 정부 일자리를 얻는 것은 쉬운 일이 아니었고 미드의 행정 능력에 대한 신뢰도 크지 않았다. 그녀가 자연사박물관에 재직한 상당 기간 동안 현지 조사 여행을 나가 있었기 때문이다. 미드는 미국 인류학협회를 제외하면 소속되어 있는 전문가 단체가 거의 없었다. 그녀는 1924년 이후 연방 정부 선거에서 투표를 하지 않았다. 미드는 이런 요소들을 고려해 식습관위원회 사무국장 자리를 받아들였다. 미드는 정부 기관에서 기대할 수 없을지도 모르지만 융통성을 발휘해 원하는 일을 할 수 있게 되기를 고대했다.[15]

미드가 경험은 없었을지 몰라도 그녀의 행정 수완은 처음부터 탁월했다. 예산은 적었고, 미드는 창의력을 발휘해야만 했다. 그녀와 로다 메트로는 정보를 획득해 효과적으로 설득하려면 서베이 리서치가 중요하다는 걸 잘 알았다. 둘은 저렴한 비용으로 여론을 표집할 수 있는 방법을 고안해냈다. 인류학과의 자원자들을 동원해 전국에서 인터뷰를 수행한다는 게 복안이었다. 자원자들은 대부분 학생일 터였다.[16] 문화적 관점을 채택한 미드는 식량 문제를 지역민과 민족들의 풍습, 습관과 연계된 것으로 보았다. 그녀는 다른 조수를 시켜 미국에 살고 있는 다양한 유럽인 집단들의 식습관을 분석하도록 했다. 그런 식습관들의 영양학적 가치와 해당 인구 집단들의 식습관이 바뀔 가능성을 파악하기 위해서였다. 미드는 수많은 대학이 관련 프로젝트에 나서도록 자극했다. 아이오와 대학교의 한 프로젝트는 음식 섭취와 식습관 일반을 연구했다. 시카고 대학교의 몇몇 프로젝트는 일리노이 주 남부에 거주하는 흑백 소작인 가정들과 남서부에 거주하는 멕시코계 미국인과 인디언들의 식습관을 연구했다.

엘리너 루스벨트(Eleanor Roosevelt)는 미드의 귀감이었다. 그녀는 사람들이 음식과 관련해 무얼 하고 있고, 무슨 말을 하는지 관찰하면서 전국을 돌았다. 미드는 사람들을 규합하고, 정보를 전파할 수 있는 수단으로 '구역 계획'(block plan)이라는 마을 조직을 만들어보라고 민방위국에 주문했다. 이런 비공식 조직들이 전쟁기에 국내 전선의 전반적 활동에서 중요한 역할을 담당했다. 미드는 식량 문제를 넘어섰고, 인류학자들의 지식과 정보를 정부에 전달하기 위해 자신이 이끄는 사무국 내에 조정 기구를 설치했다. 그녀는 사회과학 분야의 온갖 전문가들이 확보한 정보를 정부에 전달하기 위해 스미스소니언 연구소에 사무소를 하나 내자는 계획에도 참여했다.

자연사박물관에서는 여느 때처럼 미드를 장기 휴가로 처리해주었다. 미드는 자연사박물관에서처럼 워싱턴에서도 자신의 지위를 활용해 다른 활동을 했다. 그녀는 강연과 글쓰기를 지속적으로 확대했다. '전쟁 내내, 그리고 어떤 의미에서는 이후로도 쭉 계속되는' 삶의 방식이 그렇게 탄생했다. 미드는 이렇게 말했다. "(나는) 끊임없이 연설을 했고, 글쓰기와 강연 능력을 바탕으로 이곳저곳을 분주히 오갔다."[17] 미드는 1940년 여름에 래리 프랭크의 피서용 별장에서 다큐멘터리 영화

제작을 논의했다. 여자들이 지역사회 주민들의 삶에 기여하고 있다는 내용으로, 미국여성회의(Congress of American Women)가 의뢰한 것이었다. 미국여성회의는 여성 유명 인사들의 네트워크였다. 미드는 여자들을 돕는 일에 마음이 끌리고 있었다.[18] 그녀와 그레고리는 『발리인의 성격』을 만들기 위해 그 여름에 발리에서 찍은 사진들을 정리하고 선별했다. 1943년 여름에는 전쟁정보국이 미드를 영국으로 파견해 강연 여행을 하게 했다. 그녀는 이 경험을 바탕으로 『최선을 다해 대비하라(And Keep Your Powder Dry)』를 썼다. 미국인의 국민성을 연구한 이 저서를, 미드는 21일 만에 다 썼다며 자랑스러워했다.

베네딕트는 미드와 달랐다. 그녀는 전쟁정보국에서 제안받은 직책을 행정가 겸 활동가가 아니라 학자로서 받아들였다. 베네딕트는 특별히 덴마크, 타이, 루마니아를 연구했다. 그녀의 덴마크 연구는 그곳에서 지하 운동을 건설하는 데 필요한 예비지식과 참고 자료를 얻기 위해 의뢰된 것이었다. 일본의 동맹국이었던 타이 연구의 목표는 심리전을 수행하고 나아가 전쟁이 끝났을 때 수반될 점령과 재건의 지침들을 마련하는 것이었다. 조수들은 외국 국적자들을 인터뷰하고 각종 문화 자료들을 분석해 베네딕트를 도왔다. 그녀는 에릭 에릭슨 같은 학자들에게도 연구를 의뢰했다. 베네딕트의 일본 연구는 그녀가 전쟁정보국에서 수행한 연구 중에서 가장 유명하다. 그녀가 대중적 저작으로 확장한 유일한 연구가 일본 연구이기도 했다. 베네딕트가 일본 연구를 요청받은 것은 1944년이었다. 미군이 본격적으로 일본을 공격하기 시작한 상태였다. 전쟁이 곧 끝날지도 모른다는 희망이 싹텄다. 베네딕트는 미국 국민은 물론이고 연방 정부 관료들도 일본에 대해 별로 아는 게 없다고 판단했다. 그녀는 미국의 일본 점령과 일본 사회 재건 사업이 성공하기를 바랐다.

『국화와 칼』은 베네딕트와 미드가 개발한 국민성 연구 방법이 가장 잘 적용된 저작으로 통한다. 『국화와 칼』은 미국에서 베스트셀러였고, 일본에서조차 200만 부 이상 팔렸다. 베네딕트는 『국화와 칼』로 자신이 다른 학자들보다 더 뛰어나다는 것을 다시 한 번 보여주었다. 그녀는 차분한 열정으로 이 책을 썼고, 이원론으로 일본 문화를 자세히 설명했다. 가장 대표적인 이원론이 국화와 칼이다. 국화는 일본인이 사랑하는 꽃으로, 아름다움과 질서를 상징하고, 사무라이의 칼은 절제 및 규율과 죽음을 상징한다. 베네딕트는 일본인들의 기본적인 심리 범주로 수치심과 죄책감에 초점을 맞춘다. 그녀는 형태주의적 접근법을 수정해 사용하는데, 이는 랠프 린턴과 그레고리 베이트슨이 개발한 정교한 사회학 모형들에 관심을 보이는 것이기도 했다. 베네딕트는 신분, 계급, 성별, 나이의 위계에 헌신하는 것이 일본 문화의 핵심 요소라고 생각했다. 일련의 책임 교환과 위계제 속에서 헌신하는 것으로 일본 문화의 패턴이 형성된다는 얘기인 셈이다.

최근에 한 연구자가 일본인들의 『국화와 칼』 비판을 좇아 일본에도 유죄 및 민주주의 사상은 물론 계급까지 존재했다고 역설했다. 그는 베네딕트가 일본 문화를 총체적으로 기술하지 않았다고 생각한다. 다시 한 번 그녀의 형태주의적 접근법이 일본 문화 연구에서 문제를 야기했을지도 모르겠다. 아무리 절묘하게 적용되었을지라도 말이다. 베네딕트의 방법이 유력한 유형들과 일탈적 요소들에 관심을 집중한다는 점을 상기해보라. 베네딕트의 '거리를 두고 문화를 파악하는' 방법도 살펴보자. 『국화와 칼』의 경우는 미국에서 일본 국적자들을 인터뷰해 쓰였다. 이 방법은 항상 의문의 여지가 있었다. 베네딕트는 단 한 번도 일본을 방문한 적이 없었다. 그녀는 인터뷰 내용과 영화나 소설 같은 자료들에 의존했다.[19]

그러나 베네딕트는 일본인의 국민성에 원시적 비합리성이나 신경증이 있다는 투로 얘기하지 않았다. 당시 미국에서 쏟아져 나온 일본 관련 저술에서 그런 관점이 부지기수로 표출되었지만 말이다. 제프리 고러의 글도 그런 경향에 들어간다.[20] 베네딕트는 일본 문화의 금욕주의와 자아 수련을 강조했다. 일본인들은 특히 요가에 몰두했다. 그렇다고 해서 베네딕트가 일본인들을 청교도로 그린 것은 아니다. 그녀는 쾌락의 윤리가 분명하게 작동한다고 말했다. 일본인들의 목욕 의식을 상기해보면 이는 자명하다. 일본인들은 전쟁을 수행하면서 온화한 태도에서부터 잔혹한 행위에 이르기까지 다양한 행동 양상을 보였다. 이로부터 그들이 '불안정에 시달리는 신경증적 민족'이라는 결론이 유포되었다. 베네딕트는 그런 표준화된 결론에 동의하지 않았다. 그녀는 일본인들이 하나의 행동에서 다른 행동으로 옮아가는 데 '정신적 희생이나 비용 따위는 치르지 않는다'고 썼다.[21]

베네딕트는 일본인을 비난하지 않았다. 그녀는 미국인들이 일본인들을 제대로 알기를 바랐다. '적당한 지위'가 다른 모든 것에 우선하는 일본인들의 위계 체제에 미국인들이 민주주의를 도입하면서 어려움을 겪을 것이 뻔했기 때문이다. 『인종 : 과학과 정치학』에서처럼 『국화와 칼』에서도 역사가 중요했다. 그건 육아도 마찬가지였다. 국민성을 연구하는 학자들은 육아가 결정적인 요소라고 생각했다. 그들이 신프로이트주의를 강조했음을 상기하면 이는 당연한 일이다. 베네딕트는 『국화와 칼』의 한 각주에서 제프리 고러의 주장을 언급하지만 관련해서 논평을 하지는 않는다. 고러는 일본인의 국민성에 권위주의가 각인된 것은 태어나고 1년이 지나면서 엄격하게 용변 교육을 시키기 때문이라고 주장했다. 베네딕트는 고러에게 답변하는 것처럼 보이는 발언에서 일본 문화가 관습적으로 젖을 늦게 뗀다고 강조했다. 아기가 원하면 언제든지 가슴을 허용한다는 것이다. 베네딕트는 이런 관습 때문에 일본인들의 성격이 순하고 유연한 것일지도 모른다고 넌지시 말했다.

그러나 『국화와 칼』은 성(sex)과 젠더를 중요한 사안으로 다루지 않는다. 고러는 간략하게 일본을 분석한 글에서 일본 문화의 이분법에는 젠더가 가미되어 있다고 해석했다. 여성은 '어둡고' '수동적'이며, 남성은 '밝고' '능동적'이라는 것이다. 고러는 일본 남자들이 더 나이 든 남성들에게는 굴종하는 반면 나이 든 여자들에게는 공격적으로 구는 양상에서 이런 차이가 발생한다고 주장했다.[22] 베네딕트는 고러의 이런 주장을 언급하지 않았다. 그녀는 자신의 이원론에 젠더가 가미되었다고 분석하지도 않았다. 그러나 베네딕트는 일본 여자들이 성적 이중 기준으로 억압받고 있다고 보았다. 게이샤가 기혼 남성들의 확고부동한 친구였다. 그러나 베네딕트는 여자들이 가정을 이끄는 데서, 아이를 기르는 데서, 시어머니로 행세하는 데서 막강한 권한을 행사했다고 논평했다. 아들과 며느리에게 위세를 부렸다는 것이다. 여자들을 막강하면서 동시에 무력한 존재로 분석하는 내용이 베네딕트의 저술에서 빈번하게 등장한다. 그녀가 뉴스쿨에서 엘시 클루스 파슨스와 함께 진행한 강의에서 한 서면 진술을 보면 주니 족 인디언들 인근에서 사는 백인 여자들은 남편에게 복종적이었지만 교사로서는 독립적이었으며 아내로서는 군림하려 들었다고 한다.

일본인들은 남성이 지배하는 가정에 몰두했기 때문에 '동성애자가 된다'는 개념 자체가 없었다고도 베네딕트는 주장했다. 미국에서는 성인 남자 일부가 성행위에서 수동적인 역할을 맡는다는 얘기가 그들에게는 커다란 충격으로 다가왔다. 남성의 위신과 체통을 무너뜨리는 행위라고 여긴 탓이다. 베네딕트가 일본의 동성애자들을 어떻게 규정했을지가 궁금할 법하다. 리오 포천의 동성애자 친구 맥스 비커턴은

1930년에 일본의 동성애자들이 네브래스카 오마하 족에서 베르다슈로 변해가는 사람처럼 걷는다고 말한 바 있었다. 당시에 미드가 그 베르다슈를 가까이 관찰하고 있었고, 비커턴이 그곳으로 리오와 마거릿을 찾아왔던 것이다. 아마도 일본의 동성애자들은 '남성 게이샤'였을 것이다. 베네딕트도 『국화와 칼』에서 그 집단을 언급하지만 분석하지는 않았다.[23)]

베네딕트는 간략하게 정리된 타이 연구서를 제외하면 전쟁정보국에서 수행한 다른 국민성 연구들에서도 젠더는 전혀 분석하지 않았다. 그 글에서 태국에서는 남자들이 주도권을 행사하는 듯하지만 실제로는 여자들이 남자들에게 호의를 베풀거나 베풀지 않는 간접적인 방식으로 상당한 권력을 행사한다고 결론지었다. 그녀는 이렇게 쓰고 있다. "남자가 성공하고 출세하려면 책략이 능수능란해야 한다." 그러나 베네딕트는 과거 『문화의 패턴』 같은 저술들에서보다 더 편하게 여성 문제를 일축해버렸다. 그녀는 『문화의 패턴』에서 여자들은 남성이 지배하는 사회들에서 억압받고 있다고 말했다. 베네딕트는 레베카 레이어(Rebecca Reyher)의 『줄루 족 여자(Zulu Woman)』에 붙인 서문에서 왕이 아내들에게 잔인하게 군다는 사실을 간과했다. 『줄루 족 여자』는 줄루 왕의 여러 아내 가운데 한 명의 인생을 조명하는 책으로, 레이어가 왕의 잔혹한 행위를 강조하고 있는데도 말이다. 베네딕트는 문제의 왕이 여러 부족들을 계속해서 충성하게 만들고, 백인들이 갑작스럽게 등장한 사태에도 대응해야만 했다는 사실에 관심을 집중하면서 그가 아내들을 억압한 것을 은근슬쩍 눈감아줬다.[24)]

베네딕트는 피억압자들의 곤경에 공감했다. 그러나 『국화와 칼』에서는 전쟁 중에 미국이 일본 국적자들과 일본계 미국 시민을 억류한 것은 물론 1945년 히로시마와 나가사키에 떨어뜨린 원자폭탄도 전혀 언급되지 않는다. 미드는 베네딕트가 원자폭탄 사안을 빼먹은 문제를 옹호했다. 베네딕트가 『국화와 칼』을 쓸 때는 전후의 일본 재건과 관련해 미국과 일본 모두 히로시마를 전혀 고려하지 않았다고 미드는 주장했다. 전후의 일본 재건 문제를 고민한 것은 베네딕트였다는 것이다.[25] 그러나 미드 자신은 폭탄 투하 소식을 전해 듣고 전후의 국제 관계를 논한 자기 책의 원고를 찢어버렸다. 그녀는 원자폭탄이 인류의 존립을 위협하며 역사를 바꿔놓았다고 판단했다.[26] 베네딕트가 『국화와 칼』에서 원자폭탄 얘기를 안 했다는 사실은 미드의 격한 반응과 대비해볼 때 상당히 곤혹스럽다.

힐러리 랩슬리(Hilary Lapsley)는 베네딕트가 『국화와 칼』에서 히로시마를 빼버린 이유로 패서디나 사람들을 소외시키고 싶지 않아서였다고 주장한다. 패서디나 사람들이라니? 나탈리 레이먼드와 루스 밸런타인, 그리고 그녀들의 친구 루스 톨먼이 패서디나 출신이었다. 심리학자 루스 톨먼은 물리학자 에드워드 톨먼과 부부였는데, 그가 패서디나 인근에 있는 캘리포니아 공과대학에서 교편을 잡으며 원자폭탄 개발에 관여했던 것이다.[27] 밸런타인이 베네딕트와 워싱턴에 머물고 있었는데, 톨먼 부부 역시 정부 직책을 맡아 거기 있었다. 랩슬리에 따르면 '원자폭탄의 아버지' J. 로버트 오펜하이머(J. Robert Oppenheimer)도 한때 캘리포니아 공과대학에서 가르쳤다고 한다. 그는 나탈리 레이먼드와 사귀기도 했다. 랩슬리의 주장은 그럴듯하다. 그러나 베네딕트는 미국인들에게 일본 사람들에게 호의를 갖자는 취지서이기도 한 책을 썼고, 원자폭탄을 놓고 윤리 논쟁을 벌이고 싶지 않았을지도 모른다. 실제로 『국화와 칼』은 연합군의 일본 점령과 정부 재건기에 더글러스 맥아더 장군의 정책들에 상당한 영향을 미쳤다.[28]

존 허시(John Hersey)의 책 『히로시마(Hiroshima)』가 1946년에 출간되

면서 원자폭탄 논쟁에 불이 붙었다. 베네딕트도 이 책을 최초로 서평한 사람들 가운데 한 명이었다. 그녀는 "(핵폭탄의) 파괴력이 악몽과도 같았다."라고 말했다. 그러나 폴 보이어(Paul Boyer)에 따르면 종전 직후에는 많은 작가들이 핵폭탄 얘기를 꺼내려 하지 않았다. 원자폭탄의 위력에 겁을 집어먹은 미국민들은 오펜하이머 같은 과학자들을 문화 영웅으로 만들어버렸고 말이다. 그런 태도와 반응에 서서히 변화가 일어났다. 그러나 오펜하이머의 배신행위를 조사하는 안보 청문회는 1954년까지도 열리지 않았다.[29] 기록에는 없는 사적인 뭔가가 개입되어 있었을지도 모르지만 베네딕트가 오펜하이머를 방어해야 할 명시적인 이유는 전혀 존재하지 않았다.[30]

제2차 세계대전기를 살아가던 베네딕트와 미드에게는 두 가지 문제가 다른 무엇보다 중요했다. 어떻게 해서 전쟁에 승리할 것인가. 10년이나 경제 불황에 시달린 미국민을 어떻게 설득해 전쟁 상황이 요구하는 희생을 받아들이도록 할 것인가. 두 사람은 평화를 달성해 새로운 세계질서를 수립하는 방법과, 전쟁으로 긴장이 증폭된 미국에서 인종주의와 반(反)공산주의가 득세하는 것을 차단하는 방법에도 관심을 기울였다. 그들은 정부 소속 사회과학자들이 국가 권력의 하수인이 되는 것을 막는 방법에도 관심이 많았다. 학자들이 '기밀로 분류되어' 대중에게 공개되지 않는 작업을 수행했던 것이다. 베네딕트와 미드 둘 다 그런 일을 했다. 그런 일이 정확이 무엇이었는지는 여전히 불명확한 상태로 남아 있다. 미드는 자신이 극동으로 파견되는 미국인들에게 해당 지역의 문화를 가르쳤다고 증언했다. 지하 운동을 기획한 베네딕트의 업무 일부는 기밀로 분류되었다.[31] 그러나 베네딕트는 1930년대 후반에 공산주의에 동조한다는 혐의를 받던 조직에서 활동한 전력 때문에 최고 등급의 보안 승인을 받지 못했다. 반면 미드는 의심을 받을지도 모른다고 생각되는 조직에는 전혀 관여하지 않았다.

베네딕트와 미드는 1920년대와 1930년대의 '메시아주의'는 물론이고 듀이의 정책인 개인주의, 민주주의, 사회공학을 국가적 · 세계적 차원으로 확대 적용했다. 두 사람은 미국에서 권위주의가 득세해 국내와 해외의 민주주의가 파괴되는 미래를 걱정했다. 예컨대, 반(反)공산주의라든가, 전쟁기에 확대된 연방 정부를 통해서 말이다. 그들은 지역사회와 소규모 집단들이 이런 동향에 제동을 걸 수 있는 중요한 수단이라고 판단했다. 그것들이 정의로운 사회를 옹호하고 의욕을 고취할 수 있다고 본 것이다. 미드는 미국이 '민주적 태도'를 바탕으로 선전을 해야 한다고 썼다. 권력자들이 아니라 시민들이 선전의 주체가 돼야 한다는 얘기였다. 미드는 전 국민이 훈련받은 사회과학자들한테서 충분한 전문 지식을 제공받으며 지도자로 나서야 한다고 생각했다.[32] 미드는 민주주의를 유지해온 전통적 제도가 파괴되는 상황을 걱정했고 1942년에는 정부가 생산적인 중간계급을 뒷받침해줘야 한다고도 썼다. 그들을 지원하지 않으면 손쉽게 반동적 사고방식에 휘말릴 수 있었다. 독일에서는 히틀러가 부상하기도 했던 것이다.[33]

미드는 『최선을 다해 대비하라』에서 미국민들에게 각자가 처한 '도시,' '단지,' '노동조합,' '선박'들에서 자원과 역량을 끌어모아 국가적 활동을 지원해달라고 호소했다.[34] 그녀는 식습관위원회의 직책을 유지하면서 민방위국과 공조해 지역 위원회들을 만들었다. 미드는 작은 단위와의 대면 접촉이 중요함을 잘 알았다. 그녀는 소규모의 부족사회들을 즐겨 연구했다. 거기서는 모든 이의 이름을 알 수 있었다. 미드는 대학 세미나와 작은 학술대회를 좋아했다. 그녀는 작은 규모의 학술대회에 열정적으로 참여했다. 미드는 매년 수많은 회합에 참석했고, 그런 각종 모임을 지나치게 낙관적으로 바라보았다. 의사 결정 과정을 국가한테서 가져와 '작은 집단, 위원회, 협의회, 기타 소규모이지만 공식적인 지역 회합'에 돌려주는 추세를 미국과 유럽에서 약간이나마 확인할 수 있다고 본 것이다.[35] 미드가 소집단을 강조하면서 한 가장 유명한 말은 "사려 깊게 헌신하는 시민들의 소집단이 세상을 바꿀 수 있다는 걸 의심하지 말라."였다.

미드는 국민사기진작위원회가 결성되고 '의욕 고취 운동'이 시작되면서 관련 단체들은 사기가 '풀뿌리' 단위에서 나와야만 한다는 걸 깨달았다고 썼다. 그녀는 자신이 '세 번째 세대'라고 부른 집단이 앞장서야 함도 확신했다. 미드는 '3'이 들어가는 비유를 좋아했다. 제프리 고러에 따르면 미드는 3세대 페미니스트였다. 그녀의 가정에서는 세 세대가 어울렸다. 미드는 '3세대'란 말을 민족에 적용했는데, 이로써 그녀가 지녔던 대학 시절의 급진적 정서를 일반인도 쉽게 이해할 수 있었다. 미드는 이제 미국을 도가니로 여기고 있었고, 여러 민족이 '올드 아메리칸' 후예들과 섞여서 '제3세대'의 통합된 미국민으로 거듭났다고 결론지었다. 그녀는 민족 집단이 미국에서 여전히 중요한 세력이고, 아프리카계 미국인들이 매섭게 인종 차별을 당하고 있음을 잘 알았다. 그러나 미드는 차이보다는 같다는 사실을 강조했다. 제2차 세계대전기에 그녀가 선보인 애국주의 선동은 민주주의를 강력하게 위협하는 세력에 맞서 싸우는 성전에 미국인들을 동원하겠다는 목적에서 이루어졌다.[36] 미드는 1920년대에 '문화 다원주의'를 지지했다. 그녀는 미국 사회와 그 정부 형태를 구성하는 방침으로 문화 다원주의를 고수했다. 그러나 미드는 1940년대와 1950년대의 자유주의자들이 호의를 보인 통합주의도 채택하고 있었다. 1960년대에 그녀와 제임스 볼드윈이 나눈 대담을 보면 이 사실을 분명하게 알 수 있다.

베네딕트도 미드와 유사한 정서를 분명하게 표현했다. 물론 평소처럼 당대의 미국 제도에 덜 열광하기는 했지만 말이다. 베네딕트는 블랙풋 족 인디언들의 부족 회의와 중국의 지역 자치 회의를 연구했고, 서양이 합의를 통해 민주적으로 의사를 결정하는 것과 관련해 많은 것을 배울 수 있을 거라고 말했다. 그녀는 특별히 모든 시민이 참여하는 지역 조직들을 강조했다. 베네딕트는 주니 족의 양성 평등과 평원 인디언들의 개인주의를 긍정적으로 서술한 것을 제외하면 전(前)국가 사회들을 칭송해온 그간의 태도를 누그러뜨렸다. 부족사회를 낭만적으로 그린다는 혐의에서 벗어나려고 했던 것이다. 그러나 베네딕트는 히틀러를 '원시인'이라고 불렀고, 그런 호명은 사실상 '원시' 사회와 '문명' 사회를 진화적으로 구분하는 낡은 도식으로 이어졌다. 결국 부족사회들이 다시 한 번 맨 아래 지위를 차지하게 된 셈이었다. 베네딕트는 부족사회들에서 확인한 긍정적 특징들을 활용해 자신의 개혁 사상을 뒷받침했다. 그녀는 에리히 프롬의 『자유로부터의 도피』를 논하면서 부족사회들에는 자유라는 개념이 없다는 프롬의 주장에 이의를 제기했다.[37]

베네딕트는 지역 자치 회의와 합의를 찬양했는데, 이는 그녀가 사회들에 등급을 매기기 위해 개발한 유형 분류 체계의 결과물이기도 했다. 베네딕트는 사회들을 분류하는 걸 좋아하지 않으며 『문화의 패턴』에서도 그렇게 하지 않았다고 여러 해 동안 주장했지만 결국 독자적인 유형 분류 체계를 개발했다. 그녀와 미드는 어떤 제도와 행동이 최고이고 최선인지 과학적으로 알아내려면 자료를 모아야 하는데, 그런 실험을 할 수 있는 곳이 바로 부족사회라고 오래전부터 주장했다. 미드는 이렇게 썼다. "우리는 처음부터 개별 문명의 가치를 존중하면서 문화를 초월하는 궁극적 가치를 찾는 과제에 관심을 두었다."[38] 베네딕트는 그렇게 하려고 노력했다. 그녀는 이제 50대였고, 오랫동안 '원시' 사회를 연구한 경험을 바탕으로 궁극적인 발언을 하고 싶었다. 베네딕트는 '좋은 사회'를 판별해낼 수 있는 과학적 방법을 찾아내고 싶었다. 그녀가 생각한 '좋은 사회'란 진정으로 개인과 사회의 안녕과 복지를 촉진하는 사회였다.

베네딕트는 지리, 기후, 규모, 인종, 젠더로 부족사회들에 등급을 매기려고 했는데, 그 시도는 성공을 거두지 못했다. 그녀는 모계 혈통과 부계 혈통을 젠더를 구분하는 원리로 삼았지만 그렇다고 젠더를 결정적 요소로 받아들이지는 않았다. 도부 족처럼 자기가 싫어한 일부 사회들이 모계 혈통인 데 반해 아라페시 족처럼 자기가 좋아한 다른 사회들은 부계 혈통임을 깨달았던 것이다. 결국 그녀가 들고 나온 개념은 '시너지', '사이펀', '모래시계' 같은 것들이었다('모래시계'는 나중에 '깔때기'로 바뀐다). 베네딕트는 이런 중립적 용어들이 효과적이라고 생각했다. 그녀는 통합을 의도한 용어인 '시너지'를 의학에서 빌려왔다. 의학에서는 '시너지'가 화학 물질이나 세포들이 결합해 유익한 결과를 가져오는 것을 의미했다. '좌절'과 '공격성'으로 인간 본성을 분석하는 게 최신 유행이었고, 베네딕트도 거기 발맞춰 사회의 가치를 평가하는 수단으로 행복이 아니라 비공격성을 밀었다.

에이브러햄 매슬로는 베네딕트의 유형 분류 체계를 '좋은 사회 여부를 가장 성공적으로 판별할 수 있는 포스트 마르크스주의 이론'이라고 불렀다.[39] 매슬로는 베네딕트를 열렬히 숭배했다. 베네딕트는 경제 구조로 순위를 매기는 법도 고안했다. 이 방법은 루스 번젤에게서 빌려왔다. '깔때기 사회'는 다른 사람은 전혀 안중에 없는 소수에 재산을 집중시키는 반면 '사이펀 사회'는 공동체 전체에 끊임없이 부를 확산시킨다는 내용이 바로 그것이다.[40]

베네딕트는 1942년 《애틀랜틱 먼슬리(Atlantic Monthly)》에 기고한 글에서 자기가 제일 좋아하는 블랙풋 인디언과 시베리아의 처키 족을 비교 대조했다. 그녀는 이 글에서 '시너지', '사이펀', '깔때기'란 말을 사용하지 않는다. 물론 그 글은 이 용어들에 바탕을 두고 있었다. 처키 족은 『문화의 패턴』에서 소개된 도부 족, 콰키우틀 족과 비슷했다. 베네딕트의 설명을 보면 처키 족은 마치 괴물 같다. 그들은 자기들이 숭배하는 풍부한 순록 떼를 사냥하면서 번영을 구가했다. 그들에게 정치 구조 따위는 전혀 없었다. 그럼에도 불구하고 처키 족은 살인을 일삼았고, 공포스러운 신들에 시달렸으며, 경쟁심이 매우 강했고, 두려움이 많았다. 반면 블랙풋 족은 낙관적이었고, 폭력을 몰랐다. 그들은 돌봄의 윤리에 따라 생활했다. 지도자들은 추종자들에게 일체감을 느꼈고, 부자는 모두가 풍족하게 살 수 있도록 조치했으며, 능력 있는 사람은 누구라도 지도자가 될 수 있었다. 베네딕트는 진정한 자유란 개인적인 독립뿐만 아니라 다른 사람들을 책임지는 태도도 의미한다고 역설했다.[41)]

미국에서는 전시에 협력이 잘 이루어진다고 베네딕트는 말했다. 제2차 세계대전 때 지역 회의들이 결성되고, 국민이 기꺼이 배급 제도를 받아들이려 했다는 데서 그런 경향을 분명하게 확인할 수 있다. 그녀는 그런 정신이 평화 시에도 계속 유지되어야 한다고 주장했고, '시민적 자유'를 달성하려면 이런 상호 부조가 반드시 필요하다고 말했다. 모두가 자유롭지 않으면 누구도 자유로울 수 없다고 그녀는 주장했다. 베네딕트는 미국의 민주주의가 약화될 사태가 걱정스러웠다. 미국의 정부 형태가 개인을 희생해가며 특수한 이해관계들을 조정했고, 경제제도 역시 다수보다는 소수의 이익을 위해 작동했기 때문이다. 미국은 위험하게도 '사이펀' 사회보다는 '깔때기' 사회가 되어가고 있었다. 베네딕트는 부자들이 통제하며, 전혀 조정되지 못하는 '자본주의' 경제보다 자신이 '합자'(joint stock) 경제 모형이라고 부른 걸 선호했다. 그녀가 말한 '합자' 경제 모형이란 국민 개인이 국가의 부에 광범위하게 참여하는 경제이다. 이런 태도는 베네딕트가 『인종 : 과학과 정치학』에서 표명한 입장이 확장된 것이다. 그녀는 인종주의의 주된 원인으로 사회 계급과 경제적 불안정 상태를 지목하고, 아프리카계 미국인들 같은 경제적 약자들의 불만을 해소하려면 그들을 지원하는 정책을 펴야 한다고 호소했다.

화합적인 사회는 소규모 집단들에서 이루어지는 민주적 합의와 개인주의를 전력으로 실천했다. 이것들은 베네딕트와 미드가 그 시기에 염두에 둔 사회철학의 핵심적 구성 요소였다. 미국인들의 오래된 제도적 활동에서도 이런 정책의 기원을 찾을 수 있다. 예컨대, 뉴잉글랜드의 마을 회합이 그렇고, 다양한 목적으로 결성된 자원봉사자들의 협회가 그렇다. 1830년대의 알렉시스 드 토크빌 이래로 수많은 논평가들이 미국 민주주의의 고유한 특징으로 이런 것들을 지목했다. 두 사람의 의제는 토머스 제퍼슨으로까지 거슬러 올라가는 미국인들의 교리에서 핵심적인 지위를 차지하는 공화주의 이데올로기에 뿌리를 대고 있었다. 토머스 제퍼슨은 독립적 생산자들과 소규모 공동체를 귀중히 여겼다. 미국의 역사를 돌이켜보면, 자본주의 제도가 와해된 듯했던 1890년대와 1930년대에 인민주의자들이 거듭해서 이 교리를 천명했음을 알 수 있다.[42] 전체주의 국가들의 군사적 위협은 무서웠다. 국내적으로는 반공산주의 선풍이 불어 체제 전복적 공산주의 세력의 존재를 현실과 전혀 다르게 뻥튀기하는 상황이 펼쳐졌다. 실제로 그런 시기에는 소규모 집단과 상호 부조 개념이 위로가 되었으며 편안하게 다가왔다. 베네딕트와 미드 모두 유엔 설립을 지지했다. 유엔이 세계적 차원에서 상호 의존과 협력을 촉진하고, 민족주의를 종식할 수 있는 수단이라고 보았던 것이다. 베네딕트는 인종주의 그리고 히틀러가 부상하게 된 궁극적 원인이 민족주의라고 분석했다.

두 사람은 이 시기에 국민성을 연구했다. 문화 상대주의와 국제주의를 장려하고, 인종 차원에서 국가와 민족을 바라보는 태도를 종식하는 게 그들의 목표였다. 제2차 세계대전 시기와 이후로는 그런 경향이 대부분 사라질 터였다. '인종'이 피부색을 의미하는 용어로 축소되었기 때문이다. 그러나 민족과 국가를 상징하는 낡은 의미가 언제라도 부상해 새롭게 차별적 위계가 도입될 수도 있었다. 다른 단어가 만들어질 수도, 재정의될 수도 있었다. 미드는 베네딕트, 다른 동료들과 함께 당대 문화를 연구했고, 국민성이 인종과는 아무 상관이 없다고 썼다. 그녀는 자기들의 관심사가 사람들이 성인으로 자라는 과정에서 영향을 받는 제도와 힘이라고 주장했다. 미드는 민족 집단들이 보이는 차이는 인종 때문이 아니라 양육으로 결정된다고 선언했다.[43)]

그들의 국민성 연구는 사회 개혁과 새로운 국제주의도 지지했다. 그러나 베네딕트는 비판적인 태도로 이렇게 쓰기도 했다. "우리의 국가들은 분절화된 기획 위에서 수립되었다. 각각 독자적 이해관계가 있기 때문에 서로 싸우는 것이다."[44)] 미드도 더 장중하게 비슷한 요지의 발언을 했다. 그녀는 저명한 존 듀이의 사상과 다소 수상한 구석이 있는 하워드 스콧의 사상을 결합했다. 그녀는 불평등한 세계의 현실을 종식하겠다는 비전을 품었다. 미드와 베네딕트 모두 프란츠 보애스에게서 이런 사상을 물려받았다. 미드의 상상력은 끝이 없었다. 개인주의, 기술, 베네딕트 때문에 유명해진 '패턴' 개념들이 미드의 머릿속에서 아우러졌다. 그녀는 이렇게 쓰고 있다. "모두가 모두의 다양한 재능을 활용하는 세계를 건설하고자 한다면 우리는 다른 문화들에서 가르침을 받아야만 한다. 우리는 세계적 차원에서 통합 조정되는 모형과 패턴을 찾아야 한다. 기계제 사회가 중세의 수공업적 산업과 다르다는 것과 마찬가지이다. 이 세상을 과거와 다르게 만들어줄 모형과 패턴을 찾아야 한다."[45] 이렇듯 미드와 베네딕트는 자신들의 민족지적 현지 조사 내용을 비교 문화 연구로 통합하는 원대한 작업에 착수했다. 이번에도 베네딕트가 앞장을 섰다.

전쟁이 확대되었다. 베네딕트와 미드는 1938년부터 1940년 사이에 여러 나라의 국민성을 조사 연구해보자는 계획을 세웠다. 그러나 두 사람은 예기치 못한 개인적 위기를 처리해야 했다. 두 사람의 절친한 친구들인 저넷 머스키와 해나 칸이 삼각관계에 연루되면서 문제가 발생했다. 저넷이 과테말라에서 현지 조사를 수행하는 와중에 남편 아서 바스키(Arther Barsky)가 다비드와 사랑에 빠져버리고 말았던 것이다. 다비드는 처음부터 애시 캔 캐츠의 충실한 일꾼이었다. 저넷은 베네딕트의 제자였고, 미드의 바너드 동기동창이었다. 미드는 아서 바스키가 유럽에 체류 중이던 1934년 봄에 저넷과 산 적도 있었다.

저넷이 아서에게 이혼해주지 않겠다고 선언하면서 문제가 커졌다. 당시에는 이혼 법률이 매우 엄격했기 때문에 저넷이 동의하지 않으면 이혼할 수 없었다. 아서가 이혼을 하려면 저넷이 간통했음을 증명해야만 했다. 저넷은 인류학과 대학원생 윌리엄 휘트먼(William Whitman)과 한동안 바람을 피웠는데, 아서는 그 사실을 모르는 듯했다. 휘트먼이 기혼이었기 때문에 사태가 한층 복잡해졌다. 그는 아내와 이혼을 하고 저넷과 결혼하는 문제를 놓고 미적거렸다. 아서 바스키는 잘나가는 성형외과 의사였고, 저넷은 가난한 대학원생이었다. 그녀는 그가 자기 친구와 놀아난 것에 불같이 화를 냈고, 혼자가 된다는 사실을 끔찍이 두려워했다. 그때 휘트먼이 아주 희한한 사고로 죽고 말았다. 저넷은 이

중으로 버림을 받게 된 셈이었다. 이 삼각관계에 연루된 사람 가운데서 책임 있게 행동한 사람은 아무도 없었다. 고소와 맞고소가 이루어졌다. 그들은 극적 대결과 갈등을 벌이다가 화를 내며 샐쭉해지는 걸 즐기는 것 같았다.[46)]

마거릿과 루스가 1938년부터 1940년까지 서로에게 써 보낸 편지들을 보면 저넷-다비드-아서 얘기가 가득하다. 마치 두 사람이 이 극적인 사건을 통해 다른 걱정들을 잊고자 애쓰는 듯한 인상을 받을 정도이다. 그들은 문제의 삼각관계가 애시 캔 캐츠에 미친 악영향과 저넷이 인류학을 포기할지도 모르는 상황을 애석해했다. 미드가 저넷을 후견하고 있었던 것이다. 베네딕트와 미드는 명성에도 불구하고 미드가 바너드 시절부터 사귀어온 친구들에 항상 충실했다. 애시 캔 캐츠, 마리 아이첼버거, 마저리 러브, 제인 벨로, 저넷 머스키 등등. 베네딕트가 나탈리 레이먼드, 루스 밸런타인, 루스 톨먼으로 구성된 동아리에서 연애 상대를 찾았다는 것도 비슷한 대목이다. 저넷-다비드-아서 삼각관계는 베네딕트와 미드가 연루되었던 다른 삼각관계들을 떠오르게 했다. 마거릿이 사모아로 떠나기 전에는 에드워드 사피어와의 삼각관계가 있었다. 마거릿 미드는 리오 포천과 함께 뉴기니로 가기 전에 루서 크레스먼, 리오 포천, 그리고 루스 베네딕트와 관계를 맺었다. 그들은 그런 삼각관계를 해결했으나 그 과정은 매우 고통스러웠다. 두 사람은 이번 삼각관계에 연루된 사람들에게 공감했다.

루스가 다비드와 친했고, 마거릿이 저넷과 친했다는 게 또 문제였다. 다비드는 루스의 편집과 교정 일을 돕고 있었고, 컬럼비아에서 그녀의 수업을 들었다. 루스는 1930년에 마거릿에게 이렇게 썼다. "내가 궁색해졌을 때 연락을 취할 사람은 애시 캔 캐츠를 통틀어서 다비드뿐이야."[47)] 마거릿의 경우를 보자. 마리 아이첼버거는 마거릿이 저넷 편을 들 거라고 생각한다고 말했다. 마거릿이 계속해서 저넷을 아주 좋아했다는 게 그 이유였다. 한편, 루스는 저넷에게 화가 나 있었다. 저넷이 과테말라에서 한 현지 조사가 부실한 데다가 아서와 이혼을 해주지 않았기 때문이었다. 루스는 마거릿에게 이렇게 썼다. "저넷은 비판받아 마땅해. 결혼을 끝내자는 남편을 계속 붙들고 늘어지다니, 이보다 더 비참하게 바닥까지 떨어질 수는 없는 법이야."[48]

1939년 여름에 상황이 완전히 폭발했다. 루스 베네딕트가 블랙풋족을 조사하던 몬태나 현지로 아서 바스키가 찾아왔다. 그가 저넷에게 애인이 있었다는 걸 증언해줄 수 있겠느냐고 루스에게 단도직입적으로 물었다. 루스는 저넷에게 화가 나 있는 데다가 직접적인 갈등 관계에 놓이게 되자 그러겠다고 동의해버렸다. 저넷이 그 소식을 접하고는 마거릿에게 연락을 취했다. 만약 루스가 아서에게 약조한 대로 증언대에 서면 신문에 그녀가 레즈비언임을 폭로해버리겠다고 마거릿에게 흘린 것이다. 마거릿이 루스에게 전화를 걸어, 그녀를 신랄하게 나무랐다. 루스는 깊은 시름에 잠겼고, 앓아누웠다. 마거릿이 왜 그렇게 화를 냈던 것일까? 그녀는 저넷이 자기도 폭로해버릴까 봐 두려웠던 것일까? 요컨대 마거릿이 저넷과 몇 달 산 적이 있었던 것이다. 마거릿은 이내 태도를 누그러뜨리고 루스에게 말했다. 루스가 이혼 법정에서 증언을 한다고 해도 판사가 그녀의 증언을 풍문으로 치부해 받아들이지 않을 것이라고 말이다.[49] 마거릿은 이혼 경력이 두 번 있었고, 이혼의 법률적인 면을 잘 알았다. 결국 마거릿은 뉴기니에서 미국으로 돌아온 다음에야 비로소 문제 해결에 나설 수 있었다.

마거릿의 전화에 루스는 화가 났다. 마거릿은 그레고리 베이트슨에게 이런 편지까지 썼다. 자기는 루스가 그해에 패서디나에 머무는 게 좋겠다고 생각한다고 말이다. 당연히 그 이유는 저넷-아서-다비드 문제에서 루스가 빠져야 했기 때문이다.[50] 마거릿은 실제 전화상으로도 루스가 아서를 피하지 않고 상황을 혼란스럽게 만들어버렸다며 나무랐다. 루스는 생각이 달랐다. 그녀는 마거릿에게 자기가 정보를 주지 않을 수도 있지만 대놓고 요구를 받는 상황에서 거절할 수는 없는 노릇이라고 썼다. 루스는 편지에서 마거릿에게 화를 내는 일이 거의 없었지만 이번에는 달랐다. 루스는 1940년 3월에 마거릿에게 이렇게 썼다. "이게 터키 문화적 사건이라는 데에는 의심의 여지가 없어. 내 생각에 네가 가을과 봄 내내 나의 태도를 짜증낸 건 나의 윤리가 적법한 절차에 어울리는 정의의 기본 원리가 아니기 때문이었던 것 같아."[51] 다시 말해서, 루스는 마거릿이 원하는 대로 하지 않았던 것이다. 이제 루스는 자기가 정규 이혼 법정이 아니라 법정 밖의 이혼 수당을 합의하는 자리에서만 증언하겠다고 아서에게 말했음을 마거릿에게 알렸다. 진짜 문제는 다른 데 있음을 루스는 알아차렸다. 나탈리 레이먼드가 문제의 연애 사건에 관해 자신이 알고 있는 바를 선서 진술서로 아서에게 이미 줘버린 상태였다. 아서의 사무실에서 일해온 나탈리는 이것저것 아는 것이 많았다.[52] 나탈리가 증언에 동의한 것을 보면 루스에게 아주 화가 나 있었음이 틀림없다. 루스가 루스 밸런타인에게 가면서 그녀를 버렸는데, 밸런타인은 그녀의 친구였던 것이다.

마침내 이혼이 이루어졌고, 아서와 다비드는 결혼했다. 충분히 예상할 수 있듯이 베네딕트와 미드는 그들과의 관계를 단절했다. 저넷도 예외가 아니었다. 그들은 두 사람의 삶에서 서서히 사라져갔다. 그러나 미드가 베네딕트에게 전화를 해서 생긴 감정의 앙금은 여전히 남아 있었다. 미드가 베네딕트한테 자신의 권리를 주장했을까? 아이가 이제 어른이 되었던 것일까? 그동안은 베네딕트가 경력을 망쳐버릴 수도 있는 개인적 행동을 미드에게 시종일관 경고했었다. 그러나 이제 형세가 반전되었던 것이다.

마거릿은 그레고리와 결혼하고 있기도 했다. 그녀는 루스에게 보낸 편지들에서 그레고리와의 관계에서 생긴 문제를 전혀 언급하지 않았다. 정말이지 두 사람의 관계는 원만하게 유지되는 것 같았다. 그레고리는 본분을 다하는 남편이자 아버지였다. 그는 둘의 공동 연구는 물론 마거릿과 루스의 국민성 연구에도 열심이었다. 그는 두 사람의 모험적인 연구 계획에도 참여했고, 자신의 연구도 따로 수행했다. 마거릿이 워싱턴에서 일하는 동안에는 그레고리가 메리 캐서린을 키우는 데 중요한 역할을 했다. 그러나 1943년 그레고리가 전략정보국의 '심리 전문가'로 극동에 파견되어 '심리전'을 기획 수행하게 되면서 갈등이 표면화되었다. 어쩌면 그가 극동에서 활동하는 스파이라는 남성적 모험에 들떠서 뉴욕을 떠나버린 듯하다. 그는 전쟁이 끝날 때까지 돌아오지 않았다.

그레고리는 그 시기에 다른 여자들과 연애했다. 마거릿은 캐리 켈리에게 자기와 그레고리가 헤어져 지낼 때마다 항상 '스티브'들이 나타난다고 썼다. 마거릿은 그때마다 상황에 대처하기 위해 엄청난 노력을 기울였다. 마거릿이 여성으로서 전적으로 남편과 가정에 충실하고 있음을 그레고리에게 얼마 동안이나 확신시킬 수 있었는지는 분명치 않다. 어느 시점부터 그레고리는 그녀의 활력에 힘입어 열성적으로 작업에 임하기는 했지만 마거릿의 위압적 측면을 못 견뎌했다. 그건 리오 포천도 마찬가지였다. 리오 역시 마거릿 덕에 많은 성취를 해냈다. 그레고리가 자연사박물관의 긴 복도를 따라 걸어가는 마거릿의 모습을 묘사했을 때 한 동료 인류학자가 두 사람의 불화를 정확히 포착해냈다. 마거릿은 그레고리보다 두 걸음 앞서 걸어가면서 미친 듯이 이야기했다. 두 손도 가만히 있지 않았다. 그레고리는 잠자코 동의를 표하면서 그녀

뒤를 따라갔다. 그는 이렇게 말했다. 마거릿은 "순전한 정력의 화신 같았다. 나는 보조를 맞출 수 없었고, 그녀는 멈추지 않았다."[53)]

두 사람은 처음에 서로를 통해 스스로를 규정했었다. 그레고리도 루스처럼 마거릿에게는 또 다른 자아였다. 마거릿은 루스를 북쪽 사람으로, 이어서 '4배체'로, 다시 서쪽 사람으로 규정했다. 반면 그레고리는 그녀와 마찬가지로 항상 남쪽 사람이었다. 그러나 마거릿은 루스와 그레고리가 온화함과 지성에서 비슷함을 잘 알았다. 그런 이유로 마거릿이 루스만큼이나 그레고리와도 강력하게 연결되어 있다고 느꼈던 것이다. 마거릿은 1947년에 캐리 켈리에게 자신의 작업이 그레고리의 이론적 정식들에 의존하게 됐다고 썼다.[54)] 그러나 결국 그레고리는 압도당했다. 마거릿은 악마 같은 활력을 뿜어댔고, 뭐든 통제하려 들었으며, 생각의 속도가 전광석화 같았다. 그레고리는 즉석에서 완벽하게 기억해내는 마거릿의 능력을 따라잡을 수가 없었다. 그는 그녀가 더 복잡한 설명을 들고 나와 온갖 상황을 혼란스럽게 만들어버리는 행태에 대처할 수가 없었다. 처음에는 명백해 보였던 사태가 복잡한 딜레마로 바꿔어버리곤 했던 것이다.

마거릿은 캐리에게 이렇게 썼다. 결혼 생활을 유지하는 동안에 그레고리의 일부는 위대한 과학자가 되고자 했고, 스스로를 마거릿과 동일시했다. 그러나 다른 일부가 있었다. 그 다른 일부는 마거릿을 떠나고자 했고, 낭만적 모험을 통해 '자아'를 찾고자 했다. 이 두 개의 내면이 내내 서로 다투었던 것이다. 더구나 앞서 얘기한 것처럼 '스티브'들이 계속 나타났다. 마거릿은 캐리에게 이렇게 쓰고 있다. "항상 차분하게 평정을 유지하고, 아름다운 용모와 예쁜 목소리의 주인공들이 삶의 흥분과 낭만을 얘기하는 걸 잠자코 들어주는 것도 쉬운 일이 아니죠."[55)] 그러나 마거릿은 그 모든 곤경과 고생은 다 그만한 가치가 있었다고 생각했다. 그녀는 그레고리와의 깊은 교감을 외면한 적이 없었다. 그 모든 일이 쉬운 것은 아니었다. 마거릿은 가끔씩 그들의 자유연애 신조를 완벽한 전략의 형태로 시험해보기도 했다. 과거에 스티브와 그랬던 것처럼 삼각관계를 시도해보았던 것이다. 마거릿은 가끔씩 그레고리가 자기를 떠나서 혼자 지내도록 내버려두었다. 그가 제인 벨로와 짧게 연애했을 때처럼 말이다. 마거릿은 여전히 루스를 만났고 제프리 고러도 만났다. 그레고리는 로다 메트로와 연애를 했다. 그 연애가 끝나면서 로더는 남은 평생 마거릿의 동반자가 된다.

그레고리는 1949년에 화난 어조로 마거릿에게 편지를 썼다. 그들의 결혼뿐만 아니라 응용 인류학, '문화 깨뜨리기', 양성애까지 거부한다는 내용이었다. 두 사람은 1년 후에 이혼했다. 그는 이렇게 썼다. "테이레시아스는 영원한 목격자요. 양성애를 하고, 죽지 않으며, 보고 들은 걸 절대로 잊지 않죠." 테이레시아스는 그리스의 예언자이다. 남녀의 존재를 모두 경험한 그가 성관계에서 남자보다 여자가 더 많은 쾌감을 느낀다고 선언하자 제우스가 그를 소경으로 만들어버렸다고 전해진다. 그레고리가 이 말을 꺼낸 이유는 자신의 남성적 자아를 전심전력으로 추구하겠다는 의도를 알리기 위해서였다. 그는 자신의 인생이 더 이상은 모호한 섹슈얼리티로 점철되기를 원하지 않았다. 미드는 2년 후에 그레고리가 보이는 적대적 태도에 이렇게 반응했다. 자신은 그를 여전히 사랑하며, 이혼까지 하게 돼 괴롭다는 것이었다. "적개심의 덫보다는 애정이라는 올가미에 사로잡히는 게 더 낫다고 생각해요. 하지만 쇳덩이들이 살을 파고드니 옴짝달싹할 수 없는 고통은 똑같은 것 같네요."[56] 마거릿한테서 벗어난 그레고리는 노던 캘리포니아로 가, 재혼했다가 이혼했고, 다시 결혼하면서 여러 명의 자식을 낳았다. 그는 캘리포니아 대학교가 산타크루즈에 세운 새 캠퍼스에서 교수 생활을 하며 경력을 마감했다.

그러나 용어의 전통적 의미를 생각해본다면 마거릿은 그레고리에게 어떤 식으로도 '충실하지' 않았다. 그녀의 사적이고 내밀한 삶에는 다른 사람이 많았다. 새로 사귄 친구들과 옛날부터 알고 지내온 사이는 물론 남녀가 망라되어 있었다. 마거릿은 1938년 뉴기니에서 정부가 파견한 공식 인류학자 E. P. 치너리(E. P. Chinnery)와 잠깐 동안 연애를 했다. 마거릿과 그레고리는 발리에서 여러 해를 보냈고, 이아트물 족을 재조사하기 위해 뉴기니에 갔던 것이다. 그들은 치너리를 '친'이라고 불렀다. 마거릿이 친을 만난 것은 그녀가 리오 포천과 처음 뉴기니에 발을 들여놓았던 10년 전이었다. 당시에 그녀는 베네딕트에게 그를 이렇게 소개했다. "친절하고, 성격이 느긋한데, 아내는 성질이 더럽고, 딸은 넷이랍니다." 마거릿은 뉴기니에 머물면서 자주 그와 교류했다. 미드 문서에 들어 있는 친의 이력서를 보면 그가 케임브리지 대학교에서 학사와 석사를 했고, 뉴기니 사회를 연구한 여러 논문을 발표했다는 걸 알 수 있다. 친에게 관심을 보인 전기 작가는 거의 없는 것 같다. 그러나 미드가 1938년에 그에서 써 보낸 쪽지는 주목할 만하다. 미드는 거기서 자기가 가벼운 성병에 감염된 것 같다고 말하고 있다. "특별히 안부 인사를 전하오니 당신도 그 병에 걸릴 수 있습니다."[57]

미드는 여전히 자신의 자유연애 신조와 양성애에 몰두하고 있었다. 그녀는 『세 부족사회에서의 성과 기질』에서 양성애를 권한 바 있었고, 계속해서 몸소 실천하고 있었던 것이다. 미드는 언제나처럼 다른 사람들에게 매력적이었고, 그녀의 섬세한 감수성과 빛나는 지성, 사람을 강하게 끌어당기는 눈빛과 명성은 누구라도 유혹할 수 있었다. 미드에게는 성관계가 사람들끼리의 상호작용에서 아주 중요했다. 존경과 애정이 함께하는 영성에는 육체관계가 수반되어야 했다. 미드에게 자유연애는 '윤리 체계'이자 '거의 종교'였다.

전쟁이 끝나자 미드는 미국 자연사박물관으로 돌아왔다. 그녀는 지역을 순회하며 전국에 걸쳐 강연을 했고, 다문화 연구소를 운영했으며, 자신이 모아온 박물관의 수장품을 관리했고, 컬럼비아 대학교에서도 일부 강의를 담당했고, 학회와 세미나에 참석했고, 메리 캐서린을 키웠다. 그레고리 베이트슨은 1945년에 극동에서 돌아왔다. 그는 1년 뒤 집을 나갔고, 1949년경에 캘리포니아로 갔다. 두 사람은 1950년에 이혼했다. 베네딕트는 컬럼비아 대학교 인류학과로 돌아왔다. 그러나 그곳은 여전히 싸움터였다. 랠프 린턴이 1946년 예일 대학교로 옮기면서 그녀의 처지가 나아졌다. 베네딕트는 1948년에 정교수로 승진했다. 사망하기 직전이었다. 그러나 줄리언 스튜어드(Julian Steward)가 린턴의 자리를 꿰찼다. 베네딕트와 스튜어드가 서로를 다정하게 대했음에도 불구하고 그는 인류학과를 새로운 방향으로 이끌었다. 스튜어드는 유물론, 진화론, 생태학을 결합해 농업이나 경제 같은 문화의 영역들에 초점을 맞추는 인류학의 경향을 대표했다. 개별 문화가 아니라 전반적인 주제가 새롭게 강조되면서 크로버(Kroeber)의 '초유기체' 개념이 각광을 받았다.[58)]

스튜어드를 가르친 사람은 미시건 대학교의 레슬리 화이트였다. 레슬리 화이트는 원래 1910년대에 보애스의 제자였으나, 컬럼비아를 떠나 시카고 대학교로 갔다. 그가 컬럼비아를 떠난 이유는 독일어를 쓰는 유대인들 속에서 스스러웠기 때문이다. 시카고에서는 에드워드 사피어가 그를 이끌었다. 화이트는 발전과 관련해 새롭고 더 혁신적인 진화 모형을 개발했다. 그는 논객으로서 상당한 능력을 발휘했고, 스스로를 보애스주의 문화 결정론이라는 '용을 처단하는 자'로 인식했다.[59)] 화이트의 제자 줄리언 스튜어드가 컬럼비아에 왔고, 결국 베네딕트와 미드의 과거가 계속해서 두 사람을 따라다니게 됐다. 다수의 참전 용사가 컬럼비아 대학교 인류학과 대학원에 진학했고, 그들은 스튜어드에게 끌렸다. 그들이 보기에는 베네딕트의 접근법이 너무 '시적'이라고 여겨진 탓이다. 컬럼비아의 교육과정은 포괄적이었고, 베네딕트도 계속해서 대학원생을 모집할 수 있었다. 그러나 학과에서 벌어진 새로운 분열 사태가 그녀에게는 버거웠다. 미드에 따르면 문화를 강조하던 보애스주의 경향은 거의 완전히 제거된 상태였다.[60]

베네딕트는 자신의 전쟁 활동 복무와 『국화와 칼』의 성공에서 힘을 얻었다. 그녀는 자신을 보애스의 후계자라고 생각했다. 베네딕트는 계속해서 세계 평화를 위해 일했고, 인류학의 문화적 관점을 지지했다. 그녀는 그 비전을 실현하기 위해 컬럼비아 대학교에 당대의 전 세계 문화를 연구하는 프로젝트를 수립하고 기금을 조성했다. 해군 조사국이 세계 평화를 달성하려는 연구에 돈을 대기로 결정하면서 베네딕트는 자금을 끌어모으는 데 성공했다. 『국화와 칼』이 그들에게 깊은 인상을 심어주었고, 그들은 베네딕트가 약속을 지킬 것으로 믿었다. 그녀가 받은 교부금은 전부 10만 달러로 엄청난 액수였다.

미드는 베네딕트가 이 프로젝트를 관리 운영하는 걸 도왔다. 그 프로젝트는 흔히 당대 문화 연구(Research in Contemporary Cultures)로 불렸다. 그레고리 베이트슨, 제프리 고러, 에릭 에릭슨, 루스 밸런타인, 로다 메트로가 여기 참여했는데, 전부 절친한 친구 아니면 연인이었다. 래리 프랭크도 어느 정도 관여했다. 그러나 존 달러드는 전혀 참여하지 않았다. 그와 미드는 이제 더 이상 친구가 아니었다. 나머지 참가자들은 열네 개 학문 분야에서 열여섯 개 국적자들로 구성되었다. 그들은 대학생과 아마추어들이었는데, 후자의 다수는 자원자들이었다. 미 해군의 교부금만으로는 이 프로젝트 참가자 120명이 4년 넘게 일곱 개의 문화를 연구하는 걸 충분히 지원할 수 없다는 게 분명해졌다. 베네딕트는 랜드 재단에서 보조금을 받아 소련 연구를 지원했다. 그녀는 스탠리한테 받은 유산으로 생계를 해결하면서 강의와 저술에서 나오는 봉급과 급여를 전부 프로젝트에 쏟아부었다. 결국 이 프로젝트는 25만 달러의 기금을 지출하게 됐다.[61)]

프로젝트 참가자들은 베네딕트와 미드가 개발한 '거리를 두고 문화를 파악하는' 방법을 채택해 미국에 살고 있는 연구 대상 국가의 국민들을 면담했다. 그들은 신문, 잡지, 영화, 소설을 분석했다. 베네딕트와 미드는 프로젝트의 활동을 비위계적으로 조직하고 이끌었다. 민주주의와 합의가 중요하다는 그들의 사상을 실행한 것이다. 그들은 연구 대상 국가별로 집단을 나누어 작업을 분배했고, 참가자 전원에게 적어도 두 집단 이상에 관여하도록 임무를 부여했다. 개별 참가자는 한 집단에서는 작업을 주도적으로 이끌어야 했고, 다른 집단에서는 비평가의 역할을 충실히 수행하도록 요구받았다. 프로젝트 참가자들은 격주로 만나서 진전 상황을 보고하고 토론했다.

이 프로젝트는 처음부터 문제에 직면했다. 그 가운데 일부는 제프리 고러 때문이었다. 그가 극단적인 입장을 취하는 경향이 있는 데다가 가끔씩 대학 교수들을 대놓고 무시했던 것이다. 그가 미국에서 유행하던 통속적 희가극인 〈벌레스크(burlesque)〉 연구서의 제목을 『화끈한 스트립쇼(Hot Strip Tease)』라고 붙인 것이 그런 예다. 이 제목은 당연히 존경을 보내야 할 훌륭한 학계를 비웃는 것 같았다.[62)] 프로젝트의 주요 성과물인 『거리를 두고 문화를 연구하기(The Study of Culture at a Distance)』는 고러가 국민성 연구 분야를 개척하는 데서 다른 어떤 인류학자보다 더 많은 기여를 했다고 치하했다.[63)] 그러나 고러는 '대러시아'(Great

Russia)(소련의 나머지 지역과 구분되는 러시아 문화를 지칭하는 작업 용어) 연구서에서 아기를 포대기로 단단히 싸는 풍습 때문에 러시아인의 국민성이 권위주의적이라는 가설을 들고 나왔다. 전오이디푸스적(pre-oedipal) 영향력이 인격 형성에서 중요하다는 걸 인정한 사람이 러시아 이민자들과의 인터뷰 과정에서 아기를 강보에 싸는 풍습에 관한 얘기를 들었다면, 고러가 그랬던 것처럼 그런 논지가 제출될 수도 있을 것이다. 그러나 고러는 미드가 지나가는 얘기로 한 말에서 자기가 그 명제를 이끌어냈다고 주장했다.[64] 대중의 반응은 충분히 예상할 수 있었다. 세계 문화를 연구해 세계 평화를 도모하자는 베네딕트와 미드의 주장이 '메시아적'이라며 비난하던 비판자들이 미드를 비웃고 나섰다. 그들은 강보 가설을 '기저귀학'이라고 조롱했다.

로버트 엔들먼(Robert Endleman)이 1950년에 《코멘터리(Commentary)》에 발표한 글을 보자. 엔들먼은 그들의 국민성 연구가 화려하게 과장된 것은 고러 때문이라고 보았다. 그러나 그는 사회 조직, 집단 분화, 위계 구조, 역사, 정치 체제들을 미드와 베네딕트가 고려하지 않았음도 비판했다. 사실을 말하자면 그들은 이런 분야를 다루려고 했다. 미드는 그들의 방법론을 소개하는 수많은 글을 써서 그 사실을 설명했다. 그러나 그들은 언제나 비난을 받았다. 그런 분야를 충분히 포함시키지 않았고 문화 전반이 아니라 일부만을 다루었다는 혐의가 들씌워졌다. 그들이 변수를 아무리 많이 집어넣어도 상관이 없었다. 민족 국가 같은 정치 단위들은 너무 복잡하고 단일한 세계관을 고수하기에는 무리가 있다는 게 엔들먼의 본심이었다. 그는 프로젝트 전체가 '세상을 모르는 순진한 정치 기획'이라고 보았다.[65]

미드는 친구들에게 충성을 다하는 사람이었다. 그녀는《미국 인류학자》에 투고한 논문에서 고러의 '강보' 명제를 방어했다. 미드는 강보 명제를 수많은 의미들의 맥락 속에 배치했는데, 이것은 그녀 특유의 방식이었다. 그렇게 해서 이 명제는 다른 사람이 풀어보도록 고러가 멋지게 고안해낸 복잡한 수수께끼로 탈바꿈했다. 미드는 강보 명제를 부모 자식 관계 같은 더 광범위한 문제들을 검증하는 유용한 가설로 바꿔놓았다. 그녀는 강보 명제가 러시아 성인들의 권위적 성격을 설명해주는 유일한 원인은 아니라고 말했다. 미드는 고러가 이 명제를 다른 문화 일반에까지 적용하려 했다고 넘겨짚은 사람들도 꾸짖었다. 강보 명제는 러시아에 한정된 것이었고, 그 풍습을 동유럽과 기타 지역의 비슷한 관습과 비교할 수 있는 한에서만 유용하다는 것이었다.

미드는 그 가설이 더 이른 시대에는 입증되지 않는다고 주장한 학자들과 싸웠다. 그녀는 이론을 꼭 역사화할 필요는 없다고 주장했다. 미드는 육아 방식 연구를 통해 문화의 많은 것을 알 수 있음을 정치학자들은 전혀 고려하지 않는다고 지적하면서, 육아 방식이 중요하다는 걸 존 달러드 때부터 계속해서 강조해왔음을 분명히 했다. 그녀는 포대기로 꽁꽁 싸면 움직임에 제약이 있고, 미국인들이 그에 대한 반감으로 강보 이론을 공격한 것은 아닌지 궁금하게 생각했다. 미국인들은 기동과 이동의 자유에 '아주 몰두했던' 것이다. 변경으로 이주한 역사만 보더라도 이는 자명하다.[66]

미드는 포대기에 싸는 일을 하는 게 어머니들임을 언급하지 않았다. 이것은 전후에 '어머니들이 비난을 받고' 있었기 때문이다. 여자들이 가정을 떠나 일을 하고 있었고, 남자들이 다시 자신들의 권위를 주장할 필요가 제기되었다. 사회과학과 학계 풍토 전반의 역사를 연구하는 학자들은 1920년대부터 1950년대까지의 기간에 들어가는 자신들의 연구 대상을 '남성화' 및 '여성화'의 견지에서 조사하지 않았다. 그러나 이 시기에 공격적 남성성이 다시 기승을 부렸다는 사실을 감안하면 '남성화' 및 '여성화'가 아주 중요한 범주로 사용될 수 있다. 역사학자들은 특히 그 시기의 반공산주의 선동과 더 크게는 문화 전반에서 각종 사례들을 찾아내고 있다.[67]

미드는 베이트슨과 이혼한 1950년경에 이 프로젝트가 공격 받는 사태에 특히 더 화가 났다. 그녀는 고러에게 쓴 편지에서 『미국인의 성격(The American Character)』이라는 그의 책을 집중적으로 언급했다. 미드는 고러의 글이 얄팍하다며 비판했다. 그가 충분히 상세하게 쓰지 않는다는 것이었다. 고러가 극단적인 프로이트주의 입장을 취한다는 것도 문제로 지적되었다. 미드는 이렇게 썼다. "나는 하루도 빼놓지 않고 분노와 비판과 경멸이라는 부당한 십자포화를 최선봉에서 견뎌내고 있습니다." 그녀는 고러가 정신분석 이론을 너무 써먹는다고 비난했다.[68] 고러는 이 책에서 '어머니 비난'을 극단으로 밀어붙였다. 어머니들이 미국 사회의 거의 모든 문제들에 책임이 있다고 공격한 것이다. 아들을 어린애 취급하는 것도 거기 포함되었다. 미드도 나름대로 어머니들에게 문제의식을 느끼고 있었다. 그러나 그녀가 '어머니 비난' 명제를 그렇게까지 극단으로 몰고 간 적은 단 한 번도 없었다. 미드는 일본에서 권위주의가 발생한 것은 너무 일찍 용변 교육을 실시하기 때문이고, 러시아에서 권위주의가 발생한 것은 강보에 꽁꽁 싸매서라는 고러의 해석에도 이의를 제기했다. 이런 주장들도 너무 지나친 것이었다.

고러와 미드는 의견 충돌과 불화를 대충 봉합했다. 고러가 컬럼비아의 그 프로젝트를 그만두고 영국으로 돌아갔음에도 두 사람은 여전히 친구로 남았다. 아무튼 미드에게는 로다 메트로가 있었고, 전국에 걸쳐 다른 지지자도 많았다. 여기에는 오래된 친구들은 물론이고 새로 사귄 친구들도 망라되어 있었다. 미드는 여느 때처럼 레슬리 화이트, 줄리언 스튜어드와 이미 화해하고 있었고 그들의 진화적 접근법과도 타협했다. 미드는 1947년에 T. H. 헉슬리와 줄리언 헉슬리가 쓴 『윤리학의 기초(Touchstone for Ethics)』의 서평을 썼는데 여기서 진화를 '다양성이 더 커지고, 조직이 더 복잡해지고, 의식 수준이 더 높아지고, 정신 활동이 더욱더 자각적이 되는' 과정으로 규정한 그들의 정의가 마음에 든다고 말했다.[69] 몇 년이 채 안 돼서 미드는 진화 개념들을 자신의 작업에 집어넣었다. 예컨대, 그녀는 생물학과 민족학을 더 많이 강조했는데, 이것은 미드의 작업 전체를 관통하는 절충주의를 잘 보여준다. 미드는 그런 절충주의를 바탕으로 새로운 입장을 받아들였고, 기존의 입장과 혼합할 수도 있었다. 그녀는 베네딕트까지 진화론 진영으로 끌어들였다. 예컨대, 미드는 문화를 규정하는 베네딕트의 패턴들이 고정된 실체가 아니라 끊임없이 변동한다고 말했다. 그런 식이라면 사회가 새로운 행동 형태들에 개방적일 수 있게 되는 것이다. 이런 규정은 베네딕트가 의도했던 바를 역동적으로 해석한 것이었다.[70]

고러가 컬럼비아 프로젝트의 유일한 문제는 아니었다. 전문적 치료사들인 심리학자들을 면접관으로 활용하는 것에 어려움이 도사리고 있었던 것이다. 그들은 면접 대상자들의 문제를 해결해주고 싶어 했다. 정보 제공자들의 처지에서는 미국 문화에 적응하는 문제가 있었다. 출신지 문화에 대한 그들의 반응이 오염될 수도 있는, 동화 현상을 얘기하는 것이다. 미국 문화에 동화되었거나 부분적으로 동화된 정보 제공자들이 원래 소속되었던 문화를 객관적으로 묘사할 수 있었을까? 컬럼비아 대학교는 공간이 부족했기 때문에 연구자들은 그들의 대규모 작업을 뉴욕의 다양한 장소에서 진행해야만 했다. 여러 작업 집단이 서로 소원해졌고, 프로젝트를 관리 운영하는 과정은 악몽이나 다름없었다. 전쟁이 끝난 마당에 연구자들이 조사하는 나라 사람들을 미국에서 계속 구한다는 것도 웃겼다. 말하자면 그들은 면접관을 해당 국가들에 보내, 조국을 떠난 적이 없는 원주민들에게 질문을 던질 수도 있었던 것이다. 프로젝트에 참가한 유대인들이 동유럽 국적자에 유대인을 포함시키는 것에 격렬하게 항의했다. 결국 미드와 베네딕트는 동유럽 유대인들을 다루는 프로젝트 팀을 따로 만들어야 했다.

미드가 1948년 5월에 열린 총회의 의장을 맡았다. 그 회의를 끝으로 전체 회원은 여름휴가를 떠났다. 미드는 그들에게 여전히 준거 틀 하나 없다는 사실을 불평했다. 그들이 들고 나온 것 중에서 그 방에 있는 사람이 모두 동의할 수 있는 추상적 원리가 단 하나도 없었다. 그럼에도 미드는 미래를 낙관했다. 러시아인, 중국인, 유대인 연구진은 활력이 넘쳤다. 시리아와 에스파냐 작업조는 연구를 막 시작하고 있었다. 프랑스 팀은 가을이면 숙고해온 내용들을 결론지을 예정이었다. 체코슬로바키아 연구팀은 면접관을 해외로 보낸 상태였다.[71] 미드는 늘 그러는 것처럼 긍정적인 태도로 회의를 마감했다.

미드는 1940년대 후반에 다양한 대중 간행물에 여성을 화두로 많은 글을 썼다. 그녀는 이 글들에서 언제나처럼 여러 다양한 입장을 개진했다. 예컨대, 미드는 여성운동과 과학 기술이 출산과 육아라는 생물학적 역할에서 여자들을 해방했지만, 그녀들은 그런 자유를 바탕으로 무책임한 '모계 사회'를 만들어냈다고 주장했다. 여자들은 스스로와 세계를 자신들의 생물학적 역할에 따라 다시 설계해야만 했다. 미드는 여자들이 직업 분야에서 거둔 성공과 출세에 갈채를 보냈다. 그러나 그녀는 자식이 없는 미혼 여성을 걱정했다. 미드는 여자들이 주부인 여자들을 평가 절하하는 것을 꾸짖었다. 그녀는 여성을 찬양한 메리 비어드의 책 『여성 : 역사의 힘(Woman as Force in History)』이 이제는 구식이 되었다고 공격했다. 미드는 앨프리드 킨지(킨제이)의 유명한 남녀 섹슈얼리티 연구가 기계적이라고 비판했다. 기쁨과 개인들의 유대라는 관점을 외면하고 행위로서만 성교를 다루었다는 게 비판의 요지였다. 미드는 해블록 엘리스를 선호했다.[72] 그녀는 가정에서 힘들고 단조로운 일을 추방할 수 있는 제도와 창의적 활동이 필요하다고 말했다. 그런 일 때문에 '준자발적 노예가 되어 가사에 매달리게 된다'는 진단이었던 셈이다. 아픈 아이들을 돌봐주는 응급의료센터 따위가 그녀의 독창적인 발안이었다.[73] 미드가 20세기의 큰 흐름 한가운데서 파악하지 못한 한 가지는 여성들이 가정으로 복귀한 사태였다.[74]

미드와 그레고리 베이트슨의 결혼 생활은 그 시기에 허물어졌다. 그녀는 베네딕트에게서 위로와 도움을 구했다. 미드는 1947년 여름에 독일의 잘츠부르크에서 열린 미국학 세미나를 지도했다. 그녀는 그레고리가 자기와 함께 가주기를 기대했다. 그러나 막판에 그가 빠져 버렸다. 크게 상심한 미드는 유럽으로 가는 배에서 베네딕트에게 편지를 썼다. 사기를 끌어올리기 위해 제프리 고러와의 결혼을 꿈꾸고, 그레고리가 '문화 깨뜨리기'라고 부른 과제로 복귀해야 함을 상기하며, 그레고리가 조프리만큼 프로젝트에 관여한 적이 없음을 환기한다는 것이었다. 미드는 남성과 여성을 주제로 한 책을 구상 중이며, 여름이 끝날 때쯤에는 다 썼으면 한다고도 썼다. 그녀는 언제나 도와주는 루스에게 감사하다고도 말했다. 원고를 읽어주고, 자리를 비울 때면 잡스런 실무들을 맡아주며, 자신을 대신해서 그레고리 일을 도왔다는 내용이 언급되었다. 미드는 이렇게 힘주어 말했다. "당신은 마사 할머니 같은 존재예요. 앞으로도 그런 존재일 거고요."[75]

미드가 언급한 책은 『남성과 여성』이었다. 그녀는 1947년에 그 책을 쓰기 시작해, 다음 해에 완성했다.[76] 미드는 1949년에 『남성과 여성』을 출판했다. 『남성과 여성』은 미드가 발표한 젠더 담론의 결정판이었다. 그녀는 이후로 젠더 문제를 그렇게 깊이 천착한 적이 없다. 미드는 『세 부족사회에서의 성과 기질』에서 밝힌 견해를 되풀이해 강조했다. 동성애와 이성애는 기질적 성향에서 비롯하는 문화적 창조물이고, 그런 기질적 성향들은 유동적인 상태로 놔두는 게 더 낫다고 말이다. 미드는 유전자와 호르몬이 사람에게 미치는 영향을 여전히 잘 몰랐다. 만년에는 그것들이 결정적인 요소라고 믿게 되지만 말이다. 때는 히틀러가 몰락한 시대였고, 미드는 체질 유형이 젠더에 얼마나 급격한 변화를 가져올지에 대해서도 더 개방적인 태도를 보였다.

미드는 『세 부족사회에서의 성과 기질』에서처럼 『남성과 여성』에서도 여전히 포괄적이고 또 모순적이었다. 예컨대, 그녀는 성차를 성별(sex) 사이에서 수량화하면 그 대부분이 사라져 버리고 말 것이라고 주장했다. 그녀는 아이들은 몸이 발달하면서 각자의 젠더를 끊임없이 재해석한다고 말하기도 했다. 그렇게 고정된 성 정체성이라는 개념에 이의를 제기한 것이다. 그러나 번식과 관련된 생물학적 균형이 존재하므로, 이를 고려해야만 한다는 주장도 들을 수 있다. 미드는 『세 부족사회에서의 성과 기질』에서 그랬던 것처럼 '본질적인 여성성'이 존재한다고 말했다. 그녀는 여자들이 직관과 돌봄을 천성으로 타고나는데, 이 때문에 특별하게 사유하고 느낄 수 있다고 강조했다. 미드는 출세한 여자들에게 가정으로 돌아가라고 말하지 않았다. 그녀는 여자들의 보살피는 천성이 아주 중요하다는 사실을 사람들이 인정해주기를 원했고, 출세한 여자들이 자신의 모성적 능력을 직업 영역에서 발휘하기를 바랐다.

미드는 남자들이 역할에 서툴고 관계를 잘 맺지 못한다고 보았다. 그녀는 사회생물학이라고 알려지게 되는 학문에 새로이 흥미를 느끼고 있었는데, 이 발언에서 그녀의 관심사가 발동했음을 알 수 있다. 미드는 이렇게 썼다. "나는 이른 시기에 쥐의 행동을 바탕으로 한 이론들을 접했다. 그런 경험 때문인지 나는 이런 연구들에 관심이 많고, 풍부한 민족학 자료도 반갑다."[77] 아마도 그녀는 대학 시절에 심리학 과목에서 배운 내용을 언급하고 있었을 것이다. 동물과 영장류를 연구한 그런 자료가 제2차 세계대전이 끝난 후로 아주 많아졌다. 미드는 이를 바탕으로 남자는 본능적으로 일부일처제를 원하지 않고, 따라서 좋은 아버지와 가족 구성원이 되려면 사회화 과정을 거쳐야만 한다고 확신하게 됐다. 그녀는 전(前)국가 사회들을 다년간 관찰하면서, 여자들이 남자들보다 더 안정감이 있는 이유는 그들의 번식 기능과 모성 확신 때문임을 깨쳤다고도 주장했다. 미드는 '남성의 권리를 회복하는 운동'이 필요함을 역설했다. 말하자면, 이 운동은 경쟁적인 미국 사회에서 남자로 살아가는 일의 어려움을 다루어야 했다. 남자들은 전 생애에 걸쳐 여자들과 경쟁해야만 했다. 유년기의 가족 속에서는 여자 형제들과, 학교에서는 더 성숙하며 성취도가 높은 소녀들과, 직장에서는 여자들과 말이다. 미드는 이런 경쟁이 잘못이라고 생각했다. 그녀는 두 성별 모두에 똑같은 성격을 요구하는 불가사의한 사태가 확산되고 있다고 단정했다. 여자들이 남자화되고 있다는 것이었다. 미드는 그런 사태를 좋게 보지 않았다.

그러나 미드는 전통으로 복귀하는 것을 옹호하지 않았다. 그녀는 균형을 잡고 싶어 했다. 두 성별을 상보적으로 보면서도 각 성별의 특별한 능력을 고려하는 조화를 원했던 것이다. 미드는 한편으로 이렇게 주장했다. "우리는 포유동물로서 우리의 본성에 따르는 생물학적 욕구를 무시할 수 없다. 우리는 인류라는 종을 계속 이어가도록 만들어졌다."[78] 그녀는 다른 한편으로 이렇게 주장하기도 했다. 어떤 직업 활동이 한 성별에게로만 국한되면 그 직업은 '풍부함과 다양함'을 잃게 된다. 미드는 자신의 논지를 설명하기 위해 초·중등학교에서 남자 교원이 부족하고, 인간 행동에 관심을 갖는 과학 분야에서 여자 대학교수와 연구원들이 부족한 현실을 언급했다. 여자들은 타인에게 민감하기 때문에 이런 과학 분야에 아주 적합했다. 미드는 건전한 가정을 육성하려면 아버지들을 반드시 육아에 참여시켜야 한다고 생각했다.

미드는 『남성과 여성』에서 다양한 쟁점들을 다루었고, 상이한 입장을 여러 차례 취했다. 그녀는 프로이트주의자로서 전오이디푸스적 시기가 인간 발달에 아주 중요하다고 강조했다. 미드는 소녀들이 소년들보다 더 순탄하게 성인이 되는 것은 그들이 어머니와 자신을 동일시할 수 있고, 소년들과 달리 그 일체감을 아버지라는 남성 젠더로 전환할 필요가 없기 때문이라고 주장했다. 마치 낸시 초도로(Nancy Chodorow)의 후기 이론을 미리 보는 것 같다. 미드는 현대 사회가 성이 잠복해 존재하는 시기를 줄여버렸다고 비판했다. 더 이른 나이부터 데이트하는 게 허용되고, 데이트 상대를 차지하려는 경쟁 속에서 사회 전반의 경쟁 풍토가 드러날 뿐만 아니라 미성년자들이 너무 큰 압박을 받는 게 문제라고 지적했다.

그러나 미드는 자신의 꿈 같은 사상을 『남성과 여성』에 집어넣지 않았다. 이 시기에 그녀가 쓴 글들에는 그런 이야기가 나온다. 과학 기술로 집안일을 완전히 추방하기, 공동체적 가족을 만들기, 아픈 아이들을 돌봐주는 특별 기관을 세우기 따위가 그렇다. 각종 글에서의 진보적 입장과 비교할 때 『남성과 여성』은 조심스런 태도로 미드의 총체적 견해를 표현했다. 베티 프리던은 1950년대 가정으로 돌아가자는 운동의 기획자가 미드였다고 주장했는데, 나름대로 상당한 설득력이 있다.

베네딕트가 『남성과 여성』을 읽기는 했겠지만 이 책에 구체적인 반응을 보였다는 증거는 전혀 없다. 그녀는 여자들이 가부장제 아래에서 유력하면서 동시에 무력한 존재이고, 남자와 여자는 선천적으로 다르다고 오래전부터 믿어왔다. 베네딕트는 미드의 관점과 의견이 다르지 않았을 것이다. 우리는 베네딕트의 모습을 떠올려볼 수 있다. 미드의 청산유수 같은 언변에 미혹된 베네딕트를, '모나리자'의 미소를 머금은 채 한쪽에 서 있는 베네딕트를, 친구를 계속해서 조용히 채근하는 베네딕트를 말이다.

베네딕트는 1948년 여름에 유럽으로 갔다. 그녀는 재앙이었던 1926년 여름 이후로 유럽에 가본 적이 없었다. 베네딕트는 1938년 나탈리 레이먼드와 함께 과테말라를 한 차례 여행한 것을 제외하면 그때 이후로 미국을 벗어난 적이 없었다. 『국화와 칼』이 열광적인 반응을 얻었고 그녀가 컬럼비아 대학교에서 진행한 연구 프로젝트는 흥미진진했다. 베네딕트는 기분이 좋았고 스스로 만족했다. 그녀는 1926년 여름 내내 유럽에서 절망감에 시달렸었다. 미드가 그녀를 혼자 남겨두고 리오 포천과 함께 떠나버렸던 것이다. 베네딕트는 미국에서 다년간 유럽 문화 출신자들을 인터뷰했고, 그 문화가 현지에서는 실제로 어떤 양상을 보일지 알고 싶었다.

그러나 베네딕트는 건강이 좋지 않았다. 한동안 고혈압과 어지럼증에도 시달렸다. 1945년에 정부 후원으로 유럽을 방문해 독일 사회를 연구하려고 준비했는데, 베네딕트를 진찰한 군의관이 출국을 허락하지 않았다. 그러나 베네딕트는 활동을 축소하지도, 심지어 일의 진행을 늦추지도 않았다. 그녀도 프란츠 보애스처럼 죽으려고 작정한 사람 같았다. 베네딕트는 여전히 왕성하게 활동했고, 세상을 바꾸려고 노력했다. 그녀는 죽음을 두려워해본 적이 단 한 번도 없었다. 베네딕트에게는 죽음이 언제나 평화의 한 형태였다. 그녀는 계속 강의했고, 강연에도 응했으며, 글을 썼고, 온갖 전문적인 활동에도 참여했다. 단단히 결심할 때까지는 계속해서 담배도 피웠다. 그것은 베네딕트와 친구들이 1920년대에 들인 습관이었다. 그녀가 사랑한 프란츠 보애스는 컬럼비아 대학교에서 열린 한 오찬 모임에서 사망했다. 담배에 불을 붙이고는, '새로운 인종 이론을 생각해냈다'고 말하고서였다.

베네딕트는 1947년 12월에 미국 인류학협회 회장으로 선임되는 기쁨을 맛봤다. 그러나 재임 기간 때문에 문제도 있었다. 집행위원회가 단체 정관에서 회장의 임기를 바꾸는 바람에 그녀의 집무 기간이 6개월로 줄었던 것이다. 베네딕트는 다시 회장에 출마하지 않았다. 그녀가 받은 대우가 부당함을 조용히 항변하는 행위였다. 역사학자 마거릿 로시터(Margaret Rossiter)는 베네딕트의 출마 포기를 이렇게 평가했다. "(베네딕트가) 불만스럽다는 의사를 강력하게 표출한 것이었다. 이 시기에 전문가 집단에서 활약한 여자는 누구라도 다 공공연하게 그런 심경을 토로했다." 로시터에 따르면 과학 분야에 종사하는 여자들을 향한 분노가 '지뢰밭'처럼 깔려 있었다.[79] 베네딕트는 회장 연설에서 도전적인 발언을 쏟아냈다. 그녀는 자신의 문화적 접근법을 옹호했고, 여러 가지 분석 모형을 제공하는 인문학이 매우 소중하다고 강조했다. 진화론에 기초한, 이른바 '과학적' 접근법이 컬럼비아 대학교에서 득세했고 인류학 전반으로 확산 중이던 당시의 상황을 상기해보라.

베네딕트의 친구들 가운데는 그녀가 나이보다 더 늙어 보이고 지친 것 같다고 생각하는 사람들이 있었다. 그러나 다른 인상을 받은 사람들도 존재했다. 생물학자 G. E. 허친슨(G. E. Hutchinson)은 어떤 위원회 회의가 끝나고 열린 만찬 석상에서 베네딕트 옆자리에 앉았고 그때 받은 인상을 이렇게 적었다. "그녀의 미모는 지상의 것이 아니었다." 베네딕트의 전 생애에 걸쳐 많은 사람이 그렇게 생각했다. 허친슨은 그녀가 시빌 같다고 묘사했다. 베네딕트는 "아득한 과거에서 온 것 같기도 했고, 먼 미래에서 온 것 같기도 했다. 신화에 나오는 현명한 여자 주술사" 같았다. 에릭 에릭슨은 1948년 여름 베네딕트가 유럽으로 떠나기 직전에 그녀를 만났고, 이렇게 묘사했다. "남자처럼 보였던 만큼이나 소녀 같았다. 어리거나 남자 같다는 생각이 전혀 들지 않으면서도 말이다."[80] 여동생 마저리는 베네딕트가 우울증과 수줍어하는 태도를 극복했고, 어렸을 때라면 가능할 거라고 도저히 생각할 수 없었던 공적인 역할을 수행했다고 평가했다. 그리고 마저리는 베네딕트가 한때 자기가 태어나지 말았어야 한다고 생각했지만 이제는 미래의 시간과 가능성을 기대하고 염원한다고 썼다. 베네딕트는 오랫동안 여러 사람 앞에 나서는 걸 피했다. 그러나 이제 그녀는 정부 위원회 회의에 참여했고, 학술대회에서 발표를 했으며, 대중 연설까지 했다. 베네딕트는 삶의 의미를 찾는 과제 때문에 절망했지만 이제 그녀의 인생은 성취감 속에서 만족스러웠다.[81]

베네딕트는 1948년 여름 체코슬로바키아에서 열린 유네스코 회의에 참석해달라는 초청을 받았다. 의사들도 베네딕트가 유럽에 갈 수 있도록 그녀의 건강 상태를 속일 필요가 없었다. 미드는 가을에 열린 컬럼비아 프로젝트 총회의 첫 번째 회의에서 베네딕트가 여름에 한 그 여행을 설명했다. 가을의 전체 회의는 베네딕트가 세상을 떠나고 열렸던 것이다. 미드는 베네딕트가 유럽에 머물던 컬럼비아 프로젝트 참가자들을 즐겁게 방문했고, 유네스코 회의도 큰 성공을 거두었다고 보고했다. 베네딕트는 유럽 여행 경험을 진심으로 좋아했다. 그녀는 체코슬로바키아, 폴란드, 프랑스, 벨기에, 네덜란드를 방문했다. 미국에서 인터뷰한 해당 국적자들과 그들의 문화 생산물을 통해 베네딕트가 전부 연구한 곳이었다. 그녀는 자신의 국민성 연구 결과를 현장에서 목격했다.

베네딕트는 특히 폴란드 사람들이 마음에 들었다. 그녀는 전에는 알지 못했던 새로운 그림으로 그들을 파악했다. 네덜란드에서 베네딕트는 반 고흐 전시회에 갔다. 전쟁 중에 독일에 부역했던 네덜란드 사람들도 전시회를 관람하고 있었다. 그녀는 특유의 자제력을 발휘해가며, '그들이 반 고흐의 무엇을 싫어하는지' 잠자코 들었다. 베네딕트는 '열정으로 충만해' 미국으로 돌아왔다. 건강도 좋아 보였다. 그녀는 가르치는 일과 당대 문화 연구 프로젝트 재개를 학수고대했다.[82)]

베네딕트의 심장이 9월 12일 월요일에 멈추었다. 유럽에서 돌아오고 10일 후였다. 급히 병원으로 옮겼지만, 그녀는 금요일에 사망했다. 사인은 관상 동맥 혈전증이었다. 베네딕트는 그 주 내내 의식이 또렷했고 평화로웠다. 그녀는 죽음을 맞이할 준비를 했다. 미드가 병상을 지켰다. 루스 밸런타인도 자리를 지키며 임종을 함께했다. 밸런타인은 그해 여름 베네딕트의 유럽 여행에 합류하지 않고 로스앤젤레스에 머물렀다. 사망 당시 베네딕트의 핸드백에는 동생 마저리가 보낸 편지 한 통이 들어 있었다. 며칠 전에 받은 것이었는데, 거기에는 밸런타인이 루스 톨먼과 연애한다는 내용이 적혀 있었다. 밸런타인이 두 사람의 관계를 서먹한 것으로 판단하고 있다는 내용도 함께였다. 그녀는 '유명한 인류학자인 옛 연인'에게로 분명히 돌아왔을 것이다.[83)] 베네딕트가 입원했다는 소식을 접한 밸런타인은 로스앤젤레스에서 기차를 타고 뉴욕으로 돌아와 임종을 함께했다.

베네딕트가 죽자 미드는 완전히 제정신이 아니었다. 그녀는 고트하르트 부트를 찾아가 상담을 받았다. 미드는 그레고리 베이트슨과 갈등을 겪을 때도 그를 찾게 된다. 장례식에서 그녀는 추도문을 낭독했고, 《미국 인류학자》에도 별도로 조사(弔詞)를 썼다. 미드는 익숙하면서도 낯선 비유를 동원해 그녀를 과도적인 인물로 묘사했다. '베네딕트는 이

행기를 살았던 인물'이라고 미드는 썼다. "그녀는 자신이 온전히 계승한 과거의 확실성을 인간 사유의 새로운 시대를 알리는 불확실성과 결합했다." 미드는 과거가 아니라 미래를 보고 있었다. 그녀는 아직 40대였고, 새로운 사유에 몰두하고 있었던 것이다. 정신 건강, 생물학, 과학기술, 가족, 새로운 지구적 관점에 그녀는 집중했다. 그러나 미드는 여전히 베네딕트에게 신실했다. 그녀는 베네딕트의 프로젝트를 완료했다. 몇 년 후 기금이 바닥날 때까지 컬럼비아의 문화 연구 프로젝트를 계속 진행한 것이다. 미드는 베네딕트가 지도하던 대학원생 관리도 맡았다.

미드는 베네딕트를 몹시 사랑했다. 그녀는 자신의 친구이자 연인, 언니, 어머니, 선배였던 베네딕트를 그리워했다. 이제 두 사람은 정말 꿈속에서나 만날 수 있게 됐다. 베네딕트가 없었다면 미드는 결코 그렇게 찬란한 성공을 거두지 못했을 것이다. 베네딕트는 미드에게 자신의 통찰력을 확장해보라고 격려했다. 미드는 거기서 영감을 얻었고, 베네딕트의 애정과 지원 속에서 그녀를 뛰어넘는 사유를 발전시킬 수 있었다. 빅토리아시대에 자란 베네딕트는 현대를 수용하면서도 불화했다. 그녀는 고결한 과거를 마음속에 간직했다. 미드의 결론은 이랬다. "우리가 그녀와 같은 사람을 보게 되는 일은 다시 없을 것이다."[84] 미드는 계속 전진해야 했다. 그녀에게는 성공과 출세의 가도를 벼려야 할 세월이 앞으로도 30년이나 남아 있었다. 미드는 1978년에 세상을 떠났다. 향년 77세의 세계적 유명 인사로서였다. 진정으로 그녀는 빛나는 경력을 구축했다. 사실 이것은 베네딕트가 예상한 바이기도 했다. 미드는 그렇게 베네딕트의 꿈을 실현했다.

약어

AA *American Anthropologist*
AW *An Anthropologist at Work*
BW *Blackberry Winter*
CTK Caroline "Carrie" Tennant Kelly
ES Edward Sapir
GB Gregory Bateson
GG Geoffrey Gorer
MFF Margery Fulton Freeman
MM Margaret Mead
RFB Ruth Fulton Benedict
RFF Reo F. Fortune

공문서와 인터뷰 자료(약어 포함)

AC Amherst College. Archives and Special Collections, Amherst College Library. Louise Bogan Papers.

APS American Philosophical Society, Philadelphia. Typescript letters between Benedict and Mead; Franz Boas Papers; Elsie Clews Parsons Papers.

BC Barnard College Archives. Ms. material relating to Barnard College and Mead's career as a student there.

Cam-U Cambridge University, England, Special Collections and Manuscripts. Typescript autobiography of Noel Teulon Porter, "As I Seem to Remember."

CCHS Chenango County Historical Society, Norwich, New York. Mss. and newspaper clipping collection of Shattuck, Fulton families, pertaining to Ruth Benedict's childhood.

CM Carleton Mabee interviews with Mead family members and friends, in possession of Carleton Mabee, Gardiner, New York.

CU Columbia University. Rare Book and Manuscript Library, Butler Library, Jane Howard Papers; Jane Howard interviews with approximately two hundred of Mead's friends and associates, for her book *Margaret Mead: A Life*.

CU-Oral Oral History Project, Columbia University. Interviews with Mead and Benedict friends and associates Abram Kardiner, Otto Klineberg, Rhoda

Métraux, and Louise Rosenblatt and with Lissa Parsons Kennedy, Elsie Clews Parsons's daughter.

JH Jean Houston oral interview with Mead, LC.

HU Harvard University, Elizabeth Bancroft Schlesinger Library. Inez Milholland Papers.

LC Library of Congress, Manuscript Division. Margaret Mead Papers and the South Pacific Ethnographic Archives; Gregory Bateson Papers.

NPL Norwich Public Library, Norwich, New York. Clippings files on Shattuck, Fulton families pertaining to Benedict.

NU Northwestern University, Charles Deering McCormick Library of Special Collections. Melville Herskovits Papers.

NYPL New York Public Library, Manuscripts and Archives Division. Erich Fromm Papers.

OC Occidental College, Eagle Rock, Los Angeles, California. Special Collections, Mary Norton Clapp Library. Margery Fulton Freeman Papers, containing MFF memoirs of family and RFB; RFB diary at ages 11~12.

PS Philip Sapir. Typescript letters between RFB and ES, in possession of Philip Sapir, Bethesda, Maryland.

RHS Rye Historical Society, Rye, New York. Elsie Clews Parsons Papers; file on ECP lecture course at the New School, 1919.

SU University of Sussex, England, Special Collections. Geoffrey Gorer Papers.

UC University of Chicago, Special Collections. William Fielding Ogburn Papers.

UCB University of California, Berkeley. Bancroft Library, Alfred L. Kroeber Papers; Robert H. Lowie Papers.

UCSC University of California, Santa Cruz, Special Collections. Gregory Bateson Papers.

VC Vassar College, Archives and Special Collections. Ruth Fulton Benedict Papers; classbooks, college yearbooks, literary magazines, etc., relating to college careers of Ruth Benedict and Bertrice Shattuck.

VU Victoria University, Wellington, New Zealand, Manuscripts and Special Collections. Reo Fortune Papers.

YU Yale University, Beinecke Library: Papers of Léonie Adams—William Troy, Eda Lou Walton, Edmund Wilson; Special Collections: Karen Horney Papers.

감사의 말

1) Lois W. Banner, "Margaret Mead, Men's Studies, and Women Scholars", *American Studies Association Newsletter*, spring 1988.

2) Jane Howard, *Margaret Mead: A Life* (New York: Simon & Schuster, 1984); Judith Schachter Modell, *Ruth Benedict: Patterns of a Life* (Philadelphia: University of Pennsylvania Press, 1983); Margaret M. Caffrey, *Ruth Benedict: Stranger in This Land* (Austin: University of Texas Press, 1989); Hilary Lapsley, *Margaret Mead and Ruth Benedict: The Kinship of Women* (Amherst: University of Massachusetts Press, 1999).

프롤로그
시빌 – 1926년 로마

1) Edward Sapir (ES) to Ruth Benedict (RFB), Oct. 26, 1926, in Ruth Benedict, *An Anthropologist at Work: Writings of Ruth Benedict*, ed. Margaret Mead (New York: Houghton Mifflin, 1959), p. 183 (이하에서 *AW*로 약칭); Margaret Mead, *Blackberry Winter: My Earlier Years* (New York: William Morrow, 1972), p. 187 (이하 *BW*로 약칭); Margaret Mead (MM) to Ken Emory, Mar. 24, 1928, Jane Howard Papers, CU. 지리멸렬했던 대회에 관해서는 Gladys Reichard to Elsie Clews Parsons, Nov. 4, 1926, Elsie Clews Parsons Papers, APS를 보라.

2) John Bunyan, *Pilgrim's Progress from This World to That Which Is to Come*, ed. James Blanton Wharey (Oxford: Clarendon Press, 1960), p. 55; William Vaughan, *William Blake* (London: Tate Gallery, n.d.); Peter Ackroyd, *Blake: A Biography* (New York: Alfred A. Knopf, 1996); Ruth Benedict, "Daydreams", Dream Research File, LC, Margaret Mead Papers, A-3. 따로 명기하지 않는 경우 이하의 모든 LC 언급은 이 미드 문서를 말하는 것이다.

3) *AW*, p. 84.

4) Margaret Mead, "Margaret Mead", *in A History of Psychology in Autobiography*, ed. Gardner Lindzey et al. (Englewood Cliffs, N.J.: Prentice-Hall, 1974), vol. 4, p. 309 (이하 Lindzey로 약칭).

5) Julian Steward, review of *An Anthropologist at Work*, by Margaret Mead, *Science* 129 (1959): 382; Theodora Kroeber, *Alfred Kroeber: A Personal Configuration* (Berkeley: University of California Press, 1979), p. 263; Luther Sheeleigh Cressman, *A Golden Journey: Memoirs of an Archaeologist* (Salt Lake City: University of Utah Press,

1988), p. 128; Jean Houston oral interview with Margaret Mead (이하 JH로 약칭), p. 144. 진 휴스턴이 마거릿 미드와 행한 구술 인터뷰는 거의 500쪽 분량으로, 제목은 "The Mind of Margaret Mead"이며, LC, Q-17과 Q-18에 들어 있다.

6) Mary Catherine Bateson, *With a Daughter's Eye: A Memoir of Margaret Mead and Gregory Bateson* (1984; New York: Pocket Books, 1985), p. 18.

7) Margaret Mead, *Ruth Benedict* (New York: Columbia University Press, 1974), p. 35; Ruth Benedict, obituary, "Franz Boas", *Science* 97 (Jan. 15, 1943): 60; Mead, "Balinese Character", in *Balinese Character: A Photographic Analysis*, by Gregory Bateson and Margaret Mead (New York: New York Academy of Sciences, 1942), pp. xi~xii; Margaret Mead, *Letters from the Field*, 1925~1975 (New York: Harper & Row, 1977), p. 2를 보라.

8) Robert S. Liebert, *Michelangelo: A Psychoanalytic Study of His Life and Images* (New Haven: Yale University Press, 1983), pp. 83 ff. 시스티나 예배당 및 성 문제와 관련해 나는 Loren Partridge, *Michelangelo: The Sistine Chapel Ceiling, Rome* (New York: George Braziller, 1996); Even Yoet, "The Heroine as Hero in Michelangelo's Art", in *The Sistine Chapel*, ed. William E. Wallace (New York: Garland, 1995), pp. 381~385; Creighton Gilbert, "The Proportion of Women", *in Michelangelo: On and Off the Sistine Ceiling* (New York: George Braziller, 1994), pp. 59~113; Marina Warner, *From the Beast to the Blonde: On Fairy Tales and Their Tellers* (New York: Farrar, Stras & Giroux, 1994), pp. 70~74에 의존했다. 미켈란젤로가 동성애자였다고 주장한 현대 최초의 전기 작가는 John Addington Symonds로, *The Life of Michelangelo Buonarroti*, 2 vols. (London: John C. Nimmo, 1893)에서였다.

9) M. C. Bateson, *With a Daughter's Eye*, p. 134; MM to RFB, Jan. 7, 1939, LC, B-1; MM to Marie Eichelberger, Feb. 5, 1939, LC, B-4를 보라. 나는 Joan Riviere의 "Womanliness as Masquerade", *International Journal of Psycho-Analysis* 10 (April~July 1929): 303~313에 착안해 '허위나 가식'(masquerade)이라는 말을 사용했다. 이 잡지는 페미니즘 사상의 고전으로 자리를 잡았다. Riviere의 추론을 따르는 사람이라면 베네딕트가 자신의 진정한 자아를 숨기기 위해 여성성을 가장했다고 단정할 수도 있을 것이다. 물론 앞으로 보겠지만 다른 해석들을 적용할 수도 있다. 그러나 그녀는 미국 문화에서 유력했던 남성적/여성적 이항 대립에 따라 스스로를 규정했다. 그것은 미드도 마찬가지였다. '남자 같은 레즈비언'에 관해서는 Margaret Gibson, "The Masculine Degenerate: American Doctors' Portrayals of the Lesbian Intellect, 1880~1949", *Journal of Women's History* 9 (winter 1998): 78~101을 보라.

10) 로마의 검은 셔츠 당원들에 관해서는 Mead, *Anthropologists and What They Do* (New York: Franklin Watts, 1965), p. 116; JH, p. 306을 보라.

11) Margaret Mead, "final draft", typescript, June 1973, biography of Ruth

Benedict for Columbia University, LC, I-235.

12) Sigmund Freud, *The Standard Edition of the Complete Psychological Works of Sigmund Freud*, ed. and trans. James Strachey (London: Hogarth Press, 1953~1974), vol. 15, p. 120.

13) Judith Halberstam, *Female Masculinity* (Durham, N.C.: Duke University Press, 1998), p. 21.

14) Beverly Burch, *Other Women: Lesbian/Bisexual Experience and Psychoanalytic Theory of Women* (New York: Columbia University Press, 1997). Martha Vicinus는 "'They Wonder to Which Sex I Belong': The Historical Roots of the Modern Lesbian Identity", *Feminist Studies* 18 (fall 1992): 469 에서 Eve Kosofsky Sedgwick의 이론을 알기 쉽게 설명하고 있다. Eve Kosofsky Sedgwick은 성 행동은 예측할 수 없고, 가지각색이며, 동일한 성과 반대의 성 모두의 영향을 받는다고 제안했다. Sedgwick, *Epistemology of the Closet* (Berkeley: University of California Press, 1990), p. 85를 보라. 포스트모던 페미니즘에 관해서는 Judith Butler, "Gender Trouble: Feminist Theory and Psychoanalytic Discourse", in *Feminism/Postmodernism*, ed. Linda J. Nicholson (New York: Routledge, 1990), pp. 324~340을 보라. Teresa de Lauretis, *The Practice of Love: Lesbian Sexuality and Perverse Desire* (Bloomington: Indiana University Press, 1994), p. xix도 보라.

15) 나는 20세기로 넘어가는 시점에 '제2차' 페미니즘 운동이 기존의 페미니즘에 끼친 효과를 드러내려고 루스 로젠의 매혹적인 문구 "새로운 시대가 개막되었다."라는 말을 가져왔다. Rosen, *The World Split Open: How the Modern Women's Movement Changed America* (New York: Viking, 2000)를 보라.

16) 미국 문화의 여성화에 대한 고전적 불평으로는 Henry James, *The Bostonians* (1886; New York, Dial, 1945), p. 283(Basil Ransom이 한 말은 의미심장하다. "모든 세대가 계집애처럼 변했다. …… 바야흐로 나약하고, 신경질적이며, 병적 흥분과 잡담이 난무하는 위선의 시대다……."); George Santayana, "The Genteel Tradition in American Philosophy"(1911), in *Santayana on America: Essays, Notes, and Letters on American Life, Literature, and Philosophy*, ed. Richard Colton Lyon (New York: Harcourt, Brace & World, 1968), pp. 37~38을 보라. 남성화를 다룬 문헌은 많다. Kristin L. Hoganson, *Fighting for American Manhood: How Gender Politics Provoked the Spanish-American and Philippine-American Wars* (New Haven: Yale University Press, 1998); Gail Bederman, *Manliness and Civilization: A Cultural History of Gender and Race in the United States*, 1880~1917 (Chicago: University of Chicago Press, 1995); Arnold Testi, "The Gender of Reform Politics: Theodore Roosevelt and the Culture of Masculinity", *Journal of American History* 82 (Mar. 1995): 1520~1523을 보라. 세기말의 여성 혐오에 관해서는 Elaine Showalter, *Sexual Anarchy: Gender and*

Culture at the Fin de Siècle (New York: Viking, 1990); Bram Dijkstra, *Idols of Perversity: Fantasies of Feminine Evil in Fin-de-Siècle Culture* (New York: Oxford University Press, 1986)를 보라.

17) 1926년 당시 시스티나 예배당의 천장 상태를 내게 알려준 미술 사학자 Eunice Howe에게 감사를 드린다.

18) Abraham H. Maslow, *The Farther Reaches of Human Nature* (New York: Viking Press, 1971), pp. 41~42, *Motivation and Personality* (New York: Harper & Bros., 1954), p. xiii.

19) "Background Statement About Homosexuality", Walter Spies file, LC, N-30이 슈피스 적요서이다. 내가 1999년 8월 90세의 릴리 터너와 한 구술 인터뷰에서도 자아 정체성과 그 공개 사태에 얽힌 복잡한 정황이 밝히 드러난다. 릴리 터너는 1920년대와 1930년대에 오프 브로드웨이 연극의 기초를 세운 인물로, 그리니치빌리지에서 오랫동안 살면서 인류학자 루스 번젤 및 번젤의 짝 로즈메리 재고린과 교유했다. 루스 번젤은 베네딕트와 미드 모두의 친구였다. 터너는 자신의 동아리에서 '레즈비언'이라는 말을 사용한 사람이 아무도 없었다고 내게 알려주었다. 베네딕트와 미드처럼 그들도 '동성애자'라는 말을 사용했다. 그녀는 자신은 물론 번젤과 재고린 모두 레즈비언이 아니었다는 얘기도 내게 했다. 그들이 공동생활을 한 이유는 제1차 세계대전의 여파로 주택 사정이 안 좋았기 때문이라고 했다. 그들은 아이를 갖지 않았다. 제1차 세계대전의 참화를 목격하고는 이런 세상에서 아이를 기르고 싶지 않았기 때문이라고 했다. 그녀는 1920년대 말에 파리에서 레즈비언 연애를 한다. 그러나 여성들이 사랑을 나누는 방식은 맘에 들어 하지 않았다. 그렇게 그녀는 남자 쪽으로 기울었다. 물론 남성 배우자와 함께 살기에 그녀는 너무나 독립적이었지만. 남자는 미국 자연사박물관에서 여러 해 동안 근무한 유명한 이사였다. 이렇게 그녀는 미드를 잘 알았다. 그녀는 미드가 어떤 사람에게 성적으로 끌리는지, 또 누가 자신을 성적으로 좋아하는지 얘기하기를 즐겼다고 회상했다. 터너는 베네딕트와 번젤이 1930년대 후반에 연애를 했다고 확인해주었다. 610쪽보라. 터너에 관해서는 *New York Times*, Jan. 21, 1996을 보라.

20) "'But We Would Never Talk About It': The Structure of Lesbian Discretion in South Dakota, 1928~1933", in *Unequal Sisters: A Multicultural Reader in U.S. Women's History*, ed. Vicki L. Ruiz and Ellen Carol DuBois, 3d ed. (New York: Routledge, 2000), pp. 409~425를 보라. Elizabeth Lapovsky Kennedy는 일부 여성이 스스로를 '레즈비언'으로 지칭하려고 하지 않았음을 밝혀냈다. 이성애와 동성애의 이분법이 아직 '헤게모니를 장악하지' 않은 사적인 레즈비언들의 세계와 공적인 이성애의 세계 모두에서 살아야만 하는 상황에서 조성된 '문화적 신중함' 속에서 말이다. 베네딕트 및 미드에 관해서라면 상황이 훨씬 더 복잡해 보인다. 미드가 사적인 대화에서는 '양성애자'라는 말을 사용했을지도 모른다. letter to Helen Lynd, June 18, 1938을 보면 그녀가 '양성애적 상징'이라는 말을 한다. LC, R-10, unidentified file.

1장
선구자들

1) 베네딕트의 주요 가계 정보는 entry "Ruth Benedict", in *Current Biography* (New York: H. W. Wilson, 1941)에서 얻었다. 마거릿 카프리가 자신의 베네딕트 전기에서 족보를 소상히 밝히고 있다. 미드의 경우는 Lindzey; Fanny Fogg McMaster, *A Family History* (St. Joseph, Mich.: privately printed, 1964); Emily Fogg Mead, "Emily Fogg Mead", LC, S-2; Margaret Mead, "Life History", LC, S-9를 보라.

2) Ruth Benedict, *Patterns of Culture* (Boston: Houghton Mifflin, 1934), p. 248.

3) Lindzey, p. 304.

4) Margaret Mead, "The Cultural Contributions of Cultural Anthropology to Our Knowledge of Psychobiological Development", in Transcript, "Study Group on the Psychobiological Development of the Child", from a conference at the World Health Organization, Jan. 26~30, 1953, LC, F-79.

5) "Ruth Benedict", *Current Biography*. 제1차 세계대전 이전 시기에 노리치에 살던 베네딕트의 여자 친척들은 미국애국여성회(Daughters of the American Revolution, DAR : 회원은 독립 전쟁 때 싸운 이들의 자손에 한함-옮긴이) 회원이었다. 미국애국여성회는 당시 뉴욕 주 북부에서 시정 개선 활동에 집중하고 있었다. Paula Baker, *The Moral Frameworks of Public Life: Gender, Politics, and the State in Rural New York, 1870~1930* (New York: Oxford University Press, 1991), pp. 149~150을 보라.

6) Howard interview with Roger Revelle, CU; Margaret Mead, "Revisions of the Long Quotes in the Angelica Gibbs Ms.," LC, Q-13. Winthrop Sargeant, "It's All Anthropology", *New Yorker*, Dec. 30, 1961, pp. 31~44; Margaret Mead, "New Roles for Women", ms. speech, Erie College, 1948; "Her Strength Is Based on a Pioneer Past", *Life*, Dec. 24, 1956, "Changes in Women's Cherishing Role", *Saturday Evening Post*, ms. 1962, "Christmas in Minnesota", *Redbook*, Dec. 1976도 보라. Clipping and ms. files, LC. Margaret Mead, *Male and Female: A Study of the Sexes in a Changing World* (New York: William Morrow, 1949), p. 31.

7) Lindzey, p. 304.

8) Mead, Introduction to *The Golden Age of American Anthropology*, ed. Margaret Mead and Ruth Bunzel (New York: George Braziller, 1960), pp. 6~8. Margaret Mead, *And Keep Your Powder Dry: An Anthropologist Looks at America* (New York: William Morrow, 1942), pp. 35~56.

9) Benedict, *Patterns of Culture*, p. 276; *AW*, p. 147. Ruth Benedict, *Journal of American Folk-Lore* 43 (1930): 120~122와 *Race: Science and Politics* (1940; New York: Viking, 1959), pp. 99~100도 보라. 1920년대에 전개된 미국 지식인들의 반청교도주의는 Warren I. Susman, *Culture as History: The Transformation of American Society in the Twentieth Century* (New York: Pantheon Books, 1984), pp. 34~49를 보라.

10) Margaret Mead, "Ruth Fulton Benedict, 1887~1948", AA 51 (1949): 457.

11) 베네딕트의 시구는 *AW*에 나오는 작품에서 가져왔다. 미드의 시구는 LC, Q-15의 미공개 시편들에 나온다.

12) Sargeant, "It's All Anthropology", p. 33; Margaret Mead, "What Home Means to Me", *Perfect Home*, Nov. 1955, clipping, LC와 "Revisions of the Long Quotes in the Angelica Gibbs Ms." Interview with Martha Glardon, CU도 보라. 메리 캐서린 베이트슨에 따르면 미드는 박물관에 수장할 공예품을 수집하면서 자신의 몫으로 따로 구매하는 행위가 불가하다고 생각했다. *With a Daughter's Eye*, p. 71을 보라. 미드는 말년에 그레고리 베이트슨이 모은 발리의 조각과 그림을 소장했다. Interview with Wilton Dillon, CU.

13) M. C. Bateson, *With a Daughter's Eye*, p. 96.

14) Ruth Landes, "A Woman Anthropologist in Brazil", in *Women in the Field: Anthropological Experience*, ed. Peggy Golde (Chicago: Aldine, 1970), p. 120; "Ruth Benedict", *Current Biography*; Modell, *Ruth Benedict*, p. 164.

15) M. C. Bateson, *With a Daughter's Eye*, p. 103.

16) Justin D. Fulton, *Memoir of Timothy Gilbert* (Boston: Lee & Shepard, 1866)과 *Woman as God Made Her: The True Woman* (Boston: Lee & Shepard, 1869).

17) William G. Rothstein, *American Physicians in the Nineteenth Century: From Sects to Science* (Baltimore: Johns Hopkins University Press, 1972), pp. 154~172, 230~246; Martin Kaufman, *Homeopathy in America: The Rise and Fall of a Medical Heresy* (Baltimore: Johns Hopkins University Press, 1971).

18) Obituary, S. J. Fulton, *Chenango Union*, Dec. 10, 1896; James H. Smith, *History of Chenango and Madison Counties, New York* (Syracuse: D. Mason, 1880), p. 425.

19) Newspaper clipping, no date, no citation, Benedict Family File, CCHS. 뉴욕주 북부의 낙농업은 Nancy Grey Osterud, *Bonds of Community: The Lives of Farm Women in Nineteenth-Century New York* (Ithaca: Cornell University Press, 1991), pp. 19~52를 보라.

20) Howard Tripp, comp., "The First Baptist Church of Norwich, New York, A History as Originally Written by Charles R. Johnson", typescript, 1961, records, First Baptist Church, Norwich, N.Y.

21) Obituary, John Samuel Shattuck, *Norwich Sun*, Oct. 14, 1913. 대학에 진학한 청년의 비율은 Patricia Albjerg Graham, "Expansion and Exclusion: A History of Women in American Higher Education", *Signs: Journal of Women in Culture and Society* 3 (summer 1978): 759~773을 보라.

22) 제임스 포그가 사업 능력이 없었다는 사실은 McMaster, *Family History*를 보라. 그가 정치인의 꿈을 가졌었다는 것은 Mead, "Life History"를 보라.

23) MFF, "The Mother of Ruth Fulton Benedict", OC.

24) Obituary, Mrs. S. J. Fulton, *Chenango Union*, June 10, 1897; "Obituary-Ella L. Fulton", *Norwich Sun*, Jan. 2, 1927; MFF, "Paternal Grandparents of Ruth Fulton Benedict", OC.

25) Mary Roberts Coolidge는 *Why Women Are So* (New York: Henry Holt, 1912), pp. 231~232에서 클라크의 공세 이후 여대생들에게 남녀 양성자라는 비난이 엄청나게 제기되었음을 회고했다. Lee Chambers-Schiller, *Liberty: A Better Husband; Single Women in America, the Generation of 1780~1840* (New Haven: Yale University Press, 1984), pp. 43, 199~204에는 여대생을 지칭하던 성별 관련 속어들이 나온다.

26) Lynne Vallone, *Disciplines of Virtue: Girls' Culture in the Eighteenth and Nineteenth Centuries* (New Haven: Yale University Press, 1995), p. 118.

27) Graham, "Expansion and Exclusion."

28) Redding S. Sugg, *Motherteacher: The Feminization of American Education* (Charlottesville: University Press of Virginia, 1978), p. 106. Polly Welts Kaufmann, *Women Teachers on the Frontier* (New Haven: Yale University Press, 1984); Anne Firor Scott, "The Ever Widening Circle: The Diffusion of Feminist Values from the Troy Female Seminary, 1822~1872", *History of Education Quarterly 19* (spring 1979): 3~25; Kathryn Kish Sklar, *Catharine Beecher: A Study in American Domesticity* (New Haven: Yale University Press, 1973), pp. 168~183도 보라.

29) Ruth Bordin, *Alice Freeman Palmer: The Evolution of a New Woman* (Ann Arbor: University of Michigan Press, 1993), p. 191.

30) Steven M. Buechler, *The Transformation of the Woman Suffrage Movement: The Case of Illinois, 1850~1920* (New Brunswick: Rutgers University Press, 1986), p. 58.

31) CM, Interview with Elizabeth Mead Steig.

32) Ms. records, Women's Baptist Missionary Society, First Baptist Church, Norwich, N.Y., 손으로 쓴 회의록이 원부에 들어 있음.

33) Obituary, "Mrs. Emily Mead, a Sociologist", *New York Times*, Feb. 22, 1950.

34) 19세기의 여성 유대를 분석한 고전은 Carroll Smith-Rosenberg, "The Female

World of Love and Ritual: Relations Among Women in Nineteenth-Century America", *Signs: Journal of Women in Culture and Society* 1 (autumn 1975): 1~29 이다. 이 관계들에 내재한 동성애는 Lillian Faderman, *Surpassing the Love of Men: Romantic Friendship and Love Between Women from the Renaissance to the Present* (New York: William Morrow, 1981), pp. 145~204를 보라. 청소년기와 여학교를 조사한 내 연구도 스미스-로젠버그의 분석을 상당 부분 뒷받침해준다. 물론 이성애 관계에 집착하는 분주한 활동이 여성 유대를 압도하지만. Cf. Karen Lystra, *Searching the Heart: Women, Men, and Romantic Love in Nineteenth-Century America* (New York: Oxford University Press, 1989); Linda K. Kerber, "Separate Spheres, Female Worlds, Woman's Place: The Rhetoric of Women's History", *Journal of American History* 75 (June 1988): 9~39.

A Very Social Time: Crafting Community in Antebellum New England (Berkeley: University of California Press, 2000), pp. 62~78에서 Karen V. Hansen은 남편들과 친구들 모두에게 애착을 가졌음을 확인한다. *In the New England Fashion: Reshaping Women's Lives in the Nineteenth Century* (Ithaca: Cornell University Press, 1999), pp. 66~92에서 Catherine E. Kelly는 여성의 낭만적 우정이 "억제된 호혜적 상호작용"을 제외하면 성인기까지 지속되지 못했다고 주장한다. 공동체의 의식이나 인위적 산물을 조사 연구한 사람은 아무도 없다. 이 책 4장을 보라. 미드가 보스턴 매리지를 언급한 내용은 drafts of "Bisexuality", LC, I-245에 들어 있다.

35) Deborah Gorham, *The Victorian Girl and the Feminine Ideal* (London: Croom Helm, 1982); Laurie Buchanan, "'Islands of Peace': Female Friendships in Victorian Literature", in *Communication and Women's Friendships: Parallels and Intersections in Literature and Life*, ed. Janet Doubler Ward and JoAnna Stephens Mink (Bowling Green, Ohio: Bowling Green State University Popular Press, 1993), pp. 77~96. Theodore L. Smith, "Types of Adolescent Affection", *Pedagogical Seminary* 11 (June 1904): 193도 보라.

36) Martha Vicinus는 "Distance and Desire: English Boarding-School Friendships", *The Lesbian Issue: Essays from Signs*, ed. Estelle B. Freedman et al. (Chicago: University of Chicago Press, 1985), p. 47에서 'rave', 'spoon', 'pash'(for passion), 'smash', 'gonage'(for being gone on), 'flame' 같은 단어들이 영국과 미국 모두의 기숙학교에서 낭만적 우정을 지칭하는 데 사용되었다고 한다. 1894년에 발행된 스미스 대학교(Smith College)의 학생 신문 가운데 여대생들이 사용하던 속어를 다룬 한 기사는 '크러시'라는 말이 대개는 연상과 연하 사이의 애정을 의미했다고 적고 있다. '크러시'(심취한 사랑)의 대상이 싫증을 내면 '스퀄칭'(squelching : 끽소리 못 하게 밟아버리는 방법)이 동원되었다. squelching은 은 'D.s.'나 'Dead squelch'라고도 썼다. 웹사이트 fivecolleges.edu, writings, 1893~94, slang을 보라. 이런 말들은 1890년대에 이성애 욕구와 연결되었다. J.

Redding Ware는 *Passing English of the Victorian Era: A Dictionary of Heterodox English, Slang, and Phrase* (New York: E. P. Dutton, 1909)에서 1895년에 'crushed'가 'mashed'(홀딱 반한)와 'spoony'(여자에게 빽 간)를 대신해 사용되고 있었고, 뒤의 두 단어는 남녀의 애정을 지칭하는 말이었다고 주장한다.

젊은 남성들의 열정적 관계는 E. Anthony Rotundo, *American Manhood: Transformations in Masculinity from the Revolution to the Modern Era* (New York: Basic Books, 1993), pp. 74~91을 보라.

37) Ann Braude, *Radical Spirits: Spiritualism and Women's Rights in Nineteenth-Century America* (Boston: Beacon Press, 1989); Leigh Eric Schmidt, *Consumer Rites: The Buying and Selling of American Holidays* (Princeton: Princeton University Press, 1995), pp. 40~77.

38) Ralph Waldo Emerson, "Friendship", (1841), reprinted in *Essays: First Series* (Boston: Houghton Mifflin, 1864), pp. 191~217.

39) Rotundo, *American Manhood*, p. 83; Timothy J. Gilfoyle, *City of Eros: New York City, Prostitution, and the Commercialization of Sex, 1790~1920* (New York: W. W. Norton, 1992), p. 165. 빅토리아 여왕 시대 사람들과 남녀의 육체관계는 Carroll Smith-Rosenberg, "The New Woman as Androgyne: Social Disorder and Gender Crisis, 1870~1936", in Smith-Rosenberg, *Disorderly Conduct: Visions of Gender in Victorian America* (New York: Alfred A. Knopf, 1985), pp. 245~296을 보라. 빅토리아시대의 사랑이 매우 육체적이었다는 주장은 Lystra, *Searching the Heart*를 보라. 리스트라가 구체적 성행위들을 간과하고 있기는 하다. 빅토리아시대 중간계급의 성적 관행이 아주 제한적이었다는 주장은 Steven Seidman, *Romantic Longings: Love in America, 1830~1930* (New York: Routledge, 1991), pp. 39~50, 209; Seidman, "The Power of Desire and the Pleasure of Danger: Victorian Sexuality Reconsidered", *Journal of Social History* 24 (fall 1990): 47~67; Carol Z. Stearns and Peter N. Stearns, "Victorian Sexuality: Can Historians Do It Better?", *Journal of Social History* 18 (summer 1985): 626~634를 보라. 수음과 동성애의 관계는 Vern Bullough and Martha Voigt, "Homosexuality and Its Confusion with the Secret Sin in Pre-Freudian America", *Journal of the History of Medicine and Allied Sciences* 28 (Apr. 1973): 143~155를 보라. Emma Walker, "Crushes Among Girls", Ladies' Home Journal, Jan. 1904와 "Your Daughters: What Are Her Friendships?", *Harper's Magazine*, 1913도 보라.

40) E. G. Lancester, "The Psychology and Pedagogy of Adolescence", *Pedagogical Seminary* 5 (July 1898): 61~89를 보라. 1920년대 중반에 여성 2,200명의 성생활을 조사하고 쓴 "Why They Failed to Marry", *Harper's New Monthly Magazine* 156 (March 1928): 466에서 Katharine Bement Davis도 세기의 전환기에 대학을 다

닌 여성들에게서 비슷한 결과를 확인할 수 있었다고 보고한다. Davis, *Factors in the Sex Life of Twenty-two Hundred Women* (New York: Harper & Bros., 1929)도 보라. *College Girls: A Century in Fiction* (New Brunswick: Rutgers University Press, 1995), pp. 148~155에서 Shirley Marchalonis는 여자대학교가 나오는 소설의 일반적인 주제가 스매시였다고 적고 있다.

41) Helen Lefkowitz Horowitz, *Alma Mater: Design and Experience in the Women's Colleges from Their Nineteenth-Century Beginnings to the 1930s* (New York: Alfred A. Knopf, 1984), p. 41; Barbara Miller Solomon, *In the Company of Educated Women: A History of Women and Higher Education in America* (New Haven: Yale University Press, 1985), p. 89; Barbara Heslan Palmer, "Lace Bonnets and Academic Gowns: Faculty Development in Four Women's Colleges, 1875~1915" (Ph.D. diss., Boston College, 1980); Debra Herman, "College and After: The Vassar Experiment in Women's Education, 1861~1924" (Ph.D. diss., Standford University, 1979); Mary W. Craig, "History", *Class Day Book*, Vassar College, 1885; Mary Augusta Jordan, "Spacious Days at Vassar", *The Fiftieth Anniversary of the Opening of Vassar College* (Poughkeepsie, N.Y.: Vassar College, 1916), p. 52; Helen Wright, *Sweeper in the Sky: The Life of Maria Mitchell, First Woman Astronomer in America* (New York: Macmillan, 1949).

42) Letter to the *Yale Courant, reprinted in the Cornell Times*, Mar. 15, 1873; Alice Stone Blackwell to Kitty Barry Blackwell, Mar. 12, 1882, Blackwell Family Papers, LC. Nancy Sahli, "Smashing: Women's Relationships Before the Fall", *Chrysalis: A Magazine of Women's Culture* 8 (1978): 21~22에서 재인용. 조너선 케이츠는 *Gay/Lesbian Almanac: A New Documentary* (New York: Harper & Row, 1983), pp. 178~179에 실린 그 편지에서 더 많은 내용을 인용한다. Anne MacKay, comp. and ed., *Wolf Girls at Vassar: Lesbian and Gay Experiences, 1930~1990* (New York: St. Martin's Press, 1993)도 보라. 배서 대학 기록과 기타 자료를 내가 조사한 바에 따르면 낭만적 우정이 적어도 루스 풀턴이 졸업한 1909년까지 학생 집단 사이에서 확고히 자리 잡고 있었음을 알 수 있다.

43) Miriam Gurko, *Restless Spirit: The Life of Edna St. Vincent Millay* (New York: Thomas Y. Crowell, 1962), p. 54; Agnes Rogers, *Vassar Women: An Informal Study* (Poughkeepsie, N.Y.: Vassar College, 1940), p. 85. 나는 Horowitz, *Alma Mater*; Herman, "College and After"; Craig, "History", Class Day Book, in ms. materials, class of 1885, VC를 바탕으로 버트리스 새턱 재학 시절 배서 대학의 사회적 삶과 생활 환경을 구성했다.

44) MFF, "Mother of Ruth Freeman Fulton", OC.

45) Vassar College, *Class Day Book*, 1909; "Class History--A Debate", p. 6,

pamphlet in Class Box, 1909, VC.

46) Emily Fogg Mead, "Story of My Life"와 "A College Woman of Sixty", unpub. mss., LC, A-8. 이 시기의 웰슬리와 여성들은 Patricia Ann Palmieri, *In Adamless Eden: The Community of Women Faculty at Wellesley* (New Haven: Yale University Press, 1995)를 보라.

47) E. F. Mead, "Story of My Life"와 "A College Woman of Sixty".

48) Rosalind Rosenberg, *Beyond Separate Spheres: Intellectual Roots of Modern Feminism* (New Haven: Yale University Press, 1982), pp. 38~39.

49) William Leach, *True Love and Perfect Union: The Feminist Reform of Sex and Society* (New York: Basic Books, 1980), pp. 77~78. 주로 1920년대를 다루고 있는 Helen Lefkowitz Horowitz, *Campus Life: Undergraduate Cultures from the End of the Eighteenth Century to the Present* (New York: Alfred A. Knopf, 1987)를 제외하면 남녀 공학 대학에서 벌어진 성별 상호작용을 연구한 책은 한 권도 없다. *College Girls*, pp. 117~127에서 Marchalonis는 남녀 공학 학교가 배경으로 설정된 대학 소설들을 보면 여학생들이 주로 남학생들의 관심을 끄는 일에 몰두했고, 대학 사회의 남성들이 처음에는 여학생들을 무시했다고 적고 있다. Alice Stone Blackwell's letter to Kitty Barry Blackwell; Willystine Goodsell, *The Education of Women: Its Social Background and Its Problems* (New York: Macmillan, 1924)도 보라.

50) 프랑스에서 만들어진 '페미니즘'이라는 용어가 미국에서 처음 사용된 것은 1910년이었다. '여성의 권리'는 19세기 대부분의 기간 동안 사용되었다. 그러다가 '여성들의 권리'가 1890년대에 '여성의 권리'를 대체했다. 나는 1910년 페미니즘이 등장할 때까지 계속해서 '여성(들)의 권리'라는 말을 사용한 표준적 관행을 따랐다. 앞으로 분리될 운동이었던 셈이다.

51) Olive Schreiner, *The Story of an African Farm* (1883; London: Library of Classics, n.d.), pp. 177, 186. 슈라이너는 Cherry Clayton, *Olive Schreiner* (New York: Twayne, 1997)를 보라.

52) Lois W. Banner, *Women in Modern America: A Brief History*, 3rd ed. (New York: Harcourt Brace, 1995), pp. 36, 73~105를 보라.

2장
아폴론과 디오니소스

1) John Dollard, *Criteria for the Life History* (New Haven: Yale University Press, 1935)를 보라. 미드에 따르면 달러드가 자신의 생애사 연구법을 안출해낸 것은 그와

미드와 베네딕트가 컬럼비아 대학교에서 세미나를 함께 하던 1935년이었다고 한다. 미드는 이렇게 적고 있다. "우리 모두가 그것을 염두에 두고 생애사를 작성했다." Lindzey, p. 316.

2) 루스 베네딕트의 「내 인생 이야기」 타자본은 *AW*, LC, I-90 초고에 들어 있다. 그 글은 *AW*, pp. 97~112에 실린다. 이 외에도 베네딕트의 유년기를 소개하는 자전적 진술과 가족의 증언으로 다음과 같은 것들이 있다. 1. Typescript statements about Benedict's relatives in Norwich and a memoir of Benedict's life, written by her sister, Margery Fulton Freeman, in the Margery Fulton Freeman(MFF) Papers at Occidental College (OC)와 베네딕트 사망 직후 마저리가 마거릿 미드에게 보낸 장문의 편지 두 통. 1948년 9월 14일자로 된 한 통은 LC에 있고, 1948년 9월 18일자로 된 두 번째 편지는 Ruth Fulton Benedict Papers at Vassar College (VC)에 있다. 2. 베네딕트가 열 살부터 열한 살까지인 1897~1898년 동안 쓴 미간행 일기, in OC. 3. Benedict's journal entries from college to about 1935 and her diary entries for 1925~1926. 그 대부분과 unpublished journal fragments at VC가 AW에 나온다. (친필 일지에는 간행물에는 실리지 않은 내용들이 담겨 있다.) 4. A statement of her daydreams, in Mead's Dream-Research File, LC, A-2. 5. Material in Norwich, N.Y., in newspaper articles, court records, and in Bertrice Shattuck's diary for 1876 and 1877(16~17세), in Norwich Public Library (NPL), the Chenango County Historical Society (CCHS), and the Chenango County Court House. 이전의 베네딕트 전기 작가들은 최근 발견된 노리치 자료; Margery Fulton Freeman Papers, OC; 최근 공개된 Margaret Mead Papers at LC의 보유분(補遺分)을 활용하지 않았다. 나는 이 최신 자료를 전부 활용해 베네딕트의 어린 시절을 썼다.

3) 나는 노리치를 방문한 경험; Albert Phillips, "Annals of Norwich: Along the Chenango Canal", 1984; "Chenango County: A Look Back", n.d., pamphlets in CCHS를 바탕으로 이 부분을 썼다. 오페라 하우스는 *Chenango Union*, June 24, 1880을 보라.

4) 베네딕트의 심미안과 운동 능력은 *AW*, pp. 86, 110을 보라.

5) *AW*, pp. 111~12, "The Story of My Life".

6) 본문에서 소개한 시들을 감상하려면 bartleby.com을 방문하라. Great Books Online, taken from *The Harvard Classics, English Poetry II: From Collins to Fitzgerald; English Poetry III: From Tennyson to Whitman*.

7) Ruth Benedict, "Day Dreams", Dream-Research File, LC.

8) Idem.(같은 곳); journal fragments, VC; RFB journal, Oct. 2, Oct. 4, 1897, OC.

9) *AW*, pp. 102~6, "The Story of My Life".

10) Ibid., p. 100.

11) Ibid., p. 107. 버트리스의 신앙심과 교회 예배 실태는 Bertrice Shattuck's diary,

CCHS와 베네딕트가 "The Story of My Life", *AW*, p. 111에서 어머니에 관해 쓴 부분을 보라. 세례식에 대한 베네딕트의 반응은 diary, July 24, 1898, OC를 보라.

12) MFF, "Fred S. Fulton, M.D.", OC.

13) Benedict, "Day Dreams".

14) Margaret Mead, "Out of the Things I Read", in Moments of Personal Discovery, ed. R. M. MacIver (New York: Institute for Religious and Social Studies, Jewish Theological Seminary of America, dist. by Harper & Bros., 1952), p. 37.

15) MFF, "Family Life of Ruth Fulton Benedict", p. 2; *AW*, p. 104, "The Story of My Life".

16) Mead, *Ruth Benedict*, p. 61. 호르몬 연구의 역사는 Nelly Oudshoorn, *Beyond the Natural Body: An Archaeology of Sex Hormones* (New York: Routledge, 1994)를 보라. 주기적 구토에 관한 19세기 의료계의 견해는 L. Emmett Holt, *The Diseases of Infancy and Childhood* (New York: D. Appleton, 1898)를 보라. 홀트는 주기적 구토가 남자아이들보다는 여자아이들에게서 더 빈번하게 발생하고, '신경과민성 가족들'에게서 가장 흔하게 볼 수 있다고 주장했다. John M. Keating, *Cyclopaedia of the Diseases of Children* (Philadelphia: J. B. Lippincott, 1890), vol. 3, p. 23: "재발성 구토가 일어나는 가장 중요한 원인은 신경쇠약 상태이다." David R. Fleisher와 Marla Matar는 "Review: The Cyclic Vomiting Syndrome: A Report of Seventy-one Cases and Literature Review", *Journal of Pediatric Gastroenterology and Nutrition* 17 (1993): 361~369에서 이렇게 결론짓고 있다. "지난 60년 동안 영어로 작성된 연구 논문에 보고된 대규모 환자군은 세 건뿐이다." 이 논문은 정서 불안 및 편두통과 관계가 있을 것임도 암시한다. *New York Times*, Nov. 24, 2001에서 주기적 구토를 연구한 조사 보고서를 비평한 한 기사는 이 병의 원인으로 신경계 기능 부전이나 스트레스 호르몬의 오작동을 지목했다. 주기적 구토는 거식증이나 폭식증과 반드시 구분해야 한다. 왜냐하면 사춘기 이전에는 거식증이나 폭식증이 드물기 때문이다. 코넬 대학교의 조운 브룸버그가 내게 이 사실을 알려주었다. UCLA 의과대학의 소아과 의사 리처드 스팀은 내게 관련 연구를 소개해주었다. 두 분에게 감사드린다.

17) 베네딕트는 "The Story of My Life", *AW*, p. 100에서 자신의 상상 속의 친구를 언급한다. 가족들의 다툼에 관한 언급은 Dream-Research File, LC에 들어 있는 미간행 진술문에서 볼 수 있다. 베네딕트 이모들의 출생 날짜는 가족의 족보, VC, 39.2에서 가져왔다.

18) Obituary, Hetty D. Shattuck, *Chenango Union*, Aug. 9, 1900.

19) MFF, "Mother of Ruth Fulton Benedict", OC.

20) Benedict, "Day Dreams."

21) 새뮤얼 풀턴은 지역 신문들에 자신이 여성과 아이들 질병 전문가라고 광고했다. *Chenango Union*, Jan. 2, 1879를 보라.

22) MFF, "Paternal Grandparents of Ruth Fulton Benedict". '고귀하고', '의지적' 이었다는 냉소적인 엘라 풀턴 평가를 포함해 풀턴 집안을 소개하는 내용은 MFF memoirs, OC에 들어 있다.

23) 유언장들은 Surrogate Court Records, Chenango County Courthouse, Norwich, N.Y.에 보관되어 있다. 새뮤얼의 유언장은 1896년 12월 6일 작성되었고, 그는 12월 17일에 사망했다. 해리엇의 유언장은 1896년 7월 6일 작성되었고, 그녀는 1897년 1월 18일에 사망했다.

24) Obituary, John S. Shattuck, *Norwich Sun*, Oct. 13, 1913.

25) *AW*, p. 102, "The Story of My Life".

26) Idem.

27) Randall Balmer, *Blessed Assurance: A History of Evangelicalism in America* (Boston: Beacon Press, 1999); George Marsden, *Fundamentalism and American Culture: The Shaping of Twentieth-Century Evangelicalism, 1870~1925* (New York: Oxford University Press, 1980), pp. 43~108; Brooks Hays and John E. Steely, The Baptist Way of Life (Englewood Cliffs, N.J.: Prentice-Hall, 1963)를 보라.

28) Margaret Mead, foreword to Ruth Benedict, *Race: Science and Politics*, rev. ed. (New York: Viking Press, 1959), p. xi.

29) 루스는 세례식에 대한 생각을 유년 시절의 일기에 적어놓았다.

30) *AW*, p. 84.

31) 루스 베네딕트는 "Speech Before Seminar, Committee on the Study of Adolescents", typescript mss., Feb. 12, 1937, VC에서 아이들에게 반응할 수 없을 만큼 지쳐서 퇴근하는 어머니들을 비판한다. 마저리 풀턴 프리먼은 MFF, "Family Life of Ruth Fulton Benedict", p. 3, OC에서 버트리스가 루스를 이해하지 못했다고 적고 있다.

32) 일기를 보면 1877년 2월 1일, 2월 12일, 4월 1일, 8월 29일, 10월 8일, 12월 4일에 침울했다는 기록이 나온다. 1878년에 버트리스가 기록한 내용의 다수는 프레드 풀턴에 관한 것이다. 신경 발작 이야기는 1878년 7월 7일에 나온다.

33) *AW*, p. 98, "The Story of My Life."

34) Frederick Fulton to Bertrice Shattuck, Sept. 15, 1877, May 28, 1878, VC, 39.16을 보라.

35) Bertrice Shattuck diary, Mar. 1878.

36) Samuel I. Fulton, "Frederick Fulton—A Memoir", newspaper clipping, records of the Chenango County Homeopathic Society, CCHS.

37) Sigmund Freud, "Mourning and Melancholia", in *Standard Edition*, vol. 14, pp. 239~258; John Bowlby, *Attachment and Loss* (New York: Basic Books, 1980), vol. II: "Separation", pp. 247~257; Irvin D. Yalom, *Existential Psychotherapy* (New

York: Basic Books, 1980). "Reuben Davis, Sylvia Plath and Other American Writers: The Perils of Emotional Struggle", in *An Emotional History of the United States*, ed. Peter N. Stearns and Jan Lewis (New York: New York University Press, 1998), pp. 431~459에서 Bertram Wyatt-Brown은 다수의 분석가들처럼 창조적 예술가들이 조울증을 앓는 경우가 많다고 얘기한다. 그는 조울증의 원인으로 그들이 어렸을 때 부모가 사망하는 경험을 했음을 지적한다.

38) Houston interview with Mead, p. 342; Benedict, "Speech Before Seminar, Committee on the Study of Adolescents".

39) 카토의 자살과 이웃 소녀의 자살 이야기는 journal fragment, VC에 나온다. Henry Romilly Fedden, *Suicide: A Social and Historical Study* (London: Peter Davies, 1938)도 보라. 출생 순서 연구를 보면 흔히 첫째들이 매우 독립적이라고 평가한다. 다른 견해도 있다. Frank J. Sulloway, *Born to Rebel: Birth Order, Family Dynamics, and Creative Lives* (New York: Pantheon Books, 1996)를 보라.

40) W. H. Hudson, *A Crystal Age* (London: T. F. Unwin, 1887), p. 248. 베네딕트는 Dream-Research File에서 자신의 공상을 분석하면서 허드슨이 그녀의 환상 세계에 미친 영향을 논한다. 허드슨은 신낭만파 자연주의자이자 신비주의자로, 그의 소설이 19세기 후반에 큰 인기를 누렸다. Amy D. Ronner, *W. H. Hudson: The Man, the Novelist, the Naturalist* (New York: AMS Press, 1986)를 보라.

41) Leon Surette, *The Birth of Modernism: Ezra Pound, T. S. Eliot, W. B. Yeats, and the Occult* (Buffalo, N.Y.: McGill-Queen's University Press, 1993), p. 178.

42) Ruth Benedict, review of *The Neurotic Personality of Our Time*, by Karen Horney, *Journal of Abnormal and Social Psychology* 22 (1938): 133~135.

43) *AW*, p. 98, "The Story of My Life".

44) Friedrich Nietzsche, *The Birth of Tragedy and The Genealogy of Morals*, trans. Francis Golffing (Garden City, N.Y.: Anchor Books, 1956), p. 129; Kay Redfield Jamison, *Touched with Fire: Manic-Depressive Illness and the Artistic Temperament* (New York: Free Press, 1993), pp. 97~104. (조울증은 이제 양극성 장애라고 부른다.) Joel Schmidt, *Larousse Greek and Roman Mythology*, ed. Seth Benardete (New York: McGraw-Hill, 1980), pp. 32~33, 84~85; Anthony Storr, *The Dynamics of Creation* (New York: Atheneum, 1972)도 보라.

45) Nietzsche, *Birth of Tragedy*, p. 61; Benedict, Patterns of Culture, p. 79.

46) *AW*, p. 86; journal fragment, VC.

47) *AW*, p. 85. '직관적인'(eidetic)이라는 용어는 1920년대 초, 환각은 아니지만 아주 생생한 심상을 지칭하기 위해 고안된 말이다. 이런 이미지가 실제 사건에 관한 기억이라고 주장하는 연구자들도 일부 있었다. 다른 연구자들은 어린이와 예술가들이 종종 이런 이미지를 본다고 주장했다. 이를 중심으로 지각 연구 학파가 출현했고, 독일 마르

부르크 대학교가 가장 유명하다. 제2차 세계대전 이후로는 이런 생생한 심상이 신용을 잃었다. 그 주요 제안자가 히틀러의 인종 이론을 지지했기 때문이다. 미드는 1960년대에 직관주의가 다시 부상하는 사태를 반겼다. 자신과 베네딕트가 전부 직관상(eidetic vision, 直觀像)을 보았다고 주장해왔기 때문이다. JH, pp. 106~7. Gardner Murphy and Friedrich Jensen, *Approaches to Personality: Some Contemporary Conceptions Used in Psychology and Psychiatry* (New York: Coward-McCann, 1933), p. 33도 보라.

48) 이 꿈 얘기는 *AW*, p. 85에 나온다. 더 뚜렷한 형태의 고백은 Dream-Research File, LC에서 볼 수 있다.

49) *AW*, p. 87.

50) 나는 베네딕트와 막역했던 루이즈 보건의 시를 연구한 Lee Upton의 저서 *Obsession and Release: Rereading the Poetry of Louise Bogan* (Lewisburg, Pa.: Bucknell University Press, 1996)을 바탕으로 베네딕트의 시를 분석했다. 업턴은 보건이 자신의 정신세계와 유년기를 시라는 수단으로 탐색했다고 주장한다. 보건도 베네딕트처럼 힘겨운 유년 시절을 보냈다. 그녀는 어머니가 자신을 학대했고, 아버지도 거기 가담했다는 모호한 기억이 있었다. 두 사람이 지은 서정시에 대해 보건은 이렇게 말했다. "거기에 조금치라도 믿을 만한 진정성이 있다면 그것은 감정 때문이다. 실제의 사건과 실제의 갈등을 겪으면서 느낀 감정이 개입되어 있는 것이다." Bogan to Sister M. Angela, Aug. 20, 1966, in Louise Bogan, *What the Woman Lived: Selected Letters of Louise Bogan, 1920~1970*, ed. Ruth Limner (New York: Harcourt, Brace, 1973), p. 368.

51) Richard Dellamora, *Masculine Desire: The Sexual Politics of Victorian Aestheticism* (Chapel Hill: University of North Carolina Press, 1990), p. 65; Karla Jay, *The Amazon and the Page: Natalie Clifford Barney and Renée Vivien* (Bloomington: University of Indiana Press, 1988), pp. 83~85; Oscar Wilde, *De Profundis*, *in Collected Works of Oscar Wilde*, ed. Robert Ross (1908; London: Routledge, 1993); Surrette, *Birth of Modernism*, p. 178. 베네딕트도 다른 모더니스트들처럼 제임스 프레이저가 쓴 『황금가지(Golden Bough)』의 영향을 크게 받았다. 이 책은 죽었다가 살아나는 고대 종교의 젊은 남성 초목 신(vegetation god) 신화를 집중 소개한다. John B. Vickery, *The Literary Impact of "The Golden Bough"* (Princeton: Princeton University Press, 1973)을 보라.

52) Janet Liebman Jacobs, *Victimized Daughters: Incest and the Development of the Female Self* (New York: Routledge, 1994); Judith Lewis Herman, *Trauma and Recovery: The Aftermath of Violence – From Domestic Abuse to Political Terror* (New York: Basic Books, 1992); Judith Lewis Herman, *Father-Daughter Incest* (Cambridge, Mass.: Harvard University Press, 1981)를 보라.

53) Marcia Westkott, *The Feminist Legacy of Karen Horney* (New Haven: Yale University Press, 1986), p. 190.

54) Ruth Benedict, "The Science of Custom: The Bearing of Anthropology on Contemporary Thought", *Century Magazine* 117 (April 1929): 641~649와 *Patterns of Culture*, p. 32. Margaret Mead, "Incest", in *International Encyclopedia of the Social Sciences*, ed. David L. Sills, 17 vols. (New York: Macmillan, 1968), VII, 115~122. 미드와 리오 포천은 뉴기니에서 연구한 부족사회에서 오누이 간 근친상간과 부녀 간 근친상간처럼 보이는 행위들을 발견했다.

55) Ruth Benedict, "Continuities and Discontinuities in Cultural Conditioning", *Psychiatry* 1(1938): 161~167.

56) *AW*, p. 109, "The Story of My Life".

57) Justin D. Fulton, "Woman as Temptor" in *The True Woman; Woman as God Made Her* (Boston: Lee and Shepard, 1869).

58) 필스베리 아카데미에 관해서는 Larry Dean Pettegrew, *The History of Pillsbury Baptist Bible College* (Owatonna, Minn.: Pillsbury Press, 1981)를 보라.

59) RFB journal fragment, VC.

60) *AW*, p. 84.

61) Exodus 2:22.

62) Margaret Mead, "Temperamental Differences and Sexual Dimorphism", *American Journal of Psychoanalysis* 37(1977): 180과 "End Linkage: A Tool for Cross-Cultural Analysis", in *About Bateson: Essays on Gregory Bateson*, ed. John Brockman (New York: Dutton, 1977), p. 176.

63) *AW*, p. 106, "The Story of My Life".

64) Idem. Manfred Lurker, *The Gods and Symbols of Ancient Egypt: An Illustrated Dictionary*, rev. ed. (London: Thames & Hudson, 1980), pp. 33~34, 107도 보라.

65) *AW*, p. 495.

66) *AW*, p. 103, "The Story of My Life".

3장
눈이 맑은 아이

1) 유년기를 긍정적으로 피력한 내용은 1943년과 1964년에 작성된 두 편의 미드 약전에서도 확인할 수 있다. 둘 다 그녀와의 인터뷰를 바탕으로 하고 있다. Edna Yost, "Margaret Mead", in *American Women of Science* (Philadelphia: Frederick A. Stokes, 1943); Allyn Moss, *Margaret Mead: Shaping of a New World* (Chicago: Encyclopaedia Britannica Press, 1963)를 보라. MM to Beryl Epstein, Oct. 20, 1977, LC, I-308도 보라.

이 두 기사에는 다른 자서전적 저술에는 없는 정보가 담겨 있다. 달러드를 위해 쓴 미드의 회고록은 그녀의 양성애를 대수롭지 않게 다룬다. 아마도 미드가 이 글을 쓸 때 달러드와 사귀고 있었기 때문일 것이다. 「인생사」는 LC, S-9에 들어 있다.

2) Houston interview with Mead, p. 333.

3) Mead, "Out of the Things I Read", p. 37. 1970년대에 페미니스트들의 프로이트 비판이 이어졌고, 미드도 그의 이론들에 더욱 비판적이게 됐다. Margaret Mead, "On Freud's View of Female Psychology", in *Women & Analysis: Dialogues on Psychoanalytic Views of Femininity*, ed. Jean Strouse (New York: Grossman, 1974), pp. 95~106을 보라.

4) BW draft, called "Chap. 1" and dated Jan. 22, 1971, p. 14. *BW* 초고는 LC, I-204 to 209에 들어 있다.

5) 미드는 Lindzey에서 이런 양육 방식을 통해 자신이 현지 조사에 필수적인 기술을 습득할 수 있었다고 설명한다. 『블랙베리 겨울』과 그 초고에도 덜 상세하지만 이런 얘기가 나온다.

6) Lillian G. Genn, "The New Morality: A Talk with Margaret Mead", *Modern Maturity* 13 (Aug./Sept. 1970): 22, LC, I-189. 덜 끓어올랐을 때는 20년으로 줄여 얘기한다. Cf. *BW*, p. 85.

7) Lindzey, p. 302.

8) Margaret Mead, *The Changing Culture of an Indian Tribe* (New York: Columbia University Press, 1932), p. iii.

9) Emily Fogg Mead, "The Italians on the Land: A Study in Immigration", *Bulletin of the Bureau of Labor* 70 (May 1907): 473~533.

10) Moss, *Margaret Mead*, p. 28; Lindzey, p. 299; *BW* drafts, "Background of Books", p. 7; "Adolescence", p. 6.

11) Mead, *Male and Female*, p. 456.

12) Moss, *Margaret Mead*, p. 23; Houston interview with Mead, p. 55.

13) Lindzey, p. 296.

14) Yost, "Margaret Mead", p. 218.

15) Emily Fogg Mead, "The Place of Advertising in Modern Business", *Journal of Political Economy* (March 1901): 218~42.

16) Lindzey, p. 307.

17) 미드에 대한 공격은 Paul Radin, *The Method and Theory of Ethnology: An Essay in Criticism* (1933; New York: Basic Books, 1966); Robert H. Lowie, *The History of Ethnological Theory* (New York: Farrar & Rinehart, 1937), p. 275; Lindzey, p. 317을 보라. 최초의 주요한 비난은 1928년 에드워드 사피어가 시작했다. 이 책 9장을 보라. 데릭 프리먼의 공격은 Freeman, *Margaret Mead and Samoa: The Making and Un-*

making of an Anthropological Myth (Cambridge, Mass.: Harvard University Press, 1983) 와 *The Fateful Hoaxing of Margaret Mead: A Historical Analysis of Her Samoan Research* (Boulder, Colo.: Westview Press, 1990)를 보라.

18) Lindzey, p. 301; JH, pp. 82, 147.

19) 미드가 '블랙베리 겨울'이라는 말을 사용한 것은 무려 1952년이었다. 그녀는 미국 현대언어협회(Modern Language Association)의 한 회의에 발표한 논문에서 처음 이 말을 사용했다. 이 자리에서 그녀는 민속 문화의 구술 전통이 현대적 의사소통 수단으로 대체되는 사태를 안타까워했다. Margaret Mead, "Cultural Bases for Understanding Literature", in *Anthropology, a Human Science: Selected Papers, 1939~1960* (Princeton, N.J.: Van Nostrand, 1964), p. 225를 보라. 작가들이 제목으로 '블랙베리 겨울'이라는 말을 사용한 게 미드가 처음도 아니었다. 로버트 프로스트도 자신의 단편소설에 '블랙베리 겨울'이라는 제목을 달았다.

20) *BW*, p. 1.

21) Ibid., pp. 10~11.

22) JH, p. 45; *BW* draft, "My Father and Academia", p. 3.

23) *BW*, p. 43.

24) Ibid., pp. 41~42. 뉴기니와, 뉴기니 연안의 여러 섬이 '멜라네시아'라는 말로 포괄된다.

25) William Leach, *Land of Desire: Merchants, Power, and the Rise of a New American Culture* (New York: Pantheon Books, 1993), pp. 15, 160, quoting from Edward Sherwood Mead, *Corporation Finance*, 6th ed. (1910; New York: D. Appleton, 1931), pp. 361~362.

26) *BW* draft, "Father and Academia", p. 3.

27) Patricia Grinager, *Uncommon Lives: My Lifelong Friendship with Margaret Mead* (Lanham, Md.: Rowman & Littlefield, 1999), p. 51.

28) *BW*, p. 44.

29) JH, p. 51.

30) Ibid., p. 50.

31) Margaret Mead, "Notes for GCB [Gotthard Booth]", Feb. 10, 1941, LC, R-10.

32) JH, pp. 50, 173.

33) Ibid., p. 50.

34) Ibid., p. 46; Mead, "Life History", pp. 1~3.

35) Lillian Jane Rickert Ziemer, "Memories of a Loyal Secretary", *Pennsylvania Gazette*, Oct. 1975를 보라. Clipping, LC, I-256.

36) Interviews with Leo Rosten and Ken Heyman, CU.

37) 이 에피소드는 joint interview, along with Deborah Kaplan Mandelbaum, CU에서 엘리너 펠럼 코트호이어가 소개했다. Karen Summerfield, "New Paltz Author Studies Margaret Mead: A Scientist in Public Life", *SUNY Research* 84 (Jan./Feb. 1984), LC, Q-13에서 칼턴 메이비는 미드의 친구들이 그녀의 목소리를 "훈련 담당 부사관처럼 억세다."라고 얘기했음을 밝히고 있다. *Sisters: Love and Rivalry in the Family and Beyond* (New York: Morrow, 1979), p. 282의 마거릿 미드와 그녀의 여자 형제들을 다룬 장들에서 Elizabeth Fishel도 비슷한 말을 한다. 피셸은 이 책을 쓰기 위해 마거릿 및 엘리자베스와 면담했다.

38) BW, p. 29.

39) MM to RFB, fragment, undated, unidentified file, LC, Q-13.

40) Interview with Lenora Foerstel, CU.

41) Mead, "Life History", p. 3; BW, pp. 31~32.

42) E. F. Mead, "Story of My Life".

43) 자신의 정서 고갈과 성을 바라보는 태도에 관한 에밀리의 발언은 E. F. Mead, "A College Woman of Sixty"를 보라. 엘리자베스는 칼턴 메이비와의 면담에서 어머니가 피임을 하지 않았다고 말했다.

44) JH, p. 79.

45) Margaret Mead and James Baldwin, *A Rap on Race* (Philadelphia: Lippincott, 1971), p. 26.

46) Mead, "Life History", p. 2.

47) CM, interview with Elizabeth Mead Steig.

48) *BW*, p. 49; Mead, "Life History", p. 3.

49) *BW*, pp. 49, 65.

50) *BW* draft, "Books as Background", p. 3; JH, pp. 33~40.

51) *BW*, p. 1; BW draft, "Books as Background", p. 1.

52) Grinager, *Uncommon Lives*, p. 96.

53) JH, p. 341.

54) 미드는 여러 곳에서 여동생이 죽은 후 쌍둥이 동기를 찾았다는 얘기를 한다. 내가 인용한 내용은 *BW*의 설명을 넘어서는 것으로, 그 출처는 draft of an article on equity and brotherhood, rejected by *Redbook*, LC; outline, "Lives of a Healer", by Carmen de Barraza, edited by Margaret Mead, LC, I-295; *BW* draft, "Having a Baby", p. 2이다.

55) Mead, "Life History".

56) *BW* draft, "The Pattern My Family Made for Me", p. 5.

57) Lindzey, p. 305.

58) Instructor's comment on stories, Oct. 1920과 class notes, exercises, and oth-

er writings, LC, A-14.

59) Interview with Léonie Adams, CU; *BW* draft, "Life Span", p. 3.

60) JH, p. 334.

61) 나는 LC, Q-19에 들어 있는 미드의 초기 친필 단편 세 개를 분석했다. "The Blind Woman", n.d.; "The Young-Eyed Cherubim", n.d.; "Lassitude", June 24, 1924. JH, p. 334도 보라.

62) *Merchant of Venice* 5.1.60~62:

저기 보이는 작은 별도
궤도를 돌며 천사처럼 노래하고 있소.
눈이 맑은 아기 천사들의 연주에 맞추어서 말이오……

63) *BW*, p. 86; Lindzey, p. 298.

64) JH, p. 142.

65) *BW* draft, "Marriage and Graduate School", p. 4.

66) *BW* draft, "Schooling", p. 2.

67) *BW* draft, "Life Span", p. 4.

68) *BW* draft, "Energy", p. 6.

69) *BW* draft, "Having a Baby", p. 2; Lindzey, p. 302.

70) 미술사학자 유니스 하우(Eunice Howe)는 귀도 레니의 인기가 얼마나 대단했었는지 내게 알려주었다. 밀로의 비너스가 미의 전형이라는 주장은 Lois W. Banner, *American Beauty* (New York: Alfred A. Knopf, 1983), pp. 110, 138을 보라.

71) Margaret Mead, "Medical History of Involvement of the Intestinal System, May, 1978", unpub. ms., LC, Q-32.

72) 직관상에 대한 미드 자신의 얘기, 휴스턴이 미드를 직관상으로 유도했다는 내용, 죽은 아기를 공상하기 시작한 게 대학 시절로 거슬러 올라간다는 미드의 진술은 JH, pp. 221~222에 나온다.

73) Ibid., p. 210.

74) MM to RFB, Jan. 30, 1926, LC, S-3.

75) JH, p. 339.

76) Cressman, *Golden Journey*, p. 192; letter fragment, dated day after Christmas, 1926, Dream-Research File, LC.

77) JH, pp. 505~6.

78) 방에 관한 첫 번째 설명은 Lindzey, p. 301에 나오고, 두 번째 이야기는 *BW*, p. 18에 나온다.

79) JH, p. 30.

80) Grinager, *Uncommon Lives*, p. 178; Lindzey, p. 301; *BW*, p. 18; JH, p. 362.

81) *BW* draft, "Siblings and Playmates", p. 2.

82) JH, p. 30.

83) *AW*, pp. 88~89.

84) *BW*, pp. 144~45.

4장
스매시 - 여성들의 낭만적 우정

1) *BW* drafts, "Love and Friendship", p. 1, "Adolescence", p. 11.

2) *BW*, p. 81; JH, p. 421.

3) Marylynne Diggs, "Romantic Friends or a 'Different Race of Creatures': The Representation of Lesbian Pathology in Nineteenth-Century America", *Feminist Studies* 21 (summer 1995): 317~40을 보라. 『블랙베리 겨울』 초고에서 미드의 유년기를 동성애적으로 설명한 부분은 출판본에서 빠졌다. 출판본은 그녀가 고등학생 때 남학생들과 쌓은 우정 및 루서 크레스먼과 약혼한 얘기를 크게 다룬다. 물론 루시아 언니도 나오기는 한다. 그러나 이것은 루시아가 파혼을 하면서 이성애 관계를 단절해버리자 미드가 느꼈던 슬픔을 강조하는 게 주된 목적이었다. 여성들의 낭만적 우정은 이 책 1장을 보라.

4) *BW* draft, "Brothers and Sisters", p. 1.

5) John H. Gagnon and William Simon, *Sexual Conduct: The Social Sources of Human Sexuality* (Chicago: Aldine, 1973). Smith-Rosenberg는 "Female World of Love and Ritual"에서 모녀 유대가 여성들이 맺는 우정의 원인이라고 말한다. 자매들이 원인이라는 주장은 Carol Lasser, "'Let Us Be Sisters Forever': The Sororal Model of Nineteenth-Century Female Friendship", *Signs: Journal of Women in Culture and Society* 14 (autumn 1988): 158~91을 보라. *The Bonds of Womanhood: 'Woman's Sphere' in New England, 1780~1835* (New Haven: Yale University Press, 1977), pp. 168~182에서 Nancy F. Cottd은 여자들의 또래 집단이 여성들이 맺는 낭만적 우정의 원인이라고 말한다.

독서와 자아 창조가 원인이라는 주장은 Helen Lefkowitz Horowitz, "'Nous Autres': Reading, Passion, and the Creation of M. Carey Thomas", *Journal of American History* 79 (June 1992): 68~95를 보라. 여성들의 우정이 대중적으로 표현된 소설이나 회화나 시편들을 자세히 연구한 책이 아직까지는 없다. 그래도 소개하자면, Linda W. Rosenzweig, *Another Self: Middle-Class American Women and Their Friends in the Twentieth Century* (New York: New York University Press, 1999)를 보라.

6) *BW* draft, "Love and Friendship", p. 4; Lindzey, p. 308; Mead, "Life History",

p. 9.

7) *BW* draft, "Adolescence", p. 11.

8) Idem.

9) Idem.

10) Annie Fellows Johnston, *The Little Colonel at Boarding-School* (Boston: L. C. Page, 1903). 리틀 콜로넬 시리즈는 많다. *The Little Colonel*, 1896; *The Little Colonel's House Party*, 1900; *The Little Colonel's Holidays*, 1901; *The Little Colonel's Hero*, 1902; *The Little Colonel's Christmas Vacation*, 1905; *The Little Colonel: Maid of Honor*, 1906; Mary Ware: *The Little Colonel's Chum*, 1908; *The Little Colonel Stories*, 1909. 전부 애니 펠로스 존스턴이 썼고, 보스턴의 L. C. Page가 출판했다.

11) Edward Carpenter, ed., *Ioläus: An Anthology of Friendship*, 2d ed. (London: Swan Sonnenschein, 1906), p. 3을 보라.

12) Louis Arundel, *The Motorboat Boys Down the Coast: Or, Through Storm and Stress in Florida* (Chicago: M. A. Donoghue, 1913)을 보라.

13) *St. Nicholas Magazine*, May~Sept. 1899, "Quicksilver Sue"와 Feb.~April, 1900, "The Colburn Prize"를 보라.

14) JH, p. 64.

15) 마저리가 마거릿에게 보낸 날짜 미상의 쪽지들은 DePauw University file, LC, Q-17에 있다. 쪽지 내용으로 보건대 미드가 고등학생 때였음을 알 수 있다.

16) 루스 카버는 MM to Alice, July 12, 1915; Ruth to MM, Aug. 8, 1921, LC, C-2, unidentified file을 보라. Ruth to MM, LC, B-12, undated, unidentified, general correspondence file도 보라. 루스는 래드클리프 대학교에 진학했고, 버킹엄으로 돌아와 남자 친구와 결혼했다. 이 결혼 결정으로 그녀는 한동안 낙담했다. 그러던 중 묘안이 떠올랐다. 루스는 루서 크레스먼이 서품을 받은 성직자임에 착안해 그가 자신의 결혼식을 집전해주면 마거릿과도 특별한 유대를 계속 이어갈 수 있겠다고 판단했던 것이다.

17) Annette Federico, *Idol of Suburbia: Marie Corelli and Late-Victorian Literary Culture* (Charlottesville: University Press of Virginia, 2000); Rita Felski, *The Gender of Modernity* (Cambridge, Mass.: Harvard University Press, 1995); Richard L. Kowalczyk, "In Vanished Summertime: Marie Corelli and Popular Culture", *Journal of Popular Culture* 7 (1974): 850~863; Marie Corelli, Ardath: The Story of a Dead Self (1889; New York: Rand McNally, n.d.), p. 499.

18) *BW* draft, "Love and Friendship", p. 7; Charlotte Mary Yonge, *The Dove in the Eagle's Nest* (New York: A. L. Burt, 1866). Barbara Dennis, *Charlotte Yonge, 1823~1901, Novelist of the Oxford Movement: A Literature of Victorian Culture*

and Society (Lewiston, Me.: Edwin Mellen Press, 1992)를 보라.

19) *BW* draft, "Love and Friendship", p. 8.

20) Ibid., pp. 5, 13.

21) Ibid., p. 11; Mead, *Male and Female*, pp. 284~286.

22) Margaret Mead, "Transcript of Appearance Before Gilbert Advertising Seminar, 1969", LC, I-176.

23) *BW* draft, "Love and Friendship", p. 9.

24) Ibid., pp. 6~9. Rudyard Kipling, *The Brushwood Boy* (1899; New York: Doubleday, Page, 1907); George Du Maurier, *Peter Ibbetson* (1891; New York: Limited Editions, 1963).

25) Denis de Rougemont, *Love in the Western World*, trans. Montgomery Belgion (1940; New York: Pantheon, 1949); Richard Wightman Fox, *Trials of Intimacy: Love and Loss in the Beecher-Tilton Scandal* (Chicago: University of Chicago Press, 1999), p. 83; Emerson, "Friendship", p. 193을 보라. Seidman, *Romantic Longings*; Lystra, *Searching the Heart*; Charles R. Forker, *Skull Beneath the Skin: The Achievement of John Webster* (Carbondale: Southern Illinois University Press, 1986), pp. 235~252도 보라.

26) *BW* draft, "Love and Friendship", p. 9; JH, pp. 215, 230.

27) 엘리스의 이들 발언은 1895년 출간된 *Sexual Inversion*의 초판부터 그의 생전에 나온 마지막 판인 1936년판까지 그대로 유지되었다. Havelock Ellis, "Sexual Inversion in Women", in *Alienist and Neurologist* 16 (April 1895): 142를 보라. 엘리스는 자신의 동성애 연구 자료를 레즈비언 아내와 그녀의 친구들한테서 얻었다.

28) Margaret Mead, *Coming of Age in Samoa* (New York: William Morrow, 1928), p. 165와 *Sex and Temperament in Three Primitive Societies* (New York: William Morrow, 1935), p. 300.

29) *BW* draft, "Real High School", p. 7.

30) Mead, "Life Story", pp. 8~9; JH, pp. 49~50.

31) *BW* draft, "Love and Friendship", p. 21.

32) Idem.

33) RFB diary, OC.

34) Sir Walter Scott, *Lady of the Lake*, *in Collected Works of Sir Walter Scott* (New York: Greystone Press, n.d.), pp. 345~405; Louisa May Alcott, *Eight Cousins: Or, The Aunt-Hill* (1875; Boston: Little, Brown, 1894), p. 166.

35) Ruth 1:16~17. 루스는 회고록에서 라모나 이야기보다 루스 이야기가 더 좋다고 말하면서 여성 유대를 강조했다. 헬렌 헌트 잭슨이 쓴 대중 소설 『라모나(Ramona)』는 혼혈인 라모나와 아메리카 원주민 남자의 비극적인 사랑을 다루는데, 그 여주인

공이 라모나이다. 『라모나』에서는 무자비한 인종 차별주의자인 어머니가 라모나를 내친다. 반면 룻기에서는 어머니 나오미가 루스와 친밀한 관계를 유지한다. 19세기의 여성들에게 룻기가 얼마나 중요했는지 알려면 Hugo Black, *Friendship* (Chicago: Fleming H. Revell, 1898), frontispiece를 보라. 루스가 레즈비언들의 영웅이라는 주장은 Claude J. Summers, ed., *The Gay and Lesbian Literary Heritage: A Reader's Companion to the Writers and Their Works, from Antiquity to the Present* (New York: Henry Holt, 1995), p. 97을 보라.

36) 학생 정원 수는 Mabel Dodge Luhan, *Intimate Memories* (1936; New York: Kraus Reprints, 1971), vol. 1, pp. 223~229에서 확인했다.

37) AW, p. 109.

38) Lois Palkin Rudnick, *Mabel Dodge Luhan: New Woman, New Worlds* (Albuquerque: University of New Mexico Press, 1984), pp. ix, 212~13; Mabel Dodge Luhan, *Intimate Memories*, pp. 223~229.

39) Luhan, *Intimate Memories*, pp. 212~221.

40) *AW*, p. 109.

41) 루스가 작성한 「에반젤린」 에세이는 *AW*의 초고, LC, I-90에 들어 있다.

42) Henry Wadsworth Longfellow, *Evangeline: A Tale of Acadie* (1848; Boston: Houghton Mifflin, 1896). 나는 John Mack Faragher, "A Great and Noble Scheme: The Expulsion of the Acadians, 1755", unpub. paper, University of Southern California, Nov. 1, 1999를 참고해 당시 고등학교에서 롱펠로 읽기가 크게 유행했다고 서술했다. 마거릿 미드도 고등학교에서 롱펠로를 읽었다. "1918년에 고등학교를 졸업한 젊은이들은 풍월로라도 롱펠로를 많이 알았다." Mead, "Out of the Things I Read", p. 39.

43) 「에반젤린」에 나오는 쇼니 족 여인은 인디언이고, 따라서 빅토리아조 시대의 관습적 믿음에 따르면 신뢰할 만한 행동을 보일 거라고 믿을 수가 없었다. Lillian Faderman, "Female Same-Sex Relationships in Novels by Henry Wadsworth Longfellow, Oliver Wendell Holmes, and Henry James", *New England Quarterly* 51 (Sept. 1978): 316을 보라.

44) "Retrospectively Selected to Keep", mimeo. ms., *AW* draft, LC, I-90.

45) 루스 풀턴의 배서 대학 생활은 Herman, "College and After"; Horowitz, *Alma Mater*; Palmer, "Lace Bonnets and Academic Gowns"; Solomon, *In the Company of Educated Women*; Lynn D. Gordon, *Gender and Higher Education in the Progressive Era* (New Haven: Yale University Press, 1990); Mary Caroline Crawford, *The College Girl of America* (Boston: L. C. Page, 1905); 특히 Henry Noble MacCracken의 자서전 *The Hickory Limb* (New York: Charles Scribner's Sons, 1950)을 활용해 썼다. 맥크래컨은 1915년에 배서 대학 총장이 되었다.

46) 와일리와 벅은 Elisabeth Woodbridge Morris, ed., *Miss Wylie of Vassar* (New Haven: Yale University Press, 1934); Gertrude Buck, *Toward a Feminist Rhetoric: The Writing of Gertrude Buck*, ed. JoAnn Campbell (Pittsburgh: University of Pittsburgh Press, 1996)을 보라. 새먼은 Louise Fargo Brown, *Apostle of Democracy: The Life of Lucy Maynard Salmon* (New York: Harper & Bros., 1943)을 보라. 워시번은 Margaret Floy Washburn, "Some Recollections", in *A History of Psychology in Autobiography*, ed. Charles Murchison (Worcester, Mass.: Clark University Press, c. 1930~c. 1939), vol. 2, pp. 335~358을 보라.

47) 와일리와 벅의 비평은 Campbell, *Toward a Feminist Rhetoric*; Laura Johnson Wylie, *Social Studies in English Literature* (1916; New York: B. Blum, 1971)와 *Studies in the Evolution of English Criticism* (Boston: Ginn, 1894); Joan Shelley Rubin, *Constance Rourke and American Culture* (Chapel Hill.: University of North Carolina Press, 1980)를 보라. 루빈은 와일리와 벅이 루크에게 영향을 미쳤다고 주장한다. 루크는 루스 풀턴보다 2년 앞서 두 사람에게 배웠다.

48) Laura Johnson Wylie, introduction to George Eliot, *Adam Bede*, ed. by Wylie (New York: Charles Scribner's Sons, 1917); Robert B. Westbrook, *John Dewey and American Democracy* (Ithaca: Cornell University Press, 1991), p. 39; Jane Addams, *Twenty Years at Hull House* (1910; New York: New American Library/Signet, 1961), pp. 90~257.

49) Dorothy Lee, "Ruth Fulton Benedict, 1887~1948", *Journal of American Folk-Lore* 62 (Oct.~Dec. 1940): 345. 루이즈 M. 로젠블랫과 독자 반응 학파는 John Clifford, "Introduction: Reading Rosenblatt", in *The Experience of Reading: Louise Rosenblatt and Reader-Response Theory*, ed. John Clifford (Portsmouth, N.H.: Boynton/Cook, 1990), p. 1을 보라. 로젠블랫은 *Literature as Exploration* (New York: D. Appleton-Century, 1938)에서 자기가 베네딕트의 영향을 받았음을 인정했다. Katherine Pandora 는 *Rebels Within the Ranks: Psychologists' Critique of Scientific Authority and Democratic Realities in New Deal America* (Cambridge: Cambridge University Press, 1997), p. 161에서 와일리와 벅이 베네딕트, 심리학자 로이스 바클레이 머피, 사회학자들인 콘스탄스 루크와 캐럴라인 웨어에 미친 영향을 언급한다. 그녀는 루시 새먼 및 경제학과 교수 허버트 밀스와 함께 와일리와 벅을 '배서 대학의 사회 비판 학파'로 규정한다.

50) 루스 베네딕트가 《배서 미셀러니》에 발표한 에세이들은 다음과 같다. "The High Seriousness of Chaucer", Oct. 1907; "*The Trojan Women* of Euripides", Nov. 1907; "Charles Lamb: An Appreciation", Jan. 1908; "Walt Whitman", Mar. 1908; "*Lena Rivers*, by Mary J. Holmes", May 1908; "The Fool in *King Lear*", Nov. 1908; "Literature and Democracy", March 1909; "The Racial Traits of Shake-

speare's Heroes", June 1909. 미드가 베네딕트의 대학 시절 에세이를 발굴해내기도 했다. "The Sense of Symbolism", in *AW*, pp. 113~117.

51) Benedict, "*The Trojan Women* of Euripides", pp. 56~57.

52) 이 시구는 Walt Whitman, "Crossing Brooklyn Ferry", in *Leaves of Grass* (1855; Philadelphia: David McKay, 1900), p. 186에 나온다. 나는 베네딕트의 에세이에서 재인용했고, 그녀의 시행 나눔을 그대로 따랐다. 그녀의 시행 나눔은 휘트먼의 표준판에 나오는 시행 구분과 다르다.

53) Walter Pater, *Marius the Epicurean: His Sensations and Ideas* (1885; New York: Macmillan, 1910), vol. 1, p. 97을 보라.

54) *AW*, p. 116.

55) 신비주의와 상징파 시인들은 W. B. Yeats, *Essays* (New York: Macmillan, 1924); Arthur Symons, *The Symbolist Movement in Literature* (1899; New York: Haskell House, 1971), pp. 327~328을 보라. Richard Candida Smith, *Mallarmé's Children: Symbolism and the Renewal of Experience* (Berkeley: University of California Press, 1999)는 그들의 신비주의보다는 모더니즘에 집중한다.

56) 나는 Robert Dawidoff, *The Genteel Tradition and the Sacred Rage: High Culture vs. Democracy in Adams, James, and Santayana* (Chapel Hill: University of North Carolina Press, 1992); Henry Samuel Levinson, *Santayana, Pragmatism, and the Spiritual Life* (Chapel Hill: University of North Carolina Press, 1992)를 바탕으로 산타야나에 관해 썼다. 나는 George Santayana, *Interpretations of Poetry and Religion* (1900; New York: Harper & Bros., 1957); *The Life of Reason* (1905~1906; Amherst, N.Y.: Prometheus Books, 1998); *Three Philosophical Poets: Lucretius, Dante, and Goethe* (1910; Cambridge, Mass.: Harvard University Press, 1927)도 읽었다.

니체는 Kelly Oliver and Marilyn Pearsall, eds., *Feminist Interpretations of Friedrich Nietzsche* (University Park: Pennsylvania State University Press, 1998); Kathleen Marie Higgins, *Nietzsche's Zarathustra* (Philadelphia: Temple University Press, 1988)를 참고해 썼다. 나는 Friedrich Nietzsche, *The Birth of Tragedy and Thus Spake Zarathustra*, trans. Thomas Common (New York: Macmillan, n.d.)도 읽었다.

57) Nietzsche, *Thus Spake Zarathustra*, p. 61. 베네딕트가 사모아의 미드에게 이 책을 보낸 일은 *AW*, p. 548을 보라. 이브 코소프스키 세지윅은 니체의 저술에서 동성애 코드를 찾아낸다. 그가 19세기 말의 작가들을 바탕으로 남성의 나약함을 공격하고 강한 남자의 육체에 가치를 부여한 플라톤주의의 부활을 단행했다는 것이다. Sedgwick, *Epistemology of the Closet*, p. 134를 보라.

58) Frank M. Turner, *The Greek Heritage in Victorian Britain* (New Haven: Yale University Press, 1981), pp. 369~414; *AW*, pp. 134~135; Walter Pater, *The Renaissance: Studies in Art and Poetry* (1877; London: Macmillan, 1925), pp. 233~239.

Dennis Donoghue는 *Walter Pater: Lover of Strange Souls* (New York: Alfred A. Knopf, 1995), p. 112에서 페이터가 이 구절을 활용해 플라톤의 「향연」을 언급하면서 동성애를 의도했다고 주장한다. 에드먼드 윌슨에 따르면, 페이터의 결론은 많은 논평가들의 감정을 반영하면서 '세대 전체의 이상'을 표출했다. Edmund Wilson, *Axel's Castle: A Study in the Imaginative Literature of 1870~1930* (New York: Charles Scribner's Sons, 1931), p. 33.

59) *AW*, p. 135.

60) Alexander Roob, *The Hermetic Museum: Alchemy & Mysticism* (New York: Taschen, 1997), p. 11.

61) Santayana, *Life of Reason*, pp. 155~56.

62) Margaret Mead, "Cultural Determinants of Sexual Behavior", in *Sex and Internal Secretions*, ed. William C. Young, 3d ed. (Baltimore: Williams & Wilkins, 1961), vol. 2, p. 1455.

63) Margaret H. Welch, "Life at Vassar College", *Harper's Bazaar*, Dec. 8, 1900, 2009~17.

64) L. Gordon, *Gender and Higher Education*, pp. 144~145에 결혼식 얘기가 나온다. Crawford, *College Girl of America*, pp. 60~62와 Karin Huebner, "The Student Culture of Athletics and Smashing: Smith College, 1890~1905" (M. A. thesis, University of Southern California, 2003)도 보라.

65) Julia Augusta Schwartz, *Vassar Studies* (New York: G. P. Putnam's Sons, 1899), pp. 258~259. 데이지 화환과 그 창안은 Sherrie A. Inness, *Intimate Communities: Representation and Social Transformation in Women's College Fiction, 1895~1910* (Bowling Green, Ohio: Bowling Green State University Popular Press, 1995), p. 62와 MacCracken, *Hickory Limb*, p. 23을 보라. 마저리와 루스가 졸업할 때 불린 노래는 직접적으로 스매시를 언급하고 있다.

행사를 위해 온 꽃들,
트랄랄라
그녀의 명성과는 아무런 관계가 없지,
트랄랄라
그것은 다만 짝패들의 헌신적 사랑일 뿐,
사람들은 말하네.

Class Box, class of 1909, VC를 보라.

66) 이 표현들은 *Vassarion*, 1909에서 가져왔다. '샐러드'가 청춘을 의미한다는 르네상스기의 용법은 Shakespeare의 *Antony and Cleopatra*를 보라. 거기서 클레오파트라는 마르쿠스 안토니우스를 대하는 자신의 원숙한 열정을 '샐러드 나날'의 순진무구함과 대비한다. *The Tragedy of Antony and Cleopatra* 1.5, 85~86.

67) James M. Saslow, *Ganymede in the Renaissance: Homosexuality in Art and Society* (New Haven: Yale University Press, 1986).

68) *As You Like It* 1.2. 238.

69) 〈*As You Like It*〉의 배역은 *Vassarion*에 나온다. 남성적 자세와 동작을 가르치는 것은 A. Rogers, *Vassar Women*, p. 85를 보라.

70) draft of a letter to "My Dear Miss Keys", [Sept. 1910]는 RFB, unpub. journal, VC에 들어 있다. *We Sing Diana* (Boston: Houghton Mifflin, 1928), p. 54에서 Wanda Fraiken Neff가 인사말의 의미를 밝히고 있다.

71) Neff, *We Sing Diana*, pp. 54, 62~63.

72) Louise Rosenblatt oral interview, CU-Oral.

73) Harriot Stanton Blatch and Alma Lutz, *Challenging Years: The Autobiography of Harriot Stanton Blatch* (New York: G. P. Putnam's Sons, 1940), p. 108을 보라. 마저리와 루스의 여성 참정권 집회 참석 여부는 MFF, answers to "100th Anniversary Questionnaire", Nov. 1956, Vassar College Alumnae Office를 보라. 마저리는 배서 대학에서 그녀들이 한 주요 경험으로 다음을 꼽았다. 묘지에서 열린 여성 참정권 집회, 4학년 때 부커 T. 워싱턴이 방문한 일, 흡연을 놓고 벌어진 심야 대화.

74) Charlotte Perkins Gilman, *Women and Economics* (1898; New York: Harper & Row, 1966), p. 28.

75) Benedict, "Racial Types in Shakespeare's Plays", *Vassar Miscellany*, 1909, pp. 48~86.

76) *BW* draft, "Adolescence", p. 6; Margaret Mead, "Comments on the Redbook Report on Female Sexuality, Apr. 17, 1978", p. 9, LC, I-258. Arthur Schnitzler, *Anatol: A Sequence of Dialogues by Arthur Schnitzler; Paraphrased for the English Stage by Granville Barker* (New York: Mitchell Kennerley, 1911)를 보라.

77) Margaret Mead, "And Some Are Bisexuals", *Redbook*, May 31, 1971, p. 5; Edward Sapir, "The Discipline of Sex", *American Mercury* 16 (1929): 413~420과 "Observations on the Sex Problem in America", *American Journal of Psychiatry* 8 (1928): 519~534.

78) Helen Lefkowitz Horowitz, *The Power and Passion of M. Carey Thomas* (New York: Alfred A. Knopf, 1994), pp. 166~167; Sharon O'Brien, *Willa Cather: The Emerging Voice* (New York: Oxford University Press, 1987), pp. 135~136; Théophile Gautier, *Mademoiselle de Maupin*, trans. Paul Selver (London: Hamish Hamilton, 1948).

79) 나를 R. von Krafft-Ebing, *Psychopathia Sexualis* (New York: Medical Arts Agency, 1906), a translation of the 12th German edition; Havelock Ellis, "Sexual Inversion in Men", "Sexual Inversion in Women", "The Nature of Sexual Inver-

sion", in *Studies in the Psychology of Sex* (New York: Random House, 1936), vol. 2, pp. 271~384를 중심으로 성과학자들을 논했다. 나는 이 책의 1902년판도 활용했다. 1902년판은 1916년판과 다르다. 나는 다음의 책들도 읽었다. Sigmund Freud, *Three Essays on the Theory of Sexuality* (originally published in 1905), translated and newly edited by James Strachey (New York: Basic Books, 1962); Edward Carpenter, *Intermediate Sex: A Study of Some Transitional Types of Men and Women* (London: Allen & Unwin, 1908); Magnus Hirschfeld, *The Homosexuality of Men and Women*, trans. Michael A. Lombardi-Nash (1913; New York: Prometheus Books, 2000). 나는 크라프트 에빙, 엘리스, 프로이트, 히르슈펠트, 카펜터가 이 시기에 활약한 가장 중요한 성과학자들이라고 생각한다.

나는 다음의 책들도 읽었다. Joanne Meyerowitz, *How Sex Changed: A History of Transsexuality in the United States* (Cambridge, Mass.: Harvard University Press, 2002); Steven Angelides, *A History of Bisexuality* (Chicago: University of Chicago Press, 2001); Lisa Duggan, *Sapphic Slashers: Sex, Violence, and American Modernity* (Durham, N.C.: Duke University Press, 2000); Jennifer Terry, *An American Obsession: Science, Medicine, and Homosexuality in Modern Society* (Chicago: University of Chicago Press, 1999); Margery Garber, *Vice Versa: Bisexuality and the Eroticism of Everyday Life* (New York: Simon & Schuster, 1995); George Chauncey, *Gay New York: Gender, Urban Culture, and the Making of the Gay Male World, 1890~1940* (New York: Basic Books, 1994)와 "From Sexual Inversion to Homosexuality: The Changing Medical Conceptualization of Female 'Deviance'", in *Passion and Power: Sexuality in History*, ed. Kathy Peiss and Christina Simmons (Philadelphia: Temple University Press, 1989), pp. 87~117; Lillian Faderman, *Surpassing the Love of Men: Romantic Friendship and Love Between Women from the Renaissance to the Present* (New York: William Morrow, 1981)와 *Odd Girls and Twilight Lovers: A History of Lesbian Life in Twentieth-Century America* (New York: Columbia University Press, 1991). 엘리스의 최신 전기는 Phyllis Grosskurth, *Havelock Ellis: A Biography* (New York: Alfred A. Knopf, 1980)이다.

80) Hirschfeld, *Homosexuality of Men and Women*, pp. 249, 338. 히르슈펠트는 James D. Steakley, "*Per scientiam ad justitiam*: Magnus Hirschfeld and the Sexual Politics of Innate Homosexuality", in *Science and Homosexualities*, ed. Vernon A. Rosario (New York: Routledge, 1997), pp. 133~154도 보라.

81) Karl Heinrich Ulrichs, *The Riddle of "Man-Manly" Love: The Pioneering Work on Male Homosexuality*, 2 vols., trans. Michael A. Lombardi-Nash (Buffalo: Prometheus Books, 1994); Freud, *Three Essays*, p. 8을 보라. 울릭스의 사상은 어느 정도는《*Mademoiselle de Maupin*》에서 기인했다.

82) Carpenter, *Intermediate Sex*, p. 66. 다수의 성과학자들은 남성 동성애자들이 남성적일 수 있다고 생각했다. 그러나 여성 동성애자들이 여성적일 수 있다고는 생각하지 못했다.

83) Havelock Ellis, "Sexual Inversion in Women", in *Studies in the Psychology of Sex*, vol. 2, p. 258; Hirschfeld, *Homosexuality of Men and Women*, p. 54. 엘리스는 여자 동성애자에게 끌리는 여자는 남자에게 매력이 없고, 여자 동성애자도 가끔은 자신의 동성애를 숨기려고 보통 여자들처럼 옷을 갖춰 입고, 행동한다고 주장했다. "Sexual Inversion in Women", p. 222.

84) *Oxford English Dictionary*에 따르면 '젠더'(gender)는 그저 종류나 유형을 뜻하는 오래 된 말이었다. *Webster's Encyclopedic Unabridged Dictionary of the English Language* (New York: Gramercy Books, 1994)를 보라. OED는 '젠더'가 사회적 자아를 의미하는 용법으로 처음 쓰인 게 1970년대의 '제2차' 페미니즘 운동에 의해서였다고 적고 있다. 그러나 Meyerowitz는 *How Sex Changed*에서 1960년대에 성 전환자들을 치료한 의사들이 '젠더'라는 말을 현대적 의미로 사용했음을 밝히고 있다. 내분비학자들의 주장은 Oudshoorn, *Beyond the Natural Body*와 Thomas Laqueur, *Making Sex: Body and Gender from the Greeks to Freud* (Cambridge, Mass.: Harvard University Press, 1990)를 보라.

85) Mead, "And Some Are Bisexuals", LC, I-245.

86) Hirschfeld, *Homosexuality of Men and Women*, p. 46.

5장
「메리 울스턴크래프트」 - 루스 베네딕트와 20세기 초 페미니즘

1) 베네딕트가 스위스에서 경험한 내용을 적은 수필, *Norwich Sun*, *May* 1910.

2) *AW*, p. 519. 베네딕트의 일기에서 가져온 이 장의 인용문들은 *AW*에 실린 내용이 그 출처다. 그 대부분을 VC의 journal fragments에서도 확인할 수 있다. 울스턴크래프트가 1910년대의 페미니스트들에게 미친 영향은 Beatrice Forbes Robertson-Hale, *What Women Want: An Interpretation of the Feminist Movement* (New York: Frederic A. Stokes, 1914), p. 30을 보라.

3) *AW*, p. 519.

4) Ibid., p. 119.

5) Ibid., pp. 119, 121, 123.

6) Richard Handler, "Ruth Benedict and the Modernist Sensibility", in *Modernist Anthropology: From Fieldwork to Text*, ed. Marc Manganaro (Princeton, N.J.:

Princeton University Press, 1990), pp. 163~182는 베네딕트를 자기표현과 자아실현에 몰두한 모더니스트의 전형으로 본다.

7) 루스 풀턴이 조직한 전도회는 Stanley Benedict to RFB, March 27, 1913, LC, S-14를 보라. 로스앤젤레스의 참정권과 여권 운동은 Gayle Gullett, *Becoming Citizens: The Emergence and Development of the California Women's Movement, 1880~1911* (Urbana: University of Illinois Press, 2000)을 보라. 로스앤젤레스에는 미국에서 가장 큰 여성 클럽이 있었다.

8) *AW*, p. 126.

9) Ibid., pp. 119, 122.

10) Stanley Benedict to RFB, Feb. 12, 1913, LC, S-14.

11) *AW*, p. 120.

12) Idem.

13) Ibid., p. 141.

14) Ibid., p. 123.

15) Ibid., pp. 126, 130.

16) Ibid., p. 131.

17) Laura L. Behling, *The Masculine Woman in America, 1890~1935* (Urbana: University of Illinois Press, 2001); Fran Grace, *Carry A. Nation: Retelling the Life* (Bloomington: Indiana University Press, 2001); Martha Banta, *Imaging American Women: Idea and Ideals in Cultural History* (New York: Columbia University Press, 1987), pp. 92~139; Abby Wettan Kleinbaum, *The War Against the Amazons* (New York: New Press, 1983); Smith-Rosenberg, "The New Woman as Androgyne", p. 271을 보라. 여성 동성애자들의 복장에 관한 성과학자들의 설명이 레즈비언들의 실제 복장에 영향을 미쳤을 가능성은 Lisa Duggan, "The Trials of Alice Mitchell: Sensationalism, Sexology and the Lesbian Subject in Turn-of-the-Century America", *Signs: Journal of Women in Culture and Society* 18 (summer 1993): 791~814를 보라.

18) Havelock Ellis, *Sexual Inversion*, p. 262.

19) *AW*, pp. 129~30.

20) MFF, "Family Life of Ruth Fulton Benedict", p. 6.

21) Esther S. Goldfrank, *Notes on an Undirected Life: As One Anthropologist Tells It* (Flushing, N.Y.: Queens College Press, 1978), p. 222; *Much Ado About Nothing*, ed. A. R. Humphreys (London: Methuen, 1981), p. 93; *AW*, pp. xvi, xix.

22) 1910년의 새로운 페미니즘은 Nancy F. Cott, *The Grounding of Modern Feminism* (New Haven: Yale University Press, 1987), pp. 3~50; Kate E. Wittenstein, "The Heterodoxy Club and American Feminism, 1912~1930" (Ph.D. diss., Boston University, 1989)를 보라. 유럽의 상황과 관련해서는 Katherine Anthony, *Feminism in Scandina-*

via and Germany (New York: Henry Holt, 1915)가 흥미롭다. 국제적인 자유연애 운동이 연구된 바는 없다.

23) 케이의 저술은 다음과 같다. Ellen Karolina Sofia Key, *The Century of the Child* (New York: G. P. Putnam's Sons, 1909); *The Morality of Woman, and Other Essays*, trans. Mamah Bouton Borthwick (Chicago: Ralph Fletcher Seymour, 1911); *Love and Marriage*, trans. Arthur G. Chater (New York: G. P. Putnam's Sons, 1911); The Woman Movement, trans. Mamah Bouton Borthwick (New York: G. P. Putnam's Sons, 1912); *Rahel Varnhagen: A Portrait*, trans. Arthur G. Chater (New York: G. P. Putnam's Sons, 1913); *The Renaissance of Motherhood*, trans. Anna E. B. Fries (New York: G. P. Putnam's Sons, 1914). 나는 Floyd Dell, *Women as World Builders: Studies in Modern Feminism* (Chicago: Forbes, 1913), pp. 76~89에 의존해서 케이를 급진주의자이면서 동시에 보수주의자로 보았다. William English Carson, *The Marriage Revolt: A Study of Marriage and Divorce* (New York: Hearst's International Library, 1915)도 보라.

24) Key, *Love and Marriage*, p. 33; *Morality of Woman*, pp. 16~17; *Renaissance of Motherhood*, p. 105와 *Rahel Varnhagen*, p. 108. 세기의 전환기에 활동한 다수의 진화학자들처럼 케이도 획득 형질이 유전된다고 믿었던 것 같다. 획득 형질이 유전된다는 학설은 부모가 인성으로 개발한 세련된 특징을 아이들이 물려받고, 그렇게 해서 개선 과정이 엄청나게 가속된다고 주장했다.

25) Key, *Morality of Women*, p. 12와 Renaissance of Motherhood, p. 37.

26) Key, *Love and Marriage*, pp. 51, 90과 *Women Movement*, pp. 73, 79, 126~127. Louise Sofia Hamilton Nystrom, *Ellen Key: Her Life and Her Work*, trans. A. E. B. Fries (New York: G. P. Putnam's Sons, 1913), pp. 47, 99. Nystrom에 따르면 케이는 스톡홀름에서 두 명의 여자 친구와 '정신적 연회'를 즐겼다. 그녀는 자신의 초월적 이성애 사상을 부모의 결혼 생활에서 끌어냈다.

27) *Key, Love and Marriage*, pp. 78~79와 *Woman Movement*, pp. 59, 75~78.

28) 남성학 이론은 Harry Brod and Michael Kaufman, eds., *Theorizing Masculinities* (Thousand Oaks, Calif.: Sage, 1994)를 보라.

29) Key, *Woman Movement*, p. 16과 *Love and Marriage*, p. 77.

30) 베네딕트는 fragment, Mary Wollstonecraft file, VC, 32에서 케이의 라헬 파른하겐 전기가 자신의 「메리 울스턴크래프트」에 큰 영향을 미쳤다고 얘기한다.

31) Key, *Rahel Varnhagen*, p. 303.

32) Charlotte Wolff, *Magnus Hirschfeld: A Portrait of a Pioneer in Sexology* (London: Quartet Books, 1986), p. 191.

33) Warren I. Susman, "Personality and the Making of Twentieth-Century Culture", in Susman, *Culture as History*, pp. 271~285; A. A. Roback, *The Psychology of Character* (London: Routledge & Kegan Paul, 1952); Gordon W. Allport, *Personality:*

A Psychological Interpretation (New York: Henry Holt, 1937), pp. 24~101. Richard Wightman Fox, "The Culture of Liberal Progressivism, 1875~1925", *Journal of Interdisciplinary History* 23 (winter 1993): 639~660은 '자아'라는 용어가 다각적 의미를 가졌을 뿐만 아니라 신학적으로도 계속해서 중요했다고 언급한다.

34) Havelock Ellis, *The Art of Love*와 *Psychology of Sex in Relation to Society*, in *Studies in the Psychology of Sex*, vol. 4, p. 218. Edward Carpenter, *Love's Coming of Age* (1896; Chicago: Charles H. Kerr, 1908).

35) Sheila Rowbotham and Jeffrey Weeks, *Socialism and the New Life: The Personal and Sexual Politics of Edward Carpenter and Havelock Ellis* (London: Pluto Press, 1977); Emile Delavenay, D. H. *Lawrence and Edward Carpenter: A Study in Edwardian Transition* (New York: Taplinger, 1971)을 보라. Jo-Ann Wallace, "The Case of Edith Ellis", in *Modernist Sexualities*, ed. Hugh Stevens and Caroline Howlett (Manchester, U.K.: Manchester University Press, 2000), pp. 13~40도 보라.

36) Carpenter, *Love's Coming of Age*, p. 121.

37) *AW*, p. 132.

38) Ruth Benedict, "South Wind", unpub. poem, VC, 48.26.

39) 스탠리 베네딕트의 전기 정보는 Elmer Verner McCollum, "Biographical Memoir of Stanley Rossiter Benedict, 1884~1936", in National Academy of Sciences, *Biographical Memoirs*, vol. 27 (Washington, D.C.: National Academy of Sciences, 1952), pp. 157~177을 보라.

40) *AW*, p. 143; journal fragment, VC, 36.1.

41) *AW*, p. 343.

42) MM to RFB, May 9, 1929, LC, S-3; journal fragment, VC, 36.1.

43) MFF, "Family Life of Ruth Fulton Benedict", p. 6.

44) 제1차 세계대전 이전 시기에 뉴욕에서 융성한 페미니즘과 보헤미아니즘은 Christine Stansell, *American Moderns: Bohemian New York and the Creation of a New Century* (New York: Metropolitan Books, 2000); Sandra Adickes, *To Be Young Was Very Heaven: Women in New York Before the First World War* (New York: St. Martin's Press, 1997); Leslie Fishbein, *Rebels in Bohemia: The Radicals of "The Masses", 1911~1917* (Chapel Hill: University of North Carolina Press, 1982)을 보라. 당대 페미니즘의 입장은 Cott, *Grounding of Modern Feminism*과 Wittenstein, "Heterodoxy Club"을 보라.

45) 루스는 "Mary Wollstonecraft", VC 초고에서 이 여성주의 모임을 비판했다. Wittenstein, "Heterodoxy Club", p. 26은 이 회합들이 '자기 발견을 통해 의식 고양을 도모하는' 측면이 있었다고 언급한다.

46) Shari Benstock, *Women of the Left Bank: Paris, 1900~1940* (Austin: Univer-

sity of Texas Press, 1986), p. 72. 제1차 세계대전은 John Keegan, *The First World War* (London: Hutchinson, 1998)를 보라.

47) 타이프라이터로 친 「보쿠 플랜트」 원고는 *AW*의 초고, LC, I-90에 들어 있다. 미드는 스탠리 베네딕트가 이 소설의 줄거리를 제공했을지도 모른다고 말했다. 하지만 루스 베네딕트의 삶이나 성에 대한 그녀의 입장과 관련된 주제들이 작품에 반영되고 있음도 알아야 한다. Lois W. Banner, "'The Bo-Cu Plant': Ruth Benedict and Gender", in *Reading Benedict/Reading Mead*, ed. Banner and Dolores Janiewski (Johns Hopkins University Press)를 보라.

48) 미술과 문학에 나오는 여성 악마들은 Bram Dijkstra, *Idols of Perversity: Fantasies of Feminine Evil in Fin-de-Siècle Culture*를 보라. 더 포괄적인 논의를 확인하려면 Elaine Showalter, *Sexual Anarchy: Gender and Culture at the Fin-de-Siècle*을 보라. 페미니즘 작가들이 뒤집어 사용한 예들을 확인하려면 Nina Auerbach, *Woman and the Demon: The Life of a Victorian Myth* (Cambridge, Mass.: Harvard University Press, 1982)를 보라. Richard Dellamora, *Masculine Desire*에 따르면 여자 악마들이 스윈번과 페이터 같은 작가들에게는 성별 횡단과 반란을 상징했다.

49) *AW*, p. 142.

50) Benedict, typescript fragment, unpub. undated ms. file, VC, 55.

51) *AW*, p. 194.

52) Ibid., pp. 5~6. 브루크에 관해서는 John Lehmann, *Rupert Brooke: His Life and His Legend* (London: Weidenfeld & Nicolson, 1980)를 보라. 미국에서 그가 누린 인기는 Margaret C. Anderson, *My Thirty Years' War: An Autobiography* (New York: Covici, Friede, 1930), pp. 53~55를 보라.

53) B. Forbes-Robertson Hale, *What Women Want*, pp. 242, 85. Rheta Louise Childe Dorr, *A Woman of Fifty* (New York: Funk & Wagnalls, 1924), pp. 280, 314; Lorine Livingston Pruette, "The Evolution of Disenchantment", in *These Modern Women: Autobiographical Essays from the Twenties*, ed. Elaine Showalter (Old Westbury, N.Y.: Feminist Press, 1978), pp. 72~73; Linda K. Schott, "Women Against War: Pacifism, Feminism, and Social Justice in the United States, 1915~1941" (Ph.D. diss., Stanford University, 1985); William L. O'Neill, *Everyone Was Brave: The Rise and Fall of Feminism in America* (Chicago: Quadrangle Books, 1969); Ellen Carol Dubois, *Harriot Stanton Blatch and the Winning of Women Suffrage* (New Haven: Yale University Press, 1997), p. 212도 보라.

54) *AW*, p. 146; fragments, draft introduction, "Adventures in Womanhood", Mary Wollstonecraft file, VC, 56.7.

55) *AW*, p. 494; William Godwin, *Memoirs of the Author of "A Vindication of the Rights of Woman"* (1797; New York: Woodstock Books, 1990). Eleanor Flexner,

Mary Wollstonecraft: A Biography (New York: Coward, McCann & Geoghegan, 1972)도 보라.

56) *AW*, p. 495; Carol H. Posten, "Mary Wollstonecraft and 'The Body Politic'"," in *Feminist Interpretations of Mary Wollstonecraft*, ed. Maria J. Falco (University Park: Pennsylvania State University Press, 1996), pp. 85~104. 재닛 M. 토드는 울스턴크래프트를 소개한 최신 평전에서 아버지와 누이의 남편이 행사한 폭력이 대단하지는 않았다고 평가했다. Janet M. Todd, *Mary Wollstonecraft: A Revolutionary Life* (London: Weidenfeld & Nicolson, 2000)를 보라.

57) *AW*, pp. 493, 501. '저거놋'(Juggernaut)은 인도의 바라나시에서 끌고 다니던 거대한 신상(神像)이다. 신도들이 바퀴 아래로 몸을 던졌다고 전한다. 베네딕트가 어렸을 때 포교 담론 속에서 흔히 언급된 저거놋은 잔인한 이교도 풍습보다 기독교가 우월함을 입증해주었을 것이다. Lois W. Banner, "The Protestant Crusade: Religious Missions, Benevolence, and Reform in the United States, 1790~1840" (Ph.D. diss. Columbia Univ., 1970), p. 322를 보라.

58) *AW*, pp. 496, 506, 515, 518.

59) *AW*, p. 497. Godwin, *Memoirs*, pp. 19, 467; Mary Wollstonecraft, *A Vindication of the Rights of Woman, with Strictures on Political and Moral Subjects* (1792; New York: Source Book Press, 1971), p. 156.

60) Margaret Fuller, *Woman in the Nineteenth Century* (1845; Chapel Hill: University of North Carolina Press, 1980), pp. 51, 63, 75. Mary E. Wood, "'With a Ready Eye': Margaret Fuller and Lesbianism in Nineteenth-Century American Literature", *American Literature* 65 (March 1993): 1~18도 보라.

61) *AW*, p. 142.

62) Idem.

63) Ruth Fulton Benedict, answers to "Questionnaire for Biographical-Address Register", Dec. 13, 1929, Alumnae Office, VC.

64) Elsie Clews Parsons, *Fear and Conventionality* (New York: G. P. Putnam's Sons, 1914), *Social Freedom: A Study of the Conflicts Between Social Classifications and Personality* (New York: G. P. Putnam's Sons, 1915), *Social Rule: A Study of the Will to Power* (New York: G. P. Putnam's Sons, 1916)를 보라. 파슨스의 삶은 Desley Deacon, *Elsie Clews Parsons: Inventing Modern Life* (Chicago: University of Chicago Press, 1997)를 보라. 내가 이해하는 파슨스는 디컨의 해석과 다르다. 그녀의 감동적이고 멋진 전기는 파슨스를 모더니즘의 선도자로 파악한다. 나는 파슨스가 모더니즘과 어울리지 않는다는 사실뿐만 아니라 그녀의 다른 측면들도 알아냈다. 뉴스쿨에 관해서는 Peter Rutkoff and William B. Scott, *New School: A History of the New School for Social Research* (New York: Free Press, 1986)를 보라.

65) 파슨스가 진행한 수업은 '여성과 사회질서'라는 제목의 파일을 활용해 썼다. 이 파일은 Elsie Clews Parsons Papers, Rye Historical Society, Rye, N.Y.에 들어 있다. 이 파일에 들어 있는 자료는 날짜가 안 적혀 있고, 대개 손으로 썼으며, 정리도 안 되어 있다.

66) 아메리카 원주민들의 제도화된 동성애를 연구하는 최근의 학자들은 '베르다슈'(berdache)라는 용어를 거부한다. 이 말이 아랍어에서 나왔을 뿐만 아니라 소년 남창을 의미하기 때문이다. 아메리카 원주민 부족 모두에는 동성애자를 가리키는 나름의 명칭이 있었다. 이를 테면, 나바호 족은 그들을 '나들레'(nadle)라고 불렀다. 베네딕트와 미드는 '베르다슈'라는 술어를 사용했고, 나도 그들을 좇아 이 말을 썼다. 하지만 나는 여자-남자, 남자-여자라는 말도 썼다. 이 술어는 Sabine Lang이 *Men as Women, Women as Men, Changing Gender in Native Cultures*, trans. John L. Vantine (Austin: University of Texas Press, 1998)에서 제안한 것이다. 랑은 전도된 범주의 발탁된 성별을 우위에 둔다. 그러나 베네딕트와 미드는 그 반대이다. 베르다슈를 남자-여자로 언급하는 것이다. Walter L. Williams, *The Spirit and the Flesh: Sexual Diversity in American Indian Culture* (Boston: Beacon, 1986)는 베르다슈가 영적 지도자로 활약하는 사회를 분석한다.

67) *AW*, p. 149. 미드는 베네딕트가 자위 '전문가'라며 인용한 사람의 머리글자를 'H. D.'로 읽었다. 배서 대학 컬렉션의 친필 자료를 확인해봤더니, 그것은 'H. E.'였다. 당연히 Havelock Ellis를 가리키는 것일 테다.

68) Benedict, "Anthropology and the Abnormal", *Journal of General Psychology* 10(1934): 59~82. RFB to Dr. Weiss, May 2, 1933, VC, 2.8.

69) Gladys Reichard, "Elsie Clews Parsons", *Journal of American Folk-Lore* 56 (Apr.~June, 1943): 45~46; A. L. Kroeber, "Elsie Clews Parsons", AA 45 (1943): 253~55.

70) *AW*, p. 8을 보라.

71) Ruth Benedict, in "Alexander Goldenweiser: Three Tributes", *Modern Quarterly* (summer 1940): 31~34.

72) Elsie Clews Parsons, "The Zuni La'mana", *AA* 18 (1916): 521~28.

73) Parsons, *Social Freedom*, pp. 27~28과 "Crime and Perversion", *Medical Review of Reviews* 22 (1916): 191~192.

74) Elsie Clews Parsons, "The Aversion to Anomalies", *Journal of Philosophy, Psychology, and Scientific Methods* 12 (April 15, 1915): 213과 "Sex", in *Civilization in the United States: An Inquiry by Thirty Americans*, ed. Harold E. Stearns (New York: Harcourt, Brace, 1922), pp. 309~319. 자위가 동성애로 발전한다는 견해는 Havelock Ellis, "Perversion in Children", in *The New Generation: The Intimate Problems of Modern Parents and Children*, ed. V. F. Calverton and Samuel

Schmalhausen (New York: Macauley, 1930), pp. 523~553을 보라.

75) Robert Herrick, *The End of Desire* (New York: Farrar & Rinehart, 1932), pp. 7~23, 127, 242~243, 248.

76) Robert Herrick, Chimes (New York: Macmillan, 1926), p. 109. 에스더 골드프랭크와 파슨스의 딸 리사도 파슨스가 여자보다는 남자를 더 좋아했다고 생각했다. Goldfrank, Notes on an Undirected Life, p. 41과 Lissa Parsons Kennedy oral interview, CU-Oral을 보라.

77) MM to RFB, Nov. 3, 1932, LC, S-3.

78) *AW*, p. 342.

6장
드포 대학교와 바너드 대학, 마거릿 미드의 형성

1) *BW* draft, "Real High School", p. 7.

2) *BW* draft, "Schooling or Adolescence", p. 10, title on individual page of draft chapter, "Adolescence." Margaret Mead, *Anthropologists and What They Do*, p. 157.

3) *BW*, pp. 89~90.

4) Ibid., p. 95.

5) MM to Emily Fogg Mead, Feb. 20, 1920. LC, A-11. 나는 Mead's Depauw yearbook, *The Mirage*, 1920, LC, A-14에 나오는 사진들을 바탕으로 복장에 관해 서술했다.

6) Katharine Rothenberger, "Remembering Margaret Mead", Fort Wayne *Journal Gazette*, Dec. 5, 1978, clipping, Jane Howard papers, CU. 소로리티에 관해서는 Edith Rickert, "The Fraternity Idea Among College Women", *Century Magazine* 85 (Nov. 1912): 97~106과 "Exclusiveness Among College Women", *Century Magazine* 85 (Dec. 1912): 227~235를 보라. 배서 대학에서 르네상스를 연구한 리커트는 소로리티 여학생들에게 옷이 매우 중요했고, 일종의 위계 제도 속에서 그녀들이 행동했다고 말한다.

7) MM to Emily Fogg Mead, Sept. 21, Oct. 12, 1919, LC, A-11.

8) MM to Emily Fogg Mead, Jan. 13, 1920, LC, A-11.

9) MM to Gregory Bateson (GB), Jan. 7, 1935, LC, R-2.

10) 캐서린이 마거릿에게 보낸 이 짧은 편지에는 서명이 없다. 그러나 캐서린의 필적임은 분명하다. DePauw University file, LC, Q-7.

11) Katharine Rothenberger to MM, Feb. 25, Apr. 8, 1922, LC, C-1.

12) Edward Mead to MM, Oct. 13, 1919, n.d., 1919; Apr. 16, Apr. 30, 1920, LC, A-4; Martha Ramsey Mead to MM, Sept. 21, 1919, LC, A-17.

13) Emily Fogg Mead to MM, n.d. 1919, LC, A-11.

14) MM to Priscilla Mead, Nov. 22, 1919, LC, Q-7.

15) MM to Emily Fogg Mead, Nov. 2, 1919, LC, Q-2; MM to Martha Ramsey Mead, Nov. 19, 1919; March 1, 1920, LC, A-17.

16) *BW*, p. 96.

17) MM to Emily Fogg Mead, Nov. 12, 1919, LC, A-11.

18) *BW*, p. 105; MM to Emily Fogg Mead, Feb. 28, 1920, LC, A-11.

19) Interviews with Ken Heyman, Frances Cooke MacGregor, Frances Howard, Florette Henry, CU.

20) Gregory Bateson as quoted in JH, pp. 163~64.

21) RFB to MM, Dec. 10, 1933, R-1.

22) Judith Thurman(플루타르코스를 인용하고 있음), "The Queen Himself", *The New Yorker*, May 7, 2001, 75.

23) Vincent Sheean, *The Indigo Bunting: A Memoir of Edna St. Vincent Millay* (1951; New York: Schocken Books, 1973), p. 36.

24) Lindzey, p. 309; *BW* draft, "College", p. 7.

25) T. George Harris, "A Conversation with Margaret Mead", *Psychology Today* 4 (July 1970): 58~64.

26) MM to Martha Ramsey Mead, Nov. 8, 1920, LC, A-17.

27) 바너드 대학 부분은 다음을 참조해서 서술했다. Horowitz, *Alma Mater*, pp. 134~142, 247~261; Rosenberg, *Beyond Separate Spheres*; Alice Duer Miller and Susan Myers, *Barnard College: The First Fifty Years* (New York: Columbia University Press, 1939); Marian Churchill White, *A History of Barnard College* (New York: Columbia University Press, 1954); Rosalind Rosenberg, "Changing the Subject: Women and the Invention of Gender at Columbia", unpub. ms., 2002. Emily Putnam, *The Lady: Studies of Certain Significant Phases of Her History* (1910; Chicago: University of Chicago Press, 1970); Mead, *Sex and Temperament in Three Primitive Societies*, p. ix.

28) Virginia Crocheron Gildersleeve, *Many a Good Crusade: Memoirs* (New York: Macmillan, 1954); *Barnard Bulletin*, May 4, 1923. 연사들, 학생들, 사회복지에 관해서는 *Barnard Bulletin* from Sept. 1922 to June 1923을 보라. 이 시기에 미드가 편집장을 했다.

29) Interview with Deborah Kaplan Mandelbaum, CU.

30) MM to Emily Fogg Mead, Sept. 30, 1920, LC, Q-2.

31) MM to Martha Ramsey Mead, Feb. 6, 1921, LC, A-17.

32) 애시 캔 캐츠를 서술하기 위해 특별히 다음의 자료를 참고했다. *BW* and its drafts; Jane Howard's interviews; CM interviews with Eleanor Pelham Kortheuer and Karsten Stapelfeldt; Mead, "Life History"; Louise Rosenblatt oral interview, CU-Oral.

33) *BW* draft, "Barnard", p. 6; Mead, "Life History", p. 10.

34) Interview with Deborah Kaplan Mandelbaum, CU. Constance Rourke, *American Humour: A Study of the National Character* (New York: Harcourt Brace, 1931), pp. 1~49.

35) Mead, *Ruth Benedict*, p. 3.

36) *BW*, p. 112.

37) 연구자들은 마이너 레이섬이 동아리의 이름을 애시캔파 화가들한테서 취했을 것이라고 추정한다. 그러나 다른 기원들도 유추해볼 수 있다. 마거릿은 바너드에 편입한 첫 가을의 국가 축제에서 과의 마스코트인 고양이를 안고 행진했다. 그녀는 학교 신문《바너드 불리턴》에「캐츠 코너(Cat's Corner)」라는 칼럼을 쓰기도 했다. 또 있다. 마거릿은 작문 수업 과제로 아파트 창문 아래 설치된 쓰레기통을 소재로 짧은 글을 썼는데, 아마도 레이섬이 그 글을 읽었을 것이다. Class Notes and College Papers, LC, A-14, A-15를 보라.

38) *BW* draft, "College Barnard", p. 6. Edna St. Vincent Millay, *A Few Figs from Thistles: Poems and Sonnets* (1922; New York: Harper & Bros., 1928), pp. 1~2.

39) Interviews with Léonie Adams, Deborah Kaplan Mandelbaum, and Luther Cressman, CU.

40) Louise Rosenblatt oral interview, CU-Oral.

41) *BW*, p. 115.

42) *BW*, p. 118.

43) Marie Eichelberger to MM, March 5, 1938, LC, B-4.

43) 레오니와 루이즈의 '연애'는 letters from Léonie to MM in undated file, general correspondence, LC, Q-13과 letters from RFB to MM in the S file, LC에서 언급된다. 펠럼의 남편 커스틴 스타펠펠트는 베네딕트가 미드를 유혹했다는 말이 나오기만 하면 펠럼이 항상 넌더리를 냈다고 말했다(Karsten Stapelfeldt to CM, June 17, 1986, Carleton Mabee가 소장하고 있음). 마거릿은 데버러를 일러 "종마처럼 생물 현상에 충실하다."라고 평했다. 데버러는 미드가 있는 가운데 동성애를 성도착이라고 평가했다. Discussion, Dream of Feb. 11, Dream-Research File, LC.

45) Interview with Deborah Mandelbaum and Pelham Kortheuer, CU.

46) Chauncey, *Gay New York*, passim; Liberator Ball flyer, Jan. 5, 1922, LC, C-1, general correspondence.

47) Mead, "Bisexuality".

48) MM to Emily Fogg Mead, March 7, Apr. 6, 1921, LC, Q-2.

49) Interview with Luther Cressman, CU.

50) Luther Cressman to MM, Sept. 22, Dec. 25, Dec. 27, 1921; Oct. 23, Dec. 3, 1922, LC, A-2.

51) Howard interview with Nancy Miller, CU; *Mortarboard*, 1923, p. 73.

52) Charlotte Lennox, *Euphemia* (Dublin: P. Wogan, P. Byrne, 1790.)

53) John Lyly, *Gallathea*, in *The Plays of John Lyly*, ed. Carter A. Daniel (London: Associated Universities Press, 1988), pp. 110~46.

54) 두 작품 상연 예고는 *New York Times*, Nov. 2, 1922에 나온다. Letters and notes from Lee/Peter to MM("Euphemia")은 LC에 들어 있다. 주로 B-9, Q-11, Q-13, undated file에 있고, 몇 개는 C-1과 R에도 있다. 대부분의 메모와 편지는 날짜 기록이 없고, '피터' 아니면 '리'라고 서명되어 있으며, 리언의 필적으로 누가 쓴 것인지 확인할 수 있다.

55) 이 칼럼은 "Bisexuality: A New Awareness"라는 제목으로 Margaret Mead and Rhoda Métraux, *Aspects of the Present* (New York: Morrow, 1980), pp. 269~275에 재수록되었다.

56) Horowitz, *Alma Mater*, pp. 253~254.

57) Leone Newton (Lee) to MM, March 24, 1923, LC, Q-11.

58) *Mortarboard*, 1923, p. 73; interview with Karsten Stapelfeldt, CU; Howard, *Margaret Mead*, p. 175.

59) Lee to MM, March 24, 1923, LC, B-9.

60) Unpub. poetry file, LC, Q-15. 펠럼과 엘리너 스틸을 제외하면 애시 캔 캐츠 회원들은 전부 머리칼이 검었다. 졸업 앨범 사진을 보면 리언이 금발임을 알 수 있다.

61) RFB to MM, Dec. 19, 1925, LC, S-4.

62) Lee to MM, n.d., LC, R-6; MM to GB, Nov. 9, 1933, LC, R-1.

63) 미드는 데버러 캐플런이 1930년에 자기한테 리언 뉴턴을 다시 소개했다고 레오니 애덤스에게 편지를 썼다. MM to Léonie Adams, March 1, 1930, Adams-Troy Papers, YU.

64) 마거릿의 졸업 전공과 수강 과목은 transcript, Margaret Mead, Barnard College, June 30, 1923을 보라. Patricia A. Francis, "'Something to Think With': Mead, Psychology, and the Road to Samoa", unpub. paper, Association for Social Anthropology in Oceania, Feb. 16, 2001도 보라.

65) 사회과학, 전문화, 남성화에 관한 나의 입장은 다음을 바탕으로 구성했다. James H. Capshaw, *Psychologists on the March: Science, Practice, and Professional Identity in America, 1929~1969* (Cambridge: Cambridge University Press, 1999); Helene

Silverberg, ed., *Gender and American Social Science: The Formative Years* (Princeton, N.J.: Princeton University Press, 1998); Mark C. Smith, *Social Science in the Crucible: The American Debate over Objectivity and Purpose, 1918~1941* (Durham, N.C.: Duke University Press, 1994); Stephen J. Cross, "Designs for Living: Lawrence K. Frank and the Progressive Legacy in American Social Thought" (Ph.D. diss., Johns Hopkins Univ., 1994); Dorothy Ross, *The Origins of American Social Science* (Cambridge: Cambridge University Press, 1991); Robert C. Bannister, *Sociology and Scientism: The American Quest for Objectivity, 1890~1940* (Chapel Hill: University of North Carolina Press, 1987).

66) Harold Stearns, "The Intellectual Life", in *Civilization in the United States*, pp. 135~150; Kim Townsend, *Manhood at Harvard: William James and Others* (New York: W. W. Norton, 1996).

67) R. Gordon Hoxie et al., *History of the Faculty of Political Science at Columbia University* (New York: Columbia University Press, 1955), pp. 78~100. 컬럼비아 대학교에서 이루어진 실험심리학의 발전에 관해서는 Edwin G. Boring, *A History of Experimental Psychology*, 2d ed. (Englewood Cliffs, N.J.: Prentice-Hall, 1950)을 보라.

68) Louise Rosenblatt oral interview, CU-Oral. H. L. (Harry Levi) Hollingworth, *Abnormal Psychology: Its Concepts and Theories* (London: Methuen, 1931)를 보라.

69) William Fielding Ogburn, *Social Change with Respect to Culture and Human Nature* (1922; New York: Viking Press, 1933). 오그번 평전은 지금까지 저술된 게 단 한 권도 없다. Bannister, Sociology and Scientism에서 약간의 정보를 얻을 수 있다. Barbara Laslett, "Gender in/and Social Science History", *Social Science History* 16 (summer 1992): 177~195도 보라.

70) Cressman, *Golden Journey*, p. 110; Margaret Mead, "Retrospects and Prospects", in *Anthropology and Human Behavior*, ed. Thomas Gladwin and William C. Sturtevant (Washington, D.C.: Anthropological Society of Washington, 1962), p. 121.

71) William Fielding Ogburn, Journal, March 24, 1944, William Fielding Ogburn Papers, UC; Bannister, *Sociology and Scientism*, p. 174; William Fielding Ogburn and Alexander Goldenweiser, eds., *The Social Sciences and Their Interrelations* (Boston: Houghton Mifflin, 1927), p. 9; Robert W. Wallace, "The Institutionalization of a New Discipline: The Case of Sociology at Columbia University, 1891~1931" (Ph.D. diss., Columbia University, 1989), pp. 329~330.

72) H. L. Hollingworth, *Leta Stetter Hollingworth: A Biography* (Lincoln: University of Nebraska Press, 1943), p. 116.

73) Leta S. Hollingworth, *The Psychology of the Adolescent* (New York: D. Appleton, 1928), pp. 116~121, 130~136. 해리 홀링워스는 이 책에 붙이는 서문에서 그녀의

결론이 강의에서도 거듭 표명되었고, 청소년기에 관한 당대의 표준적 이해 방식이었다고 말한다. Ogburn, *Social Change*, p. 327.

74) Mead, class notes, exercises, and other writings, LC, A-14, A-15.

75) Margaret Mead, "The City Dionysia", in ibid., Jan. 25, 1922.

76) Howard interview with Eleanor Pelham Kortheuer and Deborah Kaplan Mandelbaum, CU; CM interview with Karsten Stapelfeldt. Nona Balakin, "A talk with Dr. Latham", *Barnard Alumnae Magazine* (April 1953): 42 ff도 보라.

77) 이 편지는 undated, unidentified file, LC, C-1에 들어 있다.

78) "Leonard Bloomfield", *Dictionary of American Biography*, supplement 4 (New York: Charles Scribner's Sons, 1974), pp. 89~90.

79) *BW* draft, "Barnard", p. 16; MM to Martha Ramsey Mead, Feb. 6, 1923, LC, A-14. 마리 아이첼버거가 미드에게 없어서는 안 될 존재였다는 사실은 Marie Eichelberger to MM, Aug. 22, 1923, LC, B-4를 보라.

80) Alice (Thwing) to MM, Jan. 21, 1923, LC, C-2, unidentified file.

81) 필적 분석 내용은 LC, Q-35에 들어 있다. 미드는 현지 조사에서 필적학을 활용할 수 있을지 알아보기 위해 필적 분석을 해보았다고 나중에 주장했다. MM to Caroline Tennant Kelly (CTK), July 14, 1948, LC, R-8.

82) Mead, "Life History"; interview with Nancy Willey, CU.

83) 임종 광경을 자세히 전한 기사는 *New York Times*, Feb. 8과 9, 1923에 실렸다.

84) 루이즈 로젠블랫은 시신을 발견한 사람은 미드가 아니라 자기였다고 말했다. 그녀와 *New York Times* 모두 시신 옆에 바벨리언의 책이 놓여 있었다고 확인했다. Louise Rosenblatt interview, CU-Oral. Leonard Bloomfield to Marie Eichelberger, Apr. 21, 1923, LC, Q-11도 보라.

85) W. N. P. Barbellion, *The Journal of a Disappointed Man* (New York: G. H. Doran, 1919). Richmond H. Hillyar, *W. N. P. Barbellion* (London: Leonard Parsons, 1926)도 보라.

86) M. Mead, "Notes for GCB", Nov. 6, 1947, LC, R-3.

87) MM to Martha Ramsey Mead, Oct. 15, 1922, LC, A-14.

88) MM to RFB, Sept. 6, 1938, R-7.

89) BW, p. 122; Mead, *Ruth Benedict*, p. 458; JH, p. 154.

90) MM to Martha Ramsey Mead, Oct. 15, 1922, LC, A-14.

91) Margaret Mead, "Notes After Reading *An Anthropologist at Work* Through", typed ms., file on biography of Benedict for Columbia University, LC, I-235 (이하 "After Reading *AW* Through").

92) *AW*, p. 4.

93) Idem.

94) JH, p. 154.

95) *AW*, p. 65.

7장
일각수와 일출 - 인류학, 시, 젠더 그리고 루스 베네딕트

1) MM to Martha Ramsey Mead, Mar. 11, 1923, LC, A-14.

2) Margaret Mead, *Margaret Mead: Some Personal Views*, ed. Rhoda Métraux (New York: Walker, 1979), p. 287.

3) Ruth Benedict as quoted in *BW*, p. 122.

4) MM to Martha Ramsey Mead, Mar. 11, 1923, LC, A-14; *AW*, pp. 38~39. 베네딕트는 *Patterns of Culture*, p. 19에서 이 이야기를 약간 다르게 쓰고 있다. 추장은 거기서 사막 식물 먹는 법과 그것들의 의학적 효용을 알고 있었다는 얘기를 그녀에게 들려준다. 사냥과 살육에 관한 이야기가 아니라 말이다.

5) Mead, "After Reading *AW* Through".

6) Mead, *Some Personal Views*, p. 287. Barbara G. Walker, *The Woman's Dictionary of Symbols and Sacred Objects* (San Francisco: Harper & Row, 1988), pp. 132~134; Norris J. Lacey, ed., *The Arthurian Encyclopedia* (New York: Peter Bedrick Books, 1987), pp. 257~260을 보라.

7) Lindzey, p. 310.

8) Margaret Mead, "Group Intelligence Tests and Linguistic Disability Among Italian Children", *School and Society* 25 (April 16, 1927): 465~468.

9) Mead, "Out of the Things I Read", p. 44와 "A Certain Steadfastness", ms. draft article, *Redbook*, Jan. 1978, LC. Katherine Pease Routledge (Mrs. Scoresby Routledge), *The Mystery of Easter Island: The Story of an Expedition* (London: Hazell, Watson, & Viney, 1919)도 보라.

10) Mead, "Speech of Acceptance" (National Achievement Award), *The Eleusis of Chi Omega* 42 (Sept. 1940): 397.

11) Mead, "A Certain Steadfastness"; MM to RFB, 1923, LC, S-3.

12) *AW*, p. 67.

13) RFB to MM, June 13, 1937, LC, S-5.

14) *AW*, p. 56, 「새해(New Year)」라는 제목의 시.

15) MFF, "Family Life of Ruth Fulton Benedict", p. 8. 베네딕트는 journal fragment, VC에서 스탠리가 자기와의 잠자리를 거부한 게 1926년이라고 썼다. 그가 그해

에 다른 여자와 사랑에 빠졌던 것이다.

16) JH, p. 427; Regna Darnell, *Edward Sapir: Linguist, Anthropologist, Humanist* (Berkeley: University of California Press, 1990), p. 173.

17) 사피어의 목소리와 태도는 Robert McMillan interview with Stanley Newman, in McMillan, "The Study of Anthropology, 1931~37, at Columbia University and the University of Chicago" (Ph.D. diss., York University, 1986), pp. 93~94를 보라. 그가 보여준 재치에 관해서는 Ruth Bunzel, "Edward Sapir", in Mead and Bunzel, *Golden Age of American Anthropology*, p. 439를 보라. 그의 지성은 JH, p. 426; Alexander Goldenweiser, "Recent Trends in American Anthropology", AA 43 (1941): 158; Alfred L. Kroeber, "Reflections on Edward Sapir, Scholar and Man", in *Edward Sapir: Appraisals of His Life and Work*, ed. Konrad Koerner (Amsterdam: John Benjamins, 1984), p. 131을 보라.

18) ES to RFB, April 8, 1924, PS; ES to RFB, Aug. 11, 1925, LC, S-15.

19) McMillan, "Study of Anthropology", p. 92, interview with Ruth Bunzel.

20) *AW*, pp. 57, 64.

21) *BW* draft, "Marriage and Graduate School", p. 14.

22) Goldfrank, *Notes on an Undirected Life*, p. 37.

23) *AW*, pp. 56~57, 62~63.

24) Marie Eichelberger to MM, Dec. 22, 1965, LC, B-4. 마거릿 아널드는 몇 편의 시를 발표했다. 「병원(Clinic)」, 「분열(Divided)」, 「기쁨(Joy)」 in *Poetry: A Magazine of Verse* (July 1925): 194~195를 보라.

25) *AW*, p. 67.

26) Ibid., p. 68.

27) RFB to MM, Sept. 10, 1928, LC, S-4.

28) RFB to MM, Aug. 1, 1925, LC, R-7.

29) Goldfrank, *Notes on an Undirected Life*, p. 21.

30) Mead, *Ruth Benedict*, p. 29. 리처드에 관해서는 Eleanor Leacock, "Gladys Amanda Reichard", in *Women Anthropologists: A Biographical Dictionary*, ed. Ute Gacs et al. (New York: Greenwood Press, 1988), pp. 303~309; "Gladys A. Reichard-A Tribute", Barnard College memorial booklet, 1955, 특히 statement by Frederica de Laguna (리처드는 숫기가 없었고 무뚝뚝했다.)를 보라.

31) MM to Geoffrey Gorer (GG), Jan. 17, 1939, SU.

32) Summerfield, "New Paltz Author"; JH, p. 358.

33) Lewis Mumford, *My Works and Days: A Personal Chronicle* (New York: Harcourt Brace Jovanovich, 1979), p. 80. 보애스 문헌은 굉장히 많다. 내가 읽은 것들을 몇 권 소개하면 다음과 같다. Douglas Cole, *Franz Boas: The Early Years, 1858~1906*

(Seattle: University of Washington Press, 1999); Regna Darnell, *And Along Came Boas: Continuity and Revolution in American Anthropology* (Amsterdam: John Benjamins, 1998); George W. Stocking Jr., ed., *Volksgeist as Method and Ethic: Essays on Boasian Ethnography and the German Anthropological Tradition* (Madison: University of Wisconsin Press, 1996); Walter Rochs Goldschmidt, ed., *The Anthropology of Franz Boas: Essays on the Centennial of His Birth*, Memoirs of the American Anthropological Association, no. 89 (Washington, D.C.: American Anthropological Association, 1959); Robert H. Lowie, *Biographical Memoir of Franz Boas, 1858~1942* (Washington, D.C.: National Academy of Sciences, 1959); Alfred L. Kroeber et al., *Franz Boas: 1858~1942*, Memoirs of the American Anthropological Association, no. 61 (Washington, D.C.: American Anthropological Association, 1943); Franz Boas, *Race, Language, and Culture* (New York: Macmillan, 1940)와 *The Shaping of American Anthropology: A Franz Boas Reader*, ed. George W. Stocking Jr. (New York: Basic Books, 1947).

34) Alfred L. Kroeber, "Franz Boas: The Man", in *Franz Boas*, p. 23.

35) Rhoda Truax, *The Doctors Jacobi* (Boston: Little, Brown, 1952). Regina Markell Morantz-Sanchez, *Sympathy and Science: Women Physicians in American Medicine* (New York: Oxford University Press, 1985), pp. 190~202도 보라. 극지 탐험가들의 남성주의는 Lisa Bloom, *Gender on Ice: American Ideologies of Polar Expeditions* (Minneapolis: University of Minnesota Press, 1993)를 보라.

36) 더글러스 콜은 최신의 보애스 평전에서 그가 초기에 미국 사회에 편입하는 데 어려움을 겪은 원인으로 반유대주의를 배제했다. 보애스가 운이 나빴고, 비타협적 태도로 일관했으며, 시카고의 필드 박물관이나 클라크 대학교의 예에서처럼 보애스를 채용한 기관의 행정가들이 완고했기 때문이라는 것이다. E. Fuller Torrey는 *Freudian Fraud: The Malignant Effect of Freud's Theory on American Thought and Culture* (New York: HarperCollins, 1992), pp. 40~55에서 자연사박물관의 문서들을 보면 보애스 건과 관련해 반유대주의가 있었음을 알 수 있다고 말했다.

37) 나는 이 수치를 Regna Diebold Darnell, "The Development of American Anthropology, 1879~1920: From the Bureau of Ethnology to Franz Boas" (Ph.D. diss., University of Pennsylvania, 1969), pp. 468~472에서 얻었다. Adelin Linton and Charles Wagley, *Ralph Linton* (New York: Columbia, 1971), p. 2도 보라.

38) Franz Boas, "The Growth of Indian Mythologies", in *Race, Language, and Culture*, pp. 425~436; Mead, *Ruth Benedict*, p. 21.

39) Mead, "Apprenticeship Under Boas", in Goldschmidt, *Anthropology of Franz Boas*, pp. 29~30.

40) *Letters of Edward Sapir to Robert H. Lowie*, privately published by Mrs. Luella Cole Lowie, 1965 and presented to the Peabody Museum Library, now

Tozzer Library of Harvard University, Aug. 29, 1918; Feb. 21, 1921; *AW*, p. 74.

41) Clyde Kluckhohn, "The Influence of Psychiatry on Anthropology in America During the Past One Hundred Years", in *Personal Character and Cultural Milieu*, ed. Douglas Haring, 3rd rev. ed. (Syracuse: Syracuse University Press, 1956), p. 48.

42) Robert H. Lowie, *Primitive Society* (1920; New York: Liveright, 1947), p. ix. 로위는 1947년판 서문에서 이 구절을 폐기했다. 그는 제1차 세계대전으로 서구의 가치들이 몰락했기 때문에 그 말을 했던 것이라고 해명했다. 이들 인류학자의 다른 저술을 확인하려면 Alfred L. Kroeber, "The Superorganic", AA 19 (1917): 163~213; Paul Radin, *The Autobiography of a Winnebago Indian* (Berkeley: University of California Press, 1920); Edward Sapir, *Selected Writings of Edward Sapir in Language, Culture, and Personality*, ed. David G. Mendelbaum (1949, Berkeley: University of California Press, 1963)을 보라. 자연사박물관에서 여러 해 동안 미드의 상관으로 재직한 클라크 위슬러에 관해서는 Stanley A. Freed and Ruth S. Freed, "Clark Wissler and the Development of Anthropology in the United States", AA 85 (1983): 800~825를 보라.

43) Mead, "Apprenticeship Under Boas", p. 29.

44) Franz Boas to Emily Fogg Mead, July 30, 1925, Franz Boas Papers, APS.

45) Robert H. Lowie, *Culture and Ethnology* (New York: Douglas C. McCurtie, 1917), p. 5.

46) Mead, preface to the 1973 edition of *Coming of Age in Samoa* (New York: William Morrow, 1973), n.p.; "Chi Omega Acceptance Speech", p. 399.

47) Mark C. Smith, "Knowledge for What: Social Science and the Debate Over Its Role in 1930s America" (Ph.D. diss., University of Texas, 1980), p. 17; Warren I. Susman, "The Thirties", in *The Development of an American Culture*, ed. Stanley Coben and Lorman Ratner (Englewood Cliffs, N.J.: Prentice-Hall, 1970), pp. 183~184. Carl N. Degler, *In Search of Human Nature: The Decline and Revival of Darwinism in American Social Thought* (New York: Oxford University Press, 1991), pp. 59~104도 보라.

48) 이들의 배경은 특히 Leslie White, "The Social Organization of Ethnological Theory", *Rice University Studies* 52 (fall 1966): 1~66을 보라. 뉴욕의 독일계 유대인 공동체는 거기서 직접 자란 앨프리드 크로버와 로다 메트로의 설명을 보라. Alfred L. Kroeber, "The Making of the Man", in *Carl Alsberg, Scientist at Large*, ed. Joseph S. Davis (Stanford: Stanford University Press, 1948), pp. 3~22; Métraux, "Life History", LC, R-16. Elazar Barkan, *The Retreat of Scientific Racism: Changing Concepts of Race in Britain and the United States Between the World Wars* (New York: Cambridge University Press, 1992), pp. 90~95도 보라. Hasia R. Diner는 *A Time for Gathering: The Second Migration, 1820~1880* (Baltimore: Johns Hopkins University Press, 1992), pp. 220~226에서 독일계 유대인 공동체가 더 큰 범위의 유대인 사회에 미친 영향을 경

시한다. 실제로 보애스의 유대인 제자가 전부 독일계 유대인 공동체 출신인 것은 아니었다. Karen King, "Surviving Modernity: Jewishness, Fieldwork, and the Roots of American Anthropology in the Twentieth Century" (Ph.D. diss., Univ. of Texas, Austin, 2000)를 보라. 이 책을 쓰던 당시에는 Karen King의 논문을 읽지 못했다.

49) Rosenberg, "Changing the Subject"; Suzanne Klingenstein, *Jews in the American Academy, 1900~1940: The Dynamics of Intellectual Assimilation* (New Haven: Yale University Press, 1991), pp. 1~8, 102, 607; Robert F. Murphy, "Anthropology at Columbia: A Reminiscence", *Dialectical Anthropology* 16 (1991): 65~75; Harold S. Wechsler, *The Qualified Student: A History of Selective College Admission in America* (New York: John Wiley & Sons, 1977), pp. 133~160; Robert H. Lowie, "Boas Once More", AA 58(1956): 160; Alfred L. Kroeber, "Pliny Earle Goddard", AA 31 (1929). 사피어를 제외하면 보애스가 배출한 인류학자들 가운데 학술적 평전의 대상이 된 사람은 한 명도 없다. Darnell, *Edward Sapir*를 보라. 그들 가운데 일부의 삶을 개관하려면 Robert F. Murphy, *Robert H. Lowie* (New York: Columbia University Press, 1972); Julian H. Steward, *Alfred Kroeber* (New York: Columbia University Press, 1973); Stanley Diamond, "Paul Radin", in *Totems and Teachers: Perspectives on the History of Anthropology*, ed. Sydel Silverman (New York: Columbia University Press, 1981), pp. 67~97을 보라. AA에 들어 있는 그들의 사망 기사도 유용하다.

50) Radin, *Method and Theory of Ethnology*, p. 97.

51) Mead, "Apprenticeship Under Boas", p. 30.

52) *AW*, p. 346.

53) A. L. Kroeber, "Franz Boas", pp. 23~24; Goldfrank, *An Undiscovered Life*, p. 18. 미드는 1922년 인류학과 대학원생들로 다음과 같은 사람들이 있었다고 기억했다: 베네딕트, 이자벨 카터, 멜빌 허스코비츠, 어빙 할로웰, 누이가 알렉산더 골든와이저와 결혼한 남학생 한 명. George Eaton Simpson, *Melville J. Herskovitz* (New York: Columbia University Press, 1973), p. 2를 보라. *Elsie Clews* Parsons, "Read in Franz Boas Class at Barnard", APS와 Deacon, *Elsie Clews Parsons*, pp. 97~110도 보라.

54) 위원 명단은 *AA*, 1925, vol. 27을 보라.

55) 번젤과 골드프랭크를 소개한 내용은 그녀들의 저작, 두 사람에 대한 다른 이들의 논평, 1999년 여름 뉴욕 시의 웨너 그렌 재단(Wenner-Gren foundation)이 추진한 'Daughters of the Desert' 프로젝트의 일환으로 수집된 그녀들의 비디오 인터뷰를 바탕으로 내가 재구성한 것이다. 인터뷰는 1985년 제니퍼 폭스(Jennifer Fox)가 했다.

56) Lowie, *History of Ethnological Theory*, p. 134. Nancy J. Parezo, "Anthropology: The Welcoming Science", in *Hidden Scholars: Woman Anthropologists and the Native American Southwest*, ed. Nancy J. Parezo (Albuquerque: University of New Mexico Press, 1983), pp. 3~37도 보라.

57) Mead, introduction to Mead and Bunzel, *Golden Age of Anthropology*, pp. 5~6.

58) Michael Rogin, *Blackface, White Noise: Jewish Immigrants in the Hollywood Melting Pot* (Berkeley: University of California Press, 1996), pp. 68~69. 유대인들의 '자기혐오'와 이 시기 우유부단함의 역사는 Rogin, *Blackface*; Sander Gilman, *The Jew's Body* (New York: Routledge, 1991), pp. 81~82를 보라. David D. Gilmore, *Misogyny: The Male Malady* (Philadelphia: University of Pennsylvania Press, 2001); Alan Sinfield, *The Wilde Century: Effeminacy, Oscar Wilde, and the Queer Moment* (New York: Columbia University Press, 1994)도 보라. 신필드는 미국에서 20세기에 흔히 이루어진, 우유부단함과 동성애의 연계가 1895년 와일드 재판으로 거슬러 올라간다고 본다. Richard Hofstadter, *Anti-Intellectualism in American Life* (New York: Alfred A. Knopf, 1963)도 보라.

59) Robert H. Lowie, *Robert H. Lowie, Ethnologist: A Personal Record* (Berkeley: University of California Press, 1959), p. 83.

60) *AW*, p. 179; Alexander A. Goldenweiser, *Early Civilization: An Introduction to Anthropology* (New York: Alfred A. Knopf, 1922). 골든와이저는 Charlotte Perkins Gilman, *The Man-Made World* 아니면 *Our Androcentric Culture* (New York: Charlton, 1911)에서 '남성 중심적'이라는 말을 가져왔다. 미드는 introduction to Mead and Bunzel, *Golden Age of Anthropology*, p. 8에서 그가 1922년에 발표한 저작이 미국에서 발행된 최초의 인류학 교과서라고 말했다.

61) Mead, "After Reading *AW* Through". 로위와 골든와이저는 친했다. 로위는 누이에게 보내는 편지들에서 골든와이저의 상습적 부정행위를 언급했다. Robert H. Lowie Papers, UCB를 보라. 골든와이저와 이로쿼이 부족 여자의 간통 행위는 William Cowan et al., *New Perspectives in Language, Culture, and Personality: Proceedings of the Edward Sapir Centenary Conference* (Amsterdam: John Benjamins, 1986), p. 229와 Deacon, *Elsie Clews Parsons*, p. 432를 보라.

62) Alexander Goldenweiser, "Sex and Primitive Society", in *Sex in Civilization*, ed. V. F. Calverton and S. D. Schmalhausen (Garden City, N.Y.: Garden City Publishing, 1929), pp. 52~66과 "Men and Women as Creators", in *Our Changing Morality: A Symposium*, ed. Freda Kirchwey (New York: Albert and Charles Boni, 1924), pp. 129~143, reprinted in Goldenweiser, *History, Psychology, and Culture* (London: K. Paul, Trench, Trubner, 1933).

63) Goldenweiser, "Sex and Primitive Society", p. 53. Alexander Goldenweiser, *Anthropology: An Introduction to Primitive Culture* (1936; New York: F. S. Crofts, 1946), p. 142.

64) *Letters of Edward Sapir to Robert H. Lowie*, passim(여기저기)을 보라.

65) Mead, *Ruth Benedict*, p. 25.

66) Radin, *Method and Theory*, pp. 177~180. 라딘은 베네딕트에게 보내는 한 편지에서 그녀가 논문에서 역사적 요소를 고려하지 않는다며 비판했다. Paul Radin to RFB, Dec. 24, 1924, VC를 보라. 그는 여성들이 전문 직업 분야로 진출하는 것을 전부 금해야 한다는 의견을 표명하기도 했다. Mrs. Henry Cowell to MM, Feb. 23, 1973, Jane Howard Papers, CU.

67) T. Kroeber, *Alfred Kroeber*, p. 264.

68) Mead, "After Reading *AW* Through".

69) A. L. Kroeber, "The Superorganic"; Alfred L. Kroeber, "On the Principle of Order in Civilization as Exemplified by Changes of Fashion", AA 21 (1919): 235~263.

70) T. Kroeber, *Alfred Kroeber*, p. 264; RFB to MM, Nov. 6, 1928, LC, S-5를 보라. 일정하게 거리를 두는 그의 행동을 인류학의 남성 우위론과 연결하는 비평들은 Kluckhohn, "Influence of Psychiatry", pp. 490~491을 보라. Eric Wolfe, "Kroeber", in Silverman, *Totems and Teachers*, p. 37도 보라.

71) Robert H. Lowie, with Leta S. Hollingworth, "*Science and Feminism*", *Scientific Monthly* 5 (1919): 277~84.

72) Robert Lowie to Risa Lowie, March 1, 1918, Robert H. Lowie Papers, UCB.

73) Robert H. Lowie, "Religion", in *The Making of Man: An Outline of Anthropology*, ed. V. F. Calverton (1924; New York: Modern Library, 1931), pp. 744~757; Lowie to Paul Radin, Oct. 2, 1920, Lowie Papers, UCB.

74) Robert Lowie to Risa Lowie, March 1, 1918, Robert H. Lowie Papers, UCB.

75) Alfred L. Kroeber, "Heredity, Environment, and Civilization: Factors Controlling Human Behavior as Illustrated by the Natives of the Southwestern United States", *Scientific American Supplement* 86 (Oct. 5, 1918): 211~212.

76) Lang, *Men as Women*, p. 31.

77) Richard Handler, "The Dainty and the Hungry Man: Literature and Anthropology in the Work of Edward Sapir", *History of Anthropology* 1 (1983): 208~231을 보라.

78) Edward Sapir, "The Woman's Man", *New Republic*, Sept. 16, 1916, p. 167.

79) Toni Flores, "The Poetry of Edward Sapir", *Dialectical Anthropology* 11 (1968): 159; Deacon, *Elsie Clews Parsons*, p. 260, quoting from E. Sapir to L. White, March 15, 1928, Leslie White Papers, University of Michigan.

80) *AW*, p. 343.

81) *BW* draft, "Marriage and Graduate School", p. 9. T. George Harris, "About Ruth Benedict and Her Lost Manuscript", *Psychology Today* 4 (June 1970): 51~52

도 보라.

82) Abraham Maslow to RFB, Dec. 30, 1939; March 6, 1940, VC, 32.3.

83) ES to RFB, June 25, 1911; *AW*, pp. 49~53; ES to RFB, Aug. 7, 1923, PS.

84) Lowie, *Robert H. Lowie*, p. 135.

85) 앨리스 갬브렐(Alice Gambrell)은 *Cultural Margins: Women Intellectuals, Modernism, and Difference: Transatlantic Culture, 1919~1945* (Cambridge: Cambridge University Press, 1997)에서 '지식인'이라는 용어를 민주화해, 프리다 칼로 같은 화가와 H. D. 같은 시인들을 포함시킨다. 그녀는 이 용어가 합리적인, '남성' 모형과 역사적으로 연계되었음을 살핀다. 그 의미에 관해서는 Thomas Bender, "The Emergence of the New York Intellectuals", in Bender, *Intellect and Public Life: Essays on the Social History of Academic Intellectuals in the United States* (Baltimore: Johns Hopkins University Press, 1993), pp. 80~88을 보라.

86) Benedict, *Patterns of Culture*, pp. 266~67.

87) 미드는 *AW*, pp. 44~48에 「카니발리즘의 용도(The Uses of Cannibalism)」를 실었다.

88) 미드는 베네딕트의 「세라노 족 문화 개설」 발췌문을 *AW*, pp. 213~221에 수록했다. 나는 베네딕트의 '괴물들'을 확인하는 과정에서 Elizabeth Diann Stassinos, "Ruthlessly: Ruth Benedict's Pseudonyms and the Art of Science Writ Large" (Ph.D. diss., Univ. of Virginia, 1994)를 참조했고, 도움을 받았다.

89) RFB to MM, Feb. 10, 1933, LC, S-5.

90) Stassinos, "Ruthlessly", p. 176; Joseph Conrad, *The Nigger of the "Narcissus"* (1897; New York: W. W. Norton, 1979), pp. 3, 9, 15.

91) Jayne E. Maret, *Women Editing Modernism: "Little" Magazines & Literary History* (Lexington: University Press of Kentucky, 1995); William Drake, *The First Wave: Women Poets in America, 1915~1945* (New York: Macmillan, 1987); Louise Bogan, *Achievement in American Poetry* (Chicago: Gateway Editions, dist. by Henry Regnery, 1951), p. 53. 모더니스트 시인들의 성 차별주의는 Drake, *First Wave*; Sandra M. Gilbert and Susan Gubar, *No Man's Land: The Place of the Woman Writer in the Twentieth Century* (New Haven: Yale University Press, 1994)를 보라.

92) Gloria Bowles, *Louise Bogan's Aesthetic of Limitation* (Bloomington: Indiana University Press, 1987), pp. 20~23. 밀레이의 감상주의는 Elizabeth Frank, "A Doll's Heart: The Girl in the Poetry of Edna St. Vincent Millay and Louise Bogan", in *Critical Essays on Louise Bogan*, ed. Martha Collins (Boston: G. K. Hall, 1984), pp. 128~149를 보라. Susan McCabe는 통찰력 있는 글 "'A Queer Lot' and the Lesbian Talent: Amy Lowell, Gertrude Stein, and H.D.", in *Challenging Boundaries: Literary Periodization in the United States*, ed. Joyce W. Warren and Margaret Dickie (Athens: University of Georgia Press, 2000), pp. 62~90에서 이 세 명의 시인을 규정하면서

'모더니즘적 반(反)모더니스트'라는 용어를 사용한다. 베네딕트는 그녀들의 '레즈비언' 전통에 영향을 받았다. 그러나 레즈비언 테마가 담긴 베네딕트의 시는 많지 않다. Marilyn Farwell, "Toward a Definition of the Lesbian Literary Imagination", *Signs* 14 (autumn 1998): 100~118; Susan Stanford Friedman, *Penelope's Web: Gender, Modernity, H. D.'s Fiction* (Cambridge: Cambridge University Press, 1990); Gilian Hanscombe and Virginia L. Smyers, *Writing for Their Lives: The Modernist Women, 1910~1940* (London: Women's Press, 1987)도 보라.

93) Susan Gubar, "Mother, Maiden, and the Marriage of Death: Women Writers and Ancient Myth", *Women's Studies* 6 (1979): 301~15.

94) Timothy Materer, *Modernist Alchemy: Poetry and the Occult* (Ithaca: Cornell University Press, 1995), p. 53; Hans Biedermann, *Dictionary of Symbolism: Cultural Icons and the Meanings Behind Them*, trans. James Hulbert (New York: Facts on File, 1992), p. 360; Marina Warner, *Alone of All Her Sex: The Myth and the Cult of the Virgin Mary* (New York: Alfred A. Knopf, 1976), p. 201.

95) Terence Brown, *The Life of W. B. Yeats: A Critical Biography* (Oxford, U.K.: Blackwell, 1999)를 보라. Materer, *Modernist Alchemy*는 프랑스의 상징주의자들이 신비주의 운동을 시작했다고 주장한다. 그러나 그들은 비밀 엄수 서약을 했기 때문에 연루 사실과 정도를 거의 모른다는 것이다. Kathleen Raine, *Yeats, the Tarot and the Golden Dawn* (Dublin: Dolmen Press, 1972); Virginia Moore, *The Unicorn: William Butler Yeats' Search for Reality* (New York: Macmillan, 1954)도 보라. 크리스티안 로젠크로이츠가 15세기에 장미 십자회라는 비밀 결사를 만들었다고 전해진다. 신지학은 미국에 살던 몰락한 러시아 귀족 헬레나 블라바츠키 부인에 의해 1875년 창시되었다.

96) *BW* draft, "Marriage and Graduate School", p. 19. W. B. Yeats, *Essays* (New York: Macmillan, 1924). 예이츠의 가면과 위장 이론은 Janis Tedesco Haswell, *Pressed Against Divinity: W. B. Yeats's Feminine Masks* (DeKalb: Northern Illinois University Press, 1997)를 보라.

97) *AW*, pp. 481~482. W. B. Yeats, "The Unicorn from the Stars" (1908), in *The Variorum Edition of the Plays of W. B. Yeats*, ed. Russell K. Alspach (New York: Macmillan, 1966), pp. 648~711도 보라.

98) Osterud, *Bonds of Community*, pp. 109~113을 보라.

99) RFB to MM, Feb. 14, 1936, LC, S-5.

100) Virginia Woolf, *A Room of One's Own* (New York: Harcourt, Brace, 1929), p. 102. 미드와 베네딕트 모두 수시로 울프를 읽었다. MM to RFB, Jan. 28, 1929, LC, S-3; MM to Eleanor Pelham Kortheuer, July 10, 1947, LC, R-10을 보라. 서구 문학에 등장하는 남녀 양성의 전통은 Warren Stevenson, *Romanticism and the Androgynous Sublime* (Madison, N.J.: Fairleigh Dickinson University Press, 1996)과 특히, Diane

Hoeveler, *Romantic Androgyny: The Women Within* (University Park: Pennsylvania State University Press, 1990)을 보라. 호블러는 남성과 여성의 분열이라는 견지에서 이 전통을 살펴본다.

8장
자유연애와 사모아

1) Dorothy Dunbar Bromley, "Feminist-New Style", *Harper's* 45 (Oct. 1927): 552~60; Lorine Pruette, "The Flapper", in Calverton and Schmalhausen, *New Generation*, p. 587. 나는 Rachel Standish, "What Is Modish Is Doomed: Fashion and American Feminism from the 1910s to the Early 1930s" (Ph.D. diss., University of Southern California, 2000); Ann Douglas, *Terrible Honesty: Mongrel Manhattan in the 1920s* (New York: Farrar, Straus & Giroux, 1995); Rick Beard and Leslie Cohen Berlowitz, eds., *Greenwich Village: Culture and Counterculture* (New Brunswick, N.J.: published for the Museum of the City of New York by Rutgers University Press, 1993); Christina Clare Simmons, "'Marriage in the Modern Manner': Sexual Radicalism and Reform in America, 1914~1941" (Ph.D. diss., Brown University, 1982); Paula S. Fass, *The Damned and the Beautiful: American Youth in the 1920s* (New York: Oxford University Press, 1977); Malcolm Cowley, *Exile's Return: A Literary Odyssey of the 1920s* (1934; New York: Viking, 1956); Frederick Lewis Allen, *Only Yesterday: An Informal History of the Nineteen-Twenties* (New York: Harper & Bros., 1931); Floyd Dell, *Love in Greenwich Village* (New York: G. H. Doran, 1926)를 활용해 1920년대의 문화 반란을 썼다.

2) Phyllis Blanchard, "Sex in the Adolescent Girl", in Calverton and Schmalhausen, *Sex in Civilization*, pp. 548~549. Laura Doan, "Passing Fashions: Female Masculinities in the 1920s", *Feminist Studies* 24 (fall 1998): 663~700; Erin G. Carlston, "'A Finer Differentiation': Female Homosexuality and the American Medical Community, 1926~1940", in Rosario, *Science and Homosexualities*, p. 178; Martha Vicinus, "The Adolescent Boy: Fin de Siècle Femme Fatale?" *Journal of the History of Sexuality* 5 (summer 1994): 90~114도 보라. Margaret Mead, review of *The Evolution of Modern Marriage*, by F. Muller-Lyer, *Birth Control Review* 14 (Dec. 1930); Samuel D. Schmalhausen, "The Sexual Revolution", in Calverton and Schmalhausen, *Sex in Civilization*, pp. 349~436; Miriam Allen de Ford, "The Feminist's Future", *New Republic* 46 (Sept. 19, 1928); Ralph Werther [pseud.], *The Fe-*

male-Impersonators (1922; New York: Arno Press, 1975), pp. 153, 201. 정신분석가들은 플래퍼 룩에서 볼 수 있는 동성애적 요소에 주목했다. André Tridon, *Psychoanalysis and Love* (Garden City: Garden City Publishing, 1922), p. 184; Wilhelm Stekel, *Bi-sexual Love*, trans. James S. Van Testaar (1922; New York: Emerson Books, 1950), p. 63을 보라.

3) Margaret Mead, draft ms., "Comments on the *Redbook* Report on Female Sexuality", pp. 12~13.

4) 여학생들의 크러시 관계를 비판한 내용은 많은 예들에서 찾아볼 수 있다. 심리학자들의 비판은 Phyllis Blanchard and Carolyn Manasses, *New Girls for Old* (1930; New York: Macauley, 1937), pp. 60, 96~111; 교육 전문가들의 비판은 Willystine Goodsell, *The Education of Women*; 정신분석가들의 비판은 Tridon, *Psychoanalysis and Love*, pp. 179, 187을 보라. G. 스탠리 홀을 사사한 블랜차드는 필라델피아 아동 지도 클리닉을 이끌었고, 굿셀은 컬럼비아 대학교 사범대학에서 교편을 잡았다.

빅토리아시대의 성생활 지침서는 Seidman, *Romantic Longings*, p. 37을 보라. 성교 기술을 바라보는 낡은 태도와 새로운 관점은 Peter Laipson, "'Kiss Without Shame, for She Desires It': Sexual Foreplay in American Marital Advice Literature, 1900~1925", *Journal of Social History* 29 (March 1996): 508~519; Samuel D. Schmalhausen, *Why We Misbehave* (New York: Macauley, 1928), p. 30; Iwan Bloch, *Anthropological Studies in the Strange Sexual Practices of All Races in All Ages*, trans. Keene Wallis (New York: Anthropological Press, 1933), p. 32를 보라. 유명한 프로이트주의 정신분석가 에이브러햄 브릴(Abraham Brill)은 펠라티오가 '뇌를 유연하게 만들어주는' 기능을 하는 것으로 배웠다고 말한다. Sigmund Freud, *Leonardo da Vinci: A Study in Psychosexuality*, trans. A. A. Brill (New York: Vintage Books, 1947), p. 8. 미드는 "Comments on the *Redbook* Report on Female Sexuality", p. 1에서 온갖 색다른 성 행동 형태들이 불용되었고, 법으로 금지되는 경우도 잦았다고 얘기한다.

'강제적 이성애'는 Adrienne Rich, "Compulsory Heterosexuality and Lesbian Existence", *Signs: Journal of Woman in Culture and Society* 5 (summer 1980): 630~660을 보라. 샌더 페런치(Sandor Ferenczi)는 자신이 '강압적 이성애'(compulsive heterosexuality)라고 칭한 현상이 이미 1914년에 만연해 있었음을 확인했다. Clara Thompson, "Changing Concepts of Homosexuality in Psychoanalysis", in *Women: The Variety and Meaning of Their Sexual Experience*, ed. A. M. Krich (New York: Dell, 1953), pp. 231~247을 보라. Rayna Rapp and Ellen Ross, "The Twenties' Backlash: Compulsory Heterosexuality, the Consumer Family and the Waning of Feminism", in *Class, Race, and Sex: The Dynamics of Control*, ed. Amy Swerdlow and Hanna Lessinger (Boston: G. K. Hall, 1983), pp. 93~107; Christina Simmons, "Companionate Marriage and the Lesbian Threat", *Frontiers* 4 (1979): 54~59도 보라.

5) Ruth Benedict, "America Converts to Peace", unpub. typescript, VC.

6) June Sochen은 *The New Woman: Feminism in Greenwich Village, 1910~1920* (New York: Quadrangle Books, 1972), pp. 119~125에서 1920년쯤에는 전전에 그리니치 빌리지에서 활약했던 여성 급진주의자들 대다수가 죽거나 떠났다고 말한다. Cowley, Exile's Return; Daniel Aaron, "Disturbing the Peace: Radicals in Greenwich Village, 1920~1930", in Beard and Berlowitz, *Greenwich Village*, pp. 229~242; Gorham Munson, *The Awakening Twenties: A Memoir-History of a Literary Period* (Baton Rouge: Louisiana State University Press, 1985)도 보라.

7) John Dewey, *Human Nature and Conduct: An Introduction to Social Psychology* (New York: Henry Holt, 1922), p. 93.

8) Margaret Mead, preface to the 1975 edition of *Growing Up in New Guinea: A Comparative Study of Primitive Education* (1930; New York: Morrow, 1975). p. v.

9) Margaret Mead, "The Waste of Plutocracy", unpub. ms., 1924, LC, R-12.

10) MM to RFB, Aug. 30, 1924, *AW*, p. 285.[이 편지에서 1920년에 출간된 랜돌프 본(Randolph Bourne)의 *The History of a Literary Radical and Other Papers*가 논의된다.] 1920년대의 지식인들과 듀이에 관한 나의 평가는 Westbrook, *John Dewey*; Leonard Wilcox, *V. F. Calverton: Radical in the American Grain* (Philadelphia: Temple University Press, 1992); James T. Kloppenberg, *Uncertain Victory: Social Democracy and Progressivism in European and American Thought, 1870~1920* (New York: Oxford University Press, 1986); 특히 Casey Nelson Blake, *Beloved Community: The Cultural Criticism of Randolph Bourne, Van Wyck Brooks, Waldo Frank, and Lewis Mumford* (Chapel Hill: University of North Carolina Press, 1990)를 참고한 것이다. 미드는 *And Keep Your Powder Dry*, p. 325에서 호레이스 캘런이 자신에게 영향을 미쳤다고 언급한다. 내가 인용한 전거는 Horace M. Kallen, *Culture and Democracy in the United States: Studies in the Group Psychology of the American Peoples* (New York: Boni & Liveright, 1924), pp. 11, 61, 121이다.

11) Beatrice Forbes-Robertson Hale, "Women in Transition", in Calverton and Schmalhausen, *Sex in Civilization*, p. 72.

12) Mrs. Havelock Ellis, *The New Horizon in Love and Life* (London: A. & C. Black, 1921), Havelock Ellis, *Little Essays on Love and Virtue* (New York: G. H. Doran, 1922); Margaret Sanger, *Woman and the New Race* (New York: Brentano, 1920), p. 117; Ben B. Lindsey and Wainright Evans, *The Revolt of Modern Youth* (Garden City, N.Y.: Garden City Publishing, 1925). 이혼 통계는 Lindsey and Evans, p. 211과 Beatrice Hinkle, "Chaos of Modern Marriage", *Harper's New Monthly Magazine* 152 (Dec. 1925): 1~13을 보라.

13) Schmalhausen, *Why We Misbehave*, pp. 7, 39. 화이트의 논평은 이 책에 붙은 그의 서문에 들어 있다. Wilcox, *Calverton*, p. 69는 캘버턴을 헤르베르트 마르쿠제 같

은 프랑크푸르트학파 철학자들의 선구로 간주한다. 그들도 프로이트와 마르크스를 결합했기 때문이다.

14) Fass, *The Damned and the Beautiful*, p. 266; Caroline F. Ware, *Greenwich Village, 1920~1930: A Comment on American Civilization in the Postwar Years* (Boston: Houghton Mifflin, 1935), p. 255; Benedict, *Patterns of Culture*, p. 36. Dorr, *Woman of Fifty*, p. 448; Ernest Burgess, "Sociological Aspects of Sex Life", in *The Sex Life of the Unmarried Adult: An Inquiry into and an Interpretation of Current Sex Practices*, ed. Ira S. Wile (New York: Vanguard, 1934), pp. 116~154; Robert Staughton Lynd and Helen Merrell Lynd, *Middletown: A Study in American Culture* (New York: Harcourt, Brace, 1929), pp. 140~141; William Cunningham, *Are Petting Parties Dangerous?* (Gerard, Kans.: Haldemann-Julius, 1928)도 보라.

15) Faderman, *Odd Girls and Twilight Lovers*, pp. 62~92.

16) Dell, *Women as World Builders*, pp. 78~79.

17) W. F. Robie, *The Art of Love* (Boston: R. G. Badger, 1921), pp. 330~332. 미드가 로비를 칭찬한 내용은 Kenneth Ingram, *The Modern Attitude to the Sex Problem*과 Helena Wright, *The Sex Factor in Marriage*의 서평에 들어 있다. 서평은 *Birth Control Review* 15 (April 1931): 120~121에 실렸다.

18) Mead, review cited in n. 17. Jeffrey Meyers, *Edmund Wilson: A Biography* (Boston: Houghton Mifflin, 1995), p. 65; JH, p. 426; CTK to MM(엘리스와 로비의 책을 보내줘서 미드에게 고맙다고 하는 내용이 적혀 있다), undated letter, 1930s, LC, B-9.

19) Havelock Ellis, *Art of Love*와 *Sex in Relation to Society*, in *Studies in the Psychology of Sex*, vol. 4, pp. 218, 507~575; Margaret Mead, "Sex and Censorship in Contemporary Society", in *New World Writing* (New York: Mentor, 1953), pp. 7~24.

20) Mead, *Coming of Age in Samoa*, p. 105.

21) Ibid., p. 172; JH, p. 428.

22) MM to Elizabeth Mead, Jan. 10, 1926, LC, Q-10.

23) Cressman, *Golden Journey*, p. 127. Sapir, "The Discipline of Sex", *American Mercury* 16 (1929): 413~428은 미드를 익명으로 인용한다.

24) Fishbein, *Rebels in Bohemia*, p. 98.

25) ES to RFB, Aug. 11, 1925, LC, S-15.

26) Ethel [Goldsmith] to MM, [1935], LC R-9.

27) *BW* draft, "Marriage and Graduate School"; Cressman, *Golden Journey*, p. 98; *BW*, p. 126. 미드는 *Male and Female* 1962년판 서문에서 이렇게 쓰고 있다. "1920년대에는 여성의 지위를 개선하려는 노력과 더불어 남성만큼이나 여성의 오르가즘 욕구도 강조되었다. 이와 함께 여자들이 남자들에게 적절히 반응해야 한다는 요

구가 그녀들에게는 부담스런 짐이 되고 말았다. 온전한 인간 존재로서가 아니라 악기처럼 반응해야 한다는 것은 어려운 일이었다.”

28) Cressman, *Golden Journey*, p. 98.

29) JH, p. 279.

30) Interview with Luther Cressman, CU; RFB to MM, Jan. 28, 1926, LC, S-4.

31) *BW* draft, “Energy”, p. 12를 보라.

32) Léonie Adams to RFB, Dec. 21, 1925, Léonie Adams-William Troy Papers, YU를 보라.

33) Reinterview with Luther Cressman, CU; RFB to MM, Nov. 17, 1928, LC, S-5.

34) Mead, “Life History”, LC, S-9; MM to RFB, May 10, 1929, LC, S-5. 1930년대에 미드의 친구 에델(골드스미스)이 그녀의 집에서 기식을 했다. 에델은 미드가 써 보내지 않으면 자신이 신문사들에 투고해버릴 수도 있다고 미드에게 편지를 보냈다. “나의 강렬한 양성애적 본능에 따른 동성애적 짝사랑을 소상히 밝히”라고 협박한 것이다. Ethel to MM, LC, R-9, undated.

35) *BW* draft, “One to Many and Many to One”; JH, p. 217; CM, interview with Karsten Stapelfeldt.

36) Harriet Monroe, “Poetry Recitals in New York City”, *Poetry* 28 (June 1926): 158. 베네딕트와 미드가 참가한 시 동아리는 Elizabeth Frank, *Louise Bogan: A Portrait* (New York: Alfred A. Knopf, 1985), pp. 87~89를 보라. 여기에는 미드와의 인터뷰 자료도 들어 있다. 낭송회를 설명한 당대의 유일한 자료는 1926년 1월 29일자로 된 베네딕트의 일기에 수록된 짧은 내용뿐이다. 이때 미드는 사모아에 있었다. 베네딕트 외에 레오니 애덤스, 이다 루 월턴, 제너비브 태거드, 에드먼드 윌슨이 참석했고, 루이즈 보건이 낭독을 했다. 베네딕트는 키가 크고 머리가 흑갈색인 백인 여성 보건을 ‘사랑스럽다’고 묘사했다. 그녀가 ‘무시하는 듯한 말투로 낭송을 했는데, 아주 잘 어울렸다.’ *AW*, p. 77.

37) Rosalind Baker Wilson, *Near the Magician: A Memoir of My Father*, Edmund Wilson (New York: Grove Weidenfeld, 1989); MM to RFB, 1929, LC, S-3. 나는 Meyers, *Edmund Wilson*과 Desley Deacon, “Me, Myself, and I: Mary McCarthy's Search for Her Self”, unpub. paper, Organization of American Historians Convention, April 2001도 참조했다.

38) Hannah Kahn to MM, July 20, 1923, LC, C-1.

39) Marie Eichelberger to MM, Aug. 14, 1937, LC, R-7.

40) *AW*, p. 84; “Parlor Car-Santa Fe”, RFB, unpub. poetry file, VC, 48.14.

41) RFB diary entry, Jan. 18, 1926, in handwritten version of diary, VC, 37.

42) *AW*, p. xvii.

43) *BW* draft, "Marriage and Graduate School", p. 19.

44) 천사 가브리엘에 관해서는 Rosemary Guiley, *Encyclopedia of Angels* (New York: Facts on File, 1996), p. 69를 보라. 이 시의 상징들은 다면적이다. 나무는 고대 그리스의 신 디오니소스를 가리키기도 한다. 디오니소스도 그리스도처럼 근동의 의식들 속에서 희생을 당했다.

45) *AW*, p. 486.

46) MM to RFB, Sept. 20, 1925, LC, S-3.

47) RFB to MM, Nov. 20, 1925, LC, S-4.

48) Marguerite [Arnold] to RFB, June 27, 1927, VC.

49) RFB to MM, Aug. 3, 1938, LC, S-5.

50) *AW*, p. 89. 베네딕트와 미드의 시편에서 꽃이 가지는 심상을 파악하기 위해 나는 F. F. Rockwell et al., eds. *10,000 Garden Questions: Answered by Fifteen Experts*, rev. ed. (Garden City, N.Y.: Doubleday, 1952)와 *Taylor's Encyclopedia of Gardening, Horticulture, and Garden Design* (Boston: Houghton Mifflin, 1936)을 참조했다.

51) *AW* draft, p. 5, LC, I-90.

52) RFB to MM, Oct. 27, 1925, LC, S-4.

53) 프로그램에는 미드가 폴리네시아의 계급에 관한 논문을 발표하는 것으로 되어 있다. 그러나 그녀는 성적 특색이 부여되는 주제인 문신에 관해 발표한 것으로 기억하고 있었다. Mead, *Social Organization of Manu'a*, 2d ed. (Honolulu: Bishop Museum Press, 1969), p. xiv를 보라.

54) JH, pp. 426, 448; ES to RFB, Aug. 23, 1924, PS.

55) MM to RFB, Sept. 3, 1928, LC, S-3.

56) Ruth Benedict, "Toward a Social Psychology", *Nation* 119 (July 9, 1924): 50~51; Edward Sapir, "Culture, Genuine and Spurious", *American Journal of Sociology* 29 (1924): 401~429.

57) 정신분열증에 대한 인류학자들의 관심과 전반적인 상황의 역사는 S. P. Fullinwider, *Technicians of the Finite: The Rise and Decline of the Schizophrenic in American Thought, 1840~1960* (Westport, Conn.: Greenwood, 1982)를 보라.

58) C. G. Seligman, "Anthropology and Psychology: A Study of Some Points of Contact", *Journal of the Royal Anthropological Institute of Great Britain and Ireland* 54 (Jan.~June 1924): 13~46을 보라. 유형 분류 체계를 설명하고 있는 C. G. 융의 책은 H. 고드윈 베인스(H. Godwin Baynes)가 영어로 번역했고, 1923년에 다음과 같은 제목으로 출간되었다. *Psychological Types: Or, The Psychology of Individuation* (London: K. Paul, Trench, Trubner, 1923; New York: Pantheon Books, 1964). Frank McLynn은 *Carl Gustav Jung* (New York: St. Martin's Press, 1997), pp. 258~267에서 프로이트주의자들이 융의 개념들을 혹독하게 비판하자 그가 곧바로 그것들을 폐기해버렸다고 말

한다.

59) *AW*, pp. 248~61.

60) Constance Long, "A Psycho-Analytic Study of the Basis of Character", in *Proceedings of the International Conference of Women Physicians, vol. 9: Moral Codes and Personality* (New York: Women's Press, 1919), pp. 67~82. 힝클에 관해서는 Beatrice Hinkle, "Arbitrary Use of the Terms 'Masculine' and 'Feminine'", in idem 과 *The Re-Creating of the Individual: A Study of Psychological Types and Their Relation to Psychoanalysis* (New York: Dodd, Mead, 1923)를 보라. 필리스 블랜차드(Phyllis Blanchard)는 성별의 본질을 언급한 주요 사상가로 힝클을 거명한다. 출처: Phyllis Blanchard, "The Sex Problem in the Light of Modern Psychology", in *Taboo and Genetics: A Study of the Biological, Sociological, and Psychological Foundation of the Family*, ed. M. M. Knight, Iva Lowther Peters, and Phyllis Blanchard (New York; Moffat, Yard, 1920), pp. 217~218. 그건 Alice Beal Parsons, in *Woman's Dilemma* (New York: Thomas Y. Crowell, 1926), pp. 72~74도 마찬가지이다. Alice Wittenstein, "The Feminist Uses of Psychoanalysis: Beatrice M. Hinkle and the Foreshadowing of Modern Feminism in the United States", *Journal of Women's History* 10 (summer 1998): 38~62를 보라. 네이선 G. 헤일 주니어(Nathan G. Hale, Jr.)는 *The Rise and Crisis of Psychoanalysis in the United States: Freud and the Americans, 1917~1985* (New York: Oxford University Press, 1995), pp. 68~69에서 힝클이 뉴욕 시 지식인들의 정신과 의사였다고 말한다. 루스 베네딕트가 에드워드 사피어에게 힝클을 천거한 사실은 ES to RFB, March 17, 1924, PS를 보라. 미드의 치료를 담당했던 고트하르트 부트(Gotthard Booth)도 융주의자였다.

61) Mead, *Anthropologists and What They Do*, p. 115.

62) *AW*, p. 288을 보라.

63) *BW* draft, "Felicities", p. 15.

64) Boas to MM, July 14, 1923, LC, B-2; BW draft, "Felicities", p. 15. 1927년에 미드는 자기가 루서 크레스먼과 이혼하려 한다고 보애스에게 말하자 그가 '성행위를 기피하는 콤플렉스가 병리적 수준'이라고 진단했다는 내용의 편지를 리오 포천에게 써 보냈다. MM to RFF, Sept. 30, 1927, LC, R-4.

65) *Philadelphia Public Ledger*, Aug. 25, 1925; Honolulu, 신문 제명은 찢겨 나감, Sept. 28, 1925, Misc. Clipping File, LC, L-3, Henry Romeike Press Clipping Bureau, NYC.

66) MM to RFB, Mar. 20, 1926, LC, S-3; Terry, *An American Obsession*, p. 136; Sophie Aberle and George W. Corner, *Twenty-five Years of Sex History: History of the National Research Council's Committee on Research in Problems of Sex, 1922~1947* (Philadelphia: W. B. Saunders, 1953).

67) Margaret Mead, introduction to *Margaret Mead: The Complete Bibliography, 1925~1975*, ed. Joan Gordan (The Hague: Mouton, 1976), p. 2.

68) JH, p. 427.

69) MM to RFB, Dec. 24, 1925, LC, S-3.

70) MM to RFB, July 16, 1925, LC, S-3.

71) ES to RFB, Aug. 11, Sept. 1, 1925, LC, S-15.

72) ES to RFB, Aug. 5, Aug. 18, Oct. 14, 1925, LC, S-15.

73) ES to RFB, Oct. 14, 1925.

74) Cressman, *Golden Journey*, p. 130.

75) RFB to MM, Nov. 5, 1925, LC, S-4.

76) RFB to MM, Sept. 2, 1925, LC, R-7.

77) MM to RFB, July 7, 15, [July], 1925, LC, S-3; RFB to MM, Sept. 2, 1925, LC, R-7.

78) MM to Martha Ramsey Mead, Aug. 3, 1925, LC, A-17.

79) RFB to MM, Aug. 24, 1925; *AW*, p. 291.

80) 프리먼은 자료를 선택적으로 이용했다. 그는 자신의 주장을 반박하는 미드 문서(Mead Papers) 내의 자료 상당량을 외면했다. Derek Freeman, *Margaret Mead and Samoa*와 *The Fateful Hoaxing of Margaret Mead*를 보라. 미드의 사모아 조사 활동을 재검토한 연구들은 그녀의 결론을 지지하고 있다. 타우 섬의 여자들은 1984년에도 보니 나디(Bonnie Nardi)에게 성교 기술을 공공연하게 얘기했고, 나디는 그곳에 사생아가 많음을 확인했다. 그녀는 미드가 청소년기의 여자아이들에게서 발견한 사실을 '조금도' 의심하지 않았다. 부모가 딸들의 자유로운 성애를 용납했으리라고는 생각하지 않았지만 말이다. Bonnie Nardi, "The Height of Her Powers: Margaret Mead's Samoa", *Feminist Studies* 10 (summer 1984): 323~337을 보라. 로웰 홈스(Lowell Holmes)는 사모아의 여자들이 남자라는 이유로 자신과 성 이야기를 하지 않으려 한다는 사실을 확인했다. 이를 통해 프리먼이 동일한 어려움에 직면했으리라는 것을 알 수 있다. 홈스는 사모아 사람들이 폭력적이라는 프리먼의 결론에도 이의를 제기했다. Lowell Don Holmes, *Quest for the Real Samoa: The Mead/Freeman Controversy and Beyond* (South Hadley, Mass.: Bergin & Garvey, 1987)를 보라. 이 논쟁을 검토한 가장 최근의 논의도 미드를 지지하고 있다. James Côté, ed., "The Mead-Freeman Controversy in Review", special edition of the *Journal of Youth and Adolescence* 29 (2000)를 보라. Sharon Tiffany, "Imagining the South Seas: Thoughts on the Sexual Politics of Paradise in Samoa", *Pacific Studies* 24 (Sept.~Dec. 2001): 19~49도 보라. 샤론은 대체로 미드를 지지한다.

81) Howard, *Margaret Mead*, p. 128.

82) Mead, *Coming of Age in Samoa*, p. 13.

83) MM to RFB, Dec. 15, 1925, LC, S-3. 미드는 가족과 친구들에게 보내는 어떤 단신에서 사모아인들이 "거짓말을 밥 먹듯이 한다."라고 말했다. March 7, 1926, LC, R-15.

84) Mead, *Coming of Age in Samoa*, pp. 135~136. 미드는 *Male and Female*, p. 89; MM to RFB, March 4, 1925, LC, S-4; MM to Leah [Josephson Hanna], Jan. 29, 1926, LC, R-9에서도 자신의 훔쳐보기 행위를 언급한다.

85) MM to Eda Lou Walton, March 26, 1926, LC, R-4.

86) MM to RFB, Jan. 20, 1926, LC, S-3.

87) Interview with William Edel, CU; MM to RFB, Dec. 15, 1925, LC, S-3.

88) MM to Franz Boas, Nov. 29, 1925, APS; Mead, *Coming of Age in Samoa*, pp. 112~16.

89) MM to Franz Boas, Dec. 13, 1925; Franz Boas to MM, Jan. 4, 1926, APS.

90) Mead, *Coming of Age in Samoa*, p. 95.

91) Margaret Mead, "Conclusion 1969: Reflections on Later Theoretical Work on the Samoans", afterword to the 1969 edition of *Social Organization of Manu'a*.

92) MM to RFB, Jan. 12, 1926, LC, S-3.

93) MM to RFB, Jan, 20, 1926, LC, S-3.

94) MM to Franz Boas, Feb. 15, 1926, LC, N-1.

95) MM to RFB, March 29, 1926, LC, S-3; *BW* draft, "Samoa New Matter", p. 3; Mead, *Social Organization of Manu'a*, p. xiii.

96) MM to RFB, Dec., 1925, LC, S-3.

97) MM to RFB, Oct. 22, Dec. 7, 1925, LC, S-3.

98) MM to RFB, Sept. 5, Oct. 23, Oct. 30, 1925; Jan. 27, 1926, LC, S-3.

99) RFB to MM, Oct. 20, 1925; Jan. 27, 1926, LC, S-4.

100) RFB to MM, Sept. 20, Sept. 30, Nov. 10, Dec. 18, 1925, LC, S-4.

101) MM to RFB, Dec. 7, 1925, LC, S-3.

102) RFB to MM, Dec. 25, 1925, LC, S-4.

103) Idem.

104) MM to RFB, Apr. 11, Apr. 26, 1926, LC, S-3.

105) MM to RFB, May 6, 1926, LC, S-3.

106) MM to RFB, Jan. 4, March 4, 1926, LC, S-3.

107) Mead, *Coming of Age in Samoa*, pp. 70, 147, 151, 223.

108) MM to RFB, March 4, 1926, LC, S-3; Mead, *Coming of Age in Samoa*, p. 148.

109) Mead, *Coming of Age in Samoa*, pp. 149, 151, 223.

110) Ibid., pp. 149~50.

111) Mead, "Anthropology", in *Encyclopaedia Sexualis: A Comprehensive Encyclopaedia-Dictionary of the Sexual Sciences*, ed. Victor Robinson (New York: Dingwall-Rock, in collaboration with *Medical Review of Sciences*, 1936), p. 23.

112) MM to Robert Dickinson, Oct. 29, 1929, LC, C-2. 디킨슨이 어떤 답변을 했는지는 그 기록을 전혀 찾을 수가 없다. 그러나 2년 후에 미드의 조사 방법을 비판하는 사람들이 제기한 문제를 그가 다루기는 했다. 비판자들은 사모아의 젊은 여자들이 그토록 자유롭게 성교를 하는데 어떻게 임신을 회피할 수 있는 것이냐고 물었다. 디킨슨은 젊은 남성들이 몸에 듬뿍 바르는 야자유가 살정제로서 효과가 탁월하다고 주장했다. MM toRFB, summer 1931, LC, S-3.

113) 스탠리가 짜증을 부렸다는 증거는 루스가 여행 때 작성한 일기, VC를 보라. 루서의 유럽 행적은 Cressman, *Golden Journey*, pp. 177~81과 *BW*, p. 162를 보라.

114) 맥스 비커턴의 파리 행적은 MM to Emily Fogg Mead, Aug. 22, 1926, LC, R-6을 보라. 마거릿의 변명은 MM to RFB, July 15, 1926, LC, S-3을 보라. 루스 풀턴 베네딕트가 절망해서 자살을 생각했다는 사실은 *AW*, p. 153을 보라. 루스가 마거릿에게 로마로 올 것을 명령했음은 RFB to MM, Sept. 3, 1926, LC, S-4를 보라.

115) 그 메모는 LC, S-11, miscellany file에 들어 있다. RFF to GB, early December 1935, LC, S-1.

116) 이 내용은 S Addition, LC의 날짜도 없고 서명도 없는 편지에 기록되어 있다.

117) Mead, *Ruth Benedict*, pp. 34~35.

9장
빵과 포도주 - 우정(1926~1931)

1) JH, p. 344.

2) Ibid., p. 31.

3) Ibid., p. 339.

4) *BW* draft, "Marriage and Graduate School", p. 6.

5) MM to RFB, March 29, 1938, LC, S-4.

6) *BW* draft, "Marriage and Graduate School", p. 19.

7) MM to RFB, Sept. 3, 1938, LC, S-4.

8) Lystra, *Searching the Heart*, pp. 240~47.

9) McCabe, "A Queer Lot", p. 72.

10) *AW*, p. 479.

11) JH, pp. 392~394; MM to RFB, June 29, 1932, LC, S-4.

12) *BW* draft, "Marriage and Graduate School", p. 19.

13) Ibid., p. 9.

14) MFF to MM, Sept. 18, 1948, VC, 117.2.

15) RFB to MM, Sept. 13, 1928, LC, S-5.

16) MM to RFB, May 27, June 9, 1928, LC, S-3.

17) RFB to MM, Aug. 3, 1938, LC, S-5.

18) MM to GB, June 22, 1934, LC, R-1.

19) MM to RFB, Nov. 7, 1928, LC, S-3.

20) MM to RFB, May 10, 1929, LC, R-3; MM to RFB, July 14, 1947, LC, R-7; interview with Don Amador, CU.

21) MM to RFB, Oct. 6, Oct. 14, 1938; July 14, 1947, LC, R-7.

22) *BW* draft, "Having a Baby", p. 1; JH, p. 323.

23) MM to RFB, Sept. 28, 1928, LC, S-3.

24) 미드가 쓴 이 책의 최종 제목인 『사모아의 청소년(Coming of Age in Samoa)』은 자유연애 사상을 피력한 에드워드 카펜터의 『성숙한 사랑(Love's Coming of Age)』을 떠올리게 한다. 제목은 미드의 출판사가 책을 만들면서 제안했다. 인기 작가이자 인류학자였던 조지 도시(George Dorsey)가 여기 가세했다. 그녀는 처음에 자신의 출판사인 윌리엄 모로(William Morrow)를 미드에게 추천하기도 했다. 미드는 *Anthropologists and What They Do*, p. 23에서 도시가 자기에게 그 제목을 제안했다고 말한다.

25) *BW* draft, "Meeting Reo", p. 3.

26) [Barter] Fortune résumé for Reo Fortune, VU; interviews with Ralph Bulmer, Peter Gathercole, CU.

27) MM to RFB, Nov. 2, Nov. 4, 1928, LC, S-3.

28) *BW*, p. 181; interview with Barter Fortune, CU.

29) Interview with Deborah Kaplan Mandelbaum, CU; GB to Ethel John Lungren, n.d., LC, S-1, miscellany file; GB to MM, Jan. 28, 1933, LC, R-2.

30) *BW* draft, "Sex and Temperament", p. 6; *BW*, p. 185.

31) GB to MM, Jan. 28, 1933, LC, R-2; MM to RFF, Aug. 13, 1927, LC, R-4.

32) GB to MM, Feb. 6, 1933, LC, R-2; MM to [RFB], Aug. 10, 1930, LC, Q-13; unidentified fragments in general correspondence; MM to RFB, July 18, 1930, LC, S-3.

33) 영국의 인류학을 소개하기 위해 내가 활용한 자료는 다음과 같다. Anna Grimshaw, *The Ethnographer's Eye: Ways of Seeing in Anthropology* (Cambridge: Cambridge University Press, 2001); George W. Stocking Jr., *After Tylor: British Social Anthropology, 1888~1951* (Madison: University of Wisconsin Press, 1995); Henrika Kuklik,

The Savage Within: The Social History of British Anthropology, 1885~1945 (Cambridge: Cambridge University Press, 1991); Nancy Lutkehaus, "'She Was Very Cambridge': Camilla Wedgewood and the History of Women in British Social Anthropology", *American Ethnologist* 13 (1986): 776~798; George W. Stocking Jr., "Radcliffe-Brown and British Social Anthropology", in *Functionalism Historicized: Essays on British Social Anthropology*, ed. George W. Stocking Jr. (Madison: University of Wisconsin Press, 1984); pp. 131~185; Adam Kuper, *Anthropologists and Anthropology: The British School, 1922~1972* (New York: Pica Press, 1973); Meyer Fortes, *Social Anthropology at Cambridge Since 1900* (London: Cambridge University Press, 1953).

34) Caffrey, *Ruth Benedict*, pp. 149~151.

35) 래드클리프 브라운에 관한 설명은 Linton and Wagley, *Ralph Linton*, pp. 38~39; Edmund R. Leach, "Glimpses of the Unmentionable in the History of British Social Anthropology", *Annual Reviews in Anthropology* 13 (1984): 21을 보라. 말리노프스키는 Hortense Powdermaker, *Stranger and Friend: The Way of an Anthropologist* (New York: W. W. Norton, 1966), p. 35와 GB to MM, April 5, 1934, R-2를 참조하라.

36) Bronislaw Malinowski, *Argonauts of the Western Pacific* (1922; New York: E. P. Dutton, 1953); A. R. Radcliffe-Brown, *The Andaman Islanders* (1922; Glencoe, Ill.: Free Press, 1948).

37) RFB to MM, Sept. 19, 1927, LC, S-1.

38) *AW*, p. 311; MM to RFB, Oct. 13, 1928, LC, S-3.

39) Interview with Ian Hogbin, CU.

40) Letter fragment, MM to RFF, Feb. 28, 1927, Dream-Research File, LC; MM to RFF, Aug. 12, Aug. 27, 1927; Sept. 13, 1927, LC, R-4.

41) Louise Bogan, *What the Woman Lived: Selected Letters of Louise Bogan, 1920~1970*, ed. Ruth Limmer (New York: Harcourt Brace Jovanovich, 1973), p. 36; Luther Cressman to Dorothy Cecilia Loch, July 7, 1927, Jane Howard Papers, CU.

42) RFB to MM, June 18, 1927, LC, S-5; MM to RFB, July 23, 1931, LC, S-3.

43) *AW*, p. 473.

44) Nov. 9~11, 1926, Poems, Publications and Other Writings File, LC. 미드의 미간행 시편과 이야기 들은 연도별로 분류된 LC, Q-15에 들어 있다.

45) MM to RFB, Jan. 29, 1928, LC, S-3. 「초록의 안식처」는 'Song of Five Springs'라는 제목의 ms. compilation of Mead's poetry에 들어 있다. 이 compilation은 1927년도로 분류되어 있고, '루스 베네딕트에게'라고 적혀 있다. LC, S-9.

46) file for 1926, LC를 보라.

47) Poem dated Feb. 25, 1927, in folder for 1927, LC.

48) MM to William Fielding Ogburn, April 27, 1927, LC, Q-11.

49) MM to RFF, March 30, 1927, LC, S-1.

50) RFB to MM, Sept. 10, 1928, [Sept.] 1929, LC, S-4.

51) *AW*, pp. 201~12; Mead, *Ruth Benedict*, p. 35.

52) RFB to MM, Sept. 10, 1928, LC, S-5; Benedict, *Patterns of Culture*, pp. 78~79.

53) RFB to MM, Aug. 24, 1927, LC, S-5.

54) *BW* draft, "Meeting Reo", p. 13.

55) Idem. 이런 문제들은 MM to Léonie Adams, July 1, 1932, Léonie Adams-William Troy Papers, YU에서도 얘기된다.

56) MM to RFB, June 6, 1928, LC, S-3.

57) Mead, "Notes for GCB", Feb. 10, 1941, LC, R-10.

58) Frederick J. Hoffman, *Freudianism and the Literary Mind* (Baton Rouge: Louisiana State University Press, 1957), p. 66; ES to RFB, Dec. 4, 1925, PS; A. A. Brill, *Psychoanalysis: Its Theories and Practical Application*, 3rd ed. (Philadelphia: W. B. Saunders, 1922), p. 298; Hirschfeld, *Homosexuality in Men and Women*, p. 108.

59) Reo Fortune, *The Mind in Sleep* (London: K. Paul, Trench, Trubner, 1927).

60) 나는 베네딕트의 꿈을 포함해 꿈을 연구한 나머지 내용을 Dream Research File, LC에 들어 있는 설문지와 문서를 바탕으로 썼다. 이 자료의 대부분은 날짜가 적혀 있지 않고 서명도 없으며 단편으로만 존재한다.

61) 그녀가 쌍둥이의 이름으로 선택한 '엑스'(X)가 베네딕트의 여성적 측면을 가리키는 것이었는지도 모른다. 내분비학자들이 '여성' 염색체를 '엑스'로 지정한 게 무려 1903년부터였기 때문이다. Knight et al., *Taboo and Genetics*, pp. 46~7, 67.

62) Mead, "Underground", LC, Q-15; *AW*, p. 3.

63) MM, Personal Notebooks, Apr. 20, 1928, LC, S-11. 미드는 각각의 직관상 출처를 이렇게 언급하고 있다. 여사제 장면은 뮤지컬 쇼 지그펠드 폴리스(Ziegfeld Follies)의 한 장면에서, 조각상 장면은 에밀리 퍼트넘의 『레이디(The Lady)』에 나오는 그리스 화병의 복제품에서, 태피스트리 장면은 껌이 축출될 거라고 장담하는 병에 붙은 상표에서, 성 세바스찬은 그녀가 「아시시의 장미 나무(Rose Tree of Assisi)」라는 제목으로 쓴 시편에서 각각 나왔다는 것이다.

64) Mead, *Male and Female*, p. 5; *BW* draft, "Having a Baby", p. 4.

65) Mead, "Bisexuality", typescript, prepared for *Redbook*, May 31, 1974, p. 2, LC, I-245.

66) Wilhelm Stekel, *Bi-sexual Love*; G. V. Hamilton, "The Emotional Life of Modern Woman", in *Woman's Coming of Age*, ed. V. F. Calverton and

Samuel Schmalhausen (New York: Horace Liveright, 1931), pp. 207~229; Carroll Smith-Rosenberg, "New Woman as Androgyne", in *Disorderly Conduct*, pp. 245~296; Chauncey, *Gay New York*, pp. 331~354; Faderman, *Odd Girls and Twilight Lovers*, pp. 93~117; Andrea Friedman, *Prurient Interests: Gender, Democracy, and Obscenity in New York City, 1909~1945* (New York: Columbia University Press, 2000); John Loughery, *The Other Side of Silence: Men's Lives and Gay Identities; A Twentieth-Century History* (New York: Henry Holt, 1998), pp. 93~112. Friedman, "The Habitat of 'Sex-Crazed Perverts': Campaigns Against Burlesque in Depression-Era New York City", *Journal of the History of Sexuality* 7 (Dec. 1996): 203~239.

67) Addendum to "Dream of Dec. 16", Dream-Research File, LC.

68) BW draft, "Marriage and Graduate School", p. 16.

69) Floyd Dell, *Love in the Machine Age: A Psychological Study of the Transition from the Patriarchal Society* (New York: Farrar & Rinehart, 1930). 미드의 서평은 *New York Evening Post*, April 5, 1930에 실렸다.

70) Louise M. Rosenblatt, *L'Idée de l'art pour l'art dans la littérature anglaise pendant la période victorienne* (Paris: H. Champion, 1931).

71) 마거릿 미드와 루스 풀턴 베네딕트가 이 소설들을 읽었다는 건 MM to RFB, Jan. 28, 1929와 undated letter, 1929, LC, S-3; MM to RFB, Nov. 3, 1932, LC, S-4를 보라.

72) 원래 제목이 『소돔과 고모라(Sodom and Gomorrah)』였던 프루스트의 『평원의 도시들』에 대한 반응은 Katz, *Gay/Lesbian Almanac*, pp. 440~441을 보라. 『우리는 다이애나를 노래한다』 서평은 Edith H. Walton, "Post-War Novels—and Others", *Bookman* 67 (May 1928): 330; Alice Beale Parsons, "Not in Our Stars", *Nation* 126 (April 4, 1928), 384~385; excerpts of other, similar reviews in *Book Review Digest, 1928* (New York: H. W. Wilson, 1929)을 보라.

73) 나는 다음의 자료를 이용해 연극 〈포로〉를 논했다. Friedman, *Prurient Interests*; Leslie A. Taylor, "Veritable Hotbeds: Lesbian Scandals in the United States, 1926~1936" (Ph.D. diss., Uinversity of Iowa, 1998); Kaier Curtin, "*We Can Always Call Them Bulgarians": The Emergence of Lesbians and Gay Men on the American Stage* (Boston: Alyson, 1987); Édouard Bourdet, *The Captive*, trans. Arthur Hornblow Jr. (New York: Brentano, 1926).

74) Mead, draft for "Bisexuality", LC.

75) 『고독의 우물』에 대한 미국 내 반응은 Taylor, "Veritable Hotbeds"를 보라.

76) Mead, "Sex and Achievement", *Forum* 94 (1935): 301~303.

77) MM to RFF, Sept. 13, 1927, LC, R-4.

78) MM to RFB, Jan. 4, 1926, LC, S-3; Margaret Mead, "Her Book, 1928", unpub. ms., LC, S-11.

79) RFB to MM, May 24, 1932, LC, S-5.

80) RFB to MM, Aug. 29, 1929, LC, S-5.

81) MM to RFB, June 12, 1928, LC, S-3.

82) MM to GB, Nov. 28, 1933, LC, R-1.

83) RFB to MM, July 26, 1929, LC, S-4.

84) RFB to MM, Sept. 1928; May 2, 1929, LC, S-5; MM to RFB, Sept. 4, 9, 21, 1928, LC, S-3.

85) 루스 베네딕트의 시 「방문」은 special correspondence file, LC, S-4에 들어 있다.

86) MM to RFB, Oct. 6, 1938, LC, B-2.

87) 베네딕트의 논문은 *AW*, pp. 248~261에 재수록되어 있다. 미드의 결론은 *AW*, pp. 246~247에 나온다.

88) *AW*, p. 202; Mead, *Male and Female*, p. 441.

89) MM to RFB, Dec. 27, 1928, LC, S-3.

90) *AW*, p. 308.

91) *AW*, pp. 187~188.

92) Sir James George Frazer, *The Golden Bough: A Study in Magic and Religion*, abridged ed. (New York: Macmillan, 1922), p. 633.

93) 베네딕트 문서를 보면 여러 제목을 찾을 수 있다. 사피어는 베네딕트에게 보내는 편지들에서 '11월의 불꽃'과 '때가 무르익는 것이 중요하다'는 제목들을 언급했다. 베네딕트는 미드에게 보내는 한 편지에서 '연애대위법'을 언급했다. MM to RFB, May 4, 1929, LC, S-5.

94) 미드는 베네딕트에게 보내는 한 편지에서 모리스 크로퍼드와의 관계를 자세히 언급한다. MM to RFB, Sept. 1, 1928, LC, S-3.

95) 날짜와 서명이 없는 이 기록은 LC, S-3에 들어 있다.

96) MM to RFB, Sept. 1, 1928, LC, S-3.

97) RFB to MM, Sept. 1928; July 10, 1930, LC, S-5.

98) MM to RFB, Sept. 28, 1928, LC, S-3.

99) RFB to MM, June 1, 1930, LC, S-4.

100) RFB to MM, Sept. 8, 1929, LC, S-4; MM to GB, Jan. 9, 1934, LC, R-1.

101) 부시와 '로고스'와 '삼위일체'는 RFB to MM, Sept. 28, 1928, LC, S-3에 나온다. Anne Singleton, "A Major Poet", *New York Herald Tribune Books*, Dec. 23, 1928, reprinted in *Critical Essays on Robinson Jeffers*, ed. James Karman (Boston: G. K. Hall, 1990), pp. 73~75.

102) RFB to MM, Jan. 5, 1929, LC, S-5; MM to RFB, Feb. 21, 1929, LC, S-3.

제퍼스에 관해서는 Robert Brophy, ed., *Robinson Jeffers: Dimensions of a Poet* (New York: Fordham University Press, 1995); James Karman, *Robinson Jeffers: Poet of California*, rev. ed. (Brownsville, Ore.: Story Line Press, 1995); Robert Zaller, *The Cliffs of Solitude: A Reading of Robinson Jeffers* (Cambridge: Cambridge University Press, 1983)를 보라.

103) *AW*, p. 154.

104) RFB to MM, March 26, May 4, 1929, LC, S-5.

105) RFB to MM, Nov. 24, 1932, LC, S-5.

106) Lois W. Banner, *In Full Flower: Aging Women, Power, and Sexuality* (New York: Alfred A. Knopf, 1992)를 보라.

107) Ivan Turgenev, *A Month in the Country: A Comedy in Five Acts*, trans. Isaiah Berlin (London: Hogarth Press, 1981), p. 99.

108) Sapir, "Observations on the Sex Problem", *American Journal of Psychiatry* 8 (1928): 519~534; "The Discipline of Sex". 사피어는 뒤의 논설을 *Child Study* (March 1930): 170~173; 187~188에도 발표했다. 베네딕트에 따르면 이 글은 종교 출판사가 발행하고, 매부 교회의 부목사가 편집한 결혼 관련 서적에도 재수록되었다. RFB to MM, June 10, 1931, LC, S-5. 1929년에 사피어는 프란츠 보애스가 쓴 『인류학과 현대 생활(Anthropology and Modern Life)』 서평에서 미드가 무능하다고 실명으로 공격했다. *New Republic* 57 (1929): 279.

109) *BW* draft, "Meeting Reo", p. 4; JH, p. 429; ES to RFB, April 29, 1929, LC, S-15; MM to RFB, Dec. 2, 1932, LC, S-4. 1930년에 미드는 레오니 애덤스를 시켜서 《뉴 리퍼블릭》의 에드먼드 윌슨에게 편지를 하게 한다. 윌슨에게 마누스에 관한 자신의 책을 사피어에게 보내 서평을 받지 말도록 요청한 것이다. '그가 그 집단에서 악감정과 편견에 사로잡혀 있기' 때문이었다. Léonie Adams to Edmund Wilson, Oct. 5, 1930, Edmund Wilson Papers, YU.

110) MM to RFB, May 2, 1937, LC, S-4; RFB to MM, Apr. 27, 1936, LC, S-5.

111) Margaret Mead, "Jealousy: Primitive and Civilized", in Calverton and Schmalhausen, *Woman's Coming of Age*, p. 45.

112) AW, p. 3.

113) MM to RFB, May 14, 1932, LC, S-3; MM to RFB, Sept. 4, 1928, LC, S-3; RFB to MM, Aug. 3, 1938, LC, S-5.

10장

활에 걸린 두 개의 시위 - 루스 베네딕트와 『문화의 패턴』

1) *Sex and Temperament in Three Primitive Societies*는 이하에서 *Sex and Temperament*로 약술한다. 미드가 이 책의 제목으로 '원시'(primitive)라는 용어를 사용한 것은 아주 흥미롭다. 그녀가 이 술어의 경멸적 함의에 민감했고, 그 대신 '동질적'(homogeneous)이란 용어를 제안했으며, 『문화의 패턴』이란 책 제목에서 베네딕트에게 그 말을 사용하지 말라고 권했다는 점을 상기하면 더욱 그렇다. 「문화의 패턴」의 처음 제목이 '원시 부족들 : 문화 유형 탐구'(Primitive Peoples: An Introduction to Cultural Types)였다. *AW*, p. 322. 그러나 대중은 '원시'라는 용어가 익숙했다. Margaret Mead, review of *The Riddle of the Sphinx*, by Géza Roheim, *Character and Personality* 4 (Sept. 1935): 90를 보라. 『문화의 패턴』이 누린 대중적 인기는 Alfred G. Smith, "The Dionysian Innovation", *AA* 66 (1964): 259를 보라.

2) Margaret Mead, *Growing Up in New Guinea: A Comparative Study in Education* (New York: William Morrow, 1930); *Changing Culture*, p. 150; "Anthropology", in Robinson, *Encyclopaedia Sexualis*, p. 21.

3) Mead, "Jealousy: Primitive and Civilized", p. 46; "Woman: Position in Society: Primitive", in *Encyclopaedia of the Social Sciences*, ed. R. A. Seligmann (New York: Macmillan, 1930~1935), vol. 15, pp. 439~442.

4) Benedict, *Patterns of Culture*, p. 242; AW, p. 324.

5) Ruth Benedict, "Anthropology and the Abnormal", *Journal of General Psychology* 10 (1934): 59~82, *AW*, p. 183.

6) 미드는 이 주제와 관련해 "Temperamental Differences and Sexual Dimorphism", p. 179에서 둘의 차이점을 언급했다. "베네딕트도 어느 정도는 기질(유전적 소질)을 믿었다. 그러나 이를 규명하려는 이론적 시도는 전혀 하지 않았다."

7) Joseph Allen Boone, *Libidinal Currents: Sexuality and the Shaping of Modernism* (Chicago: University of Chicago Press, 1998)에는 다섯 명의 작가(와 그들이 출간한 네 편의 작품)가 '퀴어 모더니스트'로 소개된다. Bruce Nugent, "Smoke, Lilies, and Jade", 1926; Djuna Barnes, *Nightwood*, 1936; Charles Henri Ford and Parker Tyler, *The Young and Evil*, 1933; Blair Niles, *Strange Brother*, 1931.

8) Rutkoff and Scott, *New School*, pp. 84~106. 호나이는 유대인도 아니었고, 사회주의자도 아니었다. 그녀가 독일을 뜬 이유는 우경화된 정치 상황이 내키지 않았기 때문이다. 시카고 소재 정신분석연구소(Institute for Psychoanalysis in Chicago)가 그녀

를 신규 채용했다는 이유도 거기에 가세했다. Lewis A. Coser, *Refugee Scholars in America: Their Impact and Their Experiences* (New Haven: Yale University Press, 1984), pp. 9~82도 보라.

9) ES to RFB, Aug. 7, 1923, PS.

10) ES to RFB, Aug. 23, 1924, PS.

11) 사피어에 관한 서술은 주로 Darnell, *Edward Sapir*, pp. 223~358에 의존했다. 사피어가 문화와 인성 학파에 끼친 전반적 영향은 David F. Aberle, "Influence of Linguistics on Early Culture and Personality Theory", in *Eassays in the Science of Culture; In Honor of Leslie A. White*, ed. Gertrude E. Dole and Robert L. Carneiro (New York: Thomas Y. Crowell, 1960), pp. 1~29; Regna Darnell, "Personality and Culture: The Fate of the Sapirian Alternative", in *Malinowski, Rivers, Benedict, and Others: Essays on Culture and Personality*, ed. George W. Stocking Jr. (Madison: University of Wisconsin Press, 1986), pp. 156~183을 보라.

12) Edward Sapir, "The Meaning of Religion", *American Mercury* 15 (Sept. 1928): 76~77.

13) 에드워드 사피어가 그 연간에 행한 가장 날카로운 베네딕트 비판은 "The Emergence of the Concept of Personality in a Study of Cultures", *Journal of Social Psychology* 5 (1933): 408~415이다. McMillan, "The Study of Anthropology"도 보라. 설리번의 '자아심리학'은 Philip Cushman, *Constructing the Self, Constructing America: A Cultural History of Psychotherapy* (Boston, Mass.: Addison-Wesley, 1995), pp. 169~185를 보라.

14) Benedict, "Configurations of Culture in North America", *AA* 34 (1932): 1~27, reprinted in *AW*, p. 104. 인용문은 Edward Sapir, "Culture, Genuine and Spurious", *American Journal of Sociology* 29 (1924): 401~429를 직접 겨냥한 발언이다. 사피어는 이 글에서 문화의 조화로움 여부를 통해 사회들을 분류했다. 사피어는 1928년에 설리번을 만났고, 개인에 대한 관심을 굳건히 했다. 그 전까지 그는 융의 내향성 및 외향성 개념을 사용하고 있었다. Otto Klineberg, "Historical Perspectives: Cross-Cultural Psychology Before 1960", in *Handbook of Cross-Cultural Psychology*, ed. Harry C. Triandis and William Wilson Lambert (Boston: Allyn & Bacon, 1980), vol. 1, pp. 36~37을 보라. "A Lecture by Dr. E. Sapir in Seminar on the Impact of Culture", [1931], LC, G-9도 보라.

15) 사피어의 연설에 베네딕트가 보인 반응은 RFB to MM, Nov. 30, 1932, *AW*, p. 325; Benedict, "Anthropology and the Abnormal", *AW*, p. 278을 보라.

16) RFB to MM, April 2, 1932, LC, S-5.

17) Mead, *Ruth Benedict*, p. 38.

18) Benedict, *Zuñi Mythology* (New York: Columbia University Press, 1935), vol. 1, p.

xxi; RFB to Ruth Landes, Jan. 26, 1937, VC, 31.3.

19) RFB to RFF, Aug. 2, 1932, *AW*, p. 321.

20) *AW*, p. 346; Alfred L. Kroeber, "Unpublished Reminiscences", quoted in Sally Fulk Moore, "Anthropology", in Hoxie et al., *History of the Faculty*, p. 157.

21) Helene Codere, "The Amiable Side of Kwakiutl Life: The Potlach and the Play Potlach", AA 58 (April 1956): 334~51; Benedict, *Patterns of Culture*, p. 241을 보라.

22) RFB to MM, July 20, 1932, *AW*, p. 319.

23) Alfred L. Kroeber, review of *Patterns of Culture*, *AA* 37 (1935): 690.

24) 여성 작가들의 지적 계보를 밝히려는 노력은 Betsy Erkkilla, *The Wicked Sisters: Women Poets, Literary History, and Discord* (New York: Oxford University Press, 1992), pp. 3~16을 보라.

25) Ruth Benedict, "Anthropology and the Humanities", 585~593.

26) Victor Barnouw, "Ruth Benedict: Apollonian and Dionysian", *University of Toronto Quarterly* 18 (April 1949): 242.

27) Banner, *In Full Flower*, p. 165를 보라.

28) RFB to MM, Aug. 12, 1939, LC, R-7; RFB to "Chuck", Aug. 13, 1939, LC, R-16; MM to RFB, Oct. 5, 1939, LC, S-5; RFB, "Primitive Freedom", *Atlantic Monthly* 169 (1942), reprinted in Mead, *Ruth Benedict*, pp. 134~146.

29) "Preface to the Fifth Edition", in *American Men of Science: A Biographical Directory*, ed. J. McKeen Cattell and Jacques Cattell, 5th ed. (New York: Science Press, 1933), p. viii을 보라. 이 순위는 '수천 명'의 과학자들이 응답한 설문지 조사로 정해졌다.

30) MM to RFB, Dec. 2, 1932, LC, S-5.

31) RFB to MM, May 15, 1932, LC, S-4. 1903년에 독일어뿐만 아니라 영어로도 출간된 오토 바이닝거의 저서 『성과 성격(Sex and Character)』은 유럽과 미국 모두에서 베스트셀러였다.

32) MM to RFB, Oct. 22, 1931, LC, S-3.

33) 마저리 러브의 자살 기도는 RFB to Margery, summer 1929; Nov. 29, 1929, VC, 1.5를 보라.

34) RFB journal fragments, dated June 15, 1934, VC, 36.1.

35) RFB to MM, June 27, Oct. 22, 1931, LC, S-5.

36) RFB journal fragment, VC, 36.1.

37) RFB journal fragment, VC, 36.1.; Lurker, *Gods and Symbols of Ancient Egypt*, p. 65.

38) RFB to MM, Aug. 3, 1938, LC, S-5.

39) RFB to MM, Feb. 7, 1933, LC, S-5.

40) RFB to MM, Jan. 21, 1937, LC, S-5.

41) Bernard J. Paris, *Karen Horney: A Psychoanalyst's Search for Self-Understanding* (New Haven: Yale University Press, 1994), pp. 181~189, 214~222.

42) 미드는 자신이 쓴 베네딕트 전기에 이 장을 재수록했다. Mead, *Ruth Benedict*, pp. 146~159를 보라.

43) Edward Hoffman, *The Right to Be Human: A Biography of Abraham Maslow* (Los Angeles: J. P. Tarcher; New York: dist. by St. Martin's Press, 1988), p. 155.

44) Margaret Mead, "Notes on the Columbia University Biography", LC.

45) clipping files, OC를 보라.

46) *AW*, p. 155.

47) T. George Harris, "About Ruth Benedict", pp. 51~52.

48) Benedict, *Patterns of Culture*, p. 18.

49) Ibid., pp. 1~20. 미드가 과학적 합리성에 투철했다는 것은 Mead, "The Meaning of Freedom in Education", *Progressive Education* 8 (Feb. 1931): 111을 보라.

50) Steven Biel, *Independent Intellectuals in the United States, 1910~1945* (New York: New York University Press, 1992); Richard Wightman Fox, "Epitaph for Middletown: Robert S. Lynd and the Analysis of American Culture", in *The Culture of Consumption*, ed. Fox and T. J. Jackson Lears (New York: Pantheon Books, 1983), pp. 103~141; M. C. Smith, *Social Science in the Crucible*; Cross, "Design for Living", Ogburn and Goldenweiser, *Social Sciences and Their Interrelationships*.

51) Michael M. Sokal, "The Gestalt Psychologists in Behaviorist America", *American Historical Review* 89 (1984): 1240~1263.

52) Alexander Goldenweiser, "Anthropology and Psychology", in Ogburn and Goldenweiser, *Social Sciences and Their Interrelationships*, p. 85; *AW*, p. 14. Judith Modell, "'It Is Besides a Pleasant English Word'-Ruth Benedict's Concept of Patterns", *Anthropological Quarterly* 62 (Jan. 1989): 27~40과 updated version in Banner and Janiewski, *Reading Benedict/Reading Mead*도 보라.

53) Mead, "Retrospects and Prospects", p. 127.

54) Gardner Murphy and Friedrich Jensen, *Approaches to Personality: Some Contemporary Conceptions Used in Psychology and Psychiatry* (New York: Coward-McCann, 1933), pp. 335~405. '편집증'이라는 용어의 역사는 J. Laplanche and J.-B. Pontalis, *The Language of Psycho-Analysis*, trans. Donald Nicholson-Smith (New York: W. W. Norton, 1973), pp. 296~297을 보라.

55) 프로이트의 사회심리학은 Louise E. Hoffman, "The Ideological Significance of Freud's Social Thought", in *Psychology in Twentieth-Century Thought and Society*, ed. Mitchell G. Ash and William R. Woodward (Cambridge: Cambridge University

Press, 1987), pp. 256~261을 보라. '원시적 집단'이라는 개념은 『토템과 터부』에 나온다. Freud, "Group Psychology and the Analysis of the Ego", *Standard Edition*, vol. 18, pp. 139~141도 보라. 이 1921년 저작은 1922년에 영어로 번역되었다. 버지니아 브리스코(Virginia Briscoe)는 "Ruth Benedict: Anthropological Folklorist", *Journal of American Folk-Lore* 92 (1979): 453에서 보애스주의자 가운데서 정신분석에 가장 경도된 사람은 골든와이저였고, 그가 베네딕트에게 커다란 영향을 미쳤다고 주장한다. 그러나 브리스코는 프로이트주의, 신프로이트주의, 비프로이트주의 심리학을 구분하지 않고 있다.

56) Benedict, "Science of Custom", p. 647. Westbrook, *John Dewey*, p. 439도 보라.

57) Benedict, "Science of Custom", p. 649.

58) Benedict, *Patterns of Culture*, pp. 36, 271.

59) Maslow, *Farther Reaches of Human Nature*, p. 200을 보라.

60) Victor Barnouw, "Benedict", in *Masters: Portraits of Great Teachers*, ed. Joseph Epstein (New York: Basic Books, 1981), p. 174.

61) Silverman, *Totems and Teachers*, p. 156을 보라.

62) Lee, "Ruth Fulton Benedict", pp. 345~346. 베네딕트는 현대 과학과 관련해 Alfred North Whitehead, *Science and the Modern World* (1925; New York: Macmillan, 1954)를 추천했다. 그 책 pp. 165~198에 플랑크 및 아인슈타인에 관한 논의가 나온다.

63) Evelyn Fox Keller, *A Feeling for the Organism: The Life and Work of Barbara McClintock* (San Francisco: W. H. Freeman, 1983).

64) *AW*, pp. 317~318; Santayana, *Three Philosophical Poets*, p. 4.

65) Mead, *Ruth Benedict*, p. 171을 보라.

66) Santayana, *Three Philosophical Poets*, p. 4.

67) Biederman, *Dictionary of Symbolism*, p. 353.

68) E. Wilson, *Axel's Castle*, p. 264.

69) ES to RFB, Oct. 6, 1928, AW, p. 193.

70) Clifford Geertz, "Us/Not-Us: Benedict's Travels", in *Works and Lives: The Anthropologist as Author* (Stanford, Calif.: Stanford University Press, 1988), pp. 106~107.

71) 베네딕트는 자신의 글에서 가끔씩 단테의 『지옥(Inferno)』을 언급했다. 그녀는 "Malvina Hoffman", unpub. speech, *AW* draft, LC에서 어떤 부족은 "불신과 공포의 지배를 받고, 또 어떤 부족은 자존심이 있으며 두려워하지 않는다."라고 썼다. "전자의 부족에서 우리는 단테의 지옥을 떠올린다. 단테는 천국의 주민들이 (후자의 부족처럼) 자존감 속에서 두려움을 모를 것이라고 생각했다."

72) 베네딕트는 평원 인디언들의 남자-여자를 쓰기 위해 엘라 들로리아(Ella Deloria)의 미간행 원고를 참조했다. 엘라 들로리아는 다코타 족의 일원으로, 컬럼비아 대

학교 인류학과에서 박사 과정을 밟고 있었다. Janet L. Finn, "Ella Cara Deloria and Mourning Dove: Writing for Cultures, Writing Against the Grain", in *Women Writing Culture*, ed. Ruth Behar and Deborah A. Gordon (Berkeley: University of California Press, 1995), pp. 131~147을 보라. 베네딕트는 1935년 로버트 로위에게 써 보낸 편지에서 들로리아가 다코타 족의 베르다슈를 설명한 내용이 낭만적으로 묘사된 것 같다며 걱정했다. (RFB to RHL, April 17, 1935, VC.) 베네딕트는 1939년에 다코타 족에 관한 자신의 결론을 수정했다. 다코타 족은 (수동적과 대비되는 의미에서) 적극적 동성애를 금지했고, 베르다슈 또한 양가적으로 여겨졌다고 언급한 것이다. Ruth Benedict, "Sex in Primitive Society", *American Journal of Orthopsychiatry* 9 (1939): 572.

73) Lang, *Men as Women*, p. 20.

74) Alfred L. Kroeber, "Psychosis or Social Sanction", *Character and Personality* 3 (1940): 210. 로버트 H. 로위는 동성애에 양가적인 태도를 드러냈다. *Primitive Religion* (1924; London: Allen Lane, 1973), pp. 181, 243~246에서는 동성애를 '변태'라고 불렀는가 하면 어떤 부족들에서는 동성애가 영성과 연계되어 있다며 칭송하기도 했다.

75) Bowles, *Louise Bogan*, p. 103에서 재인용.

76) 보건의 전기는 최소 한 권이 집필되었고(엘리자베스 프랭크가 썼다), 그녀의 시를 분석한 비평서도 많다. 그러나 레오니 애덤스의 전기는 한 권도 없다. 최근까지도 그녀의 시를 분석한 비평서는 거의 찾아볼 수 없는 지경이다. 나는 애덤스 자신이 남긴 문서, 예일 대학교에 소장돼 있는 에드먼드 윌슨 문서, 의회 도서관의 미드 문서를 바탕으로 그녀의 삶을 추적했다.

77) Margaret Mead, introduction to her *From the South Seas: Studies of Adolescence and Sex in Primitive Societies* (New York: William Morrow, 1939). Klineberg, "Historical Perspectives", pp. 37~38도 보라.

78) *AW*, p. 320.

79) Ibid., pp. 335~336. 폴섬 박사(Dr. Folsom)라는 사람에게 보낸 1936년의 한 편지에서 베네딕트는 그처럼 자기도 제목으로 들어간 '패턴'이란 단어가 마음에 안 든다고 말했다. 그러나 출판사는 '에토스'(ethos)나 '형태'(configurations)를 좋아하지 않았고, 베네딕트는 다른 생각을 떠올릴 수 없었다. RFB to Dr. Folsom, Feb. 29, 1936, VC, 2.8.

80) Benedict, "Configurations of Culture", p. 83. Benedict, "Folklore", "Magic", and "Myth", in *Encyclopaedia of the Social Sciences*, vol. 6, pp. 288~293; vol. 10, pp. 39~44; vol. 11, pp. 178~181도 보라.

81) Ruth Benedict, "Religion", in *General Anthropology*, ed. Franz Boas (Boston: D. C. Heath, 1938), pp. 641~659.

82) 괴물과 영화에 관한 내용은 Thomas Doherty, *Pre-Code Hollywood: Sex, Immorality, and Insurrection in American Cinema, 1930~1934* (New York: Columbia

University Press, 1999), 특히 pp. 221~318을 참고했다.

83) Lois Scharf, *To Work and To Wed: Female Employment, Feminism, and the Great Depression* (Westport, Conn.: Greenwood Press, 1980), pp. 673~683; Banner, *Women in Modern America*, pp. 179~205.

84) 공격적 남성성의 재부상은 이 책의 12장을 보라. 1930년대의 동성애는 Terry, *An American Obsession*, pp. 268~296과 Carlston, "'A Finer Differentiation'"을 바탕으로 썼다. '성 범죄 공포'는 Estelle Freedman, "'Uncontrolled Desires': The Response to the Sexual Psychopath, 1920~1960", in Peiss and Simmons, *Passion and Power*, pp. 199~225를 보라.

85) Richard Chase, "Ruth Benedict: The Woman as Anthropologist", Columbia University *Forum* 2 (1959): 19~22.

86) Benedict, *Patterns of Culture*, p. 276.

87) Ibid., pp. 245, 259.

88) Ibid., pp. 260, 277. 해블록 엘리스는 Josiah Flynt, "Homosexuality Among Tramps"를 *Sexual Inversion*의 부록으로 수록했다. *Sexual Inversion*은 1902년판부터 시작된다.

89) *Webster's Encyclopedic Unabridged Dictionary*.

90) Benedict, *Patterns of Culture*, pp. 42~43과 "Science of Custom", p. 648.

91) Myrna Garvey Eden, "Malvina Cornell Hoffman", in *Notable American Women: The Modern Period; A Biographical Dictionary*, ed. Barbara Sicherman and Carol Hurd Green (Cambridge, Mass.: Harvard University Press, Belknap Press, 1980), pp. 343~345; Malvina Hoffman, *Heads and Tales* (New York: Charles Scribner's Sons, 1936).

92) Benedict, "Malvina Hoffman", in typescript, *AW*, LC; memorandum from RFB to Ruth Aimes, April 9, 1945, VC.

93) Margaret Mead, ed., *Cooperation and Competition Among Primitive Peoples* (1937; Boston: Beacon, 1961)를 보라.

94) Irving Goldman, "The Zuni of New Mexico", in Mead, *Cooperation and Competition*, pp. 313~353.

95) 루스 베네딕트의 「민족학 현지 조사 수행자들이 활용할 수 있는 심리적 단서들의 안내서」는 출판되지 못했다. 나는 Geoffrey Gorer Papers, SU에서 등사판을 한 권 찾아냈다.

96) Pandora, *Rebels Within the Ranks*, pp. 160~163.

97) Gregory Bateson, *Naven* (Cambridge: Cambridge University Press, 1936), vii.

11장

세픽 강의 '구역'들 – 『세 부족사회에서의 성과 기질』 1부

1) 마누스에서 발생한 불화는 MM to RFB, Dec. 7, Dec. 30, 1928; Feb. 21, 1929, LC, S-3을 보라. 1929년 3월 25일자로 된 편지에서 미드는 이렇게 썼다. "우리는 아주 행복해요." 그러고는 자신들의 불화를 루스에게 알린 것을 후회했다(LC, S-3). 미드는 *BW*, p. 197에서 '사건 분석'을 분명히 밝힌다.

2) 미드는 여러 논문에서 마누스 아이들의 사고방식(미드의 원래 계획), 사회의 친족 구조, 아버지들의 양육 방식, 마누스의 육아가 서구의 진보적 교육에 가지는 의미를 논했다. 다른 많은 연구에서처럼 이 프로젝트와 관련해서도 미드의 상상력이 다각적으로 작용하고 있었던 셈이다. 실제로 그녀는 「뉴기니에서 어른 되기」 말고도 다른 많은 지면을 통해 연구 내용을 발표했다. Margaret Mead, "Meaning of Freedom in Education", 107~111; "An Investigation of the Thought of Primitive Children, with Special Reference to Animism", *Journal of the Royal Anthropological Institute* 62 (Jan.~June 1932): 173~'90; "Kinship in the Admiralty Islands", *Anthropological Papers of the American Museum of Natural History* 34, no. 2 (New York, 1934), 183~358을 보라.

3) Interview with Barter Fortune, CU.

4) MM to RFB, April 9, 1933, LC, R-7을 보라.

5) 미드와 오마하 족의 베르다슈는 Margaret Mead, "Summary Statement of the Problem of Culture and Personality", March 1933, New Guinea Field Notes, Tchambuli, LC, N-102; handwritten, untitled comments by Gregory Bateson on the Omaha berdache, undated, unsigned, in Bateson's letters in the R file, LC; Mead, *Sex and Temperament*, p. 295; MM to George Devereux, July 26, 1938, LC, R-10; Mead, "Cultural Determinants of Sexual Behavior", pp. 1452~1453을 보라.

6) Mead, *Coming of Age in Samoa*, p. 95와 *Growing Up in New Guinea*, pp. 166, 193, 198~199.

7) 미드가 복장 도착자를 동성애자나 이성애자로 정의했다는 것은 Bettie Wysor, *The Lesbian Myth* (New York: Random House, 1974), p. 108을 보라. 해블록 엘리스도 "Eonism", in *Studies of the Psychology of Sex*, vol. 3, pp. 1~110에서 이 사실을 확인했다. 그는 1910년에 출판된 마그누스 히르슈펠트의 노작 *Transvestites: The Erotic Drive to Cross-Dress*를 인용했다. 성 전환자들이 젠더를 정의하는 데서 얼마나 중요한지에 관한 미드의 견해는 시간이 지나면서 바뀌었다. 미드는 "Background

Statement About Homosexuality"(〈들어가며〉 주) 19번을 보라)에서 남녀 양성 아이의 사례를 언급했다. 그 또는 그녀는 여자로 오인되었지만 사춘기를 경과하면서 남성 성기가 발달했다. 그러나 그녀는 여자로 남기를 원한다. 미드는 성 정체성에서 환경이 생물학적 조건보다 우위에 있다는 증거로 이 사례를 제시했다. 그러나 그녀는 *Male and Female*, p. 131에서 남녀 양성 연구로도 내분비 균형과 동성애 정체성의 관계를 효과적으로 규명하지 못했다고 언급했다.

8) 나바호 족은 베르다슈 전통이 강력했다. 1934년에 윌러드 힐은 베르다슈가 영적인 존재로 찬양받는다는 것을 알아냈다. W. H. Hill, "The Status of the Hermaphrodite and Transvestite in Navaho Culture", *AA* 37 (1935): 273~279.

9) 미드는 *BW*, p. 228에서 그 여행에 소요되는 연구 지원금을 신청하지 않았고, 그래서 정확히 뭘 할 작정인지 자세히 설명할 필요가 없었다고 말했다.

10) *Sex and Temperament*, p. xiv.

11) *BW* draft, "Sex and Temperament", p. 13.

12) Sigmund Freud, "The Psychogenesis of a Case of Homosexuality in a Woman", 1920, reprinted in Freud, *Sexuality and the Psychology of Love*, ed. Philip Rieff (1963; New York: Simon & Schuster, 1983), pp. 123~149.

13) 인류학자들이 집필한 필독 저술 모음집을 편찬한 V. F. 캘버턴은 한 장을 할애해 웨스터마크를 소개하고 있다. 미드의 『사모아의 청소년』에서 가져온 장도 한 개 여기 들어 있다. Calverton, *The Making of Man*, pp. 529~564를 보라. 미드에 따르면 웨스터마크는 인류학자들이라면 반드시 읽어야 하는 사람이었다. JH, p. 143.

14) William McDougall, *Outline of Abnormal Psychology* (New York: Charles Scribner's Sons, 1926), p. 353; Mathilde and Mathias Vaerting, *The Dominant Sex: A Study in the Sociology of Sex Differentiation* (New York: G. H. Doran, 1923). 1930년대의 남성/여성 이항 분리는 Meyerowitz, *How Sex Changed*; Stephanie Hope Kenen, "Scientific Studies of Human Sexual Difference in Interwar America" (Ph. D. diss., University of California, Berkeley, 1998); Henry Minton, "Femininity in Men and Masculinity in Women: American Psychiatry and Psychology Portray Homosexuality in the 1930's", *Journal of Homosexuality* 13 (fall 1986): 1~21; Joseph Pleck, "The Theory of Male Sex Role Identity: Its Rise and Fall, 1936 to the Present", in *In the Shadow of the Past: Psychology Portrays the Sexes; A Social and Intellectual History*, ed. Miriam Lewin (New York: Columbia University Press, 1984), pp. 205~225를 보라.

15) Benedict, *Patterns of Culture*, p. 262.

16) "Tamberans and Tambuans in New Guinea", *Natural History* 34 (May/June 1934): 234~326에서 마거릿 미드는 탐베란 숭배를 여자를 억압하는 의식으로 보았다. 동성애 보고 사례들은 H. Ellis, *Studies in the Psychology of Sex*, vol. 2, pp. 20~21과

C. G. Seligman, "Sexual Inversion Among Primitive Tribes", *Alienist and Neurologist* 23 (Jan. 1902)을 보라.

17) H. Ellis, *Psychology of Sex*, vol. 4, p. 20; CTK to MM, undated letter, 1930s, LC, N-12.

18) Margaret Mead, quoted in Golde, *Women in the Field*, pp. 319~20.

19) Mead, *Sex and Temperament*, pp. 140, 149.

20) Ibid., p. 179. 낸시 맥도웰은 1980년대 초에 문두구모르 족을 다시 연구했고, 미드가 그 부족을 과장되게 묘사했음을 확인했다. 그렇다고 미드의 서술이 부정확한 것은 아니었다. 문두구모르인들은 호전적이었다. 그러나 배려하는 측면도 있었다. 실제로 그들의 배려하는 행동은 단순한 '일탈' 이상이었다. 맥도웰은 의회 도서관에 보관된 미드의 현지 조사 기록을 읽은 후 그녀가 뛰어난 관찰자였음을 인정했다. 미드가 베네딕트의 통합 형태 이론 틀보다 더 복잡한 체계를 사용했다면 더 정교한 결과를 얻을 수 있었을지도 모른다. 베네딕트의 통합 형태 이론 틀은 정상과 일탈을 양분하는 선에서 그쳤다. Nancy McDowell, *The Mundugumor: From the Field Notes of Margaret Mead and Reo Fortune* (Washington, D.C.: Smithsonian Institution Press, 1991)을 보라.

21) *BW* draft, "Sex and Temperament", p. 6.

22) RFF to MM, Feb. 14, 1948, LC, R-6.

23) RFB to MM, Feb. 10, 1933, LC, S-5.

24) MM to RFB, Jan. 16, April 23, July 31, Dec. 2, 1932, LC, S-3.

25) MM to RFB, Oct. 21, 1932, LC, S-4; RFB to MM, Feb. 7, 1933, LC, S-5.

26) Mead, *Male and Female*, p. 147.

27) Ibid., p. 67.

28) MM to RFB, Sept. 23, 1932, LC, S-3.

29) MM to RFB, March 29, 1933, LC, R-7.

30) '지식 귀족'에 관한 고전적인 분석으로는 Noel Annan, "The Intellectual Aristocracy", in *Studies in Social History: A Tribute to G. M. Trevelyan*, ed. J. H. Plumb (New York: Longmans, Green, 1955), pp. 243~287이 있다. 베이트슨의 가계를 설명한 부분은 다음을 참고했다. David Lipset, *Gregory Bateson: The Legacy of a Scientist* (Englewood Cliffs, N.J.: Prentice-Hall, 1980); "Case History", attached to a letter, MM to Erik Erikson, April 27, 1947, R-8; Gregory Bateson Papers, LC.

31) GB to MM, May 11, 1934, LC, R-2.

32) MM to RFB, March 29, 1933, LC, R-7.

33) 노엘 틀론 포터의 삶은 다음의 자료를 바탕으로 썼다. Long obituary in the *Cambridge News*, Dec. 18, 1962, p. 6, written by Lance Sieveking, Cambridge Public Library, Cambridge, England; Porter's seven-volume typescript autobiography, "As I Seem to Remember", Special Collections and Manuscripts, Cam-U.

34) 강연 내용은 자서전 마지막 권에 실려 있다.

35) GB to MM, [Sept.], Oct. 8, 1933, LC, R-2.

36) GB to RFB, Nov. 16, 1933, LC, S-1. 노엘 포터는 마거릿에게 보낸 편지에서 그레고리에게는 '매력적이고, 다정하며, 아쉬움을 남기는 감동'이 있다고 썼다. 어느 쪽 성이든 모성적인 사람은 거기에 감응하지 않을 수 없다는 것이었다. 포터는 그레고리에게는 자신이 엄마 같은 사람이라고 말하기도 했다. Nov. 1933, LC, R-10, unidentified file.

37) GB to Johnny, Nov. 24, 1930, LC, O-1.

38) GB to MM, Half Moon, n.d. [Oct. 1933], LC, R-2.

39) Lipset, *Gregory Bateson*, p. 93.

40) Geoffrey Gorer, "The Adventures and Travels of Mr. Roderick Cantilever", SU. Gregory Bateson, "Morale and National Character", in *Steps to an Ecology of Mind: Collected Essays in Anthropology, Psychiatry, Evolution, and Epistemology* (1972; Northvale, N.J.: Jason Aronson, 1987), p. 96. *Charterhouse: An Open Examination, Written by the Boys* (London: K. Mason, 1964), pp. 82~90, 105~106도 보라.

41) *BW*, p. 234.

42) GB to MM, Feb. 6, 1934, LC, R-2.

43) RFF to MM, March 9, Sept. 12, 1933, LC, R-4. Interview with Ian Hogbin, CU도 보라.

44) GB to MM, Feb. 6, 1934, LC, R-2.

45) MM to RFB, March 9, 1933, LC, S-4.

46) Interview with Barter Fortune, CU.

47) *BW*, p. 234.

48) '두 번째 염소들의 사건'이란 언급은 마거릿과 그레고리가 주고받은 편지에 나온다. 마거릿은 "Notes for GCB"에서 그 사건이 중요했다고 말한다(3장 각주 31번을 보라). 내 생각에 염소(goat)는 '귀신'(ghost)을 뜻하는 것 같다. 그레고리는 어린아이처럼 이 두 단어를 혼동했다. Lipset, *Gregory Bateson*, p. 47을 보라. 미드는 "Summary Statement on Culture and Personality"에서 지적 자극도 없이 홀로 남게 된 수동적인 사람들은 '귀신을 본다'고 주장했다. 그러나 수동적인 사람 둘이 모여서 생각을 교환하게 되면 심오한 영성이 탄생한다고도 말했다. '첫 번째 염소들'의 사건은 두 사람의 첫 만남이었을 것이다. 마거릿과 리오가 그레고리를 차에 태워서 암분티에서 열린 크리스마스 축하연에 데려간 사건 말이다. 마거릿과 그레고리는 곧바로 서로에게 끌렸다.

49) Elizabeth Brown to GB, April 15, 1932, O-1. 벳이 그레고리에게 보낸 편지들은 Gregory Bateson Papers, LC에 들어 있다. Hortense Powdermaker는 *Stranger and Friend*, p. 36에서 벳이 말리노프스키의 세미나에 참가했다고 확인하고 있다. 베이트슨은 『네이븐(Naven)』에서 자신의 이아트물 족 연구에 벳과 벳의 남편이 도움을 주었

다고 밝히면서 그 사실에 감사를 표한다. 이렇게 씌어 있다. Mr. and Mrs. Mackenzie of the *Lady Betty*.

50) GB to MM, Sept. 23, Dec. 2, 1933, LC, R-1; "Kreegery" to GB, Nov. 1, 1933, LC, O-1.

51) MM to RFB, Jan. 16, June 29, 1933, LC, S-4.

52) 스티브에 관해서는 MM to CTK, Jan. 29, 1937, LC, B-9; letter from Steve to MM, undated, 1930s, located in the middle of MM's letters to Carrie Kelly (CTK), B-9; Steve's letters to Mead, including diary entries, are mostly in LC, R-9, general correspondence file; unsigned, undated letter to GB, LC, O-1, identifiable by handwriting을 보라.

53) Margaret Mead, *Letters from the Field*, 1925~1975 (New York: Harper & Row, 1977), p. 140; *BW*, p. 242.

54) *Sex and Temperament*, p. viii.

55) *BW* draft, "Sex and Temperament", pp. 13~14.

56) 나는 다음의 자료를 바탕으로 참브리 사회에서 일어난 일을 썼다. *BW* draft, "Sex and Temperament"와 마거릿 및 그레고리가 서로에게 써 보낸 메모(두 사람은 그 메모를 '쪽지'라고 불렀다). 이 메모는 대개가 LC의 R-1과 R-2 파일에 들어 있고, S addition에서도 조금 찾을 수 있다. 나는 특히 나 R 파일에 들어 있는 리오와 그레고리와 마거릿 사이에 오간 편지들도 활용했다. 이 편지들에는 세픽 강에서 어떤 일이 벌어졌는지가 쓰여 있고, "Summary Statement on Culture and Personality"에 나오는 정보도 담겨 있다. 미드는 그들이 이전에 수행한 연구에 기초해서 3월에 "Summary Statement on Culture and Personality"를 썼다. JH, 특히 p. 345와 미드의 "Notes for GCB"에도 자료가 있다. 나는 다음도 참고했다. Gerald Sullivan, "Of Feys and Culture Planners: Margaret Mead and Purposive Activity as a Value", in Banner and Janiewski, *Reading Benedict/Reading Mead*.

57) 그들의 행동은 당시 교육계와 채용 분야의 시험 평가에서 널리 사용되던 '남성성'과 '여성성' 측정자의 영향을 받은 것 같다. 스탠퍼드 대학교의 루이스 터먼과 캐서린 콕스 마일스가 그 측정자를 개발했다. 이 측정자는 남성성과 여성성의 극단적인 차이가 남녀의 정상 상태와 같다는 것을 증명한 것으로 평가받았다. Pleck, "Theory of Male Sex Role Identity"와 Miriam Lewin, "Rather Worse than Folly" in Lewin, *In the Shadow of the Past*를 보라.

58) 그들의 그리스도 평가는 미드의 "Summary Statement"에 나온다.

59) MM to RFB, March 29, 1933, LC, R-7.

60) MM to RFB, March 9, 1933, LC, S-4.

61) RFB to MM, Oct. 16, 1932, *AW*, p. 324.

62) 미드는 *BW* 초고의 한 장인 "Sex and Temperament"에서 멘델과 융에 기댄 것

을 포함해 그들의 사유가 어떻게 전개되었는지를 밝히고 있다.

63) BW, p. 256.

64) GB to Rhoda Métraux, May 1, 1967, Gregory Bateson Papers, U-Cal, Santa Cruz (UCSC), 956~958. 댜길레프와 니진스키 부분은 Peter Ostwald, *Vaslav Nijinsky: A Leap into Madness* (New York: Lyle Stuart, 1991)를 참고해서 썼다. 루이즈 보건도 *Achievement in American Poetry*, p. 54에서 다른 많은 이들의 평가를 되풀이한다. 발레 뤼스가 제1차 세계대전 직전 연간에 프랑스와 영국에서 미학적으로 가장 중요한 영향력을 행사했다고 말이다. Gaylyn Studlar, *This Mad Masquerade: Stardom and Masculinity in the Jazz Age* (New York: Columbia University Press, 1996), pp. 155~156도 보라.

65) 그들이 취한 '페이'의 어원은 Mead, "Retrospects and Prospects", p. 132를 보라. 이 글에서 미드는 '페이'를 '기질적으로 미학적 초연함이 발현된 사람'으로 정의했다. JH, p. 345에서 그녀는 터크를 중심에 서서 다른 모두를 조종하는 사람으로 정의한다. 그레고리가 니진스키와 일체감을 느꼈다는 사실은 MM to GB, June 13, 1934, LC, R-2를 보라.

66) Mead, *Letters from the Field*, p. 133.

67) GB to MM, Friday, undated, R-2.

68) "Monday the Third [1933]". 다수의 쪽지는 날짜가 없다.

69) MM to GB, undated note, Tchambuli, LC, R-1; RFF to Luther Cressman, April 9, 1933, LC, R-4. 리오가 그 편지를 보내지 않았을 가능성이 많다. 이 편지는 리오가 마거릿에게 보낸 편지들을 모아놓은 R-4 파일에 들어 있다.

70) MM to RFB, March 14, 1933, LC, S-4.

71) 미드가 자신과 리오, 그레고리, 루스를 평가한 이런 내용과 그들의 생활 여건에 쏟아낸 불평은 1933년 늦겨울과 봄에 베네딕트에게 써 보낸 편지들에 담겨 있다. MM to RFB, Feb. 23, March 9, March 19, 1933, LC, S-4; MM to RFB, April 9, 1933, LC, R-7을 보라.

72) MM to RFB, April 9, 1933.

73) 셰익스피어의 『오셀로(Othello)』를 논한 루스 베네딕트의 대학 시절 에세이에서도 당대의 이런 일반화된 믿음을 발견할 수 있다. 그녀는 그 글에서 오셀로의 정서가 '차가운' 북쪽 민족이 가지는 정서의 더 강력한 변형태일 뿐이라고 결론지었다. 유명한 탐험가 리처드 버턴 경은 이런 믿음을 확장했고, 이른바 소타데스 존(Sotadic Zone)이 존재한다고 생각했다. 지중해 지역에서 인도와 태평양 제도를 경유해 남아메리카와 미국의 남부 주들에 이르는 남반구 전역의 소타데스 존에서는 자유분방한 성애, 성별 횡단, 동성애가 성행한다는 것이었다. Sir Richard Francis Burton, *The Erotic Traveler*, ed. Edward Leigh (New York: Putnam, 1967)를 보라.

74) Undated, unidentified slips; *BW* draft, "Sex and Temperament"; MM to GB,

July 7, 1934, LC, R-1.

75) Sylvia Nasar, *A Beautiful Mind: The Life of Mathematical Genius and Nobel Laureate John Nash* (New York: Simon & Schuster, 2001), pp. 83~84.

76) 개념들을 정의하고 재규정하는 일련의 활동은 1933년과 1934년 내내 미드와 베이트슨이 주고받은 편지들에서 이루어졌다. MM to GB, Oct. 3, Oct. 6, Nov. 6, Dec. 19, 1933; Jan. 5, Apr. 11, 1934, LC, R-1 참조.

77) J. L. Moreno to MM, March 25, 1941; MM to J. L. Moreno, Apr. 8, 1941, misc. correspondence, 1941, LC, I-20.

78) Mead, "Cultural Determinants of Sexual Behavior", p. 1452.

79) MM to RFB, March 29, 1933, LC, R-7.

80) RFB to MM, Feb. 7, March 25, 1933, LC, S-5.

81) 네이븐에 관한 나의 설명은 그레고리 베이트슨이 『네이븐』에서 한 묘사를 바탕으로 한 것이다. Mead, *Sex and Temperament*, pp. 256~257, 263도 보라. "The Tchambuli View of Persons: A Critique of Individualism in the Works of Mead and Chodorow", *AA* 86 (1984): 615~629에서 데버러 게워츠(Deborah Gewertz)는 미드가 참브리 족을 연구했을 때 15세에서 45세 사이의 남자 52퍼센트가 촌락을 떠나 다른 곳에서 노동을 하고 있었다고 말한다. 그녀는 미드의 연구 설계가 뛰어났다고 칭찬하지만 참브리 족의 역사를 외면했고, 원주민들의 개념이 아니라 서구의 개념들을 사용한 것은 문제였다고 지적한다. 게워츠는 미드의 동성애 언급은 다루지 않았다.

82) 개별 사회와 그 색깔들은 MM to GB, May 30, 1934, LC, R-1을 보라. 색깔에 관한 나의 서술은 『세 부족사회에서의 성과 기질』 p. 283을 바탕으로 한 것이다. 그들이 일체감을 느낀 다양한 형상들은 MM to GB, June 12, June 13, 1934, R-1을 보라. 리오는 자기와 사도들을 동일시하면서 예수의 제자들을 의도했을 것이다. 그러나 동성애로 유명한 케임브리지 대학교의 학생 집단인 케임브리지의 사도들(Cambridge Apostles)이었을 가능성도 있다.

83) *BW* draft, "The Field", pp. 8~9; Howard Langer, audio interview with Dr. Margaret Mead on Social Anthropology, American Character, Primitive Societies, Folkways Records, c. 1953.

84) 리오가 논문을 숨겼다는 얘기는 Letter from Barter Fortune to A. G. Bagnall, head, Turnbull Library, Victoria University, Wellington, New Zealand, Jan. 27, 1980, VU에 나온다. 리오는 RFF to MM, Sept. 12, 1933, May 17, 1934, LC, R-4에서 그레고리가 총을 숨겼고, 자기가 화를 냈다고 얘기한다. 미드는 자신이 작성한 "Notes for GCB"와 JH, p. 347에서 유산, 그에 대한 자신의 반응, 리오의 분노를 언급한다. MM to GB, May 30, 1934, LC, R-1; BW draft, "Having a Baby", p. 4도 보라. 여기서 그녀는 그게 '조기' 유산이었다고 말한다.

85) 리오가 사디스트라는 비난 내용은 RFF to MM, May 17, 1934, LC, R-4에 들

어 있다. A. G. Bagnall은 바터 포천(Barter Fortune)에게 보내는 편지에서 리오가 바터와 지낼 때 걸린 말라리아에 관한 바터 포천의 설명 내용을 분석한다. 리오는 부활절 직후에 벌어진 사건을 바터에게 설명했다. 마거릿이 자기 다리에 돋아난 발진이 호주 지도 같다고 얘기했다는 것이었다. 그들은 그것도 말라리아로 인한 환각이 틀림없었다고 확신했다.

86) MM to RFB, June 16, June 19, 1933, LC, S-4. 그녀가 전갈에게 물렸다는 내용은 MM to GB, Oct. 23, 1933, LC, R-1에 들어 있다.

87) CTK to MM, [undated letter], April 6, 1934; Oct. 1, 1935, LC, B-9; MM to GB, Feb. 10, 1934, R-2. 미드는 Letter to Jane Belo, undated, LC, R-7에서 켈리를 언급한다.

88) RFF to MM, [c. 1933]; May 17, 1934, LC, R-4.

89) CTK to MM, n.d. [1933], LC, B-9.

90) MM to GB, July 6, 1934, LC, R-1; Aug. 26, 1933, S-3; MM to RFB, July 5, Aug. 26, 1933, LC, S-4; RFB to MM, Aug. 19, 1933, S-5.

91) RFB to MM, July 19, 1933, LC, S-5.

92) MM to GB, n.d., Oceanic line, Monday night; Sept. 23, Dec. 5, 1933, LC, R-1; Oct. 25, 1933, LC, B-1; MM to RFF, Sept. 4, 1933, LC, R-4.

93) MM to GB, Oct. 15, Dec. 15, 1933, LC (slips); MM to GB, April 8, 1934, LC, R-2; Edward Mead to MM, Dec. 13, 1933, LC, A-4.

94) MM to GB, Oct. 23, 1933, LC, R-1.

95) MM to GB, March 19, 1934, LC, R-1.

96) MM to GB, Oct. 9, Oct. 23, Nov. 11, 1933, LC, R-1.

97) GB to MM, Feb. 16, 1934, LC, R-2.

98) MM to GB, Dec. 13, 1935, LC, S-1. 달러드에 관해서는 Nadine Weidman, "John Dollard", in *American National Biography*, ed. John A. Garraty and Mark C. Carnes (New York: Oxford University Press, 1999), pp. 708~710을 보라.

99) MM to CTK, July 28, 1934, LC, B-9; MM to GB, Jan. 27, Feb. 16, 1934, LC, R-1.

100) MM to GB, July 28, 1935, LC, R-2.

101) MM to CTK, July 28, 1934, LC, B-9; Lee (Leah Josephson Hannah) to MM, undated, unidentified correspondence file, LC, B-12.

102) Ann McLean, "In the Footprints of Reo Fortune", in *Ethnographic Presents: Pioneering Anthropologists in the Papua New Guinea Highlands*, ed. Terence E. Hays (Berkeley: University of California Press, 1992), pp. 37~67. 포천은 처음에 그 부족 사회를 푸라리 족이라고 불렀다.

103) GB to MM, Jan. 3, May 11, 1933, LC, R-1; MM to GB, Oct. 3, Oct. 6,

Oct. 25, Nov. 6, 1933; Jan. 3, March 19, 1934, LC, R-1; Oct. 23, 1933, LC, B-1.

104) 베네딕트와 호나이를 알았던 일부 정신분석가들은 두 사람이 연인 사이일 거라고 의심했다. 그러나 그들의 문서(와 미드 문서) 어디를 봐도 그런 내용을 입증해주는 단서는 전혀 존재하지 않는다. 호나이의 전기 작가 버나드 패리스가 1998년 10월 전화로 내게 그런 내용을 말해주었다. 그러나 그도 그 의심을 입증할 수는 없었다고 실토했다. 네 사람의 저녁 시간 교류는 "Oral interview with Margaret Mead", Karen Horney Papers, YU를 보라. 미드는 여기에서 자신과 호나이의 사이가 별로였다는 진술도 한다.(호나이가 미드만큼 강압적이었을 수도 있다.) 미드가 프롬과 친했다는 사실은 LC, C-files에 들어 있는, 그가 그녀에게 보낸 편지들을 보라. The letters from Mead in the Erich Fromm Papers, NYPL은 구체적인 사업과 관련된 것들이다.

105) Mead, "More Comprehensive Field Methods", *AA* 35 (1933): 37~53.

106) Margaret Mead, "The Use of Primitive Material in the Study of Personality", *Character and Personality* 3 (Sept. 1934): 3~16; Mead, review of *The Riddle of the Sphinx*, by Géza Róheim, *Character and Personality*; *Mead, Cooperation and Competition Among Primitive Peoples*.

107) 미드는 *BW*, pp. 215~218에서 스콧 얘기를 한다. *BW* 초고의 한 장인 "The Years Between Field Trips"에서도 스콧에 관한 정보를 얻을 수 있다. 그에 관한 자료는 아직도 활동 중인 테크노크라시(Technocracy) 조직의 누리집에서도 볼 수 있다.

108) 제프리 고러 전기는 없다. 전기적 사실을 확인하기 위해 내가 참고한 자료는 다음과 같다. 그의 저서 *Hot Strip Tease and Other Notes on American Culture* (London: Cresset Press, 1937)의 서문에 나오는 자전적 정보; *American People: A Study in National Character*, rev. ed. (New York: W. W. Norton, 1964); "I Speak for Myself", typescript, Geoffrey Gorer Papers, SU; his extensive correspondence with Mead. 그 서신의 대부분은 LC에 있고, 사본이 SU에도 있다. 물론 미드가 고러에게 보낸 중요한 편지 일부는 SU에만 있다.

109) 제인 하워드가 인터뷰한 수많은 사람이 이런 의견을 피력했다. Interviews with Esther Goldfrank Wittfogel, Lola Romanucci-Ross, Percy Lee Langstaff, and Wilton Dillon, CU를 보라. 고러의 저작은 *Bali and Angkor: A 1930s Pleasure Trip Looking at Life and Death* (1936; New York: Oxford University Press, 1986); *Africa Dances: A Book About West African Negroes* (New York: Knopf, 1935); *Himalayan Village: An Account of the Lepchas of Sikkim* (London: M. Joseph, 1938)을 보라.

110) Interview with Edith and Philleo Nash, CU; MM to GB, Jan. 9, 1935, LC, S-1; MM to GG, May 31, 1936, LC, B-4. 사랑과 예술적 창조에 관한 편지들은 MM to GG, Apr. 4, May 31, Aug. 20, Oct. 1, 1936, LC, B-4, B-5, N-5; GG to MM, Apr. 23, Oct. 16, Dec. 5, 1936, LC, B-4를 보라. *Hot Strip Tease*에 관한 미드의 반응은 MM to GG, Dec. 4, 1936, LC, B-5를 보라. 고러를 대하는 미드의 현실적 태도는

MM to John Dollard, July 26, 29, 1936, LC, N-5; MM to GG, May 31, 1936; July 4, 1937, LC, B-4와 N-5를 보라.

111) MM to GB, Nov. 14, 1933, LC, R-1; GB to MM, June 4, 1933, LC, R-2.

112) GB to MM, Jan. 3, Aug. 21, 1933; Jan. 3, 1935; LC, B-3; Mead, *Ruth Benedict*, p. 49; *BW* draft, "Sex and Temperament", p. 22; Charles Montagu Doughty, *Arabia Deserta* (1888; London: Jonathan Cape, 1926).

113) M. C. Bateson, *With a Daughter's Eye*, p. 61.

114) MM to RFB, Apr. 9, 1933, LC, R-7; MM to RFB, March 9, 1933, S-4.

115) MM to GB, Dec. 13, 1933, LC, slips.

116) MM to Elizabeth Hellersberg, Aug. 4, 1947, LC, R-10; MM to Erik Erikson, April 27, 1947, LC, R-8; MM to GB, Nov. 27, 1948, LC, R-3.

117) Margaret Mead, "The Sex Life of the Unmarried Adult in Primitive Society", in Wile, *Sex Life of the Unmarried Adult*, pp. 53~74.

12장

해노버 회의에서 발리의 마녀들까지 - 『세 부족사회에서의 성과 기질』 2부

1) Obituary, Lawrence Kelso Frank, *New York Times*, Sept. 24, 1966.

2) Lawrence J. Friedman, *Identity's Architect: A Biography of Erik H. Erikson* (New York: Scribner, 1999), p. 125; MM to GB, March 10, 1933, LC, R-2. 프랭크에 관해서는 Stephen J. Cross, "Frank"와 Mead, Letter, in "Tributes to Larry Frank on his 75th Birthday", mimeo. volume, LC, B-5를 보라.

3) 이 동성애 자료철은 Hanover Conference File, LC, F-31과 F-32에 있다. 미드는 1935년 여름에도 해노버 회의에 참석한 것 같다. 1935년 대회를 글로 옮긴 기록은 찾을 수가 없었다. 그러나 미드는 1935년에 작성한 "Report for the Commission on the Revision of the Curriculum of the Secondary Schools", LC, I-7과 I-8에서 남성과 여성의 범주를 연구하는 걸 포함해 생애사 접근법을 중심으로 사회과학들을 통합해야 한다고 호소했다. 그녀가 성적 성향을 포함하지는 않았다.

4) MM to GB, Dec. 14, 1934, LC, R-2.

5) Mead, *Sex and Temperament*, p. ii. Lois W. Banner, "Mannish Women, Passive Men, and Constitutional Types: Margaret Mead's *Sex and Temperament in Three Primitive Societies* As a Response to Ruth Benedict's *Patterns of Culture*", *Signs: Journal of Women in Culture and Society* 28 (spring 2003)도 보라.

6) MM to GB, Feb. 7, 1934, LC, R-2.

7) 미드는 Review of *Patterns of Culture in The Nation*, Dec. 12, 1934, 686~687에서 베네딕트의 저서가 '희망을 얘기한다'며 무미건조하게 칭찬했다. 개인들이 좇을 수 있는 가능한 여러 형태들을 보여준다고도 했다. 그녀는 베이트슨에게 써 보낸 편지에서 이 책이 '가볍게, 대충 쓴' 저작이라고 말했다. Nov. 3, 1934, LC, R-2. 미드는 법정 조언자 자격으로 발터 슈피스를 변호하는 글에서 베네딕트가 칭찬한 호보까지 은근히 공격했다. 그녀는 ('늑대'라고 하는) 나이 든 남성 호보들이 ('양'이라고 하는) 더 어린 남자들에게 능동적/수동적 동성애를 강요했음을 보여주는 연구 결과에 주목했다.

8) Mead, *Letters from the Field*, p. 108.

9) Vern L. Bullough는 *Science in the Bedroom: A History of Sex Research* (New York: Basic Books, 1994), p. 210에서 '젠더'(gender)를 사회화라는 오늘날의 의미로 사용한 최초의 인물이 존스홉킨스 대학교의 존 머니(John Money)라고 밝힌다. 옥스퍼드 영어 사전은 Ann Oakley, *Sex, Gender, and Society* (San Francisco: Harper & Row, 1972)에서 '젠더'가 최초로 사용되었다고 적고 있다. 물론 오클리는 자기 책에서 머니를 언급한다. Suzanne J. Kessler and Wendy McKenna, *Gender: An Ethnomethodological Approach* (New York: John Wiley & Sons, 1978), p. 7에 따르면, '최근까지 젠더라는 단어는 일상생활에서 쓰이지 않았다.' 1971년경에 미드는 남성과 여성을 지칭하기 위해서는 젠더를, 성애(섹슈얼리티)를 지칭하기 위해서는 '섹스'를 쓰고 있다고 말했다. 물론 이 용법은 내가 보기에 여전히 낡은 정의에 기대고 있는 것 같다. Mead, "Temperamental Differences and Sexual Dimorphism", p. 180.

미드는 언어 구조와 관련된 원래 의미로 '젠더'라는 용어를 사용했다. 다수의 중립적 개념들을 포함하는, 아라페시어와 참브리어의 다양한 젠더 범주들은 미드가 고정된 남성/여성 이항 분리를 해체하는 데 커다란 영향을 미쳤을 것이다. 그레고리 베이트슨은 미드에게 '젠더'라는 단어가 너무나 '복잡'하므로 쓰지 말라고 충고했다. Jan. 3, 1933, LC, R-1.

10) Allport, *Personality*, pp. 25~40; Roback, *Psychology of Character*, p. xi.

11) Mead, "Preface to the 1950 Edition", *Sex and Temperament*, n.p.와 "Temperamental Differences", p. 108.

12) *BW* draft, "Sex and Temperament", p. 33. 톰슨은 히틀러를 인터뷰한 최초의 미국인 기자였다. 그녀는 *Saturday Evening Post*에 히틀러를 소개하는 일련의 기사를 실었고, 거기서 그가 이상한 작자라고 말했다. Peter Kurth, *American Cassandra: The Life of Dorothy Thompson* (Boston: Little, Brown, 1990), pp. 161~163을 보라.

13) Benedict, *Patterns of Culture*, p. 234.

14) Mead, Sex and Temperament, pp. 280, 284.

15) Allport, Personality, p. 122; Mead, *Sex and Temperament*, p. 284.

16) Mead, *Sex and Temperament*, pp. 283~284.

17) Mead, "Cultural Determinants of Sexual Behavior", p. 1452.

18) Mead, *Sex and Temperament*, p. xxvii.

19) Idem. 미드는 Mead, "Some Relationships Between Social Anthropology and Psychiatry", in *Dynamic Psychiatry* ed. Franz Alexander and Helen Ross (Chicago: University of Chicago Press, 1952), p. 417 에서 나바호 족 주술사를 이상적으로 서술한 Willard Hill의 *AA* 논문을 언급한다. 베네딕트는 1938년경에 남자-여자들이 가끔은 조롱을 당했고, 능동적/수동적 성교에서 능동적 역할을 맡지 않는다고 하면서 기존의 입장을 바꾸었다.

20) Mead, "Background Statement About Homosexuality", p. 8과 "Walter Spies of Bali", LC, N-30.

21) 제프리 고러가 마르키 드 사드에 관한 책의 초고에서 이 문제들을 언급했다. Gorer, preface, *The Life and Ideas of the Marquis de Sade* (London: Peter Owen, 1953)를 보라.

22) Mead, *Sex and Temperament*, p. 271.

23) Ibid., p. 105.

24) Ibid., p. 101.

25) Ibid., pp. 296~306.

26) Ibid., p. 297.

27) Ibid., pp. 301~302, 296~302.

28) Ibid., p. 296; Mead, *Male and Female*, p. 348.

29) John Farley, *Gametes and Spores: Ideas About Sexual Reproduction, 1750~1914* (Baltimore: Johns Hopkins University Press, 1982), pp. 189~203.

30) Mead, *Sex and Temperament*, p. 298. Margaret Mead, "Sex and Temperament", *Forum* 94 (1935): 301~303.

31) Mead, "Cultural Determinants of Sexual Behavior".

32) Mead, *Sex and Temperament*, p. 316.

33) Mead, *Male and Female*, pp. 68, 74.

34) Mead, *Sex and Temperament*, pp. 292~95.

35) Mead, draft essay on lesbianism for *Redbook*, typescript, Feb. 15, 1971, LC, I-98.

36) Mead, Spies brief; "Background Statement About Homosexuality", p. 8; *Male and Female*, pp. 78~104. '자궁 선망' 명제를 제출한 최초의 작가는 카렌 호나이로, 1926년이었다. Janet Sayers, *Mothers of Psychoanalysis* (New York: W. W. Norton, 1991), pp. 100~105를 보라.

37) MM to GB, Feb. 21, 1935, LC, S-1.

38) MM to John Dollard, Sept. 19, 1938, LC, N-5.

39) Mead, *Sex and Temperament*, p. x와 *Male and Female*, p. 155. 1930년대의

남성성은 다음을 참조하라. Christopher David Breu, "Hard-Boiled Masculinities: Fantasizing Gender in American Literature and Popular Culture, 1920~1945" (Ph. D. diss., University of California, Santa Cruz, 2000); Barbara Melosh, "Manly Work: Public Art and Masculinity in Depression America", in *Gender and American History Since 1890*, ed. Melosh (New York: Routledge, 1993), pp. 155~181. 실업 남성 연구 논문들은 Banner, *Women in Modern America*, p. 214를 보라.

40) Mead, *Sex and Temperament*, p. 310.

41) MM to Emily Fogg Mead, March 29, 1938, LC, R-6.

42) Idem.

43) Geoffrey Gorer, "Margaret Mead", 1949, unpub. typescript, Geoffrey Gorer Papers, SU. Mead, "Chi Omega Acceptance Speech"도 보라.

44) 1920년대와 1930년대의 페미니즘 이데올로기의 역사는 거의 연구가 안 된 상태이다. Nancy Cott는 *The Grounding of Modern Feminism*에서 주로 조직을 다루는데, 그 설명이 1930년에서 끝난다. Mari Jo Buhle, *Feminism and Its Discontents: A Century of Struggle with Psychoanalysis* (Cambridge, Mass.: Harvard University Press, 1998)는 페미니스트 정신분석가들만 다룬다. Elaine Showalter는 개설서 성격의 *Inventing Herself: Claiming a Feminist Intellectual Heritage* (New York: Scribner, 2001)에서 베네딕트와 미드가 이 시대에 활약한 주요 페미니스트 사상가였다고 말한다.

1920년대에 샬럿 퍼킨스 길먼은 자신의 책들이 안 읽히고 있으며, 연사로 초청받는 곳이 한 곳도 없다고 투덜거렸다. Charlotte Perkins Gilman, *The Living of Charlotte Perkins Gilman: An Autobiography* (New York: D. Appleton-Century, 1935), pp. 332~333을 보라. Judy Weiss, "Womanhood and Psychoanalysis: A Study of Mutual Construction in Popular Culture, 1920~1963" (Ph.D. diss., Brown University, 1990)는 강력한 페미니즘 운동과 이데올로기가 1920년대부터 쭉 없었기 때문에 1930년대와 1940년대에 정신분석가들이 모성과 가정생활을 중심으로 여성의 역할을 재구축하게 됐다고 주장한다.

45) Mead, preface to the 1950 edition of *Male and Female*, reprinted in the 1963 edition, n.p.

46) Mead, *Male and Female*, p. 155.

47) Benedict, "Sex in Primitive Society".

48) L. Friedman, *Identity's Architect*, pp. 136~139; MM to GB, Sept. 16, 1939, LC, S-1.

49) MM to Erik Erikson, July 12, 1936, LC, N-5. 미드와 베이트슨의 발리 생활은 다음의 자료를 활용해 썼다. Margaret Mead, "On the Concept of Plot in Culture" (1939), in Mead, *Anthropology, a Human Science*, pp. 37~40; Mead, "Balinese Character", in Gregory Bateson and Margaret Mead, *Balinese Character: A Pho-*

tographic Analysis (New York: New York Academy of Sciences, 1942); Mead, *Letters from the Field*, pp. 159~238; *BW* and *BW* draft, "Bali". 나는 Gerald Sullivan, *Margaret Mead, Gregory Bateson, and Highland Bali: Fieldwork Photographs of Bayung Gede, 1936~1939* (Chicago: University of Chicago Press, 1999)과 LC, R-10과 N-5의 편지들도 참고했다.

50) GB to MM, June 19, 1934, LC, R-2.

51) 슈피스와 발리의 유럽인 공동체는 James A. Boon, "Between-the-Wars: Re-reading the Relics", in Stocking, *Malinowski, Rivers*, pp. 218~245; Hans Rhodius and John Darling, *Walter Spies and Balinese Art* (Zutphen, Netherlands: Terra, 1980)를 바탕으로 썼다.

52) MM to John Dollard, Sept. 19, 1938, LC, R-10; MM to Gardner Murphy, Sept. 27, 1938, R-10; MM to Marie Eichelberger, Sept. 16, 1938, LC, R-7. 사회학자들도 미드의 저술에 비판적이었다. Stephen O. Murray, "The Reception of Anthropological Work in Sociological Journals, 1922~1951", *Journal of the History of the Behavioral Sciences* 24 (April 1988): 135~147을 보라.

53) Mead, "Balinese Character", pp. xi~xii.

54) Margaret Mead, "Memo for Ruth Fulton Benedict on an Exploration into the Problem of the Personal Equation in Field Work", 1941, LC.

55) Mead, "The Cultural Dimension in the Study of Personality", 1946, LC, I-31.

56) Mead, "On the Concept of Plot in Culture", pp. 37~40; *Male and Female*, p. 52; Roback, *Psychology of Character*, p. xv.

57) MM to Marie Eichelberger, Sept. 16, 1938, LC, R-7.

58) Margaret Mead, "Children and Ritual in Bali", in *Childhood in Contemporary Cultures*, ed. Mead and Martha Wolfenstein (Chicago: University of Chicago Press, 1955), p. 44.

59) MM to Erik Erikson, July 12, 1936, LC, N-5.

60) Mead, "Cultural Determinants of Sexual Behavior", p. 1453.

61) MM to Noel Porter and Muss, April 13, 1938, LC, O-2.

62) MM to RFB, June 24, July 11, 1936, LC, S-4; MM to GG, Oct. 1, 1936, LC, N-5; GG to RFB, Sept. 5, 1936, VC, 72.

63) MM to Gardner Murphy, Feb. 4, 1937, R-10.

64) Mead, "Some Relationships Between Social Psychology and Anthropology", in Alexander and Ross, *Dynamic Psychiatry*.

65) MM to John Dollard, Jan. 20, 1938, LC, N-5; Sayers, *Mothers of Psychoanalysis*, on the psychoanalytic focus on mothering; Kathleen W. Jones,

"'Mother Made Me Do It': Mother-Blaming and the Women of Child Guidance", in "*Bad" Mothers: The Politics of Blame in Twentieth-Century America*, ed. Molly Ladd-Taylor and Lauri Umansky (New York: New York University Press, 1998), pp. 99~124; Buhle, *Feminism and Its Discontents*, pp. 125~164. 마거릿 미드가 '어머니 비난 명제'를 처음 개진한 곳은 Max Horkheimer가 이끄는 Institute for Social Research의 간행물인 *Zeitschrift für Sozialforshung*, Jahrgang 5 (Paris: Librarie Félix Alcar, 1936)의 "The Institutionalized Role of Women in Character Formation"이었다.

66) M. C. Bateson, *With a Daughter's Eye*, p. 36.

67) MM to CTK, Jan. 27, 1937; CTK to MM, Feb. 10, 1937, LC, B-8.

68) Jane Belo to MM, 1939; MM to Jane Belo, Feb. 2, 1939, LC, R-7.

69) MM to GG, Jan. 17, 1939, SU.

70) MM to RFB, Jan. 7, 1929, LC, B-1; MM to GG, Jan. 17, 1939, SU; John Dollard et al., *Frustration and Aggression* (New Haven: Yale University Press for Institute of Human Relations, 1939). 미드와 달러드가 결별한 사건은 JH, p. 154를 보라.

71) MM to RFB, Jan. 12, 1939, LC, B-1. 미드는 1944년 뉴욕 여성 교도소 책임자들 연례 회의에서 연설하면서 남성 동성애자들이 '학대하고, 난잡한 관계'를 맺기 때문에 위험하다고 말했다. Estelle B. Freedman, *Maternal Justice: Miriam Van Waters and the Female Reform Tradition* (Chicago: University of Chicago Press, 1996), p. 263.

72) Mead, "Cultural Determinants of Sexual Behavior", p. 1471.

73) 미드는 Frank A. Beach, *Hormones and Behavior: A Survey of Interrelationships Between Endocrine Secretions and Patterns of Overt Response* (New York: Paul B. Hoeber, 1948), pp. 69~70을 바탕으로 이런 주장을 폈다.

74) Margaret Mead, "Fifteen Years Later", introduction to the Pelican edition of *Male and Female*, 1962.

13장
인종, 젠더, 섹슈얼리티

1) 나는 내 책 *Finding Fran: History and Memory in the Lives of Two Women* (New York: Columbia University Press, 1998), pp. 133~134에서 컬럼비아에 있는 여성 도상(iconography)들을 논의했다.

2) 나는 Donna Haraway, *Primate Visions: Gender, Race, and Nature in the World of Modern Science* (New York: Routledge, 1989), pp. 26~50을 바탕으로 미국 자

연사박물관의 입구를 묘사했다.

3) Robert Lynd, "Ruth Benedict", in *Ruth Fulton Benedict: A Memorial*, prepared by the Wenner-Gren Foundation for Anthropological Research (New York: Viking Fund, 1949), p. 23; Sidney Mintz, "Ruth Benedict", in Silverman, *Totems and Teachers*, p. 61.

4) Ralph Linton, *The Study of Man: An Introduction* (New York: D. Appleton-Century, 1936), pp. 92~112.

5) Linton and Wagley, *Ralph Linton*, pp. 6~12.

6) RFB to MM, Aug 3, 1938, LC, B-1; RFB to MM, April 7, 1939; Jan. 22, 1940, LC, S-4.

7) Interview with Robert C. Suggs, CU. 석스는 린턴이 쓴 마르크사 제도 민족지를 주되게 비판했다. 그 사회가 일처다부제를 했고, 여자들이 성적으로 공격적이라는 린턴의 연구 결과가 정보 제공자 한 명한테서 나온 것으로, 부정확하다는 게 비판의 요지였다. Suggs, "Sex and Personality in the Marquesas: A Discussion of the Linton-Kardiner Report", in *Human Sexual Behavior: Variations in the Ethnographic Spectrum*, ed. Donald S. Marshall and Robert C. Suggs (New York: Basic Books, 1971), pp. 163~168.

8) Mintz, "Ruth Benedict", pp. 156~57, 161.

9) 린턴과 카디너의 세미나는 MacMillan, "Columbia Department"; Friedman, *Identity's Architect*, pp. 135~136; William C. Manson, *The Psychodynamics of Culture: Abram Kardiner and Neo-Freudian Anthropology* (New York: Greenwood Press, 1988)과 "Abram Kardiner and the Neo-Freudian Alternative in Culture and Personality", in Stocking, *Malinowski, Rivers*, pp. 72~94; Abram Kardiner, *The Individual and His Society: The Psychodynamics of Primitive Social Organization* (New York: Columbia University Press, 1939), p. xiii을 보라.

10) RFB to MM, Oct. 1, 1936, LC, S-3.

11) Abram Kardiner and Edward Preble, *They Studied Man* (Cleveland: World, 1961), pp. 211~212; Abram Kardiner oral interview, CU-Oral.

12) Abram Kardiner, *Sex and Morality* (Indianapolis: Bobbs-Merrill, 1954), p. 83. 또한 Abram Kardiner, *My Analysis with Freud: Reminiscences* (New York: W. W. Norton, 1977)도 보라.

13) Gacs et al., *Women Anthropologists*에 나오는 다음의 약전들을 보라. George Park and Alice Park, "Ruth Schlossberg Landes", pp. 208~214; Joyce Griffen, "Ruth Murray Underhill", pp. 355~360.

14) Ruth Landes to RFB, Nov. 11, 1939, VC, 31.3.

15) RFB to MM, July 26, 1936, S-4; RFB to MM, Aug. 28, 1938, LC, B-1.

16) Mead, Ruth Benedict, p. 29; Ruth Benedict, "Women and Anthropology", in *The Education of Women in a Democracy*, prepared by the Council on the Education and Position of Women in a Democracy (New London, Conn.: Institute of Women's Professional Relations, 1940); David M. Fawcett and Teri McLuhan, "Ruth Leah Bunzel"과 Ruth E. Pathé, "Gene Weltfish", in Gacs et al., *Women Anthropologists*, pp. 32, 372~381.

17) Briscoe, "Ruth Benedict", p. 471.

18) Marie Eichelberger to MM, July 12, 1938, LC, B-4.

19) RFB to MM, Jan. 21, 1937, LC, S-4.

20) RFB to MM, Aug. 4, 1938, LC, B-1.

21) RFB to Dr. Oliver Cope, Feb. 27, 1943, VC, 11.2. 그녀가 언급하는 논설은 Ruth Benedict, "We Can't Afford Race Prejudice", *Frontiers of Democracy*, Oct. 9, 1942, p. 2이다.

22) RFB to Amram Scheinfeld, Feb. 9, 1943, VC, 11.2. 샤인펠드의 책은 *Women and Men* (New York: Harcourt, Brace, 1944)이라는 제목으로 출간되었다.

23) Pearl S. Buck to RFB, Oct. 24, 1940; RFB to Pearl Buck, Nov. 11, 1940, VC, 11.2. 베네딕트의 연설이라 함은 "Anthropology and Some Alarmists", March 10, 1941, unpub. speeches, VC, 58.6이다.

24) 베네딕트는 『국화와 칼』을 내면서 출판사에 써준 전기 정보에서 이런 것들의 영향력을 언급했다. RFB, biographical statement, 1946, VC.

25) Jack Harris to Melville Herskovits, Oct. 29, 1936, in "An Ethnographer at Work: Inside the Department of Anthropology at Columbia University, 1936~1937", typescript mss., Melville Herskovits Papers, NU.

26) 학생들의 양분 사태와 급진화는 McMillan, "Study of Anthropology"를 보라. Esther Goldfrank, *An Undiscovered Life*, p. 111에 따르면 하급 교수들과 고학년 대학원생들이 베네딕트를 지지했고, 저학년 대학원생들은 린턴을 지지했다. R. Murphy, "Anthropology at Columbia"도 보라.

27) Andrea Walton, "Women at Columbia: A Study of Power and Empowerment in the Lives of Six Women" (Ph.D. diss., Columbia University, 1995), p. 254.

28) George W. Stocking Jr., "Franz Boas and the Culture Concept", in *Race, Culture, and Evolution: Essays in the History of Anthropology*, ed. George W. Stocking Jr. (New York: Free Press, 1968), pp. 214~229. 보애스주의자들과 인종 문제를 다루면서 나는 다음의 자료들도 참고했다. Lee D. Baker, *From Savage to Negro: Anthropology and the Construction of Race, 1896~1954* (Berkeley: University of California Press, 1998); Matthew Frye Jacobson, *Whiteness of a Different Color: European Immigrants and the Alchemy of Race* (Cambridge, Mass.: Harvard University Press, 1998);

Barkan, *Retreat from Scientific Racism*.

29) Goldenweiser, *Anthropology*, p. 20.

30) Benedict, *Patterns of Culture*, pp. 13~16.

31) 허스코비츠에 관해서는 Simpson, *Melville J. Herskovits*를 보라. 그는 루스 베네딕트와 함께 뉴 스쿨에서 파슨스와 골든와이저의 강의를 들었다. 두 사람이 그를 컬럼비아 대학원에 받아줬다. 인종에 관한 보애스주의자들의 생각은 Alfred L. Kroeber, *Anthropology* (New York: Harcourt Brace, 1923); Robert H. Lowie, *Are We Civilized?* (New York: Harcourt, Brace, 1929); Paul Radin, *The Racial Myth* (New York: McGraw-Hill, 1934); Edward Sapir, "Language, Race, and Culture", in Calverton, *Making of Man*, pp. 142~154 참조.

32) Otto Klineberg, *Race Differences* (New York: Harper & Bros., 1935), p. 1.

33) Benedict, Race, pp. 103, 106~107, 127.

34) Ibid., p. 111; Julian S. Huxley and A. C. Haddon, *We Europeans: A Survey of "Racial" Problems* (New York: Harper & Bros., 1936), pp. 110~143; Magnus Hirschfeld, *Racism*, trans. Eden and Cedar Paul (London: Victor Gollancz, 1938), pp. 57~58; Ashley Montagu, *Man's Most Dangerous Myth: The Fallacy of Race* (New York: Columbia University Press, 1942), pp. 71~74.

35) Benedict, *Race*, p. 35.

36) Ibid., p. 119.

37) 베네딕트와 허스코비츠의 견해 차이는 Walter Jackson, "Melville Herskovits and the Search for Afro-American Culture", in Stocking, *Malinowski, Rivers*, pp. 95~126을 보라.

38) Benedict, *Race*, pp. 87, 154.

39) Frederic A. Lucas, ed., *General Guide to the Exhibition Halls of the American Museum of Natural History*, rev. ed. (New York: American Museum of Natural History, 1928).

40) John Michael Kennedy, "Philanthropy and Science in New York City: The American Museum of Natural History, 1868~1968" (Ph.D. diss., Yale University, 1968), p. 163.

41) Howard, *Margaret Mead*, pp. 132, 253~54; Dallas *Times Herald*, March 29, 1929, Clipping File, LC, L-3.

42) Clark Wissler, quoted in Kennedy, "Philanthropy and Science", p. 242.

43) Torrey, *Freudian Fraud*, pp. 69~70.

44) Clark Wissler, *Man and Culture* (New York: Thomas Y. Crowell, 1923), pp. 281~313.

45) Freed and Freed, "Clark Wissler", p. 808; MM to GB, Nov. 6, 1933, LC,

R-1.

46) Robert Lowie to Risa Lowie, June 11, 1923, Robert H. Lowie Papers, UCB.

47) Henry Fairfield Osborn, *Fifty-two Years of Research, Observation, and Publication*, 1877~1929 (New York: Charles Scribner's Sons, 1930).

48) Robert Lowie to Henry Fairfield Osborn, June 19, 1922, Robert H. Lowie Papers, UCB.

49) MM to RFB, summer 1931, LC, S-3.

50) MM to W. E. B. Du Bois, Oct. 18, 1935, LC, C-2.

51) Lenora Foerstel and Angela Gilliam, "Margaret Mead's Contradictory Legacy", in *Confronting the Margaret Mead Legacy: Scholarship, Empire, and the South Pacific*, ed. Foerstel and Gilliam (Philadelphia: Temple University Press, 1992), pp. 104~109; Haraway, *Primate Visions*, p. 58.

52) Goldenweiser, *Anthropology*, p. 20.

53) 이 얘기는 미드가 현지에서 가족과 친한 친구들에게 보낸 등사판 회보들에 들어 있다. August 31, Sept. 14, Sept. 27, Dec. 11, 1925, LC, R-15.

54) MM to Elizabeth Mead, Nov. 19, 1925, LC, Q-10; MM to Eda Lou Walton, March 26, 1926, LC, R-4.

55) Jean Walton, *Fair Sex, Savage Dreams: Race, Psychoanalysis, Sexual Difference* (Durham: Duke University Press, 2001), pp. 144~189. 미드는 BW, p. 184에서 그 사건을 소개한다.

56) Rogin, *Blackface, White Noise*, p. 49.

57) Mead and Baldwin, *Rap on Race*, p. 19.

58) 미드가 식민지 관리들을 비판한 내용은 *Letters from the Field*, p. 64에서 읽을 수 있다.

59) MM to RFB, Dec. 2, 1932, LC, S-5.

60) Arapesh field notes 등사판 회보 Sept. 13, 1932에서 미드가 이런 말을 했다. 그 단어를 빼달라는 미드의 요청은 correspondence file, *Letters from the Field*, LC, I-277을 보라.

61) Otto Klineberg oral interview, CU-Oral.

62) Louise M. Newman, "Coming of Age, but Not in Samoa: Reflections on Margaret Mead's Legacy for Western Liberal Feminism", *American Quarterly* 48 (June 1996): 233~272. Louise M. Newman, *White Women's Rights: The Racial Origins of Feminism in the United States* (New York: Oxford University Press, 1999), pp. 158~180과 Micaela di Leonardo, *Exotics at Home: Anthropologies, Others, American Modernities* (Chicago: University of Chicago Press, 1998)도 보라. 학계의 여성이자 인류학 대중화에 기여한 사람으로서 미드가 받은 비판을 보다 공정하게 살펴본 글

로는 Nancy C. Lutkehaus, "Margaret Mead as Cultural Icon and Anthropology's Liminal Figure", in Banner and Janiewski, *Reading Benedict/Reading Mead*를 보라.

63) Mead and Baldwin, Rap on Race, p. 17; Malinowski, *Argonauts of the Western Pacific*, p. 7.

64) Lola Romanucci-Ross, "Anthropological Field Research: Margaret Mead, Muse of the Clinical Experience", *AA* 82 (1980): 306과 *Mead's Other Manus: Phenomenology of the Encounter* (South Hadley, Mass.: Bergin & Garvey, 1985).

65) MM to Herskovits, [1925], NU; Louise J. Schlichting to Jane Howard, Jane Howard Papers, CU.

66) File on *A Rap on Race*, Sept. 1971, LC, I-200.

67) Margaret Mead, "Introductory Remarks", in *Science and the Concept of Race*, ed. Mead et al. (New York: Columbia University Press, 1968), pp. 3~9.

68) 미드가 고안해낸 '구역' 검사법은 LC, Q-35에 있다.

69) GB to RFF, Jan 22, 1935, LC, R-2.

70) Benedict, "Toward a Social Psychology", pp. 50~51; G. Murphy and F. Jensen, *Approaches to Personality*, p. 25. 분비샘의 유형에 따른 분류는 Louis Berman, *The Glands* (New York: Macmillan, 1928)를 보라. 올포트의 분류 체계는 MM to GB, April 22, 1934, LC, R-4를 보라. W. A. Willemse, *Constitution-Types in Delinquency: Practical Applications and Bio-Physiological Foundations of Kretschmer's Types* (London: K. Paul, Trench, Trubner, 1932), pp. 1~2도 보라.

71) Barkan, *Retreat of Scientific Racism*, p. 94. Frank Spencer, ed., *A History of American Physical Anthropology*, 1930~1980 (New York: Academic Press, 1982) 도 보라.

72) Victor Barnouw, *Culture and Personality* (Homewood, Ill.: Dorsey Press, 1963), pp. 18~19; J. M. Tanner, "Growth and Constitution", in *Anthropology Today: An Encyclopedic Inventory*, ed. Alfred L. Kroeber (Chicago: University of Chicago Press, 1953), pp. 750~770; Klineberg, *Race Differences*, pp. 54~67; Roback, *Psychology of Character*, pp. 98~100; Allport, *Personality*, pp. 72~78.

73) Ernst Kretschmer, *Physique and Character: An Investigation of the Nature of Constitutional Types and of the Theory of Temperament*, trans. W. J. H. Sprott, 2d ed. rev. (New York: Cooper Square, 1970). 체질 유형 이론가들의 초기 역사는 W. H. Sheldon et al., *The Varieties of Human Physique: Introduction to Constitutional Psychology* (New York: Harper & Bros, 1940), pp. 10~29를 보라.

74) Ernst Kretschmer, *The Psychology of Men of Genius*, trans. R. B. Cattell (New York: Harcourt Brace, 1931).

75) Benedict, *Race*, p. 173.

76) Edward Sapir, "Personality", in *Selected Writings of Edward Sapir*, p. 562. 히틀러가 독일에서 권력을 장악했지만 체질 유형 이론가들은 사라지지 않았다. 1940년대 초에 W. H. 셸던은 유명한 연구를 했다. 그는 대학생 4,000명의 사진을 관찰했고, 그들을 중간 체격자(mesomorph), 내배엽형(endomorph), 외배협형(ectomorph)으로 분류했다. 그러고 나서 다시 고전적 범주인 운동가형, 비만형, 마른 체형과 연결했다. Barnouw는 자신의 저서 *Culture and Personality*에서 1940년대와 1950년대에 활약한 다른 많은 체질 유형 이론가들을 소개한다.

77) Willemse, *Constitution-Types*, p. 42.

78) G. Bateson, *Naven*, p. 160.

79) A. L. Kroeber, *Anthropology*, p. 36.

80) Montagu, *Man's Most Dangerous Myth*, pp. 177~80.

81) Margaret Mead, "People of Melanesia and New Guinea", LC, I-131.

82) Mead, *Sex and Temperament*, p. xiii.

83) "Squares Test, Diagrams and Notes", LC, S-11을 보라.

84) Nancy Lays Stepan, "Race and Gender: The Role of Analogy in Science", in *Anatomy of Racism*, ed. David Theo Goldberg (Minneapolis: University of Minnesota Press, 1990), pp. 39~47; Cynthia Eagle Russett, *Sexual Science: The Victorian Construction of Womanhood*(Cambridge, Mass.: Harvard University Press, 1989), pp. 11~31.

85) Gunnar Myrdal, *An American Dilemma: The Negro Problem and American Democracy*, vol. 2 (1944; New York: Pantheon Books, 1972), 1073~1078.

86) Ruth Feldstein, *Motherhood in Black and White: Race and Sex in American Liberalism, 1930~1965* (Ithaca: Cornell University Press, 2000), pp. 28~52; Kate Weigand, *Red Feminism: American Communism and the Making of Women's Liberation* (Baltimore: Johns Hopkins University Press, 2001), p. 99.

14장
모든 것에는 때가 있는 법

1) MFF, "Family Life of Ruth Fulton Benedict", p. 8, OC.

2) RFB to MM, Sept. 10, 1939, LC, S-5.

3) Mead, *And Keep Your Powder Dry*, p. 3.

4) RFB to MM, Dec. 4, 1939, LC, B-1.

5) Mead, "What Are We Doing About the Psychological Front?" typescript, Dec. 24, 1941, LC, I-20. 국민사기진작위원회를 파악하고, 미드와 베네딕트가 제2차

세계대전에 관여하게 된 배경을 이해하기 위해 나는 다음의 자료를 읽었다. Modell, *Ruth Benedict*; Caffrey, *Ruth Benedict*; L. Friedman, *Identity's Architect*; Ellen Herman, *The Romance of American Psychology: Political Culture in the Age of Experts* (Berkeley: University of California Press, 1995); Carlton Mabee, "Margaret Mead and the Behavioral Scientists in World War II: Problems in Responsibility, Truth, and Effectiveness", *Journal of the History of the Behavioral Sciences* 23 (Jan. 1987): 3~13; Virginia Yans-McLaughlin, "Science, Democracy, and Ethics: Mobilizing Culture and Personality for World War II", in Stocking, *Malinowski, Rivers*, pp. 184~217. 미드는 *Ruth Benedict*와 *BW*의 초고 "War and Postwar Years"에서 그들의 활동을 소개한다. "War and Postwar Years"는 *Blackberry Winter*에서 빠졌다가 "Anthropological Contributions to National Policies During and Immediately After World War II", in *The Uses of Anthropology*, ed. Walter Goldschmidt (Washington, D.C.: American Anthropological Association, 1979), pp. 145~157로 발표되었다. Gregory Bateson and Margaret Mead, "Principles of Morale Building", *Journal of Educational Sociology* 15 (1941): 206~220도 보라.

6) L. Friedman, *Identity's Architect*, p. 164.

7) Lynd and Lynd, *Middletown*; John Dollard, *Caste and Class in a Southern Town* (New Haven: Yale University Press, 1937).

8) MM to RFB, Oct. 9, 1939, LC, S-4.

9) Margaret Mead, "The Comparative Study of Cultures and the Purposive Cultivation of Democratic Values" (1942), in *Anthropology: a Human Science*, pp. 92~104. Margaret Mead, "National Character", in A. L. Kroeber, *Anthropology Today*, pp. 652~653도 보라.

10) Benedict, typescript, Department of Agriculture lecture in Washington, D.C., Feb. 25, 1938, VC, 55.

11) Geoffrey Gorer, "Themes in Japanese Culture", *Transactions of the New York Academy of Sciences* 5 (1943): 106~124.

12) MM to GB, Apr. 23, 1943, LC, R-3.

13) Margaret Mead, "The Mountain Arapesh, II: Supernaturalism", *Anthropological Papers of the American Museum of Natural History* 37 (1940): 319~451.

14) Edward Montgomery and John Bennett, "Anthropological Studies of Food and Nutrition: The 1940s and the 1970s", in Goldschmidt, *Uses of Anthropology*, pp. 124~144.

15) *BW* draft, "War and Post-War", p. 2.

16) Margaret Mead, "Cultural Contexts of Nutrition Problems", in *Anthropology, a Human Science*, pp. 175~193; Nina Swidler, "Rhoda Bubendey Métraux",

in Gacs et al., *Women Anthropologists*, p. 263.

17) *BW* draft, "War and Post-War", p. 4.

18) 미드는 Edith Cobb, *The Ecology of Imagination in Childhood* (New York: Columbia University Press, 1977), p. 3에 써준 서문에서 이 영화 관련 작업을 서술하고 있다.

19) C. Douglas Lummis, "Ruth Benedict's Obituary for Japanese Culture", in Banner and Janiewski, *Reading Benedict/Reading Mead*.

20) John W. Dower가 *War Without Mercy: Race and Power in the Pacific War* (New York: Pantheon Books, 1986), pp. 24~40에서 제2차 세계대전기에 작성된 사회과학자들의 일본 관련 저술을 분석한다. 그는 베네딕트의 『국화와 칼』이 다른 대다수의 일본 관련 저술과는 달랐다고 언급하지만 그녀의 책을 본격적으로 분석하지는 않는다.

21) Ruth Benedict, *The Chrysanthemum and the Sword: Patterns of Japanese Culture* (Boston: Houghton Mifflin, 1946), p. 197.

22) Geoffrey Gorer, "Japanese Character Structure and Propaganda", in *The Study of Culture at a Distance*, ed. Margaret Mead and Rhoda Métraux (Chicago: University of Chicago Press, 1953), pp. 401~402.

23) Benedict, *Chrysanthemum and the Sword*, pp. 54, 186, 187~188. 이 책이 저술된 배경은 Nanako Fukui, "Reading Benedict: A Lady of Culture", in Banner and Janiewski, *Reading Benedict/Reading Mead*를 보라. 1944년 12월 뉴욕에서 열린 일본학술대회가 베네딕트에게 커다란 영향을 미쳤음도 여기서 확인할 수 있다.

24) Ruth Benedict, "Male Dominance in Thai Culture", in Brockman, *About Bateson*, pp. 215~231; preface to Rebecca Hourwich Reyher, *Zulu Woman* (New York: Columbia University Press, 1948), pp. i~xi.

25) Mead, *Ruth Benedict*, p. 64.

26) Margaret Mead, "The Book I Tore Up", unpub. mss., LC, I-273.

27) Lapsley, *Margaret Mead and Ruth Benedict*, p. 292.

28) Joy Hendry, "The Chrysanthemum Continues to Flower: Ruth Benedict and Some Perils of Popular Anthropology", in *Popularizing Anthropology*, ed. Jeremy MacClancy and Chris McDonaugh (London: Routledge, 1996), pp. 106~121.

29) Paul S. Boyer, *By the Bomb's Early Light: American Thought and Culture at the Dawn of the Atomic Age* (New York: Pantheon Books, 1985), pp. 205, 274, 286; Ruth Benedict, "The Past and the Future: *Hiroshima* by John Hersey", *Nation*, Dec. 7, 1946, p. 656.

30) Gregg Harken, *Brotherhood of the Bomb: The Tangled Lives and Loyalties of Robert Oppenheimer, Ernest Lawrence, and Edward Teller* (New York: Henry Holt, 2002)를 보면, 오펜하이머는 자신이 아니라 마찬가지로 과학자인 형제에게 일어날 수도 있는 일을 두려워했고, 루스 톨먼과 연애를 했다. 하켄은 290쪽에서 그 연애 사

건을 언급한다.

31) *AW*, p. 354.

32) Mead, "What Are We Doing About the Psychological Front?"

33) Margaret Mead, "Has the Middle Class a Future?" *Survey Graphic* 31 (Feb. 1942): 64~67, 95.

34) Mead, *And Keep Your Powder Dry*, p. 167.

35) Margaret Mead and Paul Byers, *The Small Conference: An Innovation in Communication* (The Hague: Mouton, 1968), p. 167. Yans-McLaughlin, "Science, Democracy, and Ethics"는 미드가 민주주의와 소집단에 헌신한 것을 지적하며, 그런 활동이 제2차 세계대전기에 그녀의 사유에서 아주 중요했다고 강조한다. Margaret Mead and Muriel Brown, *The Wagon and the Star: A Study of American Community Initiative* (New York: Rand McNally, 1967)도 보라.

36) 미드가 제2차 세계대전기에 민족을 바라본 입장은 *And Keep Your Powder Dry*를 바탕으로 분석했다.

37) Ruth Benedict, "Review of Fromm, *Escape from Freedom*", typescript, VC, 54.18; Ruth Benedict, "Recognition of Cultural Diversities in the Postwar World", *Annals of the American Academy of Political and Social Science* 128 (July 1943), 101~107, reprinted in AW, pp. 439~448 참조.

38) Margaret Mead, "The Comparative Study of Cultures and the Purposive Cultivation of Democratic Values" (1942), in *Anthropology, a Human Science*, pp. 92~104.

39) Maslow, *Farther Reaches of Human Nature*, pp. 192~193. 베네딕트의 이론은 Benedict, "Synergy: Some Notes of Ruth Benedict", selected by Abraham Maslow and John J. Honigmann, AA 72 (1970): 320~23과 T. G. Harris, "About Ruth Benedict", p. 52에서 확인할 수 있다.

40) Ruth Bunzel, "The Economic Organization of Primitive Peoples", in Franz Boas, *General Anthropology*, pp. 327~408을 보라.

41) Benedict, "Primitive Freedom", *Atlantic Monthly*, 1942; *AW*, pp. 386~398.

42) Lary May, *The Big Tomorrow: Hollywood and the Politics of the American Way* (Chicago: University of Chicago Press, 2000), p. 6을 보라.

43) Margaret Mead, "The Idea of National Character", in *The Search for Identity: Essays on the American Character*, ed. Roger Shinn (New York: Harper & Row, 1964), pp. 17~27과 "Anthropological Techniques in War Psychology", *Bulletin of the Menninger Clinic*, July 7, 1943, p. 137, LC, I-24.

44) Benedict, "Synergy", p. 327.

45) Mead, *And Keep Your Powder Dry*, p. 235.

46) RFB to MM, June 4, 1936, S-4; Apr. 23, June 9, 1938, LC, S-5; MM to GB, Sept. 16, 1939, S-1.

47) RFB to MM, June 9, 1930, LC, S-5.

48) Marie Eichelberger to MM, July 12, 1938, LC, B-4; RFB to MM, March 2, 1940, R-7.

49) MM to RFB, Feb. 29, 1940; Mar. 2, 1940, LC, S-5.

50) MM to GB, Feb. 27, 1940, LC, S-1.

51) RFB to MM, Mar. 2, 1940, LC, R-7.

52) RFB to MM, June 4, 1936, LC, S-5.

53) Interviews with Sherwood Washburne and Gregory Bateson, CU.

54) MM to CTK, July 13, 1947, R-8; "Copy of Gregory's Letters After He Went to Bed", night of June 13, 1948, LC, R-3.

55) MM to Milton Erikson, Jan. 27, 1948, LC, R-8.

56) GB to MM, Aug. 29, 1949; MM to GB, Feb. 22, 1951, UCSC, 942-3, 942-4.

57) MM to E. P. Chinnery, Feb. 28, 1939, LC, N-4. 치너리의 이력서는 LC, R-12에 있다.

58) 인류학과 컬럼비아 대학교에서 전개된 상황을 설명하기 위해 나는 다음의 자료를 참고했다. A. Linton and C. Wagley, *Ralph Linton*; Robert Caneiro, "Leslie White"와 Robert Murphy, "Julian Steward" in Silverman, *Totems and Teachers*.

59) Caneiro, "Leslie White".

60) Manson, *Psychodynamics of Culture*, p. 103; AW, p. 428.

61) 당대 문화 연구 프로젝트는 Manson, *Psychodynamics of Culture*; Margaret Mead and Rhoda Métraux, *Study of Culture at a Distance*, p. 8; Margaret Mead, "Research in Contemporary Cultures", in *Groups, Leadership, and Men: Research in Human Relations; Reports on Research Sponsored by the Human Relations and Morale Branch of the Office of Moral Research, 1945~1950*, ed. Harold Guetzkov (Pittsburgh, Pa.: Carnegie Press, 1951), pp. 106~118을 보라.

62) 미드는 고러가 이런 제목을 쓴 것을 질책했다. 그녀는 그 일로 예일 대학교에 있던 그의 동료들이 화를 낼 거라고 생각했다. MM to GG, Dec. 4, 1936, LC, B-5.

63) Mead and Métraux, *Study of Culture at a Distance*, p. 8.

64) Geoffrey Gorer and John Rickman, *The People of Great Russia: A Psychological Study* (1949; New York: W. W. Norton, 1962), p. 211.

65) Robert Endleman, "The New Anthropology and Its Ambitions: The Science of Man in Messianic Dress", *Commentary*, Sept. 1949, 284~290. 마빈 해리스도 인류학 이론의 역사를 쓴 책에서 독설을 쏟아부었다. "(인류학과 정신의학이라는) 두 개의 학문이 만나면서 사변적이고 과장적인 일반화가 걷잡을 수 없이 일어났다. 사실상 이

런 경향이 내재해 있었다. 왜냐하면 두 학문 모두 각자의 영역에서 전문 자격의 일부로 그런 일반화를 북돋워왔기 때문이다." Marvin Harris, *The Rise of Anthropological Theory: A History of Theories of Culture* (New York: Thomas Y. Crowell, 1968), p. 448.

66) Margaret Mead, "The Swaddling Hypothesis: Its Reception", *AA* 56 (1954): 395~409.

67) K. A. Cuordileone, "'Politics in an Age of Anxiety': Cold War Political Culture and the Crisis in American Masculinity, 1949~1960", *Journal of American History* 87 (2000): 1~31.

68) MM to GG, Dec. 19, 1950, LC, B-6.

69) Mead, *Continuities in Cultural Evolution*, pp. vi, 18, 35; Mead review of T. H. Huxley and Julian Huxley, "Touchstone for Ethics", *New York Times Book Review*, Nov. 16, 1947, p. 8.

70) Ibid., p. 35.

71) Mead, "Research in Contemporary Cultures-Eighteenth General Seminar, May 26, 1948", mimeo. ms., LC, G-14.

72) Margaret Mead, "An Anthropologist Looks at the Report", in *Problems of Sexual Behavior: Proceedings of a Symposium on the First Published Report of a Series of Studies of Sex Phenomena by Alfred C. Kinsey, Wardell B. Pomeroy, and Clyde E. Martin* (New York: American Social Hygiene Association, 1948), pp. 58~69.

73) Margaret Mead, "Toward a New Role for Women", in *Women Take Stock of Themselves* (New York: Woman's Press, 1940), pp. 11~16, "Women's Social Position", *Journal of Educational Psychology* (April 1944): 453~462, "Some Aspects of the Role of Women in the United States", unpub. typescript, 1946, for *Esprit*, LC, "What Women Want", *Fortune* 249 (Dec. 1946): 171~175, 220~224, "Setting New Patterns of Women's Work", *Responsibility* (for the National Association of Negro Business and Professional Women's Clubs) 5 (1947): 13~14 참조.

74) 미드는 나중에 자신을 이렇게 변호했다. 한국전쟁 이후에야 비로소 여자들의 가정 복귀가 명백해졌다고 주장한 것이다. Mead, introduction to the Pelican edition of *Male and Female*, 1962, p. 14.

75) MM to RFB, July 7, 1947, LC, R-7.

76) BW draft, "Perry Street and Waverly Place", p. 8.

77) Lindzey, p. 315.

78) Mead, *Male and Female*, pp. 20~21.

79) Margaret W. Rossiter, *Women Scientists in America: Before Affirmative Action, 1940~1972* (Baltimore: Johns Hopkins University Press, 1995), p. 316.

80) G. E. Hutchinson, *The Itinerant Ivory Tower: Scientific and Literary Essays*

(New Haven: Yale University Press, 1953), p. 130; Erik Erikson, in *Ruth Fulton Benedict—a Memorial*, p. 15.

81) MFF, "Family Life of Ruth Fulton Benedict", p. 9.

82) MFF, "Research in Contemporary Cultures", mimeo. ms., Sept., LC, G-14.

83) MFF to RFB, Sept. 7, 1948, VC, 31.3.

84) Margaret Mead, "Ruth Fulton Benedict, 1887~1948", *AA* 51 (1949): 457~462.

찾아보기

ㄹ

ㅁ

ㅂ

ㅅ

ㅎ